westermann

Dr. Michael Dzieia, Heinrich Hübscher, Hans-Joachim Petersen,
Harald Wickert

Elektronik Tabellen

Informations- und
Medientechnik

4. Auflage

Bestellnummer 235061

Diesem Buch wurden die bei Manuskriptabschluss vorliegenden neuesten Ausgaben der DIN-Normen, VDI-Richtlinien und sonstigen Bestimmungen zu Grunde gelegt. Verbindlich sind jedoch nur die neuesten Ausgaben der DIN-Normen und VDI-Richtlinien und sonstigen Bestimmungen selbst.

Die DIN-Normen wurden wiedergegeben mit Erlaubnis des DIN Deutsches Institut für Normung e.V. Maßgebend für das Anwenden der Norm ist deren Fassung mit dem neuesten Ausgabedatum, die bei der Beuth-Verlag GmbH, Burggrafenstraße 6, 10787 Berlin, erhältlich ist.

Die in diesem Werk aufgeführten Internetadressen sind auf dem Stand zum Zeitpunkt der Drucklegung. Die ständige Aktualität der Adressen kann vonseiten des Verlages nicht gewährleistet werden. Darüber hinaus übernimmt der Verlag keine Verantwortung für die Inhalte dieser Seiten.

service@westermann.de
www.westermann.de

Bildungshaus Schulbuchverlage Westermann Schroedel Diesterweg Schöningh Winklers GmbH, Postfach 33 20, 38023 Braunschweig

ISBN 978-3-14-**235061**-5

westermann GRUPPE

GHS-Gefahrenklassen und ihre Piktogramme

Physikalische Gefahren (16 Gefahrenklassen)

■ Explosive Stoffe bzw. Gemische – instabil, explosiv – explosiv, Kat. 1.1–1.3 ■ Selbstzersetzliche Stoffe und Gemische ■ Organische Peroxide ■ Explosive Stoffe, Kat. 1.4	 H200 H201 H202, H203 H240, H241 H240, H241 H204	Gefahr bzw. Achtung 
■ Entzündbare Gase, Kat. 1 ■ Entzündbare Aerosole, Kat. 1 ■ Entzündbare Flüssigkeiten, Kat. 1 ■ Entzündbare Flüssigkeiten, Kat. 2 ■ Entzündbare Feststoffe, Kat. 1 ■ Entzündbare Feststoffe, Kat. 2	H220 H222 H224 H225 H228 H228	Gefahr bzw. Achtung 
■ Entzündbare Aerosole, Kat. 2 ■ Entzündbare Flüssigkeiten, Kat. 3	H223 H226	Achtung 
■ Pyrophore Flüssigkeiten und Feststoffe, Kat. 1 ■ Stoffe und Gemische, die in Berührung mit Wasser entzündbaren Gase etwickeln, Kat. 1, 2, 3 ■ Selbstzersetzliche Stoffe und Gemische ■ Selbsterhitzungsfähige Stoffe und Gemische, Kat. 1, 2 ■ Organische Peroxide	H250 H260, H261 H241, H242 H251, H252 H241, H242	Achtung bzw. Gefahr 
■ Oxidierende Gase, Kat. 1 ■ Oxidierende Flüssigkeiten, Kat. 1, 2, 3 ■ Oxidierende Feststoffe, Kat. 1, 2, 3	H270 H271, H272 H271, H272	Achtung bzw. Gefahr 
■ Gase und Druck – verdichtete Gase – verflüssigte Gase – Tiefgekühlt verflüssigte Gase – gelöste Gase	 H280 H280 H281 H280	Achtung 
■ Stoffe und Gemische, die gegenüber Metallen korrosiv sind, Kat. 1	H290	Achtung 

Gesundheitsgefahren (10 Gefahrenklassen)

■ Akute Toxität, Kat. 1, 2 – Oral – Dermal – Inhalativ ■ Akute Toxität, Kat. 3 – Oral – Dermal – Inhalativ	 H300 H310 H330 H301 H311 H331	Gefahr 
■ Keimzellmutagenität, Kat. 1A, 1B ■ Karzinogene Wirkung, Kat. 1A, 1B ■ Reproduktionstoxische Wirkung, Kat. 1 A, 1B ■ Spezifische Zielorgan-Toxität bei einmaliger Exposition, Kat. 1 ■ Spezifische Zielorgan-Toxität bei wiederholter Exposition, Kat. 1 ■ Sensibilisierung der Atemwege, Kat. 1 ■ Aspirationsgefahr, Kat. 1	H340 H350 H360 H370 H372 H334 H304	Gefahr 
■ Keimzellmutagenität, Kat. 2 ■ Karzinogene Wirkung, Kat. 2 ■ Reproduktionstoxische Wirkung, Kat. 2 ■ Spezifische Zielorgan-Toxität bei einmaliger Exposition, Kat. 2 ■ Spezifische Zielorgan-Toxität bei wiederholter Exposition, Kat. 2	H341 H351 H361 H371 H373	Achtung 
■ Akute Toxität, Kat. 4 – Oral – Dermal – Inhalativ	 H302 H312 H332	Achtung 
■ Hautätzende Wirkung, Kat. 1A, 1B, 1C ■ Schwere Augenschädigung, Kat. 1	H314 H318	Gefahr 
■ Hautreizend, Kat 2. ■ Augenreizend, Kat. 2 ■ Sensibilisierung der Haut, Kat. 1 ■ Spezifische Zielorgan-Toxität bei einmaliger Exposition, Kat. 3 – Atemwegsreizend – Narkotischer Effekt	H315 H319 H317 H335 H336	Achtung 

Umweltgefahren

■ Akut gewässergefährdend, Kat. 1 ■ Chronisch gewässergefährdend, Kat. 1	H400 H410	Achtung 

Im Tabellenbuch werden schwerpunktmäßig Informations- und Medientechniken behandelt.

Die **Informationstechnik** befasst sich im Wesentlichen mit der

- Gewinnung,
- Verarbeitung,
- Speicherung und
- Übertragung von Informationen.

Deshalb werden wesentliche Inhalte dieser Teilbereiche behandelt und in übersichtlicher sowie kompakter Form dargestellt.

Das Gebiet der **Medientechnik** umfasst die aktuelle PC-Technik mit wichtigen Peripheriegeräten sowie das breite Spektrum der Multimediageräte.

Da neben technischen auch betriebliche und kaufmännische Inhalte zur Bewältigung des beruflichen Alltags wichtig sind, werden wesentliche Themen im Kapitel „Betrieb und Umfeld“ behandelt.

Der klare und themenbezogene Aufbau und die Vierfarbigkeit tragen zur Übersichtlichkeit bei und vereinfachen das rasche Auffinden und Verarbeiten der gesuchten Informationen. Die Farbgebung in den Darstellungen wurde nach funktionalen Gesichtspunkten ausgewählt.

Die kompakte Formelsammlung am Ende erschließt wesentliche mathematische Zusammenhänge und das deutsch-englische Sachwortverzeichnis erleichtert den Zugang über englischsprachige Texte.

Das Tabellenbuch ist für Auszubildende mit den folgenden Berufsbezeichnungen des Handwerks und der Industrie geeignet:

- **Informations- und Systemtechnik**
- **Informations- und Telekommunikationstechnik**
- **Systeminformatik**

Darüber hinaus kann es zur fachlichen Vertiefung informationstechnischer Inhalte in

- **IT-Berufen**

verwendet werden.

Da im Tabellenbuch wesentliche elektrische, elektronische, akustische und optische Inhalte dargestellt werden, lässt es sich auch im Berufsfeld

- **Veranstaltungstechnik**

einsetzen.

Aufgrund der ausführlichen Darstellung von digitalen Medien kann es in Teilgebieten des Ausbildungsberufs

- **Mediengestalter/in Digital und Print**

sinnvoll verwendet werden.

Das Tabellenbuch kann in der beruflichen Erstausbildung eingesetzt, aber auch von den in der Praxis stehenden Facharbeitern, Meistern oder Technikern als vielfältige Informationsquelle verwendet werden.

Aufgrund technologischer Entwicklungen ist die vorliegende 4. Auflage um folgende Themen erweitert worden:

- Android
- Arbeitsschutz- und Umweltschutzrecht
- Containerformate
- Datenübertragung im Breitbandnetz
- EMV-gerechte Kommunikationsverkabelung
- EU-Datenschutz-Grundverordnung (EU-DSGVO)
- FTTH – Netzarchitekturen
- Geschäftsmodelle im Cloud Computing
- IaaS, PaaS, SaaS
- Kommunikationskabelanlagen
- Kritische Infrastrukturen – KRITIS
- Kundendokumentation
- Laserschutz in LWLKS
- Lichtwellen-Modulation
- LoRaWAN – Long Range Wireless Area Network
- MQTT – Message Queuing Telemetry Transport
- NB-IoT – Narrow Band-Internet of Things
- Netzwerkmanagement
- Rechenzentrum Hochverfügbarkeit
- Redundante Systeme
- SigFox
- Signalübertragung mit Lichtwellenleitern
- Softwareanforderungsspezifikation
- SSD-Bauformen
- Thunderbolt
- TSN – Time-Sensitive Networking
- UHDTV – Ultra High Definition Television
- Umweltvorschriften
- Unfall und Unfallschutz
- Verfügbarkeit
- VLAN – Virtual LAN
- WLAN-Begriffe
- XAVC

Für Hinweise und Verbesserungsvorschläge sind die Autoren und der Verlag jederzeit aufgeschlossen und dankbar.

Autoren und Verlag
Braunschweig 2019

Grundlagen

1

Mathematik

Physik, Chemie

Elekrotechnik

Allgemeine mathematische Zeichen und Begriffe
General Mathematical Signs and Terms

Zeichen	Verwendung	Sprechweise (Erläuterungen)
Pragmatische Zeichen (nicht mathematisch im engeren Sinne. Die Bedeutung ist von Fall zu Fall zu präzisieren.		
$\approx$	$x \approx y$	x ist ungefähr gleich y
$\lll$	$x \lll y$	x ist klein gegen y
$\ggg$	$x \ggg y$	x ist groß gegen y
$\triangleq$	$x \triangleq y$	x entspricht y
$\ldots$		und so weiter bis, und so weiter (unbegrenzt), Punkt, Punkt, Punkt
Allgemeine arithmetische Relationen und Verknüpfungen		
$=$	$x = y$	x gleich y
$\neq$	$x \neq y$	x ungleich y
$<$	$x < y$	x kleiner als y
$\leq$	$x \leq y$	x kleiner oder gleich y, x höchstens gleich y
$>$	$x > y$	x größer als y
$\geq$	$x \geq y$	x größer oder gleich y, x mindestens gleich y
$+$	$x + y$	x plus y, Summe von x und y
$-$	$x - y$	x minus y, Differenz von x und y
$\cdot$	$x \cdot y$ oder xy	x mal y, Produkt von x und y
— oder /	$\frac{x}{y}$ oder x/y	x durch y, Quotient von x und y
Σ	$\sum_{i=1}^{n} x_i$	Summe über x_i von i gleich 1 bis n
$\sim$	$f \sim g$	f ist proportional zu g

Zeichen	Verwendung	Sprechweise (Erläuterungen)
Elementare Geometrie		
π		pi (3,1415926…)
e		e (2,718281…)
	x^n	x hoch n, n-te Potenz von x
$\sqrt{\ }$	$\sqrt{x}$	Wurzel (Quadratwurzel) aus x
$\sqrt[n]{\ }$	$\sqrt[n]{x}$	n-te Wurzel aus x
$\lvert\ \rvert$	$\lvert x \rvert$	Betrag von x
∞		unendlich
Elementare Geometrie		
$\perp$	$g \perp h$	g und h stehen senkrecht zueinander (g orthogonal zu h)
$\vert\vert$	$g \vert\vert h$	g ist parallel zu h
$\uparrow\uparrow$	$g \uparrow\uparrow h$	g und h sind gleichsinnig parallel
$\uparrow\downarrow$	$g \uparrow\downarrow h$	g und h sind gegensinnig parallel
$\sphericalangle$	$\sphericalangle (g, h)$	(nicht orientierter) Winkel zwischen g und h
$\measuredangle$	$\measuredangle (g, h)$	orientierter Winkel von g nach h (Zählrichtung festgelegt)
—	$\overline{PQ}$	Strecke von P nach Q
d	$d\,(P, Q)$	Abstand (Distanz) von P nach Q
Δ	$\Delta\,(ABC)$	Dreieck ABC
$\cong$	$M \cong N$	M ist kongruent zu N

Winkelfunktionen
Trigonometric Functions

Winkelfunktionen (rechtwinklige Dreiecke)

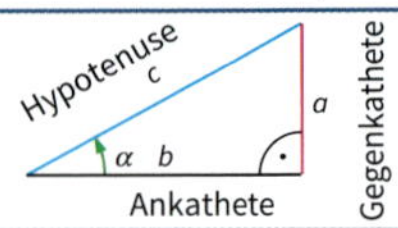	$\sin\alpha = \frac{a}{c}$	Sinus α = Gegenkathete / Hypotenuse	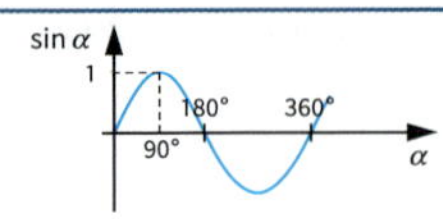
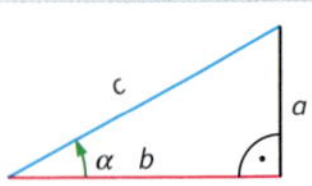	$\cos\alpha = \frac{b}{c}$	Cosinus α = Ankathete / Hypotenuse	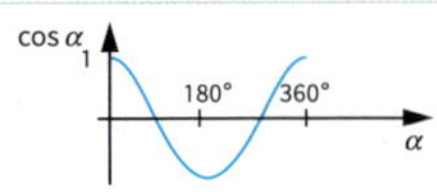
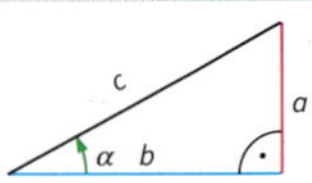	$\tan\alpha = \frac{a}{b}$	Tangens α = Gegenkathete / Ankathete	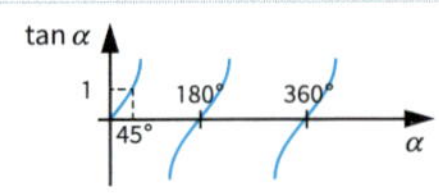
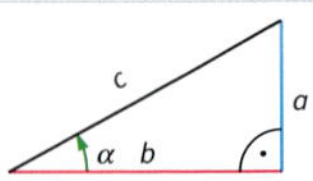	$\cot\alpha = \frac{b}{a}$	Cotangens α = Ankathete / Gegenkathete	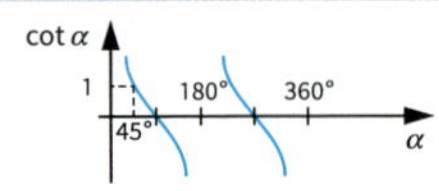

Vorzeichen der Winkelfunktionen in den vier Quadranten

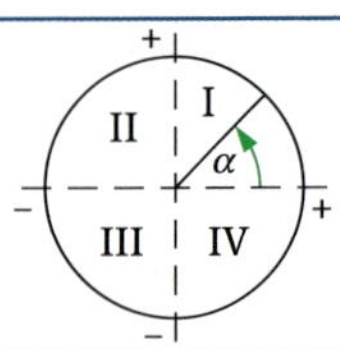

Quadrant	Winkel	sin	cos	tan	cot
I	0° … 90°	+	+	+	+
II	90° … 180°	+	–	–	–
III	180° … 270°	–	–	+	+
IV	270° … 360°	–	+	–	–

Addition und Subtraktion
Addition and Subtraction

Addition

Summand + Summand + … = Summe
a + b + … = x

$\underbrace{a + b + \dots}_{\text{Term}} = x \quad (a, b, x \in \mathbb{R})$

Ein **Term** ist ein mathematischer Ausdruck, der aus Zahlen, Variablen und Rechenzeichen besteht.

Regeln

- Kommutativgesetz $a + b = b + a$
- Assoziativgesetz $(a + b) + c = a + (b + c)$

Rechenoperation in Klammer zuerst ausführen.

- Klammern auflösen

$a + (+b) = a + b$
$a + (-b) = a - b$

$a - (+b) = a - b$
$a - (-b) = a + b$

$a + (b + c) = a + b + c$
$a + (b - c) = a + b - c$

$a - (b + c) = a - b - c$
$a - (b - c) = a - b + c$

- Mehrere Klammern

$$a - [(b - c) - (a + c)] = a - [b - c - a - c] = 2a - b + 2c$$

Zuerst innere Klammer auflösen.

- Irrationale Zahlen

z.B.: $\sqrt{2} + 3 \approx 1{,}414 + 3 \approx 4{,}414$

(Rundungsregeln anwenden)

Subtraktion

Minuend – Subtrahend = Differenz
a – b = c (a, b, c ∈ ℝ)

$\underbrace{a - b}_{\text{Term}} = c \quad (a, b, c \in \mathbb{R})$

Wenn der Subtrahend größer als der Minuend ist, wird die Differenz negativ.

Brüche

- Gleichnamige Brüche (Zähler addieren bzw. subtrahieren, Nenner unverändert belassen) $\frac{a}{b} \pm \frac{c}{b} = \frac{a \pm c}{b}$
- Ungleichnamige Brüche (Hauptnenner bilden, kleinste gemeinsame Vielfache) $\frac{a}{b} \pm \frac{c}{d} = \frac{a \cdot d \pm b \cdot c}{b \cdot d}$
- Term als Zähler (Klammer um Zähler)

$$\frac{a + b}{c} + \frac{c - d}{c} = \frac{(a + b) + (c - d)}{c}$$

Beträge

Soll von einer Zahl nur der Wert ohne Berücksichtigung des Vorzeichens geschrieben werden, setzt man die Zahl zwischen zwei senkrechte Striche (Betrag).

$|-13| = 13 \qquad |1{,}5| = 1{,}5$

Multiplikation und Division
Multiplication and Division

Multiplikation

Faktor · Faktor = Produkt
a · b = c (a, b, c ∈ ℝ)

Kommutativgesetz $a \cdot b = b \cdot a$
Assoziativgesetz $a \cdot (b \cdot c) = (a \cdot b) \cdot c$

Division

$\frac{\textbf{Dividend}}{\textbf{Divisor}} = \textbf{Quotient} \qquad \frac{a}{b} = c$

$(a, b, c \in \mathbb{R}, b \bullet 0)$

Regeln

- Division durch Null ist nicht erlaubt!
- Division durch 1 $\frac{a}{1} = a$
- Vorzeichen $\frac{+a}{+b} = \frac{a}{b} \qquad \frac{-a}{+b} = -\frac{a}{b} \qquad \frac{+a}{-b} = -\frac{a}{b} \qquad \frac{-a}{-b} = \frac{a}{b}$
- Punktrechnung vor Strichrechnung (Rechnung höherer Ordnung geht vor)

$4 \cdot a = 4a \qquad a \cdot b = ab$

Rechenzeichen kann entfallen

$(+a) \cdot (+b) = ab$
$(+a) \cdot (-b) = -ab$

$(-a) \cdot (+b) = -ab$
$(-a) \cdot (-b) = ab$

$a \cdot 0 = 0$
$a \cdot 1 = a$

$3a \cdot 8b = 24ab$
$ab \cdot cd = abcd$

$3 \cdot a + 8 \cdot b = 3a + 8b$
$a \cdot b + c \cdot d = ab + cd$

- Distributivgesetz $a(b + c) = ab + ac$
- Ausklammern

$$4a + 9a - 3a = (4 + 9 - 3) \cdot a = 10a$$

$$ba + ca - da = (b + c - d) \cdot a$$

$$2a + 3a - 4m + m = a \cdot (2 + 3) + m \cdot (-4 + 1) = 5a - 3m$$

$$ba + ca + dm + fm = a \cdot (b + c) + m \cdot (d + f)$$

$$(a + b) \cdot (c + d) = a(c + d) + b(c + d) = ac + ad + bc + bd$$

- Irrationale Zahlen werden multipliziert und dividiert, nachdem man gerundet hat.

Brüche (a, b, x ∈ ℝ)

- Multiplikation $\frac{a}{b} \cdot c = \frac{ac}{b} \qquad \frac{a}{b} \cdot \frac{c}{d} = \frac{ac}{bd} \qquad \frac{a}{b} \cdot \frac{b}{a} = 1$
- Division $\frac{a}{b} : c = \frac{a}{bc} \qquad \frac{a}{b} : \frac{c}{d} = \frac{ad}{bc}$ (mit Kehrwert multiplizieren)

Potenzieren

$a^n = c$ $\quad n \in \mathbb{N}$ $\quad$ a Basis

$a^n = \underbrace{a \cdot a \cdot \ldots \cdot a}_{n \text{ Faktoren}} = c$ $\quad a, c \in \mathbb{R}$ $\quad$ n Exponent

c Potenz

Regeln

- Positive Basis $\quad a \geq 0; b \geq 0; c \geq 0$

  $a^b = c$

- Negative Basis $\quad a > 0; c > 0; n \in \mathbb{N}$

  Exponent geradzahlig $\quad (-a)^{2n} = c$

  Exponent ungeradzahlig $\quad (-a)^{2n+1} = -c$

- Addition und Subtraktion von Potenzen mit der gleichen Basis und dem gleichen Exponenten

  Distributivgesetz $\quad a \cdot b^n \pm c \cdot b^n = (a \pm c) \cdot b^n$

- Multiplikation und Division von Potenzen mit der gleichen Basis

  $a^m \cdot a^n = a^{m+n}$ $\quad a^1 = a$ $\quad a^{-n} = \frac{1}{a^n}$

  $a^m : a^n = a^{m-n}$ $\quad a^0 = 1$

- Multiplikation und Division von Potenzen mit dem gleichen Exponenten

  $a^m \cdot b^m = (ab)^m$ $\quad a^m : b^m = \frac{a^m}{b^m} = \left(\frac{a}{b}\right)^m$

- Potenzieren von Potenzen $\quad (a^b)^c = a^{bc}$

  Binomische Formeln:

  $(a+b)^2 = a^2 + 2ab + b^2$

  $(a-b)^2 = a^2 - 2ab + b^2$

  $(a+b)(a-b) = a^2 - b^2$

Radizieren

$\sqrt[n]{a} = b$ $\quad a, b \in \mathbb{R}$ $\quad$ n Wurzelexponent

$a^{\frac{1}{n}} = b$ $\quad n \in \mathbb{Z}$ $\quad$ a Radikand

$a \geq 0$ $\quad$ b Wurzel

Regeln

- Addition und Subtraktion von Wurzeln mit gleichem Exponenten und gleichem Radikanden

  $b \cdot \sqrt[n]{a} \pm c \cdot \sqrt[n]{a} = (b \pm c)\sqrt[n]{a}$ $\quad a \geq 0$; $n \in \mathbb{N}; n \neq 0$

- Multiplikation und Division von Wurzeln mit gleichem Exponenten

  $n\sqrt[x]{a} \cdot m\sqrt[x]{b} = nm\sqrt[x]{ab}$

  $m\sqrt[y]{a} : n\sqrt[y]{b} = \frac{m}{n}\sqrt[y]{\frac{a}{b}}$

- Potenzieren und Radizieren $\quad (m, n \in \mathbb{R})$

  $\left(\sqrt[n]{a}\right)^m = \sqrt[n]{a^m}$ $\quad a^{\frac{m}{n}} : a^{\frac{p}{q}} = a^{\frac{m}{n} - \frac{p}{q}}$

  $\sqrt[n]{a^m} = a^{\frac{m}{n}}$

  $\frac{1}{\sqrt[n]{a^m}} = a^{\frac{-m}{n}}$ $\quad \sqrt[m]{\sqrt[n]{a}} = \sqrt[m \cdot n]{a}$

  $a^{\frac{m}{n}} \cdot a^{\frac{p}{q}} = a^{\frac{m}{n} + \frac{p}{q}}$ $\quad \left(a^{\frac{m}{n}}\right)^{\frac{p}{q}} = a^{\frac{mp}{nq}}$

Zehnerpotenzen

$10^n = c$ $\quad n \in \mathbb{Z}$

$10^n = \underbrace{10 \cdot 10 \cdot 10 \cdot \ldots \cdot 10}_{n \text{ Faktoren}}$ $\quad$ Basis 10

$10^0 = 1$	
$10^1 = 10$	$10^{-1} = \frac{1}{10} = 0{,}1$
$10^2 = 100$	$10^{-2} = \frac{1}{100} = 0{,}01$
$10^3 = 1000$	$10^{-3} = \frac{1}{1000} = 0{,}001$
$10^4 = 10\,000$	$10^{-4} = \frac{1}{10\,000} = 0{,}0001$

Beispiele

Addieren	$4 \cdot 10^2 + 2 \cdot 10^2 = (4+2) \cdot 10^2 = 6 \cdot 10^2$		
Subtrahieren	$4 \cdot 10^2 - 2 \cdot 10^2 = (4-2) \cdot 10^2 = 2 \cdot 10^2$		
Multiplizieren	$10^4 \cdot 10^3$	$= 10^{(4+3)}$	$= 10^7$
Dividieren	$\frac{10^4}{10^3}$	$= 10^{(4-3)}$	$= 10^1$
Potenzieren	$(10^2)^3$	$= 10^{2 \cdot 3}$	$= 10^6$
Radizieren	$\sqrt{10^6}$	$= 10^{\frac{6}{2}}$	$= 10^3$

Logarithmieren
Take the Logarithm

Definition

$a^n = c$ **$\log_a c = n$** (sprich: Logarithmus zur Basis a von c ist n)

a Basis
c Numerus
n Logarithmus

Der Logarithmus n gibt an, mit welcher Zahl man die Basis a potenzieren muss, um den Numerus c als Potenz zu erhalten.

Sonderfälle und Umrechnungen

$\log_a 0 = -\infty$ $\log_a 1 = 0$ $\lg 10 = 1$
$\log_a \infty = \infty$ $\log_a a = 1$ $\ln e = 1$
$\lg 2 = 1$

$\log_a b = \frac{\log_c b}{\log_c a}$

$\ln x = 2{,}30258 \cdot \lg x$
$\operatorname{lb} x = 3{,}32193 \cdot \lg x$
$\ln x = 0{,}69314 \cdot \operatorname{lb} x$

Regeln $a > 0; c > 0; d > 0$

- Multiplizieren
  $\log_a (c \cdot d) = \log_a c + \log_a d$ — Multiplikation wird zur Addition
- Dividieren
  $\log_a \frac{c}{d} = \log_a c - \log_a d$ — Division wird zur Subtraktion
- Potenzieren
  $\log_a c^n = n \cdot \log_a c$ — Potenzieren wird zum Multiplizieren
- Radizieren
  $\log_a \sqrt[m]{c} = \frac{1}{m} \log_a c$ — Radizieren wird zum Dividieren

Gebräuchliche Basen

Basis	Logarithmus-Bezeichnung	Schreibweise	Taschenrechner
10	dekadischer (Zehnerlogarithmus)	lgc $\log_{10} c$	log
e = 2,71828…	natürlicher	lnc $\log_e c$	ln
2	binärer	lbc $\log_2 c$	

Logarithmische Teilung (dekadischer Logarithmus)

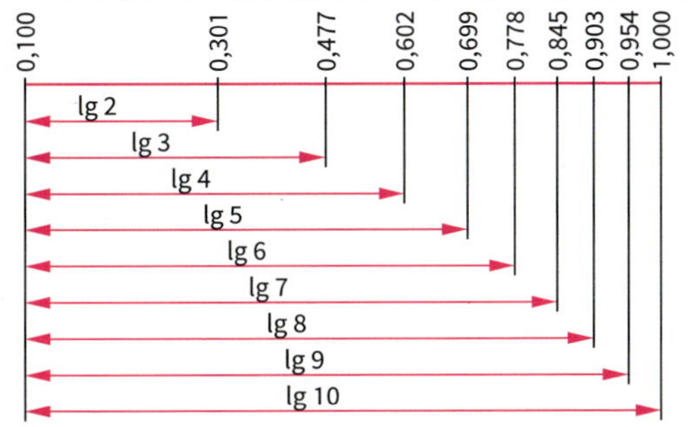

Binäre und hexadezimale Potenzen
Binary and Hexadecimal Powers

Binäre Potenzen

$2^n = c$ **$2^n = 2 \cdot 2 \cdot \ldots \cdot 2$** $n \in \mathbb{Z}$ Basis 2

$2^{-n} = \frac{1}{2^n}$ **$2^{-n} = \frac{1}{2} \cdot \frac{1}{2} \cdot \ldots \cdot \frac{1}{2}$**

Beispiele

$2^0 = 1$	
$2^1 = 2$	$2^{-1} = \frac{1}{2} = 0{,}5$
$2^2 = 4$	$2^{-2} = \frac{1}{4} = 0{,}25$
$2^3 = 8$	$2^{-3} = \frac{1}{8} = 0{,}125$
$2^4 = 16$	$2^{-4} = \frac{1}{16} = 0{,}0625$
$2^5 = 32$	$2^{-5} = \frac{1}{32} = 0{,}03125$
$2^6 = 64$	$2^{-6} = \frac{1}{64} = 0{,}015625$
$2^7 = 128$	$2^{-7} = \frac{1}{128} = 0{,}0078125$
$2^8 = 256$	$2^{-8} = \frac{1}{256} = 0{,}00390625$

Abkürzungen durch Vorsatzzeichen

1 k (Kilo) $= 2^{10} = 1024$
1 M (Mega) $= 2^{20} = 2^{10} \cdot 2^{10} = 1048576$
1 G (Giga) $= 2^{30} = 2^{10} \cdot 2^{10} \cdot 2^{10} = 1073741824$

Hexadezimale Potenzen

$16^n = c$ **$16^n = 16 \cdot 16 \cdot \ldots \cdot 16$** $n \in \mathbb{Z}$ Basis 16

$16^{-n} = \frac{1}{16^n}$ **$16^{-n} = \frac{1}{16} \cdot \frac{1}{16} \cdot \ldots \cdot \frac{1}{16}$**

Beispiele

$16^0 = 1$	
$16^1 = 16$	$16^{-1} = \frac{1}{16} = 0{,}0625$
$16^2 = 256$	$16^{-2} = \frac{1}{256} = 0{,}00390625$
$16^3 = 4096$	$16^{-3} = \frac{1}{4096} = 0{,}244140 \cdot 10^{-3}$
$16^4 = 65536$	$16^{-4} = \frac{1}{65536} = 0{,}015259 \cdot 10^{-3}$

Umrechnungsbeispiele

2^4	$= 16^1 =$	$16 =$	$10000_B =$	10_H
2^8	$= 16^2 =$	$256 =$	$100000000_B =$	100_H
2^{16}	$= 16^4 =$	$65536 =$	$64\,k =$	10000_H
2^{20}	$= 16^5 =$	$1048576 =$	$1\,M =$	100000_H

B: Binär; H: Hexadezimal

Gleichungen
Equations

Term: Sammelname für einzelne Summen, Differenzen, Produkte usw.
Gleichung: Zwei Terme, die durch ein Gleichheitszeichen verknüpft sind.

Beide Terme kann man mit gleichen Zahlen, Größen und Einheiten addieren, subtrahieren, dividieren (≠ 0), potenzieren, radizieren.

Lösen linearer Gleichungen mit einer unbekannten Größe
- Brüche beseitigen
- Klammern auflösen
- Glieder ordnen und zusammenfassen
- Unbekannte Größen auf eine Seite bringen
- Unbekannte Größen berechnen
- Ergebnis durch Einsetzen der unbekannten Größe in die Ausgangsgleichung überprüfen (keine Reihenfolge)

Es gilt immer: Term 1 = Term 2
Lösen von linearen Gleichungen mit zwei unbekannten Größen
- **Einsetzungsverfahren**
  - Eine Gleichung nach einer der unbekannten Größen umstellen.
  - Umgestellte Gleichung in die zweite Gleichung einsetzen.
- **Gleichsetzungsverfahren**
  - Beide Gleichungen nach derselben unbekannten Größe umstellen.
  - Terme gleichsetzen.
  - Term nach verbleibenden Unbekannten auflösen.
- **Additionsverfahren**
  - Gleichung so umstellen, dass die eine unbekannte Größe in beiden Gleichungen den gleichen Faktor, aber ein umgekehrtes Vorzeichen besitzt.
  - Beide Gleichungen addieren.

Vektoren
Vectors

Schreibweise

A, B, …, a, b, …
$\vec{A}, \vec{B}, \ldots, \vec{a}, \vec{b}, \ldots$

Grafische Darstellung

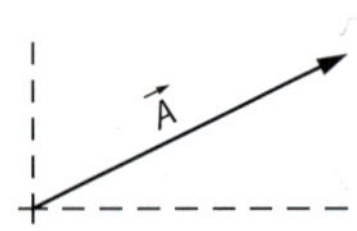

Komponenten eines Vektors

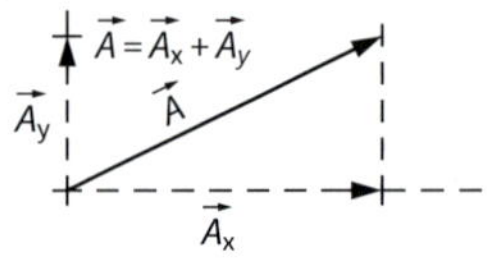

Betrag eines Vektors

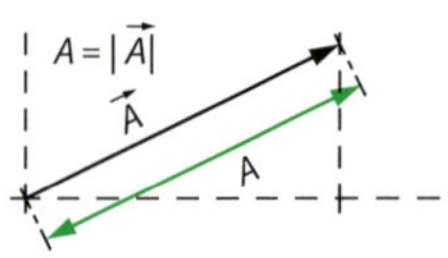

Multiplikation mit einem Skalar

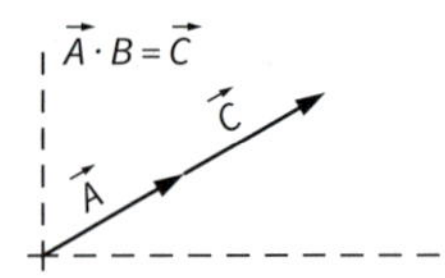

Addition von Vektoren

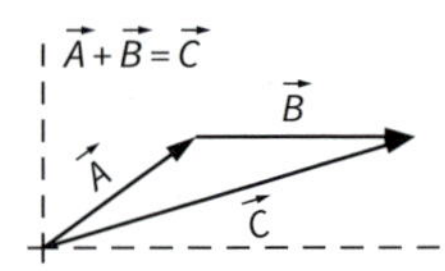

Subtraktion von Vektoren

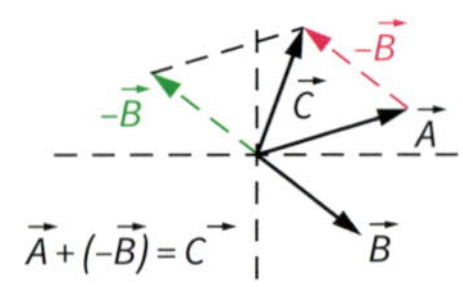

Prozent- und Zinsrechnug
Calculation of Percentages and of Interests

Prozentrechnung

$$P = \frac{G \cdot p}{100\ \%}$$

G: Grundwert
P: Prozentwert
p: Prozentsatz

Prozent (%) bedeutet: $1\ \% = \frac{1}{100}$

Promile (‰) bedeutet: $1\ ‰ = \frac{1}{1000}$

Zinsrechnung

$$Z = \frac{K \cdot p \cdot t}{100\ \%}$$

Z: Zinsen in €
K: Kapital in €
p: Zinssatz in % pro Jahr (a)
t: Zeit in Jahren (a)

Dezimalzahlen-System

- Zeichenvorrat: 0, 1, 2, 3, 4, 5, 6, 7, 8, 9
- Mögliche unterschiedliche Zeichen pro Stelle: 10
- Basis 10 (B = 10)
- Kennzeichnung: Index 10 oder D (dezimal)

Stelle	4.	3.	2.	1.		1.	2.
Wertigkeit	10^3	10^2	10^1	10^0		10^{-1}	10^{-2}
	1000	100	10	1		1/10	1/100
Beispiel:	**5**	**0**	**3**	**2**	**,**	**1**	**2**
	$5 \cdot 10^3 +$	$0 \cdot 10^2 +$	$3 \cdot 10^1 +$	$2 \cdot 10^0 +$		$1 \cdot 10^{-1} +$	$2 \cdot 10^{-2}$

Dualzahlen-System

- Zeichenvorrat: 0 und 1
- Mögliche unterschiedliche Zeichen pro Stelle: 2
- Basis 2 (B = 2)
- Kennzeichnung: Index 2 oder B (binär)

Stelle	4.	3.	2.	1.		1.	2.
Wertigkeit	2^3	2^2	2^1	2^0		2^{-1}	2^{-2}
	8	4	2	1		1/2	1/4
Beispiel:	**1**	**0**	**0**	**1**	**,**	**1**	**1**
	$1 \cdot 2^3 +$	$0 \cdot 2^2 +$	$0 \cdot 2^1 +$	$1 \cdot 2^0 +$		$1 \cdot 2^{-1} +$	$1 \cdot 2^{-2}$

Hexadezimal-Zahlensystem

- Zeichenvorrat: 0, 1, 2, 3, 4, 5, 6, 7, 8, 9, A, B, C, D, E, F
- Mögliche unterschiedliche Zeichen pro Stelle: 16
- Basis 16 (B = 16)
- Kennzeichnung: Index 16 oder H (hexadezimal)

Stelle	4.	3.	2.	1.		1.	2.
Wertigkeit	16^3	16^2	16^1	16^0		16^{-1}	16^{-2}
	4096	256	16	1		1/16	1/256
Beispiel:	**1**	**3**	**F**	**C**	**,**	**5**	**A**
	$1 \cdot 16^3 +$	$3 \cdot 16^2 +$	$F \cdot 16^1 +$	$C \cdot 16^0 +$		$5 \cdot 16^{-1} +$	$A \cdot 16^{-2}$

Vergleich zwischen Zahlensystemen

dual	dezimal	hexadezimal	dual	dezimal	hexadezimal
0	0	0	10000	16	10
1	1	1	10001	17	11
10	2	2	10010	18	12
11	3	3	10011	19	13
100	4	4	10100	20	14
101	5	5	10101	21	15
110	6	6	10110	22	16
111	7	7	10111	23	17
1000	8	8	11000	24	18
1001	9	9	11001	25	19
1010	10	A	11010	26	1A
1011	11	B	11011	27	1B
1100	12	C	11100	28	1C
1101	13	D	11101	29	1D
1110	14	E	11110	30	1E
1111	15	F	11111	31	1F

Komplementbildung

B-Komplement: Ergänzung der gegebenen Zahl zur ganzen Potenz der Basis des gewählten Zahlensystems.

(B-1)-Komplement: B-Komplement minus 1

Beispiele:

Basis	Zahl	B-Komplement	(B-1)-Komplement
		Zehnerkomplement	Neunerkomplement
B = 10	6	4	3
	73	27	26
		Zweierkomplement	Einerkomplement
B = 2	111	001	000
	101	011	010

Umwandlungen von Zahlen

Dezimalzahl in Dualzahl (Divisionsverfahren)

Beispiel: $13{,}3_D$

Ganzzahliger Anteil	Nachkommastelle
13 : 2 = 6 Rest 1	0,3 · 2 = 0,6 + 0
6 : 2 = 3 Rest 0	0,6 · 2 = 0,2 + 1
3 : 2 = 1 Rest 1	0,2 · 2 = 0,4 + 0
1 : 2 = 0 Rest 1	0,4 · 2 = 0,8 + 0
	0,8 · 2 = 0,6 + 1
	0,6 · 2 = 0,2 + 1
	· = ·
	· = ·
$13_D = 1101_B$	$0{,}3_D = 0{,}010011\ldots_B$

$13{,}3_D = 1101{,}0\overline{1001}\ldots_B$

Dezimalzahl in Hexadezimalzahl (Divisionsverfahren)

Beispiel: $5116{,}33_D$

5116 : 16 = 319 Rest C	0,33 · 16 = 0,28 + 5
319 : 16 = 19 Rest F	0,28 · 16 = 0,48 + 4
19 : 16 = 1 Rest 3	0,48 · 16 = 0,68 + 7
1 : 16 = 0 Rest 1	0,68 · 16 = 0,88 + A
	0,88 · 16 = 0,08 + E
	· = ·
	· = ·
$5116_D = 13FC_H$	$0{,}33_D = 0{,}547AE\ldots_H$

$5116{,}33_D = 13FC{,}547AE\ldots_H$

Hexadezimalzahl in Dezimalzahl

1. Potenzwert-Verfahren

Beispiel:

$$
\begin{aligned}
COA{,}E_H &= 12 \cdot 16^2 + 0 \cdot 16^1 + 10 \cdot 16^0 + 14 \cdot 16^{-1} \\
&= 3072 \quad + \quad 0 \quad + \quad 10 \quad + \quad 0{,}875 \\
&= \underline{3082{,}875_D}
\end{aligned}
$$

2. Horner-Schema

Beispiel: $13FC{,}E8_H$

1 3 F C	0, E8
16 · 1 + 3 = 19	8 : 16 = 0,5
16 · 19 + 15 = 319	(14 + 0,5) : 16 = 0,90625
16 · 319 + 12 = 5116	
$13FC_H = 5116_D$	$0{,}E8_H = 0{,}90625$

$13FC{,}E8_H = 5116{,}90625_D$

Dualzahl in Dezimalzahl

1. Potenzwert-Verfahren

Beispiel:

$$
\begin{aligned}
1001{,}11_B &= 1 \cdot 2^3 + 0 \cdot 2^2 + 0 \cdot 2^1 + 1 \cdot 2^0 + 1 \cdot 2^{-1} + 1 \cdot 2^{-2}{}_D \\
&= 8 \quad + \quad 0 \quad + \quad 0 \quad + \quad 1 \quad + \quad 0{,}5 \quad + \quad 0{,}25_D \\
&= \underline{9{,}75_D}
\end{aligned}
$$

2. Horner-Schema

Beispiel: $1101{,}0101_B$

1 1 0 1	0,0101
2 · 1 + 1 = 3	1 : 2 = 0,5
2 · 3 + 0 = 6	(0 + 0,5) : 2 = 0,25
2 · 6 + 1 = 13	(1 + 0,25) : 2 = 0,625
	(0 + 0,625) : 2 = 0,3125
$1101_B = 13_D$	$0{,}0101_B = 0{,}3125_D$

$1101{,}0101_B = 13{,}3125_D$

Umwandlung von Zahlen

Hexadezimalzahl in Dualzahl

Jede Ziffer ist durch die entsprechende vierstellige Dualzahl auszudrücken.

Beispiel:

7	C	3
0111	1100	0011

$7C3_H = 0111 \quad 1100 \quad 0011_B$

Dualzahl in Hexadezimalzahl

- Dualzahl in „Viererblöcke“ aufteilen
- Jedem Block ist die Hexadezimalzahl zuzuordnen.

Beispiel:

0101	1110
5	E

$0101\ 1110_B = 5E_H$

Römische Zahlen

I = 1	XI = 11	CX = 110
II = 2	XX = 20	CC = 200
III = 3	XXX = 30	CCC = 300
IV = 4	XL = 40	CD = 400
V = 5	L = 50	D = 500
VI = 6	LX = 60	DC = 600
VII = 7	LXX = 70	DCC = 700
VIII = 8	LXXX = 80	DCCC = 800
IX = 9	XC = 90	CM = 900
X = 10	C = 100	M = 1000

Rechnen mit Dualzahlen

Addition

0 + 0 = 0
0 + 1 = 1
1 + 0 = 1
1 + 1 = 10
0,1 + 0,1 = 1,0

Beispiel: Übertrag (Carry)

```
   110,11
+ 1011,01
  1111,10   Carry
 10010,00
```

Subtraktion

0 − 0 = 0
10 − 1 = 1
1 − 0 = 1
1 − 1 = 0
0,1 − 0,1 = 0,0

Beispiel: Entleihung (Borrow)

```
  11000,11
−  1101,01
  11110,00   Borrow
   1011,10
```

Multiplikation

0 · 0 = 0
0 · 1 = 0
1 · 0 = 0
1 · 1 = 1

Beispiel:

```
  1010 · 101,1
  1010
+  0000
+   1010
+    1010
  110111,0
```

Division

0 : 0 = nicht definiert
0 : 1 = 0
1 : 0 = nicht definiert
1 : 1 = 1

Beispiel:

$1010 : 11 = 11,\overline{01}$

```
− 11
  100
−  11
   10
−  11
   100
−   11
    10
```

Standard-Zahlenmengen
Standard Number Sets

DIN 5473: 1992-07

Zeichen	Definition	Sprechweise	Beispiele
ℕ oder **N**	Menge der **nichtnegativen ganzen Zahlen**. Menge der **natürlichen Zahlen**. ℕ enthält die Zahl 0.	Doppelstrich-N	
ℤ oder **Z**	Menge der **ganzen Zahlen**	Doppelstrich-Z	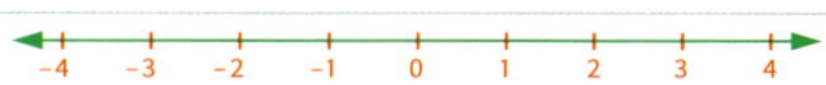
ℚ oder **Q**	Menge der **rationalen Zahlen**	Doppelstrich-Q	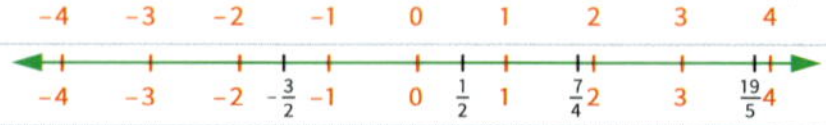
ℝ oder **R**	Menge der **reellen Zahlen**	Doppelstrich-R	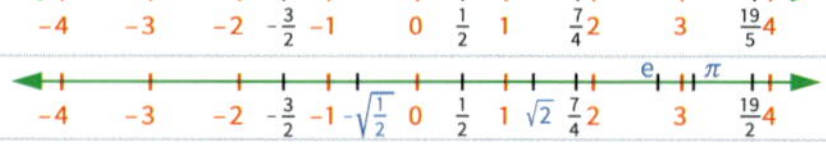
ℂ oder **C**	Menge der **komplexen Zahlen**	Doppelstrich-C	

Zeichen und Begriffe der Mengenlehre
Signs and Terms of Set Theory

Zeichen	Verwendung	Sprechweise (Erläuterungen)
$\in$	$x \in M$	x ist Element von M
$\notin$	$x \notin M$	x ist nicht Element von M
	$x_1, \ldots, x_n \in A$	$x_1, \ldots, x_n$ sind Elemente von A
$\{\ \mid\ \}$	$\{x \mid \varphi(x)\}$	die Klasse (Menge) aller x mit ê(x)
$\{\ ,\ldots,\ \}$	$\{x_1, \ldots, x_n\}$	die Menge mit den Elementen $x_1, \ldots, x_n$
$\subseteq$	$A \subseteq B$	A ist Teilmenge von B, A sub B
$\subsetneq$	$A \subsetneq B$	A ist echte Teilklasse von B, A echt sub B
$\cap$	$A \cap B$	A geschnitten mit B, Durchschnitt von A und B
$\cup$	$A \cup B$	A vereinigt mit B, Vereinigung von A und B
$\setminus$	$A \setminus B$	A ohne B, Differenz von A und B
Ø oder { }		leere Menge

Quadrat

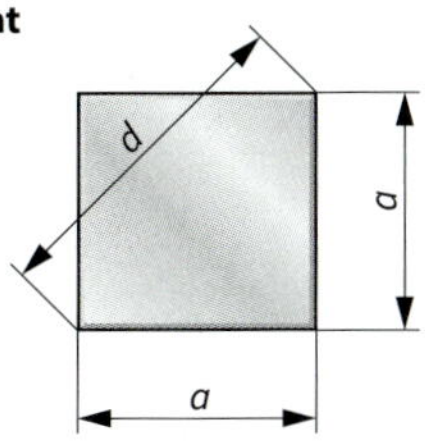

$A = a^2$

$U = 4 \cdot a$

$d = \sqrt{2} \cdot a$

Kreis

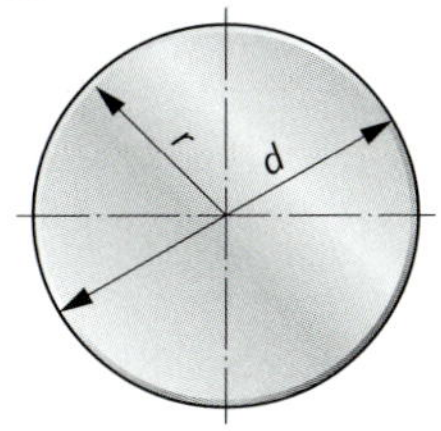

$A = \pi \cdot r^2$

$A = \frac{\pi \cdot d^2}{4}$

$U = \pi \cdot d$

$U = \pi \cdot 2r$

Rechteck

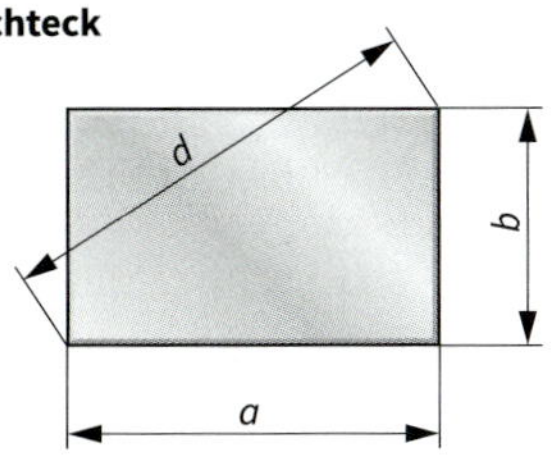

$A = a \cdot b$

$U = 2 \cdot (a + b)$

$d = \sqrt{a^2 + b^2}$

Kreisring

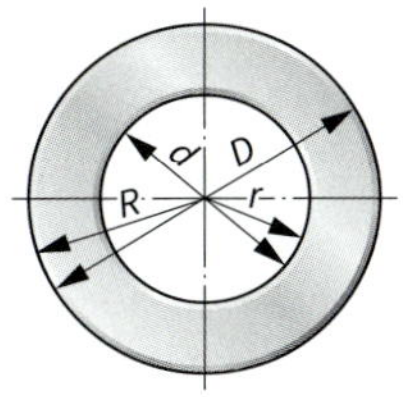

$A = \pi \left(R^2 - r^2\right)$

$A = \frac{\pi}{4} \left(D^2 - d^2\right)$

Raute (Rombus)

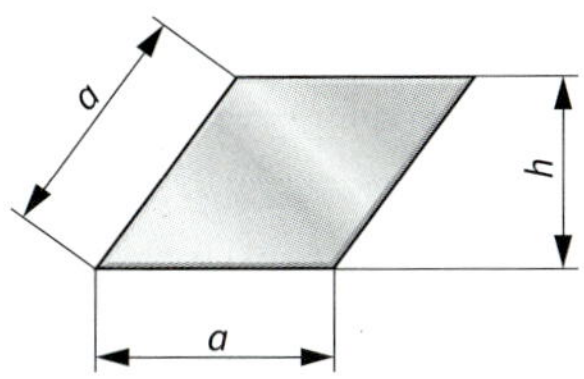

$A = a \cdot h$

$U = 4 \cdot a$

Trapez

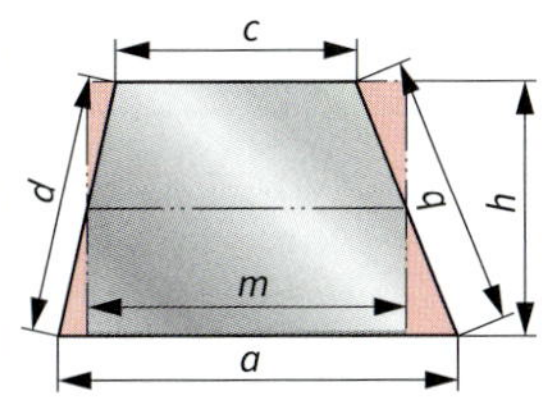

$A = m \cdot h$

$m = \frac{a + c}{2}$

$U = a + b + c + d$

Parallelogramm

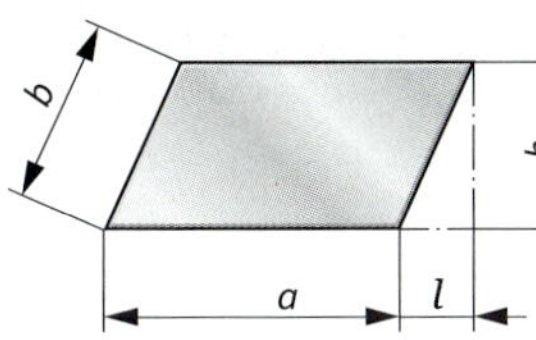

$A = a \cdot h$

$U = 2\left(a + \sqrt{l^2 + h^2}\right)$

$U = 2\,(a + b)$

Dreieck

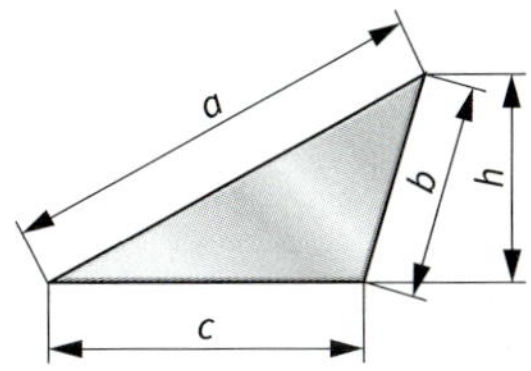

$A = \frac{c \cdot h}{2}$

$U = a + b + c$

Würfel

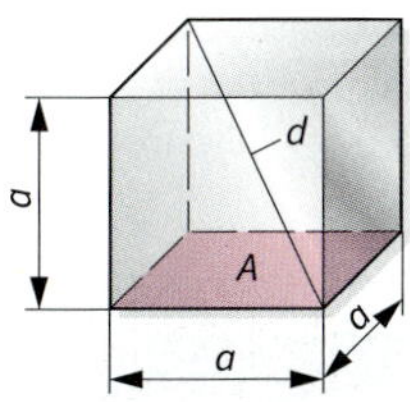

$V = a^3$

$d = a\sqrt{3}$

$A_0 = 6 \cdot a^2$

A_0: Oberfläche

Prisma

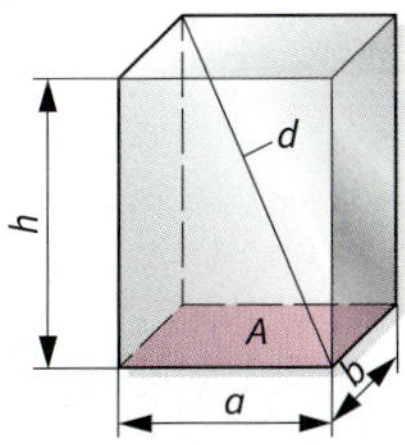

allgemein: $V = A \cdot h$

$V = a \cdot b \cdot h$

$d = \sqrt{a^2 + b^2 + h^2}$

$A_0 = 2(a \cdot b + a \cdot h + b \cdot h)$

A_0: Oberfläche

Zylinder

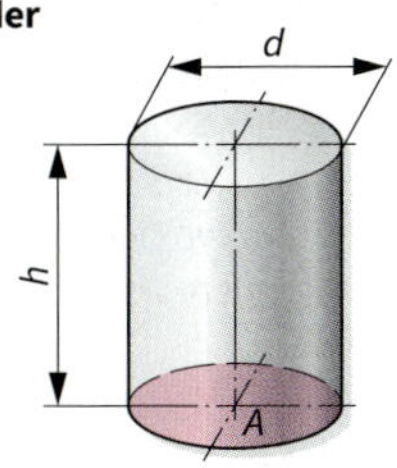

$V = \frac{\pi \cdot d^2}{4} \cdot h$

$A_M = \pi \cdot d \cdot h$

$A_0 = \pi \cdot d \cdot h + \frac{\pi \cdot d^2}{2}$

A_M: Mantelfläche

Pyramide

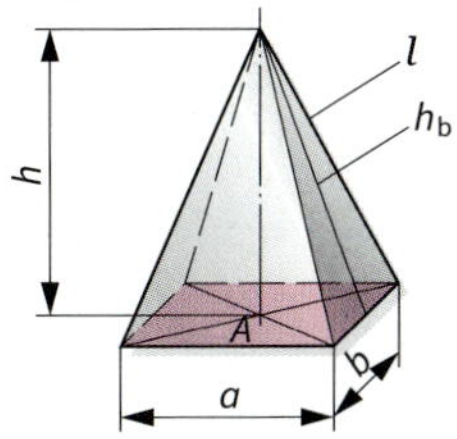

$V = \frac{a \cdot b \cdot h}{3}$

$h_b = \sqrt{h^2 + \frac{a^2}{4}}$

$l = \sqrt{h_b^2 + \frac{b^2}{4}}$

Physikalische Größen und Einheiten
Physical Quantities and Units of Measure

SI-Basiseinheiten[1)]

DIN 1301-1: 2010-10

Größe	Formelzeichen	Einheitenname	Einheitenzeichen
Länge	l	Meter	m
Masse	m	Kilogramm	kg
Zeit	t	Sekunde	s
Elektrische Stromstärke	I	Ampere	A
Thermodynamische Temperatur	T	Kelvin	K
Stoffmenge	n	Mol	mol
Lichtstärke	I_v	Candela	cd

[1)] **S**ystème **I**nternational d'Unités (Internationales Einheitensystem)

Vorsätze und Vorsatzzeichen für dezimale Teile und Vielfache von Einheiten

DIN 1301-1: 2010-10

Faktor	Vorsätze	Vorsatzzeichen	Faktor	Vorsätze	Vorsatzzeichen	Faktor	Vorsätze	Vorsatzzeichen
10^{-24}	Yocto	y	10^{-3}	Milli	m	10^{6}	Mega	M
10^{-21}	Zepto	z	10^{-2}	Zenti	c	10^{9}	Giga	G
10^{-18}	Atto	a	10^{-1}	Dezi	d	10^{12}	Tera	T
10^{-15}	Femto	f	10^{1}	Deka	da	10^{15}	Peta	P
10^{-12}	Piko	p	10^{2}	Hekto	h	10^{18}	Exa	E
10^{-9}	Nano	n	10^{3}	Kilo	k	10^{21}	Zetta	Z
10^{-6}	Mikro	µ				10^{24}	Yotta	Y

Schreibweise

DIN 1313: 1998-12

Beispiel: Größenwert = Zahlenwert · Einheit

$l = \{l\} \cdot [l]$ Länge = Zahlenwert der Länge · Einheit der Länge

$l = 3 \cdot \mathrm{m}$

Physikalische Gleichungen

DIN 1313: 1998-12

Größengleichungen	Einheitengleichungen	Zahlenwertgleichungen
z. B. $v = \frac{s}{t}$ $m = 8\ \mathrm{kg}$	z. B. 1 m = 100 cm 1 h = 3600 s 1 kWh = $3{,}6 \cdot 10^6$ Ws	z. B. $\{v\} = 3{,}6 \frac{\{s\}}{\{t\}}$ v in m/s s in m t in s
Zugeschnittene Größengleichung z. B. $\frac{v}{\mathrm{km/h}} = 3{,}6 \cdot \frac{s/\mathrm{m}}{t/\mathrm{s}}$		

Größen	Erklärungen	Beispiele
Skalar	Zur eindeutigen Festlegung genügt die Angabe des ■ Zahlenwertes und der ■ Einheit.	Masse, m Zeit, t Arbeit, W
Vektor	Zur eindeutigen Festlegung sind erforderlich: ■ Zahlenwert, ■ Einheit, ■ Richtung im Raum oder in der Ebene, ■ Richtungssinn (Drehsinn) 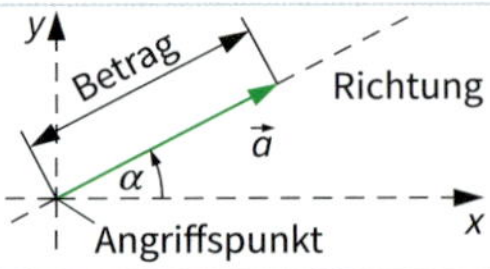	Kraft $\vec{F}$, Geschwindigkeit $\vec{v}$, Elektrische Feldstärke $\vec{E}$

Griechisches Alphabet
Greek Alphabet

Α α	Alpha	Ι ι	Iota	Ρ ϱ	Rho
Β β	Beta	Κ $\varkappa$	Kappa	Σ σ	Sigma
Γ γ	Gamma	Λ λ	Lambda	Τ τ	Tau
Δ δ	Delta	Μ μ	My	Υ υ	Ypsilon
Ε ε	Epsilon	Ν ν	Ny	Φ φ	Phi
Ζ ζ	Zeta	Ξ ξ	Xi	Χ χ	Chi
Η η	Eta	Ο o	Omikron	Ψ ψ	Psi
Θ ϑ	Theta	Π π	Pi	Ω ω	Omega

Formelzeichen	Bedeutung	SI-Einheit	Einheitenname, Bemerkungen
Längen und ihre Potenzen, Winkel			
x, y, z	Kartesische Koordinaten	m	Meter
α, β, γ	ebener Winkel, Drehwinkel	rad	Radiant: 1 rad = 1 m/m
ϑ, φ	Winkel bei Drehbewegungen		1 Vollwinkel = 2 π rad Grad: 1° = (π/180) rad
Ω, ω	Raumwinkel	sr	Steradiant: 1 sr = 1 m^2/m^2
l, b, h	Länge, Breite, Höhe, Tiefe	m	Meter, 1 int. Seemeile = 1852 m
δ, d	Dicke, Schichtdicke	m	
r	Radius, Halbmesser, Abstand	m	
f	Durchbiegung, Durchhang	m	
d, D	Durchmesser	m	
s	Weglänge, Kurvenlänge	m	
A, S	Flächeninhalt, Fläche, Oberfläche	m^2	Quadratmeter 1 a = 10^2 m^2
S, q	Querschnittsfläche, Querschnitt	m^2	1 ha = 10^4 m^2
V	Volumen, Rauminhalt	m^3	Kubikmeter, 1 l (Liter) = 1 dm^3
Zeit und Raum			
t	Zeit, Zeitspanne, Dauer	s	Sekunde, min, h (Stunde), d (Tag), a (Jahr)
T	Periodendauer, Schwingungsdauer	s	
τ, T	Zeitkonstante	s	
f, ν	Frequenz, Periodenfrequenz	Hz	Hertz, 1 Hz = 1 s^{-1}, $f = 1/T$
f_0	Kennfrequenz, Eigenfrequenz im ungedämpften Zustand	Hz	
ω	Kreisfrequenz, Pulsatanz (Winkelfrequenz)	s^{-1}	$\omega = 2\pi f$
n, f_r	Umdrehungsfrequenz (Drehzahl)	s^{-1}	1 min^{-1} = (1/60) s^{-1}
ω, Ω	Winkelgeschwindigkeit, Drehgeschwindigkeit	rad/s	
α	Winkelbeschleunigung, Drehbeschleunigung	rad/s^2	
λ	Wellenlänge	m	
v, u, w, c	Geschwindigkeit	m/s	1 km/h = (1/3,6) m/s
c	Ausbreitungsgeschwindigkeit einer Welle	m/s	
a	Beschleunigung	m/s^2	
g	örtliche Fallbeschleunigung	m/s^2	g_n = 9,80665 m/s^2 (Normfallbeschl.)
Mechanik			
m	Masse, Gewicht als Wägeergebnis	kg	Kilogramm, 1 t (Tonne) = 1 Mg
ϱ, ϱ_m	Dichte, volumenbezogene Masse	kg/m^3	1 g/cm^3 = 1 kg/dm^3 = 1 Mg/m^3
F	Kraft	N	Newton, 1 N = 1 kg · m/s^2 = 1 J/m
F_G, G	Gewichtskraft	N	
M	Drehmoment, Kraftmoment	N · m	
p	Druck	Pa	Pascal, 1 Pa = 1N/m^2, 1 bar = 10^5 Pa
μ, f	Reibungszahl	1	$\mu = F_R/F_N$, F_R: Reibungskraft
W, A	Arbeit	J	Joule, 1 J = 1 N · m = 1 W · s
E, W	Energie	J	1 Wh = 3,6 kJ; eV (Elektronenvolt)
E_p, W_p	potenzielle Energie	J	
E_k, W_k	kinetische Energie	J	
P	Leistung	W	Watt, 1 W = 1 J/s
η	Wirkungsgrad	1	
Thermodynamik und Wärmeübertragung			
T, Θ	Temperatur, thermodynamische Temperatur	K	Kelvin
$\Delta T, \Delta t, \Delta\vartheta$	Temperaturdifferenz	K	
t, ϑ	Celsius-Temperatur	°C	Grad Celsius, $t = T - T_o$; T_o = 273,15 K
α_l	(thermisch) Längenausdehnungskoeffizient	K^{-1}	
α_v, γ	(thermisch) Volumenausdehnungskoeffizient	K^{-1}	
Q	Wärme, Wärmemenge	J	Joule
R_{th}	thermischer Widerstand, Wärmewiderstand	K/W	$R_{th} = \Delta\vartheta/\Phi_{th}$
λ	Wärmeleitfähigkeit	W/(m · K)	
k	Wärmedurchgangskoeffizient	W/(m^2 · K)	
C_{th}	Wärmekapazität	J/K	
c	spezifische Wärmekapazität	J/(kg · K)	auch: massenbezogene Wärmekapazität

Formelzeichen	Bedeutung	SI-Einheit	Einheitenname, Bemerkungen
Elektrizität und Magnetismus			
Q	elektrische Ladung	C	Coulomb, 1C = 1A · s, 1A · h = 3,6 kC
e	Elementarladung	C	Coulomb
D	elektrische Flussdichte	C/m^2	
P	elektrische Polarisation	C/m^2	
φ, φ_e	elektrisches Potenzial	V	Volt, 1 V = 1 J/C
U	elektrische Spannung, Potenzialdifferenz	V	Volt
E	elektrische Feldstärke	V/m	1 V/mm = 1 kV/m
C	elektrische Kapazität	F	Farad, 1 F = 1 C/V, $C = Q/U$
ε	Permittivität	F/m	früher: Dielektrizitätskonstante
ε_0	elektrische Feldkonstante	F/m	Permittivität des leeren Raumes
ε_r	Permittivitätszahl, relative Permittivität	1	früher: Dielektrizitätszahl
I	elektrische Stromstärke	A	Ampere
J	elektrische Stromdichte	A/m^2	$1\ A/mm^2 = 1\ MA/m^2$, $J = I/A$
Θ	Durchflutung (magnetische Spannung)	A	Ampere
H	magnetische Feldstärke	A/m	1 A/mm = 1 kA/m
Φ	magnetischer Fluss	Wb	Weber, 1 Wb = 1 V · s
B	magnetische Flussdichte	T	Tesla, $1\ T = 1\ Wb/m^2$, $B = \Phi/S$
L	Induktivität, Selbstinduktivität	H	Henry, 1 H = 1 Wb/A
μ	Permeabilität	H/m	$\mu = B/H$
μ_0	magnetische Feldkonstante	H/m	Permeabilität des leeren Raumes
μ_r	Permeabilitätszahl, relative Permeabilität	1	$\mu_r = \mu/\mu_0$
R_m	magnetischer Widerstand, Reluktanz	H^{-1}	
Λ	magnetischer Leitwert, Permeanz	H	Henry
R	elektrischer Widerstand, Wirkwiderstand, Resistanz	Ω	Ohm, 1 Ω = 1 V/A
G	elektrischer Leitwert, Wirkleitwert, Konduktanz	S	Siemens, $1\ S = 1\ \Omega^{-1}$, $G = 1/R$
ϱ	spezifischer elektrischer Widerstand, Resistivität	Ω · m	$1\ \mu\Omega \cdot cm = 10^{-8}\ \Omega \cdot m$, $1\ \Omega \cdot mm^2/m = 10^{-6}\ \Omega \cdot m = 1\ \mu\Omega \cdot m$
$\gamma, \sigma, \varkappa$	elektrische Leitfähigkeit, Konduktivität	S/m	$\gamma = 1/\rho$
X	Blindwiderstand, Reaktanz	Ω	Ohm
B	Blindleitwert, Suszeptanz	S	$B = 1/X$
$Z, \lvert Z \rvert$	Scheinwiderstand, Betrag der Impedanz	Ω	$\underline{Z}$: Impedanz (komplexe Impedanz)
$Y, \lvert Y \rvert$	Scheinleitwert, Betrag der Admittanz	S	$\underline{Y}$: Admittanz (komplexe Admittanz)
Z_w, Γ	Wellenwiderstand	Ω	Ohm
W	Energie, Arbeit	J	Joule
P, P_p	Wirkleistung	W	Watt
Q, P_q	Blindleistung	W	Energietechnik: var (Var), 1 var = 1 W
S, P_s	Scheinleistung	W	Energietechnik: VA (Voltampere)
φ	Phasenverschiebungswinkel	rad	auch Winkel der Impedanz
$\delta_\varepsilon, \delta_\mu$	Verlustwinkel (Permittivität, Permeabilität)	rad	Radiant
λ	Leistungsfaktor	1	$\lambda = P/S$, Elektrotechnik: $\lambda = \cos\varphi$
d	Verlustfaktor	1	
N	Windungszahl	1	
Akustik			
p	Schalldruck	Pa	Pascal
c, c_a	Schallgeschwindigkeit	m/s	
L_p, L	Schalldruckpegel		wird in dB angegeben
L_N	Lautstärkepegel		wird in phon angegeben
Licht, elektromagnetische Strahlung			
I_v	Lichtstärke	cd	Candela
Φ_v	Lichtstrom	lm	Lumen, 1 lm = 1 cd · sr
L_v	Leuchtdichte	cd/m^2	
E_v	Beleuchtungsstärke	lx	Lux, $1\ lx = 1\ lm/m^2 = 1\ cd \cdot sr/m^2$
η	Lichtausbeute	lm/W	
c_0	Lichtgeschwindigkeit im leeren Raum	m/s	$c_0 = 2{,}99792485 \cdot 10^8\ m/s$
f	Brennweite	m	Meter

Masse — m

Kilogramm kg

Eigenschaften:

- Trägheitswirkung gegenüber einer Änderung des Bewegungszustandes und
- Anziehung auf andere Körper (Gravitation)

Die Masse ist ortsunabhängig.

Kraft — F

Newton N $1\ \text{N} = 1\ \text{kg} \cdot \text{m/s}^2$

Produkt aus der

- Masse m eines Körpers und
- Beschleunigung a.

$$F = m \cdot a$$

Gewichtskraft — F_G, G

Newton N $1\ \text{N} = 1\ \text{kg} \cdot \text{m/s}^2$

Produkt aus der

- Masse m eines Körpers und
- (örtlichen) Fallbeschleunigung g.

$$F_G = m \cdot g$$

Die Gewichtskraft ist ortsabhängig.

Arbeit — W

Joule J, Newtonmeter N · m,
Wattsekunde W · s 1 Nm = 1 Ws

Eine mechanische Arbeit wird verrichtet, wenn an einem Körper längs eines Weges s eine Kraft F wirkt.

$$W = F \cdot s$$

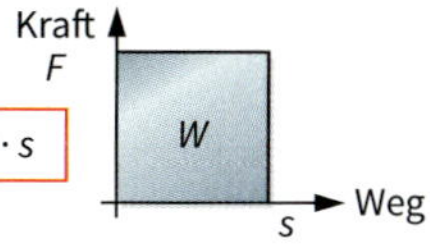

Hub-, Reibungs-, Federspann-, Beschleunigungsarbeit

Leistung — P

Watt W
1 W = 1 N · m/s

Wenn in einer bestimmten Zeit Arbeit verrichtet wird, nennt man dies Leistung (Arbeit pro Zeit).

$$P = \frac{W}{t}$$

Mit $W = F \cdot s$ und $v = \frac{s}{t}$ ergibt sich

$$P = F \cdot v$$

Drehmoment — M

Newtonmeter N · m

Ein Drehmoment entsteht, wenn eine Kraft außerhalb eines Drehpunktes angreift (z. B. Motorachse).

$$M = F \cdot r$$

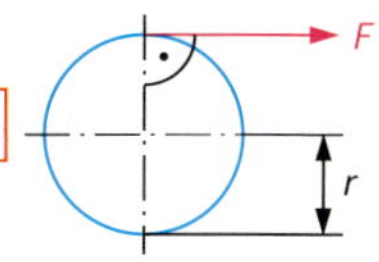

r: Abstand vom Drehpunkt

Energie — E

Newtonmeter N · m, Joule J
Wattsekunde W · s
1 N · m = 1 W · s = 1 J

Umwandlung:
Wenn Arbeit verrichtet wird, entsteht Energie. Mit dieser Energie kann wieder Arbeit verrichtet werden.

Arbeit	→	Energie; $W = E$
Hubarbeit	→	Energie der Lage (potentielle Energie)
Beschleunigungsarbeit	→	Bewegungsenergie (kinetische Energie)

$$E_k = \frac{m \cdot v^2}{2}$$

Energieerhaltung:
Die Summe der Energien ist konstant ($E_p + E_k$ = konstant).

Wirkungsgrad — η

Der Wirkungsgrad ist gleich dem Quotienten aus der abgegebenen Arbeit W_{ab} (bzw. Leistung) und der zugeführten Arbeit W_{zu} (bzw. Leistung).

$$\eta = \frac{W_{ab}}{W_{zu}} \qquad \eta = \frac{P_{ab}}{P_{zu}}$$

$$W_v = W_{zu} - W_{ab}$$

$$P_v = P_{zu} - P_{ab}$$

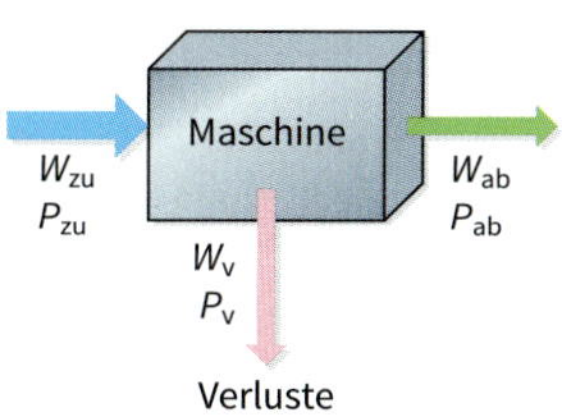

Geschwindigkeit — v

Meter/Sekunde m/s; km/h; m/min

Beschleunigung — a

Meter/Sekundenquadrat m/s²

Geradlinig gleichförmige Bewegung

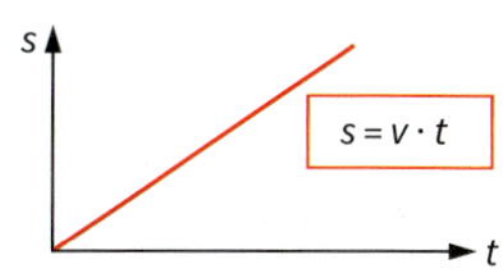

$$s = v \cdot t$$

Gleichmäßig beschleunigte Bewegung

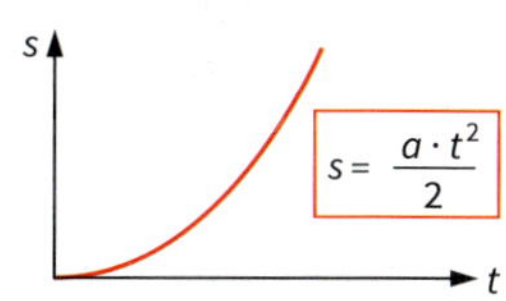

$$s = \frac{a \cdot t^2}{2}$$

Druck — p

Newton/Quadratmeter N/m²
1 N/m² = 1 Pa (Pascal)
1 N/m² = 10^{-5} bar
1 bar = 10^5 N/m²

Druck entsteht, wenn eine Kraft auf eine Fläche einwirkt.

$$p = \frac{F}{A}$$

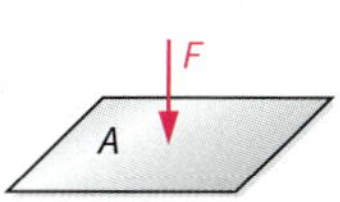

Dichte — ϱ

Gramm/Kubikzentimeter g/cm³
kg/dm³
Mg/m³

Die Dichte eines Stoffes ist der Quotient aus der Masse m und dem Volumen V.

$$\varrho = \frac{m}{V}$$

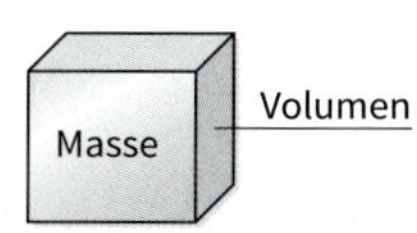

Gleichförmige Kreisbewegung

Der Betrag der Geschwindigkeit ist stets gleich.

T:	Zeit für eine Umdrehung
$2 \cdot \pi \cdot r$:	Wegstrecke bei einer Umdrehung
a_r:	Radialbeschleunigung

$$v = \frac{s}{T}$$

$$v = \frac{2 \cdot \pi \cdot r}{T}$$

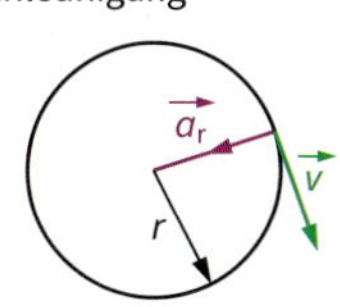

Zusammensetzung von Kräften

Winkel zwischen den Kräften	Wirkungslinie	Zeichnerische Darstellung	Resultierende Kraft F_R
$\alpha = 0°$	gleich	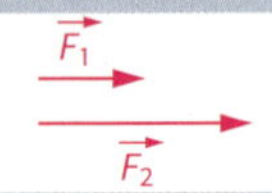	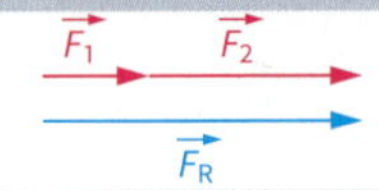 $F_R = F_1 + F_2$
$\alpha = 180°$	gleich	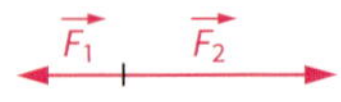	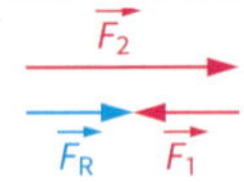 $F_R = F_2 - F_1$
$\alpha = 90°$	senkrecht zueinander	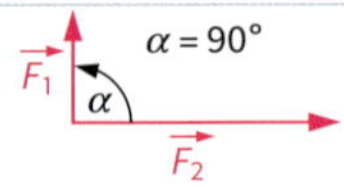	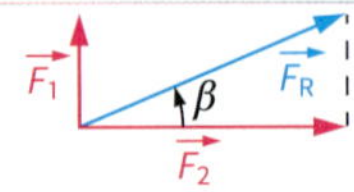 $F_R = \sqrt{F_1^2 + F_2^2}$ $\tan\beta = \frac{F_1}{F_2}$
α beliebig	beliebig	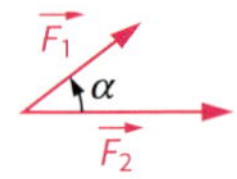	$F_R = \sqrt{F_1^2 + F_2^2 - 2\,F_1 \cdot F_2 \cdot \cos(180° - \alpha)}$ 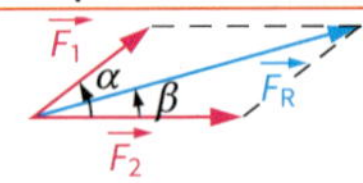 $\tan\beta = \frac{F_1 \cdot \sin\alpha}{F_2 + F_1 \cos\alpha}$

Zerlegung von Kräften

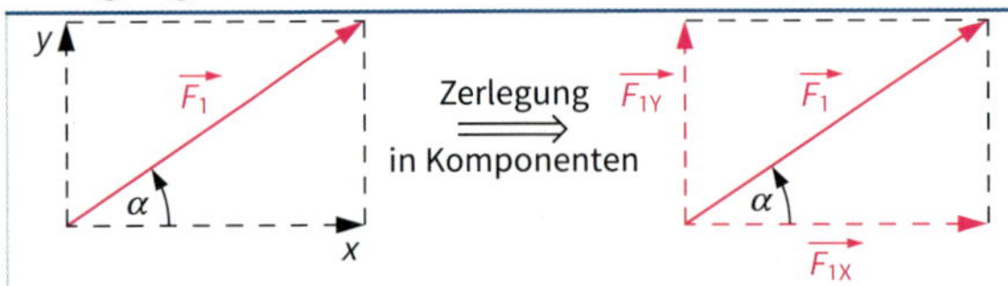

$\vec{F}_{1x}$ und $\vec{F}_{1y}$ sind die Komponenten von $\vec{F}_1$ in Richtung des vorgegebenen Koordinatensystems.

$F_{1x} = F_1 \cdot \cos\alpha$

$F_{1y} = F_1 \cdot \sin\alpha$

Zusammenhang zwischen Masse und Kraft

Ort	Masse in kg	Fallbeschleunigung in $\frac{m}{s^2}$	Gewichtskraft in N
Äquator (Erde)	100	9,87	978
Pol (Erde)	100	9,84	984
Mond	100	1,62	162

Reibung
Friction

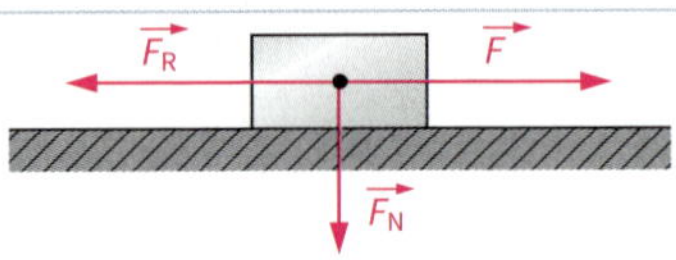

$F_R = \mu \cdot F_N$

F_R: Reibungskraft
μ: Reibungszahl
F_N: Normalkraft
(senkrecht zur Bewegungsrichtung)

Die Reibungskraft hängt nicht von der Größe der Berührungsfläche ab.

Haftreibung	Gleitreibung	Rollreibung
▪ Haftreibung tritt auf, bevor sich ein Körper bewegt.	▪ Wenn Köper aufeinander gleiten, tritt Gleitreibung auf.	▪ Wenn ein Körper auf einem anderen Körper rollt, tritt Rollreibung auf.

Beispiele für Reibungszahlen

Stoffe	Haftreibungszahl	Gleitreibungszahl		Rollreibungszahl
		trocken	flüssig	
Gleitlager	0,1	–	0,03	
Stahl auf Stahl	0,3	0,2	0,04	0,001
Stahl auf Holz	0,5	0,3	0,05	
Lederriemen auf Stahl	0,6	0,3	–	
Gummireifen auf Asphalt	0,8	0,7	0,3	0,02 … 0,03
Mauerwerk auf Beton	1,0	0,8	–	

Temperatur (tiefste Temperatur $\vartheta_0 = -273{,}15\,°C = 0\,K$, absoluter Nullpunkt)

Temperatur	Kelvin-Temperatur	Celsius-Temperatur	Fahrenheit-Temperatur
Formelzeichen	T	t, ϑ	t, ϑ
Einheitenzeichen	K (Kelvin)	°C (Grad Celsius)	°F (Grad Fahrenheit)
Einheit der Temperaturdifferenz	1 K (Kelvin)	1 K (Kelvin)	–
Zusammenhang	0 K = −273 °C 273 K = 0 °C 373 K = 100 °C	$\vartheta_C = \vartheta_K - 273\,K$	$\vartheta_F = \frac{9}{5}\vartheta_C + 32°$ $\vartheta_C = (\vartheta_F - 32°)\frac{5}{9}$

Temperaturmessung

Flüssigkeitsthermometer mit Quecksilber	−30 °C … 280 °C	Segerkegel	220 °C … 2000 °C
Flüssigkeitsthermometer mit Quecksilber und Gasfüllung	−30 °C … 750 °C	Metallausdehnungsthermometer	−20 °C … 500 °C
Flüssigkeitsthermometer mit Alkohol	−110 °C … 50 °C	Elektrische Widerstandsthermometer	−250 °C … 1000 °C
Thermocolore	150 °C … 600 °C	Glühfarben	500 °C … 3000 °C
		Gasthermometer	−272 °C … 2800 °C

Ausdehnung durch Wärme

lineare Ausdehnung

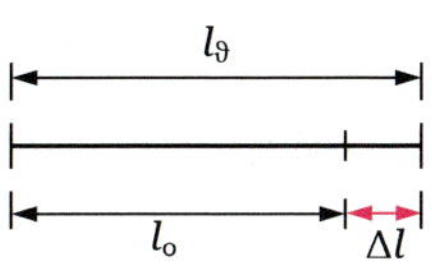

l_o: Anfangslänge
Δl: Längenänderung
l_ϑ: Endlänge
$\Delta\vartheta$: Temperaturänderung
α: Längenausdehnungskoeffizient

$$\Delta l = l_o \cdot \alpha \cdot \Delta\vartheta$$
$$l_\vartheta = l_o + \Delta l$$
$$l_\vartheta = l_o(1 + \alpha \cdot \Delta\vartheta)$$

$[\alpha] = \frac{1}{K}$

kubische Ausdehnung

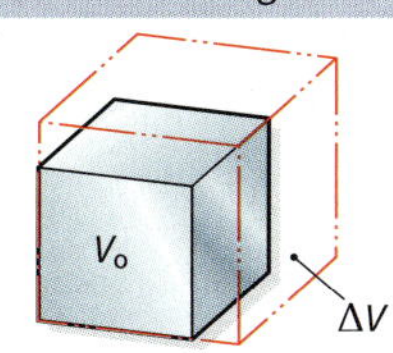

V_o: Anfangsvolumen
ΔV: Volumenänderung
V_ϑ: Endvolumen
$\Delta\vartheta$: Temperaturänderung
γ: Volumenausdehnungskoeffizient

$$\Delta V = V_o \cdot \gamma \cdot \Delta\vartheta$$
$$V_\vartheta = V_o + \Delta V$$
$$V_\vartheta = V_o(1 + \gamma \cdot \Delta\vartheta)$$

Es gilt angenähert:

$\gamma \approx 3\alpha \qquad [\gamma] = \frac{1}{K}$

Wärmemenge Q

$$Q = m \cdot c \cdot \Delta\vartheta$$

Q: Wärmemenge $[Q]$ = J (Joule)
m: Masse
$\Delta\vartheta$: Temperaturänderung
c: spezifische Wärmekapazität

$$[c] = \frac{kJ}{kg \cdot K}$$

Die einem Körper zugeführte oder von ihm abgegebene Wärmemenge ist abhängig vom Produkt aus der Masse, der spezifischen Wärmekapazität und der Temperaturänderung.

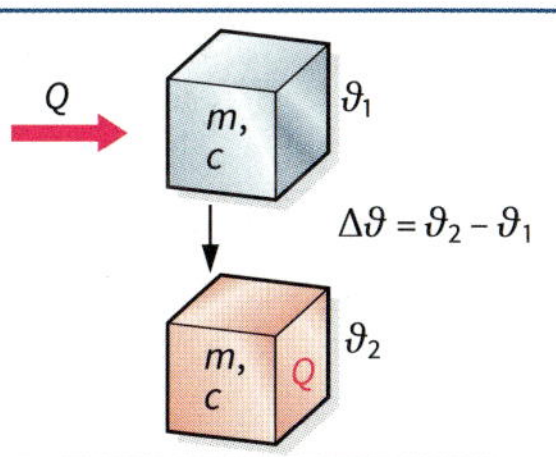

Mischungsvorgänge

abgegebene Wärmemenge = aufgenommener Wärmemenge

$$Q_{ab} = Q_{auf}$$
$$m_1 \cdot c_1 (\vartheta_1 - \vartheta_m) = m_2 \cdot c_2 (\vartheta_m - \vartheta_2)$$
$$\vartheta_m = \frac{m_1 \cdot c_1 \cdot \vartheta_1 + m_2 \cdot c_2 \cdot \vartheta_2}{m_1 \cdot c_1 + m_2 \cdot c_2}$$

ϑ_m: Mischungstemperatur

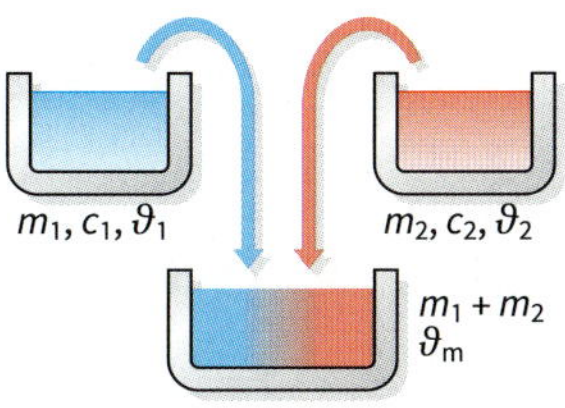

Schall

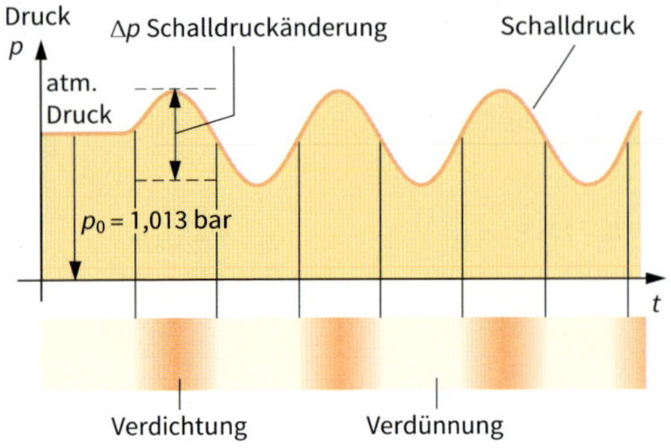

Lautstärken von Schallquellen

Schallquelle	Lautstärkepegel L_N in phon	Schalldruck p in µbar
Hörschwelle	0	$2 \cdot 10^{-4}$
Flüstern in 1 m Entfernung	30	$6{,}4 \cdot 10^{-3}$
mittlere Sprachwiedergabe	50	$6{,}4 \cdot 10^{-2}$
Verkehrslärm	70	$6{,}4 \cdot 10^{-1}$
Presslufthammer	90	6,4
startendes Flugzeug, 5 m Abstand	110	64
Schmerzschwelle	130	640

Schallgeschwindigkeit

$c = f \cdot \lambda$ $[c] = \frac{m}{s}$

c: Schallgeschwindigkeit
f: Frequenz
λ: Wellenlänge

Wellenarten

Longitudinalwellen (Längswellen):
Schwingungsrichtung der Teilchen ist identisch mit der Ausbreitungsrichtung des Schalls.

Transversalwellen (Querwellen):
Teilchen schwingen quer zur Ausbreitungsrichtung des Schalls.

Lautstärkepegel

Angabe: L_N in phon

Der Lautstärkepegel eines beliebigen Schalleindrucks beträgt z. B. x phon, wenn von einem gehörmäßig normalempfindenden Beobachter der Schall als gleich laut wahrgenommen wird wie ein Ton mit $f = 1$ kHz, dessen Schalldruckpegel x dB beträgt.

Lautheit

Angabe: N in sone

Die Lautheit ist der Stärke der Schallwahrnehmung normalhörender Beobachter proportional.

Schalldruckpegel L_p in Abhängigkeit von der Frequenz (Kurven gleicher Lautstärke, Sinustöne)

gehörmäßig normalempfindende Personen, Alter: 18–25 Jahre

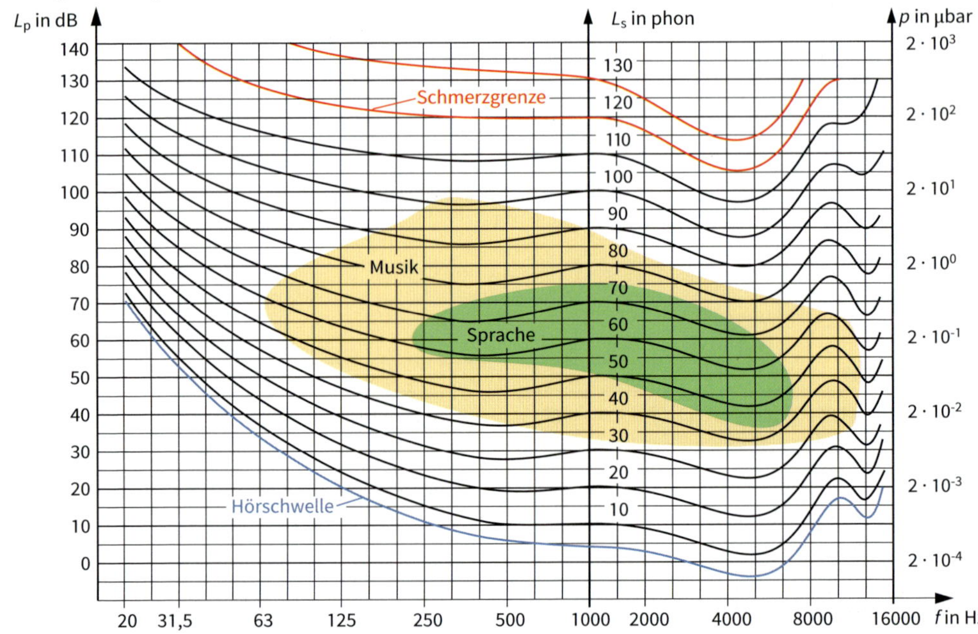

Schalldruckpegel L_p

$$L_p = 20 \lg \frac{p}{p_0} \text{ dB}$$

p: Effektiver Schalldruck
$p_0 = 20\,\mu\text{N/m}^2$

p_0: Schalldruck in Luft
$p_0 = 2 \cdot 10^{-4}\,\mu\text{bar}$

Schallschnellepegel L_v

$$L_v = 20 \lg \frac{v}{v_0} \text{ dB}$$

v: Effektive Schallschnelle

v_0: Schallschnelle in Luft
$v_0 = 50 \text{ nm/s}$

Schallintensitätspegel L_I

$$L_I = 10 \lg \frac{I}{I_0} \text{ dB}$$

I: Schallintensität
$I_0 = 10^{-12} \text{ W/m}^2$

I_0: Schallintensität in Luft
$I_0 = 1 \text{ pW/m}^2$

Schallleistungspegel L_P

$$L_P = 10 \lg \frac{P}{P_0} \text{ dB}$$

P: Schallleistung
$P_0 = 1 \cdot 10^{-12} \text{ W}$

P_0: Schallleistung in Luft
$P_0 = 1 \text{ pW}$

Zusammenhang zwischen Lautheit und Lautstärkepegel

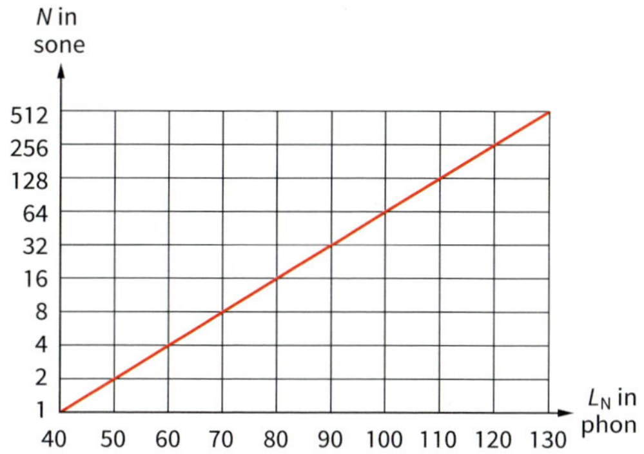

Bewertungskurve für Schallpegelmesser

Bei der Schallpegelmessung wird das Schallereignis ähnlich dem menschlichen Ohr durch ein zwischengeschaltetes Filter bewertet (Filter A). Das Messergebnis entspricht somit dem Schallempfinden des Menschen.

Bewertungskurve

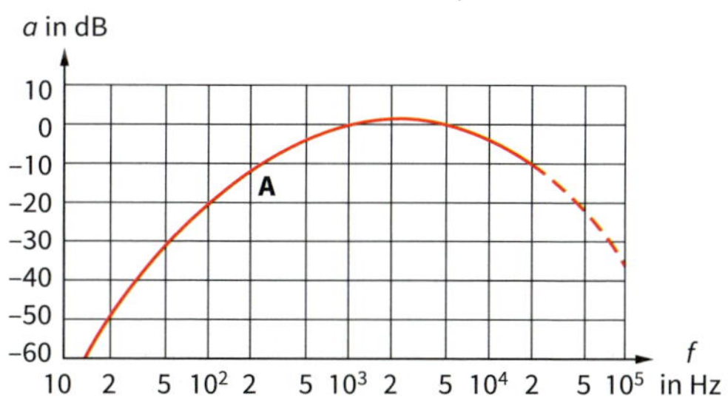

Messschaltung

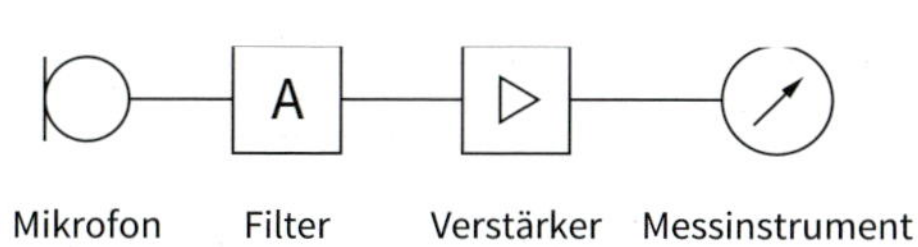

Schallgeschwindigkeiten und Materialkenngrößen bei 20 °C

Stoff	Dichte ϱ in $\frac{\text{g}}{\text{cm}^3}$	Schallgeschwindigkeit c in $\frac{\text{m}}{\text{s}}$	Feldkennimpedanz Z_0 in $\frac{\text{N} \cdot \text{s} \cdot 10^6}{\text{m}^3}$
Aluminium	2,7	6260	16,9
Beton	2,6	3100	8,06
Eisen	7,9	5000	39,5
Gummi	1,5	1480	2,22
Kupfer	8,9	4700	1,3
Messing	8,6	3400	41,8
Polystyrol	1,1	1800	1,98
PVC	1,2	80	0,096
Silber	10,5	3600	37,8
Stahl	7,8	5850	45,6
Zink	7,14	2680	19,14
Alkohol	0,79	1180	0,992
Quecksilber	13,55	1451	19,7
Trafoöl	0,9	1425	1,3
Wasser	1,0	1440	1,4
Sauerstoff	$1{,}4 \cdot 10^{-3}$	316	$442 \cdot 10^{-6}$
Luft	$1{,}2 \cdot 10^{-3}$	343	$412 \cdot 10^{-6}$

Feldkennimpedanz:
$Z_0 = \varrho \cdot c$ $\quad$ ϱ: Dichte $\quad$ c: Schallgeschwindigkeit

Schallleistungen von Schallquellen

Schallquelle	Schallleistung P in W
Umgangssprache (Mittelwert)	$7 \cdot 10^{-6}$
Höchstwert der menschlichen Stimme	$2 \cdot 10^{-3}$
Klavier	$2 \cdot 10^{-1}$
Autohupe	5
Lautsprecher	10
Sirene	1000

Optische Strahlung

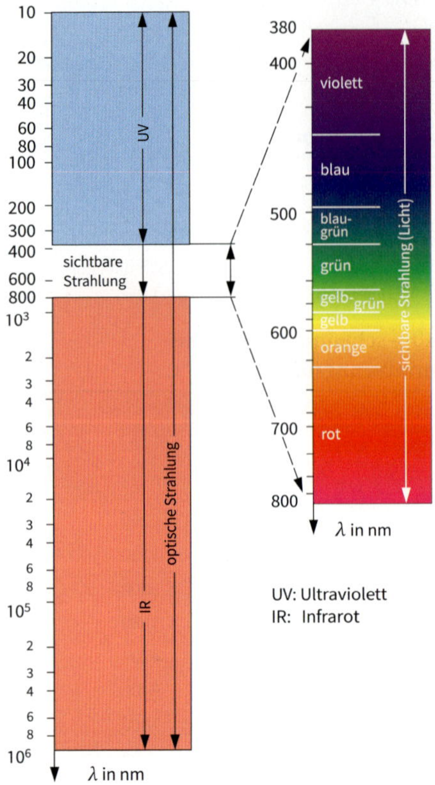

UV: Ultraviolett
IR: Infrarot

Relativer spektraler Helligkeitsempfindlichkeitsgrad (Augenempfindlichkeit)

Tagessehen: $V(\lambda)$
Helligkeitsadaption oberhalb von 10 lx, photooptischer Bereich, Zapfen-Sehen;
Strahlungsäquivalent: $K_m = 683$ lm/W

Nachtsehen: $V'(\lambda)$
Dunkeladaption unterhalb 0,1 lx, skoptischer Bereich, Stäbchen-Sehen;
Strahlungsäquivalent: $K_m = 1699$ lm/W

Die Kurven sind Mittelwerte, die an vielen Personen ermittelt wurden.

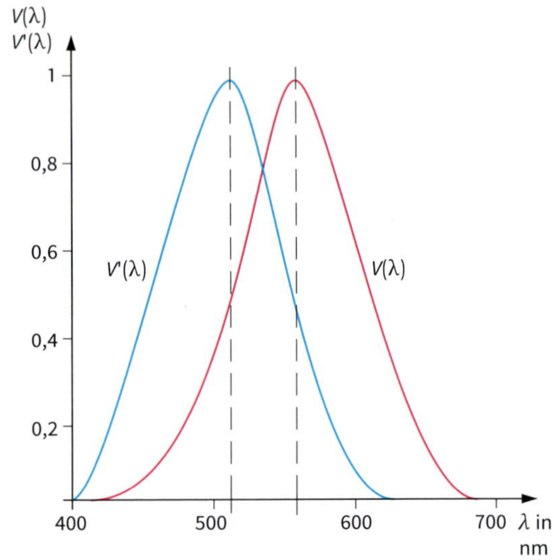

Wellenlängenbereiche der UV- und IR-Strahlung

Name	Kurzzeichen	Wellenlänge λ in nm	Frequenz f in THz	Energie Q_e in eV
Ultraviolettstrahlung (UV)	UV-C: VUV[1]	100 … 200	3.000 … 1.500	12,4 … 6,2
	UV-C: FUV[2]	200 … 280	1.500 … 1.070	6,2 … 4,4
	UV-B (Mittleres UV)	280 … 315	1.070 … 950	4,4 … 3,9
	UV-A (Nahes UV)	315 … 380	950 … 790	3,9 … 3,3
Sichtbare Strahlung, Licht	VIS	380 … 780	790 … 385	3,3 … 1,6
Infrarot-Strahlung (IR)	NIR[3]: IR-A	780 … 1400	385 … 215	1,6 … 0,9
	NIR[3]: IR-B	1.400 … 3.000	215 … 100	0,9 … 0,4
	IR-C: MIR[4]	3.000 … 50.000	100 … 6	0,4 … 0,025
	IR-C: FIR[5]	50.000 … $1 \cdot 10^6$	6 … 0,3	0,025 … 0,001

[1] Vakuum UV, [2] Fernes UV, [3] Nahes IR, [4] Mittleres IR, [5] Fernes IR

Strahlungsphysikalische (radiometrische) Größen (radiometric units)

- rein physikalische Betrachtungsweise
- Index e bedeutet: energetische
- Bereich von $10^1 … 10^6$ nm

Lichttechnische (fotometrische) Größen (photometric units)

- physiologische Bewertung durch das menschliche Auge
- Index v bedeutet: visuell
- Teilbereich der optischen Strahlung, 380 nm … 780 nm

Reflexion an spiegelnden Flächen

Ebene Fläche

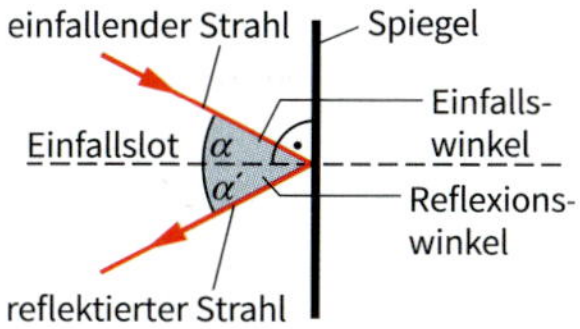

Einfallender Strahl, reflektierter Strahl und Einfallslot liegen in einer Ebene. Einfallswinkel und Ausfallswinkel sind gleich groß.

$$\alpha = \alpha'$$

Gewölbte Fläche (Hohlspiegel)

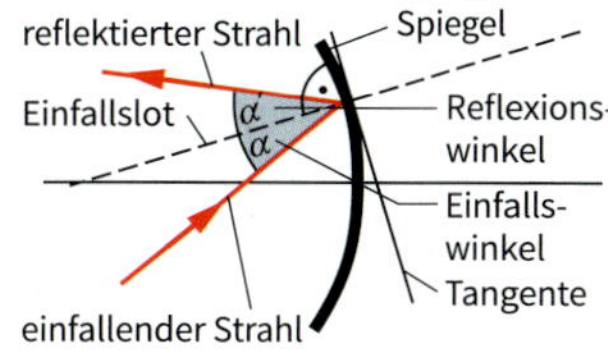

Lichtbrechung

Ebene Fläche (z. B. Glas)

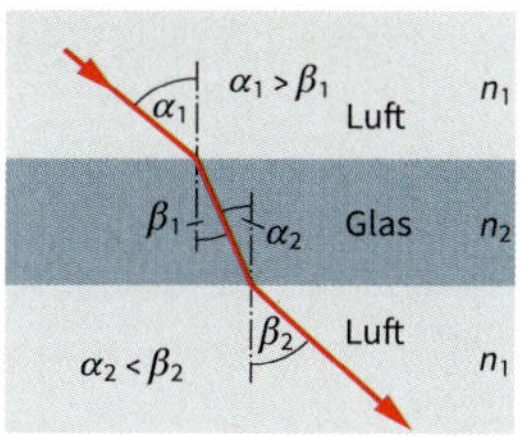

Wenn Licht von einem optischen Medium in ein anderes übergeht, ändert das Licht seine Geschwindigkeit c und damit seine Richtung. Der Quotient n (**Brechzahl**) aus dem Sinus des Einfallswinkels α und dem Sinus des Brechungswinkels β ist konstant

$$\frac{\sin\alpha}{\sin\beta} = \frac{c_1}{c_2} = \frac{n_2}{n_1}$$

Prisma

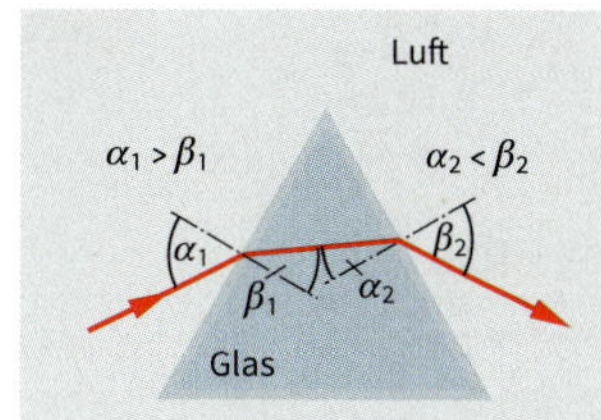

Linsen

Sammellinsen (Konvexlinsen)

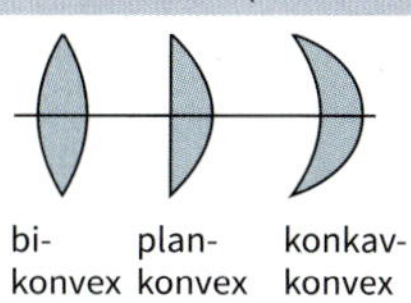

F_1, F_2: Brennpunkte

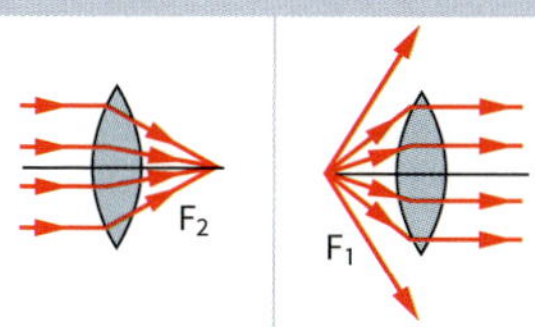

F_1, F_2: Brennpunkte

Zerstreuungslinsen (Konkavlinsen)

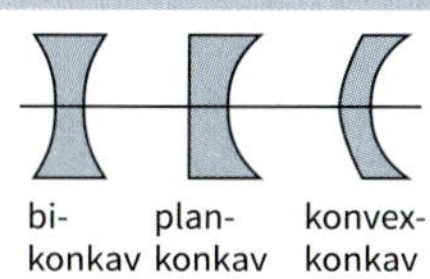

F_1, F_2: Brennpunkte

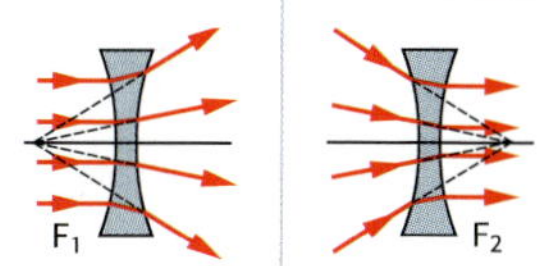

F_1, F_2: Brennpunkte

Lichttechnische Größen

Formelzeichen, Formeln	Größe	Einheit
Q, W	Lichtmenge Q	Lumensekunde, lm · s
$\Phi_V = \frac{Q}{t}$	Lichtstrom Φ_V	Lumen, lm 1 lm = 1 cd · sr
Sender		
$I_V = \frac{\Phi}{\Omega}$	Lichtstärke I_V	Candela, cd
$L_V = \frac{\Phi}{\Omega \cdot A \cdot \cos\varphi}$	Leuchtdichte L_V (Lichtstärke/Fläche)	Candela/Quadratmeter $cd \cdot m^{-2}$
Empfänger		
$E_V = \frac{\Phi}{A}$	Beleuchtungsstärke E_V (Lichtstrom/Fläche)	Lux, lx $1\ lx = 1\ lm \cdot m^{-2}$
$H_V = E \cdot t$	Belichtung H_V	Luxsekunde, lx · s 1 lx · s = $1\ lm \cdot s \cdot m^{-2}$

Raumwinkel Ω, ω

Einheit: Steradiant (sr)

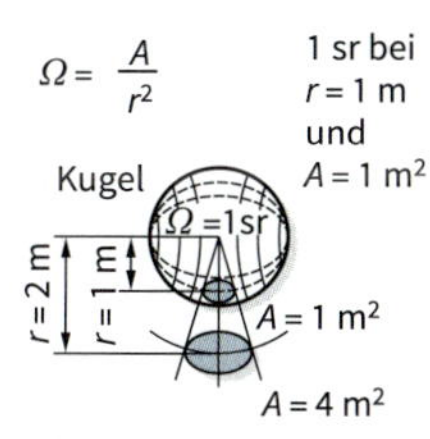

Lichtstrom Φ_V

Lichtquelle

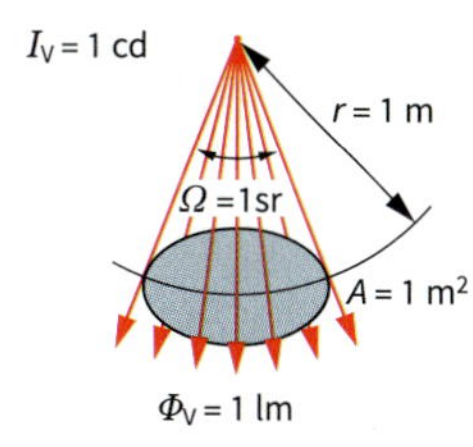

Belichtung H_V

Lichtquelle

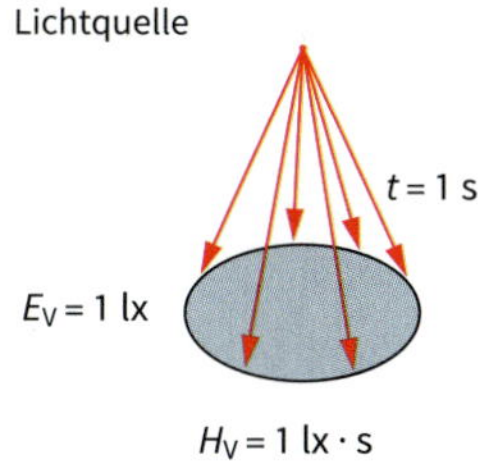

Beleuchtungsstärke E_V

Lichtquelle

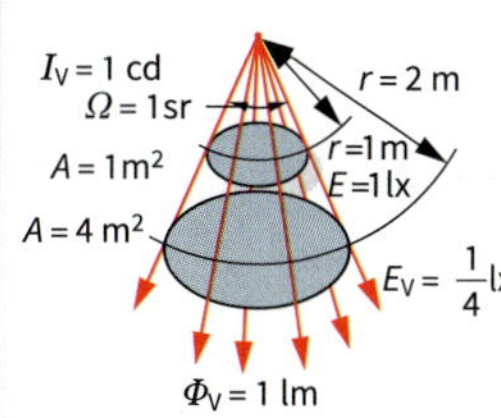

Stoffeinteilung

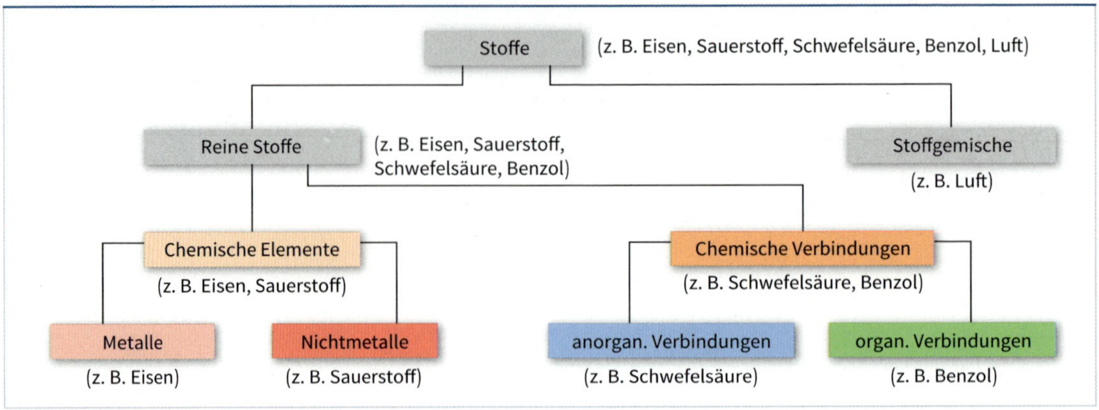

Atomaufbau

Atomkern		Atomhülle
Protonen	Neutronen	Elektronen
▪ Elektrisch positive Masseteilchen ▪ Die Protonen bestimmen den Charakter des Elements. ▪ Protonenzahl = Kernladungszahl = Ordnungszahl	▪ Elektrisch neutrale Masseteilchen ▪ Die Neutronenzahl kann für die Atomkerne des gleichen Elements unterschiedlich sein (Isotope).	▪ Elektrisch negative Masseteilchen ▪ Bei einem neutralen Atom ist die Protonenzahl gleich der Elektronenzahl.

Atomteilchen

Name	Ladung *e* in As	Masse *m* in g
Elektron	$-1{,}602 \cdot 10^{-19}$	$9{,}1089 \cdot 10^{-28}$
Neutron	0	$1{,}6748 \cdot 10^{-24}$
Proton	$+1{,}602 \cdot 10^{-19}$	$1{,}6725 \cdot 10^{-24}$
Schalen	**Elektronen**	**Bezeichnung**
K	2	1 s
L	2, 6	2 s, 2 p
M	2, 6, 10	3 s, 3 p, 3 d
N	2, 6, 10, 14	4 s, 4 p, 4 d, 4 f

Atommodell

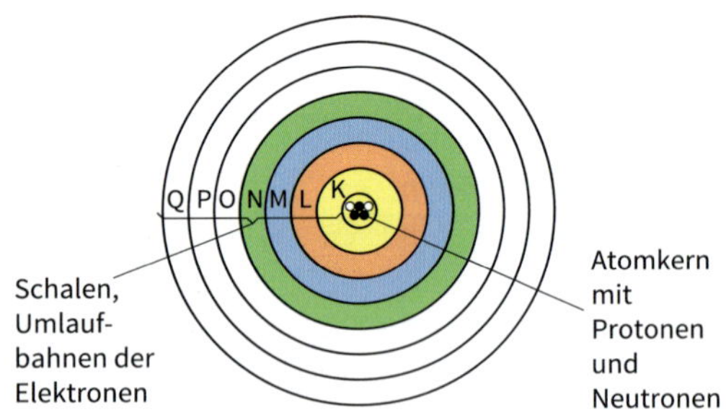

Relative Atommasse *A*

$$A = \frac{\text{Masse des neutralen Atoms}}{\frac{1}{12}\text{ der Masse des Kohlenstoffsatoms } ^{12}\text{C}}$$

Eine relative Masseneinheit beträgt $1{,}6605 \cdot 10^{-27}$ kg.

Atomsymbole und ihre Schreibweise

	Chlormolekül	Chlorid-Ion	Wasserstoffmolekül	Natriumchloridmolekül
ohne Angabe der Ionenladung	Cl_2		H_2	NaCl
mit Angabe der Ionenladung		$2\,Cl^-$	$2H^-$	$(Na^+\,Cl^-)$

Beispiel:

A = Z + N
(N: Neutronenzahl)

Oxidationszahlen: $C^{IV}(Cl^{-I})_4$; $Na_2\overset{6+2-}{[SO_4]}$

Periodensystem
Periodic System

Gruppe* / Periode (Schale)	1 (Ia)	2 (IIa)	3 (IIIb)	4 (IVb)	5 (Vb)	6 (VIb)	7 (VIIb)	8 (VIII)	9 (VIII)	10 (VIII)	11 (Ib)	12 (IIb)	13 (IIIa)	14 (IVa)	15 (Va)	16 (VIa)	17 (VIIa)	18 (VIIIa)
1 (K)	1 **H** −252,9 0,0899																	2 **He** −268,9 0,1785
2 (L)	3 **Li** 180,5 0,534	4 **Be** 1278 1,848											5 **B** 2300 2,46	6 **C** 3550 3,51	7 **N** −195,8 1,2506	8 **O** −182,96 1,429	9 **F** −188,1 1,696	10 **Ne** −246,1 0,899
3 (M)	11 **Na** 97,8 0,971	12 **Mg** 648,8 1,738											13 **Al** 660,5 2,699	14 **Si** 1410 2,33	15 **P** 44 1,82	16 **S** 113 2,07	17 **Cl** −34,6 3,214	18 **Ar** −189,4 1,784
4 (N)	19 **K** 63,7 0,862	20 **Ca** 839 1,55	21 **Sc** 1539 2,989	22 **Ti** 1660 4,51	23 **V** 1890 6,09	24 **Cr** 1857 7,19	25 **Mn** 1246 7,21	26 **Fe** 1535 7,86	27 **Co** 1495 8,89	28 **Ni** 1453 8,902	29 **Cu** 1083,5 8,96	30 **Zn** 419,6 7,14	31 **Ga** 29,8 5,904	32 **Ge** 937,4 5,323	33 **As** 613 5,72	34 **Se** 217 4,82	35 **Br** 58,8 3,14	36 **Kr** −152,3 3,749
5 (O)	37 **Rb** 39 1,532	38 **Sr** 769 2,63	39 **Y** 1523 4,469	40 **Zr** 1855 6,506	41 **Nb** 2468 8,57	42 **Mo** 2617 10,28	43 **Tc** 2172 11,5	44 **Ru** 2310 12,45	45 **Rh** 1966 12,41	46 **Pd** 1552 12,02	47 **Ag** 961,9 10,5	48 **Cd** 321 8,642	49 **In** 156,6 7,31	50 **Sn** 232 7,29	51 **Sb** 630,7 6,691	52 **Te** 449,6 6,24	53 **I** 113,5 4,93	54 **Xe** −107 5,897
6 (P)	55 **Cs** 28,4 1,873	56 **Ba** 725 3,65	57…71	72 **Hf** 2150 13,31	73 **Ta** 2996 16,654	74 **W** 3407 19,26	75 **Re** 3180 21,20	76 **Os** 3045 22,61	77 **Ir** 2410 22,65	78 **Pt** 1772 21,45	79 **Au** 1064,4 19,32	80 **Hg** 356,6 13,546	81 **Tl** 1457 11,85	82 **Pb** 327,5 11,34	83 **Bi** 271,4 9,80	84 **Po** 254 9,20	85 **At** 302 k. A.	86 **Rn** −61,8 9,73
7 (Q)	87 **Fr** 27 k. A.	88 **Ra** 700 5,50	89…103	104 **Rf** 261,109 k. A.	105 **Db** 262,114 k. A.	106 **Sg** 263,118 k. A.	107 **Bh** 262,123 k. A.	108 **Hs** 265 k. A.	109 **Mt** 266 k. A.	110 **Ds** 269 k. A.	111 **Rg** 272 k. A.	112 Uub* 285 k. A.	113 Uut* 284 k. A.	114 Uuq* 289 k. A.	115 Uup* 288 k. A.	116 Uuh* 292 k. A.	117 Uus* k. A. k. A.	118 Uuo* k. A. k. A.
6 (P)	Lanthanoide		57 **La** 920 6,145	58 **Ce** 798 6,77	59 **Pr** 931 6,773	60 **Nd** 1010 7,008	61 **Pm** 1080 7,264	62 **Sm** 1072 7,52	63 **Eu** 822 5,26	64 **Gd** 1311 7,89	65 **Tb** 1360 8,23	66 **Dy** 1409 8,56	67 **Ho** 1470 8,795	68 **Er** 1522 9,066	69 **Tm** 1545 9,321	70 **Yb** 824 6,966	71 **Lu** 1656 9,841	
7 (Q)	Actinoide		89 **Ac** 1047 10,07	90 **Th** 1750 11,72	91 **Pa** 1554 15,37	92 **U** 1132,4 18,95	93 **Np** 640 20,45	94 **Pu** 641 19,84	95 **Am** 994 13,67	96 **Cm** 1340 13,51	97 **Bk** 986 13,25	98 **Cf** 900 15,10	99 **Es** 860 k. A.	100 **Fm** 1526 k. A.	101 **Md** 827 k. A.	102 **No** 827 k. A.	103 **Lr** 1627 k. A.	

Ordnungszahl – Elementsymbol – Schmelzpunkt (feste Elemente) – Siedepunkt (flüssige/gasförmige Elemente) – Dichte: feste/flüssige Elemente in kg/dm³, gasförmige Elemente in kg/m³ – Kristallstruktur – Gruppierung

Beispiel: 26 Fe 1535 7,86

Fe festes Element
Hg flüssiges Element
O gasförmiges Element
U natürliches, radioaktives Element
Rf künstliches, radioaktives Element
Uub* vorläufiges Symbol

* IUPAC-Empfehlung
herkömmliche Gruppenbezeichn.
k. A.: keine Angabe

Nichtmetall · Edelmetall · Schwermetall · Leichtmetall · Halbmetall · Edelgas

amorph · monoklin · hexagonal · orthorhombisch · kubisch-flächenzentriert · rhomboedrisch · kubisch-raumzentriert · tetragonal

Stoffwerte
Physical Characteristics

Name	Kurzzeichen	Dichte ϱ ϱ in $\frac{kg}{dm^3}$	Schmelzpunkt ϑ_{Fl} in °C	Siedepunkt ϑ_G in °C	Spez. Schmelzwärme q in $\frac{kJ}{kg}$	Spez. Wärmekapazität c in $\frac{kJ}{kg \cdot K}$	Längen-/Volumen-Ausdehnungskoeffizient α in $\frac{10^{-6}}{K}$
Glas	–	2,4…2,7	≈ 700	–		0,850	5
Polyvinylchlorid	PVC	1,35	–	–	165	1,500	8,0
Quarz	SiO_2	2,1…2,6	1480	2230		0,745	8
Cu-Legierung	CuAl10Fe5Ni5	7,4…7,7	≈ 1040	≈ 2300		440	16
	CuSn 6	7,4…8,9	≈ 900	≈ 2300		380	17,5
	CuZn 28	8,4…8,7	≈ 950	≈ 2300	167	390	18,5
Stahl, unlegiert	C 22	7,85	1510	≈ 2500	205	490	11
Wasser (destilliert)	H_2O	1,00 (4 °C)	0	100		4,182	207
Luft	–	1,29 (mg/cm³)	−220	−191,4		0,716 (V = Konst.)	

Stoffwerte von chemisch reinen Elementen (20 °C und 1,013 · 10^5 Pa)

Physical Characteristics of Pure Chemical Elements

Name	Kurzzeichen	Ordnungszahl	Elektrische Leitfähigkeit $\varkappa$ in $\frac{MS}{m}$	Temperaturkoeffizient α_{20} in $\frac{10^{-3}}{K}$	Spez. Wärmekapazität c in $\frac{kJ}{kg \cdot K}$	Dichte ϱ in $\frac{kg}{dm^3}$ Gas: $\frac{mg}{cm^3}$	Schmelzpunkt ϑ_{Fl} in °C	Siedepunkt ϑ_G in °C	Spez. Schmelzwärme q in $\frac{kJ}{kg}$	α in $\frac{10^{-6}}{K}$
Aluminium	Al	13	37,8[1)]	4,7[1)]	0,899	2,7	660	2270	398	23,8
Antimon	Sb	51	2,59	6,4	0,210	6,69	630,5	1640	163	10,9
Argon	Ar	18	–	–	–	1,78	−189	−186	–	–
Arsen	As	33	–	4,7	0,350	5,73	618	sublimiert	–	–
Barium	Ba	56	2,78	6,5	0,277	3,8	710	1696	–	–
Beryllium	Be	4	31,2	9,0	1,885	1,85	12,83	1870	–	12,3
Bismut	Vi	83	0,91	4,5	0,126	9,8	271	1560	54	13,5
Blei	Pb	82	4,77	4,2	0,130	11,34	327	1750	25	29,4
Bor (bei 0°C)	B	5	0,91	–	0,960	1,7…2,3	2300	2500	–	8
Brom (bei 18°C)	Br	35	–	–	–	3,19	−7,3	59	–	–
Cadmium	Cd	48	13,7	4,2	0,230	8,64	321	767	54	29,4
Calcium	Ca	20	–	–	0,630	1,55	850	1439	329	22,5
Chlor	Cl	17	–	–	–	3,214	–	−34,1	–	–
Chrom	Cr	24	6,76	5,9	0,460	7,1	1900	2300	314	7,5
Cobalt	Co	27	17,8	5,9	0,437	8,9	1490	3200	243	13
Eisen	Fe	26	10	4,6	0,466	7,87	1535	2880	268	12
Fluor	F	9	–	–	–	1,69	−218	−188	–	–
Gallium	Ga	31	2,5	4,0	–	5,91	29,75	2400	–	18
Germanium	Ge	32	0,0011	−48	0,310	5,32	938	2700	409	6
Gold	Au	79	47,6	4,0	0,130	19,3	1063	2700	63	14,3
Helium	He	2	–	–	5,230	0,18	−272	−268,9	–	–
Indium	In	49	–	–	–	7,3	155	2000	238	56
Iridium	Ir	77	20,4	4,1	–	22,65	2454	>4800	–	6,6
Jod	J	53	–	–	0,220	4,94	113,7	184,5	62	–
Kalium	K	19	15,9	5,7	0,750	0,86	63,5	776	58	84
Kohlenstoff	C	6	0,015	–	0,500	3,51	–	–	–	1,2
Krypton	Kr	36	–	–	–	3,74	−157,2	−152,9	–	–
Kupfer	Cu	29	58[2)]	4,3[2)]	0,390	8,93	1083	2390	205	16,8
Lithium	Li	3	11,7	4,9	–	0,53	180	1340	669,9	58
Magnesium	Mg	12	23,3	4,1	0,924	1,74	650	1097	373	26
Mangan	Mn	25	2,56	5,3	0,504	7,43	1244	2152	264	23
Molybdän	Mo	42	20	4,7	0,270	10,2	2620	5550	273	5
Natrium	Na	11	23,3	5,4	1,260	0,97	97,7	883	113	71
Neon	Ne	10	–	–	–	0,899	−248	−246	–	–
Nickel	Ni	28	14,5	6,7	0,441	8,9	1452	3075	301	12,8
Osmium	Os	76	10,5	4,2	–	22,7	2500	4400	–	6,6
Palladium	Pd	46	10,2	3,7	–	12	1554	3387	–	10,6
Phosphor (bei 0°C)	P	15	–	–	0,755	1,83	44,1	280	21	–
Platin	Pt	78	10,2	3,9	0,134	21,4	1769	3800	100	9
Quecksilber	Hg	80	1,063	0,99	0,138	13,96	−38,9	357	11,3	–
Radium	Ra	88	–	–	–	5	700	1140	–	–
Radon	Rn	86	–	–	–	–	−71	−61,9	–	–
Sauerstoff	O	8	–	–	0,920	1,43	−219	−183	13	–
Schwefel (bei 0°C)	S	16	–	–	0,710	2,07	112,8	444,6	38	64,1
Selen	Se	34	–	–	0,330	4,8	220	688	83	37
Silber	Ag	47	67,1	4,1	0,230	10,5	960,8	1980	105	19,7
Silicium	Si	14	0,001	−75	0,075	2,35	141,4	2630	142	7,6
Stickstoff	N	7	–	–	1,050	1,25	−210	−196	–	–
Strontium	Sr	38	3,25	3,8	0,075	2,54	757	1366	136	–
Tantal	Ta	73	7,14	3,5	0,138	16,6	2990	4100	172	6,5
Tellur	Te	52	0,0016	–	0,200	6,24	453	1390	140	17,2
Thallium	Tl	81	6,25	5,2	0,134	11,85	303	1457	–	29
Titan	Ti	22	2,38	5,4	0,630	4,5	1660	3535	88	9
Uran	U	92	4,76	2,8	0,120	18,7	1130	3500	365	–
Vanadium	V	23	–	3,9	0,504	6,1	1900	3000	343	–
Wasserstoff	H	1	–	–	14,240	0,09	−257	−252	–	–
Wolfram	W	74	18,2	4,8	0,143	19,3	3380	4727	193	4,3
Xenon	Xe	54	–	–	–	–	−112	−108	–	–
Zink	Zn	30	17,6	4,2	0,395	7,13	419,5	906	100	26,3
Zinn	Sn	50	8,7	4,6	0,228	7,29	232	2360	59	27

Leitungsmaterial: 1) Aluminium $\varkappa > 36 \frac{MS}{m}$ $\varrho < 0{,}02778\ \mu\Omega m$ $\alpha_{20} = 0{,}0036\ K^{-1}$ 2) Kupfer $\varkappa > 56 \frac{MS}{m}$ $\varrho < 0{,}01786\ \mu\Omega m$ $\alpha_{20} = 0{,}0039\ K^{-1}$

Größe	Darstellung	Größen und Formelzeichen	Einheit und Einheitenzeichen	Formel
Spannung	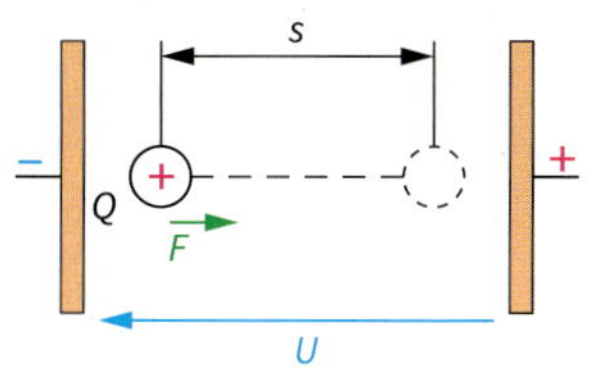	Spannung U	Volt V	$U = \frac{W}{Q}$
		Ladung Q	Coulomb C Amperesekunde As	
		Arbeit W	Wattsekunde Ws, VAs	
	Die **elektrische Spannung** zwischen zwei Punkten eines elektrischen Feldes ist gleich dem Quotienten aus der verrichteten Verschiebungsarbeit und der bewegten Ladung.			
Stromstärke	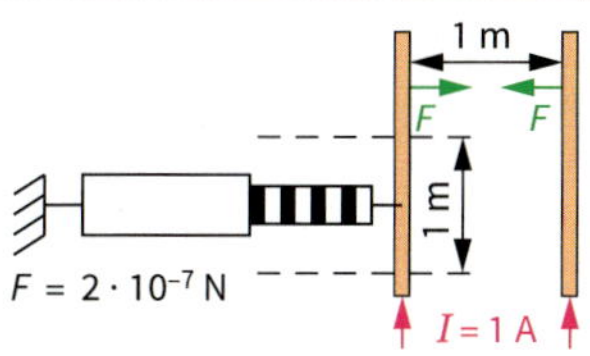	Stromstärke I	Ampere A	$I = \frac{Q}{t}$
		Zeit t	Sekunde s 1 C = 1 As	
	Ein Ampere ist die Stärke eines zeitlich unveränderlichen elektrischen Stromes durch zwei geradlinige, parallele, unendlich lange Leiter, die einen Abstand von 1 m haben und zwischen denen im leeren Raum je 1 m Doppelleitung eine Kraft von $2 \cdot 10^{-7}$ N wirkt.			
Stromdichte	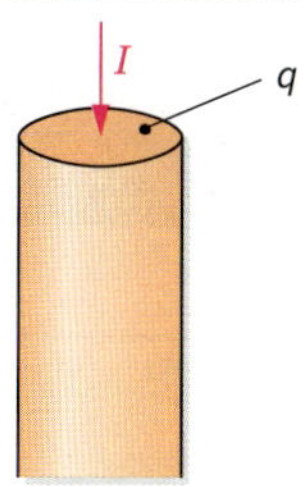	Stromdichte J	Ampere durch Quadratmeter $\frac{\text{A}}{\text{m}^2}$	$J = \frac{I}{q}$
		Querschnittsfläche q	Quadratmeter m^2 $1\ \text{m}^2 = 10^4\ \text{cm}^2 = 10^6\ \text{mm}^2$	
Stromstärke, Spannung, Widerstand und Leitwert	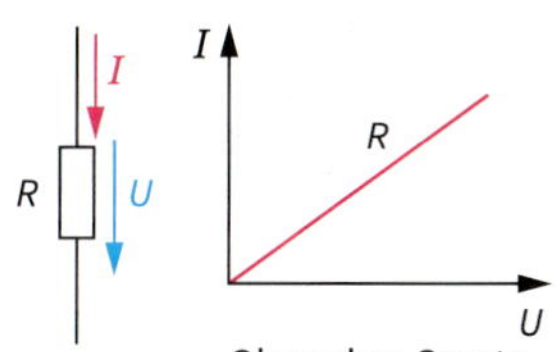 Ohmsches Gesetz	Widerstand R	Ohm Ω $1\ \Omega = 1\ \frac{\text{V}}{\text{A}}$	$I = \frac{U}{R}$
		Leitwert G	Siemens S $1\ \text{S} = 1\ \frac{\text{A}}{\text{V}}$	$G = \frac{1}{R}$ $I = G \cdot U$
Elektrische Arbeit	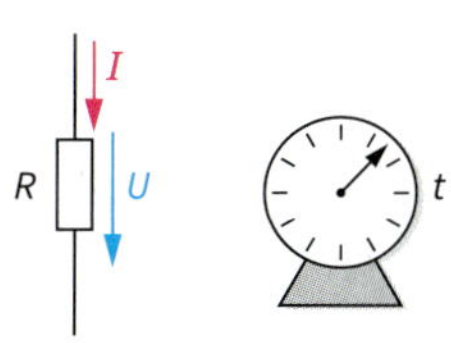	Elektrische Arbeit W	Wattsekunde Ws, VAs 1 kWh = $3{,}6 \cdot 10^6$ Ws 1 Nm = 1 Ws = 1 J	$W = U \cdot I \cdot t$ $W = P \cdot t$
Elektrische Leistung	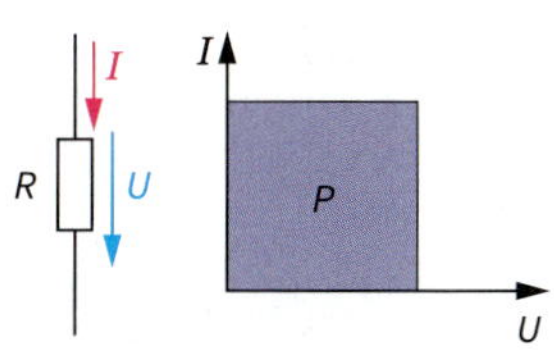	Elektrische Leistung P	Watt W, VA	$P = \frac{W}{t}$ $P = U \cdot I$ $P = I^2 \cdot R$ $P = \frac{U^2}{R}$

Elektrischer Widerstand
Electrical Resistor

Bezeichnung	Darstellung	Größen und Formelzeichen	Einheitenzeichen	Formel
Widerstand von Leitern	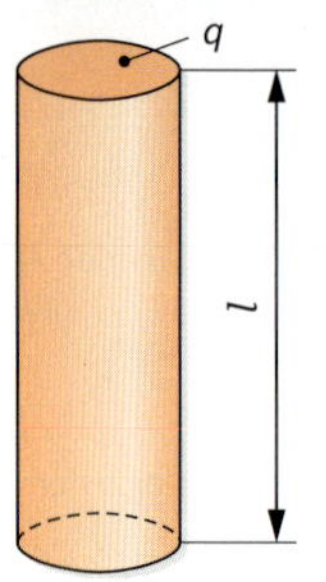	R : Widerstand l : Leiterlänge q : Querschnittsfläche	Ω m m^2, mm^2	$R = \frac{\varrho \cdot l}{q}$
		ϱ : Spezifischer Widerstand	$\Omega \cdot m$, $\Omega \cdot \frac{mm^2}{m}$ $1\,\Omega \cdot \frac{mm^2}{m} =$ $1\,\mu\Omega \cdot m$	$\varkappa = \frac{1}{\varrho}$
		$\gamma, \varkappa$: Elektrische Leitfähigkeit	$\frac{S}{m}$, $\frac{S \cdot m}{mm^2}$ $1 \frac{S \cdot m}{mm^2} = 1 \frac{MS}{m}$	$R = \frac{l}{\varkappa \cdot q}$
Widerstand und Temperatur	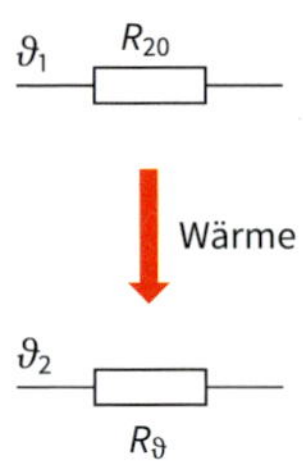	ΔR : Widerstandsänderung R_{20} : Widerstand bei 20 °C $\alpha; \beta$: Temperaturkoeffizient $\Delta\vartheta$: Temperaturänderung R_ϑ : Widerstand nach Erwärmung	Ω Ω $\frac{1}{K}$; K^{-1}; $\frac{1}{K^2}$; K^{-2} K Ω	$\vartheta < 200\,°C$ $\Delta R = R_{20} \cdot \alpha \cdot \vartheta$ $R_\vartheta = R_{20} + \Delta R$ $R_\vartheta = R_{20}(1 + \alpha \cdot \Delta\vartheta)$ $\vartheta > 200\,°C$ $R_\vartheta = R_{20}(1 + \alpha \cdot \Delta\vartheta + \beta \cdot \Delta\vartheta^2)$

Normspannungen
Standard Voltages

Betriebsmittel für Nennspannungen unter 120 V AC

bevorzugt		6	12		24		48			110
ergänzend	5			15		36		60	100	

Betriebsmittel für Nennspannungen unter 750 V DC

bevorzugt						6			12		24		36		48	60	72		96	110		220		440	
ergänzend	2,4	3	4	4,5	5		7,5	9		15		30		40				80			125		250		600

Drehstrom-Vierleiter- oder -Dreileiternetze

- Nennspannungen in V, AC, 50 Hz, zwischen 100 V und einschließlich 100 V
- Die niedrigen Werte sind Spannungen zum Neutralleiter.
- Die höheren Werte sind Spannungen zwischen Außenleitern.

230	230/400	400/690	1000

Bahnnetze

- Die Klammerwerte sind nicht bevorzugte Werte.

Gleichstrom

Spannung in V		
niedrigste	Nennspannung	höchste
(400)	(600)	(720)
500	750	900
1000	1500	1800
2000	3000	3600

Wechselstrom

Spannung in V			Frequenz in Hz
niedrigste	Nennspannung	höchste	
(4750)	(6250)	(6900)	50
12000	15000	17250	16 2/3
19000	25000	27500	50

Drehstromnetze über 1 kV

- Die Netze sind grundsätzlich Dreileiternetze.
- Spannungsangaben zwischen Außenleitern in 1 kV
- Die Klammerwerte sind nicht bevorzugte Werte.

bis einschließlich 35 kV

Höchste Betriebsmittelspannung	Netz-Nennspannung	
12	11	10
(17,5)	–	(15)
24	22	20
36	33	30
40,5	–	35

bis einschließlich 230 kV

Höchste Betriebsmittelspannung	Netz-Nennspannung	
72,5	66	69
100	90	–
123	110	115
145	132	138
(170)	(150)	(154)
245	220	230

über 245 kV

Höchste Betriebsmittelspannung						
(300)	362	420	525 550	765 800	1100	1200

Spannungsquelle mit Innenwiderstand

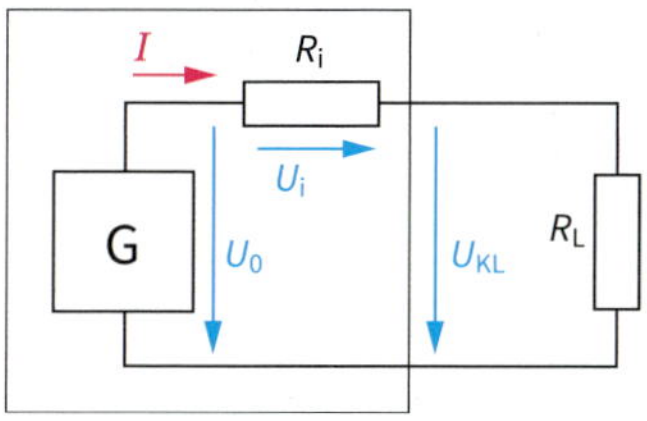

U_0 : Leerlaufspannung (Quellenspannung)
U_{KL} : Klemmenspannung
ΔU : Spannungsänderung
R_i : Innenwiderstand
R_L : Belastungswiderstand
I_k : Kurzschlussstromstärke
ΔI : Stromänderung
P_L : Ausgangsleistung
P_i : Verlustleistung der Spannungsquelle

$$U_0 = U_i + U_{KL}$$

$$I = \frac{U_0}{R_i + R_L} \qquad I_k = \frac{U_0}{R_i}$$

$$R_i = \frac{U_i}{I} \qquad R_i = \frac{\Delta U_{KL}}{\Delta I}$$

$$U_{KL} = U_0 - I \cdot R_i$$

Anpassung

Stromanpassung, $R_L \ll R_i$

Maximale Stromstärke

$$I \approx \frac{U_0}{R_i}$$

$$U_{KL} \approx \frac{U_0 \cdot R_L}{R_i}$$

$$P_L \approx 0$$

Spannungsanpassung, $R_L \gg R_i$

Maximale Spannung

$$I \approx \frac{U_0}{R_L}$$

$$U_{KL} \approx U_0$$

$$P_L \approx 0$$

Leistungsanpassung, $R_L = R_i$

Maximale Leistung

$$I = \frac{U_0}{2R_i} \qquad I = \frac{U_0}{2R_L}$$

$$U_{KL} = \frac{U_0}{2}$$

$$P_L = \frac{U_0^2}{4R_i} \qquad P_i = \frac{U_0^2}{4R_L}$$

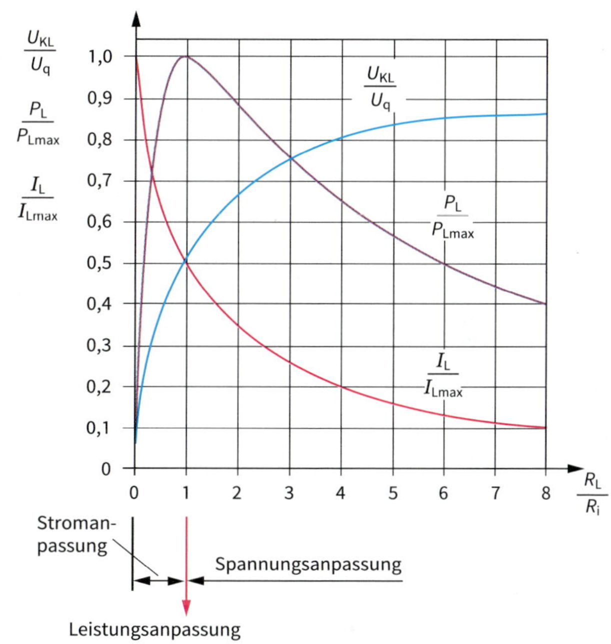

Reihenschaltung

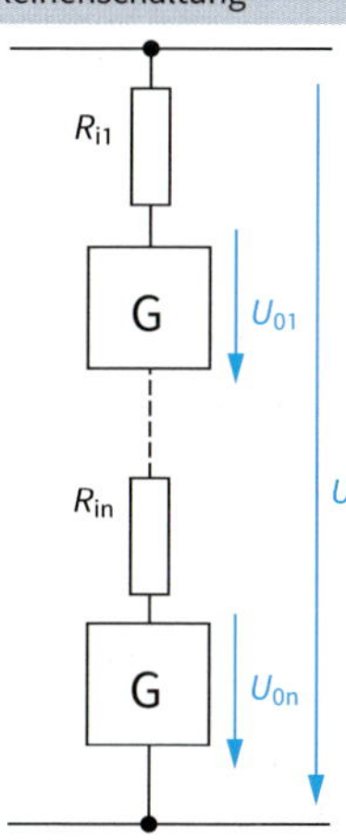

$$U_{0g} = U_{01} + \ldots + U_{0n}$$

$$R_{ig} = R_{i1} + \ldots + R_{in}$$

Parallelschaltung

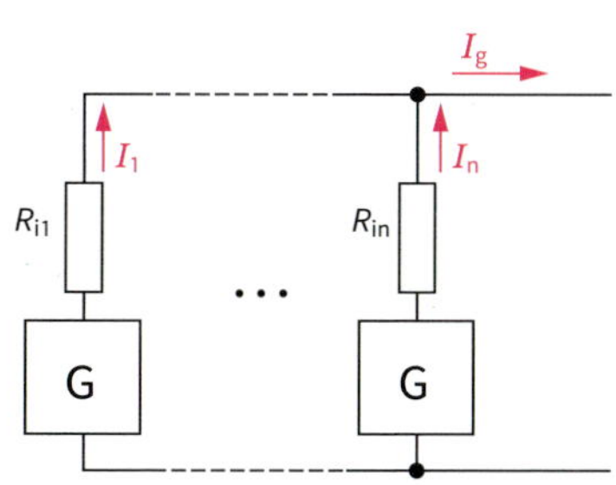

$$I_g = I_1 + \ldots + I_n$$

$$\frac{1}{R_{ig}} = \frac{1}{R_{i1}} + \ldots + \frac{1}{R_{in}}$$

Bei unterschiedlichen Leerlaufspannungen fließen zwischen den Spannungsquellen Ausgleichsströme.

Vorzeichen und Richtungssinne von Strom und Spannung

Gleicher Bezugssinn	Ungleicher Bezugssinn
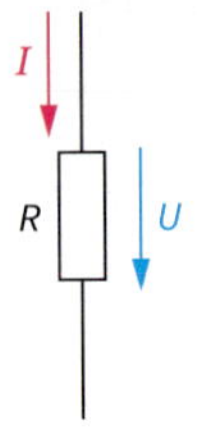 $U = I \cdot R$	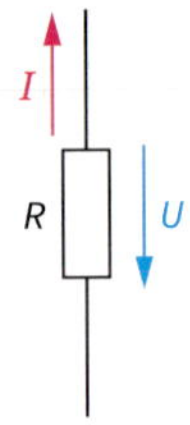 $U = -I \cdot R$

	Verbraucher-Pfeilsystem	Erzeuger-Pfeilsystem
Spannungsquelle	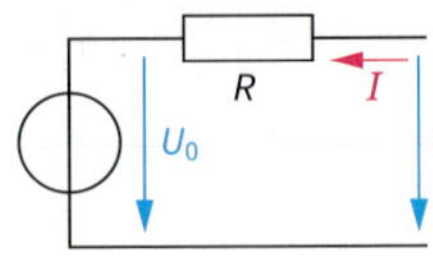 $U = U_0 + I \cdot R$	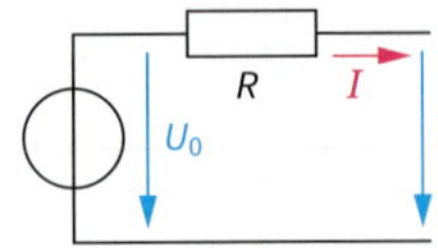 $U = U_0 - I \cdot R$
Stromquelle	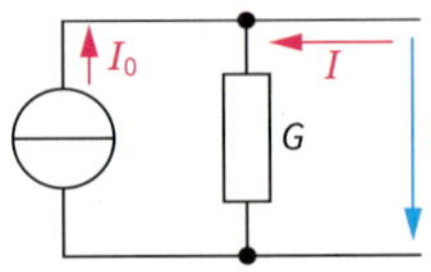 $I = -I_0 + G \cdot U$	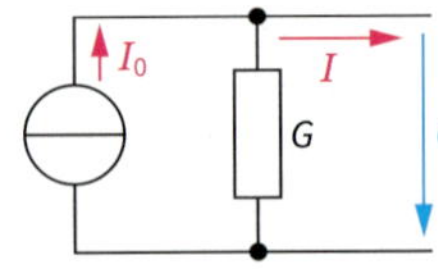 $I = I_0 - G \cdot U$

Erstes Kirchhoffsches Gesetz (Knotenregel)

In jedem Knotenpunkt ist die Summe aller Ströme Null.

$$\sum I = 0\,\text{A}$$

$$I_1 - I_2 - I_3 + I_4 + I_5 = 0\,\text{A}$$

Beispiel:

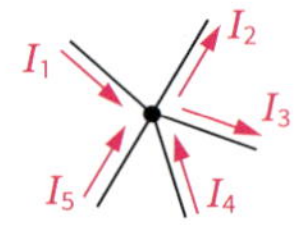

Zweites Kirchhoffsches Gesetz (Maschenregel)

Die Summe aller Teilspannungen entlang eines geschlossenen Weges (willkürlich gewählter Umlaufsinn) ist Null.

$$\sum U = 0\,\text{V}$$

$$-U_1 + U_{R1} + U_{R2} - U_2 + U_{R3} = 0\,\text{V}$$

$$-U_1 + I \cdot R_1 + I \cdot R_2 - U_2 + I \cdot R_3 = 0\,\text{V}$$

Beispiel:

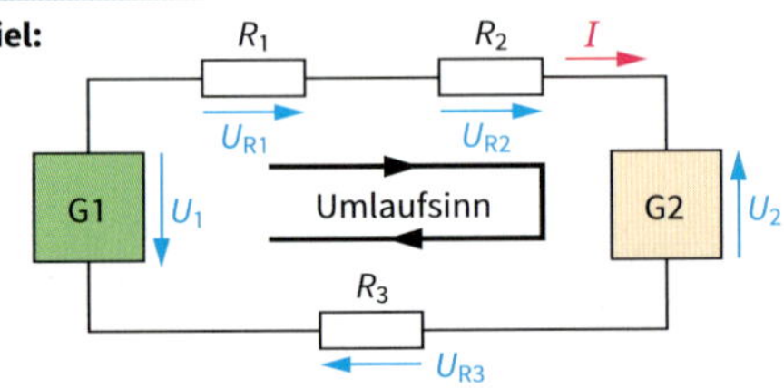

	Reihenschaltung	Parallelschaltung
Schaltung	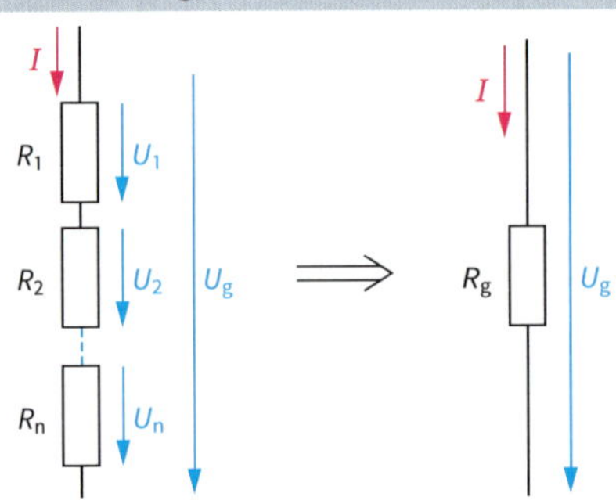	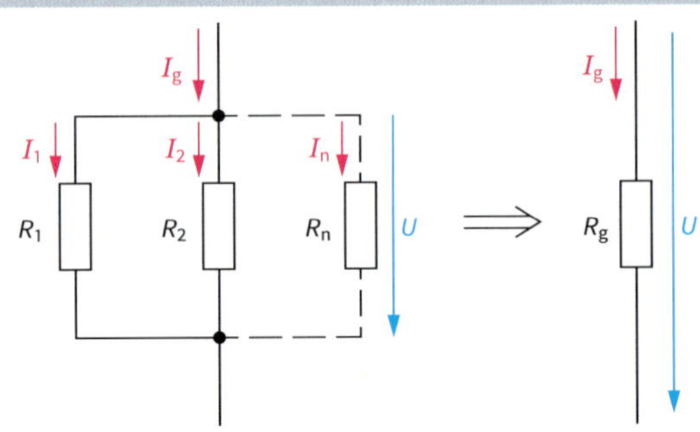
Spannung	$U_g = U_1 + U_2 + \ldots + U_n$	Alle Widerstände liegen an derselben Spannung U.
Stromstärke	Durch alle Widerstände fließt derselbe Strom I.	$I_g = I_1 + I_2 + \ldots + I_n$
Widerstände und Leitwerte	$R_g = R_1 + R_2 + \ldots + R_n$	$\frac{1}{R_g} = \frac{1}{R_1} + \frac{1}{R_2} + \ldots + \frac{1}{R_n}$ $G_g = G_1 + G_2 + \ldots + G_n$
Verhältnisse	$\frac{U_1}{U_2} = \frac{R_1}{R_2}$; $\frac{U_1}{U_n} = \frac{R_1}{R_n}$; $\frac{U_1}{U_g} = \frac{R_1}{R_g}$; …	$\frac{I_1}{I_2} = \frac{R_2}{R_1}$; $\frac{I_1}{I_n} = \frac{R_n}{R_1}$; $\frac{I_1}{I_g} = \frac{R_g}{R_1}$; …

Unbelasteter Spannungsteiler

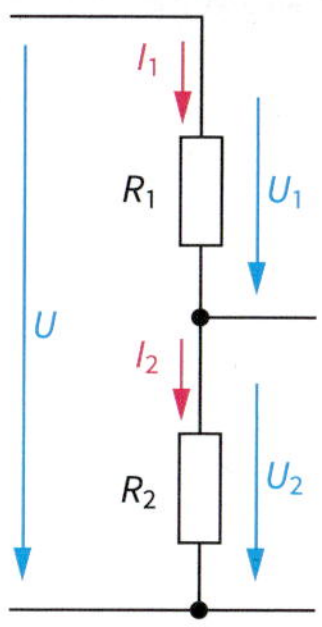

$$\frac{U_2}{U} = \frac{R_2}{R_1 + R_2}$$

Belasteter Spannungsteiler

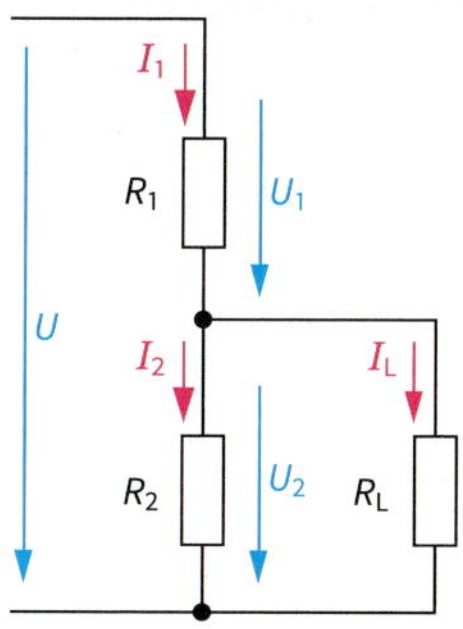

$$\frac{U_2}{U} = \frac{R_2 \cdot R_L}{R_1\,(R_2 + R_L) + R_2 \cdot R_L}$$

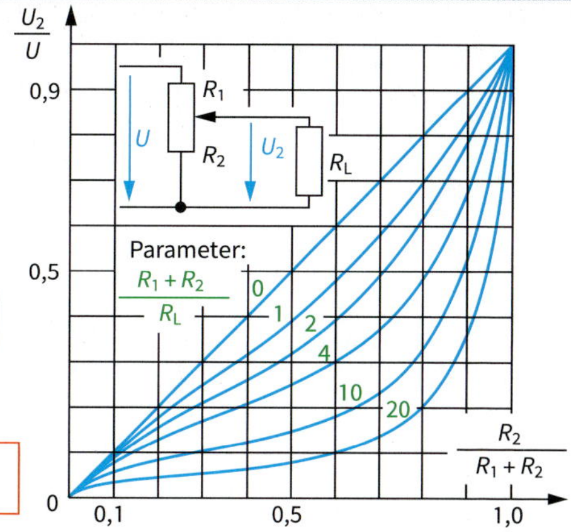

Messbereichserweiterung

Spannungsmessung

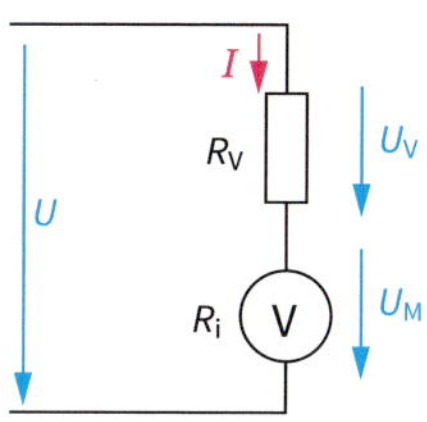

n : Faktor der Messbereichserweiterung
R_v : Vorwiderstand
R_i : Innenwiderstand
U_M : Spannung am Messwerk bei Vollausschlag
I : Stromstärke durch das Messwerk bei Vollausschlag

$$n = \frac{U}{U_M}$$

$$R_v = \frac{U - U_M}{I}$$

$$R_v = (n - 1)\,R_i$$

Strommessung

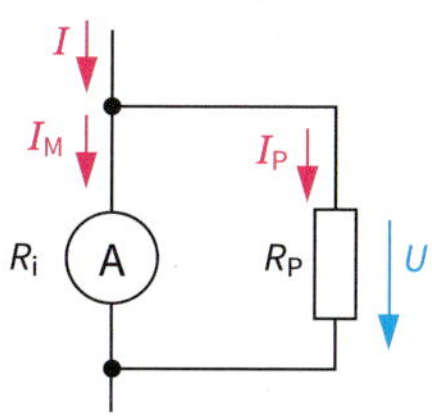

n : Faktor der Messbereichserweiterung
R_p : Parallelwiderstand
R_i : Innenwiderstand
U : Spannung am Messwerk bei Vollausschlag
I_M : Stromstärke durch das Messwerk bei Vollausschlag

$$n = \frac{I}{I_M}$$

$$R_p = \frac{U}{I - I_M}$$

$$R_p = \frac{R_i}{(n - 1)}$$

Gruppenschaltung

Beispiel:

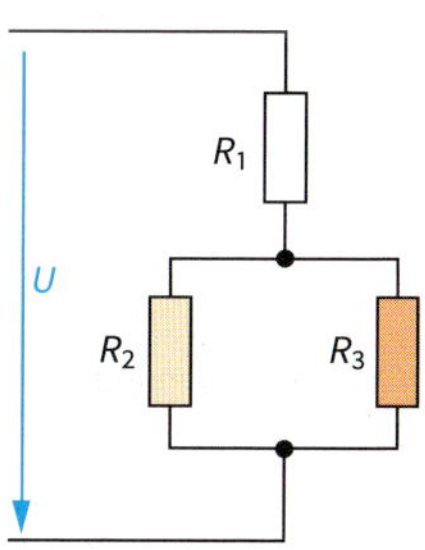

- Die Schaltung muss so verändert werden, dass eine Grundschaltung entsteht.
- Zum Widerstand R_1 liegt in Reihe die Parallelschaltung aus den zwei Widerständen R_2 und R_3.

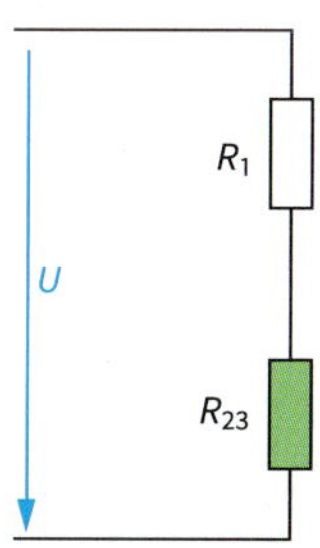

- Die Parallelschaltung aus R_2 und R_3 kann zu einem Widerstand R_{23} zusammengefasst werden.

$R_{23} = R_2 \parallel R_3$
(II bedeutet: parallel)

$R_{23} = (R_2 \cdot R_3) : (R_2 + R_3)$

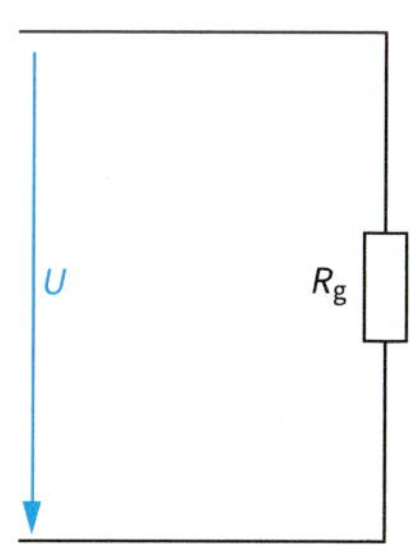

- Der Gesamtwiderstand lässt sich jetzt durch Addition ermitteln.

$R_g = R_1 + R_{23}$

Kraft zwischen Ladungen (Coulombsches Gesetz)

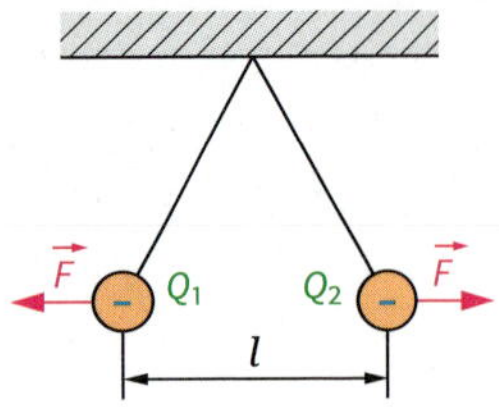

F : Kraft zwischen den Ladungen
Q_1, Q_2 : Ladungen
ε : Permittivität
ε_0 : Elektrische Feldkonstante
ε_r : Permittivitätszahl
l : Abstand der Ladungen

$$F = \frac{Q_1 \cdot Q_2}{4\pi\varepsilon \cdot l^2}$$

$$\varepsilon = \varepsilon_0 \cdot \varepsilon_r \qquad [\varepsilon_r] = 1$$

$$\varepsilon_0 = 8{,}86 \cdot 10^{-12}\,\frac{\text{As}}{\text{Vm}}$$

Elektrische Feldstärke

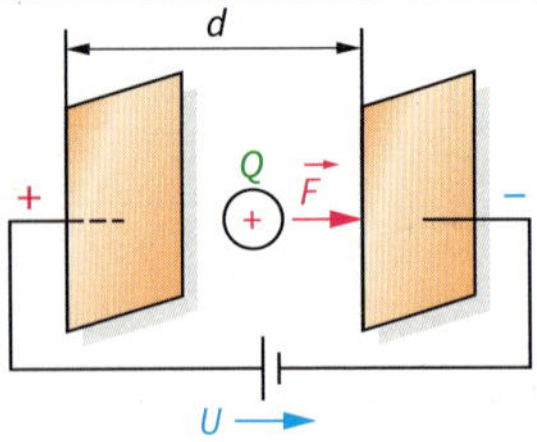

E : Elektrische Feldstärke
F : Kraft auf die Ladung im Feld
Q : Ladung im Feld
U : Spannung zwischen den Platten
d : Abstand der Platten

$$E = \frac{F}{Q} \qquad [E] = \frac{\text{N}}{\text{C}}$$

1 C = 1 As

$$E = \frac{U}{d} \qquad [E] = \frac{\text{V}}{\text{m}}$$

Kondensator und Kapazität

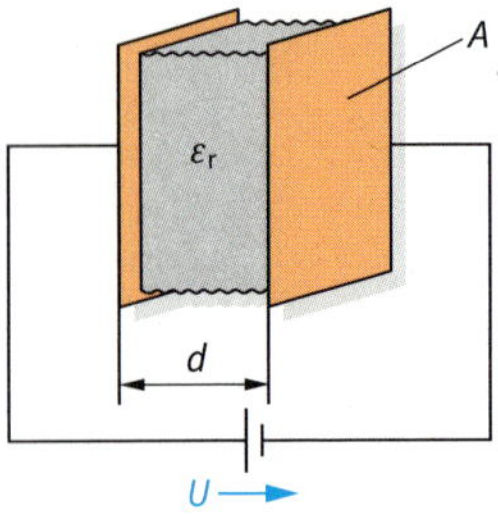

C : Kapazität des Kondensators
Q : Ladung des Kondensators
U : Spannung zwischen den Kondensatorplatten
ε : Permittivität
ε_0 : Elektrische Feldkonstante
ε_r : Permittivitätszahl
A : Plattenfläche
d : Plattenabstand
W : Gespeicherte Energie des Kondensators

$$C = \frac{Q}{U} \qquad [C] = \frac{\text{As}}{\text{V}}$$

$$C = \frac{\varepsilon \cdot A}{d} \qquad 1\,\frac{\text{As}}{\text{V}} = 1\text{ F (Farad)}$$

$$\varepsilon = \varepsilon_0 \cdot \varepsilon_r \qquad [\varepsilon_r] = 1$$

$$\varepsilon_0 = 8{,}86 \cdot 10^{-12}\,\frac{\text{As}}{\text{Vm}}$$

$$W = \frac{C \cdot U^2}{2} \qquad [W] = \text{V As}$$

Parallelschaltung von Kondensatoren

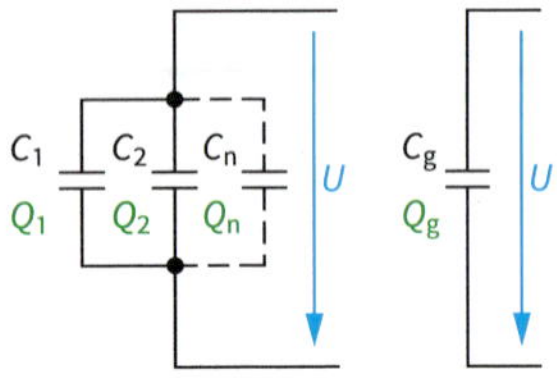

$Q_1 \dots Q_n$: Ladungen der Einzelkondensatoren
$C_1 \dots C_n$: Kapazitäten der Einzelkondensatoren

Q_g: Ladung der Gesamtkapazität
C_g: Gesamtkapazität

$$Q = C \cdot U$$

$$Q_g = Q_1 + Q_2 + \dots + Q_n$$

$$C_g = C_1 + C_2 + \dots + C_n$$

Reihenschaltung von Kondensatoren

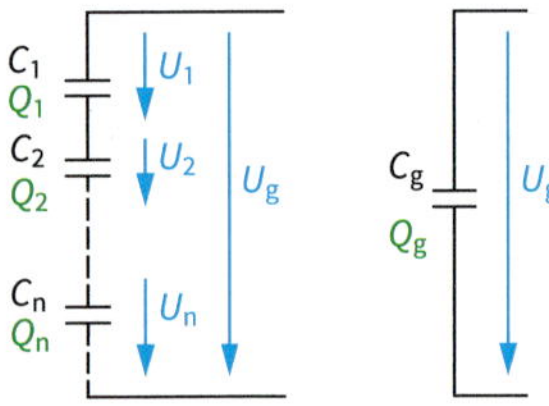

$Q_1 \dots Q_n$: Ladungen der Einzelkondensatoren
$C_1 \dots C_n$: Kapazitäten der Einzelkondensatoren

Q_g: Ladung der Gesamtkapazität
C_g: Gesamtkapazität

$U_1 \dots U_n$: Einzelspannungen
U_g: Gesamtspannung

$$Q = C \cdot U$$

$$Q_g = Q_1 = Q_2 = \dots = Q_n$$

$$U_g = U_1 + U_2 + \dots + U_n$$

$$\frac{1}{C_g} = \frac{1}{C_1} + \frac{1}{C_2} + \dots + \frac{1}{C_n}$$

Magnetische Feldstärke

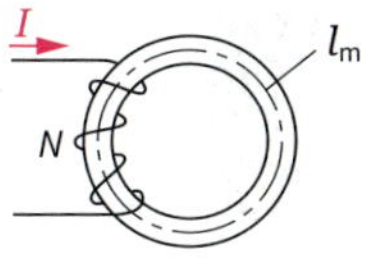

H : Magnetische Feldstärke
I : Stromstärke
N : Windungszahl
l_m: Mittlere Feldlinienlänge
Θ: Elektrische Durchflutung

$$H = \frac{I \cdot N}{l_m}$$
$$\Theta = I \cdot N$$

$[H] = \frac{A}{m}$

$[\Theta] = A$

Magnetische Flussdichte (Induktion)

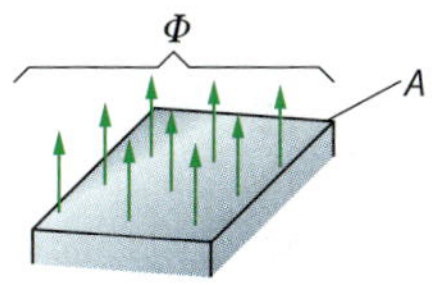

B : Magnetische Flussdichte
Φ : Magnetischer Fluss
A : Fläche

$$B = \frac{\Phi}{A}$$

$[\Phi] = \mathrm{V\,s}$
$1\ \mathrm{V\,s} = 1\ \mathrm{Wb}$ (Weber)

$[B] = \frac{\mathrm{V\,s}}{\mathrm{m^2}}$

$\frac{1\ \mathrm{V\,s}}{\mathrm{m^2}} = 1\ \mathrm{T}$ (Tesla)

Zusammenhang zwischen magnetischer Feldstärke und Flussdichte

Vakuum (Luft)

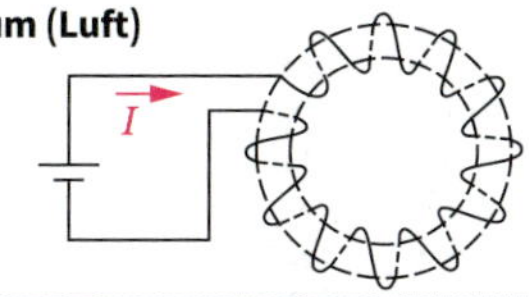

μ_o : Magnetische Feldkonstante

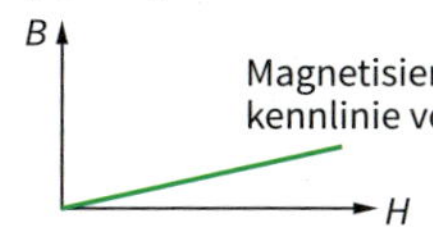

$$B = \mu_o \cdot H$$

$\mu_o = 1{,}257 \cdot 10^{-6}\ \frac{\mathrm{V\,s}}{\mathrm{A\,m}}$

Eisenkern

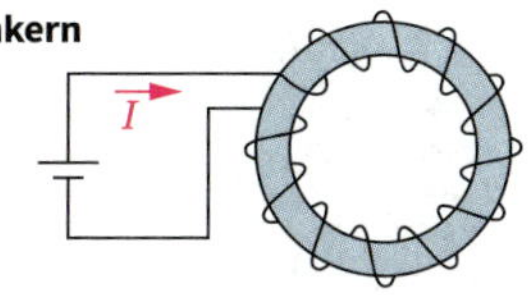

μ_r : Permeabilitätszahl
μ : Permeabilität

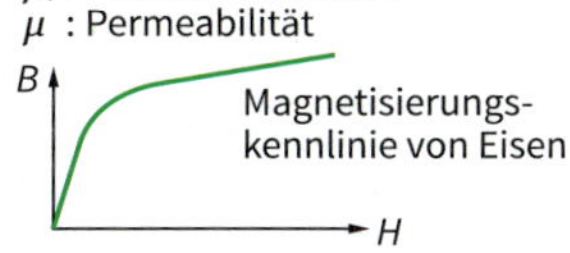

$$B = \mu \cdot H$$

$\mu = \mu_o \cdot \mu_r$ $[\mu_r] = 1$

Stromdurchflossener Leiter im Magnetfeld

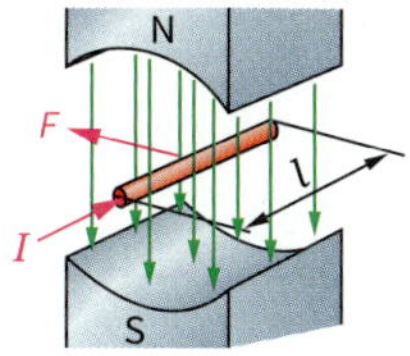

F : Kraft auf den Leiter
I : Stromstärke
l : Leiterlänge im Magnetfeld
z : Anzahl der Leiter

$$F = B \cdot I \cdot l \cdot z$$

$[F] = \mathrm{N}$

Spule im Magnetfeld

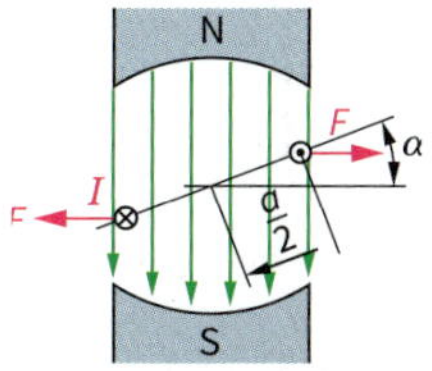

M : Drehmoment
a : Spulenlänge
N : Windungszahl

$$M = \frac{F \cdot a \cdot \sin\alpha}{2}$$
$$F = 2 \cdot N \cdot B \cdot l \cdot I$$

Induktivität der Spule

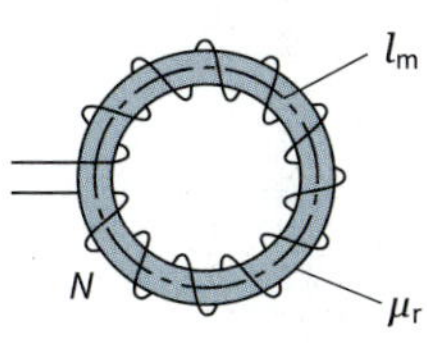

L : Induktivität
N : Windungszahl
A : Fläche (Querschnitt der Spule)
μ_o : Magnetische Feldkonstante
μ_r : Permeabilitätszahl
μ : Permeabilität
l_m : Feldlinienlänge (mittlere)
W : Energie der Spule

$$L = \frac{\mu \cdot N^2 \cdot A}{l_m}$$
$$\mu = \mu_o \cdot \mu_r$$
$$W = \frac{L \cdot I^2}{2}$$

$[L] = \frac{\mathrm{V\,s}}{\mathrm{A}}$

$1\ \frac{\mathrm{V\,s}}{\mathrm{A}} = 1\ \mathrm{H}$ (Henry)

$[\mu_r] = 1$

Induktion der Bewegung

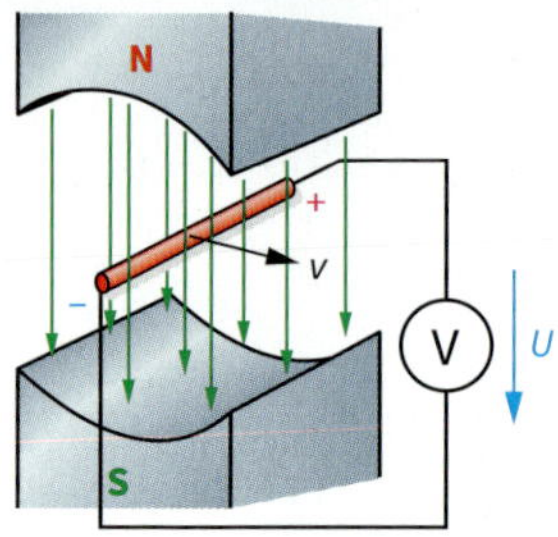

- U : Induktionsspannung
- B : Magnetische Flussdichte
- l : Leiterlänge im Magnetfeld
- v : Geschwindigkeit des Leiters
- z : Anzahl der Leiter

$$U = B \cdot l \cdot v \cdot z$$

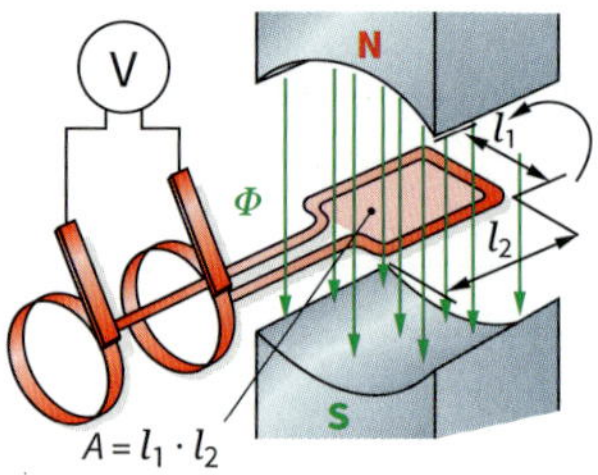

- U : Induktionsspannung
- N : Windungszahl
- $\Delta\Phi$: Flussänderung
- Δt : Zeitänderung

$$U = N \cdot \frac{\Delta\Phi}{\Delta t}$$

$$U = -N \cdot \frac{\Delta\Phi}{\Delta t}$$

Das Vorzeichen hängt vom gewählten Richtungssinn ab.

Induktion der Ruhe

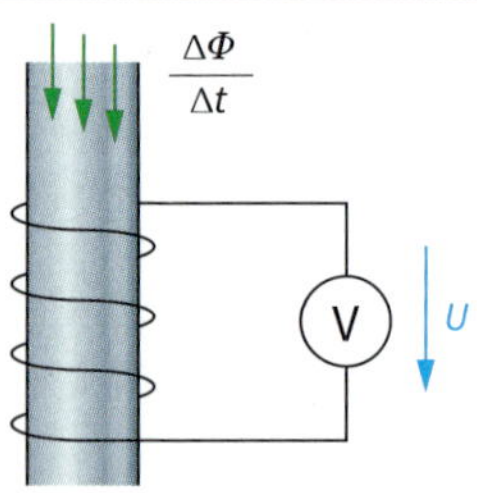

- U : Induktionsspannung
- N : Windungszahl
- $\Delta\Phi$: Flussänderung
- Δt : Zeitänderung

$$U = N \cdot \frac{\Delta\Phi}{\Delta t}$$

$$U = -N \cdot \frac{\Delta\Phi}{\Delta t}$$

Das Vorzeichen hängt vom gewählten Richtungssinn ab.

Einphasentransformator, Übertrager

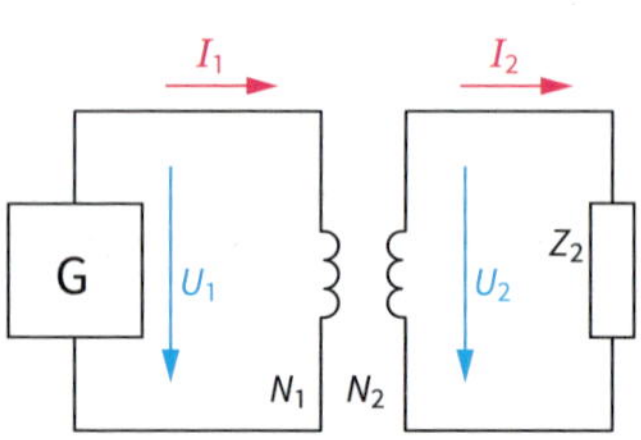

- U_1 : Primärspannung
- U_2 : Sekundärspannung
- I_1 : Primärstromstärke
- I_2 : Sekundärstromstärke
- N_1 : Primärwindungszahl
- N_2 : Sekundärwindungszahl
- Z_1 : Primärer Scheinwiderstand
- Z_2 : Sekundärer Scheinwiderstand
- $ü$: Übersetzungsverhältnis

$$\frac{U_1}{U_2} \approx \frac{N_1}{N_2} \qquad ü = \frac{N_1}{N_2}$$

$$\frac{I_1}{I_2} \approx \frac{N_2}{N_1}$$

$$\frac{Z_1}{Z_2} \approx \left(\frac{N_1}{N_2}\right)^2$$

Schaltungen mit Spulen

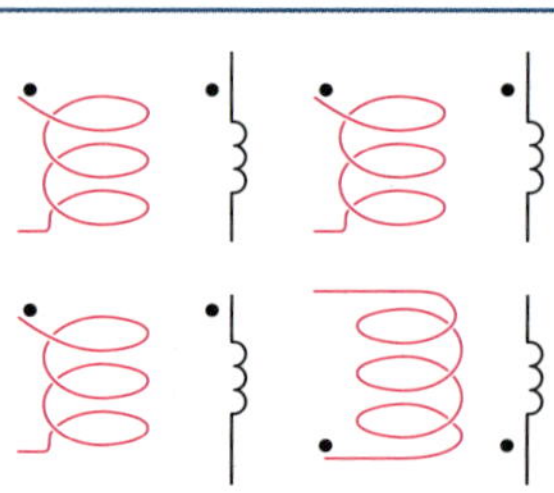

- L : gesamte Selbstinduktivität
- L_1, L_2 : Einzelinduktivitäten
- L_{12} : Gegeninduktivität
- • : Wicklungsanfang

$$L = L_1 + L_2 + 2\,L_{12}$$

$$L = L_1 + L_2 - 2\,L_{12}$$

Kondensator (Kapazität)

Aufladung

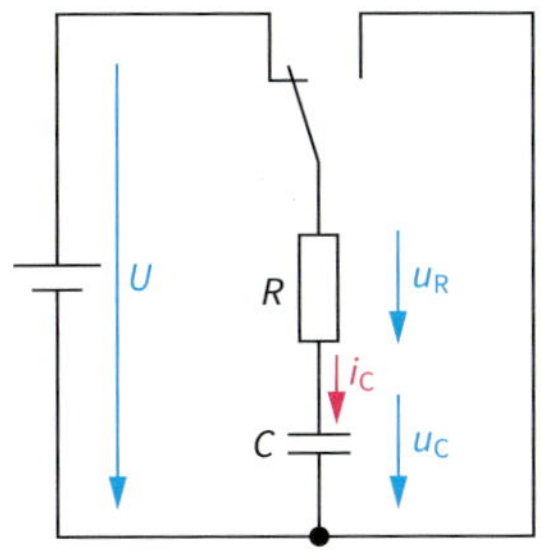

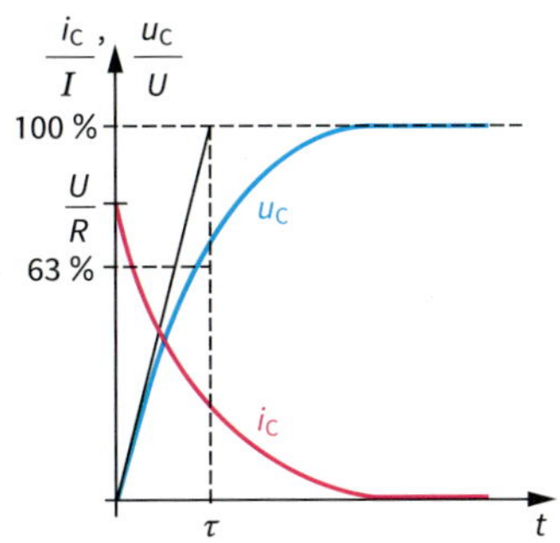

$$\tau = R \cdot C \qquad [\tau] = \text{s}$$

$$u_C = U\left(1 - e^{-\frac{t}{\tau}}\right) \qquad e = 2{,}718\ldots$$

$$i_C = \frac{U}{R} \cdot e^{-\frac{t}{\tau}}$$

bei $t \approx 5\,\tau$:
Kondensator geladen
(99,33 % von U)

τ : Zeitkonstante
u_C: Spannung am Kondensator
i_C : Stromstärke in der Reihenschaltung

Entladung

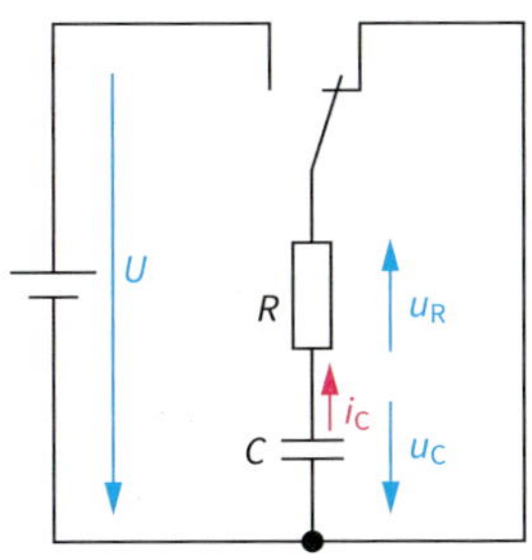

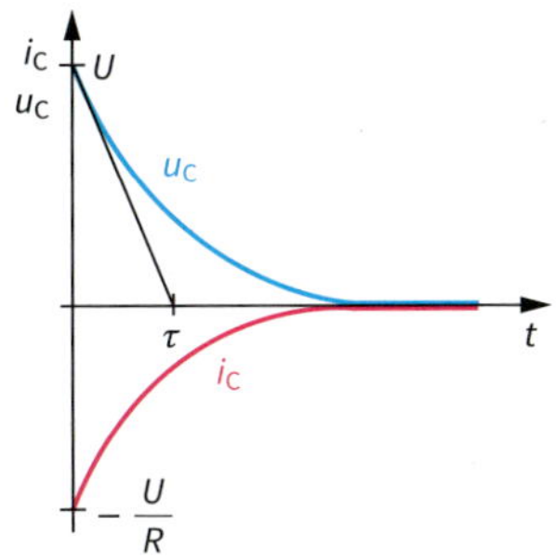

$$\tau = R \cdot C \qquad [\tau] = \text{s}$$

$$u_C = U \cdot e^{-\frac{t}{\tau}} \qquad e = 2{,}718\ldots$$

$$i_C = -\frac{U}{R} \cdot e^{-\frac{t}{\tau}}$$

bei $t \approx 5\,\tau$:
Kondensator entladen

τ : Zeitkonstante
u_C: Spannung am Kondensator
i_C : Stromstärke in der Reihenschaltung

Induktivität

Einschaltvorgang

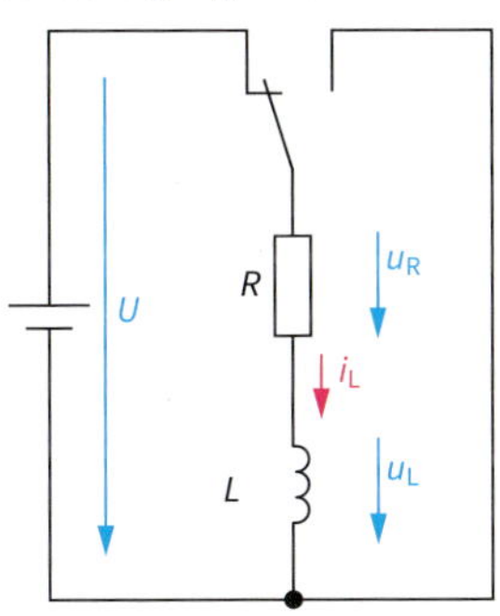

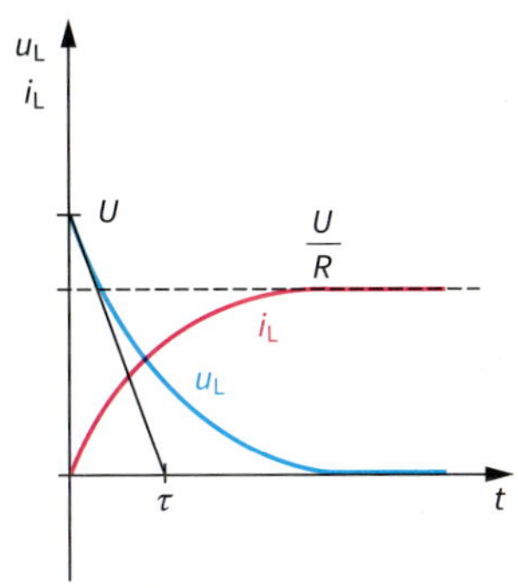

$$\tau = \frac{L}{R} \qquad [\tau] = \text{s}$$

$$u_L = U \cdot e^{-\frac{t}{\tau}} \qquad e = 2{,}718\ldots$$

$$i_L = \frac{U}{R}\left(1 - e^{-\frac{t}{\tau}}\right)$$

τ : Zeitkonstante
u_L: Spannung an der Induktivität
i_L : Stromstärke in der Reihenschaltung

Ausschaltvorgang

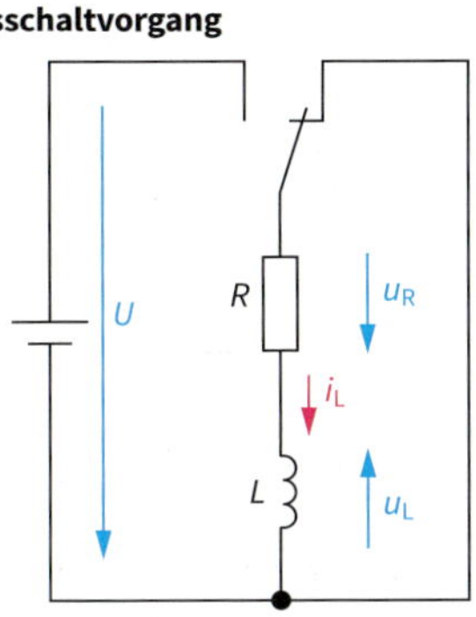

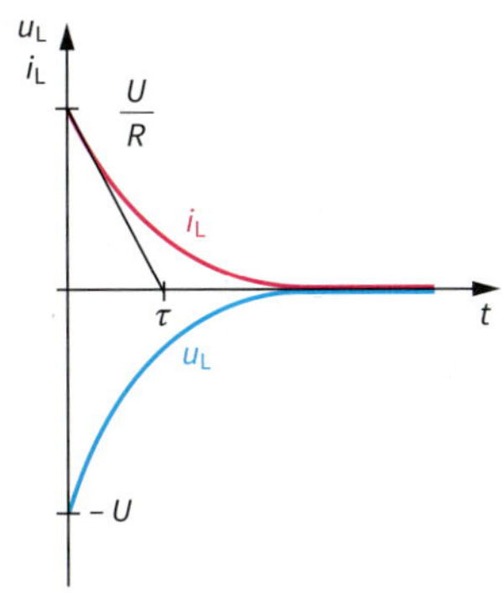

$$\tau = \frac{L}{R} \qquad [\tau] = \text{s}$$

$$u_L = -U \cdot e^{-\frac{t}{\tau}} \qquad e = 2{,}718\ldots$$

$$i_L = \frac{U}{R} \cdot e^{-\frac{t}{\tau}}$$

τ : Zeitkonstante
u_L: Spannung an der Induktivität
i_L : Stromstärke in der Reihenschaltung

Sinusförmige Wechselspannung

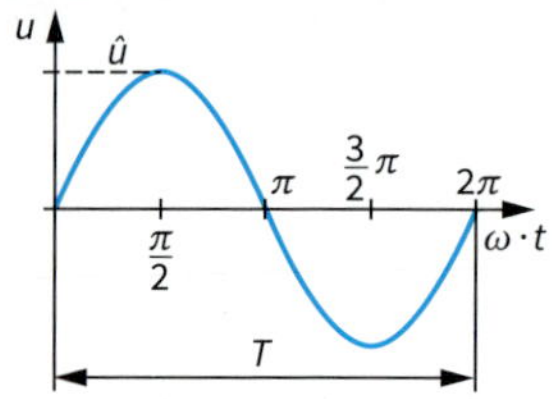

u, i : Momentanwerte (Augenblickswerte)
$\hat{u}, \hat{\imath}$: Maximalwerte, Spitzenwerte, Amplitude
f : Frequenz
T : Periodendauer
ω : Kreisfrequenz
p : Polpaarzahl
n : Drehzahl

$$u = \hat{u} \sin \omega \cdot t$$
$$\omega = 2\pi \cdot f \qquad [\omega] = \frac{1}{\text{s}}$$

$$f = \frac{1}{T} \qquad [f] = \text{Hz}$$
$$f = p \cdot n \qquad [n] = \frac{1}{\text{s}}$$

Spitzen- und Effektivwerte

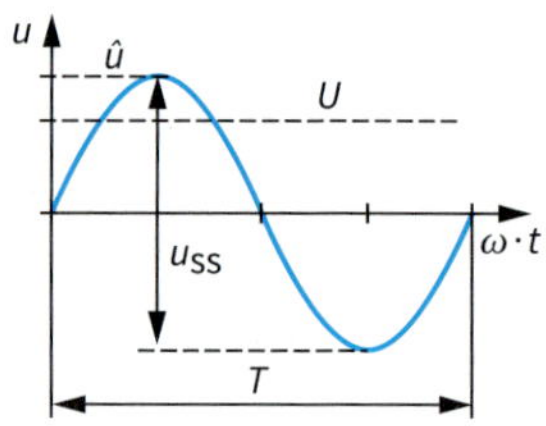

$\hat{u}, \hat{\imath}$: Maximalwerte, Spitzenwerte, Amplituden
U, I : Effektivwerte
auch: U_{eff} und I_{eff}

$u_{\text{ss}}, i_{\text{ss}}$: Spitze-Spitze-Wert

$$U = \frac{\hat{u}}{\sqrt{2}}$$
$$I = \frac{\hat{\imath}}{\sqrt{2}}$$

$$u_{\text{ss}} = 2 \cdot \hat{u}$$
$$i_{\text{ss}} = 2 \cdot \hat{\imath}$$

Addition phasenverschobener Spannungen und Ströme

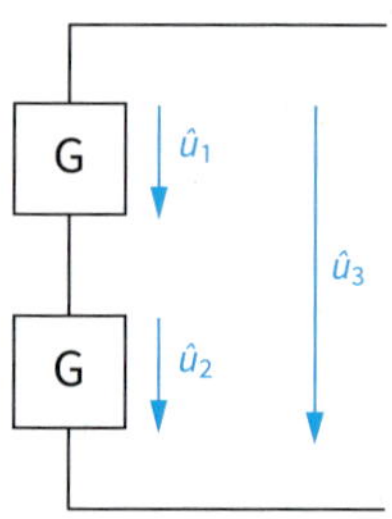

$\varphi_{12}, \varphi_{13}, \varphi_{32}$: Phasenverschiebungswinkel

$\hat{u}_1, \hat{u}_2$: Spitzenwerte der Einzelspannungen

$\hat{u}_3$: Spitzenwert der Gesamtspannung

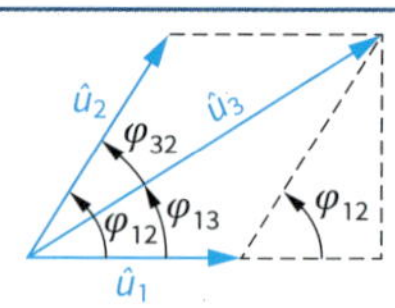

$$\hat{u}_3{}^2 = \hat{u}_1{}^2 + \hat{u}_2{}^2 - 2 \cdot \hat{u}_1 \cdot \hat{u}_2 \cdot \cos(180° - \varphi_{12})$$

$$\tan \varphi_{13} = \frac{\hat{u}_2 \cdot \sin \varphi_{12}}{\hat{u}_1 + \hat{u}_2 \cdot \cos \varphi_{12}}$$

Leistungen im Wechselstromkreis

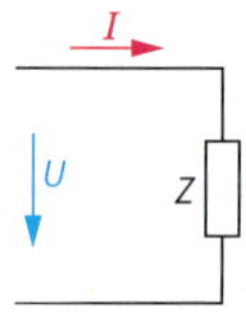

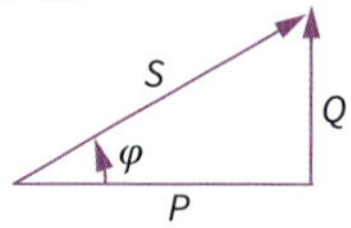

S : Scheinleistung
P : Wirkleistung
Q : Blindleistung
$\cos \varphi$: Leistungsfaktor
λ : Wirkleistungsfaktor

$\sin \varphi$: Blindleistungsfaktor

$$S = U \cdot I \qquad [S] = \text{V} \cdot \text{A}$$
$$S = \sqrt{P^2 + Q^2}$$
$$P = U \cdot I \cdot \cos \varphi \qquad [P] = \text{W}$$

$$\cos \varphi = \frac{P}{S}$$
$$\lambda = \frac{P}{S}$$

$$Q = U \cdot I \cdot \sin \varphi \qquad [Q] = \text{var}$$

Rechtecksignale

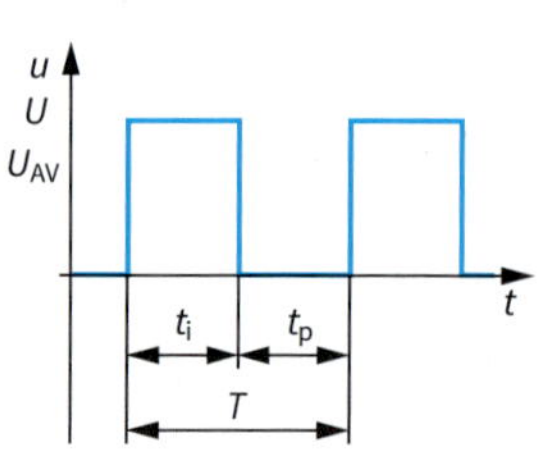

t_{i} : Impulsdauer
t_{p} : Pausendauer
T : Periodendauer
f : Frequenz
g : Tastgrad
U_{AV} : Mittelwert
V : Tastverhältnis

$$T = t_{\text{i}} + t_{\text{p}}$$

$$f = \frac{1}{T}$$
$$g = \frac{t_{\text{i}}}{T}$$

$$V = \frac{1}{g}$$

$$U_{\text{AV}} = \frac{U \cdot t_{\text{i}}}{T}$$

Drehstrom
Three-phase Current

Spannungsverlauf (Liniendiagramm)

Drei um 120° (6,67 ms) phasenverschobene Wechselspannungen.

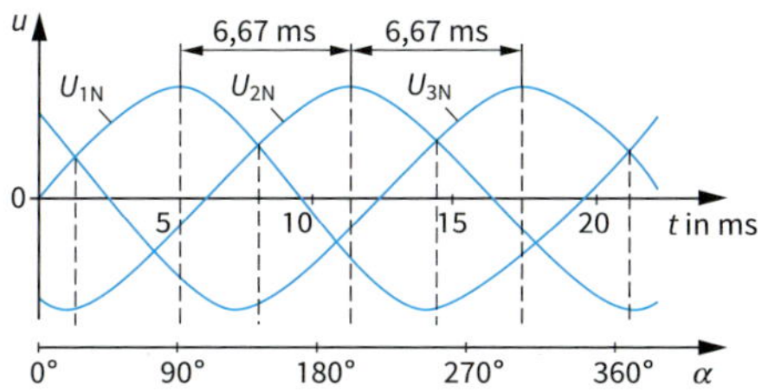

Spannungsversorgung

1. Transformatorstation
2. Übertragungsstrecke
3. Hausanschlusskasten

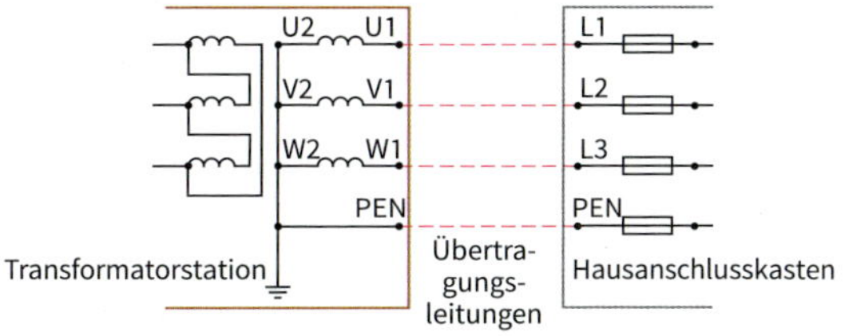

Zeigerdiagramm

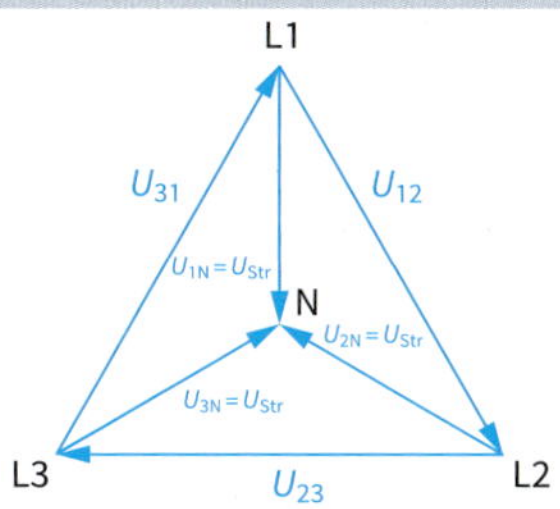

Spannungen

Außenleiterspannungen **Strangspannungen**

$U_{12} = U_{23} = U_{31} = 400\,V$ $U_{1N} = U_{2N} = U_{3N} = 230\,V$

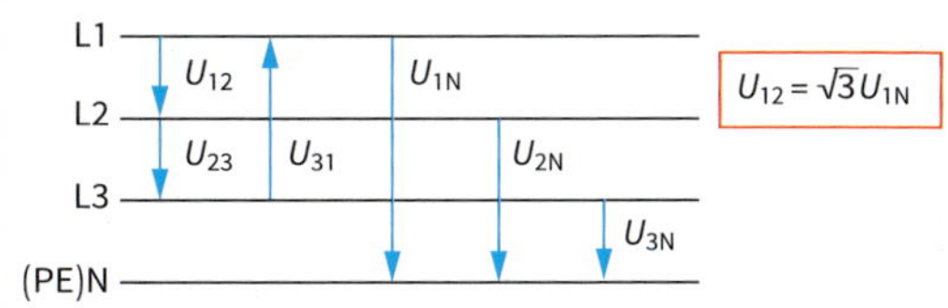

Stromsysteme
Current Systems

Kennzeichnung von Systempunkten und Leitern

Stromsystem	Teil	Außenpunkte, Außenleiter	Mittelpunkt, Mittelleiter, Sternpunkt, Neutralleiter	Bezugserde	Schutzleiter geerdet	Neutralleiter, PEN-Leiter
Gleichstrom	Netz	Polarität: positiv: L+; negativ: L–	M			
m-Phasensystem	Netz	vorzugsweise: L1, L2, L3 … Lm				–
		zulässig auch: 1, 2, 3, … m				
Drehstrom	Netz	vorzugsweise: L1, L2, L3	N	E	PE	PEN
		zulässig auch: 1, 2, 3,				
	Betriebsmittel	allgemein: U, V, W				

Beispiele von Formelzeichen für Spannungen

Art der Spannungen	Stromsystem		Formelzeichen
Außenleiterspannungen	Gleichstromsystem		U, U_{L+}, U_{L-}
	m-Phasensystem		U_{12}, U_{23}, $U_{34} \dots U_m$
	Drehstromsystem		U_{12}, U_{23}, U_{31}
	Drehstrom-Generatoren, -Motoren, -Transformatoren		U_{UV}, U_{VW}, U_{WU}
Außenleiter-Mittelspannung	Gleichstromsystem		U, U_{L+M}, U_{M-L}
Sternspannungen	Sternschaltung	m-Phasensystem	U_{1N}, U_{2N}, $U_{3N} \dots U_{mN}$
		Drehstromsystem	U_{1N}, U_{2N}, U_{3N}
	Drehstrom: Generatoren, Motoren, Transformatoren		U_{UN}, U_{VN}, U_{WN}
Mittelpunktspannung	Gleichstromsystem		U_{ME}
Sternpunktspannung	Sternschaltung: m-Phasensystem, Drehstromsystem		U_{NE}

Linienspektrum

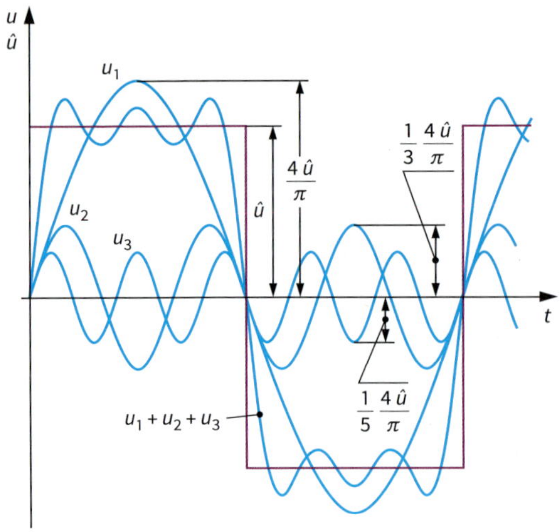

Frequenzspektrum

Jede periodische Schwingung kann als Summe von sinusförmigen Teilschwingungen dargestellt werden.

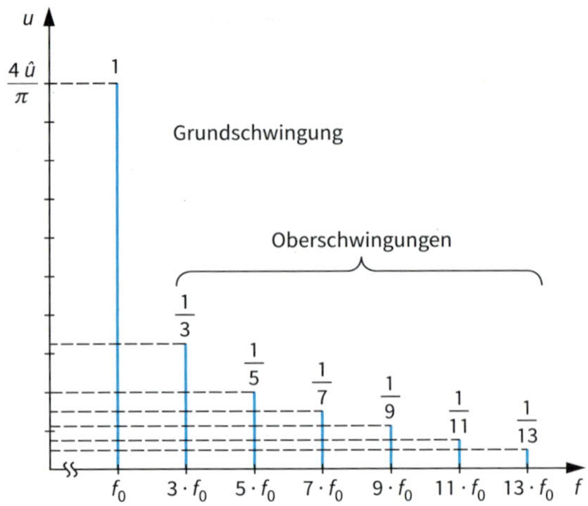

Funktionsgleichung: $u = \frac{4\,\hat{u}}{\pi}\left(\sin\omega t + \frac{1}{3}\sin 3\,\omega t + \frac{1}{5}\sin 5\,\omega t + \frac{1}{7}\sin 7\,\omega t\ \ t + \ldots\right)$ $\omega = 2\pi \cdot f$

Beispiele

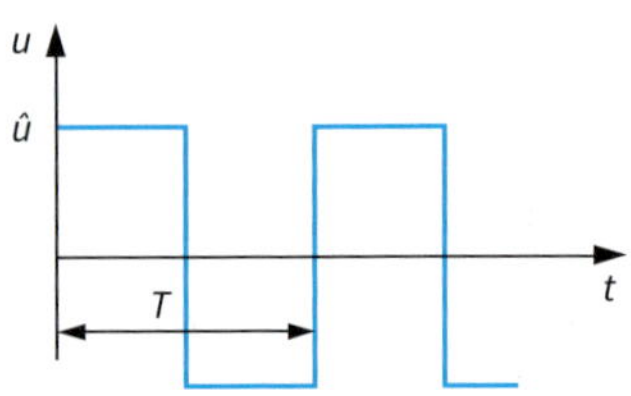

$\overline{u} = 0$

$|\overline{u}| = \hat{u}$

$U = \hat{u}$

$F_{Crest} = 1$

$F = 1$

$u = \frac{4\,\hat{u}}{\pi} \cdot \left(\sin\omega t + \frac{1}{3}\sin 3\,\omega t + \frac{1}{5}\sin 5\,\omega t + \ldots\right)$

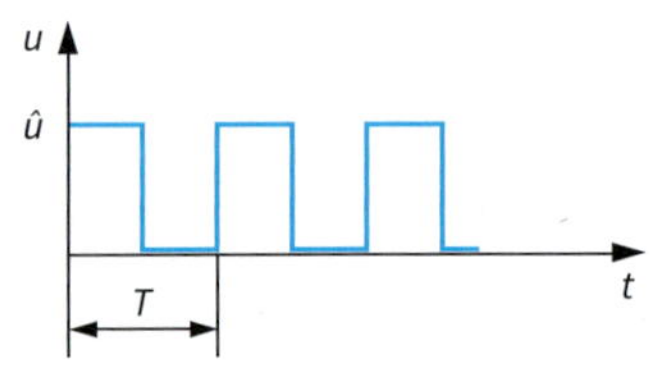

$\overline{u} = \frac{\hat{u}}{2}$

$|\overline{u}| = \frac{\hat{u}}{2}$

$U = 0{,}707 \cdot \hat{u}$

$F_{Crest} = 1{,}41$

$F = 1{,}41$

$u = \frac{\hat{u}}{2} + \frac{2\,\hat{u}}{\pi} \cdot \left(\sin\omega t + \frac{1}{3}\sin 3\,\omega t + \frac{1}{5}\sin 5\,\omega t + \ldots\right)$

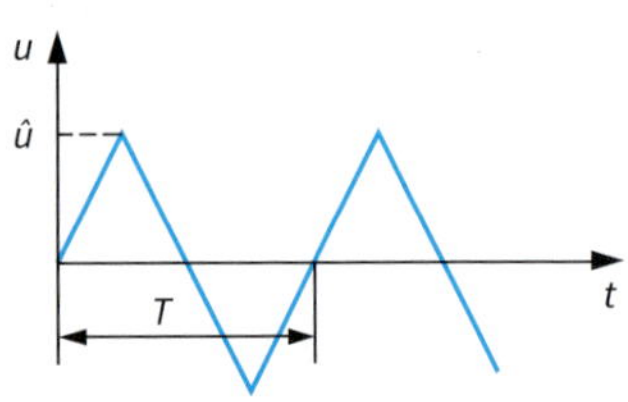

$\overline{u} = \hat{u}$

$|\overline{u}| = \frac{\hat{u}}{2}$

$U = \frac{\hat{u}}{\sqrt{3}}$

$F_{Crest} = \sqrt{3}$

$F = 1{,}547$

$u = \frac{8\,\hat{u}}{\pi} \cdot \left(\sin\omega t - \frac{1}{9}\sin 3\,\omega t + \frac{1}{25}\sin 5\,\omega t - + \ldots\right)$

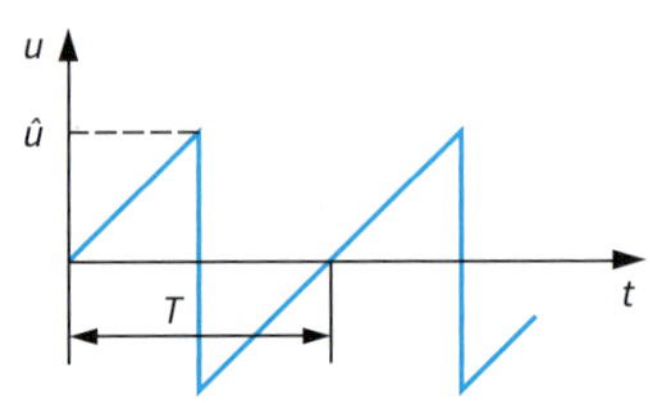

$\overline{u} = \frac{\hat{u}}{2}$

$|\overline{u}| = \frac{\hat{u}}{2}$

$U = \frac{\hat{u}}{\sqrt{3}}$

$F_{Crest} = \sqrt{3}$

$F = 1{,}547$

$u = \frac{2\,\hat{u}}{\pi} \cdot \left(\sin\omega t + \frac{1}{2}\sin 2\,\omega t + \frac{1}{3}\sin 3\,\omega t - + \ldots\right)$

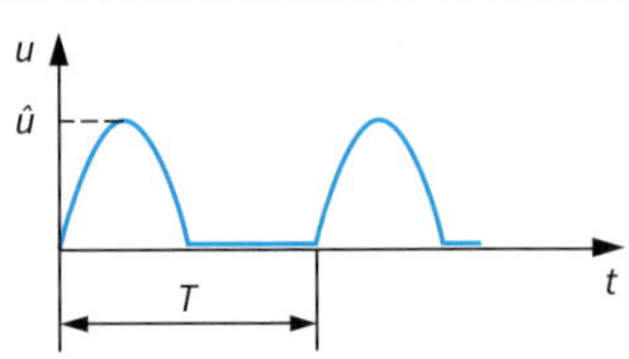

$\overline{u} = 0{,}318\,\hat{u}$

$|\overline{u}| = 0{,}318\,\hat{u}$

$U = 0{,}5\,\hat{u}$

$F_{Crest} = 2$

$F = 1{,}57$

$u = \frac{\hat{u}}{\pi} + \frac{\hat{u}}{2} \cdot \sin\omega t - \frac{2\,\hat{u}}{\pi} \cdot \left(\frac{1}{3} \cdot \cos 2\,\omega t + \frac{1}{15}\cos 4\,\omega t + \frac{1}{35}\cos 6\,\omega t + \ldots\right)$

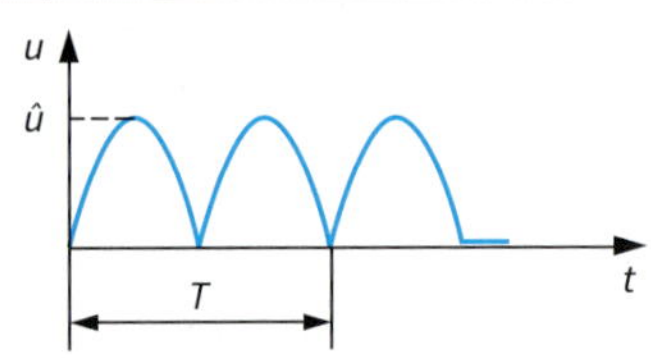

$\overline{u} = 0{,}637\,\hat{u}$

$|\overline{u}| = 0{,}637\,\hat{u}$

$U = \frac{\hat{u}}{\sqrt{2}}$

$F_{Crest} = \sqrt{2}$

$F = 1{,}11$

$u = \frac{2\,\hat{u}}{\pi} \cdot \left(1 - \frac{2}{3}\cos 2\,\omega t - \frac{2}{15}\cos 4\,\omega t - \frac{2}{35}\cos 6\,\omega t - \ldots\right)$

Rechtecksignale

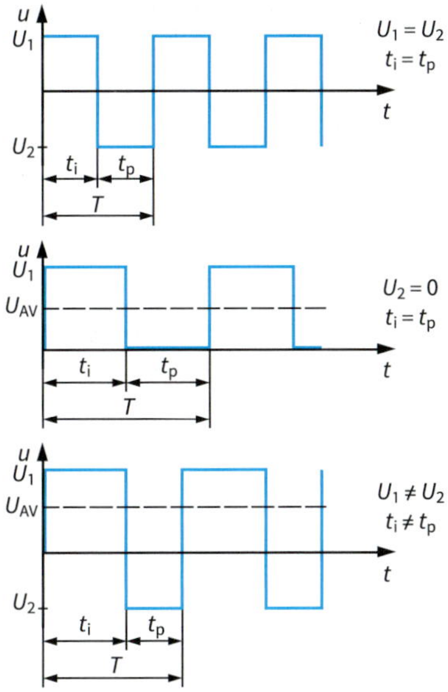

t_i:	Impulsdauer	$T = t_i + t_p$
t_p:	Pausendauer	$f = \frac{1}{T}$ $V = \frac{1}{g}$
T:	Periodendauer	
f:	Frequenz	
g:	Tastgrad	$g = \frac{t_i}{T}$
V:	Tastverhältnis	
$\overline{u}$, U_{AV}:	Arithmetischer Mittelwert	$U_{AV} = \frac{U_1 \cdot t_i + U_2 \cdot t_p}{T}$

Signallaufzeit

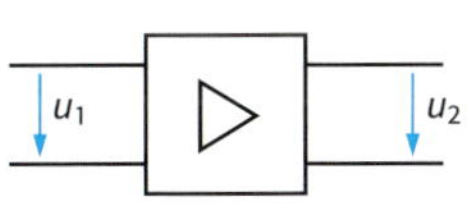

t_l: Signallaufzeit

Bezugspegel müssen nicht immer bei 50 % von $\hat{u}$ liegen.

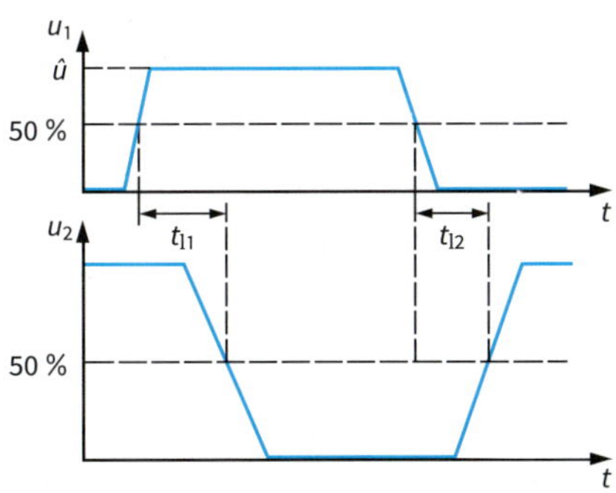

Impulsform

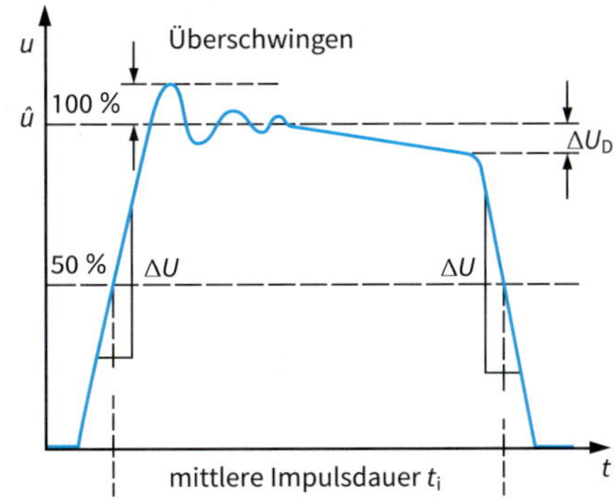

$\hat{u}$: Amplitude
D: Dachschräge
S: Flankensteilheit
ΔU: Spannungsänderung
Δt: Zeitänderung
t_i: Impulsdauer

$$D = \frac{\Delta U_D}{\hat{u}}$$

$S = \frac{\Delta U}{\Delta t}$ $\qquad [S] = \frac{V}{s}$

Impulsverformung

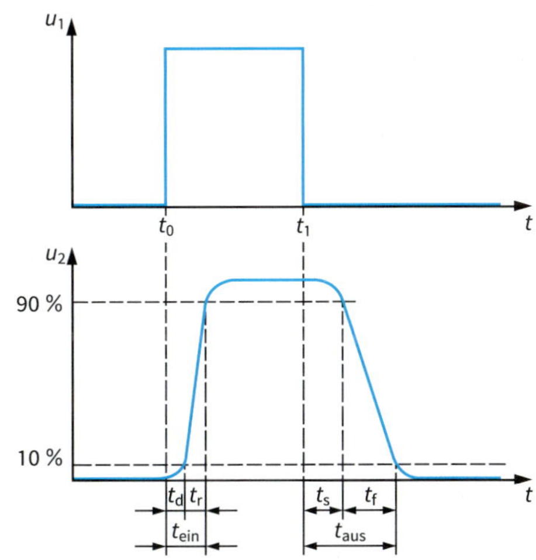

t_d: Verzögerungszeit (delay time)
t_r: Anstiegszeit (rise time)
t_s: Speicherzeit (storage time)
t_f: Abfallzeit (fall time)
t_{ein}: Einschaltzeit
t_{aus}: Ausschaltzeit

$$t_{ein} = t_d + t_r$$
$$t_{aus} = t_s + t_f$$

Schaltung	Stromstärke und Spannung	Widerstand und Leitwert	Leistung
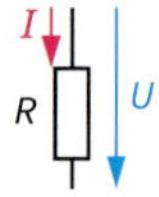	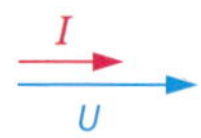 $I=\frac{U}{R}$ $\varphi=0°$	$R=\frac{U}{I}$	$P=U\cdot I$ $P=I^2\cdot R$ $P=\frac{U^2}{R}$
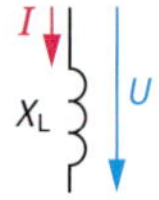	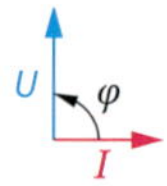 $I=\frac{U}{X_L}$ $\varphi=90°$ induktiv	$X_L=2\pi\cdot f\cdot L$ $X_L=\omega\cdot L$	$Q_L=U\cdot I$
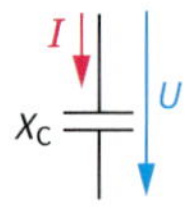	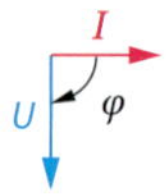 $I=\frac{U}{X_C}$ $\varphi=-90°$ kapazitiv	$X_C=\frac{1}{2\pi\cdot f\cdot C}$ $X_C=\frac{1}{\omega\cdot C}$	$Q_C=U\cdot I$
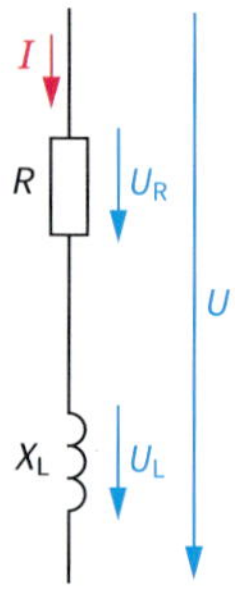	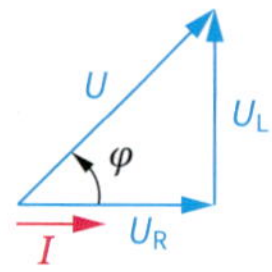 $I=\frac{U_R}{R}$ $I=\frac{U_L}{X_L}$ $I=\frac{U}{Z}$ $U^2=U_R{}^2+U_L{}^2$ $\tan\varphi=\frac{U_L}{U_R}$ $\sin\varphi=\frac{U_L}{U}$; $\cos\varphi=\frac{U_R}{U}$	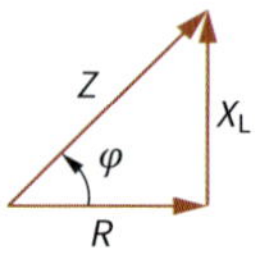 $Z^2=R^2+X_L{}^2$ $\tan\varphi=\frac{X_L}{R}$ $\sin\varphi=\frac{X_L}{Z}$; $\cos\varphi=\frac{R}{Z}$	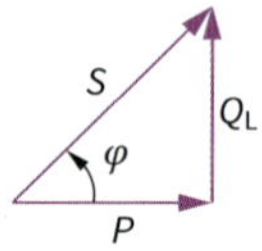 $P=U_R\cdot I$ $Q_L=U_L\cdot I$ $S=U\cdot I$ $S^2=P^2+Q_L{}^2$ $\tan\varphi=\frac{Q_L}{P}$ $\sin\varphi=\frac{Q_L}{S}$; $\cos\varphi=\frac{P}{S}$
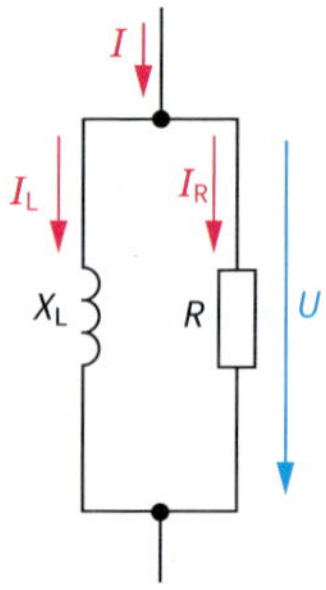	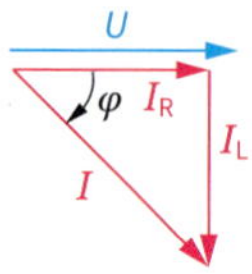 $U=I_R\cdot R$ $U=I_L\cdot X_L$ $U=I\cdot Z$ $I^2=I_R{}^2+I_L{}^2$ $\tan\varphi=\frac{I_L}{I_R}$ $\sin\varphi=\frac{I_L}{I}$; $\cos\varphi=\frac{I_R}{I}$	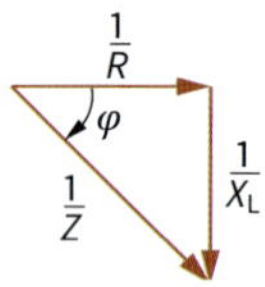 $Y^2=G^2+B_L{}^2$ $\left(\frac{1}{Z}\right)^2=\left(\frac{1}{R}\right)^2+\left(\frac{1}{X_L}\right)^2$ $\tan\varphi=\frac{R}{X_L}$ $\sin\varphi=\frac{Z}{X_L}$; $\cos\varphi=\frac{Z}{R}$	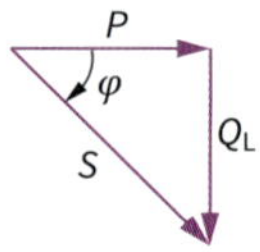 $P=U\cdot I_R$ $Q_L=U\cdot I_L$ $S=U\cdot I$ $S^2=P^2+Q_L{}^2$ $\tan\varphi=\frac{Q_L}{P}$ $\sin\varphi=\frac{Q_L}{S}$; $\cos\varphi=\frac{P}{S}$
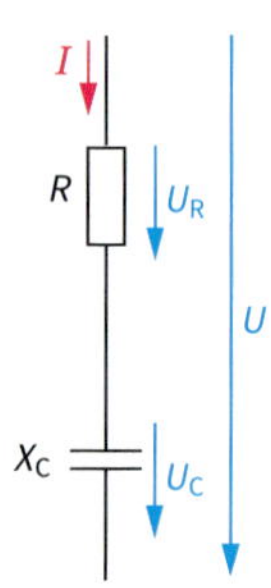	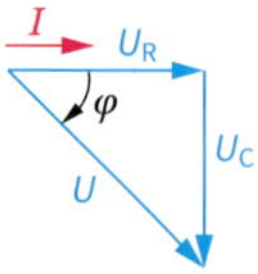 $I=\frac{U_R}{R}$ $I=\frac{U_C}{X_C}$ $I=\frac{U}{Z}$ $U^2=U_R{}^2+U_C{}^2$ $\tan\varphi=\frac{U_C}{U_R}$ $\sin\varphi=\frac{U_C}{U}$; $\cos\varphi=\frac{U_R}{U}$	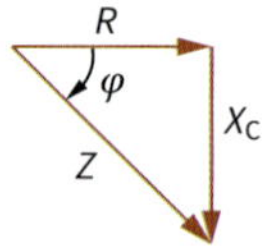 $Z^2=R^2+X_C{}^2$ $\tan\varphi=\frac{X_C}{R}$ $\sin\varphi=\frac{X_C}{Z}$; $\cos\varphi=\frac{R}{Z}$	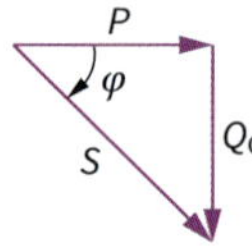 $P=U_R\cdot I$ $Q_C=U_C\cdot I$ $S=U\cdot I$ $S^2=P^2+Q_C{}^2$ $\tan\varphi=\frac{Q_C}{P}$ $\sin\varphi=\frac{Q_C}{S}$; $\cos\varphi=\frac{P}{S}$

Schaltung	Stromstärke und Spannung		Widerstand und Leitwert		Leistung	
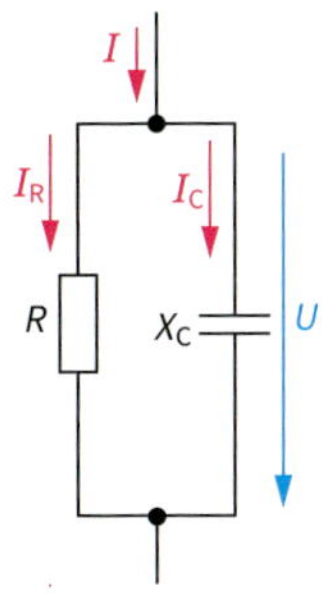	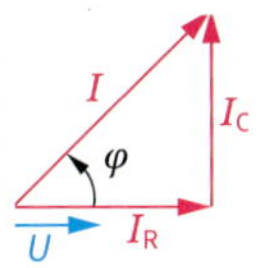 $I_R = \frac{U}{R}$ $I_C = \frac{U}{X_C}$ $I = \frac{U}{Z}$ $I^2 = I_R^2 + I_C^2$ $\tan\varphi = \frac{I_C}{I_R}$; $\cos\varphi = \frac{I_R}{I}$ $\sin\varphi = \frac{I_C}{I}$		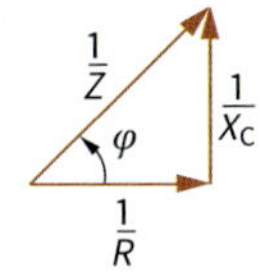 $Y^2 = G^2 + B_C^2$ $\left(\frac{1}{Z}\right)^2 = \left(\frac{1}{R}\right)^2 + \left(\frac{1}{X_C}\right)^2$ $\tan\varphi = \frac{R}{X_C}$; $\cos\varphi = \frac{Z}{R}$ $\sin\varphi = \frac{Z}{X_C}$		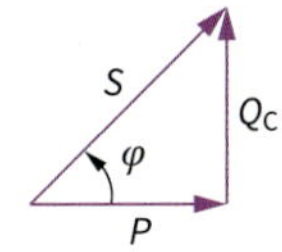 $P = I_R \cdot U$ $Q_C = I_C \cdot U$ $S = I \cdot U$ $S^2 = P^2 + Q_C^2$ $\tan\varphi = \frac{Q_C}{P}$; $\cos\varphi = \frac{P}{S}$ $\sin\varphi = \frac{Q_C}{S}$	
	$U_L > U_C$	$U_L < U_C$	$X_L > X_C$	$X_L < X_C$	$Q_L > Q_C$	$Q_L < Q_C$
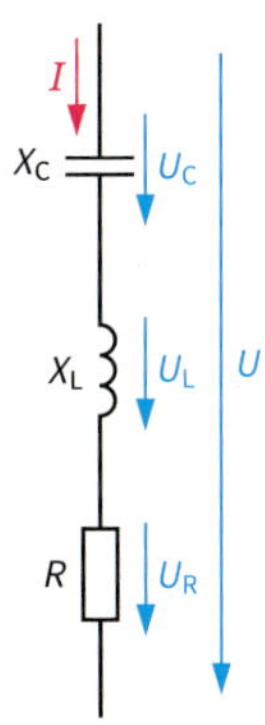	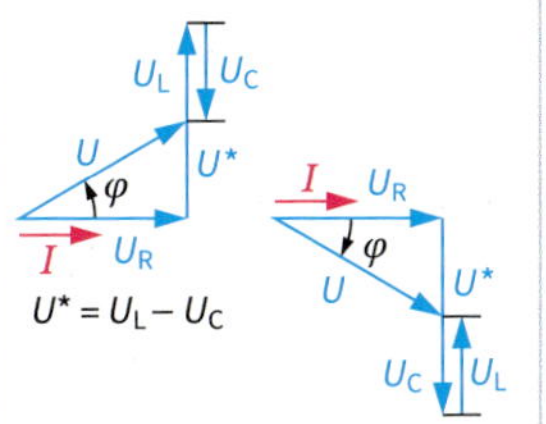 $U^* = U_L - U_C$	$U^* = U_C - U_L$	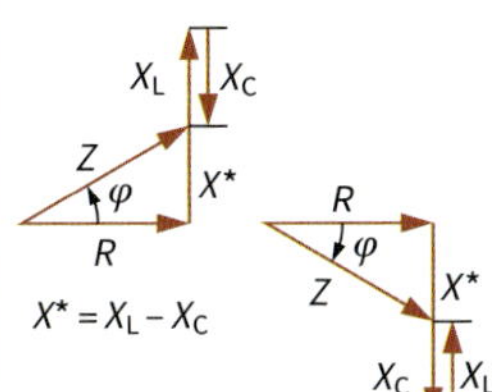 $X^* = X_L - X_C$	$X^* = X_C - X_L$	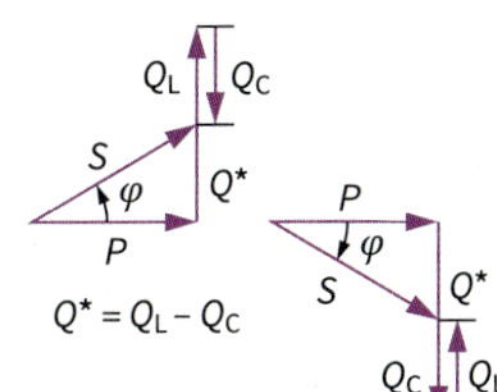 $Q^* = Q_L - Q_C$	$Q^* = Q_C - Q_L$
	$U^2 = U_R^2 + U^{*2}$ $\tan\varphi = \frac{U^*}{U_R}$ $\sin\varphi = \frac{U^*}{U}$; $\cos\varphi = \frac{U_R}{U}$		$Z^2 = R^2 + X^{*2}$ $\tan\varphi = \frac{X^*}{R}$ $\sin\varphi = \frac{X^*}{Z}$; $\cos\varphi = \frac{R}{Z}$		$S^2 = P^2 + Q^{*2}$ $\tan\varphi = \frac{Q^*}{P}$ $\sin\varphi = \frac{Q^*}{S}$; $\cos\varphi = \frac{P}{S}$	
	$I_C > I_L$	$I_C < I_L$	$X_C < X_L$	$X_C > X_L$	$Q_C > Q_L$	$Q_C < Q_L$
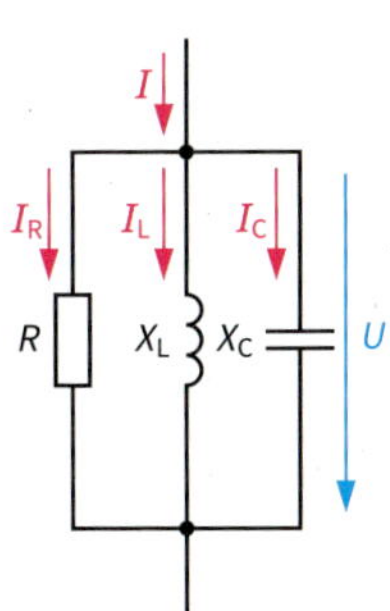	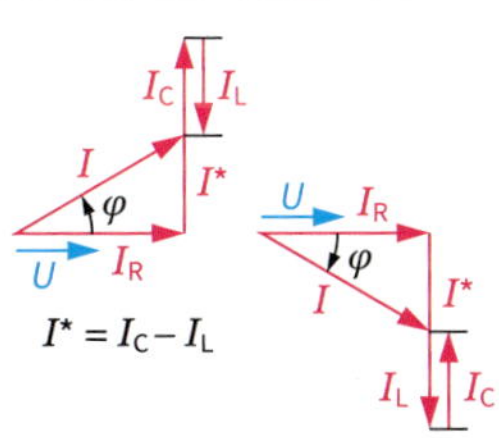 $I^* = I_C - I_L$	$I^* = I_L - I_C$	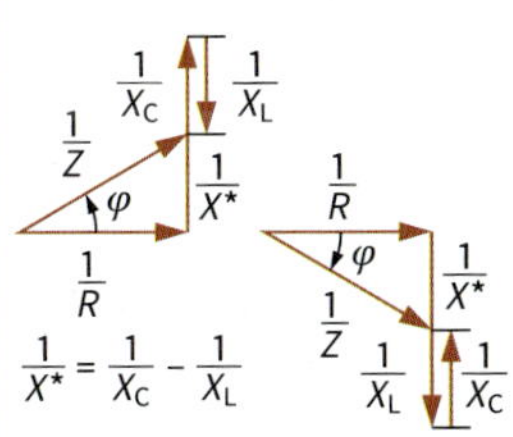 $\frac{1}{X^*} = \frac{1}{X_C} - \frac{1}{X_L}$	$\frac{1}{X^*} = \frac{1}{X_L} - \frac{1}{X_C}$	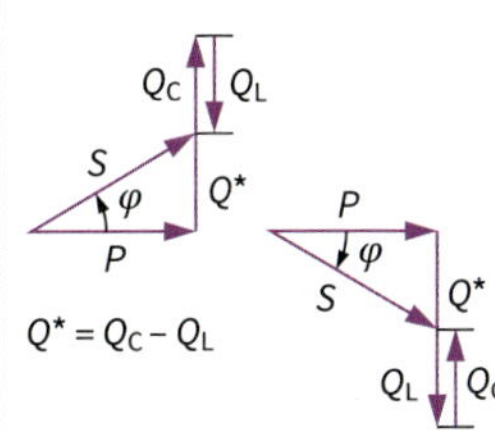 $Q^* = Q_C - Q_L$	$Q^* = Q_L - Q_C$
	$I^2 = I_R^2 + I^{*2}$ $\tan\varphi = \frac{I^*}{I_R}$ $\sin\varphi = \frac{I^*}{I}$; $\cos\varphi = \frac{I_R}{I}$		$Y^2 = G^2 + B^{*2}$ $\left(\frac{1}{Z}\right)^2 = \left(\frac{1}{R}\right)^2 + \left(\frac{1}{X^*}\right)^2$ $\tan\varphi = \frac{R}{X^*}$ $\sin\varphi = \frac{Z}{X^*}$; $\cos\varphi = \frac{Z}{R}$		$S^2 = P^2 + Q^{*2}$ $\tan\varphi = \frac{Q^*}{P}$ $\sin\varphi = \frac{Q^*}{S}$; $\cos\varphi = \frac{P}{S}$	

Umrechnungen zwischen *RC*-Schaltungen

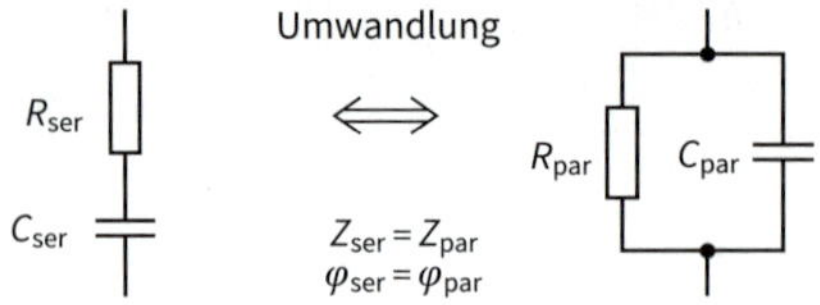

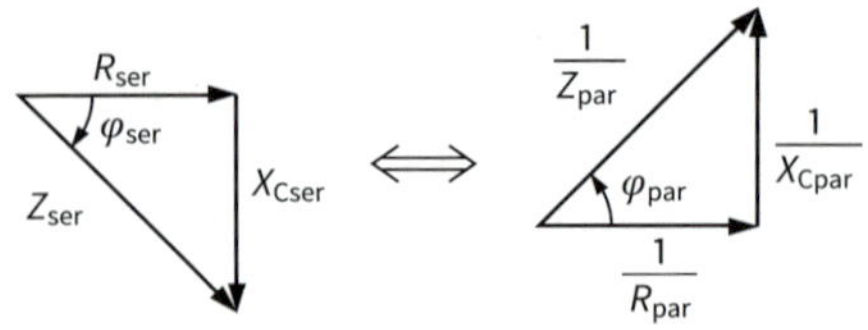

$$R_{par} = R_{ser}\left(1 + \left(\frac{X_{Cser}}{R_{ser}}\right)^2\right)$$

$$X_{Cpar} = X_{Cser}\left(1 + \left(\frac{R_{ser}}{X_{Cser}}\right)^2\right)$$

Umrechnungen zwischen *RL*-Schaltungen

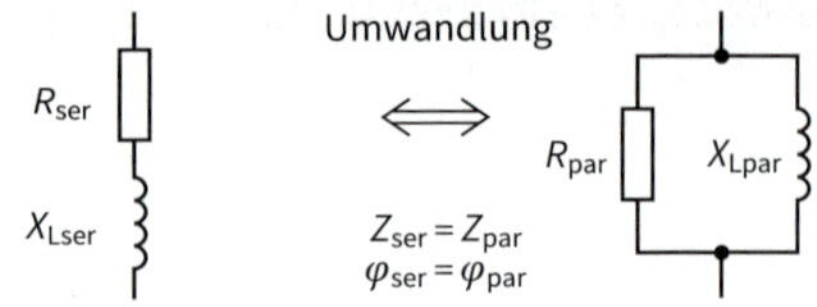

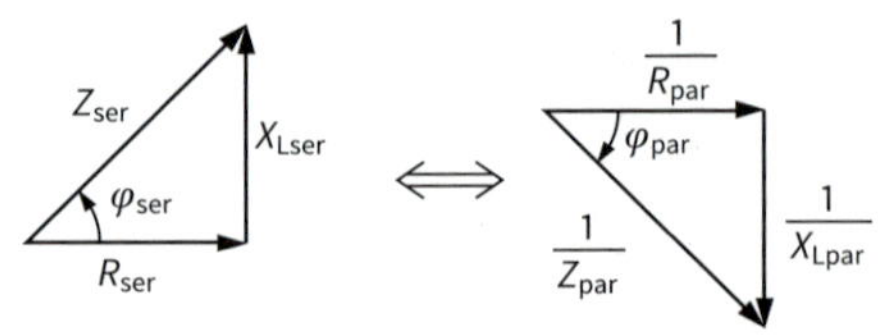

$$R_{par} = R_{ser}\left(1 + \left(\frac{X_{Lser}}{R_{ser}}\right)^2\right)$$

$$X_{Lpar} = X_{Lser}\left(1 + \left(\frac{R_{ser}}{X_{Lser}}\right)^2\right)$$

Verlustbehafteter Kondensator

Ersatzschaltbild

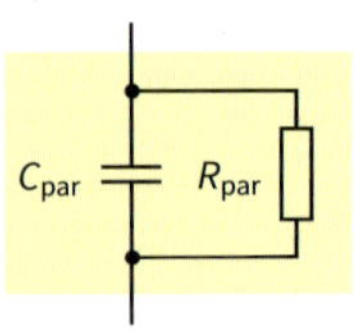

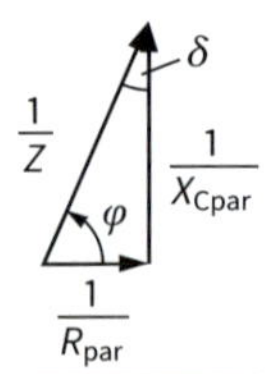

$$\tan\delta = \frac{X_{Cpar}}{R_{par}}$$

d:	Verlustfaktor	
$\tan\delta$:	Verlustfaktor	$d = \tan\delta$
Q:	Güte (Gütefaktor)	$Q = \frac{R_{par}}{X_{Cpar}}$
R_{par}:	Paralleler Verlustwiderstand	$Q = \frac{1}{d}$

Verlustbehaftete Spule

Ersatzschaltbild

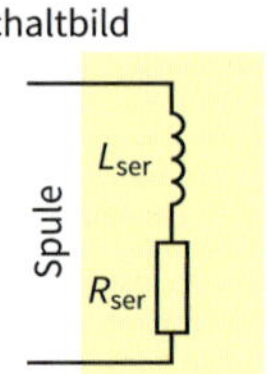

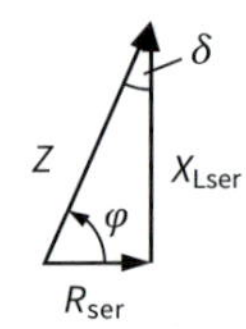

$$\tan\delta = \frac{R_{ser}}{X_L}$$

d:	Verlustfaktor	
$\tan\delta$:	Verlustfaktor	$d = \tan\delta$
Q:	Güte (Gütefaktor)	$Q = \frac{X_{Lser}}{R_{ser}}$
R_{ser}:	Serieller Verlustwiderstand	$Q = \frac{1}{d}$

Schwingkreis

Schaltungen

Paralleler Verlustwiderstand des Kondensators vernachlässigt.

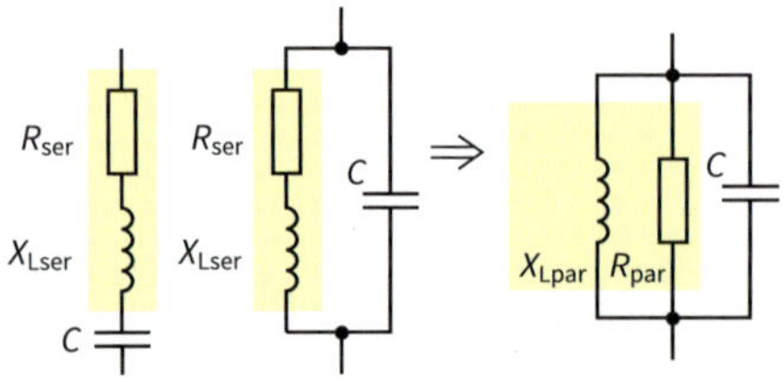

Resonanzwiderstand

Reihenschwingkreis
$Z_0 = R_{ser}$

Parallelschwingkreis
$Z_0 = R_{par}$

Umrechnungsformeln

$Q = \frac{X_{Lser}}{R_{ser}}$ $\qquad Q = \frac{R_{par}}{X_{Lpar}}$

$$R_{par} = R_{ser}\,(1 + Q^2)$$

$$X_{Lpar} = X_{Lser}\,\left(1 + \frac{1}{Q^2}\right)$$

bei $Q > 10$ gilt: $X_{Lpar} \approx X_{Lser}$

Resonanz bei: $X_{Lpar} = X_C$

Resonanzfrequenz: $f_0 = \frac{1}{2\pi\,\sqrt{L_{par} \cdot C}}$

Bauelemente und Grundschaltungen

2

Passive Bauelemente

Halbleiterbauelemente und Grundschaltungen

Logikbausteine

Relais und Schütze

Allgemeine Begriffe

Qualität	Zuverlässigkeit	Fehler	Funktionsfähigkeit
Beschaffenheit einer Einheit (Bauteil, Gerät, Einrichtung), festgelegte und vorausgesetzte Erfordernisse zu erfüllen.	Beschaffenheit einer Einheit bezüglich ihrer Eignung, während oder nach vorgegebenen Zeitspannen bei vorgegebenen Anwendungsbedingungen die Zuverlässigkeitsforderungen zu erfüllen.	▪ Unzulässige Abweichung eines Bauteilemerkmales (Wertes) vom Sollwert. ▪ Wert außerhalb des Toleranzbereiches.	Eignung einer Einheit, eine geforderte Funktion unter vorgegebenen Anwendungsbedingungen zu erfüllen.
Fehlerklassen	**Fehleranteil**	**dpm (Defekte per Millionen)**	**ppm (parts per Millionen)**
Einteilung der Bauelementefehler in ▪ Totalfehler, ▪ elektrische Fehler und ▪ mechanische Fehler.	Anteil der fehlerhaften Bauelemente innerhalb einer Lieferung. Angegeben wird der Wert in %.	Einheit für die Anzahl fehlerhafter Bauteile $1\ \text{dpm} = 1 \cdot 10^{-6}$ $= 1 \cdot 10^{-4}\ \%$ $10\,000\ \text{dpm} = 1\ \%$ Angabe wird bei Ein- bzw. Ausgangsprüfung verwendet.	Einheit zur Angabe über Funktionsfehler über den gesamten Herstellvorgang. $1\ \text{ppm} = 1 \cdot 10^{-4}\ \%$

Konformität (Übereinstimmung)

Sortierprüfung	Stichprobenanweisung	Stichprobenprüfung	Stichprobenplan
Sämtliche gefundenen defekten Bauteile werden aus einer Lieferung aussortiert (100 % Prüfung).	Anweisung über die Anzahl der Bauteile in der Stichprobe und Angabe der Qualitätskriterien für die Bauteile.	Prüfung der Qualität anhand einer Stichprobenanweisung zur Beurteilung des Prüfloses.	Zusammenstellung von Stichprobenanweisungen. Es wird unterschieden zwischen **normaler**, **verschärfter** und **reduzierter** Prüfung.

Zuverlässigkeit

Frühausfall	Ausfallsatz *a*	Ausfallzeitpunkt	Ausfallursache
Ausfall in der Anfangszeit der Beanspruchung (etwa 100…5000 Stunden bei 40 °C).	Anteil ausgefallener Bauteile während einer angegebenen Beanspruchungsdauer. $a = \frac{r}{n}$ $\frac{\text{Ausfälle}}{\text{Anzahl}}$ Wird in % angegeben. Beispiel: Bei $n = 2\,000$ Bauelementen und $r = 2$ Ausfällen ergibt sich ein Ausfallsatz = 0,1 %.	Tatsächlicher Zeitpunkt des Ausfalls. Ist der tatsächliche Ausfallzeitpunkt nicht feststellbar, muss ein fiktiver Ausfallzeitpunkt festgelegt werden.	Umstände während der Entwurfs-, der Fertigungs- oder der Nutzphase einer Einheit, die zu einem Ausfall geführt haben.

Zuverlässigkeitsfunktion

- Die Zuverlässigkeitsfunktion $R(t)$ gibt an, mit welcher Wahrscheinlichkeit eine Betrachtungseinheit im Zeitraum von 0 bis t funktionsfähig ist (Betriebszeiten $T > t$).

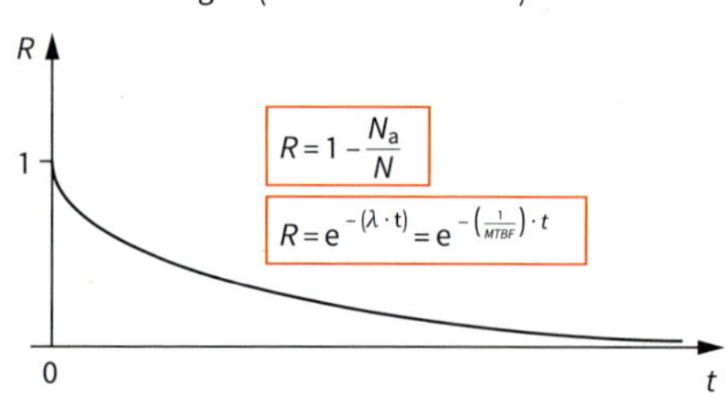

$$R = 1 - \frac{N_a}{N}$$

$$R = e^{-(\lambda \cdot t)} = e^{-\left(\frac{1}{MTBF}\right) \cdot t}$$

λ: Ausfallrate
MTBF: Mean Time Between Failures
N_a: Anzahl ausgefallener Einheiten
N: Gesamtzahl der Einheiten

Ausfallhäufigkeit

Für nichtinstandzusetzende Einheiten gilt:

$$L(\Delta t) = \frac{n_g(t_1) - n_g(t_2)}{n_0}$$

mit $\Delta t = t_2 - t_1 > 0$ und Nenner konstant

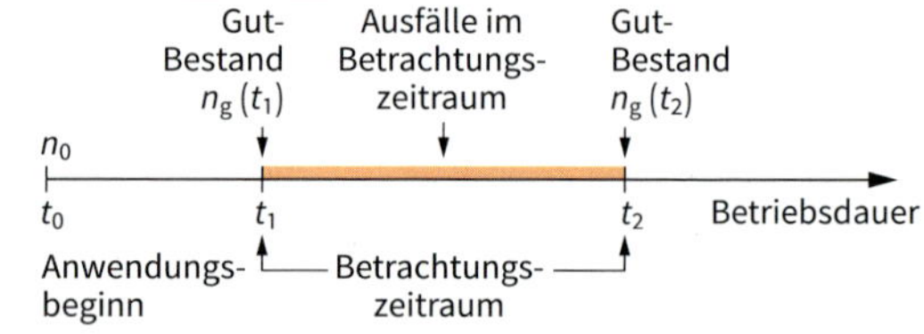

$L(\Delta t)$: Ausfallhäufigkeit im Betrachtungszeitraum
$n_g(t_1)$: Anzahl der „Guten" Einheiten zum Zeitpunkt t_1
$n_g(t_2)$: Anzahl der „Guten" Einheiten zum Zeitpunkt t_2
n_0: Anzahl der Einheiten bei Anwendungsbeginn (Anfangsbestand)

Beispiel Klimatischer Bereich G P E / L T / W N Z

- G – Untere Grenztemperatur
- P – Obere Grenztemperatur
- E – Feuchtebeanspruchung
- **Zuverlässigkeit**
  - L – Ausfallquotient
  - T – Beanspruchungsdauer
- **Mechanische Anwendung**
  - Z – Sonderbeanspruchung (Einzelbestimmung)
  - N – Luftdruck
  - W – mechanische Beanspruchung

1. Buchstabe: Untere Grenztemperatur ϑ_{min} in °C

A – D	frei	**J**	–10
E	–65	**K**	0
F	–55	**L**	+5
G	–40	**Z**	Einzelbestimmung der Hersteller
H	–25		

5. Buchstabe: Beanspruchungsdauer in Stunden

Q	300 000	**U**	3000
R	100 000	**V**	1000
S	30 000	**W**	300
T	10 000	**Z**	Einzelbestimmung der Hersteller

2. Buchstabe: Obere Grenztemperatur ϑ_{max} in °C

A	400	**N**	90
B	350	**P**	85
C	300	**Q**	80
D	250	**R**	75
E	200	**S**	70
F	180	**T**	65
G	170	**U**	60
H	155	**V**	55
J	140	**W**	50
K	125	**Y**	40
L	110	**Z**	Einzelbestimmung der Hersteller
M	100		

6. Buchstabe: Grenzwerte der mechanischen Beanspruchung

	Schwingungsbeanspruchung		Schockbeanspruchung	
	Frequenz in Hz 10 Hz bis …	Beschleunigung in m/s²	Beschleunigung in m/s²	Zeit in ms
Q	2000	500	1000	6
R	2000	200	1000	6
S	2000	100	500	11
T	500	100	300	18
U	55	50	300	18
V	55	50	150	11
W	55	20	150	11
Z	Einzelbestimmung der Hersteller			

3. Buchstabe: Feuchtebeanspruchung

	Höchstwerte der relativen Luftfeuchtigkeit in %				Bemerkungen
	Jahresmittel [1]	30 Tage im Jahr [1]	60 Tage im Jahr [1]	Übrige Tage [2]	
A	≤ 100	–	–	–	andauernde Nässe
B	frei				
C	≤ 95	100	–	100	Betauung
R	≤ 90	100	–	95	Betauung
D	≤ 80	100	–	90	Betauung
E	≤ 75	95	–	85	[3]
F	≤ 75	95	–	85	keine Betauung
G	≤ 65	–	85	75	keine Betauung
H	≤ 50	–	75	65	keine Betauung
J	≤ 50				
Z	Einzelbestimmung der Hersteller				

[1] Über das ganze Jahr verteilt
[2] Unter Einhaltung des Jahresmittels
[3] Seltene und leichte Betauung

7. Buchstabe: Luftdruck

	Untere Druckgrenze in mbar	Entspricht einer Betriebshöhe in m über NN
N	840	1000
R	700	2200
S	600	3500
T	530	4300
U	300	8500
V	85	16 000
W	44	20 000
Y	20	26 000
Z	Einzelbestimmung der Hersteller	

8. Buchstabe: Sonderbeanspruchung Z

Beispiele

- Spritzwasser, Regen, Schnee, Vereisung, Schwall-, Strahl-, Druckwasser
- Trockenheit, Meeres-, Industrieluft, Isolierstoffausdünstung in abgeschlossenen Räumen
- Staub, Sandsturm
- Sonnenstrahlung, andere Strahlung

4. Buchstabe: Ausfallquotient in Ausfällen je 10^9 Bauelementestunden

D	0,1	**J**	30	**P**	10 000	**U**	3 000 000
E	0,3	**K**	100	**Q**	30 000	**V**	10 000 000
F	1	**L**	300	**R**	100 000	**W**	30 000 000
G	3	**M**	1000	**S**	300 000	**Z**	Einzelbestimmung der Hersteller
H	10	**N**	3000	**T**	1 000 000		

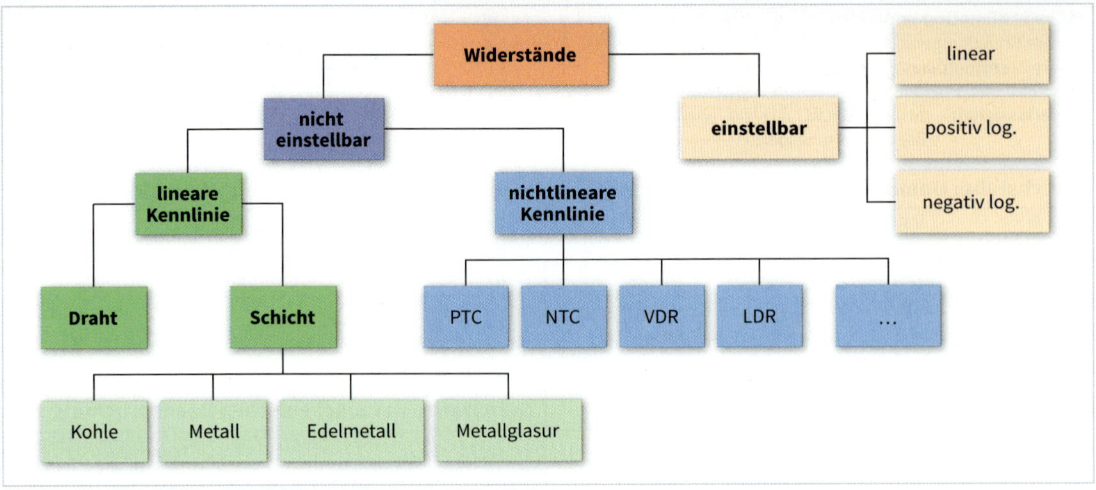

Drahtwiderstände

Anforderungen

- Hoher spezifischer Widerstand
- Große spezifische Wärmekapazität
- Schlechte Wärmeleitfähigkeit
- Gute Korrosionsbeständigkeit
- Gute Zunderbeständigkeit
- Kleiner Ausdehnungskoeffizient
- Kleiner Temperaturkoeffizient (gewünscht bei Messwiderständen)
- Gute mechanische Eigenschaften (z. B. elastisch, stoßfest)
- Gute technologische Eigenschaften (lötbar, warmfest, u. U. schweißbar)

Wertebereich	Toleranz	Werkstoffe	Temperaturbereich	Belastbarkeit bei 70 °C	Temperatur-koeffizient
0,1 Ω bis 300 kΩ	±0,01 % bis ±20 %	Chrom-Nickel Kupfer-Nickel Kupfer-Mangan	–50 °C bis +500 °C	0,25 W bis 100 W	$\pm 1 \cdot 10^{-6}\,K^{-1}$ bis $\pm 200 \cdot 10^{-6}\,K^{-1}$

Lineare Schichtwiderstände

Merkmale	**Kohle**, C	**Metall**, Cr/Ni	**Edelmetall**, Au/Pt
Herstellverfahren	Thermischer Zerfall von Kohlenwasserstoffen	Aufdampfen im Hochvakuum	Reduktion von Edelmetall-salzen durch Einbrennen
Spezifischer Widerstand	$3000 \cdot 10^{-6}\,\Omega \cdot cm$	$\approx 100 \cdot 10^{-6}\,\Omega \cdot cm$	$\approx 40 \cdot 10^{-6}\,\Omega \cdot cm$
Schichtdicke	$10 \dots 30\,000 \cdot 10^{-9}\,m$	$10 \dots 100 \cdot 10^{-9}\,m$	$10 \dots 1000 \cdot 10^{-9}\,m$
Widerstand	1…5000 Ω	20…1000 Ω	0,5…100 Ω
Temperaturkoeffizient	$(-200 \dots -800) \cdot 10^{-6} \cdot K^{-1}$	$\pm 100 \cdot 10^{-6} \cdot K^{-1}$	$(+250 \dots +350) \cdot 10^{-6} \cdot K^{-1}$
maximale Schichttemperatur	125 °C	175 °C	155 °C
Drift nach 10^4 h Lagerung bzw. bei Belastung auf 125 °C in %	–0,5…+1,5	–0,6…+1	–0,5
Stromrauschen	klein	sehr klein	sehr klein
Nichtlinearität	klein	sehr klein	sehr klein
Anwendungen	Vermittlungstechnik, Datentechnik, Weitverkehrstechnik, Elektronik	Für extreme klimatische und elektrische Bean-spruchungen, Luft- und Raumfahrt, Messgeräte	Kompensation in Transistorschaltungen, Hochlastwiderstände mit Sicherungswirkung

Farbkennzeichnung von Widerständen

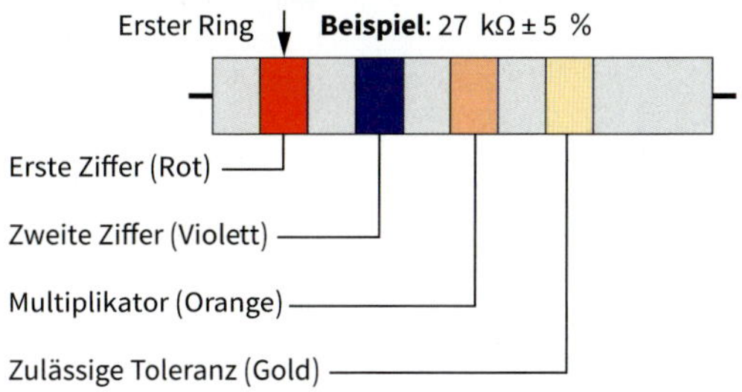

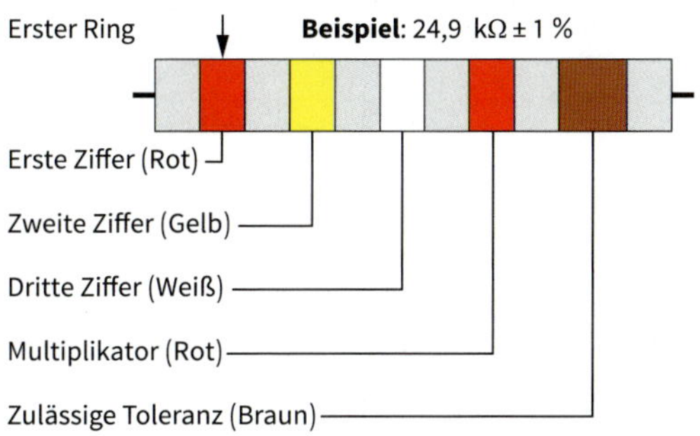

Temperaturkoeffizient:
- sechster und breiter Farbring, evtl. unterbrochen
- Schraubenlinie

Vorzugsreihen für Bemessungswerte bis ±5 % zulässige Abweichung DIN EN 60063: 2015-11

E3 (> ±20 %)	E6 (±20 %)	E12 (±10 %)	E24 (±5 %)
1,0	1,0	1,0	1,0
			1,1
		1,2	1,2
			1,3
2,2	1,5	1,5	1,5
			1,6
		1,8	1,8
			2,0
	2,2	2,2	2,2
			2,4
		2,7	2,7
			3,0
4,7	3,3	3,3	3,3
			3,6
		3,9	3,9
			4,3
	4,7	4,7	4,7
			5,1
		5,6	5,6
			6,2
	6,8	6,8	6,8
			7,5
		8,2	8,2
			9,1

Farbschlüssel

Kennfarbe	Widerstandswert in Ω		Zulässige relative Abweichung des Widerstandswertes	Temperatur-Koeffizient (10^{-6}/K)
	zählende Ziffern	Multiplikator		
silber	–	10^{-2}	±10 %	–
gold	–	10^{-1}	± 5 %	–
schwarz	0	10^{0}	–	± 250
braun	1	10^{1}	± 1 %	± 100
rot	2	10^{2}	± 2 %	± 50
orange	3	10^{3}	–	± 15
gelb	4	10^{4}	–	± 25
grün	5	10^{5}	± 0,5 %	± 20
blau	6	10^{6}	± 0,25 %	± 10
violett	7	10^{7}	± 0,1 %	± 5
grau	8	10^{8}	–	± 1
weiß	9	10^{9}	–	–
keine	–	–	± 20 %	–

Wertkennzeichnung durch Buchstaben DIN EN 60062: 1994-10

Kennbuchstabe	Multiplikator		Beispiele
p	Pico	10^{-12}	3μ3 = 3,3 μF
n	Nano	10^{-9}	m33 = 330 μF
μ	Mikro	10^{-6}	33m = 33 000 μF
m	Milli	10^{-3}	R33 = 0,33 Ω
R, F		10^{0}	3R3 = 3,3 Ω
K	Kilo	10^{3}	33K = 33 kΩ
M	Mega	10^{6}	330K = 330 kΩ
G	Giga	10^{9}	M33 = 0,33 MΩ
T	Tera	10^{12}	3M3 = 3,3 MΩ

Buchstabenkennzeichnung der zulässigen Abweichungen

Symmetrische Abweichung in %	
zulässige Abweichung	Kennzeichen
± 0,1	B
± 0,25	C
± 0,5	D
± 1	F
± 2	G
± 5	J
±10	K
±20	M
±30	N
Unsymmetrische Abweichung in %	
+30 … –10	Q
+50 … –10	T
+50 … –20	S
+80 … –20	Z
Symmetrische Abweichung in absoluten Werten (Kapazitätswerte unter 10 pF)	
± 0,1	B
± 0,25	C
± 0,5	D
± 1	F

Kondensatoren

Beispiele: 27 nF, 10 % Toleranz, 400 V

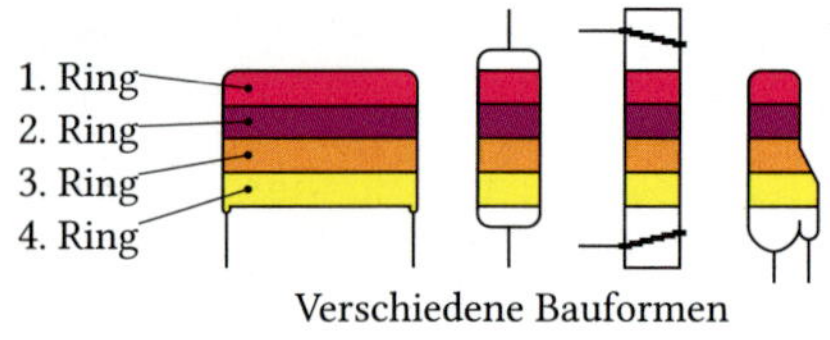

Farbe	Ring					
	1.	2.	3.	4.		5.
	Ziffer		Multiplikator	Toleranz		Betriebsspannung in V
	1.	2.		C < 10pF	C > 10pF	
schwarz	0	0	x1pF		20 %	
braun	1	1	x10pF	0,1pF	1 %	100
rot	2	2	x100pF	0,25pF	2 %	200
orange	3	3	x1nF			300
gelb	4	4	x10nF			400
grün	5	5	x100nF	0,5 %	5 %	
blau	6	6				600
violett	7	7				700
grau	8	8	x0,01pF			800
weiß	9	9	x0,1pF	1pF	10 %	
gold						1000
silber						2000
keine				20 %		500

Tantalkondensatoren

Beispiele: 5,6 µF; 6,3 V

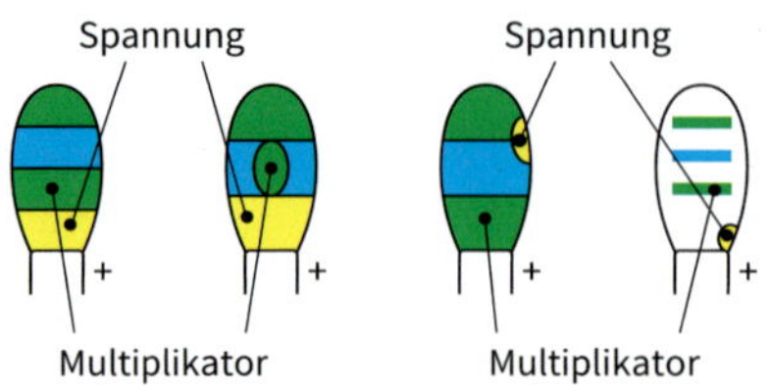

Farbe	Ring			
	1	2	3	4
	Ziffer		Multiplikator	Betriebsspannung in V
	1.	2.		
schwarz	0	0	x 1	10
braun	1	1	x 10	1,5
rot	2	2	x 100	(rosa) 35
orange	3	3		(rosa) 35
gelb	4	4		6,3
grün	5	5		16
blau	6	6		20
violett	7	7	x 0,001	
grau	8	8	x 0,01	5
weiß	9	9	x 0,1	3

Induktivitäten

Farbe	Ring			
	1	2	3	4
	Ziffer		Multiplikator	Toleranz
	1.	2.		
schwarz		0	1 µH	
braun	1	1	10 µH	
rot	2	2	100 µH	
orange	3	3		
gelb	4	4		
grün	5	5		
blau	6	6		
violett	7	7		
grau	8	8		
weiß	9	9		
gold			0,1 µH	5 %
silber			0,01 µH	10 %
keine				20 %

Dioden

Pro Electron

Farbe	Ring			
	1. breit Katode	2.	3.	4.
	Buchstabe		Ziffer	
	1. und 2.	3.	1.	2.
schwarz		X	0	0
braun	AA		1	1
rot	BA		2	2
orange		S	3	3
gelb		T	4	4
grün		V	5	5
blau		W	6	6
violett			7	7
grau		Y	8	8
weiß		Z	9	9

Beispiele (Pro Electron): BAX 35

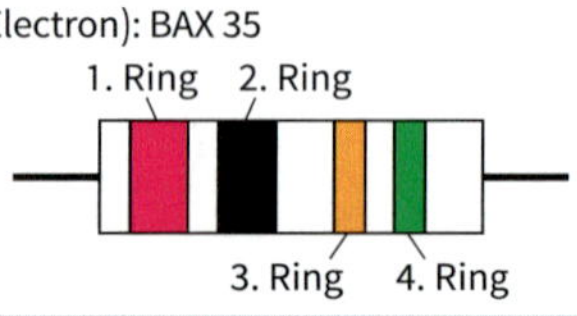

JEDEC (Joint Electronic Devices Engineering Council)

Farbe	Ring			
	1. breit Katode	2.	3.	4.
	Ziffer			
	1.	2.	3.	4.
schwarz	0	0	0	0
braun	1	1	1	1
rot	2	2	2	2
orange	3	3	3	3
gelb	4	4	4	4
grün	5	5	5	5
blau	6	6	6	6
violett	7	7	7	7
grau	8	8	8	8
weiß	9	9	9	9

Unterscheidungen und Begriffe

Betätigung durch

- Schieben ④
- Drehen ①②③
  - eingängig ①
  - mehrgängig ② (Wendelpotenziometer)

Widerstandsmaterial aus

- Draht ②
- Schicht ①④
  - Kohle ①
  - Cermet[1] ③
  - Leitplastik

[1] Cermet: ceramic metal, Werkstoff aus Metallkeramik (große Härte, elektrisch leitfähig)

Potenziometer:
- Ursprünglicher Begriff für Spannungsteiler zur Einstellung von Spannungen (Potenziale)
- Heute: Allgemeine Verwendung für einstellbaren Widerstand (Schieben, Drehen)

Trimmer: ③
- Einstellbarer Widerstand mit entsprechendem Werkzeug (z. B. Schraubendreher)

Ausführungen

①

②
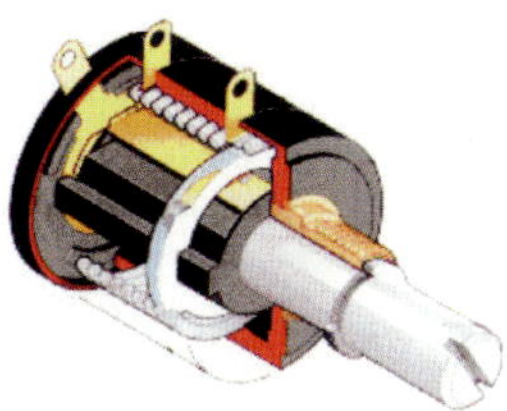

③
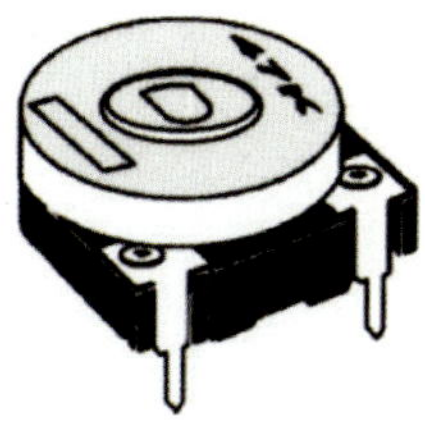

④
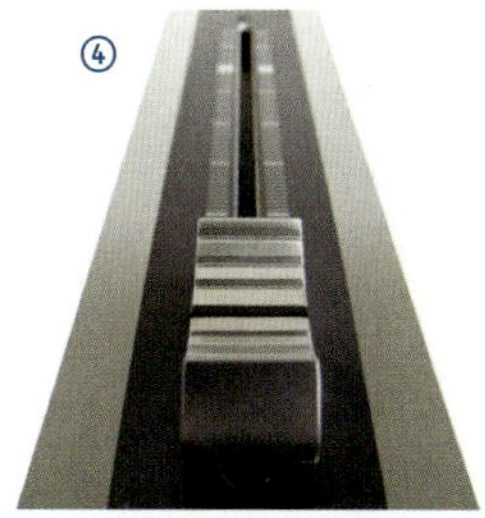

Kennlinien

linear
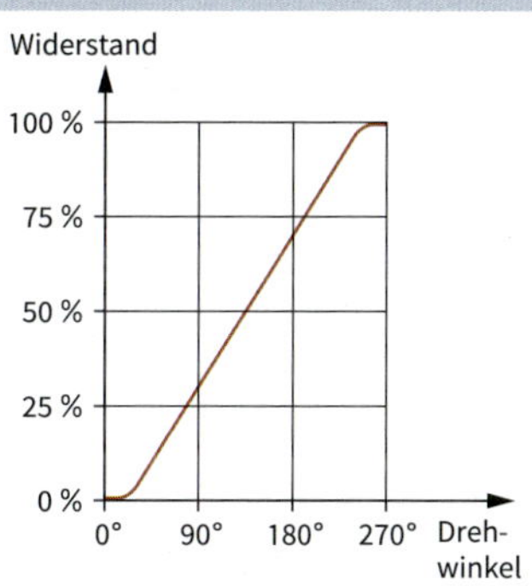

linear mit Drehschalter
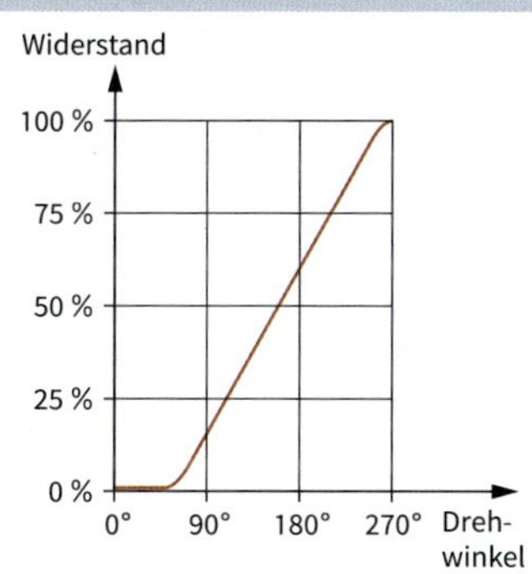

linear mit Drehschalter
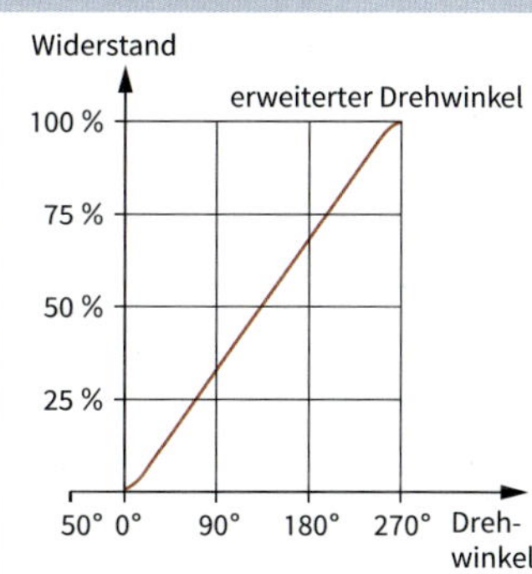

negativ logarithmisch
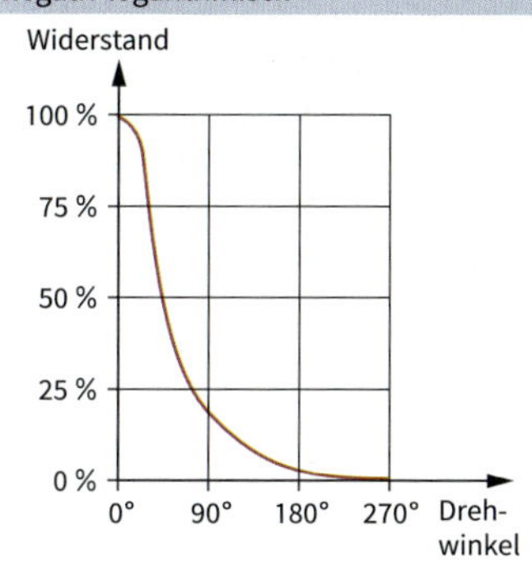

positiv logarithmisch
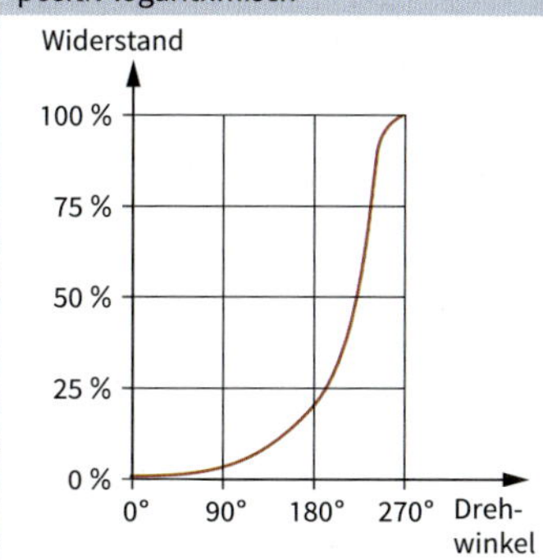

linear positiv logarithmisch
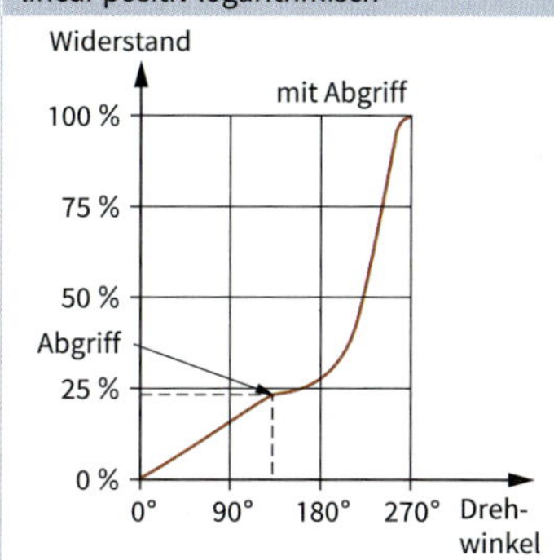

Heißleiter
NTC-Widerstand
(**N**egative **T**emperature **C**oefficient)

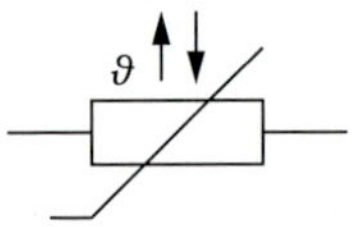

Heißleiter sind temperaturabhängige Halbleiterwiderstände, deren Widerstandswerte sich mit steigender Temperatur verringern.

Material:
polykristalline Mischoxidkeramik

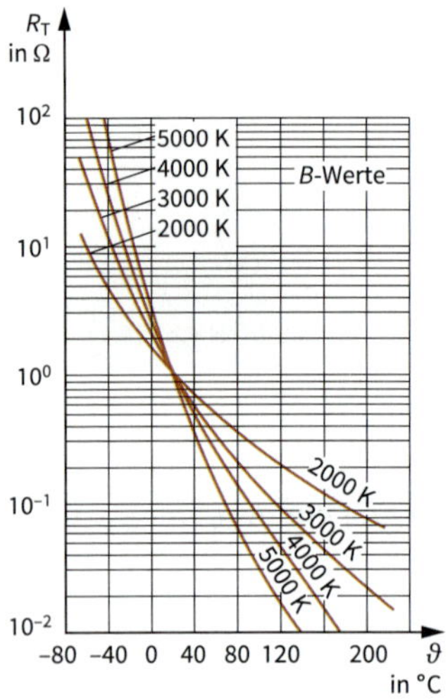

Temperatur-Koeffizient α_R

$$\alpha_R = \frac{-B \cdot 100}{T_2} \qquad [\alpha_R] = \% \qquad [T] = K$$

T: Temperatur in Kelvin

***B*-Wert**

B: *B*-Wert als Maß für die Temperaturabhängigkeit des Heißleiters in K (Kelvin), Materialkonstante

$$B = \frac{T_1 \cdot T_2}{T_2 - T_1} \ln \frac{R_1}{R_2}$$

R_1: Widerstandswert in Ω bei T_1 in K (Kelvin)

R_2: Widerstand in Ω bei T_2 in K (Kelvin)

Kaltleiter
PTC-Widerstand
(**P**ositive **T**emperature **C**oefficient)

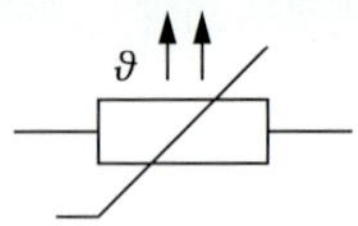

Kaltleiter sind temperaturabhängige Widerstände, deren Widerstandswerte bei ansteigender Temperatur annähernd sprungförmig ansteigen, sobald eine bestimmte Temperatur überschritten wird.

Material:
ferroelektrische Keramik, z. B. TiO_3

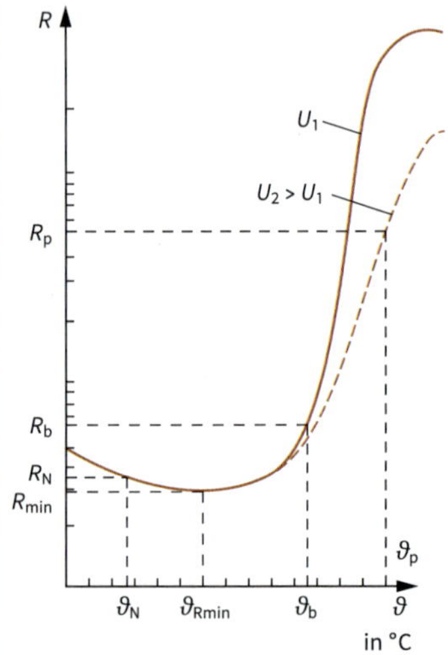

R_N: Bemessungswiderstandswert bei $\vartheta_N = 25\ °C$

R_{min}: Kleinster Widerstandswert

R_p: Widerstandswert bei der höchstzulässigen Spannung

α_R: Temperaturkoeffizient

β: Spannungsabhängigkeit (der Widerstandswert des Kaltleiters ist spannungsabhängig)

Beispiele:
$R_{min} = 50\ \Omega$
$\vartheta_{Rmin} = 20\ °C$
$R_b = 100\ \Omega$
$\vartheta_b = 60\ °C$
$R_p \geq 50\ k\Omega$
$\vartheta_p = 110\ °C$

$U_{max} = 30\ V$
$\alpha_R = 20\ \%/K$

Varistoren
VDR-Widerstand
(**V**oltage **D**ependent **R**esistor)

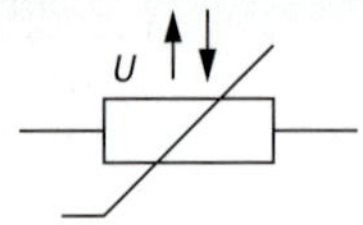

Varistoren sind Widerstände, deren Widerstandswerte sich bei ansteigender Spannung verringern.

Material:
Siliciumkarbid, $\alpha < 5$, Zinkoxid, $\alpha < 30$

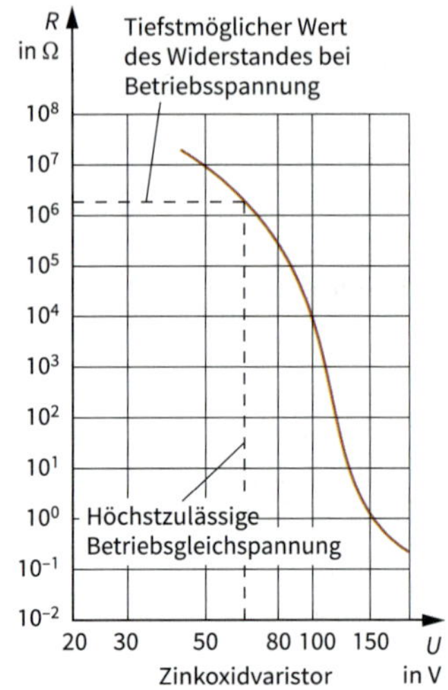

$$R = \frac{U^{(1-\alpha)}}{K}$$

K: Elementarkonstante in Ampere, von der Geometrie abhängig

α: Nichtlinearitätsexponent

Kennwerte

Beispiele:

$\alpha > 30$ bei ZnO (Zinkoxidvaristoren)
Betriebstemperatur: –40 °C … +85 °C

Betriebsspannung: 14 … 1500 V

Ansprechzeit: < 50 ns

Stoßstrom: bis 4000 A

Dauerbelastbarkeit: 0,8 W

Heißleiter

Heißleiter in Scheibenform

- Form A

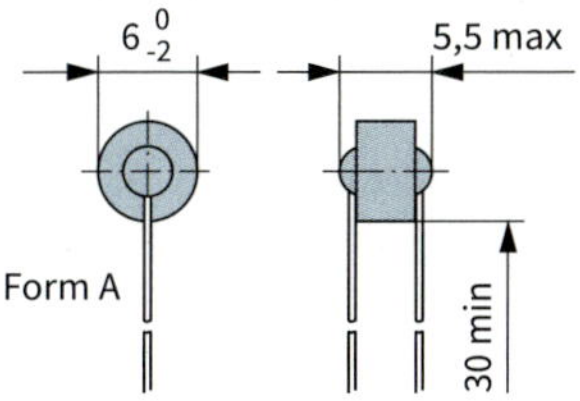

- Form AB

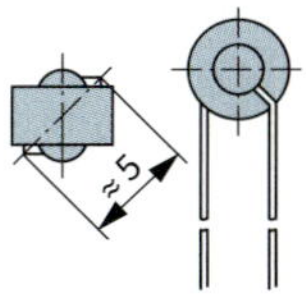

Maße in mm

Betriebsbedingungen	Klimatische Anwendungsklasse		
	FKF	HKF	HHH
untere Grenztemperatur	−55 °C	−25 °C	−25 °C
obere Grenztemperatur	125 °C	125 °C	155 °C

Bemessungswiderstandswert
10 Ω bis 100 kΩ
R_N bei 25 °C (R_{25})

zulässige Abweichung vom Bemessungswiderstand ±10 %; ±20 %

Belastbarkeit P_{max} bei 25 °C: 0,6 W

Kaltleiter

- ohne Umhüllung, metallisierte Stirnseiten

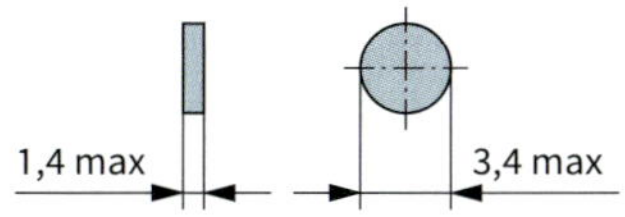

- ohne Umhüllung, radiale Anschlussdrähte

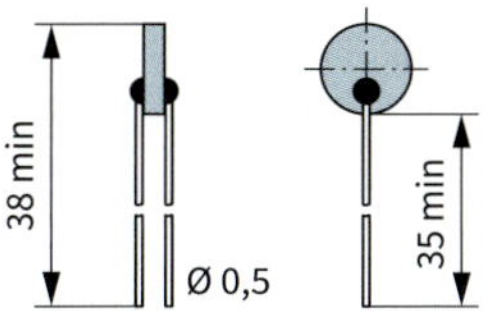

- mit Kunststoffumhüllung

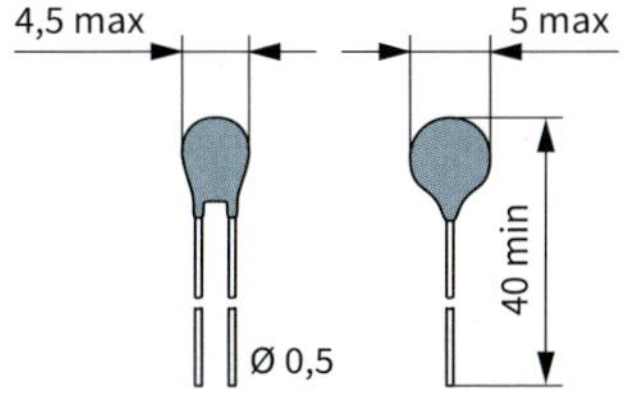

Bezugstemperatur:
−30 °C … +180 °C
Endtemperatur:
+40 °C … +220 °C

Maße in mm

Varistoren

Scheibenform

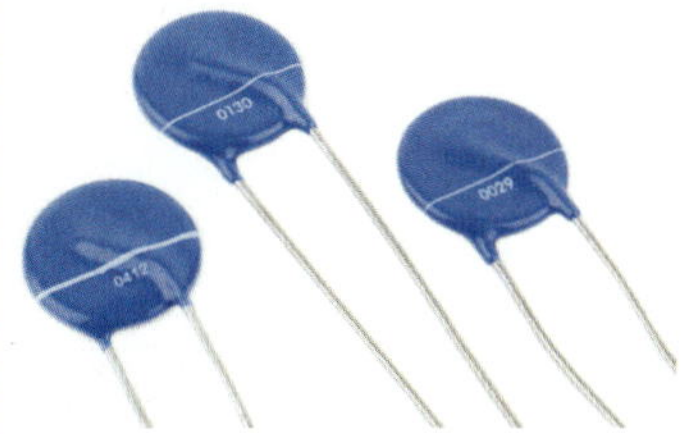

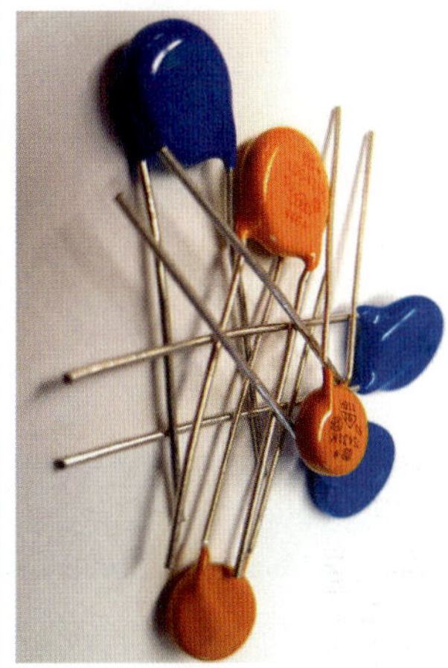

Anwendungen

Arbeitspunktstabilisierung

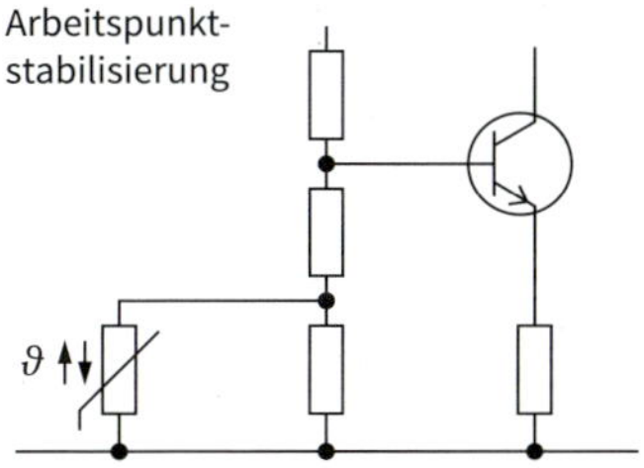

Flüssigkeitsniveaufühler

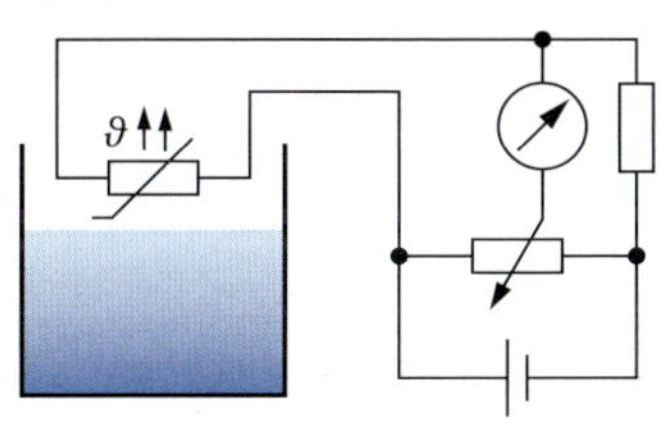

Überspannungsschutz von Halbleiterschaltungen

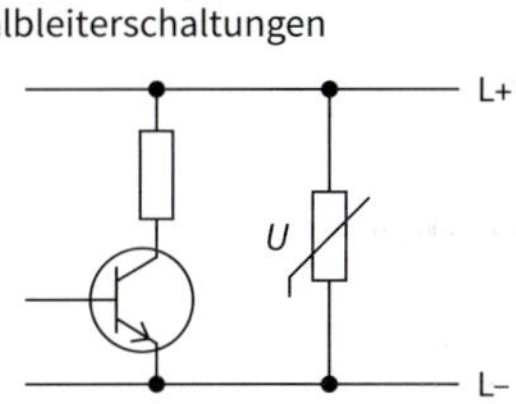

Temperaturmessung

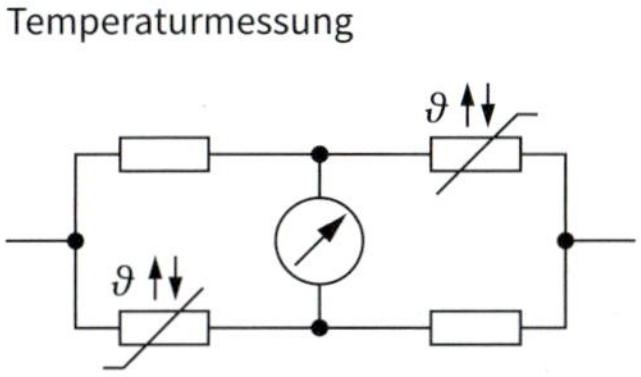

Temperaturregelung für eine Heizung

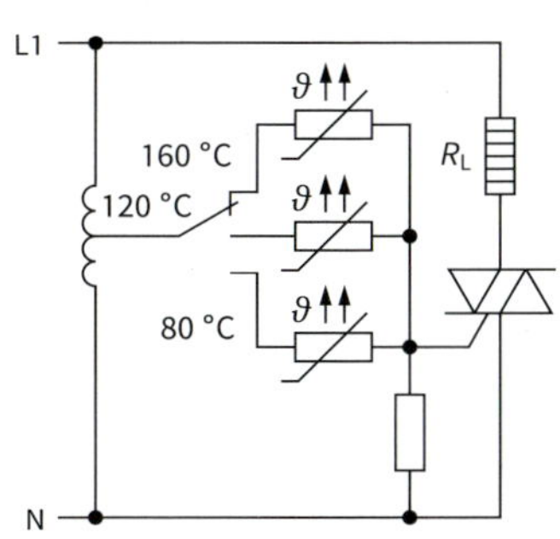

Spannungsstabilisierung

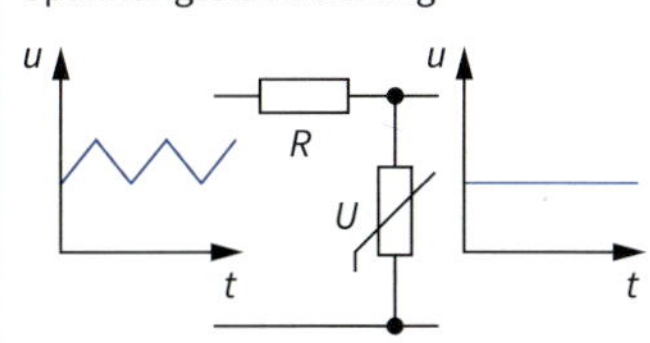

Anzugsverzögerung

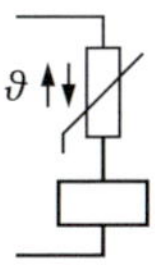

Abfallverzögerung

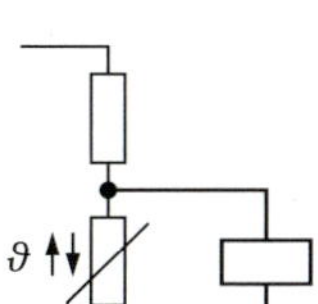

Absorption von Schaltenergie (Überspannungsableiter)

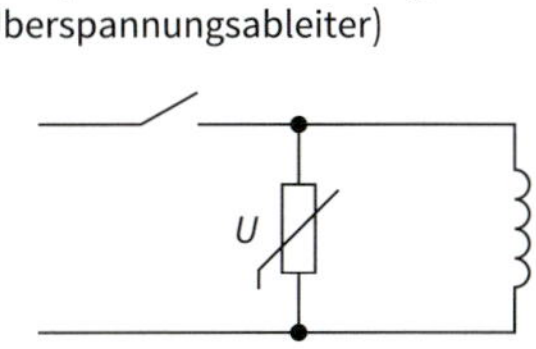

Übersicht

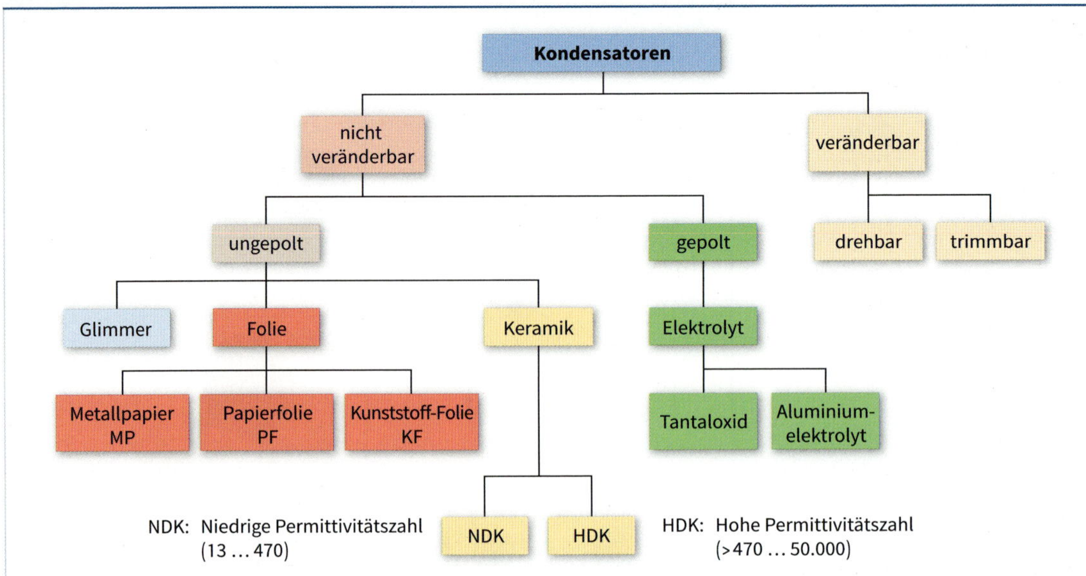

Kennzeichnung der Anschlüsse für Kondensatoren bis 1000 V
Designation of Capacitors up to 1000 V

Kondensator	Bauform, Gehäuse, Anschlüsse	Kennzeichnung
Papier-, Metallpapier-, Kunststoff-, Folienkondensatoren (KS-Kondensatoren)	Gehäuse: Zylinder- oder quaderförmig Anschlüsse: Axiale Draht- oder Lötfahnen	Außenbelag durch Strich (Umfang) Farbring zur Kennzeichnung der Bemessungsspannung: Blau: 25 V, Gelb: 63 V, Rot: 160 V, Grün: 250 V, Violett: 400 V, Schwarz: 630 V, Braun: 1000 V
	Gehäuse: Zylinder- oder quaderförmig Anschlüsse: Einseitige Draht- oder Lötfahnen	Außenbelag durch Strich (Umfang)
	Gehäuse: Zylinder- oder quaderförmig	Außenbelag: ⊥
Glimmerkondensator	alle Bauformen vorhanden	
Keramik-Kondensatoren	Rohrkondensatoren, Scheibenkondensatoren mit axialen oder radialen Anschlüssen	Der Innenbelag wird durch ein Farbzeichen gekennzeichnet (Temperaturkoeffizient), Typ I A: weißer Punkt für den Außenbelag
Aluminium-Elektrolytkondensatoren	Gehäuse: Zylinder- oder quaderförmig mit einseitigen Anschlüssen	Pluspol: +
	Gehäuse: Zylindrisch mit axialen Anschlüssen	Pluspol: + Minuspol: Strich auf dem Umfang
	Verschiedene Bauformen und Anschlüsse (Schraubenanschluss, Lötfahnen usw.)	Minuspol: – Pluspol: +; Kennzahl 1 oder rote Farbe

Kennzeichnung nach Stromart		ungepolte Kondensatoren	gepolte Kondensatoren
Gleichstrom	Stranganfang und Strangende	A-B, C-D, …	+ und – bzw. A-B, C-D, …
	Sternende	A, B, C, …	A, B, C, …
	Mittelpunkt	MP	MP
Einphasenstrom		U-V	
Zweiphasenstrom	verkettet	U, XY, V	
	unverkettet	U-X, V-Y	
Drehstrom	verkettet	U, V, W	
	unverkettet	U-X, V-Y, W-Z	
	Mittel- bzw. Sternpunkt	MP	

Kondensatorart	Temperaturbereich in °C [1]	Verlustfaktor $\tan\delta$ in 10^{-3}	Bevorzugte Anwendung
Papierkondensatoren			
Papierkondensator	–55…+125	50 Hz: 2…2,7	Glättungs- und Hochspannungskondensator, Stoß- und Stützkondensatoren, besonders für 50 Hz, bis 10 kHz möglich
Metallpapier-Gleichspannungskondensatoren			
MP	–55…+85	50 Hz: 7…8 1 kHz: 12	Nachrichtentechnik: Koppel-, Glättungs-, Hochspannungs-, Stoß- und Stützkondensatoren
Metallisierte Kunststoffkondensatoren			
MKU	–55…+70/+85	1 kHz: 12…15	Für Gleichspannung, aber auch für reduzierte Wechselspannung, Miniaturtechnik, Hochtemperatur, Glättung, Kopplung, Ablenkstufen von CRT-Fernsehgeräten, besonders verlustarmer Kondensator, viele Bauformen (auch in Schichtausführung mit Rastermaß)
MKT	–55/–40…+100	1 kHz: 5…7	
MKC	–55/–40… +85/+100	1 kHz: 1…3	
MKP	–40…+85	1 kHz: 0,25	
Verlustarme Kondensatoren			
KS	–55/–10…+70	1 MHz: 0,4…1	Schwingkreiskondensatoren in frequenzbestimmenden Kreisen, Filter, hochisolierte Kopplung und Entkopplung, Miniaturtechnik, Hochtemperatur (Glimmer- und Glaskondensatoren), Blockkondensatoren, Messkondensatoren, Glas: sehr hohe Konstanz und Strahlungsfestigkeit
MKS	–55…+70	1 kHz: 0,5…1	
KP	–55/–25…+85	1 MHz: 0,3…1	
Glimmer-kondensator	–40…+80	1 MHz: ≤ 0,2 (< 1 nF)	
MK	–55…+85	1 kHz: ca. 1	
Keramik-Kondensatoren			
NDK-Kondensator (ε_r = 13…470)	–55/– 25… +85/+125	1 MHz: 0,4…1	In frequenzstabilisierten Schwingkreisen zur Temperaturkompensation, Filter-, Hochspannungs-, Impuls-Kondensatoren, auch als Chip
HDK-Kondensator (ε_r = 700…50 000)	–55/+10…+70/+125	1 kHz: 10…20	Kopplung, Siebung, Hochspannungs-, Impulskondensator, auch als Chip
Elektrolyt-Kondensatoren			
Aluminium-Elektrolytkondensator	–55/–25… +70/+125	50 Hz: 80…300 (bis 1000 µF)	Sieb-, Koppel-, Glättungs-, Block-, Motorkondensator, Energiespeicher
Tantal-Elektrolytkondensator	–55…+85 (+125)	120 Hz: ≤ 40…350	Nachrichtentechnik, Mess- und Regelungstechnik, Chip-Kondensator für Hybridschaltung, Glättung und Kopplung

[1] je nach Anwendungsklasse ergeben sich unterschiedliche Temperaturbereiche

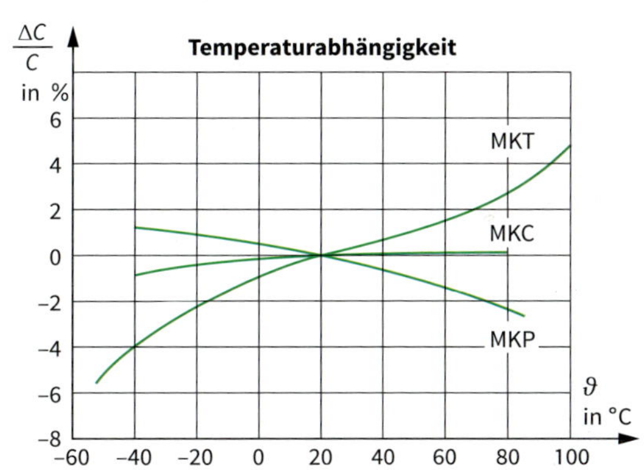

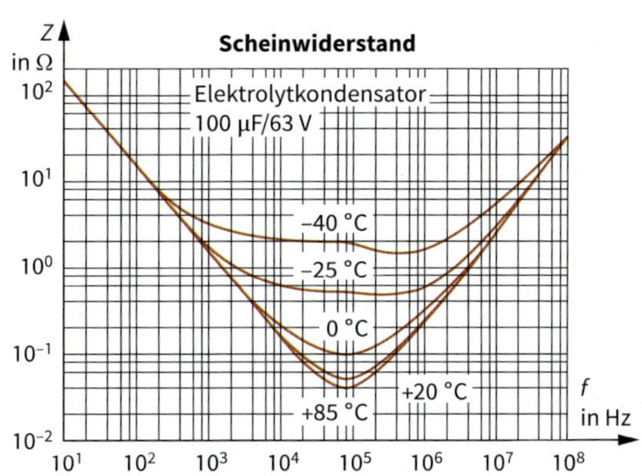

Merkmale

- **S**urface **M**ounted **D**evices (**SMD**) sind elektrische Bauelemente, die
  - in den mechanischen Abmessungen wesentlich verkleinert und
  - ohne Drahtanschlüsse

  ausgeführt sind.
- Die Befestigung auf den Leiterplatten erfolgt durch Lötflächen, die in der Regel stirnseitig an den Bauteilen angebracht sind.
- Die **Gehäusegröße** wird durch eine vierstellige Bezeichnung (z. B. 0207) angegeben. Dabei geben die ersten beiden Ziffern die Länge und die beiden folgenden Ziffern die Breite des Bauelementes an (Bauelementhöhe ist nicht darin enthalten).
- Die Einheit für die Maße ist entweder [Zoll/100] (wobei eine 1 inch Einheit für Zoll 25,4 mm entsprechen) oder auch metrisch (Angabe in mm).
- Bedingt durch die geringen Abmessungen der Bauelemente wird die Kennzeichnung in unterschiedlichen Varianten (zum Teil herstellerspezifisch) ausgeführt.
- Die Bauformen sind entweder rechteckig oder zylindrisch.
- Eine eindeutige Identifikation bei Halbleitern ist in der Regel nur durch die Anwendung von Datenblättern oder durch Identifikationslisten (z. B. aus dem Internet) möglich.

Bauformbenennung

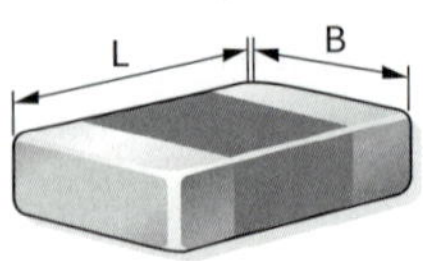

Benennung Zoll	Länge in inch	Breite in inch	Benennung metrisch	Länge in mm	Breite in mm
0603	0.063 ± 0.004	0.031 ± 0.004	1608	1,60 ± 0,1	0,80 ± 0,1
1210	0.126 ± .006	0.098 ± .006	3225	3,20 ± 0,15	2,50 ± 0,15
2512	0.250 ± .005	0.126 ± .003	6330	6,35 ± ,13	3,20 ± ,08

Widerstände (zylindrisch)

- Widerstände sind in quader- und zylinderförmiger Bauform verfügbar
- Die zylindrische Bauform wird mit **MELF** bezeichnet (**M**etal **E**lectrode **L**eadle **F**aces: Metallelektroden „Gesichter")

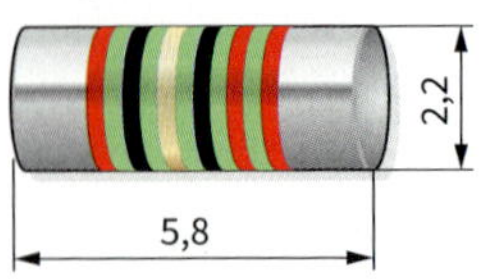

MMB (MELF; 1 Watt, 500 V)
Gehäuseform (metrisch) 0207

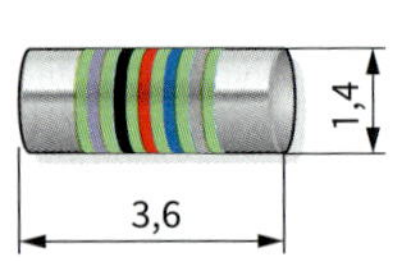

MMA (MiniMELF; 0,5 Watt, 200 V)
Gehäuseform (metrisch) 0204

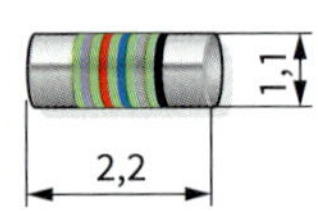

Maße in mm

MMU (MicroMELF; 0,2 Watt, 100 V)
Gehäuseform (metrisch) 0102

Farbcodierung

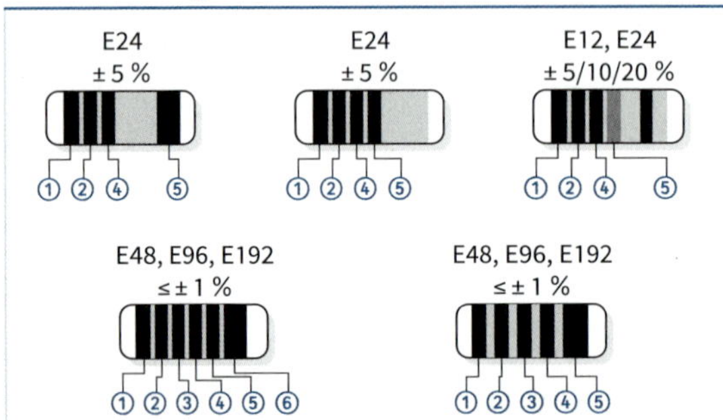

① 1. Stelle
② 2. Stelle
③ 3. Stelle
④ Multiplikator
⑤ Toleranzwert
⑥ Temperaturkoeffizient

Farbe	Wertigkeit	Multiplikator	Toleranz
Keine			±20 %
Silber		10^{-2}	±10 %
Gold		10^{-1}	±5 %
Schwarz	0	10^{0}	
Braun	1	10^{1}	±1 %
Rot	2	10^{2}	±2 %
Orange	3	10^{3}	
Gelb	4	10^{4}	
Grün	5	10^{5}	±0,5 %
Blau	6	10^{6}	±0,25 %
Violett	7	10^{7}	±0,1 %
Grau	8	10^{8}	
Weiß	9	10^{9}	

Temperaturkoeffizient in ppm/K			
Braun	±100	Orange	±15
Rot	±50	Blau	±10
Gelb	±25	Violett	±5

Widerstände (quaderförmig)

- Die rechteckige Bauform wird auch als Chipbauform (kurz „Chip“) bezeichnet.
- Die Codierung des Widerstandswertes erfolgt dabei mit Ziffern und Buchstaben.
- Die Anzahl der verwendeten Stellen deutet auf den jeweiligen Toleranzbereich (Genauigkeit) hin.
- Bei Widerständen mit **Standardtoleranzen** sind drei Stellen aufgedruckt, wobei die
  - ersten beiden Stellen den Grundwert und
  - dritte Stelle die Anzahl der Zehnerpotenzen angibt.
- Widerstände mit **engeren Toleranzen** werden mit vierstelligem Aufdruck versehen, wobei die
  - ersten drei Stellen den Grundwert und
  - vierte Stelle die Anzahl der Zehnerpotenzen angibt.
- Der **Buchstabe R** wird als Ersatz für das Komma verwendet.

Codierung

Reihe E24 mit 2 %, 5 % und 10 % Toleranz		Reihe E24, E48, E96 mit <1 % und 2 % Toleranz	
Bemessungswert	Bezeichnung	Bemessungswert	Bezeichnung
0,01 Ω … 0,091 Ω	R010 … R091	0,01 Ω … 0,091 Ω	R010 … R091
0,1 Ω … 0,91 Ω	R10 … R91	0,1 Ω … 0,976 Ω	R100 … R976
1 Ω … 9,1 Ω	1R0 … 9R1	1 Ω … 9,76 Ω	1R00 … 9R76
10 Ω … 91 Ω	100 … 910	10 Ω … 97,6 Ω	10R0 … 97R6
100 Ω … 910 Ω	101 … 911	100 Ω … 976 Ω	1000 … 9760
1 kΩ … 9,1 kΩ	102 … 912	1 kΩ … 9,76 kΩ	1001 … 9761
10 kΩ … 91 kΩ	103 … 913	10 kΩ … 97,6 kΩ	1002 … 9762
100 kΩ … 910 kΩ	104 … 914	100 kΩ … 976 kΩ	1003 … 9763
1 MΩ … 9,1 MΩ	105 … 915	1 MΩ … 9,76 MΩ	1004 … 9764
10 MΩ … 91 MΩ	106 … 916	10 MΩ … 97,6 MΩ	1005 … 9765
100 MΩ … 910 MΩ	107 … 917	100 MΩ … 976 MΩ	1006 … 9766

Beispiele:

0,10 Ω

$10 \times 10^5\ \Omega = 1\ M\Omega$

10,0 Ω

$100 \times 10^2\ \Omega = 10\ k\Omega$

Kondensatoren

- Kondensatoren in SMD-Bauform gibt es u. a. als Tantal-, Keramik-, Aluminium- und Folien-Kondensatoren.
- Die jeweiligen Gehäusegrößen werden, wie bei den Chip-Widerständen, mit einem vierstelligen Zahlencode definiert.
- Verfügbare Kapazitätswerte und Spannungsfestigkeiten sind den jeweiligen Datenblättern zu entnehmen.
- Die Kennzeichnung erfolgt in der Regel durch einen **Zahlencode** (Ausnahme Keramikkondensatoren).
- Keramikkondensatoren sind überwiegend nicht gekennzeichnet und somit nur durch Messung zu ermitteln.

Beispiel: Tantalkondensator

Gehäuseform: 6032–28

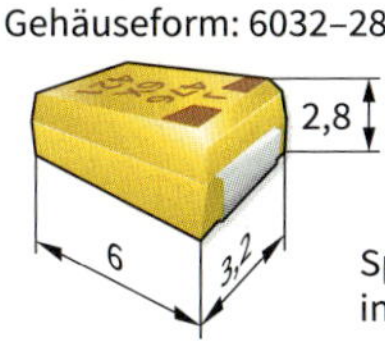

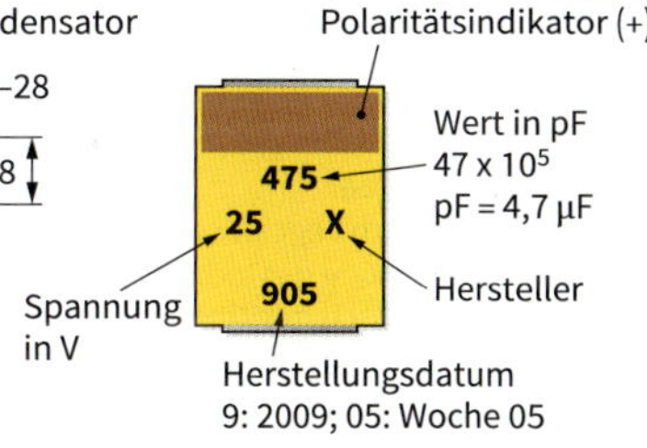

Maße in mm

Dioden

- Dioden in SMD-Technik sind in verschiedenen Gehäuseformen und -materialien verfügbar.
- Bei den Kunststoffgehäusen sind die Anschlüsse als Lötanschluss ausgeführt.
- Die Glasgehäuseversion sind als MiniMELF oder MicroMELF (**MELF: Metal Electrode Leadless Faces**) mit stirnseitigen Lötanschlüssen (wie bei den Widerständen) ausgeführt.
- Die vorhandenen Technologien sind u. a. Kleinsignaldioden, Leistungsdioden und Z-Dioden
- Der Diodentyp wird bei Kunststoffgehäusen mit einem herstellerspezifischen Code ausgeführt und bei Glasgehäusen nicht dargestellt.
- Jeweilige Werte sind den Datenblättern zu entnehmen.

Beispiele:

MiniMELF, Typ BAV 100
Gehäuseform: SOD80

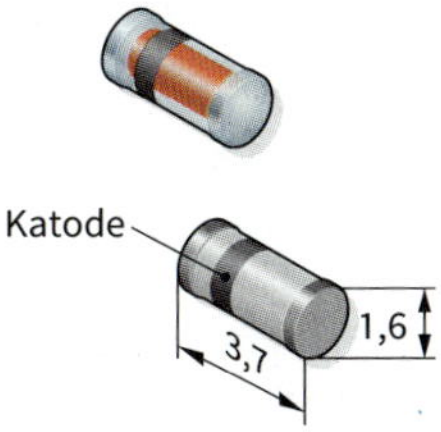

Typ BAT 43W
Gehäuseform: SOD123

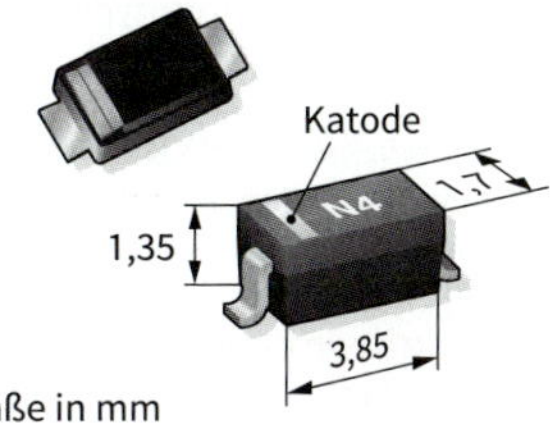

Maße in mm

Transistoren

- Transistoren (z. B. bipolar, MOS) werden u. a. in Kunststoff- oder Keramikgehäusen mit unterschiedlichen Anschlüssen geliefert.
- Die Gehäuseformen sind klassifiziert nach **JEDEC** (**J**oint **E**lectron **D**evice **E**ngineering **C**ouncil), **JEIDA** (**J**apan **E**lectronic **I**ndustry **D**evelopment **A**ssociation) oder auch herstellerspezifisch.
- Für die Kennzeichnung des Transistors gibt es keine einheitlichen Regeln.
- Die Identifikation des jeweiligen Typs ist daher nur über die Datenblätter des Herstellers oder über Referenzlisten (im Internet) möglich.
- Neben Einzeltransistoren sind auch komplexe Transistorkombinationen oder auch andere Halbleiter in den unterschiedlichen Gehäusen untergebracht.

Beispiele:

JEDEC SOT 23

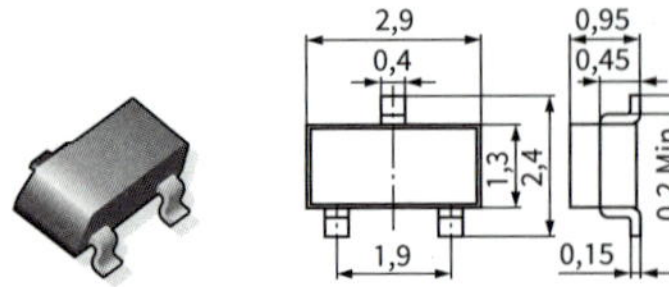

JEDEC SOT 428

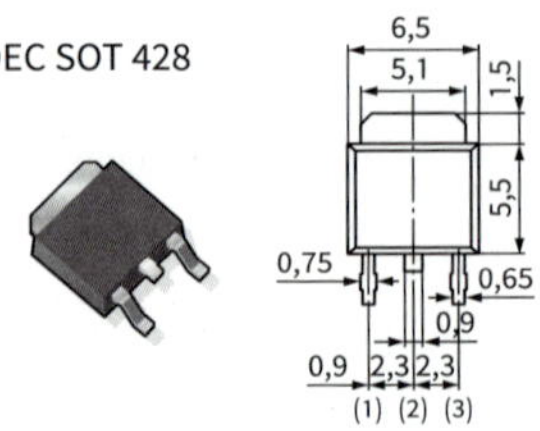

JEIDA SC 63

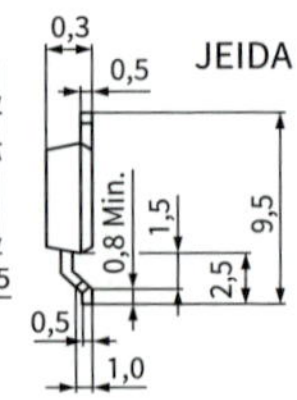

JEDEC MO 240

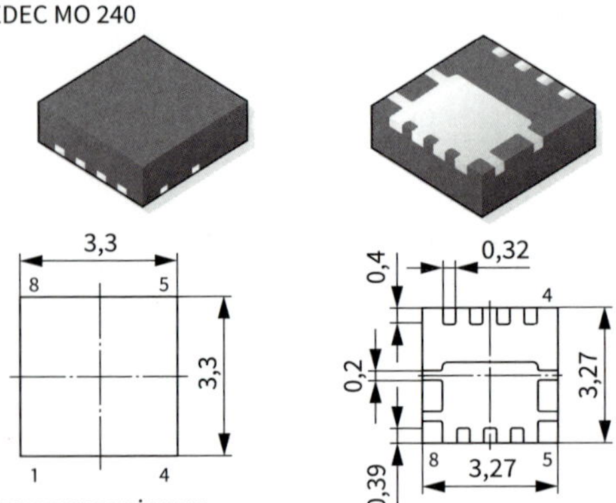

Abmessungen in mm

Herstellerspezifische Gehäuse

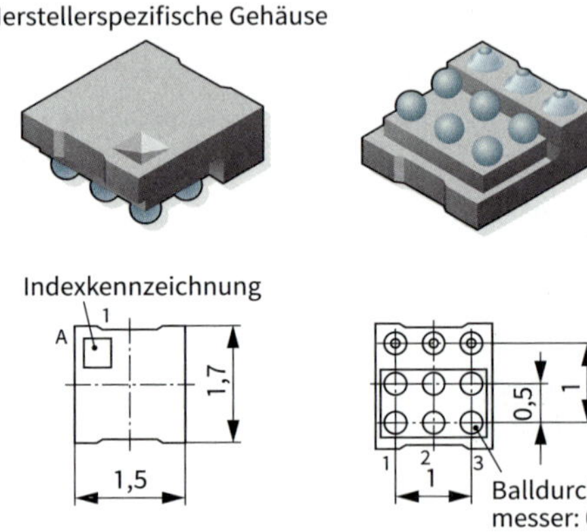

Induktivitäten

- Induktivitäten sind in geschirmter und ungeschirmter Bauform verfügbar.
- Der Wertebereich liegt zwischen 1 nH und 10 mH.
- Die Kennzeichnung des Induktivitätswertes erfolgt herstellerspezifisch mit Ziffern und Buchstaben.
- Die Gehäuseabmessungen werden mit vierstelligen Zahlen angegeben.

Beispiel: Ungeschirmte Leistungsinduktivität

Gehäuseform: 1608
Induktivitätswert: 10 µH
$I_{Sät.}$: 1,1 A

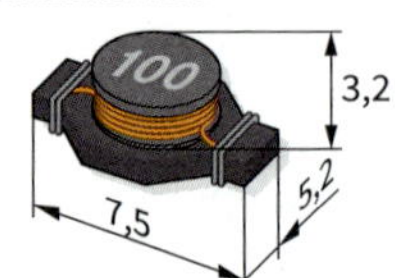

Maße in mm

Sicherungen

- Die Kennzeichnung von **Schmelzsicherungen** erfolgt entweder durch einen entsprechenden „lesbaren Aufdruck" oder durch einen Kennbuchstaben bzw. Ziffer, der herstellerspezifisch die typischen Daten der Sicherung angibt.
- Die Gehäusebauformen sind vierstellig klassifiziert.
- **Selbstrückstellende Sicherungen (PTC Fuses: P**ositive **T**emperature **C**oefficient)
  - dienen als sekundärer Schutz von Elektronikkomponenten und
  - wirken durch Widerstandserhöhung bei erhöhtem Stromfluss und kehren nach Abkühlung in den Ausgangszustand zurück (keine galvanische Unterbrechung).

Beispiele:

Schmelzsicherung
U_{max}: 250 V AC
I_{BC}: 100 A
I_{Trip}: 1,0 A
Charakteristik: T (träge)

PTC Fuse
Gehäuse 2029
U_{max}: 16 V DC
I_{max}: 100 A
I_{Hold}: 1,36 A
I_{Trip}: 2,7 A

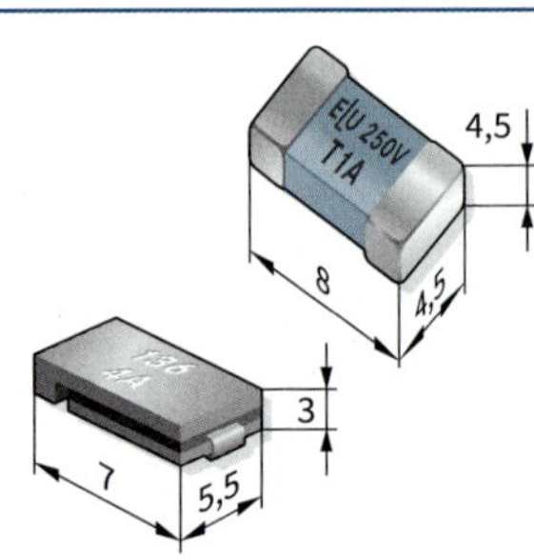

Maße in mm

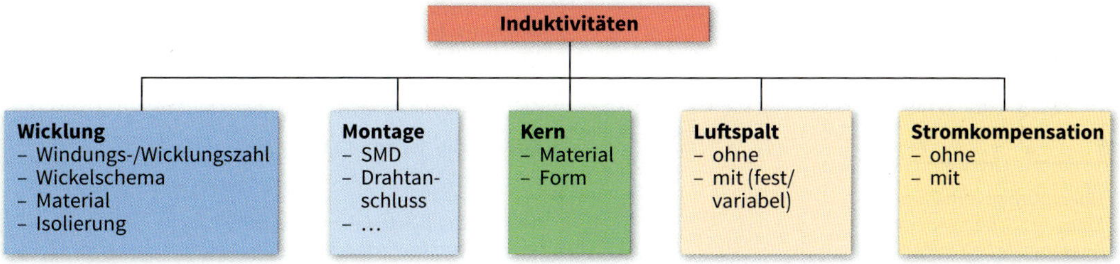

Kernmaterialien

Ferromagnetische Kernmaterialien werden vorzugsweise bei Spulen im niedrigen Frequenzbereich eingesetzt.

- Hohe Permeabilitäten
- Betrieb bis zur Sättigungsmagnetisierung

Oxidkeramische Ferrite finden bei Spulen im höheren Frequenzbereich ihren Einsatz.

- Hoher spezifischer Widerstand verhindert spürbare Wirbelstromverluste.
- Mn-Zn-Ferrite bis 1,5 MHz
- Ni-Zn-Ferrite bis 600 MHz

Elektrische Kenndaten

U_R: Bemessungsspannung
I_R: Bemessungsstromstärke
L_R: Bemessungsinduktivität
L_S: Streuinduktivität
R: Gleichstromwiderstand
C_R: Wicklungskapazität
Kapazität zwischen Leitungen; wirksam bei sehr hohen Frequenzen
Q: Güte ($Q \approx L_R/R$)

Kernformen (Auswahl)

P (**Pot**/Schalenkern) 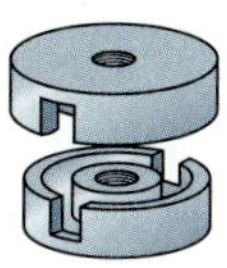	▪ magnetisch geschlossen und daher streufeldarm ▪ präzise Abstimmung möglich (durch Abgleichschraube) ▪ Schwingkreisspulen ▪ klirrarme, breitbandige Kleinsignalübertrager
E 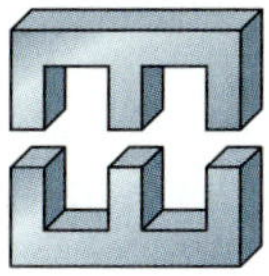	▪ mehrere E-Kerne zu einem größeren aneinanderreihbar ▪ für verbesserte Wicklung auch mit rundem Schenkel verfügbar (ER) ▪ je nach Werkstoff für Frequenzen von 10 kHz bis > 500 kHz
RM (**R**ectangular **M**odular) 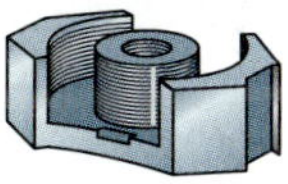	▪ automatengerechte Fertigung ▪ verlustarme Filter ▪ hochstabile Filter ▪ klirrarme Breitbandübertrager ▪ Leistungsanwendung (Speicherdrosseln)
PM (**P**ot core and **M**odular) 	▪ großer Flussquerschnitt ▪ hohe Leistung bei wenigen Windungen ▪ Leistungsübertragung bis 300 kHz
U/UI 	▪ leicht kombinierbar ▪ große Sättigungsinduktivität ▪ geringe Verlustleistung ▪ Leistungsübertragung >1 kW
Ring 	▪ aufwändige Fertigung der Wicklung ▪ Anwendung bis MHz-Bereich ▪ EMV-Drossel

Stromkompensation

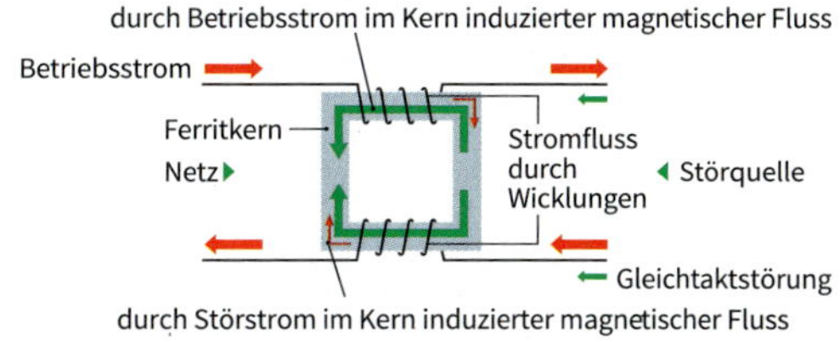

- Elektronische Geräte erzeugen häufig Gleichtaktstörungen
- Magnetischer Fluss des Betriebsstromes kompensiert sich zu Null → keine Kernsättigung
- Auf Betriebsstrom wirkt nur die Streuinduktivität.
- Die Induktivität ist nur für den Störstrom wirksam.

Beispiel:

Schaltzeichen:

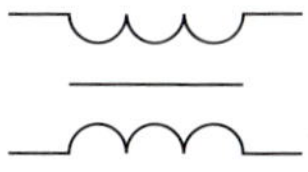

Wicklung

Einlagenwicklung

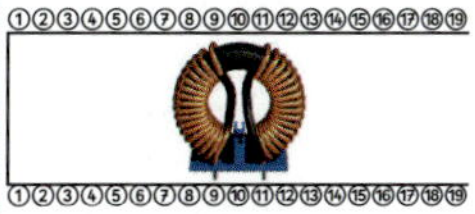

Zweilagenwicklung

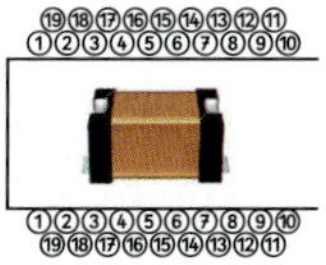

Wildwicklung

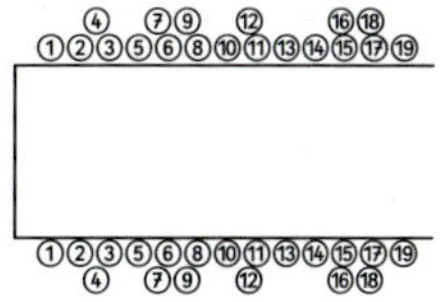

Übertrager, allgemein

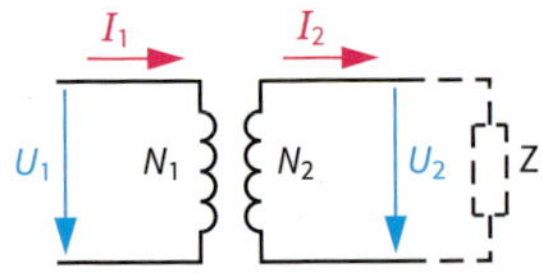

$$\ddot{u} = \frac{N_1}{N_2}$$

$$\ddot{u}^2 = \frac{Z_1}{Z_2}$$

$$\frac{I_1}{I_2} = \frac{N_2}{N_1} = \frac{U_2}{U_1}$$

$\ddot{u}$: Übersetzungsverhältnis
Z_1: Eingangs-Scheinwiderstand
Z_2: Ausgangs-Scheinwiderstand

Kenngrößen

Magnetische Formgrößen pro Kernsatz
l_e: mittlere magnetische Weglänge im Kern
$\Sigma l/A$: magnetischer Formfaktor
A_e: effektiver magnetischer Querschnitt

Elektrische Kenngrößen
f: Schaltfrequenz
A_N: Wickelquerschnitt
A_L: Induktivitätsfaktor $A_L = L/N^2$
(Spezifische Induktivität für $N = 1$)

Typ/ Anwendung	Hauptmaße (Größtwerte) Kern			Spulenkörper		Magnetische Kenngrößen			Elektrische Kenngrößen	
	Größe	a in mm	b in mm	c in mm	d in mm	l_e in mm	$\Sigma l/A$ in mm^{-1}	A_e in mm^2	A_N in mm^2	A_L-Wert in nH
P-Kern										Ferrit N30
■ Kleinsignal- ■ Breitband-übertrager	P 4,6 x 4,1	4,65	4,1	2,05	0,49	7,6	2,60	2,8	0,8	800
	P 5,8 x 3,3	5,8	3,3	1,65	0,67	7,9	1,68	4,7	0,95	1500
	P 7 x 4	7,35	4,2	2,15	1,05	10,0	1,43	7,0	2,2	2000
	P 9 x 5	9,3	5,4	2,8	1,30	12,2	1,25	9,8	3,6	2500
	P 11 x 7	11,3	6,6	3,4	1,60	15,9	1,00	15,9	4,2	3500
	P 14 x 8	14,3	8,5	4,9	2,20	20,0	0,80	25	8,4	4600
	P 18 x 11	18,4	10,6	6,0	3,05	25,9	0,60	43	16,0	5900
	P 22 x 13	22,0	13,6	7,8	3,55	31,6	0,50	63	23,4	7600
	P 26 x 16	26,0	16,3	6,9	4,05	37,2	0,40	93	32,0	9700
	P 30 x 19	30,5	19,0	11,4	4,85	45,0	0,33	136	48,0	11 500
	P 36 x 22	36,0	22,0	12,8	5,85	52,0	0,26	202	63,0	15 200
RM-Kern										Ferrit N30
■ Kleinsignal- ■ Breitband-, ■ Leistungs-übertrager	RM 4	9,8	10,5	5,78	1,50	22,0	1,7	13	7,7	1900
	RM 5	12,3	10,5	4,88	2,07	22,1	0,93	23,8	15	3500
	RM 6	14,7	12,5	6,53	2,42	28,6	0,78	36,6	9,5	4300
	RM 7	17,2	13,5	7,05	3,17	30,4	0,7	43	30	5000
	RM 8	19,7	16,5	9,15	3,47	38	0,59	64	21,4	5700
	RM 10	24,7	18,7	10,7	4,25	44	0,45	98	41,5	7600
	RM 12	29,8	24,6	14,8	5,1	57	0,39	146	73	8400
	RM 14	34,6	30,2	18,7	6,0	70	0,35	200	107	9500
ETD-Kern										Ferrit N87
■ Leistungs-übertrager	ETD 29	30,6	9,8	19,4	4,90	71	0,92	76	97	2200
	ETD 34	35,0	11,1	20,9	5,80	78,6	0,81	97,1	122	2600
	ETD 39	40,0	12,8	25,7	6,90	92,2	0,74	125	178	2800
	ETD 44	45	15,2	29,5	7,10	103	0,60	173	210	3500
	ETD 49	49,8	16,7	32,7	8,25	114	0,54	211	269	3800
	ETD 54	55,8	19,3	36,8	8,57	127	0,49	280	315	4450
	ETD 59	61,2	22,1	41,2	8,87	139	0,38	368	365	5300
U-Kern										Ferrit N27
■ Leistungs-übertrager	U 15	15,9	6,7	10,3	3,7	48	1,5	32	37	1200
	U 20	21,4	7,7	14,7	4,5	68	1,23	55	70	1600
	U 25	25,0	13	20,0	5,9	86	0,82	105	138	2500

P-Kern

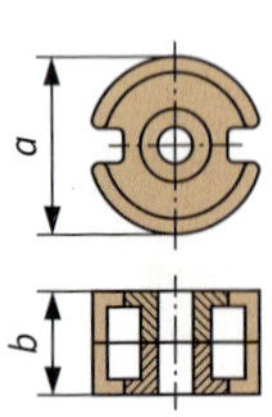

RM-Kern

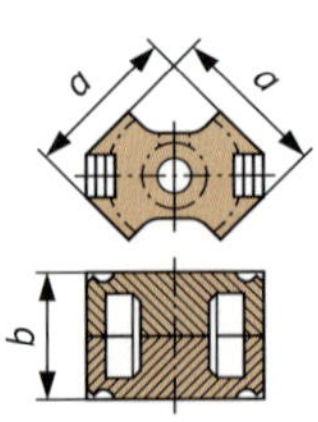

ETD-Kern (Halber Kernsatz)

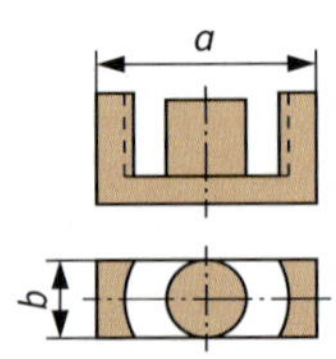

U-Kern (Halber Kernsatz)

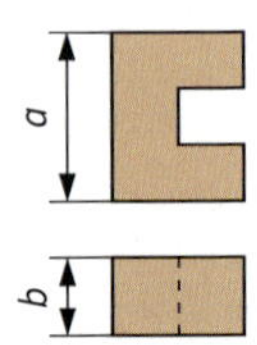

Spulenkörper

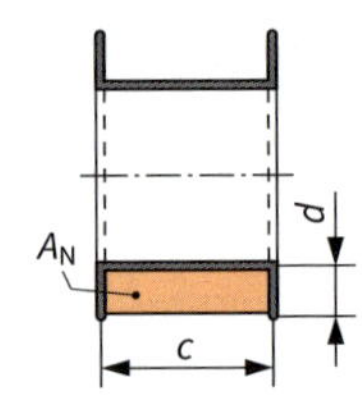

Arten

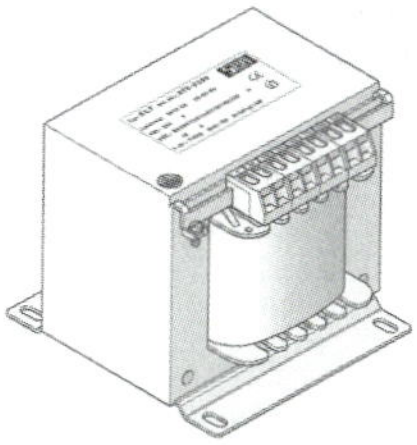

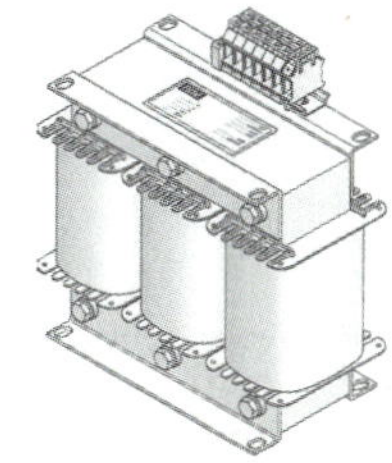

- **Transformatoren**
  - **Einphasentransformatoren**
    - Kleintransformatoren
      - Sicherheitstransformatoren
        - Trenntransformatoren
        - Steuertransformatoren
        - Spielzeugtransformatoren
        - Klingeltransformatoren
        - Handleuchtentransformatoren
        - Transformatoren für medizinische Geräte
      - Netzanschlusstransformatoren
        Verwendung: Verstärkeranlagen, Gleichrichteranlagen, Elektrozaun-Geräte
      - Zündtransformatoren
        Verwendung: Zünden von Gas- und Ölfeuerungsanlagen
    - Schweißtransformatoren
    - Messwandler
    - Stelltransformatoren
  - **Drehstromtransformatoren**
    - Block- oder Maschinentransformatoren
    - Netztransformatoren
    - Verteilungs- oder Ortsnetztransformatoren

Betriebszustände

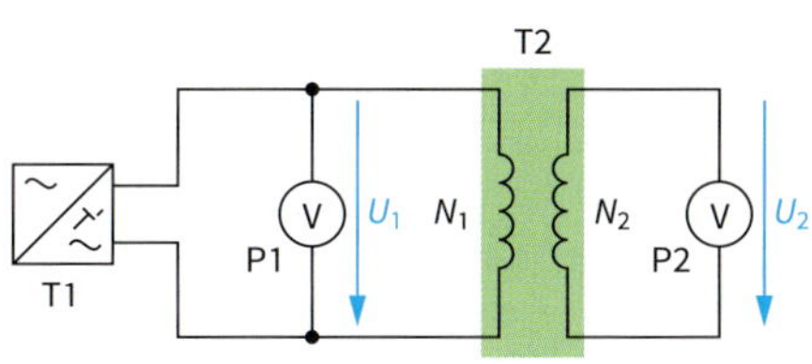

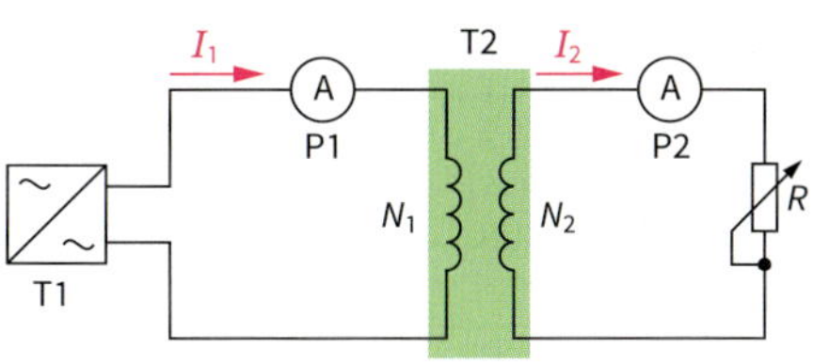

Spannungsübersetzung

$$\frac{U_1}{U_2} = \frac{N_1}{N_2}$$

Übersetzungsverhältnis

$$ü = \frac{U_1}{U_2}; \quad \frac{N_1}{N_2} = ü; \quad ü = \frac{I_2}{I_1}$$

Stromübersetzung

$$\frac{I_2}{I_1} = \frac{N_1}{N_2}$$

Widerstandsübersetzung

$$ü^2 = \frac{Z_1}{Z_2}$$

Energieumwandlung

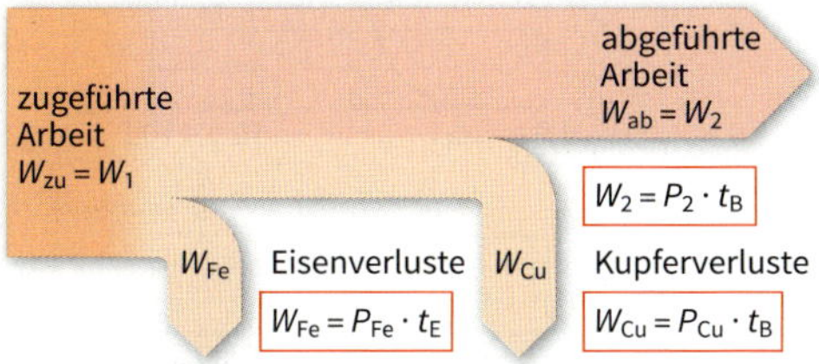

$$W_2 = P_2 \cdot t_B$$

$$W_{Fe} = P_{Fe} \cdot t_E$$

$$W_{Cu} = P_{Cu} \cdot t_B$$

Leerlauf und Belastung ⇒ Eisenverluste
Belastung ⇒ Kupferverluste (Leerlauf: $W_{vCu} \approx 0$)

Ströme

- **Leerlaufstrom I_0**
  - **Wirkstrom I_w**
    verursacht die Wirbelströme im Eisenkern (Eisenverluststrom) und Kupferverluste
  - **Blindstrom I_m**
    bewirkt die Ummagnetisierung des Eisenkerns (Magnetisierungsstrom)

Schaltung	Grenzfrequenz f_g	Durchlasskurve und Phasenverschiebungswinkel
Tiefpass (1. Ordnung) 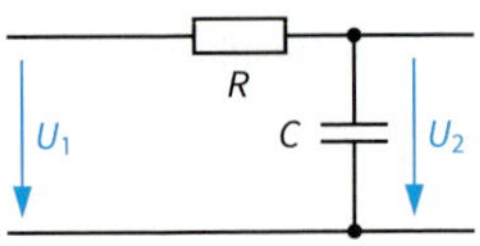	f_g bei: $\frac{U_2}{U_1} = \frac{1}{\sqrt{2}}$ $f_g = \frac{1}{2\pi \cdot R \cdot C}$	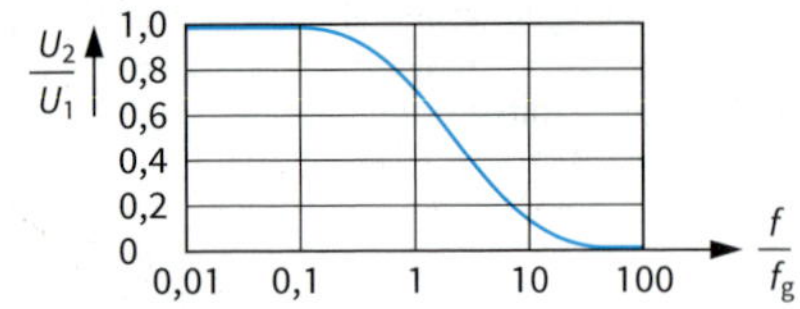
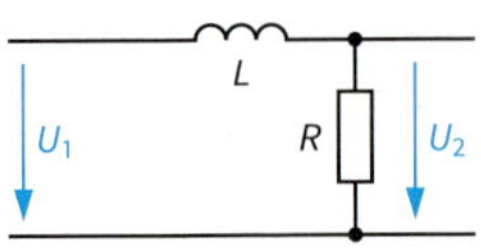	$f_g = \frac{R}{2\pi \cdot L}$	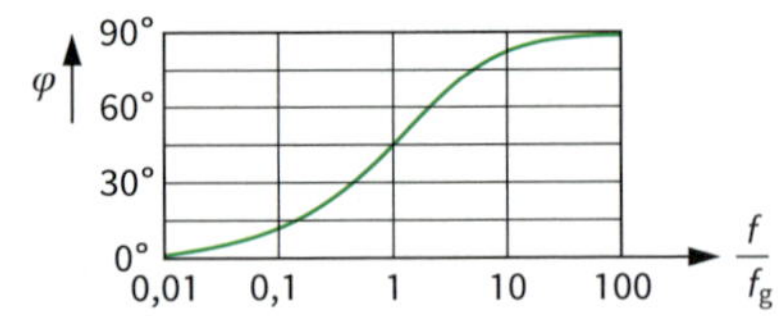
Tiefpass (3. Ordnung) 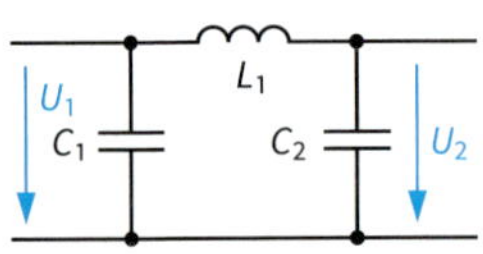	$C_1 = C_2 = C$ $f_g = \frac{1}{2\pi \sqrt{L_1 \cdot C}}$	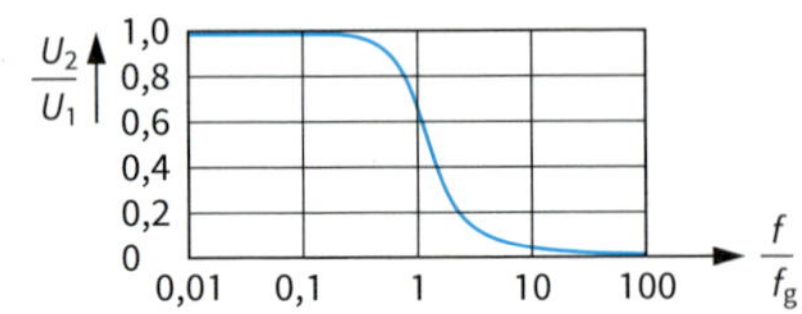
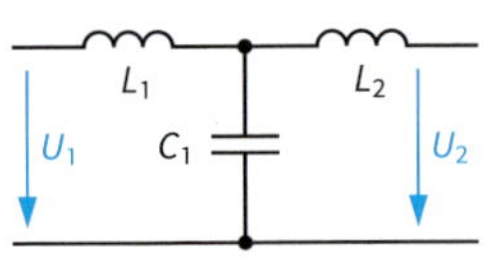	$L_1 = L_2 = L$ $f_g = \frac{1}{2\pi \sqrt{L \cdot C_1}}$	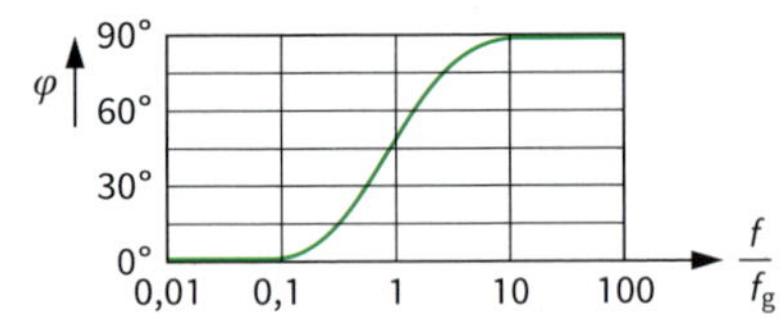
Hochpass (1. Ordnung) 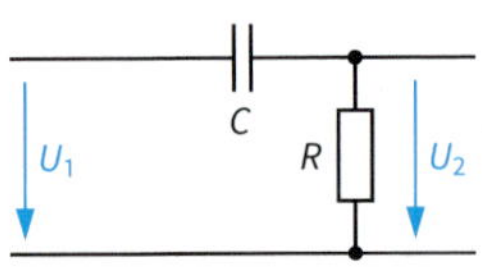	$f_g = \frac{1}{2\pi \cdot R \cdot C}$	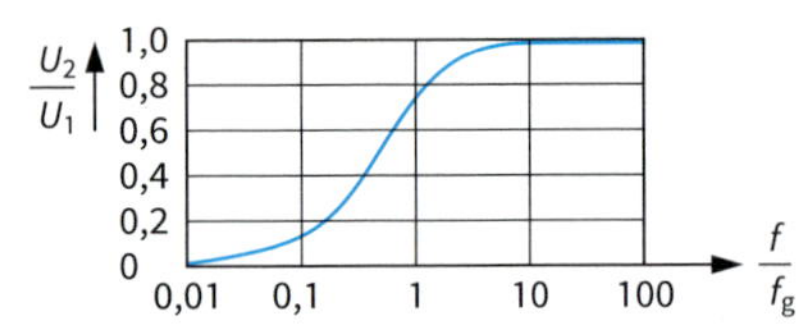
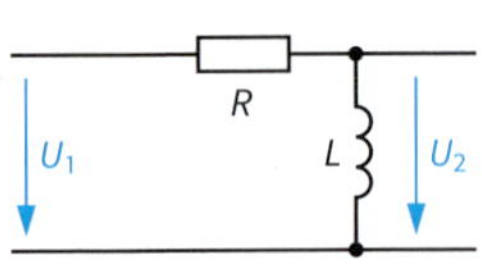	$f_g = \frac{R}{2\pi \cdot L}$	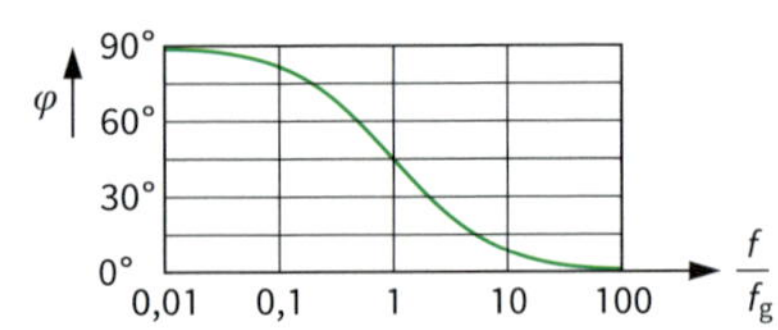
Hochpass (3. Ordnung) 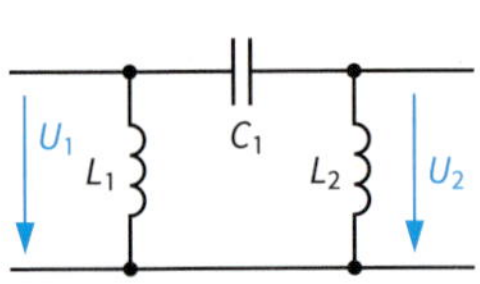	$L_1 = L_2 = L$ $f_g = \frac{1}{2\pi \sqrt{L \cdot C_1}}$	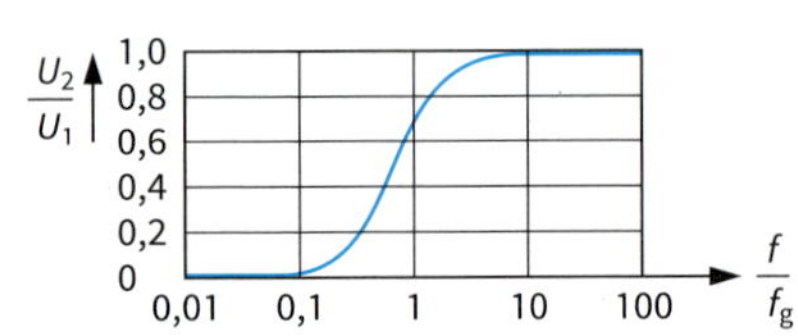
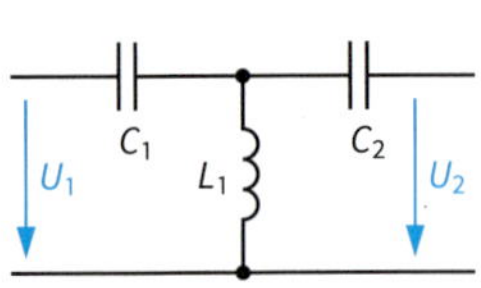	$C_1 = C_2 = C$ $f_g = \frac{1}{2\pi \sqrt{L_1 \cdot C}}$	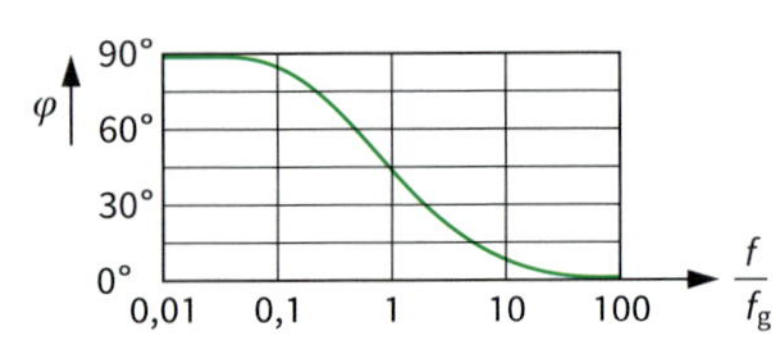

- Digitale Filter sind Filterschaltungen, die mit digital arbeitenden Schaltungskomponenten aufgebaut sind.
- Sie werden eingesetzt im Rahmen der digitalen Signalverarbeitung, z. B. bei CD-Playern, Digital-Audio Tape (DAT) oder HDTV (High Definition Television).
- Sie sind insbesondere bei niedrigen Frequenzen vorteilhaft gegenüber Filtern mit analogen Bauelementen (kleiner und stabiler).
- Die Grundformen digitaler Filter werden bezeichnet mit FIR und IIR.
- **FIR**: **F**inite **I**mpulse **R**esponse (endliche Anzahl von Impulsantworten).
- **IIR**: **I**nfinite **I**mpulse **R**esponse (unendliche Anzahl von Impulsantworten).
- Eine Realisierung mit digitalen Signalprozessoren erlaubt die freie Programmierbarkeit der Filtereigenschaften.

Finite Impulse Response-Filter (FIR)

Blockschaltbild

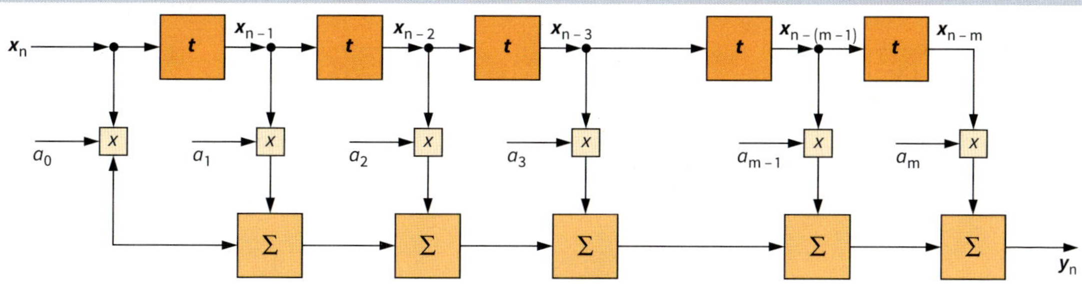

x_n	Eingangsignal zum Zeitpunkt n	x	Multiplikationsstufe
x_{n-1}	Eingangssignal zum vorherigen Zeitpunkt	Σ	Additionsstufe
$a_0 \ldots a_m$	Koeffizienten des Filters	t	Speicherglieder für die Zwischenspeicherung der abgetasteten Eingangssignale (Verzögerungsglied für Abtastperiode)
y_n	Ausgangssignal zum Zeitpunkt n		

Funktion

- Am Filtereingang stehen die aktuell abgetasteten digitalen Datenwerte des gewandelten Analogsignals an.
- Mit jedem Abtastschritt werden diese Datenwerte um eine Stufe weitergeschoben.
- Die Ausgänge der Speicherglieder führen zu Multiplikationsstufen, in denen die Multiplikation mit den Filterkoeffizienten stattfindet.
- Das Ergebnis steht am Ausgang (y_n) als Additionsergebnis der einzelnen Stufen an.
- Die Filtercharakteristik wird bestimmt durch die Koeffizienten (a) und die Ordnungszahl (m + 1).
- m + 1 bestimmt die erreichbare Dämpfung, aber auch den erforderlichen Rechenaufwand im digitalen Signalprozessor (DSP).

Funktionsgleichung

$$y_n = a_0\, x_n + a_1\,(x_{n-1}) + a_2\,(x_{n-2}) + \ldots + a_{m-1}\, x_{n-(m-1)} + a_m\, x_{n-m}$$

Kurzschreibweise: $y_n = \sum_{i=0}^{m} a_i\, x_{n-1}$

Infinite Impulse Response (IIR)

Blockschaltbild

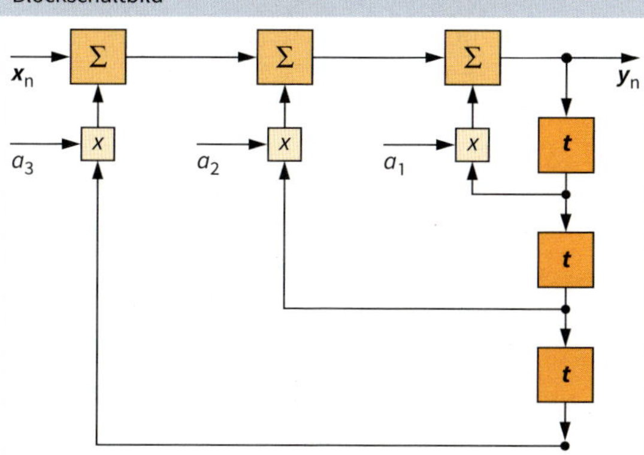

Funktion

- Jedes Ausgangssignal ist abhängig von den Ausgangssignalen der vorhergehenden Berechungen.
- Deshalb wird diese Filterform als Infinite-Impulse-Response-Filter bezeichnet.
- IIR-Filter bieten eine hohe Flankensteilheit.
- Die Stabilität des Filters ist kritisch.

Funktionsgleichung

$$y_n = x_n + a_1\, y_{n-1} + a_2\, y_{n-2} \ldots a_m\, y_{n-m}$$

Kurzschreibweise: $y_n = x_n + \sum_{i=0}^{m} a_i\, y_{n-1}$

Tiefpass 1. Ordnung

A_0: Verstärkung bei $f = 0$ Hz
f_g: Grenzfrequenz

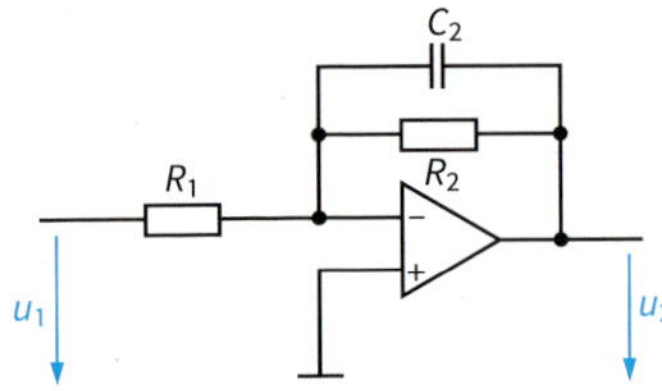

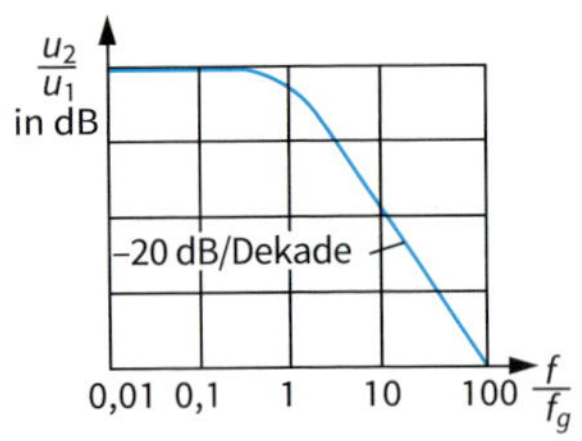

$$A_0 = -\frac{R_2}{R_1}$$

$$f_g = \frac{1}{2\pi \cdot R_2 \cdot C_2}$$

Hochpass 1. Ordnung

A_∞: Verstärkung bei $f \gg f_g$
f_g: Grenzfrequenz

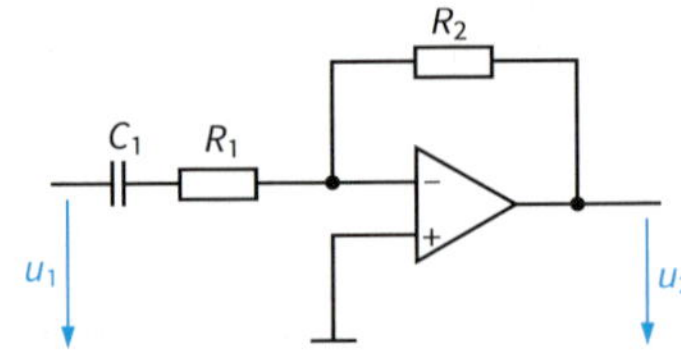

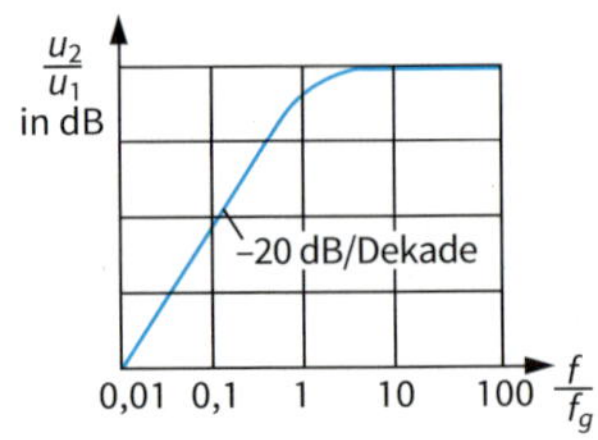

$$A_\infty = -\frac{R_2}{R_1}$$

$$f_g = \frac{1}{2\pi \cdot R_1 \cdot C_1}$$

Tiefpass 2. Ordnung

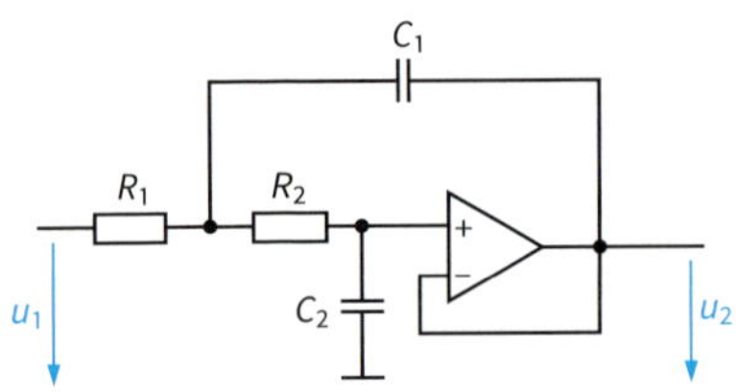

$$f_g = \frac{1}{2\pi \sqrt{R_1 \cdot R_2 \cdot C_1 \cdot C_2}}$$

$$A_0 = 1$$

Abfall: –40 dB/Dekade

Hochpass 2. Ordnung

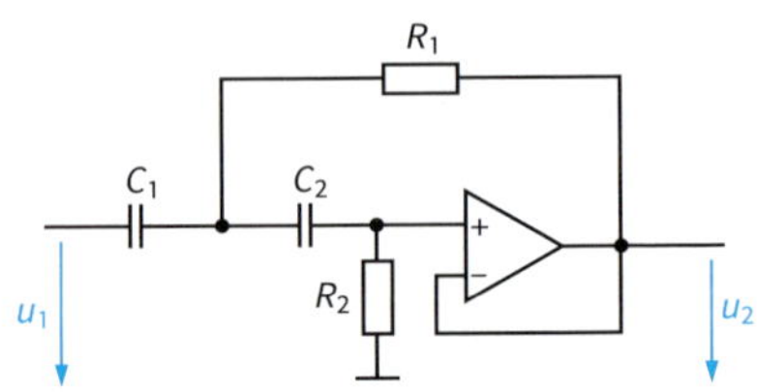

$$f_g = \frac{1}{2\pi \sqrt{R_1 \cdot R_2 \cdot C_1 \cdot C_2}}$$

$$A_\infty = 1$$

Anstieg: 40 dB/Dekade

Bandpass aus Tief- und Hochpass

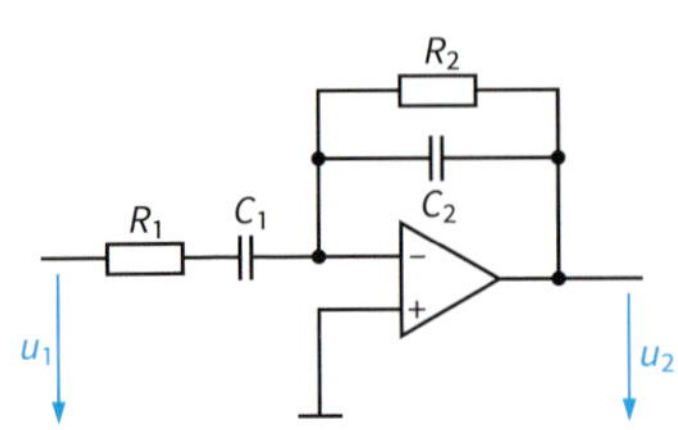

$f_{g1} = f_{g2}$

Resonanzfrequenz:

$$f_0 = \frac{1}{2\pi \cdot R_1 \cdot C_1}$$

$$f_0 = \frac{1}{2\pi \cdot R_2 \cdot C_2}$$

Verstärkung bei f_0:

$$A = -\frac{R_2}{2R_1}$$

Bandpass mit Mehrfachgegenkopplung

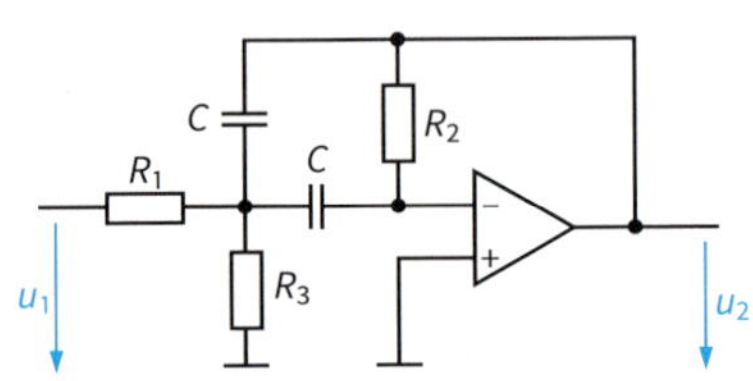

Resonanzfrequenz:

$$f_0 = \frac{1}{2\pi C} \sqrt{\frac{R_1 + R_3}{R_1 R_2 R_3}}$$

Verstärkung bei f_0:

$$A = -\frac{R_2}{2R_1}$$

Parallelschwingkreis

Konstante Spannung	Konstante Stromstärke
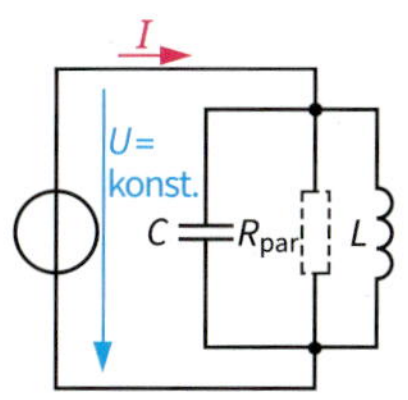	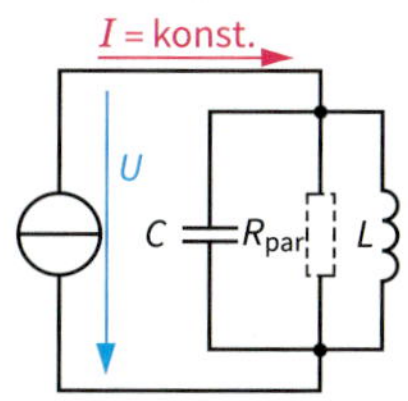
Stromstärke	**Spannung**
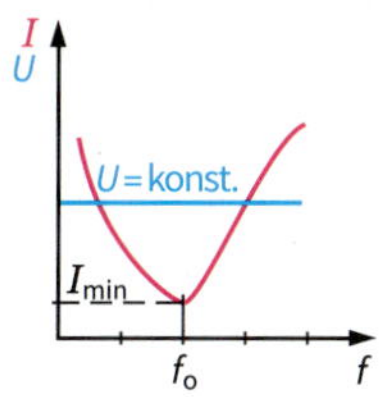	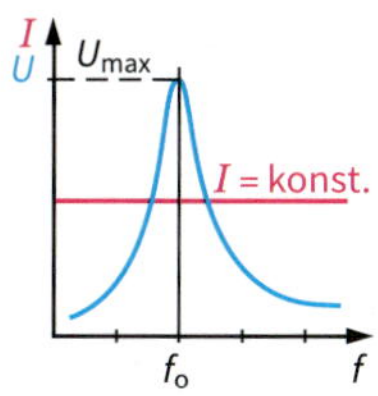

Phasenbeziehung

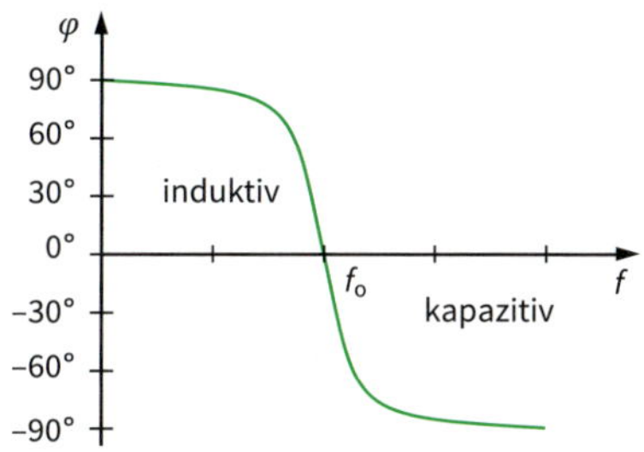

Impedanz

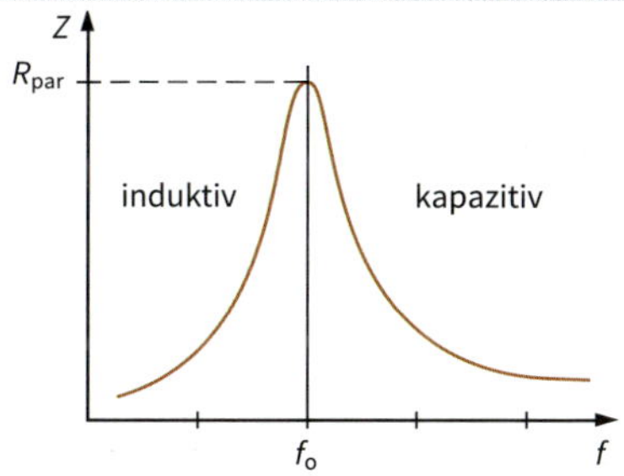

Serienschwingkreis

Konstante Spannung	Konstante Stromstärke
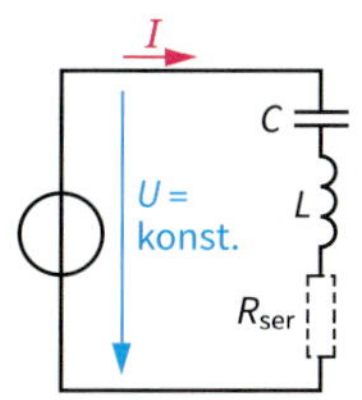	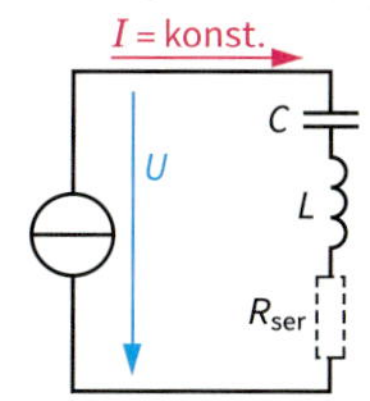
Stromstärke	**Spannung**
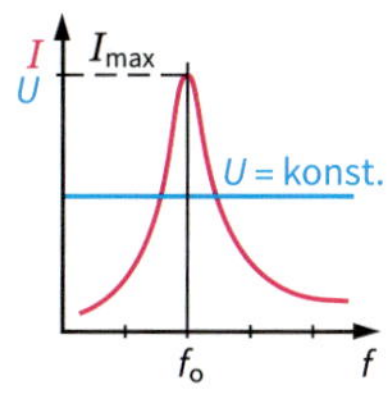	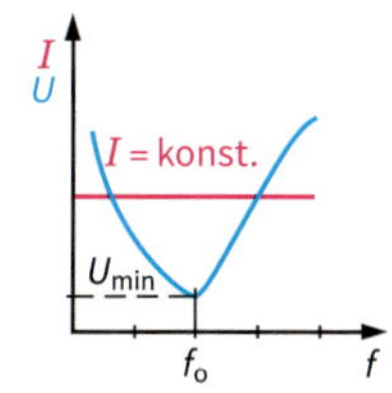

Phasenbeziehung

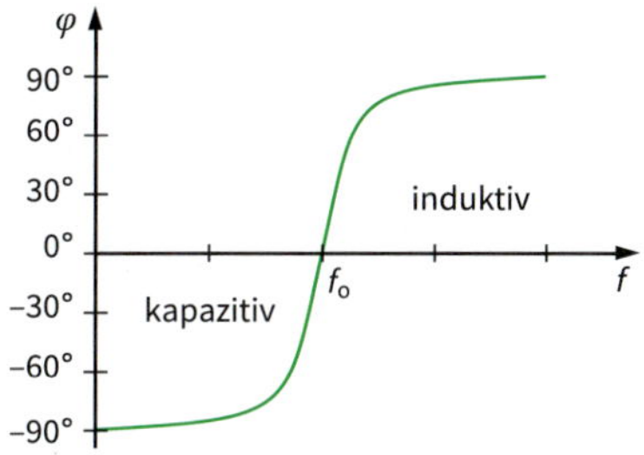

Impedanz

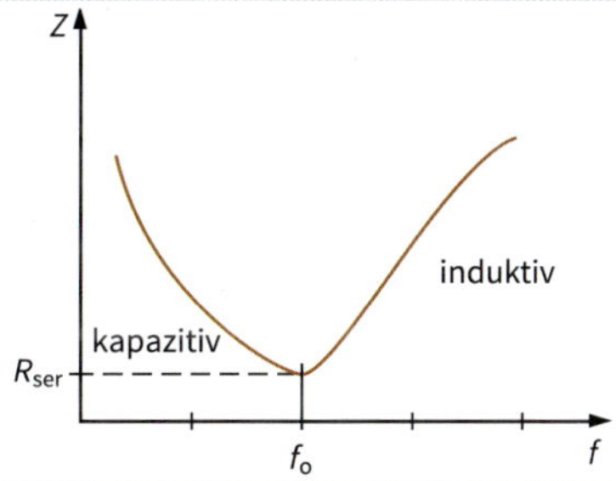

Resonanz

$X_L = X_C$

$$f_o = \frac{1}{2\pi\sqrt{L \cdot C}}$$

f_o: Resonanzfrequenz

R_o: Resonanzwiderstand

Bandbreite

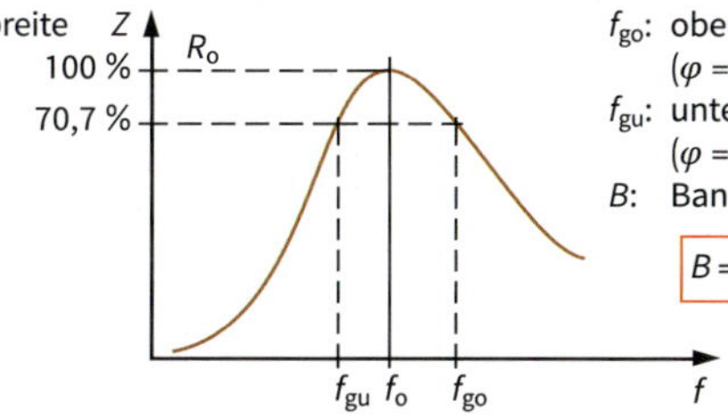

f_{go}: obere Grenzfrequenz ($\varphi = 45°$)
f_{gu}: untere Grenzfrequenz ($\varphi = 45°$)
B: Bandbreite

$$B = f_{go} - f_{gu}$$

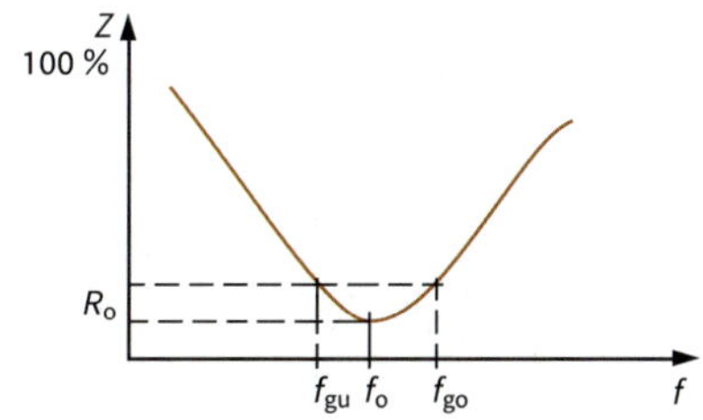

Merkmale

- Schwingquarze bestehen aus einem dünnen Quarzplättchen (SiO_2: Siliziumdioxid).
- Bei Anlegen eines elektrischen Wechselfeldes entstehen Deformationsschwingungen, wenn die Anregungsfrequenz mit der Eigenfrequenz des Plättchens übereinstimmt (Resonanzkreis mit geringer Dämpfung).
- Schwingquarze können in **Serien-** oder **Parallelresonanz** betrieben werden.

Schaltung

Schaltzeichen

Ersatzschaltung

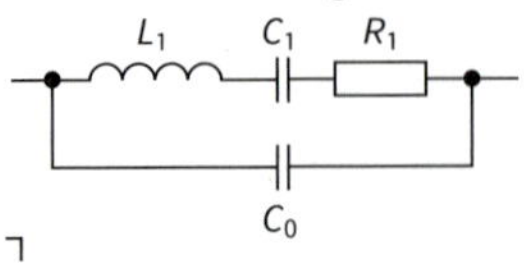

C_L: Lastkapazität

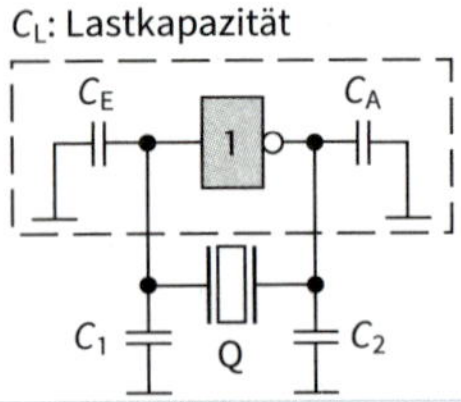

$$C_L = \frac{(C_1 + C_E) \cdot (C_2 + C_A)}{(C_1 + C_E) + (C_2 + C_A)}$$

C_E: Eingangskapazität
C_A: Ausgangskapazität

Temperaturgang

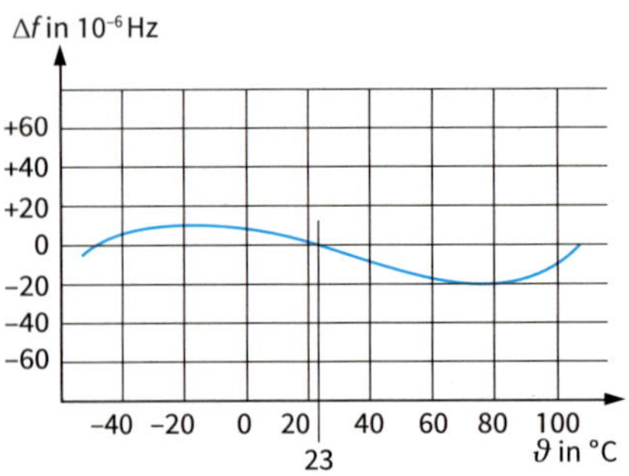

Charakteristische Größen

Serienresonanzfrequenz Blindwiderstand = 0 Ω, C_o oder R_1 vernachlässigt	$f_s = \frac{1}{2\pi \sqrt{L_1 C_1}}$
Parallelresonanzfrequenz Scheinwiderstand = ∞, R_1 vernachlässigt	$f_p = \frac{1}{2\pi \sqrt{L_1 \frac{C_1 \cdot C_0}{C_1 + C_0}}}$
Lastresonanzfrequenz Scheinwiderstand: reell, Quarz einschließlich parallel oder in Serie geschaltete Lastkapazität C_L	$f_L = f_s \sqrt{1 + \frac{C_1}{C_0 + C_L}}$ $= f_s \left(1 + \frac{C_1}{2\,(C_0 + C_L)}\right)$
Ziehbereich relative Frequenzänderung zwischen zwei Lastkapazitätswerten	$PR = \left\lvert \frac{f_{L1} - f_{L2}}{f_r} \right\rvert$ $= \left\lvert \frac{C_1\,(C_{L2} - C_{L1})}{2 \cdot (C_0 + C_{L1}) \cdot (C_0 + C_{L2})} \right\rvert$
Ziehempfindlichkeit Frequenzänderung pro pF Lastkapazitätsänderung, angegeben in 10^{-6}/pF	$S = -\frac{C_1}{2\,(C_0 + C_L)^2}$
Güte	$Q = \frac{2\pi f_S L_1}{R_1}$

C_L: Lastkapazität: die für den Quarz wirksame Eingangskapazität der Oszillatorschaltung

Interner Aufbau

Beispiel: 28 MHz Quarz

Bauformen

Bezeichnung	K3A (DIN) HC-48U (USA)	SMD 03025/4s
■ Grundtonquarz: Schwingquarz ist für den Betrieb auf einer Grundschwingung ausgelegt ■ Obertonquarz: Schwingquarz ist für den Betrieb auf einer Oberschwingung ausgelegt	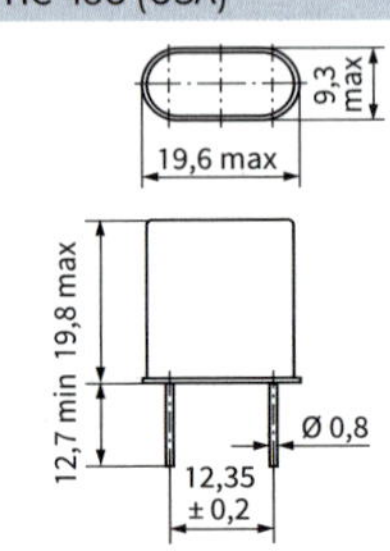 Maße in mm	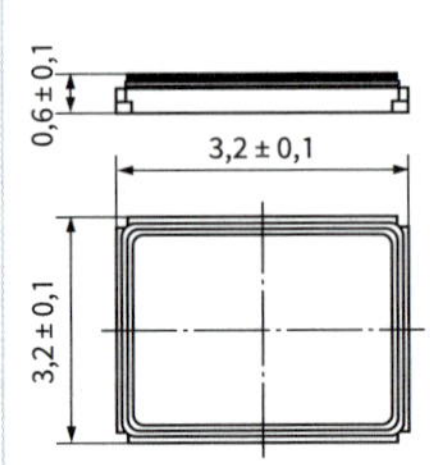 Maße in mm
Grundton in MHz	0,8 … 40	12 … 40
3. Oberton in MHz	16 … 90	–
Güte Q	Grundton: 1 … 2 · 10^6	1 … 2 · 106
Toleranz der Bemessungsfrequenz Δf	±100 · 10^{-6} Hz (23 °C)	±5 · 10^{-6} Hz (23 °C)
Frequenzstabilität	±50 · 10^{-6} Hz (0 … +50 °C)	±3 · 10^{-6} Hz (0 … +50 °C)
Lastkapazität C_L	16 … 32 pF	

Sinusoszillatoren
Sine-Wave Oscillators

Prinzip der Schwingungserzeugung

v: Verstärkungsfaktor

k: Rückkopplungsfaktor

$v \cdot k = 1$ (komplexe Größen, Amplituden- und Phasenlage spielen eine Rolle)

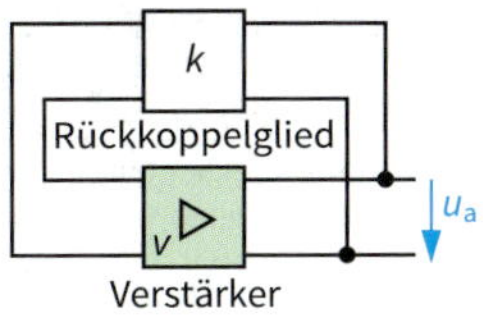

Amplitudenbedingung:
Amplitude der zurückgeführten Spannung muss so groß sein, dass alle Wirkverluste ausgeglichen werden.

Phasenbedingung:
Die Phasenlage der zurückgeführten Spannung muss so sein, dass nach der Verstärkung die Phasenlage von u_a wieder erreicht wird.

Meißner-Oszillator

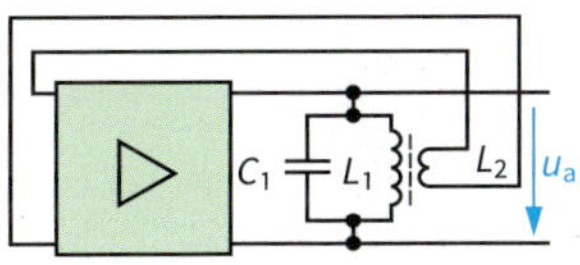

Colpitts-Oszillator

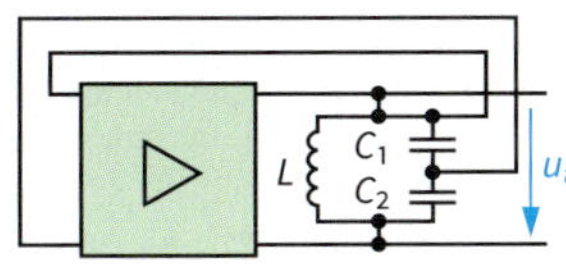

Hartley-Oszillator

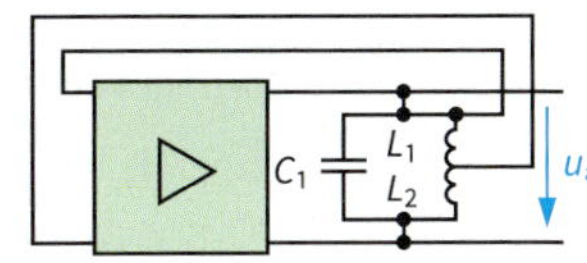

RC-Phasenschieberoszillatoren

Prinzip

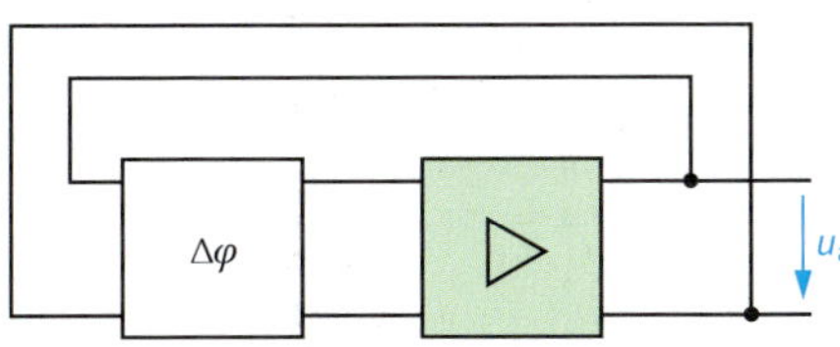

Schaltungsbeispiel

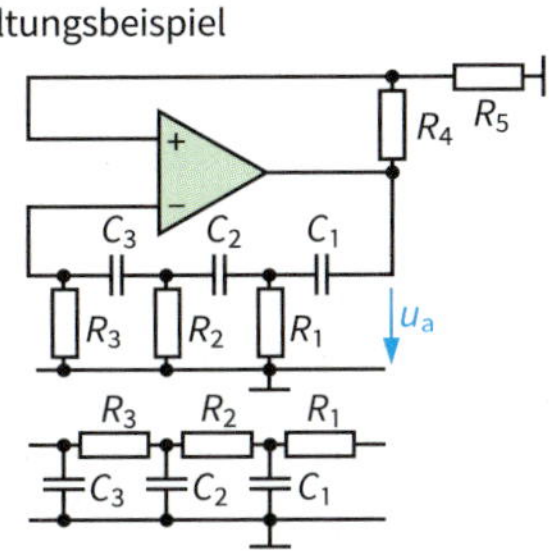

mit Hochpässen

$$f_o = \frac{1}{2\pi \cdot \sqrt{6}\, R \cdot C}$$

mit Tiefpässen

$$f_o = \frac{\sqrt{6}}{2\pi \cdot R \cdot C}$$

Wien-Robinson-Oszillator

Prinzip

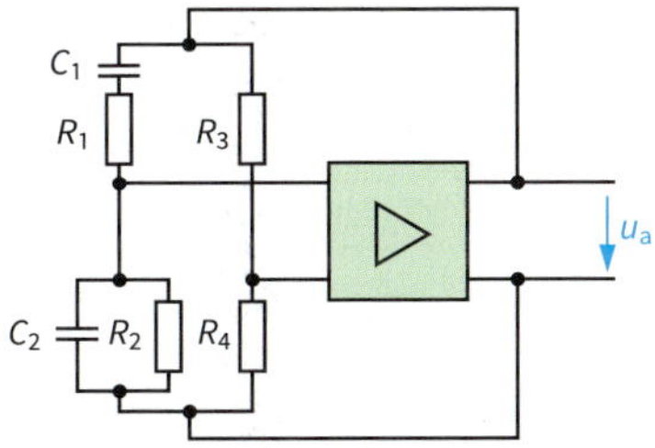

Schaltungsbeispiel

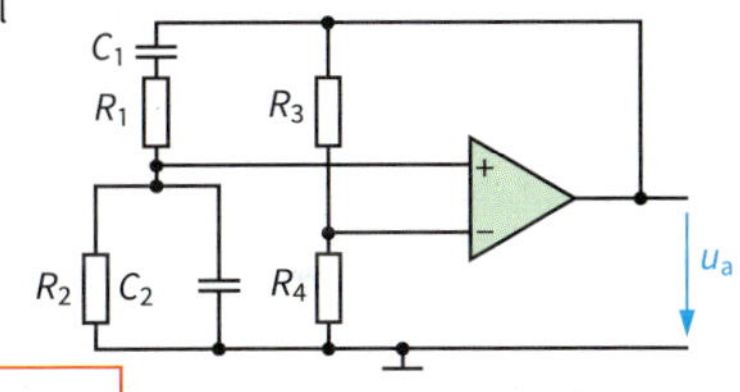

$$f_o = \frac{1}{2\pi \cdot \sqrt{R_1 \cdot R_2 \cdot C_1 \cdot C_2}}$$

Quarzoszillator
Crystal Oscillators

Prinzip

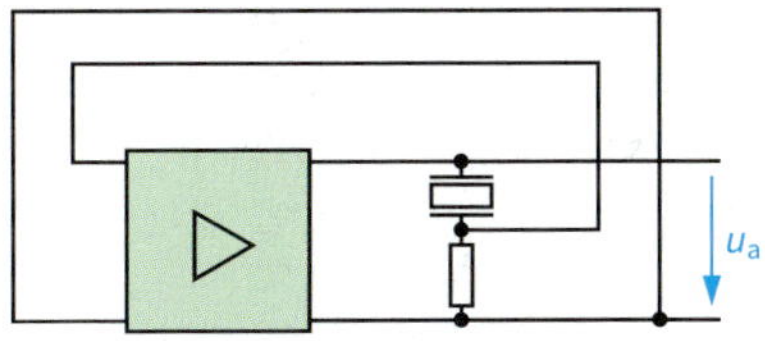

Schwingquarz

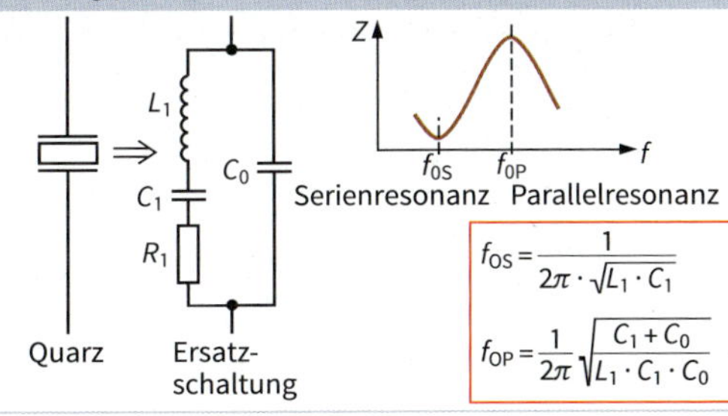

$$f_{0S} = \frac{1}{2\pi \cdot \sqrt{L_1 \cdot C_1}}$$

$$f_{0P} = \frac{1}{2\pi} \sqrt{\frac{C_1 + C_0}{L_1 \cdot C_1 \cdot C_0}}$$

Hochfrequenz-Hohlleiter
High Frequency Hollow Waveguide

- Hochfrequenz-Hohlleiter sind Leiter für Hochfrequenz-Energie.
- Die Energie wird als ebene Welle im umschlossenen Raum des Hohlleiters reflektiert.
- Die Wellen werden an den ebenen (hochglanzpolierten) Wänden des Hohlleiters reflektiert.
- Sie übertragen die Energie in Form von *H*-Wellen (magnetischen Wellen) und *E*-Wellen (elektrischen Wellen).
- Die *H*-Welle wird als *TE*-Welle (transversal-elektrisch) bezeichnet, da das elektrische Feld nur in Querrichtung vorkommt.
- Die *E*-Welle wird als *TM*-Welle (transversal-magnetisch) bezeichnet, das das magnetische Feld nur transversal vorkommt.
- *H*- oder *E*-Wellen werden nach den Querschnittsbildern eines Hohlleiters bezeichnet.
- Hohlleiter sind in quadratischer, rechteckiger, runder oder elliptischer Form aufgebaut (starre oder flexible Bauform).
- Der Rundhohlleiter ist dämpfungsärmer als ein Rechteckhohlleiter.
- Der Rundhohlleiter (elliptischer Hohlleiter) lässt die gleichzeitige Übertragung von zueinander senkrecht polarisierten Wellen zu.
- Hohlleiter werden so betrieben, dass nur die gewünschte Wellenform ausbreitungsfähig ist (Grundwelte).
- Die Wellen werden in einem Hohlleiter nur dann übertragen, wenn deren Wellenlänge unterhalb der **kritischen Wellenlänge λ_k** liegt.
- Hohlleiter werden eingesetzt als Zuleitung zu Sende-/Empfangsantennen bei Frequenzen ab ca. 2 GHz.

Bezeichnung von *E*- und *H*-Wellen

H-Wellen	*E*-Wellen
H_{mn}-Welle: ***m***: Anzahl der Betragsmaxima der elektrischen Feldkomponente E_y längs der x-Richtung. ***n***: Anzahl der Betragsmaxima der elektrischen Feldkomponente E_x längs der y-Richtung.	E_{mn}-Welle: ***m***: Anzahl der Betragsmaxima der elektrischen Feldkomponente H_y längs der x-Richtung. ***n***: Anzahl der Betragsmaxima der elektrischen Feldkomponente H_x längs der y-Richtung.

H_{01}-Welle

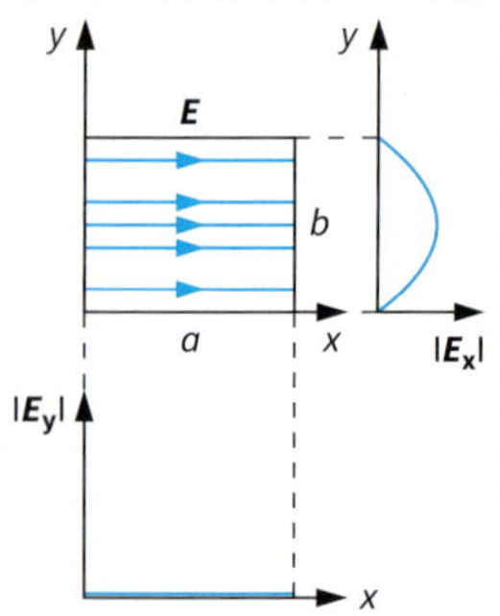

H_{12}-Welle

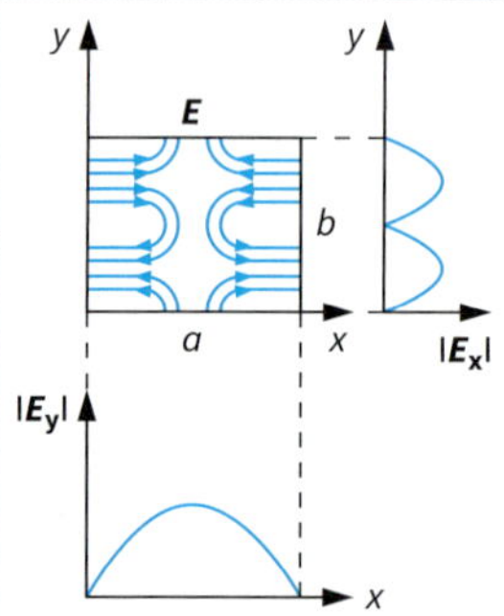

E_{11}-Welle

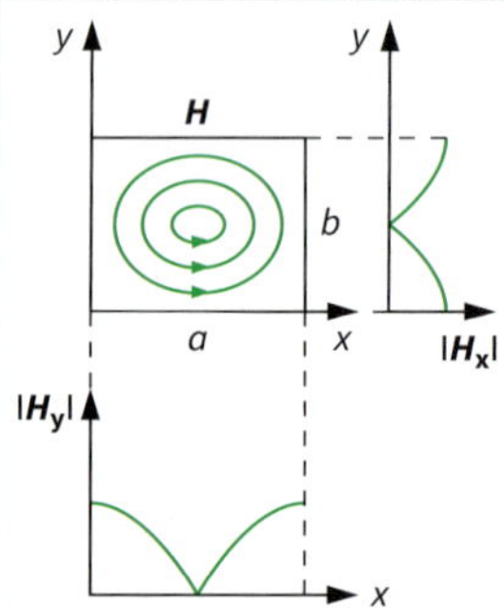

E_{12}-Welle

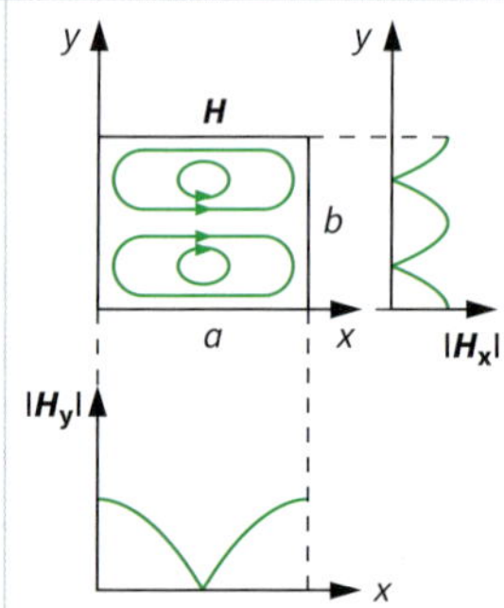

Dargestellt ist der Feldlinienverlauf in einem rechteckigen Hohlleiter mit den Seiten *a* und *b*.

Kritische Wellenlänge λ_k

- Wellen eines bestimmten Typs werden nur dann in einem Hohlleiter vorgegebener Größe übertragen, wenn deren Wellenlänge unterhalb der kritischen Wellenlänge liegt.
- Die Wellenform mit der größten kritischen Wellenlänge heißt Grundwelle.

Rechteckhohlleiter

$$\lambda_k = \frac{2}{\sqrt{\left(\frac{m}{a}\right)^2 + \left(\frac{n}{b}\right)^2}}$$

λ_k: kritische Wellenlänge

m bzw. *n*: Indizes der *H*- bzw *E*-Welle
a bzw. *b*: Seiten des Rechteckhohlleiters (in mm)

Rundhohlleiter

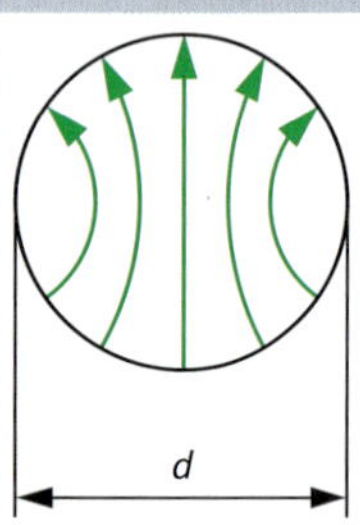

Kritische Wellenlänge bei H_{11}-Welle:

$$I_k = 1{,}7065 \cdot d$$

d: Durchmesser in mm

Elliptischer Hohlleiter

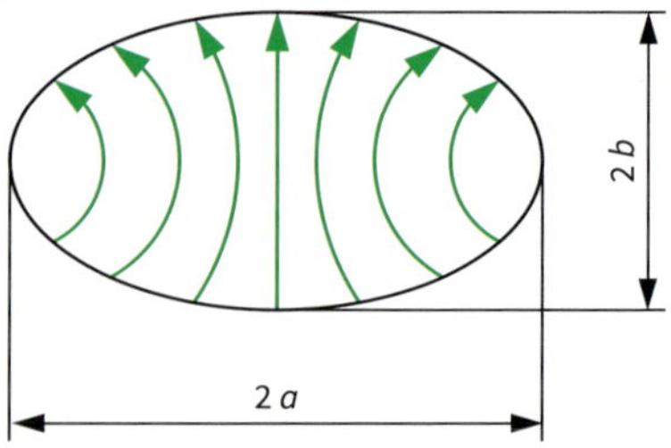

Kritische Wellenlänge bei H_{11}-Welle:

$$I_k = 1{,}68 \cdot a$$

bei Achsenverhältnis $b/a = 0{,}6$

a und *b* in mm

Aufbau

- Piezoelektrischer Einkristall ist das Grundmaterial.
- Strichgitterreflektoren und Interdigitalwandler werden in planaren Metallstrukturen aufgedampft.

Einsatzbereiche

- Oberflächenwellenresonatoren werden eingesetzt als
  - schmalbandige Filter und
  - frequenzbestimmende Bauelemente in Oszillatorschaltungen.

Wirkungsweise

- Die Strichgitterreflektoren bilden für die Oberflächenwelle einen Resonanzraum.
- Ein oder zwei Interdigitalwandler (Eintor- bzw. Zweitor-Resonatoren) zwischen den Reflektoren koppeln die akustische Energie ein bzw. aus.
- Die Vielfachreflexionen im Resonator ergeben stehende akustische Wellen mit ausgeprägter Resonanzüberhöhung.
- Die Anpassung an die Resonatorimpedanzen erfolgt über Quell- und Lastwiderstände.
- Die Resonanzüberhöhung und Güte nehmen ab.
- Die Einfügungsdämpfung sinkt, die Bandbreite wächst.

Merkmale

- Hohe Güte ($Q_{typ} \geq 5000$)
- Hohe Langzeitstabilität
- Geringe Alterungsraten ($\leq 5 \cdot 10^{-6}$ Hz/Jahr)
- Hohe spektrale Reinheit des Ausgangssignals (geringes Einseitenband-Phasenrauschen)
- Grundwellenbetrieb zwischen 200 MHz und 1000 MHz

Dämpfung

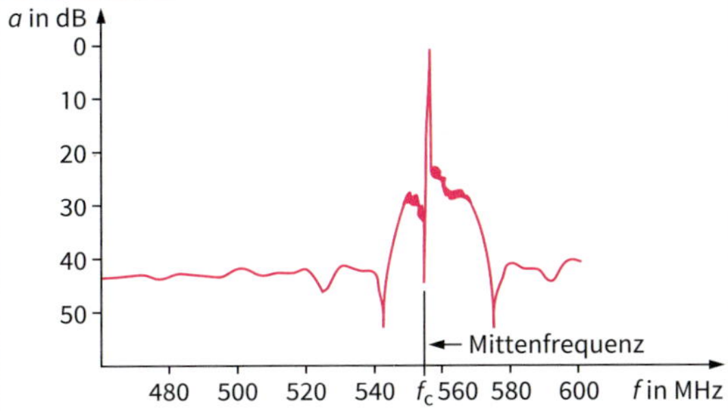

a: Dämpfungsmaß bei $Z = 50\ \Omega$

f_c: Mittenfrequenz, arithmetisches Mittel von zwei Frequenzen, bei denen die Dämpfung einen bestimmten Wert hat (wird jeweils festgelegt).

Einseitenband (ESB)-Phasenrauschen

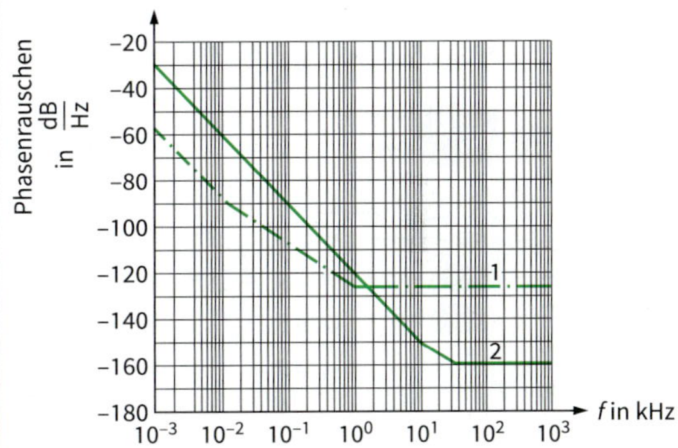

Kurve 1: Referenzoszillator eines Synthesizers bei 10 MHz auf 500 MHz transformiert

Kurve 2: 500 MHz OFW-Oszillator

Anwendung

HF-Oszillator für 433,92 MHz mit OFW-Resonator R 2554

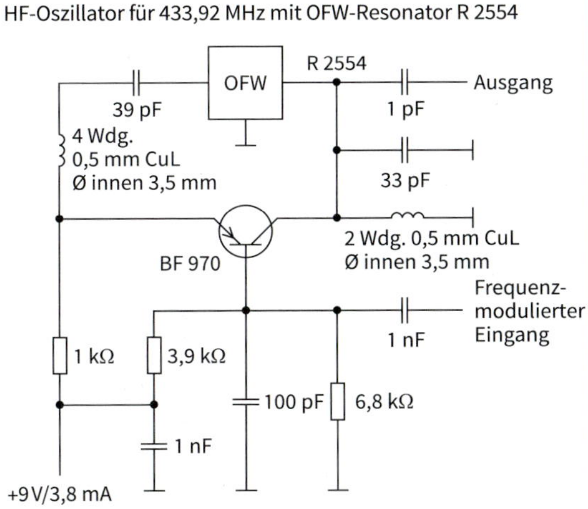

$f_c = 433{,}920$ MHz, $\Delta f_c = \pm 300 \cdot 10^{-6}$ MHz

$Q_{typ} = 7000$, $a = 9{,}0$ dB

Gehäuseformen und Anschlussbelegungen

TO 8

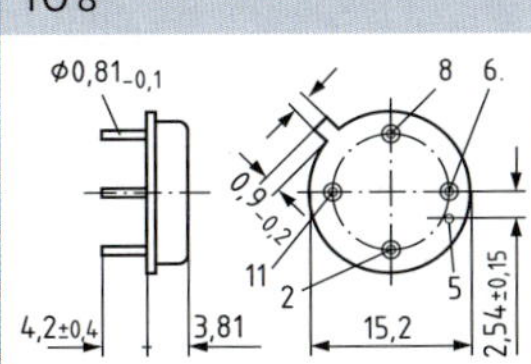

Anschluss 5: Masse

TO 39

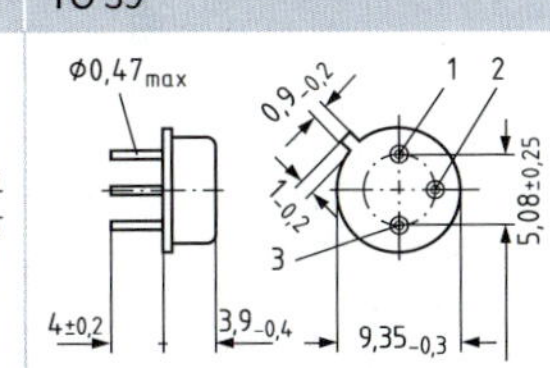

Anschluss 3: Masse

Ersatzschaltung

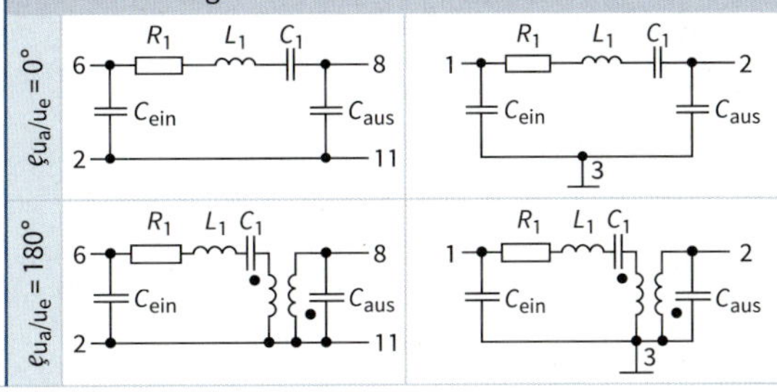

Kennzeichnungen

Beispiel: B C X 70

- B: Ausgangsmaterial
- C: Hauptfunktion
- X: Hinweis auf kommerziellen Einsatz (X, Y, Z)
- 70: Registriernummer (2 oder 3 Ziffern)

1. Kennbuchstabe	Ausgangsmaterial	2. Kennbuchstabe	Bedeutung	2. Kennbuchstabe	Bedeutung
A	Germanium	A	Diode, allgemein	N	Optokoppler
B	Silizium	B	Kapazitätsdiode	P	z. B. Fotodiode, Fotoelement
C	z. B. Gallium-Arsenid (Energieabstand ≥ 1,3 eV)	C	NF-Transistor	Q	z. B. Leuchtdiode
D	z. B. Indium-Antimonid (Energieabstand ≥ 0,6 eV)	D	NF-Leistungstransistor	R	Thyristor
R	Fotohalbleiter- und Hallgeneratoren-Ausgangsmaterial	E	Tunneldiode	S	Schalttransistor
		F	HF-Transistor	T	z. B. steuerbare Gleichrichter
		G	z. B. Oszillatordiode	U	Leistungsschalttransistor
		H	Hall-Feldsonde	X	Vervielfacher-Diode
		K (M)	Hallgenerator	Y	Leistungsdiode
		L	HF-Leistungstransistor	Z	Z-Diode

[1] 1 eV = $1,6 \cdot 10^{-19}$ J

Dioden

Bauformen

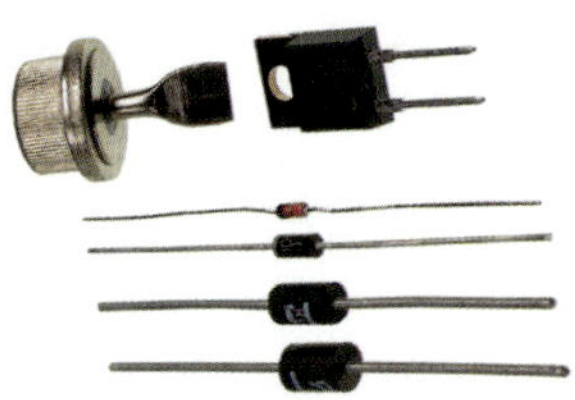

Glasgehäuse D0-7

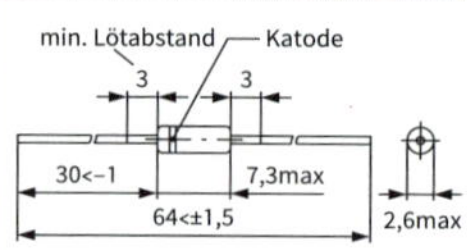

Beispiel:
Germanium-Universal-Diode AA 118

Glasgehäuse D0-35

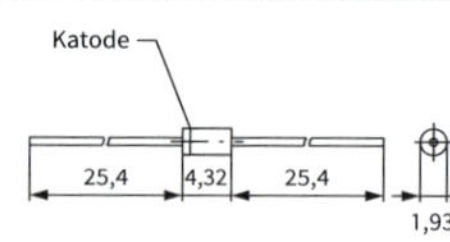

Beispiel:
Silizium-Universal-Diode BAY 61

Metallgehäuse D0-13

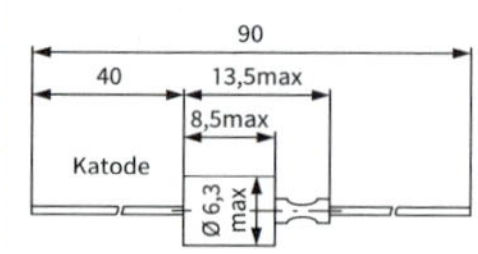

Beispiel:
Z-Diode 1,3 Watt
BZD 10 C 9 V 1

Schaltzeichen und Anschlüsse

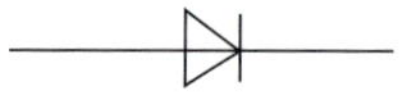

Die Diode wirkt wie ein Ventil. Wenn an der Anode der Pluspol liegt, fließt Strom. Wenn an der Anode der Minuspol liegt, ist die Diode gesperrt.

Anwendungen

- Begrenzung von Spannungen
- Gleichrichtung von Wechselspannung
- Stabilisierung von Spannungen

Transistoren

Bauformen

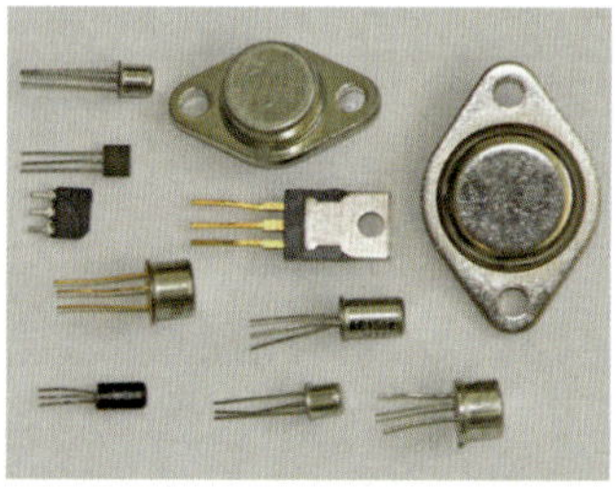

Metallgehäuse T0-39

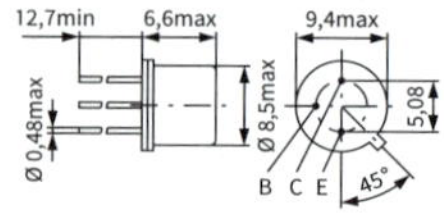

Beispiel:
Silizium-NPN-Transistor BC 140

Kunststoffgehäuse T0-220 mit Metallflansch

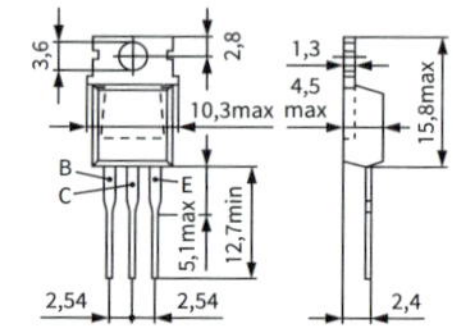

Kollektor mit Montageflansch verbunden

Beispiel:
Silizium-NPN-Darlington-transistor BD 649

Metallgehäuse T0-3

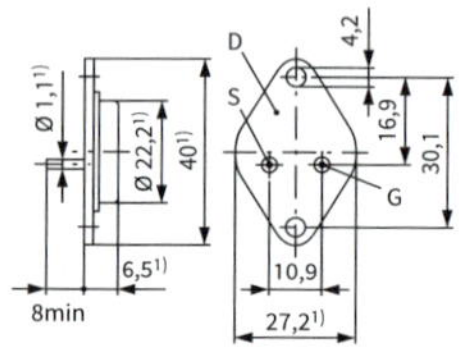

[1] Größtmaß

Beispiel:
MOS-Leistungstransistor BUZ 32

Schaltzeichen und Anschlüsse

Bipolare Transistoren

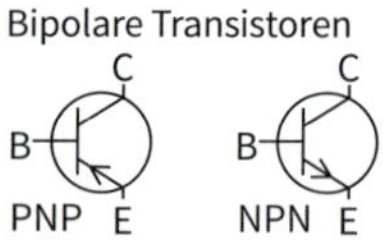

B: Basis (Eingangselektrode)
E: Emitter (gemeinsame Elektrode)
C: Kollektor (Ausgangselektrode)

Anwendungen

- Prinzip: Mit kleinen elektrischen Größen erfolgt eine Steuerung des Kollektorstromes
- Verstärkung kleiner Wechselspannungen
- Schalten von Spannungen und Stromstärken (elektronischer Schalter)

Aufbau

Begriffe	N-Dotierung	P-Dotierung
Dotierung: ■ Sehr reinen Halbleitermaterialien (z. B. Silizium, Germanium) werden Fremdatome zugeführt (Dotierung). N-Dotierung: ■ Fremdatom mit mehr freien Elektronen als der Halbleiter (z. B. Arsen, As) P-Dotierung: ■ Fremdatom mit weniger freien Elektronen als der Halbleiter (z. B. Aluminium, Al)	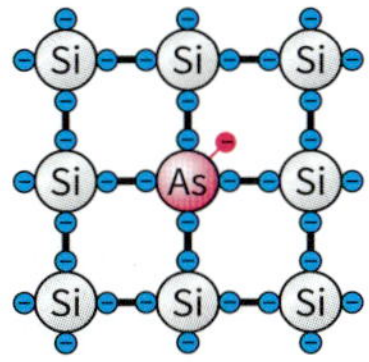 Freie Elektronen können wandern und machen den Kristall leitfähig.	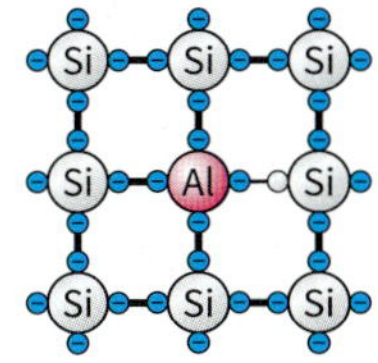 Elektronen wandern zwischen freien Plätzen (Löchern) und machen den Kristall leitfähig.

PN-Übergang

- Ein P-Kristall und ein N-Kristall werden zusammengeführt.
- An der Berührungsfläche wandern freie Elektronen in Fehlstellen (Rekombination).
- In der Übergangsfläche gibt es keine freien Elektronen (Sperrzone); der Kristall wirkt isolierend (a).
- Angelegte Spannungen können die Sperrzone je nach Polarität vergrößern (b) oder verkleinern (c).
- Den Anschluss am N-Kristall nennt man Katode (K).
- Der Anschluss am P-Kristall heißt Anode (A).

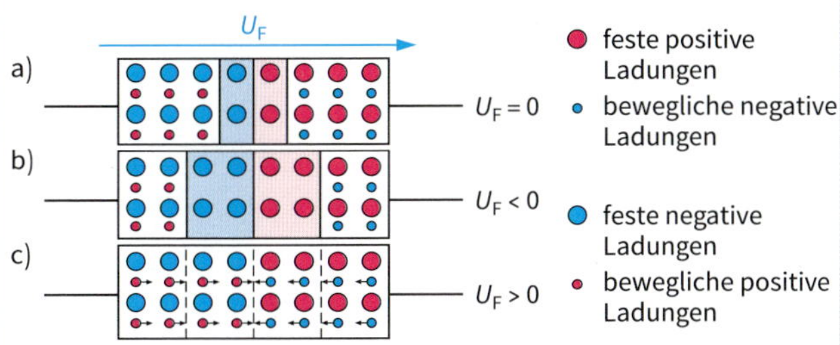

Bauelemente

Schaltzeichen	Kennlinien	Kennwerte	Anwendungen
Diode 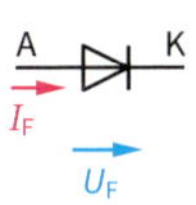	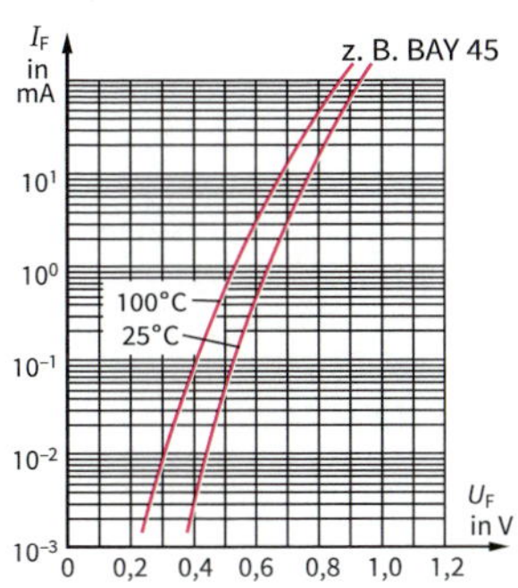 Durchlasskennlinie bei $\vartheta_u = 25$ °C bzw. 100 °C	**Germanium-Dioden:** U_{TO} = 200 mV … 400 mV U_{RM} ≤ 100 V I_F ≤ 150 mA I_R ≤ 300 µA $R_{th\,JU} \leq 400\,\frac{K}{W}$ ϑ_u = −55 °C … +75 °C **Silizium-Dioden:** U_{TO} = 0,6 V … 0,8 V U_{RM} = 30 V … 3,5 kV I_F = 150 mA … 750 A I_R = 0,5 mA … 50 mA ϑ_u = −40 °C … +150 °C	**Germanium-Dioden:** ■ Universaldiode im HF-Bereich, bedingt durch die geringe Sperrschichtkapazität ■ Schaltdiode **Silizium-Dioden:** ■ Gleichrichterdioden bis Höchstleistungsbereich ■ Diodenschalter, z. B. Schutz vor Falschpolung ■ Begrenzerdiode für kleine Spannungen
Z-Diode 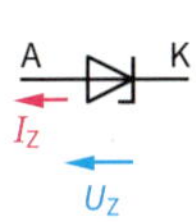	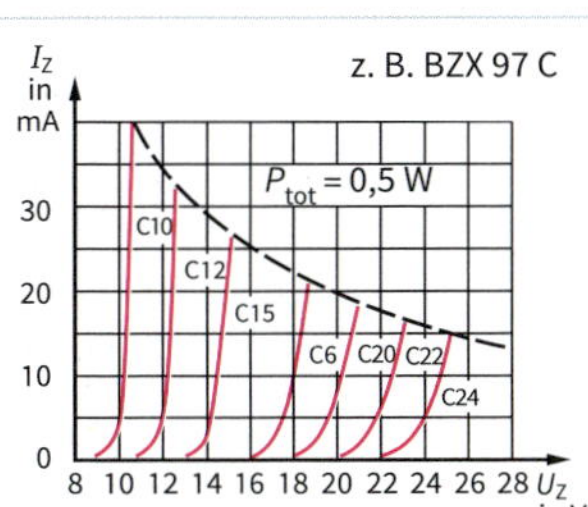 Stabilisierungskennlinien	Stabilisierungseffekt bei Sperrrichtungsbetrieb U_Z = 1,8 V … 200 V P_{tot} ≤ 50 W ϑ_u ≤ 150 °C Bei $U_Z \leq 5{,}1$ V negativer und bei $U_Z \geq 5{,}1$ V positiver Temperaturkoeffizient.	■ Stabilisierung bzw. Begrenzung von Gleichspannungen ■ Gegenreihenschaltung von Z- und normalen Dioden zu Referenzdioden mit besonders kleiner Temperaturabhängigkeit ■ TAZ-Dioden (Transient Absorption Zener) zum Schutz vor zu hohen Spannungsspitzen

U_{TO}: Schleusenspannung
I_F: Durchlassstrom
ϑ_u: Umgebungstemperatur
U_Z: Z-Spannung
U_{RM}: maximale Sperrspannung
U_F: Durchlassspannung
I_R: Sperrstrom
U_{RM}: maximale Sperrspannung
$R_{th\,JU}$: thermischer Widerstand zwischen Sperrschicht und Umgebung

	Bipolartransistor	Unipolartransistor (Feldeffekttransistor)	
		Sperrschicht FET	Isolierschicht FET
Aufbau	**Beispiel:** NPN-Transistor 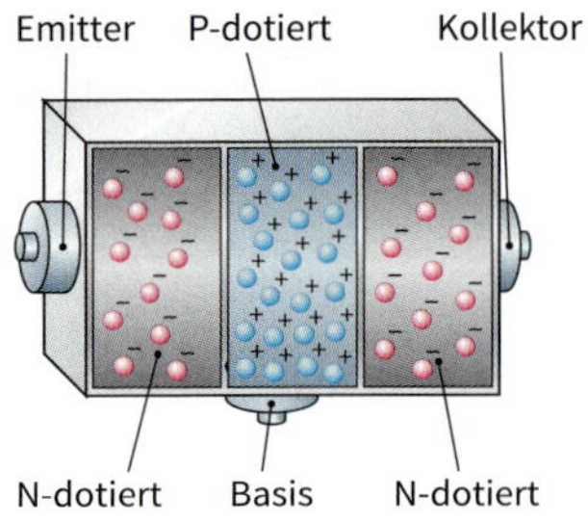	**Beispiel:** N-Kanal FET 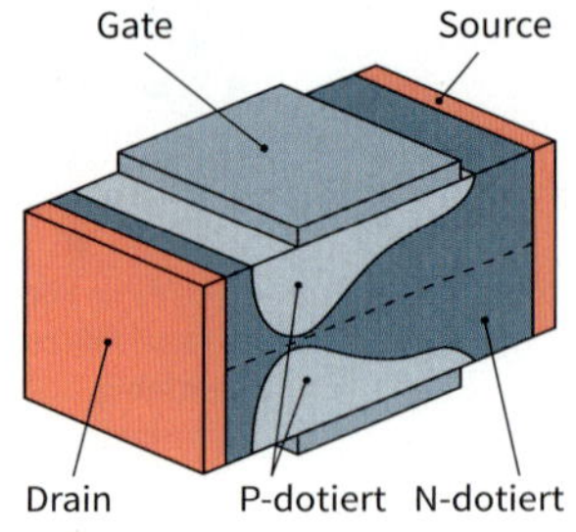	**Beispiel:** MOS-FET 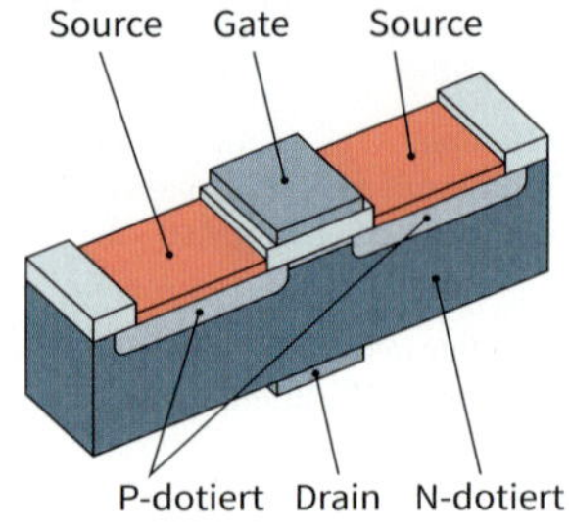
Symbole	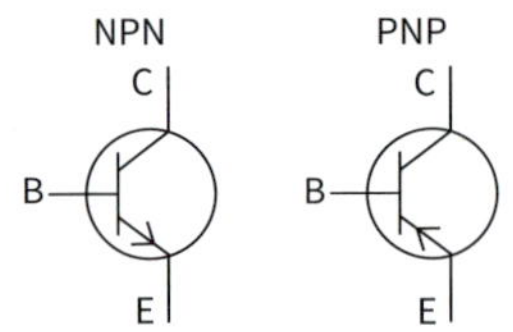	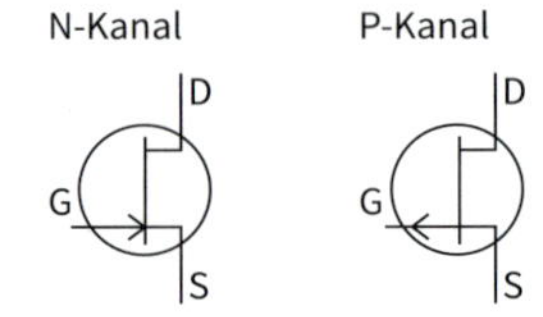	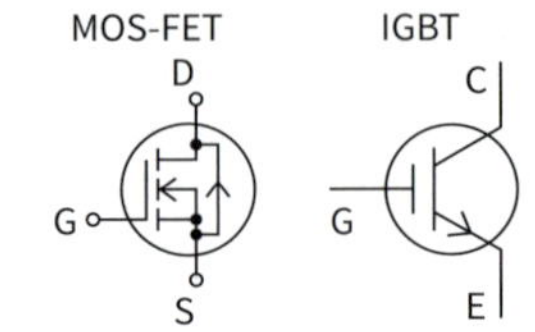
Kennlinien (Beispiele)	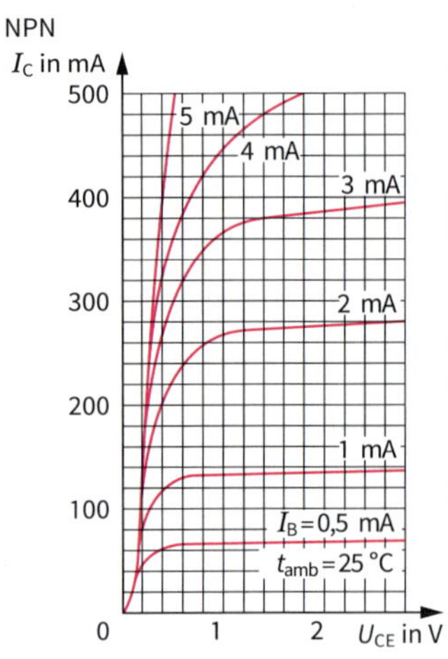 Ausgangskennlinie mit I_B als Parameter	N-Kanal 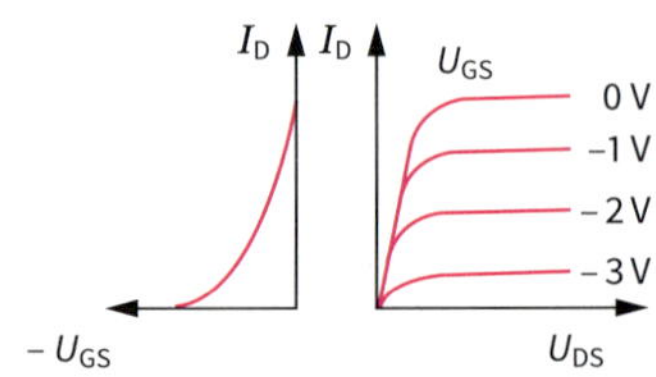 P-Kanal 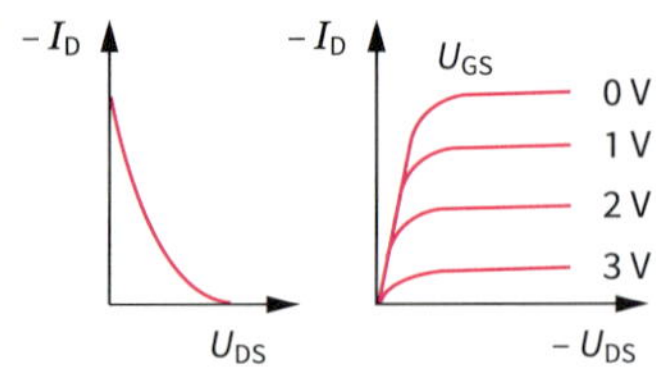	MOS-FET 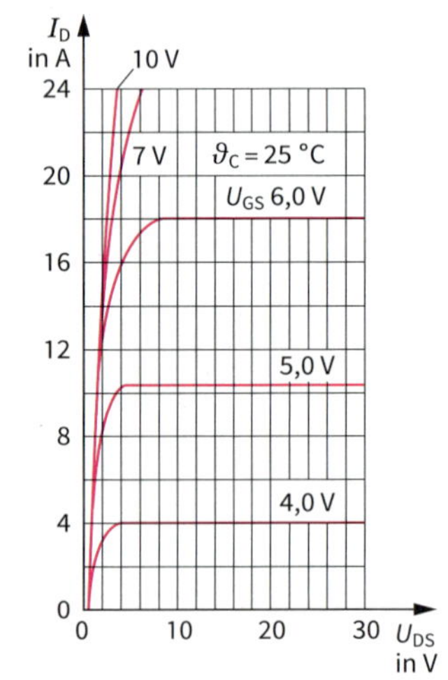
Eigenschaften	▪ hohe Stromverstärkung $\beta = 20 \dots 1000$ ▪ geringer Eingangswiderstand	▪ mit geringer Leistung ansteuerbar ▪ empfindlich gegen elektrostatische Aufladung ▪ Verhalten wie steuerbarer Widerstand	▪ $U_{DS} < 1$ kV $U_{CE} < 6{,}5$ kV ▪ $I_D < 1$ kA $I_D < 2{,}5$ kA ▪ geringe Schaltverluste (gegenüber Bipolartransistor) ▪ empfindlich gegen elektrostatische Aufladung
Anwendungen	▪ NF-Verstärker ▪ Impedanzwandler ▪ Oszillatorschaltungen ▪ Schalten kleiner Leistungen (z. B. Relais, Lampe, Leistungsverstärker bei digitalen Schaltungen)	▪ HF-Verstärker ▪ Grundelement für Operationsverstärker ▪ digitale Verknüpfungen ▪ Hochvoltinverter ▪ Konstantspannungsquellen	▪ Schalter in leistungselektronischen Anwendungen ▪ Stellglied für lineare Leistungsstellung (z. B. linearer Spannungsregler)

Arbeitspunkteinstellung

Vorwiderstand zwischen Betriebsspannung und Basis

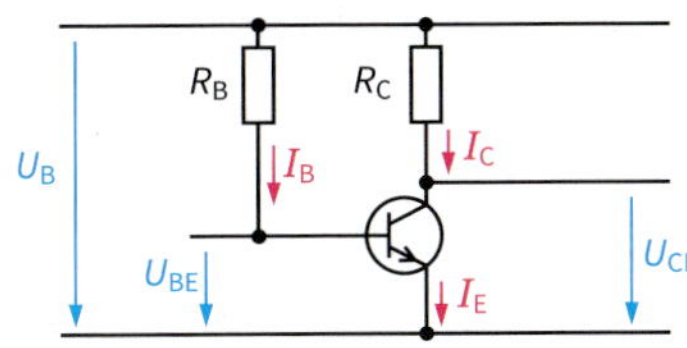

$R_B = \frac{U_B - U_{BE}}{I_B}$ $\qquad R_C = \frac{U_B - U_{CE}}{I_C}$

Vorwiderstand zwischen Kollektor und Basis

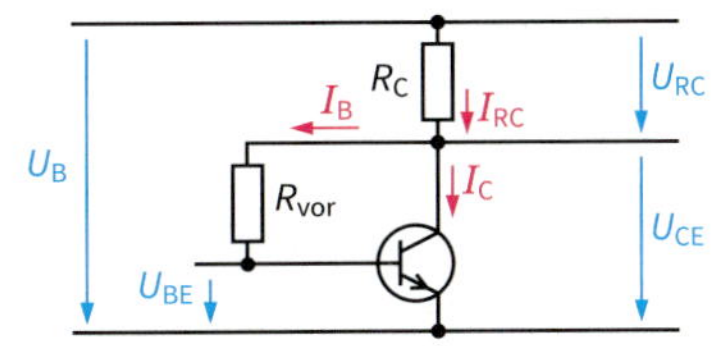

$I_{RC} = I_B + I_C$ $\qquad U_{RC} = (I_B + I_C) \cdot R_C$

$U_{CE} = U_B - U_{RC}$ $\qquad R_{vor} = \frac{U_{CE} - U_{BE}}{I_B}$

Basisspannungsteiler

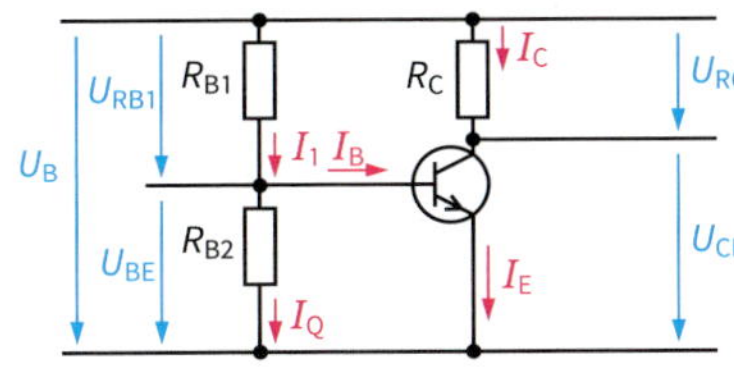

$U_{RB1} = I_1 \cdot R_{B1}$ $\qquad U_{RC} = I_C \cdot R_C$

$R_{B1} = \frac{U_B - U_{BE}}{I_1}$ $\qquad R_{B2} = \frac{U_B - U_{RB1}}{I_Q}$

$I_1 = I_B + I_Q$ $\qquad I_Q = 5 \ldots 10 \cdot I_B$

Arbeitspunkt bei halber Betriebsspannung

Schaltungen wie in linker Spalte!

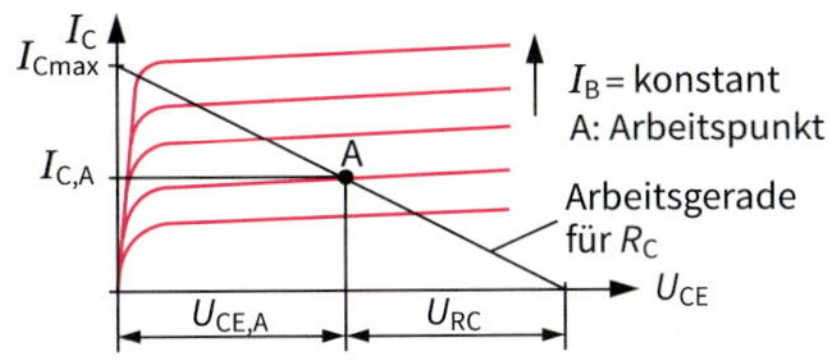

$U_{CE,A} = \frac{U_B}{2}$ $\qquad U_B = I_{C,A} \cdot R_C + U_{CE,A}$

$I_{CA} = \frac{I_{Cmax}}{2}$ $\qquad U_{RC} = I_{C,A} \cdot R_C$ $\qquad R_C = \frac{U_B}{2 \cdot I_{C,A}}$

Emitterwiderstand

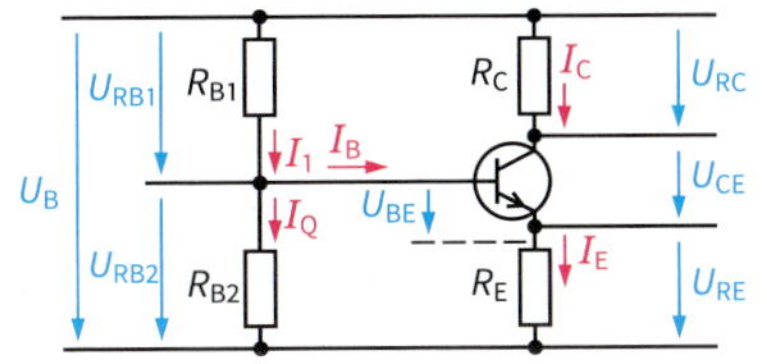

$U_{RE} = \frac{1}{5} U_B \ldots \frac{1}{4} U_B$ $\qquad U_{RE} = U_B - U_{RC} - U_{CE}$

$U_{RB1} = U_B - U_{RB2}$ $\qquad U_{RB2} = U_{BE} + U_{RE}$

$R_{B1} = \frac{U_{RB1}}{I_1}$ $\qquad R_{B2} = \frac{U_{RB2}}{I_Q}$ $\qquad R_E = \frac{U_{RE}}{I_E}$; $\qquad R_C = \frac{U_{RC}}{I_C}$

Differenzverstärker

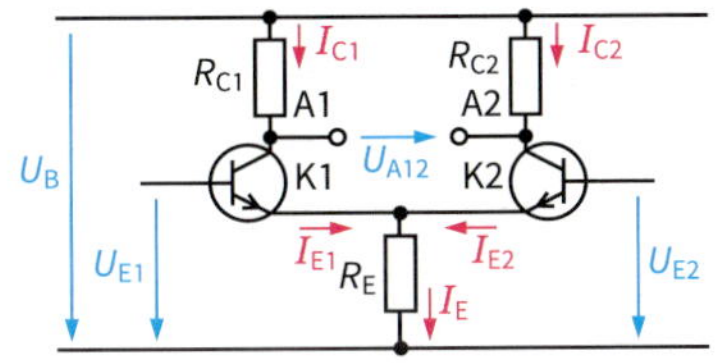

Spannungsverstärkung $v_U = \frac{U_{A1} - U_{A2}}{U_{E1} - U_{E2}} = \frac{U_{A12}}{U_D}$

$-U_{A1} = v_U \cdot U_{E1}$ $\qquad -U_{A2} = v_U \cdot U_{E2}$

$I_E = I_{E1} + I_{E2}$

Darlington-Schaltung

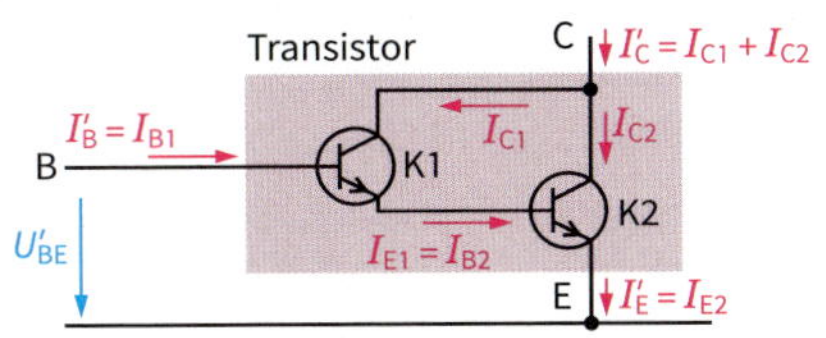

$U'_{BE} = U_{BE1} + U_{BE2}$ $\qquad r'_{BE} \approx 2 \cdot r_{BE1}$

$B' = B_1 \cdot B_2$ $\qquad \beta' = \beta_1 \cdot \beta_2$ $\qquad r'_{CE} = r_{CE2} \parallel \frac{2 r_{CE1}}{\beta_2}$

Komplementär-Darlington-Schaltung

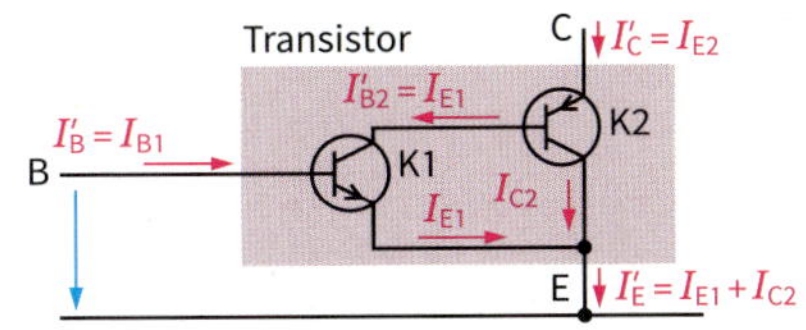

$U'_{BE} = U_{BE1}$ $\qquad r'_{BE} = r_{BE1}$

$B' = B_1 \cdot B_2$ $\qquad \beta' = \beta_1 \cdot \beta_2$ $\qquad r'_{CE} = r_{CE2} \parallel \frac{r_{CE1}}{\beta_2}$

Strichwerte, wie z. B. U'_{BE} oder r'_{CE} beziehen sich auf den Darlington-Transistor

Bipolartransistor (Wechselstromverhalten)
Bipolar Transistor (A.C. Behaviour)

Emitterschaltung

Schaltung

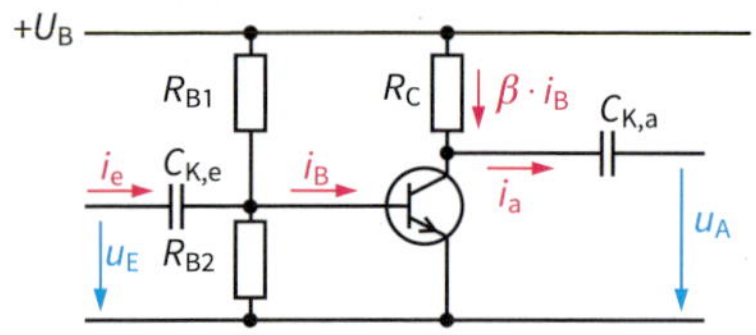

Wechselstrom-Ersatzschaltung

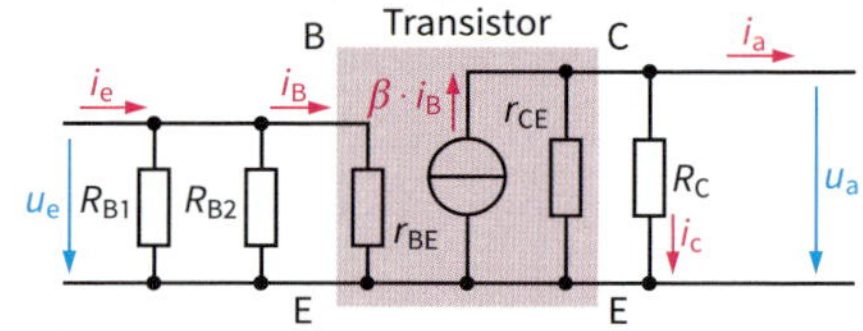

Eigenschaften

$$R_B = \frac{R_{B1} \cdot R_{B2}}{R_{B1} + R_{B2}} \qquad v_u = -\beta \frac{R_C}{r_{BE}}$$

$$r_e = \frac{r_{BE} \cdot R_B}{r_{BE} + R_B} \qquad r_a = \frac{r_{CE} \cdot R_C}{r_{CE} + R_C}$$

$$v_i = \beta \qquad v_p = v_u \cdot v_i$$

$$f_{gu} = \frac{1}{2\pi\, C_{K,e} \cdot r_e} \qquad f_{go} = \frac{1}{2\pi\, C_{BE} \cdot r_{BB}}$$

Anwendungen, Werte[1]

- Universelle Schaltung zur Spannungs- und Stromverstärkung im NF- und HF-Bereich.

$r_e = 20\ \Omega \ldots 5\ \mathrm{k}\Omega$ $\quad r_a = 5\ \mathrm{k}\Omega \ldots 20\ \mathrm{k}\Omega$
$v_u = 300 \ldots 1000$ $\quad v_i = 50 \ldots 300$
$\varphi = 180°$ $\quad f_{gu} \approx 20\ \mathrm{Hz}$

Kollektorschaltung

Schaltung

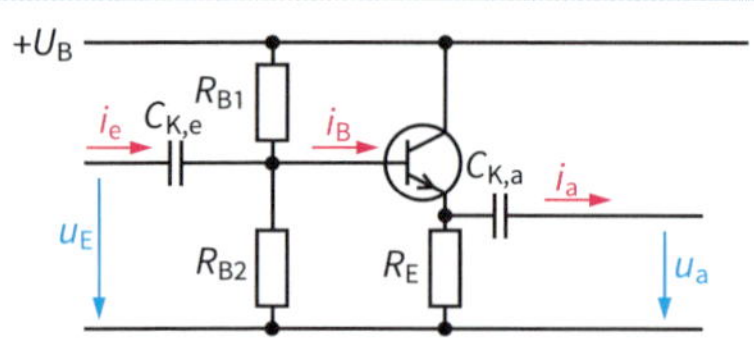

Wechselstrom-Ersatzschaltbild

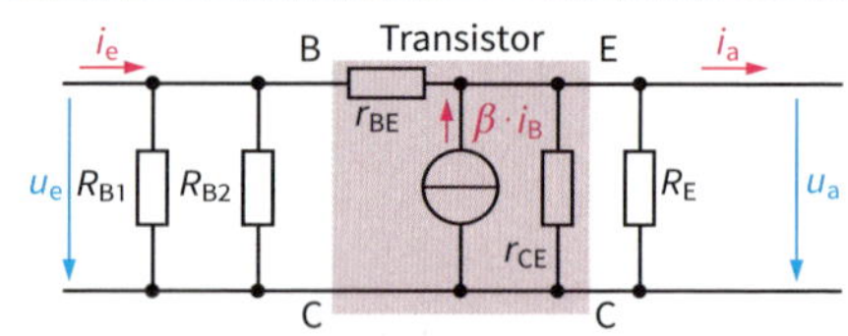

Eigenschaften

$$r_e = \frac{(r_{BE} + \beta \cdot R_E) \cdot R_B}{r_{BE} + \beta \cdot R_{BE} + R_B} \qquad R_B = \frac{R_{B1} \cdot R_{B2}}{R_{B1} + R_{B2}}$$

$$v_u = \frac{\beta \cdot R_E}{\beta \cdot R_E + r_{BE}} < 1 \qquad r_a = \frac{\frac{r_{BE}}{\beta} \cdot R_E}{\frac{r_{BE}}{\beta} + R_E} \qquad f_{go} < f_\beta$$

$$v_i \approx \beta$$

Anwendungen, Werte[1]

- NF-Eingangsverstärker
- Impedanzwandler

$r_e = 10\ \mathrm{k}\Omega \ldots 200\ \mathrm{k}\Omega$ $\quad r_a = 4\ \Omega \ldots 100\ \Omega$
$v_u = 0{,}9 \ldots 0{,}98$ $\quad v_i = 30 \ldots 500$
$v_p = (0{,}9 \ldots 0{,}98)$ $\quad f_{gu} \approx 20\ \mathrm{Hz}$
$v_{iê} = 0°$

Basisschaltung

Schaltung

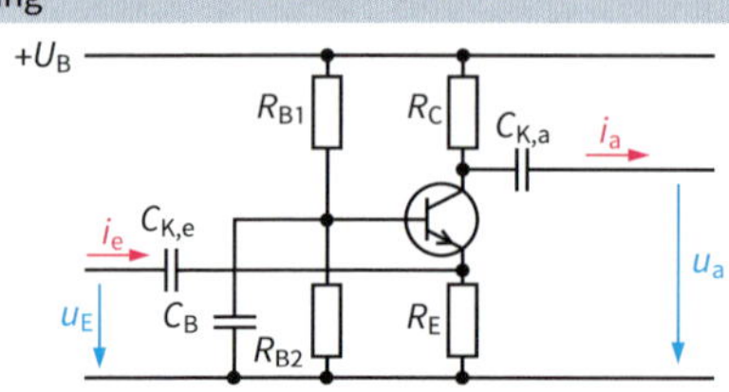

Wechselstrom-Ersatzschaltung

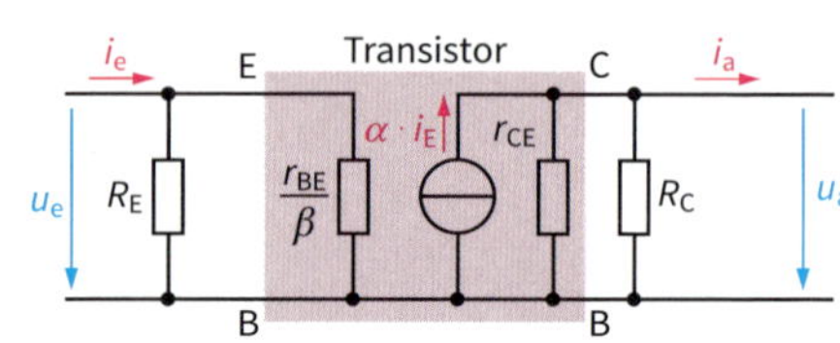

Eigenschaften

$$r_e = \frac{\frac{r_{BE}}{\beta} \cdot R_E}{\frac{r_{BE}}{\beta} + R_E} \qquad r_a = \frac{r_{CE} \cdot R_C}{r_{CE} + R_C}$$

$$v_i \approx \frac{\beta}{\beta + 1} < 1$$

$$v_u = \beta \cdot \frac{R_C}{r_{BE}} \qquad f_{go} \approx \beta \cdot f_b$$

Anwendungen, Werte[1]

- Oszillatorschaltungen
- HF-Verstärker

$r_e = 10\ \Omega \ldots 100\ \Omega$ $\quad r_a = 50\ \mathrm{k}\Omega \ldots 1\ \mathrm{M}\Omega$
$v_u = 100 \ldots 500$ $\quad v_i \leq 1$
$\varphi = 0°$ $\quad v_p \approx v_u$
$f_{gu} \approx 20\ \mathrm{Hz}$

[1] Werte können ggf. deutlich abweichen.
r_{BB}: Basisbahnwiderstand,
r_e, r_a: Wechselstrom-Eingangs-/-Ausgangswiderstand,
v_u: Wechselspannungsverstärkung,
v_i: Wechselstromverstärkung,
v_p: Leistungsverstärkung, Phasenverschiebung zwischen
u_A und u_E, f_{gu}, f_{go}: Untere/obere Grenzfrequenz, β: Transistor-Wechselstromverstärkung, f_b: Frequenz mit 70,7 % der Stromverstärkung bei Transitfrequenz f_T.

Schaltung	Wechselstrom-Ersatzschaltbild	Eigenschaften, Werte[1]

Sourceschaltung mit Sperrschicht-FET

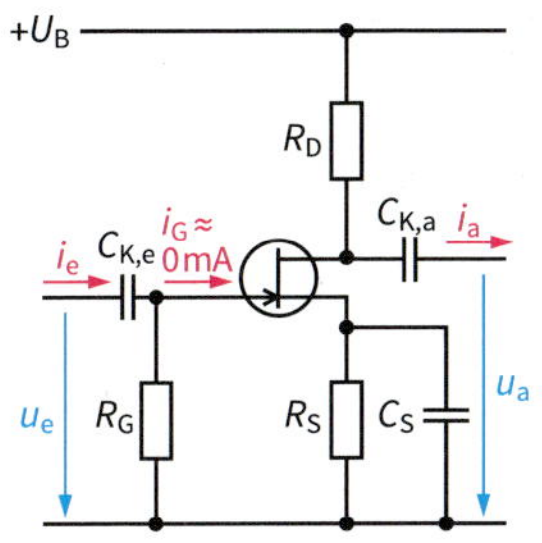

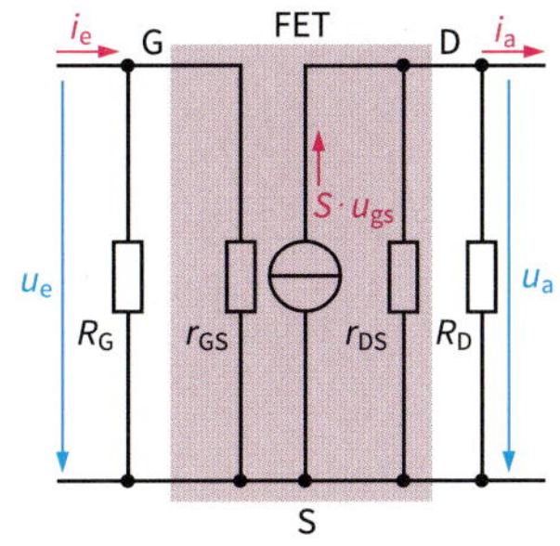

- Nahezu leistungslose Ansteuerung, da $r_{GS} \geq 10\ \text{G}\Omega$
- Einsatz als Verstärkerschaltung im NF- und HF-Bereich

$r_e = \frac{r_{GS} \cdot R_G}{r_{GS} + R_G}$	$r_e = 1\ \text{M}\Omega \ldots 10\ \text{M}\Omega$
$r_a = \frac{r_{DS} \cdot R_D}{r_{DS} + R_D}$	$r_a = 2\ \text{k}\Omega \ldots 10\ \text{k}\Omega$
$S = \frac{\Delta I_D}{\Delta U_{GS}}$	$v_u = \frac{\Delta U_{DS}}{\Delta U_{GS}}$
$v_u = -S \cdot r_a$	$v_u = 5 \ldots 20$
$v_i \to \infty$	$\varphi = 180°$

Drainschaltung mit Sperrschicht-FET

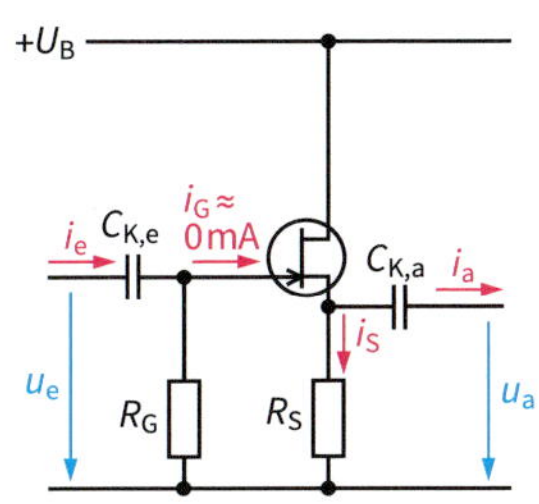

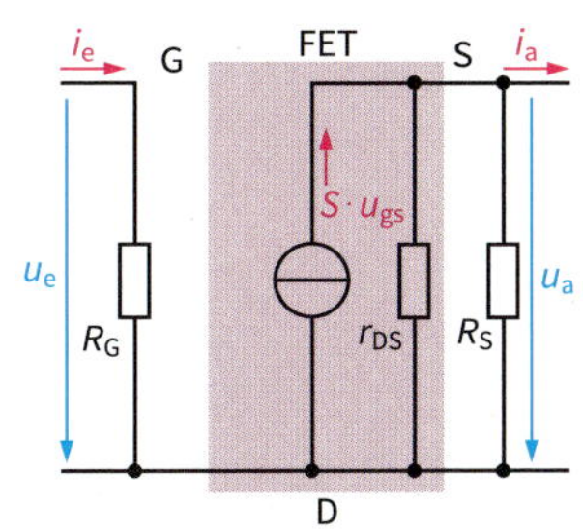

- Erzeugung der negativen Gatespannung (wie oben) über R_S $-U_{GS} = R_S \cdot I_D$
- Einsatz als Vorverstärker und Impedanzwandler

$r_e \approx R_G$	$r_e = 1\ \text{M}\Omega \ldots 20\ \text{M}\Omega$
$r_a \approx \frac{1}{S}$	$r_a = 100\ \Omega \ldots 1\ \text{k}\Omega$
$v_u = \frac{S \cdot R_s}{1 + S \cdot R_s} \leq 1$	
$\varphi = 0°$	

Sourceschaltung mit Isolierschicht-FET (selbstleitend, N-Kanal)

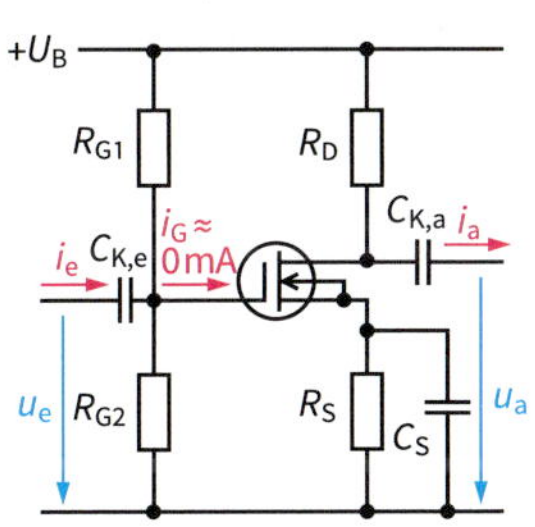

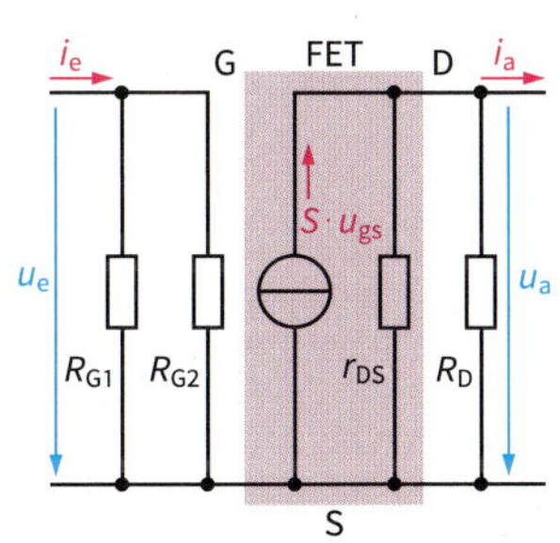

- Leistungslose Ansteuerung, da $r_{GS} \geq 10\ \text{T}\Omega$
- Bei $U_{GS} = 0$ V ist Drain-Source-Strecke bereits leitend

$r_e = \frac{R_{G1} \cdot R_{G2}}{R_{G1} + R_{G2}}$	$r_e = 1\ \text{M}\Omega \ldots 10\ \text{M}\Omega$
$r_a = \frac{r_{DS} \cdot R_D}{r_{DS} + R_D}$	$r_a = 10\ \text{k}\Omega \ldots 100\ \text{k}\Omega$
$v_u = -S \cdot r_a$, mit $r_a \approx R_D$	
$v_u \approx -S \cdot R_D$	$v_u = 5 \ldots 20$
$\varphi = 180°$	

Drainschaltung mit Isolierschicht-FET (selbstsperrend, N-Kanal)

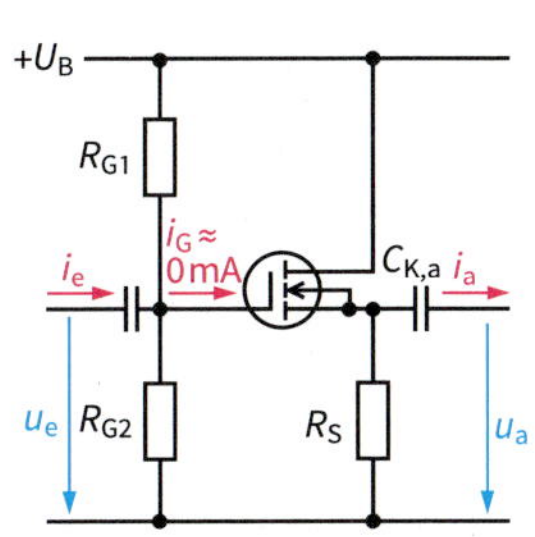

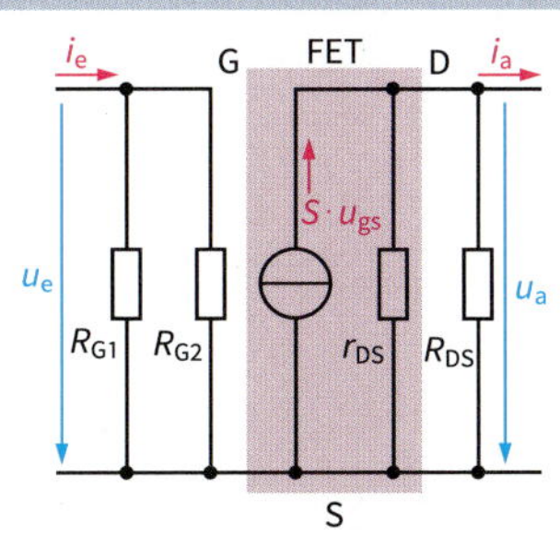

- Leistungslose Ansteuerung, da $r_{GS} \geq 10\ \text{T}\Omega$
- Bei $U_{GS} = 0$ V ist Drain-Source-Strecke gesperrt

$r_e = \frac{R_{G1} \cdot R_{G2}}{R_{G1} + R_{G2}}$	$r_e = 1\ \text{M}\Omega \ldots 10\ \text{M}\Omega$
$r_a \approx \frac{1}{S} \parallel R_S$	$r_a \approx \frac{1}{S}$ für $R_s > 1\ \text{k}\Omega$
$v_u \approx \frac{S \cdot R_S}{1 + S \cdot R_S}$	$v_u \leq 1$
$\varphi = 0°$	

[1] Die angegebenen Kennwerte können im Einzelfall deutlich unter- bzw. überschritten werden.
S: Steilheit, ca. 1 mS … 50 mS für Sperrschicht-FET, 4 mS … 20 mS für Isolierschicht-FET

- Mehrstufige Verstärker entstehen durch Kettenschaltung zweier oder mehrerer Einzelverstärker.
- Das Verhalten des Gesamtverstärkers wird durch die jeweiligen Kopplungsarten bestimmt.
- Die Bandbreite des Gesamtverstärkers ist kleiner als die Bandbreite einer Verstärkerstufe.

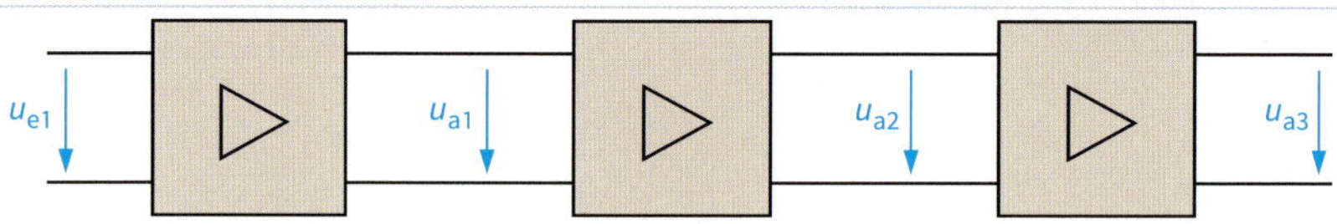

$$v_{u1} = \frac{u_{a1}}{u_{e1}} \qquad v_{u2} = \frac{u_{a2}}{u_{a1}} \qquad v_{u3} = \frac{u_{a3}}{u_{a2}}$$

Gesamtverstärkung: $v_{ug} = v_{u1} \cdot v_{u2} \cdot v_{u3}$

Gleichstromkopplung (Galvanische Kopplung)

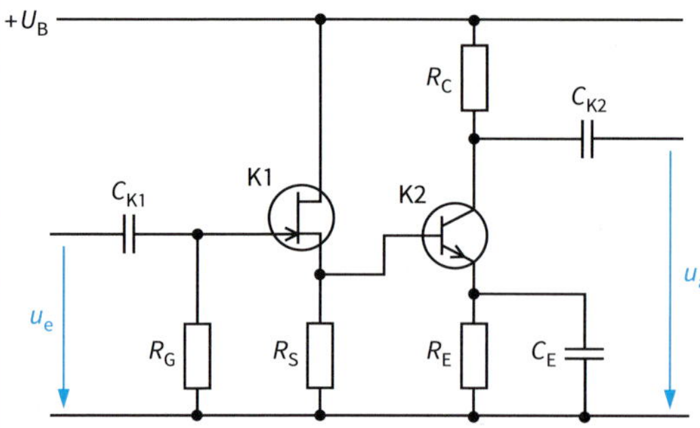

- Einsatz als Verstärker im Gleichspannungs- und NF-Bereich.
- Bei Verstärkeraufbau mit NPN-Transistoren nimmt die Aussteuerbarkeit der Folgestufen durch Erhöhung der Ruhespannung ab.
- Vermieden wird dieser Nachteil durch Einsatz von komplementären Transistoren.
- Die Schaltung hat in der 1. Stufe eine Drainschaltung mit hohem Eingangswiderstand für schwach belastbare Signalquellen.
- Die Spannungsverstärkung erfolgt in der Emitterschaltung der 2. Stufe.
- Es gibt eine gegenseitige Beeinflussung der Stufen bei Arbeitspunktverschiebungen.

Kapazitive Kopplung (*RC*-Kopplung)

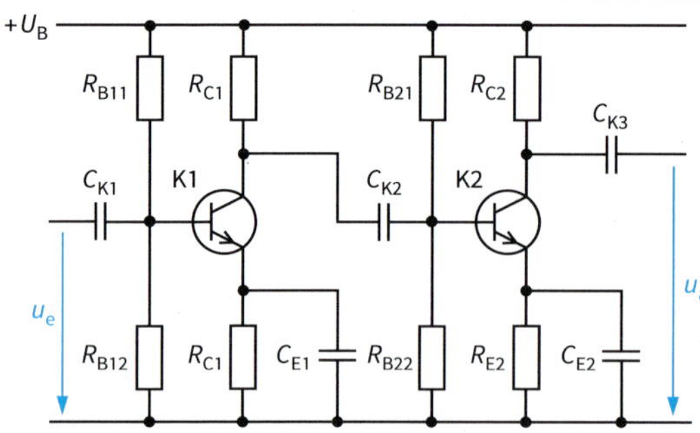

- Einsatz als NF-Verstärker mit frequenzabhängiger Kopplung.
- Durch gleichspannungsmäßige Trennung entfällt gegenseitige Beeinflussung bei einzelnen Arbeitspunktverschiebungen.
- Die Bandbreite *B'* des mehrstufigen Verstärkers ist kleiner als die Bandbreite *B* der einzelnen Stufen.

$$f'_{gu} \approx \sqrt{n} \cdot f_{gu} \qquad f'_{go} \approx \frac{1}{\sqrt{n}} f_{go}$$

- Bei unterer bzw. oberer Grenzfrequenz ist:

$$v_{ug} = \left(\frac{1}{\sqrt{2}}\right) n \cdot (v_{u1} \cdot v_{u2} \cdot \ldots \cdot v_n)$$

Übertragerkopplung

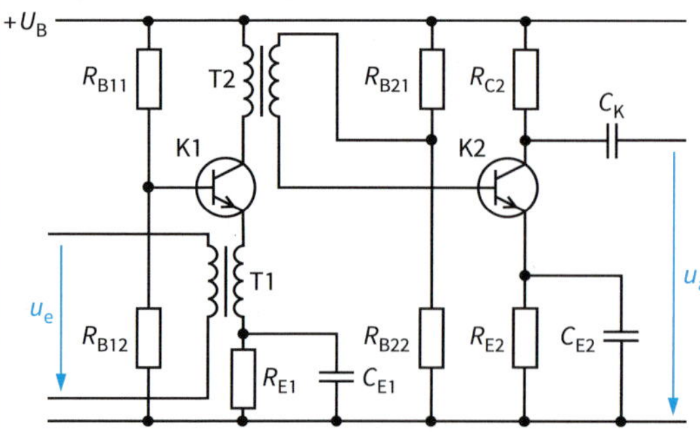

- Einsatz als HF-Verstärker mit optimales Anpassung der einzelnen Stufen durch Widerstandstransformation bei hohem Wirkungsgrad.

$$\ddot{u} = \frac{N_1}{N_2} = \sqrt{\frac{Z_e}{Z_a}} \qquad Z_a = Z_e \left(\frac{N_2}{N_1}\right)^2$$

- Die erste Stufe ist als Basisschaltung wirksam. Die Primärwicklung von T2 wirkt als Arbeitswiderstand.
- Ein linearer Amplitudengang über ein großes Frequenzspektrum ist nur bei kleinen Streuinduktivitäten und Wicklungskapazitäten möglich.

f'_{gu}, f'_{go}: Untere, obere Grenzfrequenz der einzelnen Stufen, *n*: Anzahl der Stufen

- Gegenphasige Rückkopplung des Ausgangssignales von Verstärkern bewirkt Linearisierung und Stabilisierung der Verstärkung.
- Durch Gegenkopplung können die Verstärkereigenschaften v_u, v_i, t_e und r_a beeinflusst werden.
- Grundsätzlich wird nach Strom- oder Spannungsgegenkopplung unterschieden.
- Das rückgeführte Signal kann dem Eingang parallel als Gegenkopplungsstrom oder seriell als Gegenkopplungsspannung zugeführt werden.

Gegenkopplungsfaktor: $k = \frac{u_{GK}}{u_a^*}$ bzw. $k = \frac{i_{GK}}{i_a^*}$

Gegenkopplungsgrad: $1 + k \cdot v$

$$v_u^* = \frac{v_u}{1 + k \cdot v_u} \qquad v_i^* = \frac{v_i}{1 + k \cdot v_i}$$

Bei $v \gg 1$ gilt: Bandbreite $B^* = B \cdot \frac{v}{v^*}$

$v_u^* = \frac{1}{k}$ bzw. $v_i^* = \frac{1}{k}$

Kennzeichnung der bei Gegenkopplung wirsamen Größen mit *

Stromgegenkopplung

Strom-Serien-Gegenkopplung

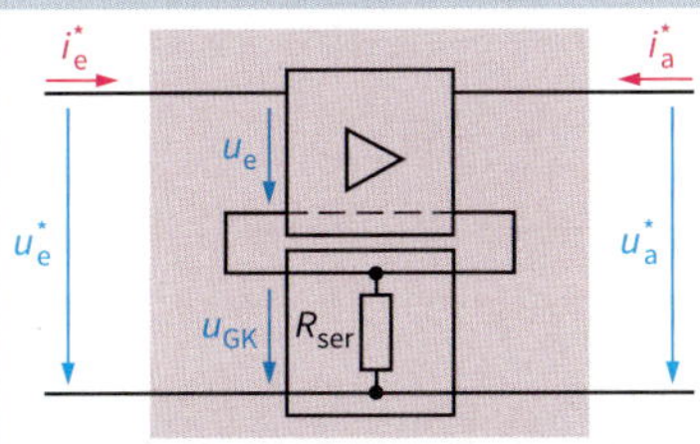

- Vergrößerung von r_e^* und r_a^*
- Reduzierung der Spannungsverstärkung v_u^*

Strom-Parallel-Gegenkopplung

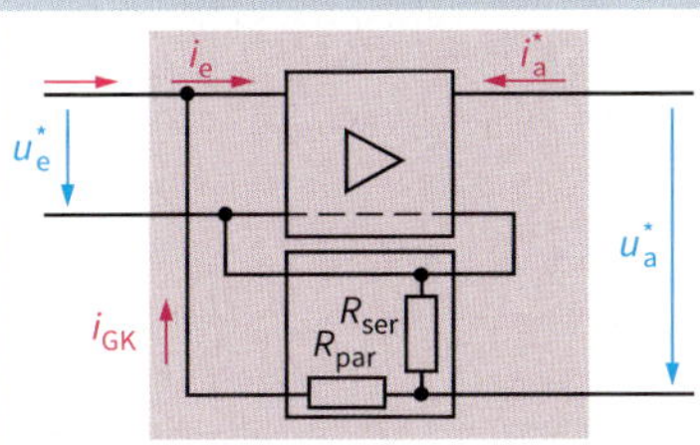

- Verkleinerung von r_e^*
- Vergrößerung von r_a^*
- Reduzierung der Stromverstärkung v_i^*

Spannungsgegenkopplung

Spannungs-Serien-Gegenkopplung

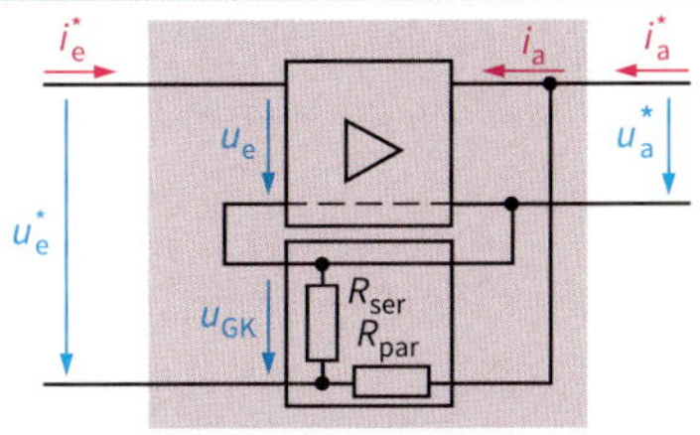

- Vergrößerung von r_e^*
- Verkleinerung von r_a^*
- Reduzierung der Spannungsverstärkung v_u^*

Spannungs-Parallel-Gegenkopplung

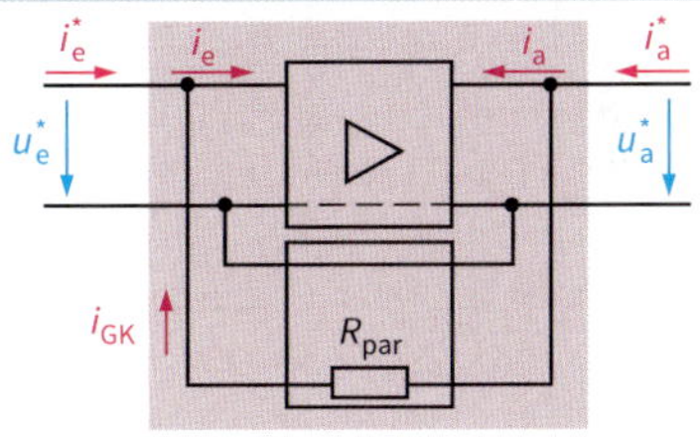

- Verkleinerung von r_e^* und r_a^*
- Reduzierung der Stromverstärkung v_i^*

Gegenkopplungsarten von Transistorschaltungen

Strom-Serien-Gegenkopplung

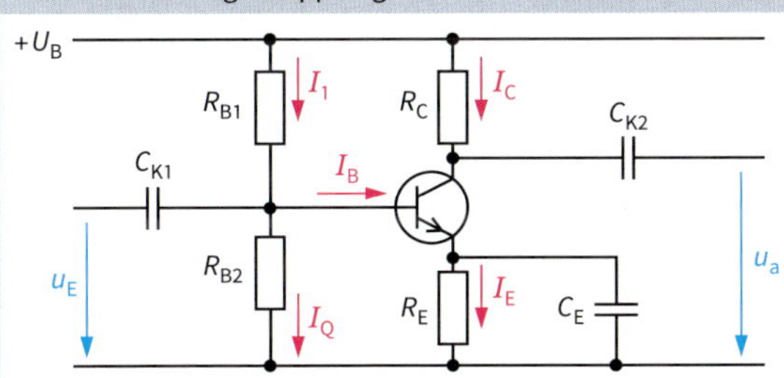

- Der Emitterwiderstand R_E stabilisiert den Arbeitspunkt gegen thermischen Einfluss.
- Der Emitterkondensator C_E hebt bei höheren Frequenzen Verstärkungsverlust auf.

$$U_{RE} = \frac{1}{5} \dots \frac{1}{4} U_B$$

$$C_E = \frac{r_{BE} + \beta \cdot R_E}{2\pi \cdot f_{gu} \cdot r_{BE} \cdot R_E} \qquad R_C = \frac{U_B - (U_{RE} + U_{CEsat})}{I_{C,A}}$$

$$R_{B1} = \frac{U_B - (U_{BE} + U_{RE})}{I_Q + I_B} \qquad R_{B2} = \frac{U_{BE} + U_{RE}}{I_Q}$$

$$r_e^* = (r_{BE} + \beta \cdot R_E) \,\|\, R_{B1} \,\|\, R_{B2} \cdot r_a^* = R_C$$

$$v_u^* \approx -\frac{R_C}{R_E}$$

Spannungs-Parallel-Gegenkopplung

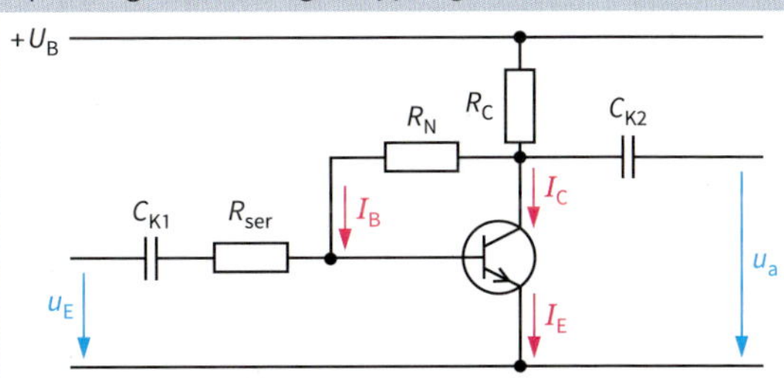

- Der Nebenwiderstand R_N stabilisiert den Arbeitspunkt gegen thermischen Einfluss.
- Der Serienwiderstand R_{ser} verhindert Kurzschluss der rückgekoppelten Spannung durch Signalquelle.

$$R_N = \frac{U_{CE} - U_{BE}}{I_B} \qquad R_C = \frac{U_B - U_{CE}}{I_C + I_B}$$

$$r_a^* \approx R_{ser} \qquad r_a^* \approx \frac{R_C \,\|\, r_{CE}}{v_u} \cdot v_u^*$$

$$v_u^* \approx \frac{R_N}{R_{ser}}$$

Aufbau

Operationsverstärker enthalten einen Differenzverstärker und einen nachgeschalteten, meist mehrstufigen Verstärker.

Blockschaltbild

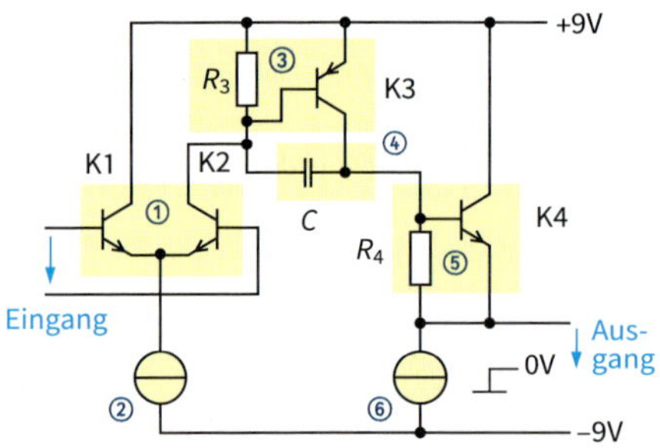

①: Differenz-Verstärker
②, ⑥: Konstantstromquellen
③: Verstärkerstufe
④: Kompensations-Kapazität
⑤: Ausgangsstufe

Frequenzverhalten

Infolge interner Phasendrehung bei hohen Frequenzen besteht Schwingneigung.
Daher ist eine Reduzierung der Verstärkung um 20 dB/Dekade mittels C_K und R notwendig (häufig bereits intern vorhanden).

Frequenzkompensation

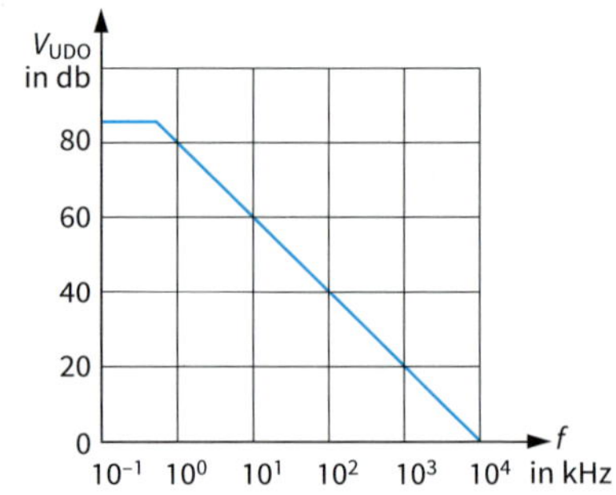

Schaltzeichen

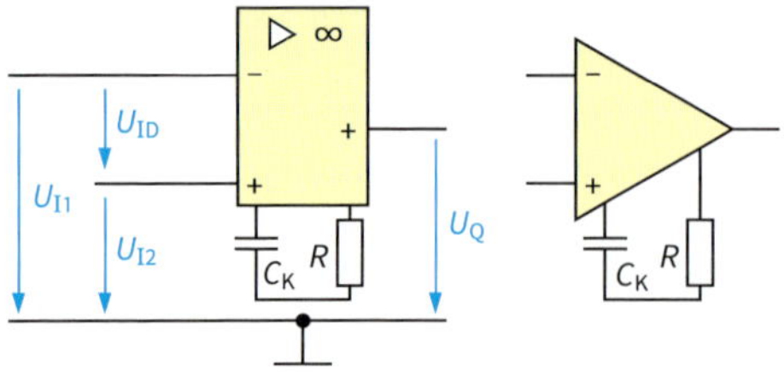

$U_{ID} = U_{I1} - U_{I2}$
Darstellung: einpolig, ohne Speisespannungsanschlüsse
–: Invertierender Eingang
+: Nichtinvertierender Eingang
C_K, R: Frequenzkompensation
U_{ID}: Differenz-Eingangsspannung

Übertragungskennlinie

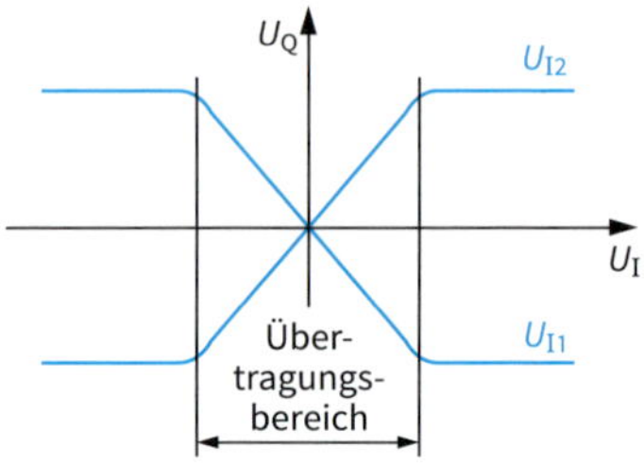

Anwendungsbereiche

Industrielle Elektronik, Regelungstechnik, NF-Technik

Begriff, Formelzeichen	Definition	Beziehung	Typ. Werte
Eingangs-Null-Spannung (input-offset-voltage) U_{I0}	Spannungsdifferenz, die an den Eingängen angelegt werden muss, damit die Ausgangsspannung Null ist.	$U_{I0} = U_{I1} - U_{I2}$ bei $U_Q = 0$ V und Generatorwiderstand $R_G = 50\ \Omega$	maximal ± 6 mV
Gleichtakt-Eingangsspannung (common mode input voltage) U_{IC}	Arithmetischer Mittelwert der Eingangsspannungen, wenn die Ausgangsspannung Null ist.	$U_{IC} = \frac{U_{I1} + U_{I2}}{2}$	
Eingangs-Null-Strom (input-offset-current) I_{IOS}	Differenz der Eingangsströme im Arbeitsbereich, wenn die Ausgangsspannung Null ist.	$I_{IOS} = I_{I1} - I_{I2}$	80 nA
Eingangs-Ruhestrom (input-bias-current) I_I	Mittlerer statischer Eingangsstrom, der für die Funktion des OP notwendig ist.	$I_I = \frac{I_{I1} + I_{I2}}{2}$	80 nA
Differenz-Leerlaufspannungs-Verstärkung (open-loop-voltage-gain) v_{UD0}	Verstärkung einer Differenz-Eingangsspannung ohne Gegenkopplung	$v_{UDO} = \frac{U_Q}{U_{ID}}$ $= 20 \log \frac{U_Q}{U_{ID}}$ in dB	80 dB
Gleichtakt-Leerlaufspannungs-Verstärkung (common-mode-voltage gain) v_{UC0}	Verhältnis der Ausgangsspannung zur Gleichtakt-Eingangsspannung	$v_{UCO} = \frac{U_Q}{U_{IC}}$	

Invertierer

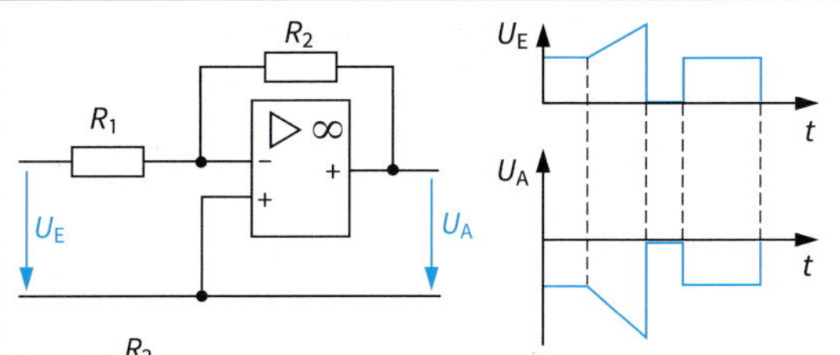

$U_A = -U_E \frac{R_2}{R_1}$

Nichtinvertierer

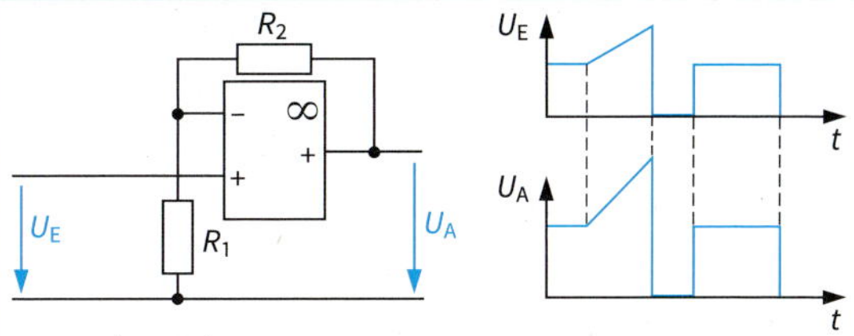

$U_A = U_E \left(1 + \frac{R_2}{R_1}\right)$

Differenzierer

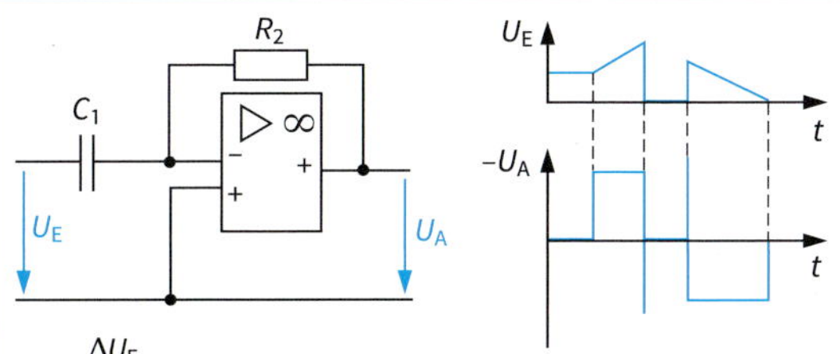

$U_A = -\frac{\Delta U_E}{\Delta t} \cdot R_2 \cdot C_1$

Integrierer

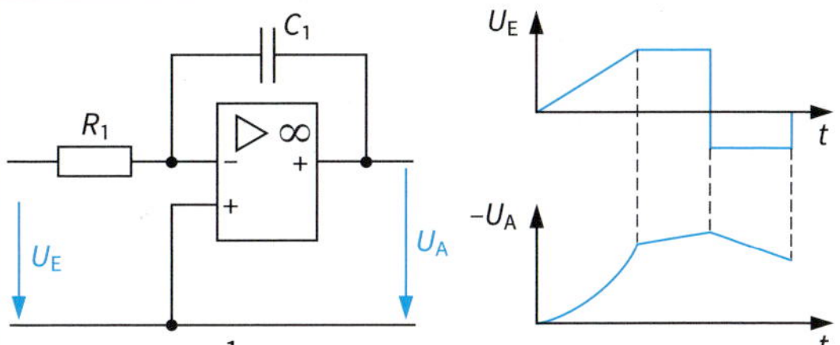

$\Delta U_A = -U_E \cdot \Delta t \frac{1}{R_1 \cdot C_1}$

Differenzverstärker

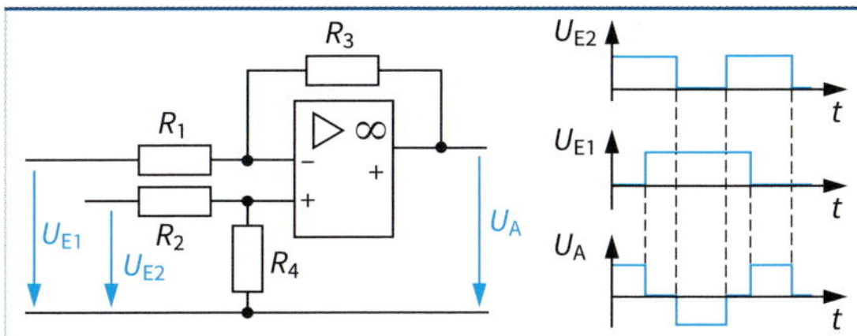

$U_A = U_{E2} \frac{R_4\,(R_1 + R_3)}{R_1\,(R_2 + R_4)} - U_{E1} \frac{R_3}{R_1}$

Summierer

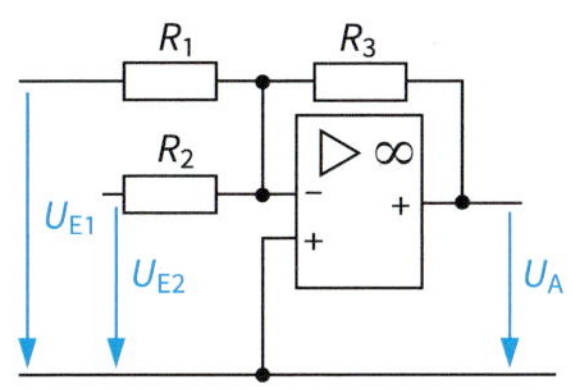

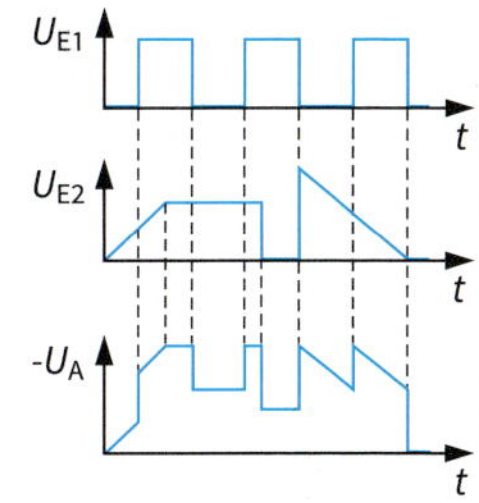

$U_A = -R_3 \left(\frac{U_{E1}}{R_1} + \frac{U_{E2}}{R_2}\right)$

Impedanzwandler

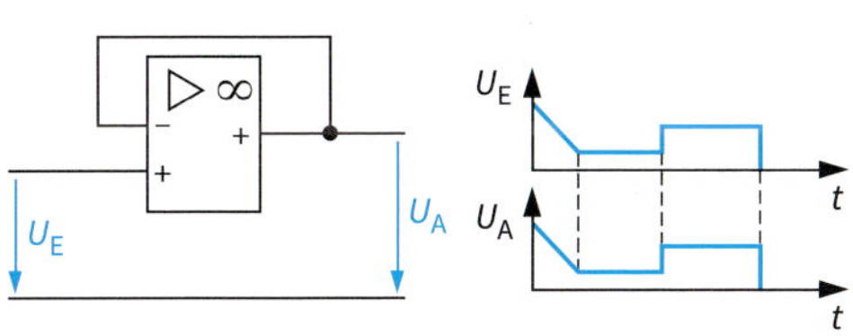

$U_A = U_E$

Strom-Spannungswandler

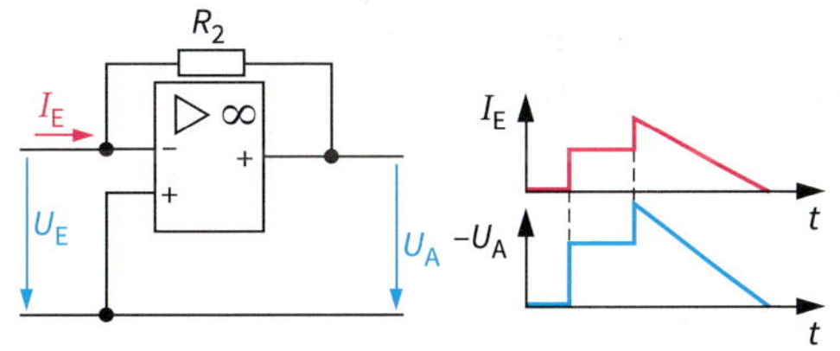

$U_A = -I_E \cdot R_2$

Spannungs-Komparator

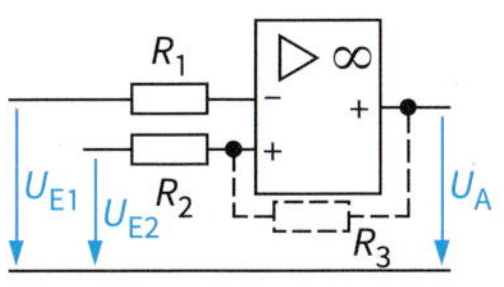

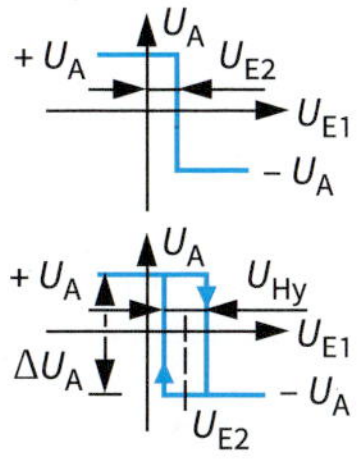

$U_{Hy} = \frac{R_2}{R_2 + R_3} \cdot \Delta U_A$

Spannungs-Stromwandler

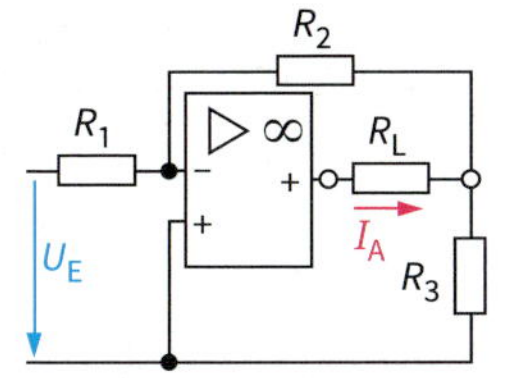

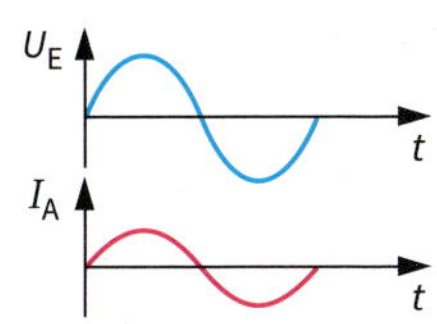

$I_A = \frac{U_E}{R_1} \left(1 + \frac{R_2}{R_3}\right)$

Schaltzeichen	Typische Kennlinien	Eigenschaften	Anwendungen
Fotowiderstand (**LDR**, **L**ight-**D**ependant-**R**esistor) 	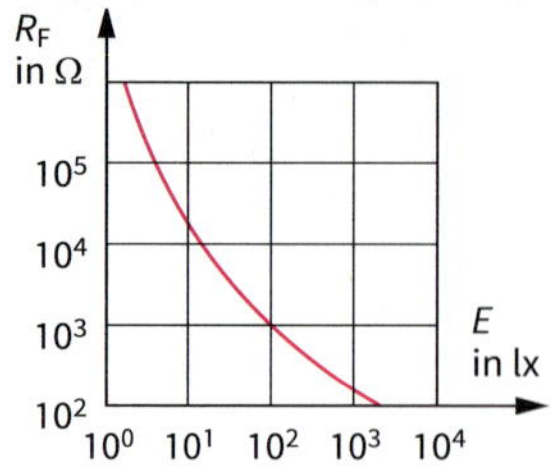	Passives Bauelement: ■ Je nach Basismaterial empfindlich von $\lambda = 0{,}5 \ldots 8\ \mu m$ (UV- bis IR-Bereich) ■ Höchste Lichtempfindlichkeit ■ Sehr träge bei Helligkeitsänderung	■ Einsatz im Gleich- und Wechselstromkreis ■ Beleuchtungsstärkemessung, Dämmerungsschalter ■ Betriebsspannung bis zu mehreren 100 V ■ Belastbarkeit bis 500 mW
Fotodiode 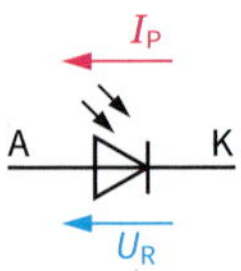	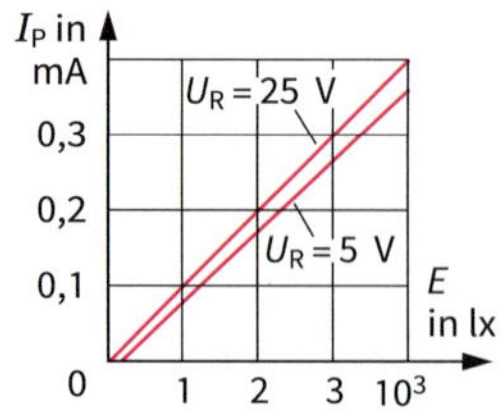	■ Betrieb in Sperrrichtung ■ Geringe Lichtempfindlichkeit ■ Sehr kurze Ansprechzeit ■ Stromstärke annähernd proportional zur Beleuchtungsstärke	■ Messaufgaben ■ Spannungen bis 25 V ■ Verlustleistung bis max. 150 mW ■ Grenzfrequenz bei ca. 500 MHz
Fototransistor 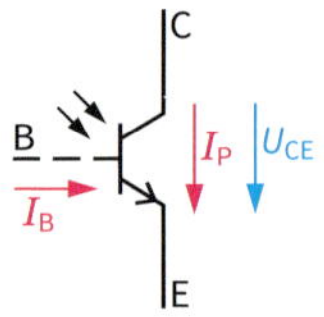	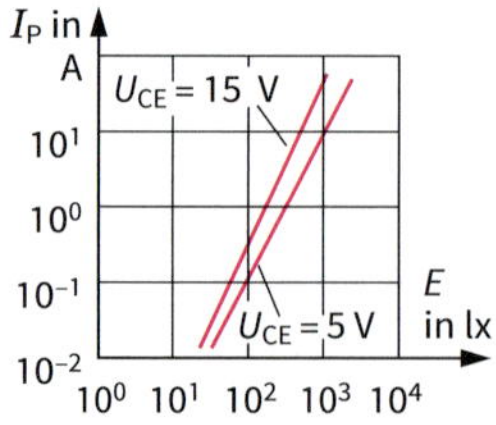	■ Wirkungsweise wie Fotodiode mit Verstärker, daher 100- bis 500fach größere Empfindlichkeit ■ Einstellung des Arbeitspunktes mit dem Basisanschluss (nicht immer vorhanden)	■ Fotoelektronische Empfänger in Überwachungs- und Regelkreisen ■ Spannungen bis 30 V ■ Verlustleistung bis 200 mW ■ Grenzfrequenz bei ca. 0,5 MHz
Fotothyristor 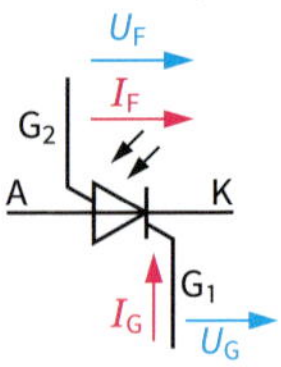	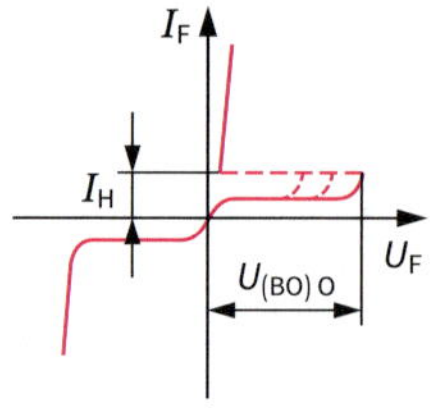	■ Zündung durch – Gatestrom oder – Lichtimpuls ■ Löschen durch – Unterschreiten des Haltestromes oder – durch negativen Impuls auf Anodenanschluss	■ Kleinleistungsbereich, Verlustleistungen bis 500 mW ■ Hochspannungstechnik, Zündung über Lichtwellenleiter (LWL), ≤ 4000 V, ≤ 10 A
Solarzelle (Fotoelement) 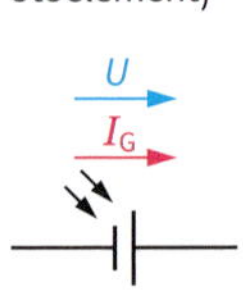	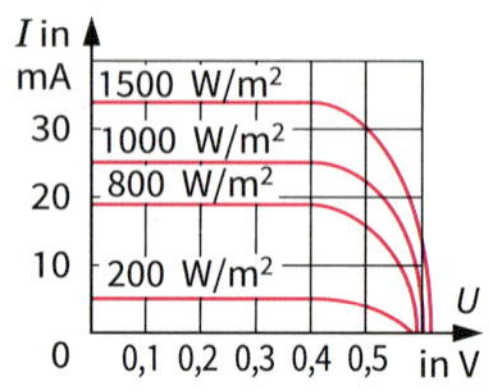	■ Aktives Bauelement Entnehmbare Leistung ist abhängig von – Lichtintensität (W/m²), – Zellentemperatur und – Größe der aktiven Fläche	■ Energiegewinnung aus Sonnenlicht ■ Serien- und Reihenschaltung ermöglicht Leistungen im kW Bereich ■ Zellengröße: Ø 100 mm ■ Leerlaufspannung ≤ 600 mV
Lumineszenzdiode (**LED**, Light-**E**mitting-**D**iode) 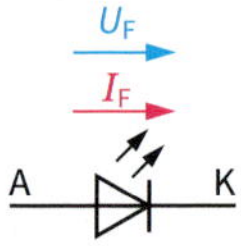	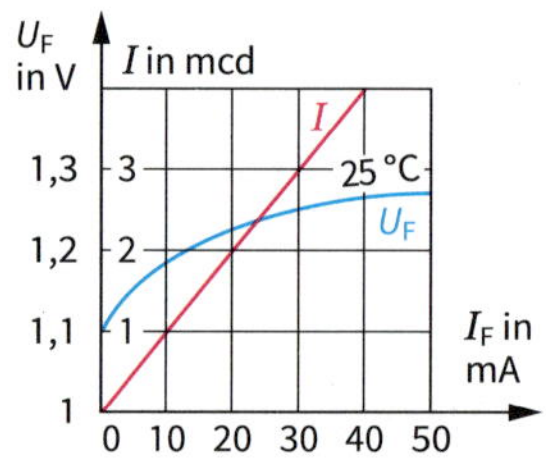 I: Lichtstärke in Achsenrichtung	■ Lichtaussendung im Durchlassbereich ■ Robust, hohe Lebensdauer, klein ■ Geringe Sperrspannung ■ Modulierbar bis 20 MHz ■ Vorwiderstand erforderlich ■ Rot, gelb, grün, blau, infrarot, weiß	■ Anzeigen, Zeichen- und Ziffernarstellung ■ Sender in Optokopplern, Lichtwellenstrecken, Infrarotsteuerungen ■ Durchlassstromstärke ca. 400 mA und größer

Leuchtdioden-Anzeigen (LED-Anzeigen)

Emissionsspektren, Durchlassspannungen

LED-Farbe	Halbleiter	Wellenlänge in nm	Durchlass-spannung in V
infrarot	Ga AS	950	1,3 … 1,5
rot	Ga AS P	660	1,6 … 1,8
orange	Ga AS P	610	1,6
gelb	Ga AS P	590	2,0 … 2,2
grün	Ga P	565	2,0 … 2,2
blau	Ga N	450 … 500	2,9

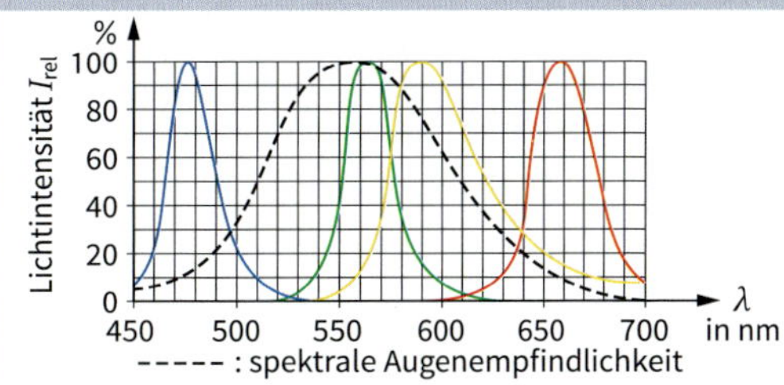

Weiße LED

Additive Farbmischung

- Mehrere farbige LEDs werden kombiniert
  - blau + gelb
  - rot + grün + blau
- Integration in ein Bauelement und optische Komponenten erzeugen weißes Licht
- seltener Einsatz

Luminiszenz-Prinzip

- UV-LED oder blaue LED wird mit Fluoreszenzfarbstoff kombiniert.
- Energiereiches, kurzwelliges Licht (UV, blau) wird in energieärmeres langwelligeres Licht gewandelt.
- Je nach LED sind ein ② oder drei ① Fluoreszenzfarbstoff erforderlich.

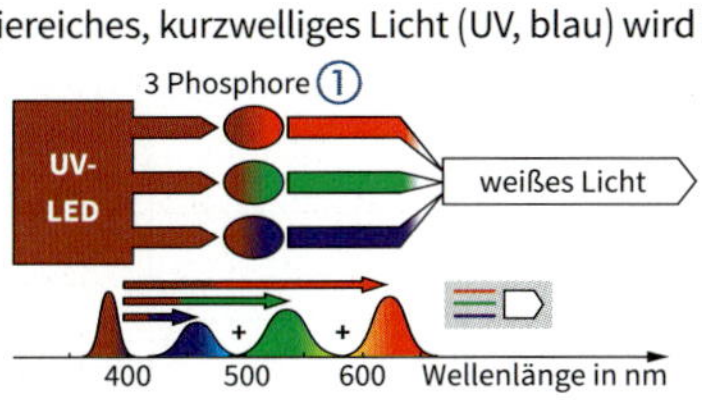

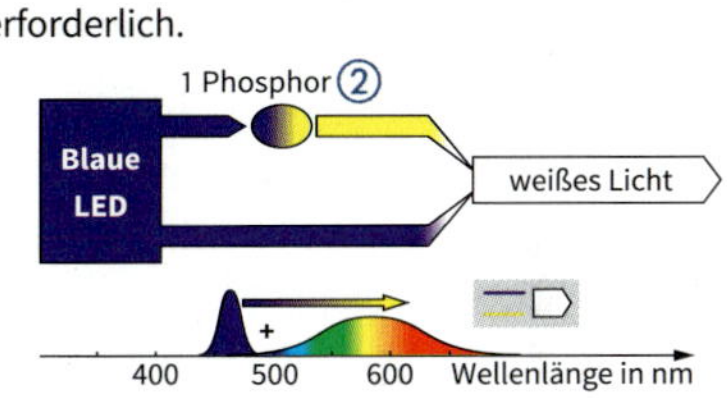

7-Segment-Anzeige

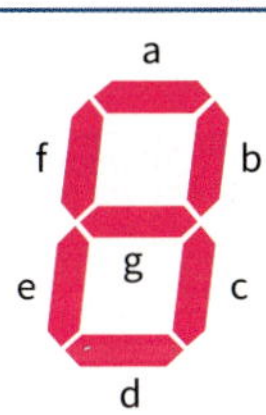

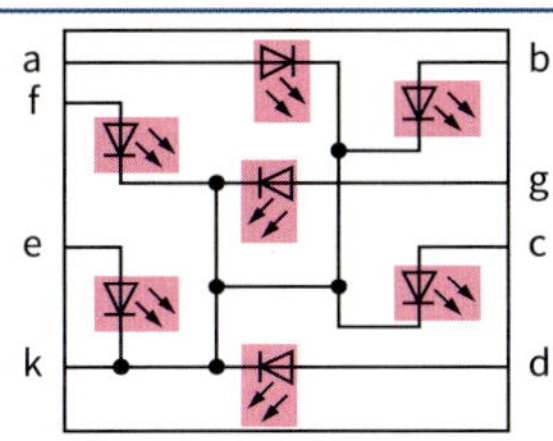

- Zusammengesetzt aus einzelnen LEDs; mit gemeinsamer Anode bzw. Katode verfügbar.

Laserdiode

Light **A**mplificationby **S**timulated **E**mission of **R**adiation

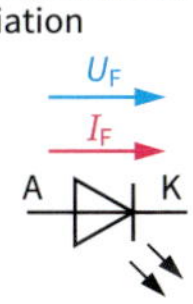

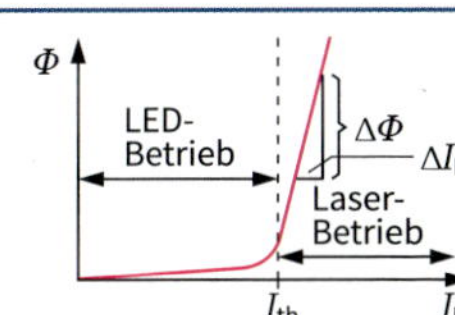

Differenzieller Wirkungsgrad: $\Delta\Phi / \Delta I_F$

- LED mit Laserresonator emittiert Laserstrahlung
- Farben: rot, gelb, grün, infrarot
- Gefahr der Augenschädigung!
- Anwendung bei LWL-Sendern, Laserdruckern, CD-/DVD-Geräten

Optokoppler

Kenngrößen

CTR: Koppelfaktor, auch Stromübertragungsverhältnis (**CTR: C**urrent-**t**ransfer-**r**atio)

$CTR = \frac{I_C}{I_F}$ (in %) bei $I_F = 10$ mA und $U_{CE} = 5$ V

U_{ISOL}:	Isolationsprüfspannung	(max. ≈ 10 kV)
I_F:	Dioden-Durchlassstrom	(max. ≈ 80 mA)
I_C:	Kollektorstrom	(max. ≈ 100 mA)
f_g:	Grenzfrequenz	(typ. 250 kHz)

Ausführungen

Schaltung	Bemerkung
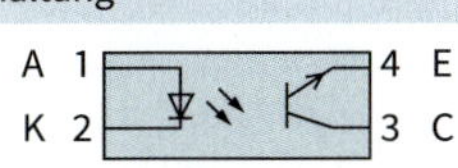	Basisanschluss nicht vorhanden
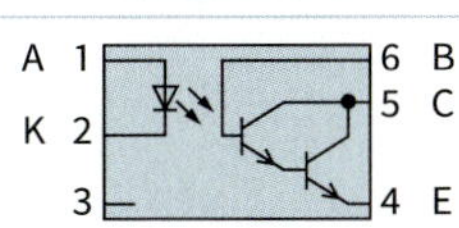	Darlington-Fototransistor $\frac{I_C}{I_F} > 500$ %
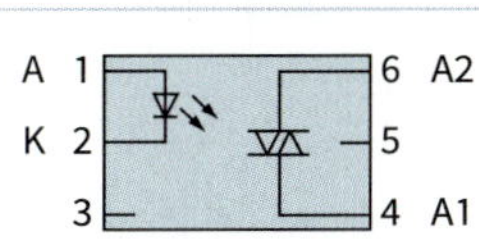	Triac-Koppler, Schaltverhalten, für Wechselspannung, Spitzensperrspannung bis 600 V

Hallgenerator

Halleffekt

Ein Halbleiterplättchen wird von einem Steuerstrom I_1 durchflossen und von einem Magnetfeld durchsetzt. Eine Spannung U_2 (Hallspannung) entsteht an den Anschlüssen 3–4.

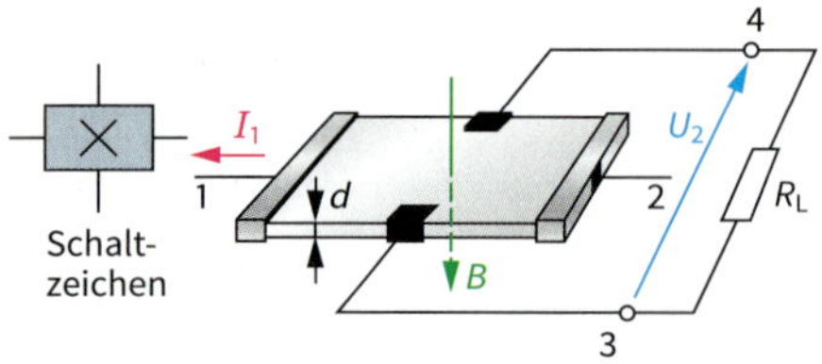

Lineare Anpassung

Abschlusswiderstand für lineare Anpassung R_L:
Widerstand R_L, bei dem Linearität zwischen der steuerstrombezogenen Hallspannung U_2/I_1 und dem Steuerfeld erreicht wird.

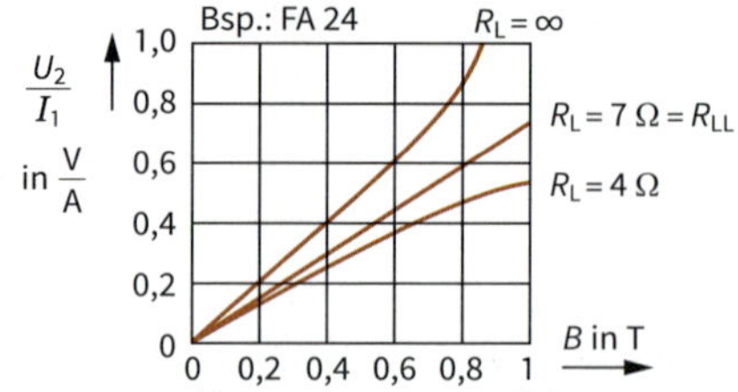

Lineare Anpassung mit R_L

Charakteristische Größen

- Leerlaufhallspannung U_{20}: Spannung U_2 bei $R_L = \infty$, Bemessungsinduktion (z. B. 1 T) und Bemessungssteuerstromstärke I_{1N}.

$$U_{20} = \frac{A_h}{d} \cdot I_1 \cdot B$$ Typ. Werte 50 … 1000 mV

- Hallkonstante A_h:
Material- und formgebungsabhängige Konstante in $\frac{m^3}{As}$
- Induktionsempfindlichkeit K_{BO}:
Material- und formgebungsabhängige Konstante

$$K_{BO} = \frac{U_{20}}{I_{1N} \cdot B}$$ Typ. Wert: 0,5 … 100 $\frac{V}{AT}$

Steuerbemessungsstrom I_{1N}, Typ. Wert: 10 … 400 mA

Anwendung

- Feldregelung
- Sensor
- Multiplikation
- Feldmessung (auch bei tiefen Temperaturen)

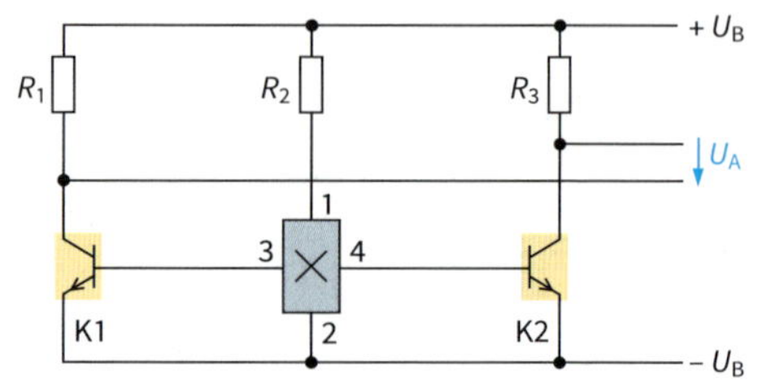

Feldplatte

Aufbau

- Der Widerstand eines Halbleitermaterials nimmt bei wachsendem magnetischen Feld beliebiger Polarität zu.
- Die Struktur des Materials bewirkt Umlenken der Strombahnen bei Feldeinwirkung.
- Bei konstanter Feldstärke sind Strom und Spannung linear.
- Mit der Gestaltung des Mäanders wird der Grundwiderstand R_o beeinflusst.

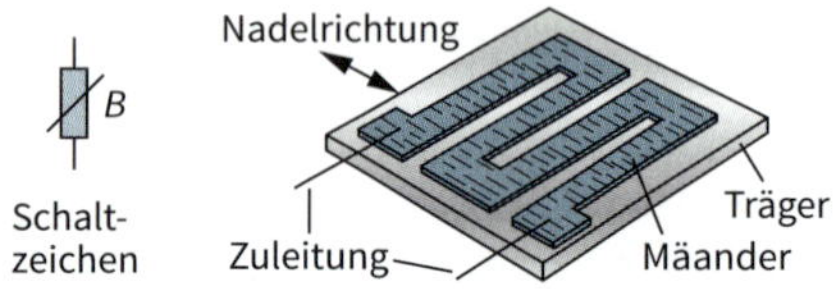

Anwendung

- Positionserfassung
- Drehzahl- und Drehsinnerfassung
- Winkelschrittgeber
- Potenziometer

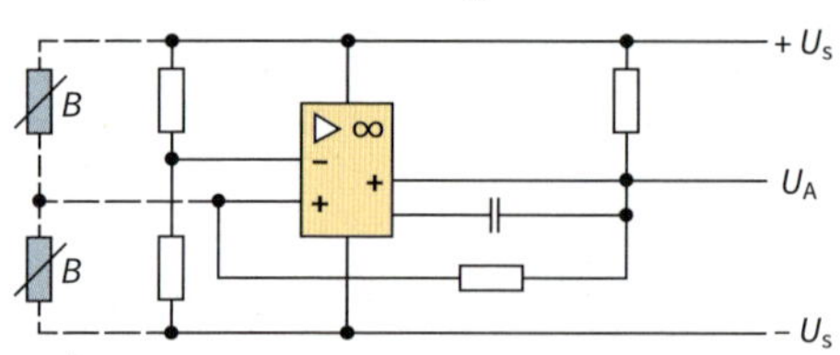

Beispiel: Schaltung für Differenzial-Feldplatten-Positionssensoren

Charakteristische Größen

- Grundwiderstand R_o:
Widerstand der Feldplatte ohne Einwirkung eines Magnetfeldes
- Widerstand R_B im Magnetfeld:
Widerstand bei senkrecht einwirkendem Magnetfeld

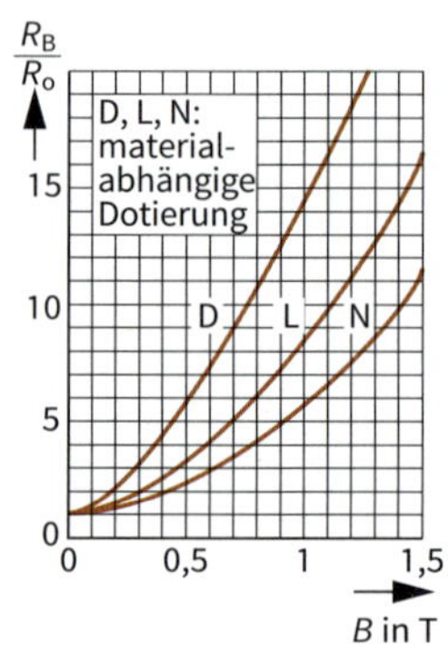

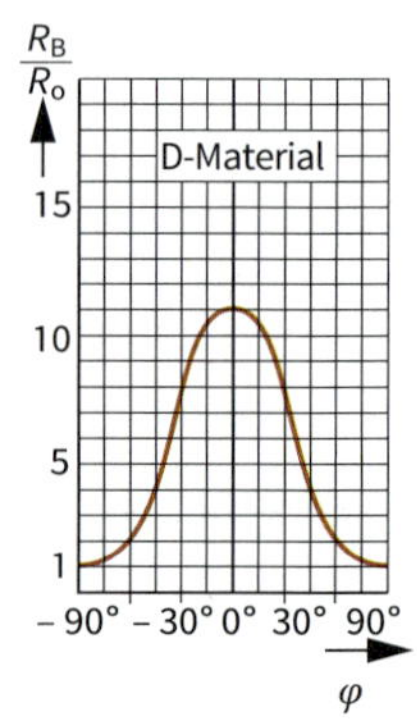

φ: Neigungswinkel des Magnetfeldes (D-Halbleitermaterial)

Triggerdioden, UJT

Schaltzeichen	Kennlinie	Eigenschaften	Anwendung, Kennwerte
Zweirichtungsdiode (**Diac**: **Di**ode **a**lternating **c**urrent) 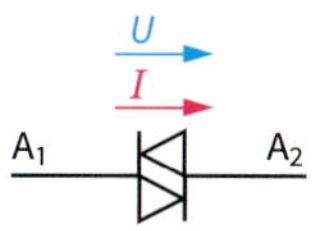	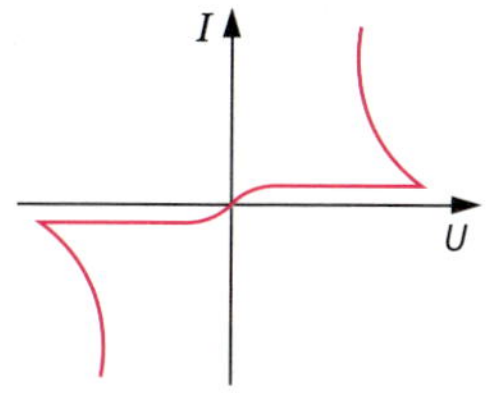	Stetiger Übergang im Durchbruchbereich Hohe Durchlassspannung	▪ Triggern von Zündströmen für Triacs Kippspannung ca. 35 V ▪ Durchlassstromstärke stark von Impulslänge abhängig ▪ Maximale Verlustleistung ca. 300 mW
Unijunktion-Transistor UJT, (auch Doppelbasisdiode) 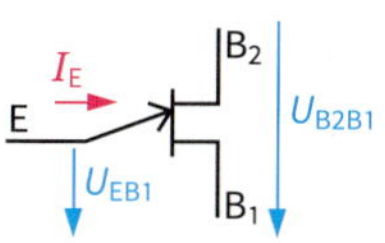	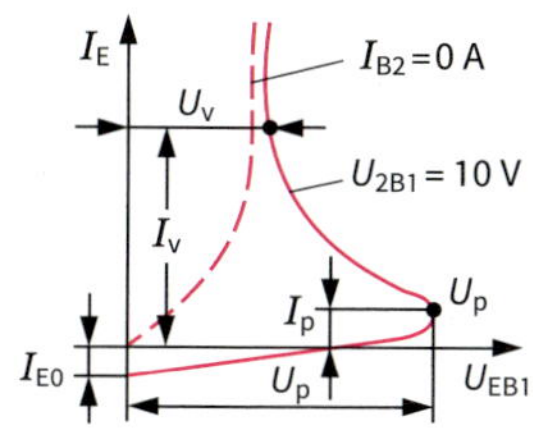	Mit steigender Spannung U_{EB1} kehrt sich der Sperrstrom um. Ab Höckerspannung U_p wird die Emitter-B1-Strecke leitend.	▪ Ansteuern von Triacs und Thyristoren ▪ RC-Generatoren ▪ Spannung: max. 30 V ▪ Stromstärke: max. 50 mA

Thyristoren, Triac

Schaltzeichen	Kennlinie	Eigenschaften	Anwendung, Kennwerte
P-Gate-Thyristor 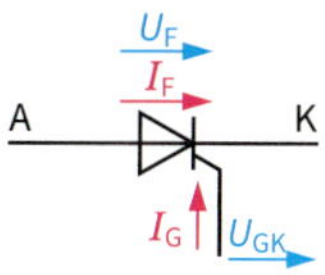	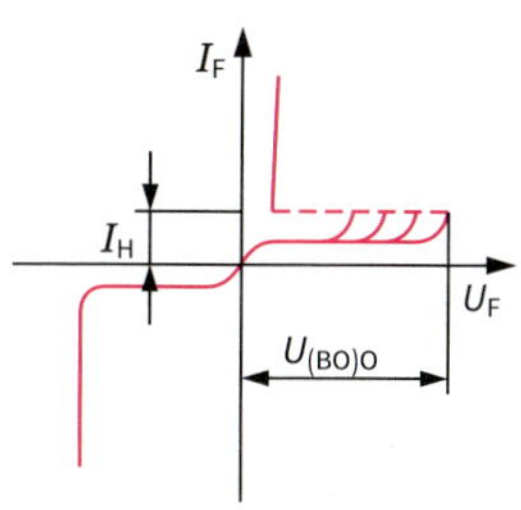	Thyristortriode ▪ katodenseitig steuerbar ▪ rückwärtssperrend	Stromrichter bis zu größten Leistungen Von 100 V … 4000 V, Stromstärken je nach Bauart bis max. 1000 A bei Scheibenthyristoren, wassergekühlt
N-Gate-Thyristor 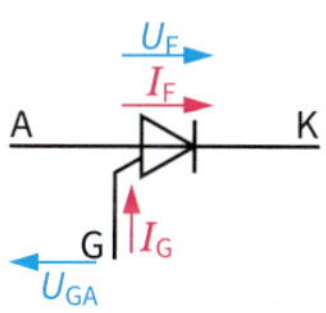		Thyristortriode ▪ anodenseitig steuerbar ▪ rückwärtssperrend	Kleinleistungsbereich Bei Beschaltung mit Spannungsteiler auch als PUT (Programmable Unijunction Transistor)
Abschaltbarer Thyristor (**GTO**, **G**ate-**t**urn-**o**ff) 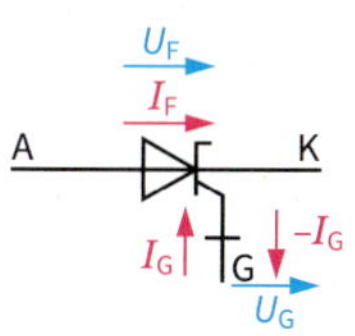	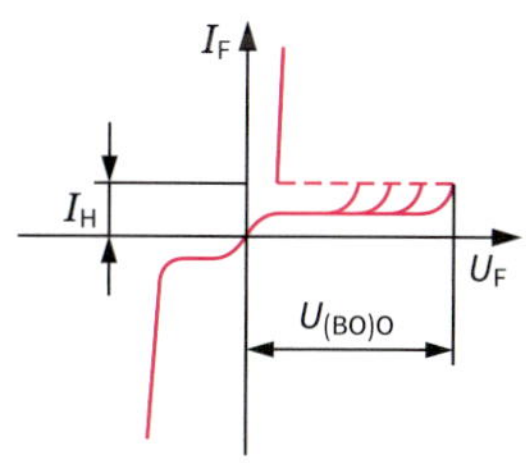	Thyristortriode ▪ katodenseitig steuerbar ▪ Sperren von I_F mit negativem Gatestrom ▪ rückwärtssperrend	Gleichstromsteller bis zum mittleren Leistungsbereich Spannung ≤ 1200 V Stromstärken ≤ 400 A
Zweirichtungsthyristor, Triac (**Tri**ode **a**lternating **c**urrent) 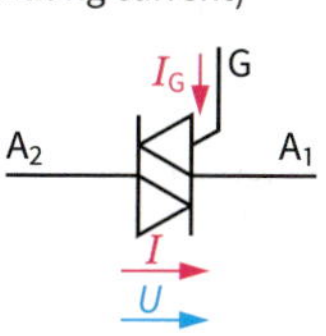	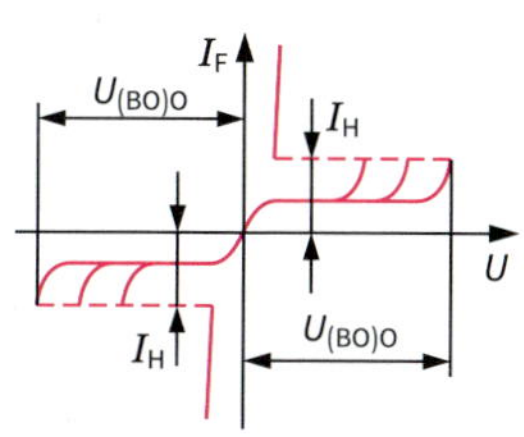	▪ Verhalten ähnlich antiparallel geschalteter Thyristoren ▪ Zündung mit positivem oder negativem Gatestrom unabhängig von Polung der Anoden	Phasenanschnittssteuerungen, elektronische Relais und Schütze im Klein- und im Mittelleistungsbereich. Spannungen bis 1200 V, Stromstärken bis ca. 300 A

Verknüpfungsbausteine

Schaltzeichen	Schaltfunktion, Benennung	a	b	x
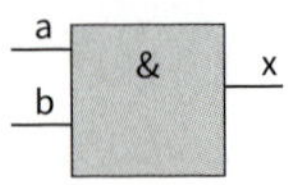	**UND-Verknüpfung** (Konjunktion) $x = a \land b$ $x = a \cdot b$ (a und b)[1)]	0	0	0
		0	1	0
		1	0	0
		1	1	1
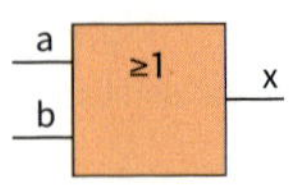	**ODER-Verknüpfung** (Disjunktion) $x = a \lor b$ $x = a + b$ (a oder b)[1)]	0	0	0
		0	1	1
		1	0	1
		1	1	1
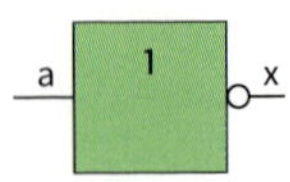	**NICHT** (Negation) $x = \bar{a}$ $\neg$ a (nicht a)[1)]	0	–	1
		1	–	0
		–	–	–
		–	–	–
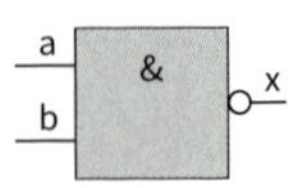	**NAND-Verknüpfung** $x = \overline{a \land b}$ $x = a \barwedge b$ (a nand b)[1)]	0	0	1
		0	1	1
		1	0	1
		1	1	0
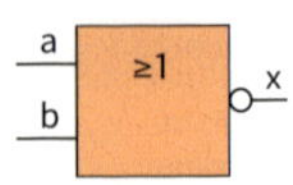	**NOR-Verknüpfung** $x = \overline{a \lor b}$ $x = a \overline{\lor} b$ (a nor b)[1)]	0	0	1
		0	1	0
		1	0	0
		1	1	0
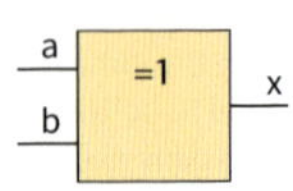	**Exklusiv-ODER** (Antivalenz) $x = (a \land \bar{b}) \lor (\bar{a} \land b)$ $x = a \nLeftrightarrow b$ (a xor b)[1)]	0	0	0
		0	1	1
		1	0	1
		1	1	0
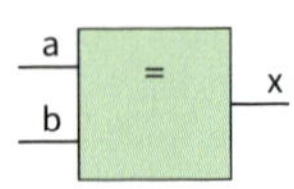	**Exklusiv-NOR** (Äquivalenz) $x = (a \land b) \lor (\bar{a} \land \bar{b})$ $x = a \leftrightarrow b$ (a Doppelpfeil b)[1)]	0	0	1
		0	1	0
		1	0	0
		1	1	1
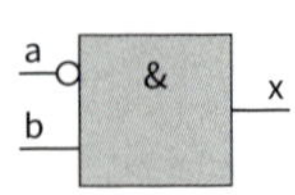	**Sperrgatter** (Inhibition) $x = \bar{a} \land b$	0	0	0
		0	1	1
		1	0	0
		1	1	0
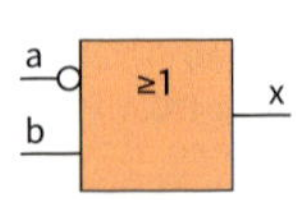	**Subjunktion** (Implikation) $x = \bar{a} \lor b$ $x = a \rightarrow b$ (a Pfeil b)[1)]	0	0	1
		0	1	1
		1	0	0
		1	1	1

1) Benennung nach DIN 66000

Schaltalgebra

Konjunktion (UND-Funktion)	**Disjunktion** (ODER-Funktion)	**Negation** (NICHT-Funktion)
$x = a \land 0 = 0$	$x = a \lor 0 = a$	$x = \bar{a}$
$x = a \land 1 = a$	$x = a \lor 1 = 1$	$x = \bar{\bar{a}} = a$
$x = a \land a = a$	$x = a \lor a = a$	$x = \bar{\bar{\bar{a}}} = \bar{a}$
$x = a \land \bar{a} = 0$	$x = a \lor \bar{a} = 1$	

Rechenregeln

Vertauschungsregel (Kommutatives Gesetz)

$x = a \land b = b \land a$
$x = a \lor b = b \lor a$

Beispiel:

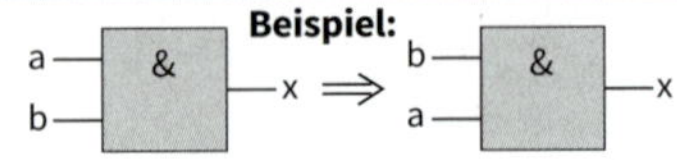

Verbindungsregel (Assoziatives Gesetz)

$x = a \land b \land c \quad = a \land (b \land c)$
$\quad = b \land (a \land c) \quad = c \land (a \land b)$
$x = a \lor b \lor c \quad = a \lor (b \lor c)$
$\quad = b \lor (a \lor c) \quad = c \lor (a \lor b)$

Beispiel:

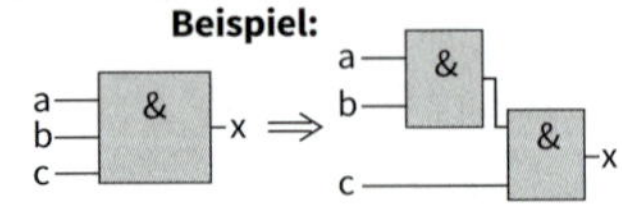

Verteilungsregel (Distributives Gesetz)

$x = a \land b \lor a \land c = a \land (b \lor c)$
UND-Funktion geht vor ODER-Funktion
$x = (a \lor b) \land (a \lor c) = a \lor (b \land c)$

Beispiel:

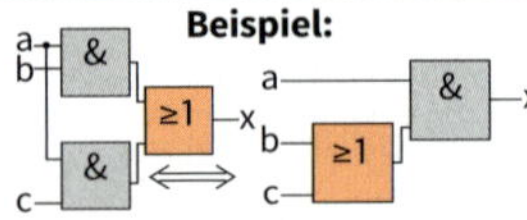

De Morgansches Gesetz

$x = a \land b = \overline{\bar{a} \lor \bar{b}}$

Beispiel:

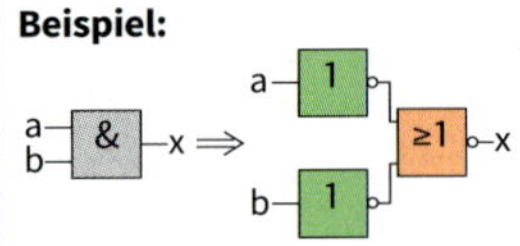

$x = \overline{a \land b} = \bar{a} \lor \bar{b}$

$x = a \lor b = \overline{\bar{a} \land \bar{b}}$

Beispiel:

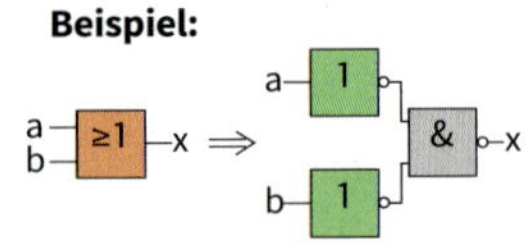

$x = \overline{a \lor b} = \bar{a} \land \bar{b}$

Vereinfachungen

Beispiel:

$x = a \land (a \lor b) = a$
$x = a \lor a \land b \quad = a$

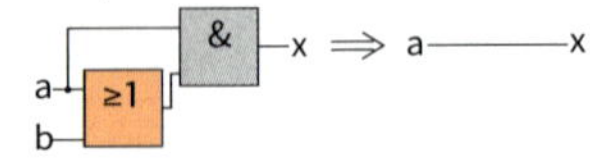

$x = a \land (\bar{a} \lor b) = a \land b$
$x = a \lor (\bar{a} \land b) = a \lor b$

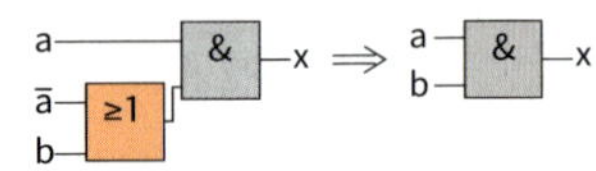

$x = a \lor \bar{a} \land \bar{b} \quad = a \lor \bar{b}$
$x = \bar{a} \lor a \land b \quad = \bar{a} \lor b$
$x = \bar{a} \lor a \land \bar{b} \quad = \bar{a} \lor \bar{b}$

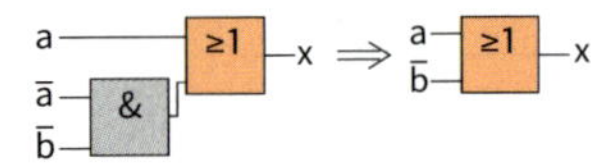

Ersetzen

UND durch ODER

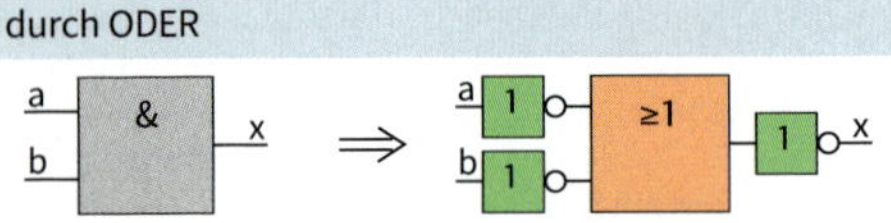

ODER durch UND

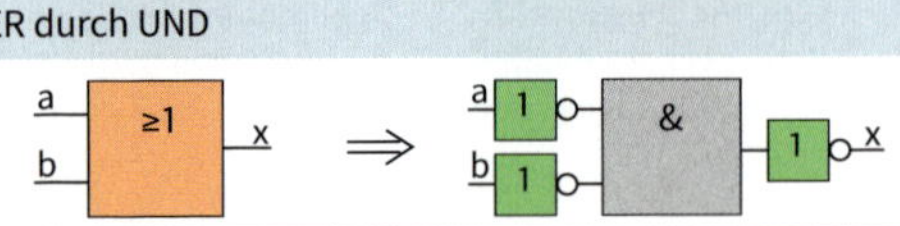

Ersetzen von Verknüpfungsgliedern
Man erhält gleichwertige Verknüpfungsglieder, wenn

1. alle UND durch ODER,
2. alle ODER durch UND ersetzt und
3. alle Anschlüsse gegenüber dem Ausgangszustand invertiert werden. (Ausnahme: NICHT-Glied)

Bezeichnungsschema[1)]

Beispiel:
SN74LS244N

SN	74	LS				244		N	
①	②	③	④	⑤	⑥	⑦	⑧	⑨	⑩

① **Kennzeichnung Standard (SN)**	
SN	Standard Vorzeichen
SNJ	Entspricht MIL-PRF-38535 (QML)
② **Temperaturbereich**	
54	Militärisch, 74 Kommerziell
④ **Spezielle Funktionen** (Beispiele)	
Leer	Keine speziellen Funktionen
C	Einstellbare Versorgungsspannung
D	Level-Shifting Diode (CBTD)
H	Bus Hold (ALVCH) Schaltung (CBTK)
S	Schottky Clamping Diode (CBTS)
⑤ **Bit-Breite** (Beispiele)	
Leer	Gates, MSI, and Octals
1G	Single Gate
2G	Dual Gate
8	Octal IEEE 1149.1 (JTAG)
16	Widebus (16-, 18- and 20-bit)
32	Widebus+ (32- and 36-bit)
⑥ **Optionen** (Beispiele)	
Leer	Keine Optionen
2	Serielle Dämpfungswiderstände am Ausgang
4	Pegelanpassung
25	25 Ω Leitungstreiber
⑦ **Funktion** (Beispiele)	
244	Nichtinvertierende Puffer/Treiber
374	D-Typ Flip-Flop
640	Invertierender Empfänger
⑧ **Ausgabestand** (Beispiele)	
Leer	Kein geänderter Ausgabestand
Buchstabe	A bis Z kennzeichnet Ausgabestand
⑨ **Gehäusebauform**	
N	Plastic-Dual-In-Line Package (PDIP)
⑩ **Verpackung**	

1) nach Texas Instruments

③ **Familie**	
Leer	Transistor-Transistor Logic (TTL)
ABT	**A**dvanced **Bi**CMOS **T**echnology
ABTE/ETL	**A**dvanced **Bi**CMOS **T**echnology/ **E**nhanced **T**ransceiver **L**ogic
AC/ACT	**A**dvanced **C**MOS Logic
AHC/AHCT	**A**dvanced **H**igh-Speed **C**MOS Logic
ALB	**A**dvanced **L**ow-Voltage **B**iCMOS
ALS	**A**dvanced **L**ow-Power **S**chottky Logic
ALVC	**A**dvanced **L**ow-**V**oltage **C**MOS Technology
ALVT	**A**dvanced **L**ow-**V**oltage BiCMOS **T**echnology
AS	**A**dvanced **S**chottky Logic
AUC	**A**dvanced **U**ltra-Low-Voltage **C**MOS Logic
AUP	**A**dvanced **U**ltra-Low-**P**ower CMOS Logic
AVC	**A**dvanced **V**ery Low-Voltage **C**MOS Logic
BCT	**B**i**C**MOS Bus-Interface **T**echnology
CB3Q	**C**ross**b**ar Bus-Switch 2.5 V/3.3 V Low-Voltage High-Bandwidth Technology Logic
CB3T	**C**ross**b**ar Bus-Switch 2.5 V/3.3 V Low-Voltage **T**ranslator Technology Logic
CBT	**C**ross**b**ar **T**echnology
CBT-C	**C**ross**b**ar 5-V Bus-Switch **T**echnology Logic with 0,2 V Undershoot Protection
CBTLV	**C**ross**b**ar **T**echnology **L**ow-**V**oltage Logic
F	**F** Logic
FB	**B**ackplane Transceiver Logic/**F**uturebus+
GTL	**G**unning **T**ransceiver **L**ogic
GTLP	**G**unning **T**ransceiver **L**ogic **P**lus
HC/HCT	**H**igh-Speed **C**MOS Logic
HSTL	**H**igh-**S**peed **T**ransceiver **L**ogic
LS	**L**ow-Power **S**chottky Logic
LV-A	**L**ow-**V**oltage CMOS Technology
LV-AT	**L**ow-**V**oltage CMOS Technology – **T**TL Comp
LVC	**L**ow-**V**oltage **C**MOS Technology
LVT	**L**ow-**V**oltage BiCMOS **T**echnology
PCA/PCF	I²C Inter-Integrated Circuit Applications
S	**S**chottky Logic
SSTL	**S**tub **S**eries-**T**erminated **L**ogic
SSTU	**S**tub **S**eries-**T**erminated **U**ltra-Low-Voltage Logic
TVC	**T**ranslation **V**oltage **C**lamp Logic
VME	**VERSAm**odule **E**urocard Bus Technology

Kenndaten einiger Logikfamilien

Technologie		AHC	AUC	CBT	F	LS	LVC	LVT
Betriebsspannung	in V	5	0,8 ... 2,5	5	5	5	2,0 ... 3,6	2,7 ... 3,3
Betriebsspannungsbereich	in V	4,5 ... 5,5	0,8 ... 2,7	4,0 ... 5,5	4,5 ... 5,5	4,75 ... 5,25	1,65 ... 3,6	2,7 ... 3,6
Temperaturbereich	in °C	−40 ... +85	−40 ... +85	−40 ... +85	0 ... +70	0 ... +70	−40 ... +85	−40 ... +85
U_{IH}	in V	2	[2)]	2	2	2	[2)]	2
U_{IL}	in V	0,8	0 ... 0,7	0,8	0,8	0,8	[2)]	0,8
I_{OH}	in mA	−8	−9[2)]	–	−1	−0,4	−24	−12
I_{OL}	in mA	8	9[2)]	–	20	8	24	12
t_{pd} (max.)	in ns	8,5	2,2[2)]	0,25	6	15	4,5	5,3

2) abhängig von der Betriebsspannung

Regeln

- Karnaugh-Veitch-Diagramme (K-V-Diagramme, K-V-Tafeln) sind grafische Verfahren zur Vereinfachung von Schaltfunktionen.
- Die Anzahl a der Felder in der K-V-Tafel ist abhängig von der Anzahl n der Eingangsvariablen: $a = 2^n$.
- Angeordnet werden die Eingangsvariablen in der Form, dass jeweils von Spalte zu Spalte und von Zeile zu Zeile nur eine Variable geändert wird.
- In die Felder werden die Werte aus der Wertetabelle eingetragen.
- Felder, die nicht belegt sind, können je nach gewählter Methode mit 0 oder 1 ergänzt werden.
- **Mintermmethode:** Möglichst viele Felder, die eine 1 enthalten (Vollkonjunktionen), zu 2er-, 4er-, 8er- oder 16er-Blöcken zusammenfassen.
- Es dürfen nur die Vollkonjunktionen zusammengefasst werden, die mit einer Seite aneinanderstoßen (nicht mit Ecken).
- Variable innerhalb eines Blockes, die negiert und nicht negiert auftreten, entfallen.
- Die je Block verbleibenden Variablen werden UND-verknüpft.
- Diese UND-Verknüpfungen werden durch ODER-Verknüpfungen zusammengefasst und ergeben die Schaltfunktion in Disjunktiver Minimalform.
- **Maxtermmethode:** Die Vereinfachung erfolgt durch Zusammenfassen und Reduzieren wie bei der Mintermmethode mit den Feldern, die eine 0 enthalten.
- Die Umwandlung in die konjunktive Minimalform erfolgt durch nochmalige Negation und Anwendung des de Morganschen Theorems.
- K-V-Tafeln werden nur für bis zu 5 Eingangsvariable aufgestellt.

Wertetabelle | **Funktionsgleichung** | **K-V-Tafel** (Minimierte Funktionsgleichung)

Beispiel für 2 Variable

	a	b	x	Vollkonjunktion	Volldisjunktion
1	0	0	1	$x = \bar{a} \wedge \bar{b}$	
2	0	1	0		$\bar{x} = a \vee \bar{b}$
3	1	0	1	$x = a \wedge \bar{b}$	
4	1	1	0		$\bar{x} = \bar{a} \vee \bar{b}$

Mintermmethode

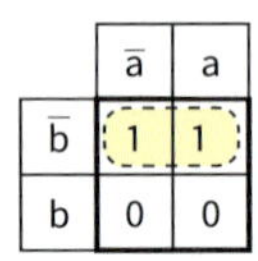

$x = \bar{b}$

Maxtermmethode

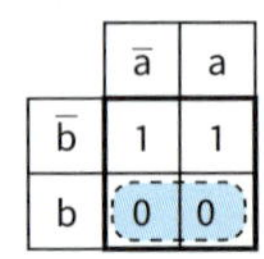

$\bar{x} = b$

Beispiel für 3 Variable

	a	b	c	x	Vollkonjunktion	Volldisjunktion
1	0	0	0	1	$x = \bar{a} \wedge \bar{b} \wedge \bar{c}$	
2	0	0	1	1	$x = \bar{a} \wedge \bar{b} \wedge c$	
3	0	1	0	1	$x = \bar{a} \wedge b \wedge \bar{c}$	
4	0	1	1	0		$\bar{x} = a \vee \bar{b} \vee \bar{c}$
5	1	0	0	1	$x = a \wedge \bar{b} \wedge \bar{c}$	
6	1	0	1	0		$\bar{x} = \bar{a} \vee b \vee \bar{c}$
7	1	1	0	0		$\bar{x} = \bar{a} \vee \bar{b} \vee c$
8	1	1	1	0		$\bar{x} = \bar{a} \vee \bar{b} \vee \bar{c}$

Mintermmethode

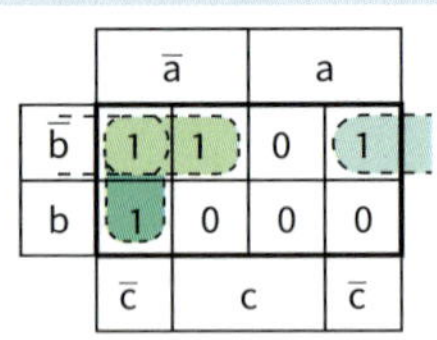

Disjunktive Minimalform

$x = (\bar{a} \wedge \bar{c}) \vee (\bar{b} \wedge \bar{c}) \vee (\bar{a} \wedge \bar{b})$

Maxtermmethode

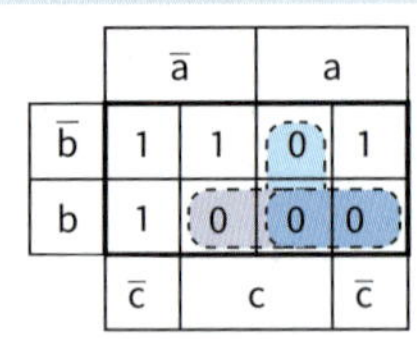

Disjunktive Minimalform

$\bar{x} = (a \wedge c) \vee (b \wedge c) \vee (a \wedge b)$

Konjunktive Minimalform

$x = (\bar{a} \vee \bar{c}) \wedge (\bar{b} \vee \bar{c}) \wedge (\bar{a} \vee \bar{b})$

K-V-Tafel für 4 Variable

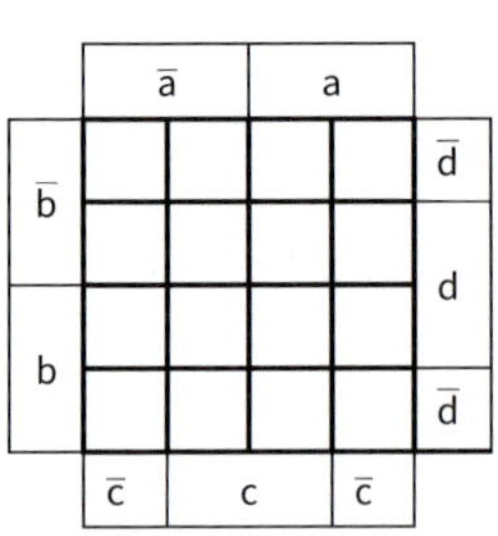

K-V-Tafel für 5 Variable

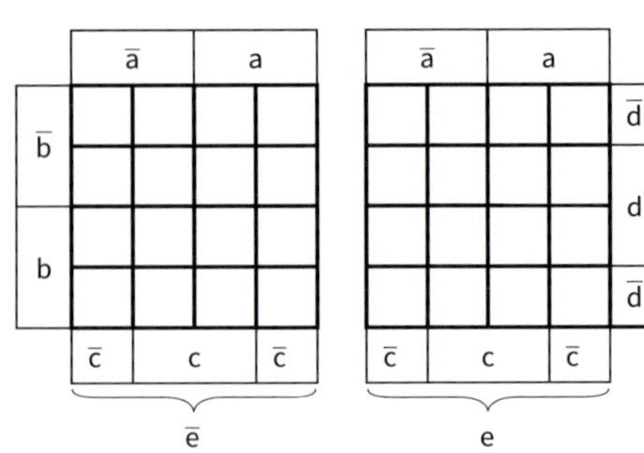

Schmitt-Trigger

- Digitale Schnittstellen, insbesondere Eingangsinterfaces, verlangen Signale mit bestimmten maximalen Anstiegs- bzw. Abfallzeiten.
- Zur Erfüllung dieser Forderung werden in der Regel Impulsformerstufen eingebaut.
- Diese Impulsformerstufen werden mit Schmitt-Trigger-Schaltungen realisiert und erzeugen aus langsam ansteigenden Eingangssignalen schlagartig umschaltende Signale.

Sechsfach invertierend (74LS14)

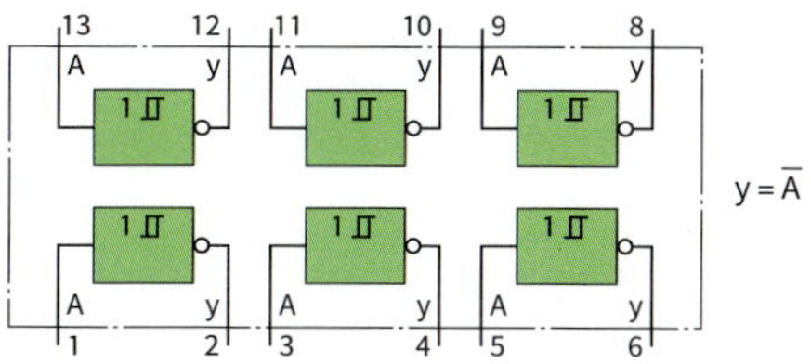

Schaltverhalten (Abhängigkeiten)

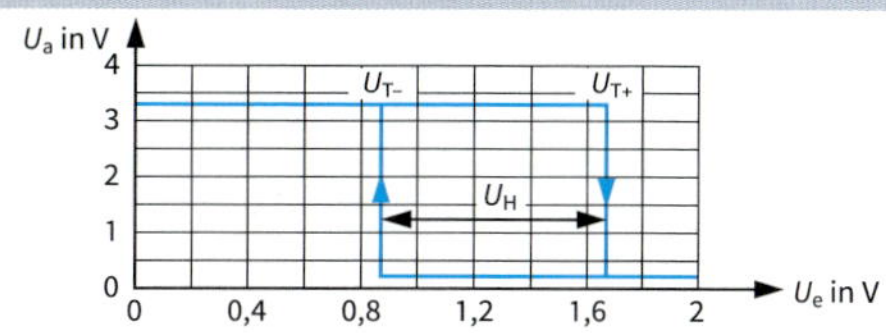

U_H: Hystereseschaltspannung
U_a: Ausgangsspannung
U_{T+}: obere Schaltschwelle
U_{T-}: untere Schaltschwelle

Analog-Digital-Umsetzer

- Sie setzen analoge Signale, die in der Regel gefiltert sind, in digitale Signale um.
- Sie arbeiten nach unterschiedlichen Umsetzungsverfahren.

Parallelverfahren

- Die Eingangsspannung wird **gleichzeitig** mit *n* festen Referenzspannungen verglichen.
- Das Ergebnis wird in einem Schritt ermittelt.

Stufenumsetzer

- Eingangsspannung wird **nacheinander** mit *n*-Referenzspannungen verglichen (sukzessive Approximation).
- Anzahl der Referenzspannungen entspricht der Stellenzahl der dualen Ausgangszahl.

Zählverfahren

- Eingangsspannung wird mit einer Referenzspannung verglichen (kleinster Wert ≙ LSB).
- Dieser Wert wird so oft aufaddiert, bis der Wert der Eingangsspannung erreicht ist.

Direkt-Umsetzer

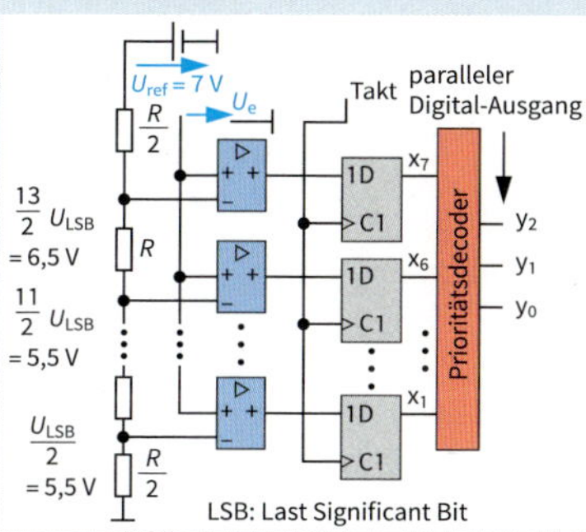

Stufenrampen-Umsetzer

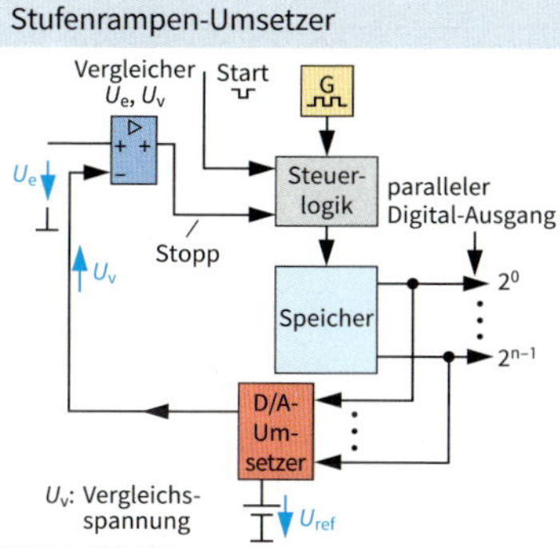

Dual-Slope-Umsetzer

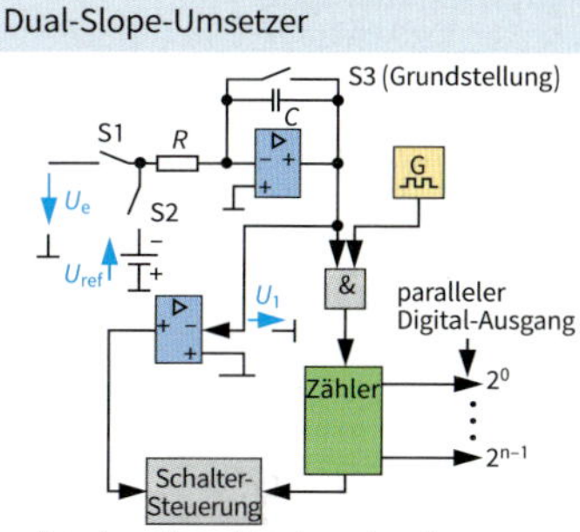

Impulse während t_2 entsprechen dem Wert der Eingangsspannung

Digital-Analog-Umsetzer

- Digital-Analog Umsetzer setzen digitale Signale in analoge Signale um.
- Sie arbeiten nach unterschiedlichen Umsetzungsverfahren.

Direktes Verfahren

- Für jede umzusetzende digitale Zahl ist eine diesem Wert entsprechende Spannungsquelle erforderlich.
- Die Spannungsquellen werden einzeln oder getrennt eingeschaltet.

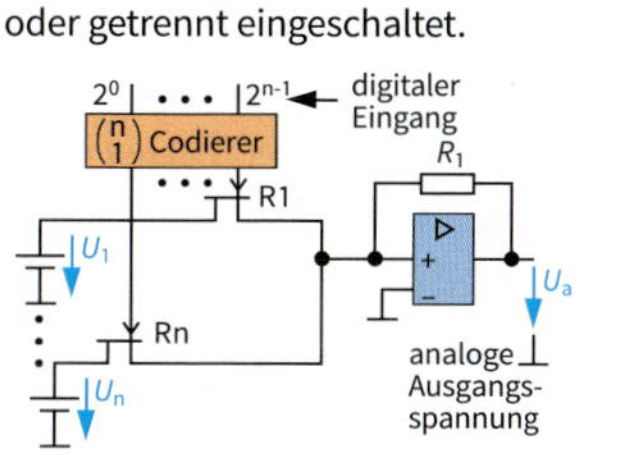

Paralleles Verfahren

- Jedem Digitaleingang ist eine unterschiedlich gewichtete Spannungs- oder Stromquelle zugeordnet.
- Sie werden entsprechend der anliegenden Dualzahl eingeschaltet und aufsummiert.

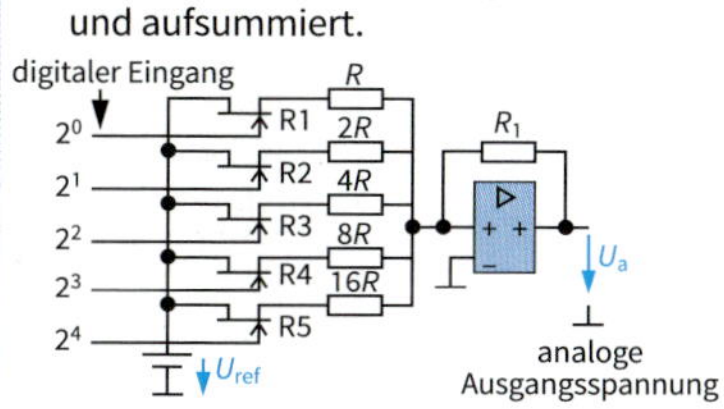

Sägezahnverfahren (Dual-Slope)

- Beim Sägezahnverfahren wird nur eine Referenzspannung benötigt.
- Digitalwert wird im Zähler auf Null gezählt. Benötigte Zeit ist proportional zum Digitalwert.

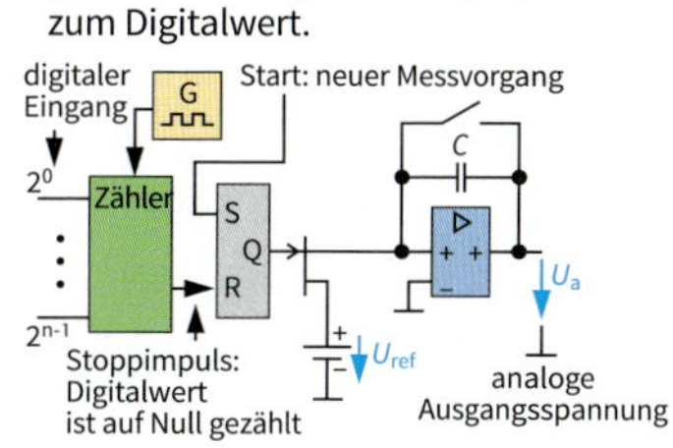

Kipp-Schaltungen

Schaltzeichen	Wertetabelle
Master-Slave-FF, zweiflanken-gesteuert	

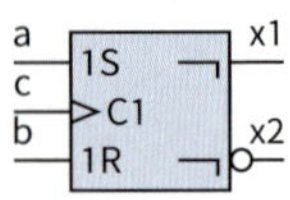

a	b	c	x_1	x_2
x	x	0	x_{1n}	x_{2n}
1	0	⎍	1	0
0	1	⎍	0	1
0	0	⎍	x_{1n}	x_{2n}
1	1	⎍	(0)	(0)

x: beliebiger Zustand — unbestimmt

Schaltzeichen	Wertetabelle
J-K-Master-Slave-FF, zweiflanken-gesteuert	

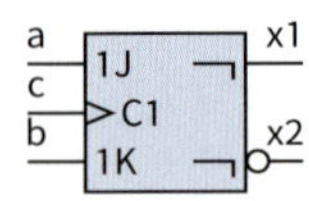

a	b	c	x_1	x_2
x	x	0	x_{1n}	x_{2n}
1	0	⎍	1	0
0	1	⎍	0	1
0	0	⎍	x_{1n}	x_{2n}
1	1	⎍	x_{2n}	x_{1n}

x: beliebiger Zustand — Wechseln

Frequenzteiler

Teilerarten

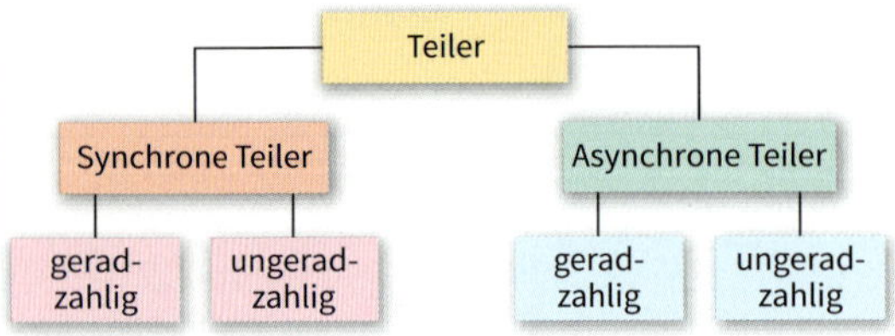

Asynchrone Teiler sind in der Zählfrequenz eingeschränkt (Aufsummierung der Schaltzeiten).

Synchrone Teiler: Jedes Flipflop wird vom Takt direkt angesteuert. Höchste Betriebsfrequenzen sind möglich.

Geradzahliger asynchroner Teiler

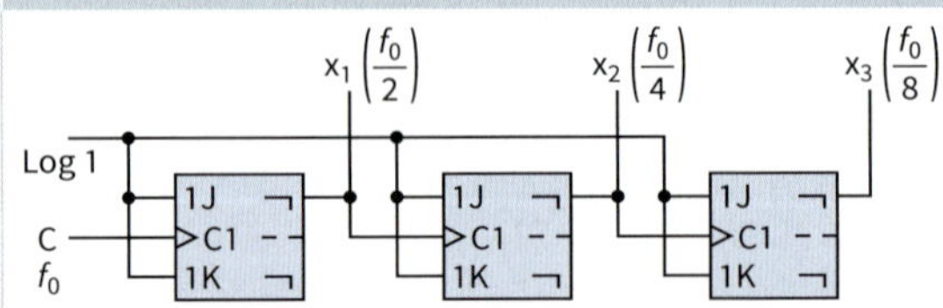

Teilungsverhältnis ergibt sich aus der Anzahl n der Flipflops.

$N = 2^n$

$$f_T = \frac{f_0}{2^n}$$

f_0: Eingangsfrequenz
f_T: geteilte Frequenz
n: Zahl der FF

Rechenschaltungen

Halbaddierer

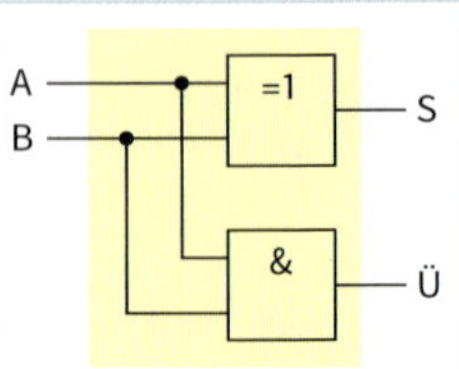

1-Bit-Volladdierer

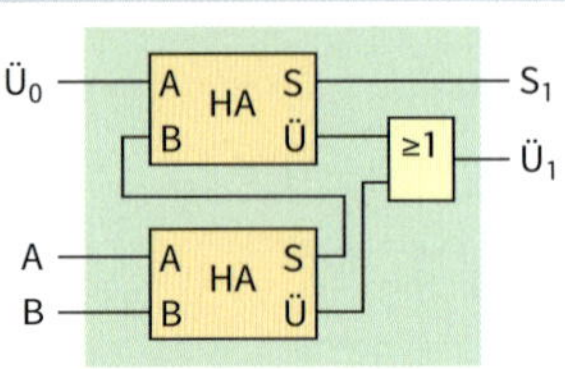

4-Bit-Volladdierer

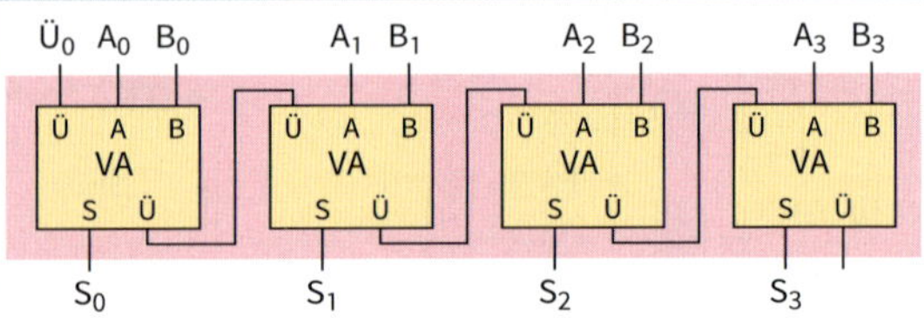

Multiplexer

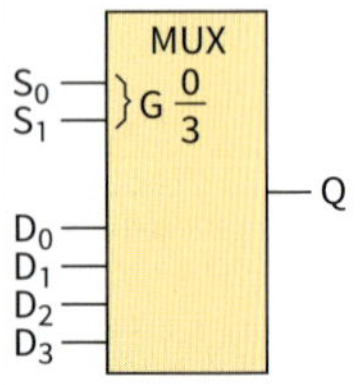

- S wählt binär codiert einen Eingang an.
- Je nach S wird Eingang $D_0 \ldots D_3$ auf Ausgang Q geschaltet.
- Multiplexer sind für analoge und digitale Signale verfügbar.

Demultiplexer

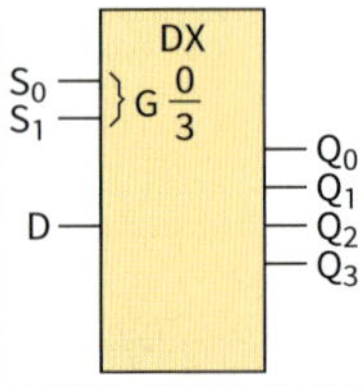

- S wählt binär codiert einen Ausgang an.
- Je nach S wird Eingang D auf Ausgang $Q_0 \ldots Q_3$ geschaltet.
- Demultiplexer sind für analoge und digitale Signale verfügbar.

Binärzähler

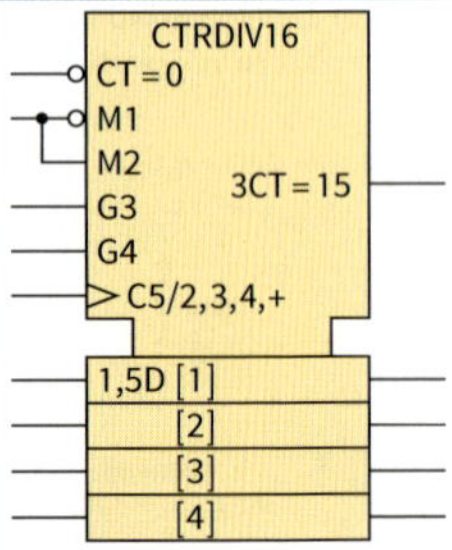

CT = 0	Zähler löschen
M1 = 0	Zähler mit Eingangsdaten laden
C5…	Takteingang
3CT…	Übertragsbit
G3, G4	Zählerfreigabe, wenn G3 = 1 und G4 = 1

Schieberegister

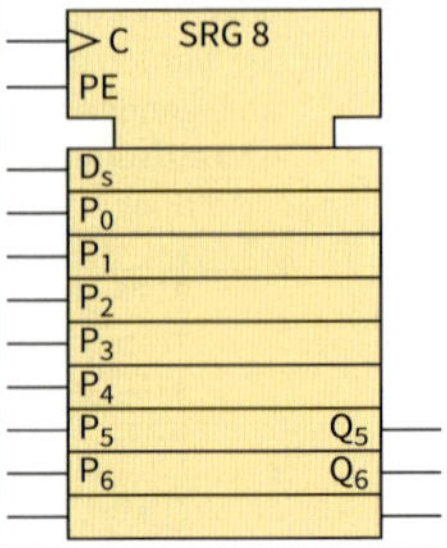

C:	Takteingang
PE:	Daten von parallelem Eingang laden
D_S:	Serieller Dateneingang
$P_0 \ldots P_7$:	Paralleler Dateneingang
$Q_5 \ldots Q_7$:	Paralleler Ausgang der letzten drei Bits

Merkmale

- Digitale Signalprozessoren werden zur digitalen Bearbeitung von analogen Signalen mit **numerischen Methoden** verwendet.
- Filtern unerwünschte Signalkomponenten aus einem Signalgemisch
- Erzeugen gewünschte Wellenformen
- Verändern Amplitudeneigenschaften
- Ermitteln bestimmte Inhalte aus einem Signalgemisch
- Arbeiten in Echtzeit
- Verarbeiten die einzelnen Befehle des Befehlssatzes in einem Taktzyklus
- Führen vollständige Multiplikation und Akkumulation in einem Taktzyklus durch
- Sind intern in der Harvard-Architektur aufgebaut (getrennte Programm- und Datenspeicher)

Anwendungen

- Digitale Filtertechnik (Ersatz von analogen Filtern)
- Spracherkennung, Sprachsynthese
- Bildübertragung, Bilddatenkompression
- Robotersteuerung, Motorsteuerung
- Digitale Vermittlungsanlagen
- Freisprechtelefone, Funktelefon
- Mustererkennung, Radartechnik
- Spektralanalyse, Ultraschall-Geräte

Anwendungsprinzip

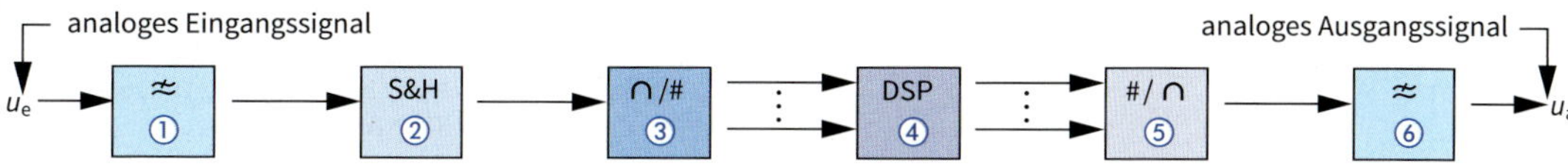

Tiefpassfilter ①
Begrenzt das Eingangssignal in seiner Bandbreite (filtert nicht gewünschte Signalanteile aus)

Sample & Hold-Schaltung ②
Tastet das Eingangssignal mit mindestens der doppelten Signalfrequenz ab (Nyquist Theorem) und stellt Amplitudenwert zur Digitalisierung bereit

Analog-/Digital-Umsetzer ③
Setzt das analoge Signal in digitales Signal um

Digitaler Signalprozessor ④
Verändert das digitale Eingangssignal entsprechend den Berechnungsformeln und den gespeicherten Daten

Digital-/Analog-Umsetzer ⑤
Setzt die digitalen Ausgangssignale des DSP in analoge Werte um

Ausgangsfilter ⑥
Filtert die bei der A/D-Umsetzung entstehenden hochfrequenten Signalanteile aus (Signalglättung)

Architektur

Beispiel: ADSP 2105

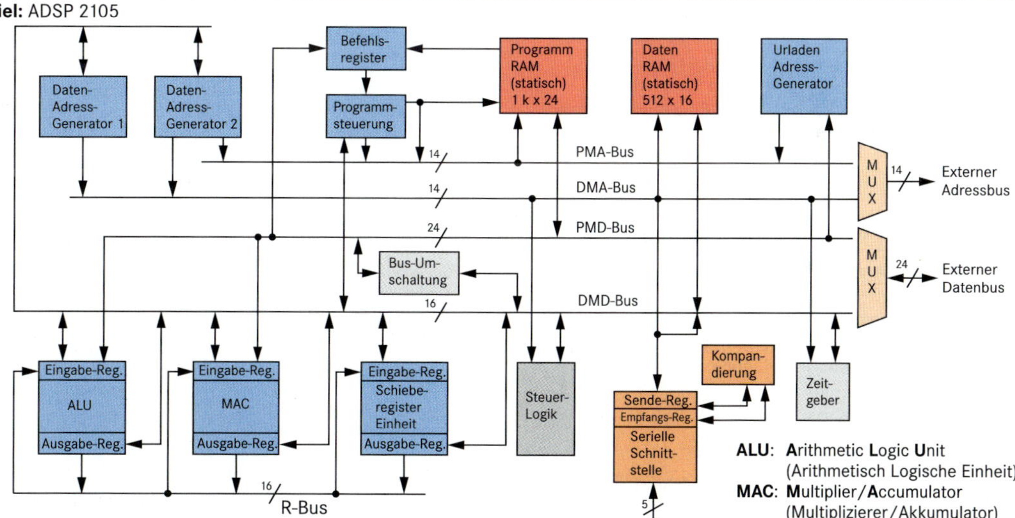

ALU: **A**rithmetic **L**ogic **U**nit (Arithmetisch Logische Einheit)
MAC: **M**ultiplier/**Ac**cumulator (Multiplizierer/Akkumulator)

R-Bus: **R**esult-Bus (Ergebnisbus)
PMA-Bus: **P**rogram **M**emory **A**ddress-Bus (Programmspeicher Adressbus)
DMA-Bus: **D**ata **M**emory **A**ddress-Bus (Datenspeicher Adressbus)
PMD-Bus: **P**rogramm **M**emory **D**ata Bus (Programmspeicher Datenbus)
DMD-Bus: **D**ata **M**emory **D**ata Bus (Datenspeicher Datenbus)

Übersicht

Feldprogrammierbare Logikbausteine (**F**ield **P**rogrammable **L**ogic **D**evice) zählen zu den integrierten Schaltungen, die sich wie folgt einordnen lassen:

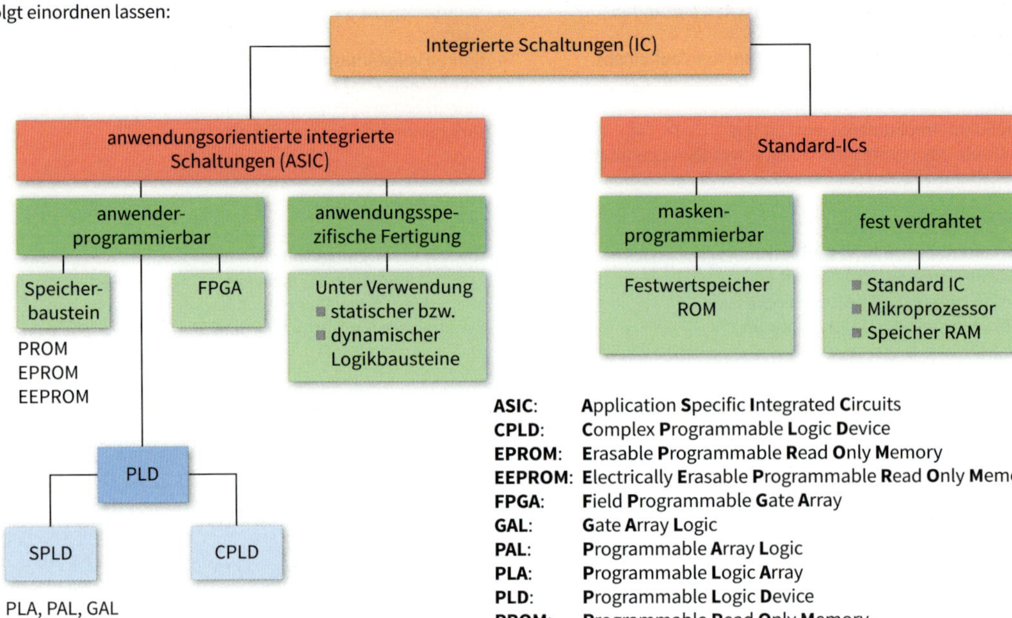

ASIC: **A**pplication **S**pecific **I**ntegrated **C**ircuits
CPLD: **C**omplex **P**rogrammable **L**ogic **D**evice
EPROM: **E**rasable **P**rogrammable **R**ead **O**nly **M**emory
EEPROM: **E**lectrically **E**rasable **P**rogrammable **R**ead **O**nly **M**emory
FPGA: **F**ield **P**rogrammable **G**ate **A**rray
GAL: **G**ate **A**rray **L**ogic
PAL: **P**rogrammable **A**rray **L**ogic
PLA: **P**rogrammable **L**ogic **A**rray
PLD: **P**rogrammable **L**ogic **D**evice
PROM: **P**rogrammable **R**ead **O**nly **M**emory
SPLD: **S**imple **P**rogrammable **L**ogic **D**evice

Speicherprogrammierbare Bausteine

Merkmale

- Die Bausteine werden anwendungsunabhängig produziert.
- Die Programmierung erfolgt elektrisch durch den Benutzer und wird je nach Typ unterschieden:
  PROM – Sicherungen selektiv durchbrennen
  EPROM – Löschen mittels UV-Bestrahlung
  EEPROM – Elektrisches beschreiben und löschen
- Die Zuordnung der Funktion zwischen Eingangs- und Ausgangsvariablen erfolgt über den Speicherinhalt.
- Alle möglichen Kombinationen der Eingangsvariablen müssen dabei berücksichtigt werden.

Struktur eines Speicherblocks

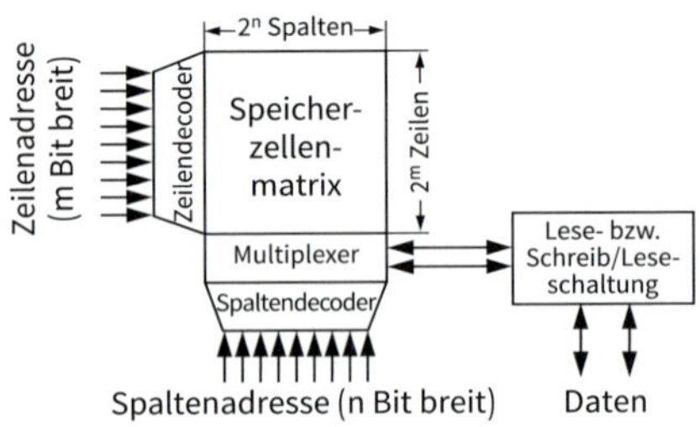

Anwenderprogrammierbare logische Felder (SPLD)

Programmable Array Logic (PAL)

- Diese Bausteine werden eingesetzt, wenn nicht alle Kombinationen der Eingangsvariablen h benötigt werden.
- Bei einem PAL steht zur Programmierung nur ein Feld von UND-Verknüpfungen zur Verfügung.

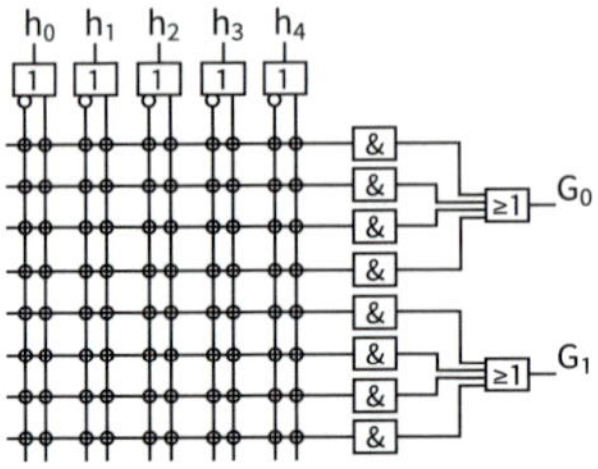

$h_0 \dots h_n$: Eingänge
$G_0 \dots G_{nm}$: Ausgänge

Programmable Logic Array (PLA)

- Diese Bausteine können nur einmal programmiert werden (OTP: One Time Programmable).
- Bei einem PLA-Baustein erfolgt die Programmierung über ein Feld (Array) aus UND- sowie ODER-Verknüpfungen.

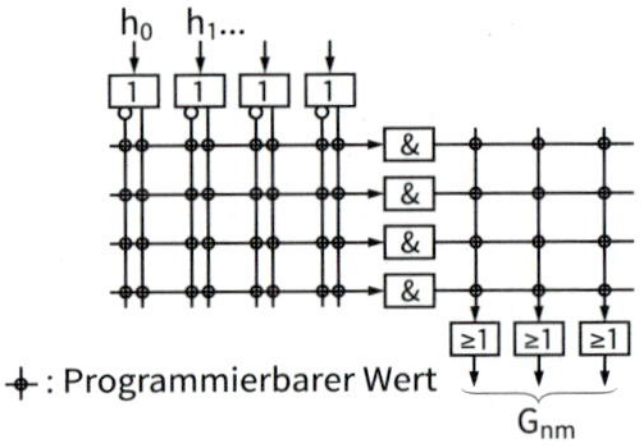

Merkmale

- FPGAs sind wiederprogrammierbare Chips und ersetzen zunehmend herkömmlich benutzerdefinierte ASICs sowie Prozessoren für Steuerungs-, Regel- und Signalverarbeitungsanwendungen.
- Die Funktionsart der einzelnen Blöcke eines FPGA sowie die Verbindungsleitungen zwischen diesen Blöcken wird programmiert.
- FPGA-Chips werden dort eingesetzt, wo ein hohe Signalverarbeitungsgeschwindigkeit bei einer maximalen Flexibilität in der Anpassung der Schaltung erforderlich wird (z. B. FFT-Analyse).
- Sie gestatten eine flexible und kostengünstige Fertigung für anwenderspezifische Schaltungen in geringen Stückzahlen.
- Die Programmierung erfolgt durch eine logisch funktionelle Beschreibung mit Hilfe einer Hardwarebeschreibungssprache (z. B. VHDL).

Aufbau

- Im wesentlichen bestehen FPGAs aus einer Anordnung von Logikzellen und der Verdrahtung auf dem Chip.
- Die Anordnung der Zellen sowie der Verdrahtung entscheidet über die Architektur des Chips (z. B. symmetrisches Array, Sea-of-Gates).
- Die **IO-Zellen** (IOB) stellen die Verbindung zur Außenwelt her.
- Die Logikblöcke (**CLB**: **C**onfigurable **L**ogic **B**lock) werden über eine Routing-Matrix auf unterschiedliche Art miteinander verbunden.
- Die Verdrahtung nimmt den wesentlichen Anteil (90 %) der Chipfläche ein.
- Die CLBs stellen den eigentlichen Kern des FPGA dar. Sie bestehen mindestens aus einer so genannten **L**ook-**U**p-**T**able (**LUT**) mit einer bestimmten Anzahl von Flip-Flops.
- Die LUT enthält die Wahrheitstabelle der programmierten Binärfunktion.

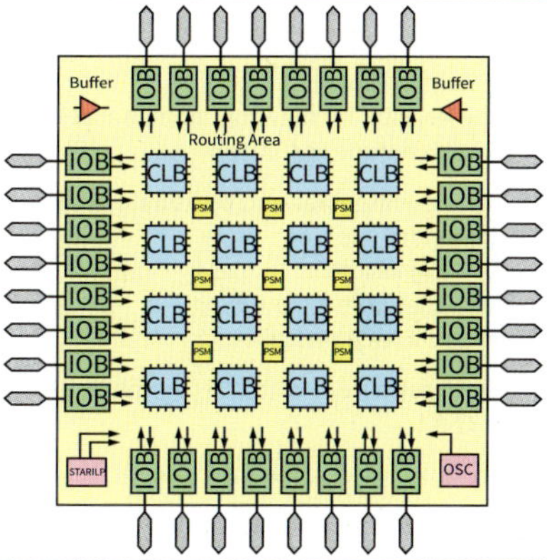

Vorteile

- Höhere Leistungsfähigkeit und Geschwindigkeit durch Hardwareparallelität
- Niedrigere Kosten gegenüber kundenspezifischen **ASICs** (**A**pplication **S**pecific **I**ntegrated **C**ircuit) bei geringeren Stückzahlen. Insbesondere treten bei ASICs hohe Kosten für das **N**on-**R**ecovering-**E**ngineering (**NRE-Kosten**) auf.
  NRE-Kosten: Einmaliger Investitionsaufwand für Neuentwicklung, z. B. Vorbereitungskosten der Fertigung, Designtest oder Prototypenherstellung.
- Durch flexible Technologie sind sie gut geeignet für die Prototypenherstellung (kurze Markteinführungszeiten).
- Durch die Programmausführung in Hardware sind FPGAs zuverlässiger. Sie benötigen kein Betriebssystem.

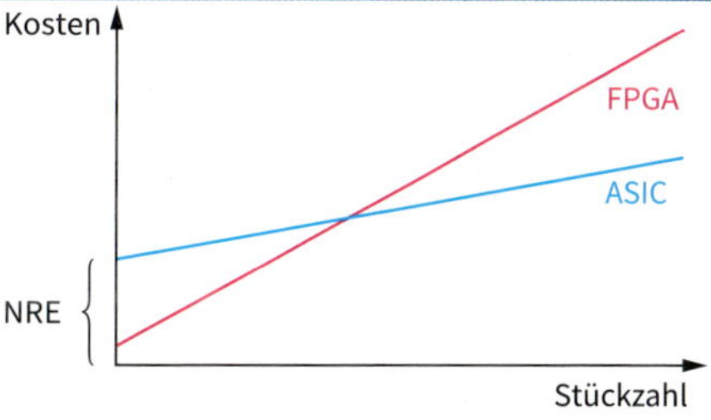

- FPGA-Chips eignen sich für den Langzeiteinsatz, da sie durch die Rekonfigurierbarkeit den zukünftigen Anforderungen angepasst werden können.

Auswahlkriterien

- Zur Auswahl eines FPGA-Chips sollten folgende Leistungsfaktoren berücksichtigt werden:
  - Anzahl und Aufbau der Logikblöcke
  - Größe der Logikblöcke (Granularität, z. B. feinkörnig)
  - Anordnung der Zellen und Verbindungselemente
  - Art der Verbindungsleitungen
  - Anzahl der Verbindungsleitungen
  - Programmierverfahren
- Weiterhin können Besonderheiten des jeweiligen Chips (z. B. RAM-Kapazität) die Auswahl beeinflussen.

Beispiel: Xilinx FPGA Virtex-7, Typ XC7V2000T

- Logische Zellen 1.954.560
- Slices 305.400
- Flip-Flops 2.443.200

Merkmale

- Mikrocontroller sind Mikroprozessoren, die mit **zusätzlichen Funktionseinheiten** auf einem einzigen Halbleiterkristall integriert sind.
- Sie sind Bestandteil fast aller elektronischen Geräte (z. B. Waschmaschinen) bzw. Steuerungen und in unterschiedlchen Ausprägungen von einer Reihe von Halbleiterherstellern verfügbar.
- Die **grundsätzlichen** Bestandteile eines Mikrocontrollers sind:
  - CPU (Central Processing Unit: Zentrale Verarbeitungseinheit)
  - Programm- und Datenspeicher (program and data memory)
  - Takterzeugung/Taktverstärkung
  - Unterbrechungssteuerung
- Als **ergänzende** Funktionseinheiten sind mindestens integriert:
  - Ein-/Ausgaberegister (Ports)
  - Timer für Zeitfunktionen
  - spezifische Register für die Programmbearbeitung bzw. Zwischenspeicherung von Daten
- Je nach Anwendungsgebiet sind **optionale** Funktionseinheiten integriert, wie z. B.
  - Digital-/Analogwandler
  - Pulsweitenmodulationssteuerung
  - Kommunikationsschnittstellen
- Die Verarbeitungsbreite (Wortbreite) beträgt 4 Bit, 8 Bit, 16 Bit oder 32 Bit.
- Die Taktfrequenzen reichen bis zu 200 MHz.
- Die auf dem Chip integrierten **Speicher** sind in unterschiedlichen Größen und Technologien verfügbar.
- Der **Programmspeicher** wird überwiegend als Flash-Speicher (EEPROM) und der Datenspeicher als statischer Speicher (Datenverlust nach Spannungsausfall) integriert.
- Programme sind in der Regel durch Programmierungssteuerung auf dem Chip im System ladbar (**ISP: In System Programming**).
- Der Befehlsvorrat ist optimiert auf die internen Registerstrukturen (**RISC: Reduced Instruction Set Computer**).
- Die **Programm- und Ein-/Ausgabesteuerung** ist im Rahmen der Programmerstellung zu realisieren.
- Die **Programmierung** erfolgt in Assembler, einer höheren Programmiersprache (z. B. C) oder unter Anwendung von grafischen Editoren.
- Die angebotenen **Entwicklungssysteme** ermöglichen einen Programmtest sowohl auf der Simulationsebene als auch in entsprechenden Ablaufumgebungen mit der zugehörigen Hardware.
- Mit dem Begriff **Embedded Controller** (eingebettete Controller) werden Mikrocontroller bezeichnet, die als Bestandteil in Geräten integriert sind.
- Der größte Marktanteil wird derzeit durch 8 Bit Mikrocontroller belegt, wobei die 16 Bit Controller zunehmend angewendet werden (bedingt durch höhere funktionale Anforderungen).
- Die Anwendung von Mikrocontrollern erfolgt **funktionsspezifisch** für eine definierte Aufgabe (z. B. Ansteuerung eines Displays oder Motors).
- Bedingt durch die verfügbaren Speichergrößen sind Betriebssysteme, wie vom PC bekannt, nicht anwendbar.

Marktsegmentierung

- Eine grobe Marktsegmentierung ist anhand der Prozessor-Wortbreite für die interne Verarbeitung möglich.
- Bedingt durch die unterschiedlichen Leistungsmerkmale in den jeweiligen Segmenten ist eine exakte Abgrenzung zu benachbarten Segmenten nur schwer möglich

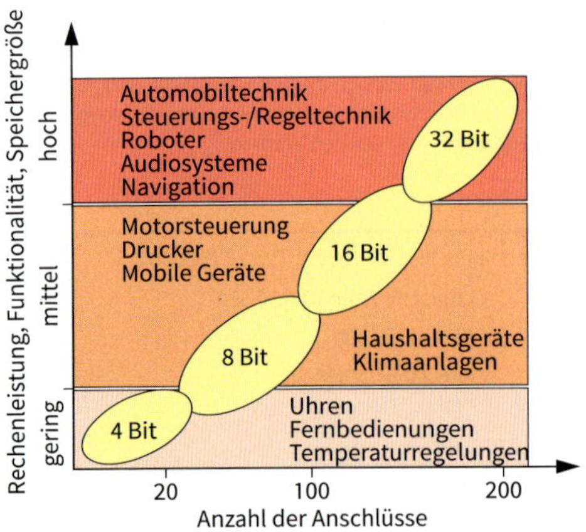

Funktionseinheiten

Beispiel:
Renesas R8C
(mit 16 Bit CPU)

V_{CC}	Positive Betriebsspannung
RES (Reset)	Rücksetzeingang
GND (Ground)	0 V Betriebsspannung
X_{IN}/X_{OUT}	Taktanschluss
POR (Power on Reset)	Spannungseinschaltung Rücksetzsteuerung
LVD (Low Voltage Detection)	Unterspannungserkennung
User Flash	Programmspeicher
Timer	Zeitgeber
RAM	Arbeitsspeicher
Peripherals	Ein-/Ausgabeschaltungen

Merkmale

- Für kleine Steuerungsaufgaben ist der Mikrocontroller Typ 16Fxx der Fa. Microchip geeignet.
- Dieser Controller verfügt u. a. über
  - 8-Bit Wortbreite
  - 35 Befehle
  - 1024 Worte Programmspeicher (Flash)
  - 68 Byte RAM-Datenspeicher
  - 64 Byte Daten EEPROM
  - Direkte, indirekte und relative Adressierung
  - 13 I/O Anschlüsse mit individueller Richtungssteuerung
  - Betriebsspannungsbereich 2,0 V bis 5,5 V
  - Stromstärke < 2 mA bei 5 V und 4 MHz Taktfrequenz

Anschlussbelegung

Gehäuse 18-pin PDIP

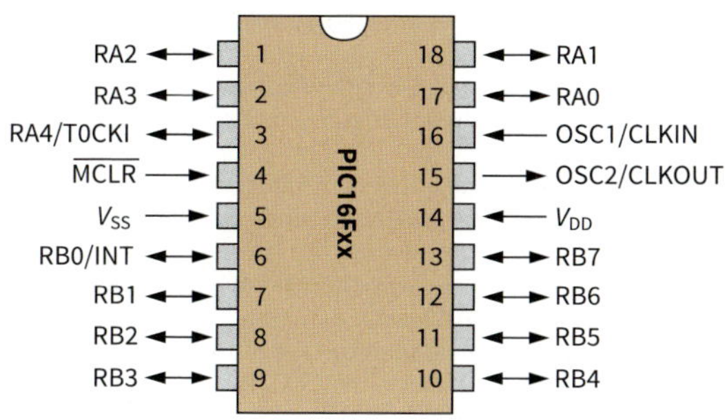

RA0 … RA4	Bidirektionale Ein-/Ausgänge
RB0 … RB7	Bidirektionale Ein-/Ausgänge
RB6	Takteingang für Programmierung
RB7	Dateneingang für Programmierung
OSC1/CLKIN	Quarzanschluss Eingang/externer Takteingang
OSC2/CLKOUT	Quarzanschluss Ausgang/Taktausgang in Betriebsart RC
$\overline{\text{MCLR}}$	Rücksetzeingang oder Programmierspannungseingang
TOCKI	Takteingang für Timer (TMR0)
INT	Externe Unterbrechungsanforderung
V_{SS} ($+U_B$)	0 V für Logik und I/O Anschlüsse
V_{DD} (0 V)	Positive Versorgungsspannung für Logik und I/O Anschlüsse

Interner Aufbau

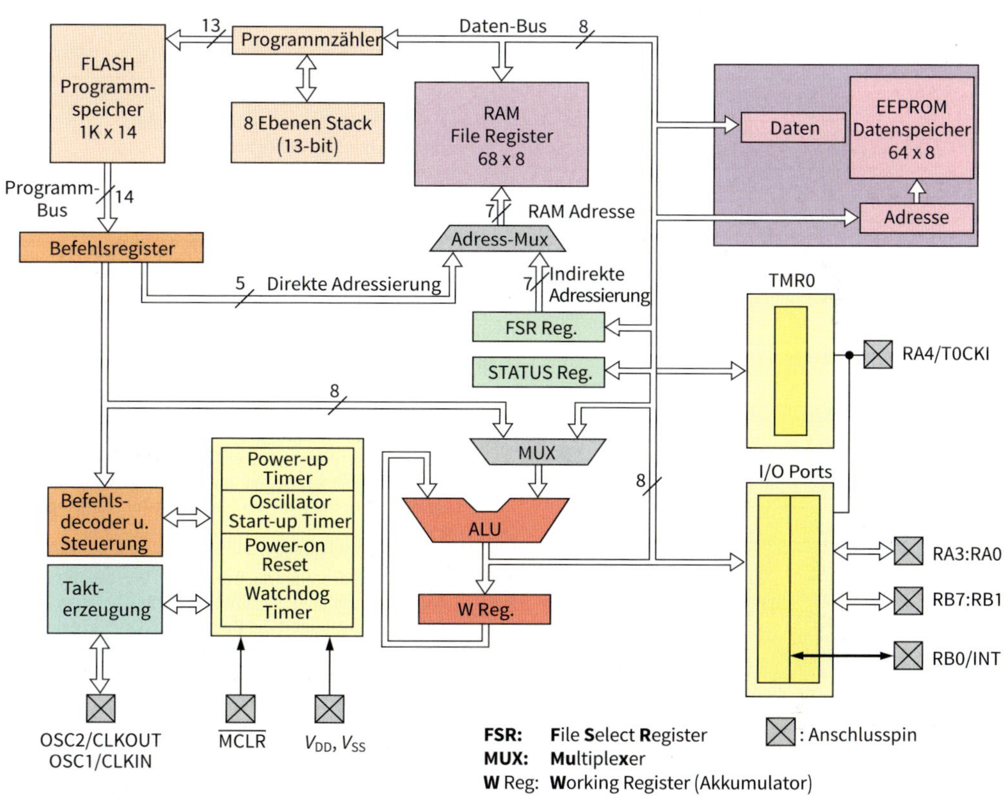

Merkmale

- Im PIC 16F84A sind die drei Speicherbereiche
  - Flash-Programmspeicher,
  - RAM-Datenspeicher und
  - EEPROM-Datenspeicher

  physikalisch implementiert.
- Der Flash-Datenspeicher beinhaltet das Anwenderprogramm und die Programmkonstanten (dauerhaft).
- Der RAM-Datenspeicher beinhaltet die errechneten Zwischenergebnisse zur weiteren Programmbearbeitung (flüchtig).
- Der EEPROM-Datenspeicher beeinhaltet z. B. Parametrierdaten (dauerhaft).

Flash-Programmspeicher

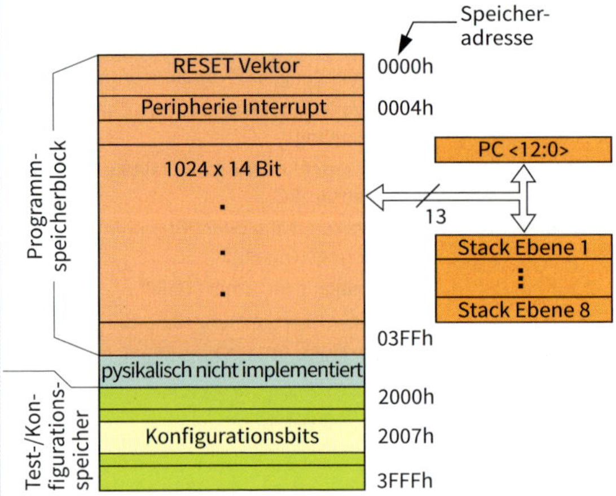

- Das Anwenderprogramm wird elektrisch mit einem Programmiergerät über zwei Pins geladen (**ICSP**: **I**n **C**ircuit **S**erial **P**rogramming).
- Garantiert werden 10000 Programmierzyklen
- Daten bleiben nach Spannungsabschaltung dauerhaft gespeichert
- Verfügt über 1024 Speicherzellen, mit jeweils 14 Bit
- Der Reset Vektor (**Startadresse** nach Einschalten der Versorgungsspannung) liegt auf der Adresse 0000h.
- Interruptanforderungen von extern (Peripherie) werden über die Adresse 0004h gesteuert.
- Die Adressierung erfolgt über den Program-Counter (PC) bzw. über den Stackbereich (mit CALL, RETURN, RETFIE, RETLW).
- Der Test-/Konfigurationsspeicher ist nur während der Programmierung ansprechbar.

RAM-Datenspeicher

Speicheradresse

	Speicheradresse	Bank 0	Bank 1	Speicheradresse
SFR	00h	Indirekt Adress.¹⁾	Indirekt Adress.¹⁾	80h
SFR	01h	TMR0	OPTION_REG	81h
SFR	02h	PCL	PCL	82h
SFR	03h	STATUS	STATUS	83h
SFR	04h	FSR	FSR	84h
SFR	05h	PORTA	TRISTA	85h
SFR	06h	PORTB	TRISB	86h
SFR	07h	–	–	87h
SFR	08h	EEDATA	EECON1	88h
SFR	09h	EEADR	EECON2⁽¹⁾	89h
SFR	0Ah	PCLATH	PCLATH	8Ah
SFR	0Bh	INTCON	INTCON	8Bh
GPR	0Ch … 4Fh	68 General Purpose Registers (SRAM)	Mapped (accesses) in Bank 0	8Ch … CFh
	50h … 7Fh			D0h … FFh

¹⁾ kein physikalisches Register, xxh: xx (hexadezimal)

- Der RAM-Datenspeicher ist als statischer RAM aufgebaut (Datenverlust nach Spannungsabschaltung).
- Jede Speicherzelle verfügt über 8 Bit.
- Ist aufgeteilt in die beiden Bereiche
  - **S**pecial **F**unction **R**egisters (**SFR**) und
  - **G**eneral **P**urpose **R**egisters (**GPR**).
- SFRs steuern den Ablauf im Mikrocontroller.
- STATUS, OPTION, INCON, PCLund PCLATH steuern die interne Bearbeitung.
- EEADR, EEDATA, EECON dienen zur Bearbeitung des EEPROM-Speichers (schreiben/lesen).
- PORTA, PORTB, TRISA, TRISB steuern die Ports.
- TMR0 steuert den Taktgeber bzw. Zähler.
- GPRs stehen als allgemeiner Speicherbereich für den Anwender zur Verfügung.
- Beide Speicherbereiche sind in Banken unterteilt.
- Die Auswahl der jeweiligen Speicherbank erfolgt über spezielle Steuerbits, die im Statusregister festgelegt sind (RP0).
- Register Bank Select bits
  - RP0 = 00h adressiert die Bank 0 von 00h bis 7Fh (Adressen von 50h bis 7Fh werden als 0 gelesen),
  - RP1 = 01h adressiert die Bank 1 von 80h bis FFh (Adressen von D0h bis FFh werden als 0 gelesen)
- Die Speicherzellen können angesprochen werden
  - direkt über eine absolute Adresse oder
  - indirekt über FSR (File Select Register).
- Die GPR-Adressen in Bank 1 werden auf den Adressen in Bank 0 abgebildet; somit greifen die Adressen auf die identische Speicherzelle zu (z. B.: 0Ch und 8Ch).

Ungepoltes Relais

Grundsätzlicher Aufbau

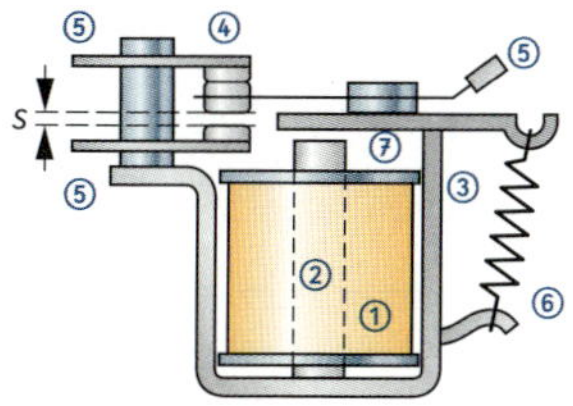

- Spule ①
- Ferromagnetischer Kern ②
- Joch ③
- Kontakte ④
- Zuführungen ⑤
- Rückstellfeder ⑥
- Beweglicher Anker ⑦

Relais in Kompaktbauweise

- Der Ankerluftspalt liegt in der Mitte der Spule.
- Das Innere der Spule ist die schutzgasgefüllte Kontaktkammer.

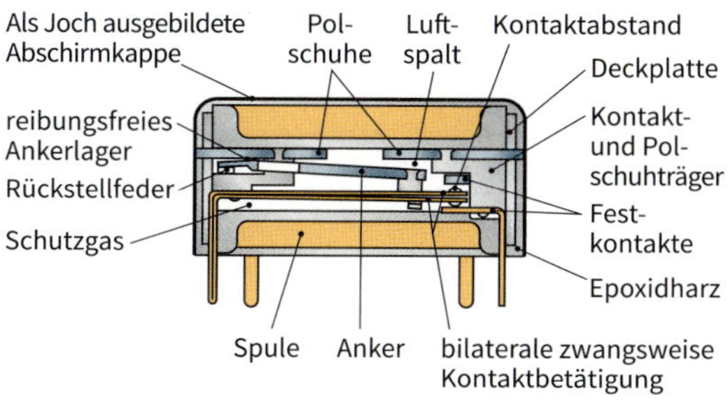

Reed-Relais

Grundsätzlicher Aufbau

- Verschlossenes Glasröhrchen mit zwei eingeschmolzenen ferromagnetischen Kontaktzungen (engl.: reed)
- Erregerspule umschließt das Glasröhrchen

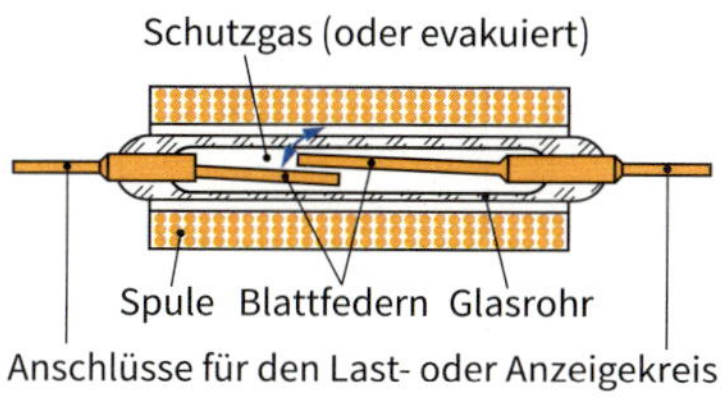

Sicherheitsrelais

- Mindestens zwei voneinander unabhängige in Serie geschaltete Kontakte ①. Wenn einer der Kontakte verschweißt, so muss der in Serie liegende zweite Kontakt die Abschaltung übernehmen.
- Die Kontakte im Kontaktsatz sind miteinander zwangsgeführt ②.

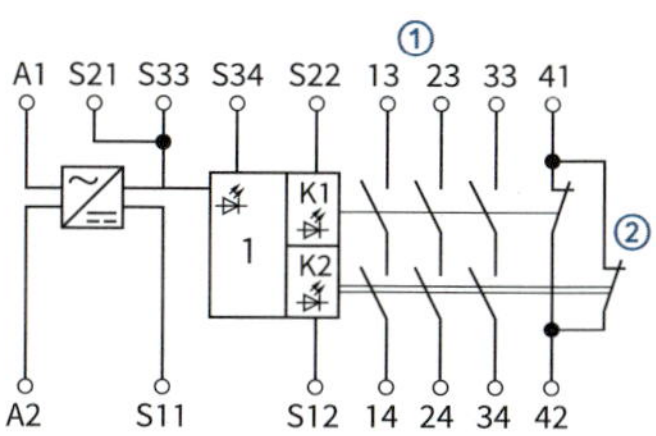

Schutzarten

- **RT 0** (Unenclosed relay)
  Offenes und somit ungeschütztes Relais
- **RT I** (Dust protected relay)
  Staubgeschützt mit Kapselung, bewegliche Teile sind geschützt
- **RT II** (Flux proof relay)
  Gegen Flussmittel geschützt (bei Lötarbeiten)
- **RT III** (Wash tight relay)
  Waschdicht, geeignet für Lötbadverarbeitung mit anschließendem Waschverfahren
- **RT IV** (Sealed relay)
  Das Relais ist so gekapselt, dass keine Umgebungsatmosphäre eindringen kann.
- **RT V** (Hermetically sealed relay)
  Hermetisch dichtes Relais, höchste Qualitätsstufe (EN 116000-3: 1996, IEC 61810-7: 2006-03)

Schutzbeschaltungen

Funktion:

- Belastung der Kontakte reduzieren
- Schutz der elektronischen Bauelemente vor hohen Induktionsspannungen (Stromänderung in der Spule)
- Gleichstromschutzbeschaltung einsetzen

Gleichstromschutzbeschaltung

- **Freilaufdiode**

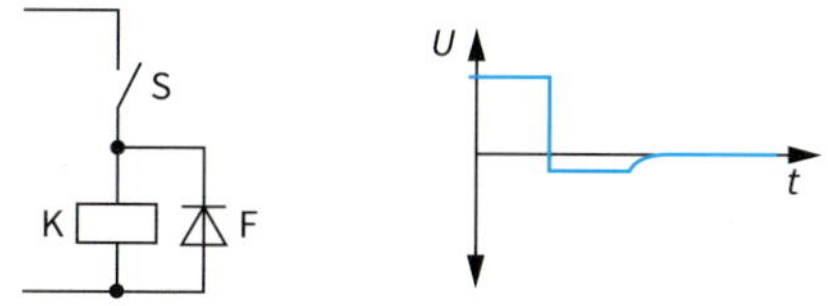

Abschaltspannung 0,7 V (Silizium-Diode), geringe Kosten, geringer Platzbedarf

Wechselstrom- und Gleichstromschutzbeschaltung

- **RC**

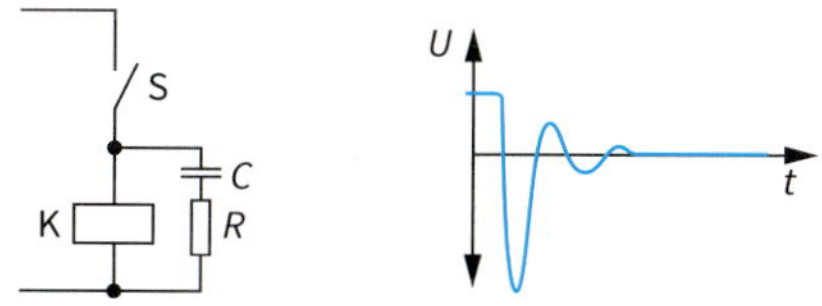

Hohe Stromspitze, großer Platzbedarf

- **Varistor**

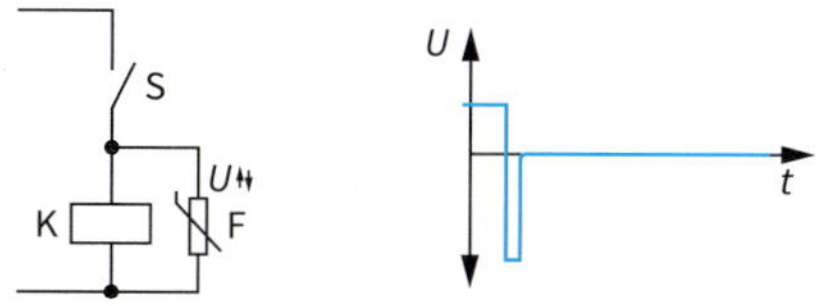

Hohe Überspannung, großer Platzbedarf

Bezeichnungen und Aufbau

- **ELR**: (**E**lektronisches **L**ast**r**elais)
- Halbleiterrelais
- Halbleiterlastrelais
- Halbleiterschütz
- **SSR** (**S**olid **S**tate **R**elay)

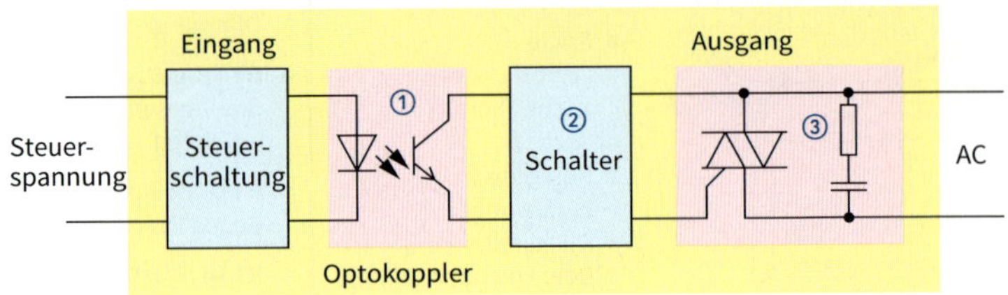

Funktion und Schaltverhalten

- Eingangsschaltung mit Optokoppler ① (galvanische Trennung zwischen Ein- und Ausgang)
- Schalter ② (bei Wechselspannung in der Regel Nullspannungsschalter)

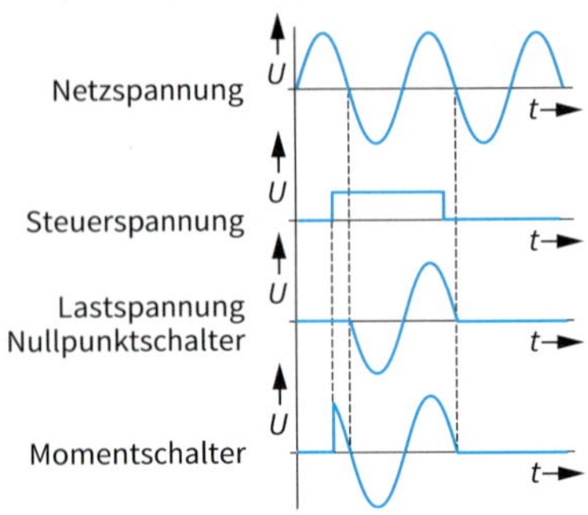

- Ausgangsschaltung mit Leistungshalbleiter ③ bei
  - Gleichspannung: Bipolarer Transistor, MOSFET, Thyristor
  - Wechselspannung: Triac, antiparallele Thyristoren

Vor- und Nachteile von Schaltgeräten

Eigenschaft	mechanisch	elektronisch
Steuerleistung	–	+
Lebensdauer	–	+
Prellverhalten	–	+
Schaltzeiten	–	+
Schalthäufigkeit	–	+
Kontaktzahl und -art	+	–
Galvanische Trennung, Leckstrom	+	–
Lebensdauer	–	+
Schaltgeräusch	–	+
Korrosionsfestigkeit	–	+
Verlustleistung	+	–
Nullpunktschaltend	–	+

Eingangsschaltungen (Prinzip)

Gleichspannung	Wechselspannung
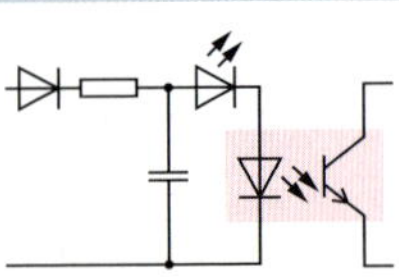	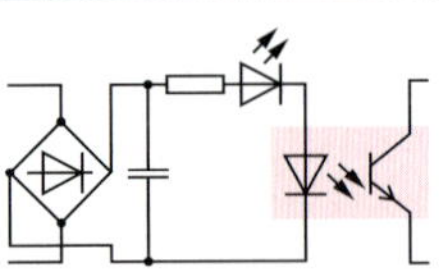

Ausgangsschaltungen Gleichspannung

- Zweileiterausgang

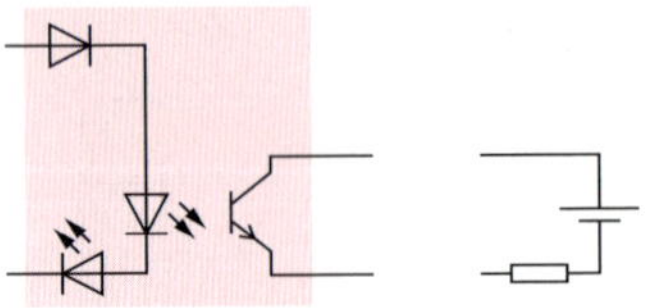

- Dreileiterausgang

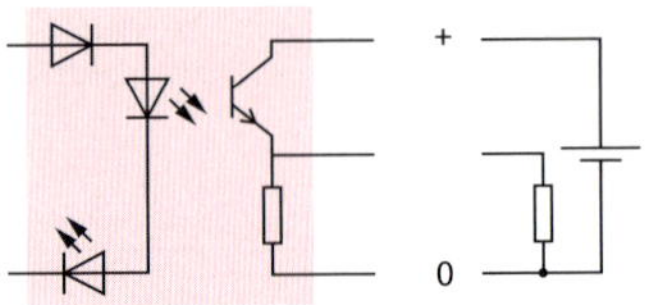

Schutzbeschaltungen bei induktiver Last

Gleichspannung	Wechselspannung
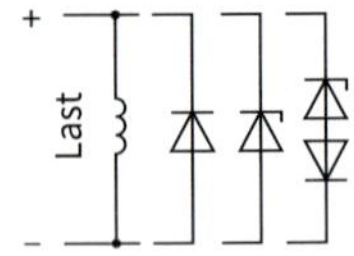	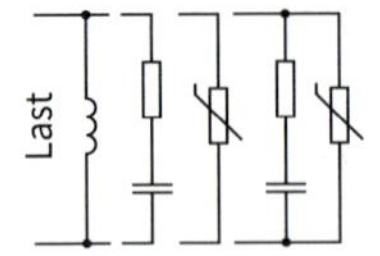

Elektronisches Relais für 3 Phasen

Beispiel:

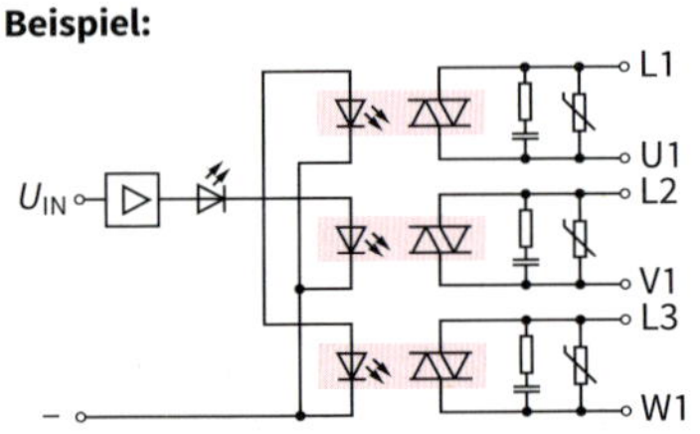

Eingangsdaten

Steuerspannung:	24 V DC ± 20 %
Eingangsstromstärke:	ca. 8 mA

Ausgangsdaten

Betriebsspannung:	400 V AC, 50/60 Hz
Betriebsspannungsbereich:	110 … 440 V AC
Max. Dauerlaststromstärke:	3 · 9 A
Sperrspannung:	800 V
Prüfspannung Ein-/Ausgang:	2,5 kV_{eff}

Farben für Drucktaster und Signalleuchten
Colours for Push-Buttons and Signal Lamps

DIN EN 60204-1: 2007-06

Farbe	Bedeutung	Anwendungen		Beispiele
		Drucktaster	Signalleuchten	
ROT	Gefahr	NOT-AUS	Gefahrbringender Zustand, sofort Ausschalten (Störung)	
GELB	Achtung Anormal	Beseitigung von anormalen Bedingungen bzw. unerwünschten Änderungen	Beseitigung von anormalen Bedingungen bzw. unerwünschten Änderungen	
GRÜN	Normal	Vorbereiten/Bestätigen/ START/EIN Verboten bei STOPP/AUS	Die physikalische Größe liegt im normalen Bereich.	
BLAU	Zwingend	Vorbestimmte Maßnahme wird durchgeführt, z. B. Rückstellen	Vorbestimmte Maßnahmen durchführen, z. B. Werte eingeben.	
WEISS	Keine bestimmte Bedeutung	Bevorzugt anwenden für **START/EIN** **STOPP/AUS**	Kontrolle, ob Umschaltung notwendig	
GRAU				
SCHWARZ				

Anschlussbezeichnungen von Schützen und Relais
Terminal Markings of Contactors and Relays

DIN EN 50011: 1978-05; DIN EN 50012: 1978-05

Hauptschaltglieder, Schutzeinrichtungen	Ziffern	Bedeutung	Beispiele
	1 2	Schaltglied 1	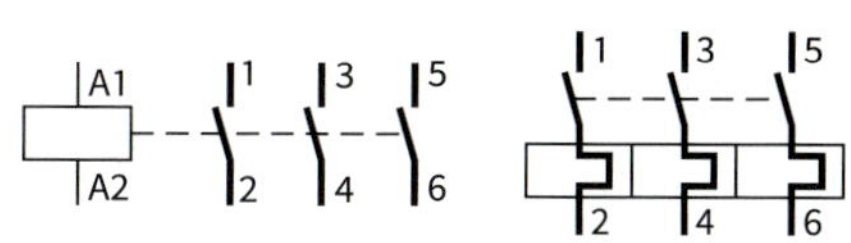
	3 4	Schaltglied 2	
	5 6	Schaltglied 3	
	7 8	Schaltglied 4	
	9 0	Schaltglied 5	
Hilfsschaltglieder	Funktionsziffer	Kontaktart	Beispiele
	1 2 5 6	Öffner ① Öffner mit besonderer Funktion, z. B. verzögert	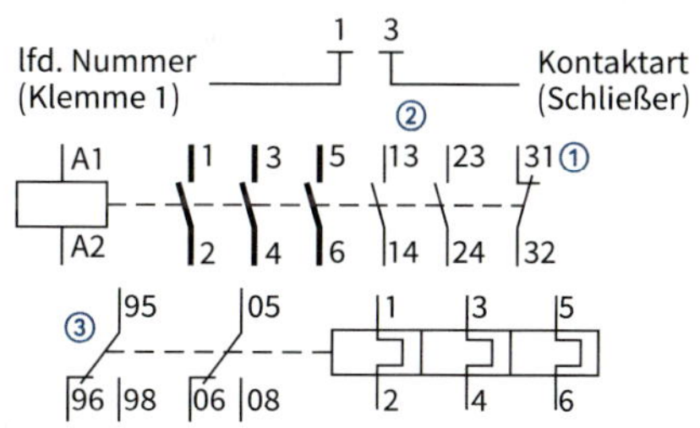
	3 4 7 8	Schließer ② Schließer mit besonderer Funktion, z. B. blinkend	
	1 2 4 5 6 8	Wechsler Wechsler ③ mit besonderer Funktion, z. B. Schutz	
Antriebe und Auslöser	Antrieb	Anschlussart	Beispiele
	A Spule B 2. Spule ④	Spulenanfang: 1 Spulenende: 2 Anzapfungen: 3, 4, …	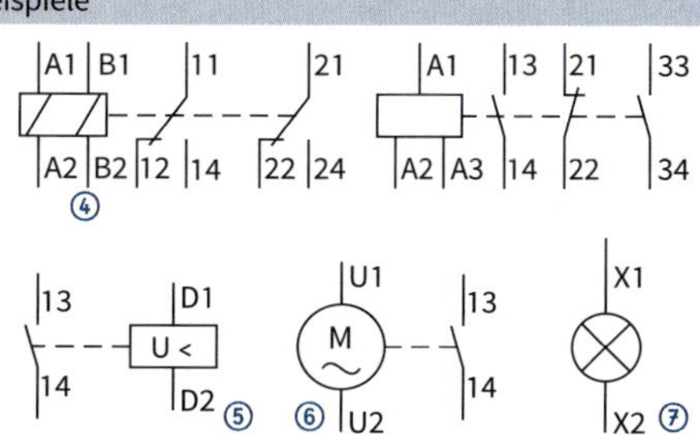
	C Arbeitsstromauslöser D Unterspannungsauslöser ⑤ E Verriegelungsauslöser		
	U Motoren ⑥ X Leuchtmelder ⑦		

Aufbau und Funktion

- Schütze sind Schalter, die durch einen Elektromagneten betätigt werden. Bei Stromfluss (Gleich- oder Wechselstrom) durch eine Spule wird ein Eisenanker angezogen, Kontakte (**Schaltglieder**) werden geschlossen oder geöffnet.
- Bevorzugte Betriebsspannungen:
  24 V, 48 V, 110 V, 230 V
- **Hauptschütze (Lastschütze, Leistungsschütze)**
  werden für das direkte Schalten von elektrischen Maschinen oder elektrischen Geräten in Stromkreisen eingesetzt und besitzen dafür vorhandene bzw. nachrüstbare Hauptschaltglieder. Zusätzlich sind Hilfsschaltglieder (in der Regel bis 10 A belastbar) vorhanden bzw. nachrüstbar.
- **Hilfsschütze (Steuerschütze)**
  sind im Prinzip wie Hauptschütze aufgebaut. Mit den Schaltgliedern können Ströme bis 10 A bzw. 16 A geschaltet werden. Mit ihnen werden im Wesentlichen Steuerungsaufgaben realisiert.

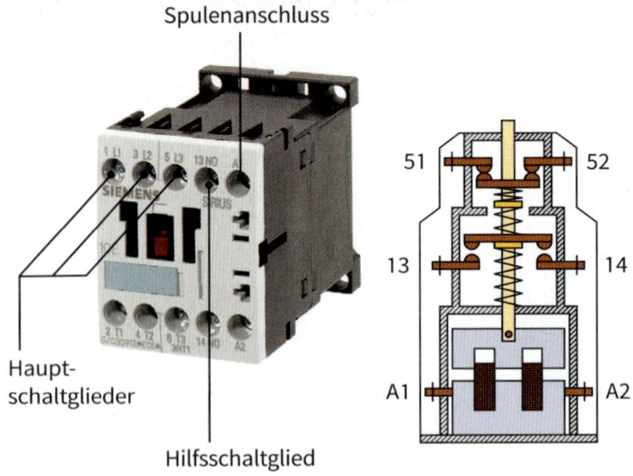

Anschlussbezeichnungen

- **Spule:**
  A1 und A2
- **Hauptschaltglieder:**
  eine Ziffer, z. B. 1 und 2, 3 und 4, …
- **Hilfsschaltglieder:**
  zwei Ziffern, z. B. für Öffner 21 und 22,
  für Schließer 13 und 14
  1. Ziffer: Ordnungsziffer (Klemmenreihenfolge von links nach rechts)
  2. Ziffer: Funktionsziffer (1 und 2 für Öffner, 3 und 4 für Schließer)

Beispiel:
Hauptschütz mit 3 Hauptschaltgliedern und 4 Hilfsschaltgliedern (2 Schließer und 2 Öffner)

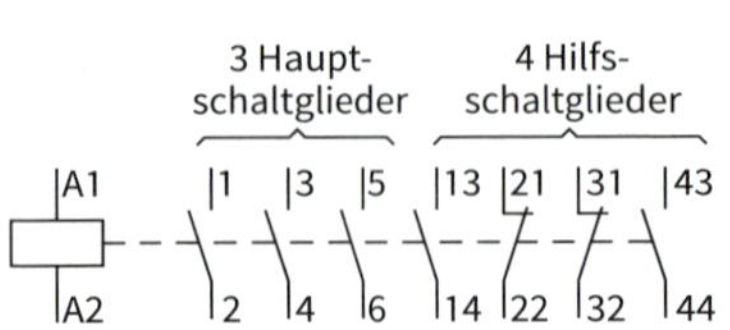

Kennzahl des Schützes 22 (2 Schließer und 2 Öffner)

Beispiel:
Hilfsschütz mit zwei Etagen
Untere Etage: 2 Schließer und ein Öffner
Obere Etage: 4 Schließer und ein Öffner

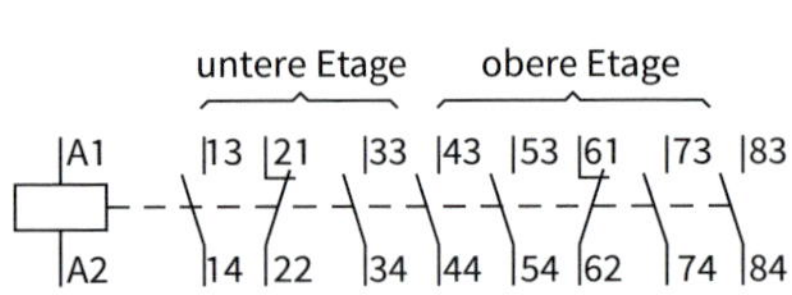

Kennzahl des Schützes 62 (6 Schließer und 2 Öffner)

Schütze mit Zeitverhalten (Zeitrelais)

Ansprechverzögerung

- Der Steuerbefehl wird erst nach Ablauf der voreingestellten Zeit *t* wirksam.
- Die Umschaltung bleibt bis zum Abschalten des Spulenstroms bestehen.

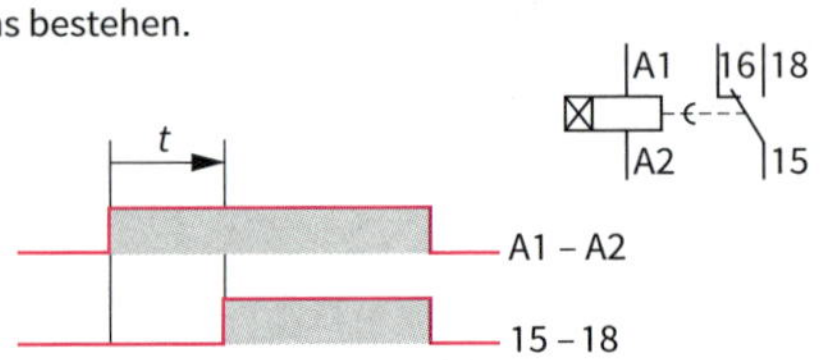

Abfallverzögerung

- Das Zeitrelais wird ständig mit Spannung versorgt.
- Durch den potenzialfreien Schließer erfolgt die Umschaltung. Sie bleibt bis zum Ablauf der Zeit *t* bestehen.

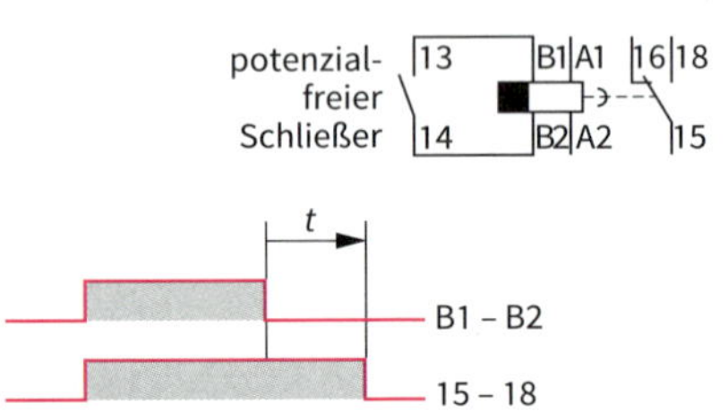

Blinkverhalten (Blinkrelais)

- Nach Ablauf der eingestellten Blinkzeit *t* erfolgt das ständige Umschalten.

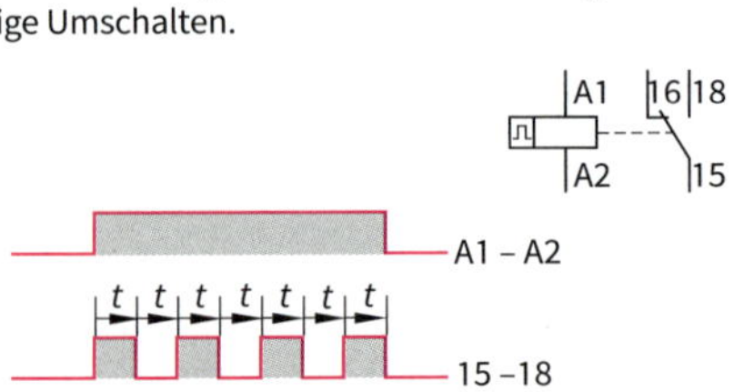

Signalverarbeitung und -übertragung

3

wertkontinuierlich, zeitkontinuierlich (analog)

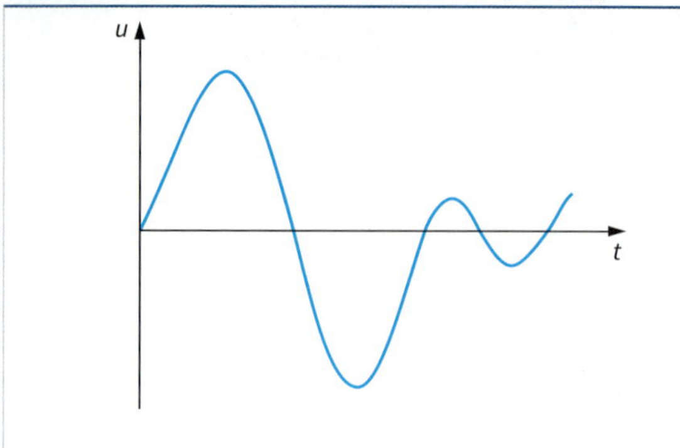

wertkontinuierlich, zeitdiskret

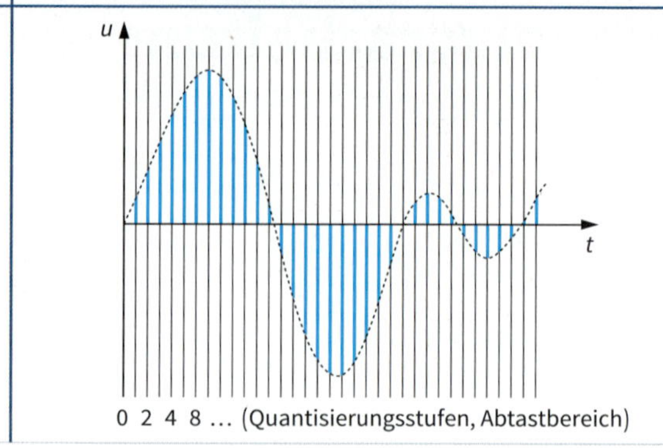

wertdiskret, zeitkontinuierlich

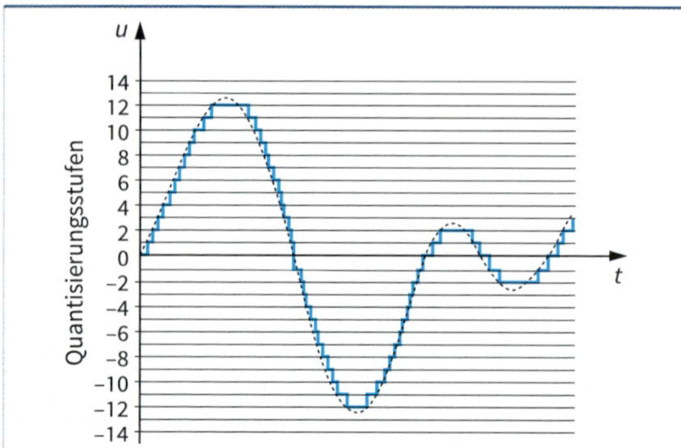

wertdiskret, zeitdiskret

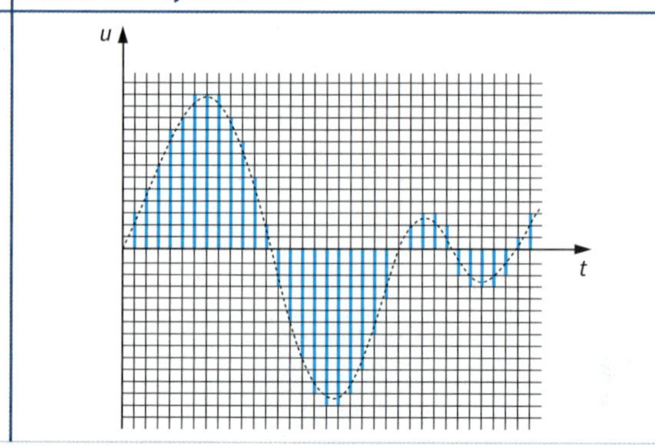

Lineare Verzerrungen

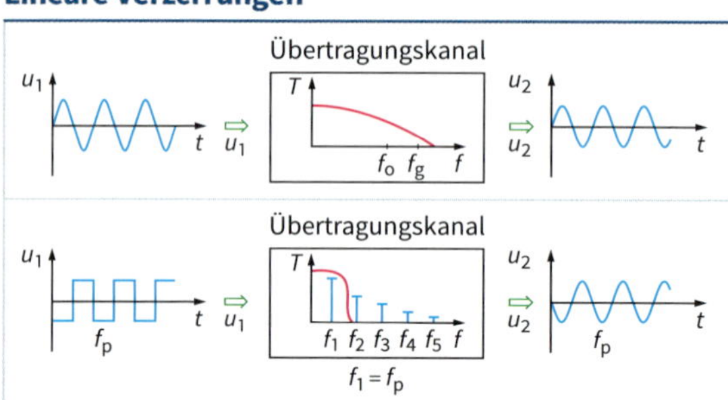

Nichtlineare Verzerrungen

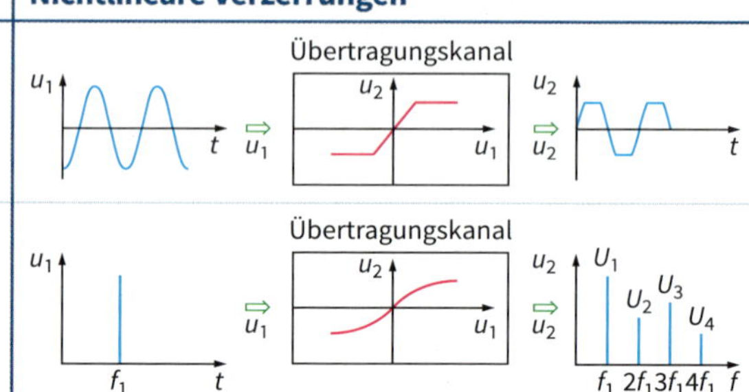

Klirrfaktor *k*

$$k = \sqrt{\frac{U_2^2 + U_3^2 + \ldots + U_n^2}{U_1^2 + U_2^2 + U_3^2 + \ldots + U_n^2}}$$

1…n: Index für Schwingungen (laufende Nummern)

Teilklirrfaktor

$$k = \frac{U_m}{\sqrt{U_1^2 + U_2^2 + U_3^2 + \ldots + U_n^2}}$$

Klirrdämpfungsmaß a_k

$$a_k = 20 \cdot \log \frac{1}{k}\,\text{dB}$$

Teilklirrdämpfungsmaß

$$a_{km} = 20 \cdot \lg \frac{1}{k_m}\,\text{dB}$$

Modulationsverfahren
Modulation Principles

Analoges Modulationssignal		Quantisiertes und codiertes Modulationssignal	Digitales Modulationssignal	
Träger			**Träger**	
sinusförmig	**pulsförmig**		**sinusförmig**	**pulsförmig**
Amplituden-modulation **AM**	Pulsamplituden-modulation **PAM**	Pulscode-modulation **PCM**	Amplituden Shift Keying **ASK**	Orthogonal Frequency Division Multiplexing **OFDM**
Frequenz-modulation **FM**	Pulsfrequenz-modulation **PFM**	Delta-modulation **DM**	Frequency Shift Keying **FSK**	
Phasen-modulation **PM**	Pulsphasen-modulation **PPM**		Phase Shift Keying **PSK**	Coded Orthogonal Frequency Division Multiplexing **COFDM**
	Pulsdauer-modulation **PDM**		Quadratur Amplituden-modulation **QUAM**	

Mischung
Mixing

Prinzip

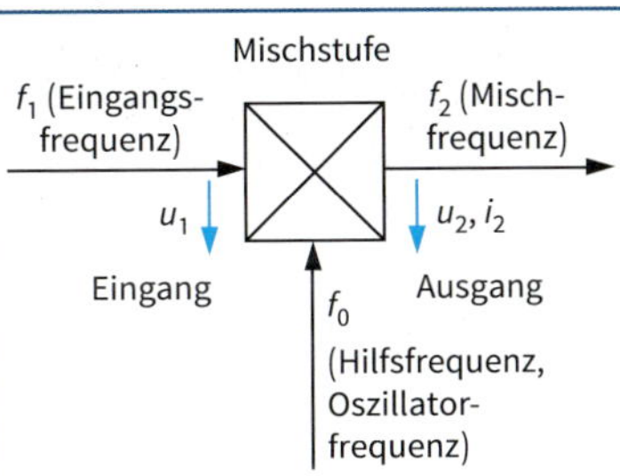

Größen

Mischsteilheit S_m

$$S_m = \frac{i_2}{u_1}$$

Mischverstärkung v_m

$$v_m = \frac{u_2}{u_1}$$

Frequenzumsetzung

$f_2 = | f_0 \pm f_1 |$

bzw.

$f_2 = | n \cdot f_0 \pm f_1 | \qquad n = 0, 1, 2, \ldots$

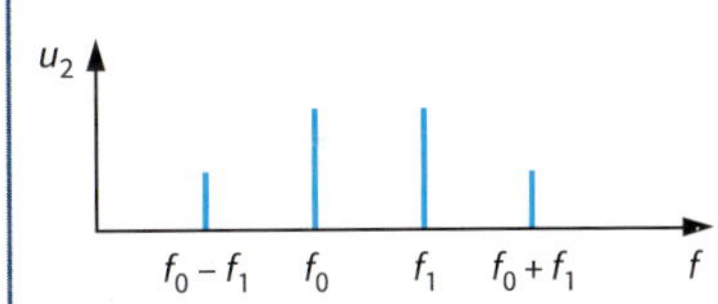

Mischschaltungen

Eintakt-Mischschaltung	Gegentaktmischschaltung	Ringmodulator
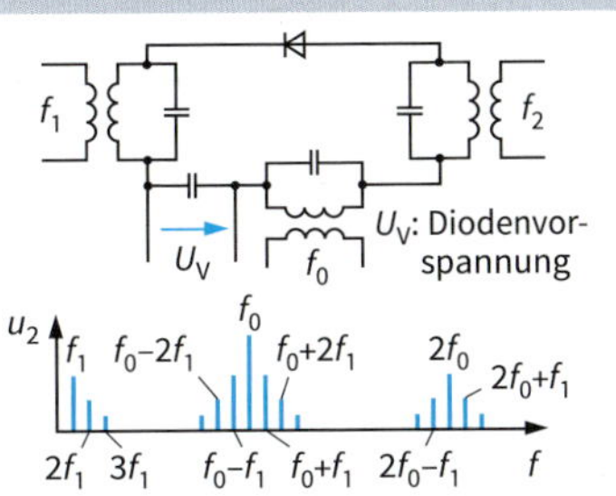	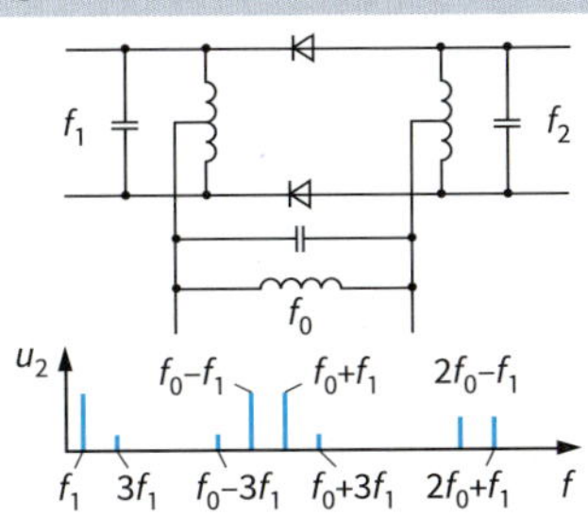	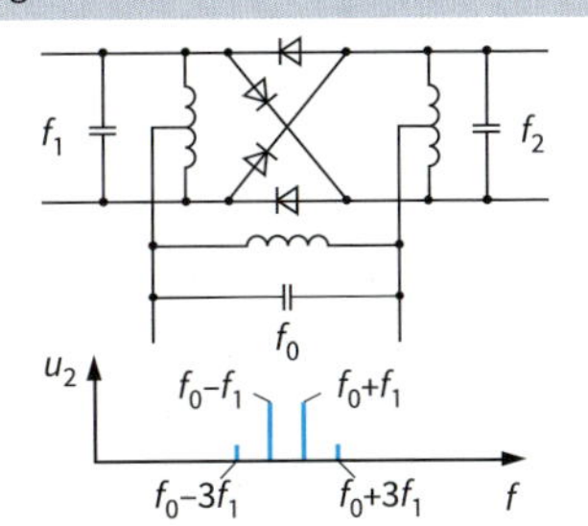
▪ Verkopplung der Schwingkreise, breites Frequenzspektrum	▪ Die Ein- und Ausgangsspannungen enthalten nicht die Hilfsspannung (Oszillatorspannung).	▪ Kleines Frequenzspektrum, f_1 und f_0 sind nicht am Ausgang vorhanden

Prinzip

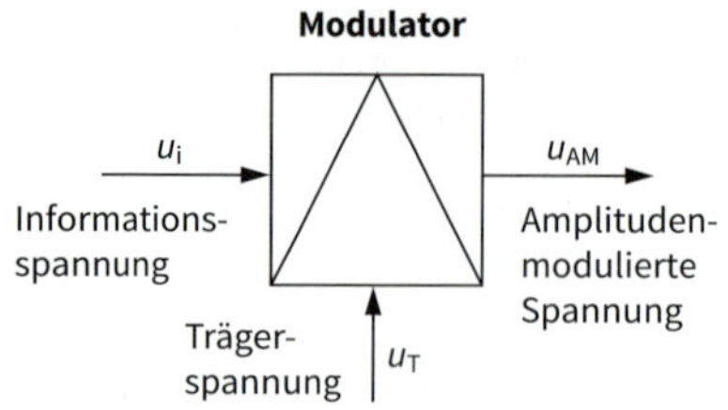

Liniendiagramme

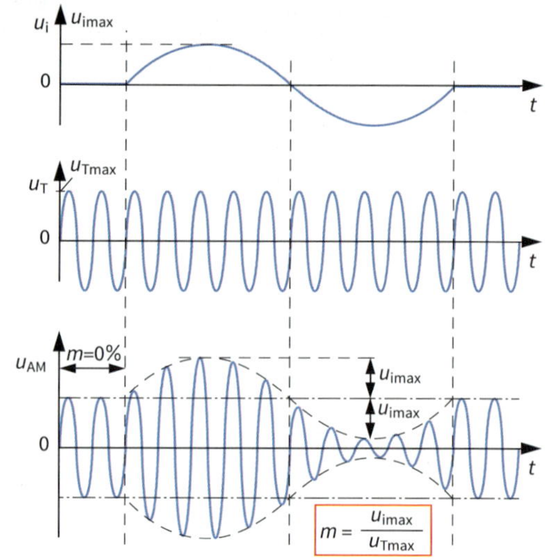

$$m = \frac{u_{imax}}{u_{Tmax}}$$

m: Modulationsgrad
Ω: Kreisfrequenz der Trägerschwingung
ω: Kreisfrequenz der Informationsschwingung

Frequenzsspektrum

Seitenfrequenzen
B: Bandbreite
f_i: Frequenz der Informationsspannung

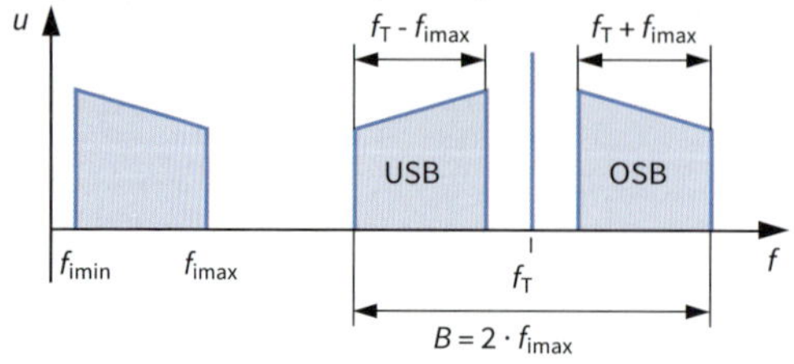

Frequenzmoduliertes Signal

u_i: Informationsspannung
u_T: Trägerspannung
u_{FM}: Frequenzmodulierte Spannung
f_i: Informationsfrequenz
f_{imin}: minimale Informationsfrequenz
f_{imax}: maximale Informationsfrequenz
ω_i: Kreisfrequenz Informationsspannung
m: Modulationsindex
f_T: Trägerfrequenz
ω_T: Kreisfrequenz der Trägerspannung

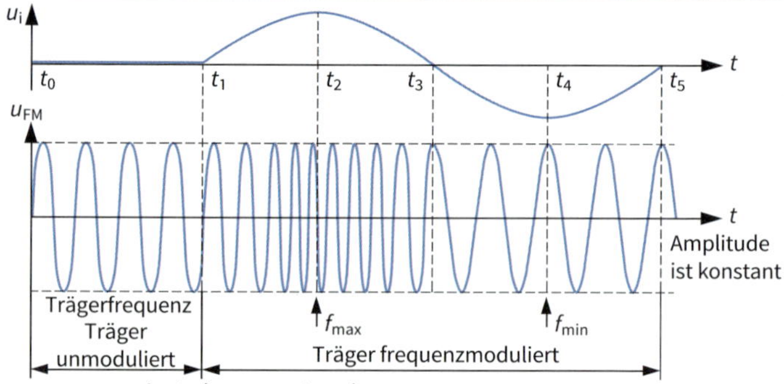

$$u_{FM} = \hat{u}_T \sin(\omega_T + m \cdot \sin \omega_i) \cdot t$$

Frequenzhub Δf_T

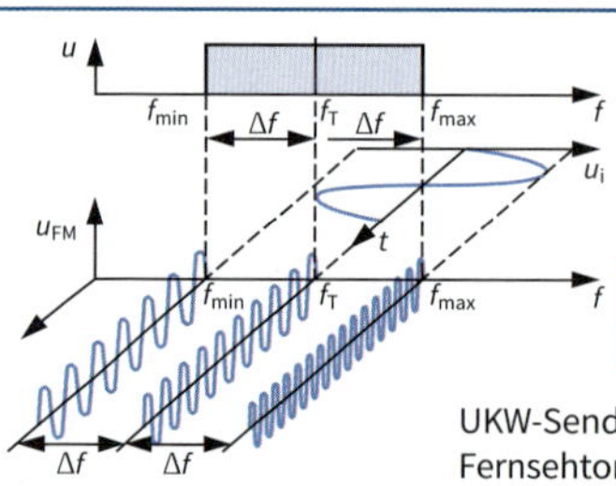

$$m = \frac{\Delta f_T}{f_i}$$

UKW-Sender: $\Delta f = 75$ kHz
Fernsehton: $\Delta f = 50$ kHz

m: Modulationsindex
Δf_T: Frequenzhub
f_i: Informationsfrequenz

Bandbreite *B*

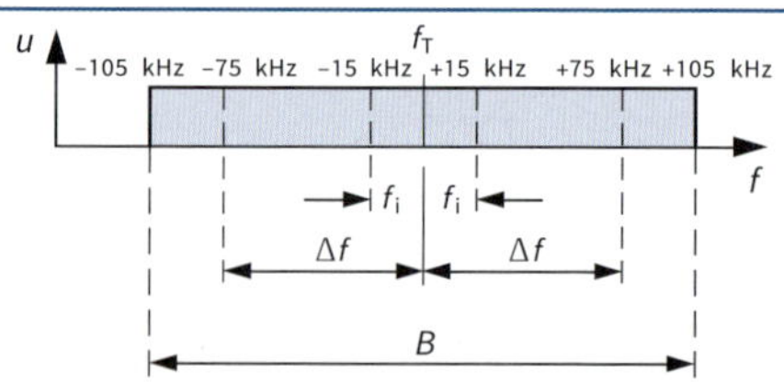

f_T: Trägerfrequenz
B: Bandbreite
Δf_T: Frequenzhub
f_i: Informationsfrequenz

$$B = 2\,(\Delta f_T + f_{max})$$

Modulation mit unterdrücktem Träger
Modulation With Suppressed Carrier

Ringmodulator zur Trägerunterdrückung

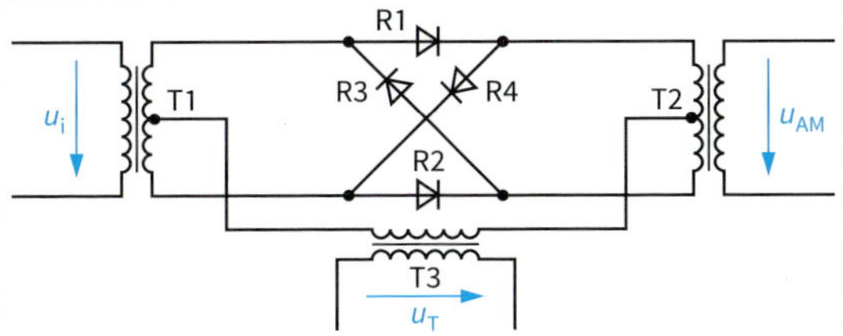

Frequenzspektrum

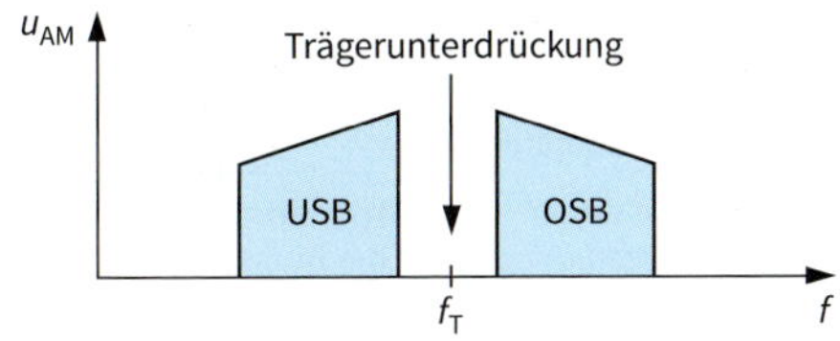

Filter werden zur Beeinflussung des Frequenzganges verwendet.

Arbeitsweise des Ringmodulators

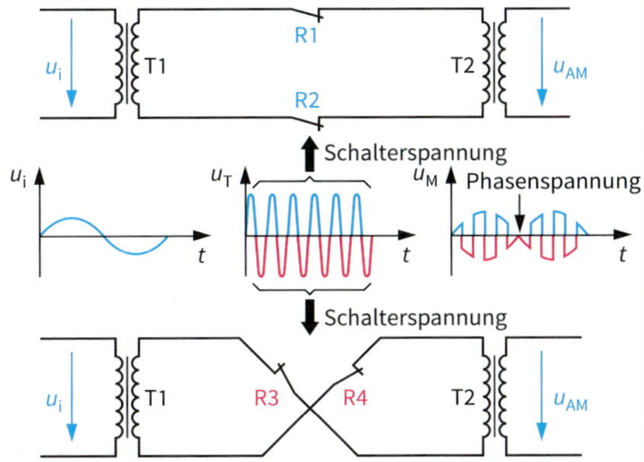

Demodulation mit Ringmodulator

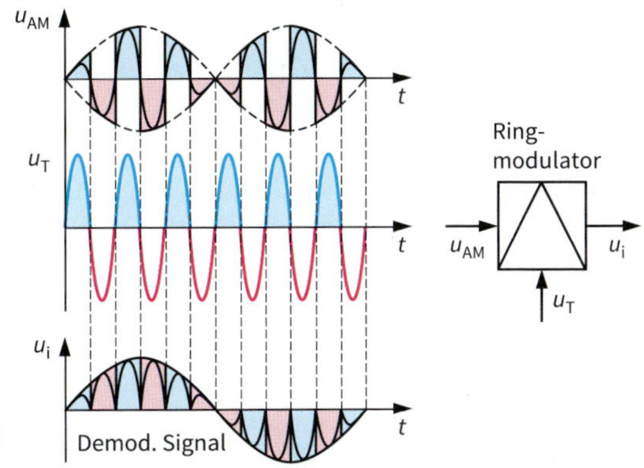

Phasenmodulation
Phase Modulation

Phasenmoduliertes Signal

u_i: Informationsspannung
u_T: Trägerspannung
u_{PM}: Phasenmodulierte Spannung
f_i: Informationsfrequenz
f_T: Trägerfrequenz
ω_T: Kreisfrequenz Träger
ω_i: Kreisfrequenz Informationsspannung
$\Delta\varphi_T$: Phasenhub
φ_T: Phasenwinkel des Trägers

u_{PM}: $\hat{u}_T \sin(\omega_T + \Delta\varphi_T \sin \omega_i) \cdot t$
(ohne Berücksichtigung eines Nullphasenwinkels)

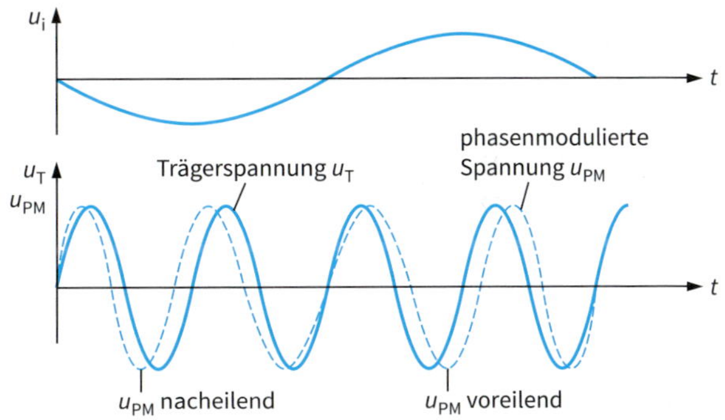

Phasenhub Δj_T

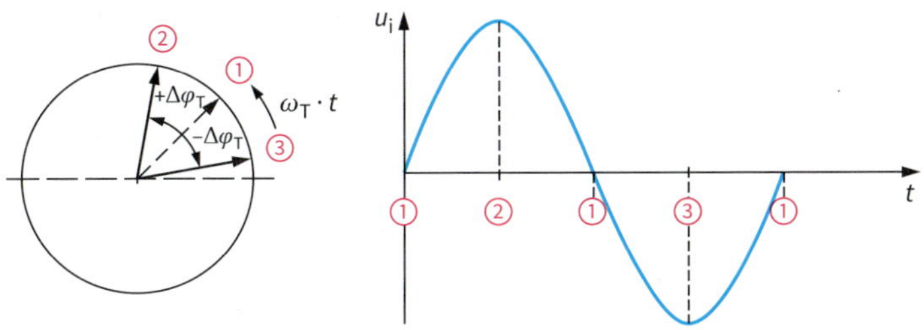

Frequenzhub Δj_T

$$\Delta f_T = \Delta\varphi_T \cdot f_i$$

$$m = \frac{\Delta f_T}{f_i}$$

$$\varphi = 2\pi \cdot f_T \cdot t$$

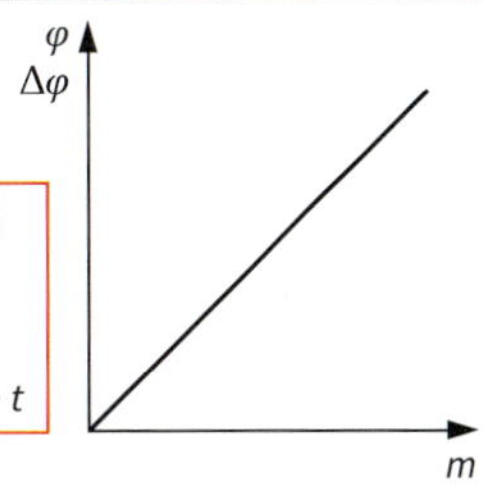

Digitalisierung

1. Die Quelle liefert ein analoges Signal ①.
2. Durch **Abtastung** werden in bestimmten Zeitabschnitten Spannungswerte entnommen ②.
3. Jeder Pulsamplitude wird in der **Quantisierungsstufe** ③ ein bestimmter Wert zugeordnet. Wenn der Abtastwert zwischen den Stufen liegt, ergeben sich Fehler. Sie sind um so kleiner, je größer die Zahl der Quantisierungsstufen ist.
4. Jeder Stufe wird danach eine bestimmte Bitfolge zugeordnet (Codierung ④ durch ein Codewort). In diesem Fall sind es 3 Bit.

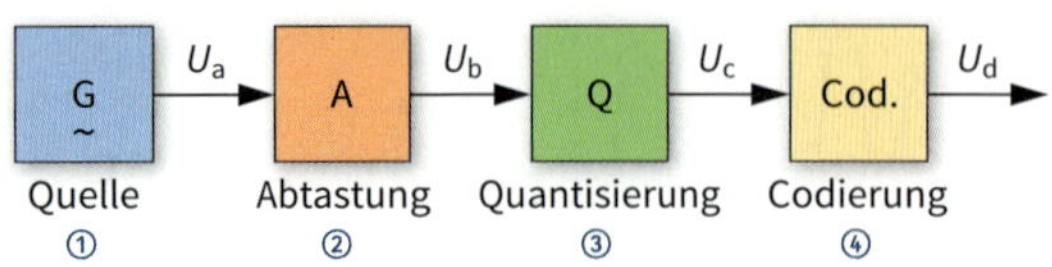

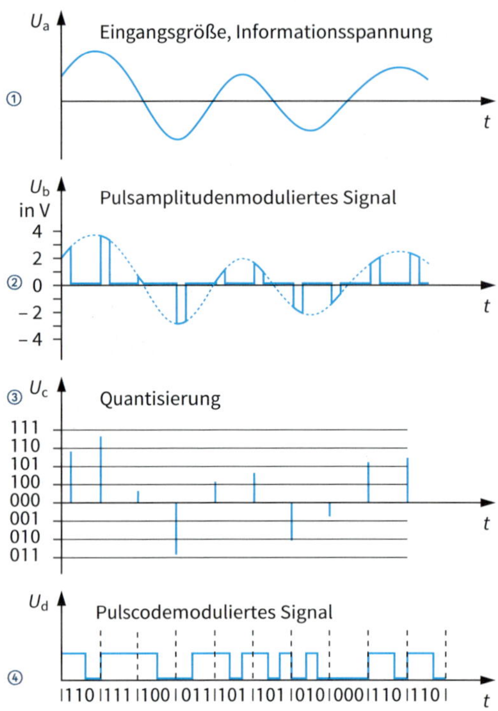

Umsetzer

Analog-Digital-Umsetzer

Beispiel:
Ein rampenförmiges Signal (analog) wird mit binären Signalen (0 und 1) in einen Signalfluss von 4 Bit (Dual-Code) umgesetzt.

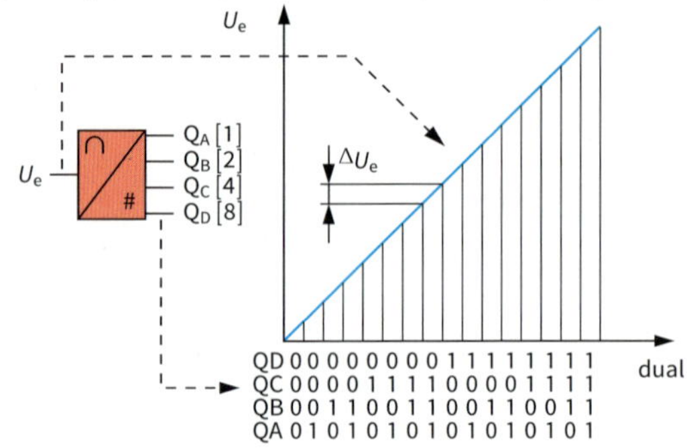

Digital-Analog-Umsetzer

Beispiel:
Eine 4 Bit Signalfolge (Dual-Code) wird in ein treppenförmiges Signal umgesetzt. Nach anschließender Glättung ist wieder ein analoges Signal vorhanden.

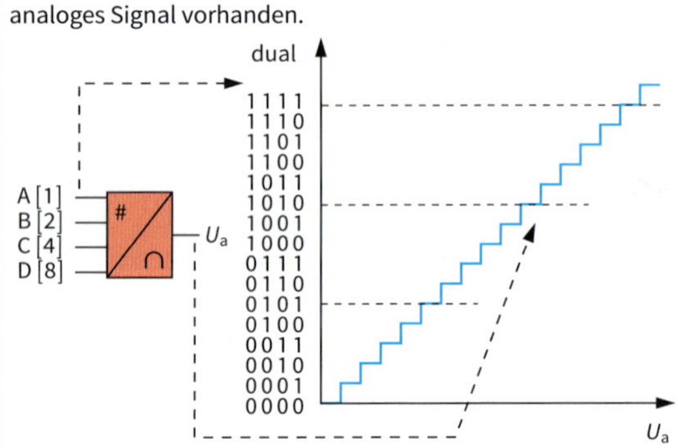

Bit und Byte

Bit: Binary Digi**t**, Binärziffer
Kleinste Informationeinheit der Computertechnik und anderer digital arbeitender Systeme.

Byte: Einheit von 8 Bit
z.B.: 01101011

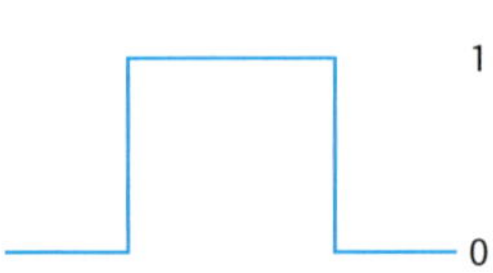

Kapazitätsangaben

- Das Byte (B) ist die Standardeinheit für die Angaben der Kapazitäten von
  - permanenten Speichermedien (z. B. Festplatte, CD, DVD, USB-Stick, Speicherkarten) und
  - flüchtigen Speichern (z. B. Arbeitsspeicher).
- Verwendet werden **Präfixe** (Vorsilben) zur Basis 10 und 2.
- Hersteller von permanenten Speichermedien verwenden zur Kapazitätskennzeichnung Dezimalpräfixe. Unterschiede entstehen, wenn z. B. im PC die Anzeige durch Binärpräfixe erfolgt.

Präfixe zur Basis 10 (Dezimalpräfixe)		**Präfixe zur Basis 2 (Binärpräfixe)**	
Symbol	Bedeutung	Symbol, Name	Bedeutung
kB, Kilobyte	10^3 B = 1.000 B	**KiB**, Kibibyte	2^{10} B = 1.024 B
MB, Megabyte	10^6 B = 1.000.000 B	**MiB**, Mebibyte	2^{20} B = 1.048.576 B
GB, Gigabyte	10^9 B = 1.000.000.000 B	**GiB**, Gibibyte	2^{30} B = 1.073.741.824 B
TB, Terabyte	10^{12} B = 1.000.000.000.000 B	**TiB**, Tebibyte	2^{40} B = 1.099.511.627.776 B

Bewertbarkeit

Jeder Stelle der Binärzeichen ist hierbei eine definierte Wertigkeit zugeordnet.
Beispiel: Mögliche Wertigkeiten von BCD-Codes.

Nr.	Wertigkeit			
1	8	4	2	1
2	7	4	2	1
3	6	4	2	1
4	5	4	2	1
5	4	4	2	1
6	7	3	2	1
7	6	3	2	1
8	5	3	2	1

Nr.	Wertigkeit			
9	4	3	2	1
10	3	3	2	1
11	6	2	2	1
12	5	2	2	1
13	4	2	2	1
14	6	3	1	1
15	5	3	1	1
16	4	3	1	1
17	5	2	1	1

Zusammenhang zwischen Wertigkeit und Dezimalzahl bei BCD-Codes:

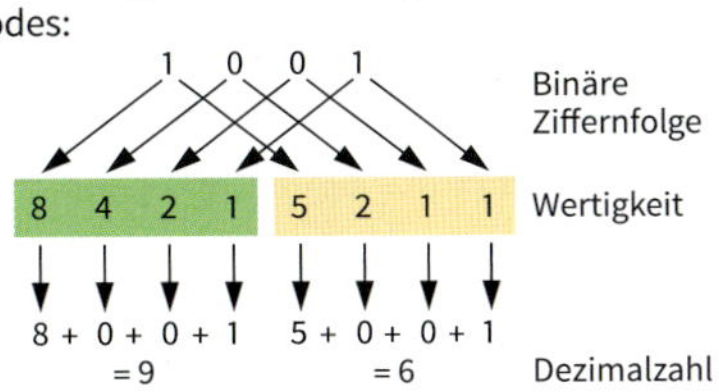

Fehlererkennbarkeit

Codes, die einfache oder mehrfache Verfälschungen von Stellen innerhalb eines Codewortes aufzeigen, sind fehlererkennbar (z. B. 1 aus 10- und 2 aus 5-Code).

Parität

Jedem Codewort kann durch Hinzufügen einer einzelnen Prüfstelle die Fähigkeit zum Erkennen einfacher Fehler gegeben werden.

- **Gerade Parität:** Paritätsbit wird auf 0 gesetzt, wenn Quersumme der mit 1 besetzten Stellen im Codewort gerade ist; Paritätsbit = 1, wenn Quersumme ungerade ist
- **Ungerade Parität:** Paritätsbit = 1, wenn Quersumme gerade; Paritätsbit = 0, wenn Quersumme ungerade ist

Beispiel:

Parität	gerade (even)	ungerade (odd)
Codewort 1	0110 0	0110 1
Codewort 2	1110 1	1110 0

Paritätsbit

Rechenfähigkeit

Beispiel: Aiken-Code

Subtraktion		Addition durch Neunerkomplement	
Dezimalzahlen	Aiken-Code	Aiken-Code	
8	1110	1110	
–	+	+	
5	1011	0100	Invertieren
=	=	=	
		1 0010	Abtrennen der ersten Stelle
		+	
		0001	Addition von 1
3	0011	0011	

Blockprüfung

Die Blockprüfung wird auch als Longitudinale Redundanzprüfung bezeichnet.

- Sie sichert durch **BCC** (**B**lock **C**heck **C**haracter: Paritätszeichen) einen Datenblock.
- Alle Bitstellen mit derselben Bitnummer innerhalb des Blockes werden addiert.
  Dafür wird jeweils ein Paritätsbit gebildet.
- Die zusammengefassten Paritätsbits ergeben das BCC.

Beispiel:

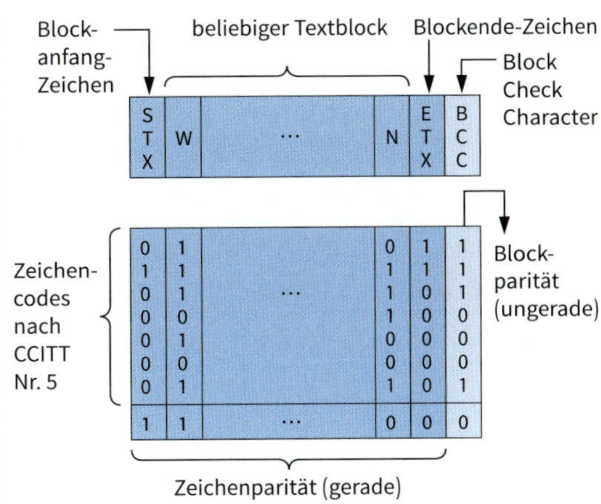

Zyklische Redundanzprüfung

- Beim **CRC**-Verfahren (**C**yclic **R**edundancy **C**heck) wird die gesamte Nachricht als serieller Bitstrom betrachtet.
- Alle Bits werden an einen CRC-Generator gegeben.
- Hier wird der Bitstrom durch ein Generatorpolynom dividiert und eine Kontrollzahl erzeugt.
- Daten und Kontrollzahl werden vom Empfänger ebenfalls durch ein Generatorpolynom dividert.
- Wenn der Divisionsrest gleich 0 ist, dann hat keine Verfälschung stattgefunden.
- CRC-Generator besteht aus Schieberegistern, die an bestimmten Stellen über Exclusiv-Oder-Gatter zurückgekoppelt sind.

Übertragungsprinzip mit CRC-Verfahren

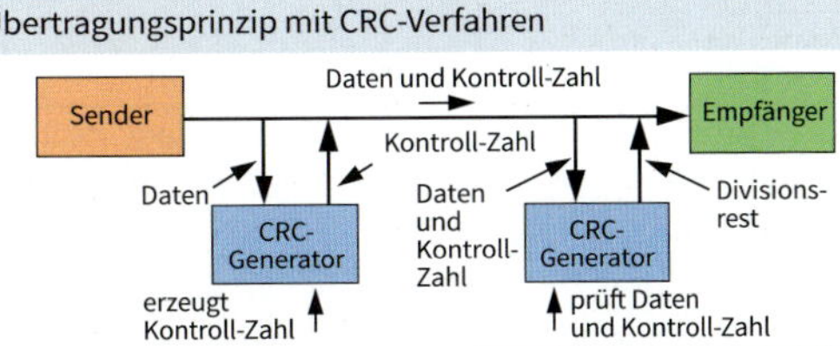

Generatorpolynome für CRC-Generator

ITU-T: $G(x) = x^{16} + x^{12} + x^5 + 1$	CRC-12: $G(x) = x^{12} + x^{11} + x^3 + x^2 + x + 1$
CRC-16 (IBM): $G(x) = x^{16} + x^{15} + x^2 + 1$	CRC-8 (LRC): $G(x) = x^8 + 1$

- Codieren bedeutet, den gegebenen Vorrat an Symbolen eines Zeichensatzes den Symbolen eines anderen Zeichensatzes zuzuordnen.
- Codieren erfolgt aus verschiedenen Gründen:
  - Bei Datenübertragung: Einfache und zeitsparende Übertragung der Symbole.
  - Für Datensicherheit: Daten möglichst schwer entschlüsselbar (kryptologische Codierungen).
  - Für Datenverarbeitung: Mathematische Operationen mit geringem technischen Aufwand durchführen.
- Überwiegend verwendet werden binäre Codes.
- Besondere Bedeutung haben die Codes, bei denen die Codewörter aus gleich vielen Elementen bestehen (z. B. vier Bit).
- Bei n Elementen pro Codewort und v unterscheidbaren Zuständen pro Element sind $M = v^n$ Codewörter darstellbar. (Binärsystem mit $v = 2$ ist $M = 2^n$.)

Tetradische Codes

- Bestehen aus vier Bit (**Tetrade**) je Codewort
- Codieren die Dezimalziffern 0…9
- Enthalten sechs Codewörter (Dezimalzahlen 10…15), die **nicht** verwendet werden (**Pseudotetraden**)

Mehrschrittige Tetradische Codes

- Ändern mehrere Binärstellen beim Übergang von einem Codewort zum folgenden
- **BCD**-Code: **B**inary-**C**oded **D**ecimals (binärcodierte Dezimalziffern), geeignet für Addition
- **Aiken**-Code: geeignet für Addition und Subtraktion

Einschrittige Tetradische Codes

- Ändern nur eine Binärstelle beim Übergang von einem Codewort zum folgenden
- Anwendung bei Analog-Digital-Umsetzern (z. B. Winkelcodierern)

Dezimal-Ziffer	BCD-Code	Aiken-Code	Gray-Code	Glixon-Code	O'Brien-Code
0	0 0 0 0	0 0 0 0	0 0 0 0	0 0 0 0	0 0 0 0
1	0 0 0 1	0 0 0 1	0 0 0 1	0 0 0 1	0 0 0 1
2	0 0 1 0	0 0 1 0	0 0 1 1	0 0 1 1	0 0 1 1
3	0 0 1 1	0 0 1 1	0 0 1 0	0 0 1 0	0 0 1 0
4	0 1 0 0	0 1 0 0	0 1 1 0	0 1 1 0	0 1 1 0
5	0 1 0 1	1 0 1 1	0 1 1 1	0 1 1 1	1 1 1 0
6	0 1 1 0	1 1 0 0	0 1 0 1	0 1 0 1	1 0 1 0
7	0 1 1 1	1 1 0 1	0 1 0 0	0 1 0 0	1 0 1 1
8	1 0 0 0	1 1 1 0	1 1 0 0	1 1 0 0	1 0 0 1
9	1 0 0 1	1 1 1 1	1 1 0 1	1 0 0 0	1 0 0 0
Wertigkeit	8 4 2 1	2 4 2 1			
Stelle	4 3 2 1	4 3 2 1	4 3 2 1	4 3 2 1	4 3 2 1

Höherstellige Codes

- Verwenden mehr als vier Stellen zur Darstellung eines Codewortes
- 2 aus 5-Code: gleichgewichtiger Code; jeweils zwei von fünf Stellen sind in jedem Codewort mit 1 besetzt; fehlererkennbar
- 1 aus 10-Code: fehlererkennbar
- Libaw-Craig-Code: einschrittiger Code
- Biquinär-Code: 2 aus 7-Code

Dezimal-Ziffer	2 aus 5-Code	1 aus 10-Code	Libaw-Craig-Code	Biquinär-Code
0	1 1 0 0 10	0 0 0 0 0 0 0 0 0 1	0 0 0 0 0	0 1 0 0 0 0 1
1	0 0 0 1 1	0 0 0 0 0 0 0 0 1 0	0 0 0 0 1	0 1 0 0 0 1 0
2	0 0 1 0 1	0 0 0 0 0 0 0 1 0 0	0 0 0 1 1	0 1 0 0 1 0 0
3	0 0 1 1 0	0 0 0 0 0 0 1 0 0 0	0 0 1 1 1	0 1 0 1 0 0 0
4	0 1 0 0 1	0 0 0 0 0 1 0 0 0 0	0 1 1 1 1	0 1 1 0 0 0 0
5	0 1 0 1 0	0 0 0 0 1 0 0 0 0 0	1 1 1 1 1	1 0 0 0 0 0 1
6	0 1 1 0 0	0 0 0 1 0 0 0 0 0 0	1 1 1 1 0	1 0 0 0 0 1 0
7	1 0 0 0 1	0 0 1 0 0 0 0 0 0 0	1 1 1 0 0	1 0 0 0 1 0 0
8	1 0 0 1 0	0 1 0 0 0 0 0 0 0 0	1 1 0 0 0	1 0 0 1 0 0 0
9	1 0 1 0 0	1 0 0 0 0 0 0 0 0 0	1 0 0 0 0	1 0 1 0 0 0 0
Stelle	5 4 3 2 1	9 8 7 6 5 4 3 2 1 0	5 4 3 2 1	6 5 4 3 2 1 0

Nichtdekadische Codes

- Zahlen werden vollständig in einem Codewort dargestellt
- Codes müssen auf die Menge der zu codierenden Zahlen ausgelegt sein

Dezimal-Ziffer	Dual-Code	Hamming-Code (7,4)	Dezimal-Ziffer	Dual-Code	Hamming-Code (7,4)
0	0 0 0 0	0 0 0 0 0 0 0	8	1 0 0 0	1 0 0 1 0 1 1
1	0 0 0 1	0 0 0 0 1 1 1	9	1 0 0 1	1 0 0 1 1 0 0
2	0 0 1 0	0 0 1 1 0 0 1	10	1 0 1 0	1 0 1 0 0 1 0
3	0 0 1 1	0 0 1 1 1 1 0	11	1 0 1 1	1 0 1 0 1 0 1
4	0 1 0 0	0 1 0 1 0 1 0	12	1 1 0 0	1 1 0 0 0 0 1
5	0 1 0 1	0 1 0 1 1 0 1	13	1 1 0 1	1 1 0 0 1 1 0
6	0 1 1 0	0 1 1 0 0 1 1	14	1 1 1 0	1 1 1 1 0 0 0
7	0 1 1 1	0 1 1 0 1 0 0	15	1 1 1 1	1 1 1 1 1 1 1
		d3 d2 d1 p2 d0 p1 p0			d3 d2 d1 p2 d0 p1 p0

Zeile \ Spalte	00	01	02	03	04	05	06	07
00	**NUL** 0 / 0 P000 0000 / 000	**DLE** 10 / 16 P001 0000 / 020	**SP** 20 / 32 P010 0000 / 040	**0** 30 / 48 P011 0000 / 060	**@** 40 / 64 P100 0000 / 100	**P** 50 / 80 P101 0000 / 120	**`** 60 / 96 P110 0000 / 140	**p** 70 / 112 P111 0000 / 160
01	**SOH** 01 / 1 P000 0001 / 001	**DC_1** 11 / 17 P001 0001 / 021	**!** 21 / 33 P010 0001 / 41	**1** 31 / 49 P011 0001 / 061	**A** 41 / 65 P100 0001 / 101	**Q** 51 / 81 P101 0001 / 121	**a** 61 / 97 P110 0001 / 141	**q** 71 / 113 P111 0001 / 161
02	**STX** 02 / 2 P000 0010 / 002	**DC_2** 12 / 18 P001 0010 / 022	**"** 22 / 34 P010 0010 / 042	**2** 32 / 50 P011 0010 / 062	**B** 42 / 66 P100 0010 / 102	**R** 52 / 82 P101 0010 / 122	**b** 62 / 98 P110 0010 / 142	**r** 72 / 114 P111 0010 / 162
03	**ETX** 03 / 3 P000 0011 / 003	**DC_3** 13 / 19 P001 0011 / 023	**#** 23 / 35 P010 0011 / 043	**3** 33 / 51 P011 0011 / 063	**C** 43 / 67 P100 0011 / 103	**S** 53 / 83 P101 0011 / 123	**c** 63 / 99 P110 0011 / 143	**s** 73 / 115 P111 0011 / 163
04	**EOT** 04 / 4 P000 0100 / 004	**DC_4** 14 / 20 P001 0100 / 024	**$** 24 / 36 P010 0100 / 044	**4** 34 / 52 P011 0100 / 064	**D** 44 / 68 P100 0100 / 104	**T** 54 / 84 P101 0100 / 124	**d** 64 / 100 P110 0100 / 144	**t** 74 / 116 P111 0100 / 164
05	**ENQ** 05 / 5 P000 0101 / 005	**NAK** 15 / 21 P001 0101 / 025	**%** 25 / 37 P010 0101 / 045	**5** 35 / 53 P011 0101 / 065	**E** 45 / 69 P100 0101 / 105	**U** 55 / 85 P101 0101 / 125	**e** 65 / 101 P110 0101 / 145	**u** 75 / 117 P111 0101 / 165
06	**ACK** 06 / 6 P000 0110 / 006	**SYN** 16 / 22 P001 0110 / 026	**&** 26 / 38 P010 0110 / 046	**6** 36 / 54 P011 0110 / 066	**F** 46 / 70 P100 0110 / 106	**V** 56 / 86 P101 0110 / 126	**f** 66 / 102 P110 0110 / 146	**v** 76 / 118 P111 0110 / 166
07	**BEL** 07 / 7 P000 0111 / 007	**ETB** 17 / 23 P001 0111 / 027	**'** 27 / 39 P010 0111 / 047	**7** 37 / 55 P011 0111 / 067	**G** 47 / 71 P100 0111 / 107	**W** 57 / 87 P101 0111 / 127	**g** 67 / 103 P110 0111 / 147	**w** 77 / 119 P111 0111 / 167
08	**BS** 08 / 8 P000 1000 / 010	**CAN** 18 / 24 P001 1000 / 030	**(** 28 / 40 P010 1000 / 050	**8** 38 / 56 P011 1000 / 070	**H** 48 / 72 P100 1000 / 110	**X** 58 / 88 P101 1000 / 130	**h** 68 / 104 P110 1000 / 150	**x** 78 / 120 P111 1000 / 170
09	**HT** 09 / 9 P000 1001 / 011	**EM** 19 / 25 P001 1001 / 031	**)** 29 / 41 P010 1001 / 051	**9** 39 / 57 P011 1001 / 071	**I** 49 / 73 P100 1001 / 111	**Y** 59 / 89 P101 1001 / 131	**i** 69 / 105 P110 1001 / 151	**y** 79 / 121 P111 1001 / 171
10	**LF** 0A / 10 P000 1010 / 012	**SUB** 1A / 26 P001 1010 / 032	***** 2A / 42 P010 1010 / 052	**:** 3A / 58 P011 1010 / 072	**J** 4A / 74 P100 1010 / 112	**Z** 5A / 90 P101 1010 / 132	**j** 6A / 106 P110 1010 / 152	**z** 7A / 122 P111 1010 / 172
11	**VT** 0B / 11 P000 1011 / 013	**ESC** 1B / 27 P001 1011 / 033	**+** 2B / 43 P010 1011 / 053	**;** 3B / 59 P011 1011 / 073	**K** 4B / 75 P100 1011 / 113	**[** 5B / 91 P101 1011 / 133	**k** 6B / 107 P110 1011 / 153	**{** 7B / 123 P111 1011 / 173
12	**FF** 0C / 12 P000 1100 / 014	**FS** 1C / 28 P001 1100 / 034	**,** 2C / 44 P010 1100 / 054	**<** 3C / 60 P011 1100 / 074	**L** 4C / 76 P100 1100 / 114	**** 5C / 92 P101 1100 / 134	**l** 6C / 108 P110 1100 / 154	**¦** 7C / 124 P111 1100 / 174
13	**CR** 0D / 13 P000 1101 / 015	**GS** 1D / 29 P001 1101 / 035	**–** 2D / 45 P010 1101 / 055	**=** 3D / 61 P011 1101 / 075	**M** 4D / 77 P100 1101 / 115	**]** 5D / 93 P101 1101 / 135	**m** 6D / 109 P110 1101 / 155	**}** 7D / 125 P111 1101 / 175
14	**SO** 0E / 14 P000 1110 / 16	**RS** 1E / 30 P001 1110 / 036	**.** 2E / 46 P010 1110 / 056	**>** 3E / 62 P011 1110 / 076	**N** 4E / 78 P100 1110 / 116	**^** 5E / 94 P101 1110 / 136	**n** 6E / 110 P110 1110 / 156	**~** 7E / 126 P111 1110 / 176
15	**SI** 0F / 15 P000 1111 / 17	**US** 1F / 31 P001 1111 / 037	**/** 2F / 47 P010 1111 / 057	**?** 3F / 63 P011 1111 / 077	**O** 4F / 79 P100 1111 / 117	**_** 5F / 95 P101 1111 / 137	**o** 6F / 111 P110 1111 / 157	**DEL** 7F / 127 P111 1111 / 177

Erklärung: ASCII-Zeichen — **DLE**; 20 — Wert hexadezimal; 16 — Wert dezimal; Wert binär — P001 0000; 020 — Wert oktal

LSB (**L**east **S**ignificant **B**it: niederwertiges Bit)
MSB (**M**ost **S**ignificant **B**it: höchstwertiges Bit)

P: Paritätsbit (P = 0 oder P = 1 muss vereinbart sein; vgl. DIN 66022).

Steuerzeichen

Befehl	Art des Befehls	Bedeutung englisch	Bedeutung deutsch
NUL	–	NULL	Null, Nichts
SOH	TC	START OF HEADING	Kopfzeilenbeginn
STX	TC	START OF TEXT	Textanfangszeichen
ETX	TC	END OF TEXT	Textendezeichen
EOT	TC	END OF TRANSMISSION	Ende der Übertragung
ENQ	TC	ENQUIRY	Aufforderung zur Datenübertragung
ACK	TC	ACKNOWLEDGE	Positive Rückmeldung
BEL	–	BELL	Klingelzeichen
BS	FE	BACKSPACE	Rückwärtsschritt
HT	FE	HORIZONTAL TABULATION	Horizontal-Tabulator
LF	FE	LINE FEED	Zeilenvorschub
VT	FE	VERTICAL TABULATION	Vertikal-Tabulator
FF	FE	FORM FEED	Formularvorschub
CR	FE	CARRIAGE RETURN	Wagenrücklauf
SO	–	SHIFT OUT	Dauerumschaltungs-zeichen

Befehl	Art des Befehls	Bedeutung englisch	Bedeutung deutsch
SI	–	SHIFT IN	Rückschaltungszeichen
DLE	TC	DATALINE ESCAPE	Datenübertragungs-umschaltung
DC 1…4	DC	DEVICE CONTROL 1…4	Gerätesteuerzeichen 1…4
NAK	TC	NEGATIVE ACKNOWLEDGE	Negative Rückmeldung
SYN	TC	SYNCHRONOUS IDLE	Synchronisierung
ETB	TC	END OF TRANSMISSION BLOCK	Ende des Übertragungsblocks
CAN	–	CANCEL	Ungültig
EM	–	END OF MEDIUM	Ende der Aufzeichnung
SUB	–	SUBSTITUTE	Substitution
ESC	–	ESCAPE	Umschaltung
FS	IS	FILE SEPARATOR	Hauptgruppen-Trenn-zeichen
GS	IS	GROUP SEPARATOR	Gruppentrennzeichen
RS	IS	RECORD SEPARATOR	Untergruppen-Trenn-zeichen
US	IS	UNIT SEPARATOR	Teilgruppen-Trenn-zeichen
SP	–	SPACE	Leerzeichen
DEL	–	DELETE	Löschen

Begriffe und Prinzipien

- Bezeichnungen:
  - Strichcode
  - Balkencode
  - Barcode (engl. Bar: Balken)
  - Linearer 1D Barcode
- Der dargestellte Code besteht aus verschieden breiten, parallelen Strichen und Lücken, die nebeneinander liegen. Breitenverhältnis zwischen schmalen und breiten Balken: 1 : 1,8 bis 1 : 3,4 (üblich: 1 : 2 bis 1 : 3)
- Um den Code einwandfrei dekodieren zu können bleibt nach dem Code ein Feld frei (Ruhezone) oder es sind Trennungslinien vorhanden.
- Als erstes und als letztes Zeichen sind in der Regel Start- und Stoppzeichen eingefügt.
- Die Daten im Strichcode lassen sich optisch erfassen durch:
  - Lesestift (Bewegung von Hand über den Barcode, Decodierer empfängt das Hell-/Dunkel-Signal)
  - CCD-Scanner (Beleuchtung des Codes mit LEDs, reflektiertes Licht wird ausgewertet)
  - Laser-Scanner (ein oder mehrere Laserstrahlen werden auf den Barcode gerichtet und werden verschieden reflektiert)
  - Handy-Scanner (Barcode wird als Bild erfasst und decodiert)
- Anwendungen:
  Automatische Identifikation und Datenerfassung, **AIDC** (**A**utomatic **I**dentification and **D**ata **C**apture), z. B.:
  - Produktion (Produktkennzeichnung, …)
  - Lager (Lagerplatzcode, …)
  - Transport (Zielort, …)
- Vorteile:
  - Sicher, geringe Fehlerwahrscheinlichkeit
  - Einfach, mit Druckern herstellbar
- Nachteil:
  Begrenzte Datenmenge

Fehlererkennung

Beispiel:
- Code 2/5 Industrial
- Am Ende des Codes befindet sich eine Prüfziffer.
- Stimmt die errechnete Prüfsumme nicht mit der übertragenen Ziffer (im unteren Beispiel 4) überein, wird erneut gelesen.

Start | Prüfziffer | Stop

Dezimal-Code:	8	5	1	4	2	6	3	9	4		
Quersumme u:	8		+1		+2		+3			= 14	
Quersumme v:		5	+	4	+	6	+	9		= 24	
Produkt w = v · 3:						24	·	3		= 72	
Summe x = u + w:						14	+ 72			= 86	
Differenz y (zum nächsten Vielfachen von 10):						90	− 86			= 4	
Prüfziffer z = y:										= 4	

EAN (GTIN: Global Trade Item Nummer)

- **EAN** (**E**uropean **A**rticle **N**umber) wird zur Produktkennzeichnung für Handelsartikel verwendet (**Handelsstrichcode**).
- Die Artikelnummer besteht aus 8 bzw. 13 Ziffern (**EAN 8** und **EAN 13**). Die ersten 2 bzw. 3 oder 7, 8 oder 9 werden zentral durch die **GSI**-Gruppe (**G**lobal **T**rade **I**tem **N**umber) verwaltet und vergeben.
- Der numerische Code hat eine feste Länge, darstellbar sind die Zahlen 0 bis 9, die üblicherweise auch analog angezeigt werden.

6583 3254

Code 2/5 Industrial (Code 2 of 5 Industrial)

- Numerischer Code, Zeichensatz 0 bis 9
- Die Zahlen 2 und 5 sagen aus, dass jedes Strichcodezeichen aus 2 breiten und 3 schmalen, also insgesamt 5 Elementen besteht. Die Lücken enthalten keine Information.
- Anwendung: Warenhäuser Flugtickets

Code 2/5 Interleaved (Code 2 of 5 Interleaved)

- Bezeichnungen auch: **ITF** (**I**nterleaved **T**wo of **F**ive), Interleaving: Verschränkung
- Numerischer Code, Zeichensatz 0 bis 9
- Der Code ist aufgebaut aus zwei breiten und drei schmalen Strichen bzw. zwei breiten und drei schmalen Lücken (immer fünf Elemente). Striche und Lücken tragen also eine Information. Zwischen dem Start- und Stoppzeichen sind somit zwei Ziffern codiert (überlappend, verschränkt).
- Vorteil: Hohe Informationsdichte
- Anwendung: Paketdienst, Industrieanwendung

74380707240152655700

Code 128

- 128 bezieht sich auf die 128 darstellbaren ASCII-Zeichen
- Es handelt sich um einen alphanumerischen Code hoher Informationsdichte.
  - Zeichensatz A: Ziffern, Großbuchstaben, Sonderzeichen, ASCII-Steuerzeichen
  - Zeichensatz B: Ziffern, alle Groß- und Kleinbuchstaben, Sonderzeichen und Umschaltzeichen
- Jedes Zeichen besteht aus 11 Modulen, die in drei Striche und drei Lücken aufgeteilt sind. Die vier Strich- und vier Lückenbreiten variieren.
- Vorteil: ASCII-Zeichnsatz, hohe Informationsdichte
- Anwendung: Paketdienste, Elektronik-Industrie, Chemische Industrie, Gesundheitssektor

W i k i p e d i a

Begriff und Prinzipien

- Bezeichnungen:
  Matrix-Code, 2D-Barcode, Punktcode
- Es handelt sich um eine Anordnung verschieden breiter Quadrate, Punkte oder Striche, die durch Lücken getrennt sind. Die darin enthaltenen Informationen sind mit entsprechenden optoelektronischen Geräten lesbar (Kamera-Scanner).
- Die Daten sind nicht in eine Richtung (eindimensional) sondern in der Fläche (zweidimensional) codiert.
- Vorteil gegenüber dem Barcode (eindimensional):
  Höhere Dichte an Nutzinformationen
- Verwendung:
  - Warenkennzeichnung (verschiedenartige), Informationsspeicherung
  - Mobile-Tagging
- Gruppen:
  - Gestapelte Codes (übereinander gestapelte Strichcodes) z.B. Codablock, Code 49, PDF417
  - Matrix-Codes z.B. QR-Code, DataMatrix-Code, MaxiCode, Aztec-Code
  - Punktcodes

Mobile-Tagging

- Mit diesem Begriff kennzeichnet man ein Verfahren, bei dem man mit Hilfe der Kamera eines Handys die in einem 2D-Code enthaltenen Informationen (Codeinhalt) ausliest.

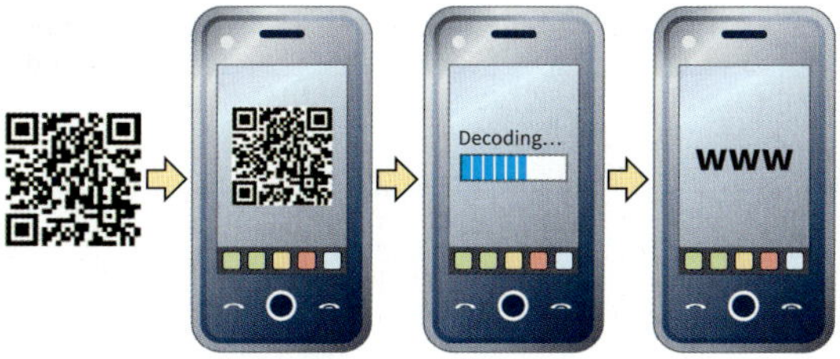

- Beispiele für Codeinhalte:
  - Internetadresse, direkte Weiterleitung ist möglich
  - Transaktionscode zur Durchführung von Programmschritten
  - Zugangscode für den einmaligen Zugriff
  - Adressensatz (z.B. in Form einer Visitenkarte)

Aztec-Code

- Der Name leitet sich ab von den Azteken in Zentralmexiko (Blick auf eine Stufenpyramide aus der Vogelperspektive).
- Aufbau:
  - In der Mitte das Suchelement, mehrere ineinander verschachtelte Quadrate
  - Symbolelemente sind quadratisch
- Kapazität: über 3000 Zeichen
- Reed-Solomon-Fehlerkorrektur bis zu 32 Levels
- Anwendung:
  - Online-Tickets der Deutschen, Österreichischen und Schweizer Bundesbahn sowie Verband Deutscher Verkehrsunternehmen, Mobile-Tickets
  - Speicherung biometrischer Daten (USA)

QR-Code

- **QR**: **Q**uick **R**esponse (schnelle Antwort)
- Aufbau:
  Quadratische Matrix aus mindestens 21 x 21 bis 177 x 177 schwarzen und weißen Flächen mit speziellen Markierungen an drei Ecken (Position).

- Fehlerkorrektur-Levels (Kapazität der Fehlerkorrektur in %)
  L: 7 %; M: 15 %; Q: 25 %; H: 30 %
- Beispiel für den Informationsgehalt:
  177 x 177 Elemente, Fehlerkorrekturlevel L ⇒ 23.624 Bit (7.089 Dezimalziffern, 4.296 alphanumerische Zeichen sind darstellbar)
- Vielfältige Anwendungsmöglichkeiten: Produktionslogistik, Fahrplanauskunft, Navigation, Werbung, Aufruf von Websites, usw.
- **Weiterentwicklungen**:
  - **Micro-QR-Code**
    ist verwendbar für kleine Abmessungen, besitzt nur eine Orientierugsmarkierung, max. 35 Zahlen bzw. 21 alphanumersiche Zeichen sind codierbar
  - **Secure-QR-Code**
    enthält erweiterte Funktionen zum Verschlüsseln von Daten
  - **iQR-Code**
    besitzt rechteckiges Format, ist kleiner als der QR-Code und kann mehr Daten speichern

DataMatrix-Code

- Aufbau:
  - Variable rechteckige Form als Matrix
  - 10 x 10 bis 144 x 144 Symbolelemente
  - waagerechte und senkrechte Umrandung dient der Orientierung
- Kapazität bei 7 Bit z.B. 2.334 ASCII-Zeichen oder 3.116 Ziffern
- Vorteile:
  Kompakt und sicher, sehr gute Fehlerkorrektur (Reed-Solomon), Rekonstruktion des Dateninhalts bei Beschädigungen bis 25 %
- Anwendungen:
  - Direktbeschriftung mit Laser oder durch Nadelprägung in der Produktion
  - Analysegeräte für die Chemieindustrie, Medizintechnik
  - Gedruckte Form: Tickets, Postversand, elektronische Briefmarke

Prinzip

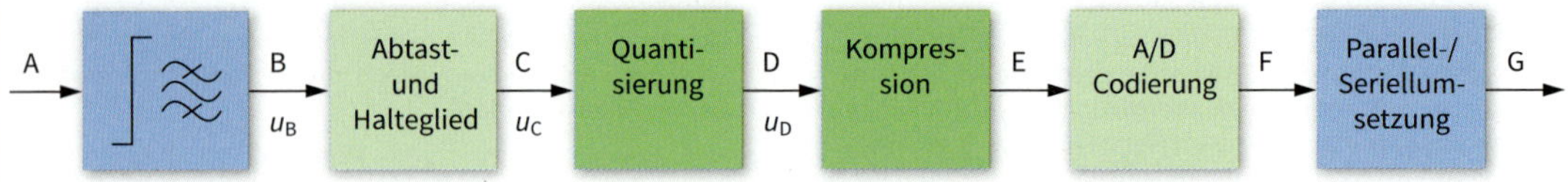

Erläuterungen (Sprachsignale)

A: Analoges Signal ist das Eingangssignal.

B: Das Sprachsignal ist auf 3,4 kHz begrenzt (Bandbreite B).

C: **Abtastung**: Erzeugung eines PAM-Signals (zeitdiskret amplituden-analog), Abtastfrequenz $f \geq 2 \cdot B$ (8 kHz, CCITT); Signalspeicherung

D: **Quantisierung**: Zuordnung der Analogwerte zu diskreten Werten, 256 Quantisierungsabschnitte

E: **Kompandierung** (nichtlineare Quantelung): Kleine Quantisierungsstufen in der Mitte und große am Ende des Aussteuerbereichs (vgl. Kompressionskennlinie).

F: **Codierung**: 256 Code-Wörter, PCM-Bitrate, 64 kbit/s je Sprachkanal

G: Serielle Bitfolge zur Signalübertragung

Kompressionskennlinie

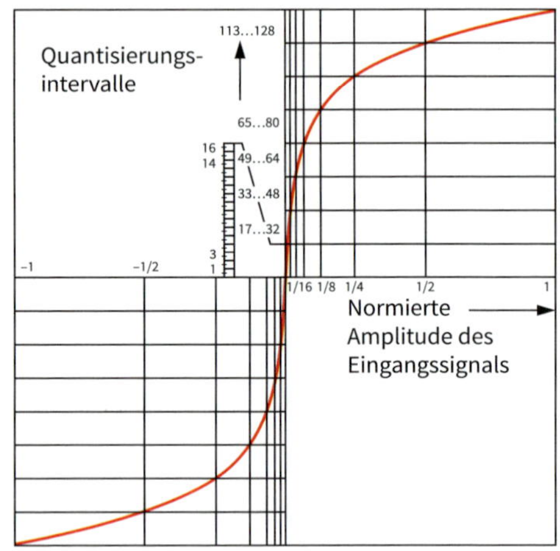

Quantisierung eines Signals und Zuordnung zu Code-Wörtern

Stufe	Code-wort
8	111
7	110
6	101
5	100
4	011
3	010
2	001
1	000

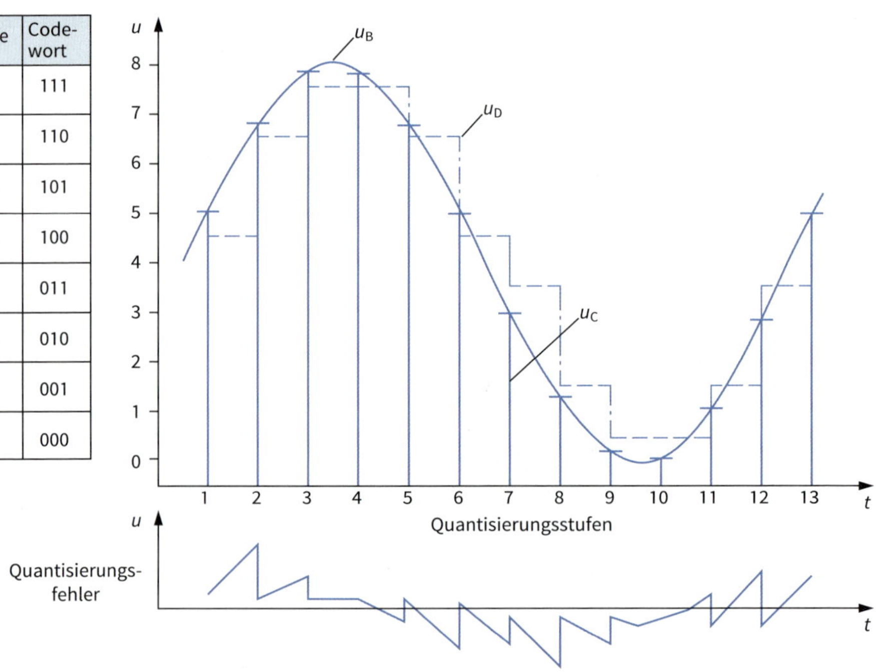

Amplitudenumtastung, ASK (Amplitude Shift Keying)

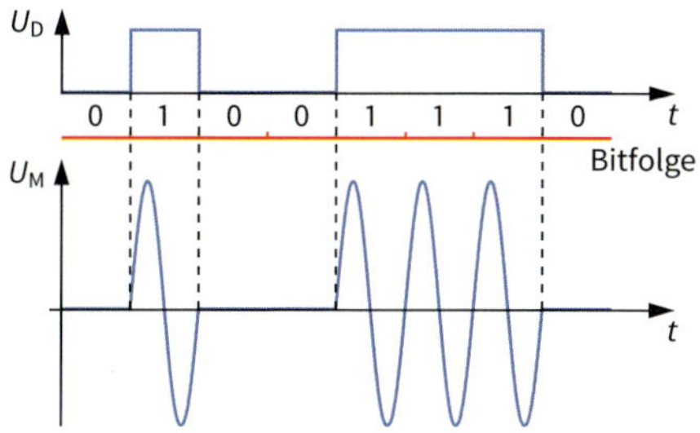

- Amplitude des Trägers wird geändert (Ein- und Ausschalten des Trägers, **ON-Off-Keying**, OOK, digitale Glasfasersysteme).

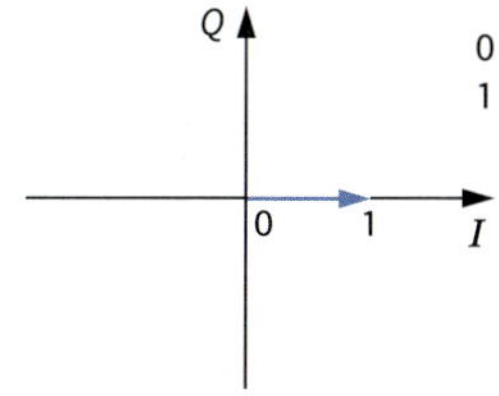

0 ≙ Amplitude 1
1 ≙ Amplitude 2

I-Vektor: In Phase Vektor (horizontale Komponente)

Q-Vektor: Quadratur Phase Vektor (vertikale Komponente)

Frequenzumtastung, FSK (Frequency Shift Keying)

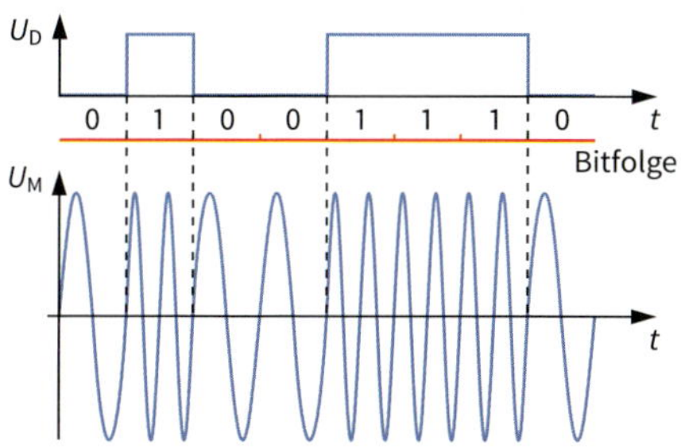

- Umschaltung von zwei Oszillatoren (Phasensprünge)
- Umschaltung eines Oszillators (phasenkontinuierliche FSK, **CPFSK**, **C**ontinuous **P**hase **F**requency **S**hift **K**eying)

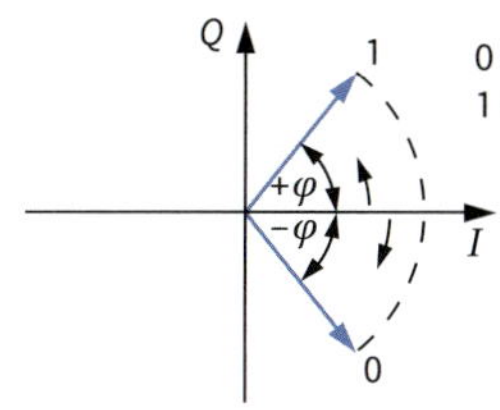

0 ≙ Frequenz 1
1 ≙ Frequenz 2

Phasenumtastung, PSK (Phase Shift Keying)

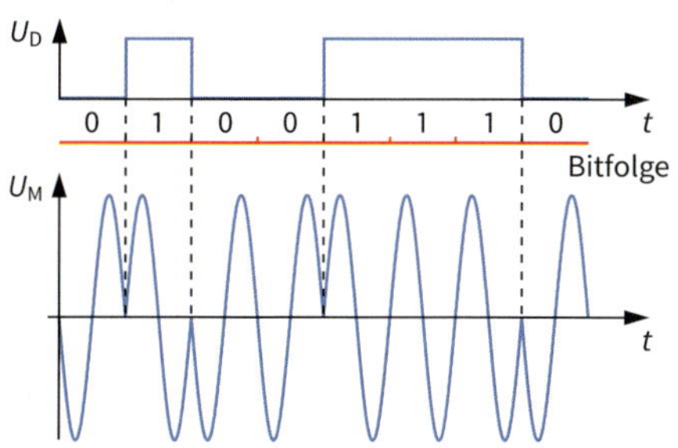

- Umschaltung zwischen zwei verschiedenen Phasen (**binäre PSK, BPSK**)

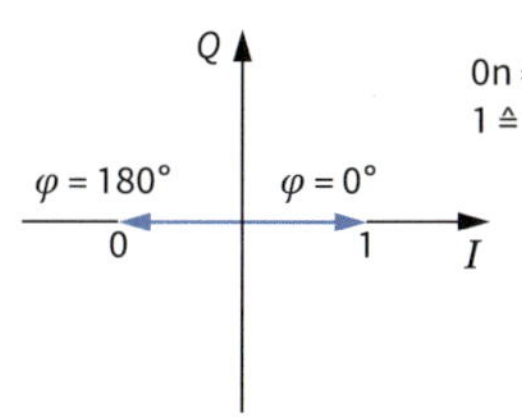

0n ≙ Phase 1
1 ≙ Phase 2

Höherwertige Verfahren der Phasenumtastung

- **Quadrature PSK, QPSK (Vierphasenumtastung)**

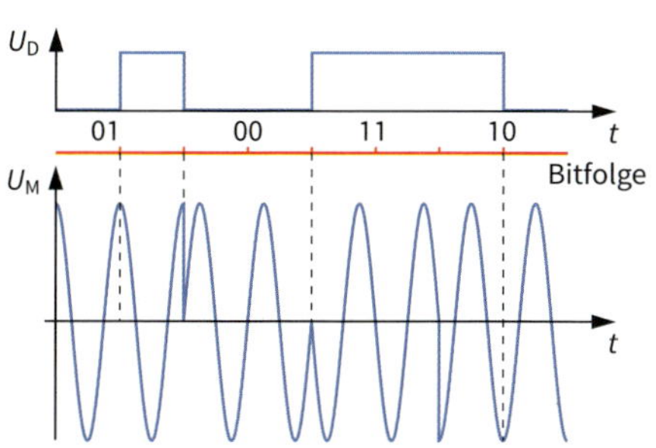

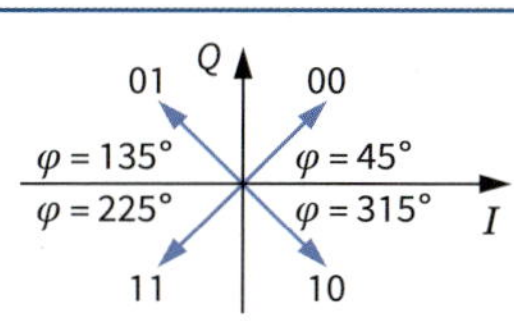

Zusammenfassung von je 2 Bits (Dibit) für vier verschiedene Phasenlagen (Satellitenübertragung).

Bit	Phase	*I*-Komp.	*Q*-Komp.
00	45°	+1	+1
01	135°	−1	+1
11	225°	−1	−1
10	315°	+1	−1

- **8-PSK** (Zusammenfassung von 3 Bits)
  000 ≙ 45°; 001 ≙ 90°; 010 ≙ 135° usw. (360°/8 = 45°)
- **16-PSK** (360°/16 = 22,5°)

Anwendung: UMTS (4-PSK)
EDGE: **E**nhanced **D**ata Rates for GSM **E**volution (8-PSK)

Höherwertige Verfahren der Phasenumtastung

- **Quadratur PSK, QPSK (Vierphasenumtastung)**

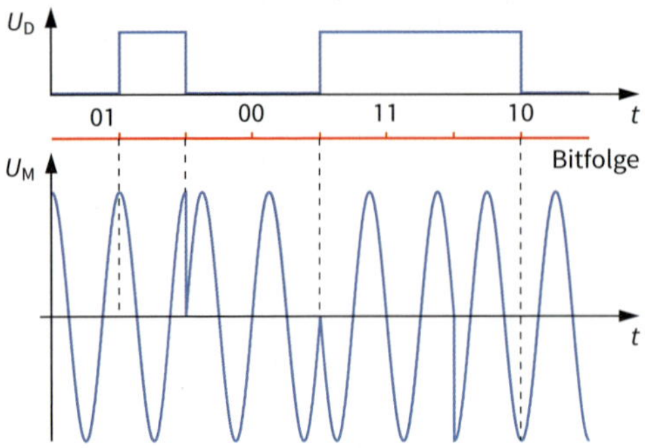

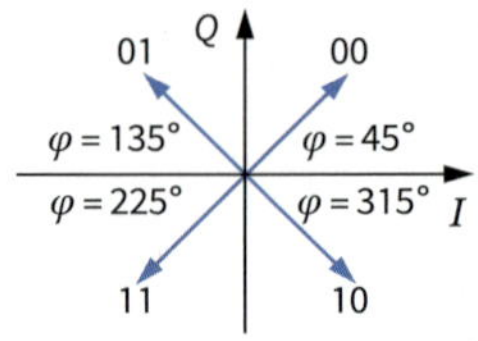

Zusammenfassung von je 2 Bits (Dibit) für vier verschiedene Phasenlagen (Satellitenübertragung).

Bit	Phase	*I*-Komp.	*Q*-Komp.
00	45°	+1	+1
01	135°	−1	+1
11	225°	−1	−1
10	315°	+1	−1

- **8-PSK** (Zusammenfassung von 3 Bits)
  000 ≙ 45°; 001 ≙ 90°; 010 ≙ 135° usw. (360°/8 = 45°)
- **16-PSK** (360°/16 = 22,5°)

Anwendung: UMTS (4-PSK)
EDGE: **E**nhanced **D**ata rate for **G**lobal **E**volation (8-PSK)

Offset QPSK, OQPSK

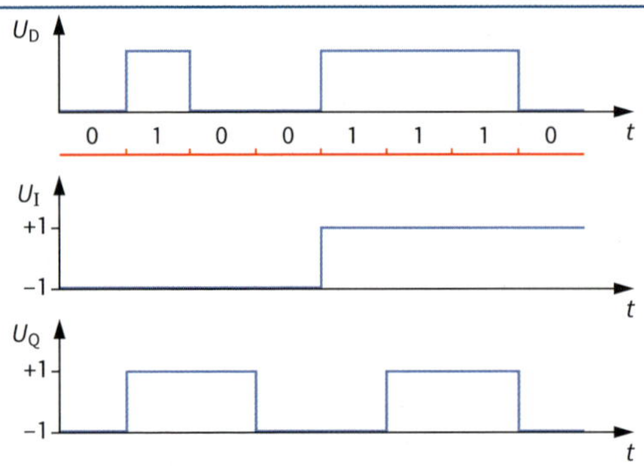

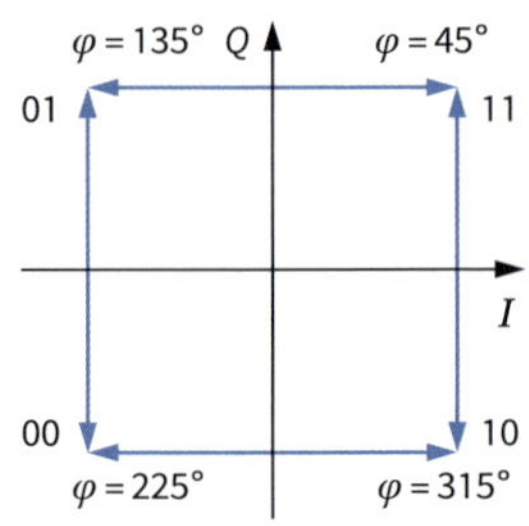

Die Übergänge zwischen den verschiedenen Phasenlagen erfolgen zeitlich versetzt in jeder Achsenrichtung.

Vorteil:
Geringere Schwankung der Amplitude als bei QPSK.

Differenzielle QPSK, DQPSK

DPSK: Differential **P**hase **S**hift **K**eying

Bitfolge	$\Delta\varphi$ (Phasenänderung)
11	$-3\,\pi/4$
01	$3\,\pi/4$
00	$\pi/4$
10	$-\pi/4$

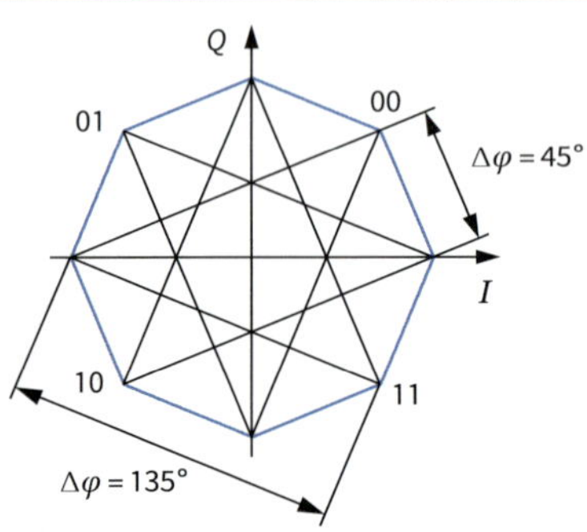

Die Information ist in der Phasenänderung enthalten ($\Delta\varphi$).

Anwendungen:

- Mobilfunk ADC/JDC (amerikanisch/japanisch)
- WLAN-Standard IEEE 802-11b

Minimum Shift Keying, MSK

- **CPFSK** mit Modulationsindex 0,5 (Optimale Unterscheidung von Bit 1 und 0).
- **Gauß'sche MSK, GMSK**
  Keine Rechteckimpulse für die Daten, sondern Gaußimpulse (Vorteil: günstigeres Spektrum als bei MSK).
  Anwendung: Mobilfunk, GSM

Quadratur Amplitudenmodulation, QAM

- Phasen- und Amplitudenumtastung kombiniert
- Zusammenfassung mehrerer Bits;
  z. B. 16 QAM (16 Symbole, jeweils 4 Bit)
- Systeme: 16-, 64-, 256-, 1024-QAM
- Anwendung: DVB (64- und 256 QAM)

Übersicht

- Multiplexverfahren dienen der **Mehrfachnutzung** von Übertragungskanälen.
- Mehrere Signale werden dabei zusammengefasst und gleichzeitig (simultan) über
  - Leitungen oder
  - Funkstrecken

  übertragen.
- Ein noch höherer Nutzen wird erreicht, wenn Multiplexverfahren kombiniert werden.
- Die Zusammenführung der Signale erfolgt im **Multiplexer** (MUX).
- Die Trennung erfolgt beim Empfänger im **Demultiplexer** (DEMUX).

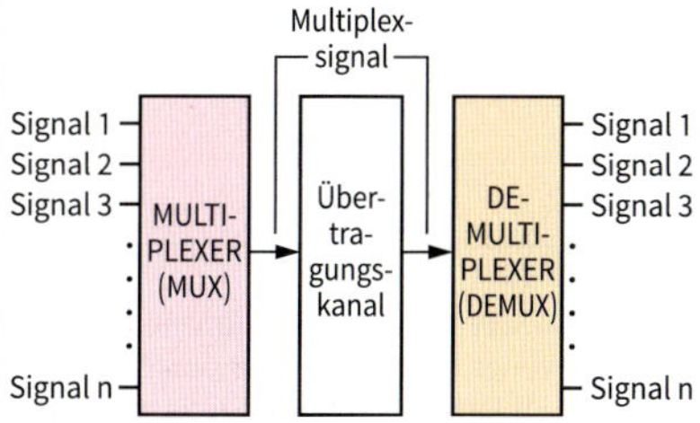

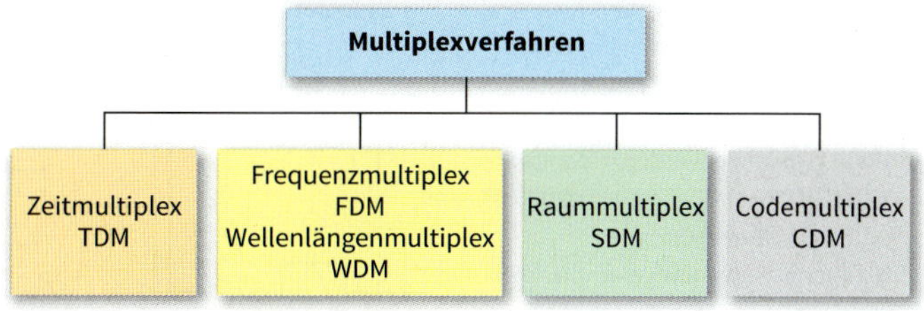

TDM: **T**ime **D**ivision **M**ultiplexing
TDMA: **T**ime **D**ivision **M**ultiple **A**ccess
STDM: **S**ynchronous **T**ime **D**ivision **M**ultiplexing (synchrones Verfahren)
ATDM: **A**synchronous **T**ime **D**ivision **M**ultiplexing (asynchrones Verfahren)
FTDMA: **F**lexible **T**ime **D**ivision **M**ultiple **A**ccess (flexibles Verfahren)

FDM: **F**requency **D**ivision **M**ultiplexing
FDMA: **F**requency **D**ivision **M**ultiple **A**ccess

WDM: **W**avelength **D**ivision **M**ultiplexing
WDMA: **W**avelength **D**ivision **M**ultiple **A**ccess
DWDM: **D**ense **W**avelength **D**ivision **M**ultiplexing (Dichtes Wellenlängenmultiplex)
CWDM: **C**oarse **W**avelength **D**ivision **M**ultiplexing (Grobes Wellenlängenmultiplex)
WWDM: **W**ide **W**avelength **D**ivision **M**ultiplexing (Weites Wellenlängenmultiplex)

SDM: **S**pace **D**ivision **M**ultiplexing
SDMA: **S**pace **D**ivision **M**ultiple **A**ccess

CDM: **C**ode **D**ivision **M**ultiplexing

Zeitmultiplexverfahren (TDM)

- Prinzip:
  Mehrere Signale werden zeitlich gestaffelt (zeitversetzt) in bestimmten Zeitabschnitten (**Zeitschlitzen**) übertragen.
- Abtasttheorem:

$$T_A = \frac{1}{2 \cdot f_{imax}}$$

T_A: Abtastfrequenz
f_{imax}: Maximale Informationsfrequenz

Es sind mindestens zwei Abtastungen innerhalb einer Periodendauer der Übertragungsfrequenz erforderlich.

Synchrones Verfahren (STDM)

- Zur Übertragung werden Übertragungsrahmen definiert, die aus einer bestimmten Anzahl von Zeitschlitzen fester Größe bestehen. Für jeden Sender ist ein fester Zeitschlitz vorgesehen (feste Position des Senders).
- Vorteile:
  Für jede Verbindung kann eine konstante Datenrate genutzt werden. Jeder Sender ist durch seine Position im Übertragungskanal identifizierbar.
- Nachteil:
  Wenn nicht gesendet wird, bleiben die reservierten Zeitabschnitte ungenutzt (keine optimale Ausnutzung).

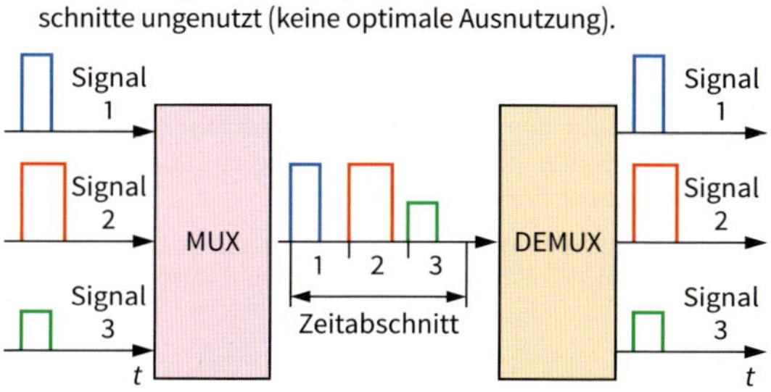

Asynchrones Verfahren (ATDM)

- Bei diesem Verfahren dürfen nur diejenigen Sender auf den Übertragungskanal zugreifen, die senden wollen.
- Damit noch eine eindeutige Zuordnung von Senderdaten und Zeitabschnitt bestehen bleibt, werden jedem Datenpaket eine Kanalinformation hinzugefügt (Header, Channel Identifier). Das Verfahren wird deshalb auch als Adressen-Mulitplexing (Label-Multiplexing) bezeichnet.
- Mit der Kanalinformation können im Demultiplexer die Datenpakete dem richtigen Strom zugeordnet werden.
- Freie Zeitabschnitte können durch andere Sender mitbenutzt werden (dynamisches Multiplexing).
- Vorteil:
  Ökonomische Nutzung des Datenübertragungskanals.

Beispiel: PCM 30

- 30 Fernsprechkanäle in PCM-codierter Form
- Informationsfrequenz $f_{imax} = 3{,}4$ kHz
  Trägerfrequenz $f_T = 8$ kHz
- Periodendauer der Abtastung 125 µs
- 32 Kanäle, zwei für Synchronisier-, Kennzeichen- und Alarminformationen (Kanal 0 und Kanal 16)

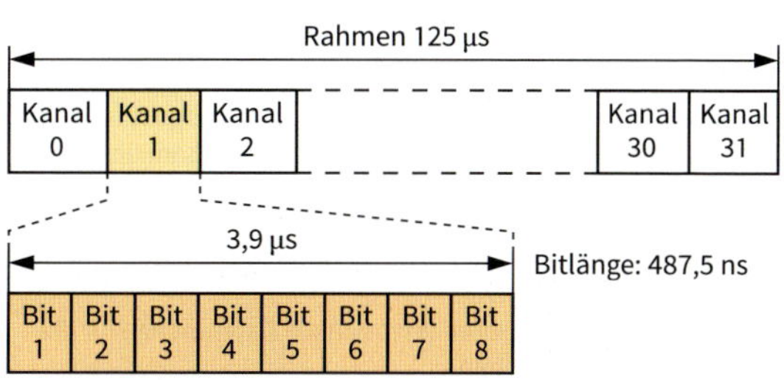

Frequenzmultiplexverfahren (FDM)

- **Leitungsübertragung**
  Mehrere Signale werden frequenzmäßig gestaffelt übertragen.
- **Funkübertragung**
  Mehrere Signale werden mit unterschiedlichen Frequenzen übertragen.
- **Optische Übertragung**
  (Optisches Wellenlängenmultiplexverfahren)
  - **WDM**: **W**avelength **D**ivision **M**ultiplex
  - Licht mit unterschiedlichen Spektralfarben (Lichtfrequenzen) wird zur Übertragung in einem Lichtwellenleiter verwendet.
  - Unterscheidungen: **DWDM**, **CWDM** und **WWDM**

- **Beispiel Trägerfrequenztechnik (TF), Sprachkanal mit 300 Hz bis 3,4 kHz**

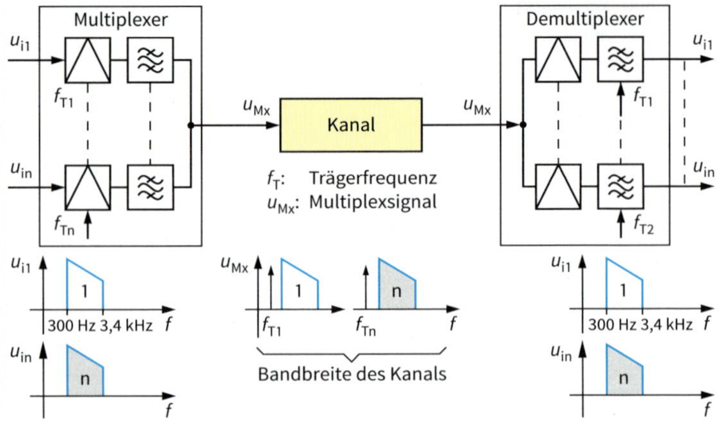

Wellenlängenmultiplexverfahren (WDM)

- **DWDM**
  Dense **W**avelength **D**ivision **M**ultiplex
  (Dichtes Wellenlängenmultiplex)
  - Dichter Wellenlängenabstand (C- oder L-Band) von 0,4 nm (50 GHz) bis 1,6 nnm (200 GHz)
  - Datenraten 10 Gbit/s bis 40 Gbit/s pro Kanal
- **CWDM**
  Coarse **W**avelength **D**ivision **M**ultiplex
  (Grobes Wellenlängenmultiplex)
  - 18 genormte Wellenlängen zwischen 1311 nm und 1611 nm
  - Kanalbreite 20 nm
  - Datenraten 10 Gbit/s pro Kanal
- **WWDM**
  Wide **W**avelength **D**ivision **M**ultiplex
  (Weites Wellenlängenmultiplex)
  - Einfachstes und am häufigsten verwendetes Verfahren
  - Gleichzeitige Übertragung bei 1310 nm und 1550 nm in einer Faser

Raummultiplexverfahren (SDM)

- Prinzip:
  Mehrere Nachrichten werden über parallel eingerichtete Wege (Kanäle) übertragen (vermittelt):
  - **leitungsgebunden**
  - **drahtlos**
- **Leitungsgebundenes Raummultiplex**
  - Mehrere Leitungen werden parallel installiert (Leitungsbündel)
  - Bei der Kreuzschienenverteilung (Koppelfeld, cross bar switching) wird eine Matrix aus mehreren Leitungen mit Schaltern verwendet. Dadurch lassen sich Übertragungsmedien zu- und abschalten.
  - Vorteil:
    Wenn Leitungen frei und die Schalter aktiviert sind, kann jeder Sender jeden Empfänger erreichen.
- Drahtloses Raummultiplex
  - Zu einer bestehenden Funkverbindung (Richtfunkstrecke) werden weitere Funkstrecken hinzugeschaltet.
  - Es erfolgt auch eine Mehrfachnutzung der Funkstrecke mit Hilfe von Zeit- oder Frequenzmultiplexverfahren.
  - Für jede Gruppe von Verbindungen wird ein eigenes Gebiet verwendet. Dadurch lassen sich mit einer Sendefrequenz mehrere Gebiete gleichzeitig versorgen.
  - Beispiele: Frequenzzuteilungen beim Rundfunk, Fernsehen, Funkzellen

gleiche Sendefrequenz für alle Sender

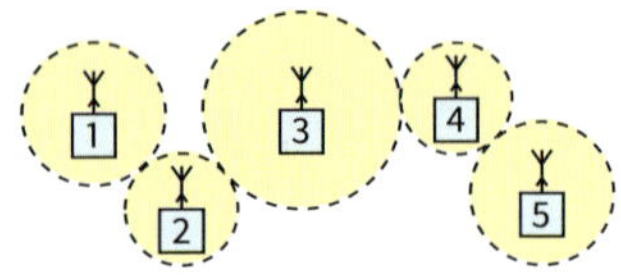

Codemultiplexverfahren (CDM)

- Prinzip:
  - Jedem Teilnehmer wird ein bestimmter Code zugewiesen und die Signale entsprechend codiert.
  - Damit sich die Codes nicht beeinträchtigen, ist jeder Code vom anderen unabhängig (zueinander orthogonal).
  - Die Übertragung der Signale erfolgt gemeinsam über einen Kanal bzw. ein Medium.
  - Am Ende der Übertragung werden aus dem Signalgemisch die einzelnen Signale entsprechend ihrem Code herausgefiltert.
  - Durch dieses Verfahren lässt sich die Datenmenge für die Übertragung erhöhen.
- Beispiele für serielle Übertragung:
  RS 485, PROFIBUS und andere Feldbusse
- Beispiel für parallele Übertragung: PCI-Bus im PC
- Zur Unterscheidung mehrerer Teilnehmer arbeitet UMTS mit CDM. Die Sende- und Empfangsrichtung sind aber auf zwei verschiedenen Frequenzen verteilt.
- Funk-Fernsteuerungen (z. B. Zentralverriegelung beim KFZ) und Infrarot-Fernsteuerungen arbeiten mit CDM.

Datenreduktion und Datenkompression

Ziel: Verringerung der zu speichernden oder zu übertragenden Daten ohne wahrnehmbaren Qualitätsverlust.
Die Begriffe Reduktion und Kompression werden häufig synonym verwendet.

Unterschiede:

- **Kompression** bedeutet eine „Verdichtung" der Daten (gepackte Daten). Die ursprünglichen Daten können ohne Verluste wiederhergestellt werden (verlustfreie Kompression).
- **Reduktion** bedeutet, dass unwichtige oder nicht wahrnehmbare Daten entfernt werden. Die ursprünglichen Daten können nicht wiederhergestellt werden (eingeplante Verluste, verlustbehaftete Kompression).

Kompressionsrate bzw. Reduktionsrate: Verhältnis von Eingangsdaten zu Ausgangsdaten (z. B.: 12:1)

Kompressionsfaktor bzw. Reduktionsfaktor:
Verhältnis von Ausgangsdaten zu Eingangsdaten (z. B.: 1:12)

Erforderliche Datenraten für Medien

Medium	Annahmen	Datenrate
Text	■ 1 Seite mit 80 Zeichen/Zeile ■ 64 Zeilen/Seite ■ 1 Byte/Zeichen	80 x 64 x 1 x 8 = **41 kbit/Seite**
Audio	CD-Qualität: ■ Abtastrate 44,1 kHz ■ 16 Bit/Abtastwert	44 x 100 x 16 x 2 = **1,4 Mbit/s**
Standbild	■ 512 x 512 Pixel/Bild ■ 24 Bit/Pixel	512 x 512 x 24 = **6,1 Mbit/Bild**
Video	Vollbild: ■ 1.024 x 1.024 Pixel/Bild ■ 24 Bit/Pixel ■ 30 Bilder/s	1.024 x 1.024 x 24 x 30 = **755 Mbit/s**

Folgerung:
Besonders bei Bildern und Videosequenzen muss die Datenrate erheblich verringert werden, um die Daten mit einem vertretbaren Aufwand speichern bzw. übertragen zu können.

Anwendung der Psycho-Akustik für die Audiodatenreduktion

- **Ruhehörschwelle:**
  Das menschliche Ohr kann nur Töne oberhalb einer bestimmten Schwelle wahrnehmen (①, oberhalb der Kennlinie).
- **Frequenzabhängige Lautstärkeempfindung:**
  Bei unterschiedlichen Frequenzen besitzt das Ohr eine unterschiedliche Lautstärkeempfindung (②, nichtlinearer Kurvenverlauf).
- **Mithörschwelle:**
  Bei lauten Tönen werden die frequenzmäßig in der „Nähe" liegenden leisen Töne vom Ohr nicht wahrgenommen. Die Hörschwelle wird angehoben (③ Maskierung).
- **Verdeckungseffekt:**
  Leise Töne werden durch zeitlich voreilende oder nacheilende laute Töne „verdeckt" und damit vom Ohr nicht wahrgenommen ④.
- **Redundanz-Reduktion:**
  Mehrfach vorhandene Teile oder Informationen werden nicht übertragen.
- **Irrelevanz-Reduktion:**
  Nicht wahrnehmbare Teile oder Informationen werden nicht übertragen.

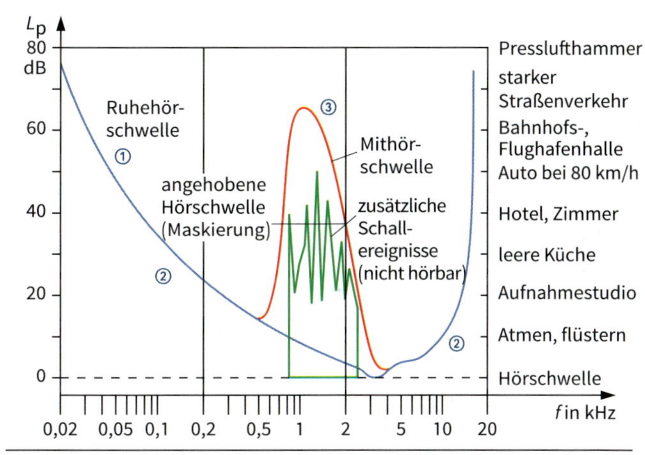

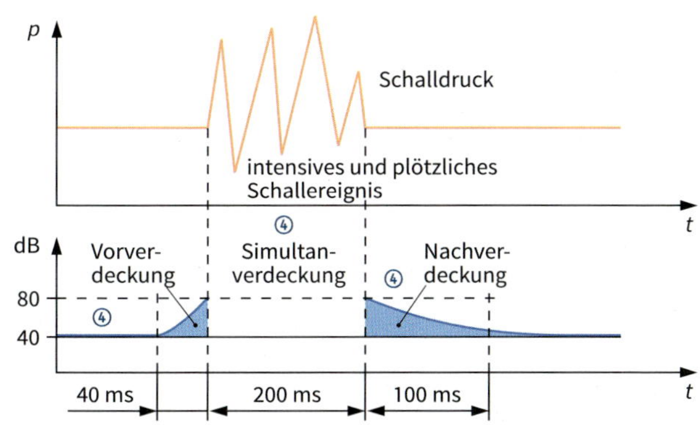

Möglichkeiten der Datenreduktion

- Nebeneinanderliegende Bildpunkte sind mitunter in Farbe und Helligkeit ähnlich. Es können Pixelblöcke mit Mittelwerten gebildet werden.
- Gröbere Bildstrukturen werden besser erkannt als feinere. Bei der Bildanalyse kann deshalb eine obere Grenze festgelegt werden.
- Helligkeitsunterschiede werden intensiver wahrgenommen als Farbunterschiede. Die Farbauflösung kann deshalb geringer sein als die Hell-Dunkel-Auflösung.
- Aufeinanderfolgende Bilder (Video) sind häufig ähnlich. Es müssen lediglich Änderungen übertragen werden.
- Informationen in der Mitte eines Bildes werden stärker wahrgenommen als am Rand. Deshalb ist eine verminderte Bildqualität am Rand zulässig.
- Strukturen von bewegten Objekten werden weniger gut wahrgenommen, als wenn sich das Objekt in Ruhe befindet. Deshalb kann die Übertragungsqualität von bewegten Bildern geringer sein als die von Standbildern.
- In Ruhe bleibende Bildteile (z. B. Hintergrund) müssen nicht ständig, sondern nur einmal übertragen werden.

MPEG-1

- **MPEG:**
  Motion **P**icture **E**xpert **G**roup (auch Moving Pictures Experts Group);
  Expertengruppe, die Vorschläge für die Datenreduktion erarbeitet (MPEG-Standards).
- Einzelstandards für
  Video (Videocodierung und Reduktion),
  Audio (Reduktion mit psychoakustischem Modell) und
  System (Synchronisation und Multiplexing).
- MPEG-1 wird auch allein für Audiodaten verwendet.
- Innerhalb des Standards werden drei Schichten (**Layer**) unterschieden:

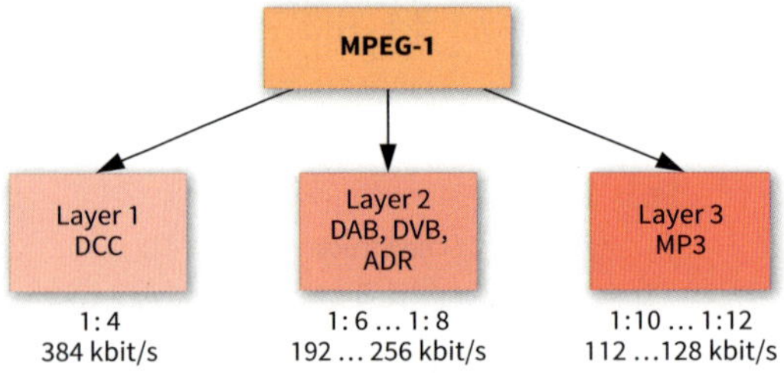

DCC: **D**igital **C**ompact **C**assette (Digitale Tonaufzeichnung),

DAB: **D**igital **A**udio **B**roadcasting (Digitale Übertragung von Audiodaten,Verfahren: MUSICAM)

DVB: **D**igital **V**ideo **B**roadcasting (Digitale Übertragung von Video-Daten)

MP3: Digitale Übertragung von Audiodaten über das Internet mit hoher Datenreduktion (1:12)

MPEG-2

MPEG-2 ist eine Weiterentwicklung des MPEG-1 Standards und baut auf ihn auf. Die erreichbare Bildqualität erfüllt die Anforderungen gängiger FS-Normen (PAL, NTSC, HDTV).

Unterschiede zu MPEG-1:

- Die Bewegungsanalyse erfolgt halbbildbezogen und nicht bildbezogen. Das Zeilensprungverfahren kann also verarbeitet werden.
- 8 x 8 Pixel werden zu Makroblöcken zusammengefasst.
- Auflösung der Helligkeits- und Farbinformationen: 4 : 2 : 2 und 4 : 4 : 4.
- Maximale Bildgröße: 16383 x 16383 Pixel.
- Skalierbarkeit (scalability), der Endnutzer kann entscheiden, welche Teile der Übertragung er empfangen möchte (Zeit- und Qualitäts-Scalability).

Unterschiedliche Qualitätsebenen durch Levels:

Level	Bildgröße in Pixel x Pixel	Übertragungsraten		Anwendung
		M Pixel/s	Daten in Mbit/s	
Low	352 x 288	3	4	Konsumelektronik, rückwärtskompatibel zu MPEG 1
Main	720 x 480	10	15	Studio TV
High 1440	1440 x 1152	47	60	Konsumelektronik, HDTV
High	1920 x 1080	63	80	Filmproduktion

Hauptanwendungen von MPEG-2:

- Digitale Video-, Übertragungs- und Fernsehtechnik bei Datenraten von 1,5 Mbit/s bis 15 Mbit/s
- Codieren von Kinofilmen auf DVD
- Digitales Fernsehen
- DVD-ROM

Qualitätsebenen der Audiodaten:

- Verbesserte Tonqualität bei niedrigen Datenraten (64 kbit/s pro Kanal)
- 5 + 1 Tonkanäle (3 Front- und 2 Surroundkanäle)
- Ein optionaler „Low Frequency Enhancement"-Kanal (unterhalb 120 Hz)
- 7 Sprachkanäle für Dialoge bzw. mehrsprachige Kommentare
- Erweiterte Abtastfrequenzen (16; 22,05; 24 kHz)

MPEG-4

Der Inhalt eines Bildes wird in seine wesentlichen Szenenobjekte zerlegt (z. B. Vordergrund, Hintergrund, Bewegung) und übertragen. Dadurch besteht die Möglichkeit der Veränderung auf der Empfängerseite. Die Datenreduktion ist bei diesem Verfahren hoch.

Merkmale

- **JPEG:** Vereinigte Gruppe von Fotografen
  – Datenreduktionsverfahren für digitalisierte Einzelbilder
- Maximale Bildformate:
  16.384 x 16.384 Pixel
- Das Ausgangsbild wird in kleine Bildelemente (Pixel) zerlegt.
- Jedes Pixel wird in die Farbanteile Rot, Grün und Blau zerlegt (Farbsystem RGB).
- Bei JPEG wird ein reduziertes Farbsystem verwendet:
  YC_RC_B ①
  Y: Helligkeitskomponente
  C_R: Rote Chrominanzkomponente
  C_B: Blaue Chrominanzkomponente
  Jede Komponente kann unabhängig voneinander reduziert werden.
- Farbinformationen werden mit geringerer Auflösung übertragen (Unterabtastung, Subsampling).
  Beispiel: $Y{:}C_R{:}C_B = 4{:}2{:}2$
- Ausgangsbild wird in Blöcken zu 8 x 8 Pixel zusammengefasst ②, Beispiel: Blockbildung beim 625-Zeilen-Fernsehbild (4:3).

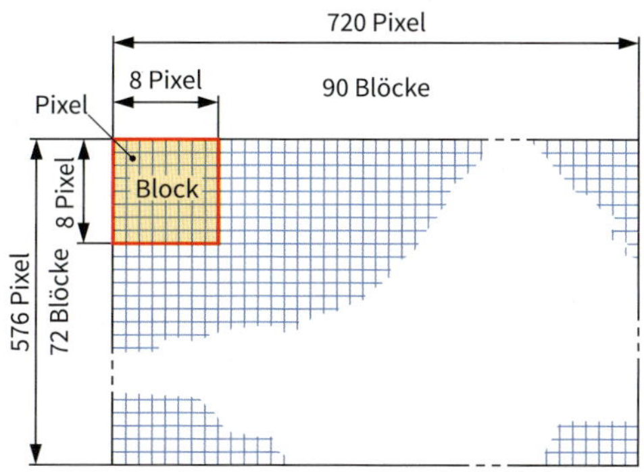

- Verwandlung der Helligkeits- und Farbinformationen in einen digitalen Datenstrom durch Diskrete Cosinus-Transformation (**DCT: D**iscrete **C**osine **T**ransformation).
  Prinzip:
  Örtlich verteilte Bildinformationen werden in den Frequenzbereich transformiert (**Ortsfrequenzen** werden ermittelt).
- DCT-Koeffizienten werden reduziert und quantisiert. In jedem Block werden alle 64 Koeffizienten durch Quantisierungskonstanten (in Tabellen festgelegte Werte, Gewichtung) und die Ergebnisse dann als Zahl gerundet.
- Der **DC-Koeffizient** gibt die tiefste Frequenz an (Gleichanteil, 0 Hz), die **AC-Koeffizienten** stellen höhere Frequenzen dar.
- Anschließend erfolgt eine Zick-Zack-Abtastung (ZigZag Scan), vom DC-Koeffizienten bis zum höchsten AC-Koeffizienten (DCT-Koeffizienten werden frequenzmäßig geordnet).

Prinzip der Datenreduktion bei JPEG

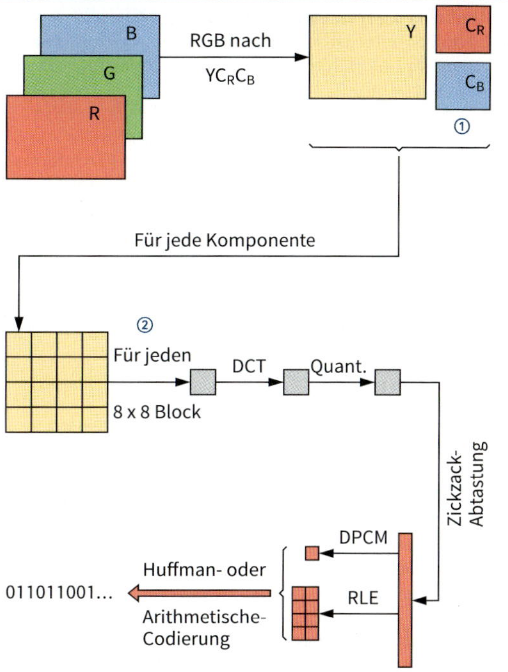

Verlustfreie Kompression

- Wenn die Informationen benachbarter Blöcke ähnlich sind, werden nur die Differenzen der DC-Koeffizienten codiert. Sie werden als AC-Anteile behandelt (**DPCM: D**ifferential **P**ulse **C**ode **M**odulation).
- Bei den AC-Koeffizienten wird die Lauflängencodierung (**RLE**) angewendet (gleiche Daten werden zusammengefasst und nur die Anzahl übertragen).
- Häufig vorkommende Informationen erhalten ein kurzes und selten vorkommende Informationen ein langes Codewort (**Huffman-Codierung**).

Zick-Zack-Abtastung

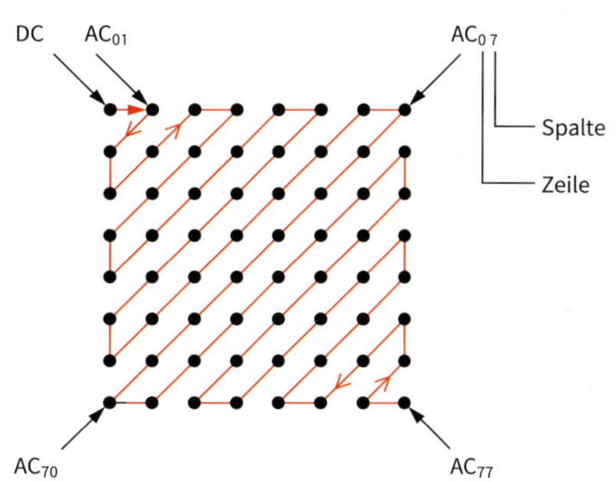

Möglichkeiten

- **Ähnlichkeit bei aufeinanderfolgenden Bildern**
  Bildfolgen unterscheiden sich häufig nur geringfügig, sodass oft nur die Unterschiede zwischen den Bildern übertragen werden müssen.
- **Ähnlichkeit benachbarter Bildpunkte**
  In vielen Flächen ändern sich Helligkeits- und Farbinformationen nicht oder nur geringfügig, so dass nicht jedes Pixel übertragen werden muss.
- **Ähnlichkeit der Grauwerte bei nachfolgenden Bildern**
  Bei technisch „guten" Aufnahmen ändern sich die Grauwerte (Helligkeit) zwischen den einzelnen Bildern nur geringfügig, so dass nicht für jedes Bild der Helligkeitsumfang übertragen werden muss.
- **Strukturen**
  Gröbere Strukturen werden besser erkannt als feinere, so dass Letztere nur bis zu einem Grenzwert übertragen werden müssen.
- **Diagonale Strukturen**
  Senkrechte und waagerechte Strukturen werden besser wahrgenommen als diagonale. Sie können deshalb reduziert übertragen werden.
- **Farb- und Helligkeitswahrnehmung**
  Helligkeitsunterschiede werden intensiver als Farbänderungen wahrgenommen, so dass eine geringere Farbaufösung gewählt werden kann.
- **Mittenwahrnehmung**
  Informationen in der Mitte eines Bildes werden intensiver wahrgenommen als Randinformationen. Eine Qualitätsverringerung am Rand ist deshalb zulässig.
- **Bewegte Objekte**
  Strukturen bewegter Objekte werden weniger gut wahrgenommen als ruhende Objekte. Die Informationen von bewegten Bildelementen können deshalb reduziert werden.

Datenreduktion bei MPEG

Prinzip:
- Es werden nicht die vollständigen Informationen jedes Einzelbildes übertragen.
- Es genügt oft, ein Ausgangsbild vollständig und nachfolgend nur die Differenzen zwischen dem Ausgangsbild und nachfolgenden Bildern zu übertragen.
- Die vollständige Bildinformation jedes Einzelbildes lässt sich dann aus den vorliegenden Daten im Empfänger rekonstruieren ① ②.
- Es werden I-, P- und B-Bildtypen unterschieden.

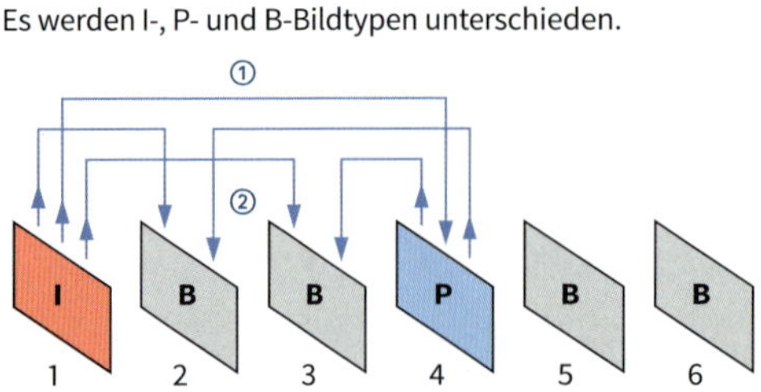

Bildtypen

I-Bild (Intra Picture)
- Das I-Bild enthält die vollständigen Bildinformationen.
- Es dient als Referenzbild für die nachfolgenden Differenzbilder.
- I-Bilder sind Zugriffspunkte für den Videoschnitt und sie dienen als Orientierungspunkte für den Zugriff auf bestimmten Szenen.
- Typischerweise ist jedes fünfzehnte Bild ein I-Bild.
- Die Reduktion entspricht dem JPEG-Standard.

P-Bild (Predicted Picture)
- P-Bilder nehmen Bezug auf das vorhergehende I-Bild.
- Im P-Bild sind lediglich die inhaltliche und örtliche Differenz (Bewegungsvektor) enthalten.
- Die Differenz erhält man durch Einteilung des Bildes in gröbere Blöcke (Makroblöcke, 16x16 Pixel ⑤).
- Für die Farbinformation dieses Differenzbildes wird nur jedes 4. Pixel verwendet (Subsampling, 4:1:1).

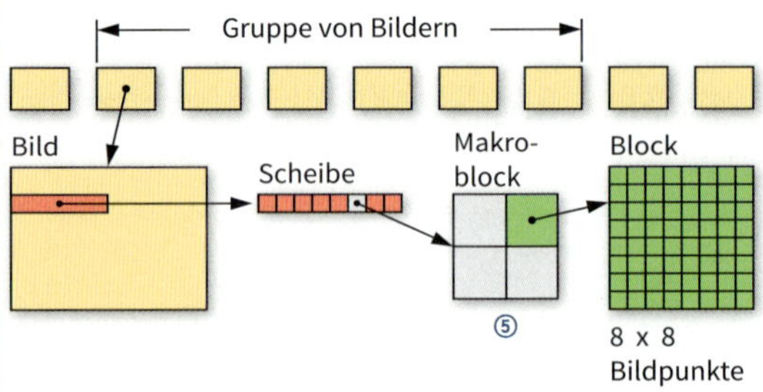

- Die Differenz zum vorangegangenen I-Bild ② wird gewonnen, indem der Makroblock im Zielbild ① solange verschoben wird, bis größtmögliche Übereinstimmung besteht.
- Die Differenz ③ wird dann wie beim I-Bild codiert ④.

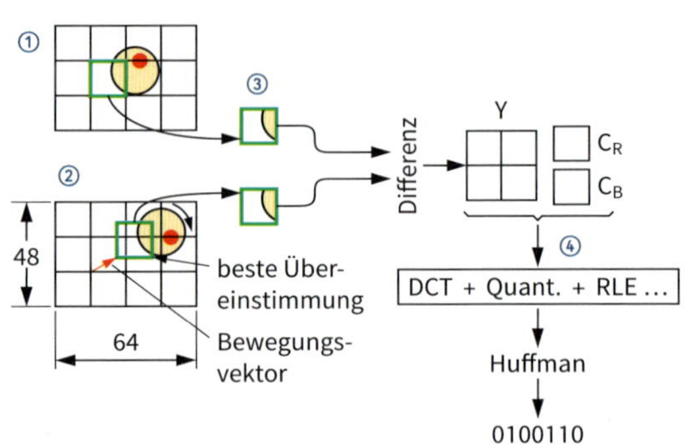

B-Bild (Bidirectional Picture)
- Für das B-Bild wird das P-Bild (Makroblöcke des P-Bildes) verwendet.
- Weil ein Differenzbild verwendet wird, ist die Datenmenge am geringsten.
- Zur Rekonstruktion des Ursprungsbildes wird auf die Daten des vorangegangenen I-Bildes und des nachfolgenden P-Bildes zurückgegriffen.

Prinzip

Bei der verlustfreien Datenkompression (**Lossless Compression**) wird durch die Codierung der ursprüngliche Informationsgehalt nicht verändert. Es werden keine Informationen aus dem Datenbestand entfernt. Die vorliegenden Daten werden in ein „dichteres“ Ordnungssystem überführt (**Entropiecodierung, Entropy Coding**).

Lauflängencodierung

RLE: Run **L**ength **E**ncoding
Prinzip:
Mehrfachsymbole werden durch ein Symbol und die Angabe eines Zählers ersetzt.

Beispiele:

- YYYYYY → 6Y
- 0000000111111111100000 → 709150
  Die Zähler werden binär codiert.
- Übertragung auf Bildelemente: Große Flächen mit gleicher Farbe werden nicht pixelweise übertragen, sondern lediglich Anfangswert und Pixelanzahl.

LZW-Codierung

LZW: Lempel-**Z**iv-**W**elch
(Abraham Lempel, Jakob Ziv, Terry Welch)
Prinzip:

- Die vorliegenden Daten werden in Abschnitte zerlegt und dann in einer Tabelle eingetragen.
- Beim wiederholten Auftreten desselben Abschnittes wird nur der Tabellenverweis geschrieben, ohne dass eine neue Tabellenzeile eingetragen wird.
- Die Codetabelle wird im Laufe der Zeit immer länger, bis eine obere Grenze erreicht ist.
- Anwendung: Geeignet für jede Form von digitalen Daten (Text und Bild), z. B. GIF-, TIFF-, PostScript-Format.

Muster ersetzen (Pattern Substitution)

Prinzip:
Die im Datenstrom wiederkehrenden Muster werden durch neue Zeichen ersetzt.

Beispiel:
ABCDEABCEEABCEE

1. Muster: ABC ersetzen durch das Zeichen „1“
   → 1DE1EE1EE
2. Muster: ABCEE ersetzen durch das Zeichen „1“
   → ABCDE11

Arithmetische Codierung

Prinzip:

- Die Zeichen werden durch Häufigkeitsintervalle codiert.
- Die Zeichenfolgen werden durch bedingte (geschachtelte) Häufigkeitsintervalle codiert.

Das Verfahren ist patentiert und darf nicht ohne Lizensierung verwendet werden.
Der Code nähert sich bei sehr langen Nachrichten einer optimalen Codierung an.

Huffman-Codierung

Prinzip:
Den Zeichen eines Datenstroms werden Codewörter verschiedener Länge zugewiesen. Am häufigsten vorkommende Zeichen erhalten das kürzeste und die am seltensten vorkommenden das längste Codewort.

Beispiel: Textcodierung des Wortes Kernenergie

Buchstabe	Häufigkeit	Codewort
E	4	0
R	2	10
N	2	110
K	1	1110
G	1	11110
I	1	11111

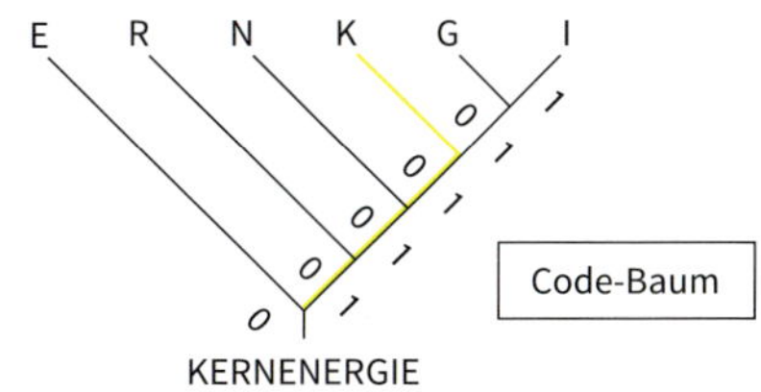

Codierung:

1110	0	10	110	0	110	0	10	11110	11111	0
K	E	R	N	E	N	E	R	G	I	E

- **Statische Codierung:** Gleiche Tabellen für Codierer und Decodierer werden verwendet.
- **Dynamische Codierung:** Relative Häufigkeit der vorliegenden Daten wird festgestellt und danach der Code festgelegt.
- **Adaptive Codierung:** Zunächst wird von festen Codes aus Tabellen ausgegangen, danach erfolgt eine dynamische Anpassung.

Anwendung (modifizierte Huffman-Codierung): Übertragung von Faxdaten (Schwarz-Weiß) über das TK-Netz. Von der CCITT sind folgende Verfahren festgelegt:

- **Group 3, G31D (1-dimensional):**
  Das Bild besteht aus einer Folge schwarzer und weißer Pixel mit unterschiedlichen Längen (runs). Der Code wird aus festen Wertetabellen (statistische Erhebungen über Häufigkeiten) entnommen.
  Jede Zeile wird dabei unabhängig von der anderen betrachtet (1-dimensionale Betrachtung).
- **Group 3, G32D (2-dimensional):**
  Aufeinanderfolgende Zeilen ähneln sich (2-dimensionale Betrachtung), so dass prinzipiell nur Unterschiede übertragen werden müssen. Die Anzahl der gemeinsam betrachteten Zeilen werden durch den K-Faktor angegeben. Bei z. B. K = 4 werden drei aufeinanderfolgende Zeilen 2-dimensional codiert, die 4. Zeile dann 1-dimensional.
- **Group 4, G42D (2-dimensional):**
  Der K-Faktor wird auf unendlich gesetzt. Die Codierung wird dadurch komplexer und die Rechenleistung steigt.

Schwingung

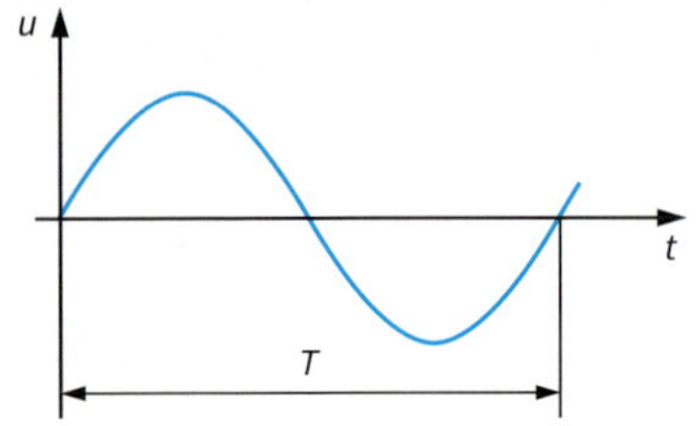

T: Periodendauer $[T] = \mathrm{s}$

f: Frequenz $[f] = \mathrm{Hz}$

$f = \frac{1}{T}$ $\quad 1\,\mathrm{Hz} = \frac{1}{\mathrm{s}}$

Wellen

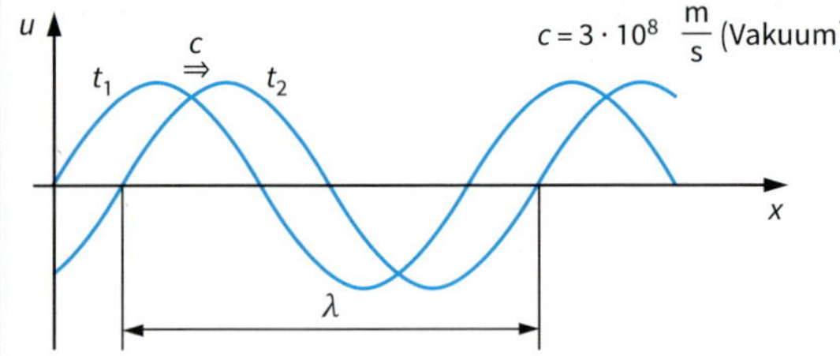

c: Ausbreitungsgeschwindigkeit, Lichtgeschwindigkeit $[c] = \frac{\mathrm{m}}{\mathrm{s}}$

λ: Wellenlänge $[\lambda] = \mathrm{m}$

f: Frequenz $[f] = \mathrm{Hz}$

x: Weg, Strecke

$\lambda = \frac{c}{f}$ $\quad \lambda = c \cdot T$

Wellenabstrahlung

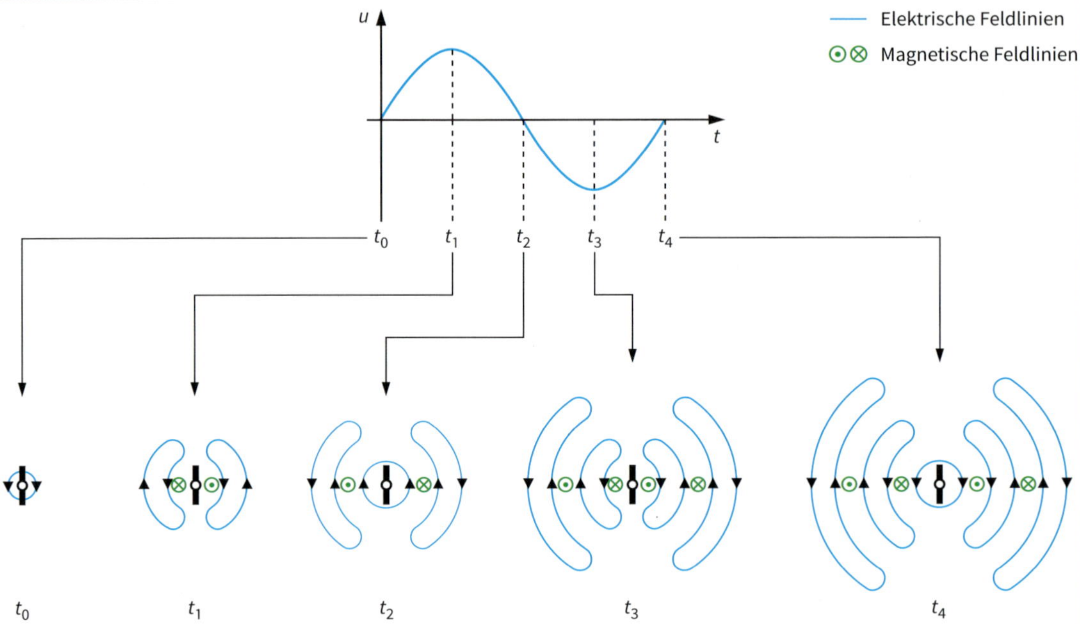

Elektromagnetisches Feld

E:	Elektrische Feldstärke	$[E] = \mathrm{V/m}$
H:	Magnetische Feldstärke	$[H] = \mathrm{A/m}$
Z_0:	Feldwellenwiderstand	$[Z_0] = \Omega$
ε_0:	Elektrische Feldkonstante	$\varepsilon_0 = 8{,}86 \cdot 10^{-12}\ \mathrm{As/Vm}$
μ_0:	Magnetische Feldkonstante	$\mu_0 = 1{,}257 \cdot 10^{-6}\ \mathrm{Vs/Am}$

$E = Z_0 \cdot H$ $\quad Z_0 = \sqrt{\frac{\mu_0}{\varepsilon_0}}$ $\quad Z_0 = 376{,}68\ \Omega$

Feldberechnung (Kugelstrahler)

P:	Strahlungsleistung der Antenne (abgestrahlte Energie pro Zeit)	$[P] = \mathrm{W}$
S:	Strahlungsdichte	$[S] = \mathrm{W/m^2}$
E:	Elektrische Feldstärke	$[E] = \mathrm{V/m}$
H:	Magnetische Feldstärke	$[H] = \mathrm{A/m}$

$S = \frac{P}{4\pi \cdot r^2}$ $\quad S = E \cdot H$ $\quad S = \frac{E^2}{Z_0}$

Ausbreitungszonen

Nahempfangszone	Tote Zone	Interferenzzone (Fadingzone)	Fernempfangszone
Nur Bodenwelle vorhanden	Bodenwelle und Raumwelle sind nicht vorhanden	Bodenwelle und Raumwelle sind vorhanden, Auslöschung möglich	Nur Raumwelle vorhanden

Feldarten

Nahfeld: $r < \lambda$; $E \sim \frac{1}{r^3}$ r: Radius (Kugelstrahler)

Fernfeld: $r > \lambda$; $E \sim \frac{1}{r}$ (r ca. $10\,\lambda$)

Im Fernfeld sind die magnetische und die elektrische Komponente des elektromagnetischen Feldes in Phase und stehen senkrecht aufeinander.

Einteilung der Atmosphäre

Troposphäre: bis ca. 12 km
Stratosphäre: von 12 km bis ca. 80 km
Ionosphäre: von 80 km bis ca. 1000 km

Schichten der Ionosphäre

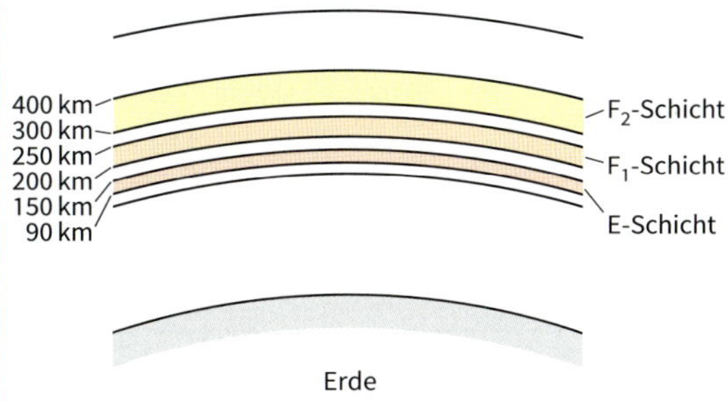

Ausbreitungseigenschaften verschiedener Wellenlängenbereiche

Längstwellen, Langwellen

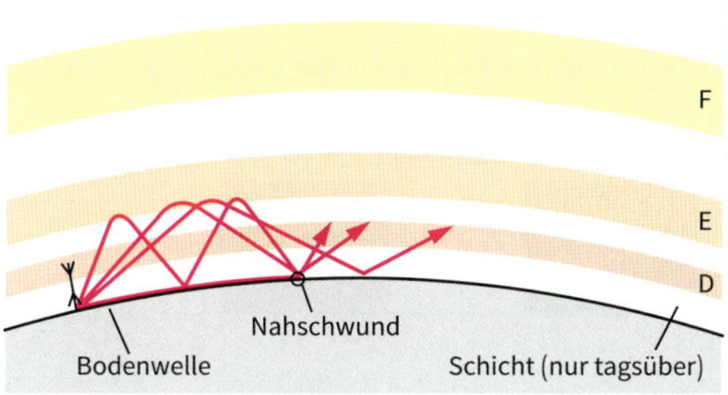

Vorwiegend nur **Bodenwellen**

Mittelwellen

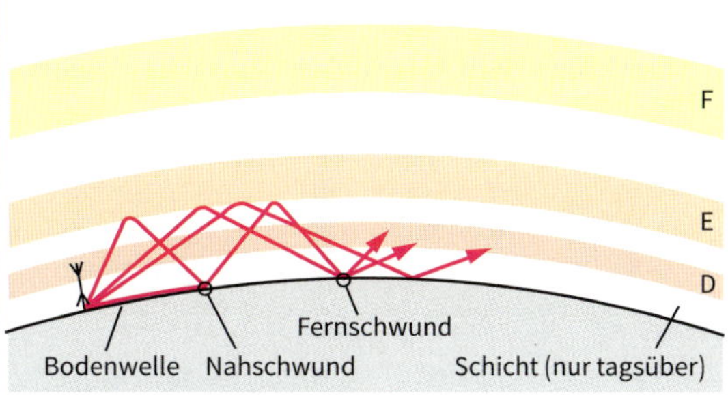

Tag: Vorwiegend Bodenwellen
Nacht: **Boden**- und **Raumwellen**
Ausbreitung ist abhängig von Tages- und Jahreszeit.

Kurzwellen

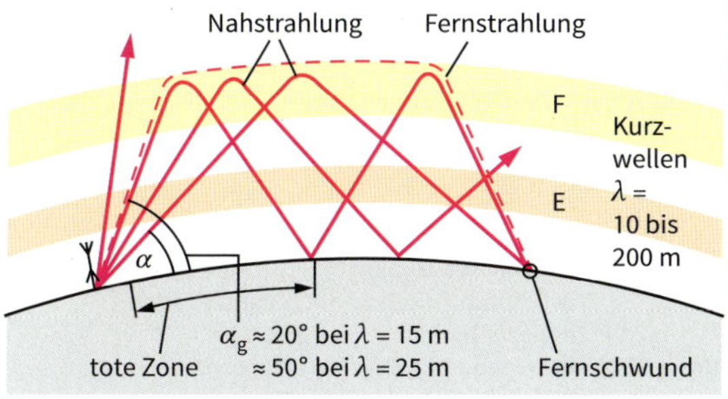

Vorwiegend **Raumwellen**
Die Ausbreitung ist abhängig von der Tages- und Jahreszeit sowie der Sonnenaktivität, Mehrfachreflexion ist möglich.

Ultrakurzwellen

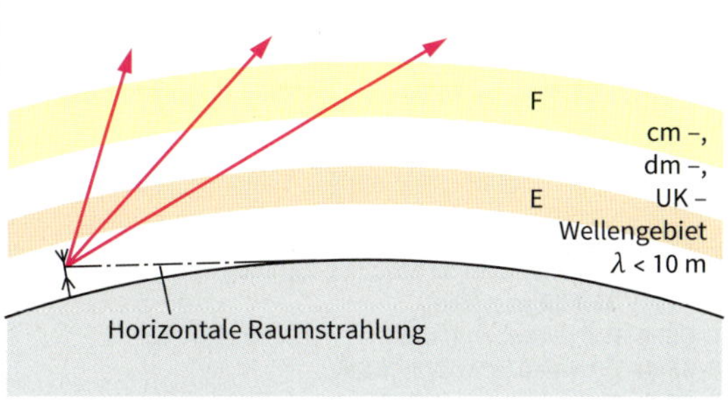

Quasioptische Wellen

Elektromagnetischer Frequenz- und Wellenlängenbereich

$c = \lambda \cdot f$

c: Ausbreitungsgeschwindigkeit der elektromagnetischen Welle
c = 299792,5 m/s
λ: Wellenlänge
f: Frequenz

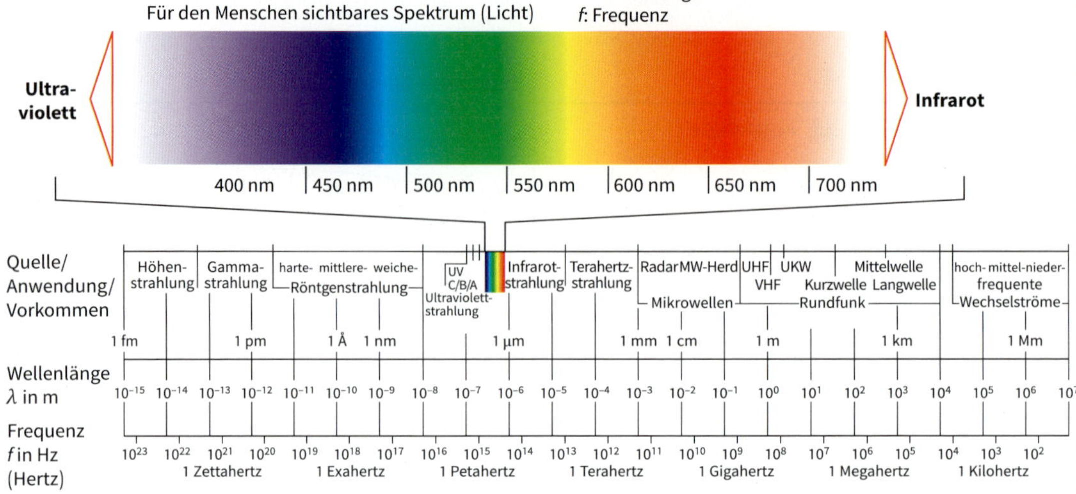

Frequenzbänder von Mobilfunksystemen

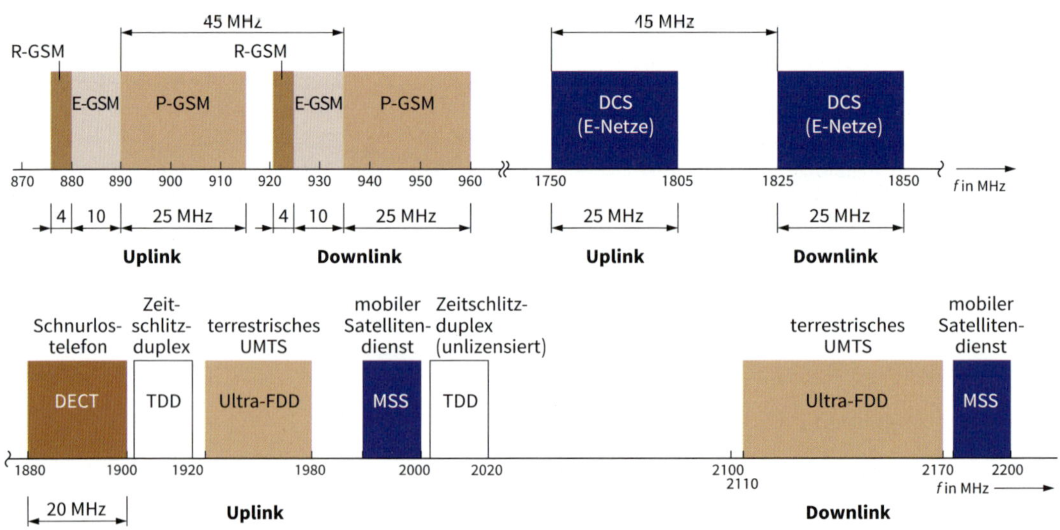

GSM: **G**lobal **S**ystem for **M**obile Communication (Mobilfunksystem)
R-GSM: **R**ail (Eisenbahn) **GSM**
E-GSM: **E**xtended (erweitert) **GSM**
P-GSM: **P**ublic (öffentlich) **GSM**
DCS: **D**igital **C**ommunication **S**ystems (GSM-System im E-Netz)
DECT: **D**igital **E**nhanced **C**ordless **T**elephone (schnurlose Telekommunikation)

TDD: **T**ime **D**ivison **D**uplex (Zeitmultiplex-Zugriff mit zeitgesteuertem Duplexbetrieb)
Ultra-FDD: **U**ltra **F**requency **D**ivision **D**uplexing (Verfahren im Verkehrsfunk)
MSS: **M**obile **S**atellite **S**ervice (Versorgung ländlicher Gebiete mit Internet, Fernsehen und Radio)
UMTS: **U**niversal **M**obile **T**elecommunications **S**ystem

Institutionen und Organisationen

- International werden für die einzelnen Frequenzbänder verschiedene Bezeichnungen verwendet, die mitunter willkürlich oder nach dem jeweiligen technischen Entwicklungsstand festgelegt wurden. Verschieden Institutionen und Organisationen befassen sich mit der Festlegung der Frequenzbänder.
- **ITU: I**nternational **T**elecommunication **U**nion, Internationale Fernmeldeunion
  - Es handelt sich hierbei um eine Sonderorganisation der Vereinten Nationen die sich weltweit mit technischen Aspekten der Telekommunikation beschäftigt.
  - Sie ist **WRC**-Veranstalter (**W**orld **R**adiocommunication **C**onference), in der über die Zuweisung von Frequenzbändern entschieden wird.
- **Struktur der ITU**
  - **ITU-T** (Telecommunication Standardization Sector), früher **CCITT** (**C**omité **C**onsultatif **I**nternational **T**éléphonique et **T**élégraphique, Beratender Ausschuss für den Telegrafen- und Telefondienst)
  - Wesentliches Aufgabengebiet der ITU-T: Herausgabe von technischen Normen, Standards und Empfehlungen für alle Gebiete der Telekommunikation, die weltweit anerkannt werden.
  - **ITU-R** (Radiocommunication Sector), früher **CCIR** (**C**omité **C**onsultatif **I**nternational des **R**adiocommunication, Internationaler Beratender Ausschuss für den Funkdienst)
  - **ITU-D** (Telecommunication Development Sector)
- **FCC** (**F**ederal **C**ommunications **C**ommission) Es handelt sich um eine unabhängige Fernmeldebehörde der US-Regierung. Sie hat die Aufgabe, Richtlinien für die Rundfunk-, Fernseh-, Satelliten- und Kabel-Kommunikation zu erarbeiten und regulierend einzugreifen.
- **CEPT** (**C**onférence **E**uropéenne des Administrations des **P**ostes et des **T**élécommunications, Europäische Konferenz der Verwaltungen für Post und Telekommunikation)
  - Es handelt sich um eine Dachorganisation für die Zusammenarbeit der **Regulierungsbehörden** aus 48 Staaten Europas.
  - Für Deutschland ist die **Bundesnetzagentur** die Regulierungsbehörde für das Postwesen und für Telekommunikation.
- Nach **IEEE** (**I**nstitute of **E**lectrical and **E**lectronics **E**ngineers) werden die Frequenzbänder systematisch gemäß den unterschiedlichen Eigenschaften annähernd logarithmisch eingeteilt.
  - Die Einteilung erfolgt in alphabetischer Reihenfolge, beginnend mit dem A-Band.
  - Beim M-Band ist die obere Bandgrenze nicht festgelegt.

Terrestrische Rundfunkbänder (ITU und CEPT)

Band	Frequenz Bereich in MHz	Rundfunkdienste und Nutzung
I	47–68	[1], feste Funkdienste; Amateurfunk
II	87,5–108	Hörfunk, UKW (FM)
III	174–230	[1], [2], T-DAB, DVB-T, DMB
IV	470–582	[1], [2], DVB-T, DVB-H
V	582–960	[1], [2], DVB-T, DVB-H
L	1000–2000	T-DAB, DMB

[1] Analoges Fernsehen (auslaufend) [2] drahtlose Mikrofone

Frequenzbänder nach ITU und FCC

- Das Frequenzband ist dekadisch von 3 Hz bis 3 THz unterteilt.
- Die Unterteilung erfolgt durch Bandnummern von 1 bis 12.

Bandnummer	Frequenzbereich und Bezeichnung
1	3 Hz – 30 Hz **ELF** (**E**xtremly **L**ow **F**requencies), Niederfrequenz
2	30 Hz – 300 Hz **SLF** (**S**uper **L**ow **F**requencies)
3	300 Hz – 3 kHz **ULF** (**U**ltra **L**ow **F**requencies)
4	3 kHz – 30 kHz **VLF** (**V**ery **L**ow **F**requencies), Myriameterwellen, Längstwellen
5	**LF** (**L**ow **F**requencies), Kilometerwellen, Langwellen
6	0,3 MHz – 3 MHz **MF** (**M**edium **F**requencies), Hektometerwellen, Mittelwellen
7	3 MHz – 30 MHz **HF** (**H**igh **F**requencies), Dekameterwellen, Kurzwellen
8	30 MHz – 300 MHz **VHF** (**V**ery **H**igh **F**requencies), Meterwellen, Ultrakurzwellen
9	300 MHz – 3 GHz **UHF** (**U**ltra **H**igh **F**requencies), Dezimeterwellen, Ultrakurzwellen
10	3 GHz – 30 GHz **SHF** (**S**uper **H**igh **F**requencies), Zentimeterwellen
11	30 GHz – 300 GHz **EHF** (**E**xtremly **H**igh **F**requencies), Millimeterwellen
12	300 GHz – 3 THz **THF** (**T**remendously **H**igh **F**requencies), Dezimeterwellen

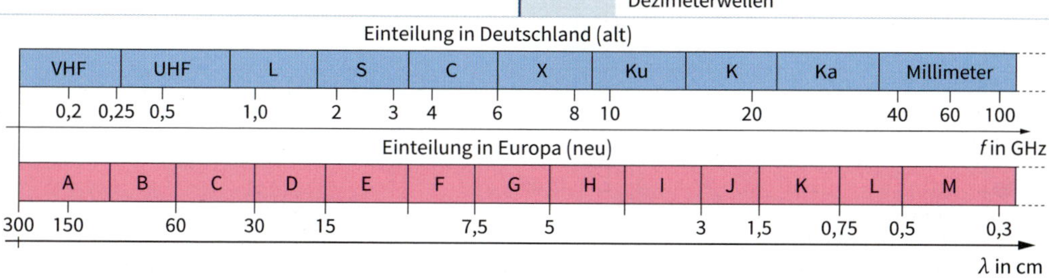

Dämpfungs- und Übertragungsfaktoren

Schaltung	Dämpfungsfaktor *D*		Übertragungsfaktor, Verstärkungsfaktor *T*	
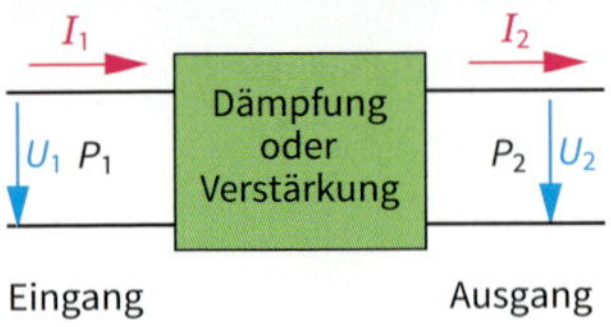	Stromdämpfungsfaktor	$D_I = \frac{I_1}{I_2}$	Stromübertragungsfaktor	$T_I = \frac{I_2}{I_1}$
	Spannungsdämpfungsfaktor	$D_U = \frac{U_1}{U_2}$	Spannungsübertragungsfaktor	$T_U = \frac{U_2}{U_1}$
	Leistungsdämpfungsfaktor	$D_P = \frac{P_1}{P_2}$	Leistungsübertragungsfaktor	$T_P = \frac{P_2}{P_1}$

Dämpfungs- und Übertragungsmaße

Schaltung (Einzelglied)	Dämpfungsmaß *a*		Übertragungsmaß, Verstärkungsmaß −*a*	
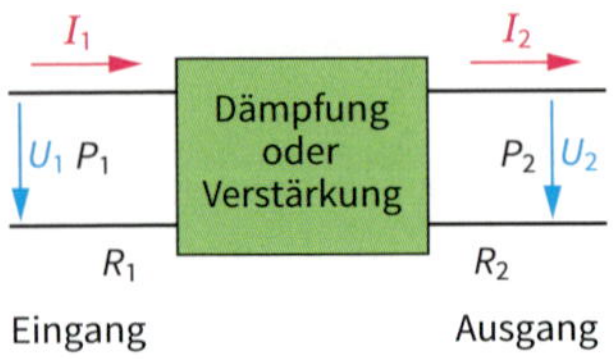	**Leistungsdämpfungsmaß**		**Leistungsübertragungsmaß**	
	$a_p = \lg \frac{P_1}{P_2}$ B	B: Bel	$-a_p = 10 \cdot \lg \frac{P_2}{P_1}$ dB	
	$a_p = 10 \cdot \lg \frac{P_1}{P_2}$ dB	dB: dezi Bel		
	Spannungsdämpfungsmaß		**Spannungsübertragungsmaß**	
	$a_u = 20 \cdot \lg \frac{U_1}{U_2}$ dB	$R_1 = R_2$	$-a_u = 20 \cdot \lg \frac{U_2}{U_1}$ dB	$R_1 = R_2$
	Stromdämpfungsmaß		**Stromübertragungsmaß**	
	$a_i = 20 \cdot \lg \frac{I_1}{I_2}$ dB	$R_1 = R_2$	$-a_i = 20 \cdot \lg \frac{I_2}{I_1}$ dB	$R_1 = R_2$

Zusammenhang zwischen Dämpfungsfaktoren und Dämpfungsmaßen

Dämpfungsmaß in dB	*a*	0	1	3	6	10	20	30	40
Leistungsdämpfungsfaktor	D_p	0	1,26	2	4	10	100	1000	10000
Spannungsdämpfungsfaktor	D_u	1	1,12	1,41	2	3,16	10	31,6	100

Absoluter Pegel L_{abs}

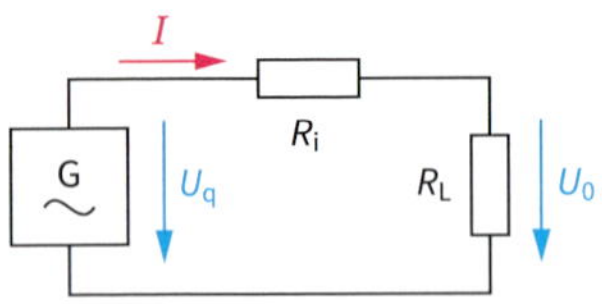

Der Pegel 0 dB liegt bei der Leistung $P_0 = 1$ mW oder der Spannung $U_0 = 775$ mV vor ($I = 1{,}29$ mA).

P_0: Bezugsleistung
U_0: Bezugsspannung

$L_{Pabs} = 10 \lg \frac{P}{P_0}$ dBm

$L_{Uabs} = 20 \lg \frac{U}{U_0}$ dBu

$R_L = 600\ \Omega$

Pegelplan

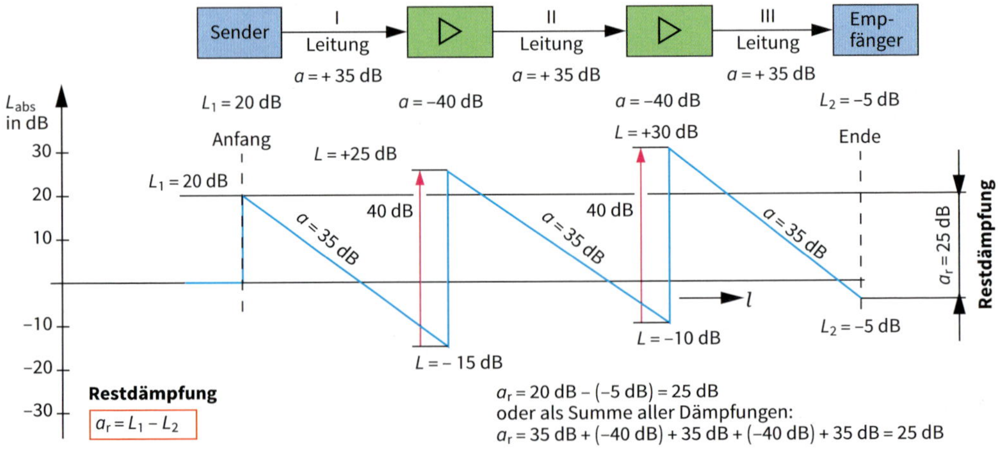

Restdämpfung

$a_r = L_1 - L_2$

$a_r = 20\text{ dB} - (-5\text{ dB}) = 25\text{ dB}$
oder als Summe aller Dämpfungen:
$a_r = 35\text{ dB} + (-40\text{ dB}) + 35\text{ dB} + (-40\text{ dB}) + 35\text{ dB} = 25\text{ dB}$

Pegelplan
Level Plan

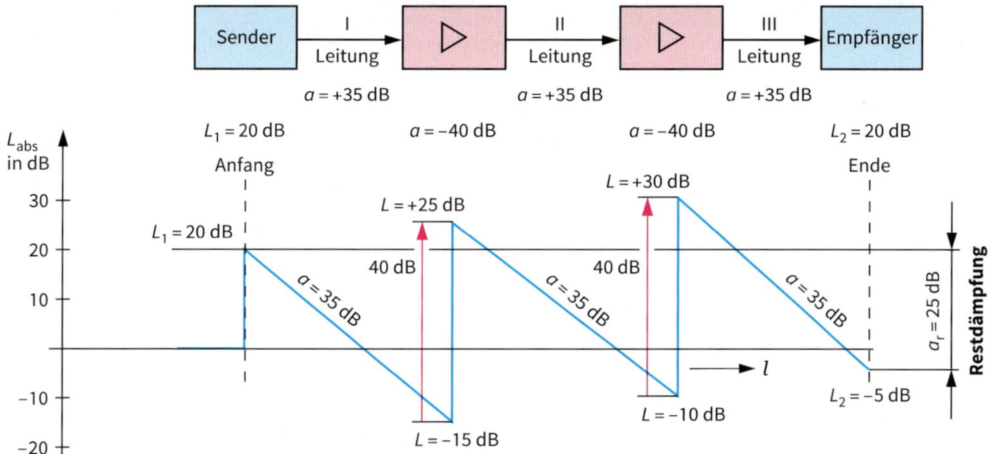

Restdämpfung

$a_r = L_1 - L_2$

$a_r = 20\ \text{dB} - (-5\ \text{dB}) = 25\ \text{dB}$

oder als Summe aller Dämpfungen:

$a_r = 35\ \text{dB} + (-40\ \text{dB}) + 35\ \text{dB} + (-40\ \text{dB}) + 35\ \text{dB} = 25\ \text{dB}$

Rauschen
Noise

Rauschleistung, Rauschspannung

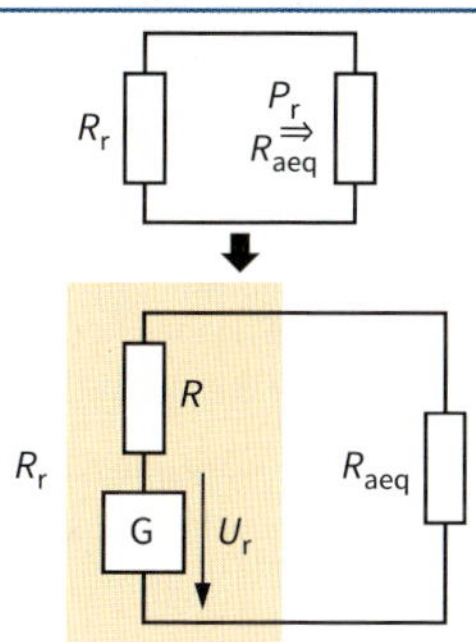

$P_r = k \cdot T \cdot B$

$U_r = \sqrt{4 \cdot k \cdot T \cdot B \cdot R}$

$k = 1{,}38 \cdot 10^{-23}\ \text{J/K}$

Rauschabstandsmaß, Signal-Rausch-Verhältnis (SNR)

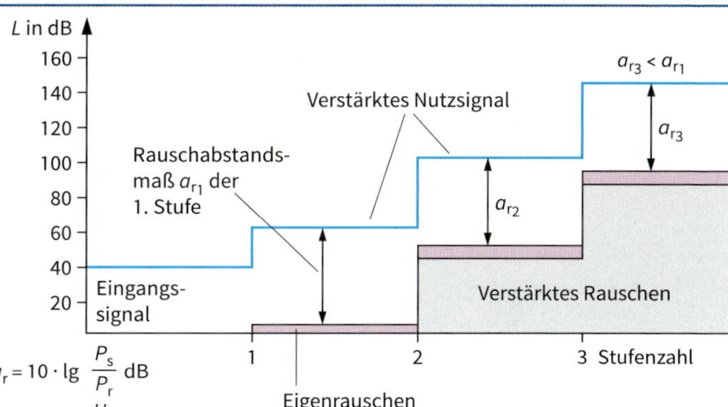

$a_r = 10 \cdot \lg \dfrac{P_s}{P_r}\ \text{dB}$

$a_r = 20 \cdot \lg \dfrac{U_s}{U_r}\ \text{dB}$

P_r: Rauschleistung
P_s: Leistung des Nutzsignals
U_r: Rauschspannung
U_s: Spannung des Nutzsignals
R_r: Rauschender Widerstand (Rauschquelle)
R_{aeq}: Nichtrauschender Widerstand
T: Absolute Temperatur in Kelvin
B: Bandbreite in Hz
k: Boltzmann-Konstante

Rauschzahl F

$F = \dfrac{P_{se}}{P_{re}} : \dfrac{P_{sa}}{P_{ra}}$ $\quad F = \dfrac{P_{se} \cdot P_{ra}}{P_{re} \cdot P_{sa}}$

Eingangsgrößen: P_{se}; P_{re}
Ausgangsgrößen: P_{sa}; P_{ra}

Rauschzahl a_F

$a_F = 10 \cdot \lg F\ \text{dB}$

Übertragungsqualität und Rauschabstandsmaß a_r

Übertragungsqualität	P_s/P_r	U_s/U_r	a_r in dB
Untere Wahrnehmungsgrenze	1	1	0
Untere Sprachverständlichkeitsgrenze	10	3,2	10
Ausreichende Musikwiedergabe	1000	32	30
Rauschfreie Bildqualität	10000	100	40

Ersatzschaltbild

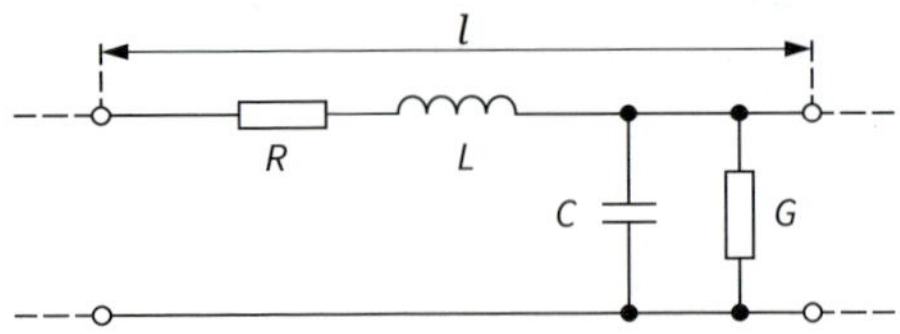

Widerstandsbelag

$R' = \frac{R}{l}$

Leitwertbelag

$G' = \frac{G}{l}$

Induktivitätsbelag

$L' = \frac{L}{l}$

Kapazitätsbelag

$C' = \frac{C}{l}$

Wellenwiderstand

tiefe Frequenzen	hohe Frequenzen
$(R > \omega \cdot L)$	$(R < \omega \cdot L)$
$Z = \sqrt{\frac{R}{\omega \cdot C}}$	$Z = \sqrt{\frac{L}{C}}$

Paralleldrahtleitung

$$Z = \frac{\ln \frac{2a}{d}}{\sqrt{\varepsilon_r}} \cdot 120\,\Omega$$

a: Leiterabstand
d: Leiterdurchmesser
ε_r: Permittivitätszahl

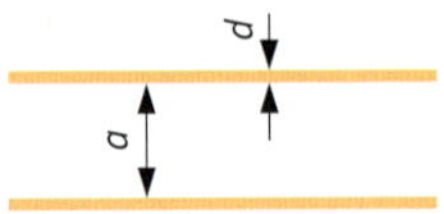

Leitung als Übertragungsstrecke

Ausbreitungsgeschwindigkeit

$$v = \frac{c}{\sqrt{\varepsilon_r}}$$

c: Lichtgeschwindigkeit, $c = 3 \cdot 10^8$ m/s
ε_r: Permittivitätszahl

Verkürzungsfaktor

$$K = \frac{1}{\sqrt{\varepsilon_r}}$$ (bei Koaxialkabel: 0,65 … 0,82)

Abschlüsse am Leitungsende

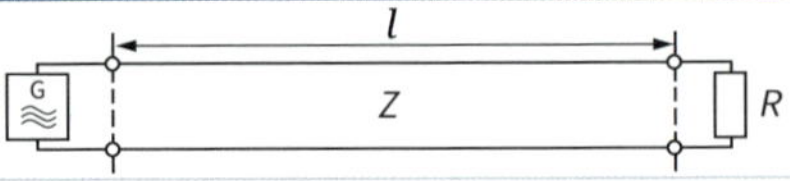

λ: Wellenlänge
l: Leitungslänge
Z: Wellenwiderstand der Leitung

$R \to \infty$	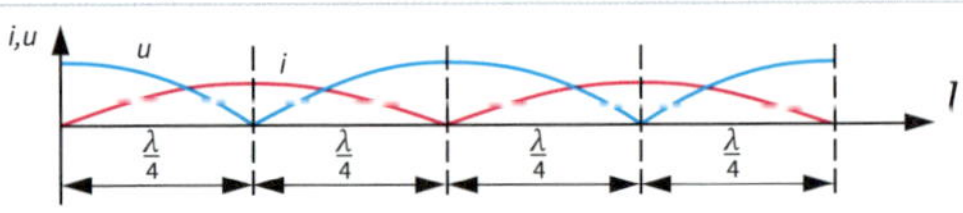	stehende Welle, Spannungsmaximum, $I = 0$ A, keine Energieübertragung
$R = 0\,\Omega$	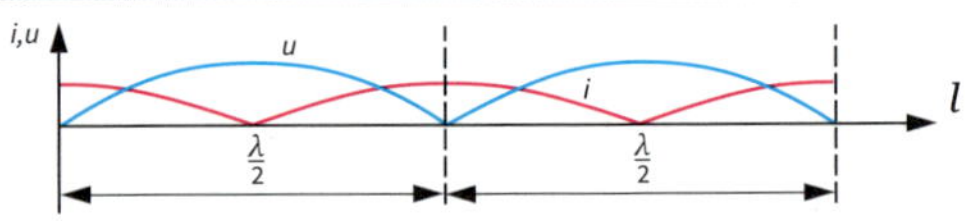	stehende Welle, Strommaximum, $U = 0$ V, keine Energieübertragung
$R = Z$		keine stehende Welle, Anpassung, Energieübertragung maximal
$R < Z$	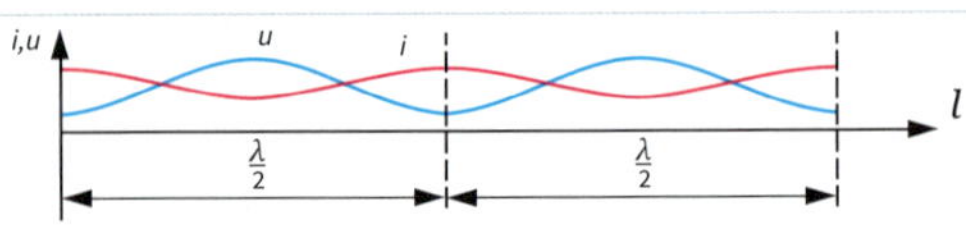	Fehlanpassung, verminderte Energieübertragung

Leitung als Bauteil

Länge	Verhalten	Länge	Verhalten
Leitung am Ende offen			
$l = \lambda/4$		$l = \lambda/2$	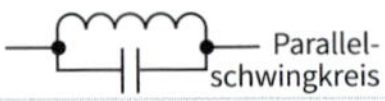
$l > \lambda/4$		$l > \lambda/2$	
$l < \lambda/4$	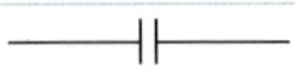	$l < \lambda/2$	
Leitung am Ende kurzgeschlossen			
$l = \lambda/4$		$l = \lambda/2$	
$l > \lambda/4$	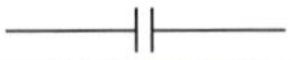	$l > \lambda/2$	
$l < \lambda/4$		$l < \lambda/2$	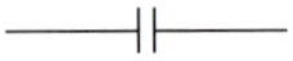

Verwendung

Verwendung		Hausverlegung					Außen-verlegung	Erdkabel
Koaxialkabel Impedanz 75 Ω		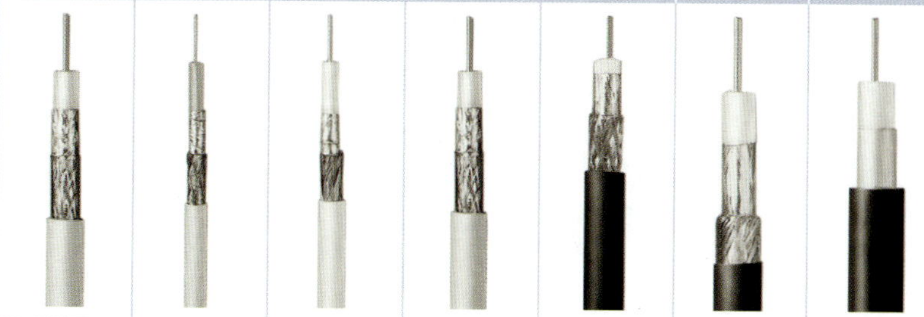						
Innenleiter	Ø in mm	0,75 Cu	0,4 Staku	1,13 Cu	0,75 Cu	1,13 Cu	1,63 Cu	1,1 Cu
Isolation	Ø in mm	3,2 Cell-PE	2,65 PE	4,8 Cell-PE	4,8 PE	4,8 Cell-PE	7,2 Cell-PE	7,25 PE
Außenleiter	Ø in mm	3,8 Al + CuSn[1]	3,3 Al + CuSn[1]	5,3 Al + CuSn[1]	5,5 Al + CuSn[1]	5,3 Al + CuSn[1]	7,9 Al + CuSn[1]	7,5 Cu
Außenmantel	Ø in mm	5,0 PVC weiß	4,1 PVC weiß	6,8 PVC weiß	6,8 PVC weiß	6,8 PE schwarz	10,4 PE schwarz	10,2 PE schwarz
Kupferanteil	in kg/km	10,6	3,6	14,0	8,3	30,0	42,0	41,0
Biegeradius	in mm	≥ 25	≥ 30	≥ 35	≥ 35	≥ 35	≥ 50	≥ 110
Dämpfung in dB/100 m bei 20 °C	5 MHz	2	4	1	3	1	1	1
	50 MHz	7	10	4	6	4	3	4
	100 MHz	9	15	6	9	6	4	5
	450 MHz	18	32	13	19	12	9	12
	1000 MHz	28	48	21	29	19	14	19
	2050 MHz	40	72	31	43	28	21	30
	3000 MHz	50	88	39	53	36	28	–
Gleichstromwiderstand in Ω/km		≤ 90	≤ 375	≤ 45	≤ 100	≤ 30	≤ 20	≤ 25,5
Schirmungs-maß in dB	47–108 MHz	≥ 70	≥ 70	≥ 75	≥ 70			
	108–470 MHz	≥ 75	≥ 75	≥ 75	≥ 75	≥ 90	≥ 90	≥ 90
	1000–2400 MHz	≥ 65	≥ 65	≥ 65	≥ 65			

[1] Folie beidseitig mit Aluminium beschichtet + verzinntes Kupfergeflecht Cell-PE: Aufgeschäumtes Polyethylen
[2] **IEC: I**nternational **E**lectrotechnical **C**ommission

F-Stecker

schraubbar

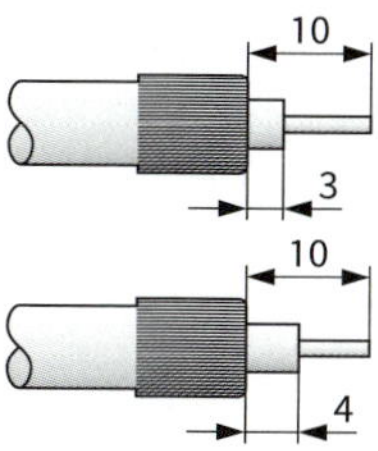

crimpbar

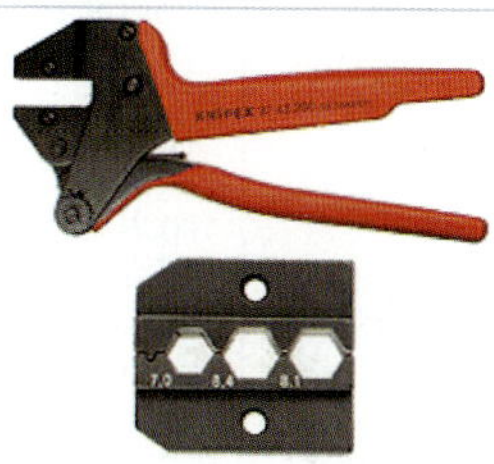

IEC-Stecker[2]

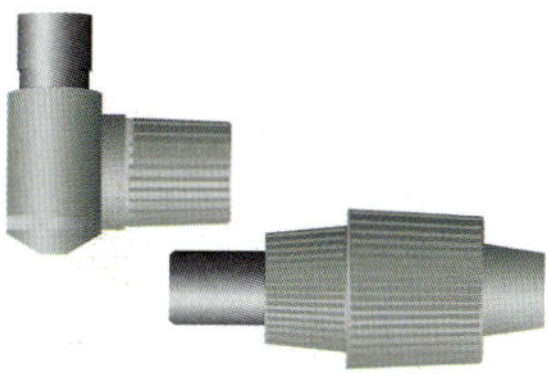

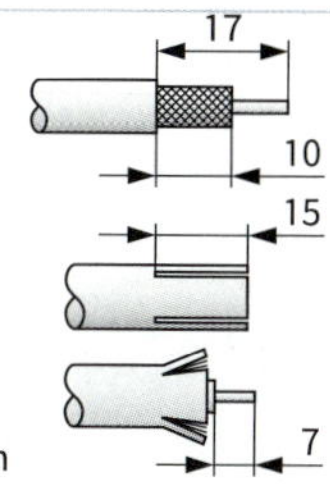

Maße in mm

U/UTP Cat.5

U: **U**nshielded (ungeschirmt)
UTP: **U**nshielded **T**wisted **P**air (ungeschirmtes Aderpaar)

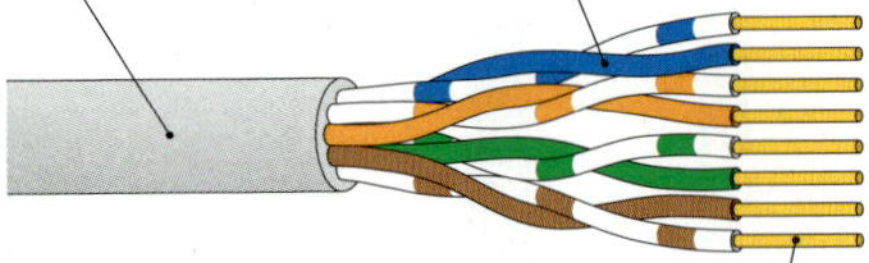

PE: **P**oly**e**thylen
AWG: **A**merican **W**ire **G**auge

F/UTP Cat.5/Cat.5e

F: **F**oiled (Gesamtschirm Folie)
UTP: **U**nshielded **T**wisted **P**air (ungeschirmtes Aderpaar)

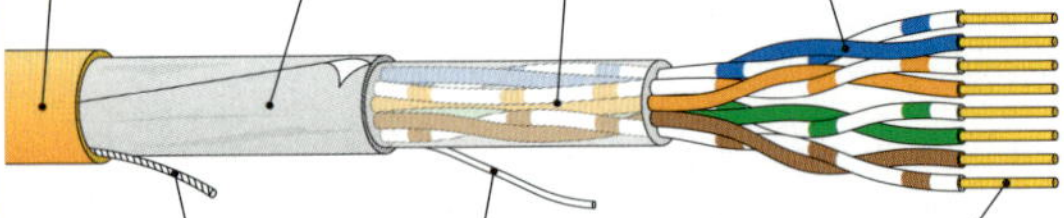

AWG: **A**merican **W**ire **G**auge

U/FTP Cat.6

U: **U**nshielded (ungeschirmt)
FTP: **F**oiled **T**wisted **P**air (Folienschirm je Aderpaar)

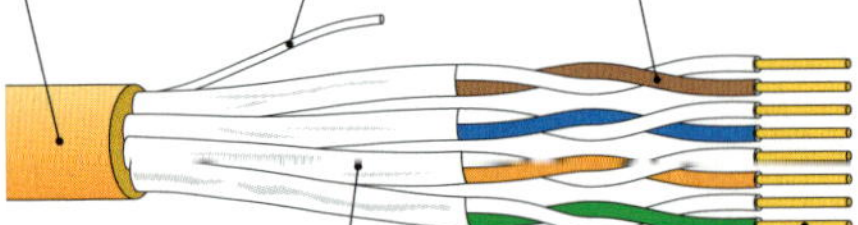

AWG: American Wire Gauge

S/FTP Cat.7$_A$

S: **S**hielded (Gesamtschirm Schirmgeflecht)
FTP: **F**oiled **T**wisted **P**air (Folienschirm je Aderpaar)

AWG: American Wire Gauge

1) **FR**/PVC: **F**lame **R**etardant/Polyvinylchlorid (flammwidrig/Polyvinylchlorid)
2) **PETP**: **P**oly**e**thylen**te**re**p**hthalat
3) **FRNC**/LSOH: **F**lame **R**etardant **N**on **C**orrosive/Low Smoke Zero Halogen (flammwidrig, nicht korrosiv/raucharm, halogenfrei)

Anschlussbelegung

RJ 45	EIA/TIA 568A	EIA/TIA 568B
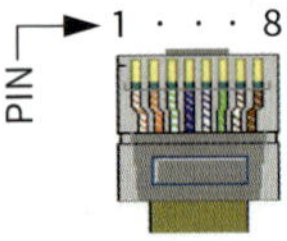	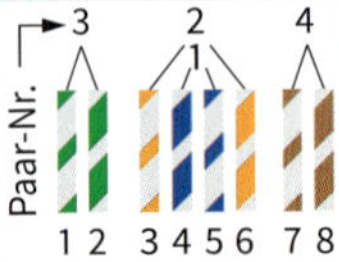	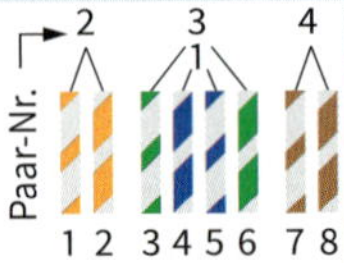

EIA/TIA: Electr.-/Telecomm. Ind. Association

GG 45

- Datenraten ab 10 Gbit/s erfordern geschirmte Steckverbinder (Cat. 7)
- Verfügbar sind TERA, GG 45 und EC 7
- GG 45 Buchse ist kompatibel zu RJ 45 Stecker

GG 45 Stecker

GG 45 Buchse

Kontaktbelegung Endgerät

Dienst	Steckeranschluss-Nr.			
	1 und 2	3 und 6	4 und 5	7 und 8
Analoges Telefon	n	n	T/R	n
ISDN, Token Ring	n	T	R	n
10Base-T (802.3)	T	R	n	n
100Base-TX (802.u)	T	R	n	n
FDDI 100 Mbit/s (TP)	T	O	O	R
ATM User Device	T	O	O	R
ATM Network Equipm.	R	O	O	T
1000Base-T 10GBase-T 40GBase-T	B	B	B	B

T: Transmit; R: Receive; B: Bidirectional; O: Optional
n: nicht verwendet

Begriffe

Brechzahl (Refractive Index)

c: Lichtgeschwindigkeit im Vakuum
c_1: Lichtgeschwindigkeit im Medium

$$n_1 = \frac{c}{c_1}$$

Brechungsgesetz (Law Of Reflection)

$$\frac{\sin\alpha}{\sin\beta} = \frac{c_1}{c_2} = \frac{n_2}{n_1}$$

n_1, n_2: Brechzahl der Medien
c_1, c_2: Lichtgeschwindigkeit in den Medien

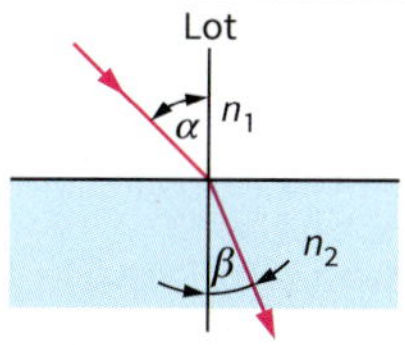

Numerische Apertur (Numerical Aperture) A_N

n: Brechzahl
Θ_A: Akzeptanzwinkel, Öffnungswinkel

$$A_N = n \cdot \sin\Theta_A$$

Moden (Mode)

Mögliche Ausbreitungswege in einem Lichtwellenleiter.

Dispersion (Dispersion)

Streuung der Signallaufzeiten im Lichtwellenleiter.

Modendispersion: Unterschiedliche Ausbreitungswege
Materialdispersion: Hervorgerufen durch wellenlängenabhängige Brechzahl

Akzeptanzwinkel, Öffnungswinkel Θ_A (Acceptance Angle)

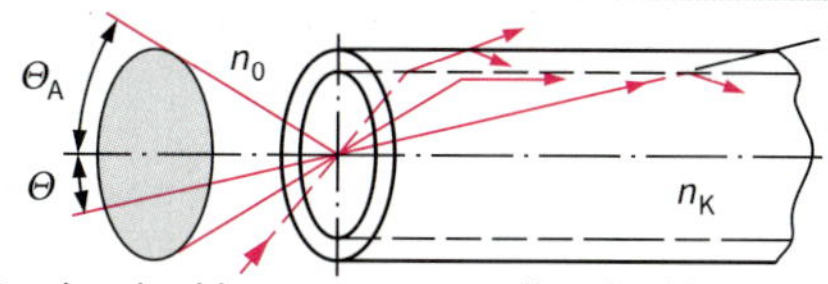

n_K: Kernbrechzahl n_M: Mantelbrechzahl

Dämpfung (Attenuation)

Hervorgerufen durch:
- Absorption
- Streuung
- abstrahlende Moden
- Abstrahlung durch Krümmungen
- Leckmoden

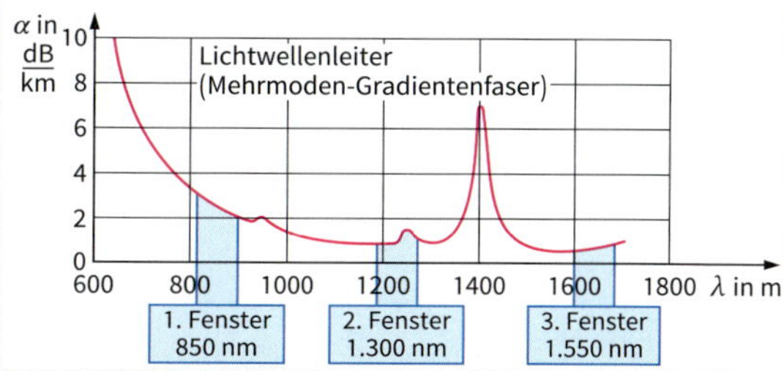

Optische Fenster (Optical Windows)

Wellenlängenbereiche für Lichtwellenleiter mit geringer Dämpfung: 850 nm; 1300 nm; 1550 nm

Empfangselemente

Fototransistor

Einsatzbereich bis einige Kilohertz

Aufbau: Fotodiode mit nachgeschaltetem Verstärker

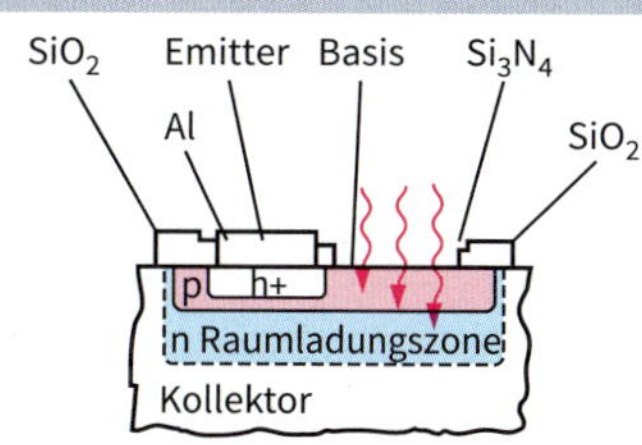

PIN-Fotodiode

Hochdotierte p- und n-Bereiche durch eigenleitende i-Zone getrennt, Spannung in Sperrichtung anlegen. Durch die i-Zone ist die wirksame Raumladungszone, in der durch die Photonen freie Elektronen und Löcher entstehen, erweitert worden.

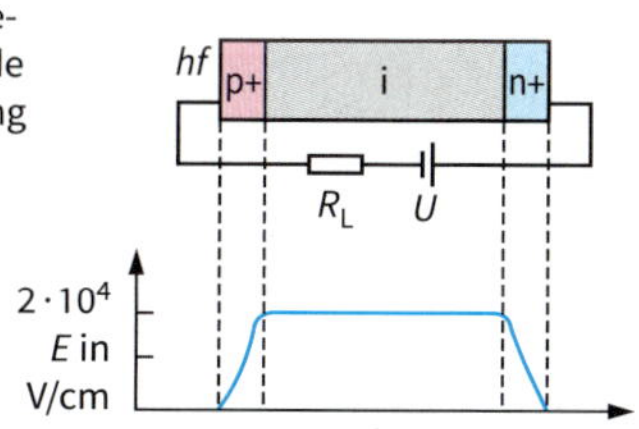

Lawinen-Fotodiode

Durch Stoßionisation werden zusätzliche Elektronen und Löcher erzeugt.

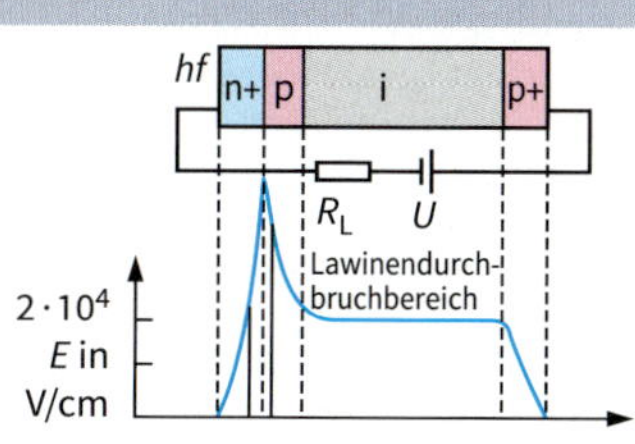

Sendeelemente

Lumineszenz-Diode (LED)	Laser-Diode (LD)
Prinzip	
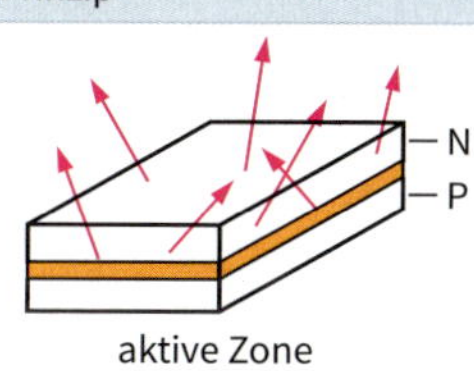	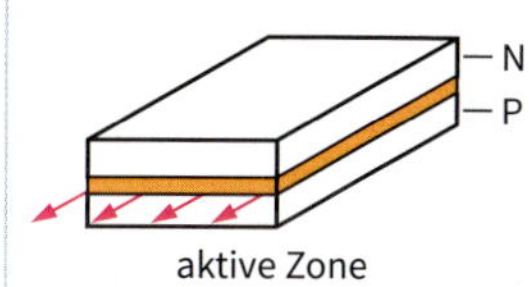
Abstrahlung	
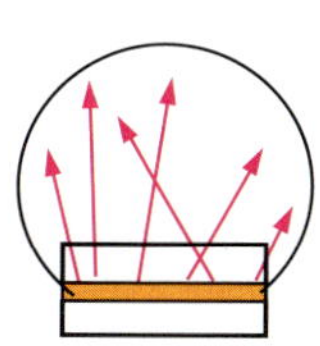	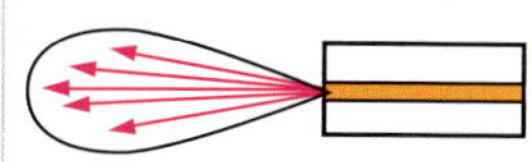
Spektrum	
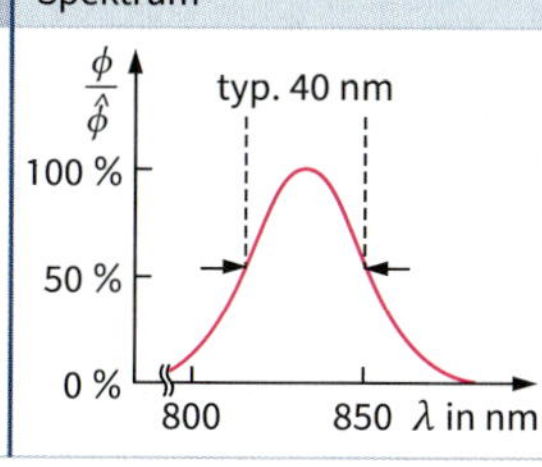	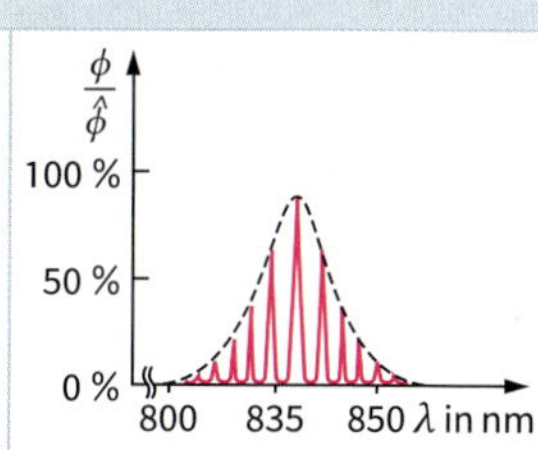

Arten

Bei der Lichtwellen-Modulation wird die Intensität, Phase oder Polarisation (Änderung der Schwingungsrichtung) der Lichtwellen entsprechend der zu übertragenden Information verändert.

Beispiele:

- **Amplitudenmodulation** (**ASK**: **A**mplitude **S**hift **K**eying) ist kommerziell am weitesten verbreitet.
  - **RZ** (**R**eturn-to-**z**ero)
    Der Puls ist kürzer als das Bit-Slot, ein oder mehrere 1-Pulse sind unterscheidbar.

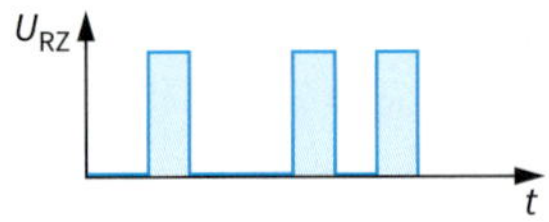

  - **NRZ** (**N**on-**r**eturn-to-**z**ero)
    Der Puls nimmt den ganzen Bit-Slot ein. Die Bandbreite ist ca. zweimal geringer als bei RZ. NRZ ist anfällig bei Puls-Verbreiterung.

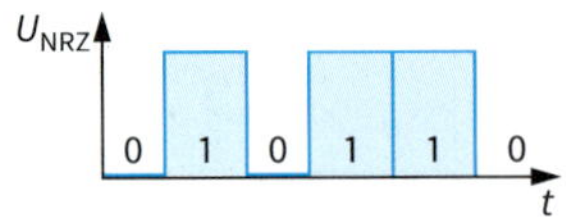

- **Frequenzmodulation** (**FSK**: **F**requency **S**hift **K**eying ①)
- **Phasenmodulation** (**PSK**: **P**hase **S**hift **Key**ing ②)
  Vorteil: keine Amplitudenänderung
- **Phasenumtastung** (**DPSK**: **D**ifferential **PSK**)
  Die Kodierung entspricht der Phasendifferenz aufeinanderfolgender Pulse.

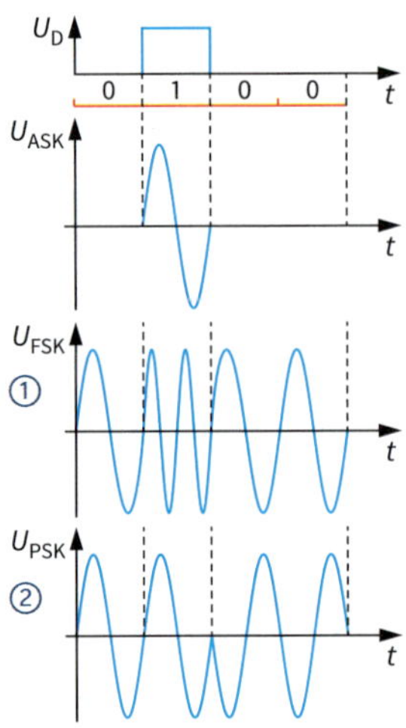

Modulatoren

Bei den Modulatoren werden verschiedene elektro-optische Effekte angewendet. Im Prinzip können Modulatoren für jede Wellenlänge in den optischen Fenstern (850 nm, 1300 nm und 1550 nm) hergestellt werden, wenn ein Laser zur Verfügung steht, dessen Wellenlänge nahe der gewünschten Wellenlänge liegt.

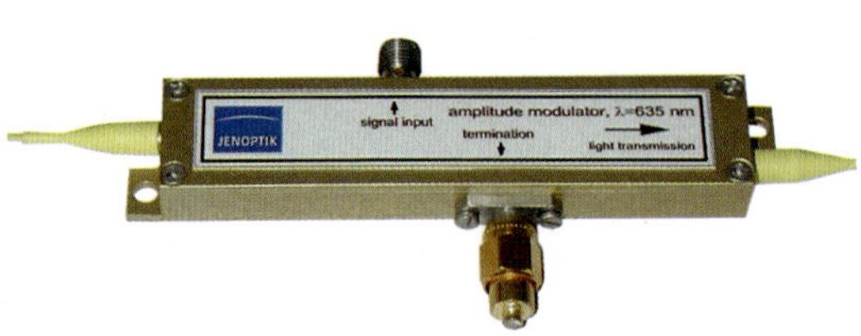

Modulatoren nach dem Pockels Effekt

- Der **Pockels Effekt** ist nach Friedrich Pockels (1865–1913) benannt. Er wird auch als linearer elektro-optischer Effekt bezeichnet.
- Wenn man Licht durch bestimmte Kristalle (Lithiumniobat LiNbO3, Substrat ①) leitet und ein elektrisches Feld (Modulationsspanng ②) anlegt, ändert sich der Brechungsindex n[1]. Die Größe der Änderung hängt linear von der elektrischen Feldstärke, ihrer Raumrichtung und der Polarisation des Lichts ab.
  Beispiele: Bei 3 V z. B. 635 nm; 10 V z. B. 1550 nm

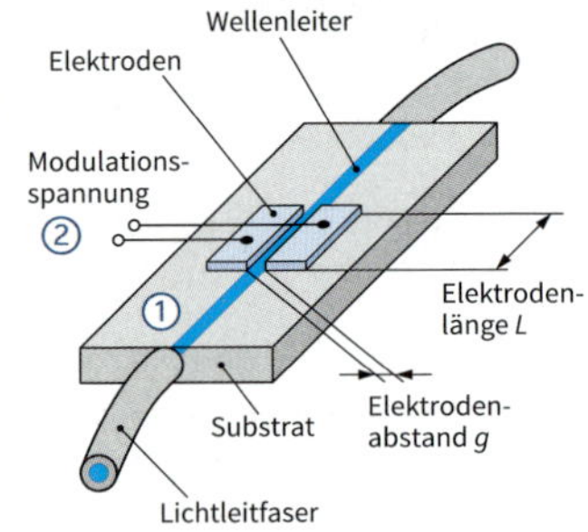

- Das Schalten erfolgt innerhalb von Nanosekunden, sodass Datenübertragungsraten bis 40 Gbit/s möglich sind.
  Anwendung: Zeitmulitplexing für die Telekommunikation.

[1] Der **Brechungsindex** (Brechzahl) ist das Verhältnis der Wellenlänge des Lichts im Vakuum zur Wellenlänge im Material. Diese Zahl hängt vom Material ab.

Mach-Zehnder-Interferometer

- Ludwig Mach (1868–1951) und Ludwig Zehnder (1854–1949) haben unabhängig voneinander ein Interferometer entwickelt, bei dem ein Lichtstrahl durch einen Teiler in zwei Strahlen aufgeteilt wird.

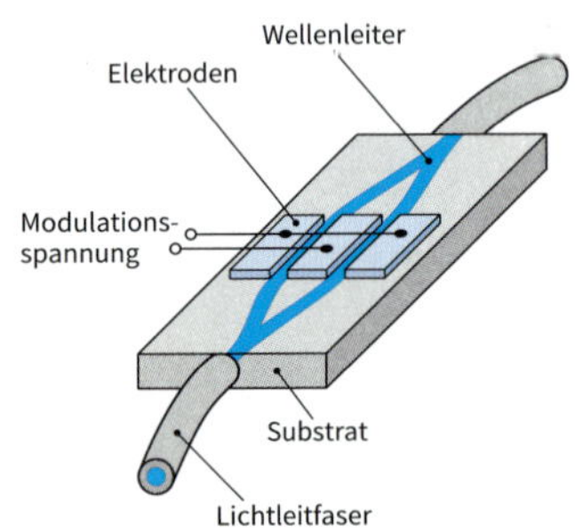

- Nach Durchlaufen der beiden Strecken, deren optische Weglängen unterschiedlich sein können, werden die beiden Strahlen überlagert.
- Durch die angelegte Spannung kommt es zu Phasenverschiebungen und somit zu Überlagerungen am Ausgang des Substrats. Es entstehen Maxima und Minima (Amplitudenmodulation).

Lichtmodulatoren durch Flüssigkristalle

- Flüssigkristalle ändern durch elektrische Felder ihre optischen Eigenschaften (Zustände fest oder flüssig). Durch eine Modulationsspannung lassen sich Phase, Amplitude oder Polarisationszustand einer Lichtwelle modulieren.
- Für die Modulation verwendet man 640 oder 320 Streifen und erhält dabei eine Auflösung von 12 Bit.

Mehrmoden-Stufenfaser

- **Stufenindex-Profil**

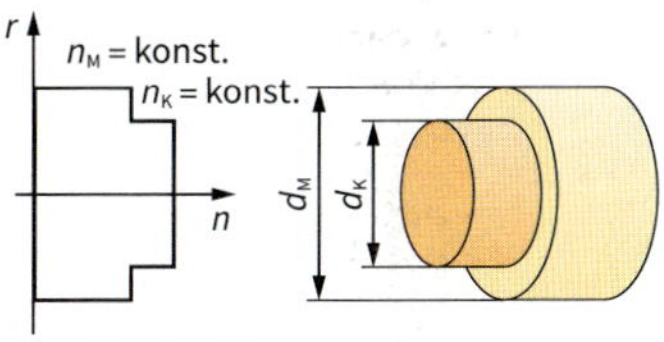

Typische Werte:
n_M = 1,517 (Mantel)
n_K = 1,527 (Kern)
d_K = 100 µm, 200 µm, 400 µm
d_M = 200 µm, 300 µm, 500 µm

n: Brechzahl

- **Modenausbreitung Multimode**
  - Große Laufzeitunterschiede der Lichtstrahlen
  - Starke Impulsverbreiterung
  - **Bandbreite-Reichweite-Produkt**: $B \cdot l > 100$ MHz · km

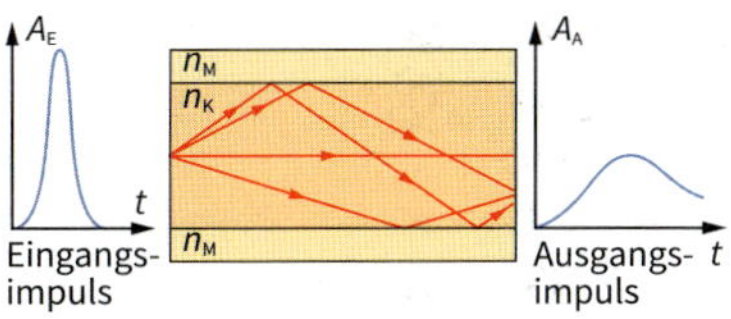

- Einsatzbereich: Kurzstrecken, in Gebäuden

Mehrmoden-Gradientenfaser

- **Gradientenindex-Profil**

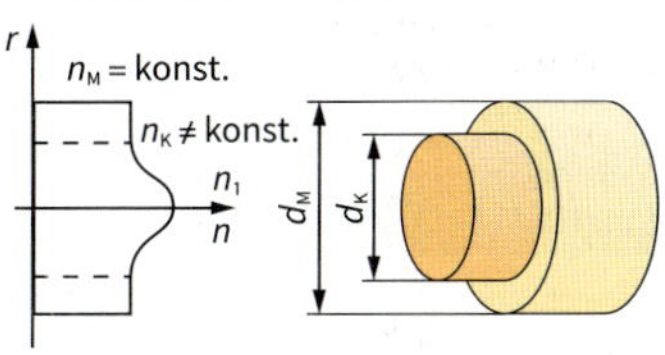

Typische Werte:
n_M = 1,417 (Mantel)
n_K = 1,457 (Kern)
d_K = 50 µm
d_M = 125 µm

- **Modenausbreitung Multimode**
  - Große Laufzeitunterschiede der Lichtstrahlen
  - Geringe Impulsverbreiterung, $B \cdot l > 1$ GHz · km

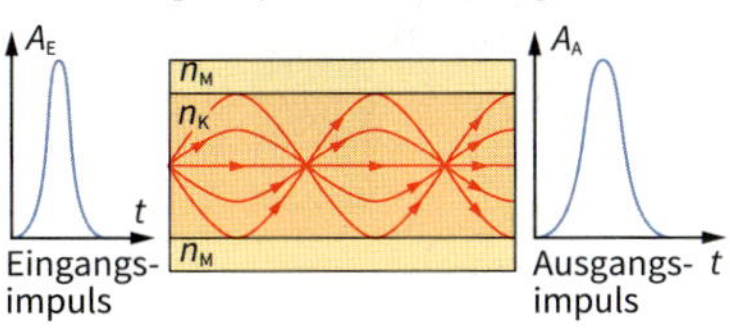

- Einsatzbereich: Ortsnetz, Bezirksnetz

Einmoden-Stufenfaser

- **Stufenindex-Profil**

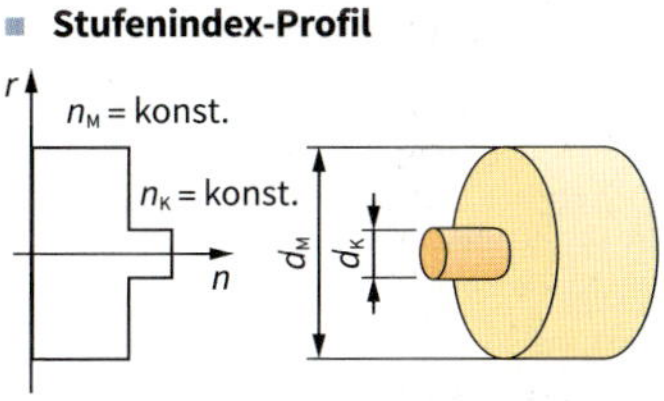

Typische Werte:
n_M = 1,417 (Mantel)
n_K = 1,457 (Kern)
d_K = 10 µm
d_M = 125 µm

- **Modenausbreitung Singlemode**
  - Keine Laufzeitunterschiede, da nur eine Ausbreitungsrichtung
  - Formtreue Impulsübertragung $B \cdot l > 10$ GHz · km

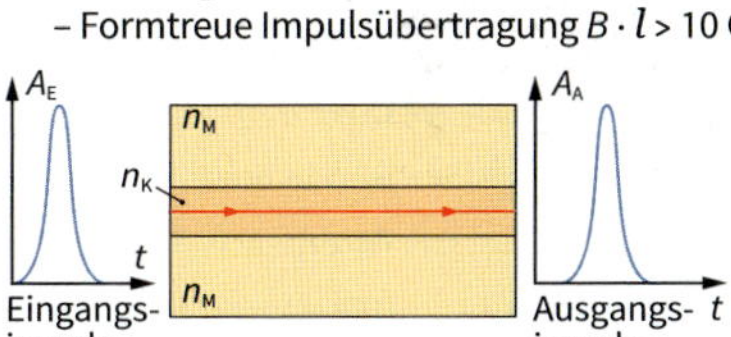

- Einsatzbereich: Fernverkehr

Dämpfung

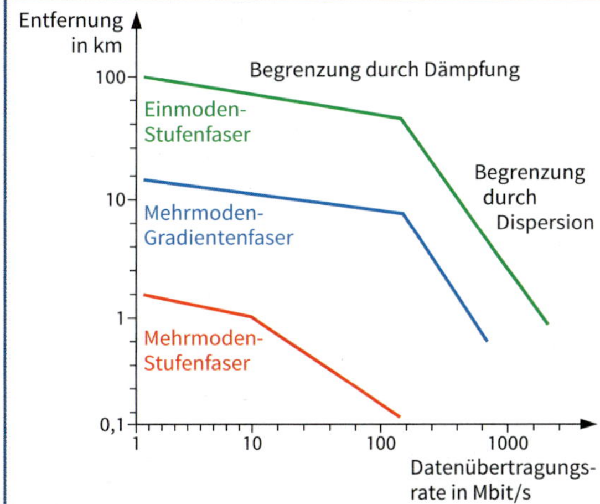

Steckverbinder

- **Grundsätzlicher Aufbau**:
  - Der zylinderförmige Steckerhals (**Ferul**) aus Silbermetall, Hartmetall oder Keramik (auch Kombinationen verschiedener Materialien) enthält in einer zentrischen Bohrung die meist eingeklebte Faser.
  - Ein schlupffreier, aber nicht klemmender Sitz zwischen Steckerhals und Kupplung wird durch eine geschlitzte Kupplungshülse gewährleistet.
- Befestigungsarten:
  - Gewinde, Bajonettverschluss, Schnappvorrichtung
  - Beispiel **ST** (**S**ingle **T**erminator): Faser wird durch Drücken und Verdrehen des Bajonettverschlusses mit der Kupplung verrastet (in der Regel Drehverhinderung).
- **Einfügeverluste** entstehen durch Radialer Versatz, Winkelfehler, Lücken
- **Beispiele**:

Simplex (eine einzige Faser)

FC	ST	SC	DIN	FSMA
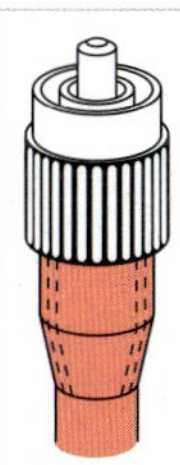		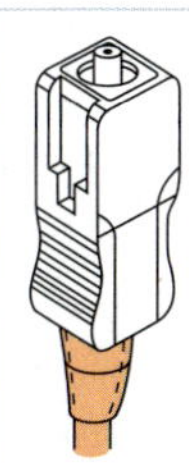		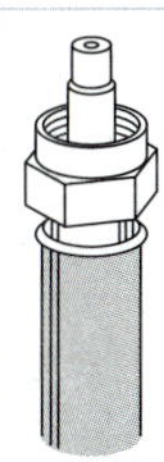

Duplex (zwei Fasern für Sender und Empfänger)

Escon	SC Duplex	FDDI Duplex
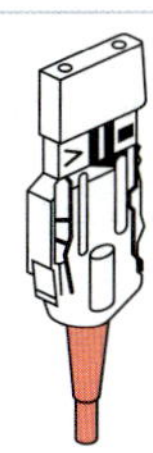		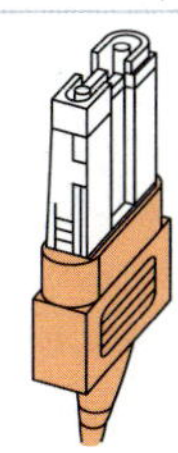

POF: Polymer Optical Fiber

- DIN EN 60793-2-40:2016-10
- Polymere optische Faser, Kunststoff-LWL
- Kern und Mantel aus Kunststoff
- Einadriges Kabel mit Stufenindex (SIF, SI-POF), **Gradi**enten**in**dex (**GI-POF**) oder **M**ulti **S**tep **I**ndex (**MSI-POF**)
- Mehradriges Kabel: **Multic**ore POF (**MC-POF**)
- Anwendungen: Kurzstrecken Datenübertragung, Haus, Automobil
- Dämpfung hoch: bei 650 nm ≤ 180 dB/km
- **B**andbreite-**L**ängen-**P**rodukt (**BLP**) ca. 1 MHz · km

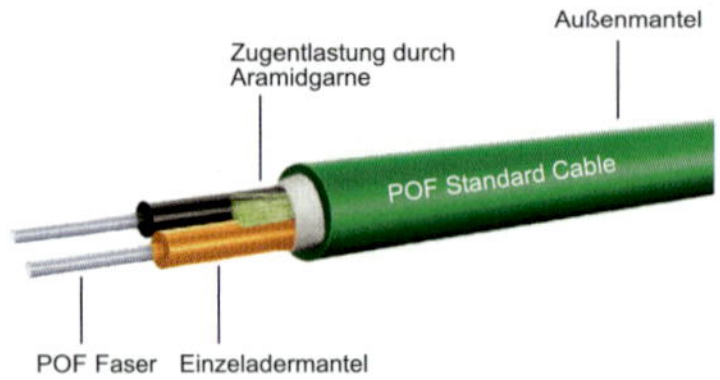

PCF: Polymer Cladded Fiber

- DIN EN 60793-2-30:2016-12
- Polycarbonat-Glasfaser
- Kern aus reinem Quarzglas, harter polymerer Mantel
- Kern-Mantel-Durchmesser bei 650 nm; 200/230 μm
- Dämpfung: < 10 dB/km
- Bandbreite-Längen-Produkt (BLP) 20 MHz · km
- Anwendung: Für große Entfernungen

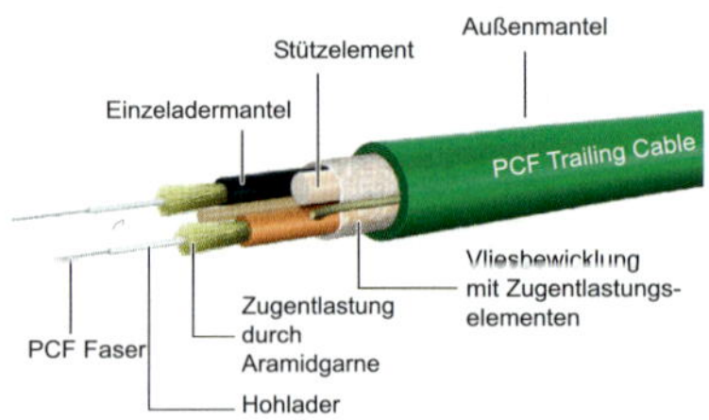

Grundsätzlicher Kabelaufbau

Vollader	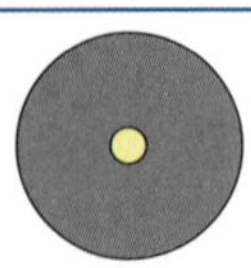	– Kompakt, flexibel – Empfindlich gegen Zugbelastung und Temperaturschwankungen
Hohlader	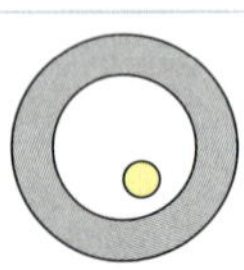	– Faser liegt lose in der Hülle – Unempfindlich gegenüber Temperaturschwankungen – Verbesserte Zugentlastung
Kompakt-ader	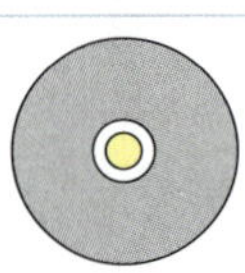	– Kombination aus Hohlader und Vollader – Gleitschicht zwischen Faser und Hülle
Bündelader gefüllt/ungefüllt	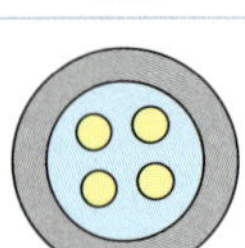	– Mehrere Fasern in einer Hülle – Füllung mit wasserabweisendem Gel – Geeignet für raue Umgabung im Außenbereich

Hülle, fest	LWL-Faser	Gelartige Füllmasse
Hülle, lose	Hohlraum	

Faserkategorien und Basiseigenschaften

OM: **O**ptical **M**ultimode

Typ	Kerndurchmesser in μm		Bandbreitenlängenprodukt (BLP) in MHz · km		Dämpfung in dB/km	
			850 nm	1300 nm	850 nm	1300 nm
OM1	50	62,5	≥ 200	≥ 500	3,5	1,5
OM2	50	62,5	≥ 500	≥ 500	3,5	1,5
OM3	50		≥ 1500	≥ 500	3,5	1,5
OM4	50		≥ 3500	≥ 500	3,5	1,5
OM5	50		≥ 4700	≥ 2470	3,5	1,5

Standardisierte Farben

- OM-Kabel

Klasse	Stecker	Patchkabel	Verlegekabel
OM1	beige	orange	orange
OM2	beige	orange	orange
OM3	aqua	aqua	orange
OM4	schwarz	erikaviolett	orange
OM5	lime, neongrün		

- LWL-Fasern

IEC 60794-2	Faser	Worldcom[1)]
blau	1	blau
gelb	2	orange
rot	3	grün
weiß	4	braun
grün	5	grau
violett	6	gelb
orange	7	rot
grau	8	violett
türkis	9	weiß
schwarz	10	schwarz
braun	11	rosa
rosa	12	türkis

1) Telefongesellschaft USA

Außenkabel (Beispiel)

A-DQ(ZN)B2Y 4x12

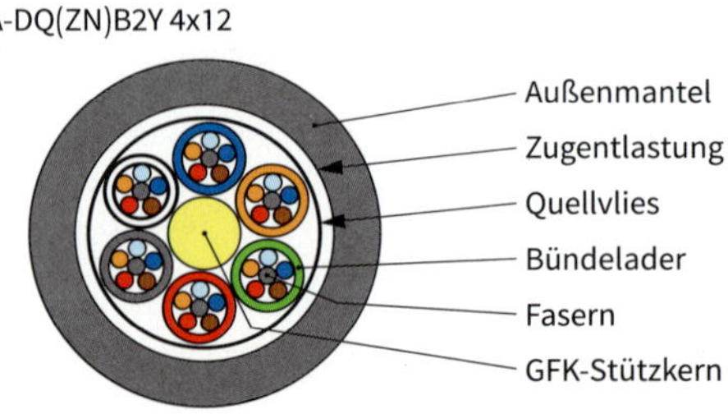

Aufbau

Anwendungen	Beispiel	Aufbau
▪ Verbindung zwischen Endverteilern und/oder Endgeräten ▪ kurze Übertragungswege ▪ direkte Steckermontage möglich (häufig vorkonfektioniert)	Duplex-Patchkabel (innen) 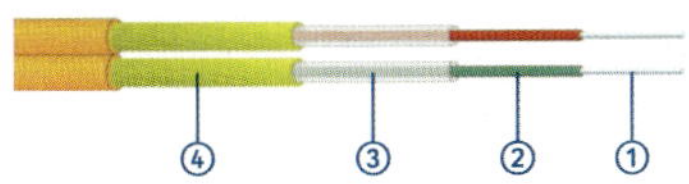	① LWL-Faser mit Primärcoating (Primärbeschichtung) ② Sekundärcoating ③ Zugentlastung (Aramid oder Glasfaser) ④ Außenmantel (ggf. mit Nagetierschutz) ⑤ nummerierter Mantel ⑥ Polyesterfolie ⑦ LWL-Faserbündel mit Primärcoating ⑧ mit Gel gefüllte Zentralbündelader
▪ Verbindung zwischen Haupt- und Nebenverteiler ▪ direkte Steckermontage je Faser möglich ▪ aufspleißbar für Kabelendverteiler	Breakout-Innenkabel mit Kompaktadern 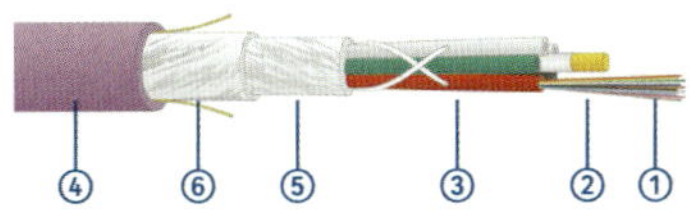	
▪ Telekommunikations-/Kabelfernsehanwendung ▪ Computernetzwerke ▪ große Entfernungen/Datenmengen	Zentral-Bündeladerkabel (außen) 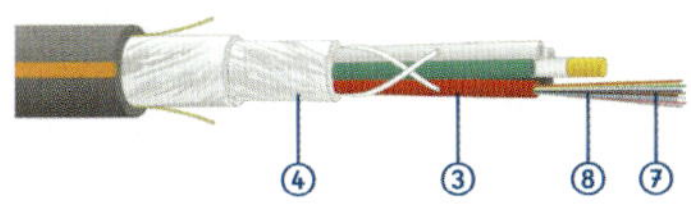	

Kurzbezeichnung

Beispiel: A –▯D▯F– (ZN)2Y ▯ 4x6 – G 50/125 – 3,5 B 800 ▯

- A – Kabelart
- ▯ – Zug-/Stützelement
- D – Faserschutz
- ▯ – Zentralelement[1)]
- F – Kabelfüllung[1)]
- (ZN)2Y – Mantel
- ▯ – Bewehrung[1)]
- 4x6 – Faseranzahl
- G – Faserart
- 50 – Faserkern
- 125 – Fasermantel
- 3,5 – Dämpfung
- B – Wellenlänge
- 800 – Dispersion
- ▯ – Verseilung[1)]

[1)] kann je nach Kabeltyp entfallen ▯ Platzhalter

Kabelart	
A	Außenkabel
AT	Breakoutkabel
I	Innenkabel
Zug-/Stützelement	
(ZS)	metallisches Zug-/Stützelement in der Kabelseele
Faserschutz	
B	Bündelfaser (trocken)
D	Bündelfaser (Gelfüllung)
F	Faser
H	Hohlader (trocken)
V	Vollader
W	Hohlader (Gelfüllung)
Zentralelement	
S	Seele aus Metall
Kabelfüllung	
F	Hohlräume der Verseilung mit Gelfüllung

Mantel	
(ZN)	nichtmetallische Zugentlastung
H	halogenfrei
Y	PVC
2Y	PE
11Y	PU
(D)2Y	Foam-Skin-PE
(L) 2Y	Schichtenmantel AL-Band/PE
Bewehrung	
B	allgemein Bewehrung
BY	zusätzliche PVC-Hülle
B2Y	zusätzliche PE-Hülle
V	PVC-Mantel
11Y	PU
H	halogenfrei
Faseranzahl	
a	Anzahl der Volladern
a x b	Anzahl der Bündeladern (a) x Faserzahl (b)

Faserart	
E	Singlemode
G	Gradientenindex
K	Stufenindex (Glas/Plastik)
P	Plastikfaser
S	Stufenindex (Glas/Glas)
Faserkern	
Faserdurchmesser in µm	
Fasermantel	
Manteldurchmesser in µm	
Dämpfungskoeffizient	
in dB/km	
Wellenlänge	
B	850 nm
F	1300 nm (Monomode), 1310 nm (Singlemode)
H	1550 nm (Singlemode)
Dispersion – Sonderarten	
LG	Lagenverseilung
SZ	SZ-Verseilung

ITU-Grid (ITU-Gitter, Raster, Frequenzgitter)

In der ITU[1] G.694.1, -2 sind Wellenlängen und Kanalabstände für WDM, CWDM und DWDM spezifiziert (Telekommunikationsfenster).

[1] **ITU**: **I**nternational **T**elecommunication **U**nion, Internationale Fernmeldeunion

Wellenlängen-Multiplex WDM

- **WDM**: **W**avelength **D**ivision **M**ultiplexing
- Mehrfachnutzung einer Glasfaserleitung für die Datenübertragung
- Der Multiplexer ① bündelt verschiedene Wellenlängen auf einer Glasfaser.
- Durch die Bündelung erhöht sich die Bandbreitenkapazität.
- Der Demultiplexer ② splittet die gebündelten Wellenlängen auf, jeweils eine Glasfaser.
- Datenübertragungsrate im C-Band nahezu pro Glasfaser 1 Tbit/s (eine Wellenlänge).

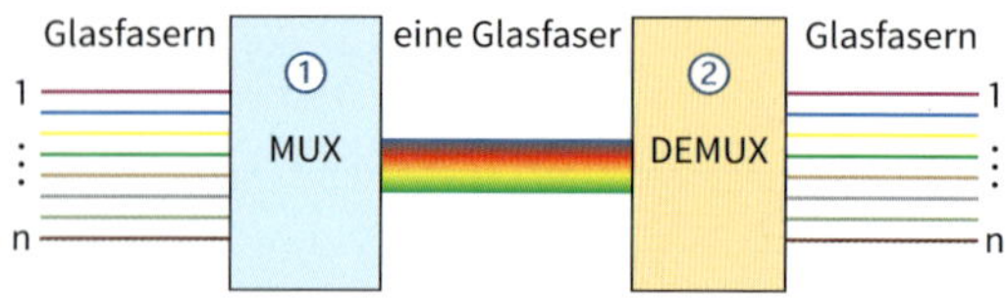

Grobes Wellenmultiplex CWDM

- **CWDM**: **C**oarse **W**avelength **D**ivision **M**ultiplexing
- Einsatz: **MAN** (**M**etropolitan **A**rea **N**etwork), Übertragungsreichweite bis zu 120 km
- Datenübertragungsraten bis 10 Gbit/s.
- Breiteres Spektrum als bei DWDM.
- Die Übertragung erfolgt in 16 Kanälen mit Wellenlängen zwischen 1270 nm und 1610 nm auf einer Glasfaser.
- Aufgrund des großen Kanalabstandes von 20 nm zwischen 1270 nm und 1610 nm können kostengünstige Laser und Komponenten eingesetzt werden. Deshalb wird die Bezeichnung „grob" benutzt.
- Die Kanalbreite beträgt 13 nm.
- Die verbleibenden 7 nm sind als Sicherheitsabstand zum nächsten Kanal vorgesehen.

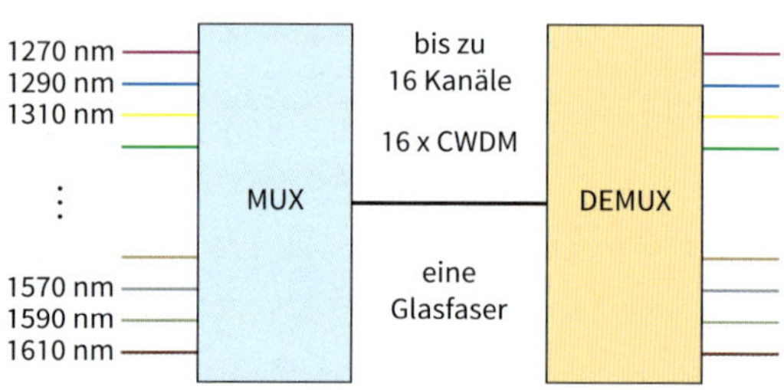

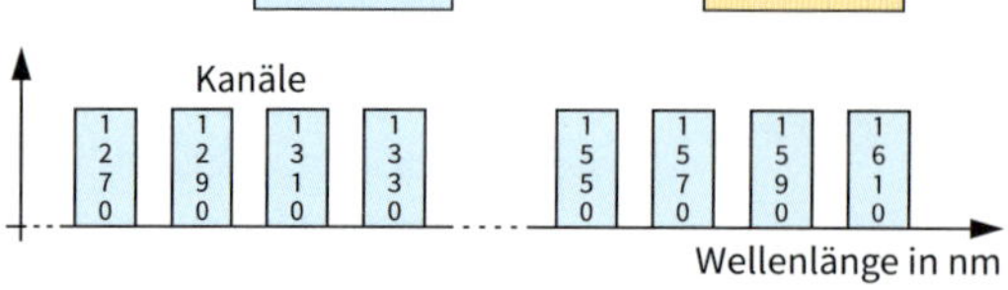

Dichtes Wellenlängen-Multiplex DWDM

- **DWDM**: **D**ense **W**avelength **D**ivision **M**ultiplexing
- Einsatz: **WAN** (**W**ide- und Global **A**rea **N**etwork)
- Bis zu 96 Wellenlängen werden auf einer Glasfaser übertragen.
- Kanalabstände (Wellenlängenraster):
  0,8 nm (100 GHz); 0,4 nm (50 GHz); 0,2 nm (25 GHz);
  0,124 nm (12,5 GHz); 1,6 nm (200 GHz)
- Datenübertragungsraten 10 bis 100 Gbit/s pro Kanal, bei bis zu 80 Kanälen.
- Übertragungsreichweiten über mehr als 1.000 km mit optischen Verstärkern (etwa alle 80 bis 120 km).
- Optionale Integration in bestehenden CWDM Infrastrukturen ist möglich.
- Wellenlängenbereiche von 1528 nm (Channel 61) bis 1563 nm (Channel 17), C- und L-Bande.
- Bei Kombination des C- und L-Bandes sind 160 Kanäle möglich.

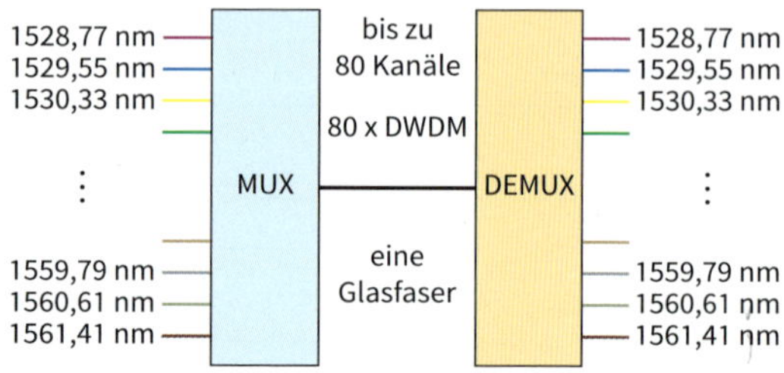

Wellenlängen und Bänder

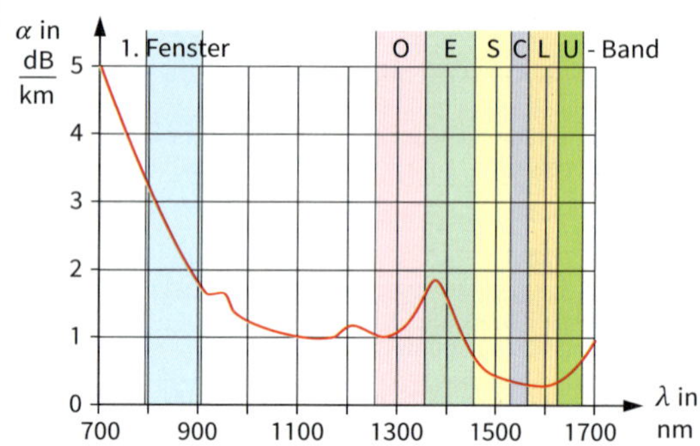

Optische Bänder		Wellenlängenbereiche in nm
O-Band	**O**riginal	1260 – 1360
E-Band	**E**xtended	1360 – 1460
S-Band	**S**hort wavelength	1460 – 1530
C-Band	**C**onventional	1530 – 1565
L-Band	**L**ong wavelength	1565 – 1625
U-Band	**U**ltralong wavelength	1625 – 1675

Grundlagen

- Verfahren zur Erhöhung der Datenübertragungsrate auf Lichtwellenleitern
- Verwendet die Verfahren **WDM** und **DWDM**

WDM

WDM:
Wavelength **D**ivision **M**ultiplex (Wellenlängenmultiplex)

- Übertragung erfolgt in unterschiedlichen optischen Fenstern (1310 nm und 1550 nm)
- Wellenlängen werden mit optischen Filtern zusammengefügt, auf einer Faser übertragen und am Empfänger durch optische Filter wieder in ursprüngliche Wellenlängen zerlegt
- Wird auch als **Breitband WDM** bezeichnet, da pro Wellenlänge nur ein Kanal übertragen wird

Prinzip

ohne WDM

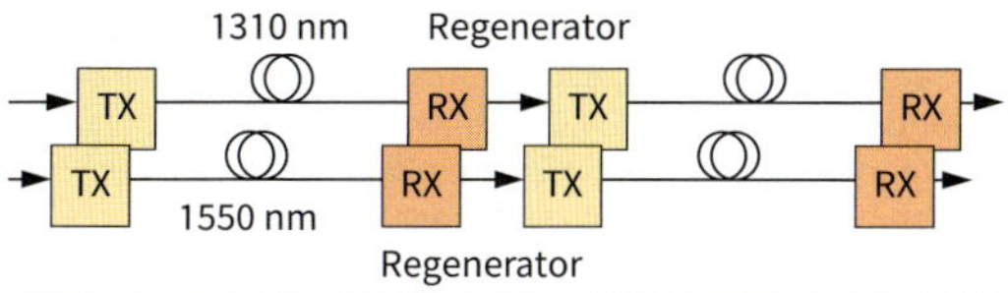

mit WDM

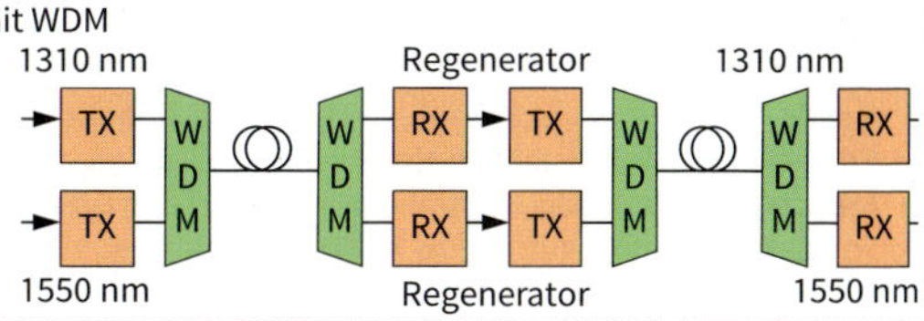

DWDM

DWDM:
Dense **W**avelength **D**ivision **M**ultiplex
(Schmalband Wellenlängenmultiplex)

- Mehrkanalübertragung auf geringfügig unterschiedlichen Wellenlängen
- Wellenlängen liegen im dritten optischen Fenster (1530 nm bis 1565 nm)
- Verwendet **optische Verstärker** mit erbiumdotierter Glasfaser und Pumplaser
- Nutzsignale lassen sich somit um 20 dB bis 30 dB verstärken
- Übertragungsstrecken sind, je nach überbrückbarer Entfernung, in **Kategorien** eingeteilt (**L, V, U**)
- Standardisiert von ITU in G.692 mit 4 und 8 Nutzkanälen bei Bitraten bis zum STM-16 Standard. Geplant sind 16 und 32 Kanalsysteme (STM-64) und bidirektionale Übertragung
- Nutzkanäle liegen im 100 GHz Raster
- Bietet die Möglichkeit, vorhandene LWL-Strecken kostengünstig auf höhere Übertragungsleistung aufzurüsten

Prinzip

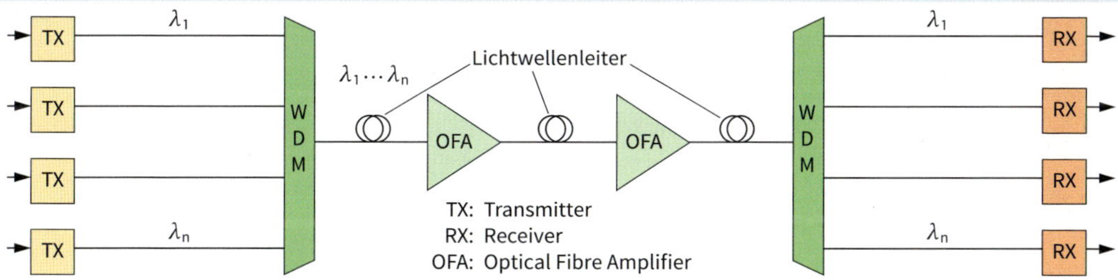

Kategorien Übertragungsstrecken

			Teilstrecke	Dämpfung
L	**L**ong Haul	L: 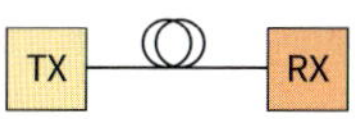	~ 80 km	22 dB
		3L: 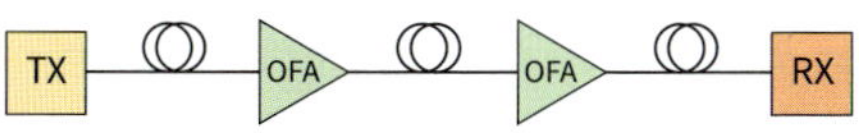		3 x 22 dB
V	**V**ery Long Haul	V: 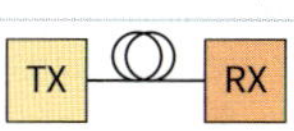	~ 120 km	33 dB
		3V: 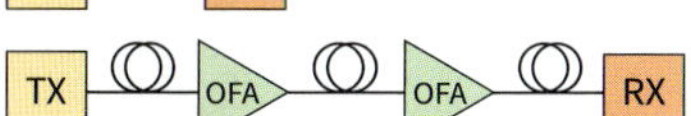		3 x 33 dB
U	**U**ltra Long Haul	U: 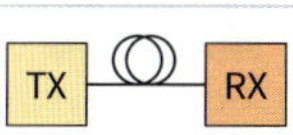	~ 160 km	44 dB

Merkmale

- **L**icht**w**ellen**l**eiter **K**ommunikations**s**ysteme (LWLKS) sind Bestandteile heutiger Datenübertragungssysteme.
- Sie werden eingesetzt im Nah- und Weitverkehrsbereich sowie im LAN-Bereich (**FTTH: F**ibre **T**o **T**he **H**ome, **FTTD: F**ibre **T**o **T**he **D**esk, Ethernet usw.).
- Bestandteile sind u. a. Sendeelemente auf Basis von LED (Light Emitting Diode), Laserdioden (**L**ight **A**mplification by **S**timulated **E**mission of **R**adiation), optische Verstärker und Pumplaser.
- Wesentliche Eigenschaft dieser Komponenten ist die Erzeugung von energiereichen und schmalbandigen optischen Strahlungen im sichtbaren und unsichtbaren-Wellenlängenbereich, die über Lichtwellenleiter (Kunststofffaser oder Glasfaser) übertragen werden.
- Diese optische Strahlung (zugänglich z. B. am Kabelende stellt primär eine Gefahrenquelle für das menschliche Auge und die menschliche Haut dar.
- Der Grund dafür ist Fokussierung des kohärenten (gleichförmigen) Lichtstrahls durch die Augenlinse auf die Netzhaut.
- Die Höhe der Gefährdung ist u. a. abhängig von der Wellenlänge, dem Betrachtungsabstand zur Austrittsquelle, der Betrachtungsdauer, der Strahlungsleistung

Definitionen

- Zum Schutz gegen diese Gefährdung sind Maßnahmen zu treffen, die die Bereiche Betrieb, Wartung, Instandhaltung, Entwicklung und Herstellung abdecken.
- **MZB** (**M**aximal **z**ulässige **B**estrahlung) definiert den Grenzwert von Laserstrahlung (400 nm bis 1400 nm), dem Personen ausgesetzt werden dürfen, ohne schädliche Folgen zu erleiden.
- **GZB** (**G**renzwerte **z**ugänglicher **B**estrahlung) ist der Maximalwert zugänglicher Strahlung, der innerhalb einer bestimmten Klasse zugelassen ist (abgeleitet aus MZB).
- Grundsätzlich sind sämtliche Systeme auf Basis optischer Übertragungstechnik zu bewerten und zu klassifizieren.
- Für Lasersysteme sind deshalb Laserklassen festgelegt.
- **Zusätzlich** sind für LWLKS **Gefährdungsgrade** definiert.
- Standorte mit **uneingeschränktem Zugang** müssen den Gefährdungsgrad 1, 1M, 2 oder 2M haben.
- Standorte mit **eingeschränktem Zugang** müssen den Gefährdungsgrad 1, 1M, 2, 2M oder 3R haben.
- Standorte mit **kontrolliertem Zugang** müssen den Gefährdungsgrad 1, 1M, 2, 2M, 3R oder 3B haben.
- Die erforderlichen Schutzmaßnahmen ergeben sich aus dem Gefährdungsgrad und einer kategorisierten Zugänglichkeit des jeweiligen Standortes.
- Folgende Schutzmaßnahmen (in der Rangfolge) sind einzuhalten
  - technische (z. B. Abschirmung)
  - organisatorische (z. B. Betriebsanweisung)
  - persönliche (z. B. Schutzbrillen)

Laser-Klassifizierung

Steigende Gefährdung ↓

Laser-Klasse	Wellenlänge in nm	Potenzielle Gefahren	**G**renzwerte **z**ulässiger **B**estrahlung (**GZB**)
1	alle	Augensicher (auch bei längerer Bestrahlung)	40 µW im blauen Spektralbereich 40 µW im roten Spektralbereich
		Gekapselte Laser höherer Leistung	Kein Strahlaustritt
1M	302,5 … 4000	Augensicher für das freie Auge (Augenschaden möglich bei Betrachtung mit Lupen)	wie Klasse 1 (Messblende für das freie Auge)
2	400 … 700	Augensicher innerhalb 0,25 s (Lidschlussreflex) (auch bei Betrachtung mit Lupen)	max. 1 mW
2M	400 … 700	Augensicher innerhalb 0,25 s (Lidschlussreflex)	wie Klasse 2; max. 1 mW auf Netzhaut
3R	400 … 700 302,5 … 1×10^6	Praktisch keine Gefahr bei kurzzeitiger unabsichtlicher Bestrahlung Gefahr bei unsachgemäßer Verwendung	5-facher Wert von Klasse 2 im sichtbaren Bereich 5-facher Wert von Klasse 1 außerhalb des sichtbaren Bereichs
3B	200 … 1×10^6	Gefahr für Augen durch direkten Strahl und spiegelnde Reflexionen; geringfügige Hautverletzungen nahe der Leistungsobergrenze	< 500 mW
4	alle	Gefahr für Augen durch direkten und diffus reflektierten Strahl; Gefahr für Haut; Brandgefahr	nach oben hin offen

Kennzeichnung

Zugänglicher Gefährdungsgrad	Standort: uneingeschränkt	Standort: eingeschränkt	Standort: kontrolliert
1	–	–	–
1M	–	X	–
2	X	X	X
2M	X	X	X
3R	nicht zulässig	X	X
3B	nicht zulässig	nicht zulässig	X
4	nicht vorgesehen		

Beispiel

Laser Klasse 2
Standort uneingeschränkt oder eingeschränkt oder kontrolliert

allg. Gefahrensymbol

Hinweisschild (zusätzlich)

Sensoren in Steuerungen

- Sensoren sind in der Regel Bestandteile eines modularen Steuerungs-Systems.
- Die Module sind in vielen Fällen autonom funktionsfähig. Sie lassen sich separat überprüfen.
- Module haben definierte Schnittstellen.
- Die Ausgangsgröße (Aktor) ist eine Funktion der Eingangsgröße (Sensor).

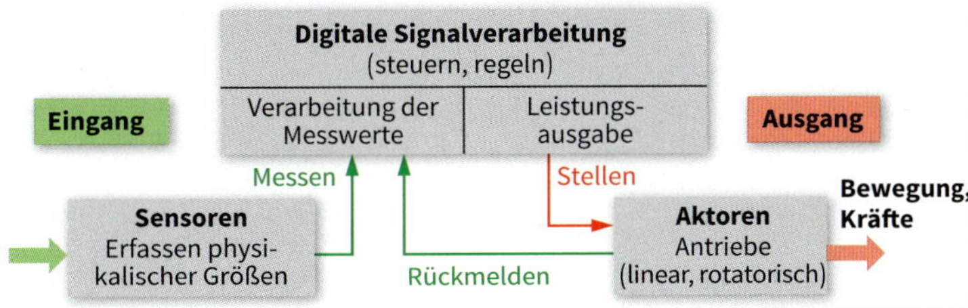

Aktive Sensoren

Die mit dem Sensor zu messende Größe wird **direkt** in eine elektrische Größe umgewandelt (bevorzugt elektrische Spannung).

Beispiele:

- Temperatur → Spannung (Thermoelement)
- Magn. Flussdichte → Spannung (Hallsonde)
- Kraft → Ladung (Piezokristall)
- Beleuchtungsstärke → Stromstärke (Fotodiode)

Passive Sensoren

Zur Umwandlung der zu messenden Größe benötigt der passive Sensor elektrische Energie (**indirekte Umwandlung**). Die elektrische Energie (Stromstärke, Spannung) wird durch die Sensorgröße beeinflusst.

Beispiele:

Resistive Änderung bei
- Dehnmessstreifen
- Temperaturabhängigen Widerständen
- Feldplatten
- Fotowiderständen
- Leitfähigkeitsmesszellen

Kapazitive Beeinflussung durch
- Abstandsänderung der Platten
- Flächenänderung
- Veränderung des Dielektrikums
- Veränderung des elektrischen Feldes

Induktive Beeinflussung durch
- Änderung der geometrischen Abmessungen von Spulen
- Permeabilitätsveränderung
- Veränderung des Dielektrikums
- Veränderung des magnetischen Feldes

Lichtstrombeeinflussung durch Änderung der
- Intensität
- Wellenlänge bzw. Frequenz
- Polarisation

Sensoreinteilung nach der Art des Ausgangssignals

- **Analogausgang**
  Das Messsignal wird in ein stetiges Ausgangssignal umgewandelt.

  Beispiele:
  - Spannung 0 V...10 V; 2 V...10 V
  - Stromstärke 0 mA...20 mA; 4 mA...20 mA

- **Binärausgang (schaltende Sensoren)**
  Am Ausgang sind nur zwei Zustände möglich, zwischen denen bei Über- bzw. Unterschreitung eines Schwellwertes gewechselt wird. Wenn die beiden Schwellwerte verschieden sind, ergibt sich im Schaltverhalten eine **Hysterese**.

  Beispiele:
  - Näherungsschalter durch kapazitive, induktive oder optische Beeinflussung (Lichtschranken)
  - Ultraschall-Näherungsschalter
  - Mechanische Endschalter (Schnappschalter)

- **Digitalausgang**
  Das Ausgangssignal ist ein digital codiertes Signal, das über diese Schnittstelle direkt in Bus-Systeme eingekoppelt werden kann.

Sensoreinteilung nach der Art der Messgröße

Geometrisch	Bewegung	Kraft
Länge Volumen Winkel Füllstand Anwesenheit Kontur Position ...	Weg Geschwindigkeit Drehzahl Beschleunigung Vibration Phasenlage Frequenz ...	Masse Kraft Druck Drehmoment Dehnung Härte Elastizität ...
Hydrostatisch, hydrodynamisch	**Thermisch, kalorisch**	**Chemisch, biologisch**
Druck Durchfluss Strömungs-geschwindigkeit Teilchendichte Viskosität ...	Temperatur Wärmemenge Wärmeströmung Leitfähigkeit Spezifische Wärmekapazität ...	Leitfähigkeit pH-Wert Feuchtigkeit Substanzart Anwesenheit von Substanzen ...
Optisch	**Elektrisch**	**Strahlung**
Beleuchtungs-stärke Absorption und Emission Brechung Farbart Polarisation ...	Ladung Spannung Stromstärke Leistung Leitfähigkeit Feldstärke Potenzial ...	Strahlungsart Aktivität Dosis Energiedichte ...

Merkmale:

- Ein Aktor (Aktuator) ist ein System (Stellglied), mit dem eine physikalische Größe beeinflusst wird.
- Die Steuerung (Stellsignal, Eingangsinformation) erfolgt in der Regel mit elektrischen Signalen.
- Die Eingangsinformation wird verarbeitet.
- Zur Funktion muss in der Regel Energie separat zugeführt werden (Hilfsenergie). Die Hilfsenergie wird in eine andere Energie umgewandelt.

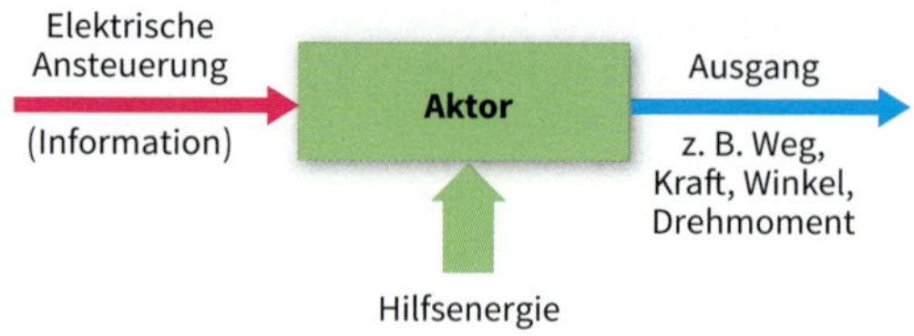

Einteilung nach der Hilfsenergie

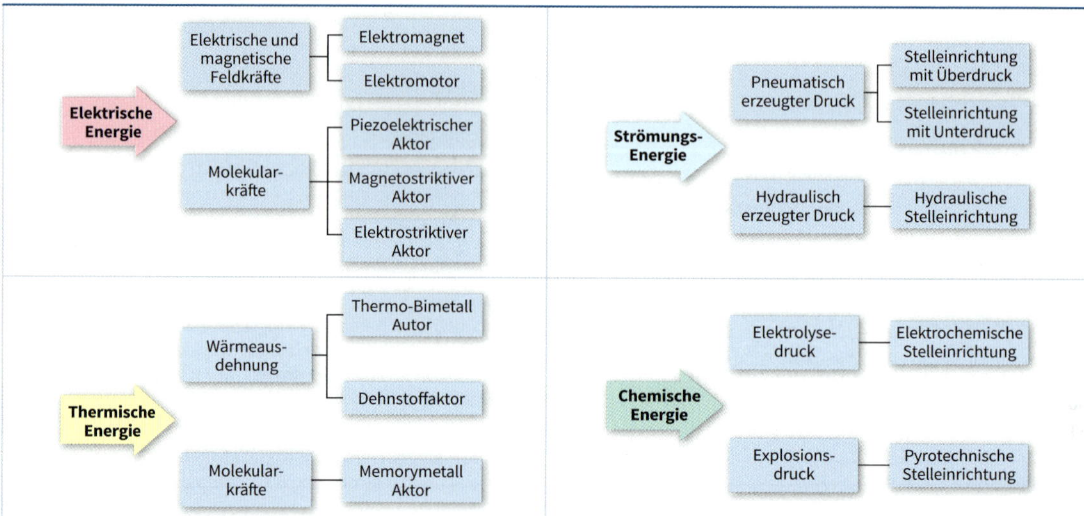

Funktionen von Aktoren

- Bewegen
  - Translation
  - Rotation
  - Schwingung
  - Bremsen
  - Bewegung in Bahnen
  - …
- Halten
- Positionieren
- Bearbeiten
- Fördern
  - Gase
  - Flüssigkeiten
  - feste Körper, Partikel
  - …
- Heizen und Kühlen
- Beschallen
- Beleuchten
- Ionisieren, Bestrahlen
- …

Fluidische Aktoren

Mit Hilfe von gasförmigen oder flüssigen Medien lassen sich Kräfte und Bewegungen erzeugen. Die Medien besitzen dabei kinetische (Strömung) oder potenzielle Energie.

- Geradlinige Bewegung wird erzeugt mit
  - einfachwirkenden und
  - doppeltwirkenden Zylindern.
- Drehbewegung (Rotation) wird erzeugt mit
  - Luft- bzw. Hydromotoren,
  - Drehzylindern und
  - Schwenkantrieben.

Physikalische Effekte bei Aktoren

- **Piezoelektrisch**
  Bei bestimmten Kristallen lassen sich durch ein äußeres elektrisches Feld geometrische Veränderungen hervorrufen.
- **Elektrodynamisch**
  Auf einen stromdurchflossenen Leiter im Magnetfeld wirkt eine Kraft (z. B. Motor).
- **Elektromagnetisch**
  Zwischen ungleichnamigen Polen eines Magneten treten Anziehungskräfte und zwischen gleichnamigen Polen Abstoßungskräfte auf (z. B. Reluktanzmotor, Hubmagnet).
- **Elektrostriktiv**
  Durch ein externes elektrisches Feld kommt es zur Polarisation in bestimmten Kristallen. Die Symmetrie der Kristalle ändert sich und es verändern sich die geometrischen Abmessungen.
- **Magnetostriktiv**
  Durch ein externes Magnetfeld werden Moleküle in bestimmten ferromagnetischen Werkstoffen (z. B. Terfenol TbDyFe) ausgerichtet. Es kommt zu geometrischen Veränderungen.
- **Magneto- und elektrorheologisch**
  Die Viskosität von Flüssigkeiten lässt sich durch magnetische bzw. elektrische Felder verändern.

Kommunikationstechnik und -netze

4

Telekommunikation

Empfangs- und Verteilanlagen

Internet-Kommunikation

Nachricht und Information

Unter einer Nachricht versteht man jede Art von Mitteilungen.
Beispiele: Ampelsignal, gesprochener Text, Mitteilung auf einer Tonkassette, …
In die Nachricht ist immer eine Information eingebettet.
Es wird unterschieden:

- **Syntaktischer Aspekt**[1] einer Nachricht:
  Aufbau der Nachricht nach seinen formalen Regeln, Zeichen, Zeichenfolge usw.
- **Semantischer Aspekt**[2] einer Nachricht:
  Bedeutung der Nachricht für den Empfänger (z. B. das Rot der Ampel bedeutet Stopp)

[1] Syntax (gr.): Lehre vom Satzbau, Satzlehre
[2] Semantik (gr.): Wortbedeutungslehre

Prinzip der Nachrichtenübertragung

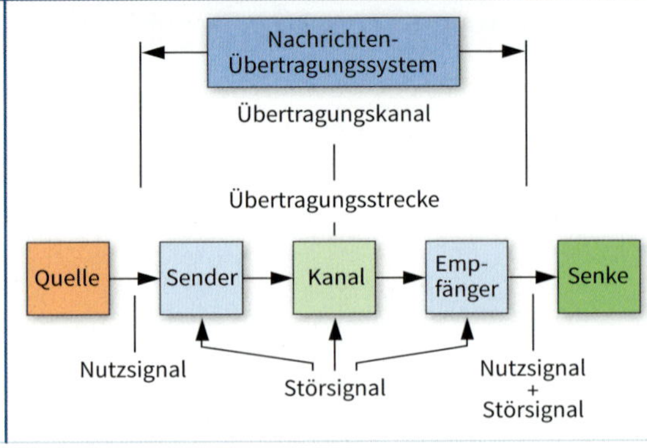

Informationsformen

Töne:
Sprache, Musik, Geräusche

Bilder:
Feste Bilder, bewegte Bilder (farbig, monochrom)

Text:
Alphanumerische Zeichen

Daten:
Elektrische oder optische Signale, die nicht direkt vom Menschen wahrgenommen werden können

Informationsübertragung

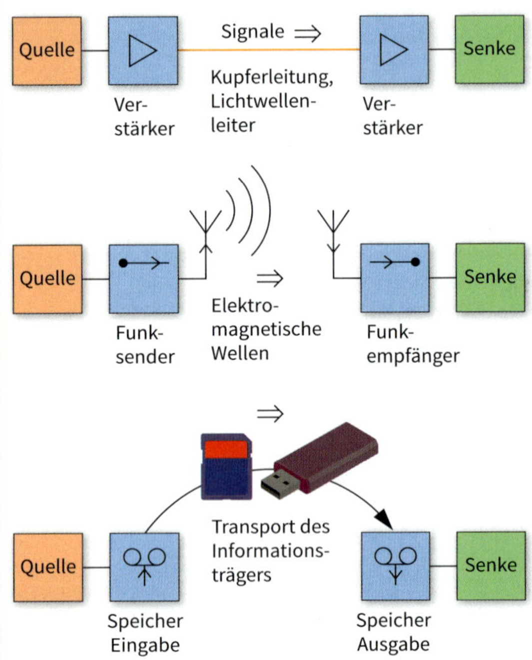

Kommunikation

Einseitiger oder wechselseitiger Austausch zwischen Menschen, technischen Einrichtungen (Endeinrichtungen) oder zwischen Menschen und technischen Einrichtungen

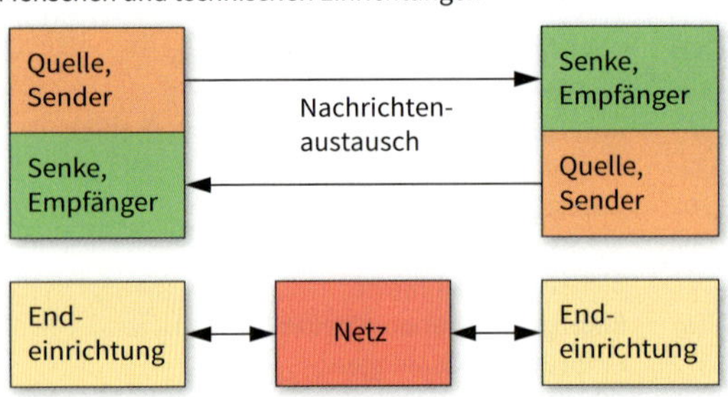

Betriebsarten der technischen Kommunikation

Duplex-Betrieb (Gegenbetrieb)
Beide Partner sind gleichberechtigt. Sie können gleichzeitig senden und empfangen (z. B. Telefon).

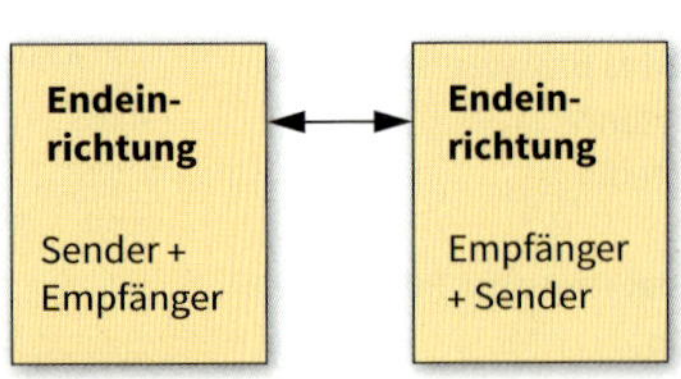

Halbduplex-Betrieb (Wechselbetrieb)
Die Kommunikationspartner können abwechselnd (alternierend) senden und empfangen (z. B. Sprechfunk).

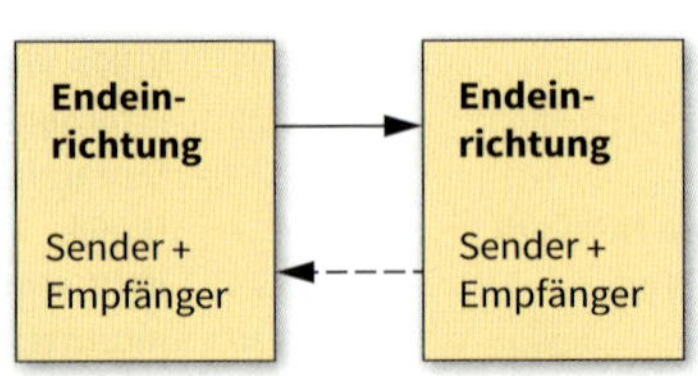

Simplex-Betrieb (Richtungsbetrieb)
Der Empfänger kann keine Signale zum Sender schicken (z. B. Verteilkommunikation bei Rundfunk-Sendungen).

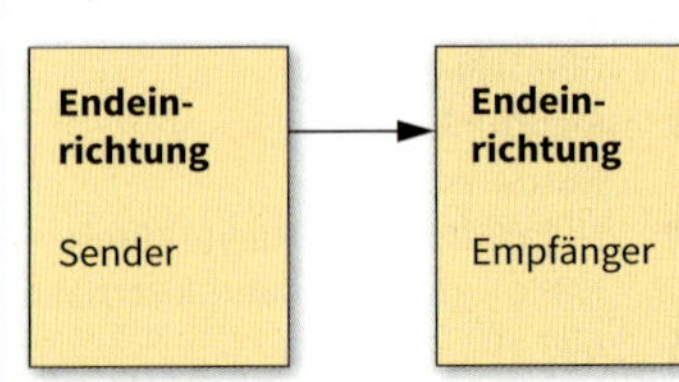

Prinzip

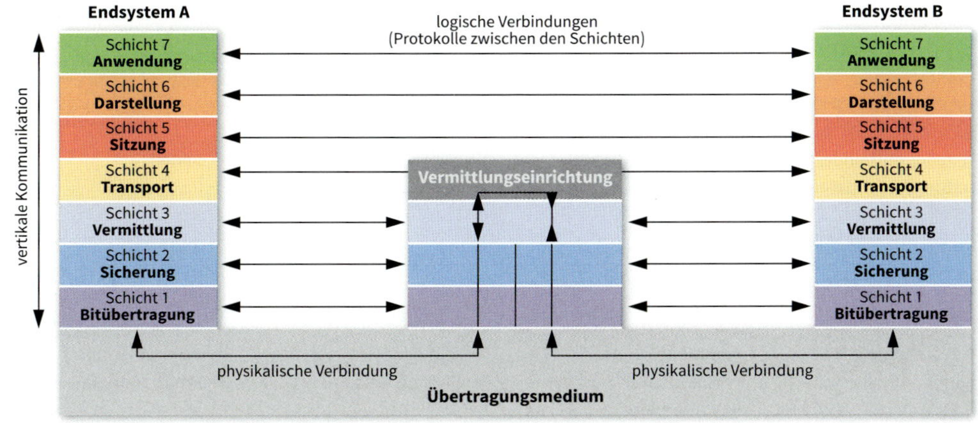

Erläuterungen

- Das OSI Schichtenmodell ist Referenzmodell für herstellerunabhängige Kommunikationssysteme.
- Jede Schicht bietet der darüberliegenden Schicht definierte Dienste an und seinerseits die Dienste für die darunterliegende Schicht.
- Schichteneinteilung erfolgt mit definierten Schnittstellen.
- Einzelne Schichten können ohne große Gesamtsystemänderungen ausgetauscht und angepasst werden.
- Schichten 1…4 sind die transportorientierten Schichten (physikalischer Datentransport bis zu den physikalischen Endpunkten der Systeme).
- Schichten 5…7 sind anwendungsorientierte Schichten (Handhabung der Schnittstellen).
- Übertragungsmedium (Verbindungskabel) ist nicht im OSI-Modell festgelegt.

Bitübertragungsschicht

Schicht 1 **(Physical)**

- Zuständig für den physikalischen Transport der digitalen Informationen.
- Überwacht die Funktion dieser Schicht durch zyklisches Prüfen von Steuerleitungen (getrennt von den Datenleitungen).

Datensicherungsschicht

Schicht 2 **(Link)**

- Zuständig für den unverfälschten Datentransport über einen einzelnen Übermittlungsabschnitt.
- Flusssteuerung überwacht die vollständige und richtige Übertragung der Daten von der darunter liegenden Schicht.

Vermittlungsschicht

Schicht 3 **(Network)**

- Zuständig für die Überbrückung geografischer Entfernungen zwischen den Endsystemen durch Einbeziehung von Vermittlungssystemen.
- Steuert die zeitlich und logisch getrennte Kommunikation zwischen verschiedenen Endsystemen.

Transportschicht

Schicht 4 **(Transport)**

- Zuständig für die Erweiterung von Verbindungen zwischen Endsystemen zu Teilnehmerverbindungen.
- Bildet die Verbindungsschicht zu den anwendungsorientierten Schichten.

Sitzungsschicht

Schicht 5 **(Session)**

- Zuständig für den geordneten Ablauf des Dialoges zwischen den Endsystemen.
- Festlegen und verwalten der Berechtigungsmarken für die Kommunikation.

Darstellungsschicht

Schicht 6 **(Presentation)**

- Zuständig für den gemeinsamen Zeichensatz und die gemeinsame Syntax.
- Umwandeln der lokalen Syntax in die für den Transport festgelegte Syntax und umgekehrt.

Anwendungsschicht

Schicht 7 **(Application)**

- Zuständig für die Steuerung der untergeordneten Schichten.
- Übernimmt die Anpassung an die jeweilige Anwendung.
- Stellt dem Anwenderprogramm die Verbindung zur Außenwelt zur Verfügung.

Klassifikation

Einteilungskriterien

- **Vermittlungstechnik**
  - Paketvermittelnde/
  - Leitungsvermittelnde Netze
  - Festgeschaltete Leitungen
- **Dienste**
  - Dienstspezifische Netze (Telex)
  - Diensteintegrierende Netze (ISDN)
- **Übertragungsmedien**
  - Kupfer
  - Glasfaser
  - Funk
- **Übertragungsverfahren**
  - Seriell
  - Parallel
  - Synchron
  - Asynchron
- **Netztopologie**
  - Sternstruktur
  - Baumstruktur
  - Ringstruktur
  - Busstruktur
- **Kommunikationsrichtung**
  - Simplex
  - Halbduplex
  - Vollduplex
- **Übertragungstechnik**
  - Analoge Netze
  - Digitale Netze
- **Übertragungsbandbreite**
  - Schmalbandnetz
  - Breitbandnetz

Netztopolgien

Bus (Linie)

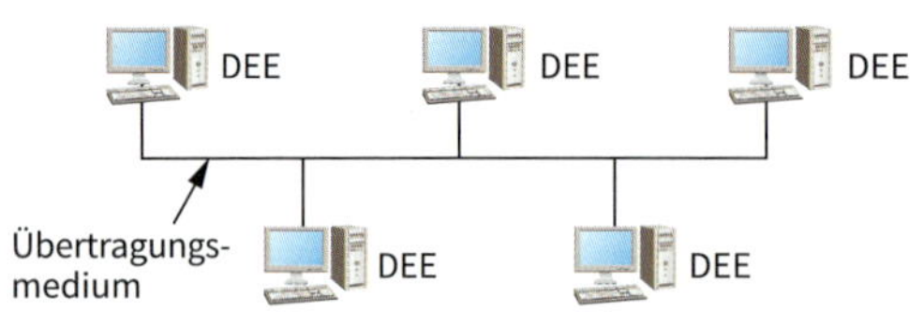

- Stationen verwenden ein einziges Übertragungsmedium
- Datenaustausch erfolgt direkt zwischen den Stationen

Ring

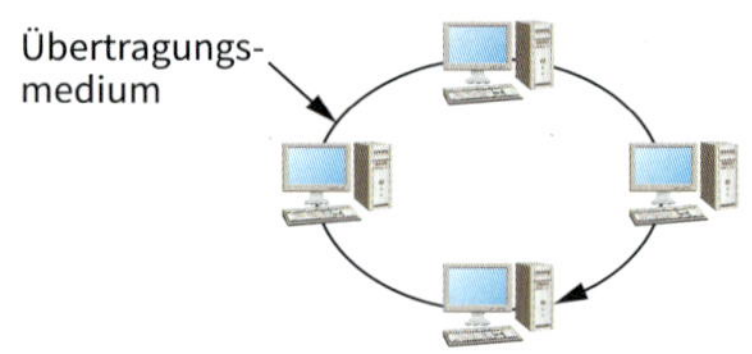

- Stationen sind ringförmig untereinander verbunden
- Datenaustausch erfolgt von Station zu Station

Stern

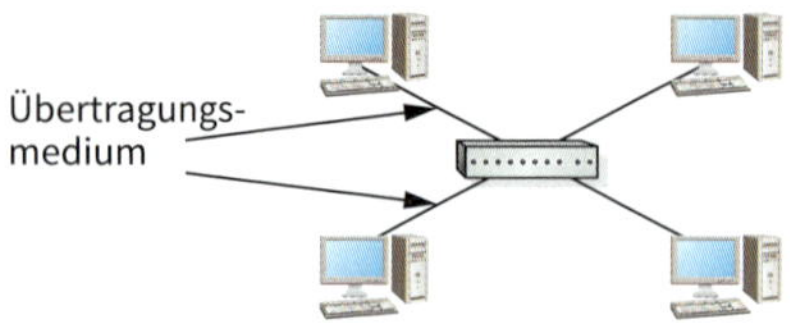

- Stationen sind sternförmig an eine Zentrale angeschlossen
- Datenaustausch erfolgt immer über die Zentrale

Baum

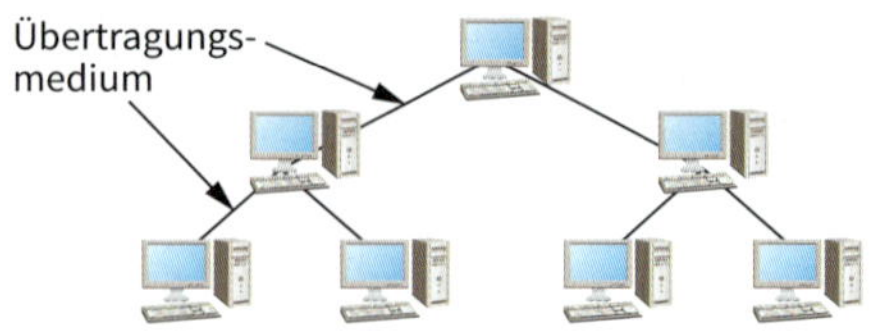

- Stationen sind jeweils mit der darüberliegenden Station verbunden
- Datenaustausch erfolgt über die jeweiligen Pfade.

Vermascht

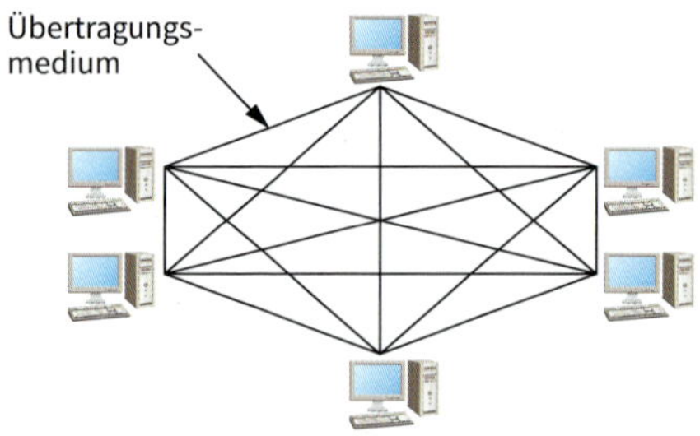

- Stationen sind mehrfach direkt untereinander verbunden
- Datenübertragung erfolgt als Punkt-zu-Punkt-Verbindung

Beispiele

Bus (Linie):	– Lokale Netzwerke (**LAN: L**ocal **A**rea **N**etwork) – **MAN** (**M**etropolitan **A**rea **N**etwork) – Token Bus Netzwerk – Mikroprozessor-Bus (z. B. PCI oder **CAN: C**ontroller **A**rea **N**etwork)
Ring:	Lokale Netzwerke als Token-Ring
Stern:	Lokale Netzwerke mit Hub oder Switch
Baum:	– Lokale Netzwerke – Terminalnetzwerke – Fernsehverteilungsnetze
Vermascht:	Telekommunikationsetze (voll- oder teilvermascht)

Hub

- Sternkoppler/-verteiler (Kabelkonzentrator)
- Gesendete Informationen werden von allen angeschlossenen Teilnehmern empfangen (Multiport Repeater)
- Eine Kollisionsdomäne
- Nicht beliebig kaskadierbar (Einhaltung der Signallaufzeiten [RTDT])
- Uplink-Port zum Anschluss weiterer Hubs oder Switch
- Wirkt auf OSI-Schicht 1 (Physical Layer)
- Datentransport byteweise
- Keine Datenfilterung
- Protokolltransparent
- Keine Flusskontrolle

Repeater

- **Wiederholverstärker** zur Regenerierung der empfangenen Signale
- Eingesetzt zur Verlängerung einer Übertragungsstrecke
- Verbindung von zwei gleichartigen LAN-Netzsegmenten
- Remote Repeater sind über LWL-Strecke gekoppelt (Distanz abhängig von LWL-Typ)
- Wirkt auf OSI-Schicht 1 (Physical Layer)
- Datentransport bitweise
- Keine Datenfilterung
- Protokolltransparent
- Keine Flusskontrolle

Bridge

- **MAC-Bridge** (Brücke) verbindet LAN-Segmente mit gleichen Zugriffsverfahren
- **LLC-Bridge** verbindet LAN-Segmente mit unterschiedlichen Zugriffsverfahren
- Realisiert die Aufteilung des Netzes in verschiedene Kollisionsdomänen
- Multiport-Bridges vermitteln LAN-Verkehr untereinander
- Selbstlernende Bridges legen automatisch Adresstabellen an
- Wirkt auf OSI-Schicht 2 (Link Layer)
- Datentransport paketweise
- Datenfilterung
- Keine Flusskontrolle

Router

- Koppeln **unterschiedliche Rechnernetze**
- Verarbeiten unterschiedliche Protokollstacks (Multiprotokoll-Router)
- Verwenden eigene Managementprotokolle (Routingprotokolle z. B. RIP) zur Kommunikation (Austausch von Routingtabellen) untereinander
- Vermittelt zielgerichtet Datenpakete, die **routingfähig** sind (z. B. IPv4, IPv6) anhand der Routingstabellen
- Wirkt auf OSI-Schicht 3 (Network Layer)
- Datentransport paketweise
- Datenfilterung
- Flusskontrolle

Gateway

- Realisiert **umfassenden Netzübergang** zwischen inkompatiblen Netzwerken
- Adressübersetzungen
- Transportgeschwindigkeitsanpassung
- Protokollumsetzungen
- Ermöglicht Sicherheitsfunktionen
- Arbeitet auf OSI-Schicht 7 (Application Layer)
- Datenfilterung
- Flusskontrolle

Switch

- Wirkt als **Vermittlungseinrichtung** zwischen den angeschlossenen Endsystemen
- Paralleler Datenaustausch zwischen den Teilnehmern durch Punkt-zu-Punkt-Verbindung
- **Store-and-Forward**-Prinzip (Speichern und Weiterleiten): Datenpaket wird komplett eingelesen, vollständige Fehlerfreiheit überprüft und anhand der Zieladresse weitergeleitet (automatischer Verwurf fehlerhafter Pakete)
- **Cut-Through**-Prinzip (Durchschneiden): Zieladressenauswertung (MAC-Adresse) bereits nach Einlesen derselbigen, keine Überprüfung auf Fehlerfreiheit; hoher Durchsatz
- **Fragment-Free** Prinzip (Fragmentfrei): Prüft Datenpaket lediglich auf minimale Länge von 64 Byte, sendet unmittelbar weiter auf Zielport; keine Überprüfung auf Fehlerfreiheit
- Kombination der drei Verfahren möglich (z. B. abhängig von unterschiedlichen Übertragungsmedien)
- Leistungskriterien:
  - **Durchleitrate** (Forwarding Rate) in Paketen pro Sekunde
  - **Filterrate** (Filter Rate) in Paketanzahl pro Sekunde
  - **Adressanzahl** (verwaltete MAC-Adressen)
  - **Backplanedurchsatz** (Rückwand; Transportkapazität auf den internen Vermittlungsbussen)

Beispiel:
Desktop Switch mit 8 Ports
100 Mbit/Vollduplex

Forwarding Rate bei 100BASE-TX:	148 800 Pakete pro Sekunde je Port
Backplanedurchsatz:	1,6 Gbit/s
MAC-Adresstabelle:	1024 Adressen
Übertragungsprinzip:	Store-and-Forward

Verfahren

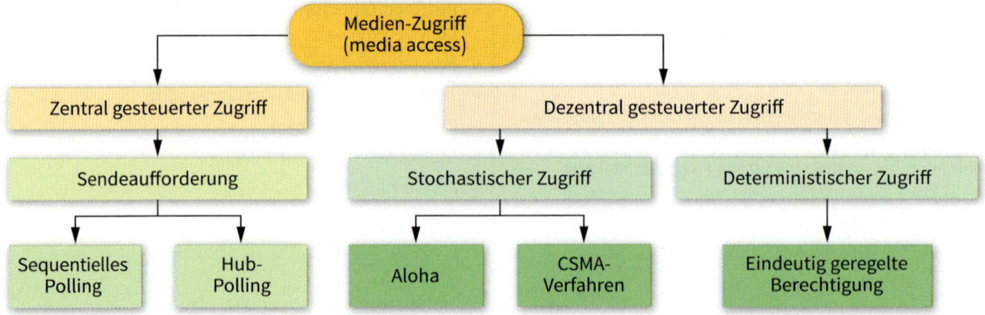

Zentrale Verfahren

- Zentral gesteuerter Zugriff
  - setzt eine Station (Zentrale) im Netzwerk als Verwalter für die Kommunikation zwischen den vorhandenen Stationen voraus und
  - verwendet **Sequentielle-** und **Hub**-Polling-Methoden.
- Bei sequentiellem Polling ruft die Zentrale die einzelnen Stationen zeitlich nacheinander zur Übertragung der Daten auf.
- Bei Hub-Polling erfolgt der Aufruf zur Datenübertragung von einer Station zur nächsten.

Dezentrale Verfahren

- Dezentral gesteuerte Zugriffsverfahren
  - werden unterschieden in **stochastische** (zufallsgesteuerte) und **deterministische** (vorhersagbare) Verfahren und
  - verwenden keinen zentralen Koordinator für die Steuerung der Kommunikation.
- Angewendete stochastische Verfahren sind
  - Aloha,
  - CSMA-Verfahren und
  - Verfahren mit eindeutig geregelter Berechtigung (z. B. priorisierte Teilnehmerklassen).

CSMA-Verfahren

CSMA/CD

- Bei **CSMA/CD** (**C**arrier **S**ense **M**ultiple **A**ccess/**C**ollision **D**etection: Abhören des Trägers mit Mehrfachzugriff/**Kollisionserkennung**)
  - kann jede Station unabhängig von den anderen eine Datenübertragung starten,
  - können **Kollisionen** auftreten, wenn Stationen gleichzeitig mit der Aussendung beginnen,
  - wird die Übertragung durch vorheriges Abhören des Übertragungsmediums auf Vorhandensein einer Übertragung überwacht,
  - stellt die sendende Station, die eine Kollision von Daten erkennt, die eigene Übertragung durch Aussenden eines **jam**-Signals ein,
  - beginnt die erneute Übertragung nach Ablauf einer zufälligen Wartezeit und
  - ist die Laufzeitlänge der Datenpakete mindestens gleich dem zweifachen Stationsabstand.

CSMA/CA

- Bei **CSMA/CA** (**C**arrier **S**ense **M**ultiple **A**ccess/Collision Avoidance: Abhören des Trägers mit Mehrfachzugriff/**Kollisionsvermeidung**)
  - wird Übertragungswunsch den anderen Stationen durch Aussenden eines **RTS**-Signals (**R**eady **t**o **S**end) angezeigt,
  - führt ein von einer anderen Station empfangenes RTS-Signal zum Aufschub des eigenen Sendewunsches,
  - übermitteln die mit RTS angesprochenen Stationen ein **CTS**-Signal (**C**lear **t**o **S**end) und reservieren damit die Verbindung und
  - wird das Ende der Übertragung mit **ACK**-Signal (**Ack**nowledge) allen Stationen angezeigt.
- Anwendung z. B. bei Wireless LAN

Leistungsmerkmale

Eigenschaft / Verfahren	Effizienz bei geringem Verkehr	Effizienz bei hohem Verkehr	Determinismus (vorhersagbar)	Priorisierung (vorrang)	Robustheit
CSMA/CD	+	–	–	**0**	+
CSMA/CA	+	+	+	+	+
Token Ring	+	+	+	+	**0**
Token Bus	**0**	+	+	**0**	**0**
TDMA	–	+	+	–	–
Polling	–	**0**	+	–	**0**
Punkt-zu-Punkt-Verbindung	**0**	–	+	**0**	+

TDMA: **T**ime **D**ivision **M**ultiple **A**ccess — +: gut — **0**: normal — –: weniger gut

Referenzmodell	LAN-Anwendung					WAN-Anwendung
ISO - OSI Schicht	IEEE-Local Area Network	TCP/IP	TCP/IP-Protokollstruktur		SNA	Anwendungen
Anwendungsschicht	Höhere Protokolle	Process/ Application Layer	FTP SMTP Telnet SNMP	NFS XDR RPC	Transaction Services	Anwendungen
Darstellungsschicht	Höhere Protokolle	Process/ Application Layer			Presentation Services	Anwendungen
Kommunikationssteuerungs (sitzungs)-schicht	Höhere Protokolle	Process/ Application Layer			Data Flow Control	Anwendungen
Transportschicht	Höhere Protokolle	Host-to-Host-Layer	TCP	UDP	Transmission Control	Anwendungen
Vermittlungsschicht	Höhere Protokolle	Internet-Layer	Routing, IP	ICMP	Path Control	X.25 PLP
Sicherungsschicht	2d-Bridging 2c-Secure Data Exchange 2b-Logical Link Control (Verbindungssteuerungsschicht) 2a-Media Access Control (MAC) (Medienzugriffsschicht)	Network Access oder Local Network Layer	ARP X.25, Arcnet, TOKEN BUS (IEEE 802.4), Ethernet CSMA/CD (IEEE 802.3), TOKEN RING (IEEE 802.5), FDDI	RARP	Data Link Control	LAPB | FRAME RELAY | HDLC | PPP | DLC
Bitübertragungsschicht	Physical Layer	Network Access oder Local Network Layer	X.25, Arcnet, TOKEN BUS (IEEE 802.4), Ethernet CSMA/CD (IEEE 802.3), TOKEN RING (IEEE 802.5), FDDI		Physical Layer	X.21 bis | EIA/TIA-232, EIA/TIA-449, V.24/V.35/G.703, HSSI/EIA-530

Abkürzungen

ARP	**A**ddress **R**esolution **P**rotocol	**OSI**	**O**pen **S**ystems **I**nterconnection
CD	**C**ollision **D**etection	**PLP**	**P**acked **L**ayer **P**rotocol
CSMA	**C**arrier **S**ense **M**ultiple **A**ccess	**PPP**	**P**oint-to-**P**oint **P**rotocol
EIA	**E**lectronic **I**ndustry **A**ssociation	**RARP**	**R**emote **A**ddress **R**esolution **P**rotocol
FDDI	**F**ibre **D**istributed **D**ata **I**nterface	**RPC**	**R**emote **P**rocedure **C**all
FTP	**F**ile **T**ransfer **P**rotocol	**DLC**	Synchronous **D**ata **L**ink **C**ontrol Protocol
HDLC	**H**igh Level **D**ata **L**ink **C**ontrol	**SNA**	**S**ystems **N**etwork **A**rchitecture (IBM)
HSSI	**H**igh **S**peed **S**erial **I**nterface	**SMTP**	**S**imple **M**ail **T**ransfer **P**rotocol
IEEE	**I**nstitute of **E**lectrical and **E**lectronic **E**ngineers	**SNMP**	**S**imple **N**etwork **M**anagement **P**rotocol
ICMP	**I**nternet **C**ontrol **M**essage **P**rotocol	**TCP**	**T**ransport **C**ontrol **P**rotocol
IP	**I**nternet **P**rotocol	**Telnet**	**Tel**ecommunication **Net**work
ISO	**I**nternational **S**tandardization **O**rganisation	**TIA**	**T**elecommunication **I**ndustry **A**ssociation
LAPB	**L**ink **A**ccess **P**rotocol **B**alanced	**UDP**	**U**ser **D**atagram **P**rotocol
NFS	**N**etwork **F**ile **S**ystem	**XDR**	E**x**ternal **D**ata **R**epresentation

Anwendung

- Digitale Signale werden bei der Übertragung im Basisband nicht moduliert.
- Die Signale werden als rechteckförmige Impulse auf den Leitungen übertragen.
- Es wird eine hohe Bandbreite oberhalb 0 Hz auf den Leitungen (Übertragungswegen) benötigt.
- Bei galvanischer Kopplung zwischen Sender und Empfänger dürfen die Signale Gleichstromanteile beinhalten.
- Bei galvanischer Trennung zwischen Sender und Empfänger (Übertragerkopplung), wird Gleichstromfreiheit der Signale durch spezielle Codierung der Signale erreicht.
- Die Taktinformationen können in der Signalcodierung enthalten sein und werden auf der Empfängerseite zurückgewonnen.

NRZ-Code (Non Return to Zero)

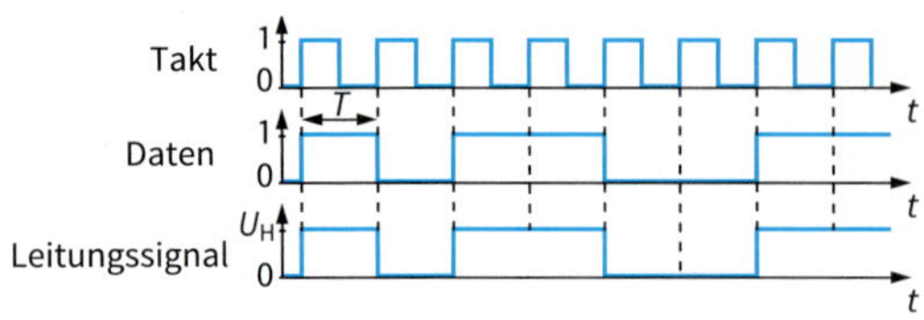

log. 0 ≙ 0-Signal

log. 1 ≙ $+U_H$-Signal

- Leitungssignal nicht gleichstromfrei
- Keine Taktrückgewinnung auf der Empfängerseite

RZ-Code (Return to Zero)

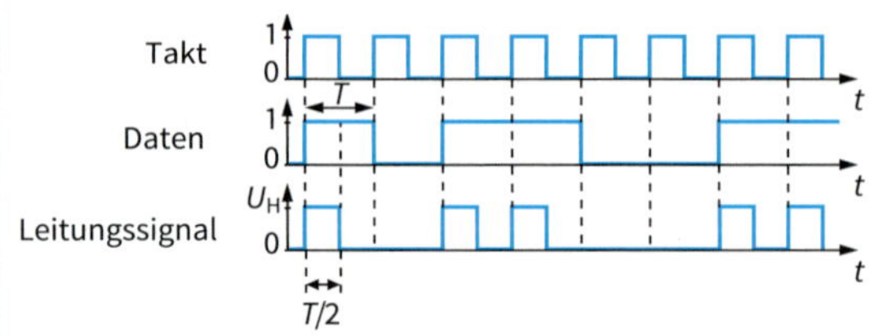

log. 0 ≙ 0-Signal

log. 1 ≙ $+U_H$-Signal während $T/2$

- Leitungssignal nicht gleichstromfrei
- Taktinformation nur bei 1-Signalen mitübertragen

AMI (Alternate Mark Inversion), Bipolar-Verfahren

Tastverhältnis 1:1

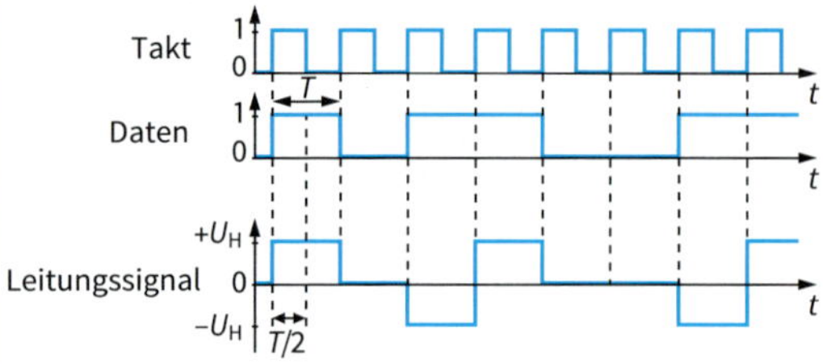

log. 0 ≙ 0-Signal

log. 1 ≙ alternierend $+U_H$-Signal und $-U_H$-Signal

- Signal ist gleichstromfrei
- Taktinformation nur in 1-Signal

Tastverhältnis 1:2

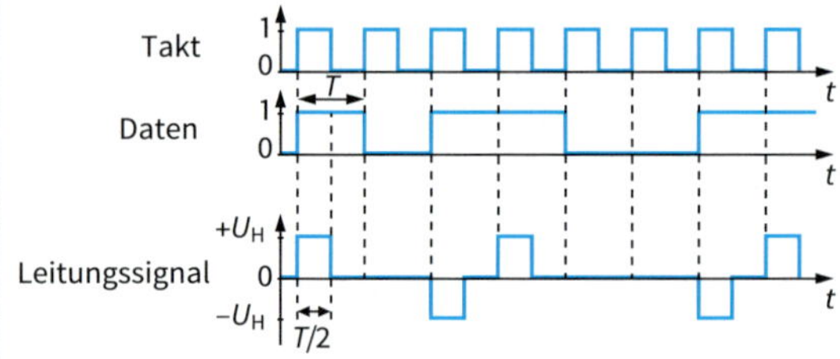

log. 0 ≙ 0-Signal

log. 1 ≙ alternierend $+U_H$-Signal und $-U_H$-Signal bei $T/2$

- Signal ist gleichstromfrei
- Taktinformation nur in 1-Signal

Manchester-Code

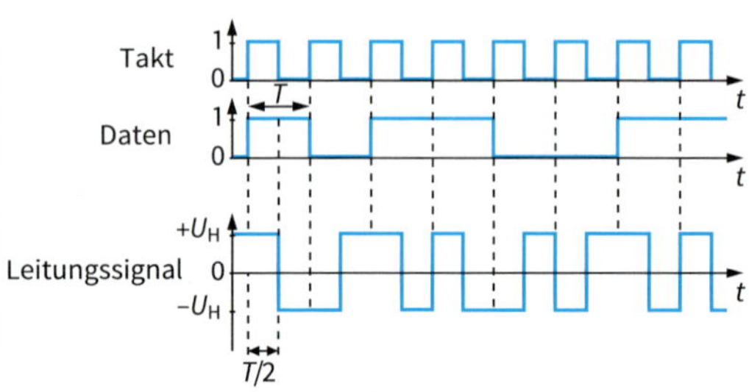

log. 0 ≙ Wechsel von $-U_H$-Signal nach $+U_H$-Signal bei $T/2$

log. 1 ≙ Wechsel von $+U_H$-Signal nach $-U_H$-Signal bei $T/2$

- Signal ist gleichstromfrei und selbsttaktend

Differenzial-Manchester-Code

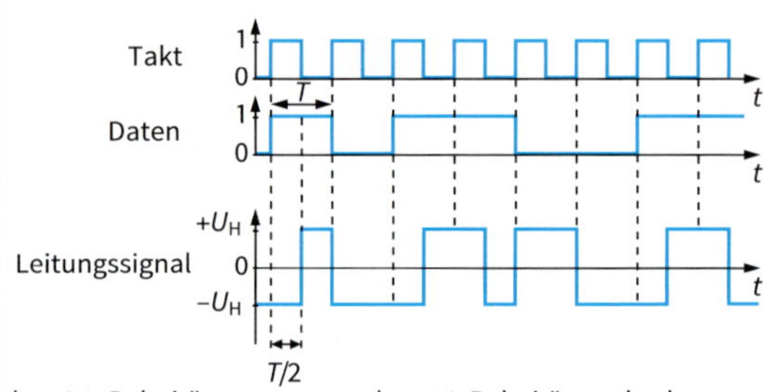

log. 0 ≙ Polarität wechselt am Schrittanfang

log. 1 ≙ Polarität wechselt nicht am Schrittanfang

- Signal ist gleichstromfrei und selbsttaktend

Funktionelle Einteilung einer Datenstation

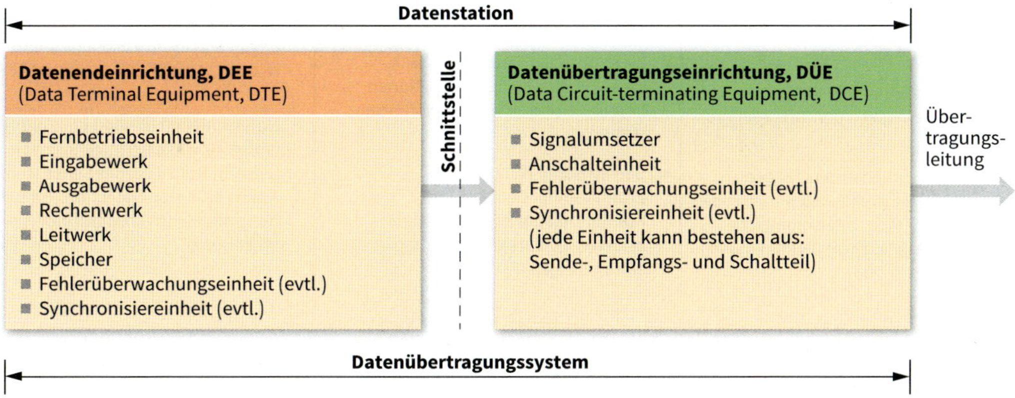

Schrittgeschwindigkeit

$v_s = \frac{1}{T_s}$ $[v_s]$ Baud[1)] Baud in $\frac{1}{s}$

T_s: Schrittdauer $[T_s] = s$

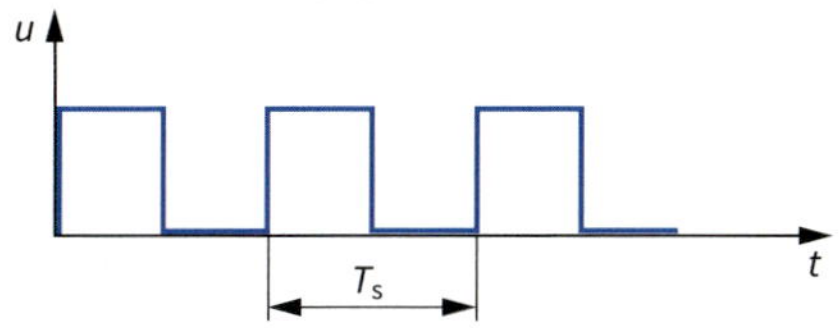

1) Abkürzung von Baudot, franz. Telegrafentechniker

Übertragungsgeschwindigkeit (Baudrate)

$v_ü = v_s \cdot \text{lb}\, n$

$v_ü = Z \cdot v_z \cdot \text{lb}\, n$

$[v_ü] = \frac{\text{bit}}{\text{s}}$

$n = 2$ (binäre Übertragung)

lb: Logarithmus zur Basis 2

lg: Logarithmus zur Basis 10

Z: Anzahl der Einheitsschritte in einem Zeichenrahmen

v_z: Zeichengeschwindigkeit

$\text{lb}\, n = \frac{\text{lg}\, n}{\text{lg}\, 2}$

Zeichengeschwindigkeit

$v_z = \frac{1}{T_z}$ $T_z = Z \cdot T_s$

T_z: Übertragungsdauer eines Zeichenrahmens
Z: Anzahl der Einheitsschritte in einem Zeichenrahmen

Beispiel:

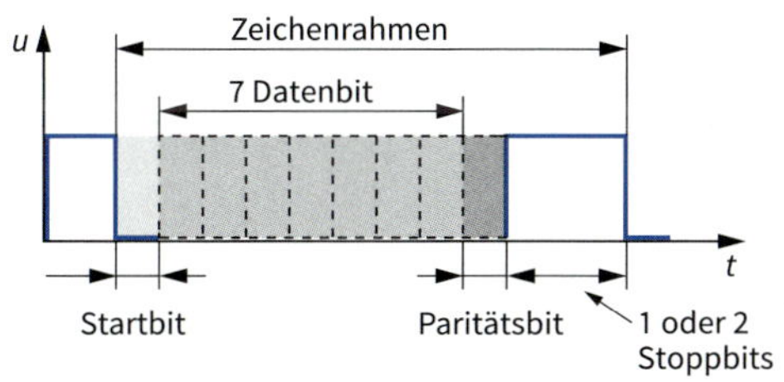

1 Sta. + 7 Dat. + 1 Par. + 1 Sto.: Z = 10

Beispiele

bit/s	Zeichen/s	Bitdauer in µs
1 200	120	833
2 400	240	416
4 800	480	208
9 600	960	104
19 200	1 920	52

Wirkungsgrad (Datendurchsatz)

$$n_ü = \frac{n_{Dat}}{n_{Sta} + n_{Dat} + n_{Par} + n_{Sto}}$$

n_{Dat}: Anzahl der Datenbits

n_{Sta}: Startbit

n_{Par}: Paritätsbit

n_{Sto}: Anzahl der Stoppbits

Maximale Datenübertragungsrate

Im **rauschfreien** Kanal (Nyquist-Theorem)

$$C = 2 \cdot B\, \text{lb}\, (M)$$

C: Übertragungsrate (bit/s)
B: Bandbreite (Hz) z. B. 3 000 Hz bei TK-Leitung
M: Anzahl Signalpegel (bei Digitalsignal = 2)

Im **nicht rauschfreien** Kanal (nach Shannon)

$$C = B \cdot \text{lb}\, (1 + \text{SN})$$

SN: Verhältnis Signal zu Rauschen (noise)
(Angabe in absoluten Werten, nicht in dB;
z. B. 1 000 für 30 dB)

Lokale Netze	Möglichkeiten	Standard
▪ Sind räumlich abgegrenzt ▪ Werden von einem Betreiber verwaltet und organisiert ▪ Ermöglichen einen direkten Datenaustausch zwischen den Teilnehmern des Netzes ▪ Übertragungsmedien sind Kupferleitungen, Lichtwellenleiter oder Funkwellen. Sie bieten unterschiedliche Übertragungsgeschwindigkeiten und Reichweiten	▪ Zentrale Datenhaltung auf großen Massenspeichern ▪ Elektronischer Datenaustausch zwischen den einzelnen Stationen untereinander bzw. mit der Zentralstation ▪ Gemeinsame Nutzung von Programmen, Geräten und Kommunikationsschnittstellen zu externen Datenübertragungseinrichtungen	▪ Standardisiert nach IEEE 802 (Institute of Electrical and Electronic Engineers) in verschiedenen Normenreihen (z. B. IEEE 802.3, IEEE 802.16) ▪ Unterschieden anhand der Zugriffsverfahren auf das Übertragungsmedium (z. B. CSMA/CD: Carrier Sense Multiple Access/Collision Detection: Trägerkennung mit Mehrfachzugriff/Kollisionserkennung)

IEEE 802.3

- Bei lokalen, leitungsgebundenen Netzen ist Ethernet die bevorzugt eingesetzte Technologie.
- Gründe dafür sind u.a.
  - stabile und verfügbare Standards,
  - große Produktvielfalt,
  - hohe Konfigurationsflexibilität,
  - große Marktakzeptanz und
  - niedrige Produktkosten.

OSI-Referenzmodell[1]		**IEEE-Standard**		
Schicht	Funktion	Schicht	Funktion	Standardisiert durch
3	Vermittlungsschicht (Network-Layer) (Packet)	**3 (HILI)**	Netzwerkverwaltung Netz-/Netz-Verwaltung (Higher-Layer-Interface)	IEEE 802.1
2	Sicherungsschicht (Data-Link-Layer) (Frame)	**2b (LLC)**	Logische Verknüpfungssteuerung (Logical-Link-Control)	IEEE 802.2
		2a (MAC)	Mediumszugriff-Steuerung (Medium-Access-Control)	IEEE 802.3
1	Bitübertragungsschicht (Bitstrom) (Physical-Layer)	**1 (Phy)**	Elektronischer und mechanischer Aufbau (Physical-Layer)	Ethernet siehe 802.3 Varianten

IEEE 802.3 Varianten

10 Mb/s	1000 Mb/s (1 Gb/s)	40 Gb/s
10BASE -5, -2, -T, -F, -FL, -FB, -FP	100BASE -X, -SX, -LX, -CX, -T, -KX	40GBASE -KR4, -CR4, -SR4, -LR4, -FR
100 Mb/s	10 Gb/s	100 Gb/s
1000BASE -T2, -T4, -TX, -FX, -SX	10GBASE -SR, -LR, -ER, -SW, -LW, -EW, -LX4, -CX4, -T, -LRM, -KX4, -KR	100GBASE -CR10, -SR10, -LR4, -ER4

IEEE 802.xxx

IEEE 802.5	IEEE 802.11	IEEE 802.15	IEEE 802.16
Token Ring	Wireless LAN	Wireless Personal Area Network (WPAN)	Broadband Wireless Access

IEEE 802.17	IEEE 802.18	IEEE 802.19	IEEE 802.20	IEEE 802.21	IEEE 802.22
Resilient Packet Ring Access Protocol	LAN/MAN Radio Regulatory	Wireless Coexistance Technical Advisory Group	Mobile Broadband Wireless Access	Media Independent Handover Services	Wireless Regional Networks (WRANs)

[1] OSI; Open System Interconnection: Referenzmodell für allgemeine herstellerunabhängige Kommunikationsstruktur 1983 von der ISO (International Standard Organisation) festgelegt.

Merkmale

- Die Standards beinhalten eine Reihe von Festlegungen für z. B.
  - Datenübertragungsraten (z. B. 100 Mbit/s),
  - logische Schnittstellen und Funktionen,
  - Hardwarekomponenten (z. B. Steckverbindungen, Kupferleitungen, Lichtwellenleiter)
  - Signalcodierung (Basisband, keine Modulation)
- Die Varianten werden durch die Kapitelangabe aus den Standarddokumenten gekennzeichnet (z. B. IEEE 802.3 Clause 40).
- Die Bezeichnungsversion mit Buchstaben (z. B. IEEE 802.3ab) wurde abgeschafft.
- Das **CSMA/CD**-Verfahren (**C**arrier **S**ense **M**ultiple **A**ccess/ **C**ollision **D**etection: Trägererkennung mit Mehrfachzugriff/ Kollisionserkennung) ist lediglich bei Übertragungsmedien, die von mehreren Teilnehmern genutzt werden, erforderlich (shared medium).
- Aktuelle Realisierungen von Ethernet verwenden Punkt-zu-Punkt Verbindungen im Vollduplex zwischen den Teilnehmern (somit kein CSMA/CD erforderlich).
- Die Originalversionen der Ethernet Standards sind unter http://standards.ieee.org/about/get/802/802.3.html kostenlos abrufbar.
- Das nachfolgend gezeigte Schema wird überwiegend zur Einteilung bzw. Unterscheidung verwendet.

Bezeichnungsschema

10G Base LRM n

Datenübertragungsrate	
10	10 Mbit/s
100	100 Mbit/s
1000	1000 Mbit/s
10G	10 Gbit/s
40G	40 Gbit/s
100G	100 Gbit/s

Modulationsart
Base

Übertragungsmedium bzw. Wellenlänge	
C	Twinaxial **C**opper
E	**E**xtra long wavelength (1550 nm) bzw. **E**xtended Reach
F	**F**iber
K	Bac**k**plane
L	**L**ong wavelength (1310 nm) bzw. **L**ong Reach
S	**S**hort wavelength (850 nm) bzw. **S**hort Reach
T	**T**wisted Pair

Reichweite bzw. PCS-Codierung	
R	64B/66B (Sc**r**ambled)
X	4B/5B, 8B/10B (E**x**ternal sourced coding)
e	Energy **E**fficient Ethernet

M: Multimode

Anzahl der – Aderpaare (pairs) bzw. – Datenpfade (lanes)	
ohne Kennzeichnung	1 Aderpaar bzw. 1 Datenpfad
4	4 Aderpaare bzw. 4 Datenpfade
10	10 Aderpaare bzw. 10 Datenpfade bzw. 10 km

Bac**k**plane	Rückwandverbindung	**L**ong wavelength	Lange Wellenlänge
Base	Basisband	PCS (Physical Coding Sublayer)	Obere Teilschicht des Physical Layers
Energy **E**fficient Ethernet	Energieeffizientes Ethernet	**S**hort wavelength	Kurze Wellenlänge
Extended reach	Erweiterte Reichweite	**S**hort reach	Kurze Reichweite
Extra long wavelength	Extra lange Wellenlänge	Sc**r**ambled	Verwürfelt
E**x**ternal sourced coding	Externe Codierung	Twinaxial **C**opper	Koaxialkabel (spezielle Bauform)
Fiber	Lichtwellenleiter	**T**wisted Pair	
Long reach	Hohe Reichweite		

Beispiele

Bezeichnung	Merkmale	Bezeichnung	Merkmale
10Base-T IEEE 802.3i (Clause 14)	10 Mbit/s; 2 Aderpaare (twisted pair; Cat. 3 oder höher); Vollduplex; max. 100 m	1000Base-SX IEEE 802.3z (Clause 38)	1000 Mbit/s; 2 LWL Multimode; Vollduplex; 1 Wellenlänge (850 nm); 200 m bis 500 m
10Base-FL IEEE 802.3j (Clause 15)	10 Mbit/s; 2 LWL Multimode; 1 Wellenlänge (850 nm); max. 2000 m	1000Base-T IEEE 802.3ab (Clause 40)	1000 Mbit/s; 4 Aderpaare (twisted pair; Cat. 6_a); Vollduplex; je Aderpaar 250 Mbit/s pro Richtung; 100 m
100Base-TX IEEE 802.3u (Clause 24)	100 Mbit/s; 2 Aderpaare (twisted pair; Cat. 5 oder höher); Vollduplex; max. 100 m	10GBase-T IEEE 802.3an (Clause 55)	10 Gbit/s; 4 Aderpaare (twisted pair); Vollduplex; je Aderpaar 2,5 Gbit/s pro Richtung; 100 m
100Base-FX IEEE 802.3u (Clause 24)	100 Mbit/s; 2 LWL Multimode; 1 Wellenlänge; 1310 nm; bei Vollduplex max. 400 m	40GBase-LR4 IEEE 802.3ba (Clause 87)	40 Gbit/s; 2 LWL Singlemode; Vollduplex; 4 Wellenlängen (WDM) je 10 Gbit/s pro Richtung; 10 km
1000Base-CX IEEE 802.3z (Clause 39)	1000 Mbit/s; 2 Adern, gemeinsamer Rückleiter (Twinaxialkabel); Vollduplex; max. 25 m	100GBase-ER4 IEEE 802.3ba (Clause 88)	100 Gbit/s; 2 LWL Singlemode; Vollduplex; 4 Wellenlängen (WDM) je 25 Gbit/s pro Richtung; 40 km

Ethernet

Merkmale

- Es handelt sich um die Bezeichnung für eine **serielle** Datenübertragung zwischen mehreren Teilnehmern, die an einem gemeinsam genutzten Medium über Netzwerkkarten angeschlossen sind.
- Die Datenübertragung erfolgt dabei im **Rahmenformat** (Frames).
- Die Zuteilung der Sendeerlaubnis wird durch **CSMA/CD** (**C**arrier **S**ense **M**ultiple **A**ccess/**C**ollision **D**etection: Trägererkennung mit Mehrfachzugriff/Kollisionserkennung) gesteuert.
- Ethernet ist verfügbar in verschiedenen Übertragungsgeschwindigkeiten (10 Mbit/s, 100 Mbit/s, 1000 Mbit/s und 10 Gbit/s).
- 100 bit Ethernet überträgt die Daten auf dem physikalischen Medium im **Basisband** als Manchester-Kodierung.
- Die existierenden **Rahmenformate** stammen aus der Entwicklungsgeschichte und werden bezeichnet als
  - IEEE 802.3 (Ethernet 802.2)
  - IEEE 802.3 SNAP (Ethernet SNAP)
  - Ethernet Version II (Ethernet II)
  - IEEE 802.3 RAWS (Novell Proprietary)
- Jeder zu übertragende Rahmen beginnt mit einer **Präambel** (Rahmeneinleitung) und dient zur Synchronisation der angeschlossenen asynchron betriebenen Netzwerkbaugruppen.

Rahmenformate

Präambel

10101010	10101010	10101010	10101010	10101010	10101010	10101010	10101011
Synchronisationsteil							SFD

SFD: Start Frame Delimiter (Anfangsrahmen Begrenzen)

IEEE 802.3

8 Byte	6 Byte	6 Byte	2 Byte	1 Byte	1 Byte	1 Byte	43 Byte bis 1497 Byte	4 Byte
Präambel	Dest. MAC	Source MAC	Length	DSAP	SSAP	Control	DATA	FCS
	Datalink Header			Logical Link Control			Data und CRC	

IEEE 802.3 SNAP

8 Byte	6 Byte	6 Byte	2 Byte	1 Byte	1 Byte	1 Byte	5 Byte	38 Byte bis 1492 Byte	4 Byte
Präambel	Dest. MAC	Source MAC	Length	DSAP	SSAP	Control	SNAP	DATA	FCS
	Datalink Header			Logical Link Control			SNAP	Data u. CRC	

Ethernet II

8 Byte	6 Byte	6 Byte	2 Byte	46 Byte bis 1500 Byte	4 Byte
Präambel	Dest. MAC	Source MAC	Type	DATA	FCS
	Datalink Header			Data und CRC	

IEEE 802.3 RAWS

8 Byte	6 Byte	6 Byte	2 Byte	46 Byte bis 1500 Byte	4 Byte
Präambel	Dest. MAC	Source MAC	Length	FFFF gefolgt von Daten	FCS
	Datalink Header			Data und CRC	

Implementierung der Fa. Novell

Rahmendefinitionen

- **Destination MAC** (**D**estination **M**edium **A**ccess **C**ontrol: Zieladresse)
  - definiert die Zieladresse (Netzwerkkarte), zu der die Daten gesendet werden sollen
  - beinhaltet in den ersten drei Byte die Kennzeichnung des **Kartenherstellers**, wobei niederwertigste Bit des ersten Bytes nachfolgendes definiert:
    Bit = 0 bedeutet Adresse für **individuelle** Zielstation,
    Bit = 1 bedeutet Adresse für **logische Gruppe** von Zielstationen und das **zweite Bit** zur Unterscheidung zwischen lokaler und globaler Adresse verwendet wird
  - definiert mit den folgenden drei Byte den Typ der Netzwerkkarte
  - Sonderfall: alle 48 Bit = 1 bedeutet **Broadcasting** (Rundsendung) an alle Stationen

- **Source MAC** (**S**ource **M**edium **A**ccess **C**ontrol: Absender-Adresse)
  - beinhaltet die Absender-Adresse mit drei Byte als feste Kennung für den Kartenhersteller

- **Length** (Länge)
  - dient zur Angabe der Anzahl von Byte im Logical Link Control (LLC) Feld

  Hinweis: Ethernetrahmen dürfen nicht kürzer als 64 Byte bzw. länger als 1518 Byte sein.

- **DSAP** (**D**estination **S**ervice **A**ccess **P**oint: Dienstzugangspunkt)
  - entspricht einem Zeiger auf dem Pufferspeicher im empfangenden Netzwerkadapter zur Ablage der Daten

- **SSAP** (**S**ource **S**ervice **A**ccess **P**oint: Dienstausgangspunkt)
  - definiert die Quelle des sendenden Prozesses

- **Control Byte** (Kontroll-Byte)
  - spezifiziert den Type des LCC-Rahmens

- **Data** (Daten)
  - beinhaltet die Daten (Header und Daten) der höher liegenden Protokollschichten von z. B. TCP/IP oder IPX/SPX

- **FCS** (**F**rame **C**heck **S**equence: Rahmenprüfbits)
  - dient zur Sicherung der übertragenen Bits gegen Verfälschung mittels **CRC-Verfahren** (**C**yclic **R**edundancy **C**heck)
  - verwendet Generatorplynom $G(x) = x^{32} + x^{26} + x^{23} + x^{22} + x^{16} + x^{12} + x^{11} + x^{10} + x^8 + x^7 + x^5 + x^4 + x^2 + x + 1$

- **SNAP**
  - beinhaltet auf den ersten drei Byte die Herstellerkennung (wie in der Absender-Adresse), die normalerweise auf null gesetzt ist
  - die folgenden zwei Byte beinhalten eine Kennung zum Ethertyp, um die Anwärtskompatibilität zu Ethernet II zu erhalten

- **Type** (Typenfeld)
  - kennzeichnet den Typ des darüber liegenden Protokolls
  - Werte sind grundsätzlich größer als 05DC (Hex) bzw. 1500 Dez. zur Kennzeichnung, ob der nachfolgende Rahmen ein Ethernet II-Rahmen oder z. B. ein 802.3 Rahmen ist

- **Novell-Daten-Rahmen**
  - beginnen in den Anwender-Daten mit einem IPX-Protokollkopf
  - diese beinhalten in den ersten beiden Bytes optional eine Prüfsumme (FFFF)
  - zeigen damit an, dass die Prüfsumme nicht verwendet wird
  - damit unterscheiden die Netzwerkkarten zwischen Novell-Rahmen und anderen Rahmen

Ethernet Parameter

Parameter	Bezeichnung Formel	Einheit	100Base-TX	100Base-FX	1000Base-SX
Übertragungsrate	u	bit/s	100 000 000		1 000 000 000
Lichtgeschwindigkeit	c	m/s	299 792 458		
Ausbreitungskoeffizient	n		0,75	0,68	0,68
Maximale Segmentlänge	l_{max}	m	100	450	550
Maximale Signallaufzeit	$t_{max} = l_{max}/n \cdot c$	µs	0,445	2,207	2,698
Dauer eines Bits	$t_{bit} = 1/u$	µs/bit	0,01	0,01	0,001
Länge eines Bits	$l_{bit} = n \cdot c \cdot t_{bit}$	m/bit	2,248	2,038	0,203
Anzahl Bits pro Segment	$b_{Segment} = l_{max}/l_{bit}$		44,48	220,80	2709,35
Dauer von 64 Bytes	$t_{64Byte} = t_{bit} \cdot 8 \cdot 64$	µs	5,12	5,12	0,51

Grundlagen

- Gigabit Ethernet ist eine Erweiterung des 10 Mbit/100 Mbit-Ethernet Standards auf eine Übertragungsrate von 1 Gbit/s
- IEEE-Spezifikation beinhaltet die unteren beiden Schichten des OSI-Modells
- Übertragungsmedien sind Lichtwellenleiter und Kupferkabel
- Arbeitet bei **Kupferkabel** im Halb- und im Vollduplexbetrieb
- Rahmenformat wie bei 10 Mbit/100 Mbit-Ethernet (64 Byte Rahmengröße automatisch auf 512 Byte verlängert)
- **Cat. 5 (Category)** Übertragung verwendet 4B/5B Leitungscodierung
- Verwendet 4 Aderpaare [pro Aderpaar 125 Mbit Symbolrate, 5-stufige Pegelcodierung (PAM 5) mit 2 Bit pro Symbol]
- Bei **Einsatz auf Cat. 5 (Category)** ist die Leistungsfähigkeit der Verkabelung zu berücksichtigen:
  - **FEXT** (**F**ar-**E**nd Cross **T**alk: Fernübersprechen)
  - **Return Loss** (Rücklaufverluste)
  - **NEXT** (**N**ear-**E**nd Cross **T**alk: Nahübersprechen)
  - **Attenuation** (Dämpfung)
- **Delay** (Laufzeitverzögerung)
- Anwendungsbereiche sind z. B.:
  - Kopplung von Switches
  - Verbindung von Switch mit Servern

Übertragungsmedien

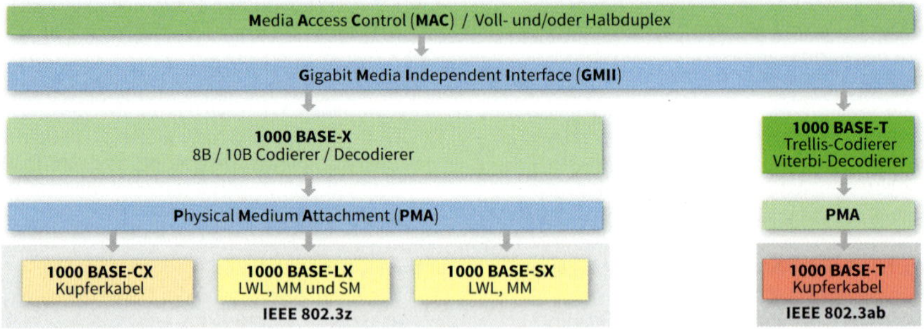

Medien-Spezifikationen

Transceiver-Typ	Medien-Typ	Bandbreiten-Längen-Produkt in MHz x km	Zulässige Länge in m	Typische Anwendung
1000BASE-CX	Kupferkabel, 150 Ω, symmetrisch, geschirmt	–	25	Verkabelungsschrank
1000BASE-LX (1300 nm)	LWL MM 62,5 µm LWL MM 50 µm LWL MM 50 µm LWL SM 10 µm	500 400 500 –	2 bis 550 2 bis 550 2 bis 550 2 bis 5000	Horizontale Verkabelung Kurzes Backbone Kurzes Backbone Gelände Backbone
1000BASE-SX (850 nm)	LWL MM 62,5 µm LWL MM 62,5 µm LWL MM 50 µm LWL MM 50 µm	160 200 400 500	2 bis 220 2 bis 274 2 bis 500 2 bis 550	Horizontale Verkabelung Horizontale Verkabelung Kurzes Backbone Kurzes Backbone
1000BASE-T	Cat. 5 Kupferkabel	–	100	Horizontale Verkabelung

MM: Multi-**M**ode Faser **SM**: **S**ingle-**M**ode Faser (Mono-Mode)

Anwendung

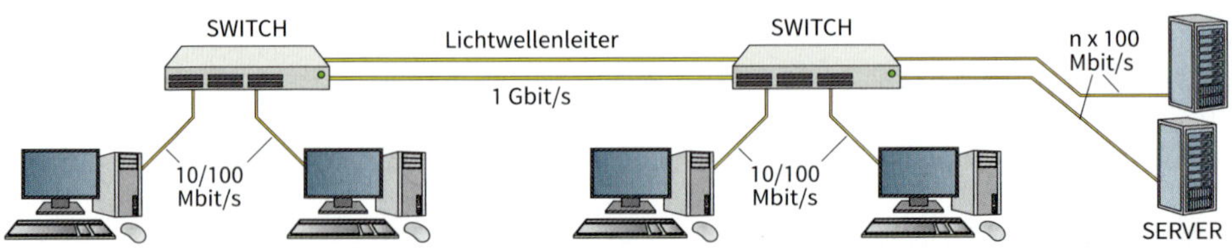

Merkmale

- 10 Gbit-Ethernet ist die Erweiterung der Ethernet-Technologie auf eine Übertragungsrate von 10 Gbit/s
- Standard ist spezifiziert in IEEE 802.3ae und 802.3an
- Arbeitet nur im **Vollduplex-Betrieb** als **Punkt-zu-Punkt Verbindung** (ohne Kollisionen)
- Verwendet als **Übertragungsmedium**
  - **LWL** (Single- und Multi-Mode mit Wellenlängen 850 nm, 1310 nm, 1550 nm) und
  - **Kupferkabel** (4 Paare, Twisted Pair, 55 m über Klasse E/Cat 6 und 100 m über Klasse F/Cat 7.
- Kupferkabel **Übertragungsparameter** (pro Aderpaar):
  - 2,5 Gbit/s bei 833 Mega-Symbolen/s (1,25 ns Symboldauer)
  - 3 bit Nutzdaten pro Symbol
- Verwendet **16-stufige Pulsamplitudenmodulation** als Leitungscodierung
- Amplitudenwerte liegen zwischen +1 V und –1 V
- Amplitudenabstand zwischen zwei benachbarten Signalen beträgt 0,13 V
- **Bitfehlerrate** spezifiziert auf max. 1 x 10^{-12} pro Sekunde über alle unterstützten Klassen und Entfernungen

Architektur

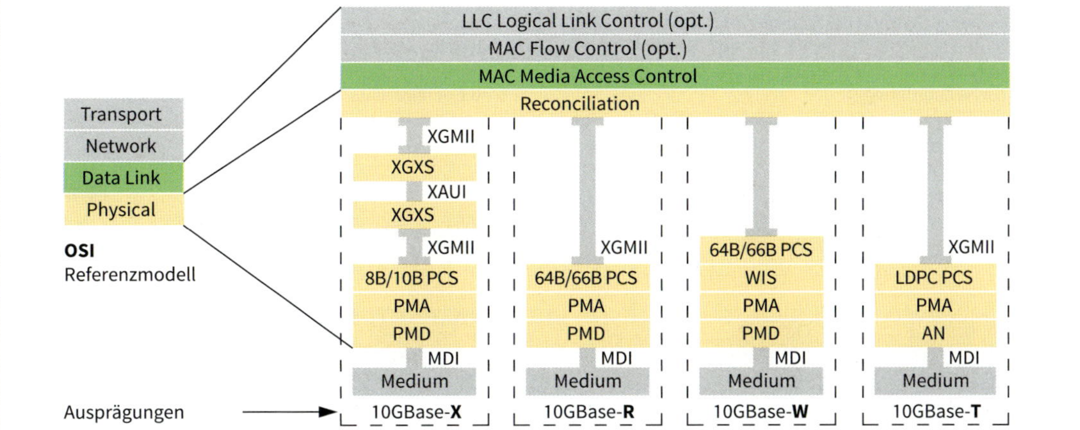

AN: **A**uto **N**egotiation
LDPC: **L**ow **D**ensity **P**arity **C**heck
MDI: **M**edium **D**ependet **I**nterface
PMA: **P**hysical **M**edium **A**ttached
PCS: **P**hysical **C**oding **S**ublayer
PMD: **P**hysical **M**edium **D**ependant
WIS: **WAN I**nterface **S**ublayer
XAUI: **X A**ttachment **U**nit **I**nterface
XGMII: **X M**edium **I**ndependant **I**nterface
XGXS: **XGMII EX**tender **S**ublayer

X entspricht der römischen 10

Bezeichnungsschema

Bezeichnung	Wellenlänge in nm	Codierung	Typ	Multi-Mode LWL	Single-Mode LWL
10GBase-S R	850	64b/66b	seriell	65 (300) m	nicht unterstützt
10GBase-S W	850	64b/66b	SONET/SDH	65 (300) m	nicht unterstützt
10GBase-L X 4	1310	8b/10b	WWDM	300 m	10 km
10GBase-L R	1310	64b/66b	seriell	nicht unterstützt	10 km
10GBase-L W	1310	64b/66b	SONET/SDH	nicht unterstützt	10 km
10GBase-E R	1550	64b/66b	seriell	nicht unterstützt	40 km
10GBase-E W	1550	64b/66b	SONET/SDH	nicht unterstützt	40 km
10GBase-T	–	64b/65b	–	–	–

Wellenlängen-Multiplex: 1 → serielle Übertragung
n → Anzahl der Wellenlängen (4 für WWDM)

Codierung: **X** → LAN 8B/10B; **R** → LAN 64B/66B Blockcodierung; **W** → WAN

Wellenlänge: **S**(hort) → 850 nm; **L**(ong) → 1310 nm; **E**(xtra long) → 1550 nm

T: Kupferkabel (4 Paare, Twisted Pair)

Merkmale

- Mit **VLAN**s (**V**irtual **LAN**: virtuelles LAN) werden physikalische Netzwerke in **logische Gruppen** (z. B. für eine Projektteam und ein Entwicklungsteam) eingeteilt.
- Die Teilnehmer jeder logischen Gruppe können sich dabei räumlich an beliebigen Orten befinden.
- Somit ist es z. B. möglich an einem Unternehmensstandort einzelne Mitarbeiter verschiedener Abteilungen in ein zugeordnetes VLAN zu integrieren, ohne das die jeweiligen Mitarbeiter ihren bisherigen Arbeitspalatz wechseln müssen.
- VLANs sind nicht auf einen geografischen oder physischen LAN-Standort begrenzt und können somit auch weltweit (über Internet) aufgebaut werden.
- Das jeweilige VLAN bildet dabei eine **Broadcast-Domäne**, die sich über mehrere Switche ausdehnen kann.
- Eine wesentliche Komponente beim Aufbau eines VLANs sind die eingesetzten Switche, die verwaltet (gemanaged) werden können.
- Die Zuordnung zu einem bestimmten VLAN kann wahlweise erfolgen durch
  - **portbasierte** Zuordnung an einem Switch (statische Zuordnung),
  - MAC-Adressen-Zuordnung (dynamische Zuordnung) oder auf der Protokollebene.
- Bei der portbasierten Zuordnung werden am Switch die Endgeräteanschlüsse fest dem jeweiligen VLAN zugeordnet (konfiguriert).
- In VLAN Netzwerken mit mehreren Switchen erfolgt die Übertragung der Datenpakete zwischen den Switchen mit einer Kennzeichnung für das jeweilige VLAN (**802.1Q TAG** ①).
- Diese Kennung wird im absendenden Switch in den Datenrahmen eingefügt und im empfangenden Switch wieder entfernt.
- Zur Übertragung über das Internet wird eine zusätzliche Kennung (**Outer TAG, auch QinQ** ②) zur Erweiterung des Adressraumes für VLANs eingefügt.
- Vorteile von VLANs sind u. a.
  - ein geringer administrativer Aufwand bei Umzug oder Änderung von Endgeräten,
  - ein reduzierter Bandbreitenbedarf in den einzelnen VLANs,
  - eine erhöhte Sicherheit durch isolierte Bereiche und
  - eine vereinfachte Fehlersuche bzw. -behebung.

Netzarchitektur

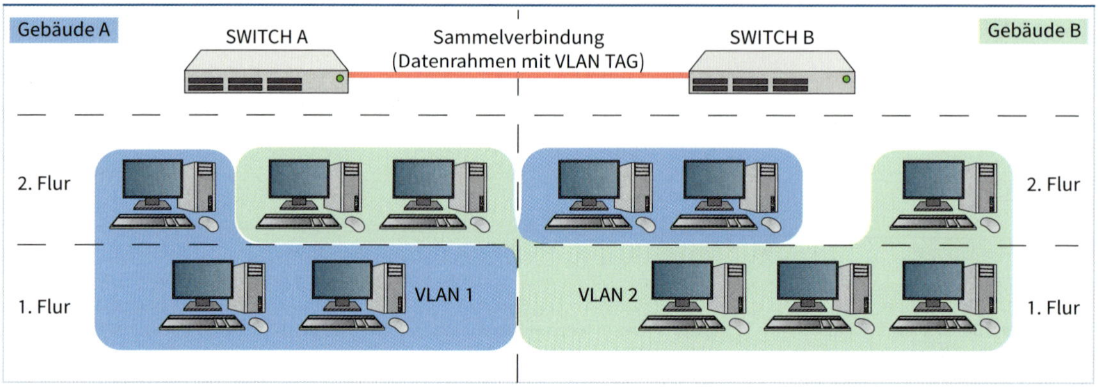

Rahmenformate

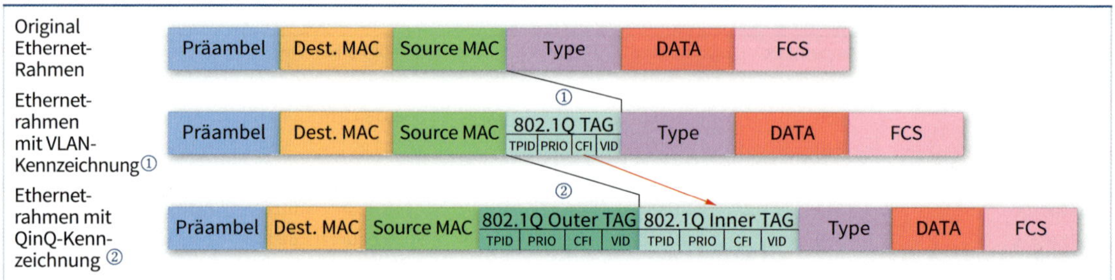

802.1Q TAG	IEEE 802.1Q Kennzeichen, Marke	**PRIO** (3 bit)	**Prio**rity (Kennzeichnet die Rahmenpriorität; Wert 0 bis 7)
Inner TAG	Kennzeichnet internes VLAN		
Outer TAG (QinQ)	Kennzeichnet den erweiterten Adressbereich für z. B. Internetzugriff	**CFI** (1 bit)	**C**anonical **F**ormat **I**dentifier (Kennzeichnet Ethernet bzw. Token Ring Netzwerke; bei Ethernet CFI = 0)
TPID (16 bit)	**T**ag **P**rotocol **Id**entifier (Kennzeichnet den Rahmen als VLAN-Rahmen; Wert: 0x8100 für 802.1Q und Inner Tag bzw. 0x9100 für Outer Tag)	**VID** (12 bit)	**V**LAN **Id**entifier (Kennzeichnet das zugehörige VLAN; Wert von 0 bis 4095, somit max. 4096 VLANs möglich)

Merkmale

- Power over Ethernet (Leistung über Ethernet)
  - ist standardisiert nach IEEE 802.3at (Poe+; ersetzt IEEE 802.3af)
  - versorgt Ethernet-Geräte (z. B. IP-Telefon) gleichzeitig mit elektrischer Energie und Daten über das Kupfer-Netzwerkkabel
  - unterscheidet Endgeräte nach Typ 1 und Typ 2
- Leistung für Endgeräte (PD: Powered Device): Typ 1 max. 13 W, Typ 2 max. 25,5 W
- Die Energie für alle versorgten Geräte wird von dem **PSE** (**P**ower **S**ourcing **E**quipment) bis zu einer maximalen Leistung pro Anschluss bereitgestellt.
- Netzanschlüsse für Endgeräte entfallen.

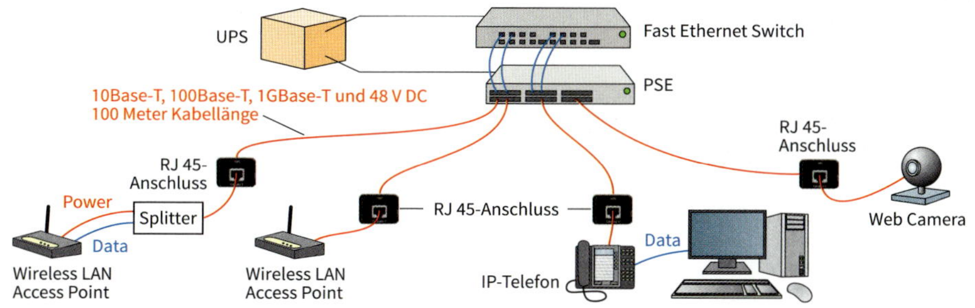

Übertragungsprinzip

Energie und Daten über getrennte Adern

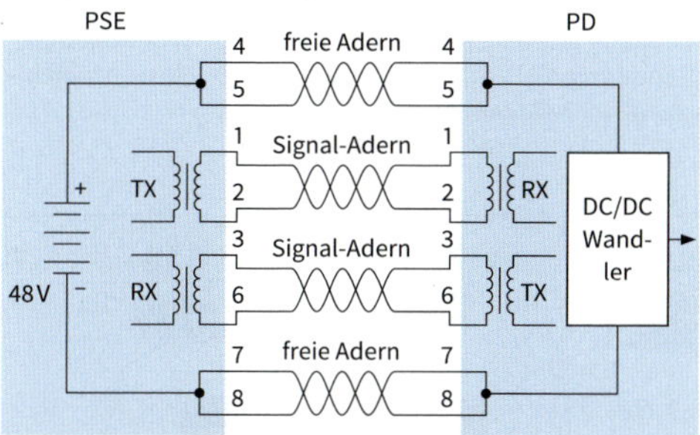

Energie und Daten über gemeinsame Adern

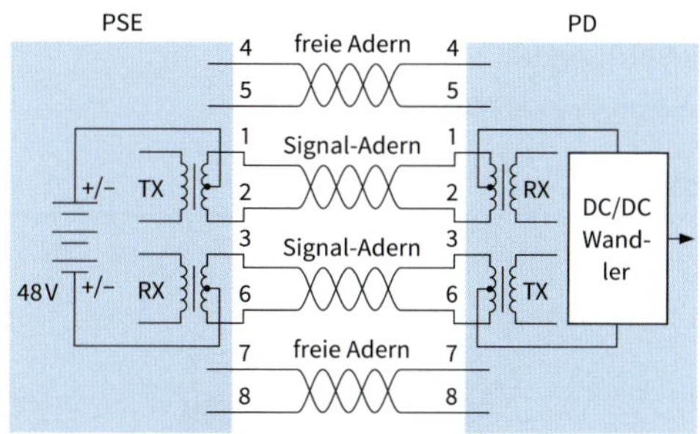

PSE: Power **S**ourcing **E**quipment – Leistungsquelle

PD: Powered **D**evice – Versorgtes Gerät

Geräteklassen

Klasse	Erkennungsstrom in mA	PD-Leistung (maximal in W)	PSE-Leistung (minimal in W)	Klassenbeschreibung
0	0 bis 4	12,95	15,4	Unbekannt, PD entspricht nicht der Klassifikation
1	9 bis 12	3,84	4,0	PD mit niedriger Leistung
2	17 bis 20	6,49	7,0	PD mit mittlerer Leistung
3	26 bis 30	12,95	15,4	PD mit hoher Leistung
4	36 bis 44	25,5	30,0	Typ 2 Geräte

Verbindungsaufbau PSE-PD

PSE Spannungsbereich in V	PD Spannungsbereich in V	Zustand	Funktion
0 bis 2,8	–	Ruhe	PSE liefert Leistung
2,8 bis 10	2,7 bis 10,1	Erkennung	PSE testet PD auf 25 kΩ Widerstand
15,5 bis 20,5	14,5 bis 20,5	Klassifikation	PSE erhöht Spannung und misst PD Stromaufnahme
30 bis 44	30 bis 42	Start	PSE schaltet Leistung
44 bis 57	36 bis 57	Dauerversorgung	PSE schaltet auf Dauerversorgung

FC – Fibre Channel

Merkmale

- **FC** (Faserkanal) ist ein Hochgeschwindigkeitsübertragungskanal mit Datenraten von 133 Mbit/s, 266 Mbit/s, 531 Mbit/s und 1,062 Gbit/s
- Übertragungsmedium sowohl Kupfer (STP) als auch LWL
- Kupferübertragung erfordert zwei Aderpaare, eines zum Senden, eines zum Empfangen, deshalb ist ‚full duplex' möglich
- Übertragungsentfernungen:
  - Kupfer maximal 47 m zwischen zwei Knoten
  - LWL (9 µm single mode bzw. 50/60 µm multimode) maximal 10 km
- Mischung der Medien ist möglich

Topologien

- Topologien können sein:
  - Punkt-zu-Punkt-Verbindung
  - **Arbitrated Loop** (gesteuerter Ring)
  - **Fabric-Switching** (Fibre Channel Switching)
- Punkt-zu-Punkt-Verbindungen verlangen gleiche Datenraten bei den Teilnehmern.
- Bei Switching Ports können unterschiedliche Datenraten gefahren werden.
- Übertragung ist protokollunabhängig

Dienste

- Dienste werden in Klassen eingeteilt:
  - **Service Class 1** (Dienstklasse)
    Punkt-zu-Punkt-Verbindung mit Standleitung; Anwendung bei Kopplung von Servern mit Massenspeichern
  - **Service Class 2** (Dienstklasse 2)
    Verbindungslose Übertragung, gesteuert über Rahmenaufbau, mit Rückmeldung;
    Anwendung in gemischten Systemen mit Netzwerken und Massenspeichern
  - **Service Class 3** (Dienstklasse 3)
    Ähnlich wie Klasse 2; Anwendung für ‚one to many' (einer für viele); keine Rückmeldung über versendete Daten; keine Datenwiederholung
  - **Service Class 4** (Dienstklasse 4)
    Verbindungsgesteuerter Dienst mit garantierter Bandbreite und garantiertem Zeitverhalten; isochrone Datenübertragung für realtime Video und Daten

Anwendung

Übertragung großer Datenmengen wie z. B. bei Bilddaten, 3-D Rendering, CAD-Daten, Video-Erstellung, Massenspeicherkopplung mit Netzwerken

Topologie

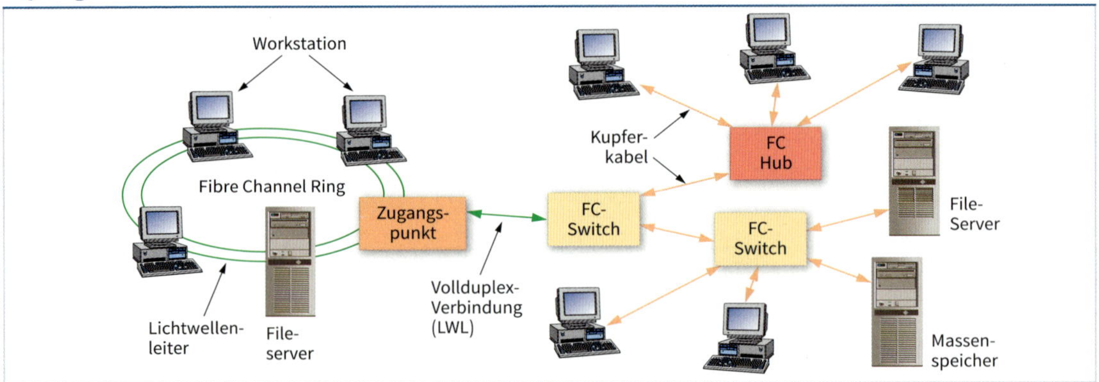

Kommunikationsstruktur

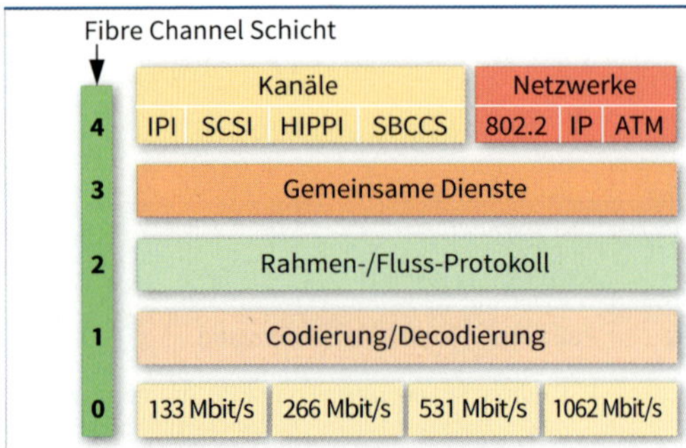

IPI: **I**ntelligent **P**eripheral **I**nterface
HIPPI: **Hi**gh **P**erformance **P**arallel **I**nterface

Rahmenstruktur

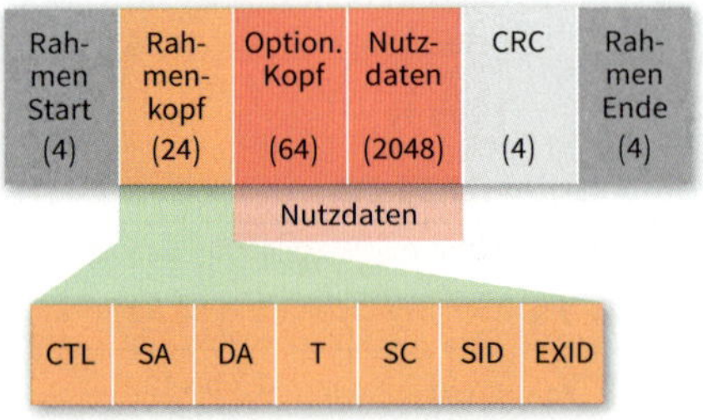

CTL: Control
SA: **S**ource **A**ddress
DA: **D**estination **A**ddress
T: Type
SC: **S**equence **C**ounter
SID: **S**equence **Id**entifier
EXID: **Ex**change **Id**entifier
(n) entspricht Anzahl der Bytes

Merkmale

- Kommunikationskabelanlagen sind der Hauptbestandteil in der Kommunikationstechnik und stellen einen hohen Investitionsaufwand dar.
- Sie werden zu einem bestimmten Zeitpunkt errichtet und sollen dann über längere Zeiträume für die unterschiedlichsten Dienste genutzt werden (anwendungsneutrale Verkabelung).
- Kabelanlagen sind deshalb sehr sorgfältig zu planen, zu errichten, zu betreiben und zu überwachen.
- Grundlagen für die Gestaltung einer Kabelanlage sind u. a.
  - zu übertragende Datenvolumina
  - gefordertes Zeitverhalten
  - Anzahl der Kommunikationsteilnehmer
  - Verfügbarkeitsanforderungen
  - Sicherheitsanforderungen
  - Einsatzbereiche (Umweltbedingungen)
  - Schnittstellen zu anderen Kommunkationsnetzen

Strukturierte Verkabelung

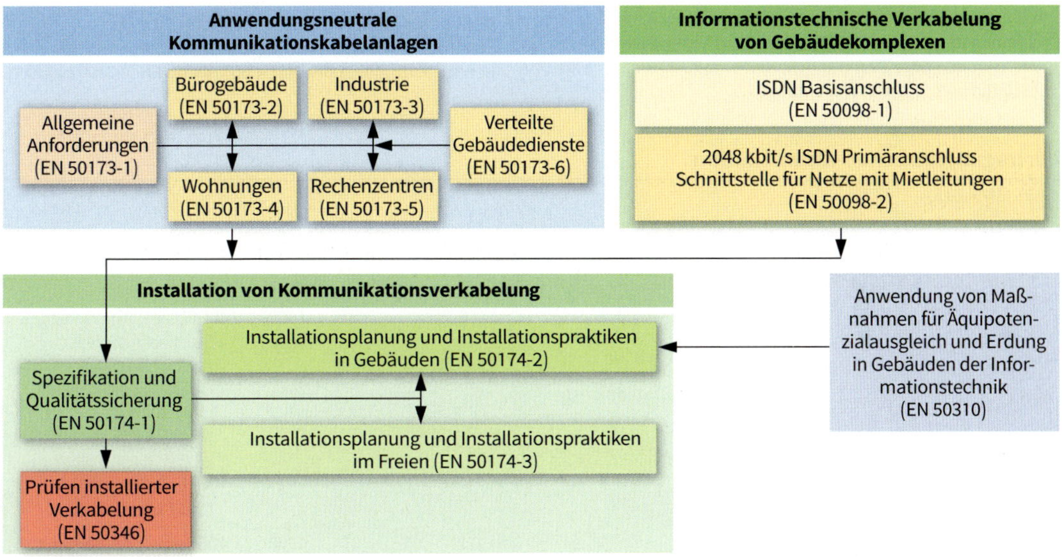

Anwendungsbereiche

1 EN 50310	■ Gemeinsame Potenzialausgleichsanlage im Gebäude ■ Wechselstromverteilung und Schutzleiteranschluss	3 EN 50174-1	■ Qualitätssicherung ■ Verwaltung der Verkabelung ■ Dokumentation ■ Instandsetzung/Instandhaltung
2 EN 50173	■ Topologie ■ Leistungsvermögen der Übertragungsstrecke ■ Anforderungen an – Kabel – Verbindungstechnik – Schnüre ■ Grenzwerte für Strecken	4 EN 50174-2	■ Sicherheitsanforderungen ■ Festlegungen für die Verlegung metallener Verkabelung und Lichtwellenleiterverkabelung
		5 EN 50346	■ Prüfung/Prüfparameter für symmetrische Verkabelung und Lichtwellenleiterverkabelung
		6 EN 50174-3	■ Installationsplanung und -praktiken im Freien

Grundlagen

- Anwendungsneutrales **Verkabelungssystem** dient zur Vereinheitlichung des Aufbaues von Kabelnetzwerken für die **Integration unterschiedlicher Dienste** (z. B. Sprache, Daten)
- Kategorie: Definiert die Anforderungen an die eingesetzten Komponenten (z. B. Datenkabel, Steckverbinder)
- Klasse: Definiert die Leistungsmerkmale der gesamten Übertragungsstrecke.
- Verkabelungsstruktur wird eingeteilt in:
  - **Tertiären Bereich** (Stockwerk, horizontal) mit Einteilung in **Übertragungsstrecke** und **Installationsstrecke** (permanent link)
  - **Sekundären** Bereich (Stockwerksverbindung, vertikal)
  - **Primären** Bereich (Gebäudeverbindung)
- Eingesetzt werden Kupferkabel mit einem Nenn-Wellenwiderstand von 100 Ω und einem Gleichstrom-Schleifenwiderstand von z. B. 25 Ω (Klasse E) oder Lichtwellenleiter (Mehrmoden oder Einmoden) für 850 nm, 1300 nm, 1310 nm und 1550 nm Wellenlänge
- Steckverbindungen: Bis Cat.6 RJ45
  Für Cat.7/7a GG45 oder TERA
- Jeder Arbeitsplatz soll mind. zwei Informationstechnische Anschlüsse erhalten (Anschluss 1: Kupfer, symmetrisch, Category 5, s. u.; Anschluss 2: wie zuvor oder LWL)
- **Tertiäre** Verkabelung mit Kupferkabel oder LWL
- **Sekundäre** Verkabelung mit Kupfer oder LWL
- **Primäre** Verkabelung erfolgt mit LWL
- **Parameter** für Übertragungs- und Installationsstrecken sind abhängig von der Verkabelungsklasse und spezifisch festgelegt
- Höhere Klasse unterstützt jeweils niedrigere Klassen
- Installationsverfahren zur Berücksichtigung der Elektromagnetischen Verträglichkeit, Erdung und Potenzialausgleich sind in EN 50174 und EN 50310 festgelegt

Übertragungsstrecken-Klassifikation

Kupfer-Verkabelung

Category (Cenelec/ ISO)	Class (Cenelec/ ISO)	Frequenzbereich in MHz	Netz-Anwendung
–	A	0,1	Analoge Sprache
Cat. 3	B	1	Digitales Telefon
Cat. 4	C	16	Einfache Datendienste
Cat. 5	D	100	100Base-T 1000Base-T
Cat. 6	E	250	100Base-T 1000Base-T
Cat. 6A	EA	500	10GBase-T
Cat. 7	F	600	10GBase-T Breitband Kabel-TV
Cat. 7A	FA	1000	10GBase-T >10GBase-T

A: Augmented (verstärkt)

Category (Cenelec/ ISO)	Class (Cenelec/ ISO)	Frequenzbereich in MHz	Netz-Anwendung
Cat. 8.1	I	1600 (2000)	40GBase-T; Anmerkung: – Steckertyp: RJ45 – Kabel: mindestens F/UTP – Übertragungsstrecke: max. 30 m – Nur rückwärtskompatibel zu Cat. 6A und niedriger – Nicht kompatibel zu Cat. 7 und Cat. 7A
Cat. 8.2	II	1600 (2000)	40GBase-T; Anmerkung: – Steckertyp: ARJ45 (Augmented RJ45) oder Tera 8 – Kabel: mind. S/FTP oder F/FTP – Übertrag.str.: max. 30 m – kompatibel zu Cat. 7/ Cat. 7A

Verkabelungsstruktur

Prinzip

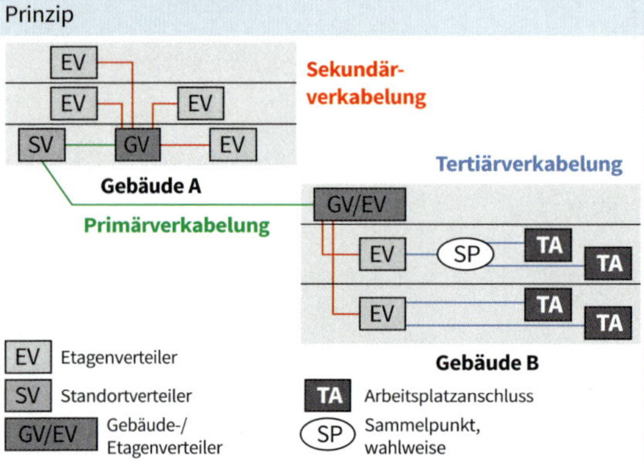

Symmetrische Tertiärverkabelung

Anwendung: Kupferkabel mit Etagenverteiler

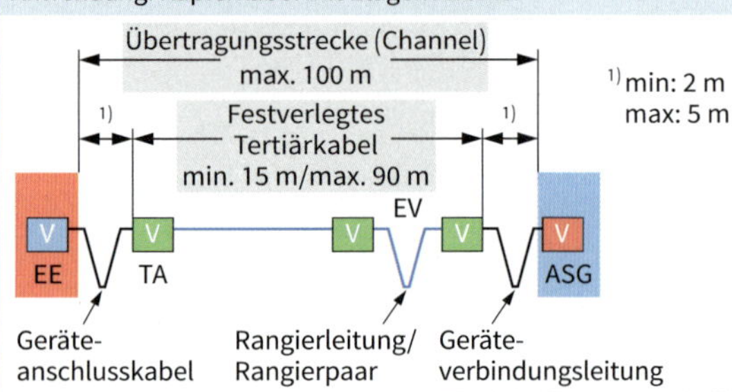

V: Verbindung (Stecker/Buchse)
EE: Endgerät Arbeitsplatz
TA: Arbeitsplatzanschluss
EV: Etagenverteiler
ASG: Gerät im Etagenverteiler

Lichtwellenleiter

Die im Rahmen der strukturierten Verkabelung eingesetzten Lichtwellenleiter sind in folgende Kategorien eingeteilt:

- **OM**1 bis **OM**4 (**O**ptical **M**ultimode: Multimode)
- **OS**1 und **OS**2 (**O**ptical **S**inglemode: Monomode)

Die einzelnen Typen unterscheiden sich u. a. hinsichtlich des Faserkerndurchmessers, der anwendbaren Wellenlänge und der maximal zulässigen Dämpfung.

Fasertyp	Faserkerndurchmesser in µm	Wellenlänge in nm	Maximale Dämpfung in db/km
OM1	62,5	850 1300	3,5 1,5
OM2	50	850 1300	3,5 1,5
OM3	50 optimiert auf 850 nm Laser	850 1300	3,5 1,5
OM4	50 optimiert auf 850 nm Laser	850 1300	3,5 1,5
OS1	9	1310 1550	1,0 1,0
OS2	9	1310 1550	0,4 0,4

Steckverbinder

Neben den bekannten Steckverbindern (z. B. LC) wird für die Anwendungen OM3 und OM4, die mit mehreren paralleloptischen Verbindungen arbeiten, der Steckverbinder mit der Bezeichnung **MPO** (**M**ultifiber **P**ush **O**n) bzw. MTP (verbesserter MPO) eingesetzt. Diese Bauform kann bis zu 72 LWL-Fasern auf kleinstem Raum aufnehmen.

Beispiel:
MPO-Stecker 12-fach für 40GBase SR4

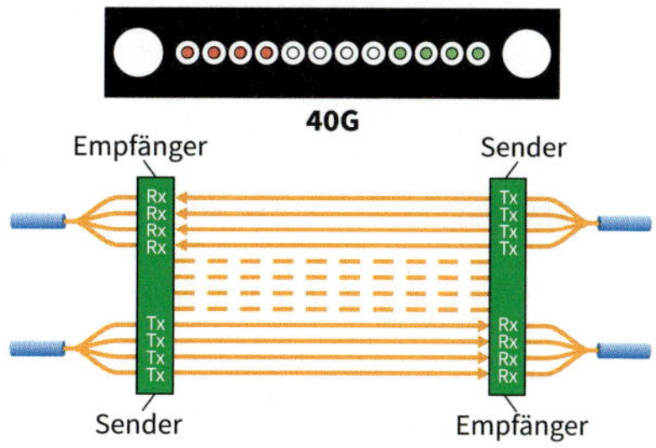

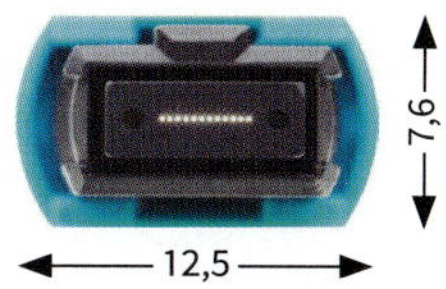

Von den maximal 12 Fasern werden 8 Fasern genutzt (4 Fasern in Senderichtung und 4 Fasern in Empfangsrichtung).

Anwendungsbereiche und Übertragungsentfernungen

	Kategorien und Wellenlänge in nm									
	OM1		OM2		OM3		OM4		OS1/OS2	
Anwendung	850	1300	850	1300	850	1300	850	1300	1310	1550
10/100BASE-SX	300 m	–	300 m	–	300 m	–	300 m	–	–	–
100BASE-FX	–	2000 m	–	2000 m	–	2000 m	–	2000 m	–	–
1000BASE-SX	275 m	–	550 m	–	800 m	–	800 m	–	–	–
1000BASE-LX	–	550 m	–	550 m	–	800 m	–	800 m	5000 m	–
10GBASE-S	33 m	–	82 m	–	300 m	–	550 m	–	–	–
10GBASE-LX4 1)	–	300 m	–	300 m	–	300 m	–	300 m	10000 m	–
10GBASE-L	–	–	–	–	–	–	–	–	10000 m	–
10GBASE-LRM	–	220 m	–	220 m	–	220 m	–	220 m	–	–
10GBASE-E	–	–	–	–	–	–	–	–	–	40000 m
40GBASE-SR4 2)	–	–	–	–	100 m	–	150 m	–	–	–
40GBASE-LR4 1)	–	–	–	–	–	–	–	–	10000 m	–
40GBASE-ER4	–	–	–	–	–	–	–	–	–	40000 m
100GBASE-SR10 3)	–	–	–	–	100 m	–	150 m	–	–	–
100GBASE-SR4 2)	–	–	–	–	70 m	–	100 m	–	–	–
100GBASE-LR4 1)	–	–	–	–	–	–	–	–	10000 m	–
100GBASE-ER4 1)	–	–	–	–	–	–	–	–	–	30000 m

1) Pro Faser 4 Wellenlängen
2) 4 Fasern in Senderichtung und 4 Fasern in Empfangsrichtung
3) 10 Fasern für Senderichtung und 10 Fasern für die Empfangsrichtung

Kabeleinteilung

Daten-Kabelarten
- Kupferdatenkabel
- Lichtwellenleiterdatenkabel

Verlegung

In Gebäuden | Im Freien | In der Erde

- Offene Verlegung, wenn Beschädigungen ausgeschlossen
- Direkt Unterputz, im Rohr Unterputz, auf Kabeltragsystemen, in Elektroinstallationskanälen
- Kupferdatenkabel:
  EMV-Beeinflussung berücksichtigen (Mindestabstände z. B. zu Hochleistungslampen, Hochfrequenzinduktionsheizungen, Funksendeanlagen)

Verlegeanforderungen

- **Kabellagerung**
  - Kabel bis zum Einbau in Originalverpackung belassen
  - An geschütztem Ort lagern (Schutz gegen mechanische und klimatische Einflüsse)
- **Kabelauslegung**
  - **Verlegevorgaben** der Hersteller beachten
  - Kabel nicht über Trommelrand abziehen
  - **Biegeradien** einhalten (während des Einziehens mindestens 8 x Kabelaußendurchmesser)
  - **Keinen Druck** auf die Kabel durch Befestigungsmaterial ausüben (Kabelbinder, Kabelschnellverleger; veränderte Übertragungseigenschaften)
  - **Kabeleinzug** immer mit Ziehstrumpf
  - Offene Kabelenden mit Isolierband zwischen Einziehwerkzeug und Kabelmantel bandagieren
  - Nur **zugelassene Schmiermittel** einsetzen
  - **Trennungsabstände** bei Kupferdatenkabeln zu Energiekabeln einhalten
  - **Kabelschirme** mindestens im Etagenverteilerschrank an die Erdung anschließen
  - Bei lokaler Montage von Steckverbindern gleichartige Belegung der Stecker und Buchsen einhalten (z. B. TIA 568 A)
  - **Kabelenden** beschriften
  - **Abnahmemessungen** zur Qualitätssicherung durchführen (DIN EN 50346)
  - Bei **LWL-Fasern**:
    Vorsichtsmaßnahmen für die Bearbeitung, Entsorgung von Reststücken und gegebenenfalls gegen Laserstrahlung einhalten

Beispiel:
Kabelführung in Etagenverteilerschrank

Bei Parallelführung von Datenleitungen (Kupfer) und Energieleitungen berechnet nach

$$A = S \cdot P$$

A: Mindesttrennanforderung in mm
S: Mindesttrennabstand in mm
P: Faktor der Stromversorgungsverkabelung

Beispiel:

Mit Lagefixierung der Leitungen

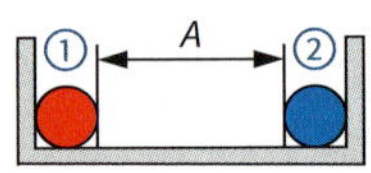

① Stromversorgungsleitung
② Datenleitung

Mindesttrennabstand *S*

Trennklasse/ Datenkabelkategorie	Trennung ohne elektromagnetische Barrieren	Für informationstechnische Verkabelung oder Stromversorgungsverkabelung verwendete Kabelkanäle		
		Offener metallener Kabelkanal	Lochblech-Kabelkanal	Massiver metallener Kabelkanal
a[1)]	300 mm	225 mm	150 mm	0 mm
b/5, 6, 6_E[2)]	100 mm	75 mm	50 mm	0 mm
c/5, 6, 6_E[3)]	50 mm	38 mm	25 mm	0 mm
d/7, 7_E[3)]	10 mm	8 mm	5 mm	0 mm

[1)] z. B. Koaxialkabel
[2)] Ungeschirmte Datenkabel
[3)] Geschirmte Datenkabel

Faktor *P* (für einphasigen Stromkreis 20 A, 230 V)

Anzahl einphasige Stromkreise	Faktor *P*
1 bis 3	0,2
4 bis 6	0,4
7 bis 9	0,6
10 bis 12	0,8
13 bis 15	1,0
16 bis 30	2
31 bis 45	3
46 bis 60	4
61 bis 75	5
> 75	6

- Dreiphasige Leitungen als 3 einphasige Leitungen
- Stromstärke > 20 A: Vielfache von 20 A rechnen
- Geringere Wechsel- oder Gleichspannung nach Bemessungsstromstärke (z. B. 30 V DC mit 100 A: $5 \cdot 20$ A ergibt $P = 0{,}4$)

Normen

- **DIN EN 50173-1: 2011-09**
  Anwendungsneutrale Kommunikationverkabelungen
  Teil 1: Allgemeine Anforderungen

Beiblatt 1 zu DIN EN 50173-1: 2008-05 Verkabelungsleitfaden zur Unterstützung von 10 GBASE-T	DIN EN 50173-2: 2011-09 Bürogebäude
DIN EN 50173-3: 2011-09 Industriell genutzte Standorte	DIN EN 50173-4: 2013-04 Wohnungen
Beiblatt 1 zu DIN EN 50173-4: 2011-06 Realisierung von RuK-Netzanwendungen mit Verkabelung nach EN 50173-4	Beiblatt 2 zu DIN EN 50173-4: 2013-04 Infrastruktur von Heimverkabelungen bis zu 50 m Länge zur gleichzeitigen oder nichtgleichzeitigen Bereitstellung von Netzanwendungen
DIN EN 50173-5: 2013-04 Rechenzentren	DIN EN 50173-6: 2014-05 Verteilte Gebäudedienste

- **DIN EN 50174-1: 2015-02 (VDE 0800-174-1)**
  Informationstechnik – Installation von Kommunikationsverkabelung
  Teil 1: Installationsspezifikation und Qualitätssicherung

- **DIN EN 50174-2: 2015-02 (VDE 0800-174-2)**
  Informationstechnik – Installation von Kommunikationsverkabelung
  Teil 2: Installationsplanung und -praktiken in Gebäuden

- **DIN EN 50174-3: 2014-05 (VDE 0800-174-2)**
  Informationstechnik – Installation von Kommunikationsverkabelung
  Teil 3: Installationsplanung und -praktiken in Gebäuden

- **DIN EN 50346: 2010-02**
  Informationstechnik – Installation von Kommunikationsverkabelung
  Prüfen von installierter Verkabelung

- **DIN EN 50310: 2017-02 (VDE 0800-2-310)**
  Telekommunikationstechnische Potentialausgleichsanlagen für Gebäude und andere Strukturen

- USA-Standards, EIA/TIA 568
  EIA: **E**lectronics **I**ndustry **A**ssociation
  TIA: **T**elecommunications **I**ndustry **A**ssociation
  Der internationale Standard ist weitestgehend in die DIN EN 50173 übernommen worden.

Tertiäre Verkabelung

- Der Tertiärbereich umfasst einzelne Etagen (Etagenverkabelung). Unterschieden werden
  - Verkabelungsstrecken (**Permanent Links**) und
  - Übertragungsstrecken (**Channel Links**).
- Die **Verkabelungsstrecke** beinhaltet das festverlegte Kommunikationskabel und reicht vom Rangierfeld bis zur Anschlussdose.
  Kabellänge 15 m bis maximal 90 m.
- Für die **Übertragungsstrecke** wird zusätzlich zur Verkabelungsstrecke an beiden Enden noch jeweils ein Anschlusskabel hinzugerechnet. Die Anschlusskabel dürfen dabei maximal 5 m lang sein. Insgesamt ergibt sich für die Übertragungsstrecke eine Länge von maximal 100 m.

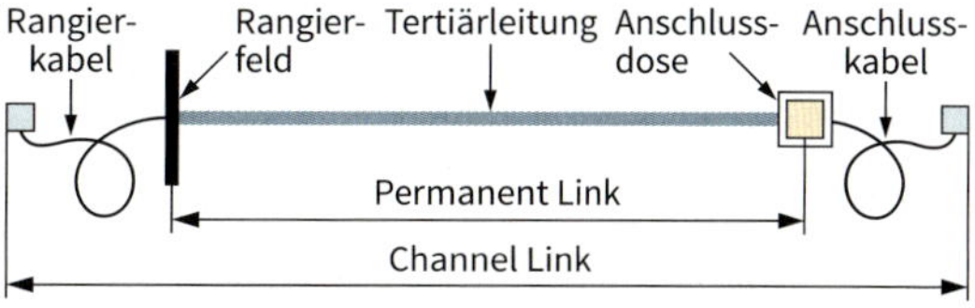

- Das **Rangierfeld** (Patchpanel, Patchfeld) ist ein Verbindungselement (Steckfeld) für Netzwerkkabel.

Klassifizierungssysteme

Komponenten für die Verkabelung müssen bestimmten Qualitätsanforderungen genügen. Hersteller ordnen dazu ihre Komponenten in Klassifizierungssysteme (kurz: Klassen) ein.

- Mit einer **Link-Klasse** wird das Übertragungsverhalten einer kompletten Übertragungstrecke spezifiziert (Ende-zu-Ende-Verbindung).
  EIA/TIA 568: Categorie (**Cat**)
- DIN EN 50173-1: Kabel und Anschlusskomponenten werden in Kategorien **Kat** 1 bis **Kat** 8 eingeteilt.
- ISO/IEC 11801: TP-Kabel (Twisted Pair) werden eingeteilt in Klassen A bis D.

Zusammenhänge

f in Hz bis …	Categorie EIA/TIA 568	DIN EN 50173-1	
		Klasse Strecke	Kategorie Komponente
100	Cat 5, 5e	Klasse D	Kat 5
250	Cat 6	Klasse E	Kat 6
500	Cat 6a	Klasse E_A	Kat 6_A
600	Cat 7	Klasse F	Kat 7
1000	Cat 7a	Klasse F_A	Kat 7_A
1600 – 2000	Cat 8	Klasse F erweitert	Kat 8.1
2000			Kat 8.2

Geschirmte Kabel und Leitungen

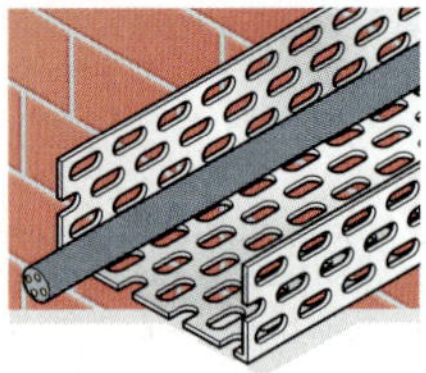

- Bei metallenen **Kabelführungssystemen** bieten die inneren Ecken die größte elektromagnetische Schirmwirkung. Hohe Seitenwände vergrößern den Schutz.
- Der **Schirm** muss
  - in der ganzen Länge durchgängig sein,
  - an beiden Enden angeschlossen sein und
  - einen möglichst geringen Kopplungswiderstand besitzen.
- Der Anschluss des Schirms zum Potentialausgleich muss beidseitig erfolgen.
- **Schirmanschlüsse** sind großflächig auszuführen.
- Durch die notwendige Luftzirkulation kann es durch **elektrostatische Entladungen** zu Gefährdungen kommen. Deshalb sind alle teilweise leitfähigen und nichtmetallenen Kabelführungssysteme untereinander und mit dem Potenzialausgleich zu verbinden.

Gemeinsamer Potenzialausgleich

- Mit einem gemeinsamen Potenzialausgleich (**CBN**: **C**ommon **B**onding **N**etwork) wird
  - der Schutz vor elektrischen Gefahren sichergestellt und
  - ein einwandfreies Signal-Bezugspotenzial zwischen allen informationstechnischen Komponenten hergestellt.
- Am besten geeignet sind untereinander vermaschte Potenzialausgleichsanlagen (**MESH-BN**: **Mesh**ed **B**onding **N**etwork).
- Die Schirme der informationstechnischen Kabel sind mit möglichst **kurzen Verbindungen** an die Haupterdungsklemme oder Potenzialausgleichsschiene (**MET**: **M**ain **E**arthing **T**erminal) des Gebäudes anzuschließen.
- Bei großen Anlagen kann die Potenzialausgleichsschiene zu einem Potentialgleiter erweitert werden.
- Alle metallenen Schränke, Gestellreihen, Kabelpritschen, Kabelwannen usw. sind in den **Potenzialausgleich** einzubeziehen. Dabei sind Leitungen mit einer möglichst großen Oberfläche (nicht Querschnitt) wichtig, weil hochfrequente Ströme nicht durch den gesamten Leiterquerschnitt, sondern überwiegend an der Oberfläche des Leiters fließen (**Skin-Effekt**).

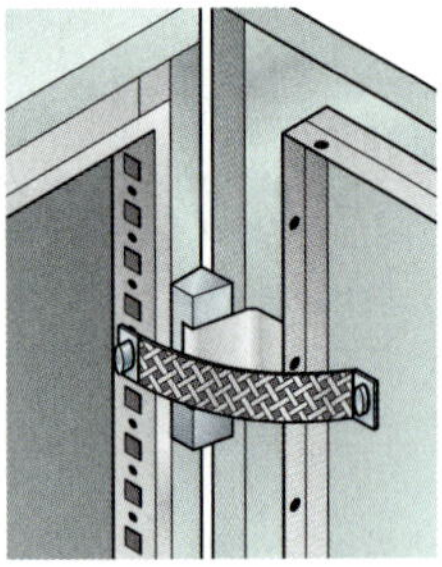

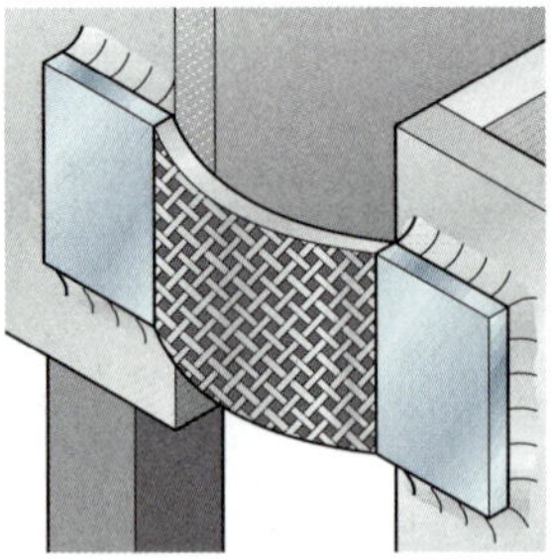

- Die Farbe des **Funktionspotenzialausgleichs** darf nicht grün/gelb sein. Blanke Formstücke oder Metallbänder können verwendet werden.

Anschluss des Schutzleiters

- Geeignete Energieversorgungssysteme für Anlagen mit Kommunikationsverkabelung sind das
  - **TN-S-System** und
  - **TT-System**.
- Beim TN-S-System erfolgt die Erdung des Neutralleiters nur an einer einzigen Stelle des Versorgungssystems. Damit ist sichergestellt, dass die Betriebsströme nur in den Außenleitern und dem Neutralleiter des Systems fließen.
- **Stromverläufe im TN-S-System**

I_1 und I_2 Betriebsströme der EDV-Geräte

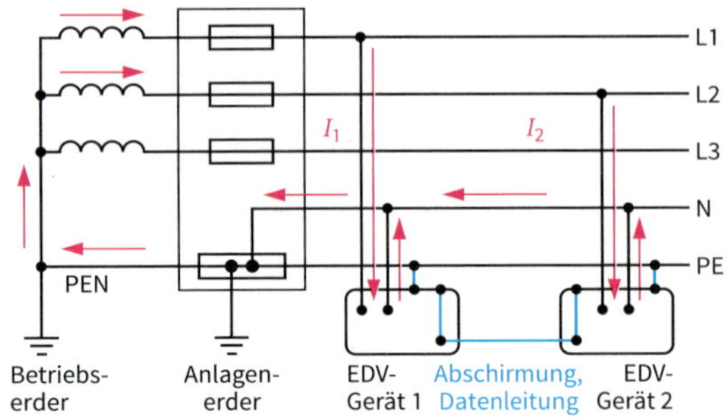

- **Stromverläufe im TT-System**

I_1 und I_2 Betriebsströme der EDV-Geräte

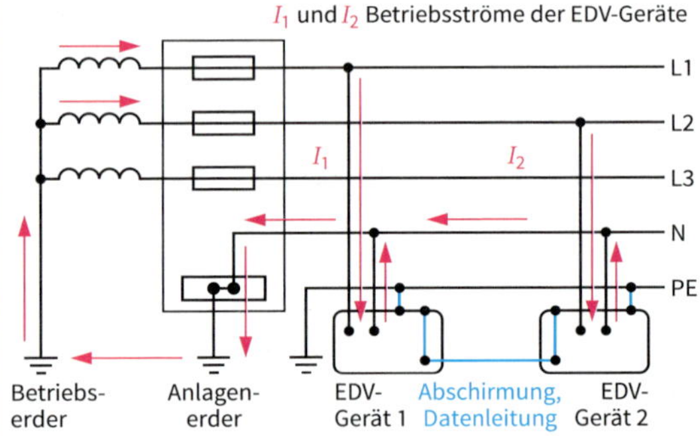

- In Gebäuden mit einem TN-C-System und informationstechnischen Anlagen können unkontrollierte Ströme über den Potenzialausgleich, die Kabelschirme oder sonstige leitfähige Verbindungen fließen.
- **Stromverläufe im TN-C-System**

I_1 und I_2 Betriebsströme der EDV-Geräte

I_A Ausgleichsströme über die Abschirmungen der Datenleitungen und über den Potentialausgleich

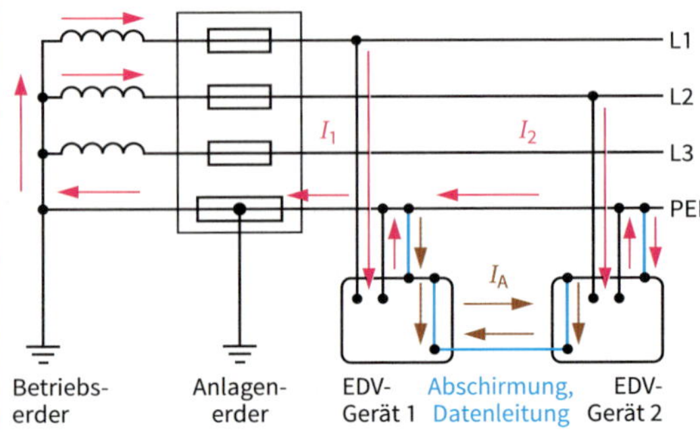

Merkmale und Eigenschaften

- TSN ist die Bezeichnung einer Arbeitsgruppe innerhalb der IEEE 802.1 (Standards für lokale Netze, z. B. Ethernet).
- Die einzelnen Standards sind eine Erweiterung des Ethernet-Standards für die Datenübertragung mit
  - geringster Verzögerungszeit (harte Echtzeit) und
  - hoher Verfügbarkeit.
- TSN definiert nur die Echtzeitfähigkeit von Ethernet auf dem Layer 2 des ISO/OSI 7-Schichtenmodells.
- Wesentliche Eigenschaften für alle Netzwerkteilnehmer:
  - synchronisiert auf eine gemeinsame Zeit
  - gleiche Regeln für Bearbeitung und Weiterleitung der Datenpakete
  - gleiche Regeln für Auswahl und Reservierung von Bandbreite und Kommunikationspfaden
- Anwendungsbeispiel:
  Industrieautomatisierung, mit hohen Anforderungen an deteministisches Echtzeitverhalten.

Übersicht der Standards

IEEE	Bezeichnung	
IEEE 802.1 ASrev.	Timing and Synchronization for Time-Sensitive Application	Netzwerkweite mikrosekundenganaue Zeitsynchronisation
IEEE 802.1 CB	Frame Replication and Elimination for Reliability (Seamless Redundancy)	Senden und Empfangen von Datenpaketen über getrennte Pfade (redundante Übertragung mit Löschung des redundanten Datenpakets)
IEEE 802.1 Qbu	Frame Preemption	Priorisierung von Nachrichten (Unterbrechung niederpriorer durch hochpriore Nachrichten)
IEEE 802.1 Qbv	Enhancements for Scheduled Traffic	Zeitgesteuerte Kommunikation
IEEE 802.1 Qca	Path Control and Reservation	Übertragungspfad Ermittlung, Steuerung und Reservierung
IEEE 802.1 Qcc	Stream Reservation Protocol Enhancements and Performance Improvements	Reservierung von Ressourcen
IEEE 802.1 Qch	Cyclic Queing and Forwarding	Zyklische Warteschlangenbearbeitung und Weiterleitung
IEEE 802.1 Qci	Per-Stream Filtering and Policing	Schutz vor inkorrekter zeitgesteuerter Nachrichtenübertragung

Zeitsynchronisation

Verwendet das **P**recision **T**ime **P**rotocol (**PTP**) nach IEEE 1588 oder das IEEE 1588 Profil IEEE 802.1 AS

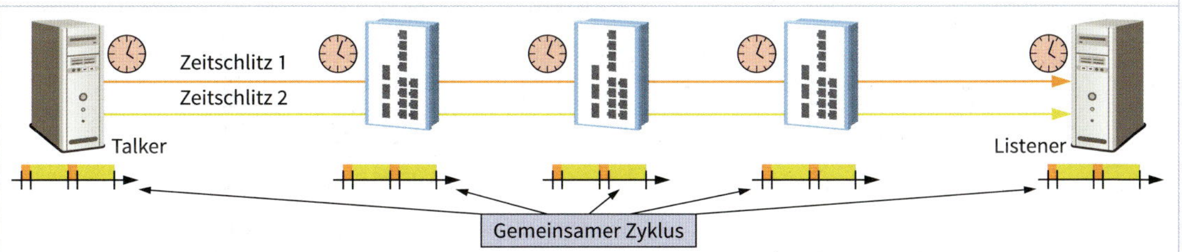

Zeitschlitzverfahren

Reservierung von Zeitschlitzen ① innerhalb eines Zyklus ② für die zeitlich priorisierte Übertragung von periodischen Echtzeitdaten.

- Zeitschlitze für die Übertragung von Datenpaketen mit Echtzeitanforderungen
- Konventionelle Datenübertragung

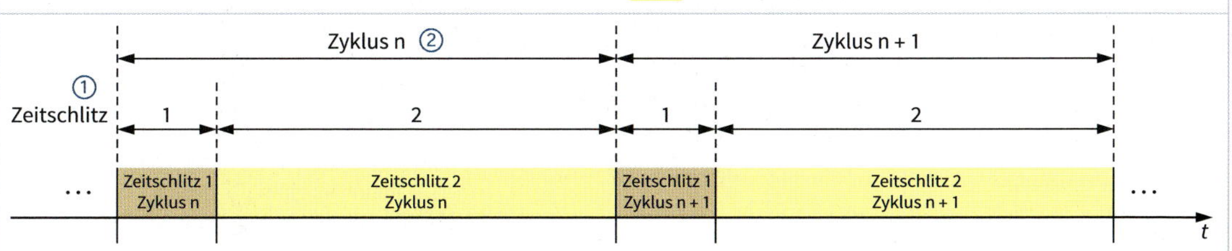

Varianten

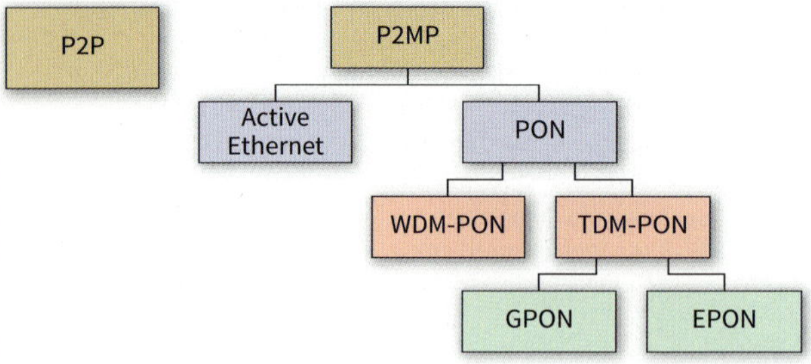

P2P: **P**oint-to-**P**oint
P2MP: **P**oint-to-**M**ulti**p**oint
Active Ethernet: Aktives Ethernet
PON: **P**assive **O**ptical **N**etwork (Passives Optisches Netz)
WDM-PON: **W**avelength **D**ivision **M**ultiplex **PON** (Wellenlängenmultiplex PON)
TDM-PON: **T**ime **D**ivision **M**ultiplex **PON** (Zeitmultiplex PON)
GPON: **G**igabit **PON**
EPON: **E**thernet **PON**

P2P

OLT: **O**ptical **L**ine **T**erminal
ONT: **O**ptical **N**etwork **T**ermination

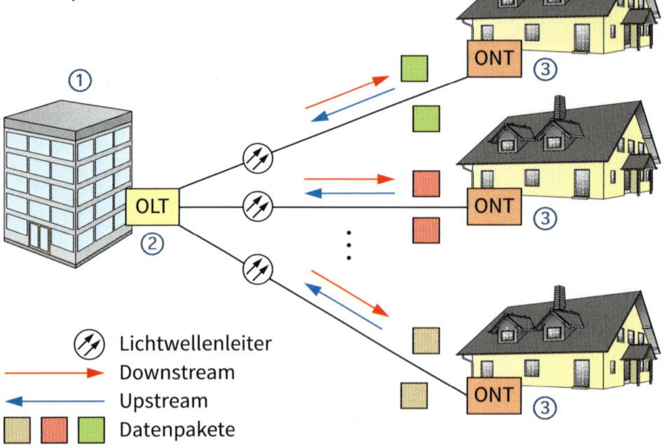

- Ist vom Konzept die einfachste Form für FTTH.
- Beinhaltet eine **eigene Faser** von der Vermittlungsstelle (**C**entral **O**ffice, **CO**) ① bis zu jedem Teilnhmer.
- Erfordert pro Verbindung eine Schnittstelle (**OLT**) ② im CO und einen netzseitigen Abschluss (**ONT**) ③ beim Teilnehmer.
- Die Übertragung erfolgt getrennt mittels Laser für Downstream und Upstream auf getrennten Wellenlängen (λ_1: 1490 nm u. λ_2: 1310 nm).
- **Vorteile**:
  Jeder Teilnehmer verfügt über die gesamte Bandbreite seiner Verbindung (Datenrate: max. 2,5 Gbit/s up und down). Keine Beeinflussung durch andere Netzwerkteilnehmer.
- **Nachteile**:
  Hohe Investitionskosten für Vielzahl von Lichtwellenleitern, OLT's, Platzbedarf und Energiekosten im CO.

P2MP – GPON

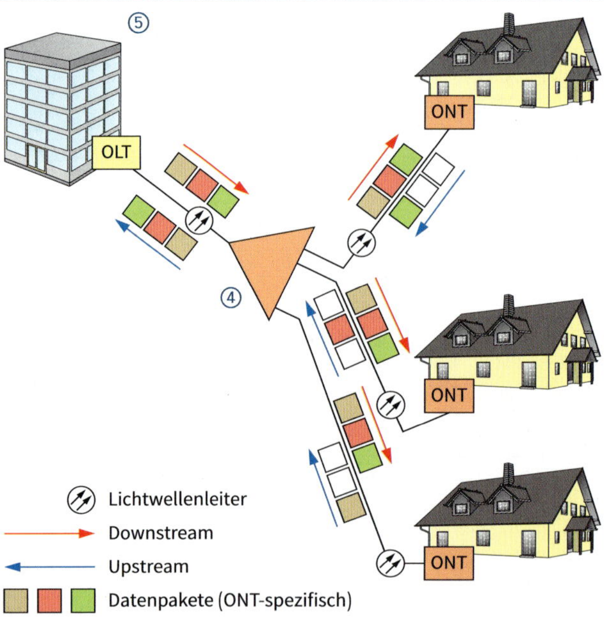

- Beinhaltet passive optische Splitter ④ zwischen CO ⑤ und Teilnehmeranschlüssen (ONT).
- Diese sind in der Regel im Kabelverzweiger (**DB**: **D**istributing **B**ox) eingebaut.
- **Downstream**: Die Splitter verteilen das vom OLT kommende Signal an **alle** ONT's.
- Die Daten pro Teilnehmer werden individuell mit **AES** (**A**dvanced **E**ncryption **S**tandard) verschlüsselt. Der Empfänger kann nur die Daten entschlüsseln, für die er den Schlüssel hat.
- **Upstream**: Splitter führen die Signale aller ONT's auf **eine** Faser-Schnittstelle im OLT zusammen.
- Übertragung der Datenströme erfolgt mittels TDM-Zeitschlitzverfahren.
- **Vorteile**:
  Geringere Anzahl an OLT's und weniger Glasfasern gegenüber P2P. Keine aktiven Komponenten im Übertragungsweg.
- **Nachteile**:
  Bandbreite wird entsprechend der Teilnehmeranzahl aufgeteilt (typisch 16, 32 oder 64 Teilnehmer). Datenraten: typisch 2,48 Gbit/s down und 1,24 Gbit/s up. Reichweite: begrenzt auf ca. 20 km.

Merkmale

- Drahtlose Netzwerk-Technologien basieren für die Datenübertragung auf der Anwendung von Funktechniken und verwenden somit die Luft als Übertragungskanal.
- Damit besteht die Möglichkeit, bisher nicht erschlossene Regionen ohne die Verlegung von Kabeln (Kupfer, LWL) kostengünstig zu vernetzen.

Einteilung

- Die unterschiedlichen Technologien bieten spezifische Leistungsmerkmale und werden, wie die drahtgebundenen Netzwerke, in folgende Segmente eingeteilt:
  - **PAN** (**P**ersonal **A**rea **N**etwork)
  - **LAN** (**L**ocal **A**rea **N**etwork)
  - **MAN** (**M**etropolitan **A**rea **N**etwork)
  - **WAN** (**W**ide **A**rea **N**etwork)
- Die segmentspezifischen Leistungsmerkmale unterscheiden sich in
  - erforderliche Bandbreite
  - Übertragungsentfernungen
  - Funkleistung
  - angebotene Dienste
  - Netzbetreiber

Standards

- Standardisiert werden die Technologien durch
  - **IEEE** (**I**nstitute of **E**lectrical and **E**lectronics **E**ngineers)
  - **ETSI** (**E**uropean **T**elecommunications **S**tandards **I**nstitute)
  - **3GPP** (Third-**G**eneration **P**artnership **P**roject)
- IEEE- und ETSI-Standards sind
  - interoperabel
  - konzentrieren sich hauptsächlich auf paketbasierende Netzwerke
- 3GPP-Standards konzentrieren sich auf zellulare Netzwerke mobiler Systeme der 3. Generation.
- Zwischen den Segmenten gibt es Überlappungen, die aus der jeweiligen Implementierung resultieren.

Anwendungen

- PAN: Vernetzung von lokalen Rechnern, Rechnerperipherie, Digital Video usw.
- WiFi: Überbrückung der letzten Meile als Alternative zu DSL
- WiMAX: Überbrückung der letzten Meile mit optimierter Service-Qualität

Einteilung

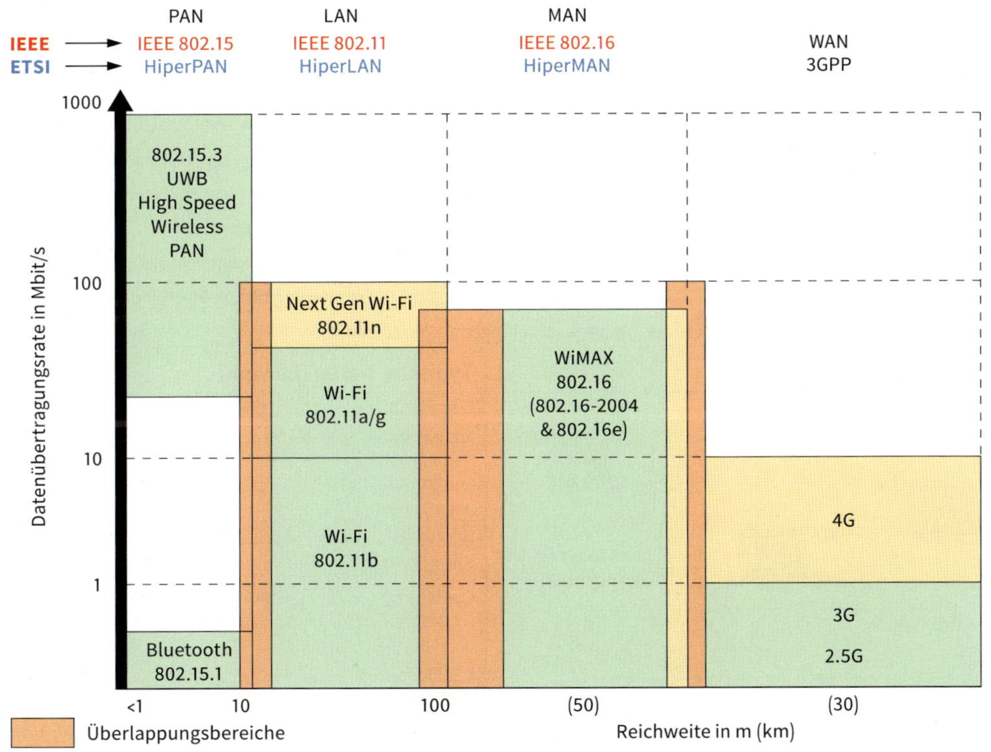

UWB: **U**ltra-**W**ide **B**and (Ultra Breitband)
PAN: **P**ersonal **A**rea **N**etwork
Wi-Fi: **Wi**reless **Fi**delity (Allgemeiner Begriff für drahtlose Netzwerke, wie 802.11b, 802.11a usw.)

WiMAX: **W**orldwide **I**nteroperability for **M**icrowave **A**ccess (Weltweite Interoperabilität für Netzzugang auf Mikrowellen-Basis)
IEEE: **I**nstitute of **E**lectrical and **E**lectronics **E**ngineers

Merkmale

- **WLAN** (**W**ireless **LAN**: drahtloses LAN) sind lokale Netzwerke, die auf Funkbasis arbeiten.
- Endgeräte werden mit Funkeinrichtungen ausgerüstet.
- Der Zugang zu ortsfestem LAN erfolgt über Zugangspunkte (**AP**: **A**ccess **P**oint).
- Wireless LAN sind spezifiziert nach **IEEE 802.11**, dem **DECT**-Standard oder nach **HIPER** LAN (**Hi**gh **Per**formance LAN) oder **WPAN** (**W**ireless **P**ersonal **A**rea **N**etwork: drahtloses persönliches Netzwerk).
- WLAN-Funktionen sind auf OSI-Schicht 1 und 2 geregelt.
- Gegen **externe Störungen** sind Maßnahmen im Funkkanal und in den Kommunikationsprotokollen realisiert.
- Die **Reichweiten** dieser Netzwerke sind durch HF-Leistungsbeschränkungen begrenzt.
- Bedingt durch die Übertragung der Daten über eine Luftschnittstelle sind besondere **Schutzmaßnahmen** gegen Abhören (z. B. hochwertige Verschlüsselung) vorzusehen.
- **Vorteile** von WLAN-Einrichtungen sind u. a.
  - weltweite Standardisierung,
  - lizenzfreier Betrieb,
  - große Flexibilität (anpassbar z. B. an Baulichkeiten) und
  - einfache Administration in den Endgeräten.

IEEE 802.11

- In WLAN nach IEEE 802.11 sind eine Reihe von Einzelspezifikationen enthalten, die unterschiedliche Anforderungen abdecken.
- Als Grundlage sind folgende Architekturelemente spezifiziert:
  - **BSS** (**B**asic **S**ervice **S**et: Basis-Dienstelement) ist das grundlegende Architekturelement.
  - **STA** (**Sta**tion: Station) ist das Mitglied eines BSS
  - **IBSS** (**I**ndependent **BSS**: unabhängiges BSS) ist ein BSS, in dem die Kommunikation der STA direkt untereinander erfolgt
  - **DS** (**D**istribution **S**ystem: Verteilungssystem) ist das Element zur Verbindung mehrerer BSS untereinander oder der Zugang zum Festnetz.
  - **AP** (**A**ccess **P**oint: Zugangspunkt) ist der Zugang zum DS; nutzt das Wireless Medium (WM) sowie das Distributed System Medium (DSM).
  - **ESS** (**E**xtended **S**ervice **S**et: erweiterte Dienstelemente) ist die Zusammenschaltung mehrerer BSS über DS.
  - **Portal** realisiert den Übergang zu einem anderen LAN.
- Grundsätzlich wird bei IEEE 802.11 das CSMA/CA-Verfahren angewendet (Kollisionsvermeidung).

IEEE 802.11 Standards

Standard	Inhalt	Standard	Inhalt
802.11	1 Mbit/s und 2 Mbit/s im 2,4 GHz Band	802.11k	System Management
802.11ac	bis 6,933 Gbit/s im 5 GHz Band	802.11n	bis 600 Mbit/s im 2,4 und 5 GHz Band
802.11ad	bis 6,75 Gbit/s im 60 GHz Band	802.11p	Drahtloser Zugang für Fahrzeugeinsatz
802.11b	11 Mbit/s im 2,4 GHz Band	802.11r	Schneller Zellenwechsel
802.11c	Wireless Bridging	802.11s	Erweiterte Dienste vermaschter Netze
802.11e	Quality of Service und Streaming-Erweiterung für IEEE 802.11a/g/h	802.11t	Leistungsvorhersage, Testmethoden
802.11g	54 Mbit/s im 2,4 GHz Band	802.11u	Vernetzung mit nicht 802 Netzwerken
802.11h	54 Mbit/s im 5 GHz Band mit Frequency Selection (DFS) und Transmit Power Control (TPC)	802.11v	Netzwerk-Management
802.11i	Authentifizierung und Verschlüsselung für IEEE 802.11a/g/h	802.11w	Geschützte Managementrahmen
		802.11z	Erweiterung für Direktverbindungsaufbau

Buchstaben: l, o, q und x sind nicht verwendet, um Verwechselungen zu vermeiden

Betriebsarten

ad hoc-Mode (IBSS)

Infrastructur-Mode

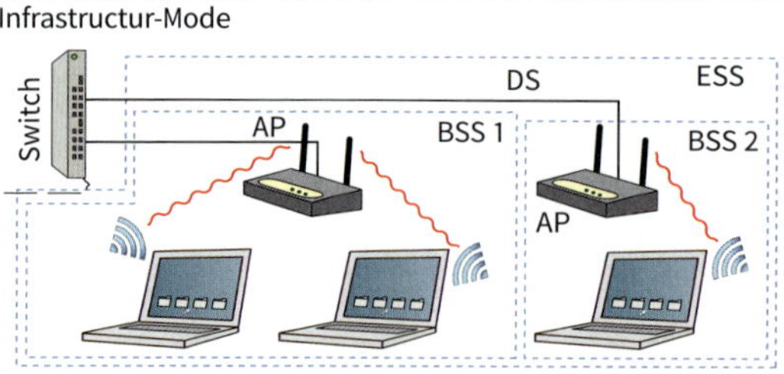

Typische Daten (Europa)

Bezeichnung	802.11a/h	802.11b	802.11g	802.11n
Frequenzbereich in GHz laut Bundesnetzagentur	5,150 … 5,725	2,40 … 2,4835	2,40 … 2,4835	2,40 … 2,4835 5,150 … 5,725
Datenrate brutto (Mbit/s)	54	11	54	bis 600
Codierung	OFDM	DSSS CCK	OFDM CCK DSSS	OFDM CCK DSSS
Kanäle (max.) (in Europa)	19	13	13	13[1)] 19[2)]
ohne Überlappung	19	3	3	13[1)] 19[2)]

[1)] im 2,4 GHz-Band [2)] im 5 GHz-Band

OFDM: **O**rthogonal **F**requency **D**ivision **M**ultiplex
CCK: **C**omplementary **C**ode **K**eying
DSSS: **D**irect **S**equence **S**pread **S**pectrum

Grundlagen

- Die **Einrichtung** (Anwendung) von WLAN-Technik erfordert eine **detaillierte Planung** u. a. in den Bereichen
  - der einzusetzenden WLAN-Technik,
  - des Aufbaus und
  - des Betriebes.
- Die einzusetzende **WLAN-Technik** wird bestimmt durch
  - Leistungsanforderungen und
  - Verfügbarkeit der Systemtechnik (Stabilität des Standards).
- Der **Aufbau** (Architektur) eines WLANs ist in hohem Maße abhängig von
  - betrieblichen Anforderungen und
  - örtlichen Gegebenheiten.
- Beim **WLAN-Betrieb** sind neben den funktionalen Aspekten die Anforderungen an die systemtechnische Sicherheit (z. B. Manipulation von außen und innen) zu berücksichtigen.
- Hierzu gehören neben den **technischen Maßnahmen** auch die entsprechenden **organisatorischen Maßnahmen** in Form von Anwendungs- und Sicherheitsrichtlinien (Security Policy), die jedem Anwender bekannt sein müssen und eingehalten werden müssen.

Ablauf

1. Klärung

Anforderungen spezifizieren
- Welche Anwendungen sollen betrieben werden, wie viele Anwender (Anwendergruppen) sind zu berücksichtigen?
- Welche Zugriffs- bzw. Durchsatzzeiten sind erforderlich?
- Welche rechtlichen Grundlagen sind zu berücksichtigen?
- Welche Sicherheitsmaßnahmen sind erforderlich?
- Welche zukünftigen Änderungen (Erweiterungen/Rückbauten) sind zu erwarten?
- …

2. Standortbesichtigung

Objektbesichtigung durchführen
- Gebäudestruktur (Wand- und Deckenaufbau) ermitteln
- Einrichtungen (Mobiliar) feststellen
- Raumgrößen und auszuleuchtende Flächen erfassen
- vorhandene Funknetze ermitteln
- Verkabelungswege und Aufstellmöglichkeiten der Access Points ermitteln
- Umweltbedingungen (Temperatur, Staub, Feuchte, …) ermitteln
- Energieversorgung klären
- …

3. Planen

Planung/Projektierung durchführen
- Funkausleuchtung berechnen, simulieren, modellieren
- WLAN-Standards auswählen und festlegen
- Ortsfeste Verkabelung planen
- Aufstellorte der APs festlegen
- Energieversorgung (Spannungen, Leistungsbedarf) ermitteln
- Schutzmaßnahmen (Zugangsschutz, Blitzschutz, …) festlegen
- Baustellenbelieferung und Montageablauf festlegen
- …

4. Beschaffen

Beschaffung organisieren
- Ausschreibung für zu liefernde Geräte, Materialien, Bauleistungen, erstellen und herausgeben
- Angebote einholen und auswerten
- Lieferanten beauftragen
- Materialien auf Baustelle ausliefern und sachgerecht lagern
- …

5. Realisieren

Montage/Einrichtung/ Inbetriebsetzung durchführen
- Technik installieren
- Schutzmaßnahmen einbauen
- Systeme einrichten
- Abnahmemessung realisieren (Funkausleuchtung, Datendurchsatz, …)
- Redundanzmaßnahmen überprüfen
- …

6. Betreiben

Betrieb/Überwachung/Wartung
- Aktive Überwachung (Monitoring) des Systems auf Funktionstüchtigkeit
- Störfallerkennung und Behebung
- Sabotageerkennung betreiben
- Zyklische Wartungsmaßnahmen (Sicherheitsüberprüfung) durchführen
- Umbauten, Rückbauten vorbereiten
- …

Funkausleuchtung

- Ein wesentlicher Aspekt bei der Einrichtung eines WLANs ist die **Funkausleuchtung** innerhalb bzw. außerhalb von Gebäuden.
- Die Funkwellen des WLANs können durch lokale Gegebenheiten in der Ausbreitung gestört werden.
- **Störfaktoren** sind u. a.
  - Abschattung durch Wände oder Büroschränke,
  - Reflexion durch große Metallteile und
  - erhöhte Dämpfung durch Wände und Decken.
- Insgesamt kommt es durch diese Eigenschaften zu **Ausbreitungsverzögerungen** und **Mehrwegausbreitung** der ausgesendeten Funksignale.
- Eine sorgfältige Auswahl der einzusetzenden **Antennen** und der **Aufstellstandorte** der Access Points ist daher erforderlich.
- Die **Antennenarten** unterscheiden sich durch die Abstrahlungscharakteristik (Antennengewinn).

Beispiel: Büroraum

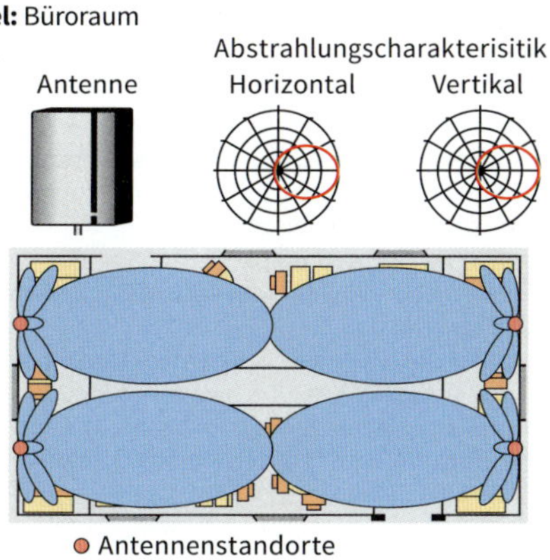

WLAN-Sicherheit
WLAN Safety

Grundlagen

- WLANs auf Basis IEEE 802.11 sind mit geringem Aufwand schnell aufzubauen und bieten eine große Flexibilität in der Konfigurierbarkeit.
- **Nachteilig** ist allerdings die **Angreifbarkeit** der Systeme, da die Übertragung der Daten über die Luftschnittstelle erfolgt.
- Diese Schnittstelle wird als **shared medium** (geteiltes Medium) verwendet und ist somit jedem Angreifer zugänglich.
- **Angriffe** bzw. Beeinflussungen auf diese Systeme sind mit relativ **einfachen Mitteln** realisierbar und ermöglichen Manipulationen in unterschiedlichster Art und Weise.
- Die erforderlichen **Schutzmaßnahmen** werden anhand der möglichen Gefährdungen ermittelt und sind auf **unterschiedlichen Ebenen** zu realisieren.

Gefährdungen

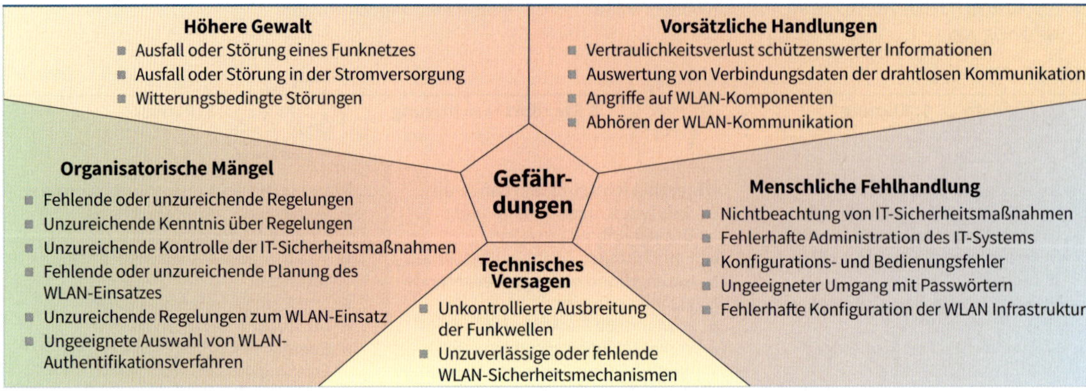

Schutzmaßnahmen

- Die **Absicherung** von WLANs
  - ist **gesetzlich erforderlich** (verhindern von Missbrauch durch Unbekannte)
  - kann unter Anwendung verschiedener Maßnahmen realisiert werden und ist u. a. abhängig von der Größe des Netzwerkes
- Grundlegende Maßnahmen für ein **SOHO**-WLAN (**S**mall **O**ffice **H**ome **O**ffice) sind
  - WLAN-Geräte nur **kabelgebunden konfigurieren**
  - **Benutzername** und **Passwort** für das WEB-Interface am Access Point (Router) **ändern**
  - **Starke Passwörter** verwenden (max. Länge nutzen, Buchstaben und Symbole verwenden)
  - Aktuelle Firmware des Geräteherstellers installieren
  - **Zugriffskontrollliste** (ACL) aktivieren und nur eingetragene MAC-Adressen vom AP zulassen (MAC-Filter)
  - **Leistungsfähige Verschlüsselung** (WPA: Wi-Fi protected Access oder WPA2) aktivieren;
    falls nur WEP von den Geräten unterstützt wird, dann mit 128 Bit Schlüssellänge verwenden
  - **SSID ändern** in unverfänglichen Namen (z. B. WLAN), damit keine Rückschlüsse auf Anwender oder Einsatzort möglich sind und die Aussendung abschalten
  - **Fernkonfiguration** im Access Point **abschalten**
  - WLAN-**Reichweite begrenzen** durch Einstellung der Sendeleistung (überprüfen mit frei verfügbaren Programmen wie z. B. NetStumble)
  - **Schlüssel** zur Verschlüsselung **regelmäßig ändern**
  - Firewall einrichten
  - Backup der Einstellungen auf externem Medium speichern (z. B. Memory Stick)
  - **LOG-Dateien** regelmäßig auf unbekannte MAC-Adressen **überprüfen,** um Zugriffe durch Fremde zu erkennen

Sicherheitsmechanismen

- Die **grundsätzlichen Sicherheitsmechanismen**, die in Form von Verfahren und Kommunikationsprotokollen angewendet werden, dienen zur Sicherstellung der
  - **Vertraulichkeit** (confidentiality),
  - **Integrität** (integrity) und
  - **Authentizität** (authenticity)

  der Daten im WLAN.
- **Vertraulichkeit:** Informationen (Daten) nur für Berechtigte zugänglich machen
- **Integrität:** Datensicherheit (Schutz vor Verlust) und Fälschungssicherheit (Schutz vor vorsätzlicher Veränderung)
- **Authentizität:** Sichere Zuordnung einer Information zum Absender
- Zur Anwendung kommen dafür
  - **WEP** (**W**ired **E**quivalent **P**rivacy),
  - **WPA** oder WPA2 (**Wi-Fi P**rotected **A**ccess) und/oder
  - IEEE 802.11i.
- **WEP** ist in der Anfangsphase der WLAN-Technik angewendet worden, bietet allerdings keinen hinreichenden Schutz und wird somit als **ungenügend** eingestuft.
- **WPA** ist ein Standard
  - der von der Wi-Fi Alliance veröffentlicht wurde und
  - wird unterschieden in WPA-Personal (kleines WLAN im Bereich SOHO) und WPA-Enterprise (größere WLAN im Unternehmensbereich).
- **WPA** für SOHO-Anwendungen verwendet für die
  - Verschlüsselung: **TKIP** (**T**emporal **KEY I**ntegrity **P**rotocol),
  - Integritätsprüfung: **Michael** (MIC: Message Integrity Check) und
  - Authentisierung: **PSK** (**P**re-**s**hared **K**eys).
- Bei größeren Netzen erfolgt die Authentisierung und das Schlüsselmanagement mit **IEEE 802.1x.**
- **WPA2** ist **nicht abwärtskompatibel** zu den vorhandenen Verfahren; verwendet wird **CCMP** (**C**ounter mode with **C**BC-**MAC P**rotocol) [CBC-MAC: Cipher Block Chaining Message Authentication Code]

AES (**A**dvanced **E**ncryption **S**tandard: Erweiterter Verschlüsselungsstandard)	Symmetrisches Verschlüsselungsverfahren mit einer variablen Schlüssellänge von 128, 192 oder 256 Bit. AES bietet ein sehr hohes Maß an Sicherheit.
Authentication (Authentisierung: Beglaubigung)	Prüfen der Identität (Echtheit) eines Benutzers oder eines Gerätes. Zweck ist in der Regel die anschließende Autorisierung (Zuweisung von Rechten) für Zugriffe im WLAN. Ohne Authentisierung ist i. A. keine sinnvolle Autorisierung möglich.
Beacon („Leuchtfeuer")	Von einem Access Point zyklisch übertragenes Paket. Enthält Daten für die Übertragungsparameter und dient den Clients u. a. als Information zur Parametereinstellung.
CBC (**C**ipher **B**lock **C**haining Mode: Blockchiffre mit Blockverkettung)	Betriebsart, in der Blockchiffrierungsalgorithmen arbeiten; vor dem Verschlüsseln eines Klartextblocks wird dieser erst mit dem im letzten Schritt erzeugten Geheimtextblock per XOR (exklusive Oder) verknüpft.
CCM (**C**ounter with **C**BC-**M**AC [CBC-MAC = Cipher Block Chaining with Message Authentication Code])	Ist eine generische Methode für die Verschlüsselung und Authentisierung von Daten. Ist für die Verwendung einer 128-Bit-Blockchiffrierung (z. B. AES) spezifiziert.
Certificate (Zertifikat, Urkunde)	Von einer Certificate Authority beglaubigter öffentlicher Schlüssel, der einer Person oder einem Objekt zugeordnet ist.
DoS (**D**enial **o**f **S**ervice: Dienstblockade)	Ein Angriff vom Typ Denial of Service hat zum Ziel, die Arbeitsfähigkeit des angegriffenen Objektes möglichst stark zu reduzieren (z. B. systematische Überlastung eines Netzknotens durch unsinnigen Verkehr [„Dummy Traffic"]).
EAP (**E**xtensible **A**uthentication **P**rotocol: Erweiterbares Authentifizierungsprotokoll)	Allgemeines Authentifizierungs-Protokoll, das unterschiedliche Authentisierungsverfahren (z.B. Username/Passwort) unterstützt (z. B. RFC 3748).
EAPOL (**E**xtensible **A**uthentication **P**rotocol **o**ver **L**AN: erweiterbares Authentifizierungsprotokoll über LAN)	Anwendung von EAP über LAN-Verbindungen. Kernprotokoll des IEEE 802.1X-Standards.
EAP-TLS (**EAP**-**T**ransport-**L**ayer **S**ecurity: EAP-Transport-Layer-Sicherheit)	EAP-Methode, die Zertifikate zur gegenseitigen Authentisierung benutzt.
Hotspot („heißer Fleck")	Öffentlicher Internet-Zugang über ein WLAN.
IDS (**I**ntrusion **D**etection **S**ystem: Eindring-Erkennungssystem)	Überwachungssystem, um unerwünschte Zugriffe, Inhalte und Angriffe zu erkennen. Sobald das IDS einen Verstoß gegen die vereinbarten Regeln erkennt, erfolgen z. B. eine Protokollierung und eine Meldung an den Administrator.
Man in the Middle („Mann in der Mitte")	Ein Angreifer, der sich zwischen zwei Kommunikationspartnern positioniert. Täuscht beiden Parteien vor, der jeweils erwartete eigentliche Partner zu sein. Kann den Dialog zwischen den beiden Parteien belauschen oder auch verfälschen. Ziel ist oft die Ermittlung von Passwörtern.
MIC (**M**essage **I**ntegrity **C**heck: Nachrichten Unversehrtheitsüberprüfung)	Kryptografischer Integritätsschutzmechanismus.
Michael	Name des MIC, der bei WPA und TKIP Verwendung findet.
Nonce (for the nonce: einstweilen, für dieses eine Mal)	Zufallszahl (Zahlen u./o. Buchstaben), die spontan gewählt wird und nach einmaliger Verwendung verworfen wird. Wird u. a. eingesetzt zur Abwehr von „man in the middle-Attacken".
PSK (**P**re-**S**hared-**K**ey: Vorab vereinbarter bzw. verteilter Schlüssel)	Schlüssel, der bis zur Verteilung eines neuen PSK für jede Verbindung verwendet wird.
PKI (**P**ublic **K**ey **I**nfrastructure: Öffentliche Schlüssel-Infrastruktur)	System zum Erstellen, Verteilen und Prüfen von digitalen Zertifikaten.
RADIUS (**R**emote **A**uthentication **D**ial-**I**n **U**ser **S**ervice: Fern-Authentisierungs-Einwahl-Anwender-Dienst)	Authentisierungs- und Überwachungsprotokoll auf Anwendungsebene für Authentisierung, Integritätsschutz und Accounting im Bereich Netzzugang (AAA: protocol für Authentication, Authorization and Accounting).
RSN (**R**obust **S**ecurity **N**etwork: Robustes, sicheres Netz)	WLAN, das ausschließlich eine durch die in IEEE 802.11i spezifizierten Sicherheitsmechanismen geschützte Kommunikation erlaubt.
Supplicant (Antragsteller)	Komponente eines Gerätes (Clients), die sich über IEEE 802.1x an einem Port authentifiziert.
Spoofing (Vortäuschung; Verschleierung)	Untergrabung von Authentisierungs- und Identifikationsverfahren durch Methoden, die auf der Verwendung vertrauenswürdiger Adressen oder Hostnamen beruhen.
TKIP (**T**emporal **K**ey **I**ntegrity **P**rotocol: Temporäres Schlüssel-Integritätsprotokoll)	Im Standard IEEE 802.11i spezifiziertes Protokoll zur Verschlüsselung und zum Integritätsschutz in WLAN; abwärtskompatibel zu WEP.
Wi-Fi Alliance (Wi-Fi-Vereinigung)	Markenname einer Hersteller-Vereinigung, die u. a. Sicherheits-Standards veröffentlicht und durch Zertifizierung die Kompatibilität der Geräte verschiedener Hersteller bescheinigt.

Funktion

- Netzwerkmanagement beinhaltet die
  - Verwaltung,
  - Betriebstechnik und
  - Überwachung von IT-Netzwerken und Telekommunikationsnetzen.
- Der englische Fachbegriff für diese Tätigkeiten lautet **OAM** (**O**peration, **A**dministration, **M**aintenance).
- Die funktionalen Aufgaben von Netzwerkmanagement beschreibt das FCAPS-Modell der ISO 10040.
- **Netzwerk-Monitoring**:
  - Überwachung und regelmäßige Kontrolle von Netzwerkhardware und Diensten
  - Wird unterschieden zwischen externen/internen und aktivem/passivem Monitoring

FCAPS-Modell

Abkürzung	Bedeutung	Funktionen (Beispiele)
F	**F**ault Management (Fehlermanagement)	Erkennen, Isolieren, Protokollieren, Melden und Beheben von auftretenden Fehlerzuständen.
C	**C**onfiguration Management (Konfigurationsmanagement)	– Erfassen aller Komponenten, die überwacht werden müssen. – Aufspüren von Änderung der Netzkonfiguration.
A	**A**ccounting Management (Abrechnungsmanagement)	Erfassen der Benutzung des Netzes für Rechnungsstellung.
	Administration Management [1] (Verwaltung)	– Verwaltung von Benutzern – Passwörter und Zugriffsberechtigungen
P	**P**erformance Management (Leistungsmanagement)	– Verkehrswerte/Leistungsdaten sammeln – Statistiken führen – Zuverlässigkeit analysieren – Engpässe ermitteln und Grenzwerte festlegen
S	**S**ecurity Management (Sicherheitsmanagement)	– Authentifizierung von Benutzern – Autorisierung von Zugriff und Nutzung

[1] Begriff für Netze, die nicht nach Benutzung abgerechnet werden.

Monitoring Werkzeug (Beispiel: Wireshark)

- Wireshark
  - ist eine Open-Source Software
  - analysiert Netzwerk-Pakete (keine Dateninhalte)
  - ist verfügbar u. a. für UNIX, Windows und Linux
  - zeichnet z. B. Ethernet-Netzwerkpakete an einer Netzwerkschnittstelle auf und stellt diese in detaillierter Form dar
  - bietet die Anwendung vielfältiger Filterkriterien
- Wireshark
  - ist kein Intrusion Detection System
  - sendet keine eigenen Pakete in das Netzwerk (Ausnahme: Namensauflösung)
- Download: https://www.wireshark.org/download.html
- Das Netzwerkgerät kann wahlweise im **Promiscuous**-Mode („freizügiger Modus") oder im **Non-Promiscuous**-Mode („nicht freizügiger Modus") betrieben werden.
- **Promiscuous-Mode**:
  Wireshark analysiert sämtliche Datenpakete von allen im Netz existierenden Rechnern (auch Datenpakete mit fremden Empfängeradressen).
- **Non-Promiscuous-Mode**:
  Wireshark analysiert nur solche Pakete, die an den eigenen Host gesendet oder von diesem versandt werden. Alle anderen Datenpakete (mit fremder Empfängeradresse) werden verworfen.

Aufzeichnungsausschnitt

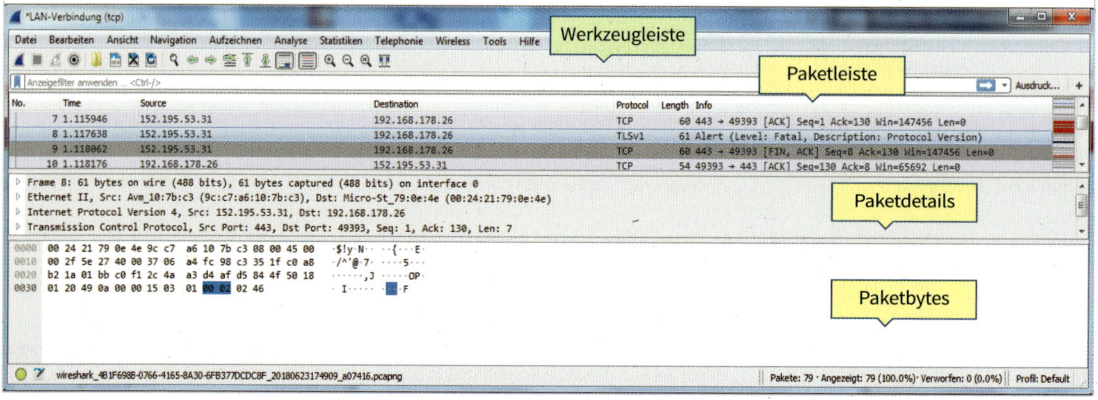

Grundlagen

- ZigBee ist ein offener Funkstandard
  - auf der Basis von IEEE 802.15.4 und
  - wird dem Bereich der WPAN (Wireless Personal Area Network: drahtloses persönliches Netzwerk) zugeordnet.
- Systemdesign ist ausgelegt auf minimalen Energieverbrauch und einfache Implementierung

Anwendungsbereiche

- Anwendungen liegen z. B. im Bereich
  - Heim- und Gebäudeautomatisierung
  - drahtlose Patientenüberwachung
  - Sensor-/Aktornetzwerke in der Industrie-Automatisierung
  - Steuerung von Unterhaltungselektronik und Computerperipherie

Kenndaten

Frequenzbereiche in MHz (Ländern)	915 (Amerika)	868 (Europa)	2400 (Weltweit)
Datenraten in kbit/s	40	20	250
Kanäle	10	1	26
Reichweite in m	typ. 30 (5 bis 500, abhängig von Umgebung)		

Geräteklassen	**F**ull **F**unction **D**evice (**FFD**)/ **R**educed **F**unction **D**evice (**RFD**)
Netzzugriff	CSMA/CA
Adressierung	64 Bit bzw. 16 Bit
Kodierung Luftschnittstelle	Direct Sequence Spread Spectrum (DSSS)

Protokollstruktur

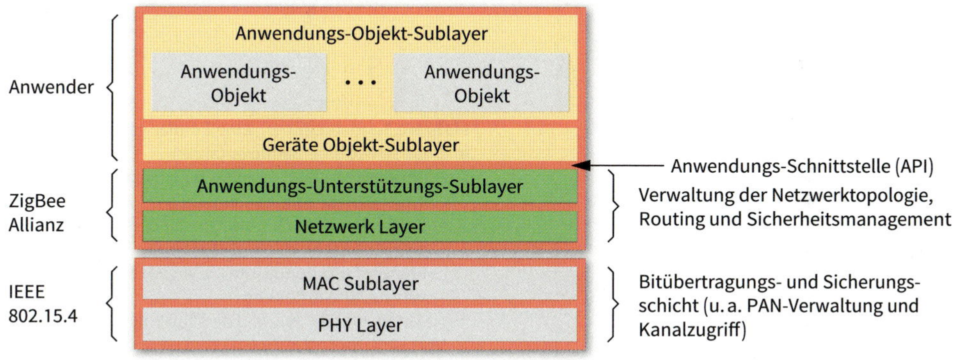

MAC Rahmenformat

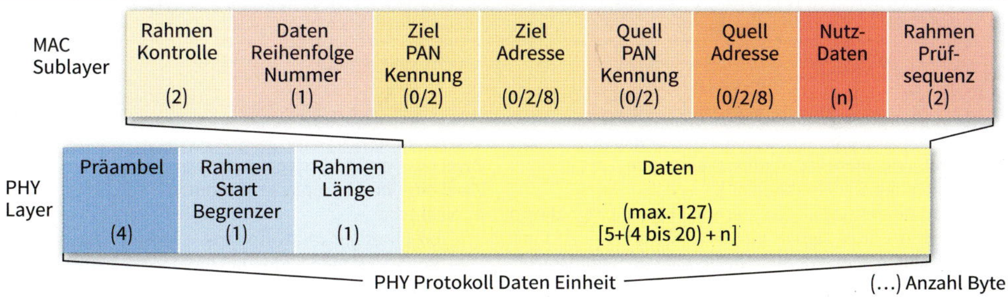

Netztopologien

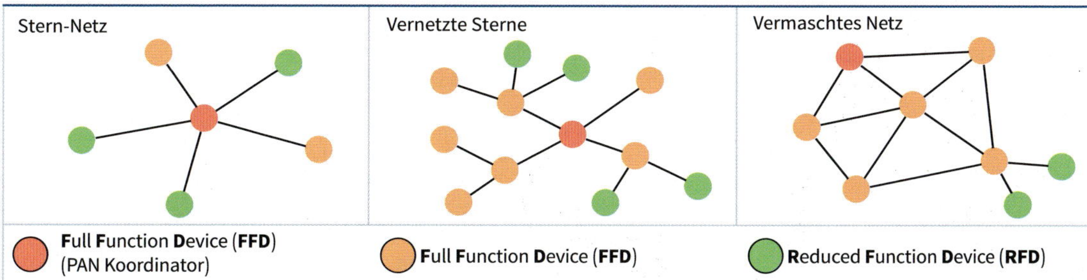

Grundlagen

- Bei drahtlosen Kommunikationssystemen gehen die Forderungen in Richtung höherer Datenraten mit entsprechend hoher Dienstgüte (Quality of Service).
- Die vorhandenen Frequenzspektren sind deshalb so effizient wie möglich auszunutzen.
- Freiheitsgrade für die Effizienzsteigerung liegen in den Bereichen
  - Zeit (**TDMA: T**ime **D**ivision **M**ultiple **A**ccess)
  - Frequenz (**FDMA: F**requency **D**ivision **M**ultiple **A**ccess)
  - Code (**CDMA: C**ode **D**ivision **M**ultiple **A**ccess)
  - Raum (**SDMA: S**pace **D**ivision **M**ultiple **A**ccess)
- TDMA, FDMA und CDMA werden in bestehenden Systemen z. T. auch in Kombination entsprechend eingesetzt.
- SDMA verwendet den Freiheitsgrad Raum (Space) und wird realisiert durch die Anwendung mehrerer Antennen, sowohl auf der Sende- als auch der Empfangsseite.
- Es wird dabei der Effekt des Mehrwegeempfangs des ausgestrahlten Signals zur Erhöhung der Empfangsleistung ausgenutzt.
- Gesendet wird gleichzeitig auf derselben Frequenz.
- Je nach Anzahl der Übertragungskanäle (Antennen) werden die Systeme bezeichnet als
  - **SISO** (**S**ingle **I**nput **S**ingle **O**utput)
  - **SIMO** (**S**ingle **I**nput **M**ultiple **O**utput)
  - **MISO** (**M**ultiple **I**nput **S**ingle **O**utput)
  - **MIMO** (**M**ultiple **I**nput **M**ultiple **O**utput)
- Die Bezeichnungen Input bzw. Output beziehen sich dabei immer auf den Übertragungskanal.

Übersicht

SISO

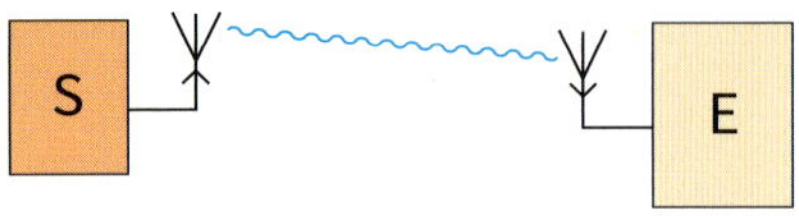

Eine Sendeantenne, **eine** Empfangsantenne
- Einfachster Fall
- Nachteile:
  - geringer Datendurchsatz
  - störanfällige Datenübertragung
  - geringe Reichweite (Abdeckung)
- Vorteile:
  - geringer Hardwareaufwand
  - einfache Codierung bzw. Decodierung

S: Sender E: Empfänger

MISO

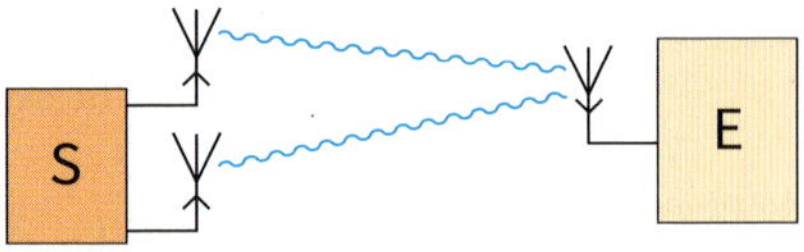

Mehrere Sendeantennen, **eine** Empfangsantenne
- Unterschiedliche Sendeverfahren
  - **Sendediversität:** Gleiches Signal über räumlich nah angeordnete Sendeantennen
  - **Space Time Block Coding:** Im ersten Schritt gleichzeitig zwei unterschiedliche Datenblöcke, im zweiten Schritt identische Datenblöcke konjugiert komplex über vertauschte Antennen
- Nachteil: Keine Erhöhung der Übertragungsrate
- Vorteil: Verbesserte Zuverlässigkeit und höherer Abdeckungsgrad

SIMO

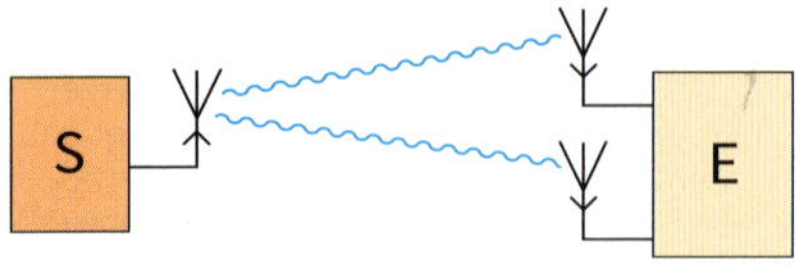

Eine Sendeantenne, **mehrere** Empfangsantennen
- Möglichkeiten der Signalauswertung:
  - **Switched Diversity:** Nur das stärkste Empfangssignal wird ausgewertet; übrige Signale werden ignoriert
  - **MCR** (**M**aximum **R**atio **C**ombining) wertet Sie Summe aller Signale aus
- Nachteil: Keine Erhöhung der Datenübertragungsrate, da nur eine Sendeantenne
- Vorteile
  - geringere Störanfälligkeit
  - höhere Reichweite, da alle empfangenen Signalanteile ausgewertet werden

MIMO

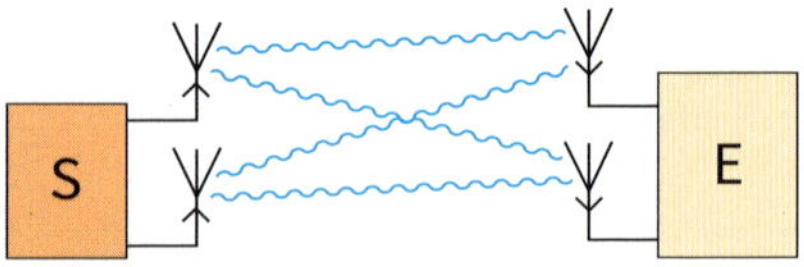

Zwei oder **mehr** Sendeantennen
Zwei oder **mehr** Empfangsantennen
- Nachteile
  - erhöhter Aufwand an Sende- und Empfangsantennen
  - umfangreiche Sende- und Empfangselektronik mit entsprechendem Leistungsbedarf erforderlich
- Vorteile:
  - höhere Datenübertragungsrate
  - höhere Reichweite
  - hoher Abdeckungsgrad
  - geringe Störanfälligkeit
- Anwendung z. B. in WLAN (IEEE 802.11n)

Theoretische Kanalkapazität

$$C_{SISO} = f_G \cdot \log_2 (1 + S/N)$$

$$C_{MIMO} = M \cdot f_G \cdot \log_2 (1 + S/N)$$

f_G: Grenzfrequenz

M: Anzahl der symmetrischen Sende- und Empfangsantennen Kombination (z. B. 2 S x 2 E ergibt $M = 2$)

S/N Verhältnis Nutzsignal (**S**: Signal) zu Störsignal (**N**: Noise)

C: Kanalkapazität

Grundlagen

- **ITU** (International **T**elecommunication **U**nion) wurde 1865 als International Telegraph Union gegründet
- Ist Teil der **Vereinten Nationen**
- Weltweit zuständig für die Entwicklung der Telekommunikation
- Organisiert die Verwendung der **Frequenzspektren** im terrestrischen-, Raum- und geostationären Satelliten Bereich
- Tätigkeitsbereiche liegen u. a.
  - bei der **Entwicklung** und dem **Einsatz** effizienter Telekommunikationseinrichtungen
  - bei der Unterstützung von **Entwicklungsländern** bei der Einführung und dem Betrieb von Telekommunikationseinrichtungen
- ITU beinhaltet u. a.
  - ITU-**T**: **T**elecommunication Standardization Sector
  - ITU-**R**: **R**adiocommunication Sector
- ITU erarbeitet **Empfehlungen**, die in Serien zusammengefasst sind
- Empfehlungen sind keine **Dienstvorschriften**, werden aber in der Regel berücksichtigt

ITU-T

Serie	Inhalt	Serie	Inhalt
A	Organisation der Arbeit der CCITT	**N**	Unterhaltung von Ton- und Fernsehübertragungswegen
D	Allgemeine Tarif-Grundsätze	**O**	Eigenschaften von Messgeräten
E	Allgemeiner Netzwerkbetrieb, Telefondienste, Servicebetrieb	**P**	Endgeräte und subjektive und objektive Bewertungsmethoden
F	Nicht-Telefon Telekommunikationsdienste	**Q**	Fernsprech-Zeichengabe, Fernsprechvermittlung
G	Übertragungssysteme und Medien, digitale Systeme und Netzwerke	**R**	Telegrafieübertragung
		S	Geräte für Telegrafendienste
H	Audiovisuelle Systeme und Multimediasysteme	**T**	Endgeräte für Telematikdienste
I	Diensteintegrierende Netze (ISDN)	**U**	Telegrafievermittlung
J	Kabelnetze und Fernsehübertragung	**V**	Datenübertragung über das Fernsprechnetz
K	Schutz gegen Störungen	**X**	Datennetze, Kommunikation über offene Systeme und Sicherheit
L	Aufbau, Installation und Schutz von Kabeln	**Z**	Sprachen und allgemeine Softwareaspekte für Telekommunikationssysteme
M	Telekommunikationsmanagement		

V-Serie (Beispiele)

V.1	Äquivalenz zwischen den Binärzeichen 0 und 1 und den Kennzuständen eines Zwei-Zustands-Codes
V.24	Liste der Definitionen der Schnittstellenleitungen zwischen Datenend- und Datenübertragungseinrichtungen
V.34	Modem mit 33,6 kbit/s Datenübertragungsrate

I-Serie (Beispiele)

I.112	Wortschatz und Begriffe für ISDN
I.120	Diensteintegrierendes Digitales Netzwerk (ISDN)
I.311	B-ISDN grundlegende Netzwerkaspekte
I.330	ISDN Nummerierung und Adressierung
I.601	Allgemeine Wartungsgrundsätze für ISDN-Teilnehmeranschluss

X-Serie (Beispiele)

X.21	Schnittstelle zwischen DTE und DCE für synchrone Übertragung in öffentlichen Datennetzen
X.110	Internationale Routingprinzipien und Routingsplan für öffentliche Datennetze
X.700	Management-Rahmen für OSI bei CCIT-Anwendungen
X.800	Sicherheitsarchitektur für OSI bei CCIT-Anwendungen
X.1205	Übersicht über Cybersecurity (Internetsicherheit)

ITU-R (Übersicht)

BO	Broadcasting satellite service
F	Fixed Service
M	Mobile, radiodetermination, amateur and related satellite services
P	Radiowave propagation
RA	Radio astronomy
SA	Space applications and metrology
SM	Spectrum management
TF	Time signals and frequency standards emissions

Merkmale

- **DECT** ist ein europäischer Standard für schnurlose Telekommunikation.
- Ist standardisiert durch ETSI in ETS 300175
- Anwendungsbereiche sind
  - Telefonie, Datenübertragung
- Anwendungsgebiete werden definiert für
  - Privathaushalte
  - Klein-, Mittel- und Großbetriebe
  - öffentliche Netze
- Die Reichweiten innerhalb von Gebäuden liegen zwischen 20 m und 50 m, außerhalb bis zu 300 m. DECT ist multizellenfähig und unterstützt Verfahren wie Roaming und Handover.
- Übergänge in das ISDN sind realisiert; für GSM in der Realisierungsphase.
- Verkehrswerte von bis zu 10000 Erlang/km^2, d. h. 100000 Teilnehmer pro Quadratkilometer.
- Die Sprachqualität aufgrund der verwendeten Codierung (**ADPCM: A**daptive **P**uls **C**ode **M**odulation; nach G.726) ist besser als bei GSM.
- Die Sprachcodierung erfolgt mit 32 kbit/s.
- Der verwendete Frequenzbereich liegt europaweit zwischen 1880 MHz und 1900 MHz mit 10 Trägerfrequenzen bei 1,8 MHz Bandbreite pro Träger.
- Übertragungsverfahren verwenden **TDMA** (**T**ime **D**ivision **M**ultiple **A**ccess) und **TDD** (**T**ime **D**ivision **D**uplex).
- Jede Trägerfrequenz arbeitet mit 12 Duplex- bzw. 24 Simplex-Übertragungskanälen; insgesamt also 120 Übertragungskanäle bidirektional.
- Durch Zeitmultiplexverfahren können mehrere Mobilgeräte gleichzeitig mit einer Basisstation und untereinander kommunizieren.
- Mobilteile können an mehreren Basisstationen angemeldet werden und sind dann über verschiedene Rufnummern erreichbar (Multilink); angewendet überwiegend bei schnurlosen Telekommunikationsanlagen.
- Die Grundlage für alle Sprachanwendungen in DECT sind im **GAP** (**G**eneric **A**ccess **P**rofile) festgelegt.
- Durch die verwendeten Zugriffsverfahren ist eine hohe Übertragungssicherheit gegen Abhören gegeben.
- Für Datenübertragungen ist die Möglichkeit von Kanalbündelungen mit n x 24 kbit/s bis auf max. 552 kbit/s gegeben.

Rahmenstruktur

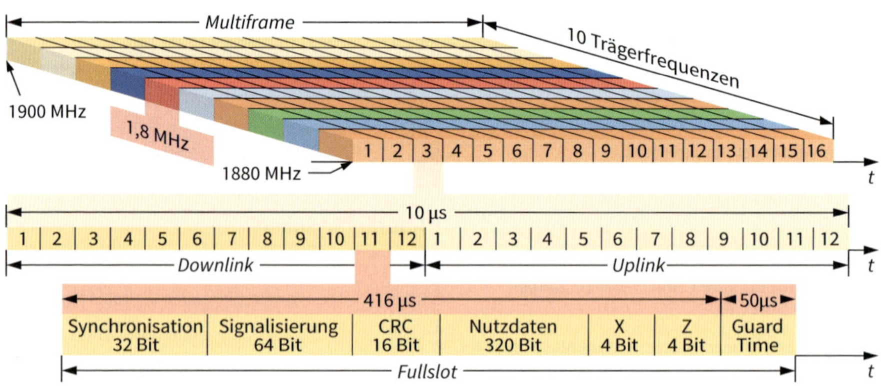

Guardtime: Schutzzeit (entspricht 40 Bit-Zeiten); X- und Z-Feld sind spezielle Kennungsfelder.

Mobilgerät

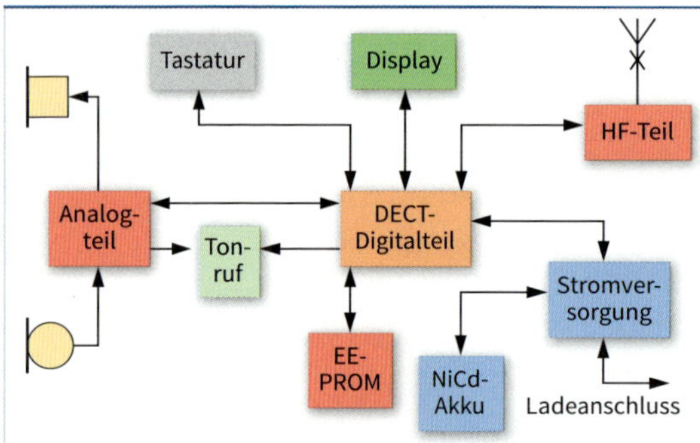

Systemaufbau

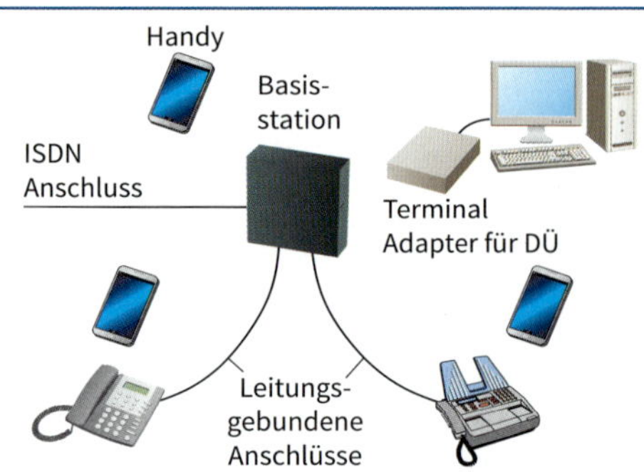

Merkmale

- **ATM** ist eine verbindungsorientierte Multiplex- und Vermittlungstechnik
- Findet Anwendung im Bereich **globaler Netze** und lokaler **multimediafähiger Netze**
- Ist eine Kombination der Vorteile von **paket**- und **leitungsvermittelnden** Netzen (paketvermittelt bietet variable Datenraten; leitungsvermittelt bietet Echtzeit)
- Ist derzeit die Grundlage für **B-ISDN** (**B**reitband **ISDN**)
- Dient zur Übertragung von digital codierten Informationen, wie z. B.
  - Sprache
  - Stand- und Bewegungsbilder
  - Daten und Texte
  - Datenströme jeder Kapazität (z. B. **Video on Demand** Video auf Anfrage)
- Arbeitet mit Nutz- und Steuerungskanälen, über die **Nutzzellen** und **Steuerungszellen** übertragen werden
- Zellen haben das einheitliche Format mit 53 Byte (Kopffeld 5 Byte, Informationsfeld 48 Byte)
- Im **Kopffeld** sind die Adressierungsdaten zur Vermittlung enthalten.
- Die Vermittlungsknoten werten lediglich die Adressinformationen (mit Hardwareschaltungen) aus, wodurch die hohe Vermittlungsgeschwindigkeit erreicht wird.
- Für die Teilnehmer-Schnittstelle (**UNI: U**ser **N**etwork **I**nterface) sind Datenraten spezifiziert mit 2, 34, 140, 155 und 622 Mbit/s.
- Zwischen den Netzknoten (**NNI: N**etwork **N**ode **I**nterface) und dem Übergang zwischen Netzen verschiedener Betreiber (**BICI: B**roadband **I**nter**c**arrier **I**nterface) sind Datenraten mit 34, 140, 155 und 622 Mbit/s festgelegt.
- ATM arbeitet nach OSI-Referenzmodell auf der Schicht 1 und Teilen von Schicht 2.

Schichtenmodell

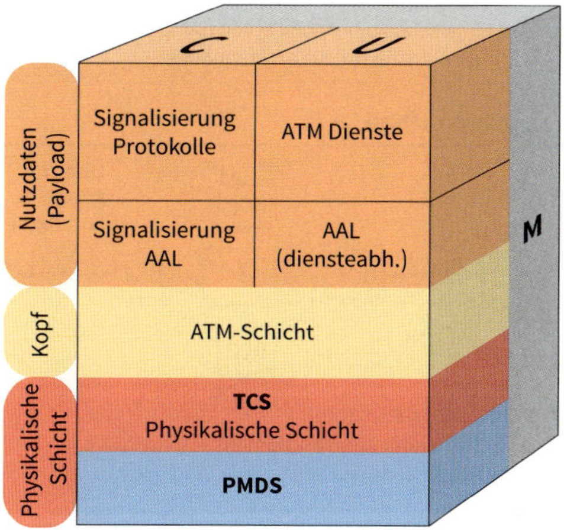

- **U-Plane** (**U**ser-Plane: Anwender-Säule) enthält Regeln und Protokolle für die Übertragung der Nutzinformationen über ATM-Verbindungen.
- **C-Plane** (**C**ontrol-Plane: Signalisierungssäule) enthält Regeln und Protokolle für die Übertragung der Steuerung, die für die Signalisierung benötigt werden.
- **M-Plane** (**M**anagement-Säule) enthält Regeln und Protokolle für die Übertragung der Managementinformationen der Nutz- und Signalisierungsverbindungen.
- **ATM**-Schicht realisiert den dienstunabhängigen Transport von ATM-Zellen sowie die Identifikation virtueller ATM-Verbindungen.
- **AAL**-Schicht (**A**TM **A**daptation **L**ayer: ATM Anpassung) realisiert Funktionen zur Unterstützung unterschiedlicher Telekommunikationsdienste; bildet die ATM-Zellen.

Physikalische Schicht

- Die physikalische Schicht ist wegen der Abhängigkeit vom Übertragungsmedium in zwei Schichten unterteilt.
- **TCS** (**T**ransmission **C**onvergence **S**ublayer) erzeugt beim Senden
  - Prüfsumme für den Zellkopf (**HEC: He**ader **E**rror **C**heck); wird auf Empfangsseite zur Fehlererkennung verwendet;
  - Leerzellen für einen kontinuierlichen Zellenstrom
- Leerzellen werden besonders markiert und an der Empfangsseite wieder entfernt.
- **PMDS** (**P**hysical **M**edium **D**ependent **S**ublayer) realisiert:
  - Leitungscodierung
  - Timing und Synchronisation auf dem Signalniveau

Zellenaufbau

Beispiel: UNI-Schnittstelle

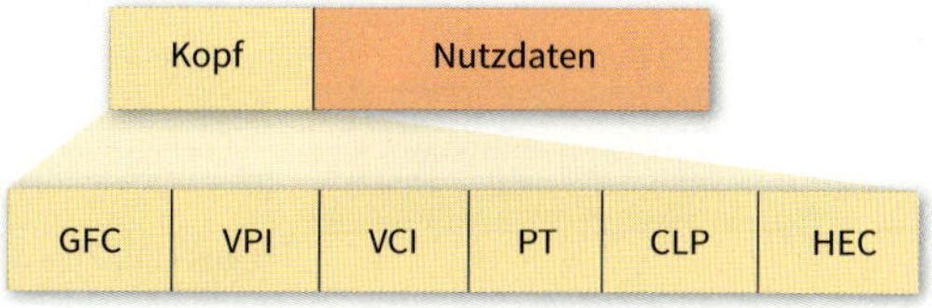

GFC: **G**eneric **F**low **C**ontrol (Flusskontrolle)
VPI: **V**irtual **P**ath **I**dentifier (virtuelle Pfadkennung)
VCI: **V**irtual **C**hannel **I**dentifier (virtuelle Kanalkennung)
PT: **P**ayload **T**ype (Nutzlastkennung)
CLP: **C**ell **L**oss **P**riority (Zellen Verlustpriorität)
HEC: **H**eader **E**rror **C**ontrol (Kopfprüfsumme)

Merkmale

- Frame Relay (FR) ist ein **schnelles paket- und verbindungsorientiertes Übermittlungsverfahren** für Breitbandanwendung im Punkt- zu Punkt-Betrieb.
- Vereinigt die Eigenschaften des X.25-Protokolls in Verbindung mit statistischen Multiplexern.
- FR bietet in der Regel die **geringste Durchlaufverzögerung** gegenüber anderen Protokollen; maximale Grenze der Durchlaufverzögerung kann nicht garantiert werden.
- Für **Sprach- und Videoübertragung** nur begrenzt verwendbar.
- FR stellt **hohe Anforderungen** an Qualität der Übertragungsleitungen (Bit Error Rate: Bitfehlerrate).
- **Vermittlung** der Frames erfolgt anhand der Daten im Header (**DLCI:** **D**ata **L**ink **C**onnection **I**dentifier).
- Ermöglicht **gleichzeitig mehrere virtuelle Übertragungskanäle** über ein Übertragungsmedium.
- Die Datenübermittlung erfolgt abschnittsweise zwischen den Netzknoten ohne Quittung.
- FR-Verbindungen sind **duplexfähig**.
- Die Netzknoten prüfen lediglich auf **Übertragungsfehler** mittels CRC-Verfahren.
- Die Überprüfung der Vollständigkeit der Daten muss von den Endteilnehmern durchgeführt werden.
- **Fehlerhafte** oder **verlorene Datenpakete** müssen von den Partner-Endgeräten erneut angefordert bzw. übertragen werden.
- Verkehrsparameter definieren u. a. die **garantierte Informationsrate** (**CIR: C**ommitted **I**nformation **R**ate).
- Die **logische Struktur** von FR-Netzen ist ähnlich der von X.25-Netzen.
- FR arbeitet auf den OSI-Schichten 1 und 2.
- Die Netzzugangsschnittstelle wird als **FR-UNI** (**FR-U**ser **N**etwork **I**nterface) bezeichnet.
- Der Anschluss ans Netz kann mit allen üblichen physikalischen Schnittstellen (z. B. X.21, V.35, E1) aus dem Bereich der Datenkommunikation erfolgen.
- Die **Paketlänge** ist variabel von 261 Byte (Grundeinstellung) bis 8192 Byte.
  Angewendet werden in der Regel 1512 Byte.
- **Übertragungsgeschwindigkeiten** sind einstellbar von
  - 56 kbit/s bzw. 64 kbit/s
  - n x 64 kbit/s
  - bis 1,544 Mbit/s bzw. 2,048 Mbit/s
- Die wesentlichen **Steuerungsmechanismen** sind im Rahmenkopf enthalten (z. B. **Zieladresse**).
- FR unterstützt **permanente** und **geschaltete virtuelle** Verbindungen.
- **Überlastkontrolle** im Netz erfolgt durch Verfahren wie
  - **BECN** (**B**ackward **E**xplicit **C**ongestion **N**otification: Überlast-Rückwärtsanzeige)
  - **FECN** (**F**orward **E**xplicit **C**ongestion **N**otification: Überlast-Vorwärtsanzeige)
  - **DE** (**D**iscard **E**ligibility: Wegwerf-Erlaubnis)
- FR wird eingesetzt zur Kopplung von LANs, als Backbone für X.25-Systeme und in privaten Datennetzen.

Übermittlungsprinzip

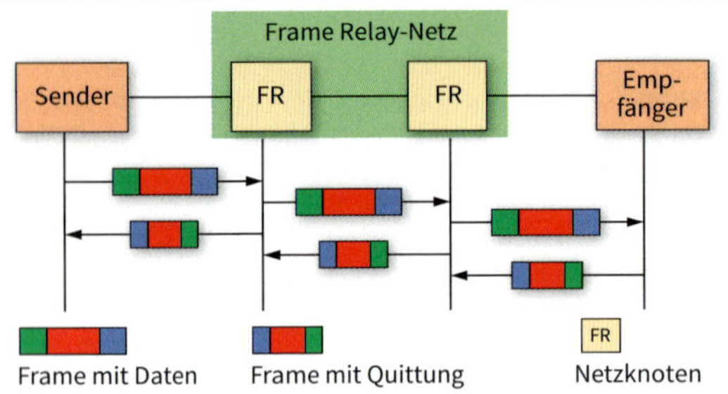

Netzknotenaufbau

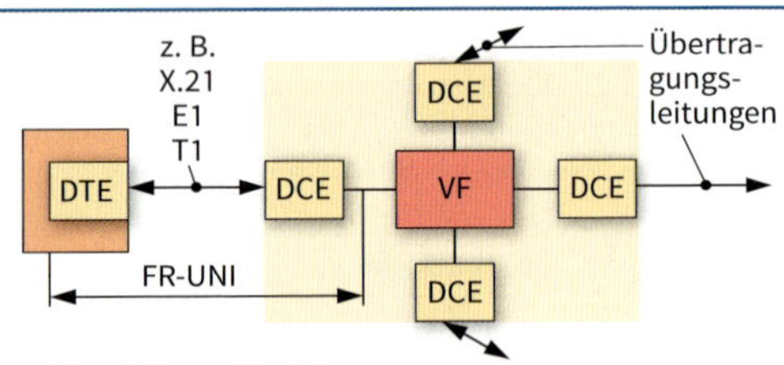

VF: **V**ermittlungs-**F**unktion
DCE: **D**ata **C**ommunication **E**quipment
DTE : **D**ata **T**erminal **E**quipment

Rahmenaufbau

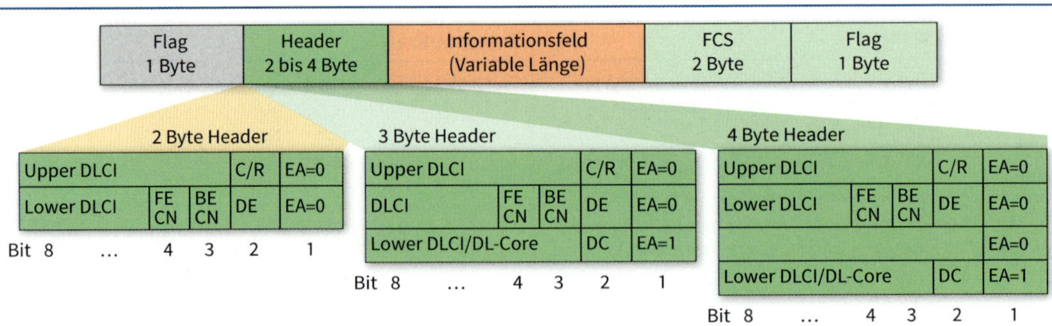

BECN: **B**ackward **E**xplicit **C**ongestion **N**otification
C/R: **C**ommand/**R**esponse Field
DC: DLCI oder DL-**C**ore Control Indicator
DE: **D**iscard **E**ligibility Indicator
DLCI: **D**ata **L**ink **C**onnection **I**dentifier
EA: **A**ddress **E**xtension
FECN: **F**orward **E**xplicit **C**ongestion **N**otification
Flag: 01111110

Merkmale

- **GSM: Global System for Mobile Communication** (Mobilfunksystem)
- Weltweit sind drei Frequenzbänder für GSM freigegeben:
  - GSM 900 (Up: 890 MHz…915 MHz/Down: 935 MHz… 960 MHz)
  - GSM 1800 (Up: 1710 MHz…1785 MHz/Down: 1805 MHz… 1880 MHz)
  - GSM 1900 (Up: 1850 MHz…1910 MHz/ Down: 1930 MHz… 1990 MHz)
- Dienste im GSM orientieren sich an den Diensten im ISDN
- Neben Sprachdiensten werden auch Datendienste angeboten, z. B. GPRS: General Packet Radio Service (Paketorientierter Datendienst)
- Versorgungsgebiet ist in Funkbereiche aufgeteilt (Funkzelle max. 35 km Durchmesser)

Netzarchitektur

Wabenförmige Anordnung der Funkzellen

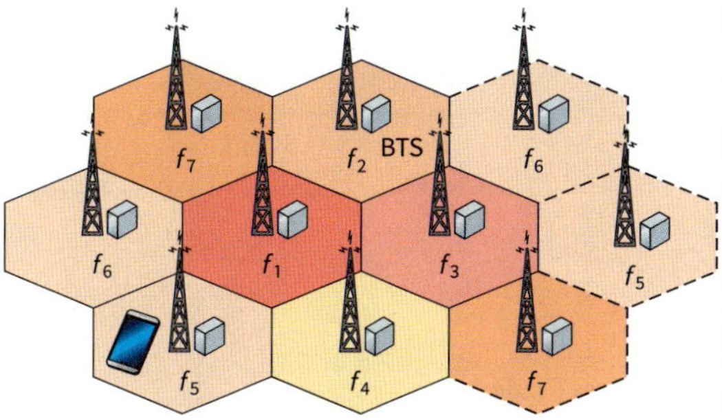

$f_1 \dots f_7$: Funkzellen mit fest zugeteilten Frequenzbündeln. Wegen begrenzter Reichweite können Frequenzbündel in anderen Zellen wieder verwendet werden.

Technische Daten

Funkübertragung erfolgt nach **TDMA**-Prinzip (**T**ime **D**ivision **M**ultiple **A**ccess: Zeitschlitz mit Vielfachzugriff)

Frequenzen	
Uplink (UL) Mobilstation → Basisstation	890 … 915 MHz
Downlink (DL) Basisstation → Mobilstation	935 … 960 MHz
Kanalraster	200 kHz
Trägerfrequenzen (gesamt)	2 x 124
Bitrate (gesamt)	270,833 kBit/s
Sprachkanal	13 kBit/s
Anzahl Sprachkanäle/Träger	8
Modulationsverfahren	GMSK
Modulationsindex	0,3

Netzkonfiguration

Endgeräte	Radiosystem	Vermittlungstechnik	Registerfunktionen

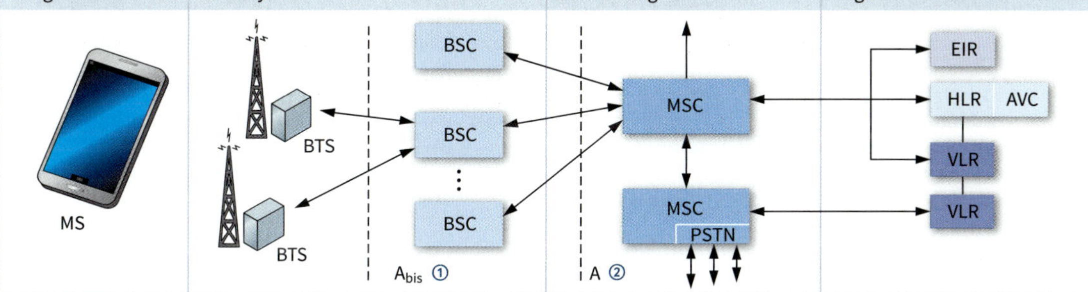

MS (Mobile Station)

Die Teilnehmereinrichtung bzw. der Teilnehmer wird unabhängig vom Gerät über **SIM** (**S**ubscriber **I**dentity **M**odule: Teilnehmer Erkennungs-Modul) identifiziert.

BTS (Base Transceiver Station)

Die Basisstation versorgt jeweils eine Funkzelle und wickelt Funkverkehr mit Mobilstationen über Luftschnittstelle ab.

BSC (Base Station Controller)

- Steuert eine oder mehrere BTS
- Ist über Datenleitungen (A_{bis}-Schnittstelle) ① mit den BTS verbunden
- Verwaltet die Funkkanäle
- Steuert HF-Leistung der Basis- und Mobilstationen und Handover zwischen BTS

MSC (Mobile Switching Centre)

- Die Mobilfunkvermittlungsstelle verwaltet die BSCs und stellt den Übergang in das Drahtnetz (PSTN-Public Switched Telephone Network) her.
- Verbindung zwischen MSC und BSC mit Kupferleitungen oder Richtfunkverbindungen erfolgen über A-Schnittstelle ②.
- Führt zentrale Steuerung durch, z. B. für
  - Gesprächsaufbau und Gesprächsabbau
  - Location Update (Orts-Aktualisierung)
  - Handover (Gesprächsweitergabe) zwischen verschiedenen BSCs bzw. MSCs
  - Wegesuche im Netz
  - Schaltung von Echokompensatoren
  - Gebührenermittlung

Merkmale der Netzarchitektur

- Die UMTS Netzarchitektur besteht aus den Komponenten
  - **CN** (**C**ore **N**etwork: Kernnetz),
  - **UTRAN** (**U**MTS **R**adio **A**ccess **N**etwork: UMTS Funkzugangsnetz) und
  - **UE** (**U**ser **E**quipment: Endgerät)
- Da für UMTS eine andere Funktechnik eingesetzt wird als für GSM, müssen Endgeräte auch entsprechend ausgerüstet sein.
- Das UTRAN besteht aus den Komponenten
  - **RNC** (**R**adio **N**etwork **C**ontroller: Funknetzwerkcontroller) und
  - einem oder mehreren (typisch 3) **NodeBs** (Basisstationen).
- Jeder RNC verwaltet die Funkresourcen (z. B. Sendeleistung, WCDMA Kanalcodes) seiner an ihn angeschlossenen **RNS** (**R**adio **N**etwork **S**ystem).
- Im NodeB wird die Funkverbindung über die physikalische und die Netzwerkschicht realisiert (z. B. die Kanalcodierung, Modulation, Demodulation).

Netzarchitekturbeispiel

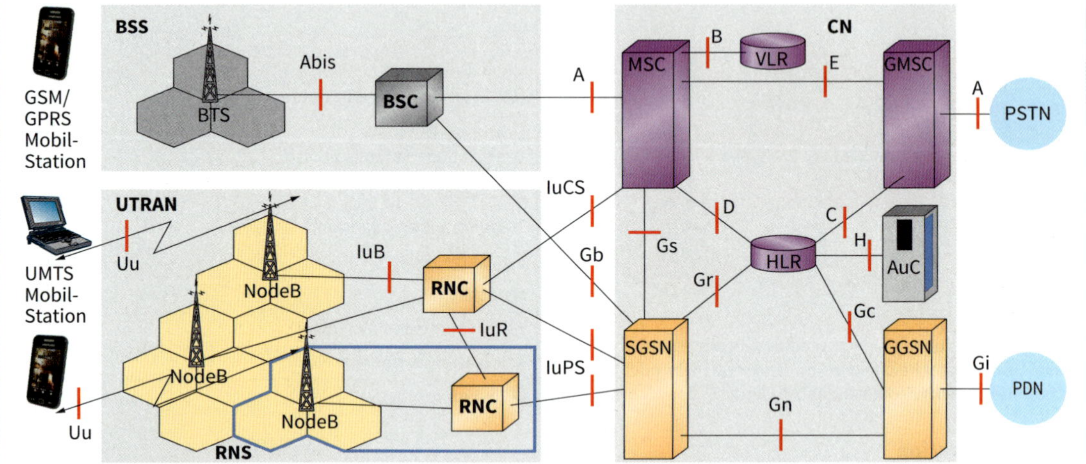

AuC	**Auth**enticantion **C**entre
BSC	**B**ase **S**tation **C**ontroller
BSS	**B**ase **S**tation **S**ubsystem
BTS	**B**ase **T**ransceiver **S**tation
CN	**C**ore **N**etwork
GGSN	**G**ateway **GPRS** **S**ervice **N**ode
GMSC	**G**ateway **M**obile Services **S**witching **C**entre
HLR	**H**ome **L**ocation **R**egister
MSC	**M**obile Services **S**witching **C**entre
NodeB	Base Station
PDN	**P**acket **D**ata **N**etwork
PSTN	**P**ublic **S**witched **T**elephone **N**etwork
RNC	**R**adio **N**etwork **C**ontroller
RNS	**R**adio **N**etwork **S**ystem
SGSN	**S**erving **GPRS** **S**ystem **N**ode
UTRAN	**U**niversal **T**errestrial **R**adio **A**ccess **N**etwork
Uu	**U**MTS Air Interface
VLR	**V**isitor **L**ocation **R**egister
|XY	Schnittstellenbezeichnung

Weiterentwicklungen

- **HSDPA** (**H**igh **S**peed **D**ownlink **P**acket **A**ccess)
  - Hochgeschwindigkeits-Paket Zugang in Abwärtsrichtung (Downlink)
  - Übertragungsraten von 5,76 Mbit/s (Empfänger Kategorie 8)
  - Latenzzeit (Verzögerungszeit bei Übertragung) liegt zwischen 50 ms und 100 ms.
  - Erweiterung auf bis zu 15 Kanäle
  - **QPSK**-Modulation (**Q**uadrature **P**hase **S**hift **K**eying, Vierphasenmodulation), bei guter Empfangslage **16QAM** (**Q**uadratur **A**mplituden **M**odulation)
- **HSUPA** (**H**igh **S**peed **U**plink **P**acket **A**ccess)
  - Hochgeschwindigkeits-Paket Zugang in Aufwärtsrichtung (Uplink)
  - Übertragungsraten 5,76 Mbit/s (Kategorie 69 und bis 23 Mbit/s (Kategorie 9)
- **HSPA+**
  - **MIMO**-Antennentechnologie (**M**ultiple **I**nput **M**ultiple **O**utput), Verbesserung der Funkverbindung durch mehrere Antennen
  - Übertragungsrate bis 28 Mbit/s (Downlink) und 11 Mbit/s (Uplink), Release 7
  - Modulationsverfahren Uplink 16QAM, Downlink zusätzlich 64QAM
  - Kanalbündelung (Dual-Carrier), Zusammenfassung von zwei 5 MHz Kanälen
- **HSOPA** (**H**igh **S**peed **O**FDM **P**acket **A**ccess)
  - Effektivere Nutzung des Frequenzspektrums durch **OFD** (**O**rthogonal **F**requency **D**ivision **M**ultiplexing)
  - Kanalbandbreite zwischen 1,25 MHz und 20 MHz (5 MHz bei UMTS)
  - Vorgängertechnik von **LTE** (**L**ong **T**erm **E**volution)

Merkmale

- LTE wird als **4G** (4. Mobilfunkgeneration) bezeichnet, kann als Nachfolger von UMTS (3G) aufgefasst werden, mit u. a. erhöhter Datenrate, größerer Bandbreiteneffizienz, geringeren Verzögerungszeiten, verbesserten Modulationsverfahren (**QAM**: **Q**uadratur**a**mplituden**m**odulation), geringerem Energieaufwand.
- Begründung für die Einführung: Durch eine verstärkte Internetnutzung im Mobilfunkbereich reicht die Kapazität des UMTS-Netzes nicht mehr aus.
- Für die Nutzung des LTE-Netzes sind eigene Endgeräte erforderlich.
- Durchmesser der Zellengrößen bis zu 5 km.
- Verwendung von Mehrfachantennen (**MIMO**: **M**ultiple **I**nput **M**ultiple **O**utput)

Frequenzbänder

- **800-MHz-Frequenzband**

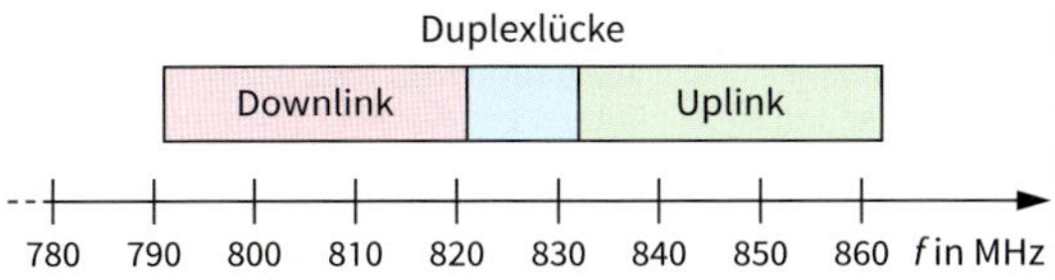

- 791 MHz … 862 MHz, Aufteilung in 5 MHz Bänder
- Duplexlücke 11 MHz
- Beispiel der Nutzung durch Deutsche Telekom: Uplink 852 MHz … 862 MHz, Downlink 811 MHz … 821 MHz

- **2,6-GHz-Frequenzband**

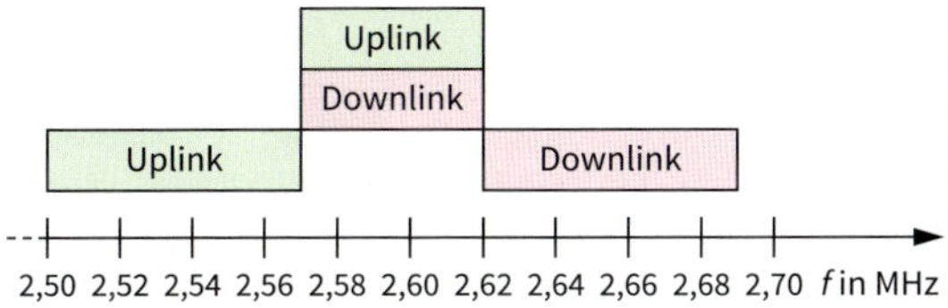

- 2,5 GHz … 2,69 GHz
- Einsatz besonders in Metropolregionen
- Beispiel der Nutzung durch Deutsche Telekom:
  - Frequenzduplex (**FDD**)
    Uplink 2,52 MGHz … 2,54 MGHz,
    Downlink 2,64 GHz … 2,66 GHz
  - Zeitduplex (**TDD**)
    Uplink und Downlink 2,605 GHz … 2,61 GHz

Modulation

- **OFDMA** (**O**rthogonal **F**requency **D**ivision **M**ultiple **A**ccess)
  - Festgelegt bei LTE für den Downlink
  - Die verfügbare Bandbreite wird in viele Subträger aufgeteilt (orthogonale zueinander, dadurch kaum gegenseitige Beeinflussung der Trägersignale).
  - Bei 20 MHz sind beispielsweise im Abstand von 15 kHz 1333 Subträger vorhanden.
  - Jeder Subträger kann unabhängig moduliert werden, je nach Empfangslage z. B. mit QPSK, 16QAM (4 Bits pro Signal) oder 64QAM (8 Bits pro Signal).
  - Jeder Subträger enthält nur die Informationen eines Signals.
  - Mehrere Nutzer können auf die verfügbare Bandbreite zugreifen.
  - Zeitintervall 1 ms, vor jedem Zeitintervall wird entschieden, welcher Nutzer welche Ressourcen erhält.
- **SC-FDMA** (**S**ingle **C**arrier-**F**requency **D**ivision **M**ultiple **A**ccess)
  - Festgelegt für den Uplink
  - Ähnlich OFDMA, verringerte Leistung bei LTE-Geräten
  - Jeder Subträger enthält die Informationen über alle in einer Periode übertragenen Signale.
- **TDD** (**T**ime **D**ivision **D**uplex, Zeitduplexverfahren)
  - Aufteilung der Signale in Subframes von 1 ms
  - Up- und Downlink-Frames werden zeitlich getrennt über den selben Kanal übertragen.
  - Zwischen der Umschaltung vom Down- zum Uplink wird ein Subframe benötigt (**DwPTS**: **Dow**nlink **P**ilot **T**ime**s**lot, **GP**: **G**uard **P**eriod, **UpPTS**: **Up**link **P**ilot **T**ime**s**lot).

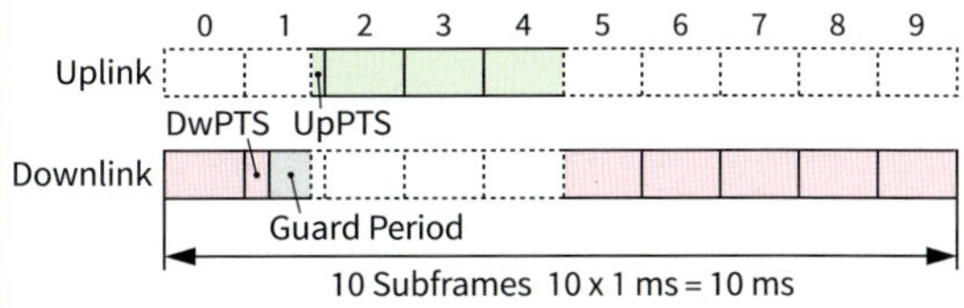

- **FDD** (**F**requency **D**ivision **D**uplex, Frequenzduplexverfahren)
  - Je ein Kanal wird für Up- und Downlink-Frames verwendet.

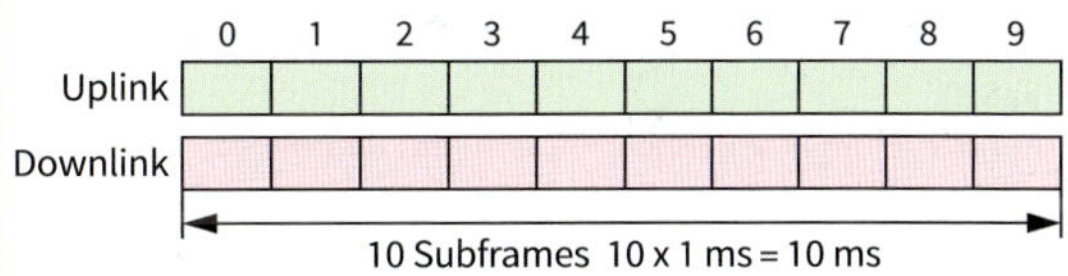

Vergleich

	UMTS	LTE	
Frequenzband in GHz	2,1	0,8	2,6
Datenraten – maximal in Mbit/s – durchschnittlich in Mbit/s – bei Drosselung[1] in kbit/s	 21,6 < 2 64	 50 mindestens 2 384	 100
Verlust durch geteilte Datenrate[2], je nach Nutzeranzahl	deutlich	geringer	
Bandbreite in MHz	5	5, 10, 20	
Reichweite in km	bis 5	bis 10	
Antennenzahl	1	4 (MIMO)	

[1] bei Ausschöpfung des Tarifvolumens
[2] mehrere Nutzer teilen sich die maximale Datenrate

Netzarchitektur

- LTE besitzt gegenüber UMTS eine vereinfachte Netzarchitektur.
- Die einzelnen Funknetze werden als **E-UTRAN** (Evolved UTRAN) bezeichnet (**UTRAN**: **U**niversal **T**errestrial **R**adio **A**ccess **N**etwork, evolved: entwickelt). E-UTRAN wird auch als LTE-Luftschnittstelle bezeichnet.
- Ein RNC (Radio Network Controller) wie bei UMTS wird nicht mehr benötigt. Seine Funktionen übernehmen LTE-Basisstationen (**eNodeB**, Evolved Node B).
- eNodeB sind miteinander vermascht und kommunizieren untereinander über X2-Schnittstellen.
- Über S1-Schnittstellen kommunizieren die eNodeB direkt mit dem Kernnetz (**EPC**: **E**volved **P**acket **C**ore Network).
- Weiterentwicklung: **LTE-Advanced** mit Datenraten bis zu 1000 Mbit/s und geringeren Latenzzeiten

Cloud Computing

Merkmale

- Cloud Computing (‚Rechnen in der Wolke') bezeichnet das **dynamisch an den Bedarf** angepasste
  - **Anbieten**,
  - **Nutzen** und
  - **Abrechnen** von IT-Dienstleistungen

  über ein Netz.
- Angebot und Nutzung dieser Dienstleistungen erfolgen dabei ausschließlich über
  - definierte technische Schnittstellen und
  - Protokolle.

(Definition nach BSI [Bundesamt für Sicherheit in der Informationstechnik])

- Angebotene Dienstleistungen beinhalten das komplette Spektrum der Informationstechnik z. B.
  - Rechenleistung, Speicherplatz,
  - Plattformen und
  - Software.
- **Vorteile** u. a.:
  - Einsparungen bei eigener IT-Infrastruktur (z. B. bei IT-Systemen, Energiekosten, Personal)
  - Ressourcen können auf Anforderung genutzt werden
- **Nachteile** u. a.:
  - Datenschutz und -kontrolle bei Speicherung von Daten (insbesondere länderübergreifend)

Cloud-Arten

Private Cloud (Private Cloud)	**Public Cloud** (Öffentliche Cloud)	**Community Cloud** (Gemeinschafts-Cloud)
■ Cloud-Infrastruktur wird nur für eine Institution betrieben. ■ Sie kann von der Institution selbst oder einem Dritten organisiert und geführt werden. Kann im Rechenzentrum der eigenen oder einer fremden Institution stehen.	■ Die Services können von der Allgemeinheit oder einer großen Gruppe (z. B. ganze Industriebranche) genutzt werden. ■ Die Services werden von einem Anbieter (Provider) zur Verfügung gestellt.	■ Die Infrastruktur wird von mehreren Institutionen geteilt, die ähnliche Interessen haben (z. B. öffentliche Verwaltungen). ■ Kann von einer dieser Institutionen oder einem Dritten betrieben werden.
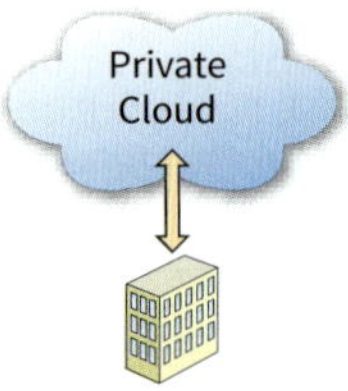	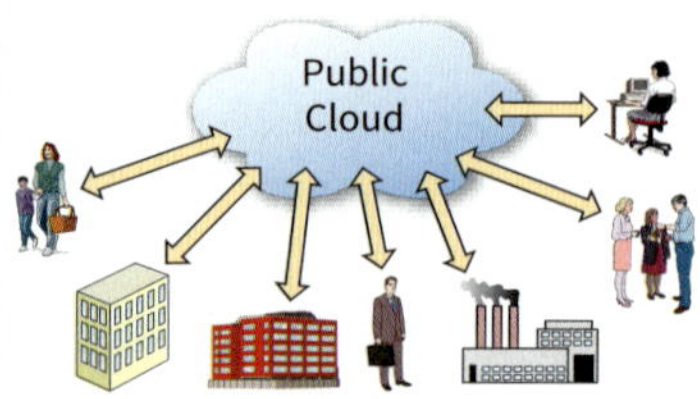	

Hybrid Cloud (Gemischte Cloud)

- Mehrere Cloud-Infrastrukturen, die für sich selbst eigenständig sind, werden über standardisierte Schnittstellen gemeinsam genutzt (z. B. private Cloud in Verbindung mit öffentlicher Cloud)

Basis-Servicemodelle

IaaS ①
(**I**nfrastructure **as a S**ervice: Infrastruktur als Service)

- Hier werden IT-Ressourcen als Service zur Nutzung angeboten (z. B. Rechenleistung, Datenspeicher oder Netze).
- Der Cloud-Kunde kauft bzw. mietet diese virtualisierten (in hohem Maß standardisierten Services) und baut darauf eigene Services zum internen oder externen Gebrauch auf (z. B. Betriebssystem mit Anwendungen).

PaaS ②
(**P**latform **as a S**ervice: Plattform als Service)

- PaaS-Provider stellt komplette Infrastruktur bereit und bietet dem Kunden standardisierte Schnittstellen an, die von den Services des Kunden genutzt werden.
- Der Kunde hat keinen Zugriff auf die darunterliegenden Schichten (Betriebssystem, Hardware); kann aber auf der Plattform eigene Anwendungen laufen lassen.

SaaS ③
(**S**oftware **as a S**ervice: Software als Service)

- Vom Kunden gewünschte Anwendungen werden vom Provider bereitgestellt, aktualisiert und gewartet
- Beispiele: Finanzbuchhaltung, Textverarbeitung

Referenzarchitektur

- Gibt eine Übersicht über die Komponenten, die vom **Service Provider** vorzuhalten und zu managen sind.
- Zur Umsetzung der vielfältigen und komplexen Aufgaben wird die Anwendung von Vorgehensmodellen (z. B. ILTIL oder COBIT) empfohlen.

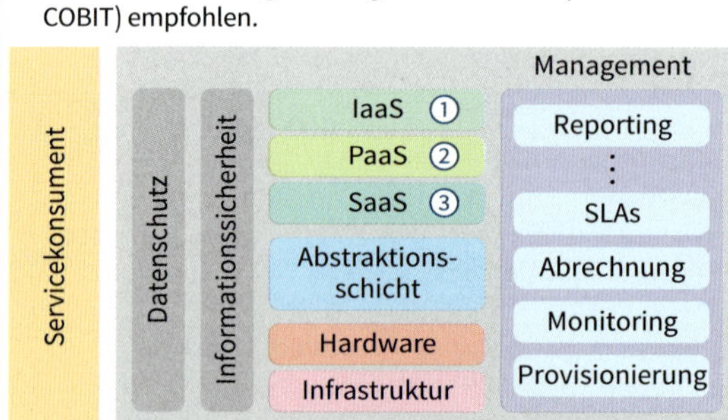

① ② ③ Externe Service Leistungen
Reporting: Berichterstattung (u. a. Störungsstatistik)
ALA (Service Level Agreement: Dienstgütevertrag)
Monitoring: Überwachung des Betriebes
Provisioning: Bereitstellung von Software und Hardware

WAP – Wireless Application Protocol

Merkmale

- **WAP** (**W**ireless **A**pplication **P**rotocol: Drahtloses Anwendungsprotokoll) ist ein Stamdard für drahtlose Informationsdienste über digitale mobile Telefone und andere drahtlose Terminals, z. B. **PDA** (**P**ersonal **D**igital **A**ssistant)
- Überträgt Internet-Inhalte, E-Mail und FTP-Dienste
- Unterstützt verschiedene **Übermittlungsdienste** und **Übertragungssysteme**
- Spezifikation beschreibt die Architektur als Cient-Server-Modell
- Schichtenmodell lehnt sich an OSI an
- Nutzt Standardaufrufe des WWW mit URLs
- Verwendet HTML, Java Script und HTTP
- Endgeräte enthalten **Mikro-Browser** (arbeiten analog zu Standard WEB-Browsern)
- Kommunikation zwischen Client (Endgerät) und Server erfolgt über **WAP-Proxy**
- WAP-Proxy arbeitet als **Protokoll-Gateway** und Codierer bzw. Decodierer
- Übersetzt Anfragen (requests) aus dem WAP-Protokoll-Stack (z. B. **WSP: W**ireless **S**ession **P**rotocol) in WWW Protocol-Stacks wie HTTP oder TCP/IP
- Kodierfunktion übersetzt u.a. den WAP-Inhalt in kompaktes Format zur Reduzierung des Datenaufkommens im Netz
- **WTA** (**W**ireless **T**elephony **S**erver: Drahtloser Telefon Server) für normale Sprachkommunikation dient zum Übergang vom digitalen Mobilfunknetz in entsprechendes Festnetz
- **WML** (**W**ireless **M**ark-up **L**anguage: Drahtlose Darstellungssprache) ist eine spezielle Sprache zur Wiedergabe von Informationen auf Displays von mobilen Endgeräten

Protokolle

- **WDP** (**W**ireless **D**atagram **P**rotocol: Drahtloses Daten-Protokoll) ist das Transport-Layer-Programm
- WDP verwendet unterschiedliche Anpassungen (Profile) für die Übermittlungsdienste
- Enthält **WCMP** (**W**ireless **C**ontrol **M**essaging **P**rotocol: Drahtloses Kontroll-Nachrichten-Protokoll) zur Übertragung von Fehlermeldungen an Netzknoten
- **WTLS** (**W**ireless **T**ransport **L**ayer **S**ecurity) ist ein Sicherheitsprotokoll mit der Realisierung folgender Funktionen:
  - Daten-Integrität zwischen Server und Client
  - Privacy (Vertraulichkeit)
  - Authentication (Schutz vor unberechtigtem Zugriff)
  - Denial of Service Protection (Zugriffsverweigerung auf Dienste) zum Entdecken und Zurückweisen unkorrekt verifizierter Daten
- **WTP** (**W**ireless **T**ransaction **P**rotocol) realisiert den Datagramm-Dienst, arbeitet transaktionsorientiert und bietet drei Dienstklassen:
  - **Erste Klasse:**
    Unzuverlässige Einwege-Kommunikation für gelegentlichen Datenverkehr ohne Antwort
  - **Zweite Klasse:**
    Zuverlässige Einwege-Kommunikation mit Antwort
  - **Dritte Klasse:**
    Zuverlässige Zweiwege-Kommunikation für gegenseitigen Datenaustausch mit wechselseitiger Bestätigung
- **WSP** (**W**ireless **S**ession **P**rotocol) bietet WAE zwei Dienste zur Datenübertragung:
  - **Erster Dienst:**
    Sicher, verbindungsorientiert
  - **Zweiter Dienst:**
    Verbindungslos, sicher oder nicht sicher

Protokollstruktur

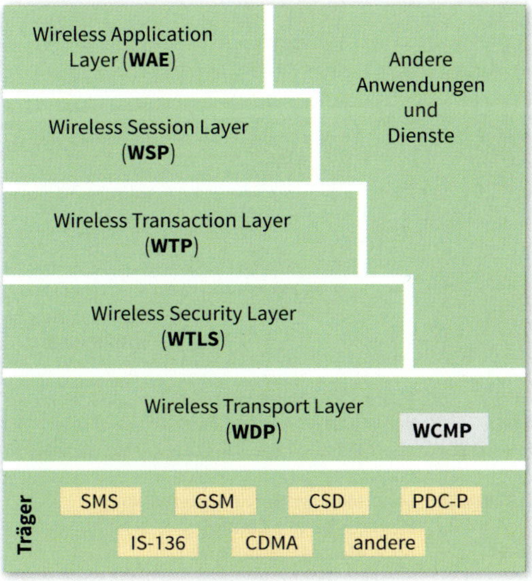

WAP-Modell

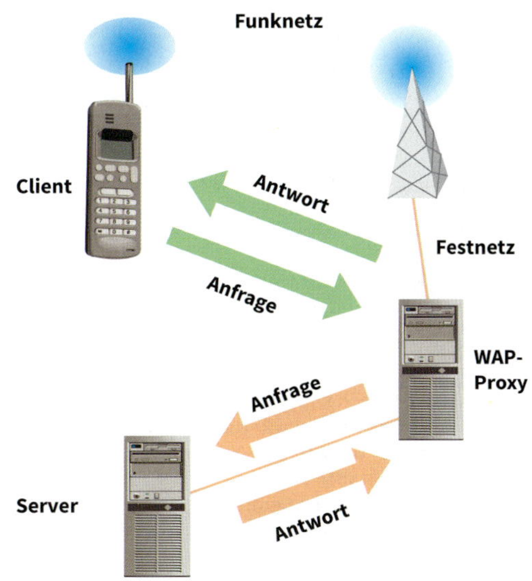

Merkmale

- **GPRS** (**G**eneral **P**acket **R**adio **S**ervice) ist eine Erweiterung des **circuit switched** zum **packet switched** GSM-Netz.
- Realisiert die **Funk-Datenübertragung** mit bis zu 171,2 kbit/s
- Arbeitet als **paketorientierter** Dienst
- Der Datenstrom wird dabei in Pakete aufgeteilt, die über momentan freie GSM-Kanäle übertragen werden.
- Der Empfänger setzt die Datenpakete in der richtigen Reihenfolge wieder zusammen.
- Für GPRS ist das GSM-Netz erweitert worden um
  - **paketorientiertes Protokoll** für die Luftschnittstelle und
  - **Core Netzwerk**, auf Internet-Protokoll basierendes Netzwerk, das über Standardschnittstellen an GSM angeschlossen wird.
- Standards (ETSI) für GPRS sind spezifiziert in z. B.:
  - GSM 02.60 (GPRS Überblick)
  - GSM 03.60; 03.64; 03.61; 03.62 (Systemarchitektur und Dienste-Definitionen)
- GPRS ist erster Dienst im Rahmen der **GSM-Phase 2+**
- Bietet Zugang zu paketorientierten Datendiensten wie z. B. Internet oder Intranet
- Codierungsverfahren auf der Luftschnittstelle ist in vier Gruppen eingeteilt (**CS 1** bis **CS 4**)
- CS 1: Geringste Datenrate, beste Fehlerkorrektur
- CS 4: Höchste Datenrate ohne Fehlerkorrektur
- **Nettodatenrate** wird bestimmt durch:
  - Verfügbarkeit von Zeitschlitzen (speziell in Spitzenzeiten)
  - Qualität der Funkübertragung (Wiederholung von fehlerhaften Datenpaketen)
  - Verhältnis von Overhead- zu Nutz-Daten
- GSM-Netze mit GPRS-Funktionen enthalten neue Netzelemente wie
  - **SGSN** (**S**erving **G**PRS **S**upport **N**ode)
  - **GGSN** (**G**ateway **G**PRS **S**upport **N**ode)
  - **BG** (**B**order **G**ateway)
  - **PTM-SC** (**P**oint-**t**o-**M**ultipoint **S**ervice **C**entre)

Datenrate

Kanal-Codierungsverfahren	CS 1	CS 2	CS 3	CS 4
Einfacher Zeitschlitz (kbit/s)	9,05	13,4	15,6	21,4
Achtfacher Zeitschlitz (kbit/s)	72,0	107,2	124,8	171,2

Endgeräteklassen

Class	Merkmal
A	Sprach- und Datenverbindungen **gleichzeitig**
B	**Entweder** Sprach- oder Datenverbindung (automatische Umschaltung)
C	Manuelle Auswahl von Sprach- oder Datenverbindung

Referenzmodell

Schnittstellenspezifikationen:
C, D, E, Gb, Gd, Gf, Gi, Gn, Gp, Gr, Gs, R, Um

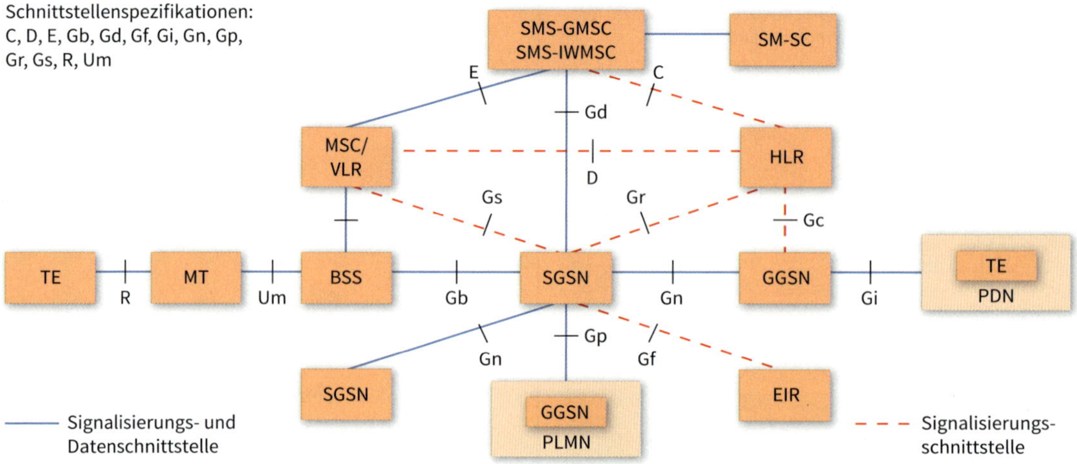

BSS: **B**ase **S**tation **S**ubsystem
EIR: **E**quipment **I**dentity **R**egister
GGSN: **G**ateway **G**PRS **N**ode
HLR: **H**ome **L**ocation **R**egister
MSC/VLR: **M**obile **S**witching **C**entre/ **V**isitors **L**ocation **R**egister
MT: **M**obile **T**erminal
PDN: **P**ublic **D**ata **N**etwork
PLMN: **P**ublic **L**and **M**obile **N**etwork
SGSN: **S**erving **G**PRS **S**upport **N**ode
SMS-GMSC: **S**hort **M**essage **S**ervice-**G**ateway **M**essage **S**ervice **C**entre
SMS-IWMSC: **S**hort **M**essage **S**ervice-**I**nter**w**orking **M**essage **S**ervice **C**entre
SM-SC: **S**hort **M**essage-**S**ervice **C**entre
TE: **T**erminal **E**quipment

Merkmale

- **TETRA** (**Te**rrestrial **T**runked **Ra**dio: „gebündelter irdischer Funk") ist ein zellulares digitales **Bündelfunksystem** für Sprach- und Datenübertragung
- TETRA wird eingesetzt für private und öffentliche **Betriebsfunknetze** (z. B. Taxi- und Fuhrunternehmen) und für Sicherheitsfunkanwendungen (z. B. Polizei und Feuerwehr) in Form geschlossener Benutzergruppen
- Standardisiert durch ETSI in
  - ETS 300 392 TETRA **V**oice + **D**ata
  - ETS 300 383 TETRA **P**acket **D**ata **O**ptimised
  - ETS 300 396 TETRA **D**irect **M**ode **O**peration
  - ETS 300 394 TETRA **T**esting
- Im Gegensatz zu öffentlichen Mobilfunksystemen bietet TETRA einen schnellen Verbindungsaufbau (max. 500 ms)
- Angebotene Dienste (Teledienste):
  - Individual Call (Individualruf)
  - Group Call (Gruppenruf)
  - Broadcast Call (Punkt-zu Multipunkt-Ruf)
  - Emergency Call (Notruf)
  - Open Channel (Offener Sprechkanal)
- **Datendienste:**
  - Status Transmission (Zustandsmeldung)
  - Short Data Service (Kurz-Daten Dienst)
  - Leitungsvermittelte Datendienste (ungeschützte, geschützte und hochgeschützte Datenübertragung)
  - Paketvermittelte Datendienste (verbindungsorientiert, verbindungslos und TCP/IP-Zugriff)
- **Zusatzdienste** sind u. a. Priority Call (Vorrangruf), Discreet (diskretes Mithören) und Ambience Listening (Umgebungs-Mithören).
- Frequenzbereiche in Europa:
  - 410...430 MHz; 450...470 MHz
  - 870...876 MHz gepaart mit 915...921 MHz
  - 385...390 MHz gepaart mit 395...399,9 MHz
- Pro Zelle werden typisch vier bis fünf Träger (16 bis 20 logische Kanäle) aufgebaut.

Netzstruktur

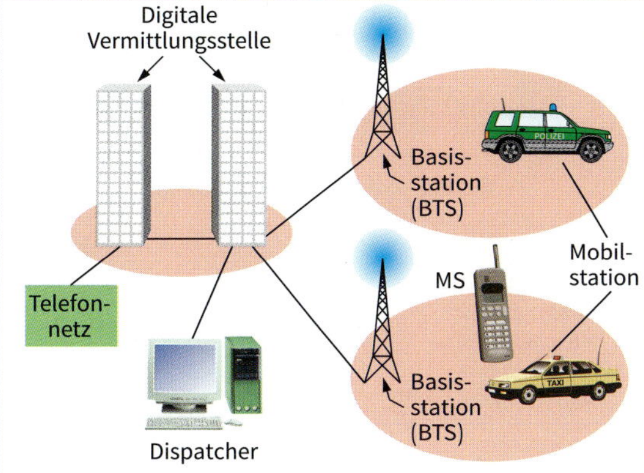

Betriebsarten

DMO (**D**irect **M**ode **O**peration)

DMO mit Repeater

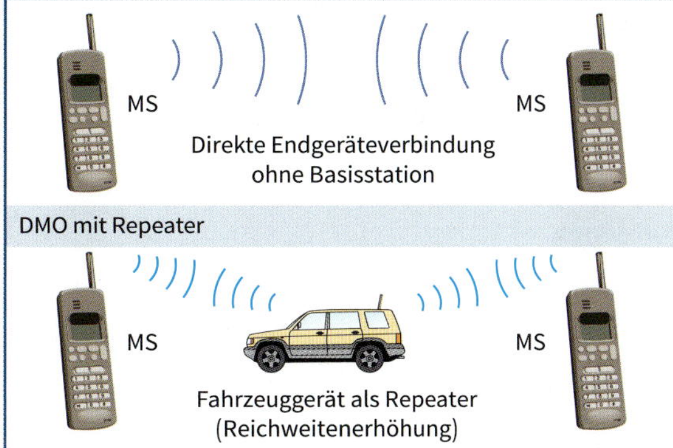

Kenndaten

Parameter	Wert
Kanalraster	25 kHz
Sendeleistung Basisstation pro Trägerfrequenz (typisch)	25 W Equivalent Radiated Power
Sendeleistung Mobilgerät	1 W, 3 W, 10 W
Empfängerempfindichkeit statisch (Bit Error Rate = 1,2 %; 4,8 kBit/s)	MS: –113 dBm BTS: –115 dBm
Empfängerempfindichkeit dynamisch (TU50; Bit Error Rate = 1,2 %; 4,8 kBit/s)	MS: –104 dBm BTS: –106 dBm
Betriebsart	Semi-, Vollduplex
Kanalzugriffsverfahren	TDMA
Modulation	π/4-DQPSK
Kanalbitrate	36 kbit/s
Maximale Datenrate, ungeschützt (gross bit rate)	28,8 kbit/s

Parameter	Wert
Netto-Datenrate: – non-protected – low-protected – high-protected	(n = 1, 2, 3, 4) n x 7,2 kbit/s n x 4,8 kbit/s n x 2,4 kbit/s
Sprachcodierung **(A-CELP: A**lgebraic **C**ode-**E**xcited **L**inear **P**redictive)	4,567 kbit/s
Spektrumseffiziens in interferenzbegrenzter Umgebung (viel Verkehr, viele Zellen)	50 bit/(s · kHz · Zelle)
Spektrumseffiziens in rauschbegrenzter Umgebung (eine isolierte Zelle)	384 bit/(s · kHz)
Reichweite: – Rural (ländlich) – Suburban (Vorort)	 ca. 14 km ca. 14,5 km

Merkmale

- Bei Richtfunk wird eine Funkstrecke zwischen zwei festen Punkten (Antennen) aufgebaut.
- Die elektromagnetische Energie wird gebündelt im Freiraum übertragen.
- Durch starke Bündelung bleibt der Einfluss auf gleicher Frequenz sehr klein und ermöglicht kleine Sendeleistungen.
- Unterer anwendbarer Frequenzbereich liegt bei 200 MHz.
- Allgemein verwendet wird der Frequenzbereich zwischen 2 GHz und 60 GHz.
- Übertragungskapazitäten: 2 Mbit/s, 4 Mbit/s, 8 Mbit/s, 2 x 8 Mbit/s, 34 Mbit/s, 140 Mbit/s.
- Modulationsverfahren: 4 PSK, 4 FSK, 16 QAM, 64 QAM, 128 TCM
- Übertragungsentfernungen liegen zwischen 5 km und 50 km (freie Sichtverhältnisse); größere Entfernungen werden durch hintereinander geschaltete Stationen erreicht.
- Reichweite wird begrenzt durch:
  - **Flachschwund**; entsteht durch Änderung des Brechungsindexes der Luft (breitbandige Reduzierung des Empfängersignals), Niederschläge (Regen oder Nassschnee).
  - **Mehrwegeschwund**; entsteht durch Beugung oder Reflexion an Luftschichten oder Reflexionen an der Erdoberfläche (Verzerrungen).
- Freiraumausbreitung bedeutet freie optische Sicht zwischen den Antennen (Fresnelzone).
- Die Fresnelzone beschreibt ein Ellipsoid mit den Antennen als Brennpunkte.

Frequenzbandeinteilung

- Schwerpunktmäßig genutzter Bereich im Richtfunk sind 4 GHz bis 38 GHz mit Teilbändern von 200 MHz bis 2 GHz.
- Die Frequenzbereiche werden in **Ober-** und **Unterband** eingeteilt.
- Teilbänder werden durch Mittenlücke getrennt (in der Regel größer als der Nachbarkanalabstand).
- Bänder mit gleichen Ziffern in beiden Bändern bilden Frequenzpaare für die Hin- und Rückübertragung einer Verbindung.

Fresnel-Zone

- Reflexionsfreie Übertragung ist gegeben, wenn keine Hindernisse in die 1. Fresnelsche Zone ragen.

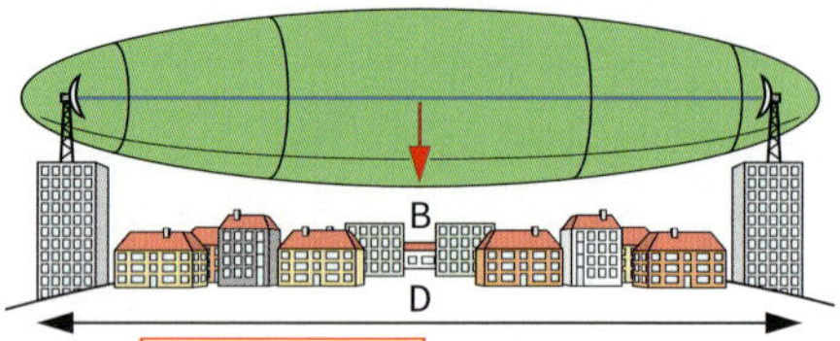

$B = 0{,}5 \cdot \sqrt{\lambda \cdot D}$ λ: Wellenlänge

Antennen

- Sendeantennen wandeln die Leitungswelle in eine Raumwelle um.
- Empfangsantennen wandeln die Raumwelle in eine Leitungswelle um.
- Die abgestrahlte Energie wird durch die Bauform der Antenne scharf gebündelt und in bevorzugter Richtung abgestrahlt.

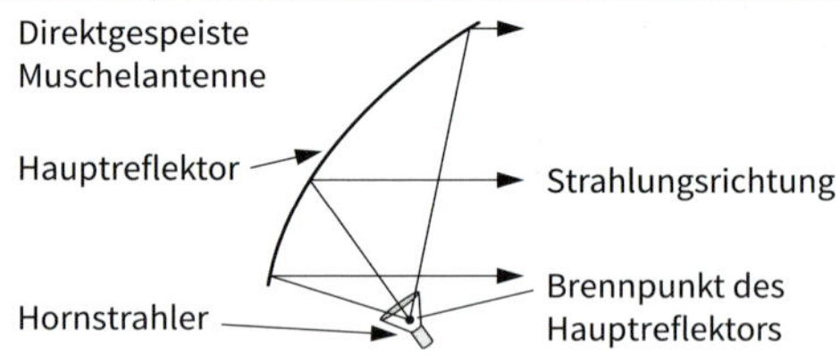

Beispiel Standortvernetzung

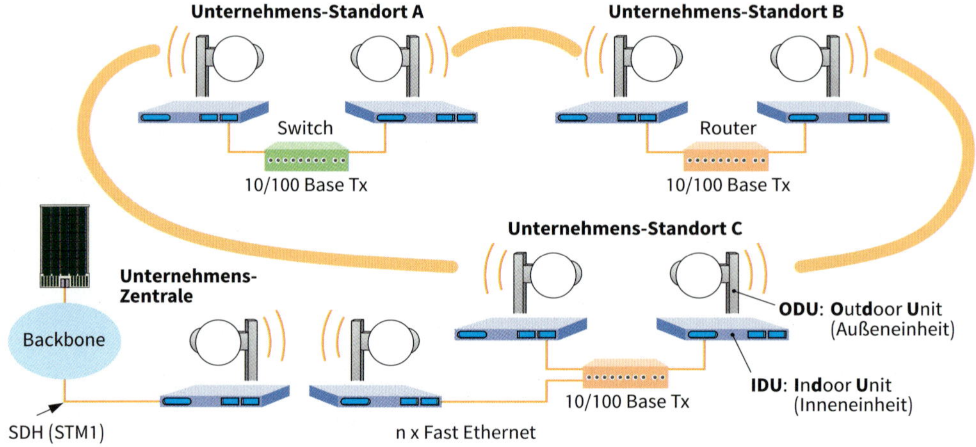

Merkmale

- Die Frequenzbereiche des Kurzstreckenfunks (**SRD**) können lizenzfrei von jeder Person für Sprach- und Datenübertragung genutzt werden.
- Die effektive Sendeleistung **ERP** (**E**ffective **R**adiated **P**ower) in Watt ist das Produkt der in eine Sendeantenne eingespeisten Leistung *P* multipliziert mit dem Antennengewinn *G*, bezogen auf einen Halbwellendipol ($ERP = P \cdot G$).
  Ein Halbwellendipol besitzt einen Antennengewinn von 1. Dies entspricht einem Wert von 0 dB.
- Je nach Umgebungsbedingungen können Entfernungen bis 2 km überbrückt werden.
- Die verwendeten Geräte besitzen eine geringe Sendeleistung. Sie werden als **LPD**-Geräte (**L**ow **P**ower **D**evices) bezeichnet. Merkmale sind
  - 10 mW Sendeleistung,
  - im Frequenzbereich von 433,075 MHz bis 434,775 MHz 69 schaltbare Frequenzen und
  - Frequenzmodulation.
- Empfehlung: Keine Audio- und Sprachanwendungen im Frequenzbereich von 433,05 MHz bis 434,79 MHz

Frequenzbereiche, Bundesnetzagentur, November 2005

Frequenzbereiche in MHz		Maximal zulässige Sendesleistung *ERP* bzw. magnetische Feldstärke
6,765 ... 6,795	ISM-Band	42 dBμA/m in 10 m Entfernung
13,553 ... 13,567	ISM-Band	42 dBμA/m in 10 m Entfernung
26,957 ... 27,283	ISM-Band	42 dBμA/m in 10 m Entfernung oder 10 mW
40,660 ... 40,700	ISM-Band	10 mW
433,050 ... 434,790	ISM-Band	10 mW
868,000 ... 870,000	ISM-Band	s. Diagramm unten
Frequenzbereiche in GHz		
2,400 ... 2,4835	ISM-Band	10 mW
5,725 ... 5,875	ISM-Band	25 mW
24,000 ... 24,250	ISM-Band	100 mW
61,000 ... 61,500	ISM-Band	100 mW
122,000 ... 123,000	ISM-Band	100 mW
244,000 ... 246,000	ISM-Band	100 mW
Es bestehen keine Einschränkungen hinsichtlich der Kanalbandbreite.		

ISM-Band

- **ISM**-Bänder (**I**ndustrial, **S**cientific and **M**edical Band) Frequenzbereiche, in denen Hochfrequenz-Geräte in Industrie, Wissenschaft, Medizin, in häuslichen und ähnlichen Bereichen genutzt werden können.
- ISM-Geräte (z. B. Mikrowellenherde, medizinische Geräte zur Kurzwellenbestrahlung) benötigen keine spezielle Zulassung.
- Nutzungsbeispiele:
  - **13,56 MHz:** Funketiketten (RFID), Kunststoffschweißen, CO_2-Gasentladung für Laser
  - **27 MHz:** Babyphone, Modellbau-Fernsteuerung
  - **433 MHz:** Babyphone, Funk-Thermometer, Funk-Schalter (Autoschlüssel), Funk-Steckdosen, Funk-Alarmanlagen, Funk-Kopfhörer und Funk-Lautsprecher (auslaufend)
  - **2,4 GHz:** Drahtlose Videoübertragung, Mikrowellengerät, CO_2-Gasentladung für Laser, Modellbau-Fernsteuerung
  - **24 GHz:** Radar-Bewegungsmelder
  - WLAN (IEEE 802.11b, 802.11g), Bluetooth und IEEE 802.15.4 (z. B. in Verbindung mit ZigBee) sind keine ISM-Anwendungen.
    Diese Anwendungen unterliegen eigenen Bestimmungen.
- Das ISM-Band von 433 MHz darf in Deutschland noch bis 2013 für die Sprach- und Datenübertragung verwendet werden. Danach ist das Band nur für technische Anwendungen reserviert.
- Das Band von 433,05 MHz bis 434,90 MHz kann gebührenpflichtig mit 500 mW betrieben werden (25 kHz Kanalraster). Es liegt innerhalb des 70 cm-Amateurfunkbandes.
- Audio- und Videoanwendungen:
  - Der Frequenzbereich von 868 MHz bis 870 MHz ist für die Übertragung von Audio- und Videosignalen nicht erlaubt.
  - Video-Anwendungen sind nur oberhalb von 2,4 GHz erlaubt.
- Die Einhaltung der Bestimmungen wird durch das CE-Kennzeichen dokumentiert.

Frequenzbereich von 868 MHz bis 870 MHz

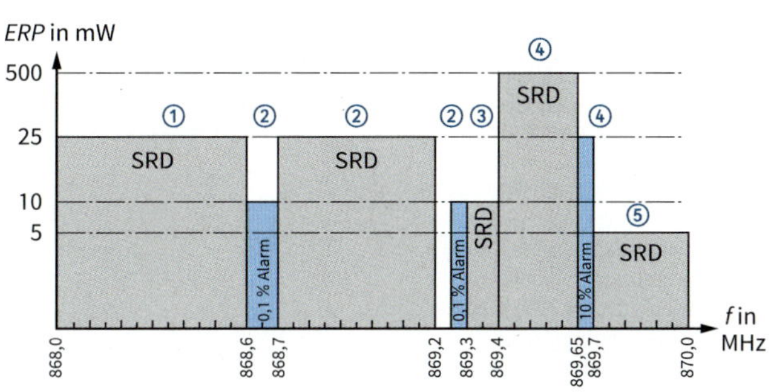

- Durch **Duty Cycle (relative Frequenzbelegungsdauer)** wird sichergestellt, dass das Band nur für eine bestimmte Zeit belegt wird. Der in Prozent angegebene Wert legt fest, wie lange das einzelne Funkgerät bezogen auf eine Stunde senden darf.
- Duty Cycle:
  - ① ≤ 1,0 %[1]
  - ② ≤ 0,1 %[1]
  - ③ keine Einschränkung (100 %)
  - ④ ≤ 10 %[1]
  - ⑤ keine Einschränkung (100 %)

[1] wenn kein **LBT** (**L**isten **b**efore **T**alk, Prüfung der Kanalbelegung) angewendet wird.

Merkmale

- **LoRaWAN** ist
  - eine eigenständige Funktechnik zur Vernetzung von IoT-Geräten in einem Sternnetzwerk mit bidirektionaler Kommunikation
  - ein Beispiel der LPWAN (Low Power WAN)-Technik und
  - speziell ausgelegt für kleine Datenraten und Batteriebetrieb der Endgeräte.
- Endgeräte sind eingeteilt in die Klassen A, B und C.
- Die Datensicherheit ist zweistufig (Endgeräte-Authentifizierung und Anwendungsverschlüsselung).
- Die LoRaWAN-Spezifikation wird von der LoRa-Alliance festgelegt.
- Modulationsverfahren: Herstellerspezifische **Chirp Spread Spectrum**-Modulationstechnik.
- Reichweiten:
  - Stadtgebiet (dichte Bebauung) bis 2 km
  - Vororte (lockere Bebauung) bis 15 km
  - ländliche Gebiete (geinge Bebauung) bis 30 km
- Frequenzband (Deutschland): 867 MHz bis 869 MHz
- Datenraten: 250 bit/s bis 50 kbit/s
- Hohe Durchdringung von Gebäuden und somit Kommunikation auch mit unterirdischen Endgeräten möglich.

Netzarchitektur

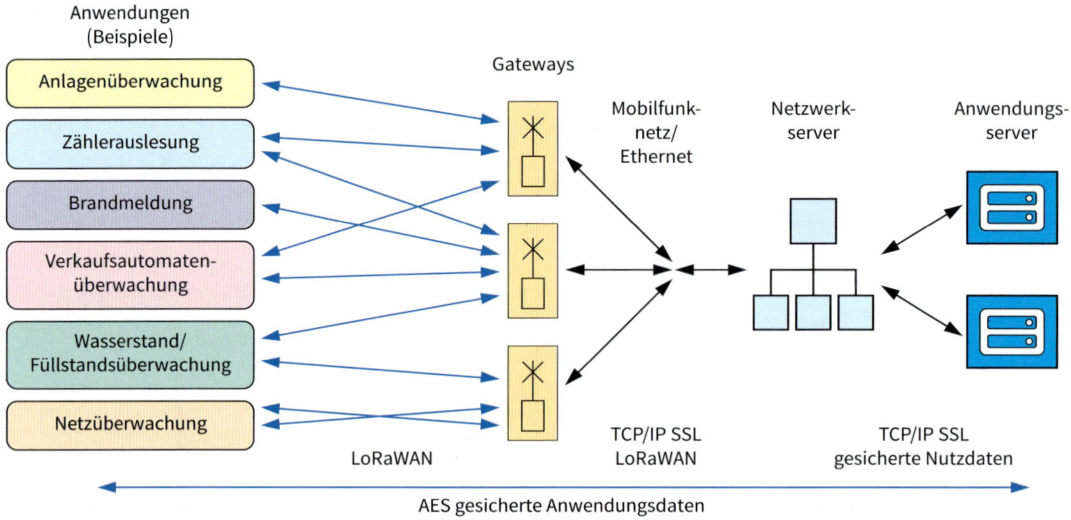

Endgeräteklassen

- **Klasse A (Sensor, batteriebetrieben)**
  - Verwendet ALOHA-Zugriffsverfahren.
  - Endgerät sendet seine erzeugten Datenpakete an das Gateway, gefolgt von zwei Download Receive-Fenstern.
    Diese können für weiteren Datenempfang genutzt werden.
  - Ein erneuter Datentransfer kann nur durch das Endgerät bei einem erneuten Upload initiiert werden.
  - Geringster Batterieverbrauch.
- **Klasse B (Aktuator, batteriebetrieben)**
  - Download Receive-Fenster werden zu festgelegten Zeiten geöffnet.
  - Endgerät empfängt dazu ein zeitgesteuertes Beacon-Signal vom Gateway.
- **Klasse C (Aktuator, netzbetrieben)**
  Endgerät hat ein permanent geöffnetes Download Receive-Fenster, ist somit nahezu permanent aktiv.

Endgerät

Beispiel:
Multifunktionssensor

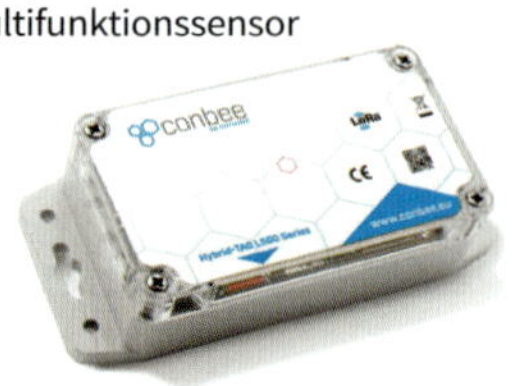

Sensorfunktionen:
Multifunktionssensor
- GPS/GNSS
- Reed Schalter
- Beschleunigung, Bewegung
- Temperatur
- Feuchtigkeit
- Umgebungshelligkeit
- Magnetisches Feld
- PIR-Bewegungssensor
- Datenspeicher für Langzeitspeicherung bei Verbindungsausfall

Gateway

Beispiel:
Outdoor-Gateway

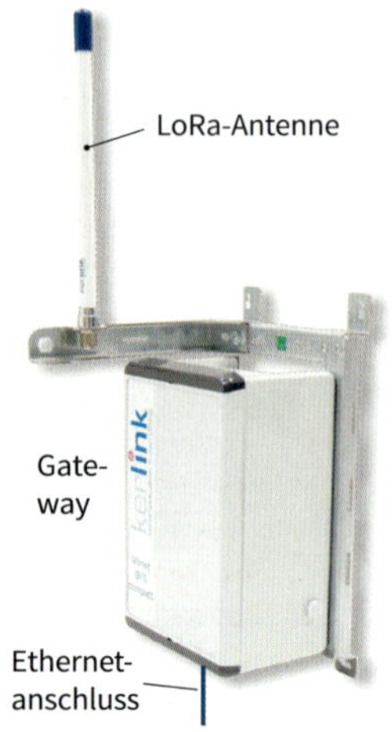

Erweiterung des LTE-Mobilfunkstandards (NB-IoT)

Merkmale

- **NB-Io-T** (**N**arrow**B**and **I**nternet **o**f **T**hings; Schmalband-Internet der Dinge) ist eine ERweiterung des LTE-Mobilfunkstandards und wird auch als **LTE Cat-NB1** bezeichnet.
- Ist ein **Low Power Wide Area Network** (**LPWAN**) und Funk-Standard zur Vernetzung von mit Funktechnik ausgerüsteten **UE** (**U**ser **E**quipment) über vorhandene Mobilfunknetze.
- Ist speziell ausgelegt für hohe in-Haus Reichweiten, niedrige Gesamtkosten, lange Batterielebensdauer und hohe Anzahl an verbundenen Geräten.
- Wird von Mobilfunknetz-Betreibern (z. B. Deutsche Telekom. Vodafon) kostenpflichtig angeboten.
- Endgeräte benötigen entweder eine SIM-Karte oder eine **eSIM** (**e**mbedded **S**ubscriber **I**nterface **M**odule).
- Anwendungen u. a. Smart Metering, Energie-Management, Connected Cars, Industrie 4.0
- LTE Cat-NB1-UE's senden und empfangen auf einem 180 kHz breiten Funkkanal (In-Band Betrieb möglich).
- Maximale Downlink- und Uplink-Datenrate zwischen 150 kbit/s und 250 kbit/s.
- Zufgriffsverfahren:
  Downlink: **OFDMA** (**O**rthogonal **F**requency **D**ivision **M**ultiple **A**ccess)
  Uplink: **SC-FDMA** (**S**ingle-**C**arrier **F**requency **D**ivision **M**utiple **A**ccess)
- Senden/Empfangen erfolgt im Halbduplex-Betrieb
- UE's erfordern lediglich eine Antenne.
- Massive Repetition-Kodierung für eine größere Reichweite.
- Empfänger kann mehrere Übertragungsversuche akkumulieren, bis er schließlich ein Signal erfolgreich empfangen kann).
- Reichweite: ca. 18 km bis 20 km

Netzarchitektur

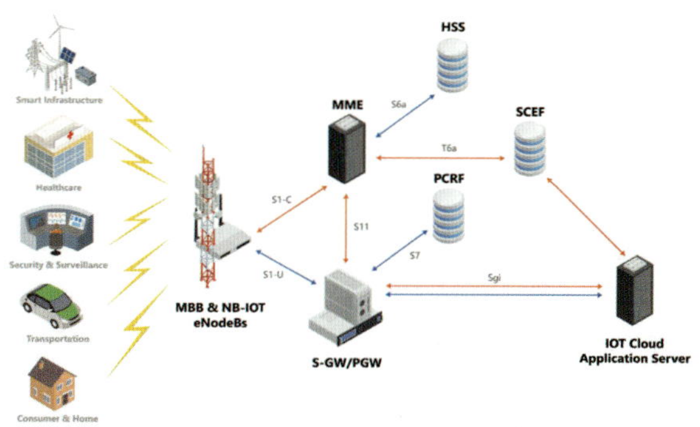

SGW: **S**erving **G**ate**w**ay
SCEF: **S**ervice **C**apability **E**xposure **F**unction
PGW: **P**acket Data Network **G**ate**w**ay
PCRF: **P**olicy and **C**harging **R**ules **F**unction
HSS: **H**ome **S**ubscriber **S**erver
MME: **M**obility **M**anagement **E**ntity
MBB: **M**obile **B**road**b**and
NB-IOT: **N**arrow-**B**and **IOT**
eNodeBs: **e**volved **Node Bs**

SigFox

Merkmale

- SigFox ist eine herstellerspezifische Datenübertragungstechnik mittels Funk (SigFox, Labège Frankreich) für das IoT.
- Ist ein LPWAN mit bis zu 30 km Reichweite.
- Die Funkübetragung erfolgt im lizenzfreien 868 MHz Band (**UNB**: **U**ltra **N**arrow **B**and).
- SigFox ist ein eigener Netzwerkbetreiber, bei dem die Daten der Objekte (Endgeräte) verarbeitet werden.
- Uplink (Objekt an Gateway):
  - Maximal 140 Nachrichten pro Tag
  - Maximal 7 Nachrichten pro Stunde
- Maximal 12 Byte (Nettodaten) pro Nachricht
- Downlink (Gateway an Objekt):
  - Maximal 4 Nachrichten pro Tag
  - Maximal 8 Byte (Nettodaten) pro Nachricht
- Modulationsarten:
  - Uplink: **DBPSK** (**D**ifferential **B**inary **P**hase **S**hift **K**eying)
  - Downlink: **GFSK** (**G**aussian **F**requency-**S**hift **K**eying)
- Kosten: Abhängig von der Anzahl der Endgeräte.

Netzarchitektur

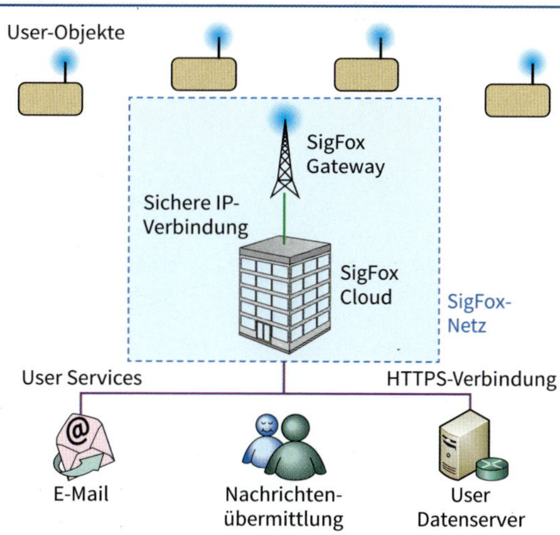

Merkmale

- MQTT ist ein offenes Nachrichtenprotokoll (Transportprotokoll) im Anwendungsberich der Machine-to-Machine-Kommunikation (M2M).
- Ermöglicht die Übertragung von Telemetriedaten in Form von Nachrichten zwischen Geräten (u. a. Sensoren und Aktoren).
- Wird über die **OASIS** (**O**rganzation for the **A**dvencement of **S**tructured **I**nformation **S**tandards) als Protokoll des Internet of Things (IoT) standardisiert.
- Ist besonders geeignet für Verbindungen mit einem geringen Verwaltungsdatenanteil.
- MQTT Netze bestehen aus:
  - **Publisher** (Herausgeber); (Client) ①
  - **Broker** (Verwalter); (Server) ②
  - **Subscriber** (Empfänger); (Client) ③
- Publisher: Sendet Nachrichten an den Broker.
- Broker: Verteilt die Nachrichten an die angemeldeten Subscriber.
- Subscriber: Empfängt die Nachrichten vom Broker.
- Es gibt **keine** direkte Verbindung zwischen Publisher und Subscriber.
- Nachrichten bestehen immer aus einem **Topic** und dem **Nachrichteninhalt**.
- Topics stufen die Nachricht hierarchisch ein (z.B. Arbeitszimmer / Heizung / Temperatur).
- Subscriber könne sich beim Broker auf Topics abonnieren ④.
- Nachrichten werden mit einem definierbaren **Quality of Service** versendet:
  - **at most once (QoS0)**: Nachricht wird einmal gesendet, kommt bei Verbindungsunterbrechung möglicherweise nicht an.
  - **at least once (QoS1)**: Nachricht wird so lange gesendet, bis der Empfang bestätigt wird; kann beim Empfänger mehrfach ankommen.
  - **exactly once (QoS2)**: Die Nachricht kommt bei Verbindungsunterbrechung genau einmal an.
- **last will** (letzter Wille): Wird vom Broker gesendet, sobald ein Client eine Verbindung unsauber abbricht (z. B. „Temperatursensor/Status" mit der Payload „unreachable" oder „0" durch Netzwerkfehler oder ähnliches.

Netzaufbau

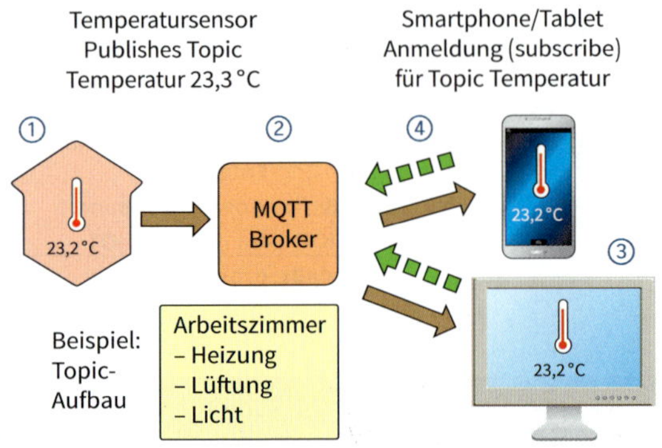

Aufbau Header

Bit	7	6	5	4	3	2	1	0
Byte 1	Nachrichtentypen [1]				DUP	QoS	QoS	[2]
					Flags			
Byte 2	Länge des restlichen Pakets							

DUP: Duplicate delivery of a PUBLISH Control Packet (Zweifache Auslieferung eines PUBLISH-Pakets)

QoS: PUBLISH Quality of Service (Veröffentlichte QoS)

[1] Siehe Tabelle Nachrichtentypen

[2] **RETAIN**: PUBLISH Retain flag (Nachricht beibehalten)

Merkmale

Benennung	Kennzeichen im Steuerungspaket	Übertragungsrichtung	Funktion
Reserved	0	nicht erlaubt	Reserviert
CONNECT	1	client->server	Verbindungsanfrage an Broker
CONNACK	2	server->client	Verbindungsbestätigung
PUBLISH	3	client->server oder server->client	Neue Nachricht
PUBACK	4	client->server oder server->client	Bestätigung der neuen Nachricht, QoS1
PUBREC	5	client->server oder server->client	Erster Teil einer QoS2-Nachricht
PUBREL	6	client->server oder server->client	Zweiter Teil einer QoS2-Nachricht
PUBCOMP	7	client->server oder server->client	Letzter Teil der QoS2-Nachricht
SUBSCRIBE	8	client->server	Antrag für spezifische Topics
SUBACK	9	server->client	Antragsbestätigung
UNSUBSCRIBE	10	client->server	Abmeldung für spezifische Topics
UNSUBACK	11	server->client	Bestätigung der Abmeldung
PINGREQ	12	client->server	Lebenstaktanfrage
PINGRESP	13	server->client	Lebenstaktantwort
DISCONNECT	14	client->server	Abschaltung

Merkmale

- **R**adio **F**requency **I**dentification (funkbasierte Erkennung) gehört zu den kontaktlosen Erkennungssystemen.
- RFID besteht aus passiven oder aktiven Transpondern (transceive und respond) und Lesegeräten.
- Der Datenaustausch erfolgt über magnetische bzw. elektrische Felder.
- Die Transponder beinhalten dabei codierte Daten von Personen oder Gegenständen, die von den Lesestellen kontaktlos empfangen und ausgewertet werden.

Transponderarten

- **Passive Transponder** [auch als Tag (Anhänger)] bezeichnet
  - bestehen aus einem Siliziumchip
  - einer integrierten Antenne
  - entnehmen die Energie zum Senden aus dem HF-Feld des Lesegerätes
- Bauformen passiver Tags sind u.a. Plastikkarten, Münzformen, Glasröhrchen, Armbänder.
- Frequenzbereiche und Reichweiten:
  - **LF** (**L**ow **F**requency) 125 kHz/134,2 kHz, bis 1 m
  - **HF** (**H**igh **F**requency) 13,56 MHz, bis 1,5 m
  - **UHF** (**U**ltra **H**igh **F**requency) 860 MHz – 960 MHz, bis 7 m
- **Aktive Transponder**
  - beinhalten eine zusätzliche Energiequelle (Batterie), die nach entsprechender Betriebszeit ausgetauscht werden muss
  - bieten größere Reichweiten als passive Transponder
  - beinhalten zusätzliche elektronische Schaltungsteile
  - sind in der Regel mechanisch größer aufgebaut
  - Frequenzbereich: 2,4 GHz
- Transponder können fest codiert oder wiederbeschreibbar sein.
- Niederfrequente Systeme bieten eine wesentlich geringere Dämpfung als hochfrequente Systeme.
- Die Luftschnittstelle wird gegen mögliche Übertragungsstörungen geschützt durch
  - Prüfsummenverfahren oder
  - Mehrfachübertragungen.
- Der zulässige Schreib-Leseabstand zwischen Transponder und Lesegerät ergibt sich aus der
  - verwendeten Frequenz
  - Geschwindigkeit des Transponders
  - Aufenthaltsdauer im Ansprechbereich
- Transponder sind im Allgemeinen unempfindlich unter anderem gegen
  - Staub
  - Feuchtigkeit
  - Gase
- Glas- oder Kunststofftransponder sind darüber hinaus
  - vollkommen staub- und wasserdicht
  - werden als Implantate eingesetzt
- Anwendung finden RFID-Systeme u. a. bei
  - Zugangskontrolle
  - Warenverfolgung
  - Dokumentenkennzeichnung
  - Mautstellen (z. B. Skilifte)
  - Personen-Nahverkehr

Systemaufbau

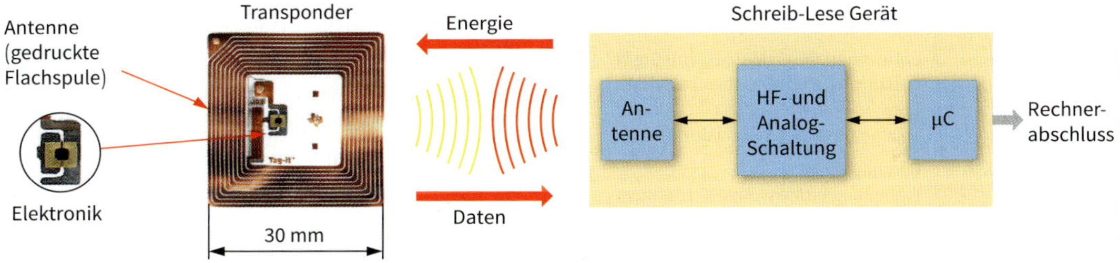

Richtdiagramm

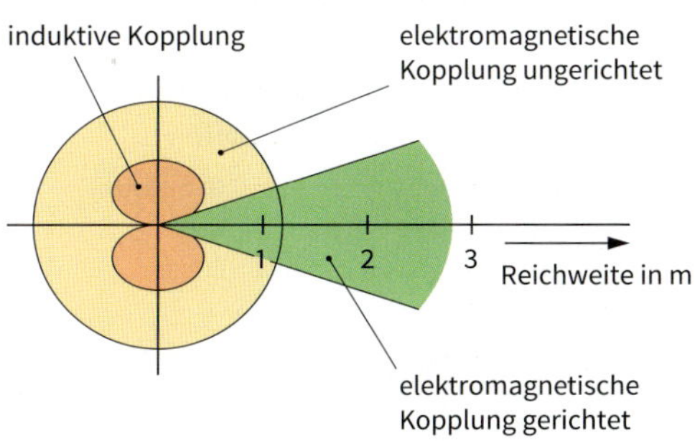

Beispiele

Glas-Tag	Bekleidungs-Tag
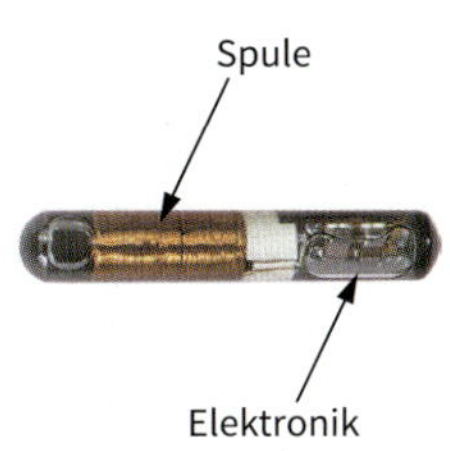	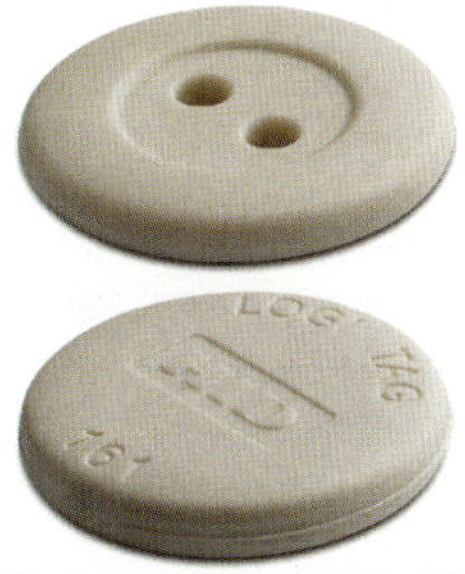

Ortungsprinzip

Nacheinander werden zwei Entfernungen zu einem sich bewegenden Satelliten gemessen (Messung der **Entfernungsänderung**).
a_1: Entfernung zum Satelliten zum Zeitpunkt t_1
a_2: Entfernung zum Satelliten zum Zeitpunkt t_2
$\Delta a = a_2 - a_1$
Diese Entfernungsänderung ist ein Messgröße, die für eine Ortung verwendbar ist.

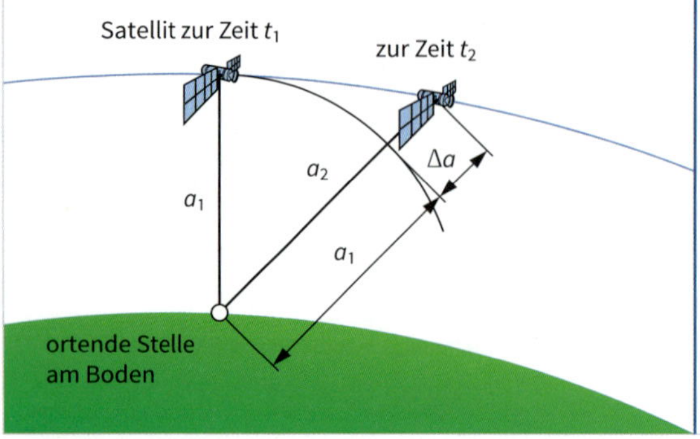

Segmente im GPS-System

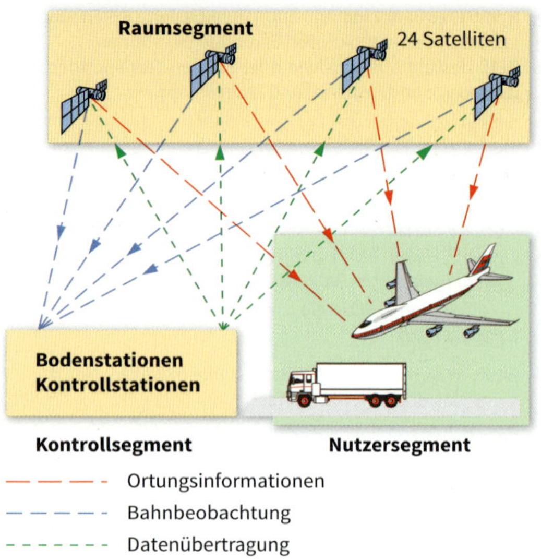

GPS-Grundkonzeption

Aufgaben	Positionsbestimmung (Ortung), Geschwindigkeitsbestimmung, Zeitinformationsbestimmung
Ortungsverfahren	Entfernungsmessung, dreidimensional
Satelliten	24 umlaufende Satelliten (21 aktiv, 3 Ersatz)
Bahnhöhe	20 230 km
Sendefrequenzen (Träger)	Träger L1: $f_1 = 1575{,}42$ MHz Träger L2: $f_2 = 1227{,}60$ MHz (aus Atomfrequenznormal $f_0 = 10{,}23$ MHz abgeleitet)
Messgrößen	Entfernung durch Messen von **Signallaufzeiten** (Impulslaufzeitverfahren), **Trägerphasendifferenz** (kontinuierliche Schwingungen, CW-Verfahren)
Positionsbestimmung	Genauigkeit: Signallaufzeitmessung: 30 bis100 m Trägerphasendifferenz: 3 bis 30 cm
Geschwindigkeit	Genauigkeit: Fehler 3 m/s
Zeitinformation	Genauigkeit: Fehler 100 ns

Anwendung von GPS im zivilen Bereich

Ortung und Navigation:

- **C/A**-Code (**C**oarse **A**cquisation) des Trägers L1 wird empfangen, ausgewertet und daraus die Position berechnet.
- Zur Berechnung muss der Standort des Satelliten bekannt sein. Die Daten liefern 5 auf der Erde verteilte Kontrollstationen (Kontrollsegmente).
- Zur dreidimensionalen Positionsbestimmung sind Signale von drei Satelliten erforderlich.
- Voraussetzung für eine exakte Messung ist die mitgesendete „Uhrzeit" (GPS-Zeit).

Differenzial-GPS (DGPS)

Bei der Auswertung der GPS-Signale können Abweichungen von 30 bis 500 m auftreten. Eine verbesserte Positionsbestimmung wird durch eine **Differenzialmessung** erreicht.

Prinzip:

- Genau vermessene Referenzstation mit GPS-Empfänger, Referenzprozessor, Referenzsender.
- Die Differenz zwischen den über die GPS-Daten ermittelten Koordinaten und den geodätischen Koordinaten wird ständig ermittelt, ausgewertet und Korrekturdaten errechnet.
- Die Korrekturdaten werden über einen Sender abgestrahlt (z. B. über RDS, Langewelle).
- Der GPS-Nutzer kann beide Signale verwenden, um seine Position zu bestimmen. Genauigkeit bis zu 10 m.

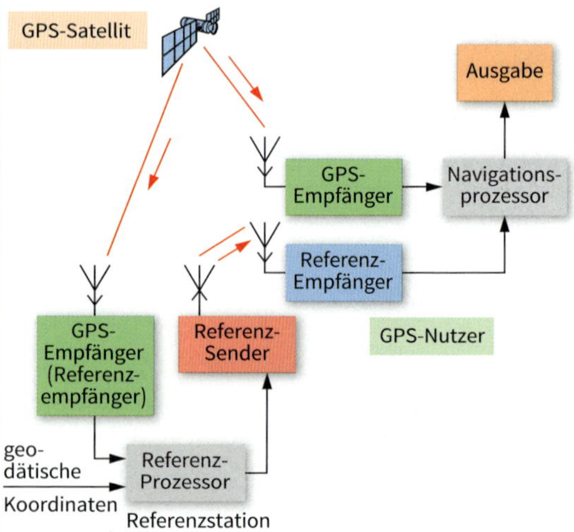

Zielführungssytem

Prinzip:
Kontinuierliche Positionsbestimmung und Vergleich mit digital gespeicherter Straßenkarte

Messgrößen:
- Empfang und Auswertung der GPS oder DGPS-Signale
- Der zurückgelegte Weg wird mit einem Radsensor (Radumdrehung und Radumfang) ermittelt
- Die Fahrtrichtung liefert ein Kompass

Effektivität:
Sie hängt im Wesentlichen von der Genauigkeit der digitalen Straßenkarte ab.

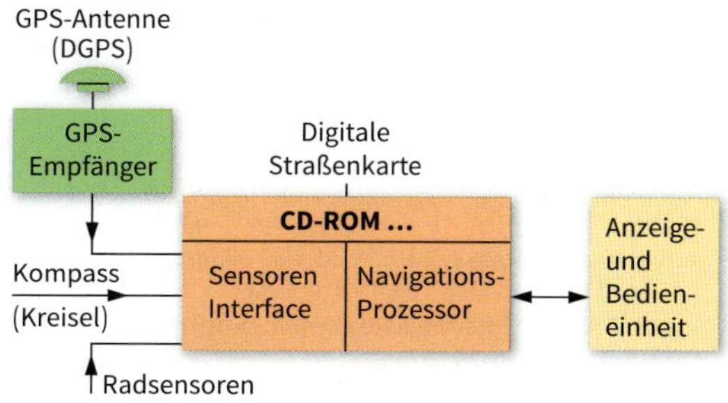

Positionsmeldesystem

Prinzip:
- Positionsbestimmung mit GPS.
- Kommunikation über das Mobilfunknetz oder über einen Kommunikationssatelliten (z. B. INMARSAT)

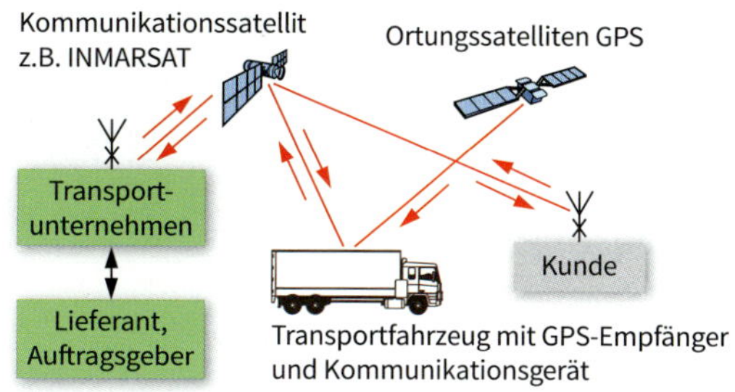

Verkehrsleitsystem

Prinzip:
- Verkehrsteilnehmer bestimmen ihre Position aus den Satellitensignalen.
- Position wird der Verkehrsleitzentrale übermittelt.
- Zwischen Zentrale und Fahrzeugen besteht zur Steuerung eine Funksprechverbindung.

Mobilfunknetze
Mobile Radio Networks

	D-Netz (D1 und D2)	E-Netz (E1 und E2)
Leistungsmerkmale (je nach Ausstattung)	■ Telefonie, Notruf, Kurznachrichten, Rufnummernanzeige, Gesprächsdaueranzeige ■ Anrufumleitung, Anrufsperrung, Anklopfen, Halten, Konferenz ■ Persönliche Anrufbeantwortung, Telefonauskunft, Weitervermittlung ■ Pannenhilfe, Auftragsdienst für Kurznachrichten, Mailbox, Fax, Datendienste, …	
Standard	GSM-900 (**G**lobal **S**ystems for **M**obile communications)	GSM-1800
Frequenzband: **uplink** **downlink**	 890 MHz–915 MHz 935 MHz–960 MHz	 1710 MHz–1785 MHz 1805 MHz–1880 MHz
Duplexabstand	45 MHz	95 MHz
Bandbreite	2 x 25 MHz	2 x 75 MHz
Trägerfrequenzen	124	372
Kanalabstand	200 kHz	200 kHz
Kanäle (full rate)	992	2976
Kanäle (half rate)	1984	5952
Zellgröße	0,2 km–35 km	0,2 km–8 km (0,25 W), 10 km (1 W)
Sendeleistung max. (Handy)	1 W	0,25 W–1 W
Reichweite (freies Gelände)	bis zu 50 km	bis zu 8 km (Stadtgebiet unter 1 km) Dämpfung größer als im D-Netz: 6–8 dB
Vorwahlnummer	D1: z. B. 0171 …; D2: z. B. 0172 …	E1: z. B. 0177…; E2: z. B. 0176 …
Betreiber	z. B.: T-Mobile Vodafone	z. B.: E-Plus
Abhörsicherheit	Gewährleistet durch digitale Verschlüsselung (Codierung und Decodierung in der SIM-Karte festgelegt).	
Fax, Datenübertragung	9600 bit/s	

Desktopsysteme

- Alle notwendigen Komponenten sind am PC vorhanden oder eingebaut (Lautsprecher, Mikrofon evtl. als Headset und Kamera, Webcam).
- Die Codierung/Decodierung erfolgt über eine Software bzw. Hardware (Steckkarte).
- Geringe Kosten
- Zugriff auf die PC-Daten
- Hauptanwendung: Point-to-Point-Verbindung vom Schreibtisch aus oder vom Heimarbeitsplatz

Gruppen-Videokonferenzsysteme (Settop-Systeme)

- Alle Hardware- und Software-Komponenten sind als Einheit zusammengefasst (Kompaktanlage).
- Wiedergabegeräte können handelsübliche Fernsehgeräte sein (CRT, LCD).
- Vielfältige Zusatzgeräte sind möglich (Dokumentenkamera, zweiter Monitor).
- Die Übertragung (Bild und Ton) ist steuerbar.
- Eine Bildschirmteilung ist möglich. Die Teilnehmer können dadurch ausgewählte Szenen sehen.
- Die **MCU** (**M**ultipoint **C**ontrol **U**nit, Vielfachverbindungs- und Steuerungseinheit) ist häufig integriert und dient als Sternverteiler für Gruppenvideokonferenzen. Es gibt sie als Hard- und/oder Softwarelösungen. Die MCU ist mit allen Teilnehmern verbunden ①, verwaltet und regelt die ein- und ausgehenden Datenströme.
- Steuerungsarten:
  - **Continuous Presence**
    Alle Videodatenströme werden zusammengefasst und an alle Teilnehmer zurück gesendet. So können sich mehrere Teilnehmer gleichzeitig gegenseitig sehen.
  - **Voice Switching**
    In dieser Betriebsart wird immer nur der Videostrom des momentan sprechenden Teilnehmers an alle anderen Teilnehmer gesendet.

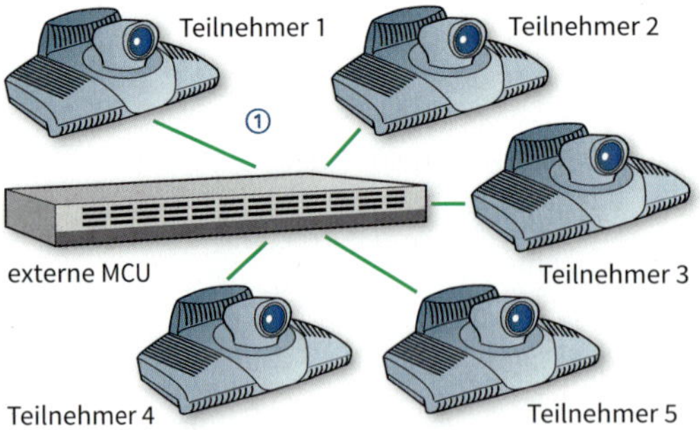

Standards nach ITU-T[2)]

Standard	H.320	H.322	H.323
Datennetz	ISDN	LAN mit QoS[1)]	LAN ohne QoS[1)]
Videocodierung	H.261 H.263	H.261	
Audiocodierung	G.711, G.722, G.728		
Kontrolle, MCU	H.230 H.243	H.230 H.242	H.245
Mehrpunktverbindung	H.231 H.243	H.231 H.243	H.323
Datenübertragung	T.120		
Schnittstelle	I.400	I.400 TCP/IP	I.400 TCP/IP

[1)] **QoS**: **Q**uality **o**f **S**ervice
[2)] **ITU**: **I**nternational **T**elecommunication **U**nion

Videocodierung
- **H.261**
  - Bildwiederholrate 7,5; 10; 15 oder 30 Bilder pro Sekunde
  - n x 64 kbit/s (64 kbit/s bis 1920 kbit/s)
  - **CIF** (**C**ommon **I**ntermediate **F**ormat, Bezeichnung für das Bildformat 352 x 288 Pixel)
  - QCIF (Quarter CIF: 176 x 144 Pixel)
- **H.263**
  - Nachfolger von H.261
  - Zusätzlich SQCIF (128 x 96 Pixel)
  - 4CIF (4-fach CIF, 704 x 576 Pixel)
  - 16CIF(16-fach CIF, 1.408 x 1.152 Pixel)
- **H.264**
  - HD Anwendungen (hochauflösend)

Audiocodierung
- **G.711:** 3,4 kHz (Frequenzobergrenze), 64 kbit/s
- **G.728:** 3,4 kHz (Frequenzobergrenze), 16 kbit/s
- **G.722:** 7 kHz (Frequenzobergrenze), 64 kbit/s

Kontrolle, MCU
- **H.243**
  Kommunikationsaufbau zwischen mindestens drei Videokonferenzsystemen, Steuerung der MCU von einem Endgerät aus (Chairman-Steuerung)

Datenübertragung
- **T.120**
  Protokoll zum Datenaustausch zwischen Videokonferenzsystemen

Anschlüsse an einem Videokonferenzsystem

- Netzanschluss, Netzteil ①
- Netzschalter ②
- Zusätzliches Anzeigegerät (Monitor, Projektor) ③
- Videorecorder- oder DVD-Eingang ④
- S-Videoausgang ⑤
- Audioausgang ⑥
- Composite-Videoausgang ⑦
- Netzwerk (LAN-Port, IP) ⑧
- Konferenzverbindung (Mikrofon) ⑨

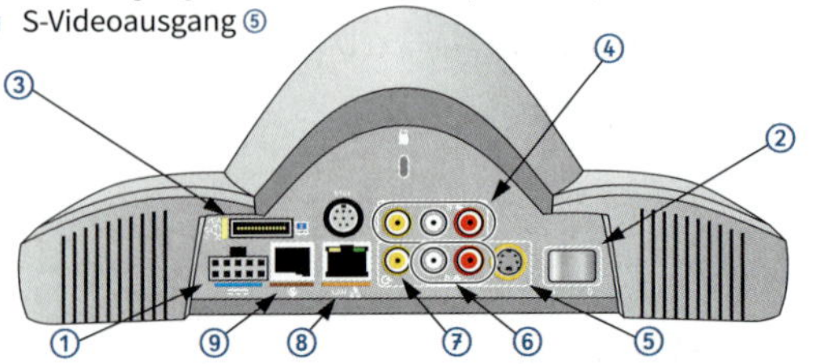

TAE

TAE:

- Steckdose zum Anschluss analoger Endgeräte an das **TK**-Netz (**Tele**kommunikations-Netz).
- Für die Zulassung der Geräte ist in Deutschland die **Bundesnetzagentur** (BNetzA) zuständig.

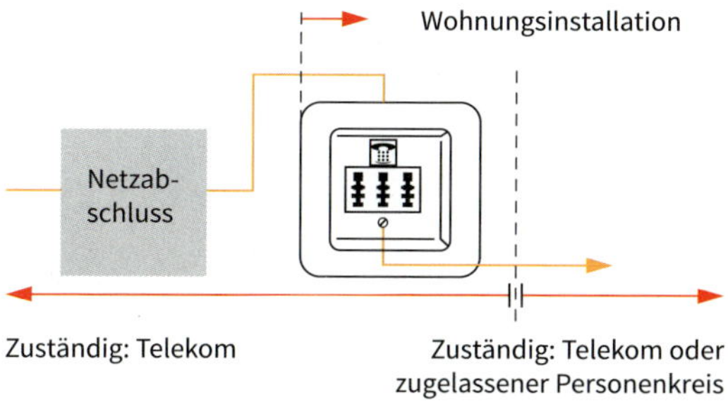

TAE 3 x 6 NFN

Mechanische Codierung:

- **N: N**icht-Fernsprechbetrieb, z. B. Anrufbeantworter, Fax, Modem
- **F: F**ernsprechbetrieb, z. B. Telefon, TK-Anlage

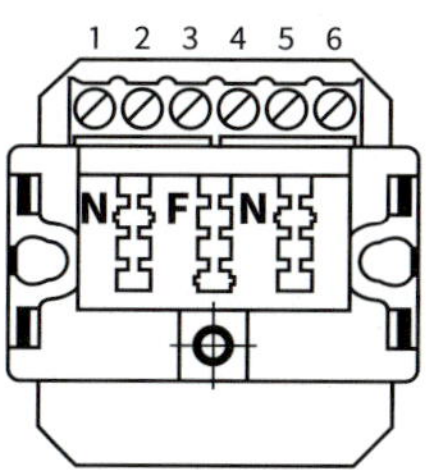

Innenschaltung der TAE 3 x 6 NFN

Durch die Stecker werden in der Dose Schalter betätigt (Schaltbuchsen), die den Signalfluss unterbrechen.

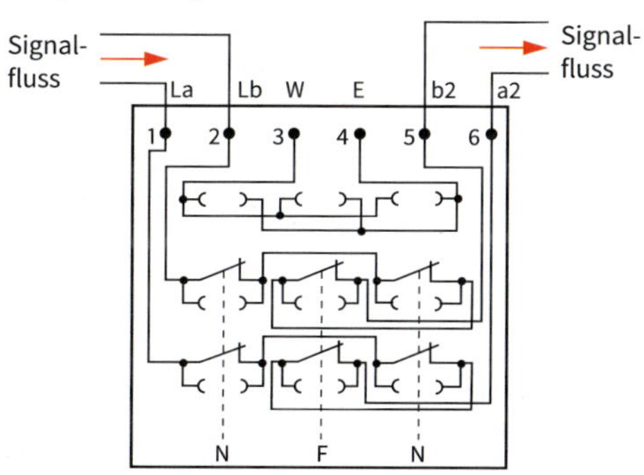

Kontakte der TAE-Stecker

Kontakt	Bedeutung der Anschlüsse	Farbe DIN 47100
1	La, a-Ader, Signalleitung	weiß (ws)
2	Lb, b-Ader, Signalleitung	braun (br)
3	W, Tonrufzweitgerät	grün (gn)
4	E, Erde, Nebenstelle	gelb (ge)
5	b2, b-Ader, Weiterführung	grau (gr)
6	a2, a-Ader, Weiterführung	rosa (rs)

TAE-Stecker

F-Codierung

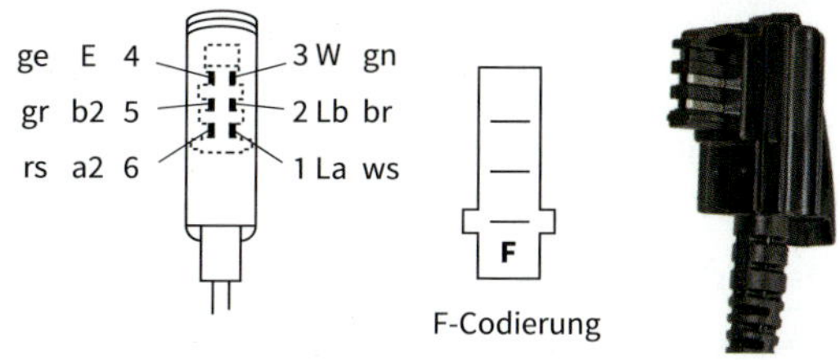

F-Codierung

N-Codierung

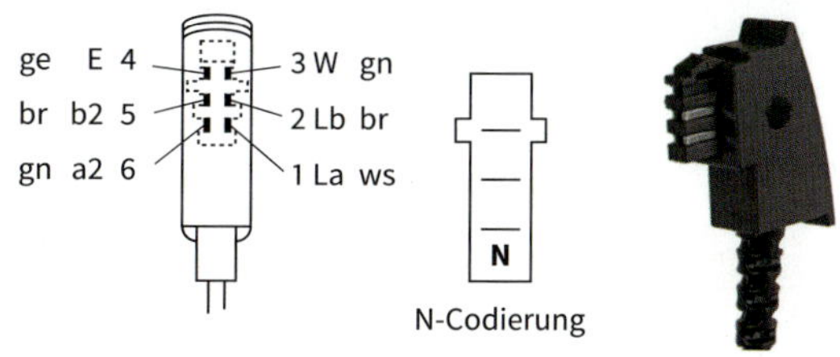

N-Codierung

Western-Steckverbindung

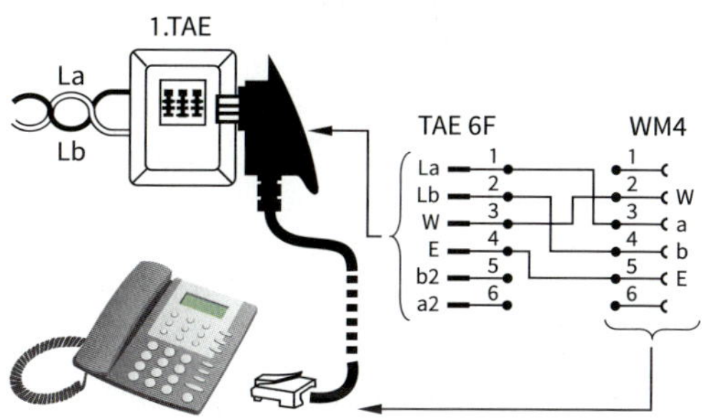

Telefonkabel (Sternvierer)

Ringcodierung bei einem Sternvierer (Farbe: Rot)

1. Paar: 1a, a-Ader, ohne Ring
1b, b-Ader, ein Ring

2. Paar: 2a, a-Ader, zwei Ringe mit großen Intervallen
2b, b-Ader, zwei Ringe mit kleinen Intervallen

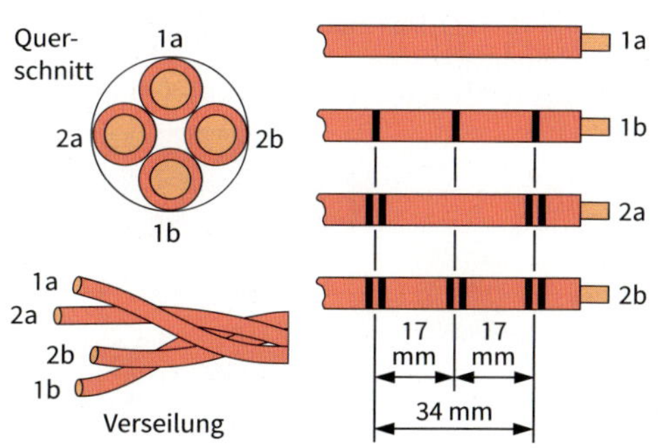

ISDN-Dienste und -Anschlüsse
ISDN Services and Connections

Merkmale

- Bei **ISDN** (**I**ntegrated **S**ervices **D**igital **N**etwork) handelt es sich um ein diensteintegrierendes digitales Telekommunikationsnetz für die Sprach- und Datenübertragung.
- Ab dem Jahr 1997 ist dieses System in der Bundesrepublik Deutschland flächendeckend verfügbar.
- ISDN soll durch die **IP-basierte Telekommunikation** ersetzt werden.

Basisanschluss (BaAs)

NTBA: Network **T**ermination for ISDN **B**asic **A**ccess (Netzabschlussgerät für den ISDN-Basisanschluss)

- U_{k0}: Netzseitige ISDN-Schnittstelle
- S_0: Kundenseitige ISDN-Schnittstelle
- B1, B2: Nutzkanäle mit jeweils 64 kbit/s
- D: Steuer- und Zeichengabekanal mit 16 kbit/s (DSS1-Protokoll)

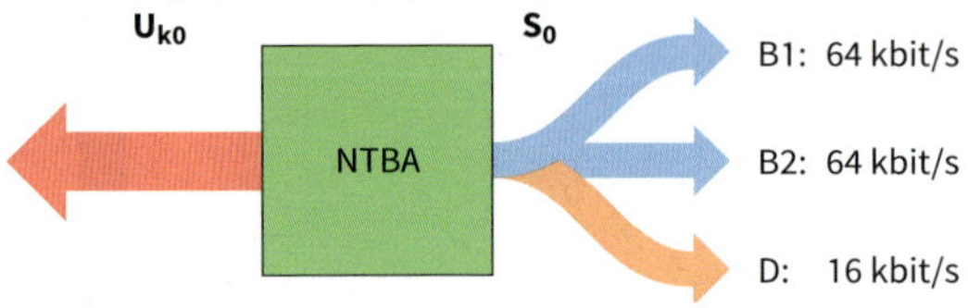

Primärmultiplexanschluss

NTPMA: Network **T**ermination for ISDN-**Prim**ary Rate **A**ccess

- U_{2M}: Netzseitige ISDN-Schnittstelle
- S_{2M}: Kundenseitige ISDN-Schnittstelle
- Synchronisationskanal mit 64 kbit/s
- B1 bis B15: Nutzkanäle mit jeweils 64 kbit/s
- B16 bis B30: Nutzkanäle mit jeweils 64 kbit/s
- D-Kanal: 64 kbit/s (DSS1-Protokoll)

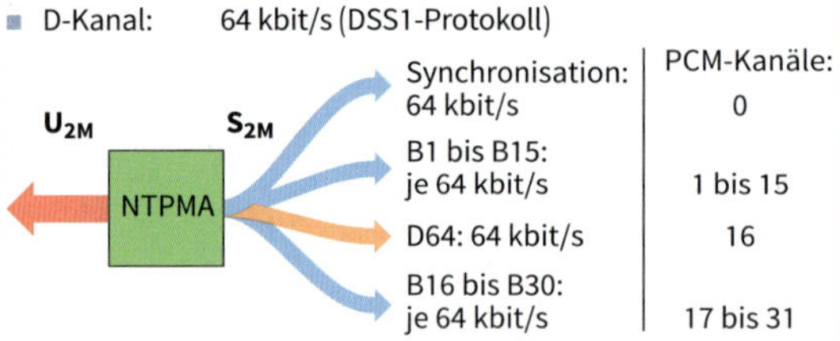

Mehrgeräteanschluss

- Bis zu zwölf Anschlusssteckdosen (IEA) können installiert werden.
- Acht ISDN-Endgeräte oder eine TK-Anlage können gleichzeitig eingesteckt/angeschlossen sein (maximal vier Telefone).
- Drei Rufnummern (**Mehrfachnummern**, **MSN: M**ultiple **S**ubscriber **N**umber) stehen zur Verfügung. Sieben weitere können beantragt werden.
- Entfernung vom NTBA zur letzten Dose: ≤ 180 m

Beispiel:

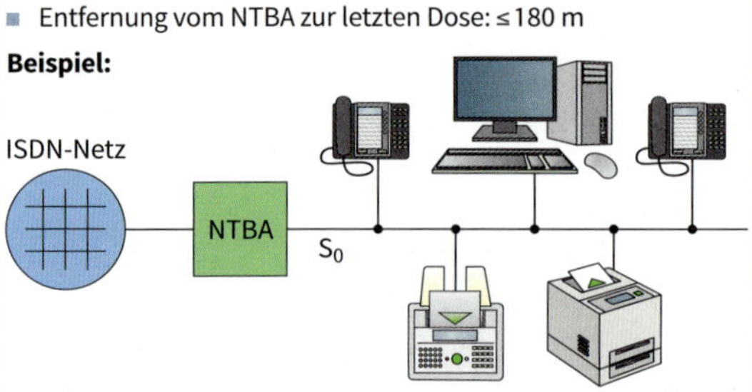

Anlagenanschluss

- Anschluss einer TK-Anlage:
  - Eine Durchwahl zu jedem Teilnehmer der Nebenstelle ist möglich.
  - Entfernung vom NTBA zur letzten Dose: ≤ 1 km
  - Keine Einschränkung der Zahl der anzuschließenden Telefone
  - Kostenlose interne Gespräche
  - Mehrere Basiskanäle sind möglich

Beispiel:

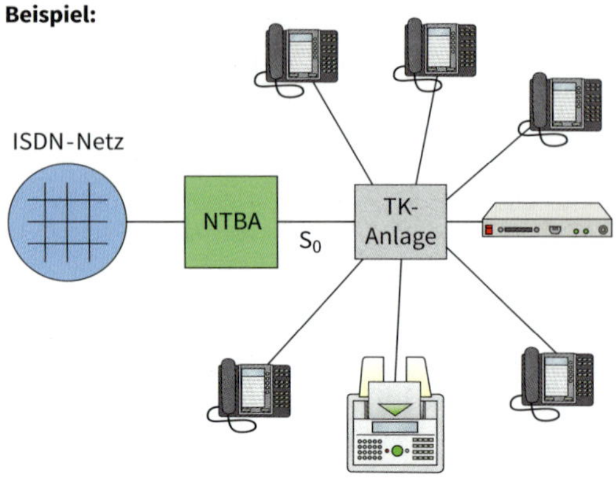

ISDN-Adapter

- Bei einem IP-basierten Telekommunikationsanschluss erfolgt die Telekommunikation über das Internetprotokoll (IP).
- Bezeichnungen dieser Art der Telekommunikation sind auch Voice-over IP (**VoIP**). Die Sprachübertragung erfolgt dabei nicht wie bei einer leitungsgebundenen Übertragung kontinuierlich, sondern in Datenpaketen.
- Diese werden auf der Empfängerseite wieder zu einem kontinuierlichen Datenstrom vereinigt. Zum Ausgleich zeitlicher Schwankungen werden Pufferspeicher verwendet.

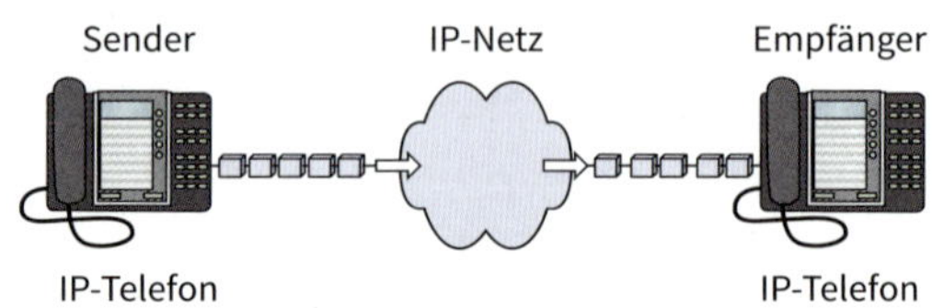

- Um die vorhandenen ISDN-Geräte weiterhin nutzen zu können, steht ein ISDN-Adapter zur Verfügung, z. B. mit zwei S_0-Bussen.

NTBA

NTBA: Network **T**ermination for ISDN **B**asic **A**ccess (Netzabschlussgerät für den ISDN-Basisanschluss)
Mit ihm erfolgt die Umsetzung der 2-Draht-Leitung in eine hausinterne 4-Draht-Leitung (S_0-Schnittstelle).

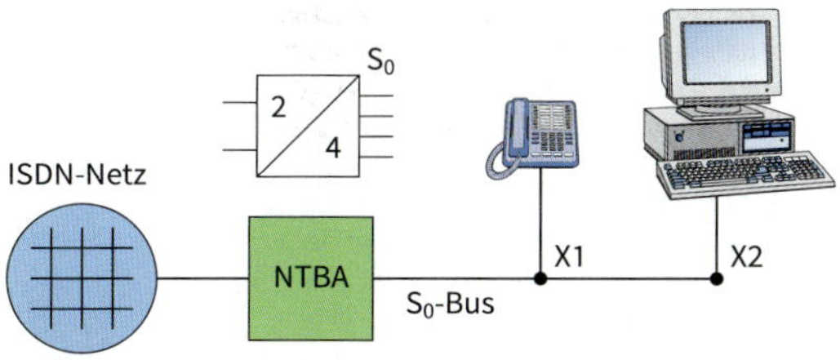

ISDN-Anschlusseinheit IAE

Beispiel: IAE 8 (4) (8-polig, 4 Buchsenkanäle)

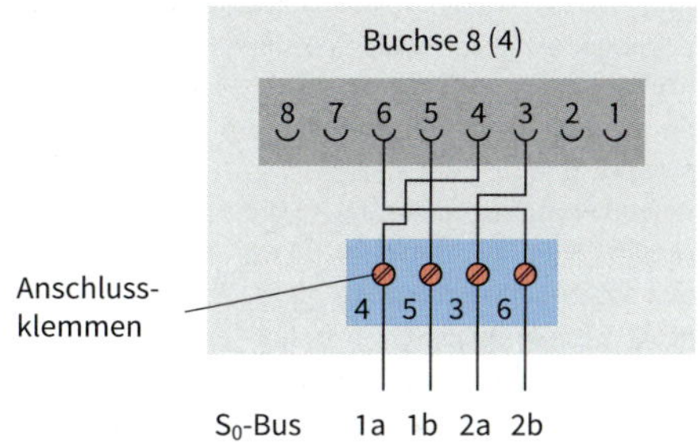

S_0-Bus

- Für die Leitungsverlegung vom NTBA muss die Busstruktur eingehalten werden (s. Abb. unten).
- Leitungen:
  - 1a und 1b (Sendeleitungen)
  - 2a und 2b (Empfangsleitungen)
- Die Anschlussdosen werden mit **IAE** (**I**SDN-**A**nschluss**e**inheiten) bezeichnet.
- Zwölf IAEs sind möglich, acht ISDN-Endgeräte können gleichzeitig angeschlossen sein, zwei können gleichzeitig betrieben werden.
- Die Leitung in der letzten IAE muss mit zwei Widerständen von 100 Ω ± 5 % abgeschlossen werden.
- Die Anschlussleitung für ein Gerät darf 10 m nicht überschreiten.
- Die Gesamtlänge des Busses darf 180 m nicht überschreiten (hängt vom Leitungstyp ab).

Universal-Anschlusseinheit UAE

UAE: Universal **A**nschluss**e**inheit

Beispiel: UAE 8 (4)
(8-polig, 4 Buchsenkontakte)

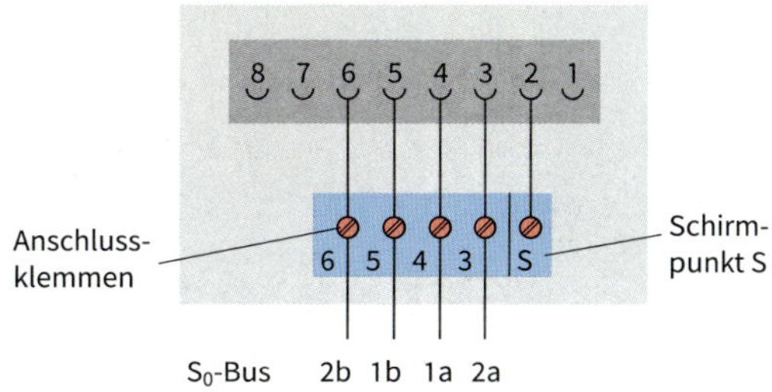

Bus-Strukturen

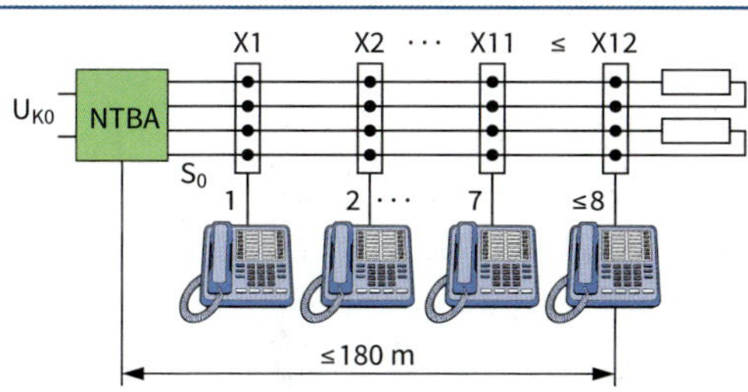

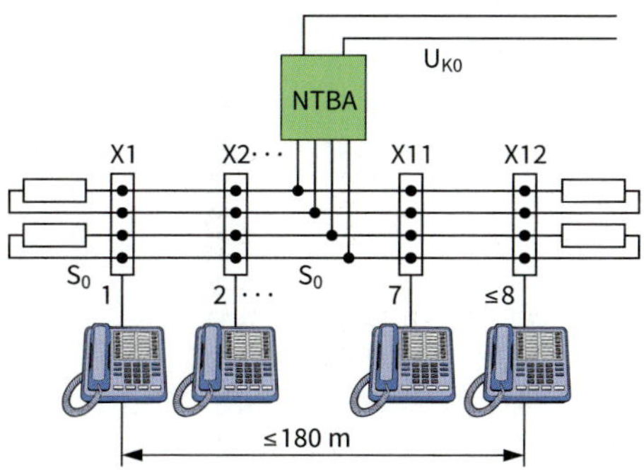

Western-Steckverbinder

- Sie wurden von der US-Telefongesellschaft Western Bell entwickelt.
- Die Steckerform entspricht einem 8-poligen Stecker, wie sie für ISDN-Geräte zum Anschluss an die IAE bzw. UAE verwendet werden.
- Andere Bezeichnung: RJ-45.
- Verwendet werden auch Stecker mit 4 (IAE-Stecker) oder 6 Kontakten.
- Vierpolige Stecker werden auch für Telefonhörer verwendet.

Belegung der Buchsenkontakte

Klemmen-Nummer	4	5	3	6
ISDN-Anschluss	1a	1b	2a	2b
Analoger Anschluss	a	b	E	W

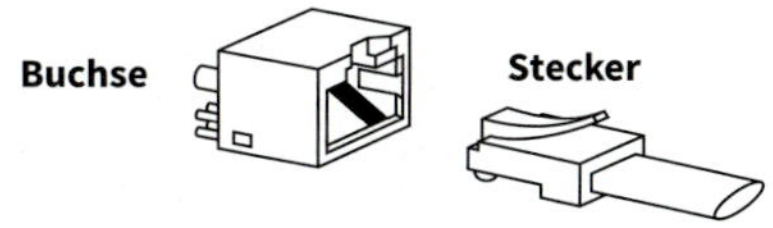

Buchsen-Formen

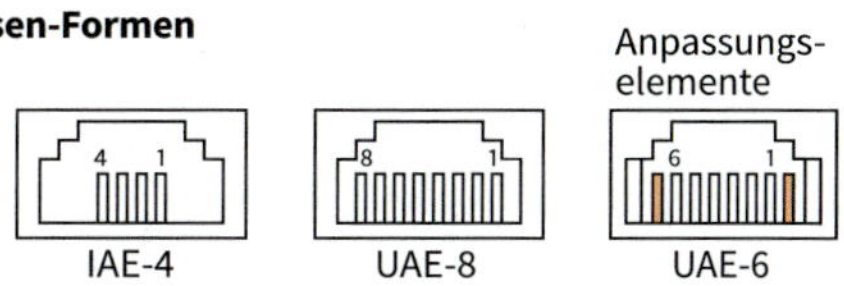

Merkmale

- Es ist eine Übertragungstechnik zur Erhöhung des Datendurchsatzes auf Teilnehmeranschlussleitungen im Ortsnetz.
- DSL verwendet die vorhandene Teilnehmer-Kupferleitung mit der gesamten verfügbaren Leitungsbandbreite.
- Übertragenes Signal ist nicht digital, sondern definiertes analoges Signal
- Signalcodierung/-decodierung erfolgt durch entsprechende Endgeräte beim Teilnehmer und in der Vermittlungsstelle
- Angewendete **Leitungscodes** sind
  - **2B1Q** (**2 B**inary **1 Q**uaternary), 4B3T und TCPAM
  - **PAM** (**P**ulse-**A**mplitude **M**odulation)
  - **CAP** (**C**arrierless **AM**/**PM**: Trägerloses AM/PM)
  - **QAM** (**Q**uadrature **A**mplitude **M**odulation)
  - **DMT** (**D**iscrete **M**ulti **T**one: Einzelne Vielfach-Träger)
- Filter übernehmen die Aufteilung des Frequenzspektrums in Sprach- und Datenband
- Übertragungsrichtungen werden bezeichnet mit
  - **Upstream** (aufwärts): Teilnehmer zur Vermittlungsstelle
  - **Downstream** (abwärts): Vermittlungsstelle zum Teilnehmer
- **DSL Varianten** werden durch vorangestellten Buchstaben gekennzeichnet:
  z. B. **A**DSL: **A**symmetric DSL (asymmetrisches DSL)
- Anwendung bei **Video on Demand** (Video auf Anforderung), interaktive Multimedia Dienste, **SOHO** (**S**mall **O**ffice – **H**ome **O**ffice: Kleines Büro – Heimbüro)

Frequenzbandaufteilung

FDM

FDM: Frequency **D**ivision **M**ultiplex

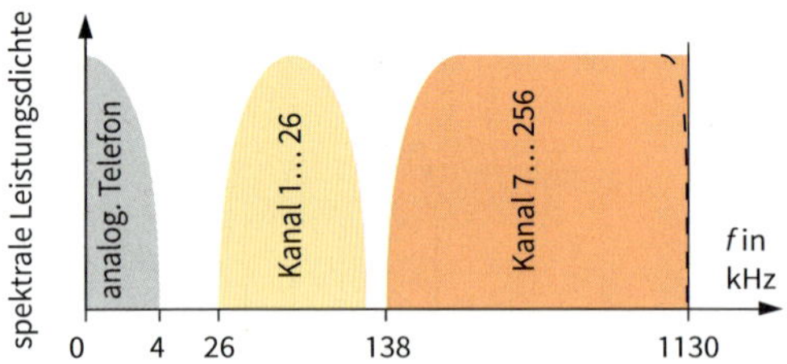

EC

EC: Echo **C**ancellation

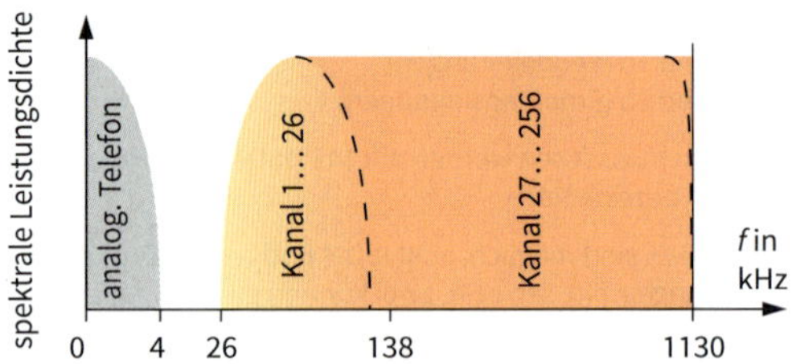

DMT

DMT: Discrete **M**ulti **T**one (einzelne Vielfachträger)

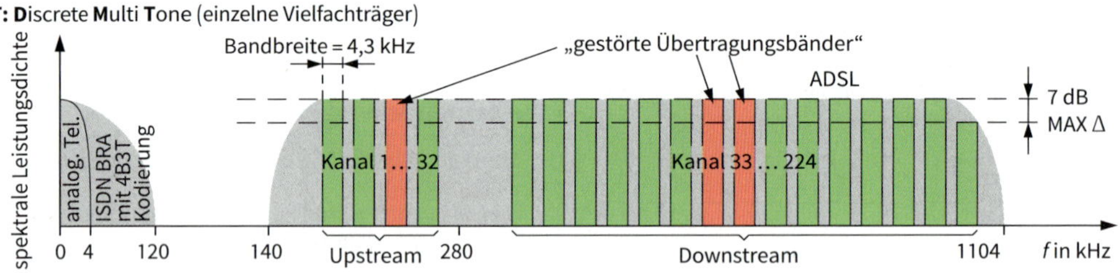

Ca. 256 Frequenzbänder, pro Frequenzband bis zu 15 bit/Symbol (64 kbit/s), sind übertragbar.

Varianten

Variante / Standard	Bezeichnung	Übertragungsart / Leitungspaare	Upstream-Datenrate in Mbit/s[1]	Downstream-Datenrate in Mbit/s[1]	Reichweite in km ca.[1]
ADSL / TS 101388	**A**symmetric **D**igital **S**ubscriber **L**ine	asymmetrisch / 1	0,768	8	5
SDSL / TS 101524	**S**ymmetric **D**igital **S**ubscriber **L**ine	symmetrisch / 1	2,048	2,048	2,5
HDSL / ETSI TS 101135	**H**igh Data Rate **D**igital **S**ubscriber **L**ine	symmetrisch / 3 bei 2,048 Mbit/s	2,048	2,048	4
VDSL / ETSI TS 1011270	**V**ery High Data Rate **D**igital **S**ubscriber **L**ine	sym./asymmtr. / 1	2,3	52	1,5
SHDSL / ITU G.991.2	**S**ingle-Pair **H**igh-Speed **D**igital **S**ubscriber **L**ine	symmetrisch / 1	2,3	2,3	3
VDSL2 / ITU G.993.2	**V**ery High Data Rate **D**igital **S**ubscriber **L**ine	sym./asymmtr. / 1	100	100	0,5

[1] Die Datenraten und Entfernungen sind abhängig von Leitungsqualität und vom Leitungsquerschnitt.

Merkmale

- Die **ADSL**-Technik (**A**symmetric **D**igital **S**ubsciber **L**ine) wird angewendet, um digitale Signale mit hoher Geschwindigkeit zu übertragen.
- Der zur Verfügung stehende Frequenzbereich wird in 224 einzelne Kanäle von jeweils 4,3 kHz unterteilt und die Daten auf einzelne Träger mit unterschiedlichen digitalen Verfahren aufgeprägt (moduliert).
  Dabei werden zwei Kanäle unterschieden:
  - **Upstream**-Kanal (Aufwärtskanal) Sendekanal vom Teilnehmer
  - **Downstream**-Kanal (Abwärtskanal) Empfangskanal zum Teilnehmer

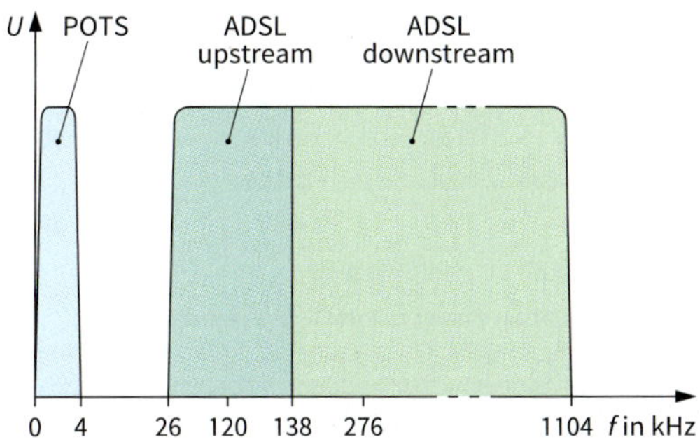

- Mit **POTS** (**P**lain **O**ld **T**elephone **S**ervice) wird der Frequenzbereich für analoge Sprachsignale bezeichnet.
- Für die jeweils angewendete Technik werden vom Netzbetreiber Datenübertragungsraten angegeben. Diese sind jedoch nicht konstant. Sie hängen im Wesentlichen ab von der
  - Leitungsdämpfung,
  - Entfernung des Nutzers bis zur Vermittlungsstelle und
  - induktiven Signalübertragung zwischen den Leitungen (Übersprechen).

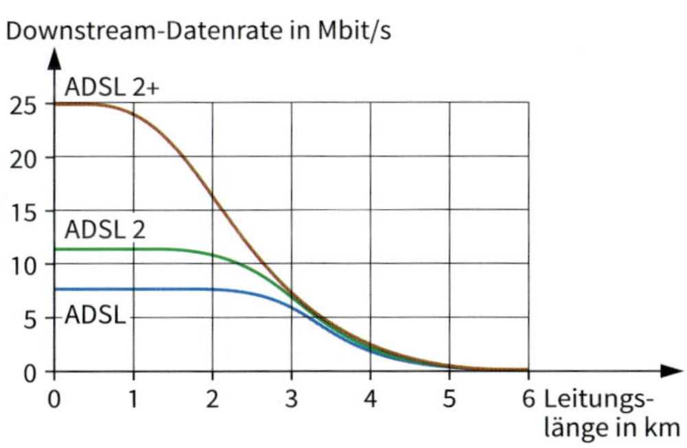

- Da unterschiedliche Frequenzbereiche verarbeitet werden müssen, setzt man Weichen ein, die als **Splitter** oder **Breitbandanschlusseinheit** bezeichnet werden (**BBAE**).
- Auf der Teilnehmerseite wird ein DSL-Modem verwendet, das heute häufig in einem Router integriert ist.
- Das Modem wird auch als **NTBBA** (**N**etzwerk**t**erminationspunkt **B**reit**b**and**a**ngebot) bezeichnet und ist der Netzabschluss (Netzschnittstelle) des Betreibers. Die im NTBBA enthaltenen elektronischen Schaltungen setzen die DSL-Signale von der Netzschnittstelle auf eine für den PC geeignete Schnittstelle um (Modulation bzw. Demodulation).

DSL-Installation mit externen Komponenten

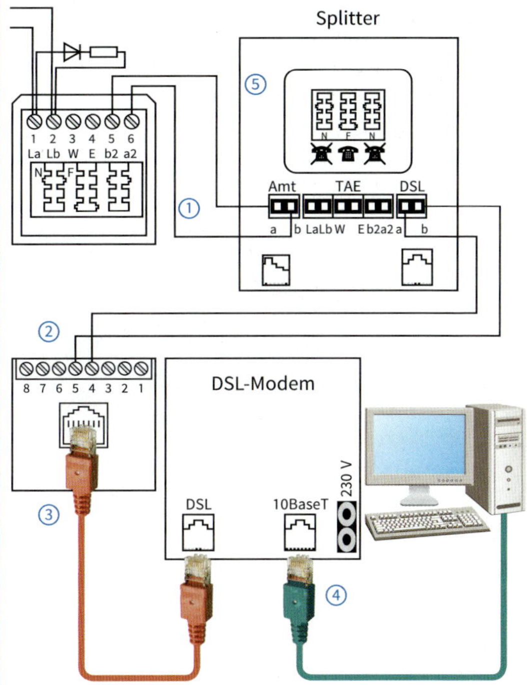

- TK-Anschlussdose TAE ①
- Verbindungsleitung ②
- Datensteckdose RJ45 ③
- DSL-Modem ④
- Splitter ⑤

DSL-Installation mit Router

Technische Weiterentwicklungen haben zu einer höher integrierten Gerätetechnik geführt, sodass nur noch ein IP-basierter Anschluss und ein Router erforderlich sind.

Routerbeispiel:
- IP-basierter TK-Anschluss (TAE) ①
- Integrierter WLAN-Router ②
- Glasfaser-Anschluss ③
- DECT-Basisstation
- Analogtelefon-Anschluss ④
- Ethernet-LAN-Anschlüsse (1 Gbit/s und 100 Mbit/s) ⑤
- USB-Anschluss für Drucker oder Speichermedien ⑥
- UMTS-Zugang über USB-Modem bei DSL-Ausfall

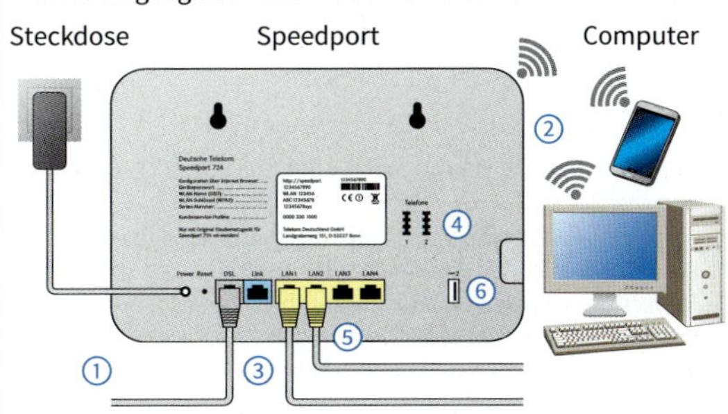

Merkmale

- VDSL-Techniken werden besonders in hybriden Netzen (Glasfaser-/Kupferkabelnetzen) für Datenraten bis 100 Mbit/s bei Downstream (Downlink) und Upstream (Uplink) eingesetzt.
- Die Datenrate von 100 Mbit/s ist ein theoretischer Wert ①. Die tatsächliche Datenrate hängt von der Entfernung sowie von der Länge und Qualität der Kupferleitung vom Kabelverzweiger ② bis zum Teilnehmeranschluss ab.

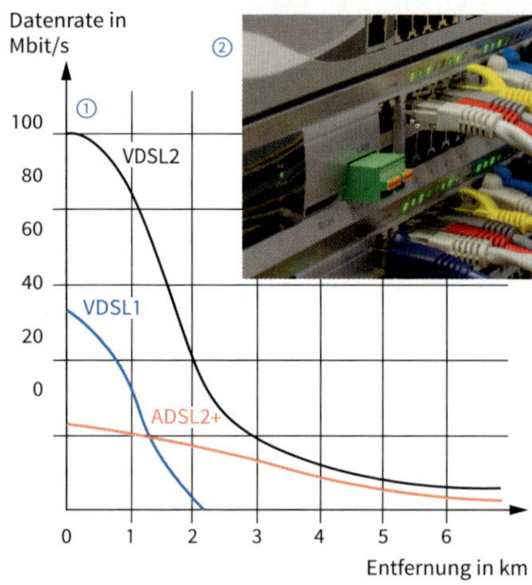

- Das schnelle VDSL-Übertragunsverfahren wird auch als Breitband-Internet bezeichnet und bei **Triple Play** eingesetzt (gemeinsames Angebot von Internet, Telefonie (VoIP) und Fernsehen (IPTV)).
- VDSL1 hat sich in Deutschland nicht durchgesetzt. Es ist nicht kompatibel zu VDSL2.
- VDSL2 reicht bis zum Frequenzbereich von 30 MHz, ist zu ADSL, ADSL2 und ADSL2+ abwärtskompatibel und kann mit symmetrischer oder asymmetrischer Übertragung arbeiten.
- Die symmetrische Übertragung wird vor allem von Unternehmen genutzt, die nicht nur Informationen aus dem Internet beziehen, sondern auch als Informationsanbieter agieren.

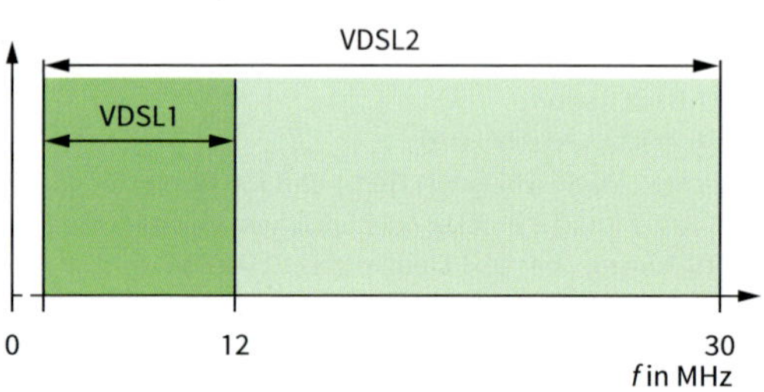

- VDSL2 ermöglicht garantierte Datenraten (**QoS: Q**uality **o**f **S**ervice).
- Das Netz wird vorwiegend in Baumstruktur aufgebaut. Die DSL-Vermittlungsstelle (**DSLAM: D**igital **S**ubscriber **L**ine **A**ccess **M**ultiplexer) befindet sich nicht in der Ortsvermittlungsstelle, sondern in den Kabelverzweigern (KVz, Ortsverteiler), z. B. am Straßenrand (FTTC).
- Ein DSLAM kann ca. 100 Haushalte versorgen.

VDSL-Profile und Frequenzen

- In den Profilen sind u. a. die Grenzfrequenz, der Trägerabstand und die Signalstärke definiert.
- Der Netzbetreiber legt sein jeweiliges Profil fest.
- Zusätzlich zum Profil gibt es einen Frequenzbandplan, in dem die gemeinsame Nutzung der Frequenzen mit POTS, ISDN, ADSL ... festgelegt ist.

Profil	Bandbreite in MHz	Anzahl der genutzten Frequenzen ③	Frequenzabstand in kHz ④	Übertragungspegel in dBm[2]	Max. Datenrate ⑤ [1]
8a	8,832	2047	4,3125	+ 17,5	50
8b	8,832	2047	4,3125	+ 20,5	50
8c	8,5	1971	4,3125	+ 11,5	50
8d	8,832	2047	4,3125	+ 14,5	50
12a	12	2782	4,3125	+ 14,5	68
12b	12	2782	4,3125	+ 14,5	68
17a	17,6604	4096	4,3125	+ 14,5	100
30a	30	3478	8,625	+ 14,5	200

[1] symmetrisch   [2] dB Milliwatt

- Die Modulation erfolgt mit **DMT** (**D**iscrete **M**ultitone **T**ransmission, **QAM: Q**uadratur**a**mplituden**m**odulation). Dabei wird der genutzte Frequenzbereich in bis zu 4096 Träger unterteilt ③. Die Bandbreite beträgt 4,3125 bzw. 8,625 kHz ④.
- Der gesamte Frequenzbereich wird in unterschiedliche Downstream- und Upstream-Bereiche aufgeteilt ⑤.
- In Deutschland wird der Frequenzbereich bis mindestens 138 kHz für POTS (analoges Telefon) und ISDN ausgeblendet, um gegenseitige Störungen zu vermeiden.

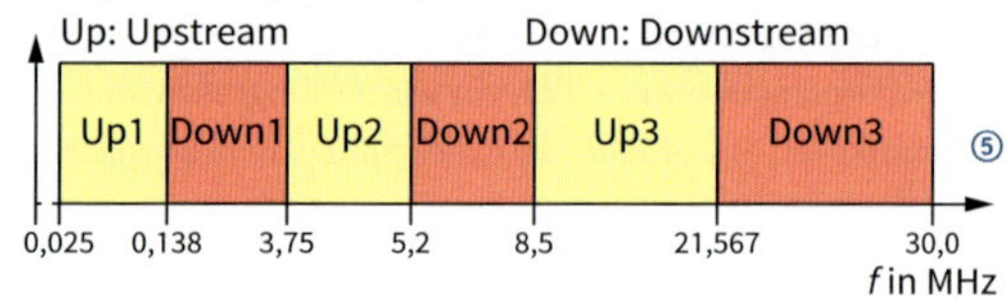

Netzarchitekturen

- **FTTN** (**F**iber-**t**o-**t**he-**n**ode, node: Knoten)
  Das Glasfaserkabel ist weit entfernt vom Endkunden, bis zu mehreren Kilometern.
- **FTTC** (**F**iber-**t**o-**t**he-**c**abinet, cabinet: Schrank)
  Das Glasfaserkabel endet in einer Straße (am Bürgersteig), typischerweise 300 m von dem Standort des Kunden. Die endgültige Anschlussleitung ist aus Kupfer (städtischer Bereich ⑥).
- **FTTP** (**F**iber-**t**o-**t**he-**p**remises, premises: Gelände)
  Glasfaserkabel reicht bis zum Gelände
- **FTTB** (**F**iber-**t**o-**t**he-**b**uilding, building: Gebäude)
  Glasfaserkabel reicht bis zur Grenze des Gebäudes
- **FTTH** (**F**iber-**t**o-**t**he-**h**ome, home: Wohnraum)
  Glasfaserkabel reicht bis zur Grenze des Wohnraums ⑦

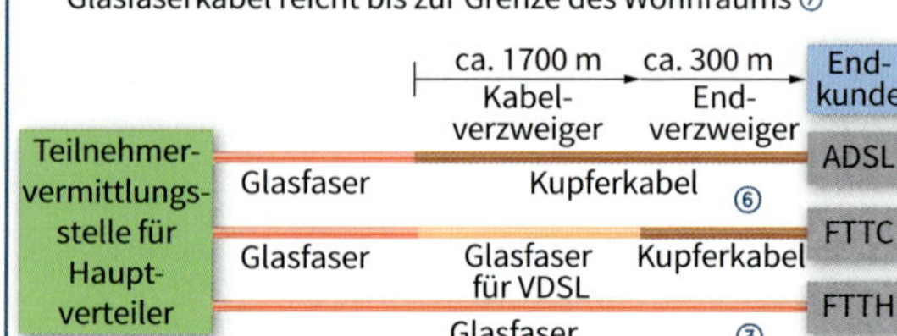

Kabelnetze und Antennen für Fernsehsignale

Inhalt	DIN	VDE
Kabelnetze für Fernsehsignale, Tonsignale und interaktive Dienste		
Teil 1: Systemanforderungen in Vorwärtsrichtung	DIN EN 60728-1	VDE 0855-7: 2015-03
Teil 3: Aktive Breitbandgeräte für koaxiale Kabelnetze	DIN EN 60728-3	VDE 0855-3: 2018-18
Teil 4: Passive Breitbandgeräte für koaxiale Kabelnetze	DIN EN 60728-4	VDE 0855-4: 2008-11
Teil 5: Geräte für Kopfstellen	DIN EN 60728-5	VDE 0855-5: 2016-11
Teil 11: Sicherheitsanforderungen	DIN EN 60728-11	VDE 0855-1: 2019-02
Teil 2: Elektromagnetische Verträglichkeit von Geräten	DIN EN 50083-2	VDE 0855-200: 2012-08
Teil 8: Elektromagnetische Verträglichkeit von Kabelnetzen	DIN EN 50083-8	VDE 0855-8: 2014-04
Schnittstellen für CATV-/SMATV-Kopfstellen und vergleichbare professionelle Geräte für DVB/MPEG-2-Transportströme	DIN EN 50083-9	VDE 0855-9: 2003-05
Teil 10: Rückweg-Systemanforderungen	DIN EN 60728-10	VDE 0855-10: 2014-12
Koaxialkabel		
Teil 1: Fachgrundspezifikation	DIN EN 50117-1	VDE 0887-1: 2014-06
Rahmenspezifikation für Kabel für Kabelverteilanlagen		
Teil 2-1: Hausinstallationskabel, 5 MHz – 1000 MHz	DIN EN 50117-2-1	VDE 0887-2-1: 2014-06
Teil 2-2: Außenkabel, 5 MHz – 1000 MHz	DIN EN 50117-2-2	VDE 0887-2-2: 2008-08
Teil 2-3: Verteiler und Linienkabel für Systeme, 5 MHz – 1000 MHz	DIN EN 50117-2-3	VDE 0887-2-3: 2014-06
Teil 2-4: Hausinstallationskabel, 5 MHz – 3000 MHz	DIN EN 50117-2-4	VDE 0887-2-4: 2014-06
Teil 2-5: Außenkabel, 5 MHz – 3000 MHz	DIN EN 50117-2-5	VDE 0887-2-5: 2014-06
Mechanische Festigkeit		
Teil 4: Windlasten	DIN 1055-4: 2011-01	
Antennentragwerke aus Stahl	DIN 4131: 1991-11	

Intermodulation
Intermodulation

Entstehung, Begriffe

- Mit Intermodulation wird ein Vorgang bezeichnet, bei dem durch niochtlineare Übertragungskomponenten (z. B. Halbleiterbauelemente, Verstärker) unerwünschte Oberschwingungen (**Intermodulationsprodukte**) entstehen.
- **Intermodulationsprodukte 2. Ordnung** (IM_2 ①)
  Störungen dieser Art spielen besonders in Breitbandkabelnetzen und CATV-Systemen eine Rolle). Sie werden auch als **CSO** (**C**omposite **S**econd **O**rder) bezeichnet.
  $f_a \pm f_b$
- **Intermodulationprodukte 3. Ordnung** (IM_3)
  Sie werden auch als **CTO** (**C**omposite **T**hird **O**rder) bezeichnet.
  $f_a \pm f_b \pm f_c$
- Um Empfangsstörungen zu vermeiden, muss ein bestimmter Störabstand eingehalten werden.
  Beispiele:
  – Hausanschlussverstärker, Breitbandverstärker:
  DIN EN 50083-3, -5; IM_2 und IM_3 60 dB
  – Sat-Verstärker:
  DIN-EN 50083-3; IM_2 und IM_3 35 dB
  – TV-Kanalverstärker
  DIN EN 50083-5; IM3 54 dB
- Messung nach DIN EN 50083-3:
  Die Störsignale 3. Ordnung besitzen gleiche Pegel wie das Nutzsignal ②.

Messungen

- DIN EN 50083-5 1
  Die Pegel der Störsignale sind kleiner als die Pegel der Nutzsignale.

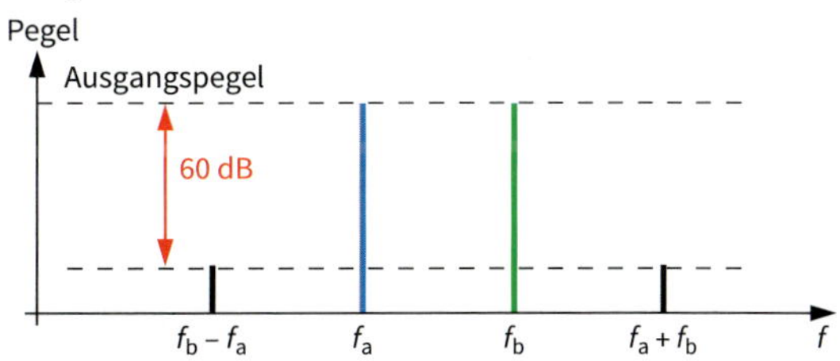

- DIN EN 50083-3
  Die Pegel der Nutz- und Störsignale sind gleich.

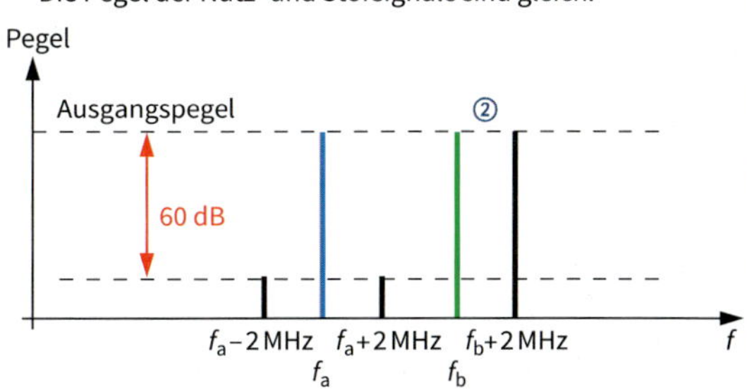

Arten von Dipolen

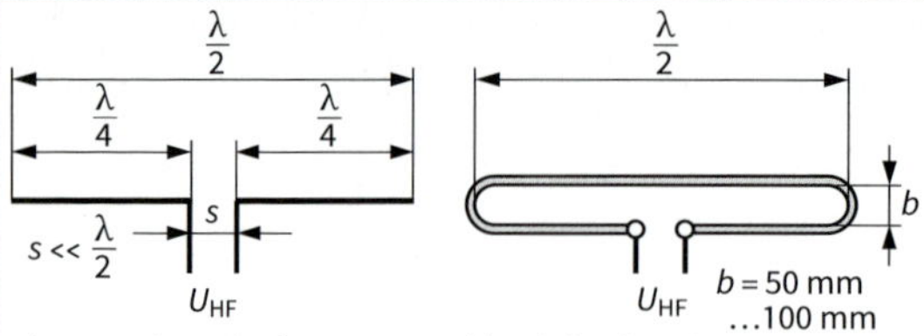

a) gestreckter Dipol b) Faltdipol

(Halbwellendipol mit $l = \frac{\lambda}{2}$)

$Z = 75\ \Omega$ $Z = 300\ \Omega$

Gewinn 0 dB Vor-Rück-Verhältnis 1 : 1 (0 dB)

Arten einer Yagi-Antenne

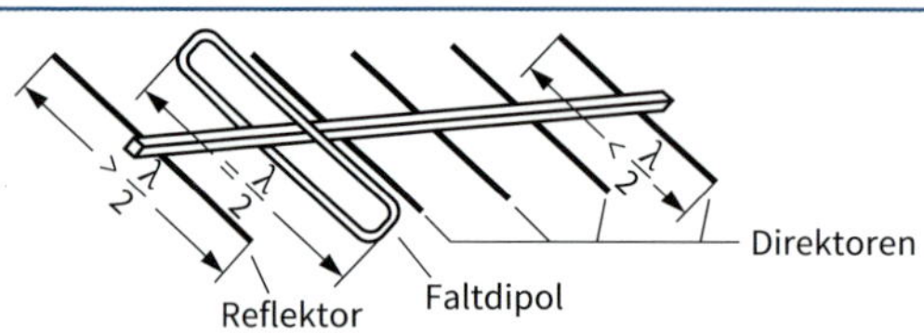

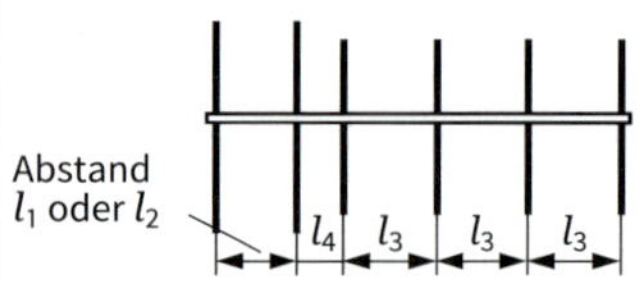

$l_1 = 0{,}25\ \lambda$
$l_2 = 0{,}15\ \lambda$
$l_3 = 0{,}1\ \lambda$
$l_4 < 0{,}1\ \lambda$

Mehrelement-Antennen

Antennen	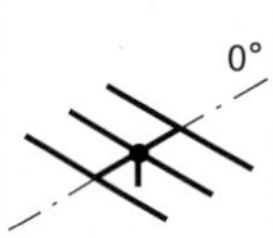 3-Element-antenne mit gestrecktem Dipol	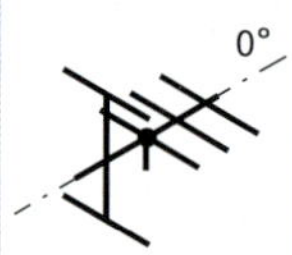 5-Element-Richtantenne	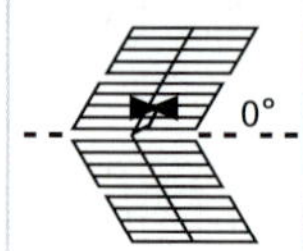 Winkel-Reflektor mit V-Dipol Band IV + V
Richtcharakteristik	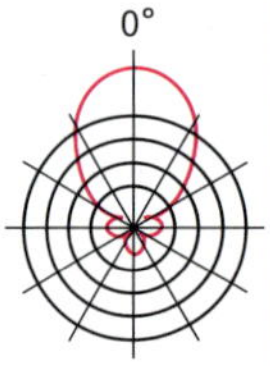	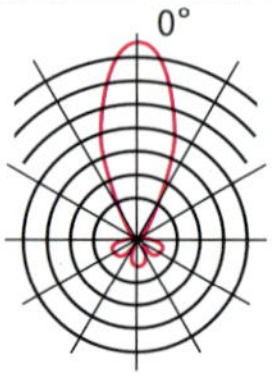	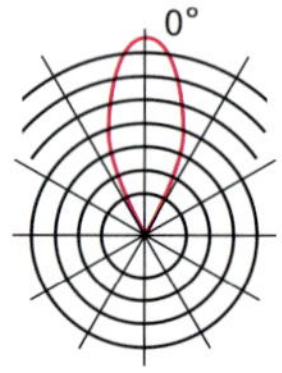
Gewinnmaß	5 dB	7 dB	12 dB (bei 470 MHz)
Vor-Rück-verhältnis	5,6:1 (15 dB)	8:1 (18 dB)	30,6:1 (30 dB)
Öffnungswinkel horizontal	70°	65°	40°
Öffnungswinkel vertikal	110°	80°	27°

Montage

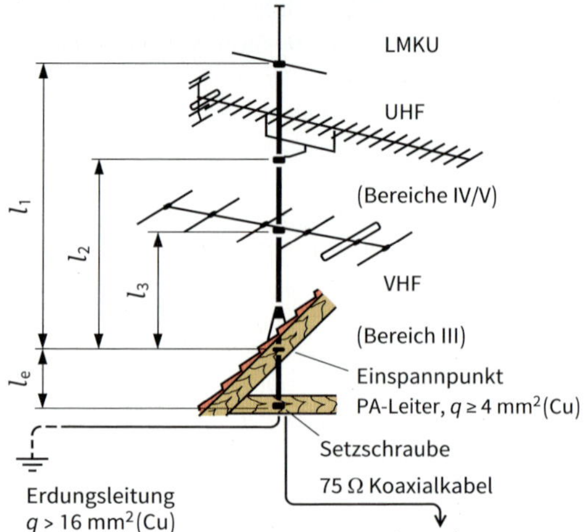

Einspannlänge l_e
in $m \geq \frac{1}{6}$ der Gesamtlänge
des Antennenrohres

Antennenanlagen (Kenngrößen)

Verteiler

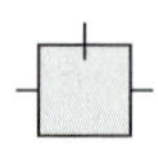

Verteilungsdämpfungsmaß
$a_V = 4$ bis 13 dB

Abzweiger

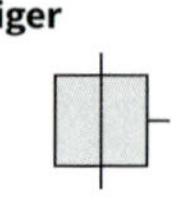

Abzweigdämpfungsmaß
$a_A = 10$ bis 50 dB
Durchgangsdämpfungsmaß
$a_D = 0{,}5$ bis 2 dB

Durchgangsdose
Stichleitungsdose

Anschlussdämpfungsmaß
$a_A = 11$ bis 14 dB
Durchgangsdämpfungsmaß
$a_D = 1$ bis 2 dB

Enddosen

Anschlussdämpfungsmaß
$a_A = 11$ bis 14 dB
für Einzelanlagen
$a_A = 0$ dB

Bandpässe und **Bandsperren**

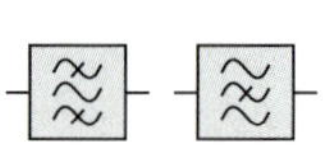

Sperrdämpfungsmaß
$a_{sp} = 15$ bis 28 dB
$a_D = 0{,}5$ bis 2 dB

Antennenweiche

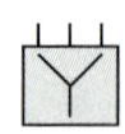

für Bereichsweiche
$a_D = 1$ dB
für Kanalweiche
$a_D = 2$ dB

Zulässiger Betriebspegel
Störstrahlunsleistung $4 \cdot 10^{-9}$ W
bzw. Störpegel 55 dBµV
(je max. Werte für elektronische Bauteile)

Beispiel: Schirmungsmaß 35 dBµV (gemessener Wert)
Zulässiger Betriebspegel: Schirmungsmaß + Störpegel
Zulässiger Betriebspegel: 35 dBµV + 55 dBµV = 90 dBµV

Antennenanlage (Hausgemeinschaft)

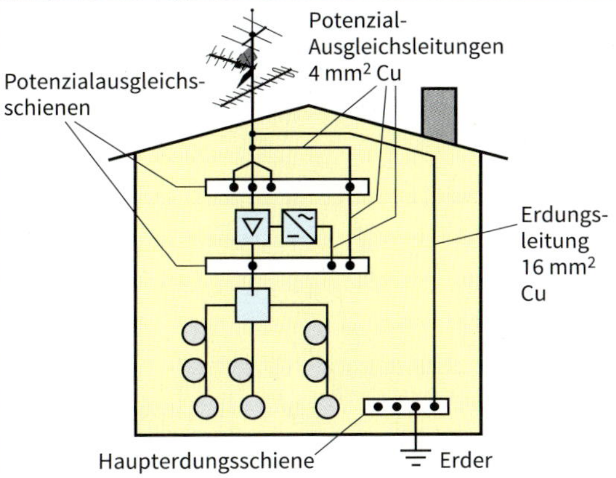

Erdungsleitungen

Verlegung innerhalb und außerhalb von Gebäuden:

- Cu, Querschnitt ≥ 16 mm² (d ≥ 4,6 mm) blank oder isoliert
- Al, Querschnitt ≥ 25 mm² (d ≥ 5,7 mm) blank, nur Verlegung in Innenräumen oder isoliert

Leitungen, ein- oder mehrdrähtig (nicht feindrähtig):

- Al-(Knet)-Legierung, Querschnitt ≥ 50 mm² (d ≥ 8,0 mm)
- Stahldraht, verzinkt, d ≥ 8 mm
- Stahlband, verzinkt, 2,5 mm · 20 mm

Die Antennenanlage ist in den Schutzpotenzialausgleich einzubeziehen.

Einzel-Antennenanlage mit Steckdosen

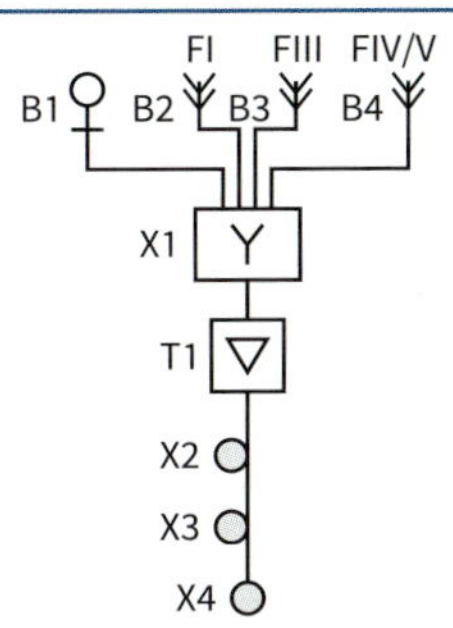

Stammleitungssystem

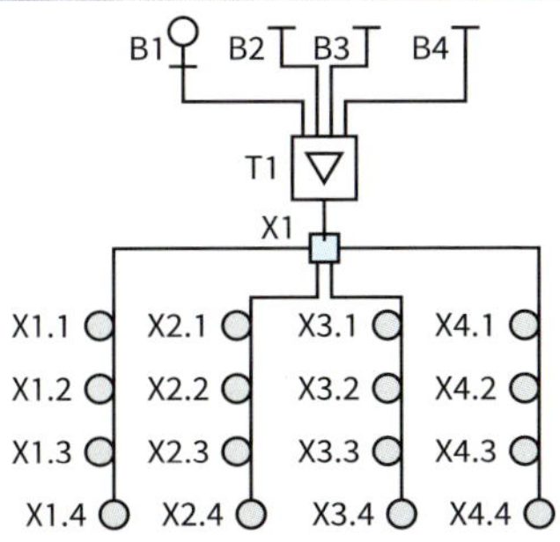

Stichleitungssystem

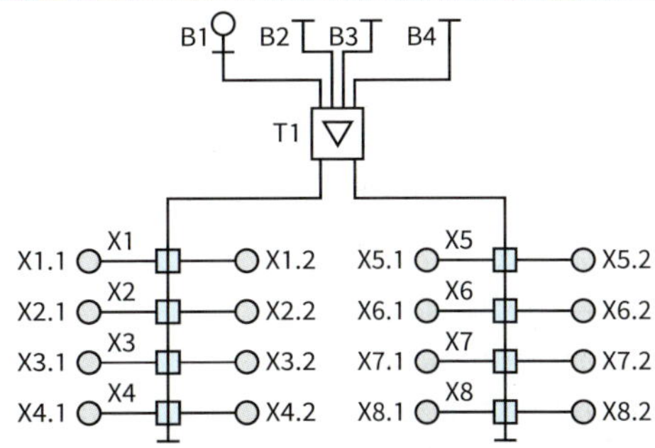

Satellitenempfangs-Antennen
Satellite Reception Dishes

Parabol-Antenne

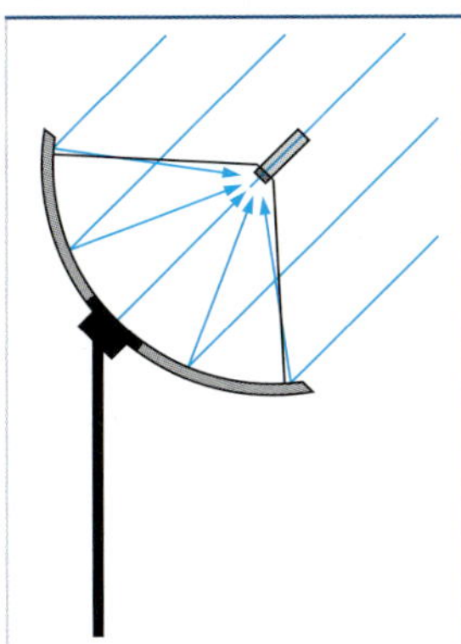

- Elektromagnetische Wellen werden im Brennpunkt vereinigt.
- Flächenwirkungsgrad: 50 – 60 %

Parabol-Offsetantenne

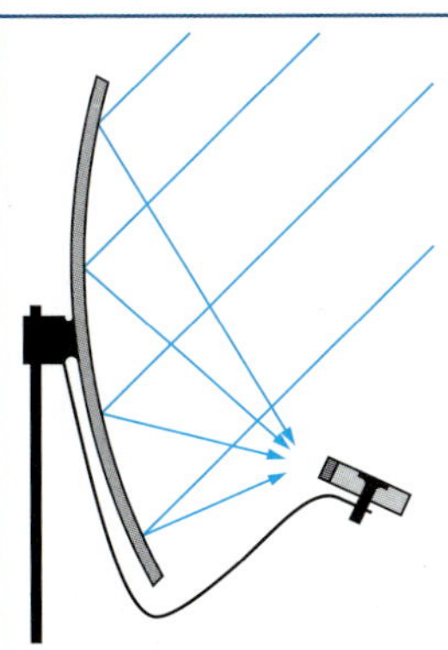

- Ausschnitt aus einer Parabol-Antenne.
- Flächenwirkungsgrad: 60 – 65 %

Cassegrain-Antenne

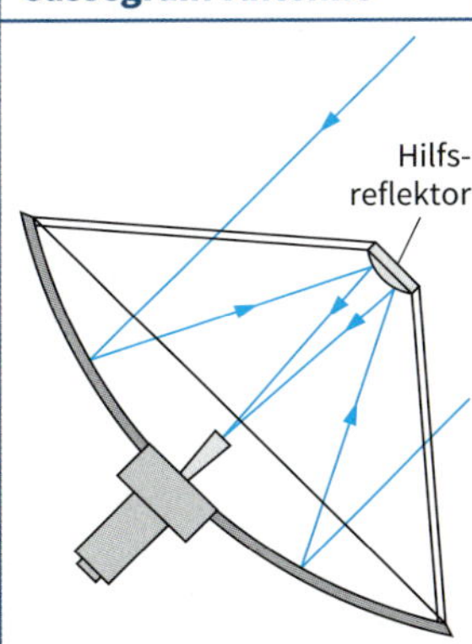

- Symmetrische Parabol-Antenne mit Hilfsreflektor.
- Flächenwirkungsgrad: 60 – 70 %

Flachantenne

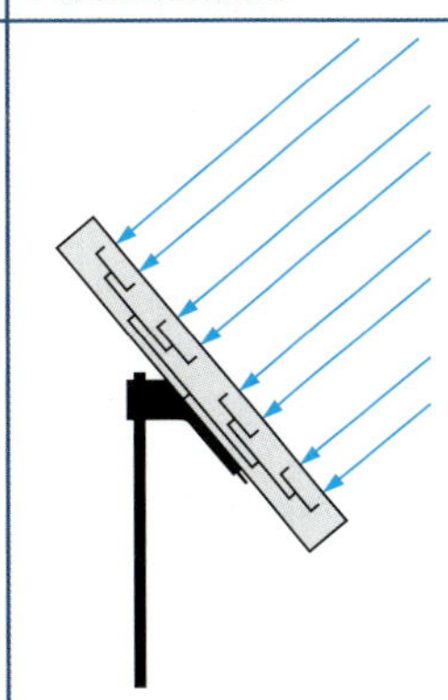

- Empfangssystem in der Antenne integriert.
- Flächenwirkungsgrad: 40 – 80 %

Komponenten

① Offset-Parabolantenne	⑤ Terrestrische Antennen	⑨ Umschaltmatrix
② Speisesystem/-systeme	⑥ Antennensteckdosen	⑩ 5-fach Verbinder
③ DiSEqC Umschaltmatrizen	⑦ Sat-ZF-Verstärker	⑪ Einschleuseweiche
④ Weichen	⑧ Umsetzer/Matrix	

Einzelanlagen

Zwei Satelliten-Empfang (Multifeed-Empfang), Twin-Betrieb, 2 Teilnehmer

- 2 Satelliten-Empfang
- 2 Polarisationen, horizontal und vertikal
- Low-/Highband
- Analog und digital
- Terrestrisches Signal
- DiSEqC, 8xSat-ZF

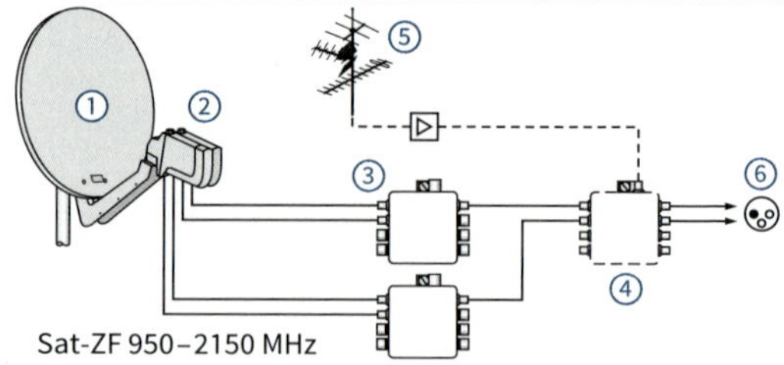

Ein Satelliten-Empfang, Erweiterung für 4 Anschlüsse

- 1 Satelliten-Empfang
- 2 Polarisationen, horizontal und vertikal: 14/18 V
- Low-/Highband: 0/22 kHz
- Analog und digital
- Terrestrisches Signal
- 4 Anschlüsse (auf 8 erweiterbar)

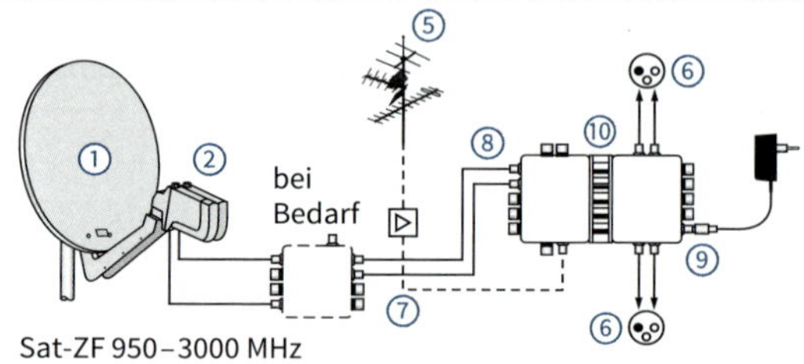

Gemeinschaftsanlagen

2xSat-ZF, 8 Teilnehmer

- 1 Satelliten-Empfang
- 2 Polaisationen, horizontal und vertikal: 14/18 V
- Lowband
- Terrestrisches Signal
- Erweiterbar

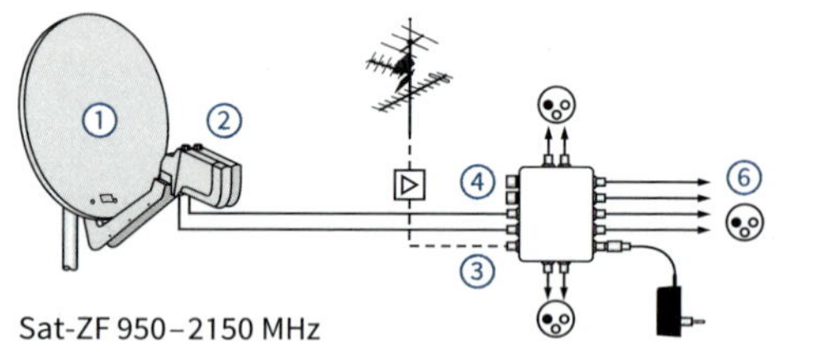

4xSat-ZF, Multifeed, 20 Teilnehmer

- 2 Satelliten-Empfang
  Satellit A: 0 kHz
  Satellit B: 22 kHz
- 2 Polarisationen, horizontal und vertikal: 14/18 V
- Lowband
- Terrestrisches Signal

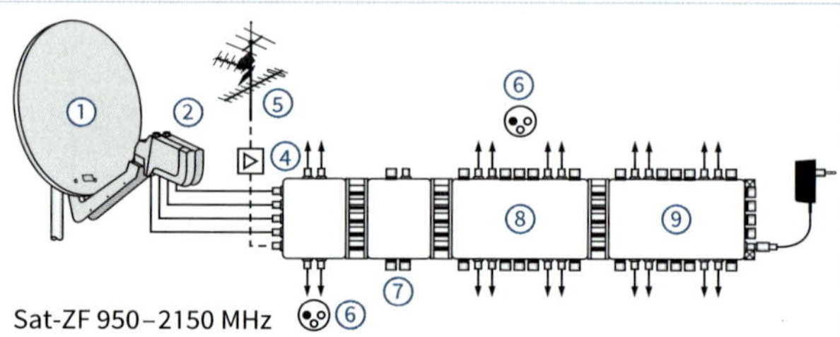

8xSat-ZF, 4 Teilnehmer

- 2 Satelliten-Empfang
- 2 Polarisationen, horizontal und vertikal
- Analog und digital
- Low- und Highband
- Terrestrisches Signal
- DiSEqC: 8xSat-ZF

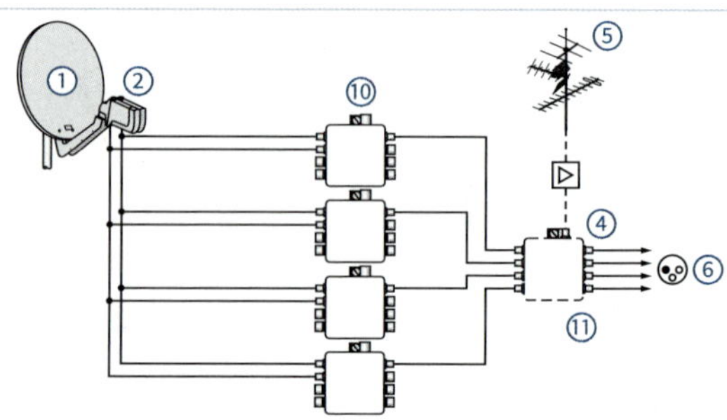

Einstellungen der Antenne und Satellitenstandorte

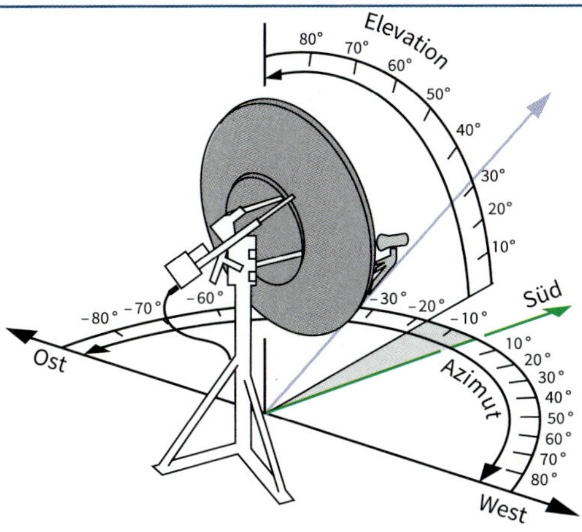

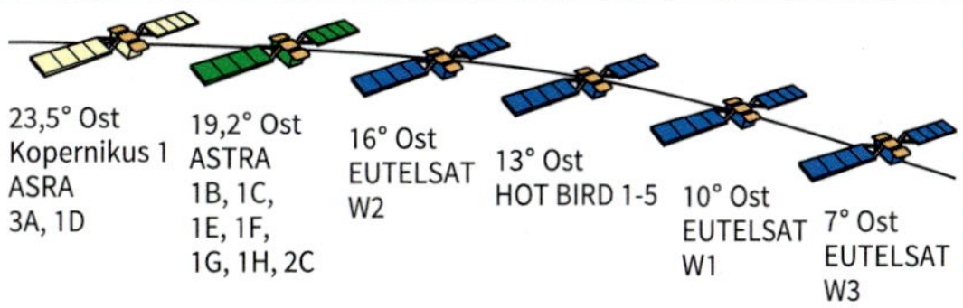

- **LNB** (**L**ow **N**oise **B**lock Converter)
  Er empfängt das Satelliten-Signal (10,7 GHz bis 12,75 GHz) und verstärkt es rauscharm. Anschließend erfolgt eine Umwandlung in ein ZF-Signal (Zwischenfrequenz) von 0,95 GHz bis 1,7 GHz.
- **Azimut**
  Der Winkel der Himmelsrichtung aus der das Signal empfangen wird, Angabe in Grad.
- **Elevation**
  Der Winkel zwischen dem theoretischen Horizont und dem Satelliten (Erhebungswinkel), Angabe in Grad.

Montageschritte

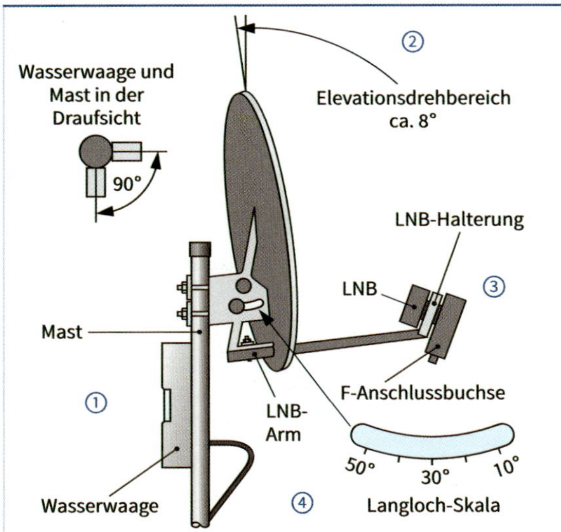

1. Geeigneten Standort wählen („freie Sicht" zum Satelliten).
2. Mast mit Wasserwaage absolut senkrecht montieren ①.
3. Voreinstellung des Elevationswinkels ②, Wert aus Tabelle für den jeweiligen Standort entnehmen.
4. Mit dem Kompass die Südrichtung ③ festlegen.
5. Receiver mit FS-Gerät verbinden und Empfang mit Testbild überprüfen (evtl. akustischen Satelliten-Finder einsetzen).
6. Testbild abschalten und Receiver auf Kanal 1 (in der Regel ARD) einstellen.
7. Azimut für den zu empfangenden Satelliten einstellen ④ (aus Tabelle).
8. Feinabgleich der Antennenrichtung mit FS-Bild bzw. Messgerät.

Beispiel für die Einstellungen auf die Astra-Stelliten (19,2° Ost) für den Standort Braunschweig.

Azimut: 10,7°
Elevation: 29,7°

Montage der F-Stecker

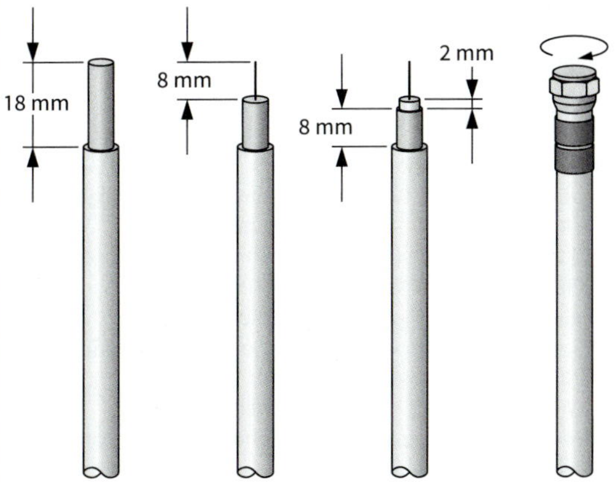

Koaxialkabel-Montage und Steckdose

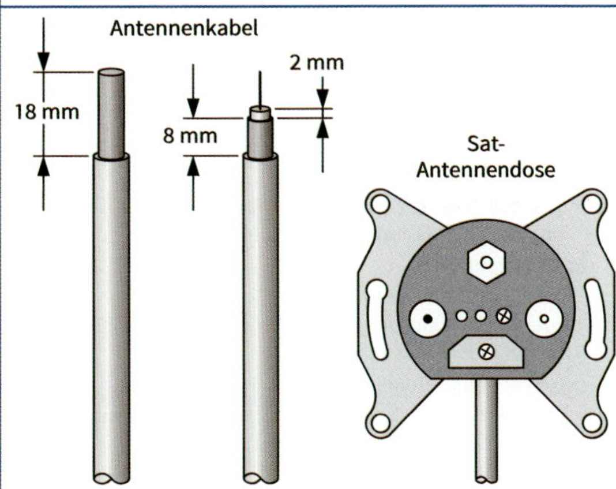

Frequenzen und ihre Umsetzung

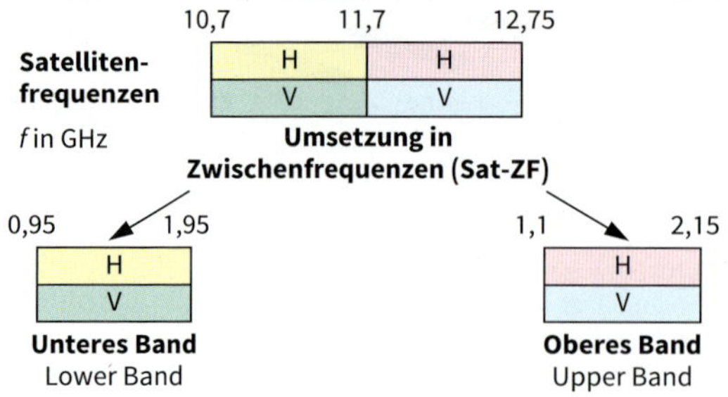

Die Umsetzung erfolgt im LNB mit Hilfe eines Oszillators.

LNB: **L**ow **N**oise **B**lock Converter; Empfangskopf (Empfangskonverter)

H: Horizontal polarisierte Wellen

V: Vertikal polarisierte Wellen

Umschaltmöglichkeiten

Prinzip der Umschaltung

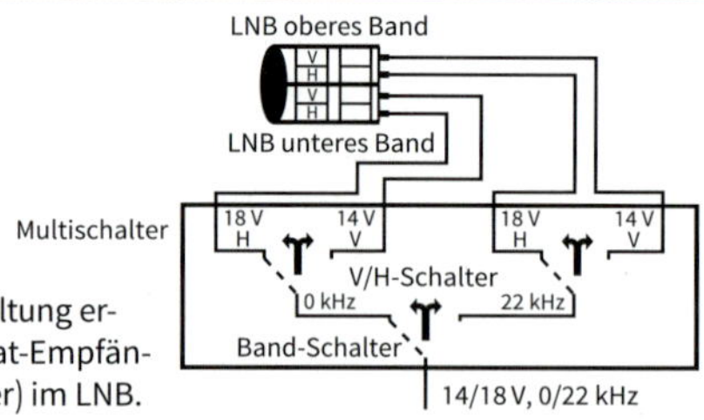

- Die Umschaltung erfolgt vom Sat-Empfänger (Receiver) im LNB.
- Verwendet werden Gleichspannungen (14 V und 18 V) und/oder Wechselspannungen (22 kHz).
- Die Wechselspannung wird der Gleichspannung überlagert.
- Die Zuführung erfolgt über die Koaxial-Leitung.

U in V	*f* in kHz	Polarisation	Band
14	0	H	unteres
14	22	H	oberes
18	0	V	unteres
18	22	V	oberes

LNB

- **Single-LNB**
  - Zwei interne Umschalter für Bänder und Polarisation
  - Ein Ausgang für die Sat-ZF ⇒ Es kann jeweils nur ein Band eingespeist werden.
- **Twin-LNB**
  - Zwei Single-LNBs werden zu einer Funktionseinheit zusammengeschaltet.
  - Zwei Sat-ZF Ausgänge mit Umschaltmöglichkeit für Bänder und Polarisation.
- **Dual-Output-LNB**
  - Zwei Umschalter im LNB
  - Zwei Sat-ZF Ausgänge mit Umschaltmöglichkeit für Bänder und Polarisation.
- **Quattro-LNB, Universal-LNB**
  - Jedes Band mit jeder Polarisation steht an getrennten Ausgängen zur Verfügung.
  - Vier Sat-ZF Ausgänge

Multischalter für vier Teilnehmer

Multischalter werden eingesetzt, wenn mehrere Teilnehmer auf eine Sat-Antenne zugreifen.

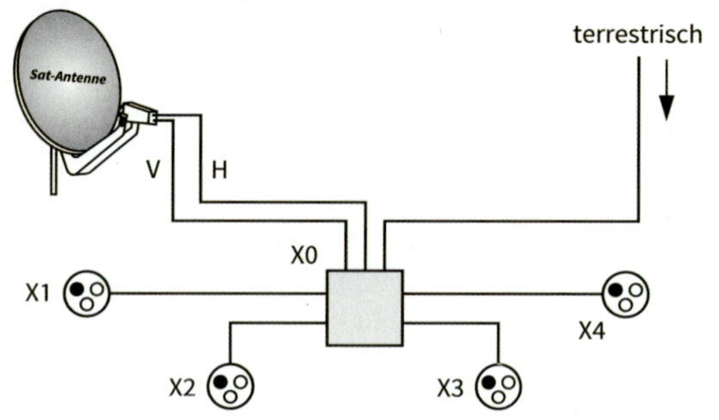

X0: Vierfach Multischalter

Übersichtsschaltplan

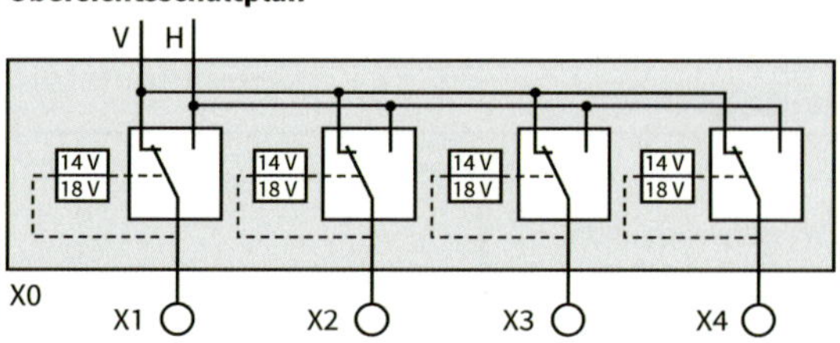

DiSEqC

DiSEqC

- **Di**gital **S**atellite **Eq**uipment **C**ontrol (sprich: Disäck)
- Digitales Steuerungsverfahren für Satelliteneinrichtungen
- 0- und 1-Zustände werden durch getastetes 22-kHz-Signal erzeugt (0,6 V Spitze-Spitze).

Bitstruktur:

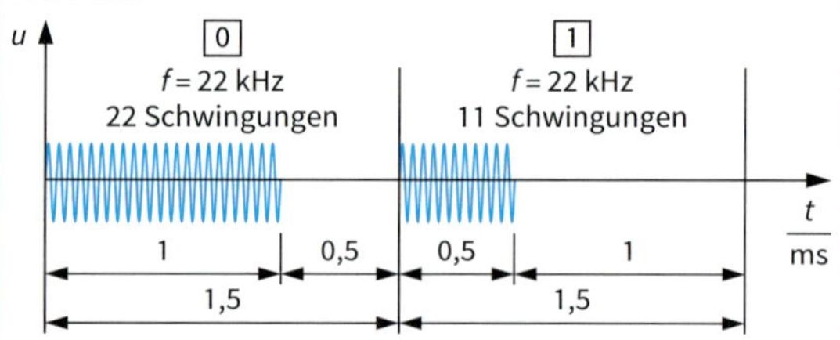

Logo:

DiSEqC 2.0

Versionen:

1,0 1,1 1,2
2,0 2,1 2,2

Erste Ziffer: Art der Kommunikation

1: Übertragung von Befehlen vom analogen oder digitalen Empfänger zur Funktionseinheit (unidirektional)

2: Bidirektionale Kommunikation zwischen analogem oder digitalem Empfänger und der Funktionseinheit

Zweite Ziffer: Umfang der Kommunikation

0: Schaltvorgänge für vier Satelliten, jeweils beide Bänder, Polarisation und weitere Optionen

1: Wie Ziffer 0, zusätzliche Befehle über eine Leitung

2: Wie Ziffer 0 und 1, zusätzliche Befehle für eine drehbare Satellitenantenne

Merkmale

- Das System dient zur Verteilung von
  - digitalen Satelliten-Zwischenfrequenzen (ZF-Signalen), einschließlich HDTV, und
  - terrestrischen Signalen über nur **ein** Kabel (Stammleitung) an **mehrere** Teilnehmer (Empfänger).
- Es überträgt das **komplette Programmangebot** von einem oder zwei Satelliten.
- Die Receiver sind ausgrüstet mit
  - **unabhängiger Wahlmöglichkeit** zwischen **Hor**izontal-/**Ver**tikal-, **Low**-/**High**-Band, Satellitenposition und Transponder und
  - **fester Teilnehmerfrequenz**.
- Umschaltung und Transponderwahl erfolgen im Speisesystem (Einkabel-Quattro-LNB) bzw. in der Einkabelmatrix.
- Die Transponderwahl und Umsetzung auf die Teilnehmerfrequenz erfolgt über spezielle Tunerbausteine (**SCR**: **S**atellite **C**hannel **R**outer)
- **Vorteil**: Reduzierter Verkabelungsaufwand bei Neubau. Umrüstung (z. B. Kabelanschluss) und Erweiterung, da nur **ein Stammkabel** (**keine Sternverbindung**) erforderlich ist.
- **Nachteil**: Receiver müssen spezielle DiSEqC-Befehle aussenden können und sind nicht kompatibel zu anderen Anlagentechniken.

Transportkanalzuordnung

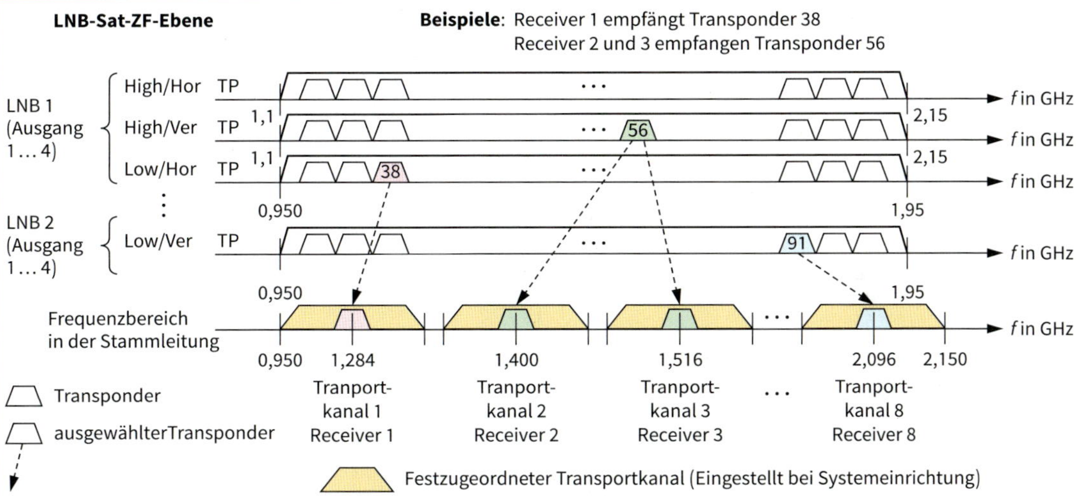

Beispiel

- Zwei Satellitenpositionen (z. B. Astra und Türksat)
- Jeweils zwei Polarisationen (H/V), Low- und High-Band

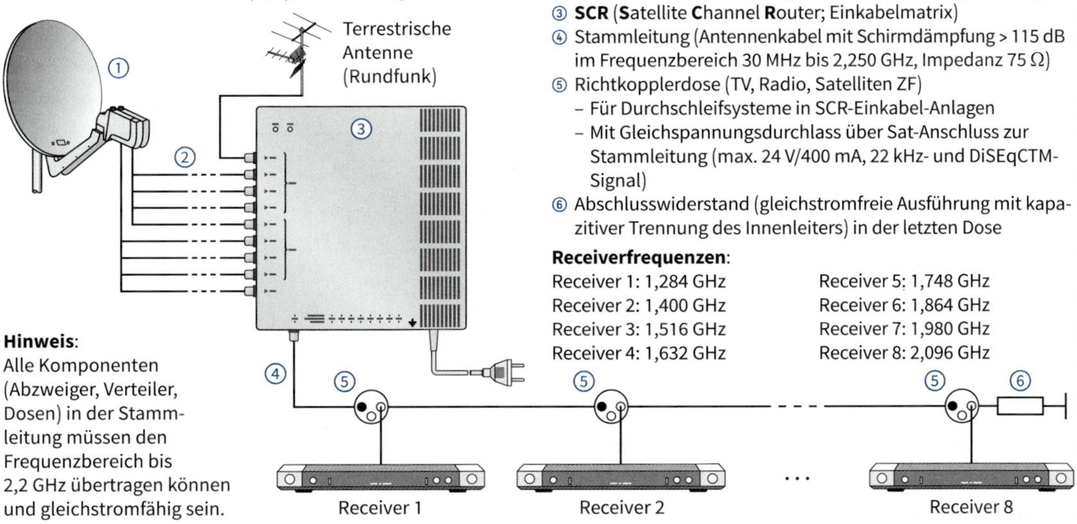

① Zwei Quattro LNBs
② Acht Satelliten ZF-Eingänge, ein Analogeingang (Antenne)
③ **SCR** (**S**atellite **C**hannel **R**outer; Einkabelmatrix)
④ Stammleitung (Antennenkabel mit Schirmdämpfung > 115 dB im Frequenzbereich 30 MHz bis 2,250 GHz, Impedanz 75 Ω)
⑤ Richtkopplerdose (TV, Radio, Satelliten ZF)
- Für Durchschleifsysteme in SCR-Einkabel-Anlagen
- Mit Gleichspannungsdurchlass über Sat-Anschluss zur Stammleitung (max. 24 V/400 mA, 22 kHz- und DiSEqCTM-Signal)

⑥ Abschlusswiderstand (gleichstromfreie Ausführung mit kapazitiver Trennung des Innenleiters) in der letzten Dose

Receiverfrequenzen:

Receiver 1: 1,284 GHz	Receiver 5: 1,748 GHz
Receiver 2: 1,400 GHz	Receiver 6: 1,864 GHz
Receiver 3: 1,516 GHz	Receiver 7: 1,980 GHz
Receiver 4: 1,632 GHz	Receiver 8: 2,096 GHz

Hinweis:
Alle Komponenten (Abzweiger, Verteiler, Dosen) in der Stammleitung müssen den Frequenzbereich bis 2,2 GHz übertragen können und gleichstromfähig sein.

BK-Rundfunk-Übertragung

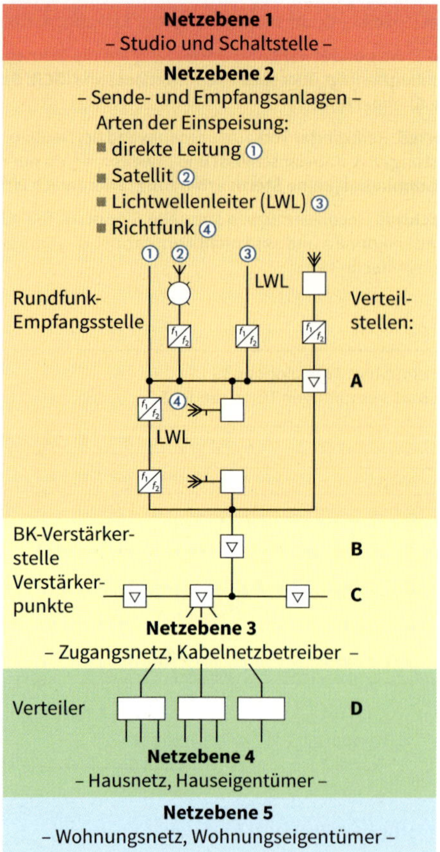

Einspeisung in das Hausnetz

- **Systemarten**

Durchschleifsystem **Stichleitungssystem**

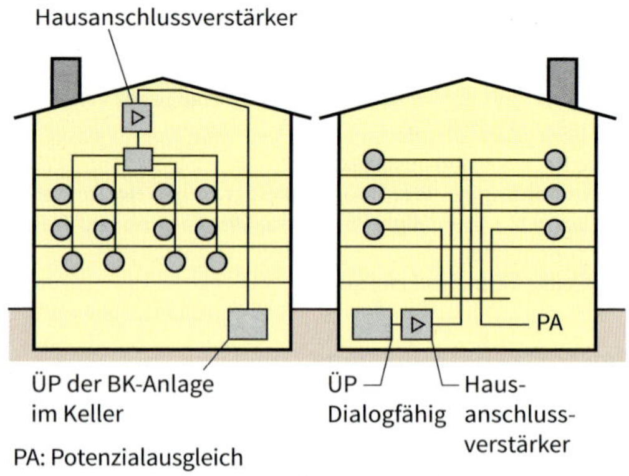

PA: Potenzialausgleich

- **Grenzwerte für Nutzpegel (Trägersignal) an Antrennen-steckdosen (DIN EN 60728-1)**

System	Modulation	Pegel in dBμV	
		minimal	maximal
UKW Mono	FM	40	70
UKW Stereo	FM	50	70
DVB-C	64/128/256 QAM	47	77
DVB-C	QPSK	47	77
TV (SAT-ZF) 950 MHz – 2150 MHz	FM	47	77
TV 47 MHz – 862 MHz	AM	60	80
Internet Downstream[1]		50	67
Internet Upstream[1]		90	107

[1] Empfehlung, nicht genormt, abhängig vom System

Kanalraster des BK-Netzes, analog

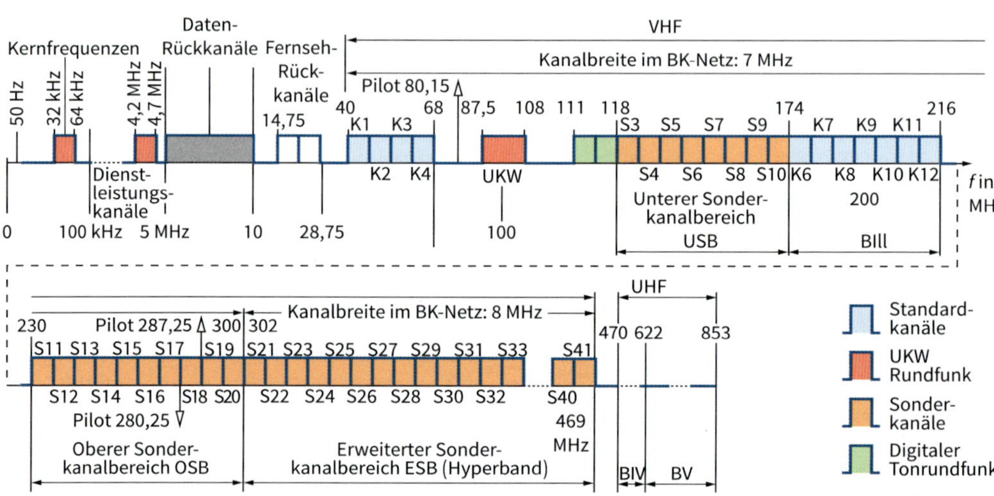

Merkmale

- **DOCSIS** (**D**ata **o**ver **C**able **S**ervice **I**nterface **S**pecification) ist ein Standard, der die Anforderungen für die bidirektionale digitale Datenübertragung in Breitband-Kabelnetzen festlegt.
- In DOCSIS sind auch Spezifikationen für Schnittstellen, Kabelmodems und die dazugehörige Peripheriegeräte enthalten.
- **DOCSIS 3.0**
  - Derzeit der am weitesten verbreitete Standard
  - 8 MHz-Kanalraster mit bis **256-QAM** (**Q**uadratur **A**mplitudenmodulation)
  - Einzelträger (**SC**: **S**ingle **C**arrier)

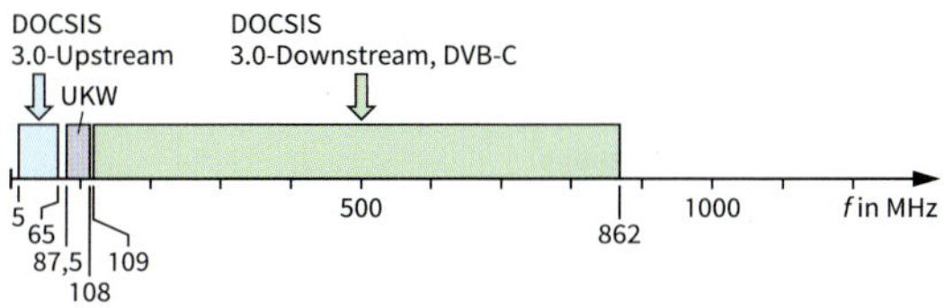

- **DOCSIS 3.1**
  - Dieser Standard befindet sich in der Einführung.
  - Mehr-Träger-Verfahren **OFDM** (**O**rthogonal **F**requency **D**ivision **M**ultiplex)
  - Modulation pro Träger bis **4096-QUAM**
  - Trägerabstände 25 kHz oder 50 kHz
  - Fehlerschutz ist leistungsfähiger als bei DOCSIS 3.0

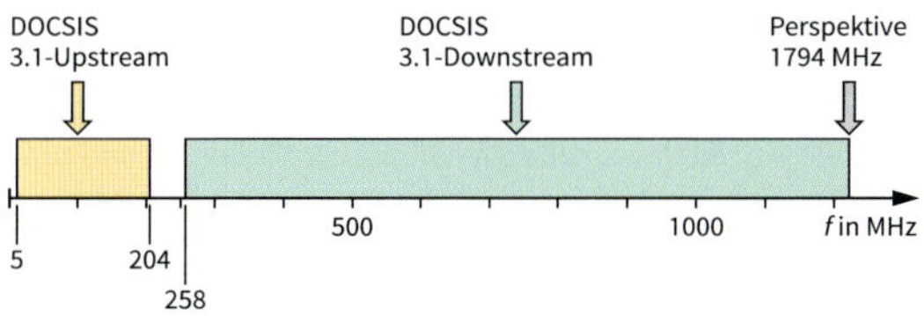

Messgrößen

- **Pegel**: Signalstärke
- **Frequenzgang** (frequency response) im jeweiligen Kanal
- **Konstellationsdiagramm**: Lage der einzelnen Zustände des Signals.
- **MER** (**M**odulation **E**rror **R**atio): Qualität des Modulationsverfahrens
- **PER** (**P**ackage **E**rror **R**ate): Verhältnis der gesendeten Datenpakete zu den empfangenen Datenpaketen (Maß für den Datenverlust)
- **BER** (**Bi**t **E**rror **R**ate): Bitfehlerhäufigkeit, Bitfehlerrate; eine Zahl als Maß für die fehlerhaft übertragenen Bits
- **SNR** (**S**ignal-to-**N**oise **R**atio): Störabstand, Angabe in dB, Verhältnis zwischen dem Nutzsignal und dem im Wesentlichen durch Rauschen verursachten Störsignal
- **Signallaufzeit** (Latenz): Zeit zwischen dem Aussenden einer Abfrage bis zum Eintreffen einer Antwort
- **Jitter**: Schwankungen des Übertragungstaktes
- **Brummsignale**: Verursacht durch Erdungs- oder Masseprobleme, wird durch Jitter beeinflusst
- Übertragungsgeschwindigkeit (Datenrate)

DOCSIS Versionen

Version	Datenrate bei $B = 8$ MHz		Eigenschaften, Erweiterungen	ITU-R [1]
	Downstream DS	Upstream US		
1.0	50 Mbit/s	30 Mbit/s	Datentransfer in TV-Kanälen	J.112
1.1	50 Mbit/s	30 Mbit/s	Mit Dienstegüte **QoS** (**Q**uality **o**f **S**ervice)	J.112
2.0	50 Mbit/s	30 Mbit/s	Symmetrischer Dienst (IP-Telefonie	J.112
3.0	50 Mbit/s	30 Mbit/s	DS: 32 Kanäle US: 8 Kanäle maximal; IPv6	J.112
	bei Kanalbündelung: 1,6 Gbit/s	240 Mbit/s		
3.1	bis 10 Gbit/s	bis 1 Gbit/s	Variable Kanalbreite; OFDM (DS: bis 192 MHz, US: bis 96 MHz)	offen

[1] **ITU-R**: **I**nternational **T**elecommunication **U**nion, **R**adiocommunication (Internationale Fernmeldeunion)

Messgeräte

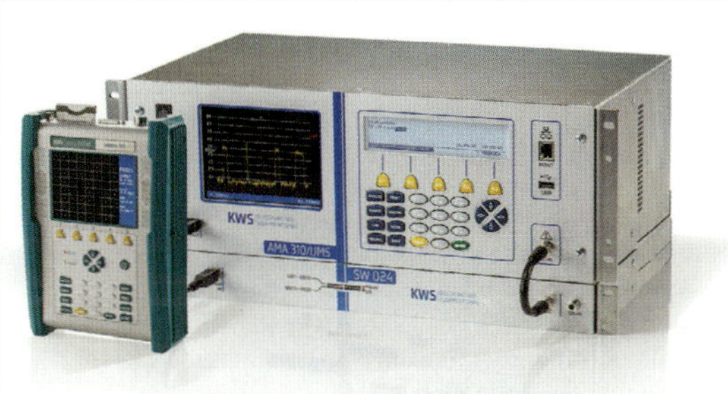

OFDM-Zeitfunktion

Die Abstände zwischen den Trägern bei DOCSIS 3.1 sind so gewählt, dass sich die modulierten Träger nicht gegenseitig beeinflussen (Beispiel unten: vier Träger).

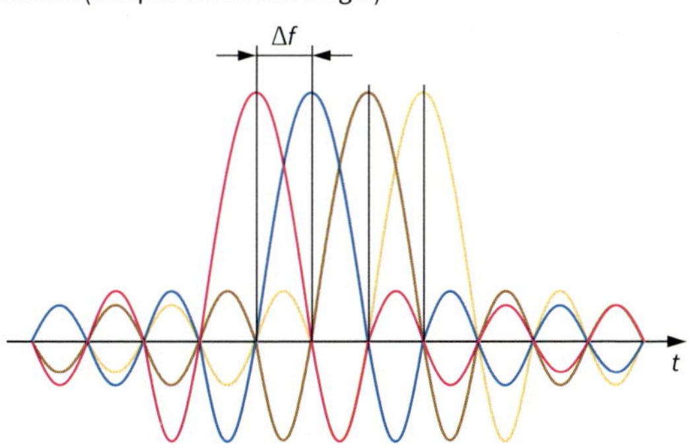

Anforderungen an Wohneinheiten

- Wohneinheiten sind Wohnungen in Ein- und Mehrfamilienhäusern sowie Gebäude mit gemischter Nutzung (z. B. Arztpraxen, Hotels, Seniorenwohnheime).
- In der DIN EN 50173 werden nach Verwendung und Erfordernis drei Gruppen von Netzanwendungen festgelegt.
- **IuK**: **I**nformations- **u**nd **K**ommunikationsanschluss, basierend auf symmetrischer Kupferverkabelung (bzw. **ICT**: **I**nformation and **C**ommunications **T**echnologies)
  - Sternstruktur
  - Paarweise verdrillte Kupferkabel, mind. Cat. 5 ungeschirmt oder geschirmt
  - 1 x RJ45 (DIN EN 60603-7: 2012-08) Netzwerkanschluss, tauglich für Gigabit Ethernet
  - Mindestens ein Anschluss pro Raum (pro 10 m^2)
- **RuK**: **R**undfunk **u**nd **K**ommunikationsanschluss, basierend auf koaxialer Kupferverkabelung (bzw. **BCT**: **B**roadcast and **C**ommunications **T**echnologies)
  - Sternstruktur
  - Kabel BCT-C (75 Ω Koaxialkabel, 3 GHz, max. 100 m); BCT-S (symmetrisches Multimediakabel, 1 GHz, max. 50 m) oder LWL max. 100 m
  - Mindestens ein Anschluss pro Raum (pro 10 m^2)
- **SRKG**: **S**teuerung, **R**egelung und **K**ommunikation in **G**ebäuden (bzw. **CCCB**: **C**ontrol/**C**ommand **C**ommunication in **B**uildings)
  - Audio, Radio, TV, Gebäudeautomation
  - Keine konkrete Netzstruktur vorgegeben (z. B. Bus, Abzweigung)

Triple Play

- Triple Play (dreifaches Spiel) ist eine Marketingbezeichnung und man versteht darunter die **Dreifachnutzung** eines Medienanschlusses für die audio und visuelle Übertragung (Fernsehen und Radio), Internet und Telefonie. Wenn das Angebot zusätzlich den Mobilfunk enthält, spricht man von Quadruple Play (vierfaches Spiel).
- Triple Play lässt sich grundsätzlich im Kabelnetz, im Telekommunikationsnetz und im Mobilfunknetz realisieren.
- Anschlussdose (**PVD-Unit**: **P**icture **V**oice **D**ata Unit)
  MATO: **M**ulti-**A**pplication **T**elecommunication **O**utlet
  Sie wird im deutschsprachigen Raum auch als **TATA** (**T**elekommunikations**a**nschluss, **R**undfunk**a**nschluss) bezeichnet.
- Beispiel für eine Multimediadose
  - Zwei Kabel: Koaxialkabel und Twisted-Pair-Kabel, Cat. 5 gesplittet
  - 5 Dienste: Fast Ethernet LAN, Analog-Telefon, IPTV, Radio, Kabelmodem (CATV) bzw. SAT-Empfang

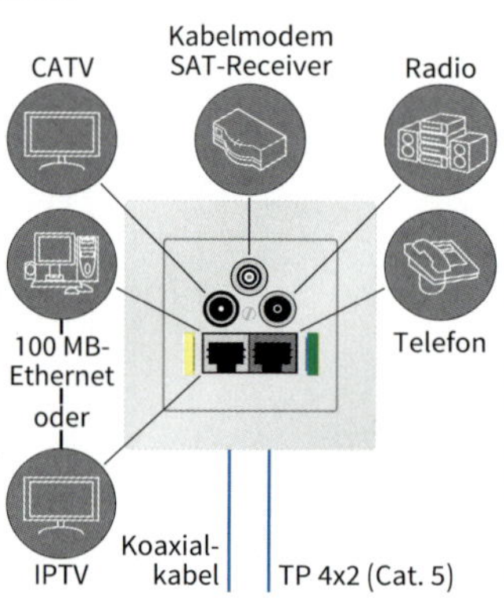

IP Multimedia Subsystems (IMS)

- IMS ist ein Netzwerk-Konzept zur Integration verschiedenster Telekommunikationssysteme.
- Es handelt sich um ein Konzept, bei dem alle Kommunikation IP-basiert erfolgt, im Mobilfunk- und Festnetz.
- Die Kommunikation erfolgt über paketvermittelte Verbindungen, mit einer definierten Dienstgüte (**QoS**: **Q**uality **o**f **S**ervice). Unterstützt werden verschiedenste Medientypen.
- Beispiele für Kommunikationsarten:
  Fernsprechdienste, Fax, E-Mail, Internet-Zugriff, Web-Services, **VoIP** (**V**oice-**o**ver-**IP**), **IM** (**I**nstant **M**essaging), Videokonferenzen und **VoD** (**V**ideo-**o**n-**D**emand).
- Ursprüngliches Anwendungsgebiet: Service-Netzwerk 3G UMTS und 4G LTE.
- Das System besteht aus 20 Funktionsblöcken in **vier Ebenen**:
  - **User Plane / Gateways**
    Lenkung und Bearbeitung des IP-Datenstroms.
  - **Control Plane / Gateway-Steuerung**
    Direktes Steuern und Signalisieren der Datenströme.
  - **Call Control / Session Control**
    Steuerung des Gesprächsablaufs bzw. des Session-Ablaufs.
  - **Service-Funktionen**
    Einbinden zusätzlicher Dienste in das Gespräch bzw. in die Session.
- Als Basisprotokoll von IMS wird das **SIP** (**S**ession **I**nitiation **P**rotocol) verwendet.

Session Initiation Protocol (SIP)

- SIP ist ein Netzprotokoll zum Aufbau, zur Steuerung und zum Abbau einer Kommunikationssitzung zwischen zwei oder mehreren Teilnehmern.
- Es ist spezifiziert im RFC 3261 (**RFC**: **R**equest **f**or **C**omments, sind eine Reihe technischer und organisatorischer Dokumente).
- Das Design von SIP entspricht **HTTP** (**Hyp**er**t**ext **T**ransfer **Pro**tocol), ist zu diesem aber nicht kompatibel.
- Bei der Internet-Telefonie wird **RTP** verwendet (**R**eal-Time **T**ransport **P**rotocol, Echtzeit-Transportprotokoll, RFC 3550).
- Durch die Trennung von Sitzung und Medien können alle Datenströme unabhängig voneinander verschlüsselt werden.
- **Netzwerk-Elemente**:
  - **User Agent**:
    Schnittstelle zum Benutzer
  - **Proxy Server**:
    Kommunikationsschnittstelle (Router)
  - **Registrar Server**:
    Zentrale Schaltstelle, Registrierung und Verarbeitung von Anfragen für die Domain
  - **Redirect Server**:
    Weiterleitung eingehender Anträge
  - **Session Border Controller**:
    Netzwerkkomponente zur sicheren Kopplung von Rechnernetzen mit unterschiedlichen Sicherheitsanforderungen.
  - **Gateway**:
    Stellt Verbindungen mit anderen Netzen her.
  - **B2BUA** (**B**ack-**to**-**B**ack-**U**ser-**A**gent):
    Eine Middelware (Software für den Datenaustausch zwischen Anwendungsprogrammen) zur Manipulation der Datenströme.

Vorschriften

- DIN EN 50083-10: 2002-09 und DIN EN 50083-1/A1 (VDE 0855 Teil1 und Teil1/A1)
  Kabelnetze für Fernsehsignale, Tonsignale und interaktive Dienste
  (Leitfaden für Potenzialausgleich in vernetzten Systemen)
  Teil 1: Sicherheitsanforderungen
- DIN EN 60728-1-1: 2015-02
  Kabelnetze und Antennen für Fernsehsignale, Tonsignale und interaktive Dienste
  Teil 11: Sicherheitsanforderungen (Einzelempfangsanlagen (z. B. Satellitenantenne), Verteilanlagen (z. B. Gemeinschafts-antennenanlagen), Großgemeinschaftsantennenanlagen, Satelliten-Gemeinschaftsantennenanlagen, Breitband-kabel mit allen Netzebenen bis zum Signaleingang des Empfängers
- DIN EN 62305-1: 2011-10
  Blitzschutznorm

Antennenbereiche

- **Geschützter Bereich**
  Die Erdung kann entfallen, wenn
  - die Antenne mehr als 2 m unterhalb der Dacheindeckung oder Dachkante liegt und weniger als 1,5 m vom Gebäude herausragt
  - oder wenn sich die Antenne innerhalb des Gebäudes befindet.

  Metallene Teile (z. B. Leitungs-abschirmungen) sollten mit dem Potenzialausgleich verbunden werden ①.

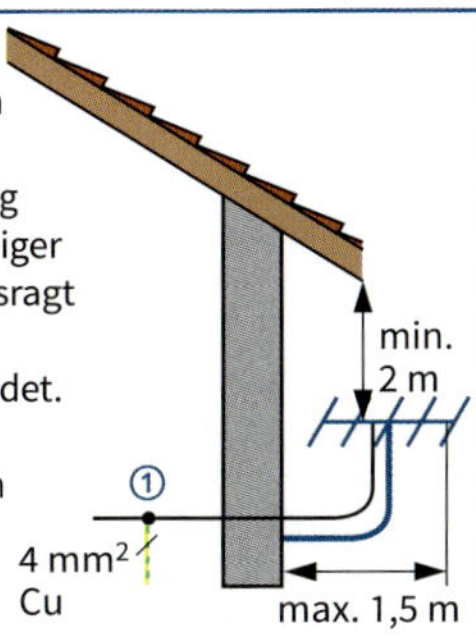

- **Außenbereich**
  - Bei Gebäuden mit einer Blitzschutzanlage muss die Antennenanlage in das Blitzschutzkonzept einbezogen werden.
  - Bei Gebäuden ohne Blitzschutzanlage sind der Mast ② und Kabelabschirmungen ③ zu erden (Erdungsleitungen s. Tabelle rechte Spalte).
  - Kabelabschirmungen und alle metallenen Teile der Antennenanlage (Gehäuse von Verteilern, Multischalter usw.) sind über einen Potenzialausgleichsleiter (≥ 4 mm²) mit dem Schutzpotenzialausgleich des Gebäudes zu verbinden (Haupterdungsschiene ④).

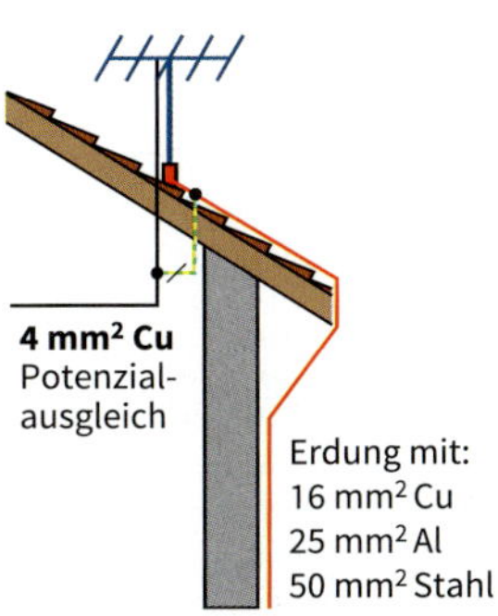

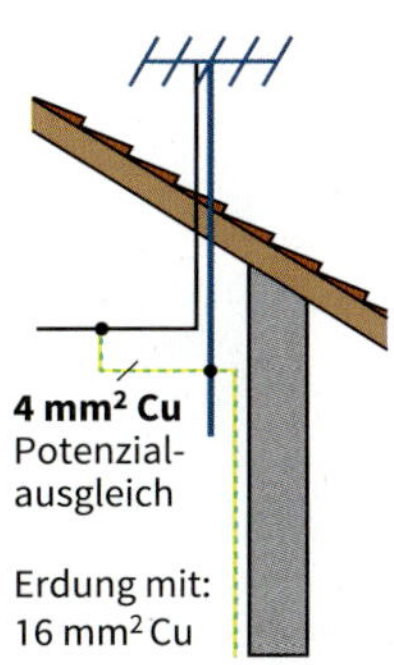

Beispiel

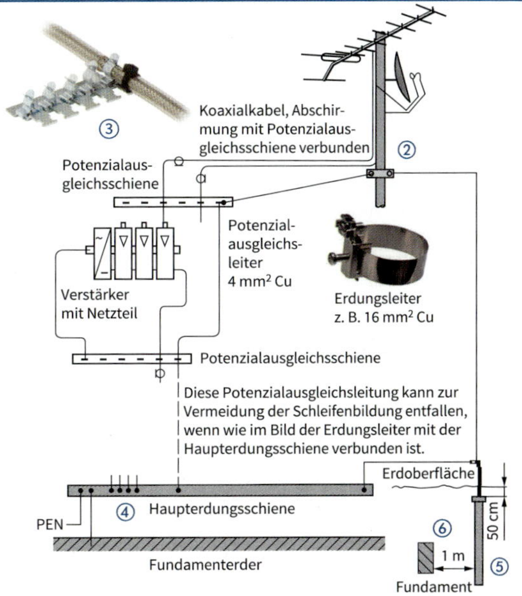

Erdungs- und Schutzpotenzialausgleichsleiter

Erdungsleiter

Material	Querschnitt	Durchmesser	Beschaffenheit
Kupfer[1)]	≥ 16 mm²	≥ 4,6 mm	blank oder isoliert
Aluminium[2)]	≥ 25 mm²	≥ 5,7 mm	
Aluminium	≥ 50 mm²	≥ 8,0 mm	Knet-Legierung
Stahldraht Stahlband	– 2,5 x 20 mm	≥ 8,0 mm	verzinkt verzinkt
Schutzpotenzialausgleichsleiter			
Kupfer[3)]	mind. 4 mm²	2,3 mm	blank oder isoliert

Beispiele: 1) H 07 V-U, H 07 V-R (NYA); 2) NAYY, NYM
3) H07 V-U (NYA)

Erdungsanlage

- **Mindestquerschnitte der Erder**
  - Kupfer: 50 mm²
  - Stahl: 80 mm², bevorzugt verzinkter Bandstahl (30 x 3,5 mm), Kreuzerder ⑤ (50 x 50 x 3 mm) oder Tiefenerder (20 mm)
- **Aufbau** (Beispiele)
  - Ein Erder von mindestens 2,5 m Länge wird vertikal oder schräg im Erdreich verlegt; Abstand vom Fundament 1 m ⑥.
  - Zwei Erder von mindestens 1,5 m Länge werden in 3 m Abstand senkrecht im Erdreich verlegt; Abstand vom Fundament 1,5 m.
  - Zwei Erder von mindestens 2,5 m Länge werden horizontal mit einem Winkel von 60°, 0,5 m tief und mindestens 1 m vom Fundament entfernt verlegt.

Merkmale

- **Blitzschutzanlagen** sind stets erforderlich, z. B. bei
  - Krankenhäusern,
  - Hochhäusern,
  - Schulen,
  - Bahnhöfen und
  - Ex-Anlagen.
- Im Rahmen einer **Risikoabschätzung** werden die Notwendigkeit und die spezifische Ausprägung der zu errichtenden Blitzschutzanlage ermittelt.
- Die **Risikoberechnung** setzt sich aus einer Vielzahl von einzelnen Parametern zusammen, die aus vorliegenden Tabellen bzw. durch Anwendung von Berechnungsformeln gewonnen werden.
- **Grundsatz:**
  Falls das ermittelte Schadensrisiko höher ist als das akzeptierte Schadensrisiko, sind geeignete Schutzmaßnahmen zu installieren.

Hinweis: Für die Durchführung der umfangreichen Berechnungen ist im Anhang J der Norm DIN EN 62 305-2 ein Berechnungsprogramm enthalten (IEC-Blitz-Risiko-Rechner SIRAC).

Arten

- Der **Überspannungsschutz** ist eine Ergänzung des inneren Blitzschutzes und wird im **Blitz-Schutzzonen-Konzept** berücksichtigt.

Äußerer Blitzschutz	Innerer Blitzschutz
Fangeinrichtungen Ableiteinrichtungen Erdungsanlage	Schutzpotenzialausgleich Geschirmte Räume Blitzstrom-/Überspannungs-ableiter

Gefährdungspegel

- Blitzschutzsysteme sind in vier **Gefährdungspegel** (**LPL: L**ightning **P**rotection **L**evel; frühere Bezeichnung Blitzschutzklasse) eingeteilt.

Gefährdungspegel	Scheitelwert der Blitzstromstärke max./min. in kA	Radius der Blitzkugel in m
I	200/3	20
II	150/5	30
III	100/10	45
IV	100/16	60

Äußerer Blitzschutz

- **Fangeinrichtungen**
  - Stangen, gespannte Seile/Drähte und vermaschte Leiter
  - Sie werden dimensioniert nach dem **Blitzkugelverfahren** (universell anwendbare Planungsmethode), dem **Maschen-** oder dem **Schutzwinkelverfahren**.
- **Ableiteinrichtungen**
  - Massive Leiter bilden **parallele Strompfade** vom Einschlagpunkt zur Erdungslage (**Stromaufteilung**) mit möglichst **kurzen Stromwegen** (gerade, senkrechte Anordnung).

Beispiel: Gebäude mit Flachdach und aufgesetztem Aufbau

- Die **Erdungsanlage** ist abhängig von der Bodenleitfähigkeit und wird unterschieden in
  - **Oberflächen-** bzw. **Tiefenerder** (Typ A) und
  - **Ring-** bzw. **Fundamenterder** (Typ B).
- Empfohlener **Erdwiderstand** < 10 Ω (bei Messung mit Niederfrequenz)
- **Wiederholungsprüfung**

Gefährdungspegel	Sichtprüfung	Umfassende Sichtprüfung	
			Kritische Anlagen
I und II	1 Jahr	2 Jahre	1 Jahr
III und IV	2 Jahre	4 Jahre	1 Jahr

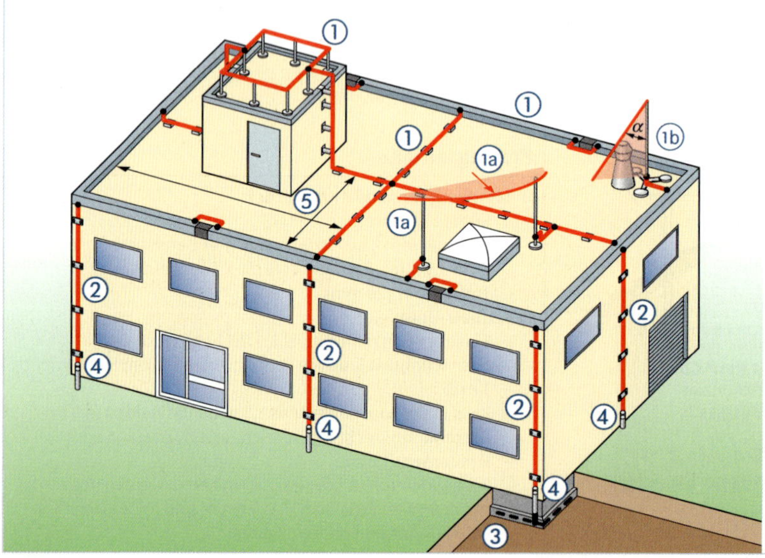

① Fangeinrichtung

Gefährdungspegel	Maschenweite in m
I	5 x 5
II	10 x 10
III	15 x 15
IV	20 x 20

(1a) Fangeinrichtung; Standort ermittelt nach Blitzkugelverfahren
(1b) Fangstangenhöhe abhängig von Schutzwinkel α (z. B. $\alpha = 70°$ bei Gefährdungspegel I ergibt Höhe von 2 m)
② Ableiteinrichtung
③ Erdungsanlage
④ Verbindungspunkt Ableiteinrichtung mit Erdungsanlage (Messstelle, mit Werkzeug trennbar, zur Überprüfung z. B. des Erdausbreitungswiderstandes)
⑤ Maschenweite (z. B. 20 m x 20 m bei Gefärdungspegel IV)

Konzept

- Dieses **EMV-gerechte** Blitzschutzkonzept umfasst den
  - äußeren Blitzschutz
  - inneren Blitzschutz und
  - Überspannungsschutz

  für energie- und informationstechnische Geräte bzw. Einrichtungen.
- Es werden unterschiedliche **Schutzzonen** (Schutzbereiche) mit abgestimmten Schutzmaßnahmen für den insgesamt zu schützenden Bereich definiert. Grundlage sind die zu erwartenden Gefährdungen bei Blitz- und Überspannungseinflüssen.
- Die erforderlichen **Schutzmaßnahmen** für die jeweiligen Zonen können somit unter **wirtschaftlichen Gesichtspunkten** entsprechend geplant, ausgeführt und überwacht werden.

Zoneneinteilung

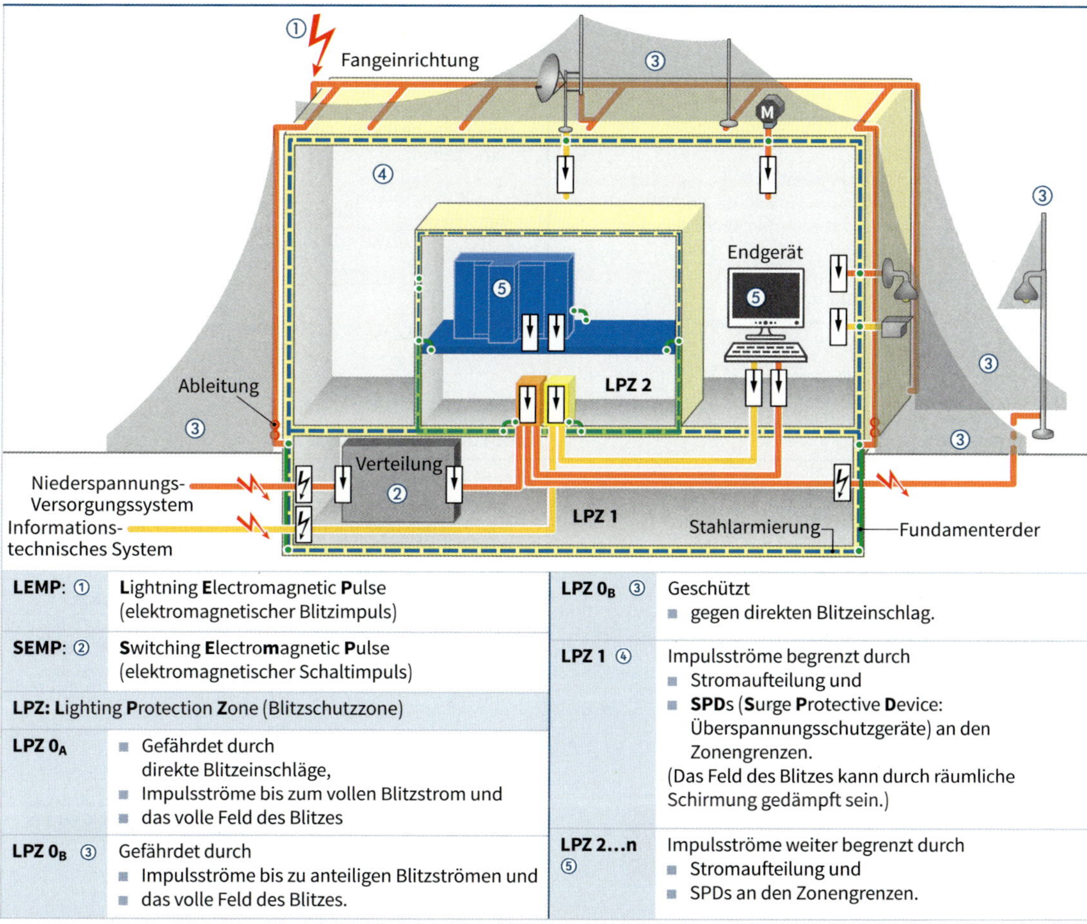

LEMP: ①	**L**ightning **E**lectromagnetic **P**ulse (elektromagnetischer Blitzimpuls)		**LPZ 0_B** ③	Geschützt ▪ gegen direkten Blitzeinschlag.
SEMP: ②	**S**witching **E**lectro**m**agnetic **P**ulse (elektromagnetischer Schaltimpuls)		**LPZ 1** ④	Impulsströme begrenzt durch ▪ Stromaufteilung und ▪ **SPD**s (**S**urge **P**rotective **D**evice: Überspannungsschutzgeräte) an den Zonengrenzen. (Das Feld des Blitzes kann durch räumliche Schirmung gedämpft sein.)
LPZ: Lighting **P**rotection **Z**one (Blitzschutzzone)				
LPZ 0_A	▪ Gefährdet durch direkte Blitzeinschläge, ▪ Impulsströme bis zum vollen Blitzstrom und ▪ das volle Feld des Blitzes			
LPZ 0_B ③	Gefährdet durch ▪ Impulsströme bis zu anteiligen Blitzströmen und ▪ das volle Feld des Blitzes.		**LPZ 2...n** ⑤	Impulsströme weiter begrenzt durch ▪ Stromaufteilung und ▪ SPDs an den Zonengrenzen.

Anordnung Überspannungsschutzgeräte

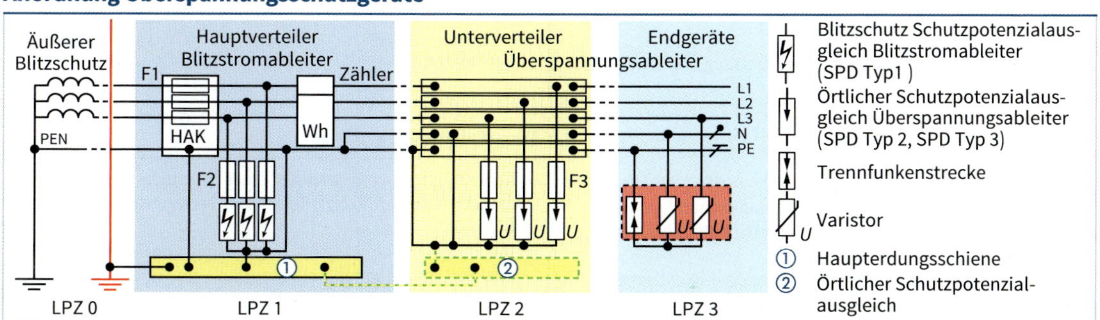

Bestimmungen und Vorschriften

- DIN VDE 0833: 2009
  Gefahrenanlagen für Brand, Einbruch und Überfall

Gefahrenmeldeanlagen (GMA)
Sie sind Fernmeldeanlagen, die Gefahren für Leben und Sachwerte melden. Dazu gehören auch die
- Erfassung von Störungen in der Anlage und
- Überwachung der Übertragungswege.

Brandmeldeanlagen (BMA)

Einbruch- (EMA) und Überfallmeldeanlagen (ÜMA)

- **V**erband **d**er **S**chadensversicherer (**VdS**)
  - Prinzip, Aufbau, Installation und Betrieb von GMA
  - Unterschieden werden dabei die Sicherheitsklassen A, B und C.
- Unfallverhütungsvorschriften
- Polizei-Richtlinien, Landeskriminalamt
- Bundesamt für Sicherheit in der Informationstechnik (BSI)
- EX-Schutz
- Baurecht

Brandmeldeanlage

- Aufgabe: Brand und Feuer sollen frühzeitig erkannt und gemeldet werden. Die automatischen bzw. nichtautomatischen Sensoren sind ständig aktiv und mit der Zentrale verbunden.
- Eine zusätzliche Löschanlage kann ggf. durch die BMA ausgelöst werden.
- Energieversorgung:
  - Wechselspannungsnetz mit separatem und rot gekennzeichneten Leitungs-Schutzschalter
  - Unterbrechungsfreie Stromversorgung bei Netzausfall (Akkumulatoren)
  - Der Ausfall einer der beiden Energiequellen muss akustisch und optisch signalisiert werden.
- Die in der Peripherie angeschlossenen Geräte müssen mit einem eigenen Leitungsnetz betrieben werden.
- Die Leitungen sind in der Regel rot gekennzeichnet.
- Bei Verlegung von Brandmeldeleitungen mit anderen Leitungen müssen diese besonders gekennzeichnet werden.

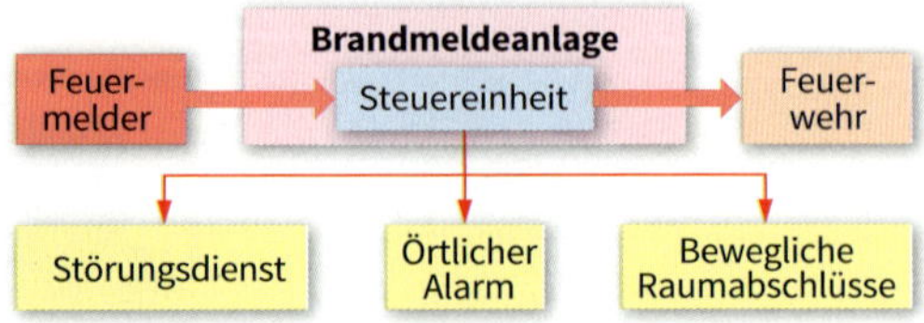

Gefahrenmeldeanlage

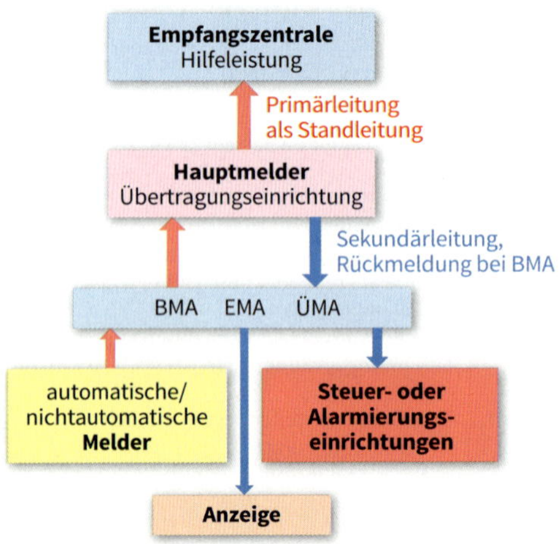

- **Primärleitungen:**
  Eine Leitung, die ständig auf Unterbrechung und Kurzschluss überwacht wird.
- **Sekundärleitung:**
  Eine nicht überwachte Leitung, die als Signal- und Meldeleitung verwendet wird.
- **Scharfschaltung:**
  Über einen mechanischen oder automatischen Schlüsselschalter wird die Anlage in Alarmbereitschaft geschaltet.
- **Stiller Arm:**
  Alarmauslösung erfolgt ohne optische oder akustische Signalisierung bei der örtlichen Meldeanlage.

Einbruchmeldeanlage

- Aufgabe:
  Automtische Überwachung von Gegenständen auf Diebstahl oder Flächen bzw. Räumen auf unbefugtes Eindringen.
- Sensoren in Meldegruppen sind ständig aktiv oder werden über eine Scharfstellung ein- bzw. ausgeschaltet.
- Die Ergebnisse der Sensorüberwachung werden ausgewertet, signalisiert oder weitergeleitet.
- Zugängliche Türen und die Deckel der Anlage müssen im scharf geschalteten Zustand gegen Sabotage überwacht werden.

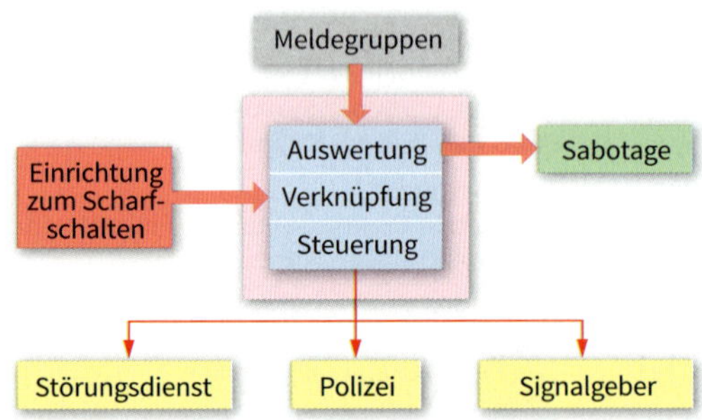

Überfallmeldeanlage

- In der Regel ist sie Bestandteil einer Einbruchmeldeanlage und dient dem direkten Hilferuf von Personen bei einem Überfall.
- Die Anlage hat die Aufgabe, die Meldung von einem Alarmauslöser bzw. Überfallmelder auszuwerten und weiterzuleiten, in der Regel an die Polizei.

Einbruchmelder

- **Kontaktüberwachung**
  - Magnet**k**ontakte (**MK**)
  - Schließblechkontakte
  - Elektromechanische Kontakte
  - Übergangskontakte
- **Flächenüberwachung**
  - Vibrationskontakte
  - Folien (aus Metallstreifen)
  - Alarmdrahttapeten, Bespannungen und Kunststoff-Folien mit Alarmdrahteinlage
  - Alarmglas
  - Fadenzugkontakte
  - Passive **G**lasbruch**m**elder (**GM**)
  - Aktive Glasbruchmelder
  - Körperschallmelder
- **Feldmäßige Überwachung**
  - Kapazitive Feldänderungsmelder
- **Streckenüberwachung**
  - Lichtschranken
- **Räumliche Überwachung**
  - Bewegungsmelder
  - Mikrowellen-Bewegungsmelder
  - Ultraschall-Bewegungsmelder
  - Infrarot-Bewegungsmelder

Meldelinien

Ruhestromprinzip mit Magnetkontakten

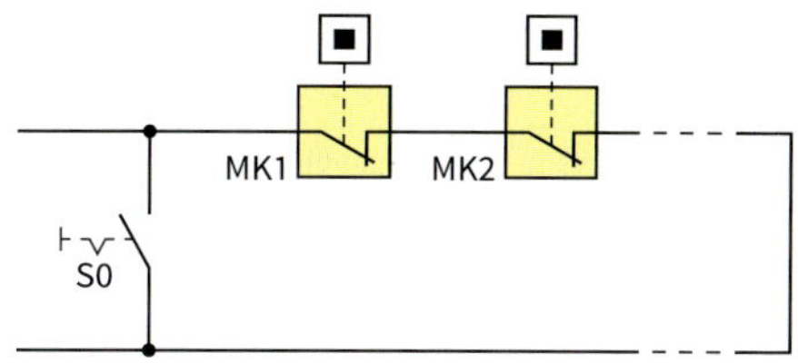

Nachteil:
Sabotagemöglichkeit durch Überbrückung der Melder.

Arbeitsstromprinzip mit Glasbruchmeldern

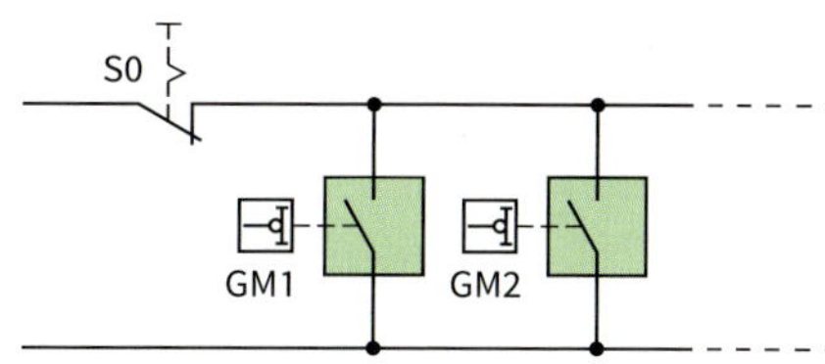

Nachteil:
Sabotagemöglichkeit durch Unterbrechung am Melder.

Differenzialprinzip

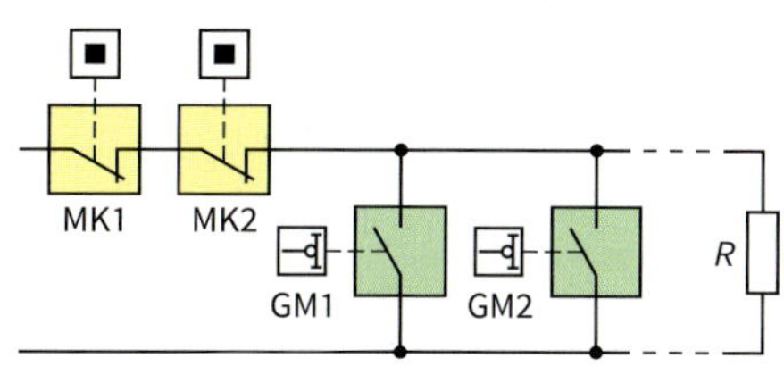

Ein oder mehrere Widerstände werden in die Meldelinie eingefügt. Der Widerstandswert wird von der Zentrale (Brückenschaltung) ständig überwacht.

Melder mit 4-Leiter-Anschluss

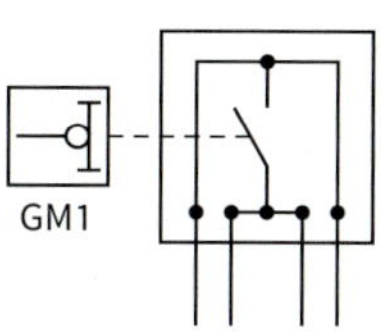

Vorteil: Höhere Sabotagesicherheit durch Einbindung der zusätzlichen Anschlüsse in die Meldelinien.

Melder mit Betriebsspannung

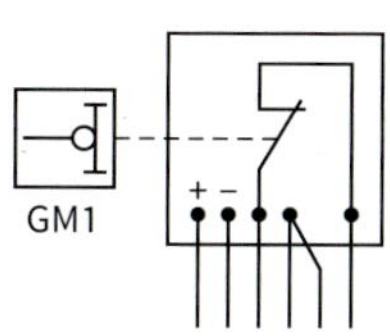

Elektronischer Glasbruchmelder in 4-Leiter-Technik.

Symbole für Einbruchmeldeanalgen (EMA)

Symbol	Bezeichnung	Symbol	Bezeichnung	Symbol	Bezeichnung	Symbol	Bezeichnung
■	Magnetkontakt **MK**		Flächenschutz **FÜ**		Schließblechkontakt **SK**	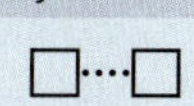	Lichtschranke **LS**
●	Öffnungskontakt **ÖK**	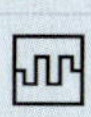	Alarmglas **ADG**		Glasbruchmelder, passiv **GMp**	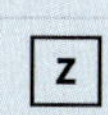	Zentrale **Z**
	Vibrationskontakt **VK**		Druckmelder **DM**		Körperschallmelder **KM**		Verteiler **V**
	Pendelkontakt **PK**		Bildermelder **BM**		Überfallmelder **ÜM**	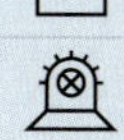	Optischer Signalgeber **SO**
	Fadenzugkontakt **FK**		Schalteinricht. mit materiellem Informationsmerkmalträger **SM**		Feldänderungsmelder **FM**		Hochfrequenzschranke **HFS**
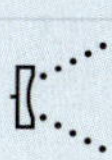	Ultraschall-Bewegungsmelder **UM**	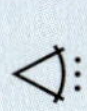	Infrarot-Bewegungsmelder **IM**		Mikrowellen-Bewegungsmelder **MM**	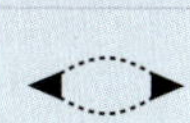	Mikrowellenschranke **MS**

Begriffe

- **Alarmschleife**
  Ein Stromkreis, der bei einer Unterbrechung oder bei einer definierten Widerstandsänderung zu einer Meldung führt.
- **AWAG**
  Automatisches **W**ähl- und **A**nsage**g**erät (Telefonwählgerät, bei dem die Information durch Sprache übertragen wird).
- **Blockschloss**
  Ein Schloss für das Scharf- bzw. Unscharfschalten von Einbruchmeldeanlagen mit gleichzeitiger mechanischer Ver- bzw. Entriegelung sowie mit Möglichkeiten der Sperrung des Zu- bzw. Aufschließvorganges.
- **Klassifizierung**
  Einteilung der Einbruchmeldeanlagen in Klassen (A: einfacher Schutz; B: mittlerer Schutz; C: erhöhter Schutz).
- **Sabotagemeldung**
  Meldung des Ansprechens von Sabotagemeldern (z. B. Deckelkontakt).
- **Scharfschalten**
  Durchschalten der Einbruchmeldeanlage oder von Teilen der Anlage zu den Alarmierungseinrichtungen (z. B. Melder).
- **Schließblechkontakt**
  Am Schließblech angeordnete Einrichtung (z. B. Kontakt, Sensor), der bei der Verriegelung des Schlosses durch den Riegel betätigt wird.
- **Überfallmeldeanlage (ÜMA)**
  Eine Anlage, die Personen zum direkten Hilferuf bei Überfällen dient.
- **Unscharfschalten**
  Rücknahme der Durchschaltung der Einbruchmeldeanlage oder von Teilen der Anlage zu den Alarmierungseinrichtungen

Beispiel für Melder im Fensterbereich

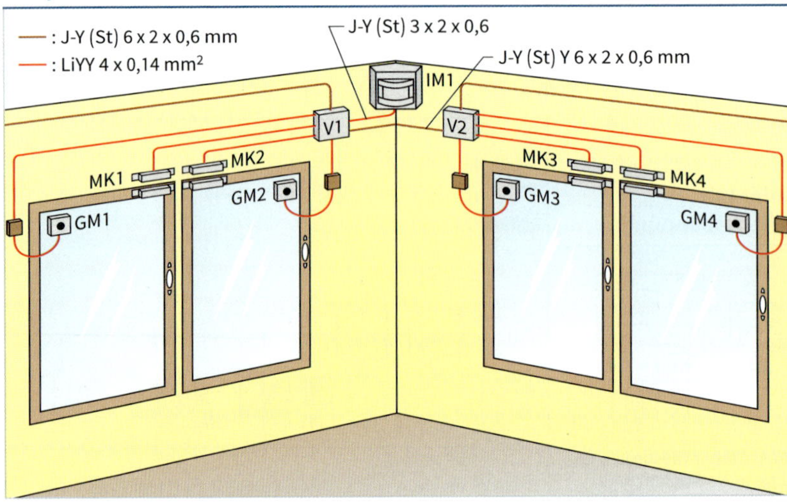

Leitung LiYY

0,14 mm² x Aderzahl	Durchmesser in mm
2x2	4,9
3x2	5,0
4x2	5,4
5x2	5,9
6x2	6,3

Flexible PVC Signalleitung für den Anschluss von Geräten und Bauteilen.

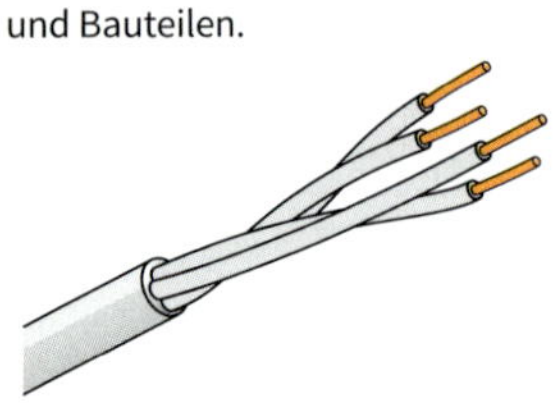

Beispiel für Melder an Türen

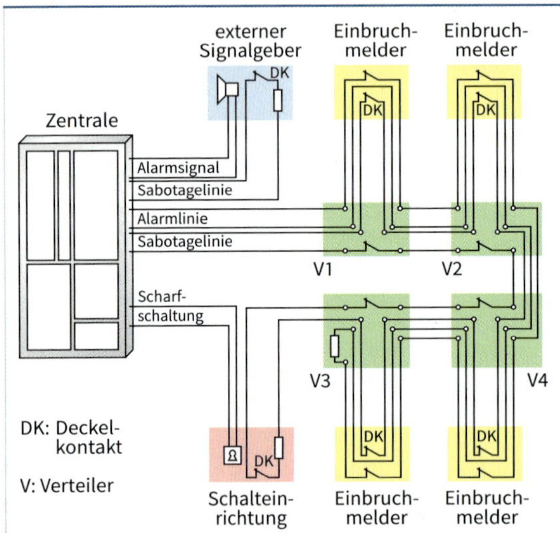

Stromlaufplan einer Einbruchmeldeanlage

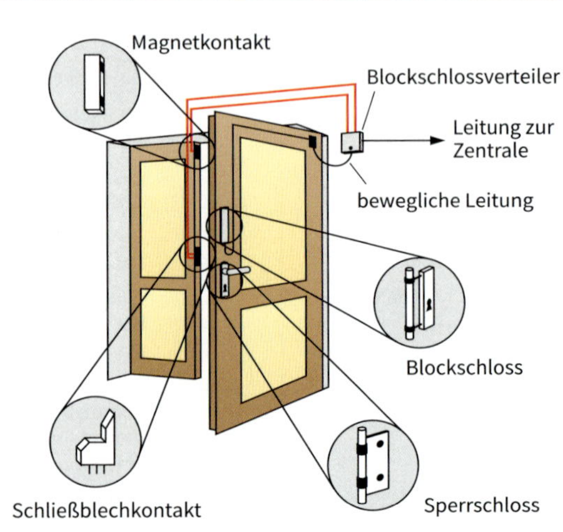

Merkmale

- **Brandmeldeanlagen** (BMA) bestehen aus
  - der Brandmeldezentrale (**BMZ**; als Steuereinrichtung),
  - den automatischen/manuellen **Brandmeldern** und
  - einer entsprechenden **Leitungsanlage**.
- Die **automatischen Brandmelder** unterscheiden sich
  - in der Art der Erkennung verschiedener **Brandkenngrößen** und
  - in unterschiedlichem **Ansprechverhalten**.
- **Manuelle Meldeeinrichtungen** werden durch Handauslösung bedient.
- Zur **Brandbekämpfung** können automatisch wirkende **Brandlöschanlagen** mit Brandmeldeanlagen gekoppelt werden.
- **Rechtliche Grundlagen** für die Errichtung einer BMA sind in den Landesbauverordnungen zu finden und z. B. vorgeschrieben für Versammlungsstätten mit mehr als 200 Personen in einem Raum, Schulen, Krankenhäuser, Pflegeeinrichtungen, Flughafengebäuden.
- Bei der **Planung**, **Errichtung** und **Prüfung** sind die Normen und Vorschriften u. a. der lokalen Aufsichtsbehörde (Bauamt, Feuerwehr), des VdS (Verband der Sachversicherer), DIN/ VDE-Normen zu berücksichtigen.

Struktur

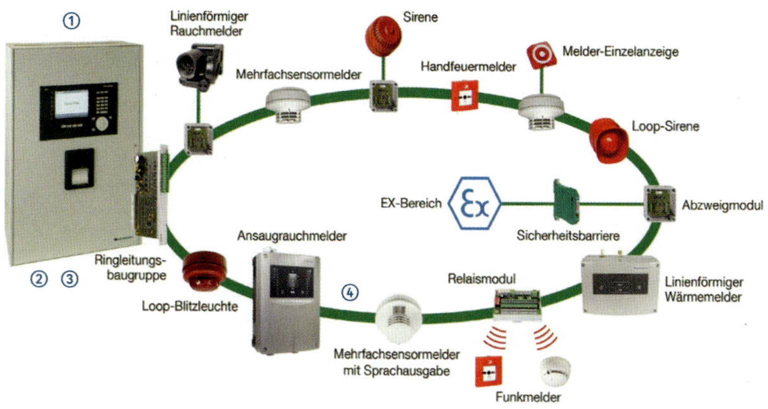

① BMZ mit
- Bedien- und Anzeigefeld,
- Ansteuer-, Überwachungs- und Auswerteelektronik für die Meldeschleifen und
- Stromversorgung (Netz und Batterie).

② Kommunikationsschnittstelle (z. B. Ethernet)

③ Standardschnittstelle zur Feuerlöschanlage

④ Meldeschleife mit
- Standardbrandmeldekabel J-Y (ST)Y 2 x 2 x 0,8 mit Aufschrift: Brandmeldekabel
- bis zu 2000 m Länge bei
- maximal 126 Teilnehmer pro Schleife

Brandmelderarten

Art	Wirkprinzip	Anwendung
Optische Rauchmelder	Erkennen von Rauchaerosolen; Streulichtmessung	Private Haushalte; Büroräume; Hotels
Differenzial-Maximal-Wärmemelder	Temperaturerhöhung bzw. Maximaltemperatur	Werkstätten; Hotelküchen
Ionisations-Rauchmelder	Erkennen von sicht- und unsichtbaren Rauchpartikeln; Leitfähigkeitserhöhung der ionisierten Strahlung	Offene Flamme; Brandausbruch mit Glimmerscheinungen; nicht im privaten Bereich
Funken-/Flammenmelder	Erkennen optischer Strahlung	Schnelle Entwicklung offener Flammen; Absauganlagen
Brandgasmelder	Erkennen von Brandgasen (Kohlenstoffmonoxid, Kohlenstoffdioxid)	Brandfrüherkennung; Rechenzentrum; Industriebetrieb

Beispiel: Handfeuermelder für Gleichstromlinientechnik (Prinzip Stromerhöhung)

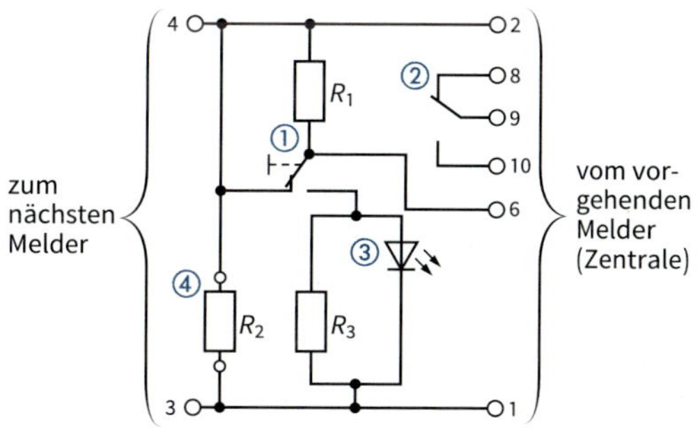

① S1: Auslösetaster
② S2: Hilfskontakte von S1
③ LED
④ Abschlusswiderstand nur im letzten Melder

R_1: 820 Ω
R_3: 150 Ω
R_2: 3,9 kΩ

Überwachungsanlage

- Für Videoüberwachungsanlagen wird der Begriff **CCTV**-Überwachungsanlage (**C**losed **C**ircuit **Tele**vision) verwendet. Es handelt sich um eine **geschlossene Fernsehanlage**.
- Bei der Auswahl der Übertragungsart der Signale sollen die in der Quelle (Videokamera) erzeugten Signale möglichst verlustarm an den Empfänger (Monitor) übertragen werden.
- Eine CCTV-Überwachungsanlage lässt sich in folgende Funktionsgruppen einteilen:

Aufnahme
- Videokamera
  - Schwenk-/Neigekopf
  - Objektiv (Teleobjektiv, Weitwinkelobjektiv)
  - Tageslicht-/Infrarotkamera
- Schutzgehäuse
- Beleuchtung

↓

Übertragung
- Signale für Bilder, Töne und Steuerung
- Signalarten: analog, digital
- Medium: Leitung, drahtlos
- Netz: privat, öffentlich

↓

Verarbeitung
- Aufzeichnungsgerät
- Verteilung

↓

Darstellung
- Monitor
- Bediengerät
- Drucker

CCD-Kamera und Anforderungen

- **CCD: C**harge **C**oupled **D**evice (Halbleitersensor, der mit Ladungsverschiebungen arbeitet)
- Konstante optische und elektrische Eigenschaften
- Keine Schäden durch Überbelichtung und Einbrennen
- Keine Beeinflussung durch elektrische oder magnetische Felder
- Stoß- und vibrationsfest
- Genormte Anschlüsse (Objektiv, Videoausgang)
- Bild wird in horizontale und vertikale Bildelemente zerlegt (Pixel) und zeilenweise ausgelesen.
- Anzahl der Pixel ist ein Maß für die Qualität der Bildauflösung.
- Bildauflösungsbereiche in Horizontallinien.
  - 220 bis 400 Linien: Einsatz für nahen und mittleren Aufnahmebereich, Standardübertragung (2 bis 25 m)
  - 400 bis 500 Linien: Für eine sehr gute Erkennbarkeit
  - > 500 Linien: Für den professionellen Einsatz.
- Frequenzbereich bei 400 Linien etwa 5 MHz
- Sensorformate der Kameras (in Zoll): ½"-, ⅓"-, ¼"- Format
- Kameratypen und Ausgangssignale
  - Analoge Kamera mit FBAS-Signal (Farb-Bild-Austast-Synchronsignal), S- und/oder Composite-Ausgang
  - Digitale Kamera mit analogem und/oder digitalem Ausgang (Datenreduktion, z. B. MPEG); IP

Datenübertragung

Übertragungsarten
- **leitungsgebunden**
  - **analog**
    - Koaxialkabel
    - Zweidrahtleitung
  - **digital**
    - Öffentliche Netze
      - Modem
      - ISDN
      - Internet
    - Private Netze (LAN)
- **drahtlos**
  - **analog**
    - Infrarot
    - Funk
    - Mikrowellen
  - **digital**
    - Mobilfunk
      - GSM
      - GPRS
      - UMTS
      - ...

- **Koaxialkabel**
  Die Dämpfung hängt vom Leitungstyp und der Länge ab.
  - Bis 3 dB ist keine Beeinträchtigung wahrnehmbar.
  - Bei > 6 dB werden feine Strukturen weniger gut erkannt.
  - Bei größeren Strecken ist ein Verstärker erforderlich.
- **Zweidrahtleitung** (verdrillte Kupferleitung)
  - Das unsymmetrische Videosignal muss in ein symmetrisches Videosignal umgewandelt werden.
  - „Zweidraht-Sender" und „Zweidraht-Empfänger" sind erforderlich.
- **Lichtwellenleiter**
  Vorteile gegenüber Kupferleitungen:
  - Abhörsicher und störstrahlungsfrei, geringes Gewicht, große Reichweite (ca. 15 km ohne Verstärker)
  - Unempfindlich gegenüber elektrischen und magnetischen Störfeldern

  Nachteil gegenüber Kupferleitungen:
  - Höhere Kosten durch Leitungspreis und aufwändigere Anschlusstechnik als bei der Zweidrahtleitung
- **Funkübertragung**
  - Frequenz 2,4 GHz; 4 Kanäle
  - Zulässig ist nur eine geringe Sendeleistung.
  - Die Reichweite beträgt innerhalb von Gebäuden ca. 50 m, außerhalb ca. 300 m.

Rechtlicher Rahmen

- Unterscheidung:
  - **Öffentlich zugänglicher Raum**, z. B. Plätze, Straßen, Tiefgaragen, Kauf- und Warenhäuser
  - **Privater Raum** (nicht öffentlicher Raum), z. B. private Wohnungen, Grundstücke, Büros, Werkhallen
- Grundgesetz (Artikel 2, Abs. 1 in Verbindung mit Artikel 1, Abs. 1)
- Recht auf Privatheit (Artikel 8 der Grundrechte-Charta der EU)
- Europäische Datenschutzrichtlinie
- Rechte des Betroffenen (Bundesdatenschutzgesetz § 6b)
- Bürgerliches Gesetzbuch (§ 1004: Beseitigungs- und Überlassungsanspruch)
- Arbeitsrecht

Analoges CCTV

- Der Anschluss der Kameras und Geräte erfolgt mit Koaxialkabeln (Abschlusswiderstand 75 Ω).
- Zur Bilddarstellung kann ein Multiplexer verwendet werden ①, so dass auf dem Bildschirm (CCTV-Monitor) vier Bilder erscheinen ②.
- Die Aufzeichnung erfolgt mit einem Video-Recorder ③.
- Nachteile:
  - Kein Fernzugriff und keine Fernverwaltung
  - Bildspeicherung erfolgt auf Videokassetten
  - Begrenzte Reichweite durch Leitungsdämpfung

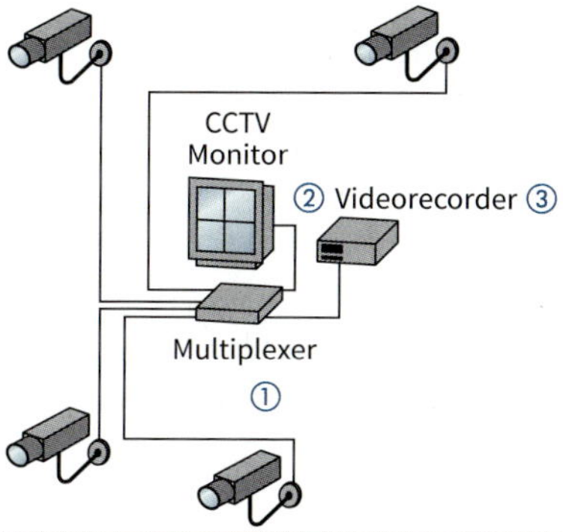

Signalverarbeitung

- Die Geräte (Aufzeichnungsgerät, Monitor, Steuerung, ...) sind in der Regel in der **Überwachungszentrale** untergebracht.
- Bei der Signalwiedergabe werden im Wesentlichen folgende Funktionen unterschieden:
  - Umschalten
  - Darstellen in Quadranten (Quads)
  - Multiplexen
  - Aufzeichnen (zeit- oder ereignisgesteuert)
- Umschalten
  - **Manueller Modus**: Die Kamera kann direkt gewählt und das Bild dann einzeln angezeigt werden.
  - **Automatischer Modus**: Das Bild jeder Kamera wird in einer bestimmten Reihenfolge für einen kurzen Zeitabschnitt angezeigt bzw. aufgenommen.

- **Quads**
  Mit diesen Umschaltern können gleichzeitig mehrere Bilder von unterschiedlichen Kameras auf einem geteilten Bildschirm angezeigt werden. Jedes Bildschirmviertel kann für die volle Bildschirmanzeige einzeln oder in einer Reihenfolge genutzt werden (mit Umschaltfunktion).

IP-CCTV

- Die Übertragung kann mit UTP-Netzwerkkabeln (Unshielded Twisted Pair) erfolgen. Eine gleichzeitige Übertragung von verschiedenen Kameras (IP-Adresse) ist möglich.
- Ein vorhandenes IP-Netz (auch WLAN) kann genutzt werden.
- Dem System können weitere Netzwerk-Kameras hinzugefügt werden.
- Das Betrachten (mit Standard-Browser), Aufzeichnen und Verwalten von Live-Bildern ist mit Netzwerk-PCs möglich, an einem beliebigen Ort, auch über das Internet.
- Die Bilder können auf einer Festplatte aufgezeichnet werden (Suchlauf, einfaches Speichern ohne Verschlechterung der Bildqualität ist möglich). Aus Sicherheitsgründen kann sich die Festplatte an einem entfernten Ort befinden.
- Die Bildqualität ist nicht wie bei der analogen Übertragung von der Leitungslänge abhängig.
- Probleme: Datensicherheit, Datenschutz

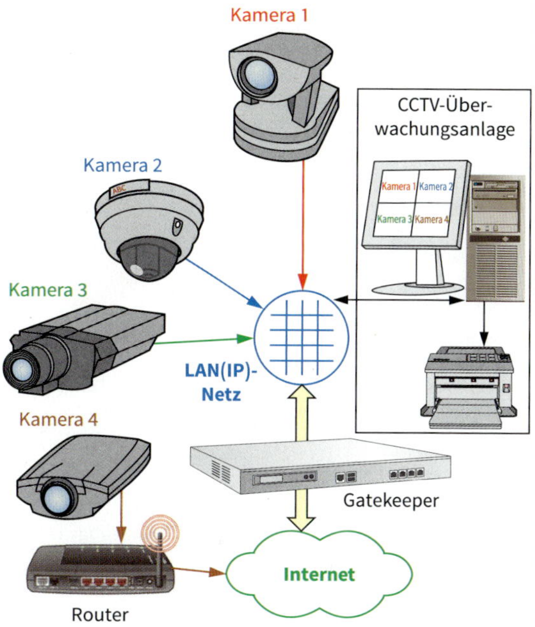

Multiplexing

- Beim Multiplexing können gleichzeitig Bilder von einer bis zu 16 Kameras auf dem Anzeigegerät abgebildet werden. Die Bilder können im Vollbild-, Quad- oder im geteilten Anzeigemodus mit bis zu 16 Teilen (Splits) dargestellt werden.
- Der Multiplexer kann zur Bildaufzeichnung an einen Videorecorder angeschlossen werden.
- Alle Kamerabilder können gleichzeitig in voller Größe aufgezeichnet werden.
- Die Aufnahme wird durch das Umschalten des Anzeigemodus nicht beeinflusst. Auch während des Abspielens können alle Anzeigemodi, also Vollbild, Quad oder Split, nachträglich ausgewählt werden.
- Multiplexer sind in der Anschaffung teurer als Quads und besitzen eine geringfügig niedrigere Auflösung.

Aufbau und Funktion

- Internet: **Inter**connected **net**work
- Weltumspannendes Netzwerk von Computern durch den Zusammenschluss voneinander unabhängiger internationaler, nationaler, regionaler und lokaler Subnetze
- Nichtkommerzielle Einrichtung
- Keine zentrale Verwaltung oder Koordinierung
- Wesentliche Verwendung: Austausch von Daten über **Internetdienste** (WWW, E-Mail, usw.)
- Einheitliche Netzwerktopologie
- Die Beschreibung der Technik und Funktionen erfolgt durch die **RFC**s (**R**equest **f**or **C**omments) der **IETF** (**I**nternet **E**ngineering **T**ask **F**orce).
- Einheitliches Übertragungsprotokoll (**TCP/IP**, **T**ransmission **C**ontrol **P**rotocol/**I**nternet **P**rotocol)

Browser (Web-Browser)

- Es handelt sich um Anwendungsprogramme zum „Blättern" und Recherchieren im WWW. Die einzelnen und auf verschiedenen Wegen gesendeten Datenpakete (Text, Bild, Ton usw.) werden beim Empfänger entsprechend den übertragenen Vorschriften zusammengesetzt.
- Beispiele: Microsoft Edge, Microsoft Internet Explorer, Firefox
- Die Seiten sind in der Regel Hypertext-Seiten, da die Informationen durch Querverweise (**Links**) verbunden sind.
- Begonnen werden die Seiten in der Regel mit der Leitseite (Homepage) des jeweiligen Anbieters.

URL

- **URL: U**niform **R**esource **L**ocater
- Über die URL ist ein Dokument im Internet eindeutig identifizierbar (Internetadresse).
- Beispiel: http://www.westermann.de/buecher.html
  - **http://**
    Die Identifizierung und Lokalisierung erfolgt über das verwendete Netzwerkprotokoll, z. B. **HTTP** (**H**yper **T**ext **T**ransfer **P**rotocol als Beschreibungssprache im WWW zur Formatierung von Seiten, Kennzeichnung http://) oder FTP. Lässt man den Dienst und die Zeichen :// weg, ergänzen die Browser den Dienst.
  - **www.westermann.de**
    Es handelt sich um den Namen des Servers, auf dem sich das Dokument befindet.
    An Stelle des Namens könnte auch die IP-Adresse stehen.
  - **/buecher**
    Hierdurch wird das Verzeichnis gekennzeichnet, in dem sich die gewünschte Datei auf dem Server befindet. Es können mehrere Verzeichnisnamen angegeben werden (Verzeichnisstruktur .../.../...)
  - **.php**
    Es handelt sich um ein Protokoll zum gesicherten Multicasting.
    Die Empfänger können Datenpakete erneut anfordern, wenn Datenpakete fehlen.

Internetdienste

- **E-Mail** (**E**lectronic **M**ail)
  - Elektronisches Versenden oder Empfangen von Nachrichten, die gespeichert, ausgedruckt oder sofort beantwortet werden können.
  - Alle Teilnehmer besitzen eine elektronische Postadresse. Beispiel: Schulservice@westermann.de
- **WWW** (**W**orld-**W**ide-**W**eb)
  - Multimediale Benutzeroberfläche des Internets, deren Angebote und Informationen aufgerufen, gespeichert oder ausgedruckt werden können.
  - Die Informationen können umfassen: Texte, Bilder, grafische Symbole, Ton- und Videosequenzen.
- Dateiverwaltung mit **FTP** (**F**ile-**T**ransfer-**P**rotokoll)
  - Abkürzung für ein Verfahren zur Verwaltung von Dateien und Ordnern sowie zum Datentransfer
  - Mit FTP können aus dem weltweiten Softwarepool des Internets Dateien direkt ausgetauscht werden.
  - Hochschulen und größere Firmen bieten entsprechende Software über ihre FTP-Server an.
- **Usenet** (**Use**rs **Net**work)
  - Im Internet finden sich Gruppen (**Diskussionsforen**) zum Gedanken- und Meinungsaustausch zusammen.
  - In diesen Diskussionsforen stellen Teilnehmer ihre Nachricht für alle anderen als elektronische Post zur Verfügung („schwarzes Brett").
- **Telnet** (**Tel**ecommunication **Net**work)
  - Netzwerkprotokoll, mit dem man sich bei einem beliebigen Host (Gastgeber, Hauptcomputer) einwählen kann, um dort Programme abzuarbeiten, Datenbanken zu nutzen usw.
  - Der eigene PC arbeitet dann wie ein Terminal (Fernbedienung, Fernanzeige) des Gastgeber-Computers.
- **Chat** (engl.: plaudern, sich unterhalten)
  - Schriftliche Kommunikation in Echtzeit mit beliebig vielen Nutzern
- **Newsserver**
  - Es handelt sich um Computer, auf deren Festplatten Nachrichten gespeichert sind und abgerufen werden können oder
  - um die entsprechende Software.
- **Internettelefonie**
  - **VoIP** (**Vo**ice over **IP**), Telefonie über das Internet
- **Radio und Fernsehen**
  - Live-Übertragung (**Livestream**)
  - Übertragung auf Abruf (**Video-on-Demand**)

Grundlagen

- RFC-Dokumente werden erstellt von
  - Spezialisten und
  - Arbeitsgruppen

  auf freiwilliger Basis in Form einer Empfehlung (**Internet Drafts**), die im Internet zur Diskussion veröffentlicht wird.
- Nach Abschluss der Diskussion werden diese Dokumente durch offizielle Bekanntgabe im Internet zur Umsetzung in Hard- und/oder Software freigegeben.
- Die offiziellen Spezifikationsdokumente für die **Internet Protocol Suite** werden
  - durch **IETF** (**I**nternet **E**ngineering **T**ask **F**orce) und
  - **IESG** (**I**nternet **E**ngineering **S**teering **G**roup) als standard tracks RFCs veröffentlicht
- **R**equest **f**or **C**omments („Bitte um Stellungnahme“) beschreiben
  - sämtliche Internetprotokolle,
  - Standards,
  - Verfahren,
  - Algorithmen,
  - Regeln und
  - Strategien

  der Kommunikationstechnik in Netzwerken.
- Die Herausgabe und Verwaltung der RFCs erfolgt vom RFC Editor. (http://www.rfc-editor.org/)

Beispiele

RFC-Nr.	Kurzform	Bezeichnung
3700	–	Internet Official Protocol Standards
791	Pv4	Internet Protocol , Version 4
792	ICMP	Internet Control Message Protocol
919	–	Broadcasting Internet Datagrams
950	–	Internet Standard Subnetting Procedure
1112	IGMP	Host extensions for IP multicasting
768	UDP	User Datagram Protocol
793	TCP	Transmission Control Protocol
854	TELNET	Telnet Protocol Specification
855	TELNET	Telnet Option Specifications
959	FTP	File Transfer Protocol
821	SMTP	Simple Mail Transfer Protocol
1034	DOMAIN	Domain names – concepts and facilities
1035	DOMAIN	Domain names – implementation and specification
1155	SMI	Structure and identification of management information for TCP/IP-based internets
1001	NETBIOS	Protocol standard for a NetBIOS service on a TCP/UDP transport
862	ECHO	Echo Protocol
866	USERS	Active users
867	DAYTIME	Daytime Protocol
856	TOPT-BIN	Telnet Binary Transmission
857	TOPT-ECHO	Telnet Echo Option
1350	TFTP	The TFTP Protocol (Revision 2)
1006	TP-TCP	ISO Transport services on top of the TCP: Version 3
1390	IP-FDDI	Transmission of IP and ARP over FDDI Networks
826	ARP	Ethernet Address Resolution Protocol
907	IP-WB	Host Access Protocol specification
894	IP-E	Standard for the transmission of IP datagrams over Ethernet networks
895	IP-EE	Standard for the transmission of IP datagrams over experimental Ethernet networks
1055	IP-SLIP	Nonstandard for transmission of IP datagrams over serial lines: SLIP
1088	IP-NETBIOS	Standard for the transmission of IP datagrams over NetBIOS networks
1132	IP-IPX	Standard for the transmission of 802.2 packets over IPX networks
1661	PPP	The Point-to-Point Protocol (PPP)
1662	PPP-HDLC	PPP in HDLC-like Framing
1209	IP-SMDS	Transmission of IP datagrams over the SMDS Service
1939	POP3	Post Office Protocol – Version 3
2328	OSPF2	OSPF Version 2
2460	IPv6	Internet Protocol, Version 6
2865	RADIUS	Remote Authentication Dial In User Service
3853	SIP S/MIME	AES Requirement for the Session Initiation Protocol (SIP)

Merkmale

- Sie bestehen aus einer Vielzahl (ca. 500) einzelner Protokolle und realisieren die **Datenkommunikation** zwischen Endgeräten (Rechnern) über das Internet.
- Die Protokolle
  - sind als Softwarepakete in jedem Teilnehmer implementiert und
  - in bestimmte Ebenen (Layer) eingeordnet.
- Das **TCP/IP-Referenzmodell** ist in vier Ebenen
  - **Application Layer** (Anwendungsebene),
  - **Host to Host Layer** (Übertragungsebene),
  - **Internet Layer** (Vermittlungsebene) und
  - **Network Access Layer** (Netzzugangsebene)

  eingeteilt.
- Die **Kernprotokolle** sind
  - **IP**v4/IPv6 (**I**nternet **P**rotocol Version 4 bzw. 6),
  - **TCP** (**T**ransmission **C**ontrol **P**rotocol) und
  - **UDP** (**U**ser **D**atagram **P**rotocol).
- Mit TCP erfolgt u. a. eine **gesicherte** (zuverlässige) und **verbindungsorientierte** Übertragung von Anwendungsdaten (Bytestream).
- Das UDP Protokoll beinhaltet u. a.
  - **keine** Sicherungsfunktionen (Datenverlust möglich),
  - **keinen** Verbindungsaufbau vor der Übertragung,
  - **keine** Zeitüberwachung der Verbindung,
  - direkten Zugang des Application Layers zum IP und
  - eine hohe Übertragungsgeschwindigkeit.
- Die Funktionen von **IPv4** (IPv6) realisieren u. a.
  - eine verbindungslose und keine garantierte Zustellung der Daten,
  - das Routing von Daten durch das Netz und
  - die Definition des Adressierungsschemas (IP-Adressen).
- Auf dem Application Layer werden die Anwenderprogramme (z. B. Dateiübertragung FTP) abgewickelt.
- Jede Ebene stellt der darüber liegenden Ebene die erforderlichen Funktionen (Dienste) zur Verfügung.

Referenzmodell

Ebene	Protokolle (Beispiele)			
Process/ Application Layer	File Transfer FTP [File Transfer Protocol] HTTP [WWW-Hyper-Text Transfer Protocol]	E-Mail SMTP [Simple Mail Transfer Protocol]	Terminal Telnet [Emulation]	Network Management SNMP [Simple Network Management Protocol]
Host-to-Host Layer	TCP [Transmission Control Protocol]		UDP [User Datagram Protocol]	
Internet Layer	ARP [Address Resolution Protocol]	IP [Internet Protocol]	ICMP [Internet Control Message Protocol]	
Network Access Layer	Point-to-Point-Protocol		LAN-/WLAN-/WAN-Hardwaretreiber	

IPv4 Aufbau

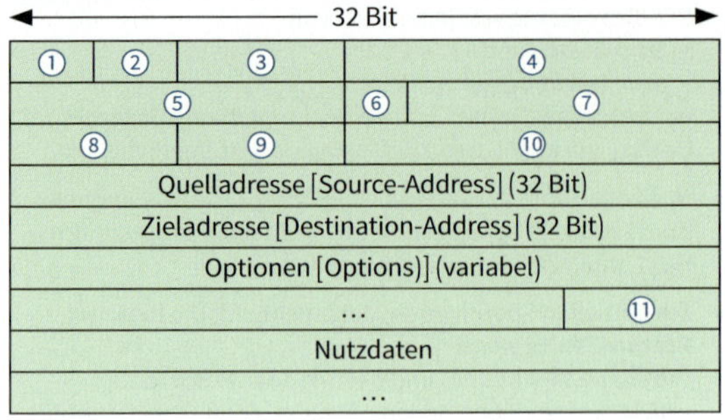

① Version (4 Bit)
② Kopflänge (4 Bit)
③ Dienstart (8 Bit)
④ Gesamte Datagram-Länge (16 Bit)
⑤ Identifikation (16 Bit)
⑥ Fragmentsteuerung (3 Bit)
⑦ Fragment-Positionsinformation (13 Bit)
⑧ Datagram Lebensdauer (Time to Life) (8 Bit)
⑨ Protokollkennzeichnung (z. B. TCP, UDP) für Internet Layer (8 Bit)
⑩ Prüfsumme für Protokollkopf (16 Bit)
⑪ Füllbits

IPv6 Aufbau

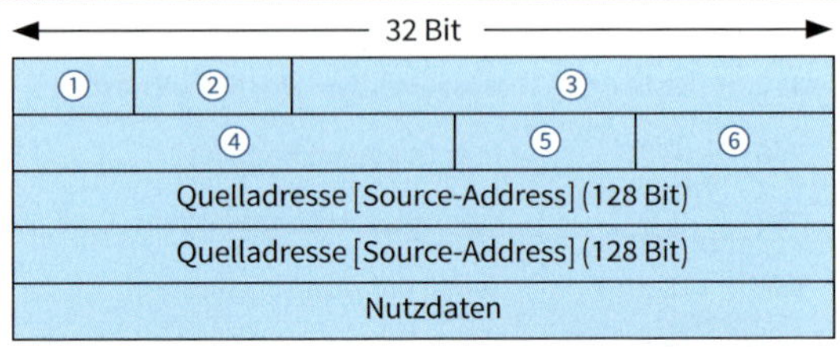

① Version (4 Bit)
② Priorität (4 Bit)
③ Flusskontrolle (24 Bit)
④ Anzahl der Nutzlast-Pakete (16 Bit)
⑤ Angaben zum Kopf des nächsten Datagrams (16 Bit)
⑥ Anzahl der Router zwischen Quelle und Senke [Hop Limit] (8 Bit)

TCP Aufbau

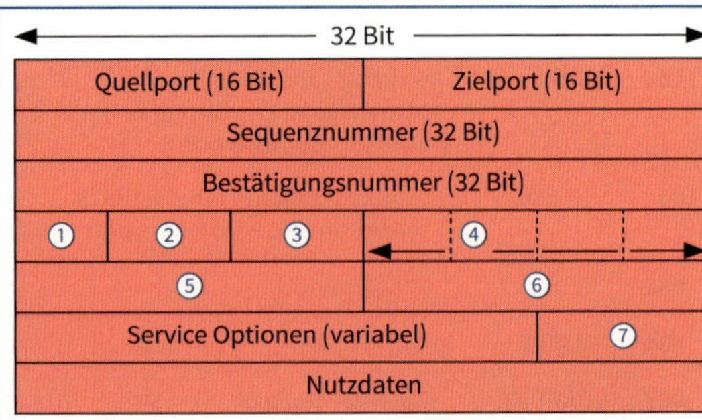

① Offset (4 Bit)
② Reservierter Bereich (6 Bit)
③ Flags (6 Bit)
④ Fenstergröße (16 Bit)
⑤ Prüfsumme (16 Bit)
⑥ Dringlichkeit (16 Bit)
⑦ Füllbits (8 Bit bis 24 Bit)

Grundfunktionen

- Die Kommunikation (Austausch von Daten) im Internet erfolgt anhand einer **Client-Server-Architektur**.
- Der Kommunikationsablauf erfolgt in drei Phasen.
- Im Rahmen der jeweiligen Phase werden **Primärmeldungen** als Steuerungsinformationen zwischen den Teilnehmern ausgetauscht.
- Als **Kommunikationsprotokoll** wird u. a. das TCP/IP Protokoll eingesetzt.
- Zur weltweit eindeutigen Kennzeichnung der Kommunikationspartner werden IP-Adressen (Rechnernummern, Host-Adressen) verwendet.
- Diese bestehen aus einer Folge von 0 und 1 mit einer Gesamtlänge von 32 Bit bei IPv4 (theoretischer Adressbereich: 4294967296 Adressen)
- Diese Adressen werden weltweit durch eine zentrale Vergabebehörde (**IANA**: **I**nternet **A**ssigned **N**umbers **A**uthority) verwaltet.
- Von der IANA werden Adressbereiche an regionale Vergabestellen (**RIR**: **R**egional **I**nternet **R**egistries) vergeben.
- Für den Bereich Europa (Deutschland) und naher Osten ist die **RIPE** (**R**éseaux **IP** **E**uropéens) zuständig.
- Hier können qualifizierte Internetprovider (**LIR**: **L**ocal **I**nternet **R**egistry) Adressbereiche beantragen, die bei Zuteilung auch entsprechend verwaltet werden müssen (Dokumentation z. B. der Adressweitergabe).

Kommunikationsablauf

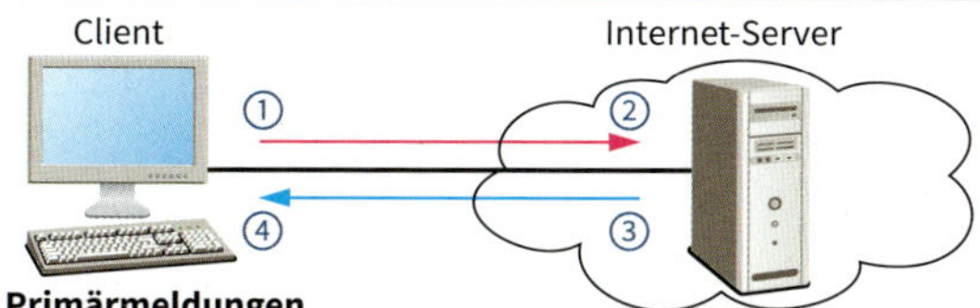

Primärmeldungen

Phase	Primärmeldungen
Verbindungsaufbau	① Verbindungswunsch (Connect Request) ② Anzeige Verbindungswunsch (Connect Indication) ③ Verbindungsannahme (Connect Response) ④ Bestätigung Verbindungsaufbau (Connect Confirm)
Datenaustausch	① Datenübertragungswunsch (Data Request) ② Datenpaket Anzeige (Data Indication) ③ Datenpaket Annahme (Data Response) ④ Datenübermittlung Bestätigung (Data Confirm)
Verbindungsabbau	① Verbindung Abbauwunsch (Disconnect Request) ② Abbauwunsch Anzeige (Disconnect Indication) ③ Abbauwunsch Annahme (Disconnect Response) ④ Verbindungsabbau Bestätigung (Disconnect Confirm)

IP-Adressen

Darstellung (IPv4, 32 Bit)

Bereich (Dezimal)	0…255	0…255	0…255	0…255
Oktett	1	2	3	4
Binär	001011011	00000011	01101000	01011100
Dezimal	91.3.104.92			
Oktal	0133.0003.0150.0134			
Hexadezimal	0x5B.0x03.0x68.0x5C			

Netzeinteilung

- Die effiziente Nutzung des gesamten Adressbereiches wird durch die Aufteilung des gesamten Adressbereiches in Netzwerkadressen und Host-Adressen erreicht.
- Bisherige Praxis war die Einteilung in Netzwerkklassen (Klasse A, Klasse B, Klasse C, Klasse D, Klasse E).
- Die Netzklasse wird durch die ersten 4 Bit der primären IP-Adresse bestimmt.
- Dieses Prinzip wurde abgelöst durch die Einführung von **CIDR** (**C**lassless **I**nter**d**omain **R**outing) und hebt die feste Zuordnung einer IP-Adresse zu einer Netzwerkklasse auf.
- Der Darstellung erfolgt durch Angabe der IP-Adresse mit nachfolgendem Schrägstrich und der Angabe der Anzahl der 1-Bit in der Netzmaske:

IP-Adresse (Dezimal) mit Suffix — 172.17.0.0/24 — Suffix: gibt Anzahl (hier 24) der 1-Bits in der Netzmaske an

Die Angabe 24 bedeutet: 24 Bit der Netzmaske sind auf 1 gesetzt. (Binär: 11111111.11111111.11111111.00000000)

Adressen insgesamt für das Subnetz: 256
Nutzbare IPv4-Adressen für Hosts: 254

CIDR-Darstellung	Adressen		Netzmaske
	Gesamt	Nutzbar	
…/8	16777216	16777214	255.0.0.0
…/12	16 x 65536	1048574	255.240.0.0
…/32	1 x 1	1	255.255.255.255

- **Private Adressbereiche** werden verwendet zur Adressierung von lokalen Netzen, die keinen direkten Internetzugang haben (z. B. Intranet).

CIDR-Darstellung	Netzadressbereich (Anzahl Netze/Adressen)
10.0.0.0/8	10.0.0.0 bis 10.255.255.255 (1/16.777.216)
172.16.0.0/12	172.16.0.0 bis 172.31.255.255 (6/mit je 65536)
192.168.0.0/16	192.168.0.0 bis 192.168.255.255 (256/mit je 256)

DHCP

- Mit **DHCP** (**D**ynamic **H**ost **C**onfiguration **P**rotocol): Dynamisches Host-Konfigurationsprotokoll) wird die automatische Einbindung eines Computers in ein bestehendes Netzwerk ohne dessen manuelle Konfiguration realisiert.
- Bei Rechnerstart werden vom DHCP-Server (muss sich im selben Netzwerk befinden) u. a. die IP-Adresse, die Netzmaske, das Gateway und der DNS-Server bezogen.

Ablauf

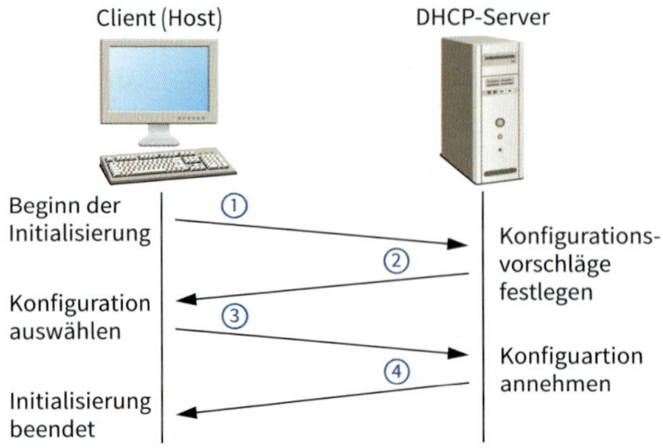

① Client sendet Anforderung mit DHCPDISCOVER (mit eigener, einmaliger Netzwerkkartenadresse) als Broadcast an 255.255.255.255 mit der Absenderadresse 0.0.0.0

② Alle erreichbaren DHCP-Server senden mit DHCPOFFER (Angebot) an 255.255.255.255 Vorschläge für eine Konfiguration (IP-Adresse) und weitere Parameter (z. B. Lease Time: Mietdauer).

③ Client wertet Vorschläge aus und sendet als Broadcast an ausgewählten Server DHCPREQUEST (Annahme). Vorschläge anderer DHCP-Server werden damit abgelehnt.

④ Der ausgewählte DHCP-Server sendet mit DHCPACK die Bestätigung der IP-Adresse (oder zieht diese gegebenenfalls zurück).

DNS

- Der **DNS** (**D**omain **N**ame **S**ervice) ist eine Anwendung (Dienst) im Internet und wird zur Umwandlung von Host-Namen in nummerische IP-Adressen verwendet. (Beispiel: www.westermann.de hat die IP-Adresse 217.13.73.10)
- Der **Domain-Namensraum** ist hierarchisch organisiert und beginnt bei der Wurzel (root).
- Ein Domain-Name darf maximal 255 ASCII-Zeichen (einschließlich der Trennpunkte) lang sein.
- Als einziges Sonderzeichen ist "-" zugelassen.
- Zur Bekanntgabe eines Domain-Namens muss dieser vorher registriert werden (zuständig für .de Namen ist das DENIC (Deutsches Network Information Center).
- Grundlage für die Namenskonvertierung sind vernetzte Datenbanken auf DNS-Servern (enthalten Adress- und Namensinformationen), die über das DNS-Protokoll abgefragt werden.
- Die Auflösung eines Namens erfolgt dabei immer von rechts nach links (je weiter rechts, desto höher in der Hierarchie).

DNS-Hierarchie

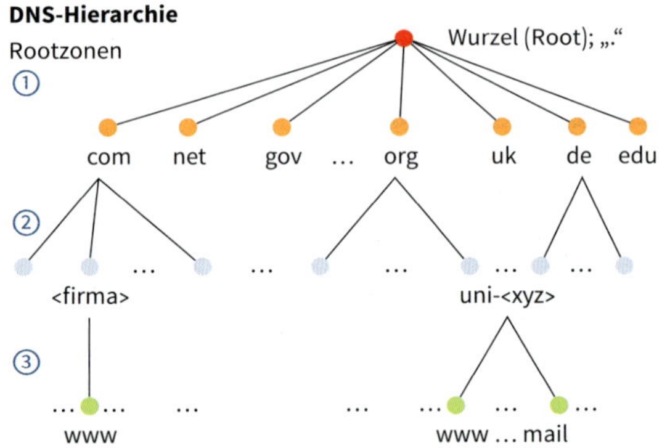

Rootzonen: ① Top Level Domain
② Second Level Domain
③ Third Level Domain

HTTP

- **HTTP** (**H**yper**t**ext **T**ransfer **P**rotocol) ist ein Protokoll zur Übertragung von Daten (Texten, Bildern) über das Internet.
- Es wird eingesetzt um Webseiten aus dem World Wide Web (WWW) in einen Webbrowser zu laden.

Beispiel:
Eingabe der **URL** (**U**niform **R**esource **L**ocator: Quellenanzeiger) im Internetbrowser.

http://www.westermann.de/berufsschule/

Protokollkennung – Host-Name – Angefordertes Dokument

Aktion:
Ruft vom Server Westermann das Dokument berufsschule ab und zeigt es im Browser an.

- **Statusmeldungen** werden vom Server zum Client gesendet und kennzeichnen den Ablaufzustand.

Status-Mitteilungen (Beispiele)		
1XX – eine nur informative Nachricht (Informational)		
100 – Continue	101 – Switching Protocols	
2XX (Sucessfull)		
200 – OK	201 – Created	202 – Accepted
3XX – Die Client-Anfrage geht an eine andere URL		
300 – Multiple Choices	301 – Moved Permanently	
4XX – Es liegt ein Clientfehler vor (Client Error)		
400 – Bad Request	401 – Unauthorized	
5XX – Es liegt ein Servivefehler vor (Server Error)		
500 – Internal Server Error 503 – Service Unavailable		

Merkmale

- **VPN**
  - ist ein **geschlossenes** logisches Netzwerk zur **sicheren** Datenübertragung über öffentlich zugängliche Übertragungsnetzwerke (z. B. Internet), bei denen die Verbindungen durch einen öffentlichen **ISP** (**I**nternet **S**ervice **P**rovider) bereitgestellt werden
  - erzeugt zur Übertragung im Internet einen sogenannten **Tunnel** (Tunneling)
- Grundprinzip des Tunneling ist das Verpacken (encapsulation) von Anwendungspaketen in die Datenpakete des Transportprotokolls.
- Angewendete **Sicherheitsmechanismen** wie Identifikation, Authentifikation und Verschlüsselung der Daten verhindern den Zugang durch Unbefugte.
- **Vorteile** gegenüber echten privaten Netzen (z. B. Corporate Network) sind
  - höhere Flexibilität (u. a. eigene Adressierung)
  - niedrigere Kosten für die Übertragung

Anwendungen

- **Einsatzfelder** von VPN sind
  - **Remotezugriff** auf Unternehmensdaten über das öffentliche Internet durch Außendienstmitarbeiter oder Heimarbeiter
  - Verbindung von Netzwerken (Zweigstelle mit Unternehmenszentrale)
  - Verbinden von Computern über ein **Intranet** (firmeneigenes Netzwerk) zum Aufbau geschlossener Benutzergruppen

Protokolle

- Protokolle zur Implementierung eines VPN sind z. B.
  - **PPTP**
    (**P**oint-to-**P**oint **T**unnelling **P**rotocol: Punkt-zu-Punkt-Tunnel Protokoll)
  - **L2TP**
    (**L**ayer **2 T**unneling **P**rotocol: Ebene 2 Tunnel Protokoll)
  - **IPSec**
    (**IP Sec**urity Protocol: Internet Sicherheits Protokoll)
- **PPTP**
  - Transport von IP, IPX oder Net BEUI über IP-Netzwerke
  - arbeitet auf Schicht 2 des OSI-Modells und nur über IP-Netzwerke
  - packt die Datenpakete in Rahmen des PPP (Point-to-Point Protokoll)
- **L2TP**
  - Transport von IP, IPX oder NetBEUI über beliebige Medien wie z. B. X25, Frame Relay, ATM (Punkt-zu-Punkt Datagramm Übertragung) oder IP-Netzwerke
  - arbeitet auf Schicht 2 des OSI-Modells
  - packt die Datenpakete in Rahmen des PPP
- **IPSec**
  - Transport von IP-Daten über ein IP-Netzwerk
  - arbeitet auf Schicht 3 des OSI-Modells
  - verwendet Transport- oder Tunnelmodus
  - Protokolle sind **AH** (**A**uthentication **H**eader: Authentifikations-Kopf) und/oder **ESP** (**E**ncapsulated **S**ecurity **P**ayload: verschlüsselter Kopf und Anhang)
  - kann auch als normales Transportprotokoll verwendet werden (nur Nutzlast verschlüsselt, Header bleibt original erhalten, ergibt geringere Bandbreitenbelastung)

Heimarbeiter-Anbindung

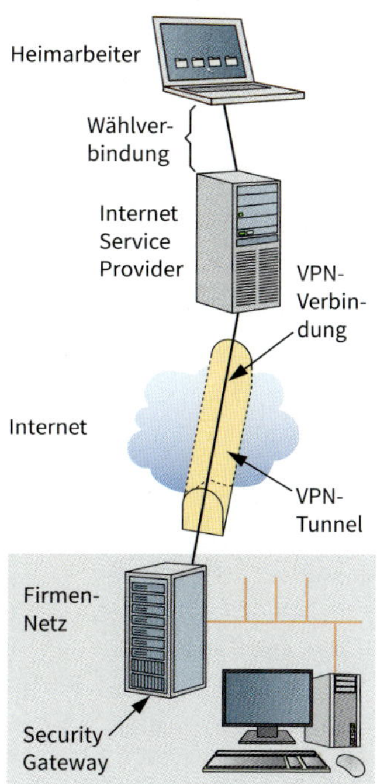

Protokoll-Struktur

PPTP

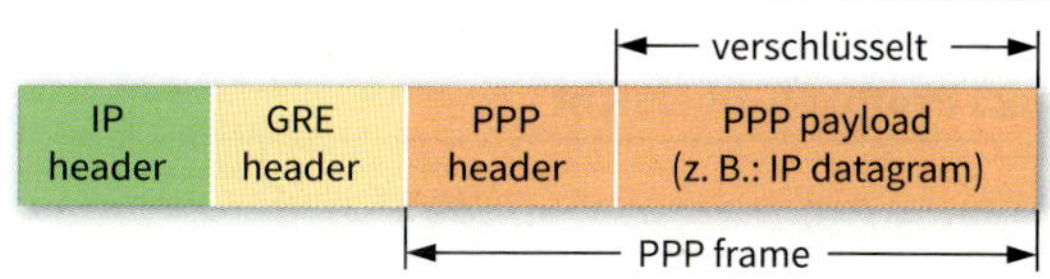

GRE: **G**eneric **R**outing **E**ncapsulation

L2TP

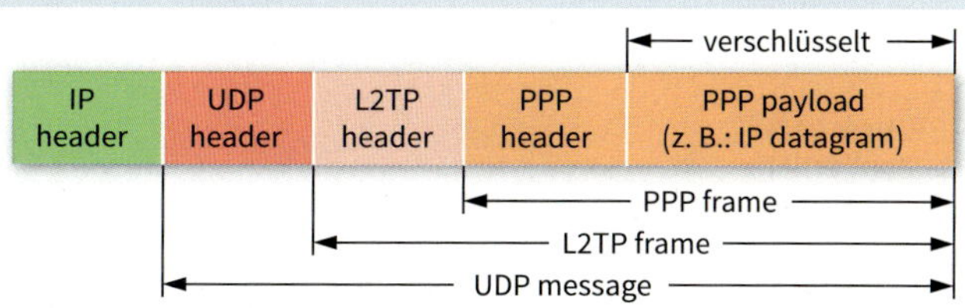

IPSec mit ESP (Tunnel)

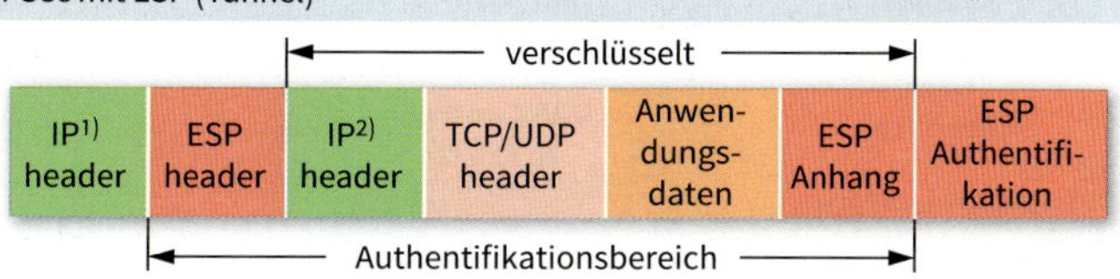

[1] neuer Header [2] ursprünglicher Header

Merkmale

- **VoIP** (**V**oice **o**ver **IP**: Sprache über IP) ist die Bezeichnung für Sprachübertragung über IP-Netzwerke (Internet, Intranet, LAN).
  Es wird auch als **IP-Telefonie** bezeichnet.
- Anwendung zwischen:
  - PC zu Telefon (und umgekehrt)
  - Telefon zu Telefon
- Im Gegensatz zu ISDN wird die codierte Sprache in Daten-Paketen über das Netz übertragen.

Standards

- Wesentliche Standards:
  - **ITU-T** (**I**nternational **T**elecommunication **U**nion)
  - **IETF** (**I**nternet **E**ngineering **T**ask **F**orce)
- ITU-T normiert die Standards nach **H.323** (Packet Based Multimedia Communication Systems: Paket basierende Multimedia-Kommunikation)
- **H.323** ist die Zusammenfassung einer Reihe von Standards und definiert die technischen Voraussetzungen für
  - die Komponenten (z. B.: Terminal)
  - Verarbeitung von Sprache, Daten und Video
  - Verbindungsmanagement
  - Internetworking verschiedener Netze
- Die Architektur von H.323 beinhaltet
  - **Terminal** (z. B. IP-Telefon)
  - **Gateway** (Verbindung von paketorientiertem Netz mit leitungsvermitteltem Netz)
  - **Gatekeeper** (Terminal Registrierung, Verbindungsaufbau und -abbau, Zugriffskontrolle)
  - **M**ultipoint **C**ontrol **U**nit (**MCU**) (Aushandlung der Terminaleigenschaften und Steuerung von Multimedia-Konferenzen)
- **SIP** (**S**ession **I**nitiation **P**rotocol: Sitzungs-Initiierungs-Protokoll) ist ein von der IETF entwickeltes Signalisierungs-protokoll auf OSI Schicht 5 bis 7.
- SIP dient zum Aufbau, zur Veränderung und Abbau von Sitzungen mit einem oder mehreren Teilnehmern und kann sowohl TCP als auch UDP verwenden.
- SIP ist einfacher strukturiert und schneller als H.323.

H.323 Architektur

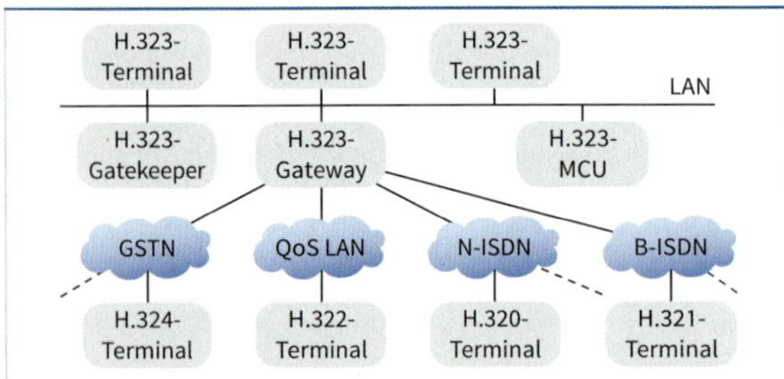

Anwendung

Beispiel:

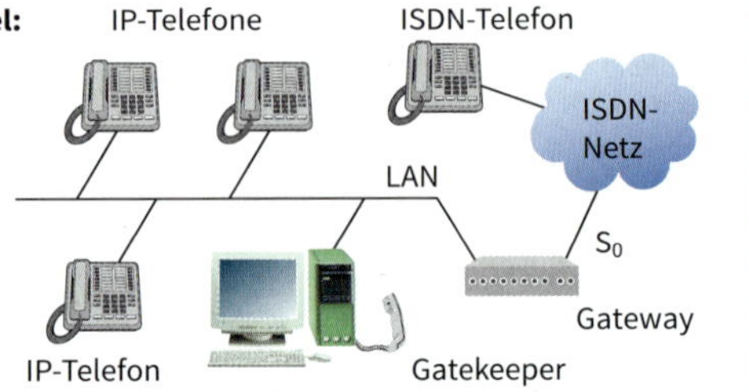

H.323 Protokoll-Übersicht

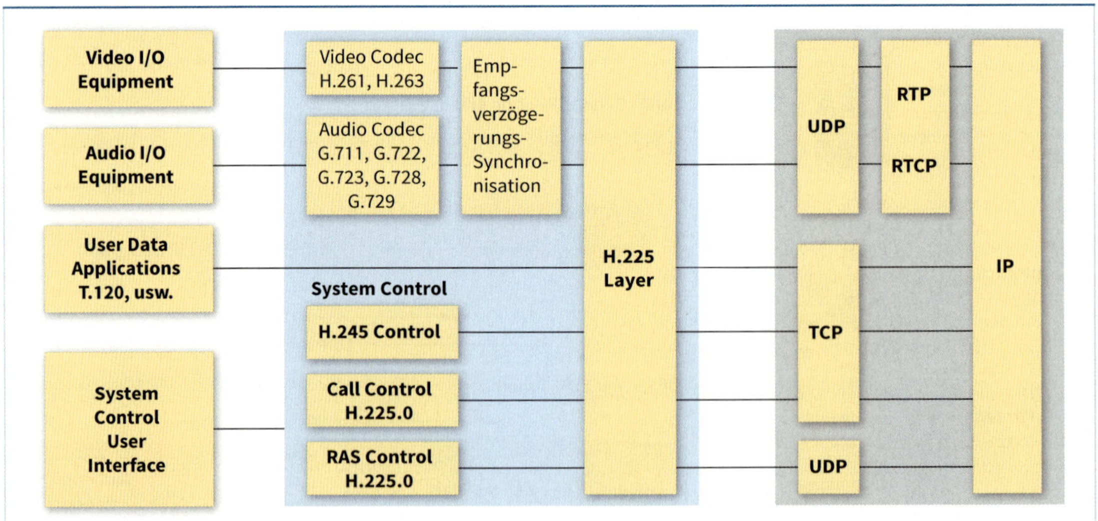

UDP: **U**ser **D**atagram **P**rotocol
RTP: **R**eal **T**ime **P**rotocol
RTCP: **R**eal **T**ime **C**ontrol **P**rotocol
TCP: **T**ransport **C**ontrol **P**rotocol
IP: **I**nternet **P**rotocol
RAS: **R**emote **A**ccess **S**ervice

Arbeitsweise

- Streaming Media ist der Oberbegriff für Streaming Audio und Streaming Video.
- Der Begriff wird verwendet bei der Übertragung von Audio- und Videodaten (z. B. Web-TV, Webradio) über ein Datennetz (Internet).
- Beim Streaming wird für den Nutzer auf dessen Anforderung eine Punkt-zu-Punkt Verbindung zwischen dem Medienserver und dem PC des Nutzers hergestellt.
- Die Aufgabe des Encoders (Umsetzer, Konverter, Wandler) auf der Quellenseite ist es, die Daten in eine über das Netzwerk versendbare Form zu transformieren.

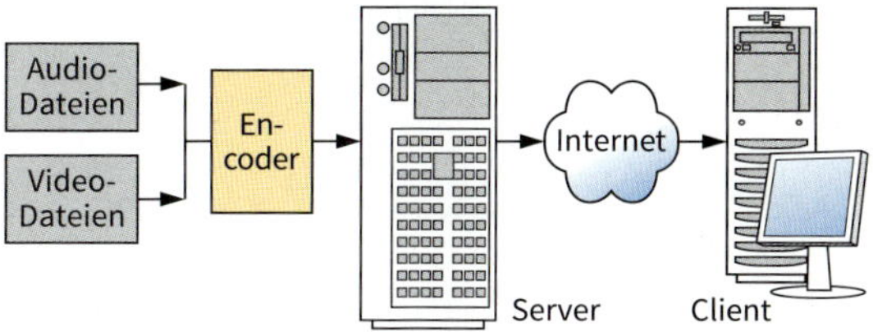

- Zwei Arten werden unterschieden:
  - **On-Demand**: Die auf einem Server liegenden Dateien werden wiedergegeben.
  - **Live-Streaming**: Live-Aufnahmen werden direkt in das Netzwerk eingespeist.
- Da die Daten aus Audio- und Videoquellen in der Regel groß sind, entfällt eine Direktübertragung. Die Daten werden in **Datenpakete** zerlegt und einzeln übertragen. Während der Ladezeit können Daten betrachtet bzw. angehört werden.

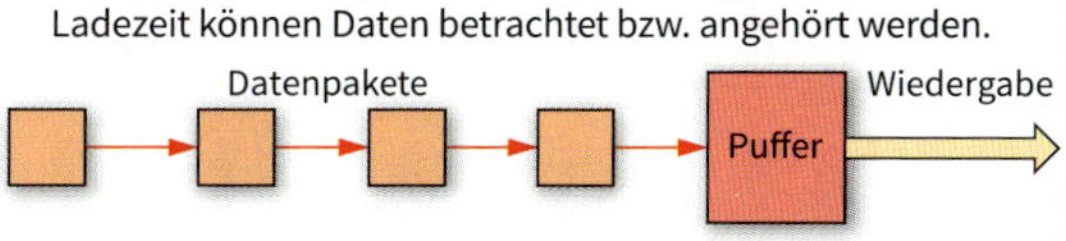

- Für einen ungestörten Empfang muss eine ausreichende Datenübertragungsrate zur Verfügung stehen. Sie muss größer sein als die für das Streaming verwendete Datenübertragungsrate.
- Um unterschiedliche Laufzeiten der Datenpakete auszugleichen, werden im Medienplayer Puffer (Datenspeicher) verwendet. Die Wiedergabe erfolgt deshalb um 2 bis 6 Sekunden verzögert.

Protokolle

- **RSVP** (**R**esource **R**eservation **P**rotocol)
  - Mit diesem Protokoll werden die erforderlichen Netzressourcen für den Datenstrom reserviert.
  - Es erlaubt Empfängern, Dienstanforderungen festzulegen. Die Reservierung erfolgt vom Empfänger, von Router zu Router bis zum Sender.
- **RTP** (**R**ealtime **T**ransport **P**rotocol)
  - Mit diesem Protokoll wird der Datentransport organisiert.
  - Beispiele: Zwischenpufferung, Erkennung der Reihenfolge der Datenpakete, Korrektur
  - RTP wird in der Regel mit dem UDP-Protokoll betrieben.
- **RTSP** (**R**ealtime **S**treaming **P**rotocol)
  - Kontrolle des Netzwerks für den Einsatz bei Entertainment- und Kommunikationssystemen
- **SMIL** (**S**ynchronized **M**ultimedia **I**ntegration **L**anguage)
  - Diese Programmiersprache dient der Stream-Beschreibung und der Formatierung.
  - SMIL basiert auf XML und ermöglicht eine einfache, textgesteuerte Synchronisation von Multimedia-Anwendungen.

Wiedergabe

- Die Wiedergabe kann erfolgen durch:
  - **Plugins** (herunterladbar und im Browser integriert)
  - **Wiedergabeprogramme** (als **Player** bezeichnet, z. B. von Quick Time, Adobe Flash, Real Media oder Windows Media)

Quick Time | Adobe Flash | Windows Media

- **Quick Time**
  - Entwickelt von Apple für Mac OS und Windows
  - Anwendungen von Quick Time sind z. B. Player, Broadcast und Streaming Server.
  - Es ist mit Quick Time möglich, einen kompletten Produktionsprozess durchzuführen (Capturing, Import, Synchronisation … Wiedergabe).
  - Dateiendungen: .mov oder .qt
  - Unterstützte Videodateiformate: MPEG-1, -2, -4, Microsoft AVI und WMV, Shockwave Flash, DV, DVC, …
  - Unterstützte Audiocodecs und Formate: MP3, AAC, WAV, MIDI, …
  - Quicktime Pro ist eine kostenpflichtige Erweiterung
- **Adobe Flash**
  - Entwickelt von Adobe, früher Macromedia Flash
  - Es handelt sich um eine Plattform zur Programmierung und Darstellung multimedialer, interaktiver und animierter Inhalte.
  - Der Adobe Flash Player dient der Wiedergabe in Webseiten eingebetteten SWF-Dateien (**SWF**: **S**mall **W**eb **F**ormat, Dateiendung .swf)
  - Vorteil gegenüber anderen Playern: Interaktion
- **Windows Media**
  - Entwickelt von Microsoft
  - Windows Media Player ist ein Programm zum Abspielen von Audio- und Videodateien sowie zum Brennen von Audio-CDs
  - Durch Herunterladen weiterer Codecs können Sendungen nicht unterstützter Formate abgespielt werden.
  - Verwaltung der Medienarchive möglich
  - Synchronisation tragbarer Geräte (z. B. MP3-Player, PDAs)
  - Empfang von Sendungen des Internetradios
  - Schnittstelle zum Kauf von Musik und Videos
  - Dateiendungen: .wmv, .wma

Kommunikationsarten

- **Unicast**:
  Ein oder mehrere Sender schicken Datenpakete an einen Empfänger.
- **Broadcast**:
  Ein Sender schickt Datenpakete an mehrere Empfänger.
- **Concast**:
  Viele Sender schicken Daten an einen Empfänger.
- **Multipeer**:
  Viele Sender schicken Daten an viele Empfänger (z. B. Konferenz).

Merkmale

- H.264 ist der Standard eines blockbasierten Videokompressionsverfahrens (2003) mit unterschiedlichen Profilen (z. B. Main und High Profil) und eine Weiterentwicklung von MPEG-4 mit hoher Codiereffizienz und höherer Komplexität. Das HD-Video-Format mit bis zu 1920 x 1080 Pixel wird unterstützt.
- Bei Datenraten von 1 Mbit/s wird DVD-Qualität erreicht. Artefakte bei bewegten Szenen treten kaum auf.
- Bezeichnungen bei
  ITU-T: H.264
  ISO/IEC: MPEG-4/**AVC** (**A**dvanced **V**ideo **C**oding)
- Codierung (Entropiecodierung):
  - **CAVLC:** **C**ontext **A**daptive **V**ariable **L**ength **C**oding (Huffman)
  - **CABAC:** **C**ontext **A**daptive **B**inary **A**rithmetic **C**oding (arithmetische Codierung)
- Makroblöcke (16 x 16 Pixel) können in Unterblöcke von bis zu 4 x 4 Pixel unterteilt werden. Für jeden Block lassen sich Bewegungsvektoren speichern, so dass komplexe Bewegungen besser kompensiert werden können. Die Bewegungskompensation ist auf ¼ Pixel genau.

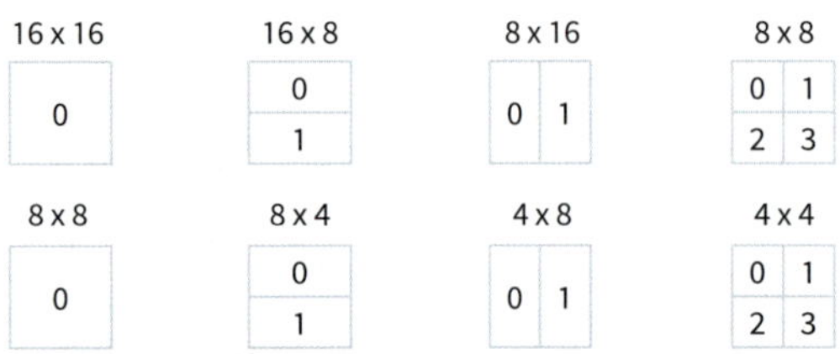

- Wie bei MPEG werden I-, P- und B-Frames verwendet.
- P- und B-Frames können auf beliebig viele vorhergehende Frames als Referenz zurückgreifen (Long-Term Prediction).

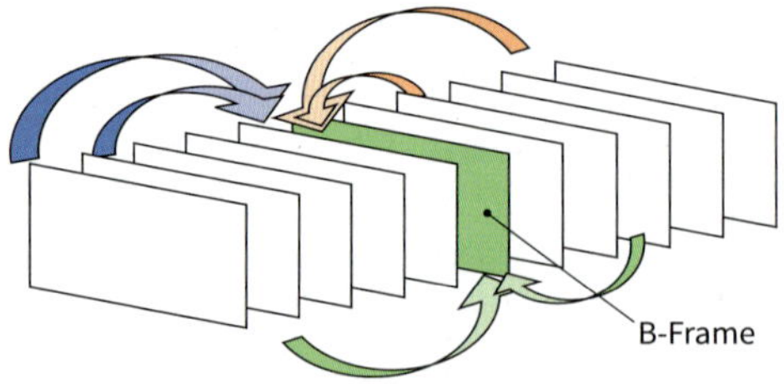

- Makroblöcke innerhalb eines Frames bzw. Slices können in freier Reihenfolge angegeben werden (Flexible Macroblock Ordering).
- Deblocking-Filter (gegen Block-Artefakte) ist integriert.

Codec

Als **Codecs** (**co**der und **dec**oder) bezeichnet man Verfahren bzw. Programme, mit denen Daten oder Signale digital codiert und decodiert werden können.

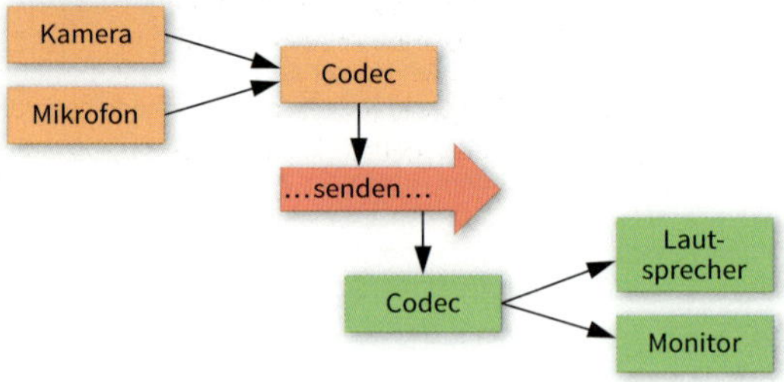

Vergleich mit MPEG-2 und MPEG-4

90 Minuten DVD-Qualität

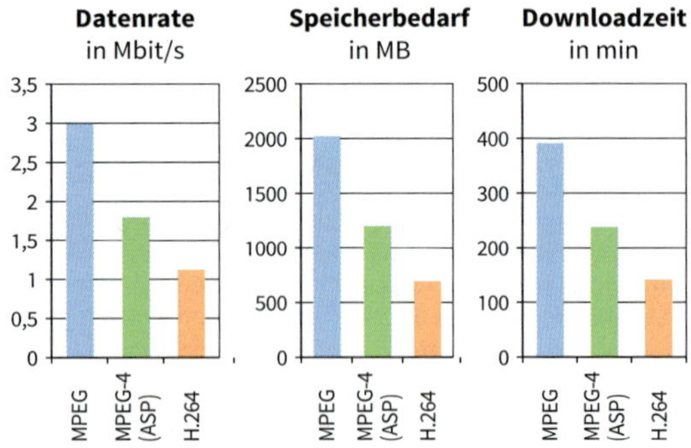

Einsatzbereiche

- HD DVD
- Blu-ray Disc
- DVB-S2 (Digitale Videoübertragung per Satellit)
- DVB-H (mobile Geräte)
- Videotelefonie, PDAs
- QuickTime ab Version 7

Video-Streaming-System mit Codec H.264

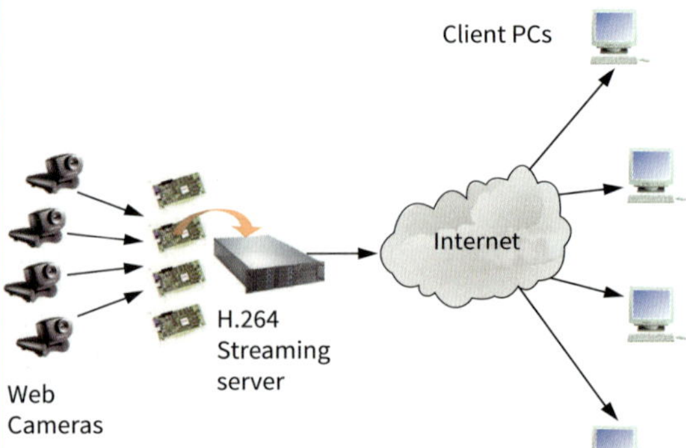

Merkmale

- Unter IPTV versteht man eine Fernsehübertragung unter Verwendung des Internetprotokolls (IP).
- Weitere Protokolle sind
  - **IGMP** (**I**nternet **G**roup **M**anagement **P**rotocol) für die Kanal-Signalisierung beim Livestream ① (s. Abb. unten) und
  - **RSTP** (**R**apid **S**panning **T**ree **P**rotocol) für zeitversetztes ② On-Demand (auf Anforderung, bei Bedarf).

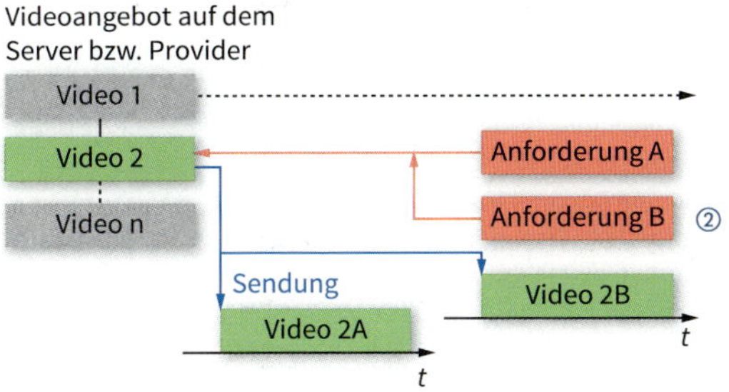

- Der Datenstrom setzt sich aus Paketen konstanter Größe zusammen, die auf verschiedenen Wegen den Empfänger über das Internet erreichen. Durch die IP-Adressen erfolgt ein gezielter Informationsaustausch zwischen dem Provider und den jeweiligen Endgeräten.
- Im Gegensatz zum Digital-TV ist IPTV **interaktiv** verwendbar:
  - Bereitgestellte Programme können gleichzeitig von vielen Teilnehmern abgerufen werden ②.
  - Die Sendungen lassen sich bedarfsgerecht und zeitversetzt (On-Demand, Timeshift-TV) abrufen bzw. speichern ④.
- Für die Übertragung von IPTV werden die Daten in Videocodecs komprimiert. Verwendet werden z. B. MPEG-2, MPEG-4, H.264/AVC, XviD, DivX oder WMV9.
- Für die Qualität und Abbildungsgröße auf dem Bildschirm ist die benutzte Hard- und Software sowie die im Netz verfügbare Datenübertragungsrate (Bandbreite) entscheidend. ADSL ist für IPTV gerade ausreichend. Eine höhere Qualität wird mit ADSL2+ und VDSL erzielt. Es können aber auch optische Netze oder die Funknetztechnik (WiMAX) eingesetzt werden. Für HDTV (1920 x 1080 Pixel) ist eine Datenübertragungsrate von 8 Mbit/s erforderlich.

Unterschied zum TV-Empfang über ein Kabelnetz

- Im TV-Kabelnetz (BK-Netz) sind alle Programme und Dienste bestimmten Frequenzbereichen zugeordnet. Sie können deshalb von den Abnehmern gleichzeitig genutzt werden.
- IPTV erfolgt in der Regel über den DSL-Anschluss des TK-Netzes. Grundsätzlich ist auch eine Überagung über das BK-Netz und über Funknetze möglich.
- Bei IPTV hängt die gleichzeitige Nutzung von der zur Verfügung gestellten Daterate (Bandbreite) des Anbieters ab. Bei z. B. 2 Mbit/s kann nur auf ein Programm bzw. einen Dienst gleichzeitig zugegriffen werden.

Streaming-Verfahren

- Beim Streaming ③ (Strömung) handelt sich um eine kontinuierliche Übertragung von Daten, bei der diese im Endgerät sofort für die Wiedergabe aufbereitet werden (Echtzeit).
- Für die Laufzeitunterschiede der Datenpakete werden je nach Bedarf Zwischenspeicher von einigen Sekunden eingesetzt.
- Im Gegensatz zum Rundfunk werden beim Streaming jedem Empfänger die Daten direkt zugeführt.
- Für die Wiedergabe wird entsprechende Software eingesetzt, die als Player bezeichnet werden.
  Beispiele: Windows Media Player, Real Player, Quicktime Player, Flash Player

Podcasting

- Allgemein wird beim Podcasting ④ (Kunstwort aus **iPod** und Broad**casting**) auf gespeicherte Daten eines Servers zurückgegriffen.
- Die Wiedergabe kann in der Regel erst dann erfolgen, wenn die Speicherung abgeschlossen ist.
- Wenn die gespeicherten Daten eines Servers genutzt werden, kann dieses als On-Demand oder als Download erfolgen.
- Unter Podcasting wird auch das Anbieten und abonnieren von Multimediadateien (Audio und Video) über das Internet verstanden. Das Abonnieren kann automatisiert werden, sodass der Abnehmer stets auf dem neusten Stand gehalten wird. Das Aufrufen der Webseite und das manuelle Abrufen der Daten entfallen.

Möglichkeiten für IPTV

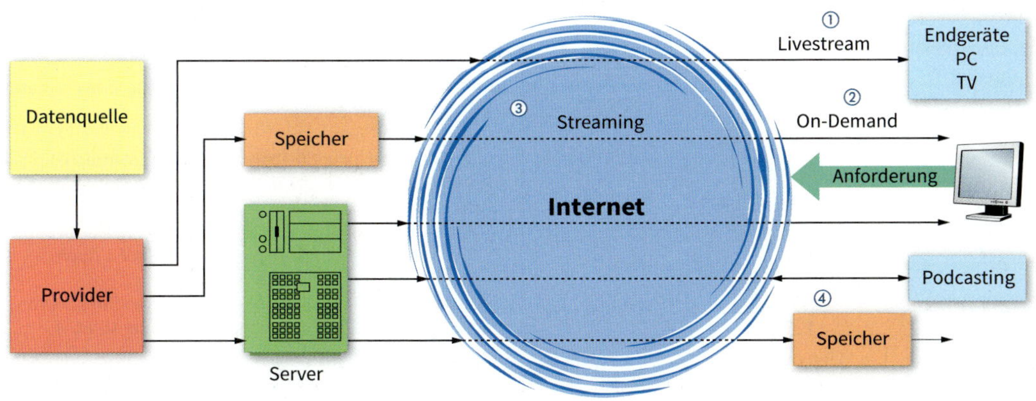

Merkmale

- Das Internetradio wird auch als **Webradio** bezeichnet. Mit ihm lassen sich Radiosendungen über das Internet empfangen.
  - Vorteil gegenüber dem terrestrischen Rundfunk: Radiosendungen über das Internet können weltweit, fast an jedem Internetanschluss, empfangen werden.
  - Einschränkung: Die Anzahl der gleichzeitig möglichen Empfänger über das Internet hängt von der verfügbaren Bandbreite ab. Dagegen können mit dem terrestrischen Rundfunk unbegrenzt viele Empfänger erreicht werden.
- Für den Betrieb eines Internetradios ist keine Betriebslizenz erforderlich.
- Die meisten terrestrischen Radiosender verbreiten Programme auch über das Internet. Darüber hinaus gibt es reine Internetanbieter. Das laufende Programm wird häufig durch Archivierung und Bereitstellung früher gesendeter Beiträge ergänzt.
- Um Angebote mit dem PC nutzen zu können, ist eine spezielle Software erforderlich. Grundsätzlich gibt es zwei Möglichkeiten:
  - Ein **Plug-in** wird in einen Web-Browser integriert, dass automatisch aufgerufen wird, sobald eine angeforderte Web-Seite Streaming-Media-Daten enthält.
  - Ein eigenständiges Wiedergabeprogramm installiert einen entsprechenden **Player**.
- Die Plug-ins und Wiedergabeprogramme werden in der Regel kostenlos angeboten.
- Der Empfang kann auch mit Hilfe eines externen Gerätes erfolgen, das mit dem Internet verbunden ist.

Externes Internetradio

- Aufbau

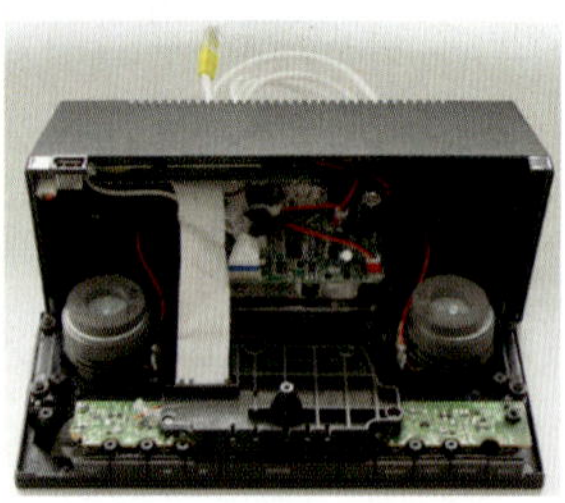

- Mikrocontroller
- Energieversorgung über PoE (Power over Ethernet)
- Audio Codec Baustein VS1053 für die Decodierung folgender Audioformate: MP3, AAC, WMA Ogg Vorbis, FLAC, WAV, MIDI

- Blockschaltbild

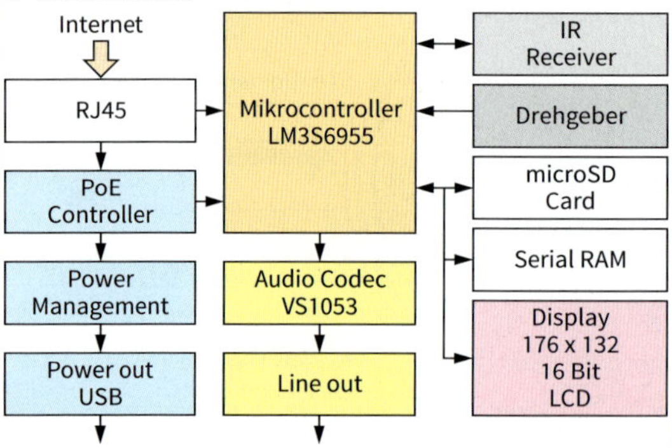

Streaming

- Die Datenübertragung wird auch als **Streaming** bezeichnet und erfolgt mit
  - **Streaming-Protokollen** (Live-Streaming) RTP (Real-Time Transport Protocol), RTCP (Real-Time Control Protocol), RTSP (Real-Time Streaming Protocol) oder
  - **Datenübertragungs-Protokollen** HTTP und FTP (On-Demand-Streaming).
- Beim Live-Streaming wird das Angebot in Echtzeit bereitgestellt und gleichzeitig wiedergegeben.
- Beim On-Demand-Streaming erfolgt die Wiedergabe während der Übertragung. Durch Zwischenspeicherung ist die Übertragung lückenlos, aber leicht verzögert (2 bis 6 Sekunden). Vorlauf, Rücklauf und Pausen sind möglich.
- Für die Streaming-Protokolle ist eine hohe Fehlertoleranz erforderlich. Etwa fünf Prozent an Paketverlusten sollten ohne hörbare Qualitätseinbußen kompensiert werden können.
- Mit einem Breitbandanschluss lässt sich eine Streaming-Qualität erreichen, die annähernd einer CD-Qualität entspricht.
- Zur Verringerung der Datenmenge werden verlustbehaftete Datenreuktionsverfahren verwendet, deren Dateien häufig in Containerformaten eingebettet sind.

Containerformate

- In der Datentechnik enthält ein Containerformat (Behälter) verschiedenen Dateiformate (Codecs). es können darin z. B. Audio- und Videostreams enthalten sein, die durch einen Multiplexer zusammengefügt worden sind.
- Beispiel für Container

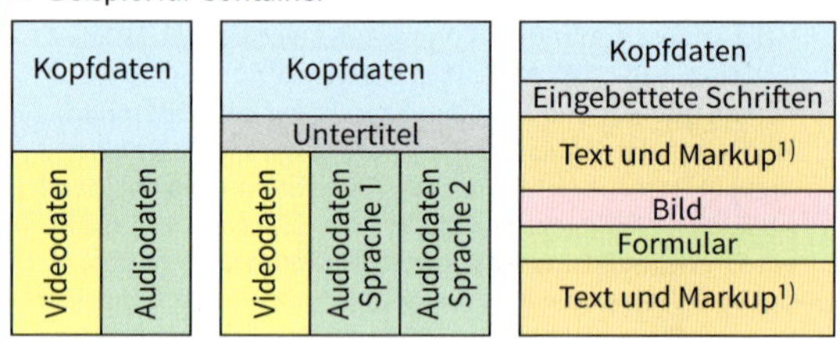

[1)] Auszeichnungen

- Beispiele für Containerformate
  - **Audio Video Interleave**, AVI (.avi)
  - **DivX Networks** (.divx) DivXMedia Format basiert auf AVI, enthält mit DivX codierte MPEG-4-ASP-Videostreams
  - **Matroska** (.mkv; .mka) Open-Source-Containerformat für fast alle Videoformate (russisch: Matrjoschka)
  - **Ogg Vorbis** (.ogg) Verwendung für verlustbehaftete Audiodatenreduktion, freier Codec von der Xiph.Org Foundation, als Alternative zu MP3
  - **Quicktime** (.mov) Containerformat und Abspielsoftware der Fa. Apple
  - **RealMedia** (.rm; .rmvb; .ra; .ram) Verwendung für RealAudio- und RealVideo-Streams von Real Networks, basierend auf MPEG-2 oder MPEG-4
  - **Video Objects** (.vob) Format für DVD-Video, Datenreduktion mit MPEG-1 und MPEG-2

PC-Technik und Peripheriegeräte

5

Hardware

Software

Von-Neumann-Architektur

- John v. Neumann: US-amerikanischer Mathematiker, 1903–1957
- Zeitlich nacheinander (sequenziell) werden die aus dem Speicher stammenden Befehle und Daten innerhalb einer bestimmten Zeit (**Taktzyklus**) verarbeitet. Die wichtigsten Phasen sind:
  - Laden des Befehls (Fetch)
  - Decodierung (Decode)
  - Ausführen des Befehls (Execute)
- Daten und der Programmcode (Befehle) befinden sich in einem **gemeinsamen** Speicher.

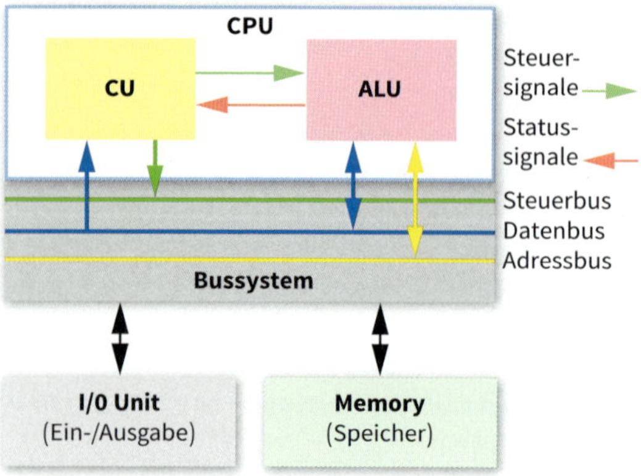

- **Funktionseinheiten:**
  - **CPU: C**entral **P**rocessing **U**nit, Prozessor
    Diese Einheit wird oft auch als Prozessorkern (Core) bezeichnet.
    Ein Mikroprozessor kann aus mehreren Kernen bestehen (Multi-Core-Prozessor).
  - **CU: C**ontrol **U**nit, Steuerwerk (Leitwerk)
    Steuerung von Prozessen und Abläufen im Innern und Kommunikation mit der „Außenwelt"; verantwortlich für die Zusammenarbeit der einzelnen Teile des Prozessors
  - **ALU: A**rithmetic **L**ogic **U**nit, Arithmetisch Logische Einheit (Rechenwerk)
    Durchführung arithmetischer und logischer Operationen
  - **I/O Unit:** Ein- und Ausgabeeinheit für Daten
  - **Memory**: Speicher für Daten und Befehle
  - **Bussystem**: Es handelt sich um Leitungen, über die der Austausch der Adressen und Daten erfolgt.

Harvard-Architektur

- Daten und das Programm (Befehle) sind in voneinander **getrennten** Speicher- und Adressräumen abgelegt und werden über getrennte Busse gesteuert (Einsatz im Bereich der Mikrocontroller).
- Daten und Befehle können dadurch gleichzeitig (unabhängig) geladen bzw. geschrieben werden (schnellere Verarbeitung als bei der Von-Neumann-Architektur).

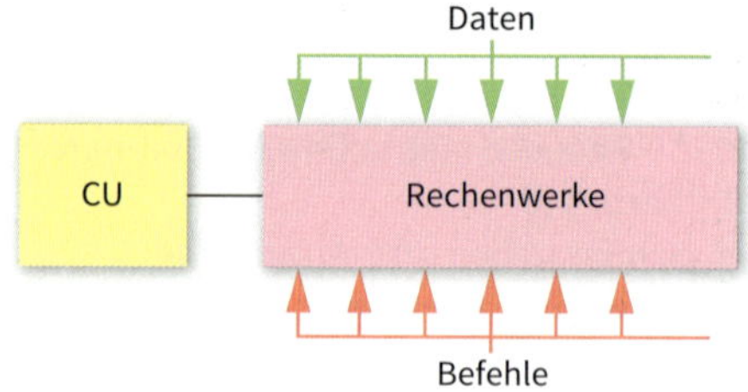

Cache

Damit der Prozessor bei der Verarbeitung bestimmter Prozesse nicht auf die „langsamen" Arbeitsspeicher und die Festplatte zugreifen muss, sind dem Prozessor Zwischenspeicher (Cache) zugeordnet.

- **L1-Cache (First Level-Cache)**
  Er ist ein kleiner Zwischenspeicher (16 kB bis 64 kB zwischen Prozessor und Arbeitsspeicher) für die am häufigsten benötigten Daten (Data-Cache) und Befehle (Code-Cache) und ist in der Regel auf dem Prozessorchip untergebracht. Durch ihn lässt sich die Anzahl der Zugriffe auf den langsamen Arbeitsspeicher reduzieren.
- **L2-Cache (Second-Level-Cache)**
  In ihm werden die Daten des Arbeitsspeichers (RAM) zwischengespeichert. Er ist entweder auf dem CPU-Chip integriert oder befindet sich als externer Baustein auf der Hauptplatine (z. B. 512 MB, Pentium III … 3072 MB, Core 2 Duo).
- **L3-Cache (Third-Level-Cache)**
  Er ist in der Regel auf dem Prozessor-Chip integriert und unterstützt durch entsprechende Protokolle die Zusammenarbeit zwischen den Kernen.

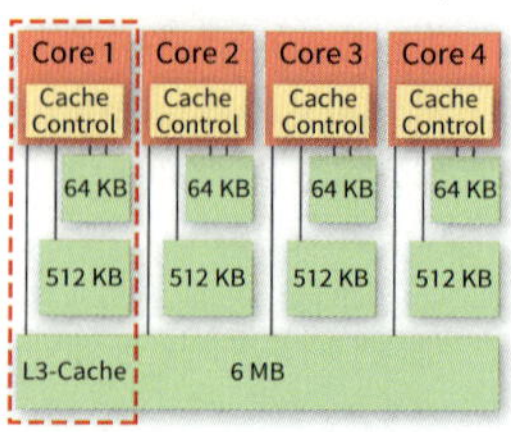

Bussysteme

- **BUS: B**idirectional **U**niversal **S**witch
- **Adressbus**
  Über ihn werden die Daten der Speicheradressen übertragen. Durch die Anzahl der Verbindungsleitungen wird festgelegt, wie viele Speicherplätze direkt adressiert werden können.
- **Datenbus**
  Über ihn werden Daten gesendet und empfangen. Je mehr Leitungen, desto mehr Daten können pro Taktzyklus verarbeitet werden.
- **Steuerbus**
  Mit ihm wird die Steuerung des Bussystems bewerkstelligt (z. B. Lese-/Schreib-Steuerung, Unterbrechungssteuerung (Interrupt), Buszugriffssteuerung, Reset, …).

Leistungsmerkmale

- Die **Wortbreite** der Arbeits- oder Datenregister bestimmt die maximale Größe der verarbeitbaren Ganz- und Gleitkommazahlen.
- Der **Datenbus** bestimmt, wie viele Bits (4 … 64 Bit) gleichzeitig aus dem Arbeitsspeicher gelesen werden können.
- Der **Adressbus** legt die maximale Größe einer Speicheradresse fest.
- Die Anzahl der Operationen pro Sekunde ist von der **Taktfrequenz** (clock rate, z. B. 3 GHz) und der Datenwortbreite abhängig (Vielfaches des Motherboard-Grundtaktes).
- Die **Verarbeitungsgeschwindigkeit** des ganzen Systems ist auch von der Größe der Caches und der Kapazität des Arbeitsspeichers abhängig.

Merkmale

- Mikroprozessoren bestehen aus einer Ansammlung von Logik-/Funktionseinheiten, die auf einem Halbleiterchip integriert und durch entsprechende Verbindungen zusammengeschaltet sind.
- Die Einteilung der Prozessoren erfolgt nach der verarbeitbaren Wortbreite in 4 Bit, 8 Bit, 16 Bit oder 32 Bit.
- Wesentliche Funktionseinheiten aller Prozessoren sind u. a.
  - die Arithmetik- und Logik-Einheit (**ALU**: **A**rithmetic and **L**ogic **U**nit),
  - der Befehlszähler und Befehlsdekoder (**PC**: **P**rogramm **C**ounter; **ID**: **I**nstruction **D**ecoder) und
  - Registersätze (Register Sets).
- Das grundsätzliche Arbeitsprinzip bei der Programmbearbeitung läuft wie folgt ab:

Fetch	→	Decode	→	Execute	→	Write Back
Befehl abrufen		Befehl dekodieren		Befehl ausführen		Ergebnis zurückschreiben

- Um die Verarbeitungsleistung der Prozessoren zu steigern, sind in aktuellen Prozessor-Architekturen verschiedene Maßnahmen realisiert, wie z. B.
  - **ILP** (**I**nstruction **L**evel **P**arallelism: paralle Befehlsverarbeitung) und
  - **TLP** (**T**hread **L**evel **P**arallelism: parallele Aufgabenbearbeitung).
- Bei ILP werden mehrere Befehle in einer mehrstufigen Pipeline parallel verarbeitet.
- **Superskalare** Prozessoren verfügen über lange **Instruction Pipelines** und identische Ausführungseinheiten, die über einen Verteiler (**Scheduler**) mit den entsprechenden Teilaufgaben versorgt werden.
- Bei TLP (auch als **Multi-Threading** bezeichnet) werden die Ausführungseinheiten und die Speichereinheiten (Hauptspeicher, Cache-Speicher) auf die jeweiligen Threads (Aufgaben) aufgeteilt.
- Die wiederholte Bearbeitung von Datensätzen mit einem einzelnen Befehl (z. B. Summenbildung oder die Bearbeitung von Multi-Media-Daten) erfolgt über **Daten-Parallelisierung** (**Data Parallelism**).
- Diese Art der Bearbeitung wird von Funktionseinheiten ausgeführt, die auf die Bearbeitung von **Vektoren** optimiert sind.
- Die Art der Behandlung von Daten wird generell bezeichnet als
  - **SISD** (**S**ingle **I**nstruction **S**ingle **D**ata: Ein Befehl, ein Datensatz) und
  - **SIMD** (**S**ingle **I**nstruction **M**ultiple **D**ata: Ein Befehl, mehrere Datensätze).

Beispiel

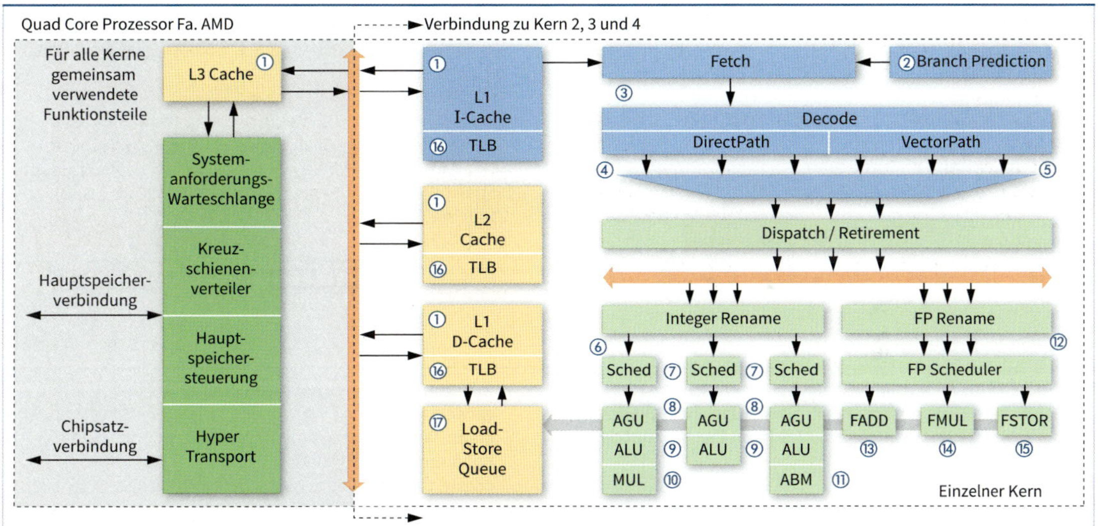

①	Cache	(schneller) Zwischenspeicher
②	Branch Prediction	Sprung-Vorhersage
③	Fetch-Decode Unit	Abruf-Dekodiereinheit
④	Direct Path	Direkter Pfad
⑤	Vector Path	Vektor-Pfad
⑥	Integer Unit	Festkomma-Einheit
⑦	Integer Scheduler	Festkomma-Verteiler
⑧	**AGU** (**A**ddress **G**eneration **U**nit)	Adress-Erzeugungs-Einheit

⑨	**ALU** (**A**rithmetic **L**ogic **U**nit)	Arithmetik- und Logik-Einheit
⑩	**MUL** (**Mul**tiplication Unit)	Multiplikations-Einheit
⑪	**ABM** (**A**dvanced **B**it **M**anipulation)	Verbesserte Bit-Bearbeitung
⑫	**FPU** (**F**loating **P**oint **U**nit)	Fließkomma-Einheit
⑬	**FADD** (**F**loating **P**oint **Add** **U**nit)	Fließkomma-Additions-Einheit
⑭	**FMUL** (**F**loating **P**oint **Mul**tiply Unit)	Fließkomma-Multiplikations-Einheit
⑮	**FSTOR** (**F**loating **P**oint **Stor**e **U**nit)	Fließkomma-Speichereinheit
⑯	**TLB** (**T**ranslation **L**ookaside **B**uffer)	Adress-Übersetzungs-Puffer
⑰	Load Store Queue	Laden/Speichern-Warteschlange

Merkmale

- Steigende Anforderungen an die Verarbeitungsleistung von Mikroprozessor-Systemen in allen Anwendungsbereichen (Desktop, Laptop, Server) werden durch den Einsatz von Mikroprozessoren mit mehren Rechnerkernen (Multi-Core) erfüllt.
- Gründe für die Entwicklung von Multi-Core Prozessoren sind:
  - reduzieren der elektrischen Verlustleistung im Vergleich zu Einzelkern-Prozessoren,
  - keine wirtschaftliche Steigerung des Prozessortaktes bei Einzelkern-Prozessoren mehr möglich und
  - parallele Verarbeitung von Prozessen (threads) zur Erhöhung der Verarbeitungsleistung.
- Je nach Hersteller und Herstellungsprozess werden dabei unterschiedliche Wege in der Realisierung der Chips beschritten:
  - Einbau identischer Einzelkern-Prozessoren in ein Gehäuse, z. B. als Dual-Core oder Quad-Core Prozessor oder
  - Integration von Prozessor-Kernen auf ein gemeinsames Silizium-Substrat.
- Im Anwendungsbereich Desktop, Laptop und Server sind derzeit Mikroprozessoren mit bis zu vier Kernen (Quad-Core) eingesetzt.
- Prozessoren mit darüber hinausgehender Anzahl an Rechnerkernen sind u. a. im Anwendungsbereich Multimedia oder drahtloser Datenübertragung zu finden.
- Damit die Architekturen die gewünschte Leistungsfähigkeit erreichen können, ist die entsprechende Unterstützung durch das Betriebssystem bzw. die entsprechende Programmierung erforderlich.

Architekturen

Dual-Core

Externer Memory Controller
Beispiel: Intel

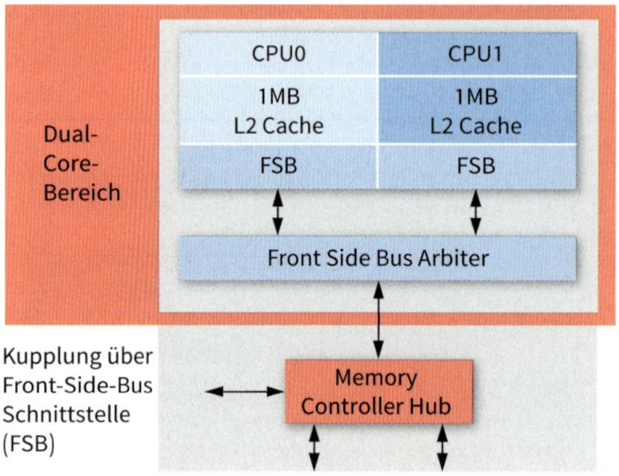

Quad-Core

Integrierter Memory Controller
Beispiel: AMD

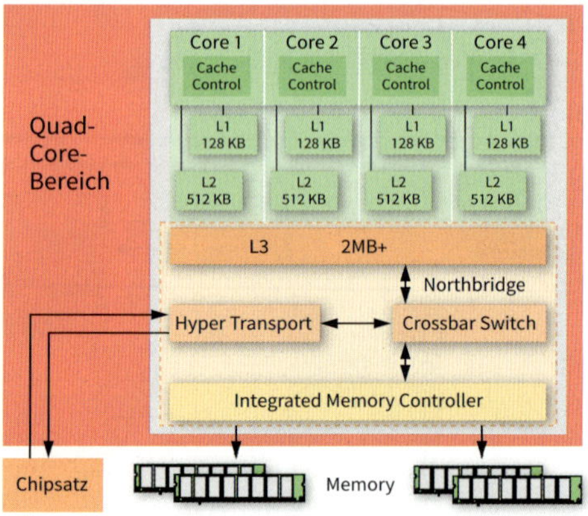

Funktionseinheiten

Die Architekturunterschiede liegen im Wesentlichen in der An-ordnung bzw. in der Anzahl der Cache-Speicher und der Schnittstellen zum Hauptspeicher und zum Chipsatz auf dem Motherboard.

Quad-Core Merkmale

- Zur Erhöhung der Verarbeitungsgeschwindigkeit ist z. B. im Quad Core ein zusätzlicher Cache (L3) integriert.
- **L1-Cache** ist unmittelbar am Rechenwerk angeordnet und kann somit sehr schnell Daten (Level 1 Data Cache) bzw. Befehle (Level 1 Instruction Cache) liefern. Falls L1 Cache Line aus dem L1 entfernt wird, wird sie im **L2-Cache** (Victim Cache) aufgefangen.
- L1- und L2-Caches operieren mit der Taktfrequenz der Kerne.
- **L3-Cache**
  - wird als Shared Cache für alle Kerne verwendet (puffert Daten aus L1 und L2),
  - wird von den Kernen nach dem Round-Robin-Verfahren verwendet,
  - organisiert zusammen mit dem Memory Controller die Kohärenz der Daten und
  - operiert mit der Taktfrequenz der Northbridge.
- **Memory Controller**
  - realisiert im Ganged Mode ein 128 Bit breites Speicherinterface und
  - im Unganged Mode stehen zweimal 64 Bit zur unabhängigen Adressierung von zwei Speicherbereichen zur Verfügung.
- **Crossbar Switch**
  - ist die zentrale Vermittlungsstelle zwischen Hypertransport-Interface, Memory Controller sowie L3 Cache und
  - wickelt die erforderliche Zusammenschaltung der Verbindungswege zwischen diesen ab.
- **Hypertransport**-Schnittstelle führt derzeit ein Port mit 16 Lanes zur Anbindung des Chipsatzes nach außen.

Merkmale

- Es handelt sich um Mikroprozessoren mit reduziertem Befehlssatz und vereinfachter interner Hardwareorganisation.
- Ausgelegt auf hohe Verarbeitungsleistung
- Verfügen über einheitliches Befehlsformat
- Alle Befehle sind gleich lang
- Operationscode liegt immer an der gleichen Stelle
- Wenige Adressierungsarten
- Optimiert auf Lade- und Speicheroperationen
- Arbeitet mit Befehls-Pipeline (Warteschlange)
- Großer physikalischer Adressraum (z. B. 4 GB bei MIPS R3000)
- Beinhalten keinen Mikrosequenzer
- Befehle werden direkt decodiert
- Verfügen intern über eine Vielzahl von Registern zur schnellen Zwischenspeicherung von Daten
- Interne Struktur ist als **Harvard-Architektur** aufgebaut.
- Offene Systeme sind z. B. **MIPS** (**M**icroprocessor without **I**nterlocked **P**ipe **S**tages: Mikroprozessor ohne verriegelte Warteschlange) und **SPARC** (**S**calable **P**rocessor **Ar**chite**c**ture: Skalierbare Prozessorarchitektur)
- Eingesetzte Compiler arbeiten laufzeitoptimiert
- Anwendungen u. a. in Workstations (Hochleistungsrechner), Servern oder Maschinensteuerungen (Roboter) als Embedded Controller (eingebettete Controller)

Blockschaltbild

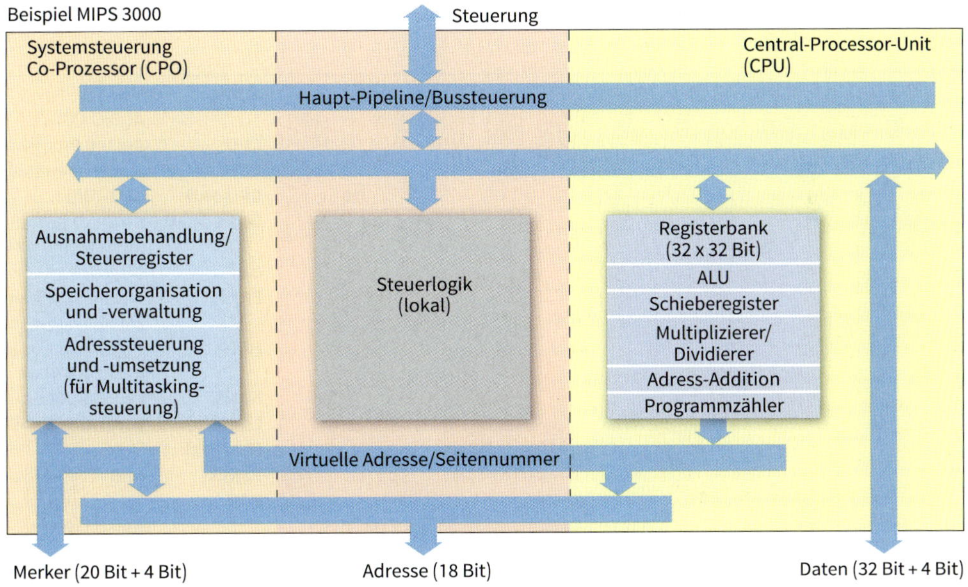

Befehls-Pipeline

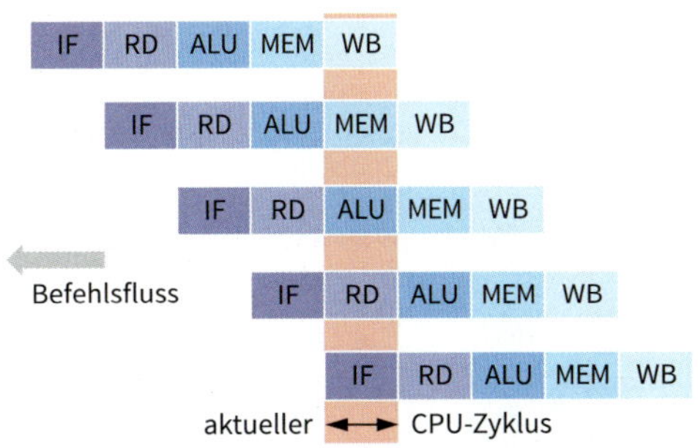

- **Pipeline** (Warteschlange) ermöglicht die parallele Ausführung mehrerer Maschinenbefehle und erhöht damit die Verarbeitungsgeschwindigkeit (Durchsatz)

IF	**I**nstruction **F**etch: Befehlsabruf; Übersetzen der virtuellen Adresse in physikalische Adresse für Speicherzugriff auf Instruction-Cache
RD	**R**egister **D**ecode: Lesen und Decodieren der Instruktionen, Operanden aus CPU-Registern lesen
ALU	**ALU**-Operation: Angeforderte ALU-Operation wird durchgeführt
MEM	**Mem**ory-Access: Speicherzugriff; Zugriff auf den Hauptspeicher oder Daten-Cache
WB	**W**rite-**B**ack: Zurückschreiben; Ergebnis in CPU-Register schreiben

Merkmale

Das Mainboard (Hauptplatine) wird auch als Motherboard (Mutterplatine) bezeichnet und ist der Bauteileträger für die zentralen Komponenten eines PCs, wie z. B.

- Zentralprozessor (**CPU**: **C**entral **P**rocessing **U**nit),
- Chipsatz (chip set) bzw. **PCH** (**P**latform **C**ontroller **H**ub),
- Firmwarespeicher (firmware memory; BIOS) und
- Erweiterungssteckplätzen (Extension Slots).

Bussysteme

Die Verbindungen der Komponenten werden durch Bussysteme (parallele Verbindungen) oder serielle Verbindungen mit Kupferleiterbahnen realisiert, wie z. B.

- Daten- und Adressbus (data bus, address bus),
- Steuerbus (control bus) und
- Ein-/Ausgabe-/Erweiterungsschnittstellen.

Weiterentwicklungen

Im Rahmen von Weiterentwicklungen werden Funktionseinheiten zusammengefasst und in einem Chip (z. B. Platform Controller Hub) oder direkt auf dem CPU-Chip integriert (z. B. Speicher- oder Grafikcontroller).

Formfaktoren

Die mechanischen Abmessungen und Befestigungsmöglichkeiten sind durch Formate (Formfaktoren) festgelegt.

Bezeichnung	Abmessungen in mm	
	Länge	Breite
ATX (**A**dvanced **T**echnology **E**xtended)	305	244
MiniATX	284	208
EATX (**E**xtended **ATX**)	305	330
WTX (**W**orkstation **ATX**)	356	452

Aufbau

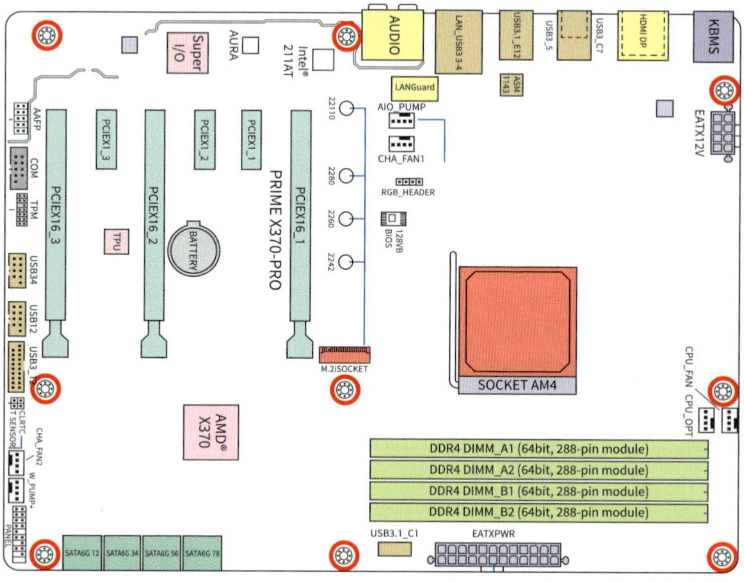

AUDIO:	8-Kanal High Definition AUDIO-CODEC
CPU:	**C**entral **P**rocessing **U**nit
COM:	Serieller Anschluss
CPU-FAN:	CPU-Lüfter
DDR4 DIMM:	**D**ouble **D**ata **R**ate**4** **D**ual **I**nline **M**emory **M**odule
DP:	**D**isplay **P**ort
EATX:	**A**dvanced **T**echnology **E**xtended **P**ower
HDMI:	**H**igh **D**efinition **M**ultimedia **I**nterface
KBMS:	Keyboard-Anschluss
LAN:	**L**ocal **A**rea **N**etwork
M.2 (Socket):	M.2-Sockel
PANEL:	Feld
PCH:	**P**latform **C**ontroller **H**ub (Chipsatz)
PCIE:	**P**eripheral **C**omponent **I**nterconnect **E**xpress
SATA:	**S**erial **AT** **A**ttachment
SOCKET:	Sockel
USB:	**U**niversal **S**erial **B**us

Rückseitige Anschlüsse

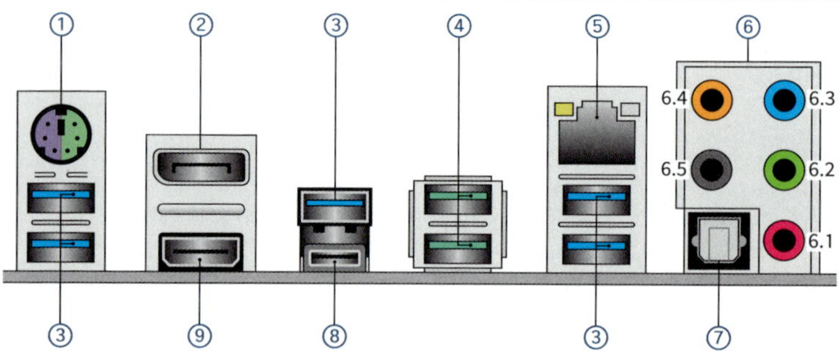

① PS/2 Maus/Tastatur-Anschluss
② Display Port
③ USB 3.0
④ USB 3.1 Typ A
⑤ LAN-Anschluss
⑥ Audio-E/A Anschlüsse
  6.1 Mikrofon Eingang
  6.2 Kopfhörer/Stereolautsprecher Ausgang
  6.3/6.4/6.5 Lautsprecher Ausgang
⑦ Optischer S/PDIF Anschluss
⑧ USB 3.0 Typ C
⑨ HDMI-Anschluss

Chipsatz Intel 975x

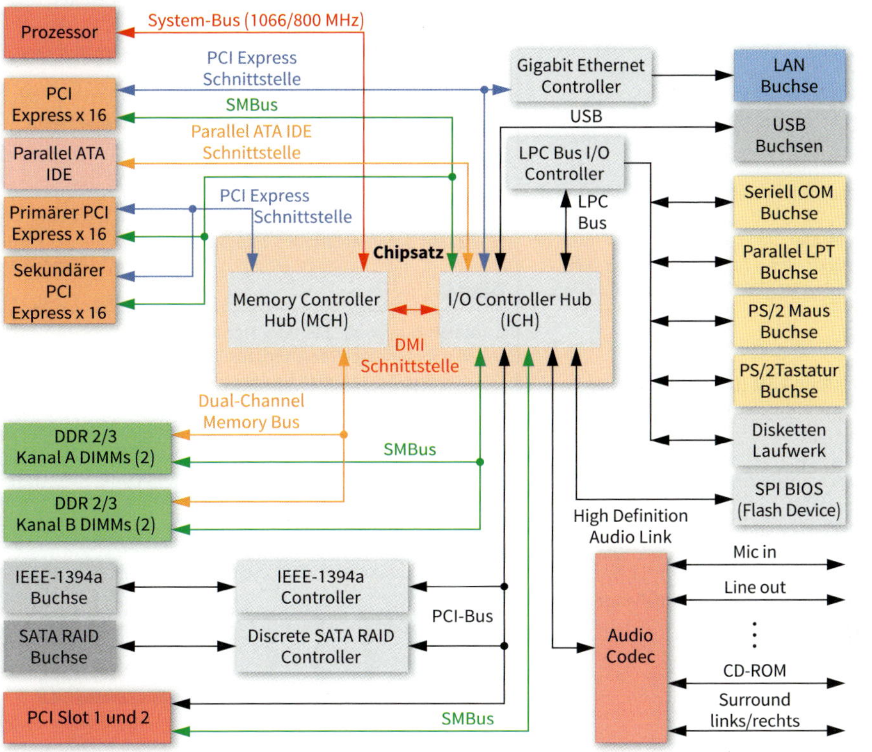

DMI:
Desktop **M**anagement **I**nterface (Schnittstelle)

LPC:
Legacy **P**ort **C**ontroller, entspricht dem seriellen ISA-Bus mit geringerer Leitungszahl, „alte" PC-Schnittstellen

PCI:
Peripheral **C**omponent **I**nterconnect, für die interne Erweiterung durch Steckkarten

SMBus:
System **M**anagement **Bus**, Steuerbus, der dem I²C-Bus entspricht

Systembus:
verbindet Zentralspeichereinheit mit Hauptspeicher und Cache (Datenbus, Steuerbus, Adressbus)

Erläuterungen

- **AT: A**dvanced **T**echnology; fortschrittliche Technologie, Bezeichnung für PCs mit 80286 Prozessor oder höher
- **ATA: AT-A**ttachment; Synonym für IDE
- **BIOS: B**asic **I**nput **O**utput **S**ystem; Basis-Eingangs-Ausgangs-System, im BIOS werden wichtige Einstellungen für den PC in einem wieder beschreibbaren Speicher (EEPROM, meist als Flash-Speicher, 64 oder 128 Byte) auf der Hauptplatine abgelegt.
- **Chipsatz:** Er dient der Unterstützung der CPU bei der Steuerung und dem Datentransfer der einzelnen Komponenten des Mainboards und der peripheren Geräte. Er besteht hauptsächlich aus den Komponenten MCH und ICH.
- **Codec: Co**der und **Dec**oder; Einrichtung, Verfahren oder Programm, mit denen Daten oder Signale digital codiert und decodiert werden können
- **COM: Com**munication; serielle Schnittstelle zum Anschluss von Peripheriegeräten mit geringem Datentransfer (z. B. Maus, Tastatur, Modem)
- **DDR-RAM: D**ouble **D**ata **R**ate **RAM**; Arbeitsspeicher, dessen Daten bei der ansteigenden und abfallenden Flanke gelesen werden (doppelte Datenrate)
- **DIMM: D**ual **I**nline **M**emory **M**odul; Speichermodul mit 64 Bit breitem Datenbus
- **EIDE: E**nhanced **IDE**-Schnittstelle; erweiterte IDE-Schnittstelle, andere Bezeichnungen Fast-ATA, ATA-2
- **IEEE-1394a: I**nstitute of **E**lectrical and **E**lectronics **E**ngineers; serielle Schnittstelle zur Kopplung peripherer Geräte (z. B externe Festplatten, Videogeräte) an einen Rechner oder zur Kopplung von Geräten untereinander
- **ICH: I**/O **C**ontroller **H**ub; früher als Southbridge bezeichnet
- **IDE: I**ntegrated **D**evice **E**lectronics; Schnittstelle für Geräte mit integriertem Controller, andere Bezeichnungen ATA, AT-Bus
- **LPT: L**ine **P**rin**t**er; parallele Schnittstelle zum Anschluss von Peripheriegeräten, z. B. Scanner, Drucker
- **MCH: M**emory **C**ontroller **H**ubs; früher als Northbridge bezeichnet
- **PCI Express (PCIe);** Schnittstelle für Peripheriegeräte an die CPU, höhere Datenrate als PCI
- **PS/2: P**ersonal **S**ystem/**2**; serielle Schnittstelle für Tastatur und Maus
- **RAID: R**edundant **A**rray **I**ndependent **D**isc; redundante Anordnung von unabhängigen Festplatten (virtueller Massenspeicher)
- **USB: U**niversal **S**erial **B**us; serieller Bus-Anschluss zum vereinfachten Anschalten von Peripheriegeräten (Geräte während des Betriebs einsteckbar), bis zu 127 Geräte

Begriffe

- **RAM: R**andom **A**ccess **M**emory
  Ein Speicher mit wahlfreiem Zugriff, der beliebig gelesen und beschrieben werden kann.
- **SRAM: S**tatic **RAM**
  - Bistabile Kippstufen in Form eines Flipflops pro Bit
  - Aufbau: 6-Transistor-Zelle in CMOS-Technologie
  - Der Speicherinhalt geht erst bei Abschaltung der Betriebsspannung verloren (flüchtiger Speicher).
- **DRAM: D**ynamic **RAM**
  Der Speicherinhalt muss nach kurzer Zeit wieder aufgefrischt werden (Refresh).
- **SDRAM: S**ynchronous **DRAM**
  - Der Speicher verfügt über einen Taktgeber, der mit dem Systemtakt synchronisiert ist (Taktfrequenzen z. B. 66 MHz, 100 MHz, 133 MHz).
  - Geringe Zugriffszeiten
  - Betriebsspannung 2,5 V
- **DDR-RAM: D**ouble **D**ata **R**ate **RAM (DDR-SDRAM)**
  - Daten werden auf der ansteigenden und abfallenden Flanke gelesen (doppelte Datenrate).
  - Betriebsspannung 1,8 V; 2,5 V
  - Varianten: DDR1 (Bezeichnung auch ohne Ziffer), DDR2, DDR3; 184 und 240 Kontakte
- **RDRAM: R**ambus **DRAM**
  - Speicher der Fa. Rambus mit hoher Datenrate, 10mal schneller als bei SDRAM.
  - Daten werden auf der ansteigenden und abfallenden Flanke gelesen.
  - Taktfrequenz bis 400 MHz
  - Betriebsspannung 2,5 V

Modulkennzeichnungen

- **Angaben**
  - Speicherkapazität (z. B. 256 MB, 512 MB, 1 GB, 2 GB, 4 GB)
  - Taktfrequenz (z. B. 100, 133, 400, 800 MHz)
  - Maximale Datenübertragungsrate (z. B. 1,6 GB/s)
- **Module mit SDRAM**
  Beispiele:
  - PC 100 (100 MHz Taktfrequenz)
  - PC 133 (133 MHz Taktfrequenz)
- **Module mit DDR-RAM**
  Beispiele:
  - PC 1600 (1600 MB/s max. Datenübertragungsrate)
  - PC 2100, PC 2700, PC 3200 oder höher
    Berechnung des Zahlenwertes für 2100:
    133 MHz Takt x 2 Flanken x 8 Byte = 2128

Beispiele für Kenndaten DDR4

Chip	Modul	Speichertakt in MHz	IO-Takt in MHz	Übertragungsrate pro Channel
DDR4-1600	PC4-12800	200	800	12,8 GB/s
DDR4-1866	PC4-14900	233	933	14,9 GB/s
DDR4-2133	PC4-17000	266	1066	17,0 GB/s
DDR4-2400	PC4-19200	300	1200	19,2 GB/s
DDR4-2666	PC4-21300	333	1333	21,3 GB/s
DDR4-3200	PC4-25600	400	1600	25,6 GB/s

SIMM

- **SIMM: S**ingle **I**nline **M**emory **M**odule
  - Verbundene Kontakte auf beiden Seiten des Moduls
  - Seitliche Einbuchtung
  - 8 Bit Datenbusbreite: 30 Kontakte, in der Regel auf zwei Speicherbänke aufgeteilt (einreihig)
  - 32 Bit Datenbusbreite: 72 Kontakte
  - Bestückung mit **DRAM** bzw. **EDO-RAM** (**E**xtended **D**ata **O**utput **RAM**, erweiterte Datenausgabe)
- **PS/2 SIMM: P**ersonal **S**ystem**/2 SIMM**
  (IBM-Bezeichnung, PC-Nachfolger)
  - Kerbe in der Mitte (einreihig)
  - 32 Bit Datenbusbreite: 72 Kontakte

DIMM

- **DIMM: D**ual **I**nline **M**emory **M**odule
  - Doppelreihiger Speicherbaustein, Kontakte auf beiden Seiten sind unabhängig voneinander
  - 64 Bit Datenbusbreite: 168 Kontakte
  - Betriebsspannungen 3,3 V (Kerbe mittig), 5 V (Kerbe links)
- **SO-DIMM**: **S**mall **O**utline **DIMM**
  - Kleine kompakte Module, z. B. für Notebooks
  - 32 Bit Datenbusbreite: 72 Kontakte
  - 64 Bit Datenbusbreite: 144 Kontakte
- **DIMM** mit **SD-RAM** (PC 100, PC 133)
  - 168 Kontakte auf beiden Seiten der Platine
  - zwei Kerben

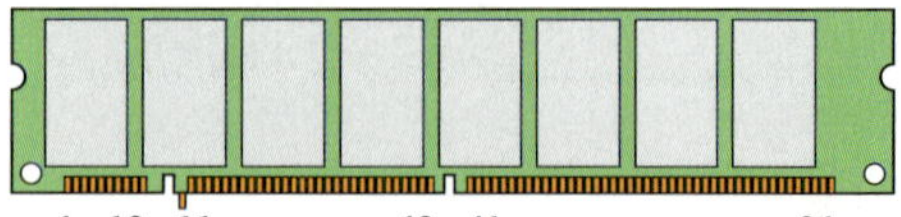

1 10 11 40 41 84
85 94 95 124 125 168

- **DIMM** mit **DDR-RAM** (PC 1600, PC 2100, ...)
  - 184 Kontakte auf beiden Seiten der Platine
  - eine Kerbe
  - Betriebsspannung 2,5 V bis 2,7 V

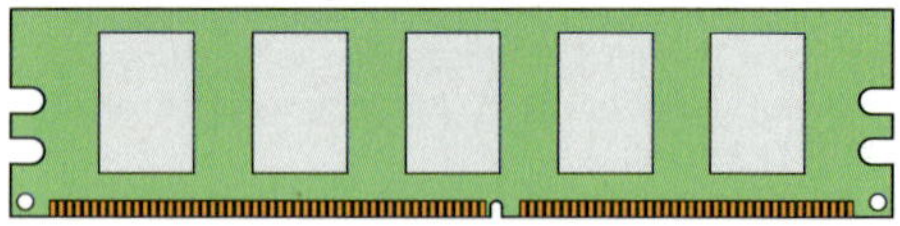

1 52 53 92
93 144 145 184

RIMM

- **RIMM: R**ambus **I**nline **M**emory **M**odule
  - 184 Kontakte auf beiden Seiten der Platine
  - 64 Bit Datenbusbreite, hohe Taktfrequenz bis 800 MHz
  - Betriebsspannung 2,5 V
- **RIMM** mit **RDRAM** (PC 800, PC 1600)

A1 A46 A47 A92
(Rückseite B1...B46) (Rückseite B47...B92)

- **SO-RIMM: S**mall **O**utline **RIMM**
  - 160 Kontakte
  - Kleine kompakte Module mit geringem Platzbedarf, z. B. für Notebooks

SDRAM (Single Data Rate)

Beispiel: PC133

- Chip-Kern (Memory Core), I/O-Buffer (im Speicherchip integrierter Zwischenspeicher) und der externe Speicherbus arbeiten mit gleicher Frequenz von 133 MHz.
- Nur bei aufsteigender Flanke werden Daten übertragen.

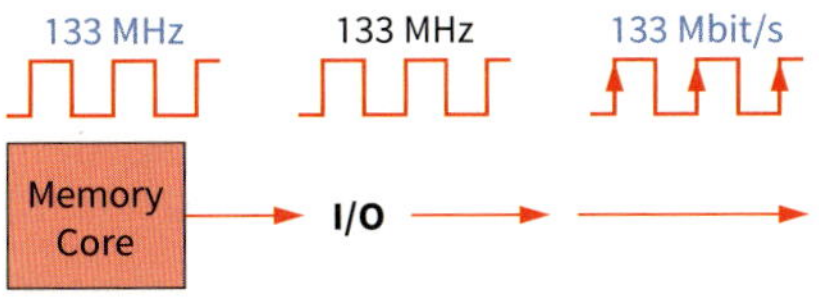

- Berechnung der Speicherbandbreite für PC133:
  → 1 Bit · 133 MHz · 64 Bit = 8.512 Mbit/s
  1 Byte besteht aus 8 Bit.
  → 8.512 Mbit/s · (1B/8bit) = 1.064 MB/s = 1 GB/s

DDR1 (DDR I, Double Data Rate)

Beispiel: PC3200

- Chip-Kern, I/O-Buffer und externer Speicherbus arbeiten mit gleicher Frequenz von 200 MHz.
- Bei steigender und fallender Flanke werden Daten übertragen.

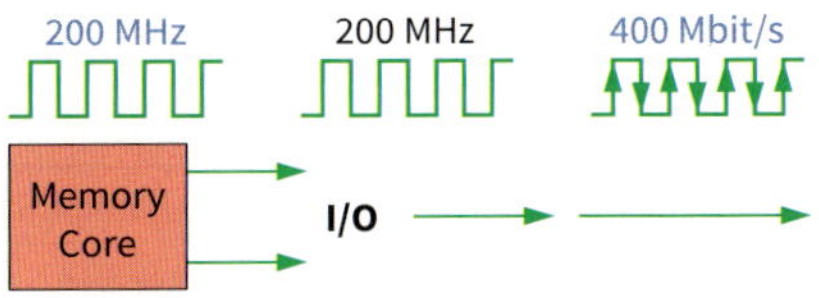

- Berechnung der Speicherbandbreite für DDR1–400:
  → 2 Bit · 200 MHz · 64 Bit = 25.600 Mbit/s
  → 3.200 MB/s (PC3200)
- Es werden Taktfrequenzen von 100 MHz, 133 MHz, 166 MHz und 200 MHz verwendet.
- Die Versorgungsspannung beträgt 2,5 V.

DDR2 (DDR II, Double Data Rate)

Beispiel: PC2-4200

- I/O-Buffer taktet mit doppelter Frequenz von 266 MHz.
- Bei steigender und fallender Flanke werden Daten übertragen.
- Die Schnittstelle zwischen Chip-Kern und I/O-Buffer ist auf vier Leitungen (Prefetch of 4) verbreitert.

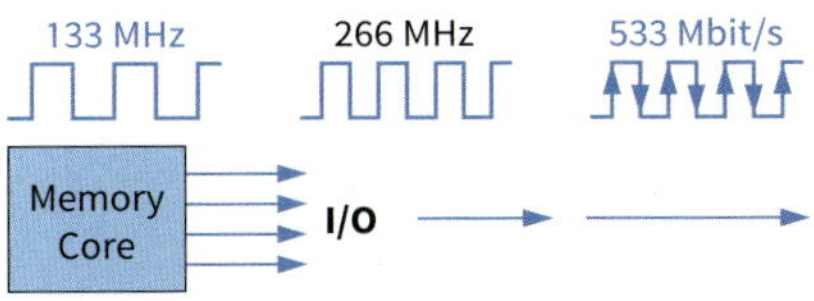

  → 2 Bit · 266 MHz · 64 Bit = 34.048 Mbit/s
  → 4.256 MB/s (PC4200)
- Taktfrequenzen 400 MHz, 533 MHz, 667 MHz
- Die Versorgungsspannung beträgt 1,8 V.
- Modulkontakte 200, 214, 240 und 244
- Geringere Leistung als bei DDR1 (247 mW gegenüber 527 mW).
- Die Chips sind um 50 % kleiner als bei DDR1.

DDR2-Varianten

Chip	DDR2-400	DDR2-533	DDR2-667	DDR2-800
Modul	PC2-3.200	PC2-4.200	PC2-5.300	PC2-6.400
Speicher-takt	100 MHz	133 MHz	166 MHz	200 MHz
I/O-Takt	200 MHz	266 MHz	333 MHz	400 MHz
Effektiver Takt	400 MHz	533 MHz	667 MHz	800 MHz
Bandbreite pro Modul	3,2 GB/s	4,2 GB/s	5,3 GB/s	6,4 GB/s
Bandbreite Dual-Channel	6,4 GB/s	8,6 GB/s	10,6 GB/s	12,8 GB/s

Bus-Terminierung

- **DDR1**
  - Der Terminierungswiderstand befindet sich am Ende der Busleitung auf dem Motherboard.
  - Störungen durch Reflexionen werden erst dort abgefangen (Nachteil).

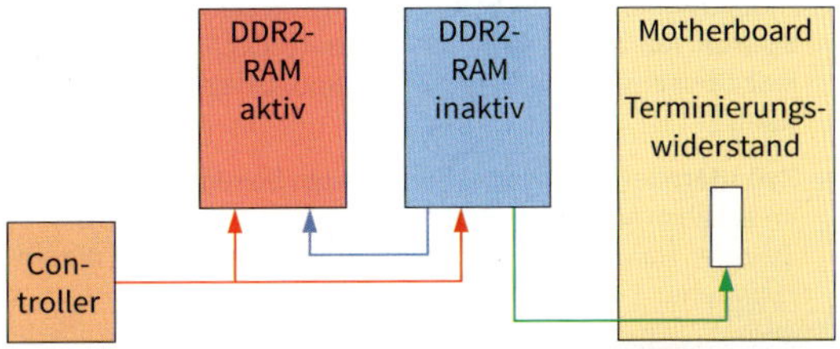

- **DDR2**
  - Die Terminierung erfolgt direkt auf dem Speichermodul (On-Die Termination).
  - Der Controller veranlasst, dass alle inaktiven Chips auf Terminierung umschalten (Vorteil).

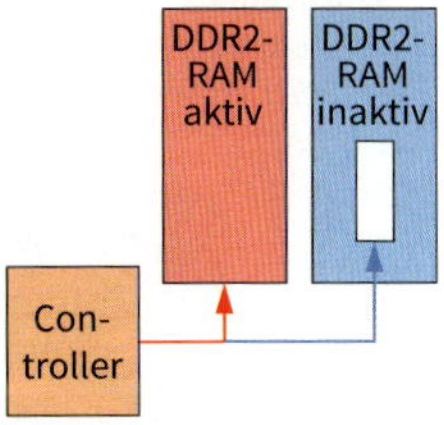

SPD (Serial Presence Detect)

- Standardisiertes Verfahren für die Erkennung der Speicherkonfiguration beim Booten eines PCs.
- Daten sind in einem EEPROM implementiert.
- Gespeicherte Daten:
  - Informationen über das Speichermodul
  - Speichergröße
  - Versorgungsspannung
  - Adressierung
  - Herstellerdaten, Codes und Teilenummern

DDR3

- Es handelt sich um eine Weiterentwicklung von DDR2.
- DDR3 arbeitet mit einem achtfachen Prefetch. Dadurch wird eine höhere Taktung des I/O-Puffers erreicht.

Aufbau

- Die Scheiben einer Festplatte sind über eine Zentralverankerung miteinander verbunden.
- Oberhalb und unterhalb jeder Scheibe befindet sich mindestens ein Arm mit einem Schreib- und Lesekopf.
- Der Arm kann an jeder beliebigen Stelle der Platte positioniert werden.

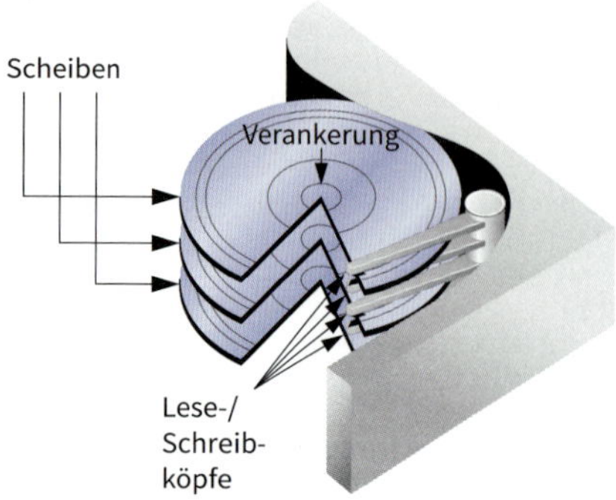

Physikalische Formatierung

Diese **Datenträgerorganisation** wird vom Hersteller durchgeführt.

Grundbausteine: Spuren, Sektoren und Zylinder.

- **Spuren:** Konzentrische Kreispfade auf jeder Scheibenseite; jede Spur erhält eine Nummer; die Spur 0 liegt am äußeren Rand.
- **Zylinder:** Der Spurensatz, der auf allen Seiten der Platten im gleichen Abstand von der Mitte angelegt wird, sind die Zylinder. Hardware und Software arbeiten häufig mit diesen Zylindern.
- **Sektoren:** Die Ausschnitte der Spuren werden als Sektoren bezeichnet. In ihnen kann eine bestimmte Datenmenge gespeichert werden.

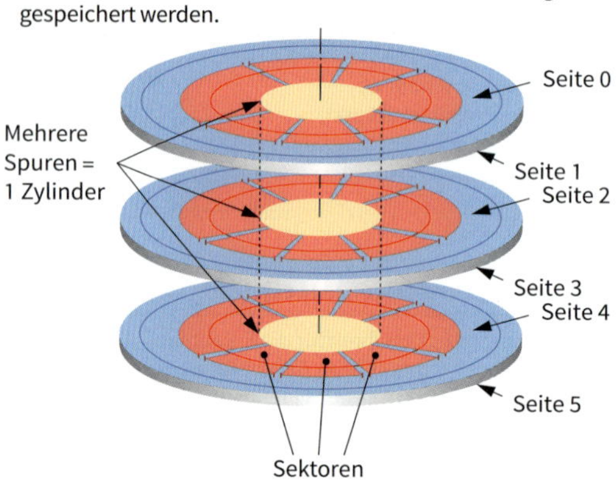

SMART

- **SMART: S**elf-**M**onitoring, **A**nalysis and **R**eporting **T**echnologie (Technologie zur Selbstüberwachung, Analyse und Statusmeldung)
- Die Festplatten protokollieren wichtige Systemwerte nach SMART. Die Auswertung kann mit entsprechender Software erfolgen.

Partitionen

Eine Festplatte kann in einzelne in sich zusammenhängende Bereiche (Partitionen) aufgeteilt werden.
Sie wirken wie separate Laufwerke und werden deshalb durch fortlaufende eigene Buchstaben gekennzeichnet.

Vorteile:

- Organisation der Dateien
- Schnellerer Datenzugriff
- Datensicherung durch Verlagerung
- Effizientere Nutzung der Festplattenkapazität

Primärpartitionen

Gespeichert sind:

- Betriebssystem
- Anwendungsprogramme, Dateien usw.

Der PC wird von einer Primärpartition (C) aus gebootet.
Auf der Festplatte können mehrere Primärpartitionen für verschiedene Betriebssysteme eingerichtet sein. Es kann allerdings nur eine aktiv sein.

Erweiterte Partitionen

Es handelt sich dabei um weitere physikalische Unterteilungen der Festplatte, für die eine logische Formatierung (logische Laufwerke) vorgenommen wird.

Logische Formatierung

Es handelt sich um die Einrichtung eines Dateisystems für Partitionen.

Aufgaben eines Dateisystems:

- Verwaltung der belegten und freien Speicher.
- Verwaltung der Verzeichnisse und Dateinamen.
- Festhalten, wo die unterschiedlichen Teile einer Datei auf der Festplatte gespeichert sind.

Dateisysteme:

- **FAT 16** (**F**ile **A**llocation **T**able: Dateizuordnungstabelle für DOS, Windows, NT, OS/2)
- **FAT 32** (für Win 95 ab OSR2, Win 98, Linux)
- **NTFS** (**N**ew **T**echnology **F**ile **S**ystem für NT, Win XP, Vista, 7)
- **HPFS** (**H**igh **P**erformance **F**ile **S**ystem für OS/2)

Beispiel:

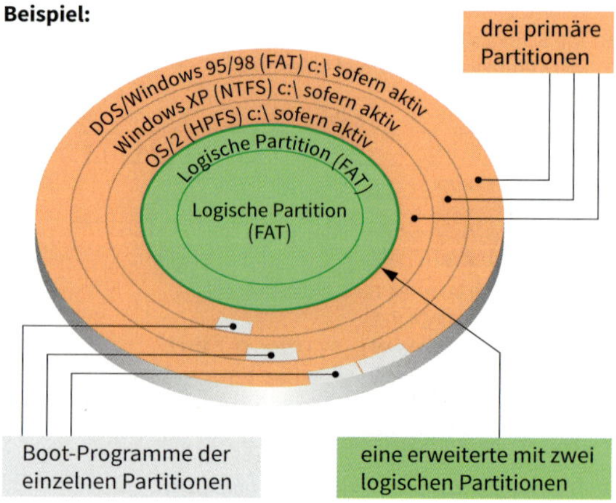

Vorgang

- **Partitionieren** ist das Aufteilen eines Datenträgers (Festplatte) in einzelne, voneinander unabhängige Speicherbereiche.
- Die einzelnen Partitionen werden vom Betriebssystem wie **logische Laufwerke** behandelt, deren Verwaltung durch eigene **Dateisysteme** erfolgt.
- Ein Betriebssystem kann bis zu vier Partitionen verwalten ①: drei bootfähige Partitionen ② und eine **erweiterte Partition** ③.
- Die erweiterte Partition kann in nicht bootfähige logische Laufwerke ④ aufgeteilt werden.
- Jede primäre Partition und jedes logische Laufwerk können unabhängig voneinander formatiert werden und durch unterschiedliche Dateiformate (z. B. NTFS, FAT32) organisiert werden.
- Jede Partition erhält zur **Kennzeichnung** einen Buchstaben mit Doppelpunkt (C bis Z).
- Die Partitionierung kann durch Programme (z. B. bei DOS mit fdisk-Befehl) oder direkt über das Betriebssystem (Vista) erfolgen.

Beispiel

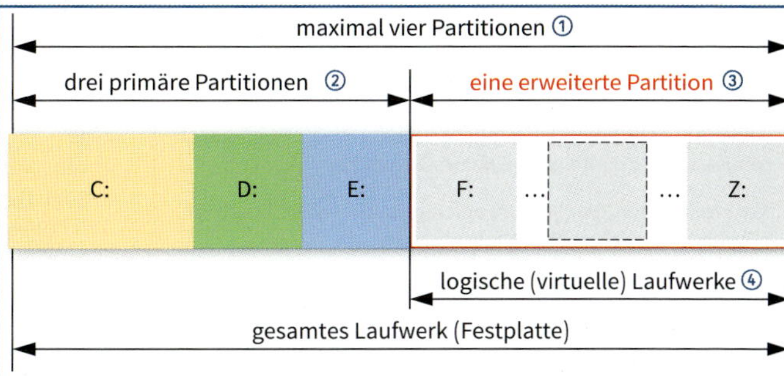

Die Kennzeichnungen A: und B: sind für Diskettenlaufwerke reserviert.

Gründe und Aufteilung

- Die Installation mehrerer Betriebssysteme ist möglich (z. B. Windows Vista, Windows 7 und Linux).
- In den einzelnen Partitionen können verschiedene Dateisysteme angelegt werden.
- Separate Partitionen können für die Speicherung bestimmter Daten (Texte, Bilder, ...) verwendet oder für Mitbenutzer reserviert werden.
- Datensicherheit wird durch Partitionierung erreicht. Wenn eine Partition Fehler aufweist, sind andere Partitionen nicht davon betroffen.
- Die Partition C: wird häufig für das Betriebssystem und die Programme verwendet.

SATA – Serial ATA

Merkmale

- **S**erial **A**dvanced **T**echnology **A**ttachment ist eine Weiterentwicklung (ab 2000) der parallelen ATA-Schnittstelle (parallel ATA, **PATA**) für Festplatten zu einer seriellen Schnittstelle.
- Vorteile gegenüber PATA:
  - vereinfachte Leitungsführung
  - Luftzirkulation im PC wird durch dünnere Leitungen weniger behindert
  - höhere Datentransferrate
  - Austausch von Datenträgern im laufenden Betrieb (Hot-Plug)
- Serial ATA ist nicht auf Festplatten beschränkt (auch z. B. für Bandlaufwerke, DVD-Laufwerke, DVD-Brenner).
- Es ist kein externer Taktgenerator zur Datensynchronisation erforderlich. Das Taktsignal wird aus dem Datensignal generiert.
- Versionen:
  - **Serial ATA 1.5 Gbit/s** (Serial ATA I bzw. 1), 150 MB/s
  - **Serial ATA 3.0 Gbit/s** (auch Serial ATA II bzw. 2), 300 MB/s, für Festplatten bis 3 TB; für externe Geräte: **eSATA** (**e**xternal **S**erial **ATA**), abgeschirmte Leitung bis 2 m, anderer Stecker
  - **Serial ATA 6.0 Gbit/s** (auch Serial ATA III bzw. 3), 600 MB/s
  - **mSATA** (**m**ini-**SATA**): Verkleinerter Anschluss, entspricht dem Mini-PCI-Express-Anschluss
  - **SATA Express 8 Gbit/s** und **16 Gbit/s** (in der Entwicklung)

Datenleitung und Steckverbinder

- 8 mm breit ($^1/_4$"), flexibel, 7 Adern, max. 6 m lang
- Punkt-zu-Punkt-Verbindung
- Terminierung nicht erforderlich
- Signalspannung 250 mV (LVDS: Low Voltage Differential Signaling), +250 mV und –250 mV
- **Beispiel:**

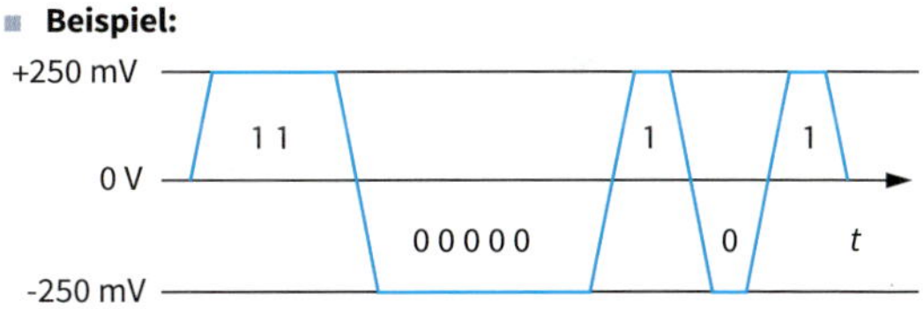

- Übertragungsfenster: 666 ps, Zeitspanne von ansteigender bis abfallender Flanke
- Steckverbinder: (Spannungsversorgung)
  - 15 Pins
  - 3 Spannungen: 3,3 V; 5 V; 12 V
  - Stecker für $2^1/_2$-Zoll-Notebook- und für $3^1/_2$-Zoll-Festplatte
  - $5^1/_4$"-Laufwerke

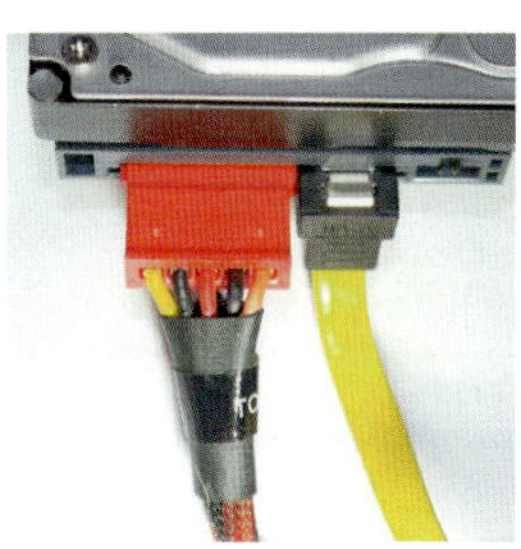

Merkmale

- **SSDs** (**S**olid **S**tate **D**isk) sind Speichermedien, die nur aus Halbleiterchips aufgebaut sind. Sie lassen sich wie Festplatten datenmäßig ansprechen.
- Vorteile gegenüber herkömmlichen Laufwerken: Mechanisch robust, kurze Zugriffszeiten, keine Geräusche
- Nachteile gegenüber herkömmlichen Laufwerken: Erheblich höherer Preis bei gleicher Kapazität.
- Aufgebaut sind die Speicherzellen in NAND-Technik (**NAND-Flash**).
- Die Speicherung der Bits erfolgt, indem man Ladungen in einer isolierten Zone eines Halbleiterbausteins (Flash-FET deponiert (Flash = Blitz).
- Ein integrierter Controller sorgt dafür, dass Daten gespeichert, gelesen und z. B. an den SATA-Anschluss (SATA 2 mit 3 Gbit/s oder SATA 3 mit 6 Gbit/s) weitergegeben werden.
- Lesevorgänge sind unbegrenzt möglich. Die erreichbaren Schreibzyklen liegen zwischen 100.000 und 5 Millionen. Um die Lebensdauer zu erhöhen, werden durch einen Controller im Speichermedium die Schreibvorgänge gleichmäßig auf alle Speicherzellen verteilt. Dazu wird mit der Speichersteuerung die Speicherhäufigkeit aller Blöcke überwacht. Fehlerhafte Blöcke werden ausgeblendet.
- Wenn eine herkömmliche Festplatte (**HDD**) mit einer SSD kombiniert ist, handelt es sich um eine **Hybridfestplatte** (**HHD**: **H**ybrid **H**ard **D**rive).

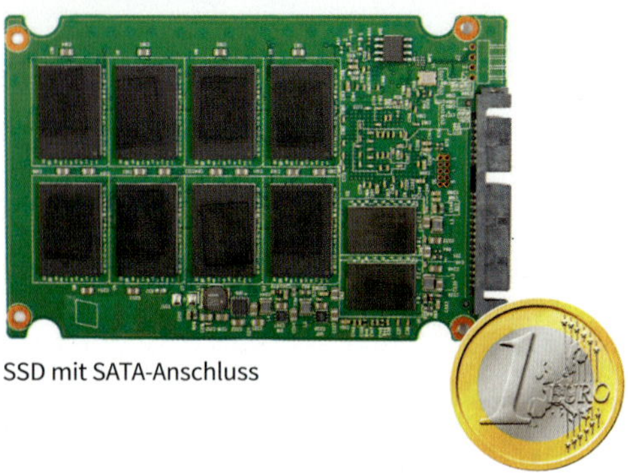

SSD mit SATA-Anschluss

Vergleich mit einer Festplatte (1,0" bis 3,5")

		MLC SSD	HDD
Kapazität in GB		≤ 600	≤ 3000
Datentransferrate in MB/s	Lesen	bis 500	bis 150
	Schreiben	≤ 440	≤ 150
Zugriffszeit in ms (mittlere)	Lesen	ca. 0,2	ca. 3,5
	Schreiben	ca. 0,4	ca. 3,5
Leistung in W	Ruhe	0,1 … 1,3	≥ 4
	bei Zugriff	0,5 … 5,8	≥ 6

Speicherchiparten

- **SLC**-Chips (**S**ingle **L**evel **C**ell) speichern 1 Bit pro Speicherzelle.
- **MLC**-Chips (**M**ulti **L**evel **C**ell) speichern 2 Bit pro Speicherzelle.
  - Verwendung hauptsächlich ab 64 GB
  - Beim Lesen sind sie langsamer und beim Schreiben schneller als SLC-Chips.
- **Asynchrone Speicherchips**: Daten werden bei der aufsteigenden Flanke des Taktsignals übertragen.
- **Synchrone Speicherchips**: Daten werden bei der auf- und absteigenden Flanke des Taktsignals übertragen (wie beim DDR-RAM).

Speicherorganisation

- Mehrere Speicherzellen werden zu einer **Page** zusammengefasst, die Kapazitäten von 4 kB oder 8 kB besitzen. Pages lassen sich einzeln beschreiben, können aber nicht einzeln gelöscht werden.
- Pages werden in **Blocks** zusammengefasst, die gelöscht werden können. Beispiele:
  - 128 Pages mit 4 kB ergeben einen Block von 512 kB.
  - 256 Pages mit 8 kB ergeben einen Block von 2 MB.
- Schritte zur Datenspeicherung (**Read-Modify-Write-Zyklus**):
  1. Daten des Blocks werden ausgelesen und noch benötigte Daten werden in einem Speicher (Cache) abgelegt.
  2. Daten im Block werden gelöscht.
  3. Neue bzw. gespeicherte Daten werden im gelöschten Block abgelegt.

Speicherbereinigung

- Da die Schnelligkeit der Datenspeicherung abhängig von der Anzahl der freien Pages ist, wird bei SSDs die **Garbage Collection** (wörtlich: „Müllabfuhr“, automatische Speicherbereinigung oder Freispeichersammlung) eingesetzt.
- Prinzip Garbage Collection:
  - Der Controller sammelt Daten aus nur teilweise beschriebenen Blocks.
  - Diese werden anschließend zu wenigen vollen Blocks zusammengefasst.
  - Die jetzt frei gewordenen Blocks werden gelöscht und können bei Bedarf sofort beschrieben werden.

Abnutzungsausgleich

- Die Lebensdauer einer SSD erhöht sich, wenn die Schreibzugriffe gleichmäßig verteilt werden. Deshalb wird ein Abnutzungsausgleich (**Wear Leveling**) hergestellt. Dazu führt die SSD eine interne Statistik darüber, welche Blocks wie oft beschrieben wurden.
- **Dynamic Wear Leveling**: Verteilung der Daten, die sich im Moment ändern oder geschrieben werden.
- **Static Wear Leveling**: Bei Leerlauf Verteilung abgelegter Daten auf verschiedene Blocks.

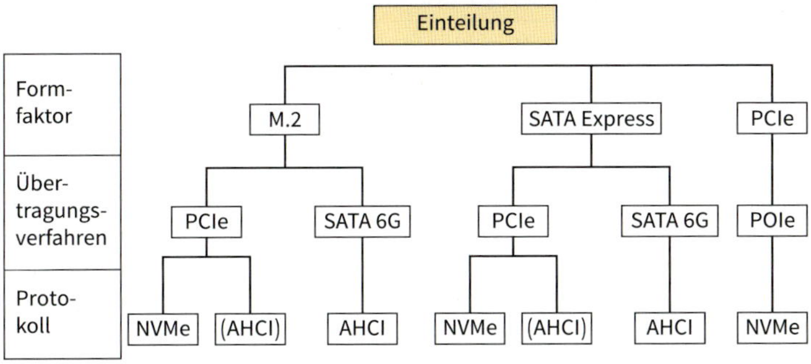

AHCI: **A**dvanced **H**ost **C**ontroller **I**nterface
M.2: Schnittstelle für interne Erweiterungskarten
NVME: **N**on-**V**olatile **M**emory **E**xpress
PCIe: **P**eripheral **C**omponent **I**nterconnect **E**xpress
SATA: **S**erial **AT** **A**ttachment
SATA Express: **S**erial **AT** **A**ttachment **E**xpress

Add-in Card

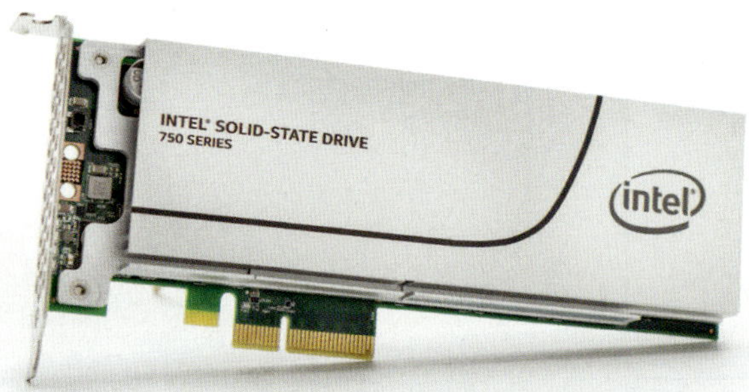

Einbau direkt in PCIe 3.0-Steckplatz auf Motherborad.

Technische Daten:
Formfaktor: add-in card
Schnittstelle: PCIe 3.0/ 4 Lanes
Protokoll: NVMe
Speicherkapazität: 1,2 TB
Sequentielles Lesen: 2400 MB/s
Sequentielles Schreiben: 1200 MB/s
Wahlfreies Schreiben (8 GB): 290000 IOPS
Wahlfreies Lesen (8 GB): 440000 IOPS

M.2-Format

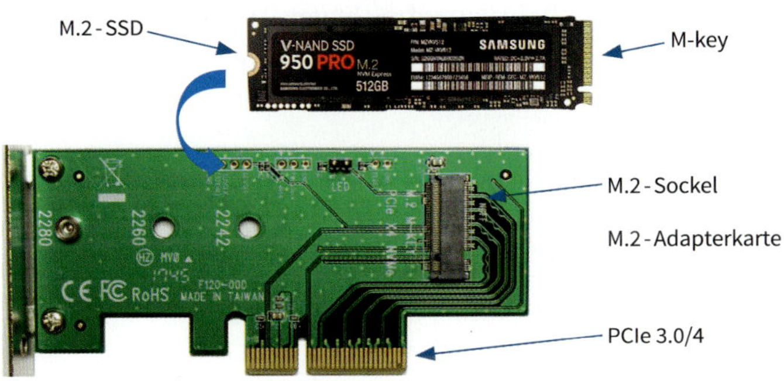

Einbau direkt in M.2-Steckplatz auf Motherborad oder Adapterkarte mit M.2.

Technische Daten:
Formfaktor: M.2
Schnittstelle: M.2/M-key
Protokoll: NVMe
Speicherkapazität: 1 TB
Sequentielles Lesen: 3500 Mbyte/s
Sequentielles Schreiben: 1200 Mbyte/s
Wahlfreies Schreiben (4 kB): 360 kB IOPS
Wahlfreies Lesen (4 kB): 440 kB IOPS

2,5"-Format

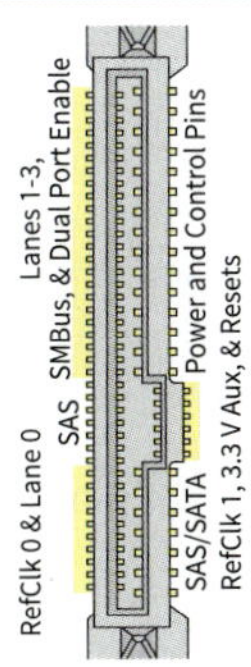

Einbau mit Adapterkabel auf M.2-Steckplatz

Technische Daten:
Formfaktor: 2,5"
Schnittstelle: U.2/4 Lanes (SFF 8639)
Protokoll: NVMe
Speicherkapazität: 400 GB
Sequentielles Lesen: 3200 MB/s
Sequentielles Schreiben: 900 MB/s
Wahlfreies Schreiben (8 GB): 230000 IOPS
Wahlfreies Lesen (8 GB): 430000 IOPS

SFF: **S**mall **F**orm **F**actor **IOPS**: **I**nput/**O**utput **O**perations **P**er **S**econd

Funktion und Aufbau

- Bandlaufwerke sind Geräte zur Speicherung, Sicherung und Archivierung von mittleren bis großen Datenmengen auf externen Kassetten (Cartridges), die Magnetbänder enthalten. Bandlaufwerke sind als externe Geräte oder Einbaugeräte verfügbar.
- Die Laufwerke bestehen aus einem Antrieb für zwei Spulen und verfügen über einen Schreib-/Lesekopf sowie einen Löschkopf.
- Die Daten werden seriell geschrieben bzw. gelesen.
- Die Speicherkapazität hängt ab von der Bandlänge und dem verwendeten Standard. Sie reicht von ca. 120 MB bis zu einigen TB.
- Vorteile gegenüber anderen Speichermethoden:
  - Hohe Speicherkapazität
  - Geringe Kosten
  - Lange Lebensdauer
  - Schnelle Übertragung großer Datenmengen.
  - Geringer Platzbedarf für die Lagerung der Bänder.
  - Bänder können wieder verwendet werden.
- Texkomprimierung etwa 2,5 : 1

LTO-5 Laufwerk

Schreibverfahren

- Start-Stopp-Verfahren
  - Zum Schreiben wird das Band zunächst auf eine Mindestgeschwindigkeit beschleunigt (Startphase).
  - Nach dem Schreiben des Datenblocks wird das Band wieder gestoppt.
  - Zwischen den Datenblöcken entstehen „leere" Bereiche (Klüfte, Interblock-Gaps)
- Streaming-Verfahren
  - Das Band wird kontinuierlich beschrieben.
  - Das Streaming-Verfahren ist schneller als das Start-Stopp-Verfahren und bandschonender.

Standards

Die Kapazitätsangaben gelten für unkomprimierte Daten.

- **AIT** (**A**dvanced **I**ntelligent **T**ape)
  AIT-1 (35 GB; max. 10,4 MB/s) … AIT-3 (100 GB, max. 31,2 MB/s), SAIT-1 (500 GB; max. 78 MB/s)
- **DAT** (**D**igital **A**udio **T**ape)
  DDS (**D**igital **D**ata **S**torage)
  DDS-3/DAT-24 (12 GB; 2,2 MB/s) … DDS-5/DAT-72 (36 GB; max. 6 MB/s)
- **Travan**
  TR-1 (0,4 GB; max. 0,125 MB/s) … TR-6 (20 GB; max. 4 MB/s)
- **DLT** (**D**igital **L**inear **T**ape)
  DLT 4000 (20 GB; 3 MB/s); DLT 7000 (35 GB; 29 MB/s)
- **SDLT** (**S**uper **D**igital **L**inear **T**ape)
  SDLT-1/SDLT 320 (160 GB; 32 MB/s); SDLT-2/SDLT 600 (300 GB; 72 MB/s)
- **LTO** (**L**inear **T**ape **O**pen)
  Ultrium 2 (200 GB; 80 MB/s) … Ultrium 10 (48 000 GB; 1100 MB/s)

Lineare Aufzeichnung

- Das Magnetband (mit Eisenoxid) wird in Vorwärts- und Rückwärtsrichtung auf mehreren nebeneinander liegenden Spuren beschrieben.
- Die aufgezeichneten Daten werden gelesen und mit den zwischengespeicherten Daten verglichen.
- Neben den eigentlichen Daten werden auch Daten- und Servicespuren (z. B. für die Kopfnachführung) auf dem Band gespeichert.
- Bandbreite: 6 mm (QIC), 8 mm (Travan), 13 mm (DLT)
- Beispiel für Standards: DLT, QIC, Travan
- Vorteil: Hohe Geschwindigkeit (z. B. DLT 7000 ca. 4 m/s, vier Spuren werden gleichzeitig gelesen)
- Geringere Zugbelastung des Bandes und dünnes Bandmaterial als bei der Schrägspuraufzeichnung.

Kopf bei linearen Systemen

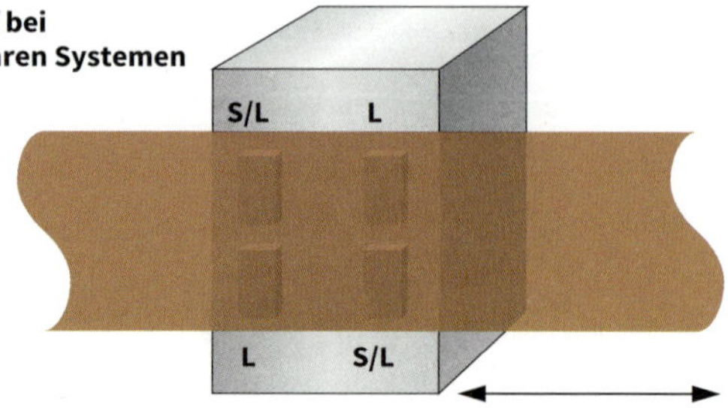

L: Löschkopf S/L: Schreib-Lesekopf

Schrägspuraufzeichnung (Helical Scan)

- Das Magnetband (mit Eisenoxid) bewegt sich langsam an den Schreib- und Leseköpfen der schräg angebrachten Kopftrommel vorbei.
- Die aufgezeichneten Daten werden nach dem Schreiben gelesen und mit den zwischengespeicherten Daten verglichen.
- Bei Fehlern werden sie beim nächsten Durchgang noch einmal geschrieben. Durch die diagonale Spur wird erreicht, dass die Spur etwa achtmal so lang ist wie die Breite des Bandes.
- Bandbreite: 4 mm, 8 mm, 19 mm
- Beispiele für Standards: DAT, DDS, AIT
- Vorteil: Dicht aneinander liegende Spuren sind verantwortlich für eine hohe Kapazität.
- Nachteile: Aufwendige Mechanik, da das Band straff gespannt sein muss, Suchvorgänge sind langsam (Abhilfe: Partitionierung des Bandes)

Kopftrommel bei Schrägspur-Systemen

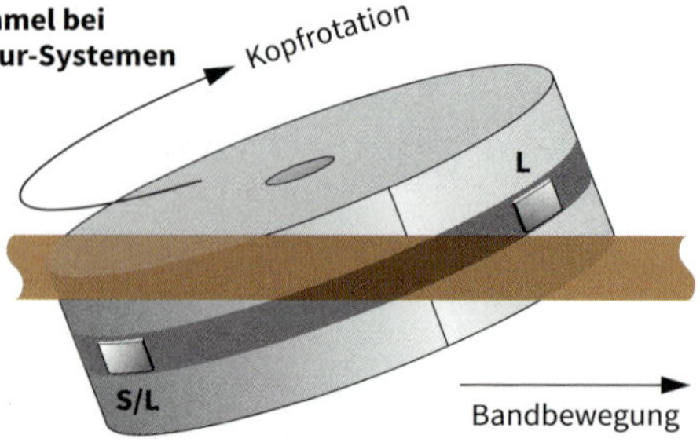

L: Löschkopf S/L: Schreib-Lesekopf

Speicherkarten
Memory Cards

Merkmale und Anwendungen

- Nichtflüchtige Wechselspeicher (Flash-Speicherung)
- Kompatibel zu PC und Laptop (ggf. Kartenlesegerät)
- Vorwiegend eingesetzt in Kleingeräten: Digitalkamera, Videokamera, MP3-Player
- Es werden unterschieden:
  - Speicherkarten mit integriertem Controller (CF-, MMC- und SD-Karten)
  - Speicherkarten ohne Controller (SM-Karten)

Flash-Speicherung

- Die Bytes können einzeln adressiert und gelesen werden.
- Das Schreiben und Löschen kann nur blockweise erfolgen.
- Ein Überschreiben einzelner Daten ist nicht möglich. Bei jeder Änderung muss der Block komplett gelöscht werden. Zugriffszeit ca. 100 ns.
- Lebensdauer ca. 100.000 Schreib- und Löschzyklen.
- Hohe Widerstandsfähigkeit, geringe Energieaufnahme.

Die Speicherung erfolgt über das Floating-Gate ① des Flash-FETs. Es isoliert das Gate von der Source-Drain-Strecke. Wenn das Floating Gate geladen ist, ist der Stromfluss zwischen Drain und Source abgeschnürt (0-Zustand). Beim Programmieren wandern Elektronen zum Gate (Tunneleffekt; Blitz = Flash), es fließt Strom (0-Zustand).

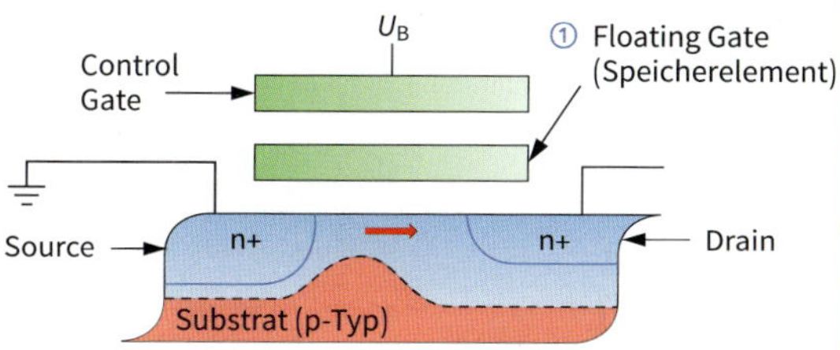

Arten

- CompactFlash (**CF**)
  - Typ I, Typ II, CFast Typ I und II
- Memory Stick (**MS**)
  - Memory Stick Select, Memory Stick PRO, Memory Stick PRO Duo, Memory Stick PRO-HG Duo, Memory Stick XC Duo, Memory Stick XC-HG Duo, Memory Stick Duo, Memory Stick Micro, Memory Stick HG Micro, Memory Stick XC Micro, Memory Stick XC-HG Micro
- MultiMediaCard (**MMC**)
  - MMCplus, MMCmobile, MMmicro, MMC DV
- Reduced Size MultiMedia Card (**RS-MMC**)
- Secure Digital Memory Card (**SD**)
  - SDHC, SDXC, miniSD, miniSDHC, microSD, microSDHC, microSDXC
- SmartMedia (**SM**)
- xD-Picture Card (**xD**)
  - xD Typ M, xD Typ M+, xD Typ H

Vergleich von Abmessungen

Microdrive

- Magnetische Speicherung auf einer Miniaturfestplatte mit 3.600 Umdrehungen pro min
- Abmessungen in mm: 42,8 x 36,4 x 5
- Kapazität: 340, 512, 1.024, 2.200 MB
- Datenrate: max. 4,2 MB/s

Memory Stick

- Eigener Standard von Sony, Sticks werden auch von SanDisk und Lexar produziert
- Speicherkarte für Mobiltelefone, Digitalkameras, MP3-Player, PlayStation, Vaio-Notebooks, PDAs, Videokameras
- Flash Speicherung, Integrierter Controller
- Speicherkapazität 4 bis 128 GB
- Anschlüsse 10
- Abmessungen B x H x T in mm und Betriebsspannungen
  - Memory Stick: 21,5 x 50,0 x 2,8; 3,3 V
  - Memory Stick PRO: 21,5 x 50,0 x 2,8; 2,7 V – 3,6 V
  - Memory Stick PRO Duo: 20,0 x 31,0 x 1,6; 2,7 V – 3,6 V
  - Memory Stick Duo: 31,0 x 20,0 x 1,6
  - Memory Stick Micro: 12,5 x 15,0 x 1,2; 3,3 V
- Maximale Datenraten
  - Schreiben 14,4 Mbit/s
  - Lesen 19,6 Mbit/s
- Einige Sticks sind mit dem MagicGate-Kopierschutz ausgestattet.

CF Karte

- **CF: C**ompact **F**lash (CompactFlash)
- Neben dem Flash-**Speicher** befindet sich auf dem Chip ein Controller, der den Speicher verwaltet und die Schnittstelle realisiert.
- **Typ I**: 42,8 mm x 36,4 mm x 3,3 mm (Typ I Karten funktionieren auch im Typ II Slot)
- **Typ II**: 42,8 mm x 36,4 mm x 5 mm
- Anwendungen: Digitale Fotoapparate (professionelle Spiegelreflexkameras), PCs, Netzwerkkomponenten, PDAs (Personal Digital Assistants)
- Der Anschluss (50-polig, geschützte Kontakte) ist kompatibel mit der PATA Schnittstelle, Varianten bauen darauf auf.
- Angabe der **Datenübertragungsraten**
  - Standardkarten besitzen häufig keine Angaben. Sie beträgt dann etwa 10 MB/s. Bezeichnungsvarianten sind: Pro, Ultra, Extreme, Highspeed
  - Direkte Angabe in MB/s
  - Vielfaches bezogen auf die Lesegeschwindigkeit von CD-ROM-Laufwerken (1x ca. 150 kB/s), z. B. 80x bedeutet: 12 MB/s
- **Dateisystem** beliebig (FAT16/32 empfohlen)
- **Lesezugriff** < 1 ms
- **Schreibzugriff** 10 ms bis 35 ms
- Betriebsspannungen (CF I und CF II) 3,3 V ± 5 % oder 5 V ± 10 %, Stromstärke im Ruhezustand 0,5 mA bis 1 mA
- **Kapazität**: 2 MB bis 128 GB

XQD Karte

- Speicherkarte mit hoher Datenübertragungsrate: Lesegeschwindigkeit 400 MB/s, Schreibgeschwindigkeit 350 MB/s Mbyte/s (Serie G)
- Markteinführung 2011 (Sony), Nachfolger für Compact-Flash
- Anwendung: Professionelle Digitalfotografie (z. B. Serienfotos, Belichtungsreihen, RAW-Format) und Videoaufzeichnung (z. B. für 4K und 60p)

- PCI-Express Schnittstelle und USB 3.0
- Abmessungen: Dünner als eine CF-Karte; (BxTxH) 29,6 mm x 3,8 mm x 38,5 mm
- Masse: ca. 10 g
- Kapazität: 16 GB bis 128 GB
- Besondere Kartenlesegeräte erforderlich
- Datenübertragungsraten:

Serie	N	S	G
Lesegeschwindigkeit in MB/s	125	180	400
Schreibgeschwindigkeit in MB/s	80 (64 GB) 60 (32 GB)	180	350

SD Karte

Merkmale

- **SD: S**ecure **D**igital (Memory Card); sichere digitale Speicherkarte
- Auf Basis der älteren MMC-Karte (MultiMediaCard) entwickelt
- Flash Speicherung, integrierter Controller
- Standardspeicherkarte für Mobiltelefone, Digitalkameras, MP3-Player, mobile Navigationsgeräte, …
- Bezeichnungen für Kartenformate:
  - **SD** für Standardformate
  - **SDHC** (**SD H**igh **C**apacity), SD 2.0
  - **SDXC** (**SD** e**X**tended **C**apacity), SD 3.0
  - Für kleinere Speicherkarten folgende Vorsilben: **mini** …; **micro** (Adapter für SD-Kartenformate)

Datenübertragungsraten, Leistungsklassen

- Die Zahl im rechts offenen Kreis (Speed-Klasse) kennzeichnet die folgenden Schreibgeschwindigkeiten (mindestens):

CLASS 2	16 Mbit/s (2 MB/s)
CLASS 4	32 Mbit/s (4 MB/s)
CLASS 6	48 Mbit/s (6 MB/s)
CLASS 10	80 Mbit/s (10 MB/s)

- **Schreibschutz**: Der Schieber an der Kartenseite ist kein mechanischer Schalter. Die Einstellung wird von der Gerätesoftware ausgewertet.

Kartenformate

	SD	SDHC	miniSD	miniSDHC	microSD	microSDHC
Merkmale	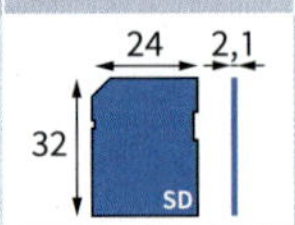	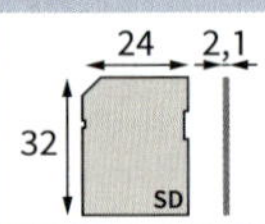	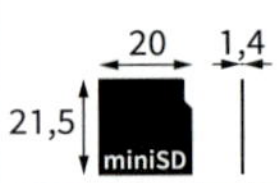	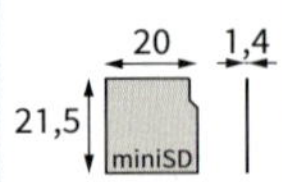	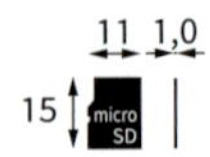	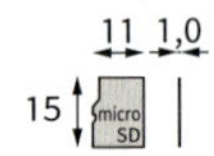
	Abmessungen in mm		Abmessungen in mm		Abmessungen in mm	
Masse	ca. 2 g		ca. 1 g		ca. 0,5 g	
Pins	9-polig		11 Pins		8 Pins	
Spannung	2,7 V–3,6 V		2,7 V–3,6 V		2,7 V–3,6 V	
Schreibschutzschalter	ja		nein		nein	
Kopierschutz	CPRM[1)]		CPRM[1)]		CPRM[1)]	
Kompatibilität	–		ja mit Adapter		ja mit Adapter	
Dateisystem	FAT16/32	FAT32	FAT16/32	FAT32	FAT16/32	FAT32
Kapazität	bis 2 GB	4 GB bis 32 GB	bis 2 GB	4 GB bis 32 GB	bis 2 GB	4 GB bis 32 GB

[1)] **CPRM: C**ontent **P**rotection for **R**ecordable **M**edia

EEPROM

- **E**lectrically **E**rasable **P**rogrammable **R**ead **O**nly **M**emory: elektrisch lösch- und programmierbare Nur-Lese-Speicher.
- Aufbau ähnlich der EPROM-Speicherzelle.
- Dünnere Oxydschicht zwischen schwebendem Gate und Auswahlgate.
- Elektronen können durch äußere elektrische Spannung in beide Richtungen verschoben werden.
- Nachteile: geringe Anzahl von Schreibvorgängen ($\leq 10^3 \ldots 10^4$); lange Schreib- und Löschzeiten für die Datenbytes.
- Speicherinhalte bleiben nach Spannungsabschaltung erhalten.

NVRAM/FRAM

- **N**on **V**olatile **R**andom **A**ccess **M**emory: RAM mit unverlierbaren Daten.
- Bestehen aus SRAM-Zellen und angekoppelten EEPROM-Zellen.
- Solange Betriebsspannung vorhanden, wird RAM-Bereich aktiv.
- Bei Spannungsausfall werden Daten des RAM-Bereichs in EEPROM-Bereich automatisch übertragen.
- Nach Spannungsrückkehr werden Daten zurückgeschrieben.
- **FRAM** (**F**erroelectric **RAM**) bieten kürzere Schreibzeiten, geringeren Energiebedarf, höhere Anzahl an Schreib-/Lesezyklen als EEPROM. Anwendung z. B. in Smart Cards (Mobiltelefonen).

Flash EEPROM

- Speicherzellen sind ähnlich aufgebaut wie bei EEPROM.
- Oxydschichtdicke für schwebendes Gate ca. 120 nm.
- Ladungsträger zwischen schwebendem Gate und Substrat durch elektrische Spannung in beiden Richtungen verschiebbar.
- Löschen des Speicherinhaltes nur gesamt durch Löschimpuls möglich.
- Betriebsarten für die Bausteine werden über Kommandoregister gesteuert.
- Speicherinhalte bleiben nach Spannungsabschaltung erhalten.

ROM/PROM

- **R**ead **O**nly **M**emory: Nur-Lese-Speicher.
- **P**rogrammable **R**ead **O**nly **M**emory: programmierbarer Nur-Lese-Speicher.
- Informationen sind remanent gespeichert.
- **ROM:** Programmierung erfolgt beim Halbleiterhersteller durch Einbringen von leitenden Verbindungen zwischen Zeile und Spalte in der Speichermatrix.
- Anwendung von ROMs nur bei großen Stückzahlen günstig.
- **PROM:** Programmierung erfolgt beim Anwender durch Aufschmelzen der programmierbaren Verbindung zwischen Zeile und Spalte in der Speichermatrix.

ASIC – Anwendungsspezifische ICs
ASIC – Application Specific Integrated Circuits

Kundenspezifisch	Standardzellen	Gate Array	PLD
▪ ICs werden speziell für einen Kunden von einem Halbleiterhersteller angefertigt. ▪ Grundlage sind Logikpläne, die die Schaltfunktionen beschreiben. ▪ Funktionen werden als Transistorschaltungen auf Halbleiterkristall realisiert.	▪ Schaltfunktionen werden nicht auf Transistorebene entworfen. ▪ Halbleiterhersteller bieten Bausteinbibliotheken zur Umsetzung der Logikfunktionen. ▪ Bibliotheken enthalten z. B. Gatter, Schieberegister und Zähler als Makrozellen.	▪ Gatter-Felder sind vorgefertigte Schaltungen (Gatter). ▪ Kundenspezifische Schaltungen werden durch Aufbringen von Metallisierungsverbindungen realisiert. ▪ Neben Digitalschaltungen sind auch Analog-Arrays realisierbar.	▪ **P**rogrammable **L**ogic **D**evice: programmierbare Logikeinheiten. ▪ **PLA: P**rogrammable **L**ogic **A**rray. ▪ **PAL: P**rogrammable **A**rray **L**ogic. ▪ **FPLA: F**ield **P**rogrammable **L**ogic **A**rray. ▪ **EPLD: E**rasable **P**rogrammable **L**ogic **D**evice.

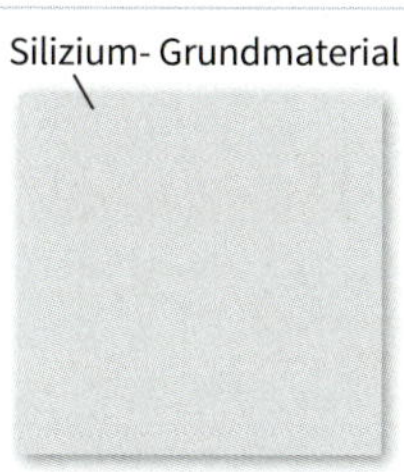

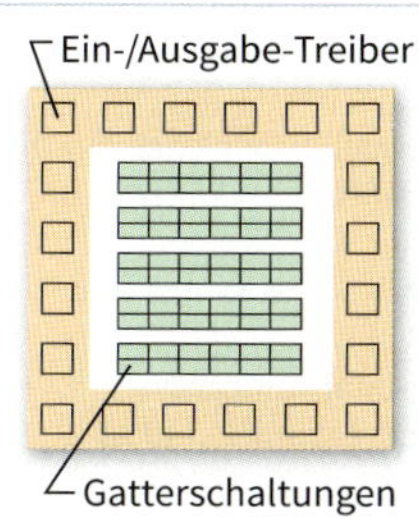

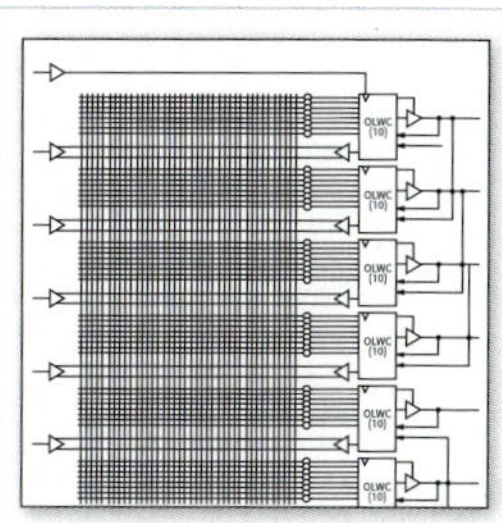

Funktion

- m.2 ist die Bezeichnung für einen 75-poligen Steckverbinder auf dem Mainboard zur Aufnahme kleiner Leiterplatten (add-on cards), z. B. **SSD** (**S**olid **S**tate **D**isc).
- Die Bauformgröße der Leiterplatten ①, die Lage der Kodierungen ②, die Kontaktbelegung und die zugeordneten Funktionen ③, die auf den Leiterplatten realisiert sind, sind von der PCI-SIG festgelegt.
- Die Leiterplatten können einseitig oder beidseitig mit unterschiedlichen Bauelementhöhen bestückt sein ④.
- Von den 75 Kontakten werden verwendet:
  - 8 Kontaktpositionen für die Leiterplattencodierung Form A bis M und
  - 67 Kontaktpositionen für die Signalübertragung.

Bezeichnungsschema

Typ XX XX - XX - X - X ◀— Angabe nur bei Leiterplatten mit zweifacher Codierung

①

Breite
12
16
22
30

Länge
16
26
30
42
60
80
110

④

	Bauelementhöhe max. Oberseite	Bauelementhöhe max. Unterseite
S1	1,2	0****
S2	1,35	0****
S3	1,5	0****
D1	1,2	1,35
D2	1,35	1,35
D3	1,5	1,35
D4	1,5	0,7
D5	1,5	1,5

② ③

Codierung	Pin	Funktion/Protokoll
A	8-15	2x PCIe x1 / USB 2.0 / I^2C / DP x4
B	12-19	PCIe x2/SATA/USB 2.0/USB 3.0/HSCI/SSIC/Audio/UIM/I^2C
C	16-23	Reserviert für spätere Anwendung
D	20-27	Reserviert für spätere Anwendung
E	24-31	2x PCIe x1 / USB 2.0 / I^2C / SDIO / UART / PCM
F	28-35	Zukünftige Speicherschnittstelle
G	39-46	Generische Anwendung (nicht für M.2)
H	43-50	Reserviert für spätere Anwendung
J	47-54	Reserviert für spätere Anwendung
K	51-58	Reserviert für spätere Anwendung
L	55-62	Reserviert für spätere Anwendung
M	59-66	PCIe x4 / SATA

Beispiel: Steckverbinder mit M-Codierung

Leiterplatte: 2230-S3-B-M
(Codierung für B und M)

PCI – Peripheral Component Interfaces

Merkmale

- Der PCI-Bus ist ein paralleles taktsynchrones Bussystem auf dem Motherboard zur Verbindung von Peripheriekomponenten (z. B. SCSI, LAN) untereinander und mit der CPU.
- Ist unabhängig vom CPU-Typ.
- Überträgt Adressen und Daten im Zeitmultiplex (32 Bit oder 64 Bit).
- Devices (Geräte) am Bus werden unterschieden in Initiator und Target, wobei der Initiator die Aktionen steuert und verwaltet.
- Geräte verfügen über einen Konfigurationsspeicher, der die spezifischen Anforderungen des Gerätes beschreibt (z.B. Adressbereich).
- Wird allgemein unterschieden in PCI-Conventional und PCI-X.
- Verschiedene Versionen sind funktional kompatibel; spezifische Ausprägungen der Steckverbinder sind zu berücksichtigen.

Versionen und Steckverbinderausführung

Typ	I/O Spannung in V	Bezeichnung
PCI 33 PCI 66	5/3,3 3,3	PCI-Conventional
PCI-X 66 PCI-X 133 PCI-X 133	3,3 3,3 3,3	PCI-X (Mode 1)
PCI-X 266 PCI-X 533	1,5 1,5	PCI-X (Mode 2)

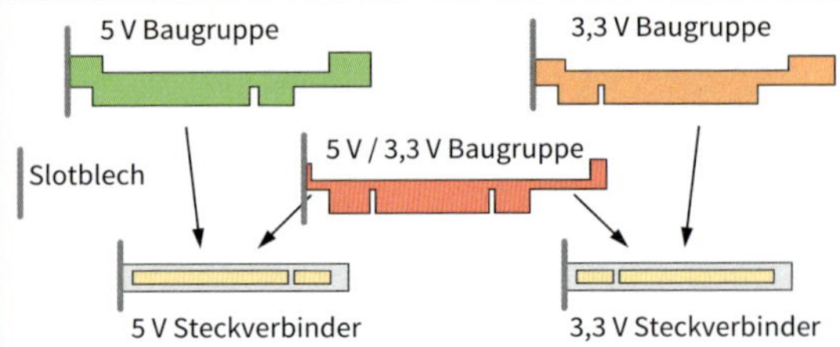

Merkmale

- cPCI ist ein industrieller Standard der **PICMG** (**P**CI **I**ndustrial **C**omputers **M**anufacturer's **G**roup); in Europa vertreten durch PICMG Europe. Er
  - verwendet den PCI-Bus,
  - ist aufgebaut in 19" Aufbautechnik mit senkrechtem Baugruppeneinbau und
  - verwendet einen passiven Rückwandbus (backplane).
- Besondere Kennzeichen sind die hochpoligen Steckverbinder in 2 mm Stiftabstand (metrische Steckverbinder), wobei die Messerleisten in der Rückwandleiterplatte und die Federleisten auf den Baugruppen angeordnet sind.
- Die Steckverbinder sind in verschiedenen Typen (A, B, AB) verfügbar.
- Als Baugruppenformat werden das
  - einfache Europaformat (3U; 100 mm x 160 mm) und das
  - doppelte Europaformat (6U; 230 mm x 160 mm) verwendet.
- Die Anzahl der Steckverbinder ist abhängig von der Art der Baugruppe.
- Die CPU-Baugruppe enthält mindestens die Steckverbinder J1 und J2. ④
- Peripheriebaugruppen (z. B. I/O-Baugruppen) können auch nur mit dem Steckverbinder J1 ausgerüstet sein.
- Externe Signale (z. B. USB- oder Ethernetanschluss) werden über die Frontplatten herausgeführt.
- Über die Rückseite der backplane können zusätzliche Baugruppen angesteckt werden.
- Pro Rückwandbus-Einheit sind bis zu 8 PCI Einbauplätze realisierbar (über Brückenbaugruppen erweiterbar).
- Vorteile von cPCI sind u. a.
  - weltweiter herstellerunabhängiger Standard,
  - robuste Aufbauform (Zuverlässigkeit, Verfügbarkeit) und
  - breites Anwendungsspektrum, insbesondere im industrieellen Bereich, wie z. B. Mess- und Steuerungstechnik.

Baugruppenformate

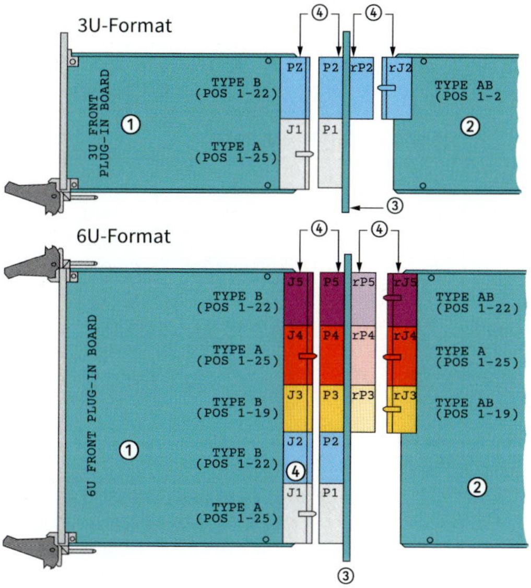

① Flachbaugruppe frontseitig
② Flachbaugruppe rückseitig
③ Backplane
④ Steckverbinder

Steckverbinderaufbau

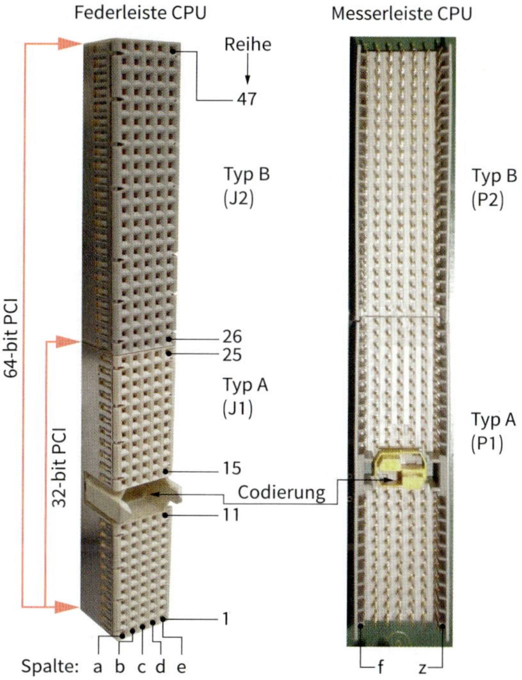

Aufbaubeispiel

CPU Baugruppe

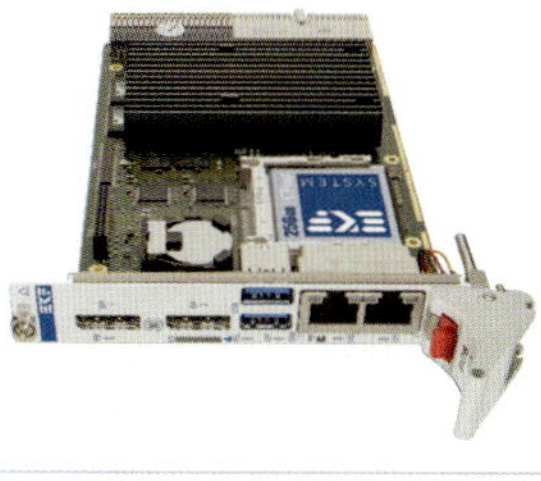

19" Gehäuse

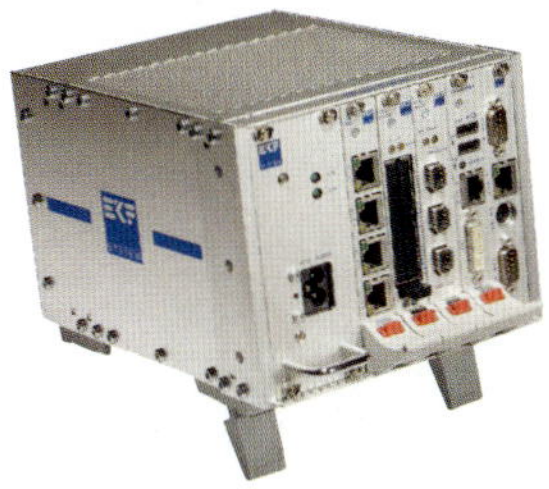

Merkmale

- **PCIe**
  - dient zur Anbindung von Peripherie-Einheiten (-Gruppen) an die CPU und
  - ist der Ersatz des bisherigen PCI-Busses.
- Die Datenübertragung erfolgt im Gegensatz zum PCI in serieller Form über sogenannte **Lanes** (unidirektionale Leitungspaare), wobei jeweils ein Paar zum Senden und das andere Paar zum Empfangen dient (Punkt zu Punkt).
- Die Anzahl der Lanes ist skalierbar mit x1, x2, x4, x8, x12, x16 und x32.
- Die Datenübertragung erfolgt in Paketen.
- Version 1.0 realisiert pro Lane 2,5 Gigatransfer pro Sekunde und Richtung.
- Version 2.0 realisiert pro Lane 5 Gigatransfer pro Sekunde und Richtung.
- Beide Versionen verwenden eine 8 Bit/10 Bit Codierung.
- Version 3.0 realisiert pro Lane 8 Gigatransfer pro Sekunde und Richtung bei 8 Bit Codierung.

Verbindungsprinzip

Beispiel: PCIe x1 (Version 1.0)

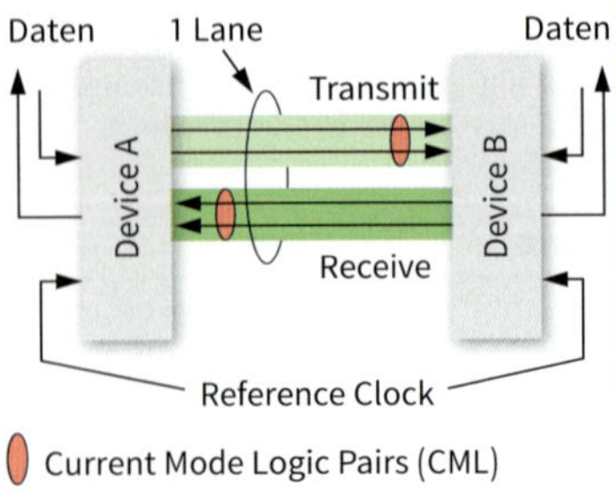

Datenraten

Version	Anzahl Lanes	Datenrate in MByte/s und Richtung
1,0		
PCIe x1	1	250*
PCIe x8	8	2.000*
2,0		
PCIe x1	1	500*
PCIe x8	8	4.000*
3,0		
PCIe x1	1	1.000**
PCIe x8	8	8.000**

Datenrate: *Brutto **Netto

Anwendung

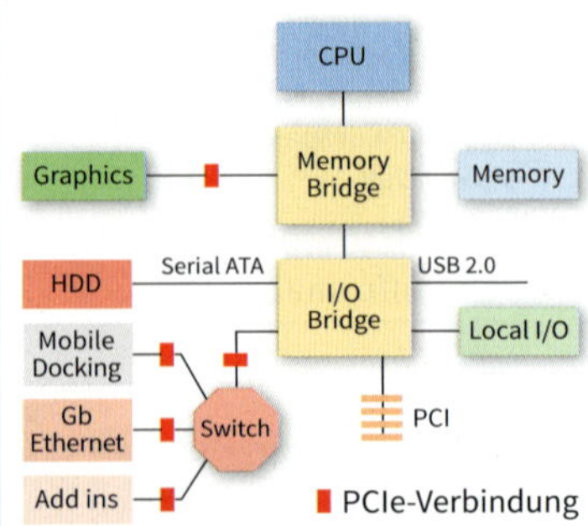

Steckverbinderbelegung PCIe 1x

Pin #	Side B Name	Side B Description	Side A Name	Side A Description
1	+12 V	12 V power	PRSNT1#	Hot plug presence detect
2	+12V	12 V power	+12V	12 V power
3	RSVD	Reserved	+12V	12 V power
4	GND	Ground	GND	Ground
5	SMCLK	SMBus (System Management	JTAG2	TCK (Test Clock), clock input for JTAG interface
6	SMDAT	Bus) clock	JTAG3	TDI (Test Data Input)
7	GND	Ground	JTAG4	TDO (Test Data Output)
8	+3,3 V	3,3 V power	JTAG5	TMS (Test Mode Select)
9	JTAG1	TRSAT# (Test Reset) resets the JTAG interface	+3,3 V	3,3 V power
10	3,3 Vaux	3,3 V auxiliary power	+3,3 V	3,3 V power
11	WAKE#	Signal for link reactivation	PWRGD	Power good
		Mechanical Key		
12	RSVD	Reserved	GND	Ground
13	GND	Ground	REFCLK+	Reference clock
14	HSOp(0)	Transmitter differential pair,	REFCLK–	(differential pair)
15	HSOn(0)	Lane 0	GND	Ground
16	GND	Ground	HSIp(0)	Receiver differential pair,
17	PRSNT2#	Hot plug presence detect	HSIn(0)	Lane 0
18	GND	Ground	GND	Ground
		End of the x1 Connector		

Mechanischer Aufbau

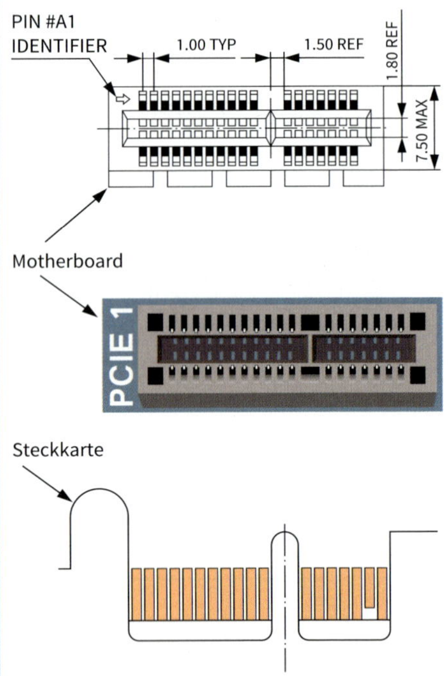

Steckverbinder PCIe x16

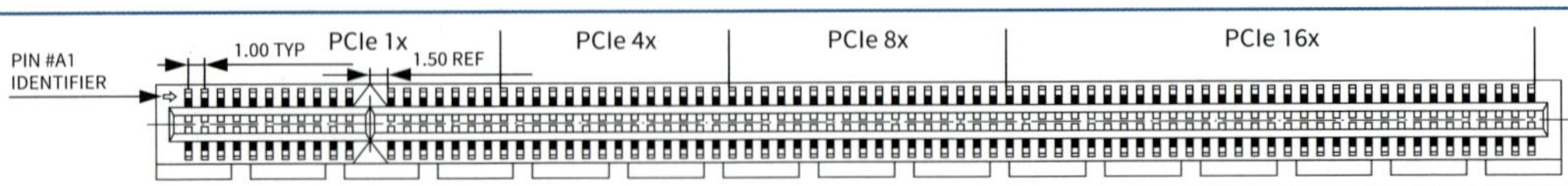

Merkmale

- SCSI ist ein geräteunabhängiger **paralleler Peripheriebus** (8 Bit oder 16 Bit breit).
- Der Bus dient zum Anschluss verschiedenartiger Peripheriegeräte (Festplatten, Scanner, Drucker) an Rechnersysteme (PC, Server).
- Bis zu 16 externe Geräte (SCSI-Devices) sind an ein Bussystem anschließbar.
- Die Geräte können **Initiatoren** und/oder **Targets** sein.
- Initiator veranlasst die Aktionen.
- Target führt die Aktionen aus.
- Anschluss an Rechner erfolgt über **Host-Adapter** (z. B. PC-Einsteckkarte).
- Adresseinstellung der Teilnehmer erfolgt mit Schaltern, Brücken oder softwaremäßig.
- Jede Adresse darf nur einmal vorkommen.
- **Höchste Priorität** (1) hat in allen Versionen die Ident-Adressse (ID) 7 (in der Regel der Host).
- Über die Entwicklungszeit entstanden mehrere Versionen (SCSI 1, SCSI 2, SCSI 3) mit unterschiedlichen Übertragungsgeschwindigkeiten, Kabellängen und Steckverbindern.

Version	Busgeschwindigkeit in MByte/s	Busbreite in Bit	Peripheriegeräte
SCSI-2	10	8	Scanner, CD-ROM
Ultra	20	8	Tape, DVD-drives
Ultra Wide	40	16	HDD
Ultra2	80	16	HDD
Ultra160	160	16	HDD
Ultra320	320	16	HDD

- Eine Weiterentwicklung von SCSI zu höheren Übertragungsraten ist nur mit einer seriellen Kopplung erreichbar (**SAS**: **S**erial **A**ttached **S**CSI).

Standard-Übersicht

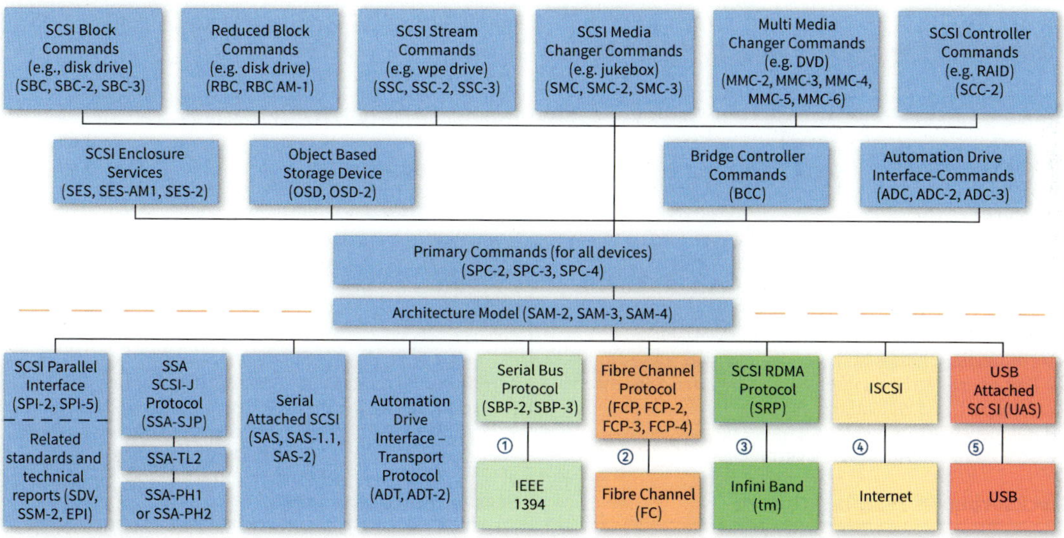

Zuständigkeiten:
① IEEE ② INCITS T11 ③ IETF ④ InfiniBand Trade Association ⑤ USB Implementers Forum
INCITS (**Inter**N**ational **C**ommittee on **I**nformation **T**echnology **S**tandards) T10 (Technical Committee)

Anschaltung

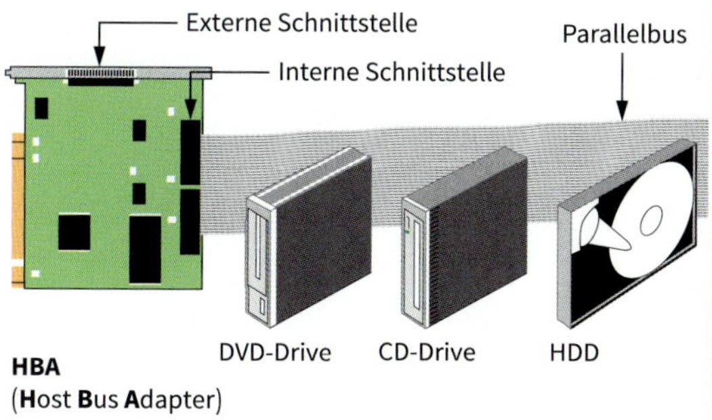

Steckverbinder

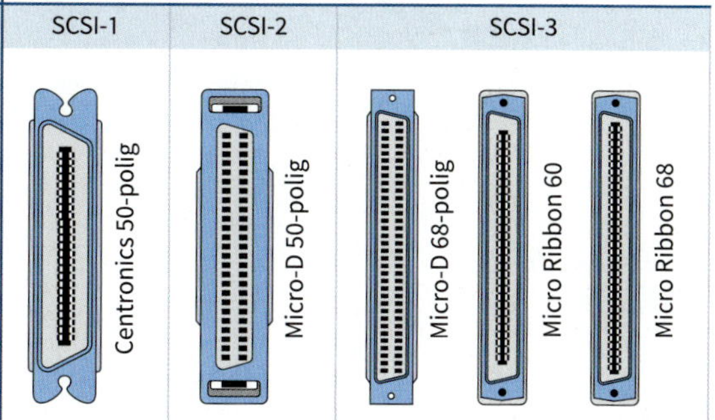

Merkmale

- SAS ist die Weiterentwicklung von SCSI.
- Verwendet wird ein **serielles Buskonzept** mit Punkt-zu-Punkt-Verbindungen.
- Pro Verbindung werden
  - zwei Aderpaare mit **LVDS** (**L**ow **V**oltage **D**ifferential **S**ignal) und
  - im Vollduplex-Betrieb mit bis zu 3 Gbit/s pro Richtung (Receive und Transmit) verwendet.
- SAS-Laufwerke sind standardmäßig mit zwei getrennten Controllern über zwei Steckverbinder ausgerüstet und vermeiden somit den „**single point of failure**“ (Ausfall aufgrund eines einzelnen Fehlers).
- Über Expander lassen sich 128 Geräte ansteuern.
- Insgesamt können in einem System 16384 Geräte (128 Expander x 128 Geräte/Expander) betrieben werden.
- Geräte werden mit **WWN** (**W**orld **W**ide **N**ame) adressiert.
- Stecker und Kabelspezifikationen sind abgestimmt auf den Einsatz in Backplanes und ermöglichen den Einsatz in 1 U Servern, Blade-Servern und JBOD Speicherarrays (**JBOD: J**ust a **B**unch **o**f **D**isks).
- Auf der Protokollebene gibt es drei verschiedene Protokollvarianten:
  - **SSP** (**S**erial **S**CSI **P**rotocol) überträgt Steuerkommandos und Daten (SAS-Betrieb),
  - **SMP** (**S**CSI **M**anagement **P**rotocol) dient der Steuerung der Expander und
  - **STP** (**S**ATA **T**unnelling **P**rotocol) ermöglicht den Betrieb von SATA-HDDs an SAS-Controllern.
- Ein Mischbetrieb von SATA- und SAS-HDDs ist an SAS-Controllern somit möglich (umgekehrt nicht!).

Standard-Übersicht

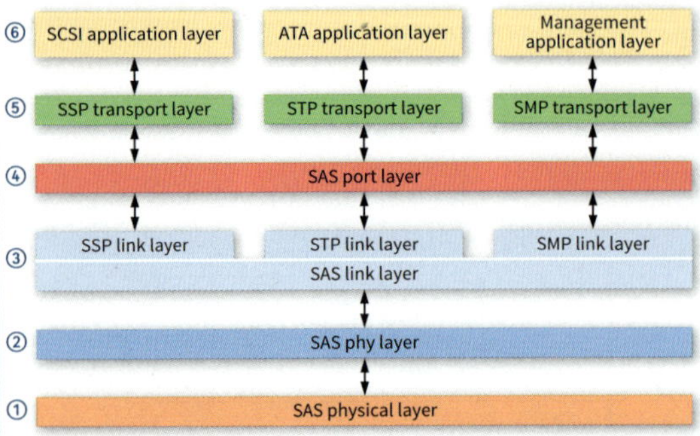

Inhalte (Beispiele)

① Steckverbinder, Kabel, elektrische Eigenschaften von Sender und Empfänger
② 8b/10b-Codierung, Bitreihenfolge, Rücksetzabläufe
③ CRC-Bildung, Adressrahmen, Erkennungsablauf
④ Port-Ebene (Verbindungsebene zwischen verschiedenen Transport- und Verbindungsebenen)
⑤ Rahmendefinition für SSP, STP und SMP
⑥ SCSI Protokolldienste, Betriebsartenparameter

Datenrahmen

4 Bytes	24 Bytes	Variable Länge	4 Bytes	4 Bytes
SOF	Header	Information Unit	CRC	EOF

SOF: Start of Frame (Rahmenanfang)
Header: Kopf (Daten-Vorspann)
Information Unit: Nutzdaten
CRC: Cyclic Redundancy Check (Prüfsumme)
EOF: End of Frame (Rahmenende)

Verbindungsprinzip

Beispiel: Narrow Link (schmale Verbindung)

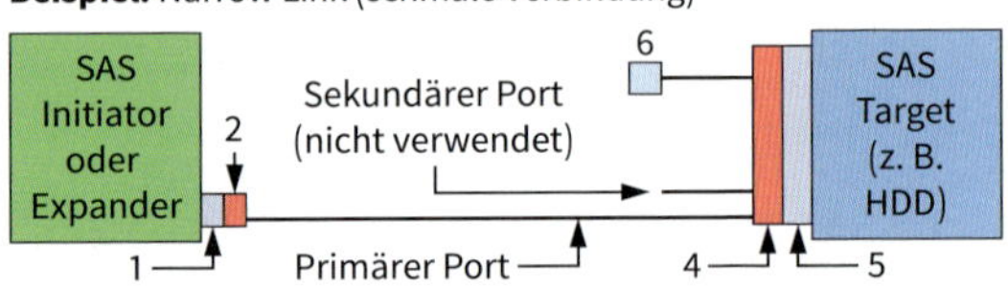

1: Host Steckverbinder
2: Host-Kabel Stecker
3: Einfach-Port Verbindungskabel
4: Festplattenstecker
5: Festplattensteckverbinder
6: Stecker für Stromversorgung i.O. Anzeige (LED)

Steckverbinder Festplatte intern

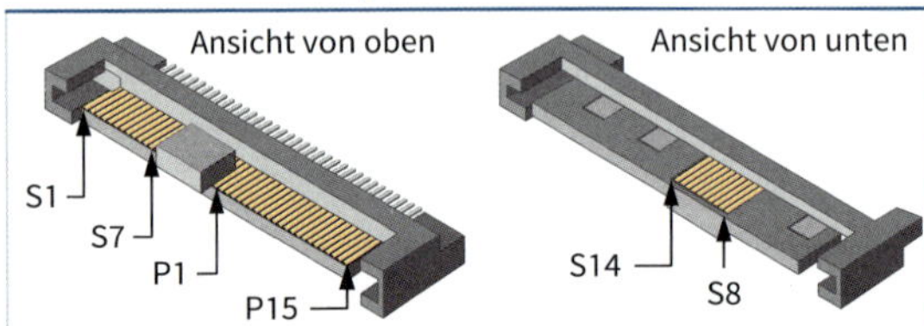

Stecker Festplatte intern

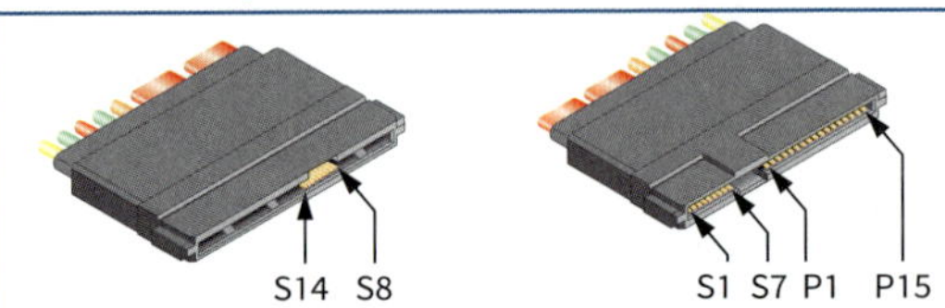

Primärer Port		Sekundärer Port	
PIN	**Bezeichnung**	**PIN**	**Bezeichnung**
S 1	Signal Ground	S 8	Signal Ground
S 2	RP +	S 9	RS +
S 3	RP –	S 10	RS –
S 4	Signal Ground	S 11	Signal Ground
S 5	TP –	S 12	TS +
S 6	TP +	S 13	TS –
S 7	Signal Ground	S 14	Signal Ground

RP: **R**eceive **P**rimary **TP**: **T**ransmit **P**rimary

Spannungsversorgung			
PIN	**Bezeichnung**	**PIN**	**Bezeichnung**
P 1	3,3 V	P 9	5 V
P 2	3,3 V	P 10	Ground
P 3	3,3 V	P 11	Ready LED
P 4	Ground	P 12	Ground
P 5	Ground	P 13	12 V Precharge
P 6	Ground	P 14	12 V
P 7	5 V Precharge	P 15	12 V
P 8	5 V		

RS: **R**eceive **S**econdary **TS**: **T**ransmit **S**econdary

Definition

- Eine Schnittstelle ist festgelegt durch die
  - physikalischen Eigenschaften des Übertragungsmediums (Leitung, Funkstrecke),
  - Signale, die auf der Übertragungsstrecke ausgetauscht werden können,
  - Bedeutung der Signale (Semantik) und
  - Verbindungssysteme (Steckverbindungen).
- Die Kommunikation zwischen den **D**aten**e**nd**e**inrichtungen (**DEE**) erfolgt nach festgelegten Regeln (Protokollen):
  - **unidirektional** (nur in eine Richtung) oder
  - **bidirektional** (in zwei Richtungen).
- Unterschiede:

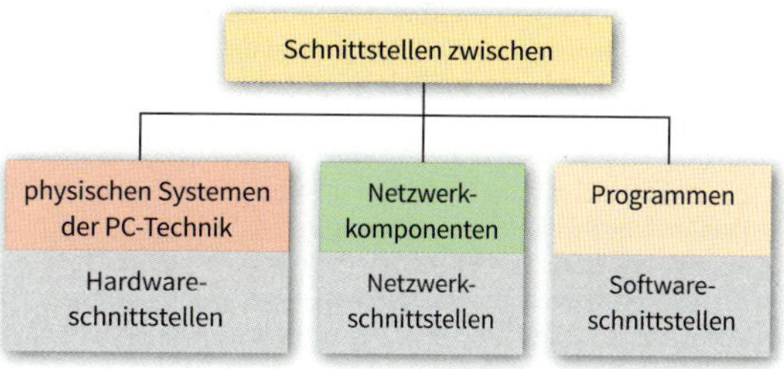

- Die Übertragung der Daten zwischen den Endeinrichtungen kann **seriell** (nacheinander) oder **parallel** erfolgen.
- Serieller Datenstrom

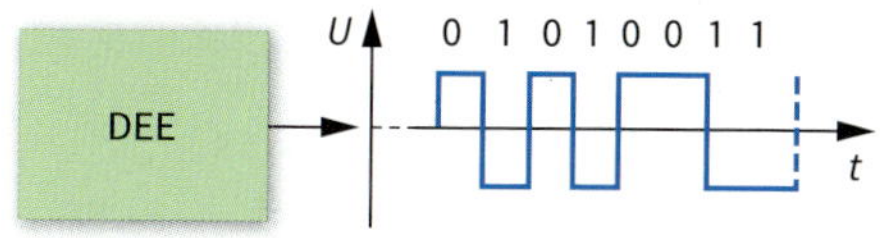

- Paralleler Datenstrom

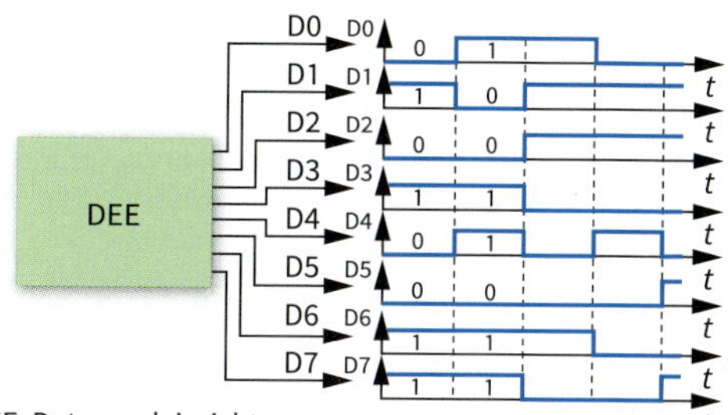

DEE: Datenendeinrichtung

V.24, RS-232

- Serielle Schnittstelle

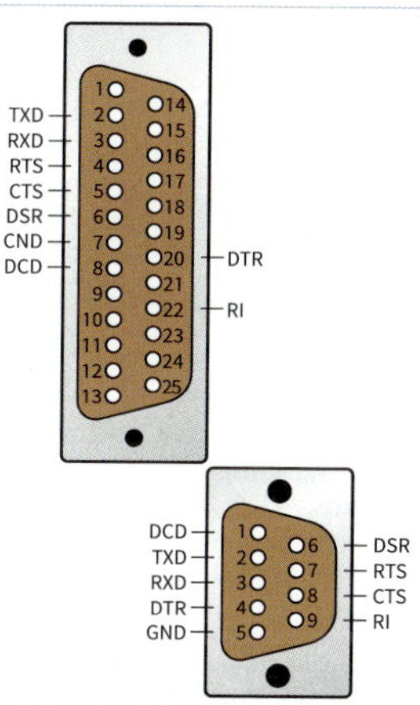

Signal	Bedeutung
DCD	Data Carrier Detect
RXD	Receive Data
TXD	Transmit Data
DTR	Data Terminal Ready
DSR	Data Set Ready
RTS	Ready to Send
CTS	Clear to Send
RI	Ring Indicator
GND	Ground

Signalname	Pegel	Betriebszustand
Datenleitung	−3 V…−15 V +3 V…+15 V	EIN (1) AUS (0)
Steuer- bzw. Meldeleitung	−3 V…−15 V +3 V…+15 V	AUS EIN

- Asynchroner Zeichenrahmen

Beispiel:

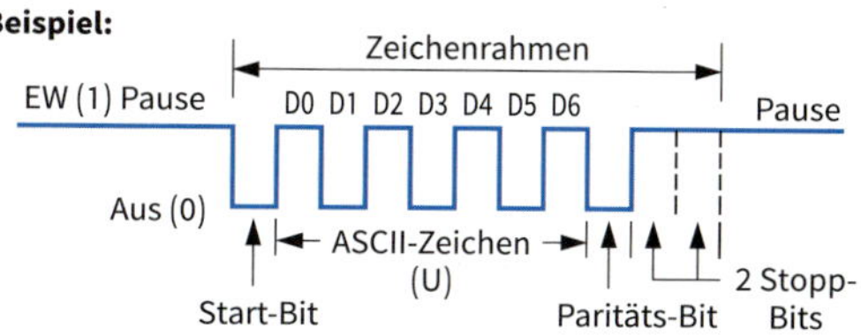

IEEE 1284

- Parallele Schnittstelle (Druckerschnittstelle)
- Steckverbindungen (Buchsenleiste)

PC-Anschluss Drucker-Anschluss (Centronics)

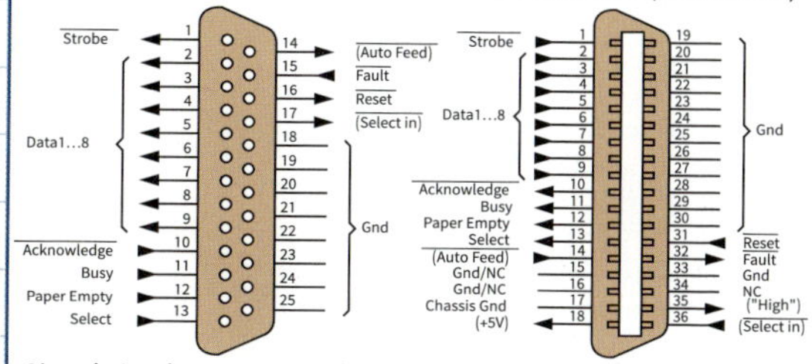

Signale in Klammern werden nicht von allen Druckern ausgewertet. Pfeile geben die Signalrichtung an.

- Signale und ihre Bedeutungen:

Signal	Bedeutung, Funktion
Strobe	Datenübergabe; Daten müssen bei 0-Signal gültig sein
Data 1…8	Datensignale 1…8
Acknow-ledge	Quittungssignal; Drucker empfangsbereit bei 0-Signal
Busy	Wartesignal: Drucker nicht empfangsbereit bei 1-Signal
Paper Empty	Meldung vom Drucker: Papier zu Ende
Select	Drucker ist online
(Auto feed)	automatischer Zeilenvorschub nach Zeilenende: Ein/Aus
Fault	Fehlermeldung
Reset	Drucker rücksetzen, initialisieren
Gnd	Ground: 0 V
NC	Not connected: nicht angeschlossen
(High)	+5 V, vom Drucker geliefert
(Select in)	Drucker auswählen

Merkmale

- Der Standard TIA-EIA-485 (alte Bezeichnung: RS 485) definiert die **elektrischen Eigenschaften** einer Datenübertragungsschnittstelle (Sender, Empfänger, Leitung), die
  - leitungsgebunden,
  - digital (ohne Modulation) und
  - seriell

  arbeitet.
- Übertragungssignal: **Differenzielles Signal** (invertiertes und nicht invertiertes Datensignal) über ein verdrilltes, geschirmtes **Aderpaar**.
- Die Signalamplitude beträgt +/– 200 mV bezogen auf die halbe Betriebsspannung.
- **Punkt-zu-Punkt-** und **Multipunktverbindungen** ist realisierbar.
- Multipunktverbindungen: Mehrere Teilnehmer sind an die gemeinsame Verbindungsleitung angeschlossen.
- Halbduplexkommunikation erfordert ein Aderpaar.
- Vollduplexkommunikation benötigt zwei Aderpaare.
- Die Anzahl der gemeinsam an einem Verbindungskabel betreibbaren Transceiver (Transmitter/Receiver) ist abhängig von dem Eingangswiderstand (**Unit Load**) der einzelnen Transceiver.
- Ursprünglich waren max. 32 Transceiver mit je 1 Unit Load spezifiziert.

Aufbaurichtlinie

- Bei Transceivern mit z. B. 1/8 Unit Load sind bis zu 256 Transceiver an einem Bus betreibbar.
- Die max. **Leitungslänge** ist auf 1200 m (max. 90 kbit/s) festgelegt.
- Als max. **Datenrate** sind 10 Mbit/s spezifiziert (Leitungslänge von max. 12 m).
- Der Aufbau des Verbindungsnetzes ist als Liniennetz vorzunehmen (kurze Stichleitungen zulässig).
- Als **Verbindungsleitung** ist eine verdrillte Bauform mit 120 Ω Leitungswiderstand anzuwenden.
- Die Verbindungsleitung ist an beiden Enden mindestens mit je einem **passiven Abschlusswiderstand** (120 Ω) zu versehen, um Signalreflexionen zu vermeiden.
- Bei räumlich ausgedehnten Netzen sind die entsprechenden **Potenzialunterschiede** und **Spannungsfälle** zu berücksichtigen.
- Angewendet werden u. a. die Trennung über Optokoppler oder zusätzliche Masseverbindungen zum Potenzialausgleich (zusätzliche Ausgleichsverbindung).
- Repeater werden zur Reichweitenverlängerung eingesetzt.
- Der Standard spezifiziert **keine Festlegung** für die Art des Datenaustausches (Übertragungsprotokolle) und auch keine Belegung der Verbindungsstecker.
- Diese Informationen sind, sofern erforderlich, aus den einschlägigen Dokumenten zu entnehmen.

Halbduplex-Bus

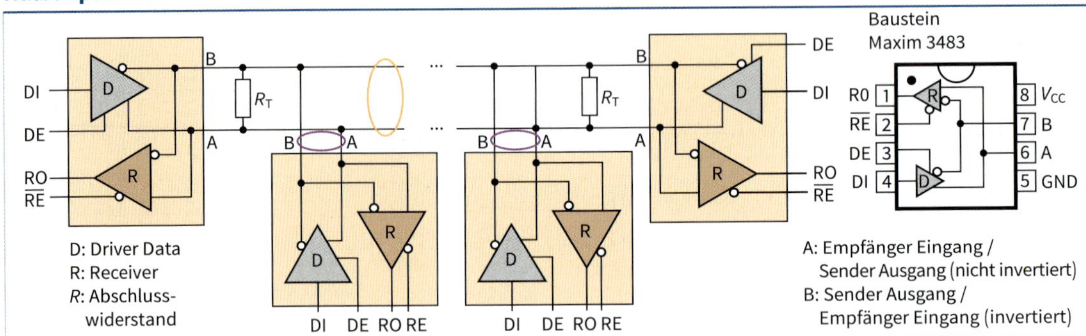

Vollduplex-Bus

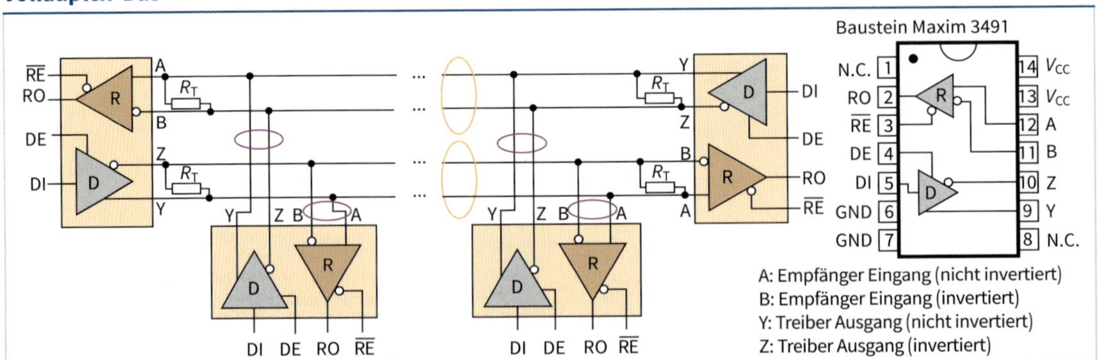

(gelbe Ellipse) Hauptleitung (verdrillt und geschirmt)	GND:	Ground (0 V)		DI (Driver Input):	Dateneingang
(violette Ellipse) Stichleitung (verdrillt und geschirmt)	V_{CC}:	Versorgungsspannung		DE (Driver Output Enable):	Senderfreigabe
	R_T:	Abschlusswiderstand		RO (Receiver Out):	Datenausgang
				RE/Receiver Output Enable:	Empfangsfreigabe

Prinzip

- Thunderbolt (englisch: Donnerkeil) ist eine serielle Schnittstelle zwischen Computern und Peripheriegeräten (Monitor, Videokameras, Festplatten usw.) für große Datenübertragungsraten (2011: 10 Gbit/s, 2015: 40 Gbit/s).
- Entwickelt wurde die Schnittstelle von den Firmen Intel und Apple (ab 2011). Zur Übertragung werden die Protokolle von PCI Express (PCIe) und DisplayPort verwendet.

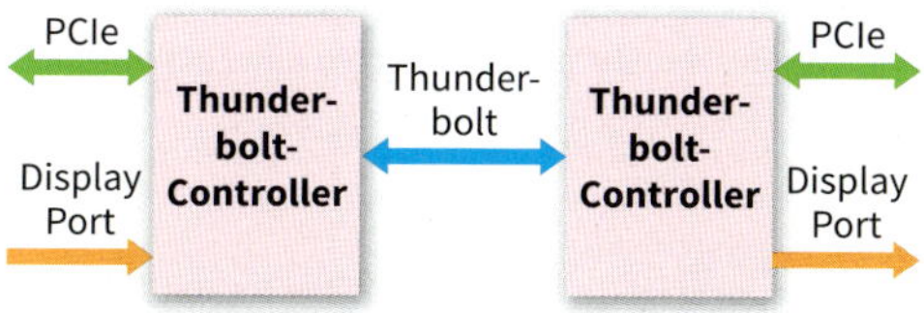

- Thunderbolt verwendet „aktive" Anschlussleitungen, in denen Transceiver-Chips integriert sind. Es sind elektrische Leitungen bis 2 m und optische Leitungen bis 60 m möglich.

Spezifikationen von Thunderbolt 3

- Als Steckverbinder wird ein USB-C Stecker verwendet.
- Eine Datenübertragungsrate bis zu 40 Gbit/s ist bei Thunderbolt 3 möglich.
- Es werden vorhandene Protokolle (PCI Express und DisplayPort) verwendet.
- Vier PCI-Express-Lanes und acht DisplayPort-1.2-Lanes (**HBR2**: DisplayPort **H**igh **B**it **R**ate **2** und **MST**: **M**ulti **S**tream **T**ransport) sind vorhanden.
- Zwei 4K-Displays (4096 x 2160 Pixel und 60 Hz) werden unterstützt.
- Kompatibilität besteht mit USB-Geräten (USB 3.1) und USB-Kabeln.
- Der DisplayPort 1.2 ist kompatibel mit DisplayPort-Geräten und DisplayPort-Kabeln.
- Die Schnittstelle lässt sich über Adapter mit DVI-, HDMI- und VGA-Displays verbinden.
- Die elektrische Energieversorgung (USB Power Delivery) externer Geräte ist realisierbar
  - bis zu 100 W Leistung (Profil 5) und
  - 15 W für bus-powered-Geräte (gleiche Verbindung zum Übertragen von Daten und elektrischer Energie).
- Ein Thunderbolt-Netzwerk ist realisierbar als
  - 10 Gbit Ethernet zwischen Computern (Punkt-zu-Punkt) und zum
  - Durchschleifen von bis zu sechs Geräten bei geringster Verzögerung für PCI-Express-Audioaufnahme.

Arten von Steckverbindern und ihre Kennzeichnungen

Vergleich von Datenübertragungsraten

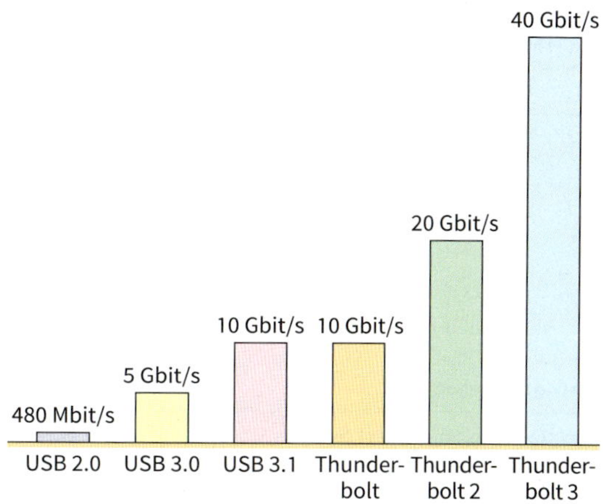

USB Power Delivery

Es sind fünf Profile für verschiedene Einsatzzwecke vorgesehen. Ab Profil 2 werden spezielle Anschlussleitungen benötigt.

Profil	Spannung	Stromstärke	Leistung	Gerätebeispiele
1	5 V	2 A	10 W	kleine mobile Endgeräte
2	5 V 12 V	1,5 A 2 A	18 W	Tablets, kleine Notebooks
3	5 V 12 V	2 A 3 A	36 W	kleine Notebooks, größere Endgeräte
4	12 V 20 V	3 A 3 A	60 W	große Notebooks, Hubs, Docking-Stationen
5	12 V 20V	5 A 5 A	100 W	Workstations, Hubs, Docking-Stationen

USB 2.0 USB 3.0

Merkmale

- **I²C** - Bus (**I squared C**; auch Inter IC-Bus) ist ein einfaches serielles
  - byteorientiertes,
  - taktgesteuertes,
  - halbduplex

  Bussystem zur Verbindung von integrierten Schaltkreisen über kürzere Entfernungen.
- Der Master (z. B. Mikrocontroller) steuert die gesamte Kommunikation über Start–Bedingung (S), Stopp–Bedingung (P) und Takterzeugung.
- Der Bus kann auch als **Multi-Master-System** aufgebaut werden.
- Er basiert auf einer Zweidrahtleitung als Übertragungsmedium mit den beiden Verbindungsleitungen
  - **SDA** (**S**erial **Da**ta Line: serielle Datenleitung) und
  - **SCL** (**S**erial **Cl**ock Line: serielle Taktleitung).
- SDA- und SCL-Ausgänge aller Schaltkreise sind als **open drain**-Ausgänge ausgeführt und werden über zentrale **pull-up**-Widerstände (wired AND: verdrahtete UND-Schaltung) gespeist.
- Die Steuerung der **Datenrichtung** (Master-Slave oder Slave-Master) erfolgt über das Richtungsbit R/W (Read/ Write, vom Master erzeugt), wobei 0: schreiben in den Slave und 1: lesen vom Slave bedeutet.
- Die **Quittierung** des empfangenen Bytes erfolgt durch Ansteuerung von SDA durch den Slave zum Zeitpunkt des neunten Taktimpulses (0: positiv; 1: negativ).
- Der Bus arbeitet mit 7 Bit- und 10 Bit-Adressierung.
- Er kann bei 7 Bit-Adressierung bis zu 121 Teilnehmer in einem Bussystem ansprechen.
- **Übertragungsraten** sind spezifiziert mit bis zu 100 kbit/s (Standard Mode), 400 kbit/s (Fast Mode), 1 Mbit/s (Fast Mode Plus) oder 3,4 Mbit/s (High-Speed Mode).

Anschaltung

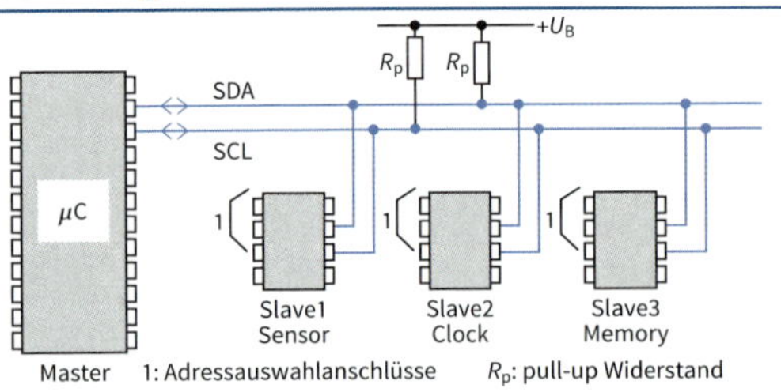

Innenschaltung

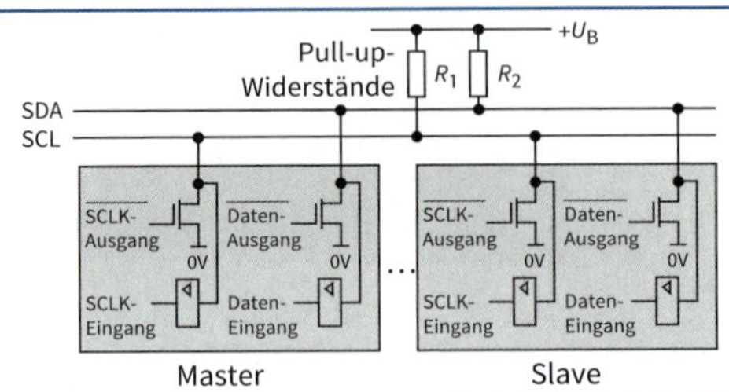

Rahmenformat

Beispiel: Datenausgabe (1 Byte) an Slave

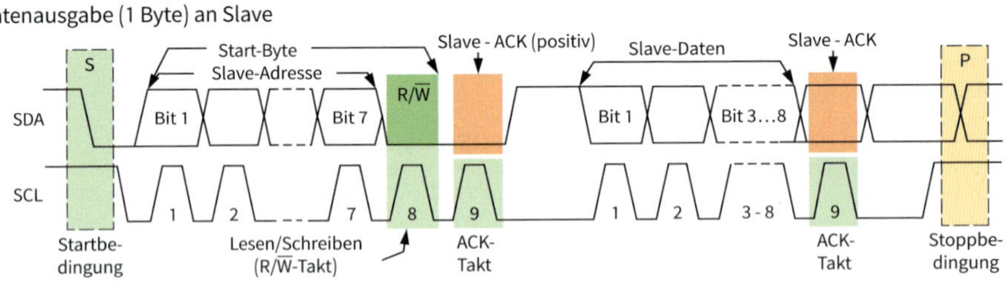

Adressaufbau/Subadressen

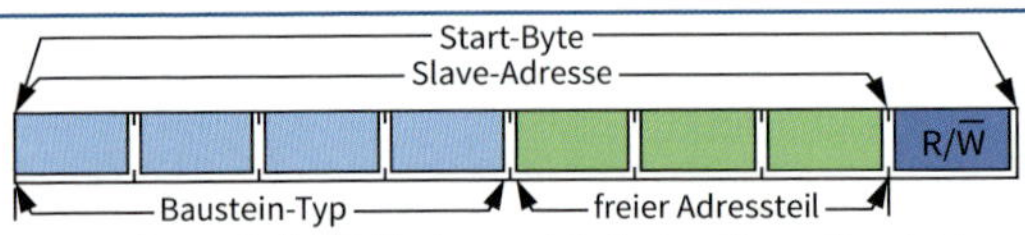

- Die **Adresse** jedes Teilnehmers ist einzigartig und besteht aus 7 Bit oder 10 Bit.
- Aus dem gesamten Adressbereich sind **8 Adressen** für **spezielle Funktionen** vergeben.
  Die übrigen Adressen sind frei verwendbar.
- Die verfügbaren Slaves werden bei der Herstellung in Typen eingeteilt (z. B. Sensoren, D/A-Wandler) und mit einer Hardwaregrundadresse bei der Herstellung belegt. Hierzu gibt es **Typ-Adresslisten**. Die übrigen 3 Bit aus der Adresse werden in der jeweiligen Schaltung über entsprechende Anschlüsse am Chip programmiert.
  Dadurch besteht die Möglichkeit, maximal 8 gleichartige Chip-Typen an einem Bus zu betreiben.

Reservierte Adressen

Slave-Adresse	R/W̄ BIT	Bedeutung
0000 000	0	Rundruf-Adresse
0000 000	1	Start-Byte
0000 001	X	CBUS-Adresse
0000 010	X	Reserviert für verschiedene Busformate
0000 011	X	Reserv. für zukünftige Anwendung
0000 1XX	X	HS-Betrieb Master Codierung
1111 1XX	X	Reserv. für zukünftige Anwendung
1111 0XX	X	10-Bit Slave-Adressierung

Eigenschaften

- Der Universal Serial Bus ist eine **serielle Schnittstelle**, die als Punkt-zu-Punkt Verbindung ausgeführt ist.
- Die Steuerung der Kommunikation erfolgt über den **Hostcontroller**, der als Master arbeitet.
- Über den Hub können insgesamt **127 Geräte** in Form einer Baumstruktur an den Bus angeschlosen weren.
- Pro Port kann nur ein einzelnes Gerät betrieben werden.
- Die Geräte werden **automatisch erkannt** und können im Betrieb am Port entfernt bzw. eingesteckt werden.
- Zusätzlich zu den Datenleitungen sind im Verbindungskabel **Stromversorgungsleitungen** enthalten, die eine Energieversorgung der angeschlossenen Geräte ermöglichen.
- Aufgrund der einfachen Anwendung wird die Schnittstelle zur Anschaltung von **fast allen Peripheriegeräten** (USB-Sticks, Festplatten, WLAN-Adapter, usw.) eingesetzt.

Spezifikationen

Spezifikationen Spannung 5 V	maximale Stromstärke	maximale Leistung
USB 1.0/1.1 (Low-Powered-Port)	0,1 A	0,5 W
USB 2.0 (High-Powered-Port)	0,5 A	2,5 W
USB 3.0/3.1	0,9 A	4,5 W
USB-BC 1.2 (Battery Charging)[1]	1,5 A	7,5 W
USB-Typ-C	3,0 A	15,0 W

[1] Ladeanschluss

USB-Typ-C

- Die Steckverbindung besteht aus zwei Kontaktreihen zu je 12 Kontakten. Die Kontakte sind horizontal und vertikal spiegelsymmetrisch angeordnet. Der Stecker kann somit in beiden Positionen eingeführt werden.
- Das Kabel hat an beiden Enden einen identischen Stecker. Kabel können nicht mehr als "falsch" eingesteckt werden.
- Datenübertragungsrate: 10 Gbit/s.
- Die Signale sind fünf Gruppen zugeordnet.

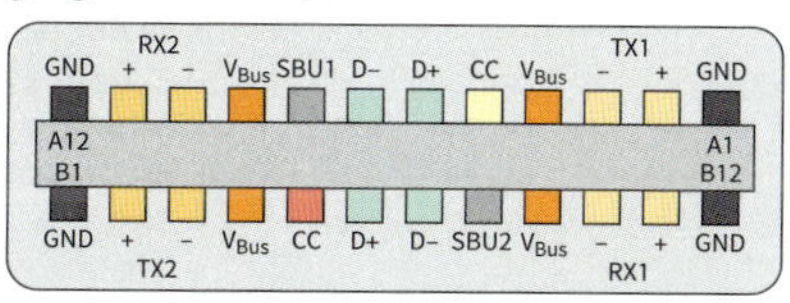

- **SuperSpeed-Link** (TX1+, TX1-, RX1+, RX1- und TX2+, TX2-, RX2+, RX2-) zwei Paar abgeschirmte Twisted-Pair- oder Koaxialleitungen
- **USB 2.0-Link** (D+, D-) einfaches, geschirmtes Twisted-Pair Leitungspaar (Halbduplexübertragung)
- **Konfiguration** (CC1, CC2); CC erkennt das Anstecken eines Kabels und die Orientierung des Steckers.
- **Hilfssignale** (SUB1, SUB2) zur Übertragung analoger Audiosignale
- **Stromversorgung** (4 x V_{BUS}, V_{CONN}, 4 x GND)

USB-PD (Power Delivery)

Über eine USB-Typ-C Steckverbindung lassen sich Geräte mit einer Leistung bis 100 W betreiben. Es werden fünf Profile unterschieden mit den Spannungen 5 V, 12 V und 20 V.

Stecker und Buchsen

Standard

Stecker	Buchse	PIN-Belegung
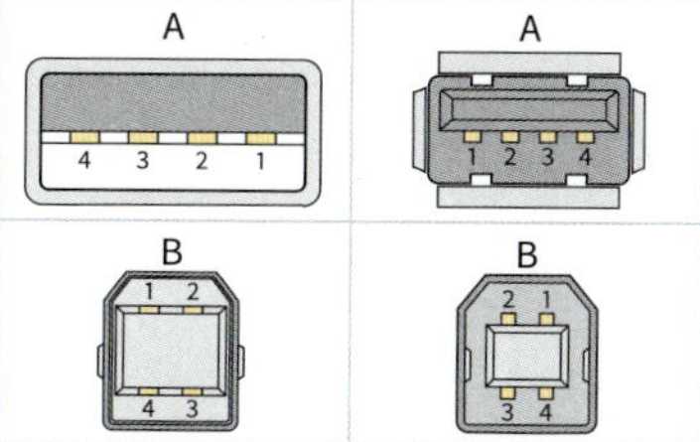		1: + 5 V DC (V_{CC}), rot 2: Daten (D-), weiß 3: Daten (D+), grün 4: GND (Masse, Ground, Abschirmung), schwarz

Mini

Stecker	Buchse	PIN-Belegung
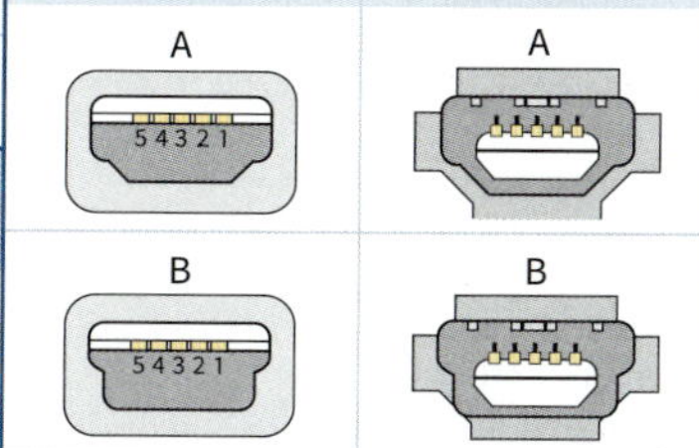		1: + 5 V DC (V_{CC}), rot 2: Daten (D-), weiß 3: Daten (D+), grün 4: ID (frei) 5: GND (Masse, Abschirmung), schwarz ID: Identifikation

Micro

Stecker	Buchse	PIN-Belegung
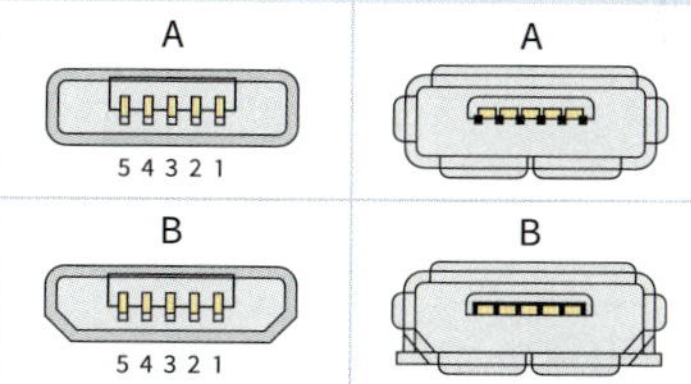		s. Mini-USB

Micro-B USB 3.0 (Stecker)

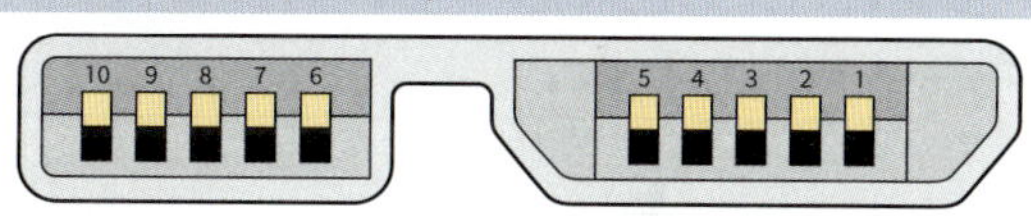

1: + 5 V DC	6: USB 3.0 Senden (-)
2: USB 2.0 (D-)	7: USB 3.0 Senden (+)
3: USB 2.0 (D+)	8: GND
4: USB OTG ID[2]	9: USB 3.0 Empfangen (-)
5: GND	10: USB 3.0 Empfangen (-)

Datenraten

Spezifikation	max. Nutzdatenrate
USB 1.0 Full Speed	1 MB/s
USB 2.0 Hi Speed	40 MB/s
USB 3.0 Super Speed	300 MB/s
USB 3.1 Super Speed +	900 MB/s

USB On-The-Go (USB OTG, OTG)[2]

USB-Geräte mit dieser Technik tauschen auch untereinander Daten aus – ohne Verbindung zum PC.
Beispiel: Die Digitalkamera kann Bilder direkt an einen Drucker senden. Der Nutzer muss sie nicht auf einen Computer überspielen, um sie auszudrucken.

Merkmale

- IEEE 1394 definiert eine **serielle Schnittstelle** zur Kopplung peripherer Geräte (z. B externe Festplatten, Videogeräte) an einen Rechner oder zur Kopplung von Geräten untereinander.
- Verwendete Produktnamen sind FireWire (Apple), i.Link (Sony) und mLAN (Yamaha).
- Der Standard besteht aus mehreren Teilen: IEEE 1394a, IEEE 1394b und IEEE 1394c.
- Allgemeine Bezeichnungen sind FireWire 400 und FireWire 800.
- IEEE 1394 basiert auf einer **seriellen Punkt-zu-Punkt**-Datenübertragung (peer to peer) zwischen benachbarten Geräten bzw. über mehrere Geräte hinweg zum Zielgerät.
- Es ist kein Host im System (Gegensatz: USB) erforderlich.
- Jedes Gerät kann die Masterfunktion übernehmen.
- Adressierung der Geräte in einem Bus erfolgt durch 6 Bit; die einzelnen Busstränge werden über zusätzliche 10 Bit adressiert.
- Pro Bussystem sind 63 Geräte (Knoten) adressierbar.
- Geräte werden in Reihe (**Daisy Chain**) geschaltet.
- Bei Verwendung von Kupferverbindungskabeln können max. 17 Geräte (16 Kabelsegemente, je 4,5 m) in eine Reihe geschaltet werden (72 m Gesamtlänge).
- Durch Verwendung von Hubs (oder Mehrport-Geräten) können **Baumtopologien** aufgebaut werden.
- Max. sind 1023 Bussegmente über **Brücken** zusammen schaltbar.
- Realisiert werden Funktionen, wie z. B.:
  - **plug and play** (keine Adresseinstellung, keine Terminierung eforderlich),
  - **automatische Buskonfiguration** bei Hinzufügen oder Entfernen eines Gerätes,
  - **asynchroner** Datentransfer (zwischen zwei direkt adressierten Geräten, mit variablen Übertragungsintervallen und Handshake-Verfahren),
  - **isochroner** Datentransfer (feste, garantierte Übertragungsintervalle für jede teilnehmende Verbindung, ohne Wiederholung bei Datenverlust; 80 % der Bandbreite für einen oder mehrere isochrone Kanäle verfügbar) und
  - bis zu 45 W elektrische Leistung bei Verwendung des 6- und 9-poligen Kabels übertragbar (**bus power**).
- **Übertragungsgeschwindigkeiten** (IEEE 1394a): **S 100** (98,304 Mbit/s), **S 200** (196,608 Mbit/s), und **S 400** (393,216 Mbit/s), bidirektional und halbduplex
- IEEE 1394b ist abwärtskompatibel zu 1394a über bilinguale Verbindung; realisiert zusätzlich die Übertragungsgeschwindigkeit **S 800** mit 9-poliger Beta-Verbindung, bidirektional und vollduplex.
- IEEE 1394c realisiert Verbindungen mit S 800 (786,432 Mb/s) über Cat. 5 UTP.

Topologie

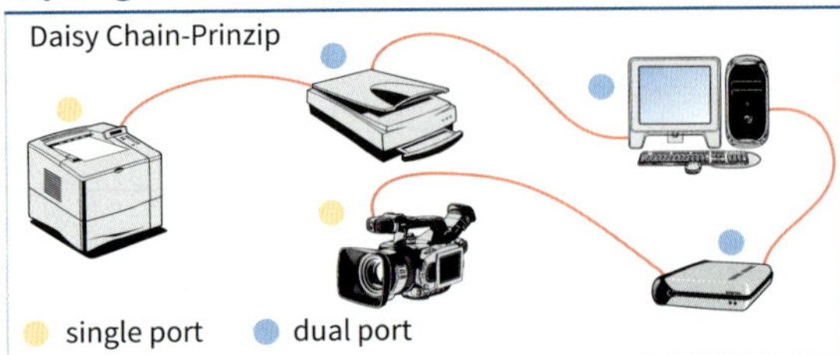

Übertragungszyklus

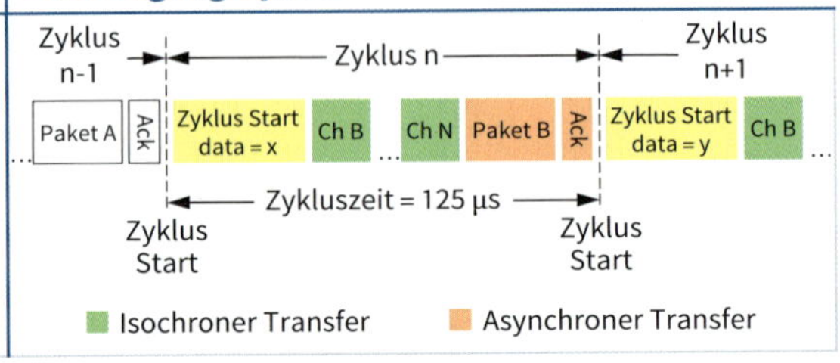

Verbindungskabel 6-polig

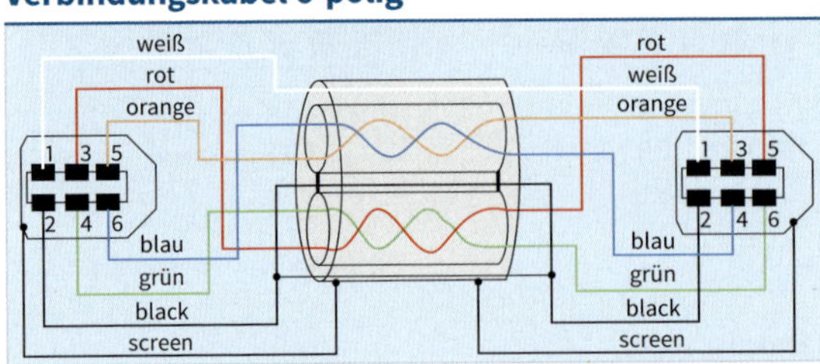

Übertragungsrichtung (DS-mode)

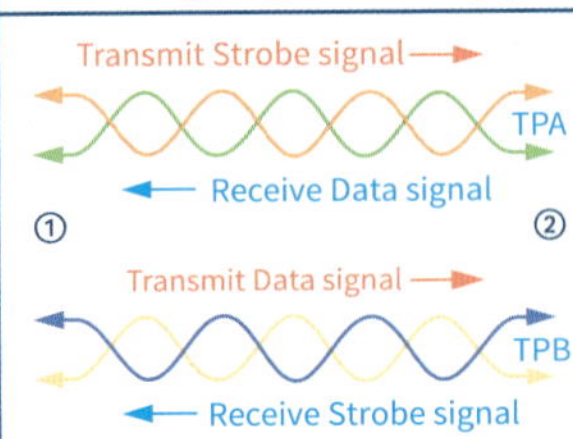

- Im DS-Mode werden Daten- und Strobesignale übertragen.
- Übertragung von ① nach ②: Strobe auf TPA und Daten auf TPB.
- Überrtragung von ② nach ①: Strobe auf TPB und Daten auf TBA.

Geräteschnittstellen

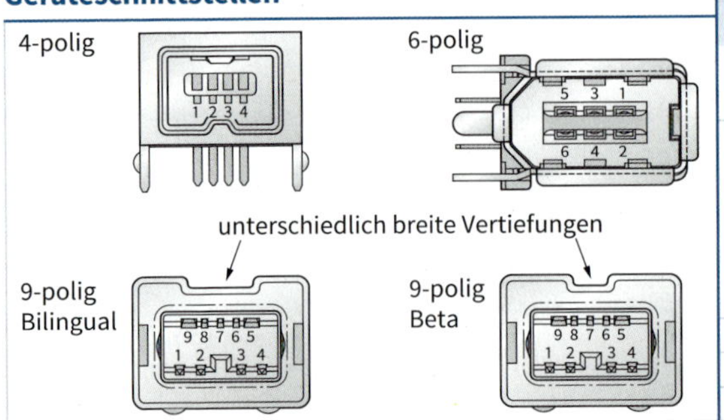

PIN-Nr. (Typ)			Bezeichnung	Funktion	Aderfarbe
(4-pin)	(6-pin)	(9-pin)			
–	1	8	Power	max. 30 V DC ohne Last	white
	2	6	Ground	Ground Po. innerer Schirm	black
1	3	1	TPB –	Twisted Pair B	orange
2	4	2	TPB +	Twisted Pair B	blue
3	5	3	TPA –	Twisted Pair A	red
4	6	4	TPA +	Twisted Pair A	green
		6/9	A/B shield		
–	–	7	N.C.		
			Gehäuse	Äußerer Schirm	

Merkmale

- **IRDA**: Vereinigung für Datenübertragung auf infraroter Basis definiert Standards (IrDA 1.0 und 1.1) für **serielle Datenübertragung** mittels **infrarotem Licht** in Sichtverbindung zwischen Sender und Empfänger.
- **Übertragungsraten** können (bei PC-interner Schnittstelle) im BIOS eingestellt werden.
- **Übertragungsstrecke** beträgt standardmäßig 1 m; größere Entfernungen sind möglich (abhängig von eingesetzten optischen Sendern und Empfängern).
- **Übertragungsart** ist halbduplex; Punkt-zu-Punkt und Punkt-zu Mehrpunkt.
- Der Grundstandard enhält Spezifikationen für Verbindungszugriff (Link Access Protocol: IrLAP), Verbindungssteuerung (Link Management Protocol: IrLMP) und Physical Interface.
- **Anwenderprotokolle** bieten spezifische Ausführungen für unterschiedliche Anwendungen.
- Durch spezielle Kodierung des optischen Signals wird eine energiesparende und gegenüber optischen Beeinflussungen (Tageslicht, Reflexionen) zuverlässige Übertragung erreicht.
- Preiswerte **kabellose Kopplung** u. a. zwischen PCs, Notebooks, PDAs, Kamera, Drucker, Mobile usw.

Protokoll-Stack

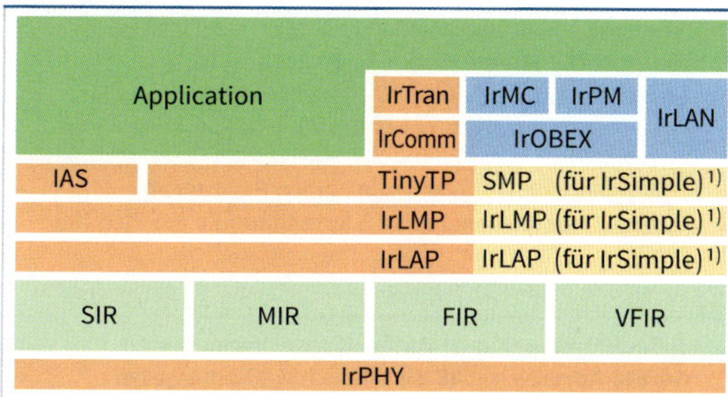

Erläuterungen

IrPHY	**IrDA Phy**sical Layer definiert die physikalischen Übertragungseigenschaften (z. B. Strahlungsstärke, Abstrahlwinkel, Datenrate).
IrLAP	**IrDA L**ink **A**ccess **P**rotocol definiert die Übertragungsrate und Datengröße.
IrLMP	**IrDA L**ink **M**anagment **P**rotocol regelt u. a. den Datenaustausch für mehrere paralell laufende Anwendungen.
Tiny TP	**IrDa T**ransport **P**rotocol verwaltet u. a. die Puffer für jede logische Verbindung.
IrCOMM	**Infrared Comm**unication Protocol emuliert u. a. die RS 232 Schnittstellenfunktion.
IrOBEX	**Infrared Ob**ject **Ex**change Protocol vereinheitlicht die Eigenschaften von Objekten zur Übertragung zwischen unterschiedlichen Geräten.
IrTran-P	**Infrared Tran**sfer **P**rotocol-Picture steuert die Übertragung von Bildern; verwendet UPF (Universal Picture Format).
IrMC	**Infrared M**obile **C**ommunication (mobile Kommunikationsgeräte) definiert die Objekt-Austauscheigenschaften bei mobilen Geräten (z. B. PDA)
IrFM	**Infrared F**inancial **M**essaging steuert elektronische Bezahlverfahren.
IrLAN	**Infrared LAN** definiert LAN-Verbindungen über IrDA.

1) **IrSimple:** regelt effiziente Übertragung großer Datenmengen (z. B. Bilddateien). Erfordert die unter 1) genannten Ergänzungen: **SMP** (**S**equence **M**anagement **P**rotocol), **Ir LMP** und **IrLAP** (**für IrSimple**). Damit werden hohe Übertragungsraten und vereinfachter Aufbau und Abbau der Verbindung erreicht (z. B. 1 MByte JPEG über VFIR mit IrSimple in 0,6 s).

Übertragungsraten

Bezeichnung		
SIR (**S**low)	kbit/s	2,4; 9,6; 19,2; 38,4; 57,6; 115,2
MIR (**M**edium)	kbit/s	576; 1152
FIR (**F**ast)	Mbit/s	4
VFIR (**V**ery **F**ast)	Mbit/s	16
UFIR (**U**ltra **F**ast)	Mbit/s	100 (in Entwicklung)

Optische Parameter

Abstrahlwinkel

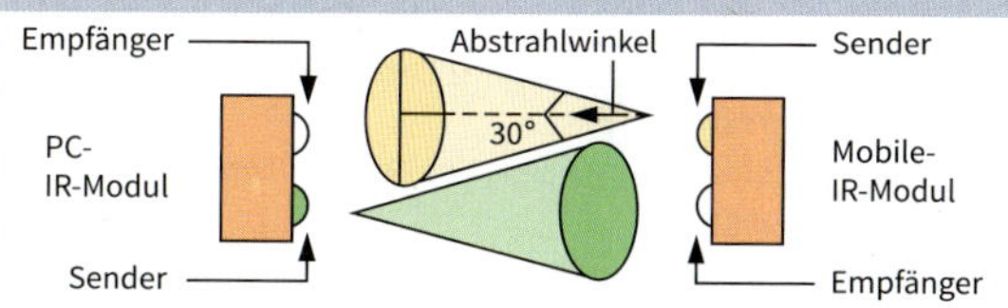

Leistungsparameter

Übertragungsrate in kbit/s	Betriebsart	Sendeleistung in mW/sr	Empfangsempfindlichkeit in µW/cm²
< 115,2	Standard	40	4
	Low Power	3,6	9
> 115,2	Standard	100	10
	Low Power	9	22,5

Modulationsarten

SIR und **MIR** (< 115,2 kbit/s) verwenden RZI
Daten „0“: Lichtimpuls; Daten „1“: Kein Lichtimpuls

SIR sendet Lichtimpuls mit 3/16 T (Impulsdauer)

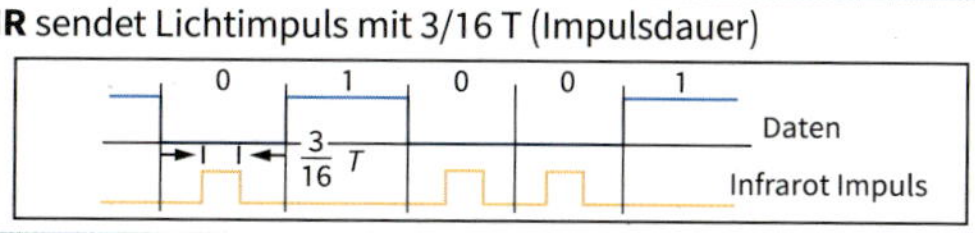

MIR sendet Lichtimpuls mit 1/4 T (Impulsdauer)

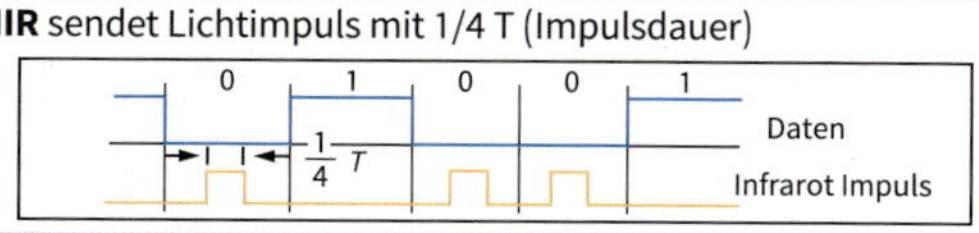

FIR verwendet **4 PPM** (**P**ulse **P**osition **M**odulation).
Jeweils 2 Datenbit werden einer bestimmten Pulsposition im Übertragungsraster zugeordnet.

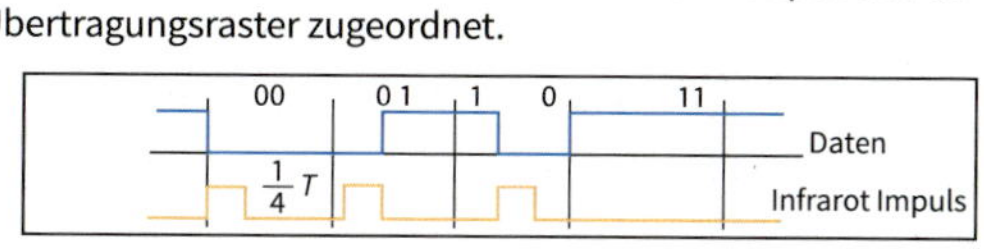

Merkmale

- **Drahtlose** Kommunikationsverbindung für **Kurzstrecken** auf Funkbasis
- Arbeitet im Bereich von 2,402 GHz bis 2,480 GHz (2,4 GHz **ISM-Band**)
- Frequenzband ist unterteilt in **79 Kanäle** mit je 1 MHz Abstand
- Übertragung erfolgt durch **Frequenzsprungverfahren** (**FHSS: F**requency **H**opping **S**pread **S**pectrum)
- Insgesamt werden 79 **HOPS** (Sprünge) mit einer maximalen **Hopping-Frequenz** von 1600 Hz realisiert.
- **Hopping-Sequenz** wird über die Geräteadresse des Masters ausgewählt
- Kommunikation erfolgt zwischen Master und Slave erfolgt im **T**ime **D**ivision **D**uplex (**TDD**).
- Sendeleistung ist in drei Klassen eingeteilt:
  - **Klasse 1:** 100 mW (20 dBm); automatische Sendeleistungsanpassung ist erforderlich
  - **Klasse 2:** 2,5 mW (4 dBm)
  - **Klasse 3:** 1 mW (0 dBm)
- Pro **Pico-Netz** werden 8 aktive Geräte (1 Master und 7 Slaves) unterstützt (zusätzlich noch bis zu 255 passive Slaves möglich).
- Pro System sind maximal 10 Pico-Netze möglich (**Scatter-Netz**).

Datenübertragungsarten

- Punkt zu Punkt (**SCO: S**ynchronous **C**onnection **O**riented)
- Punkt zu Multipunkt (**ACL: A**synchronous **C**onnection**l**ess)
- SCO dient der synchronen Sprachübertragung mit symmetrischen Datenraten (64 kbit/s)
- Sprachcodierung erfolgt mittels **C**ontinuous **V**ariable **S**lope **D**elta Verfahren (**CVSD**)
- ACL-Übertragung ist asynchron und verbindungsunabhängig
- Datenpakete können dabei auch 3 oder 5 Zeitschlitze beanspruchen (ohne Frequenzwechsel)
- Symmetrie der Datenraten wird vom Master festgelegt:
  - asymmetrisch: max. 721 kbit/s vorwärts und 57,6 kbit/s rückwärts
  - symmetrisch: 432,6 kbit/s in beiden Richtungen
- Maximal **7 Datenkanäle** und **3 Sprachkanäle** pro Pico-Netz

Schutzmaßnahmen

- Schutz gegen **Übertragungsstörungen** durch
  - **FEC**-Codierung (**F**orward **E**rror **C**orrection: Vorwärts-Fehlerkorrektur) und
  - **ARQ** (**A**utomatic **R**etransmission **Q**uery: Wiederholungs-anforderung).
- Header jedes Paketes sind grundsätzlich mit FEC geschützt
- Datenschutz für die Übertragung auf physikalischer Schicht durch **Authentifizierung** und **Verschlüsselung**
- Verschlüsselung erfolgt mit **Stream-Cipher**-Verfahren über Schlüssellängen von 40 Bit oder 60 Bit
- Jedes Bluetooth-Gerät verfügt über eine eindeutige **Geräte-Adresse** mit **48 Bit** (ähnlich MAC-Adresse bei LAN-Netzwerken):
  - **LAP** (**L**ower **A**ddress **P**art) 24 Bit
  - **UAP** (**U**pper **A**ddress **P**art) 8 Bit
  - **NAP** (**N**on Significant **A**ddress **P**art) 16 Bit
- **Profile** definieren die gemeinsame Basis für Geräte mit identischen Diensten und ermöglichen damit die Interoperabilität zwischen den Geräten.
- Die **Leistung** der Geräte wird über Betriebsarten (Active, Sniff, Park, Hold) gesteuert.

Netzstruktur

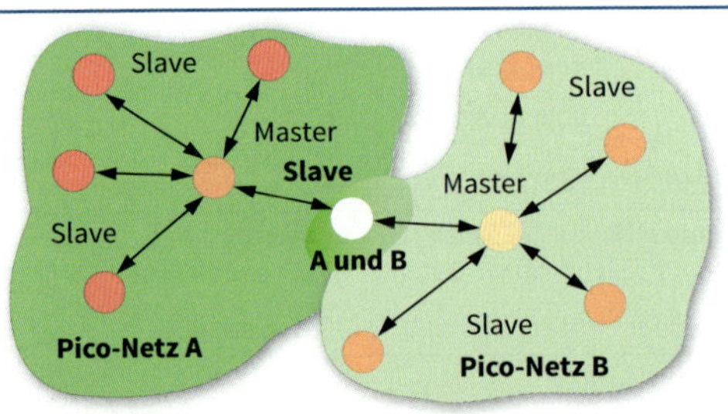

Time Division Duplex

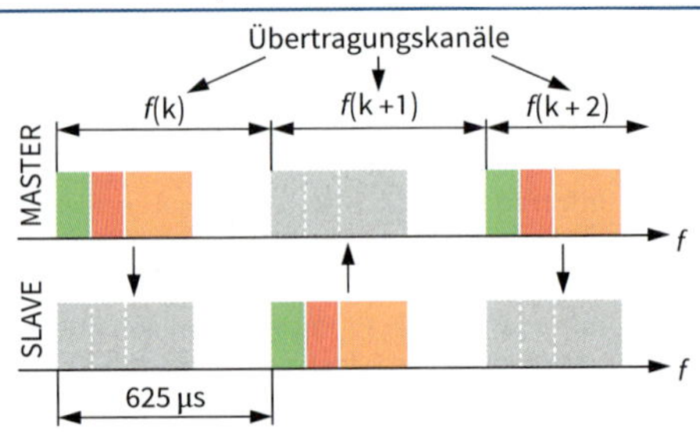

Versionen

Technische Daten	**Version 3** Basic Rate/Enhanced Data Rate (BR/EDR)	**Version 4** Low Energy (BLE)
Datenübertragungsrate (Luftschnittstelle)	1 Mbit/s bis 3 Mbit/s	125 kbit/s; 1 Mbit/s; 2 Mbit/s
Anwendungsdatenrate	0,7 Mbit/s bis 2,1 Mbit/s	0,27 Mbit/s
Reichweite (theoretisch, Freifeld)	100 m	> 100 m
Verbindungsaufbauzeit	typisch 100 ms	6 ms
Minimale Gesamtzeit für Datenübertragung	100 ms	3 ms
Lesitungsaufnahme	1 W	0,01 W bis 0,5 W

Funktion

- **Ein-/Ausgabe und Bearbeitung akustischer Signale**
  - Umformen (Sampling) der analogen Signale (Sprache, Musik oder Geräusche aus verschiedenen Quellen) in digitale Signale durch Pulse Code Modulation PCM.
  - Bearbeiten der Signale durch Software: Verändern, Teile löschen bzw. kopieren, Klangdateien zusammenfügen/hinzufügen, mischen, speichern usw.
  - Umformen der digitalen Signale in analoge Signale (Digital-Analog-Umsetzung) und Wiedergabe
- **Erzeugung (Synthese) von akustischen Signalen**
  - FM-Synthesizer:
    Elektronische Musik wird mit Hilfe interner Tongeneratoren erzeugt (Frequenzmodulation FM).
  - Wavetable-Synthese:
    Proben von Originalklängen einzelner Instrumente sind gespeichert. Die Erzeugung erfolgt mit Software-Synthesizern.
- **Digitale Signalprozessoren** (DSP) übernehmen die Aufgaben auf der Soundkarte. Sie entlasten den Prozessor des Computersystems bei der Bearbeitung der großen Sound-Dateien. Er übernimmt auch die Datenreduktion und Komprimierung. Die Daten (z. B. WAV, MP3) werden vom Arbeitsspeicher auf die Festplatte geschrieben.

Einbaumöglichkeiten bzw. Orte im PC

- **Steckkarten:**
  - Ältere PCs: ISA-Bus
  - PCI- bzw. PCI-Express
  - PCMCIA, ExpressCard
- **Schnittstellen:**
  - USB
  - FireWire (professioneller Bereich)
- **Motherboard:**
  - Integrierte Chips (kostengünstig, geringere Qualität, für einfache Aufgaben)

Anschlüsse

- **Analog**
  - Stecker/Buchse: Klinke, Cinch
  - Farben der Buchsen:

Blau	Line-in für Aufnahmen (Stereo)
Rosa	Mic-in, Mikrofoneingang (Mono)
Orange	Center speaker, subwoofer-Center und Tiefbass-Lautsprecher-Ausgang
Grün	Line-out, Kopfhörer- oder (Front-) Lautsprecher-Ausgang (Stereo)
Schwarz	Rear speakers, Rücklautsprecher-Ausgang (Stereo)
Silber	Side speakers, Seitenlautsprecher-Ausgang (Stereo)

- **Digital**
  - Übertragungsformat: S/P-DIF-Format (Sony/Philips Digital Interface), verkürzt: SPDIF-Format
    Typ I: Professional mode, für professionellen Einsatz
    Typ II: Consumer mode, für heimische Endverbraucher
  - Steckverbinder für Koaxialkabel (Cinch)
  - Optischer 3,5 mm Klinkenstecker
  - Optische Steckverbinder (TOSLINK-Anschluss)

Qualitätsmerkmale

- **Auflösung beim Digitalisieren:**
  8, 16, 24 Bit
- **Abtastrate (Samplingrate):**
  22; 44 (CD-Qualität); 96 oder 192 kHz
- **Weitere Qualitätsmerkmale:**
  Anzahl der Kanäle, Rauschverhalten, Frequenzgang, Abschirmung gegen Störsignale, Beschleunigerchip zur Entlastung der CPU

Gameport/MIDI-Schnittstelle

- Bei gegenwärtigen Soundkarten wird in der Regel auf diese Anschlüsse verzichtet, da entsprechende Geräte über die USB Schnittstelle angeschlossen werden.
- **Gameport** (Joystick)
  - Anschluss von Steuergeräten (Joystick, Gamepad, ...)
  - Analoge Datenübertragung
- **MIDI: M**usical **I**nstrument **D**ata **I**nterface
  - Schnittstelle, über die elektronische Musikinstrumente angeschlossen werden können. Mit dem PC können die Klangdaten koordiniert werden.
  - Digitale Datenübertragung

Standards für die Soundausgabe

- **EAX** (**E**nvironmental **A**udio **E**xtension)
  Umgebungsgeräusche in Computerspielen werden mit EAX so real wie möglich wiedergegeben. Beispiel: Der Ton einer bestimmten Quelle wird nur einmal erzeugt und je nach Wiedergabe in bestimmten Räumen entsprechend modifiziert.
- **DTS-ES** (**D**igital **T**heater **S**ystems)
  Beispiel: Mit dem Tonformat DTS-ES Discrete 6.1 können alle 6.1 Kanäle einschließlich Subwoofer unabhängig aufgenommen und entsprechend frei gestaltet werden.
- **ASIO** (**A**udio **S**tream **I**nput/**O**utput)
  Es handelt sich hierbei um ein mehrkanalfähiges Audio-Transferprotokoll, mit dem man auf die Multichannel-Fähigkeiten vieler Sound- und Recordingkarten (professionelle Soundkarten) zugreifen kann.
  ASIO 2.10 unterstützt 64-Bit-Systeme und DSD (Direct Stream Digital).

Steckkartenbeispiel

Aufbau und Arbeitsweise

- Grundsätzliche Funktion: Steuerung der Bildschirmanzeige
- Die Eingangsdaten gelangen über eine Schnittstelle (① PCI, PCIe, AGP, …) und einen **Grafikspeicher** mit großer Kapazität (256 MB und größer) in den **Grafikprozessor** ② (**GPU**: **Gra**phic **P**rocessing **U**nit).
- Im Grafikprozessor erfolgt die Berechnung der Daten für die Bildschirmausgabe. Aufgrund der großen Rechenleistung in der GPU sind gegebenenfalls Kühlmaßnahmen erforderlich.
- Der Grafikspeicher dient auch zur Ablage der in der GPU verarbeiteten Daten.
- Die Ausgabeeinheit ③ liefert das jeweils gewünschte Signal über entsprechende Steckverbindungen (VGA, DVI, …).
- Wenn die Grafikkarte einen VGA-Ausgang besitzt, erfolgt im **RAMDAC** (**RAM-D**igital-**A**nalog-**C**onverter) eine Umwandlung in ein analoges Ausgangssignal.

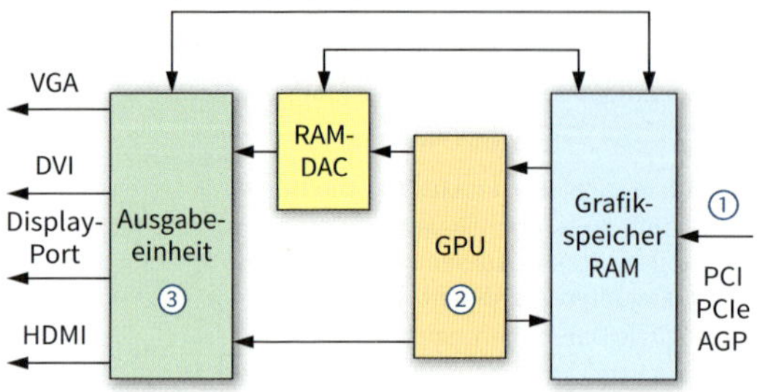

VGA-Anschluss

- Analoge Video-Datenübertragung
- **VGA: V**ideo **G**raphics **A**rray
- **DDC: D**isplay **D**ata **C**hannel (Anzeigedatenkanal)
  Die Signale dienen der Identifikation des angeschlossenen Monitor-Typs (z. B. Farbe, VGA, SVGA).
- Farben: Maximal 16 Farben
- Auflösung: Maximal 25 Zeilen x 80 Zeichen, 640 x 480 Pixel.

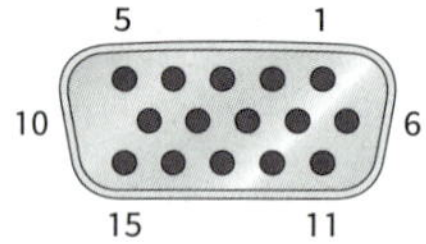

Pin	Signal, Funktion
1	Rot-Signal analog
2	Grün-Signal analog oder analoges Monochrom-Signal
3	Blau-Signal analog
4	Monitor Identifikations-Bit 2, Masse
5	Digitale Masse für DDC
6	Rot-Masse
7	Grün-Masse
8	Blau-Masse
9	Nicht belegt, DDC 1 (+5 V)
10	Synchronisations-Masse
11	Monitor Identifikations-Bit 0
12	Monitor Identifikations-Bit 1, DDC 1-Signal
13	Horizontale Synchronisation
14	Vertikale Synchronisation
15	Monitor Identifikations-Bit 3, DDC 1-Signal

DVI-Anschluss

- Schnittstelle zur Übertragung der digitalen Daten der Grafikkarte z. B. an ein TFT-Display.
- **DVI: D**igital **V**isual **I**nterface
- Pinbelegung:
  - 1…24 digitale Signale
  - C1…C4 analoge Signale
- **DVI-I** (DVI-Integrated):
  Digitale und analoge Übertragung
- **DVI-D:**
  Rein digitale Übertragung (nur Pin 1 bis 24, ohne C1 bis C5)
- **DVI-A:**
  Rein analoge Übertragung (C1 bis C5)

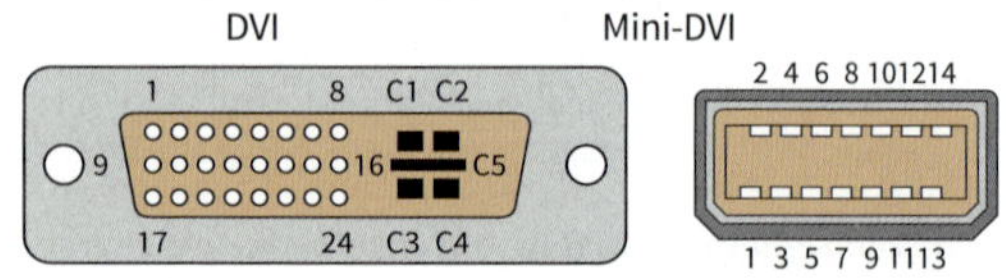

Computergrafikstandards und Bildschirmgröße

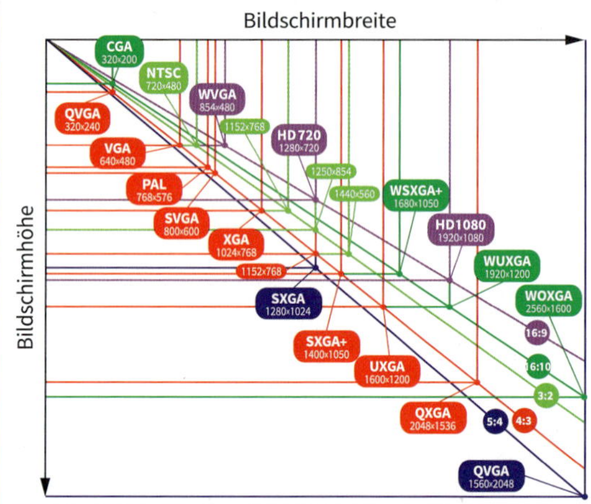

Q:	**Q**uarter	**VGA:**	**V**ideo **G**raphics **A**rray
S:	**S**uper	**XGA:**	E**x**tended **G**raphics **A**rray
U:	**U**ltra	**CGA:**	**C**olour **G**raphics **A**dapter
W:	**W**ide	**HD:**	**H**igh **D**efinition Television
PAL:	**P**hase **A**lternating **L**ine	**NTSC:**	**N**ational **T**elevision **S**ystem **C**ommittee

Pinbelegung VGA 9polig (VGA-DSUB)

Pin	Funktion	Pin	Funktion
1	Masse	8	Horizontale Synchronisation
2	2. Rot	9	Vertikale Synchronisation
3	Rot		
4	Grün		
5	Blau		
6	2. Grün		
7	2. Blau		

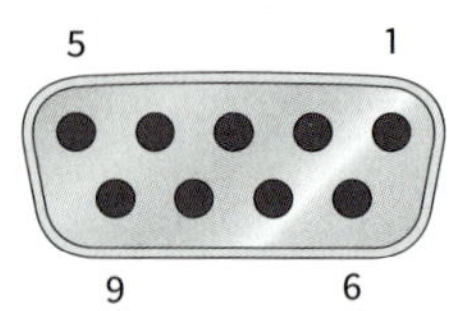

Kenndaten

- Universeller digitaler Verbindungsstandard für die Übertragung von Bild- und Tonsignalen des **VESA**-Gremiums (**V**ideo **E**lectronics **S**tandards **A**ssociation, April 2007).
- Anwendung: Verbindung von Bildschirmen und Fernsehgeräten mit PC, DVD, ... zur Übertragung hoher Datenraten.
- Gedacht als Ersatz für VGA und DVI, mit vergleichbaren Funktionen wie HDMI.
- Die Verschlüsselung erfolgt wie bei HDMI und DVI mittels **HDCP** 1.3 (**H**igh Bandwidth **D**igital **C**ontent **P**rotection) und **DPCP** (**D**isplay**P**ort **C**ontent **P**rotection).
- Die Datenübertragung erfolgt seriell, (skalierbare Punkt-zu-Punkt-Verbindung), die sich an die Eigenschaften des Übertragungskanals anpassen kann.
- Bei Verbindung zwischen Sender (z. B. Grafikkarte) und Empfänger (Display) erfolgt eine Synchronisation (ohne Taktleitung), bei der sich Signalpegel zwischen 200 mV und 600 mV einstellen.
- Mit dem DisplayPort-Anschluss können für die Übertragung 1, 2 oder 4 Kanäle (Bahnen, Leitungspaar) eingerichtet werden.
- **Video-Signal**: Die maximale Auflösung wird durch die verfügbare Bandbreite (Leitungslänge) begrenzt.

Kanäle	Leitungslängen	
	bis 2 m	bis 15 m
1	1280 x 1024 [1]	1024 x 768 [1]
2	1920 x 1200	1280 x 1024
4	2560 x 1600	1920 x 1200

[1] Pixel x Pixel

- **Datenraten** (maximal)
  1,62 Gbit/s; 2,7 Gbit/s oder 5,4 Gbit/s pro Kanal
  Beispiel:
  Mit 4 Kanälen mit jeweils 2,7 Gbit/s erreicht man bis zu 10,8 Gbit/s (max. 2 m Leitungslänge). Diese Datenrate reicht aus für ein WQXGA-Display mit 2560 x 1600 Pixeln und 30 Bit Farbtiefe pro Pixel.
- **Audio-Signal**
  1 bis 8 Kanäle, 16 oder 24-Bit-PCM, 32 bis 192 kHz Abtastrate, maximale Datenrate 49152 kbit/s
- **Zusatzkanal**
  - Verwendung zur bidirektionalen Datenkommunikation
  - **DDC** (**D**isplay **D**ata **C**hannel) für die Übertragung der Monitor-Daten
  - Übertragung der Daten von Webcams, Mikrofon, Lautsprecher
  - Datenraten: 1 Mbit/s bis 720 Mbit/s
- Die Steckverbindung ist im Vergleich zu VGA und DVI kompakter und verriegelbar.

- Ausgänge an Grafikkarte

Pinbelegung

Pin	Bezeichnung	Pin	Bezeichnung
1	ML_Lane 0 (p)	11	GND
2	GND	12	ML_Lane 3 (n)
3	ML_Lane 0 (n)	13	Config 1 [1]
4	ML_Lane 1 (p)	14	Config 2 [1]
5	GND	15	AUX CH (p) [2]
6	ML_Lane 1 (n)	16	GND
7	ML_Lane 2 (p)	17	AUX CH (n) [2]
8	GND	18	Hot-Plug [3]
9	ML_Lane 2 (n)	19	Zurück
10	ML_Lane 3 (p)	20	DP_PWR [4]

- Lane: Spur, Bahn, Straße
- ML: Main Link (Hauptverbindung)
- p: positive
- n: negative

[1] kann direkt geerdet sein
[2] Zusatzkanal (AUX: Auxiliary-Wege: Hilfswege)
[3] Hot-Plug-Erkennung (Komponenten können während des Betriebs ausgetauscht werden)
[4] Anschluss 3,3 V 500 mA

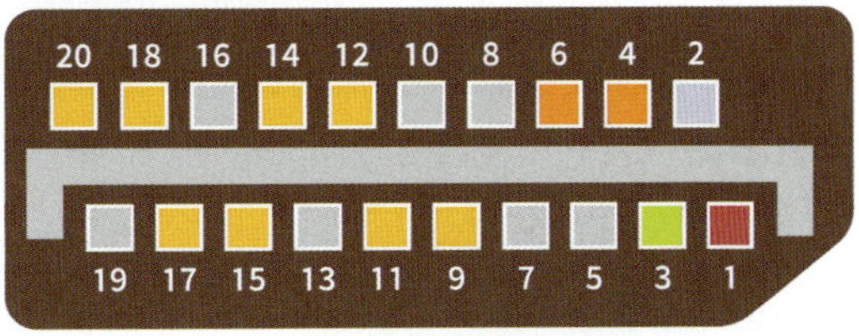

Adapter

- Die DisplayPort-Schnittstelle ist elektrisch kompatibel zu VGA- und DVI-Schnittstellen.
- In der Regel reicht zum Anschluss von Geräten mit VGA-, DVI- oder HDMI-Schnittstellen ein einfacher (fast) passiver Adapter.

- Befindet sich auf dem Weg zum Endgerät ein Adapter, erkennt die Grafikkarte eine andere Schnittstelle. Intern erzeugt die Grafikkarte dann ein Signal im richtigen Format und schickt es an den DisplayPort-Ausgang. Der Adapter sorgt dafür, dass die Signale zu den richtigen Kontakten geleitet werden.

Mini-DisplayPort

- Einführung vor allem für Notebooks
- Stecker und Buchsen sind kleiner
- Elektrische Kompatibilität zum „normalen" DisplayPort

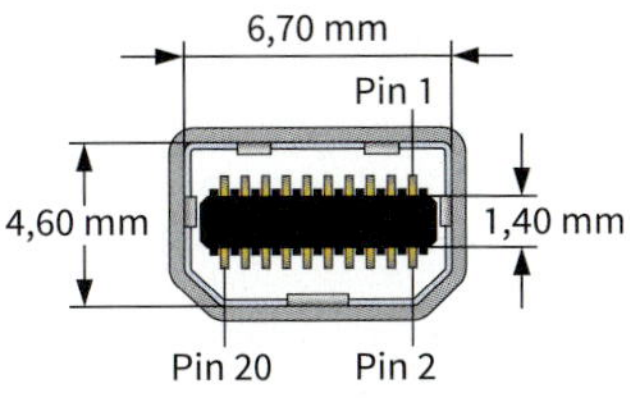

Farbräume und Farbmodelle

- Ein Farbraum umfasst alle möglichen Farben, die innerhalb eines Farbmodells darstellbar sind.
- Farbräume dienen zur Visualisierung und können Unterschiede zwischen Idealzustand und Realität verdeutlichen.
- Farben eines Farbraumes werden durch Farbmodelle quantifizierbar.
- Zur Normierung von Farben hat die **CIE** (**C**ommission **I**nternationale de l'**E**clairage) 1976 den Referenz-Farbraum **CIE-Lab** entwickelt, der sich an der menschlichen Farbwahrnehmung orientiert. Er ist somit unabhängig von der Art des Gerätes und dient als Referenzsystem für Farbmanagement-Prozesse (Konvertierung von Farbinformationen).
  Im Gegensatz dazu sind die RGB- (z. B. Monitor) und CMYK-Modelle (Drucker) geräteunabhängig. Sie dienen zur technischen Darstellung von Farben.

Lab-Farbraum

- Jede Farbe wird durch den Farbort mit den Koordinaten L, a und b definiert.
- Bedeutung der Koordinaten (dreidimensional, Kugelform).
  - a-Achse: Grün und Rot liegen gegenüber (Gegenfarbentheorie)
  - b-Achse: Blau und Gelb als Gegenfarben
  - L-Achse: Sie steht senkrecht auf der durch die a- und b-Achse gebildete Ebene und gibt die Helligkeit (Luminanz) wieder. Sie wird auch als Neutrakgrauachse bezeichnet, da die Endpunkte Schwarz (L = 0) und Weiß (L = 100) sind.

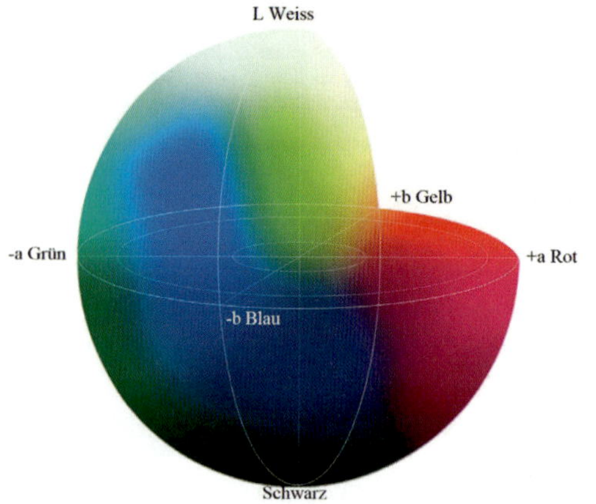

CIE-Normfarbraum (Normalfarbtafel)

- Der Farbraum wurde mit Hilfe von farbnormalsichtigen und durchschnittlichen Testpersonen entwickelt (physiologischen Eigenschaften menschlicher Wahrnehmungen).
- In der hufeisenförmigen Darstellung sind alle für den Menschen sichtbaren Farben wiedergegeben.
- Die Spektralfarben liegen auf der gekrümmten Außenlinie. Die blauen Zahlenangaben sind die Wellenlängen des Lichts.
- Das schwarze Dreieck in der Mitte zeigt den **sRGB** (**S**tandard **RGB**) Farbraum.
- Das gelbe Dreieck kennzeichnet den **CMYK**-Offset-Druckbereich. In dieser Darstellung wird deutlich, dass satte, leuchtende Blautöne nicht darstellbar sind.
- Das blaue Dreieck umfasst den „Adobe-RGB-Farbraum" (Fa. Adobe, 1998). Es handelt sich um einen erweiterten sRGB-Bereich, der mehr Grünanteile besitzt. Dadurch wird der gesamte CMYK Raum eingeschlossen. Das ist dann vorteilhaft, wenn das Bild sowohl für die Ausgabe auf dem Bildschirm (sRGB) als auch für den Offset-Druck (CMYK) verwendet werden soll.

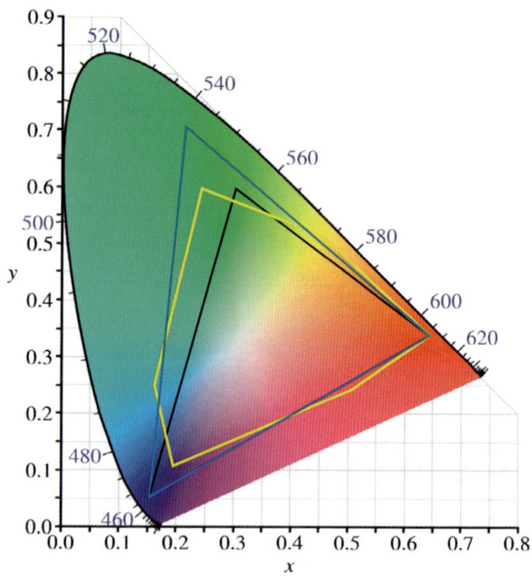

Farbraumanpassung

- Damit in den verschiedenen Farbräumen der Farbeindruck gleich bleibt, müssen Farbraumanpassungen vorgenommen werden.
- Der Lab-Farbraum dient dabei als Referenzfarbraum. Die Farbwerte vom Quellfarbraum werden dazu in einen Zielfarbraum konvertiert.
- Beispiel:
  Relative farbmetrische Farbumwandlung (**Rendering Intents**)
  - Der Weißpunkt des Quellfarbraums wird mit dem Weißpunkt des Zielfarbraums verrechnet und alle Farben entsprechend verschoben.
  - Damit wird berücksichtigt, dass Augen immer das Weiß adaptieren, das auf dem jeweiligen Medium zu sehen ist.
  - Die Farben, die außerhalb des Farbbereichs liegen, werden den in Richtung der am ähnlichsten reproduzierbaren Farbe im Zielfarbraum verschoben.

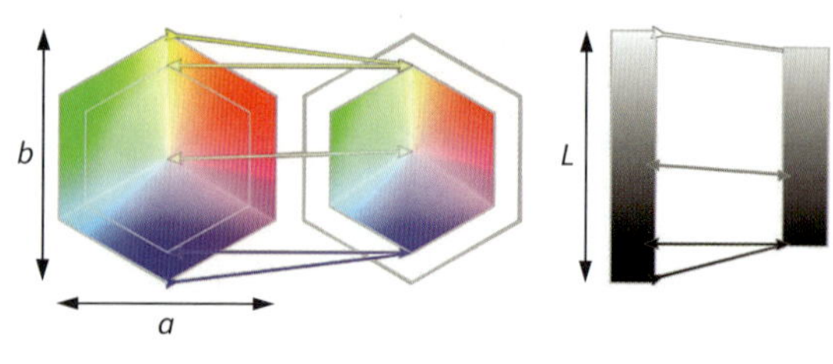

RGB

Funktion von Farbmodellen:
Sie beschreiben einzelne Farben durch Zahlenwerte.

Anwendung von RGB:
Farbdarstellung auf Displays, Farbmonitoren (aktiv lichterzeugende Medien)

RGB:

- **Additives** Farbmodell
- Primärfarben (Grundfarben)
  - **R**ot 610 nm (R)
  - **G**rün 535 nm (G)
  - **B**lau 470 nm (B)
- Die Primärfarben ergeben zusammen Weiß.
  $0{,}3\,R + 0{,}59\,G + 0{,}11\,B = 1$
- Weitere Farben lassen sich aus Mischung der drei Primärfarben erzeugen.

- Der Farbraum des RGB-Modells lässt sich in Form eines Würfels mit der Kantenlänge 1 darstellen.
- Vorteil:
  Alle Farben lassen sich durch Vektoren mit ihren Komponenten darstellen.

Beispiele:

Schwarz	(0, 0, 0)	Magenta	(1, 0, 1)
Blau	(0, 0, 1)	Weiß	(1, 1, 1)
Gelb	(1, 1, 0)	Grün	(0, 1, 0)
Rot	(1, 0, 0)	Cyan	(0, 1, 1)

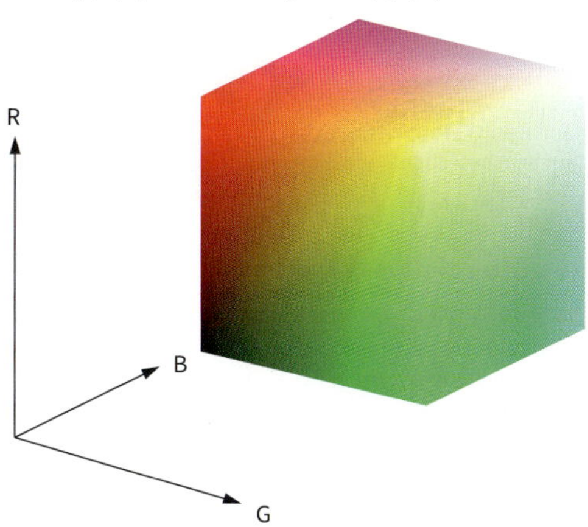

CYM

Anwendung:
Malerei und Farbausgabe durch Drucker (reflektierende Medien)

CYM:

- **Subtraktives** Farbmodell
- Grundfarben
  - **C**yan (C)
  - **Y**ellow (Y)
  - **M**agenta (M)
- Alle Grundfarben zusammen ergeben Schwarz.

CMYK

Neben den Grundfarben Cyan, Magenta und Yellow wird für den Farbdruck Schwarz eingesetzt (**Vierfarbendruck**).

Vorteile:

- Schwarz lässt sich klarer darstellen.
- Druckpapier würde durch das Auftragen der drei Farben zu stark durchnässt werden.

YUV

Verwendung beim PAL-Fernsehen.
Y: Leuchtdichtesignal, Helligkeitssignal (Luminanz)
U: Reduziertes Farbdifferenzsignal (R–Y)
V: Reduziertes Farbdifferenzsignal (B–Y)

$$Y = 0{,}299\,R + 0{,}587\,G + 0{,}114\,B$$
$$U = -0{,}169\,R - 0{,}0331\,G - 0{,}5\,B$$
$$V = 0{,}5\,R - 0{,}419\,G - 0{,}081\,B$$

Variante: **YCbCr (YC_BC_R)**
Y: Leuchtdichtesignal, Helligkeitssignal
Cb: Blaue Chrominanzkomponente
Cr: Rote Chrominanzkomponente

Zusammenhang mit dem RGB-Farbsystem:

$$Y = 0{,}299\,R + 0{,}587\,G + 0{,}114\,B$$
$$Cr = 0{,}60\,R - 0{,}28\,G - 0{,}32\,B$$
$$Cb = 0{,}21\,R - 0{,}52\,G + 0{,}31\,B$$

YIQ

Verwendung beim NTSC-Fernsehen.

Y: Leuchtdichtesignal, Helligkeitssignal
I, Q: Reduzierte Farbdifferenzsignale

Kalibrieren und Profilieren

- Wenn in einer Produktionskette in Geräten Farben verarbeitet bzw. dargestellt werden (z. B. mit Scanner, Monitor, Drucker), treten Farbfehler auf, die sich fortpflanzen. Ziel des Farbmanagements ist es, diese Fehler zu korrigieren.
- **Kalibrieren** bedeutet, dass bestimmte Werte bei einem Gerät eingestellt werden.
- **Profilieren** bedeutet, dass die Eigenschaften eines Gerätes gemessen und als Profil gespeichert werden.
- Mit einem **Profil** (in Form eines Datensatzes) wird der Farbraum eines Gerätes für seine Farbeingabe bzw. Farbausgabe beschrieben.
- Genormte Profile wurden von dem 1993 gegründeten **ICC** (**I**nternational **C**olor **C**onsortium) erstellt. Bei dem ICC handelt sich um einen Zusammenschluss zahlreicher Hersteller von Grafik-, Bildbearbeitungs- und Layoutprogrammen, mit dem Ziel, Farbmanagementsysteme zu vereinheitlichen.
- Folgende **Profilklassen** werden unterschieden:
  - **Monitor** (mntr): Anzeigegeräte, z. B. Monitor (LCD, CRT)
  - **Eingabe** (scnr): Eingabegeräte, z. B. Scanner, Digitalkameras
  - **Ausgabe** (prtr): Ausgabegeräte, z. B. Tintenstrahldrucker, Laserdrucker, Druckmaschinen
- Je nach Aufbau werden zwei Arten von ICC-Profilen unterschieden:
  - **Matrix-Profile** (ca. 1 kByte) enthalten 3 x 3-Matritzen und Kurvendefinitionen. Sie sind für die Beschreibung von Standard-Farbräumen und Ausgabegeräten (z. B. Monitore) geeignet.
  - **LUT-Profile** (**L**ook-**U**p-**T**able, Tabellen zum Nachschlagen, größer 1 MByte) enthalten Daten über konkrete Ausgabegeräte (z. B. Drucker).

Scanner-Profilierung

- Für die Scanner-Profilierung wir kein zusätzliches Messgerät benötigt.
- Zum Vermessen wird eine genormte Vorlage (**Target**) benötigt. Die Vorlagen werden als **IT8-Targets** bezeichnet. Sie dienen zum Kalibrieren von Scannern, Digitalkameras, Monitoren und Druckern.

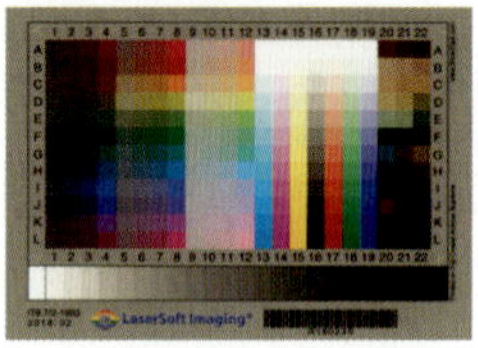

- Für die Scanner-Profilierung werden Durchsicht-Targets (IT8.7/1) bzw. Aufsicht-Targets (IT8.7/2) verwendet.
- Ein IT8-Target enthält 24 Graufelder sowie 264 Farbfelder in 22 Spalten.
- Profilierungsablauf:
  - Das IT8-Target wird mit der entsprechenden Software gescannt ①. Dadurch erhält der PC Daten über die Farben.
  - Im PC sind Referenzdaten ② von der Software (Referenztabelle) über die Farben gespeichert.
  - Aus dem folgenden Vergleich wird das ICC-Profil des Scanners ③ berechnet.

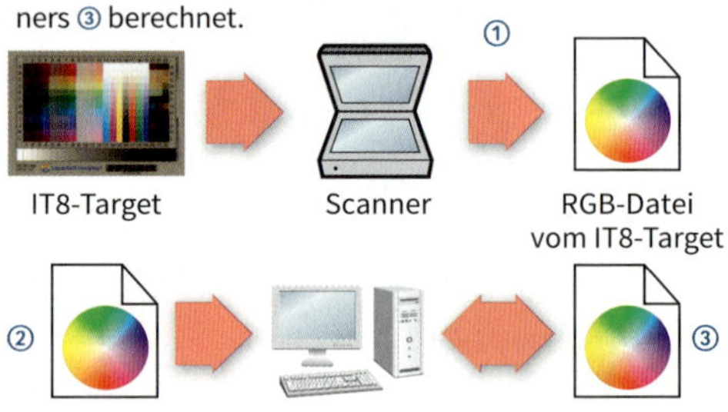

Monitor-Kalibrierung und -Profilierung

- Kalibrierungsvorbereitung durch Rücksetzung in den Hersteller-Zustand: Luminanzwert, Farbtemperatur (6500 K), Gammakorrektur (Übertragungsfunktion für eine Eingangs- in eine Ausgangsgröße als Potenzfunktion mit einem Exponenten, beim Monitor üblich 2,2)
- Messung mit einem **Kolorimeter** (Absorptions- oder Spektralfotometer)
  - Mit Hilfe einer Profilierungssoftware werden charakteristische Farben auf dem Bildschirm dargestellt (Soll-Werte).
  - Das Messgerät (z. B. über USB-Anschluss mit PC verbunden) wird vor dem Bildschirm befestigt und die Farben werden vermessen (Ist-Werte).
  - Aus dem Vergleich zwischen Soll- und Ist-Werten wird im PC das ICC-Profil berechnet und gespeichert.

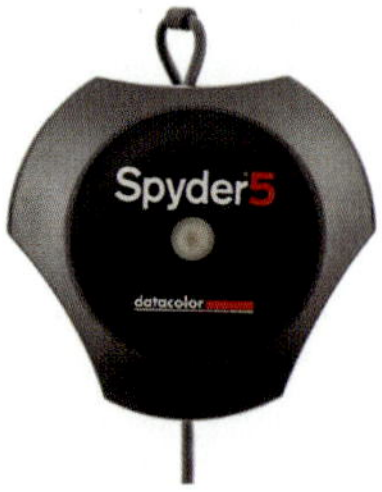

Drucker-Profilierung

- Die Profilierung des Druckers entspricht der Profilierung des Monitors.
- Mit einer Profilierungssoftware werden Testfarben ausgedruckt.
- Danach wird der Testausdruck mit einem Spektralfotometer vermessen (s. Abbildung) und die Werte mit den Soll-Farbwerten im PC verglichen.

- Aus dem Vergleich wird dann das ICC-Profil des Druckers berechnet.

Zusätzliche Einflussfaktoren

- Zusätzliche Einflussfaktoren bestimmen das ICC-Profil. Aus diesem Grunde muss für jede Situation ein eigenes Profil erstellt werden.
- Einflüsse
  - Monitor: Lichtbedingungen (Tageslicht, Fremdlicht)
  - Scanner: Unterschiedliche Film- und Papiersorten
  - Drucker: Verwendetes Druckerpapier, verwendete Tinte

Bild und Grafik
Picture and Graphic

Bildarten

Schwarzweißbild	Graustufen- oder Halbtonbild	Farbbild
	Information neu pro Bildpunkt	
▪ 1 Bit → $2^1 = 2$ 2 verschiedene Werte, Schwarz oder Weiß	▪ 4 Bit → $2^4 = 16$ 16 verschiedene Werte möglich ▪ 8 Bit → $2^8 = 256$ 256 verschiedene Werte möglich	▪ 8 Bit für jeweils Rot, Grün und Blau 24 Bit → $2^{24} = 16.777.216$ 16,78 Millionen verschiedene Werte möglich (Truecolor)

Farbtiefe (Farbumfang Image Depth)

$C = 2^D$

C: Anzahl der verschiedenen Farben (bzw. Graustufen)

D: Farbtiefe in Bit/Pixel

Farbinformationen

- **Farbton** (Hue)
  Wellenlänge des Lichtes
- **Helligkeit** (Brightness)
  Wie nah an Schwarz (0 %), wie nah an Weiß (100 %)
- **Farbsättigung** (Chroma)
  Leuchtkraft der Farbe, Weißanteil

Beispiele für Farbtiefen

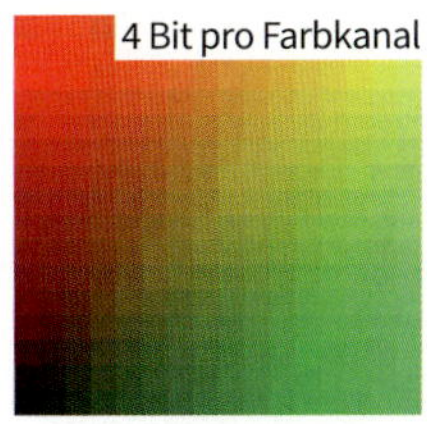

Auflösung und Bildpunkte

Auflösung:
Zwei Zahlen, die die Anzahl der darstellbaren Bildpunkte in horizontaler und vertikaler Richtung angeben.

Auflösung	Bildpunkte	Dateigröße im RGB in MB
320 x 240	76.800	0,225
640 x 480	307.200	0,900
800 x 600	480,000	1,37
1.280 x 1.024	1.310.720	3,67
1.528 x 1.146	1.751.088	5,01
1.600 x 1.200	1.920.000	5,49
2.048 x 2.048	4.194.304	12,29
3.060 x 2.036	6.230.160	17,85
6.144 x 6.144	37.748.736	110,00

Vektor-Grafiken

- Bei Vektor-Grafiken werden geometrische Formen (z. B. Kreise, Rechtecke) gespeichert. Ein Rechteck besitzt z. B. einen Ursprungspunkt und eine Ausdehnung in Form von Längen- und Breitenangaben.
- Vektor-Grafiken können ohne Qualitätsverlust frei gedreht und vergrößert werden (Skalierbarkeit).
- Anwendung: Konstruktionsbereich (CAD)
- Beispiele für Dateiendungen:
  .ai: **A**dobe **I**llustrator
  .cdr: Corel **Dr**aw
  .eps: **E**ncapsulated **P**ost**s**cript

Rastergrafik, Pixelgrafik

- Bilder in Pixel-Formaten werden als Bitmaps bezeichnet.
- Die Speicherung erfolgt wie bei einem Mosaik. Jedes Pixel (Bildpunkt) wird mit Informationen über Lage (x-y-Achsen) und Farbe gespeichert.
- Pixel-Grafiken verlieren beim Skalieren (Vergrößern) stark an Qualität, da die Pixel vergrößert werden. Stufungen sind erkennbar.
- Anwendung:
  Wiedergabe von Fotos und Grafiken mit feinen Farbabstufungen
- Beispiele für Dateiendungen:
  .bmp: **B**it**m**a**p**
  .fif: **F**ractal **I**mage **F**ormat
  .gif: **G**raphics **I**nterchange **F**ormat
  .jpeg: **J**oint **P**hotographic **E**xperts **G**roup
  .pcx: Paint Brush Format
  .pdf: **P**ortable **D**ocument **F**ormat
  .psd: Adobe Photoshop
  .tif: **T**agged **I**mage **F**ile Format

Tonwert

- Jedem Pixel (R, G, B) kann ein bestimmter Helligkeitswert zugeordnet werden. Er wird als **Tonwert** bezeichnet.
- Bei einer 8 Bit Auflösung (Farbtiefe) ergeben sich im RGB-Modus 256 Abstufungen.

- Die Anzahl der möglichen Farben berechnet sich wie folgt:
  $256_R \times 256_G \times 256_B = 16.777.216_{RGB}$
  In der Darstellung oben sind vereinfachend gleiche Höhen (Häufigkeiten) dargestellt.

- Die Verteilung der Tonwerte eines Bildes sowie die vorkommende Häufigkeit werden in einem **Histogramm** grafisch dargestellt.
- Je öfter ein bestimmter Tonwert im Bild vorkommt (Häufigkeit), desto höher ist die Anzeige.

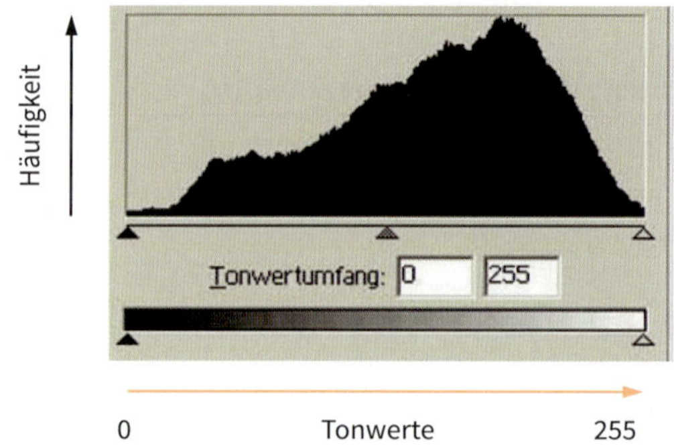

Tonwertkorrektur

Ohne Korrektur

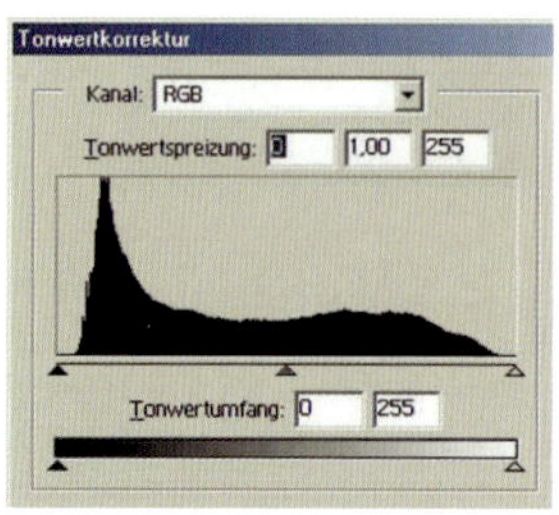

Bildbeurteilung:
Das Bild ist insgesamt recht dunkel. Es überwiegen Pixel im dunklen Bereich. Der Tonwertbereich ist nicht voll ausgeschöpft.

Automatische Tonwertkorrektur

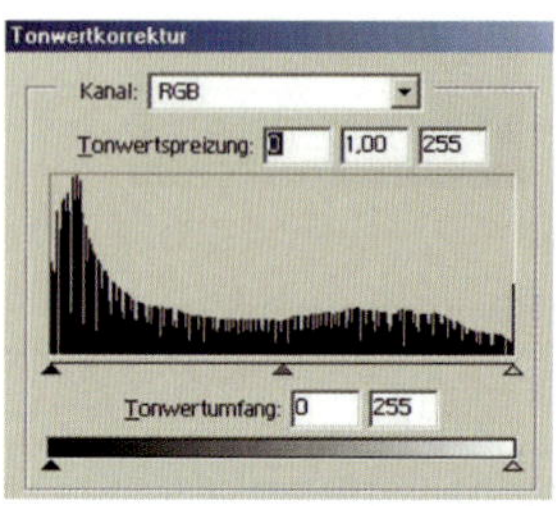

Ergebnis:

Korrektur mit Tonwertspreizung

Neue Verteilung der Häufigkeit der Tonwerte

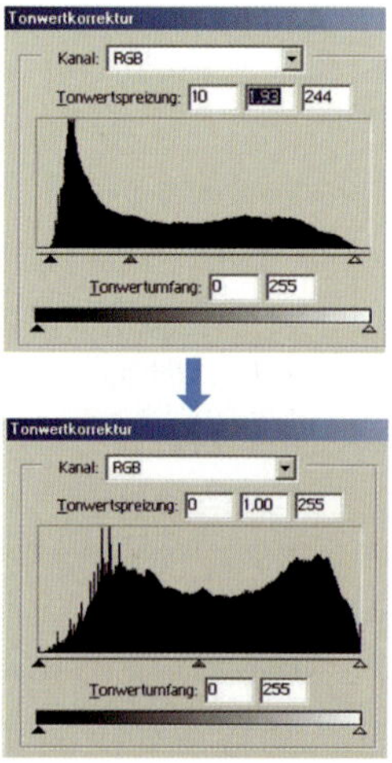

Ergebnis:

Korrektur durch Verändern der Gradation

Gradationskurve (Gammawert)
Durch Verändern der Kurve werden Helligkeitswerte verändert.

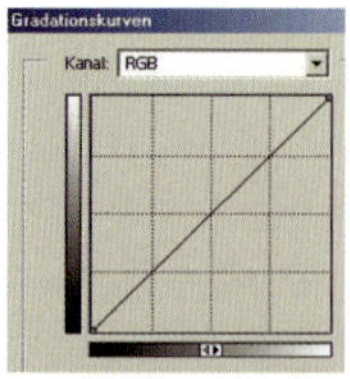

Ausgangskurve

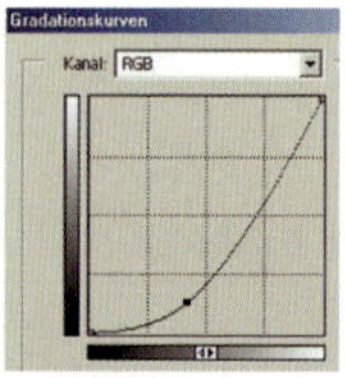

dunkler

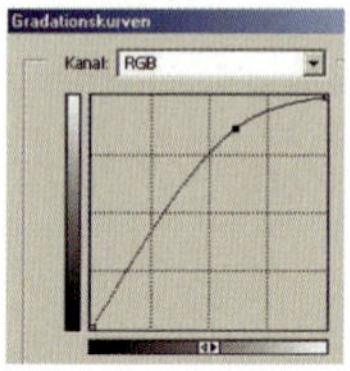

heller

korrigiertes Bild

Gruppen

- **Gruppe 1 und 2**
  Heute keine Bedeutung mehr, technisch veraltet
- **Gruppe 3**
  Standardfaxgerät mit dem, die Vorlage als Schwarz-Weiß-Bild in Form digitaler Daten über das analoge TK-Netz übertragen wird.
  Anschlusssteckdose: TAE mit N-Codierung
- **Gruppe 4**
  Digitales Faxgerät, die Vorlage wird als Graustufenbild in Form digitaler Daten über das ISDN-Netz übertragen.
  Anschlussdose: IAE oder UAE

Senden

- Text bzw. Bild wird zeilenweise abgetastet (Scanvorgang) und in einzelne schwarze bzw. weiße Pixel zerlegt ①.
- Auflösungsbeispiel:
  Horizontal:
  8 Pixel/mm (200 dpi)
  Vertikal:
  Normalauflösung 3,85 Zeilen/mm (100 dpi),
  Feinauflösung 7,7 Zeilen/mm (200 dpi)
  Superfeinauflösung 15,4 Zeilen/mm
  dpi: dots **p**er **i**nch (Bildpunkte pro Zoll)
- Zeichenfolge wird codiert
- Die Modulation erfolgt durch Tonfrequenzsignale innerhalb der analogen Bandbreite von 3,1 kHz ③.
  Modem: Modulator + **Dem**odulator

Empfangen

- Tonfrequente Signale werden im Modem demoduliert ③.
- Digitale Signale werden decodiert.
- Der Drucker gibt den Text bzw. das Bild in Form von schwarzen und weißen Pixeln wieder ②.

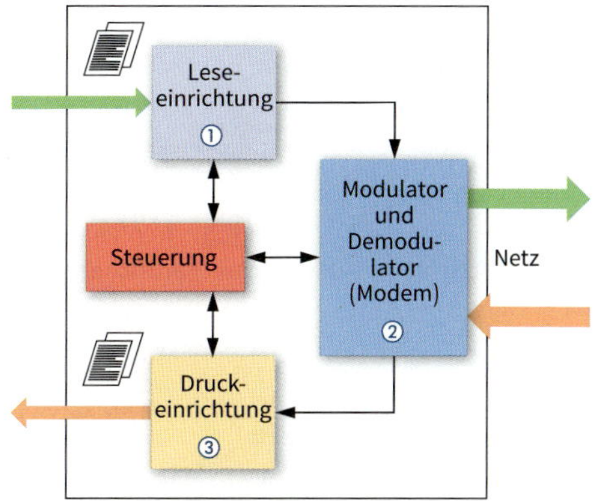

Kennung des Fernkopierers (im Ausdruck):
Beispiel: + 49 4141 935762

1. Pluszeichen (+)
2. Landeskennzahl
3. Vorwahlnummer ohne Null
4. Rufnummer

Weitere zusätzliche Angaben z. B. über den Anschlussinhaber können angefügt werden.

Kommunikationsvorgang beim Fernkopieren

1. Verbindungsaufbau
- Sendegerät meldet sich mit 2,1 kHz Rufsignal
- Empfangsgerät meldet sich mit 1,1 kHz Signal

2. Informationsaustausch
- Telefaxnummer des Absenders
- Rufnummer des Empfängeranschlusses
- Übertragungsparameter:
  Übertragungsgeschwindigkeit
  (z. B. Einigung auf 9600 bit/s), Codierung usw.
- Herstellerspezifische Funktionen

3. Kontrolle und Übertragung
- Verbindungskontrolle, Synchronisation
- Fehlerbehandlung
- Datenübertragung

4. Seitenende bzw. Fortsetzung der Übertragung
- Übertragung beendet – Bestätigung, bzw. Seite folgt noch (Mehrseitensignal)
- Ende der Übertragung

5. Ende der Verbindung
- Absender sendet Meldung zur Trennung
- Empfänger schließt sich der Trennung an

Übertragungsstandards

ITU/TS	Modulation	Bitrate
V.27ter[1]	**PSK** Phasen-umtastung	4 Phasenänderungen: 2400 bit/s 8 Phasenänderungen: 4800 bit/s
V.29	**QAM** Quadratur-Amplituden-modulation	2 Amplitudenstufen: 7200 bit/s 4 Amplitudenstufen: 9600 bit/s

[1] ter bedeutet 3. Version dieser Empfehlung (ter: französisch „die Dritte")

Datenkompression

- **Modified Huffman Codierung (MHC)**
  Codiert wird nicht jedes einzelne Pixel, sondern in jeder Zeile wird ermittelt (eindimensionales Verfahren), wie viele weiße und schwarze Pixel an welcher Stelle vorkommen (Lauflängen-Codierung).
- **Modified Read Code (MRC)**
  Für eine begrenzte Zahl von Zeilen werden nur die Änderungen codiert, die sich aus der vorangegangenen Zeile ergeben (zweidimensionales Verfahren).
- **Modified Modified Read (MMR)**
  Ab der zweiten Zeile werden nur die Unterschiede zur vorangegangenen Zeile übertragen.

Tintenstrahldrucker

Thermo-Verfahren

- Druckdüsen mit Heizelementen
- Temperatur ca. 300 °C
- Dampfblase entsteht
- Tinte wird herausgespritzt (ca. 80 ms)
- Geschwindigkeit ca. 15 m/s
- Schussfrequenz bis 18 kHz

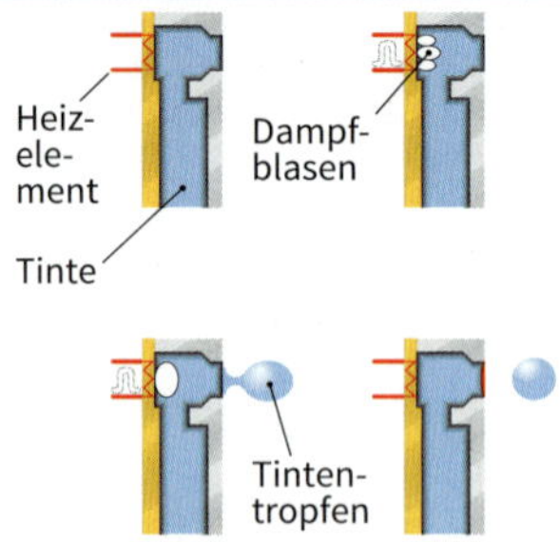

Druckdüse in Kartusche integriert

Piezoelektrisches Verfahren

- Druckdüse mit Piezo-Element
- Elektr. Spannung verformt das Element
- Zunächst Sog, dann Druck
- Tinte wird herausgedrückt
- Tropfengröße kann durch Spannung gesteuert werden

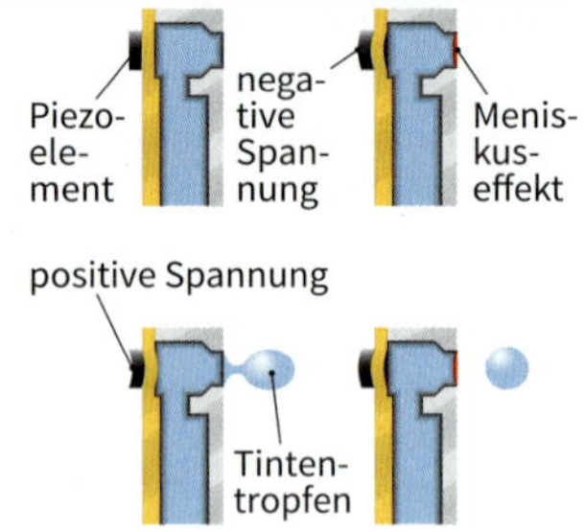

Druckdüsen befinden sich nicht in der Kartusche, sondern im Gerät

Druckvorgang

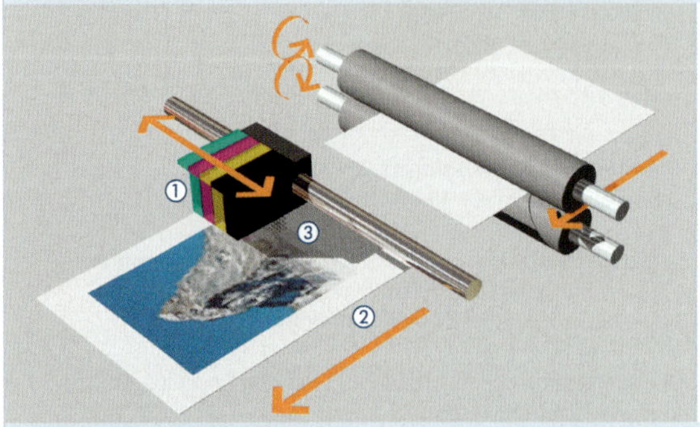

- Druckkopf bewegt sich zeilenweise über das Papier ①.
- Das Papier wird schrittweise in Längsrichtung durch den Drucker gezogen ②.
- Alle Druckfarben werden gleichzeitig auf das Papier gesprüht ③.
- Mehrere Druckpunkte bilden einen Rasterpunkt.
  Beispiel: Grüner Rasterpunkt besteht aus mehreren dicht nebeneinander oder übereinander gedruckten gelb- und cyanfarbigen Druckpunkten.

Druckauflösung (Auflösung):
Angabe in Druckpunkte pro Zoll (**dpi: D**ots **p**er **I**nch)
1 Zoll (Inch) = 2,54 cm

Beeinflussung der Druckqualität

- Erweiterung der vier Farben (CYMK) um weitere Farben (z. B. Cyan und Magenta) zur besseren Darstellung von Hauttönen.
- Für hochwertige Drucke sollte beschichtetes Papier verwendet werden, damit die Farbtropfen nicht zu tief eindringen.
- Das tiefe Eindringen der Tinte in das Papier kann durch vorheriges Aufbringen einer farblosen Flüssigkeit verringert werden.
- Größere farbige Flächen werden mit wenigen, aber größeren Tropfen schneller bedruckt.
- Die Tinte wird in mehreren Durchgängen aufgetragen.
  Ein Verlaufen der Tinte wird verringert.
- Pigmentierte Tinte verringert das zu tiefe Eindringen in das Papier.
- Für helle Farben (Farben mit geringer Sättigung) entstehen zwischen den Farbpunkten große störende weiße Flächen. Kleinere Druckpunkte verringern diese Störungen.
- Um das Verlaufen der Tinte aufgrund der Faserstruktur des Papiers zu verringern, wird schnelltrocknende Tinte eingesetzt.
- Neben diesen Hardwarelösungen werden von Herstellern verschiedene Softwarelösungen zur Steuerung der Druckpunkte eingesetzt.

Farblaserdrucker

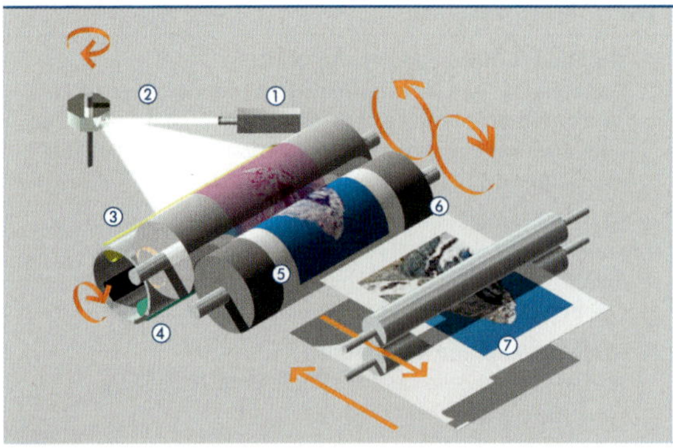

- Unbedrucktes Papier wird schrittweise zugeführt.
- Licht aus dem Laser ① gelangt über einen rotierenden Spiegel ② auf die lichtempfindliche Trommel ③.
- Die Trommel ist elektrostatisch aufgeladen.
- Sie dreht sich an der Tonerkartusche ④ vorbei.
  Der Toner gelangt durch elektrostatische Anziehungskräfte auf das Papier ⑤.
- Die Papiertrommel ⑥ läuft an der Belichtungstrommel vorbei.
- Für den Vierfarbendruck sind vier Durchläufe erforderlich.
- Am Ende wird das fertig bedruckte Papier ausgegeben ⑦.

Handscanner	Einzugscanner	Flachbettscanner	Trommelscanner	Dia- und Negativscanner
▪ Die Vorlage wird manuell abgefahren. ▪ Es entstehen Scanstreifen von einigen cm Breite. ▪ Problem: Passgenaues Zusammenfügen der Streifen (Software).	▪ Die Vorlage wird an den fest platzierten Sensoren entlang bewegt. ▪ Problem: Vorlagen dürfen eine bestimmte Dicke nicht überschreiten.	▪ Die Sensoren werden an der Vorlage entlang geführt. ▪ Die Qualität des Scanners hängt von der Auflösung und der genauen Führung der Sensoren ab.	▪ Die Vorlage wird innerhalb einer rotierenden Trommel von einer Lichtquelle abgetastet. ▪ Problem: Vorlagen dürfen eine bestimmte Dicke nicht überschreiten.	▪ Die durchscheinende Vorlage wird vom Licht abgetastet, das dann auf die Sensoren fällt. ▪ Aufgrund der kleinen Vorlage ist eine hohe Auflösung erforderlich.

Arbeitsweise des Flachbettscanners

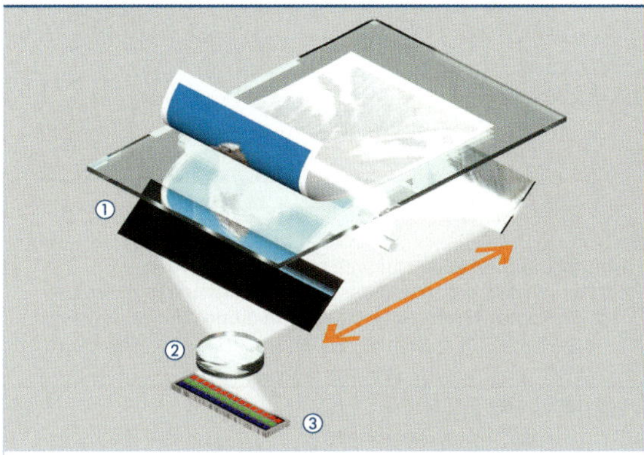

- Licht wird von der Aufsichtsvorlage reflektiert.
- Dieses Licht gelangt dann über Spiegel ① und Linsen ② auf die lichtempfindlichen und zeilenmäßig angeordneten Sensoren ③ (CCD-Zellen, **CCD: C**harge **C**oupled **D**evice).
- Vor den Sensoren befinden sich Farbfilter für rotes, grünes und blaues Licht.
- Helligkeitsinformationen werden in den Sensoren in unterschiedlich große elektrische Ladungen umgewandelt, als Spannungen verstärkt und mit Hilfe von Analog-Digital-Umsetzern in einen Datenstrom umgeformt.

Arbeitsweise des Trommelscanners

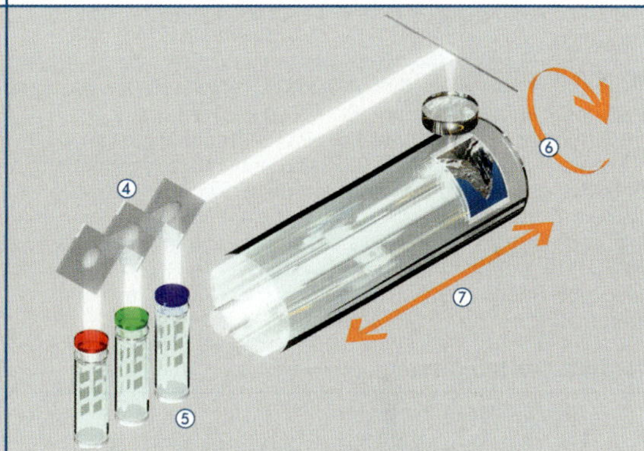

- Das von der Vorlage reflektierte oder durchgelassene Licht (je nach Vorlage) gelangt über Spiegel ④ an die Photomultiplier ⑤ (Sekundärelektronenvervielfacher).
- Durch Rot-, Grün- und Blaufilter erhält man die Farbinformationen der einzelnen Pixel.
- Die Trommel ⑥ rotiert, so dass die Vorlage zeilenweise abgetastet wird.
- Zusätzlich erfolgt nach jeder Zeile eine Bewegung der Trommel in Längsrichtung ⑦.
- Die Auflösung hängt von der Anzahl der Schritte bei der Trommelbewegung ab.

Auflösung

- **Optische Auflösung**
  Sie hängt von der Anzahl der CCD-Elemente ab.
  Einheit: Pixel pro Zoll: **ppi** (**p**ixel **p**er **i**nch)
  Punkte pro Zoll: **dpi** (**d**ots **p**er **i**nch)
  Beispiel: 600 ppi
  → auf einer Länge von 1 Zoll (2,54 cm) werden 600 Pixel erfasst.
- **Interpolierte Auflösung**
  Pixel werden durch eine Software berechnet. Ihre Zahl ist größer als die optische Auflösung und kann zu fehlerhaften Ergebnissen führen.

Beispiel:

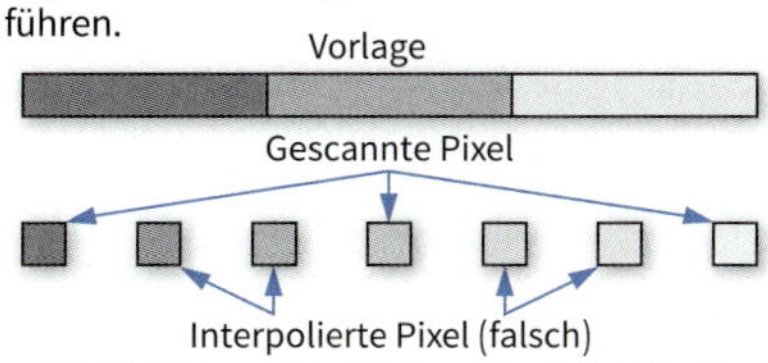

Schnittstelle

- Je nach PC- und Scannerausführung: Parallele Schnittstelle, USB- oder SCSI-Schnittstelle.
- Zwischen dem Scanner als Hardware und den Anwendungsprogrammen ist oft ein **TWAIN**-Treiber in Form einer Software-Schnittstelle erforderlich.

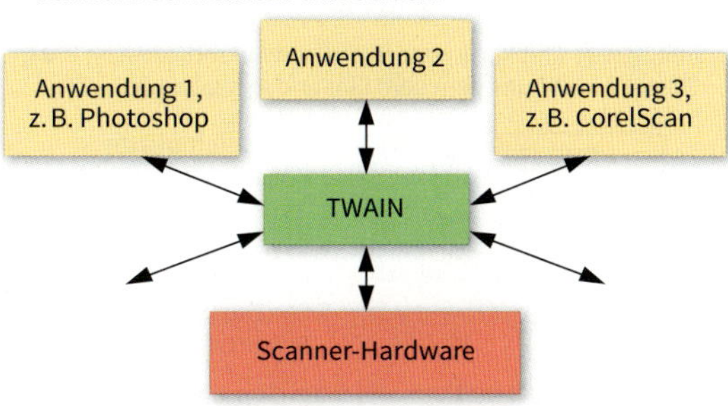

Magnet-Karten
Magnetic-Cards

Kartengrößen

Kartenformate

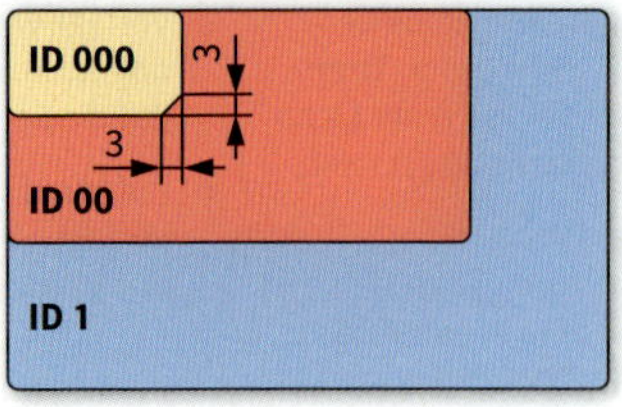

Kartenmaße

Kartenformat	Breite in mm	Höhe in mm	Dicke[1)] in mm
ID 000	25	15	0,76
ID 00	66	33	0,76
ID 1	85,6	53,98	0,76
ID 2	105	74	0,76
ID 3	125	88	0,76

[1)] Für Karten ohne Prägung und ohne magnetische Aufzeichnung dürfen andere Dickenwerte festgelegt werden.

Hochgeprägte Karten

Die geprägten Schriftzeichen sind für die Datenübertragung (durch Druckvorrichtung oder visuelles/maschinelles Lesen) bestimmt.

Identifikationsnummernzeile

Zeile für Schriftzeichen nach ISO 7811-1 mit maximal 19 Schriftzeichen-Positionen mit einer Nominaldichte von 7 Schriftzeichen je 25,4 mm. Die Zahl der benutzten geprägten Schriftzeichenpositionen hängt von den Erfordernissen der Anwender ab.

Namen- und Adressfeld

Vier Zeilen mit je 27 Schriftzeichen nach ISO 7811-1 mit einer Nominaldichte von 10 Schriftzeichen je 25,4 mm.

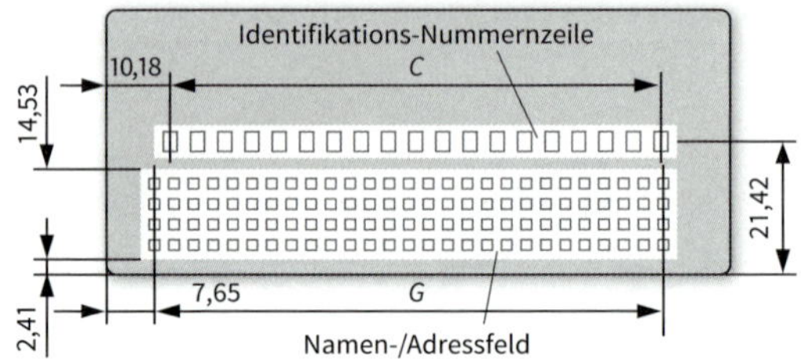

Größte kumulierte Grenzabweichung zwischen den Mittellinien des ersten und des letzten Schriftzeichens jeder Zeile +0,08 mm (Grenzabweichung von *C* und *G*).

Magnetstreifenkarten

Lage des Magnetstreifens

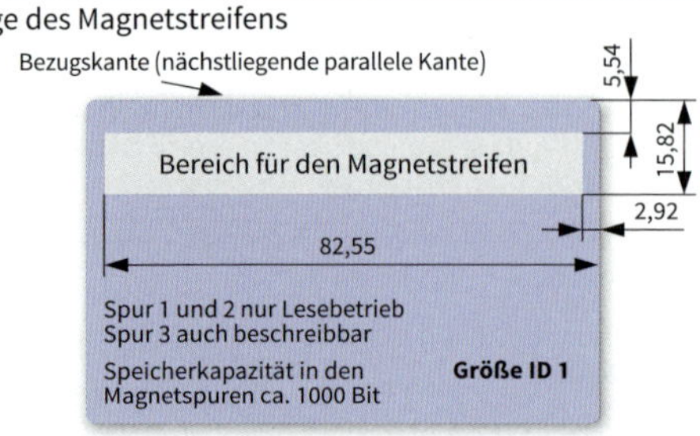

Lage der Spuren 1, 2 und 3

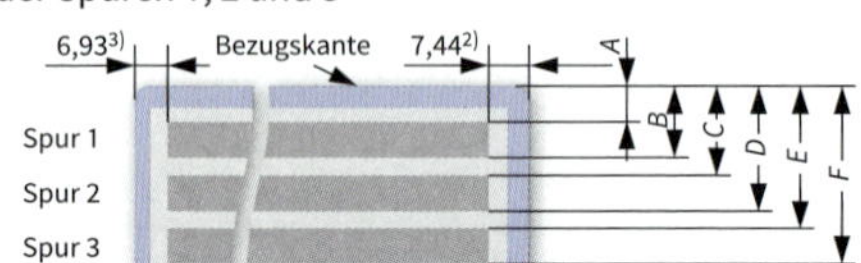

Maß	maximal	minimal	Maß	maximal	minimal
A	5,66	–	*D*	12,27[1)]	11,76
B	8,97	8,46	*E*	12,52	12,01
C	8,97	8,46	*F*	15,82	15,32

[1)] nur gültig, wenn Spur 3 vorhanden [2)] 1. Bit [3)] letztes Bit

Chip-Karten
Chip-Cards

- **Speicherchipkarten**
  Ohne Sicherheitslogik, z. B. Krankenversicherungskarte (meist EEPROM)
- **Intelligente Speicherchipkarten**
  mit festverdrahteter Sicherheitslogik, z. B. Telefonkarte
- **Prozessorchipkarte**
  Intelligente Chipkarte (smartcard) mit Mikroprozessor, RAM, ROM, EEPROM und seriellem Ein- und Ausgabeport.

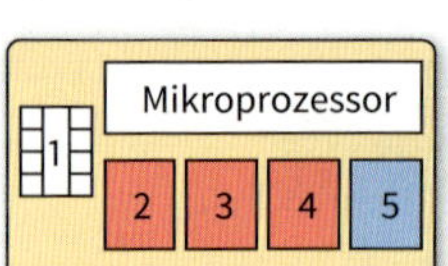

Prozessorchipkarte
1 Kontaktfelder des Chip
2 RAM
3 ROM
4 EEPROM
5 Serielle Ein-/Ausgabe-Schnittstelle

- **Cryptokarte mit mathematischem Coprozessor**

Kontaktbehaftete Karte

Kontaktbelegung	Kontakt	Signalname	Funktion
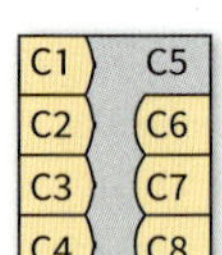	C1	V_{CC}	Versorgungsspannung
	C2	RST	Reseteingang
	C3	CLK	Takteingang
	C4	RFU	Reserviert
	C5	GND	Masse
	C6	V_{PP}	Programmierspannung
	C7	I/O	Ein-/Ausgang, seriell
	C8	RFU	Reserviert

Kontaktlose Karte

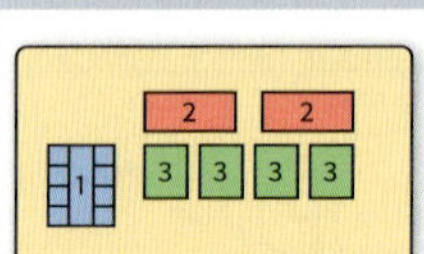

Energieübertragung meist induktiv, Datenübertragung induktiv oder kapazitiv
1 Interne Anschlüsse des Chip
2 Koppelspulen in der Chipkarte
3 Kapazitive Koppelflächen in der Chipkarte

Merkmale

- Biometrische Authentifizierung (Erkennung) dient
  - zur Überprüfung der behaupteten mit der tatsächlichen **Identität,**
  - Einhaltung der **Vertraulichkeit** und
  - Realisierung der **Integrität.**
- Grundsätzlich verwenden biometrische Verfahren Eigenschaften **menschlicher** (körperliche) **Merkmale** wie
  - Universalität,
  - Einzigartigkeit,
  - Dauerhaftigkeit und
  - Erfassbarkeit und Messbarkeit.
- Die spezifischen Merkmale sind einer einzigen Person zugeordnet.
- Vorteile gegenüber anderen Erkennungsverfahren sind:
  - Kein Verlust der Eigenschaften (Gegensatz z. B.: Chipkarten),
  - keine Erinnerung notwendig (Gegensatz: Geheimzahl) und
  - keine Geheimhaltung erforderlich.
- Das Verfahren wird verwendet für
  - Durchführung elektronischer Transaktionen,
  - Zutrittskontrolle zu Gebäuden/Räumen,
  - Überwachung der Verweildauer in Gebäuden,
  - Zugriffsüberwachung auf Daten und
  - Überprüfung von Berechtigungen.
- Die Betriebsarten werden unterschieden nach **Verifikation** und **Identifikation.**
- Die Verifikation
  - beinhaltet die Bestätigung der Identität der Person, für die sie sich ausgibt und
  - führt einen Abgleich der präsentierten Daten mit einem zuvor abgelegten Datensatz durch (1:1-Vergleich).
- Bei der Identifikation
  - wird ermittelt, um welche Person es sich handelt und es
  - werden die aktuellen Benutzerdaten mit allen gespeicherten Daten der anderen Benutzer verglichen (1 : n-Vergleich).
- Die Sicherheit biometrischer Systeme basiert im Wesentlichen auf
  - dem Schutz der Referenzdaten (personenbezogene Daten) und
  - dem Vergleichsverfahren.
- Wesentliche Kriterien dabei sind:
  - Merkmale und Person müssen tatsächlich zusammen gehören.
  - Unverfälschtheit der Daten beim Einlesen und bei der Anwendung muss gewährleistet sein.
  - Biometrische Sensoren dürfen nicht abgehört und mit oder ohne Hilfe des Nutzers einfach reproduziert werden.

Einteilung

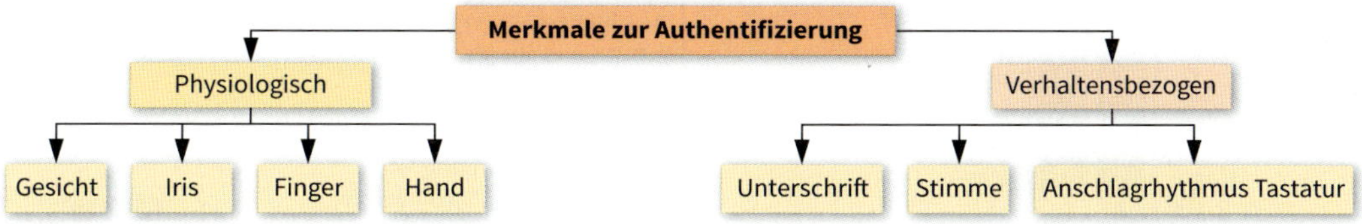

Iriserkennung

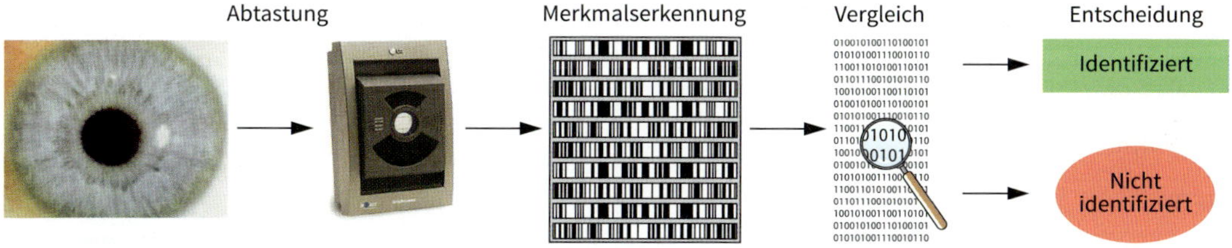

Fingerabdruckerkennung

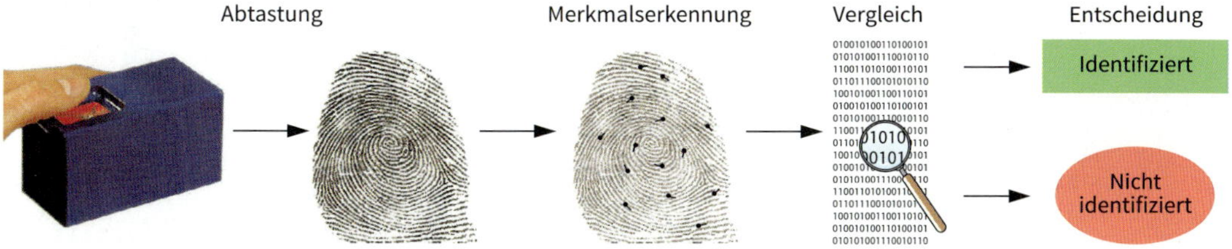

ATX-Format und ATX-Standards

- **ATX: A**dvanced **T**echnology E**x**tended (Formfaktor)
- Es handelt sich um eine Norm für Gehäuse, Netzteile, Hauptplatinen und Steckkarten.
- Der ATX-Formfaktor wurde 1996 für den AT-Formfaktor (Advanced Technology) eingeführt.
  Motherboardabmessungen: 305 mm x 244 mm (12" x 9,6")
- Im ATX-Standard verfügen die Netzteile mindestens über folgende Stecker:
  - ATX 1.0: 20 Pin-Stecker und FDPC-Stecker
  - ATX 1.3: 20 Pin-Stecker, FDPC-Stecker und APC-Stecker
  - ATX EPS: 24 Pin-Stecker, FDPC-Stecker und EPS-Stecker
  - ATX 2.0: 24 Pin-Stecker, FDPC-Stecker und PCI-Express-Stecker
  - ATX 2.2: 24 Pin-Stecker, FDPC-Stecker und PCI-Express-Stecker
- Ab ATX 2.0 sind zusätzlich SATA-Stecker vorhanden
- Die in den Abbildungen verwendeten Farben sind die gängigen Farben. Abweichungen sind möglich.
- Der 20-Pin-Stecker passt auch in die 24-Pin-Buchse (ggf. Adapter). Bei einem hohen Energieverbrauch ist eine stabile Funktion jedoch nicht gewährleistet.
- Der 24-Pin-Stecker passt auch in die 20-Pin-Buchse, wenn genügend Platz auf dem Motherboard vorhanden ist.

Netzteil

- Leistung *P* in Watt (W):
  Dabei muss beachtet werden, dass die Gesamtstromstärke auf verschiedene Leitungen bzw. Geräte/Erweiterungskarten (z. B. Grafikkarte) verteilt wird.
- Eingangsgrößen AC:
  Wechselspannungsbereich *U* in Volt (V) und Frequenz *f* in Hertz (Hz)
- Ausgangsgrößen DC:
  Gleichspannung *U* in Volt (V), Polarität (+ oder –) gegenüber einem gemeinsamen Bezugspunkt (Masse), maximale Stromstärke *I* in Ampere (A)

ATX-Stecker für das Motherboard

- **20 Pin**

		Pin	Pin		
	+3,3 V	1	11	+3,3 V/Sensor	③
	+3,3 V	2	12	–12 V	
	Masse	3	13	Masse	
	+5 V	4	14	PS_ON	④
	Masse	5	15	Masse	
	+5 V	6	16	Masse	
	Masse	7	17	Masse	
①	PWR_OK	8	18	–5 V	
②	+5 V SB	9	19	+5 V	
	+12 V	10	20	+5 V	

① Power OK (Indikationssignal +5 V und +3,3 V stabil)
② 5 V DC, Spannung für Stand By
③ Sensor-Anschluss für verschiedene Funktionen
④ Power Supply On, Netzteil wird eingeschaltet, wenn eine Verbindung mit Masse hergestellt wird (Steuereingang)
⑤ Reserve, meist unbelegt

- **24 Pin**

		Pin	Pin		
	+3,3 V	1	13	+3,3 V/Sensor	③
	+3,3 V	2	14	–12 V	
	Masse	3	15	Masse	
	+5 V	4	16	PS_ON	④
	Masse	5	17	Masse	
	+5 V	6	18	Masse	
	Masse	7	19	Masse	
①	PWR_OK	8	20	Reserviert	⑤
②	+5 V SB	9	21	+5 V	
	+12 V	10	22	+5 V	
	+12 V	11	23	+5 V	
	+3,3 V	12	24	Masse	

Stecker für die Spannungsversorgung von Peripheriegeräten des Motherboards

FDPC: Floppy **D**isk **P**ower **C**onnector Spannungsversorgung für Peripheriegeräte, 3,5"-Geräte, z. B. Diskettenlaufwerk	1: +5 V, 2: Masse, 3: Masse, 4: +12 V
PPC: Power **P**eripheral **C**onnector (Molex-Stecker) Spannungsversorgung für Peripheriegeräte, 5,25"-Geräte, z. B. Festplatte, CD-ROM, DVD-Laufwerk	1: +12 V, 2: Masse, 3: Masse, 4: +5 V
APC: Auxilary **P**ower **C**onnector, Aux Power Stecker für Hilfsspannungsversorgung (Pentium 4) Entlastung des Steckers für das Motherboard	1: Masse, 2: Masse, 3: Masse, 4: +3,3 V, 5: +3,3 V, 6: +5 V
12 V Power Zusätzliche Spannungsversorgung für Prozessoren ab 60 W	1: Masse, 2: Masse, 3: +12 V, 4: +12 V
PCI-Express 12 V Spannungsversorgung für Erweiterungskarten PCI-Express	1: +12 V, 2: +12 V, 3: +12 V, 4: Masse, 5: Masse, 6: Masse
EPS Power: Extended **P**ower **S**upply Erweiterte 12 V Spannungsversorgung für Multiprozessor-Motherboards	1: Masse, 2: Masse, 3: Masse, 4: Masse, 5: +12 V, 6: +12 V, 7: +12 V, 8: +12 V
SATA Stecker Spannungsversorgung für Serial-ATA-Geräte (z. B. Festplatte)	1: +3,3 V, 2: +3,3 V, 3: +3,3 V, 4: Masse, 5: Masse, 6: Masse, 7: +5 V, 8: +5 V, 9: +5 V, 10: Masse, 11: Masse, 12: Masse, 13: +12 V, 14: +12 V, 15: +12 V

Begriffsbestimmung

- Quelle:
  Ergänzung der Richtlinie 2010/30/EU des Europäischen Parlaments und des Rates im Hinblick auf die Kennzeichnung von Fernsehgeräten in Bezug auf den Energieverbrauch vom 28.09.2010
- **Fernsehapparat**
  ist ein Gerät, das vorwiegend zur Anzeige und zum Empfang audiovisueller Signale verwendet wird mit
  - Bildschirm,
  - einem oder mehreren Signalempfängern (Tuner/Receiver) sowie mögliche
  - Komponenten mit Zusatzfunktionen für Datenspeicherung (z. B. Festplatte) und/oder -anzeige (z. B. DVD-Laufwerk) als Einheit oder getrennt sind.
- **Videomonitor**
  ist ein Gerät zur Anzeige eines Videosignals auf einem integrierten Bildschirm, gespeist aus unterschiedlichen Quellen, einschließlich Fernsehsignalen. Fakultativ können Audiosignale von einer externen Quelle wiedergegeben und gesteuert werden.

Energieeffizienzklassen (EEI)

Energieeffizienzklasse	Energieeffizienzindex
A+++ höchste Effizienz	$EEI < 0{,}10$
A++	$0{,}10 \leq EEI < 0{,}16$
A+	$0{,}16 \leq EEI < 0{,}23$
A	$0{,}23 \leq EEI < 0{,}30$
B	$0{,}30 \leq EEI < 0{,}42$
C	$0{,}42 \leq EEI < 0{,}60$
D	$0{,}60 \leq EEI < 0{,}80$
E	$0{,}80 \leq EEI < 0{,}90$
F	$0{,}90 \leq EEI < 1{,}00$
G geringste Effizienz	$1{,}00 \leq EEI$

Berechnungsformeln: $EEI = \frac{P}{P_{ref}}(A)$

$$P_{ref}(A) = P_{basic} + A \cdot 4{,}3224\ \text{W/dm}^2$$

P: Leistung des Fernsehgerätes im Ein-Zustand, gerundet auf eine Dezimalstelle

A: Sichtbare Bildschirmfläche in dm^2

P_{basic} in W	Gerät, Ausstattung
20	Fernsehapparate mit einem Signalempfänger und ohne Festplatte
24	Fernsehapparate mit Festplatte(n)
24	Fernsehapparate mit zwei oder mehr Signalempfängern
28	Fernsehapparate mit Festplatte(n) und zwei oder mehr Signalempfängern
15	Videomonitore

Jährlicher Energieverbrauch E im Ein-Zustand in kWh:

$$E = 1{,}46 \cdot P \cdot h$$

Label

- Nutzung:
  - Freiwillig: ab 20.12.2010
  - Verpflichtend: ab 30.11.2011

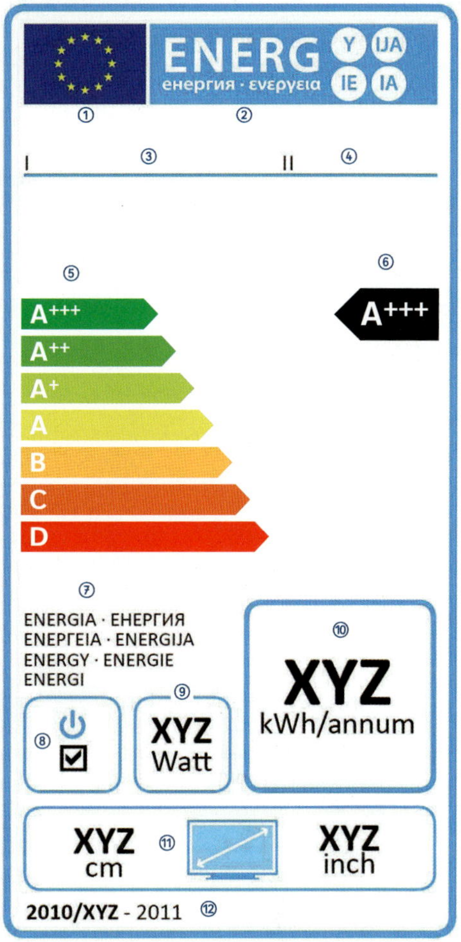

- Elemente des Labels:

①	EU-Logo	⑦	Energie
②	Etiketten-Logo	⑧	Schalter-Logo (ja/nein)
③	Name oder Warenzeichen des Lieferanten	⑨	Text zur Leistung im Ein-Zustand
④	Modellkennung des Lieferanten	⑩	Text zum jährlichen Energieverbrauch in kWh/Jahr [1]
⑤	Skala A bis G	⑪	Bildschirmdiagonale
⑥	Energieeffizienzklasse	⑫	Bezugszeitraum

[1] Täglich vierstündiger Betrieb an 365 Tagen

- Weitere Kennzeichnung:
  Geräte, die neben energiesparenden Eigenschaften weiteren strengen Umweltanforderungen des Europäischen Umweltzeichens entsprechen, tragen zusätzlich das EU Eco-Label (stilisierte Blume).

Merkmale

- Die SRS
  - dient zur Spezifikation (Definition und Festlegung) von zu entwickelnder Software (Entwicklungsgrundlage),
  - beschreibt die Anforderungen aus dem Lasten- und Pflichtenheft für den Softwareanteil und
  - beinhaltet **funktionale** und **nichtfunktionale** Anforderungen.

Qualitätsanforderungen

- Der Inhalt einer SRS muss sein:
  - Korrekt (correct)
  - Unzweideutig (unambiguous)
  - Vollständig (complete)
  - Konsistent (consistent)
  - Verifizierbar (verifable)
  - Modifizierbar (modifiable)
  - Nachverfolgbar (traceable)

Gliederung

1. Introduction *(Einführung)*	
1.1 Purpose *(Zweck)*	Zweck der Spezifikation und Leserkreis
1.2 Scope *(Umfang)*	Produkt und Anwendungsbereich
1.3 Definitions, Acronyms and Abbrevations *(Definitionen, Kurzbegriffe u. Abkkürzungen)*	
1.4 References *(Referenzen)*	Normen, Richtlinien, Vorgängerprodukte
1.5 Overview *(Übersicht)*	Inhalt und Struktur der restlichen SRS
2. Overall Description *(Gesamtübersicht)*	
2.1 Product Perspective *(Produktumfang)*	Kurze Beschreibung aller externen Schnittstellen: System, Nutzer, Hardware; Software
2.2 Product Functions *(Produktfunktionen)*	
2.3 User Characteristics *(Anwendermerkmale)*	
2.4 General Constraints *(Allgemeine Randbedingungen)*	Entwicklungseinschränkungen: Normen, Anwendungsbereich
2.5 Assumptions and Dependencies *(Annahmen und Abhängigkeiten)*	
3. Specific Requirements *(Spezifische Anforderungen)*	
3.1 External Interface Requirements *(Anforderungen an externe Schnittstellen)* 3.1.1 User Interfaces *(Anwenderschnittstellen)* 3.1.2 Hardware Interfaces *(Hardwareschnittstellen)* 3.1.3 Software Interfaces *(Softwareschnittstellen)* 3.1.4 Communication Interfaces *(Kommunikationsschnittstellen)* 3.2 Functional Requirements *(Funktionale Anforderungen)* 3.2.1 Mode 1 *(Betriebsart 1)* 3.2.1.1 Functional Requirement 1.1 *(Funktionale Anforderungen 1.1)* ... 3.2.2 Mode 2 *(Betriebsart 2)* 3.2.2.1 Functional Requirement 2.1 *(Funktionale Anforderungen 2.1)* ... 3.3 Performance Requirements *(Leistungsanforderungen)* 3.4 Design Constraints *(Einschränkungen, z.B. Speichervolumen)* 3.4.1 Standards Compliance *(Normen – Übereinstimmung)* 3.4.2 Hardware Limitations etc. *(Hardwarebegrenzungen usw.)* 3.5 Software System Attributes *(Merkmale des Softwaresystems)* 3.5.1 Reliability *(Zuverlässigkeit)* 3.5.2 Availability *(Verfügbarkeit)* 3.5.3 Security *(Sicherheit)* 3.5.4 Maintainability *(Wartbarkeit)* 3.5.5 Portability *(Portierbarkeit)* 3.6 Other Requirements *(andere (weitere) Anforderungen)* 3.6.1 Project Documentation *(Projektdokumentation)* 3.6.2 User Documentation *(Anwenderdokumentation)* ...	**Detaillierte Anforderungen** Hilfsmittel zur Darstellung (u.a.): – Ablaufdiagramme – Zustands-/Übergangsdiagramme – Funktionstabellen – Algorithmen – ...
Anmerkung: – Struktur nach IEEE STD 830 – Ist bei Bedarf auf das vorliegende Projekt anzupassen	

Merkmale

- Betriebssysteme
  - sind Programme, die systemnah (hardwarenah) geschrieben sind
  - ermöglichen eine für den Anwender komfortable Benutzung des Rechnersystems
  - realisieren die **anwendungsunabhängigen** Funktionen des Rechners
  - werden eingeteilt nach ihren Ausführungsformen in z. B. Echtzeit- oder Multi-User-Betriebssysteme

Betriebssystem-Arten

Klassifizierung

- **Betriebsart** des Rechnersystems
  - Batch-Betrieb
  - Dialog-Betrieb
  - Netzwerk-Betrieb
  - Echtzeit-Betrieb
- Anzahl der gleichzeitig laufenden **Programme**
  - Einzelprogramm (**single tasking**)
  - Mehrprogramm (**multi tasking**)
- Anzahl der gleichzeitig arbeitenden **Benutzer**
  - Einzelbenutzer (**single user**)
  - Mehrbenutzer (**multi user**)
- Anzahl der gleichzeitig verwalteten **Prozessoren**
  - Ein-Prozessor-Betrieb (**single processing**)
  - Mehr-Prozessor-Betrieb (**multi processing**)

Architektur

Anwendungen/Bibliotheken
Application Programming Interface (API)
Systemschnittstelle
Prozess-/Resourcenmanagement
Dateisystem/Treiber
Hardware Abstraction Layer (HAL)
Rechnerhardware

Anwendungen: Programme wie z. B. Word, Excel.

Bibliotheken: fertige Programmteile, die in die Anwendungen eingebunden werden.

API: einheitliche Softwareschnittstelle (z. B. Win 32 API) über die Anwendungen freigegebene Betriebssystemfunktionen (z. B. Datei öffnen) ansprechen.

Systemschnittstelle: kapselt den Betriebssystemkern von der Programmierschnittstelle.

Management: realisiert den Ablauf der Systemprozesse (z. B. Zuteilung von CPU-Zeit).

Treiber: Software für die Standard-Hardware (Tastatur, LPT, COM)

HAL: realisiert die Verknüpfung mit einer speziellen Hardwareplattform (z. B. Intel x86).

Echtzeit-Betriebssysteme

- Echtzeitbetrieb eines Rechnersystems ist definiert als die Eigenschaft, dass Verarbeitungsergebnisse innerhalb einer vorgegebenen Zeitspanne verfügbar sind.
- Beispiele für Echtzeitsysteme sind:
- VxWorks, PSOS, VRTX
- Werden unterschieden in
  - **harte** Echtzeit-Betriebssysteme und
  - **weiche** Echtzeit-Betriebssysteme.
- Weiche Echtzeit-Betriebssysteme
  - besitzen eine dehnbare Zeitgrenze,
  - führen zu keinem schwer wiegenden Systemausfall bei Überschreiten der Deadline.
- Harte Echtzeitsysteme
  - müssen 100 % deterministisch (vorhersagbar) arbeiten,
  - dürfen die Deadline nicht überschreiten,
  - verursachen schwerwiegende Systemausfälle bei Nichteinhaltung der Zeitvorgaben,
  - können nach dem Bearbeiten eines bestimmten Ereignisses auch das Laden eines neuen Rechenprozesses beinhalten.
- Anwendung finden harte Echtzeitsysteme z. B. in Airbags oder Motorsteuerungen.

Harte Echtzeit

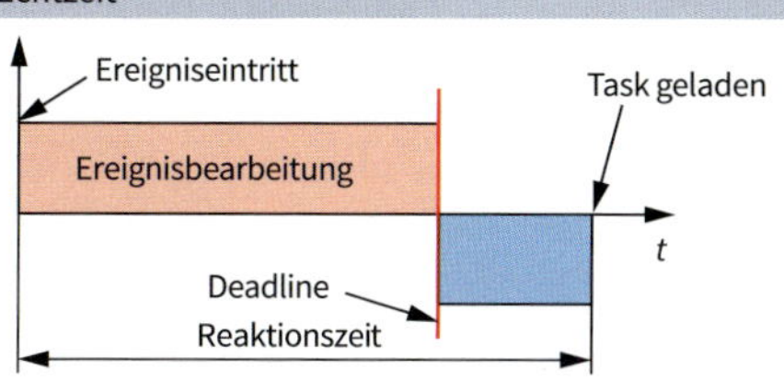

Weiche Echtzeit

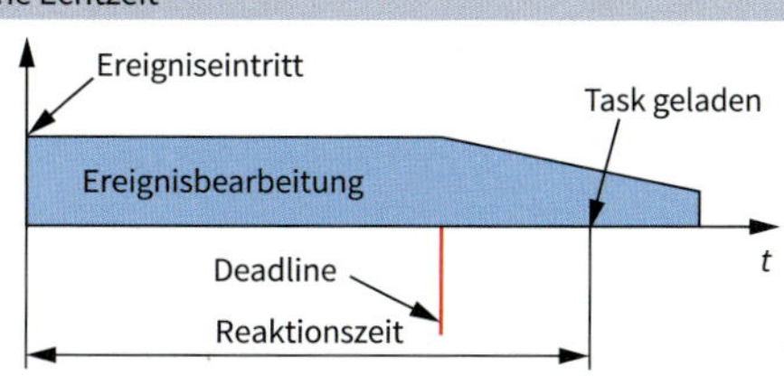

Aufgaben

Grundsätzlich:
Verwaltung der technischen Komponenten eines Computers sowie Steuerung und Überwachung des Einsatzes der Software (Programme).

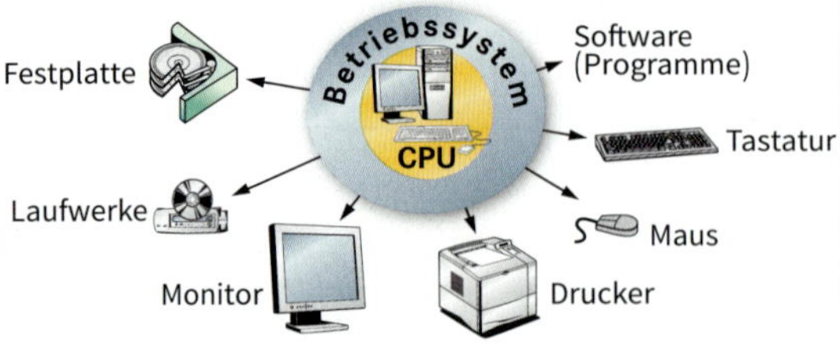

Wichtige Einzelaufgaben

- Starten und Beenden des Computerbetriebs
- Organisation und Verwalten der Arbeitsspeicher
- Verwalten der Dateien in den Verzeichnissen
- Steuern der Hardwarekomponenten (Soundkarte, Drucker, usw.)
- Organisieren und Verwalten der verschiedenen Speicher (z. B. Festplatten, CD-ROM)
- Laden und Kontrollieren der Anwenderprogramme (z. B. Weitergabe von Benutzereingaben, Verwalten von Benutzerrechten)
- Verwaltung und Bedienung mehrerer Nutzer (z. B. Zugriffsrechte, Nutzungsprofil)
- Bereitstellen von Dienstprogrammen (z. B. Datensicherung, Datenfernübertragung)
- **Präemptives Multitasking (Mehrprozessbetrieb)**
  Wenn mehrere Programme benutzt werden, aktiviert das System diese in so kurzen Abständen abwechselnd, sodass für den Benutzer der Eindruck der gleichzeitigen (parallelen) Abarbeitung entsteht.
- **Multithreading (Mehrprozessfähigkeit)**
  Mehrere Ausführungsstränge innerhalb eines Prozesses (Threads) werden ähnlich dem präemptiven Multitasking gleichzeitig abgearbeitet (parallel).
- **Multiusing (Mehrbenutzung)**
  Auf einem PC können sich unterschiedliche Nutzer eine individuelle Arbeitsumgebung schaffen, auf die nur sie passwortgeschützt zugreifen können.

Startvorgang (BOOT-Vorgang)

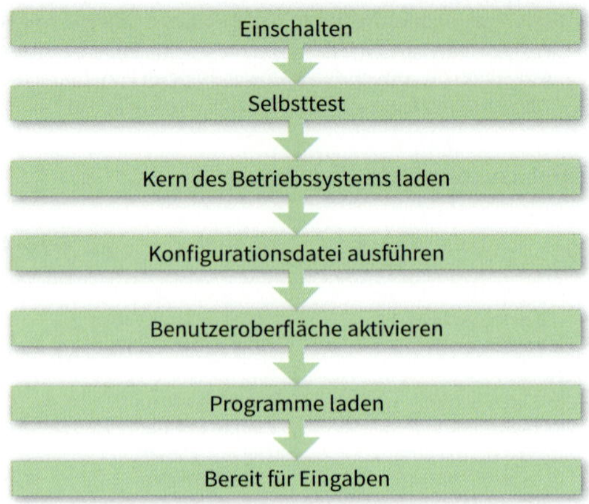

BIOS

BIOS: **B**asic **I**nput **O**utput **S**ystem
(Grundlegendes Eingabe-Ausgabe-System)

- Das BIOS ist ein grundlegendes Systemprogramm im PC, das nach dem Einschalten zur Verfügung steht.
- Es ist im Festwertspeicher (ROM) vom Hersteller abgelegt und dem Betriebssystem vorgelagert.

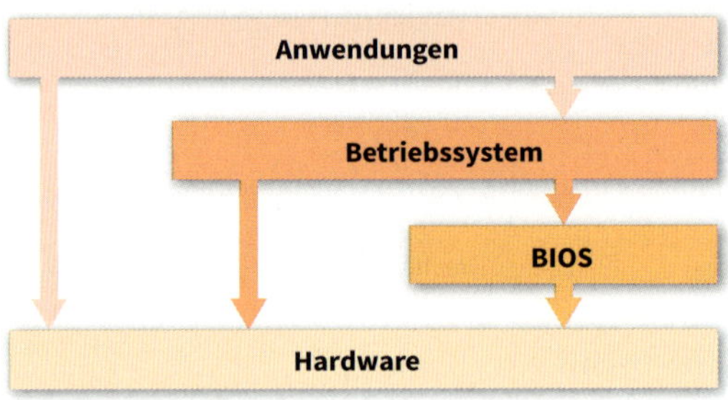

POST: **P**ower **O**n **S**elf **T**est

- Beim Booten führt das BIOS einen Selbsttest durch.
- Es sucht ein Betriebssystem und ruft dieses auf.
- Es lädt grundlegende Treiber (Laufwerk, Grafikkarte und Schnittstellen).

Betriebssysteme

Bei Personal Computern sind folgende Betriebssysteme verbreitet:

- **Windows** (Microsoft), am weitesten verbreitet
  Windows XP (**Exp**erience), Vista, 7, 8, 10
- **macOS** (Apple Macintosh)
  OS X 10.12
- **Linux** (**Linu**s Torwalds UNI**X**, Finnischer Software-Entwickler)
  Derivate: Red-Hat, Fedora, RHEL, Mandriva, SUSE

Sie verfügen über eine grafische Benutzeroberfläche und sind als 32 Bit- bzw. 64 Bit-Versionen erhältlich.

Systemanforderungen für Windows 10

Prozessor	Mindestens 1 GHz Taktfrequenz; Empfehlung: deutlich schnellerer
RAM	Mindestens 2 GB in der 64-Bit- und der 32-Bit-Version; Empfehlung: 4 GB
Display	mindestens 800 x 600 Pixel
Grafikkarte	DirectX 9 oder höher mit **WDDM** (**W**indows **D**isplay **D**river **M**odel) 1.0 Treiber
Festplatte	64-Bit-Variante 20 GB; 32-Bit-Variante 16 GB

Neu ausgelieferte Computer müssen den internationalen Standard ISO/IEC 11889-2:2015 (Trusted Platform Modulbibliothek) oder Trusted Computing Group TPM 2.0 unterstützen (Anforderungen an Integritätsschutz, Isolation und Vertraulichkeit).

Merkmale

- Es ist ein Betriebssystem mit Konzepten einer Entwicklung von AT&T aus den 70er Jahren.
- Es existieren mehrere Unix-artige Systeme (MAC OS X, HP-UX, AIX, Linux, …).
- UNIX (Großbuchstaben) wird als Name für zertifizierte Systeme verwendet.
- UNIX ist ein eingetragenes Warenzeichen der Open Group (www.opengroup.org).

Eigenschaften	Komponenten
Multitaskingfähigkeit: Mehrere Prozesse können gleichzeitig ausgeführt werden. **Multiuserfähigkeit:** Mehrere Bemutzer können gleichzeitig bedient werden (z. B. über serielle Terminals, X-Terminals oder weitere Rechner). Jeder Nutzer erhält einen eigenen Speicherbereich.	**Kernel:** Er verwaltet die Prozesse und stellt das Dateisystem zur Verfügung. **Kommandointerpreter (Shell):** Er wird auch automatisch vom Login-Prozess gestartet und ermöglicht die Eingabe von Kommandos.

Timesharing in UNIX

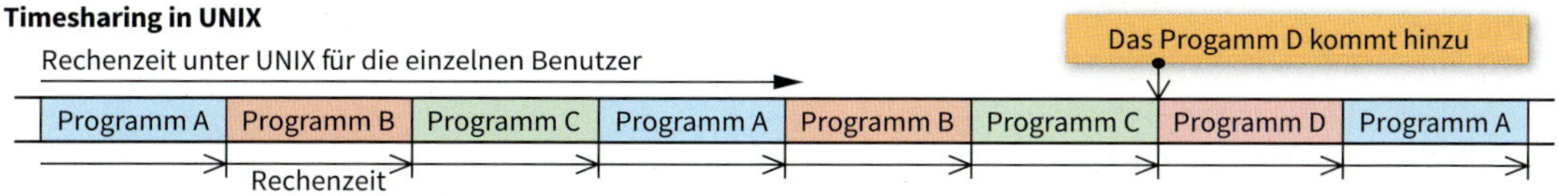

LINUX

Merkmale

- Linus Torvald begann 1991 in Finnland die Entwicklung eines Betriebssystems mit UNIX als Vorbild (LINUX).
- Quellcode ist veröffentlicht und wird von zahlreichen Programmierern weiterentwickelt (open source project).
- Herstellerunabhängiges Betriebssystem
- Auf mehreren Computersystemen lauffähig (Power Mac, PC, Sparks, …)
- Multitasking-/Multiuserfähiges Betriebssystem
- Frei im Internet verfügbar.
- Über Distributoren zu kaufen, die eine Installationssoftware zur Verfügung stellen.

Befehle (UNIX und LINUX)

login	Anmeldung am System mit Angabe von Benutzername und Passwort.	**kill**	Beenden eines einzelnen Prozesses.
logout	Abmelden des aktuellen Benutzers.	**ls**	(**lis**t) zeigt den Inhalt des aktuellen Verzeichnisses an.
shutdown	Beenden des Betriebssystems, vor Ausschalten des Computers unbedingt notwendig.	**cd**	(**c**hange **d**irectory) Wechsel des aktuellen Verzeichnisses
chown	Ändern des Eigentümers einer Datei/Verzeichnis.	**mkdir**	(**mak**e **dir**ectory) erstellt ein neues Verzeichnis.
chmod	Ändern der Zugriffsrechte einzelner Dateien oder Verzeichnisse.	**rmdir**	(**rem**ove **dir**ectory) löscht ein Verzeichnis.
ps	(**proc**e**s**ses) zeigt alle laufenden Prozesse des angemeldeten Benutzers an.	**cp**	(**c**o**p**y) kopieren von Dateien
		mv	(**mov**e) verschiebt Dateien/Verzeichnisse oder benennt sie um.
		rm	(**rem**ove) löscht Dateien

Zugriffsrechte (UNIX und LINUX)

- Dateien und Verzeichnisse werden Eigentümern zugeordnet.
- Mehrere Nutzer können zu Gruppen zusammengefasst werden.
- Eigentümer kann Zugriffsrechte für jede seiner Dateien und Verzeichnisse bestimmen.
- Rechte können für Eigentümer, Gruppe und Allgemeinheit unterschiedlich vergeben werden.

Struktur

Filetyp	Lesen	Schreiben	Ausführen	Lesen	Schreiben	Ausführen	Lesen	Schreiben	Ausführen
	r	w	x	r	–	x	r	–	–
	Eigentümerrechte			Gruppenrechte			Rechte sonst. Nutzer		

Filetyp: – Datei, d Verzeichnis, l Link, s socket
Rechte: r read (Lesen), w write (Schreiben), x execute (Ausführen), – keine Rechte

Beispiel

Anzeige nach Eingabe von ls

```
drwx------  2 paul freund  1024 Dec 17 13:16 data/
-rwxr-xr--  5 paul gast    1024 Feb 27 17:29 start
```

Der Benutzer „paul" ist Besitzer des Verzeichnisses „data" und darf dort lesen, schreiben und ausführen. Benutzer der Gruppe „freund" und andere haben in diesem Verzeichnis keine Rechte.
Die Datei „start" gehört dem Benutzer „paul". Er darf lesen, schreiben, ausführen. Die Benutzergruppe „gast" darf nur lesen und ausführen, aber nicht schreiben. Andere Nutzer dürfen nur lesen.

Merkmale

- Android ist
  - ein Open-Source-Betriebssystem und
  - eine Software-Plattform für mobile Geräte (Smartphones, Mobiltelefone, Mediaplayer, Tabletcomputer, Netbooks).
- Steht unter der Apache und GPL Lizenz, somit frei verwend- und änderbar.
- Wird entwickelt von der Open Handset Alliance (OHA); gegründet durch Google.
- Weitere Anwendungen: Android TV, Android Auto, Android Wear

Versionen / Architektur

- Die Android-Versionen werden zusätzlich zur Versionsnummer mit dem Namen einer englischen Süßspeise bezeichnet (z. B. Version 9 → Pie, August 2018).
- Die Architektur ist gegliedert in die Ebenen
  - Linux Kernel (Kernel 3.x ab Android 4.x) ①
  - Hardware Abstraction Layer (HAL) ②
  - Native C/C++ Libraries / Android Runtime (ART) ③
  - Java API Framework ④
  - System Apps ⑤
- Offizielle Entwicklungsumgebung: Android Studio (basiert auf der IntelliJ IDEA Community Edition)

Architektur

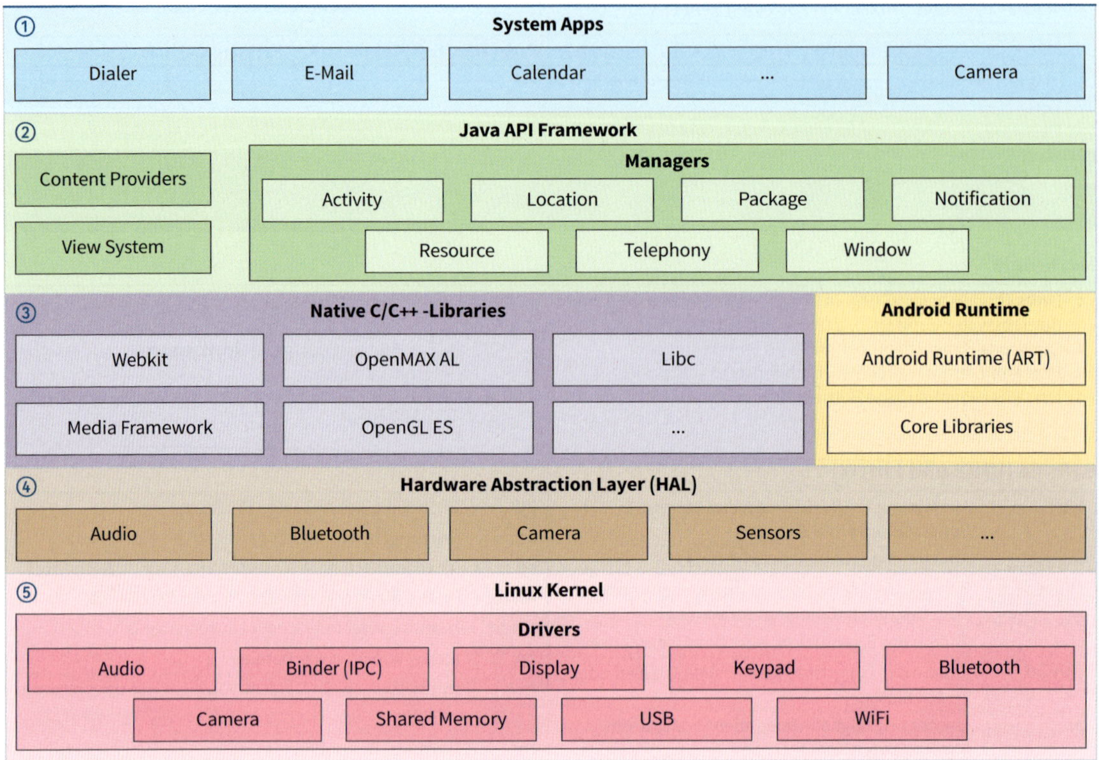

Funktionen (Beispiele)

- **Linux Kernel**:
  - Hardwaretreiber (z. B. USB, Kamera, usw.)
  - Speichermanagement auf niedrigem Niveau
  - Sicherheitsfunktionen (z. B. Prozessisolierung, kryptografische APIs wie AES, RSA, DSA, SHA)
- **Hardware Abstraction Layer (HAL)**:
  - stellt Standardschnittstellen bereit, die Gerätehardwarefunktionen dem übergeordneten Java-API-Framework verfügbar machen
  - besteht aus mehreren Bibliotheksmodulen, von denen jedes eine Schnittstelle für eine bestimmte Hardwarekomponente (z. B. Kamera) beinhaltet
- **Native c/C++-Libraries**:
  Für zentrale Android-Systemkomponenten und -Dienste (z. B. ART und HAL), die aus nativem Code aufgebaut sind und die native Bibliotheken benötigen (in C und C++ geschrieben).
- **Android Runtime (ART)**:
  Verwaltung und Steuerung mehrerer virtueller Maschinen zur Ausführung von DEX-Dateien.
- **Java API Framework**:
  - Bausteine in Java geschrieben
  - werden zum Erstellen von Android-Apps benötigt (z. B. Content Providers: ermöglichen Apps den Zugriff auf Daten aus anderen Apps oder geben eigene Daten frei)
- **System Apps**:
  Funktionieren sowohl als Apps für Benutzer als auch als Schlüsselfunktionen, auf die Entwickler über ihre eigene App zugreifen können.

Einstellungen

- **BIOS: B**asic **I**nput **O**utput **S**ystem (Basis-Eingangs-Ausgangs-System)
- Im BIOS werden wichtige Einstellungen für den PC in einem wieder beschreibbaren Speicher (EEPROM, meist als Flash-Speicher, 64 oder 128 Byte) ① auf der Hauptplatine abgelegt. Der Speicher wird permanent durch einen Akku oder eine Batterie ② mit Spannung versorgt. Der Speicher ist oft mit der Echtzeituhr des Systems kombiniert.
- Nach dem Einschalten wird das Programm unmittelbar ausgeführt. Der Start des Betriebssystems wird eingeleitet.
- BIOS-Einstellungen können über das BIOS-Setup vorgenommen werden.
- Das BIOS-Setup kann kurz nach dem Start durch eine bestimmte Tastenkombination aufgerufen werden, z. B.
  - „Press F1 to enter SETUP" oder
  - „Press DEL (deutsch: Entf) to enter SETUP" (vom Hersteller abhängig)
- Es gibt verschiedene BIOS-Hersteller, z. B.: AMI, ATI, Award Software, Phoenix Technologies
- Es empfiehlt sich aus Sicherheitsgründen, die bestehenden Einstellungen vor der Änderung zu notieren oder auszudrucken (Taste „Druck" oder „Print").
- Beispiel BIOS-Hauptmenü (Hersteller Award):

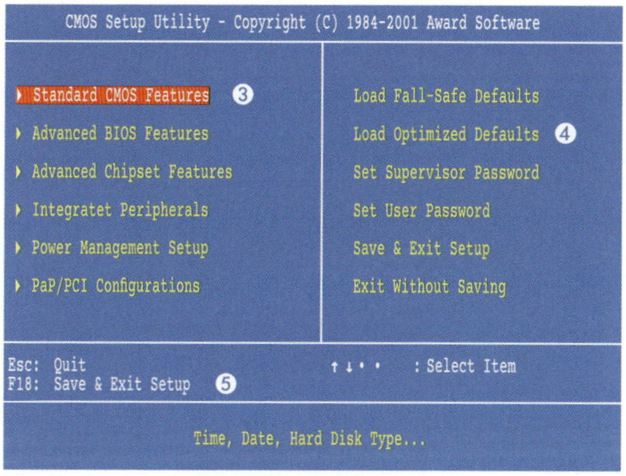

- Es sind Menüeinträge ③ mit Untermenüs vorhanden, bei denen der ausgewählte Eintrag farblich hervorgehoben wird. Der Menüpunkt wird durch „Enter" gewählt.
- Allgemeine Steuerungsfunktionen ④ (z. B. Speichern der Einstellungen, Verlassen der BIOS-Einstellungen)
- Informationen zur Navigation innerhalb des Menüs ⑤, Bewegung um jeweils einen Schritt nach oben, unten, rechts und links
- Sicherheitsabfragen werden durch die Tasten „Y" oder „N" und anschließend durch „Enter" durchgeführt.
  Achtung: Es wird die englische Tastaturbelegung verwendet, „Y" und „Z" sind vertauscht.

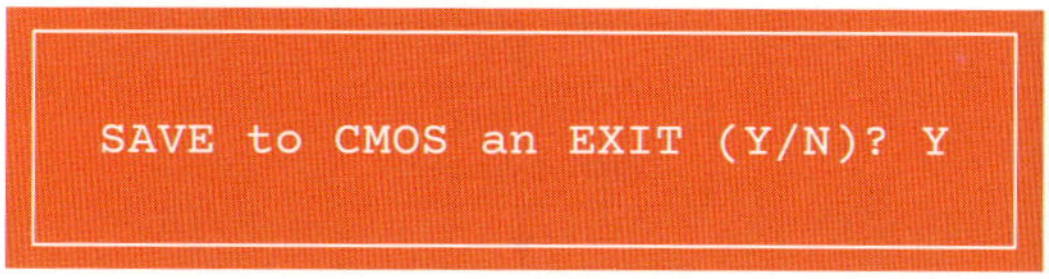

- Mit „ESC" kann man das Menü bzw. jeden Dialog im BIOS verlassen.

Menüs und ihre Bedeutung (Auswahl)

Award	AMI	Bedeutung
Standard CMOS Features	Standard CMOS Setup	Einstellungen für Datum und Uhrzeit; Parameter für Laufwerke und Grafikkarte
Advanced BIOS Features	Advanced CMOS Setup	Besondere BIOS-Einstellungen: Bootreihenfolge, Cache- und Prozessoreinstellungen, Tastatur, Speicher
Advanced Chipset Features	Advanced Chipset Setup	Einstellungen für den Chipsatz: Speicherzyklus, AGP und PCI-Optionen, Onboardkomponenten
Integrated Peripherals	Peripheral Setup	Kommunikationssteuerung mit angeschlossenen Geräten: Festplatten, Parallelport usw.
Power Management Setup	Power Management Setup	Einstellungen der Stromsparfunktionen im PC
PnP/PCI Configu-ration	PCI/Plug and Play Setup	Verteilung der Systemressourcen für Erweiterungskarten (IRQ, DMA)

Wichtige Steuerungsfunktionen ④

Award	AMI	Bedeutung
Load Fail-Safe Defaults	Autoconfig. with Fail-Safe Settings	BIOS-Einstellungen werden auf Standardeinstellung zurückgesetzt
Load Optimized Defaults	Autoconfig. with optimal Settings	BIOS-Einstellungen werden auf Optimal-Einstellungen zurückgesetzt
Set Supervisor Password	Change Supervisor Password	Passwort für den Zugang zum BIOS-Setup wird festgelegt (Supervisor)
Set User Password	Change User Password	Passwort für den Zugang zum BIOS-Setup wird festgelegt (User)
Save & Exit Setup	Save Settings and Exit	Verlassen des BIOS-Setup, Speichern der Änderungen

CMOS-Speicher mit Spannungsquelle

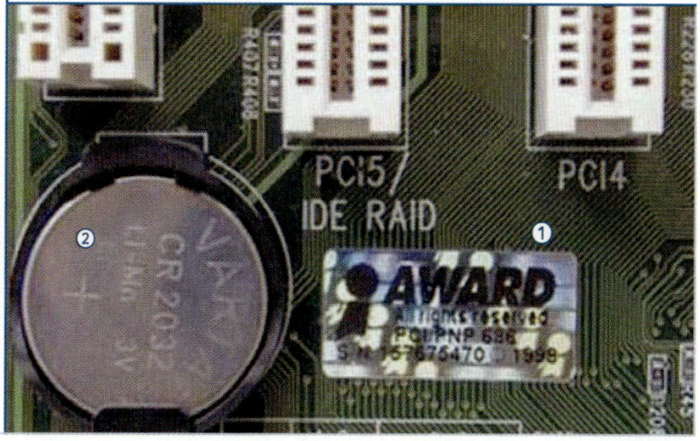

Prinzip und Funktion

- Es handelt sich bei UEFI um eine „Vereinheitlichte erweiterbare Firmware Schnittstelle".
- Die Schnittstelle liegt zwischen der Firmware, den einzelnen PC-Komponenten und dem Betriebssystem.
- Vorgänger: **EFI** (**E**xtensible **F**irmware **I**nterface)

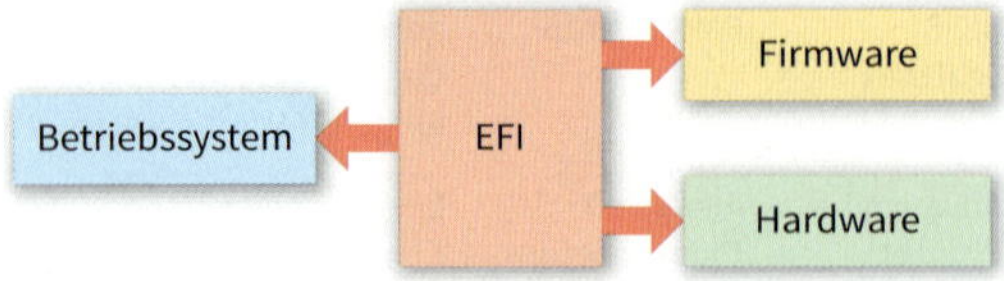

- Die **Firmware** (engl. firm = fest) ist eine Software, die in der Hardware funktional fest eingebettet ist (meist in einem nicht flüchtigen Speicher, Flash-Speicher).
- UEFI wird das traditionelle BIOS ersetzen. Auf den Windows-8-PCs wird UEFI bereits vorhanden sein. Für die Installation auf älteren PCs wird Windows 8 auch weiterhin das herkömmliche BIOS unterstützen.
- UEFI wird unterstützt von Linux, diversen Unix-Versionen, Windows Vista (SP1) und Windows 7 in den 64-Bit-Versionen.
- Gründe für eine BIOS-Ablösung:
  - Die Bedienung des Setup-Screens entspricht nicht mehr den zeitgemäßen Anforderungen (Bedienoberfläche, Einstellmöglichkeiten).
  - Größe der Boot-Festplatte < 2 TB
  - Lange Boot-Zeiten

Bedienoberfläche

- Der Unterbau von UEFI ist standardisiert. Die Hersteller (Asus, Gigabyte, MSI, AS Rock ...) verwenden aber unterschiedlich höher auflösende grafische Oberflächen zur leichten Bedienung mit der Maus. Textbasierte Darstellungen sind ebenfalls möglich.
- Angeboten werden auf der Bedienoberfläche aber auch wichtige Informationen.
  Beispiele: Prozessor, Speicher, Temperatur, Lüfterdrehzahl
- Die Auswahl des Boot-Laufwerks kann in der Regel per Drag and Drop erfolgen.

Textbasierte Bedienoberfläche (Beispiel)

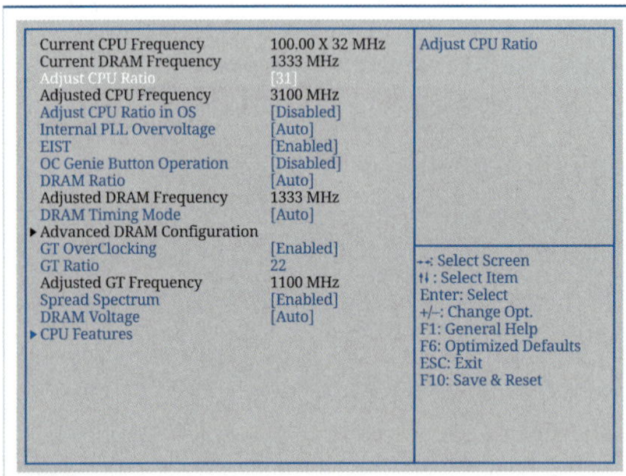

Techniken und Möglichkeiten

- Übergreifende Prinzipien:
  - Einfach veränder- und erweiterbar
  - Weniger Zeit zum Booten (angestrebt < 8 s)
- Mit dem integrierten Netzwerktreiber lässt sich über UEFI bereits der Netzwerkanschluss nutzen (z. B. Fernwartung).
- Grundfunktionen der Grafikkarte (**GOP**: **G**raphic **O**utput **P**rotocol) stehen beim PC-Start bereits zur Verfügung (höhere Auflösung).
- Es besteht durch Emulation Kompatibilität zu einem vorhandenen BIOS.
- Über eine Shell können EFI-Applikationen (.efi) aufgerufen werden.
- Treiber können integriert sein, so dass sie nicht vom Betriebssystem geladen werden müssen.
- Anstatt auf dem Betriebssystem können Netzwerk- und Speicherverwaltung auf der Firmware laufen.
- Installierte Betriebssysteme können problemlos ausgewählt werden (Boot-Loader nicht erforderlich).
- Boot-Möglichkeiten von Festplatten > 2 TB sind durch **GPT** (**G**UID **P**artition **T**able, GUID: Globally Unique Identifier) möglich.
- Eine Beschränkung auf vier primäre Partitionen pro Festplatte entfällt.

Booten mit BIOS

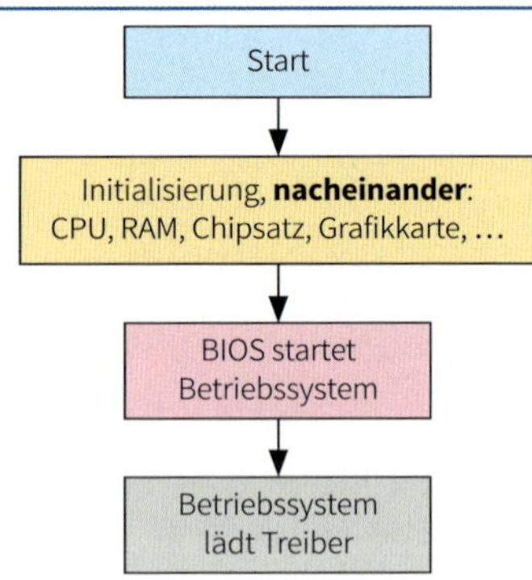

Booten mit UEFI

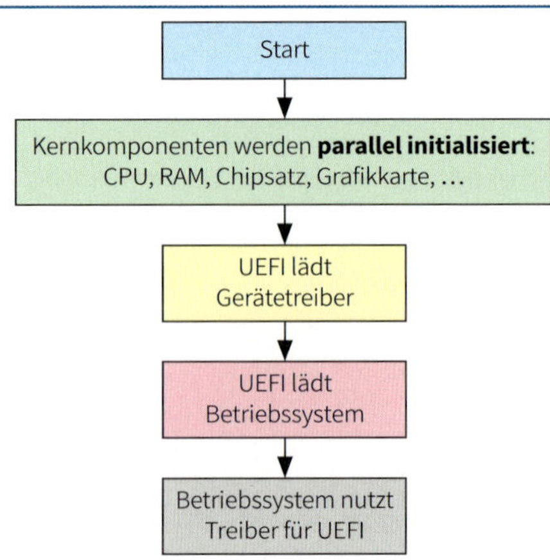

Initialisierung: Herstellung eines bestimmten Anfangszustandes

Aufbau und Struktur

- Bei der Registry (Windows Registrierungsdatenbank) handelt es sich um eine Datenbank, in der wichtige Informationen über das Betriebssystem und die installierten Programme gespeichert sind.
- Die Einträge sind in einer Baumstruktur angeordnet und werden als **Schlüssel** (**keys**) bezeichnet. Sie stammen von **fünf Hauptschlüsseln** ab.
- In der Registry können die Schlüssel und ihre Werte angelegt, bearbeitet und gelöscht werden. Teile können exportiert und importiert werden.
  Vorsicht bei Änderungen: Gefahren durch Instabilität des Systems, Sicherheitskopien sind sinnvoll
- Neben direkten Änderungen können Programme verwendet werden, mit denen sich bestimmte Einstellungen bearbeiten lassen (z. B. Gratis-Tool von Microsoft: Tweak UI). Vor Änderungen sollte die ursprüngliche Registry gesichert werden.
- Ein Schutz vor ungewollten Änderungen durch Benutzer erreicht man durch die Funktion „Berechtigungen“.

Registry-Editor

- Er wird standardmäßig zur Bearbeitung von Registry-Einträgen verwendet und wird über die Eingabe von **regedit** unter Start/Ausführen geöffnet.

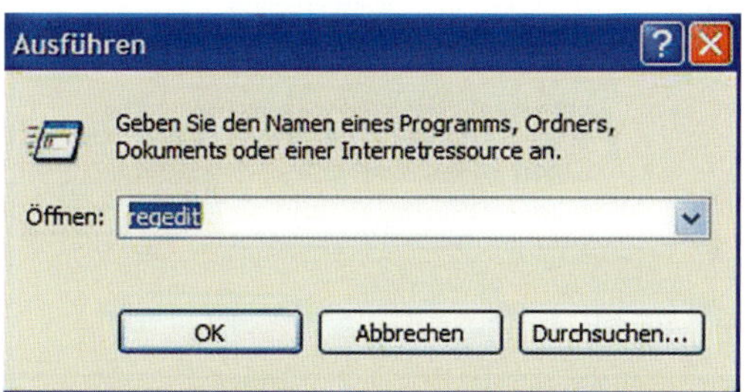

- Eine Schlüsselgruppe bzw. -kategorie kann geöffnet werden, inden man auf das Minuszeichen klickt ① ②.

Fünf Schlüsseldateien

Name	Abkürzung
HKEY_CLASSES_ROOT	HKCR

- In dieser „Wurzel“ sind alle Verknüpfungen von Dateitypen mit Anwendungen enthalten.
- Zusammengeführt sind HKEY_LOCAL_MACHINE\Software\Classes und HKEY_CURRENT_USER\Software\Classes.
- Jeder Dateityp verfügt über einen Unterschlüssel.
- In der Regel sind hier keine Änderungen erforderlich, da sich diese Einstellungen einfacher über den Explorer vornehmen lassen.

Name	Abkürzung
HKEY_CURRENT_USER	HKCU

- Es sind hier die benutzerspezifischen Konfigurationsdaten für aktuell angemeldete Benutzer gespeichert.
- Es handelt sich um einen Teil von HKEY_USERS.
- Der Unterschlüssel „Software“ enthält benutzerbezogene Anwendungseinstellungen.
- Für jeden Softwarehersteller wird ein eigener Unterschlüssel angelegt (z. B. Microsoft).

Name	Abkürzung
HKEY_LOCAL_MACHINE	HKML

- Enthalten sind alle computerspezifischen Einstellungen (komplette Hardware- und Softwarekonfiguration, einschließlich der peripheren Geräte).

Name	Abkürzung
HKEY_USERS	HKU

- Enthalten sind die benutzerspezifische Konfigurationsdaten der Benutzer (Benutzerprofil), die sich im System angemeldet haben, z. B. die Liste der installierten Software.

Name	Abkürzung
HKEY_CURRENT_CONFIG	HKCC

- Gespeichert sind hier die Informationen über das jeweilige Hardwareprofil, mit dem der PC gestartet wurde.

- Die Daten werden in mehreren Dateien (Hives) in einem speziellen Datenbank-Format gespeichert.
  Beispiele:
  - HKEY_LOCAL_MACHINE bei Windows XP in den Verzeichnissen „%windir%\System32\Config“
  - HKEY_CURRENT_USER ist im Benutzerprofilverzeichnis gespeichert
- Da die Unversehrtheit dieser Dateien wesentlich für ein funktionierendes System ist, wird bei Windows automatisch eine Sicherheitskopie angelegt.

Registry Einträge finden

- Einträge können vom Typ her als Zeichenkette (REG_SZ ③), Binärwert (REG_BINARY) oder DWORD (REG_DWORD ④) vorkommen.
- Einträge können mit einem Doppelklick oder über das Untermenü (Rechtsklick) über „Ändern“ angepasst werden.
- Beispiel für einen Suchvorgang zum Internetexplorer.
  Einstellung:
  Arbeitsplatz\HKEY_LOCAL_MACHINE\Software\Microsoft\InternetExplorer\Setup\7.0
  Ergebnis:

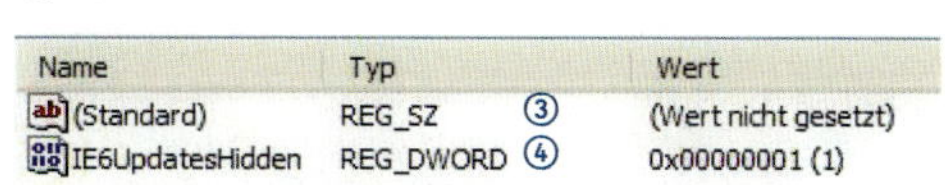

Merkmale

- Es handelt sich um eine Technologie, über die Softwarekomponenten miteinander in Netzwerkumgebung interagieren können (Softwarekomponenten für aktive Inhalte).
- ActiveX-Komponenten sind unabhängig einsetzbar von der Sprache, in der die Komponenten erstellt wurden.
- ActiveX ist eine Entwicklung von Microsoft und als solche im Internet Explorer implementiert.
- Die Verwaltung und Konfiguration erfolgt über den Internet Explorer (Add-Ons).
- WWW-Seiten können mit ActiveX um eine Vielzahl von multimedialen Effekten, unterschiedliche Layouts und ausführbare Applikationen geladen und erweitert werden.

ActiveX-Techniken im Internet

- **ActiveX-Steuerelemente**
  Komponenten oder Objekte, die in eine Webseite oder eine andere Anwendung eingefügt werden können.
- **ActiveX-Dokumente**
  Dateien, die nicht als HTML-Dateien gespeichert sind (z. B. Excel-, Word-Dateien), können mit Webbrowser geöffnet werden.
- **ActiveX-Scripting**
  Unterstützung von gängigen Skriptsprachen (einschließlich Visual Basic Script, JavaScript)

Gefahren

- ActiveX-Komponenten unterliegen keinerlei Einschränkungen bezüglich der Systemfunktionalität. Deshalb besteht ein hohes Sicherheitsrisiko.
- Bei Einsatz besteht die Gefahr, dass sicherheitsrelevante Daten ausgelesen, gelöscht oder manipuliert werden. Der Rechner kann umkonfiguriert, ein Virus oder ein Trojaner installiert werden.
- Lösung: ActiveX-Komponenten bei Bedarf aktivieren bzw. deaktivieren.

DirectX

Merkmale

- DirectX ist eine multimediale Schnittstelle.
- Sie besteht aus einer Sammlung von **DLL**s (**D**ynamic **L**ink **L**ibraries) zur Erweiterung des Betriebssystems.
- Es erfolgt ein Zugriff auf die Hardware, ohne die Programme von der Hardware abhängig zu machen.
- Folgende Programmiersprachen werden unterstützt:
  - MS Visual C und C++
  - MS Visual Basic
  - Borland Delphi
  - Smalltalk MT
  - Java
- **DirectX-Foundation**
  Sie stellt den Hardware Abstraction Layer (HAL) zur Verfügung, der die Anwendung mit der Hardware verbindet.

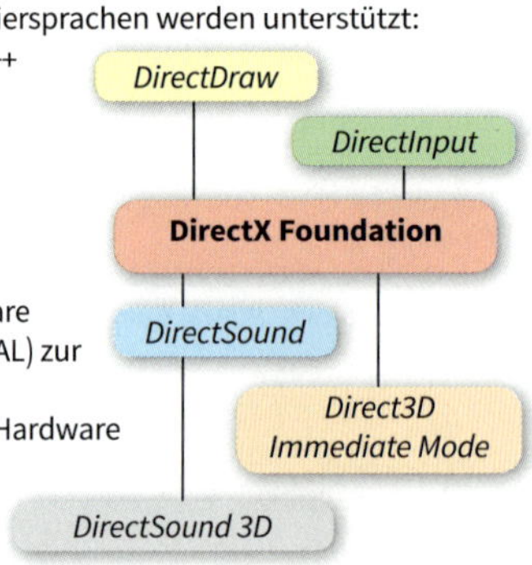

Komponenten (ab Version 8.1)

- **DirectX Graphics**
  Grafikprogrammierung, Direct2D, Direct3D (3D-Grafik)
- **DirectSound**
  Wiedergabe und Aufnahme von Soundeffekten
- **DirectMusic**
  Wiedergabe von Musik (MIDI-Musik)
- **DirectInput**
  Unterstützung von Eingabegeräten wie z. B. Tastatur, Maus, Joystick
- **DirectPlay**
  Kommunikation von Multiplayerspielen untereinander
- **DirectShow**
  Verarbeitung von Video- und Audio-Dateien (AVI, MPEG, MP3)
- **DirectSetup**
  Automatische Überprüfung programmierter Installationsroutinen
- **DirectX Media Objects**
  Veränderung von Audio- und Video-Strömen
- **XInput**
  Xbox-360-Controller unter Windows

Arten

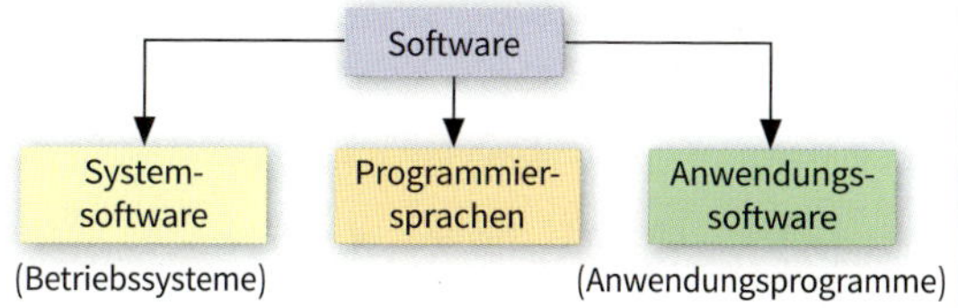

Unter Software versteht man Programme (Anweisungen in Form von Daten), die den Computer zur Ausführung von Aktionen veranlassen.

Dateiformate

Die innerhalb der Anwendersoftware erstellten Dateien werden am Ende des Dateinamens durch einen Punkt und das Dateiformat gekennzeichnet:

Beispiel: Dateiname.Dateiformat Brief.doc

Anwendungssoftware zur Bürokommunikation

- **Textverarbeitungsprogramme:** z. B. Word (.doc, **Doc**ument: Dokument)
- **Kalkulationsprogramme:** z. B. Excel (.xls, **Ex**cel **S**heet: Arbeitsblatt in Excel)
- **Datenbankprogramme:** Erstellung relationaler Datenbanken, z. B. Access (Zugang). Dateiformate: .mdb; .adp; .ade
- **Organisationsprogramme:** z. B. Outlook (Ausblick) besteht aus Terminplaner, Adressverwaltung, Aufgabenliste (zu erledigende Aufgaben, Termine usw.), Journal (Dokumentation von Aktivitäten und Ereignissen), E-Mail-Programm
- **Präsentationsprogramme:** Programm zur Erstellung von Folien- und Bildschirmpräsentationen, z. B. PowerPoint.
  .ppt für PowerPoint-Präsentationen;
  .pot für Präsentationsvorlagen;
  .pps für Pack-and-go-Präsentationen (selbstlaufend);
  .ppa für Zusatzmodule
- **Office-Programme (Office Pakete):** Zusammenfassung verschiedener Programme zur Bürokommunikation, z. B. Microsoft Office, Open Office.

Desktop-Publishing-Programme

DTP: Desk**t**op-**P**ublishing (Publizieren vom Schreibtisch) Software zur Herstellung von Druckvorlagen. Eingebunden sind Texte, Grafiken, Formeln und Tabellen zu einem gemeinsamen Layout, z. B. Publisher, Quark Xpress, Corel Ventura, Adobe Indesign.

CAD

CAD: Computer-**A**ided **D**esign (Computergestütztes Zeichnen bzw. Konstruieren)

- Grafikprogramm (Vektorgrafik) für die Erstellung technischer Zeichnungen in professioneller Qualität.
- Mit Layertechnik (Schichten) können verschiedene Zeichnungsebenen unabhängig voneinander erstellt und kombiniert werden.
- Umfangreiche Programmbibliotheken (Zeichenvorlagen) erleichtern die Erstellung der Zeichnungen.

Grafiksoftware

Rastergrafiken, Pixel-Grafiken

- Bilder in Pixel-Formaten werden auch als Bitmaps bezeichnet.
- Die Speicherung erfolgt wie bei einem Mosaik. Jeder Pixel (Bildpunkt) wird mit Informationen über Lage (x-y-Achse) und Farbe gespeichert.
- Pixel-Grafiken verlieren beim Skalieren (vergrößern) stark an Qualität, da die Pixel vergrößert werden. Stufungen sind mitunter erkennbar.
- Anwendung: Wiedergabe von Fotos mit feinen Abstufungen, z. B. Photoshop, Photodraw

Beispiele für Dateiformate:
.BMP (**Bit**ma**p**); .**JPEG** (**J**oint **P**hotographic **E**xperts **G**roup); .**PDF** (**P**ortable **D**ocument **F**ormat); .**TIF** (**T**aged **I**mage **F**ormat)

Vektor-Grafiken

- Bei Vektor-Grafiken werden geometrische Formen (z. B. Kreise, Rechtecke) gespeichert. Ein Rechteck besitzt z. B. einen Ursprungspunkt und eine Ausdehnung in Form von Längen- und Breitenangaben.
- Vektorgrafiken können deshalb ohne Qualitätsverlust frei gedreht und vergrößert werden (Skalierbarkeit).
- Anwendung im Konstruktionsbereich (CAD), z. B. CorelDraw, Adobe Illustrator

Beispiele für Dateiformate:
.**AI** (**A**dobe **I**llustrator); .**CDR** (Corel Draw); .**EPS** (**E**ncapsulated **Post**script)

Programmiersprachen

- **Algol** (**Alg**a**o**rithmic **L**anguage)
  Algorithmische Formelsprache zur strukturierten Programmierung
- **Basic** (**B**eginners **A**ll Purpose **S**ymbolic **I**nstruction **C**ode)
  Leicht erlernbare problemorientierte Programmiersprache in naturwissenschaftlichen und technischen Bereichen.
- **C** (entwickelt aus Basic Combined Programming Language)
  Maschinennahe Programmierung mit kompaktem Code für strukturierte Programmierung.
- **C++**
  Objektorientierte Variante von C
- **Cobol** (**Co**mmon **B**usiness **O**riented **L**anguage)
  Problemorientierte Programmiersprache für kaufmännische und administrative Bereiche, Programmcode ist lesbar wie ein englischer Text.
- **Fortran** (**For**mula **Tran**slation)
  Geeignet für die Programmierung mathematischer Formeln.
- **JAVA**
  Plattformunabhängige Programmiersprache; lässt sich mit Browsern ausführen, Anwendung im Internet.
- **Pascal** (benannt nach Blaise Pascal)
  Ursprünglich als Universalsprache gedacht; gute Strukturierung möglich, leichte Dokumentation, wenige Grundbefehle.
- **PL/1** (**P**rogramming **L**anguage No.**1**)
  Problemorientierte Programmiersprache von IBM. Anwendung auf Großrechnern, enthält Elemente von Fortran und Cobol.

Eigenschaften

- Firmware (engl. firm = fest) steuert die Grundfunktionen eines Gerätes.
- Sie ist die Verbindung zwischen der Gerätehardware (physikalischen Geräteteil) und den austauschbaren Programmen (z. B. BIOS eines PC).
- Die Firmware befindet sich z. B. in geräteinternen programmierbaren Speicherbausteinen: Flash-Speicher, EEPROM, EPROM, ROM
- Diese Speicher sind sehr häufig in Mikrocontrollern integriert.
- Firmware wird auch als Geräte- oder Embedded Software (eingebundene Software) bezeichnet.
- Es werden gerätespezifische Konfigurationen und Funktionen hinterlegt, die bei der Inbetriebnahme zur Initialisierung und zum Test der Hardware dienen.
- Im Fehlerfall erhöhen in der Firmware enthaltenen Fehlerbehandlungsroutinen die Betriebssicherheit der Geräte.
- Firmware lässt sich durch spezielle Programme aktualisieren, wodurch der Funktionsumfang des Gerätes verbessert wird bzw. Fehler behoben werden.
- Unter Linuxsystemen wird Firmware zur Gerätesteuerung auch in Form einer Datei (Firmwaredatei) auf der Festplatte gespeichert und bei jedem Neustart zum Gerät übertragen.
- Durch den Einsatz von Firmware ergeben sich Vorteile für den Benutzer des Gerätes, da sich die Funktionen der Hardware schneller an die veränderten Bedürfnisse der Technik anpassen lassen bzw. Fehler schneller beseitigt werden können.

Gerätebeispiele

- Computerbereich:
  Hauptplatine eines Computers, CD/DVD-Laufwerk, Grafikkarte, Router, Switch
- Konsumerelektronik:
  Mobiltelefon, Fernsehgerät, DVD-Player, Festplattenrekorder, Haushaltsgeräte, Digitalkamera
- Messtechnik: Oszilloskop, Mess- und Prüfsysteme
- Automobiltechnik:
  Steuergeräte zur Motorsteuerung, Bordcomputer, Fahrzeugassistenten (ESP, ABS usw.)

Open Firmware

- Open Firmware (OFW) ist im Standard IEEE 1275: 1994 genormt und im Gegensatz zur herkömmlichen Firmware (BIOS) ein offener plattformunabhängiger Standard zur Definition der Bootumgebung für Computersysteme.
- Durch den Einsatz von OFW ist eine hardwareneutrale Definition einer Bootumgebung möglich, unabhängig vom verwendeten Prozessor.
- OFW unterstützt eine Kommandozeile (Bootprompt).
- Durch OFW ist das Booten von Plug-In Karten ohne eine betriebssystemspezifische Unterstützung bzw. den Einsatz von Maschinencode direkt auf der Karte möglich.
- OFW kommt in Rechnersystemen von Sun Microsystems und Apple zum Einsatz.

Schichtenmodell

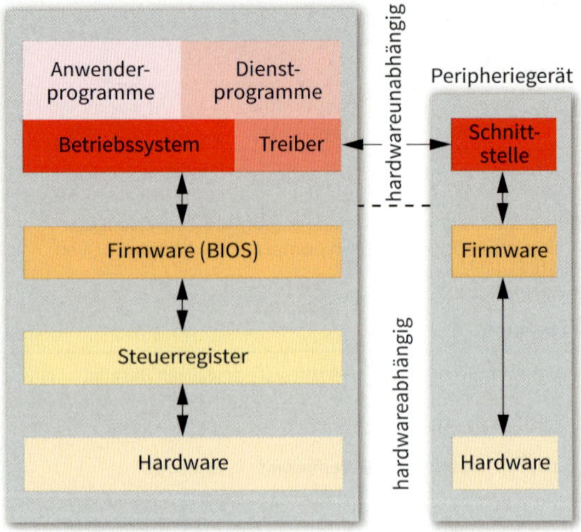

Firmwareaktualisierung

- Die im Gerät eingebettete Firmware lässt sich in der Regel durch spezielle Software aktualisieren (Upgrade).
- Hersteller stellen dazu für ihre Geräte Firmwareupdates zur Verfügung.
- Mit diesen Aktualisierungen werden Nachrüstungen möglich und Fehler behoben.
- Achtung: Ein Fehler während der Aktualisierung der Firmware (z. B. Stromausfall) kann zur Unbrauchbarkeit des Gerätes führen.

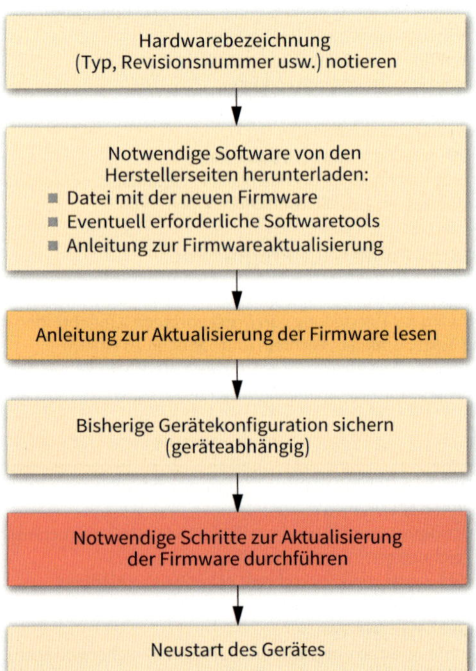

Name	Anwendung/Eigenschaften
Ada benannt nach Ada Byron	▪ leichtes Programmieren durch klare Ausdrücke ▪ gute Fehlererkennung ▪ assemblernahe Programmierung ▪ andere Programmiersprachen lassen sich leicht einbinden ▪ echte Realtime-Sprache
Algol **Algo**rithmic-**L**anguage	▪ algorithmische Formelsprache ▪ strukturiertes Programmieren möglich ▪ Ursprache für neuere Programmiersprachen ▪ keine Realtime-Sprache
Basic **B**eginners **A**ll **P**urpose **S**ymbolic **I**nstruction **C**ode	▪ leicht erlernbar ▪ problemorientierte Sprache ▪ Einsatz im technisch-wissenschaftlichen Bereich ▪ vielfältige Abwandlungen verfügbar (GW-Basic, Turbo-Basic, …) ▪ bedingtes Realtime-Verhalten
C entwickelt aus Basic **C**ombined Programming Language	▪ maschinennahe Programmierung ▪ kompakter Code ▪ Einsatz u. a. für Programmiersprachenentwicklung ▪ Syntax sehr kompakt ▪ strukturiertes Programmieren möglich ▪ andere Programmiersprachen können eingebunden werden
C++	▪ objektorientierte Variante von C
Cobol **Co**mmon **B**usiness **O**riented **L**anguage	▪ problemorientierte Programmiersprache für kaufmännischen und administrativen Bereich ▪ Programmcode ist lesbar wie englischer Text ▪ entwickelt von der Mathematikerin Grace Murray Hopper ▪ Cobol 85 ist standardisiert durch ANSI (ANSI-Cobol)
Fortran **For**mula **Tran**slation	▪ geeignet für Programmierung mathematischer Formeln ▪ keine leistungsfähigen Sprachelemente für Ein-/Ausgaben ▪ Buchstaben oder Zahlenfolgen nur umständlich programmierbar ▪ strukturiertes Programmieren kaum möglich ▪ Realtime-Verhalten bedingt ▪ große Programmbibliotheken
JAVA	▪ baut auf C++ auf ▪ kleiner, portabler und leichter anwendbar als C++ ▪ plattformneutral ▪ Programme werden in Bytecode compiliert
Lisp **Lis**t **P**rocessing	▪ listenverarbeitende Sprache (Listen: Aufzählung von Zahlen oder Zeichenfolgen) ▪ nicht prozedural (keine Aneinanderreihung von Befehlen) ▪ Programmaufbau besteht aus Funktionen ▪ Anwendung in der künstlichen Intelligenz
Modula Modulare Sprache	▪ Anwendung in der Prozesstechnik, Text-, Datei-Verarbeitung ▪ maschinennahe Programmierung ▪ Syntax ähnlich Pascal ▪ Ablaufgeschwindigkeit ähnlich C-Programmen ▪ für PCs verfügbar
Pascal benannt nach Blaise Pascal (1623–1662)	▪ ursprünglich als Universalsprache gedacht ▪ gute Strukturierung möglich ▪ leichte Dokumentation ▪ wenige Grundbefehle ▪ mit Turbo-Pascal annähernd Realtime-Programmierung
Pearl **P**rocess and **E**xperiment **A**utomation **R**ealtime **L**anguage	▪ problemorientiert ▪ rechnerunabhängig ▪ Realtime Programmierung ▪ Anwendung in Prozesssteuerung ▪ Syntax ähnlich wie Pascal ▪ unterstützt echtes paralleles Multitasking auf Multipozessor-Anlagen
PL/1 **P**rogramming **L**anguage No. **1**	▪ problemorientierte Programmiersprache entwickelt von IBM ▪ Anwendung auf Großrechnern ▪ geeignet für technisch-wissenschaftliche und kaufmännische Anwendungen ▪ enthält Elemente von Fortran und Cobol ▪ weiterentwickelt zu PL/M
Prolog **Pro**gramming in **Log**ic	▪ nichtalgorithmisch ▪ anstelle von Prozeduren stehen Funktionen, die „wahr" oder „falsch" sein können ▪ Anwendung bei der objektorientierten Programmierung
Simula **Simula**tion **Lan**guage	▪ erste objektorientierte Programmiersprache ▪ einsetzbar für komplexe Anwendungen und zur Durchführung von Simulationen ▪ entwickelt in Norwegen in den 60er Jahren
SMALLTALK	▪ objektorientierte Programmiersprache ▪ entwickelt von der Firma Rank Xerox (1970) ▪ durch objektorientierte Entwicklungsumgebung (Editor, Compiler usw.) sehr benutzerfreundlich

Allgemeines

- Entwicklung Anfang der 70er Jahre in den Bell Laboratories von Dennis Ritchie.
- Maschinennahe Programmierung
- Betriebssystemunabhängig
- Seit 1989 Standard durch ANSI festgelegt.

Nomenklatur

- Groß-/Kleinschreibung wird unterschieden.
- Kommentare werden von /**Kommentar*/ eingeschlossen.
- Befehle mit „;" abschließen

Programmstruktur

Beispiel: # include <stdio.h>	Bibliotheken einbinden
int main(void) {	Beginn des Hauptprogramms
int i;	Variablendeklaration
i = 1; print(„i =", i);	Programmcode
}	Hauptprogrammende

Standardbibliotheken

<math.h>	Mathematische Funktionen
<ctype.h>	Charakterbildung
<signal.h>	Signalbehandlung
<stdio.h>	Ein-, Ausgabe-, Dateibehandlung
<string.h>	Zeichenfolge

Datentypen

char	ein Zeichen (z. B. ASCII-Code), meist 1 Byte
int	ganze Zahl (je nach Rechner 2 oder 4 Byte)
float	Gleitkommazahl (meist 4 Byte)
double	Gleitkommazahl (meist 8 Byte)
void	Leeres Element (z. B. bei Zeigern)

Vektoren/Felder arrays

char b [n]	Definition einer eindimensionalen Zeichenvariable b mit n Elementen
int c [n] [m]	Definition einer zweidimensionalen Integervariable c mit n x m Elementen
b [5]	Zugriff auf 5. Element des Vektors b

Bedingte Anweisungen, Verzweigung

if (*Bed.*) Code1 Else Code2	Wenn die Bedingung *Bed.* erfüllt, wird code1 ausgeführt, andernfalls code2. Else-Anweisung kann entfallen
switch (*var*) {case „x": code1 case „y": code2 default code3}	Wenn Variable *var* = „x", dann wird code1 ausgeführt und anschliessend code2. Wenn var = „y", dann wird nur code2 ausgeführt. Mit „code1 break" kann ausschließlich code1 ausgeführt werden. Wenn *var* weder „x" noch „y", dann Ausführung von code3.

Schleifen

Block (*Code*)	Umklammerter Code wird zu einem Verbund. Im Verbund können lokale Variablen deklariert werden.
while (*Bed.*) Code	Solange die Bedingung *Bed.* erfüllt ist, wird der Programmteil wiederholt. Erst Überprüfung, dann Ausführung.
do Code while (*Bed.*)	Solange die Bedingung *Bed.* erfüllt, wird der Programmteil wiederholt. Erst Ausführung, dann Überprüfung.
break	Innerste Schleife wird sofort verlassen.

Merkmale

Allgemeines

- C++ ist eine um objektorientiertes Programmieren erweiterte Variante von C.
- Für sehr große Softwarepakete geeignet.

Nomenklatur

- Kommentare können durch // eingeleitet werden und enden am Zeilenende.
- Deklarationen sind überall im Quellcode möglich.

Begriffe

Objekte
Sie fassen zusammengehörige Daten und Programmlogik zusammen.

Kapselung
Objekte können gegenseitig nur über definierte Schnittstellen kommunizieren. Zugriff oder Veränderungen interner Objektzustände ist ausgeschlossen.

Klassen
Gleichartige Objekte werden zu Klassen zusammengefasst. Aus den Klassen können während der Programmlaufzeit neue Objekte definiert werden.

Vererbungen
Objektarten werden auf Basis bestehender definiert Ergänzung oder Überlagerung vorhandener Definitionen möglich.

Kapselungsarten

- **public:**
  Alle Objekte können zugreifen.
- **private:**
  Nur Objekte der eigenen Klasse können zugreifen.
- **protected:**
  Nur Objekte der eigenen Klasse und Ausprägungen (→ Vererbung) können zugreifen.
- **package:**
  Alle Elemente eines Pakets haben Zugriff.

Klassendefinition

```
class name
  {
  private:
    // klasseninterne Komponenten
  public:
    // allgemein zugängliche Komponenten
  protected:
    // geschützte Abschnitte
  };
```

- **class:** Schlüsselwort zu Beginn einer Klassendefinition mit Name der Klasse (name).

VHDL – Very High Speed Integrated Circuit Hardware Description Language

Eigenschaften

- Mit **VHDL** können digitale Schaltungen und Systeme von der Definition bis zum Schaltungsentwurf beschrieben und simuliert werden.
- VHDL ist als IEC-Standard IEC 61691-1 weltweit normiert.
- VHDL beschreibt das Verhalten einer Schaltung auf einer höheren Abstraktionsebene ohne auf konkrete logische Bauelemente zurückzugreifen.
- Eine schnelle Entwicklung komplexer und großer Schaltungen (z. B. Mikrocontroller) ist möglich.
- Am Ende des Systementwurfs steht eine **Netzliste**. Diese Liste lässt sich entweder in eine Maske zur Herstellung eines Chips überführen oder sie kann z. B. in einen FPGA-Chip geladen werden.
- Die Hersteller von programmierbaren Bausteinen bieten zum Entwurf eines VHDL-Modells speziell auf die jeweiligen Chips abgestimmte Entwicklungs- und Simulationssoftware an.
- Neben der Hardwarebeschreibungssprache VHDL existieren noch **Verilog** und **ABEL** (**A**dvanced **B**oolen **E**quation **L**anguage) als weitere Sprachen.

VHDL-Modell

- Der Code eines VHDL-Modells besteht aus den Teilen **Entity** (Einheit) und **Architecture** (Architektur).

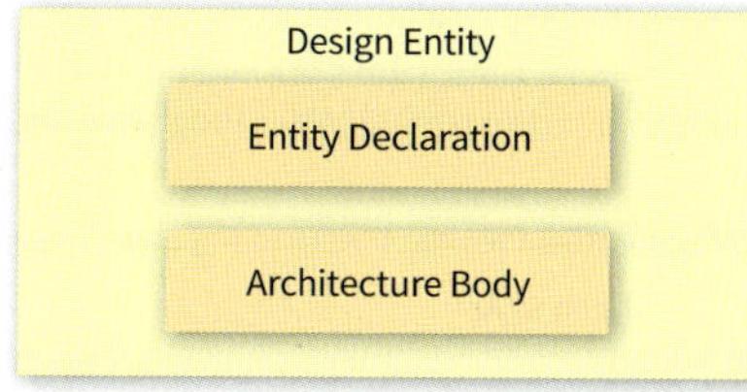

- Eine Entity bezeichnet hierbei ein in sich abgeschlossenes und zusammenhängendes System. Dort werden z. B. die Signale definiert, mit denen das VHDL-Modell mit der Umwelt kommuniziert.
- Die Architecture beschreibt hingegen die Funktion und den Inhalt des Systems und gehört immer zu einer bestimmten Entity.
- Eine Entity kann beliebig viele Architecturen enthalten, womit unterschiedliche Versionen eines Modells verwaltet werden können.

Sprachkonzepte

- In VHDL können alle Elemente innerhalb einer Architekturbeschreibung parallel ausgeführt werden (Konkurrente oder nebenläufige Anweisungen).
- Alle Komponenten und Prozesse laufen gleichzeitig.
- Innerhalb eines Prozesses werden die Anweisungen nacheinander (sequenziell) ausgeführt.
- Modul- und Hierarchiestrukturen erlauben dem Programmierer ein VHDL-Modell zu strukturieren.

Datentypen

- Als Standardtypen sind in VHDL folgende Datentpyen definiert:
  - BIT: '0' oder '1'
  - BOOLEAN: true oder false
  - INTEGER: −2147483647…+2147483647
  - REAL: −1,0E38…+1,0E38
- Zusätzlich können weitere eigene komplexe Datentypen definiert werden, z. B. einen 8-Bit breiten Datenbus: TYPE bus IS ARRAY (0 TO 7) OF BIT;

Syntaxregeln

- Allgemeine Regeln:
  - keine Unterscheidung von Groß-/Kleinschreibung
  - Umlaute (ä, ö, ü) sind nicht zulässig
  - Anweisungen werden mit ';' abgeschlossen
  - Kommentare werden mit '- -' eingeleitet
- Operatoren

= gleich	/= ungleich
< kleiner als	<= kleiner gleich
> größer als	>= größer gleich

- Zuweisungen

:= Variablenzuweisung	<= Signalzuweisung

Programmbeispiel

- Einfaches NAND-Gatter mit zwei Eingängen
- Die Entity spezifiziert im Bereich PORT ① die elektrischen Anschlüsse (Signale) des Bausteins.
- Der Architecture-Abschnitt ② enthält die eigentliche Funktion einer Komponente. Dieser Abschnitt kann mehrere Abstraktionsebenen ein und derselben Komponente enthalten. Es ist jedoch nur eine Ebene gleichzeitig aktiv.
- Die Funktion des Bausteins besteht darin, dem Ausgangssignal y das Ergebnis der logischen Verknüpfung der Signaleingänge a und b zuzuweisen ③.

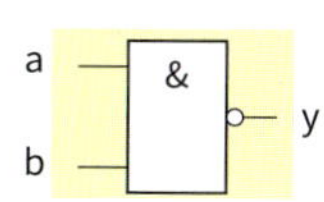


```
-- VHDL- Nand-Gatter

   library IEEE;
   use IEEE.std_logic_1164.ALL;

   entity nand_gatter is
①  port (
   a, b: in std_logic;
   y: out std_logic);
   end nand_gatter;

②  architecture behavior of nand-gatter
   is begin
③  y <= a nand b;
   end behavior

-- Ende VHDL-Code
```

Allgemeines

- **HTML** (**H**yper **T**ext **M**arkup **L**anguage)
- Beschreibungssprache für den Aufbau von Internetseiten (Web-pages)
- Es wird der logische Aufbau der Seite beschrieben. Das Aussehen kann je nach Größe des Programmfensters variieren.
- HTML-Dokumente haben die Dateiendung „htm“ oder „html“.
- Wird ergänzt durch Style

Ergänzungen

- **Dynamisches HTML**
  HTML-Dokumente ändern sich während der Anzeige, Programmierung mit JavaScript
- **Stylesheets** beschreiben das Layout einer Seite mit Cascading Stile Sheets (css), so dass der Seiteninhalt in getrennter Datei gepflegt und gespeichert wird.
- **XHTML** (**Ex**tensible **H**yper**t**ext **M**arkup **L**anguage) löst den HTL-Standard ab, verwendet XML, Daten sind auch auf anderen Geräten darstellbar (z. B. Mobiltelefon)

Begriffe

- Befehle (**Tags**) befinden sich zwischen spitzen Klammern und können Parameter enthalten.

```
<BEFEHL Z=45>
```

- Einzelbefehle weisen dem Bereich zwischen dem umgebenden Text eine Eigenschaft zu, z. B. Linie.
- Paarweise Befehle weisen dem eingeschlossenen Text eine Bedeutung zu. Sie bestehen aus einem Start- und Endtag.
- Mehrere paarweise Befehle können verschachtelt werden. Es ist auf die korrekte Reihenfolge der Endtags zu achten.

Beispiel:

```
<BEFEHL 1>   Starttag
   <BEFEHL 2>      Starttag
      Text
   </BEFEHL 2>     Endtag
      Text
</BEFEHL 1>  Endtag
```

Dokumentstruktur

- HTML-Dokumente haben eine feste Grundstruktur.

```
<html>
  <head>
    <title>Haupt-Überschrift</title>
  </head>
  <body>
    <h1>Haupt-&Uuml;berschrift</h1>
  </body>
</html>
```

<html>	Kennzeichnet das HTML-Dokument
<head>	Ermöglicht allgemeine Angaben zum Dokument (Titel, Autor, Stichwörter, …)
<title>	Weist der Seite einen Titel zu
<body>	Umschließt den Quelltext für die eigentliche Internetseite

Befehle

Text-Formate	
<b> </b>	Fettdruck
<u> </u>	Unterstreichung
<i> </i>	Kursiv
<font size = …>	Schriftgröße
Tabelle	
<table> </table>	Tabelle
<tr> </tr>	Tabellenzeile
<td> </td>	Tabellenspalte

Absatz-Formate	
<p>	Beginnt neuen Ansatz mit automatischem Zeilenwechsel
 	Fester Zeilenwechsel
<hx> </hx>	Überschrift verschiedener Hierarchie mit x = 1, 2, …
<ul> </ul>	Liste mit Aufzählungspunkten
<ol> </ol>	Nummerierte Liste
<li>	Befehl für neue Listenelemente
<hr>	Trennlinie mit Absatzwechsel

Hyperlinks	
<a href="URL">*Text*</a>	Der *Text* ist ein Hyperlink auf die neue URL. URL kann absolut oder relativ sein.
<a href="mailto:*mailadresse*?*Betreff*">Text</a>	Der Text Hyperlink von Text erzeugt eine E-Mail an *mailadresse* mit dem Betreff *Betreff*.

Bilder	
<img src="URL" alt="*Text*">	Grafik wird von URL geladen/dargestellt. Bis die Grafik geladen ist, wird der *Text* angezeigt.
<a href="big.jpg"><img src="small.jpg" alt="Text">Bild_big (45k)</a>	Zeigt das Bild "small.jpg" als Hyperlink, nach Anklicken z. B. für kleine Vorschaubilder (Thumbnails). wird das Bild "big.jpg" geladen; Anwendung

Merkmale von PostScript

- Eine geräteunabhängige und stackorientierte Programmiersprache zur **Seitenbeschreibung** (Versionen 1 bis 3).
- 1983 von Adobe Systems entwickelt.
- Grundlegende Sprache für computer-unterstütztes Publishing und die digitale Drucktechnik.
- Mit PostScript ist eine Ausgabe von
  - Text,
  - geometrischen Figuren und
  - gerasterten Bildern möglich.
- Eine PostScript-Datei liefert eine **geräteunabhängige** Schnittstelle für die Ausgabe der Dateien auf Drucker, Kopierer, Bildschirm, Belichtungs- oder Publishing-Geräten (Vorstufe für den Druck).
- Eine PostScript-Datei besteht aus ASCII-Text.
- Da Ausgabegeräte in der Regel rasterorientiert arbeiten, muss die programmierte Seite in Bildpunkte umgewandelt werden. Dazu ist ein **PS-Interpreter** (**RIP: R**aster **I**mage **P**rocessor) erforderlich. Er führt PS-Anweisungen aus und erzeugt die jeweilige Ausgabe.
- PS-Interpreter analysieren die Anweisungen und wandeln diese in eine Sprache um, die das Ausgabegerät versteht. Er ist gewissermaßen das Betriebssystem des Ausgabegerätes und analysiert die PS-Datei zeilenweise. Vom Ausgabegerät hängt es ab, ob der Interpreter Rasterformate (z. B. TIFF, GIF) oder objektorientierte Grafikformate (z. B. WMF, PICT) erzeugt.
- Grundlage für die Struktur einer Seite in PostScript ist ein kartesisches Koordinatensystem, in das mathematische Objekte eingefügt werden. Der Ursprung ist in der Regel die linke untere Blattecke. Das Koordinatensystem besitzt für den Programmierer keine Begrenzungen. Erst bei der Ausgabe wird dieses Benutzerkoordinatensystem in ein gerätespezifisches Koordinatensystem umgerechnet. Folgende Manipulationen des Koordinatensystems sind möglich:
  - Translation
  - Rotation
  - Skalierung (Streckung, Stauchung)
- Schriften werden als PostScript-Informationen dargestellt. Der Umriss wird durch Linien- und Kurvensegmente geometrisch beschrieben. Dadurch wird die Schrift in der Ausgabe beliebig skalierbar.

PostScript-Interpreter

- **Hardware-RIP**
  PS-Controller befindet sich auf einer Platine im Drucker mit Speicher und ROM.
- **Software-RIP**
  Interpretation wird durch Software im Rechner geleistet, z. B. mit Ghostscript.

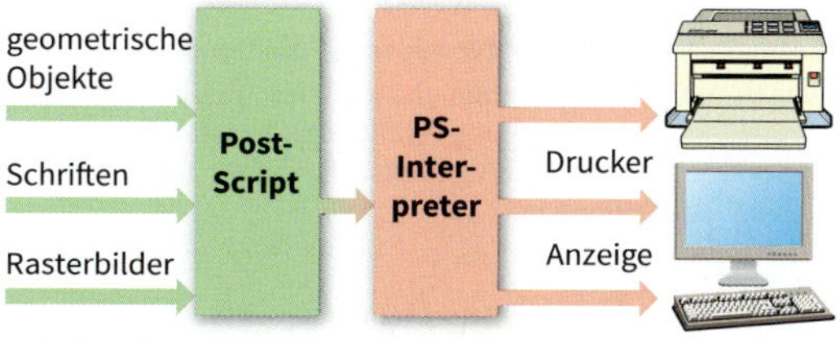

Erzeugung von PS-Dateien

- **Quelltext erstellen**
  Lesbare Anweisungen, die den Aufbau der auszugebenden Seite beschreibt (Prolog, Strukturkommentar, Autor, Titel, Seitenzahl, PS-Version und Skript zur Seitenbeschreibung).
- **Systemtreiber**
  Verwendet werden hierbei Treiber, die im Betriebssystem verankert sind. Über standardisierte und aktualisierbare Schnittstellen (Windows GDI, Mac QuickDraw) aktiviert die Anwendungssoftware den Systemtreiber und erstellt ausgabefähige Seiten.
- **Anwendungsprogramm**
  PS-Treiber werden durch das Anwendungsprogramm (z. B. Adobe Illustrator, Photoshop) zur Verfügung gestellt. Dadurch ist das Verfahren unabhängig vom Betriebssystem.
- **PS-Konverter (Filter)**
  Das Eingangsformat wird durch Filter in PostScript übersetzt. Man unterscheidet Text- und Grafikkonverter.
  Das Ergebnis ist häufig eine **EPS**-Datei (Encapsulated PostScript).

Das Ergebnis in allen Fällen ist eine **geräteunabhängige** PS-Datei.

PDF

- **P**ortable **D**ocument **F**ormat
- Offenes Dateiformat zum Austausch elektronischer Dokumente. Schriftarten, Bilder, Grafiken und Layout jedes Ausgangsdokuments bleiben unverändert, unabhängig von der Anwendung und der Plattform (z. B. MacOS, Windows), die zur Erstellung verwendet wurde. Zum Öffnen der Datei ist ein „Leseprogramm" erforderlich, z. B. Adobe Acrobat.
- PDF ist keine Programmiersprache. Es sind keine Kontrollstrukturen wie z. B. Schleifen oder Abfragen vorhanden.
- PDF baut auf PostScript auf, verwendet jedoch nur einen eingeschränkten Befehlssatz.
- Die Dateien sind kleiner (komprimiert) als PS-Dateien und lassen sich dadurch einfacher auswerten.
- Die Verwendung von hierarchisch geordneten Lesezeichen ist möglich (Hypertext Funktionaltät).
- Vorschaugrafiken einzelner Seiten können erstellt werden.

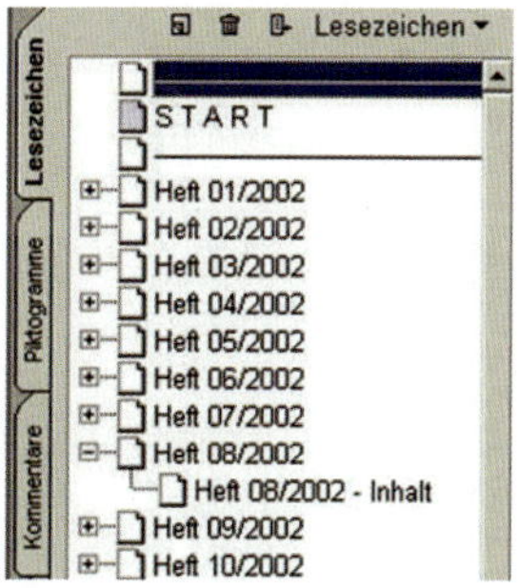

- PDF-Dokumente können mit speziellen Zugriffsrechten und digitalen Signaturen versehen werden.
- Die mit Tags versehenen Dateien enthalten Informationen zum Inhalt und der Struktur eines Dokuments. Sie können abgerufen und dargestellt werden.
- Dokumentenerstellung: Beliebiges Dokument → Speicherung als PostScript-Datei → Interpretation der Datei z. B. durch Acrobat Distiller (ein Post-Script RIP) und Speicherung als PDF-Datei.

Seitengeometrie

- Bei Druckelementen, die bis an den Rand gedruckt werden, sind Zugaben im **Beschnitt** erforderlich ①. Der Beschnitt ist der Randbereich eines fertigen Druckproduktes, der nach dem Druck durch Beschneiden des Papiers wegfällt.

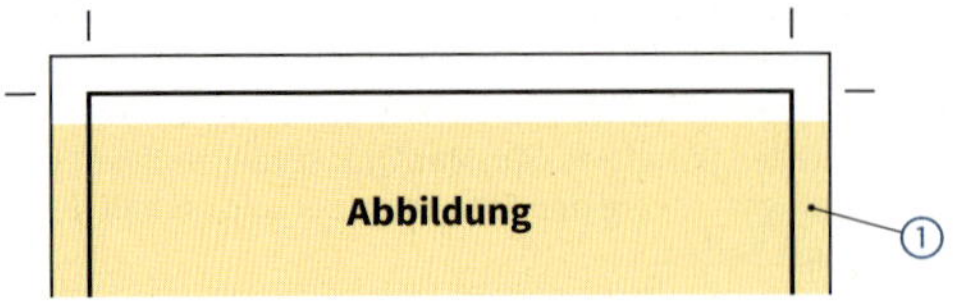

- Für die Drucktechnik sind die Angaben zur Seitengeometrie wichtig. Es werden verschiedene Bereiche unterschieden, die als **Boxen** bezeichnet werden. Mit ihnen wird beschrieben, in welchem Bereich einer Seite sich derjenige Inhalt befindet, der dem beschnittenen Endformat entspricht und wo ein weiterverarbeitendes Programm mit einer Beschnittzugabe rechnen kann.

Boxen

- Die **Media Box** (Medien-Rahmen) gibt die Größe des Ausgabemediums und den Medienrahmen des PDF-Dokumentes an (Ausdehnung der PDF-Seite). Das Dokument ist noch nicht beschnitten und enthält in der Regel die im PDF-Generator eingestellte PostScript-Seitengröße. Diese Box ist die größte aller Boxen, da sie alle anderen Boxen mit einschließt.
- Die **Crop Box** (Beschnitt(Masken)-Rahmen) beschreibt den Bereich einer PDF-Seite, der auf dem Bildschirm bzw. dem Drucker ausgegeben werden soll. Er ist der sichtbare und druckbare Bereich der PDF-Seite. Beschnittmarken, Passkreuze, Farbkontrollbalken oder Seiteninformationen können enthalten sein.
- Eine **Bleed Box** (Anschnitt-Rahmen) beinhaltet Informationen über die Anschnittrahmen, die die Größe des Endformates zuzüglich des vorgesehenen Beschnitts definiert. In der Druckindustrie wird ein Beschnitt in der Regel von 3 mm bis 5 mm pro Seite A4 benötigt.

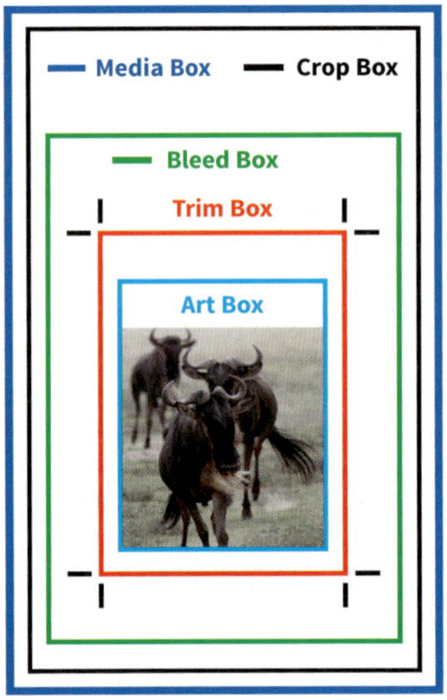

- Die **Trim Box** (Endformat-Rahmen) ist das Endformat einer PDF-Seite nach dem Zuschnitt (ohne Beschnitt). Die Trim Box wird auch als „Endformatrahmen“ bezeichnet.
- Die **Art Box** (Objektrahmen, Bounding Box) ist ein frei definierbarer Rahmen zum Auslesen und Verarbeiten von Seiteninhalten, z. B. in einem anderen Programm.

PDF-Formate

- **PDF/A** ist eine ISO-Normenreihe (International Organization for Standardization), in der Anforderungen für die **Langzeitarchivierung** elektronischer Dokumente definiert sind. PDF-Dateien sollen dadurch langfristig lesbar bleiben. Entsprechend den Hauptzielen der Norm werden die zwei Stufen PDF/-1a und PDF/-1b unterschieden.
- **PDF/A-1a** (ISO 19005-1:2005)
  Es sind Anforderungen für eine eindeutige visuelle Reproduzierbarkeit, Abbildbarkeit von Texten (aus verschiedenen Geräten, z. B. auch PDA) und logische Strukturierung eines Dokuments festgelegt. Es wird also bestimmt, welche Inhalte erlaubt und welche nicht erlaubt sind.
- **PDF/A-1b**
  Es sind Anforderungen für eine korrekte Anzeige des gesamten Seiteninhalts festgelegt (visuelle Langzeit-Reproduktion). Lesbarkeit und Verständlichkeit müssen nicht gewährleistet sein.
- **PDF/X** (ISO 19005) enthält Anforderungen für den Datenaustausch in der **Druckvorstufe** (Druckindustrie). Es werden darin PDF-Inhalte untersagt, die das Druckergebnis beeinträchtigen können.
- **PDF/H** (H: Healthcare, Gesundheitspflege) ist für den Einsatz im Gesundheitswesen vorgesehen, besonders in der mit Bildern arbeitenden Diagnostik und für die Speicherung von Patientendaten und medizinischen Befunden.

Eigenschaften von PDF/A

Vollständigkeit

- Weil bestimmte Ressourcen irgendwann nicht mehr zugänglich sein könnten, sind Referencen auf Ressourcen untersagt, die nicht in der Datei selbst enthalten sind.
  In einer PDF/A-1-Datei müssen also integriert sein,
  - alle benutzten Schriftarten mit ihren Untergruppen,
  - alle Bilder und
  - die Kennzeichnung als PDF/A-1-Datei mit Metadaten in XMP (Extensible Metadata Platform-Format).

Eindeutigkeit

- Damit eine eindeutige Farbdarstellung gewährleistet ist, müssen Farben ausreichend definiert sein.
- Bei den Schriftarten dürfen nur eindeutige Codierungsinformationen verwendet werden. Beispiel: Die Angaben zu den Zeichenbreiten der grafisch dargestellten Schriftzeichen müssen mit den Daten im eingebetteten Font selbst übereinstimmen.
- Alternative Bilder sind nicht zulässig. Beispiel: Niedrige Auflösung für die Bildschirmausgabe, hohe Auflösung für die Druckausgabe.

Zugänglichkeit

- Es sind Verschlüsselungen untersagt und damit auch teilweises Sperren von Funktionen der Datei. Beispiele: Drucken, Daten herauskopieren.

Kontextabhängige oder dynamische Funktionen

- Da Multimedia-Funktionen und dynamische Elemente den Inhalt oder die Darstellung verändern oder beeinflussen könnten, sind sie nicht zugelassen. Beispiele: JavaScript, Ausio- oder Videodaten.

Digitale Signatur

- Die Einbettung von digitalen Signaturen wird unterstützt.

Allgemeine Prinzipien

- **Vertraulichkeit** (Daten werden nur von Befugten genutzt)
- **Integrität** (keine Verfälschungen)
- **Authentizität** (eine Zuordnung zum Ursprung ist jederzeit möglich)
- **Transparenz** (Verfahren der Datenerfassung ist vollständig dokumentiert)
- **Revisionsfähigkeit** (Rückverfolgung: Wer hat wann welche Daten in welcher Weise verändert?)
- **Zweckbindung** (Daten nur zu dem Zweck verwenden, für den sie erhoben wurden)
- **Sparsamkeit** (nur erforderliche Daten erfassen, keine Exponierung)
- **Personelle Selbstbestimmung** (Einwilligung, Informiertheit, Kontrollfähigkeit, Berichtigung und Löschung)
- **Privatheit** (Es ist gewährleistet: Ungestörtheit, Unbeobachtbarkeit, Unverknüpfbarkeit)

Rechtsgrundlagen

- **EU-Datenschutzgrundverordnung**, **EU-DSGVO** (ab 25. Mai 2018 gültig)
- **Bundesdatenschutzgesetz**, **BDSG** (letzte Änderung 30. Juni 2017), Teil 1 bis 4
  Das BDSG basiert auf der EU-DSGVO.

Beispiel für technisch-organisatorischen Datenschutz

- **Zutritt**
  Unbefugten wird der Zutritt zur Datenverarbeitungsanlage verwehrt (Gebäude- bzw. Raumsicherung, Zutrittsvermerk, Schlüsselregelung, …).
- **Zugang**
  Es wird verhindert, dass Unbefugte Daten nutzen (Identfikation durch Passwort, Protokollierung der Zugänge, …).
- **Zugriff**
  Es wird gewährleistet, dass nur auf die der Zugriffsberechtigung unterliegenden Daten zugegriffen werden kann (Festlegung und Prüfung der Zugriffsberechtigten, Protokollierung von Zugriffen, zeitliche Verschlüsselung, …).
- **Weitergabe**
  Es wird gewährleistet, dass bei der Weitergabe Daten nicht unbefugt gelesen, kopiert oder verändert werden können (Festlegung der Transportwege, Quittierung, …).
- **Eingabe**
  Es muss nachträglich feststellbar sein, ob und von wem Daten eingegeben, verändert oder entfernt worden sind (Dokumentation: Bevollmächtigter, Zeit, Änderungen, …).
- **Auftrag**
  Es ist zu gewährleisten, dass die Daten nur entsprechend den Weisungen des Auftraggebers bearbeitet werden (Auftragsbeschreibung, Lasten- und Pflichtenheft, …).
- **Verfügbarkeit**
  Die Daten sind gegen zufällige Zerstörung oder Verlust zu schützen (Gebäudeschutz, Dienstahlschutz, Datensicherung, …).
- **Organisation**
  Die zu unterschiedlichen Zwecken erhobenen Daten müssen getrennt verarbeitet werden können (Aufgabenteilung, Funktionstrennung, Richtlinien für Verfahren und Dokumentation, …).

Ausgewählte Paragraphen des BDSG

Teil 2: Kapitel 2:	Duchführungsbestimmungen für Verarbeitungen … **Rechte der betroffenen Person**
§ 32	Informationspflicht bei Erhebung von personenbezogenen Daten bei der betroffenen Person
§ 33	Informationspflicht, wenn die personenbezogenen Daten nicht bei der betroffenen Person erhoben wurden
§ 34	Auskunftsrecht der betroffenen Person
§ 35	Recht auf Löschung
§ 36	Widerspruchsrecht

Teil 3: Kapitel 2:	Bestimmungen für Verarbeitungen … **Rechtsgrundlagen der Verarbeitung personenbezogener Daten**
§ 48	Verarbeitung besonderer Kategorien personenbezogener Daten
§ 50	Verarbeitung zu archivarischen, wissenschaftlichen und statistischen Zwecken
§ 51	Einwilligung
§ 52	Verarbeitung auf Weisung des Verantwortlichen
§ 53	Datengeheimnis

Teil 3: Kapitel 3:	Bestimmungen für Verarbeitungen … **Rechte der betroffenen Person**
§ 55	Allgemeine Informationen zu Datenverarbeitungen
§ 56	Benachrichtigung betroffener Personen
§ 57	Auskunftsrecht
§ 58	Rechte auf Berichtigung und Löschung sowie Einschränkung der Verarbeitung
§ 59	Verfahren für die Ausübung der Rechte der betroffenen Personen
§ 60	Anrufen der oder des Bundesbeauftragten

Teil 3: Kapitel 4:	Bestimmungen für Verarbeitungen … **Pflichten der Verantwortlichen und Auftragsverarbeiter**
§ 62	Auftragsverarbeitung
§ 63	Gemeinsame Verantwortliche
§ 64	Anforderungen an die Sicherheit der Datenverarbeitung
§ 65	Meldung von Verletzungen des Schutzes personenbezogener Daten an die oder den Bundesbeauftragten
§ 66	Benachrichtigung betroffener Personen bei Verletzungen des Schutzes personenbezogener Daten
§ 67	Durchführung einer Datenschutz-Folgeabschätzung
§ 68	Zusammenarbeit mit der oder dem Bundesbeauftragten

Datensicherheit
Data Security

Prinzip

Ordnungsgemäßer Betrieb einer Datenverarbeitung durch Sicherung der

- **Hardware**
- **Software**
- **Daten**

gegen

- **Verlust**
- **Beschädigung**
- **Missbrauch**

Schädigende Einflüsse

- **Wanzen:**
  Fehler in der Software (auch ohne Absicht), keine selbstständige Ausbreitung
- **Manipulationen:**
  Absichtliche Verfälschungen in der Software
- **Hacker:**
  Personen, die in spielerischer, amateurhafter Weise Schwachstellen aufdecken
- **Cracker:**
  Personen, die professionell Schwachstellen aufdecken, um Schäden anzurichten
- **Würmer:**
  Übertragen sich selbstständig von Rechner zu Rechner über Netze, z. B. als Anlage einer E-Mail
- **Trojaner:**
  Programme (z. B. als Bildschirmschoner oder Tools) zum Einschmuggeln von getarnten Viren. Der Virus wird gesondert aktiviert.
- **Viren:**
  Eigenständiges Programmelement in einem Wirtsprogramm. Ein Virus besitzt die Fähigkeit, sich selbst zu kopieren und dadurch in ein zuvor nicht infiziertes Programm einzudringen.
  - Bootsektorviren setzen sich im Bootbereich fest und nehmen damit einen festen Platz in der Konfiguration des Betriebssystems ein.
  - Makroviren sind direkt im Dokument gespeichert.
- **Backdoor:**
  „Hintertür" in einem Anwenderprogramm für eine später erfolgende Manipulation

Sicherheitsmaßnahmen

Virenschutz durch
- Virenscanner (im Server, beim Client)
- Laufwerke sperren
- Organisatorische Maßnahmen

Kryptographie durch
- Verschlüsselung
- Asymmetrische Verfahren (Public key: Öffentlicher Schlüssel, Private key: Privater Schlüssel)
- Signatur (Authentizität, Integrität)

Datensicherung
- Kontinuierlich (Spiegelfestplatten (RAID), Backupserver)
- Periodisch (Voll-/Komplettsicherung, Differenzsicherung)

Schutz vor Computerviren aus dem Internet

Einstellungen am PC
- Sicherheitsfunktionen aktivieren
- Aktuelles Virenschutz-Programm einsetzen
- Anzeige aller Dateitypen aktivieren
- Makro-Virenschutz von Anwenderprogrammen aktivieren
- Sicherheitseinstellungen am Browser auf gewünschte Stufe einstellen (z. B. Deaktivieren von aktiven Inhalten (ActiveX, Java, JavaScript) und Skript-Sprachen (z. B. Visual Basic)).

Verhalten beim Empfang von E-Mails
- Nicht sinnvolle E-Mails von unbekannten Absendern nicht öffnen und löschen (SPAM).
- Prüfen, ob der Text der Nachricht auch zum Absender passt.
- E-Mails mit gleichlautendem „Betreff" prüfen.
- Ausführbare Programme (*.COM, *.EXE), Skript-Sprachen (*.VBS, *.BAT) oder Bildschirmschonern (*.SCR) nicht durch „Doppelklick" öffnen.
- Vorsicht bei Dateien im HTML-Format.
- Datei-Anhänge nur von vertrauenswürdigen Absendern öffnen.

Verhalten beim Versenden von E-Mails
- Öfter prüfen, ob sich E-Mails im Postausgang befinden, die nicht vom Benutzer verfasst sind.
- Der Aufforderung zur Weiterleitung von Warnungen, Mails oder Anhänge an Freunde usw. nicht nachkommen.

Verhalten bei Downloads aus dem Internet
- Programme nur von vertrauenswürdigen Seiten laden.
- Angabe über die Größe der Datei mit der tatsächlichen Größe der Datei nach dem Download überprüfen.
- Vor der Installation Dateien mit aktuellem Viren-Schutzprogramm überprüfen.
- Gepackte Dateien erst entpacken und dann auf Viren überprüfen.

Firewall

Schutzmaßnahme (Filter), die einen unerlaubten Zugriff von außen auf ein privates Netzwerk verhindert.
- **Paketfilterung** (Packet Filter):
  Inhalte der Datenpakete werden nach festgelegten Regeln überprüft.
- **Application Gateway** (in Verbindung auch mit Proxy-Servern):
  PC oder Software, die die Verbindung zwischen zwei Netzen herstellt und Sicherheitsüberprüfungen vornimmt.

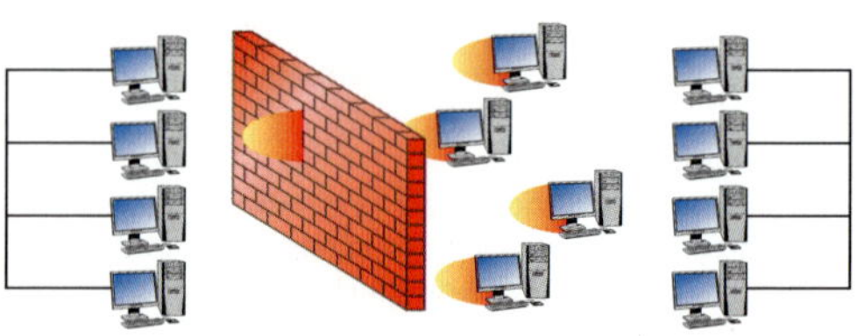

RAID-Systeme

- **RAID: R**edundant **A**rray of **I**nexpensive **D**isks
- Prinzip:
  Festplatten sind über Controller bzw. Software zu Organisationseinheiten zusammengefasst.
- Funktion:
  – Erhöhung der Lesegeschwindigkeit
  – Datensicherung
- Verschiedene Variationen von RAID-Systemen werden als **Raid-Level** bezeichnet (0 bis 5 und Kombinationen).

RAID 0

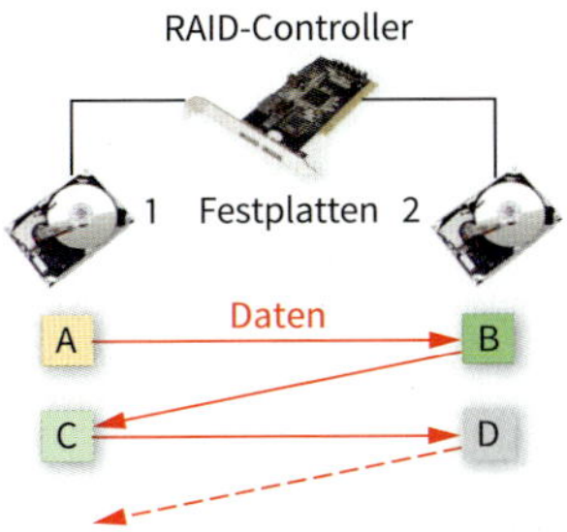

- Mindestens zwei gleichgroße Festplatten
- Daten werden in Datenblöcke (Stripes A, B, …) aufgeteilt und wechselseitig geschrieben
- Lesegeschwindigkeit größer
- Datensicherheit ist geringer

RAID 1

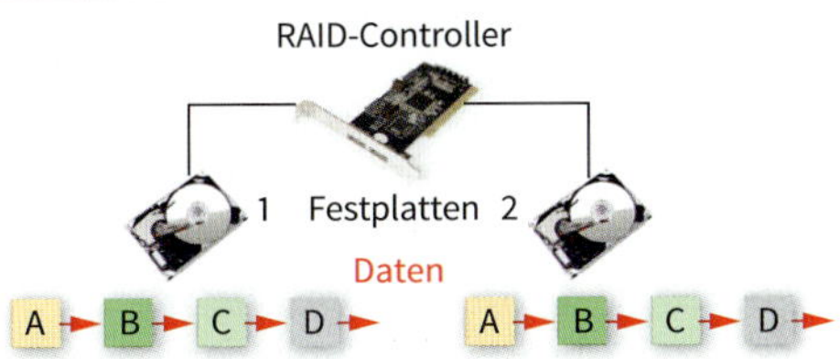

- Mindestens zwei Festplatten sind erforderlich.
- Unterschiedlich große Festplatten sind möglich, die Festplatte mit der kleineren Kapazität bestimmt die Gesamtspeicherkapazität.
- Daten der Festplatte 1 werden auf Festplatte 2 kopiert.
- Datensicherheit ist gewährleistet. Fällt eine Festplatte aus, können die Daten von der gespiegelten Festplatte gelesen werden.

RAID 5

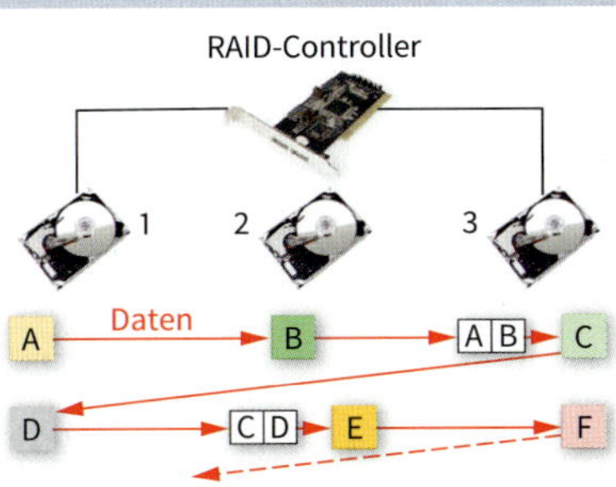

- Mindestens 3 Festplatten werden zu einem Laufwerk zusammengefasst.
- Neben den Daten (z. B. A und B) werden auf der Festplatte 3 aus den Daten A und B Parity-Daten (AB) gespeichert, die das Wiederherstellen verlorener Daten ermöglichen.

RAID 10 (RAID 0 + 1)

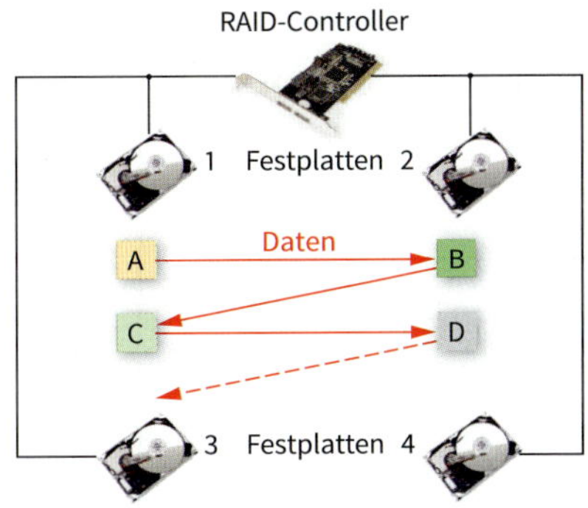

- Kombination aus RAID 0 und 1 mit mindestens 4 Festplatten
- Daten der Festplatten 1 und 2 werden auf Festplatten 3 und 4 gespiegelt
- Erhöhte Lesegeschwindigkeit und Datensicherheit

RAID 1.5

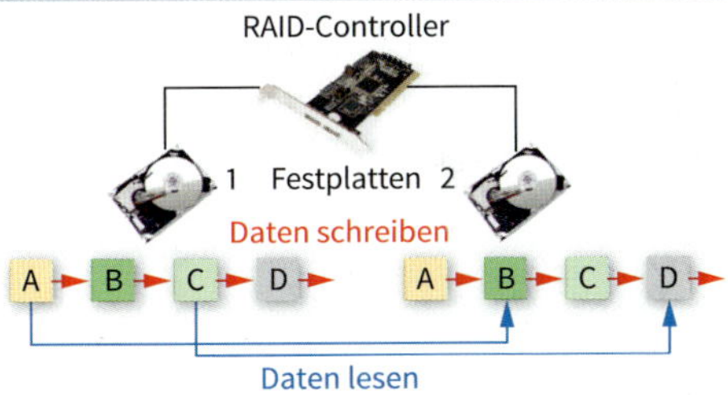

- Zwei identische Festplatten, die wie RAID 1 untereinander gespiegelt werden
- Beim Lesen wird auf beide Festplatten gleichzeitig zugegriffen (erhöhte Lesegeschwindigkeit)

Sicherheit durch Verschlüsselung (Encryption)

Symmetrisch

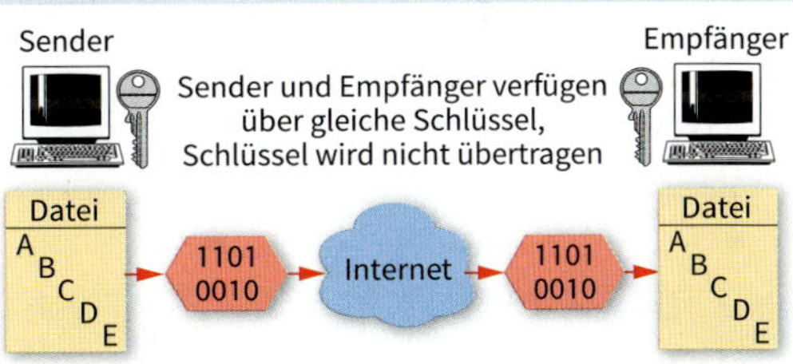

Asymmetrisch

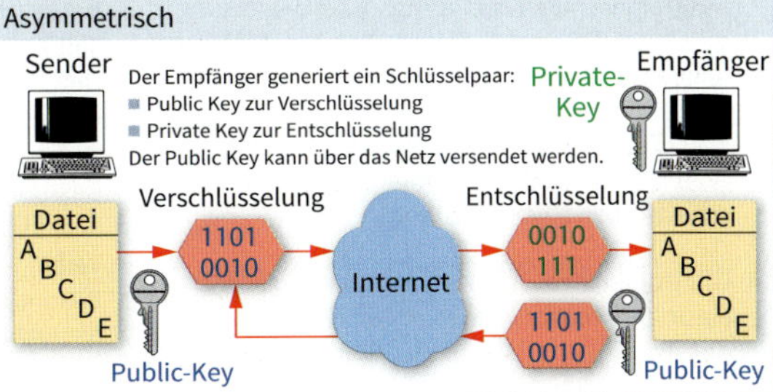

EU-Datenschutz-Grundverordnung (EU-DSGVO)
EU-General Data Protection Regulation (EU-GDPR)

- Die **DSGVO** regelt **EU-weit** die Verarbeitung von personenbezogenen Daten durch private Unternehmen und öffentliche Stellen.
- Die Datenschutz-Grundverordnung ist unmittelbar in allen EU-Mitgliedstaaten ab dem 25. Mai 2018 gültig.
- **Nationale** Regelungen dürfen den von der DSGVO festgeschriebenen Datenschutz **nicht** abschwächen oder verstärken.
- **Öffnungsklauseln** (s. u.) ermöglichen nationale Anpassungen.

- **Kapitel 1** Allgemeine Bestimmungen (1 ... 4)
- **Kapitel 2** Grundsätze (5 ... 11)
- **Kapitel 3** Rechte der betroffenen Personen
  - Abschnitt 1 Transparenz und Modalitäten (12)
  - Abschnitt 2 Informationspflicht und Recht auf Auskunft zu personenbezogenen Daten (13 ... 15)
  - Abschnitt 3 Berichtigung und Löschung (16 ... 20)
  - Abschnitt 4 Widerspruchsrecht und automatische Entscheidungsfindung im Einzelfall (21 ... 22)
  - Abschnitt 5 Beschränkungen (23)
- **Kapitel 4** Verantwortlicher und Auftragsverarbeiter
  - Abschnitt 1 Allgemeine Pflichten (24 ... 31)
  - Abschnitt 2 Sicherheit personenbezogener Daten (32 ... 34)
  - Abschnitt 3 Datenschutz-Folgenabschätzung und vorherige Konsultation (35 ... 36)
  - Abschnitt 4 Datenschutzbeauftragter (37 ... 39)
  - Abschnitt 5 Verhaltensregeln und Zertifizierung (40 ... 43)
- **Kapitel 5** Übermittlung personenbezogener Daten an Drittländer oder an internationale Organisationen (44 ... 50)
- **Kapitel 6** Unabhängige Aufsichtsbehörden
  - Abschnitt 1 Unabhängigkeit (51 ... 54)
  - Abschnitt 2 Zuständigkeit, Aufgaben und Befugnisse (55 ... 59)
- **Kapitel 7** Zusammenarbeit und Kohärenz
  - Abschnitt 1 Zusammenarbeit (60 ... 62)
  - Abschnitt 2 Kohärenz (63 ... 67)
  - Abschnitt 3 Europäischer Datenschutzausschuss (68 ... 76)
- **Kapitel 8** Rechtsbehelfe, Haftung und Sanktionen (77 ... 84)
- **Kapitel 9** Vorschriften für besondere Verarbeitungssituationen (85 ... 91)
- **Kapitel 10** Delegierte Rechtsakte und Durchführungsrechtsakte (92 ... 93)
- **Kapitel 11** Schlussbestimmungen (94 ... 99)

Angaben in Klammern beziehen sich auf die jeweiligen Artikel (von bis)

Anpassungen an die EU-DSGVO

- Das **Bundesdatenschutzgesetz** (BDSG) ist durch das **Daten**schutz-**Anp**assungs- und **U**msetzungs**g**esetz **EU** (**DSAnpUG-EU**) 2017 an die DSGVO angepasst worden.
- Mit **Öffnungsklauseln** lässt die DSGVO den einzelnen EU-Mitgliedsstaaten in bestimmten Datenschutzfragen einen Spielraum.
- Öffnungsklauseln sind erkennbar an der Fromulierung *kann* oder *können*.

Aufbau des Bundesdatenschutzgesetzes

Teil 1
Gemeinsame Bestimmungen

Teil 2
Durchführungsbestimmungen für Verarbeitungen zu Zwecken gemäß Artikel 2 der Verordnung EU 2016/679

Teil 3
Bestimmungen für Verarbeitung zu Zwecken Artikel 1 Absatz 1 der Richtlinie EU 2016/680

Teil 4
Besondere Bestimmungen für Verarbeitungen im Rahmen von nicht in die Anwendungsbereiche der Verordnung EU 2016/679 und der Richtlinie EU 2016/680 fallenden Tätigkeiten

Aufgaben

Kryptografische Verfahren dienen zur Verschlüsselung von Daten und Informationen. Sie schützen diese gegen den Verlust von

- **Verfügbarkeit** (Vorenthalten von Informationen oder Beeinträchtigung von Funktionen),
- **Vertraulichkeit** (unbefugte Kenntnisnahme),
- **Echtheit** (Vortäuschen einer falschen Identität), Unversehrtheit (Verändern der Daten durch Manipulation) und
- **Verbindlichkeit** (Nichterfüllen einer Zusage oder Anweisung).

Anwendung

Kryptografische Verfahren sind Bestandteil der Datensicherheit im Rahmen der Informationssicherheit und werden angewendet bei z. B.

- Datenübertragung über öffentliche und private Rechnernetze,
- Speicherung von Daten (auf Festplatten),
- Sprachkommunikation (z. B. GSM-Netze),
- Schutz von Endgeräten (PC-Servern, PCs gegen unerlaubte Zugriffe),
- Multi-Media-Kommunikation und
- Chipkarten.

Verschlüsselungsverfahren

Symmetrische Verschlüsselung

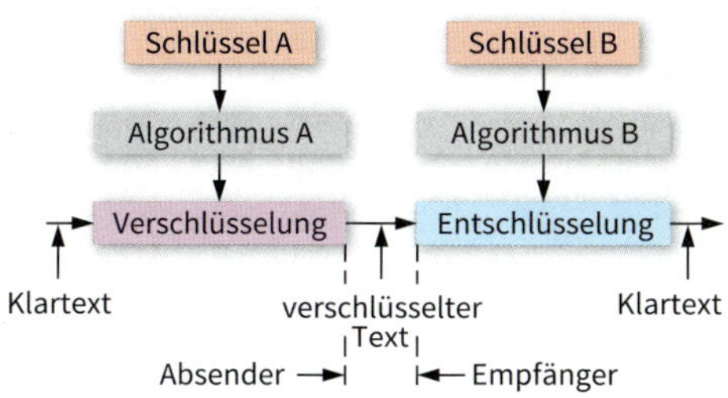

- Schlüssel sind auf beiden Seiten geheim zu halten (secret-key-Methode).
- Schlüssel A und Schlüssel B sind identisch.
- Algorithmen zum Ver-/Entschlüsseln sind identisch und umkehrbar.
- Anwendung findet der **Data Encryption Standard** (**DES**); veröffentlicht vom NBS (National Bureau of Standards, Amerika).
- Angewendet bei Banken und Versicherungen

Unsymmetrische Verschlüsselung

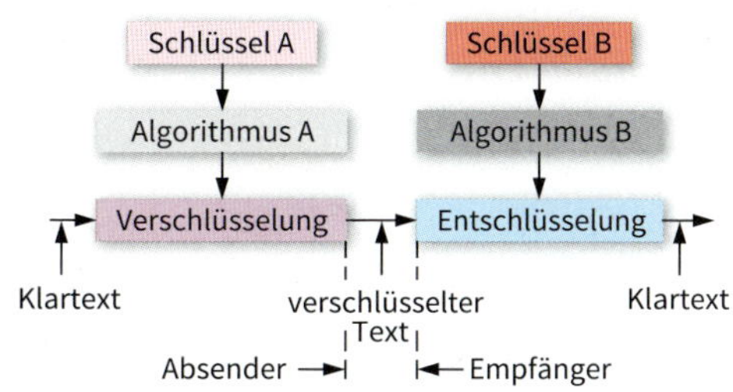

- Schlüssel A ist öffentlich
- Schlüssel B ist geheim
- Algorithmus A ist verschieden von Algorithmus B
- Verfahren wird als public-key-System bezeichnet
- Angewendet wird das RSA-Verfahren (benannt nach den Erfindern Rivest, Shamir und Adleman).

Data Encryption Standard (DES)

Funktion

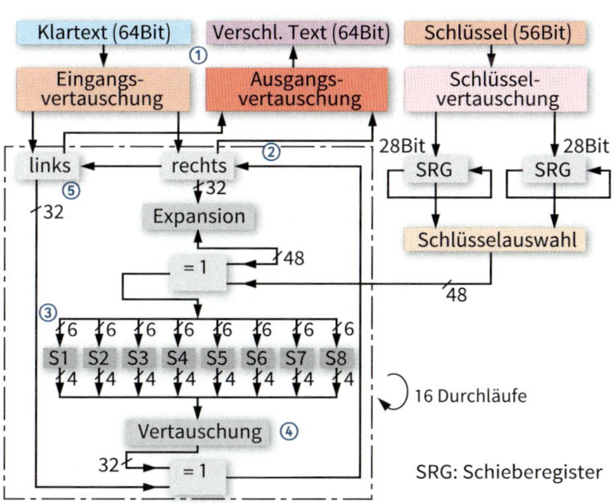

- DES verwendet 16 Durchläufe für die Verschlüsselung der 64 Bit Klartext.
- ① Vertauschen der Ein-/Ausgangsbits an festgelegte Bitpositionen.
- ② Rechter Teilblock wird auf 48 Bit erweitert und mit Teilschlüssel Exclusiv-Oder verknüpft.
- ③ Datenblock wird in acht 6 Bit breite Teilblöcke zerlegt und an S1 bis S8 gelegt. Die 6 Bit dienen als Adresse der 4 Bit breiten Datenblöcke in S1 bis S8.
- ④ Vertauschen des 32 Bit Datenblocks und Exclusiv-Oder verknüpfen mit dem linken Teil des Klartextes ergibt neuen rechten Teilblock des verschlüsselten Textes.
- ⑤ Rechter Teilblock wird zum neuen linken Teilblock.

Merkmale

- Als **Firewall**-Systeme werden alle Schutzmaßnahmen bezeichnet, die einen unerlaubten Zugriff von außen auf ein **Privates Netzwerk** verhindern.
- Diese Systeme können in Form von Hardware, Software oder einer Kombination von beidem realisiert werden.
- Hauptsächlicher Anwendungsbereich liegt im Schutz von **Intranets** (firmenspezifischen Netzwerken), die mit unsicheren Netzwerken (z. B. **Internet** oder Remote-Zugriff über ISDN Router) verbunden sind.
- Firewalls werden auch zur Strukturierung eigener Netze verwendet, um **Domänen** mit unterschiedlichem Schutzbedarf zu realisieren.
- Die Schutzfunktion eines Firewall-Systems ist das Blockieren von Kommunikationsdaten zwischen den Netzen, wenn bestimmte festgelegte Sicherheitskriterien verletzt werden.
- Firewall-Systeme sollen verhindern (**Schutzziel**):
  - Unerlaubten Zugriff auf Daten,
  - Datenverlust und
  - Einschleppen von Viren.
- Grundsätzlich werden diese Systeme nach ihrer Funktion unterschieden in
  - **Packet filter,**
  - **Application gateway und**
  - **Proxy server.**
- **DMZ** (**Dem**ilitarized **Z**one: entmilitarisierte Zone) ist ein abgegrenztes Netzwerk, das z. B. Dienste für Internet-Nutzer bereitstellt.
- Das eingesetzte Firewall-System stellt bei der Kopplung verschiedener Netze den **Common Point of Trust** (gemeinsamer Punkt des Vertrauens) dar.

Aufbau

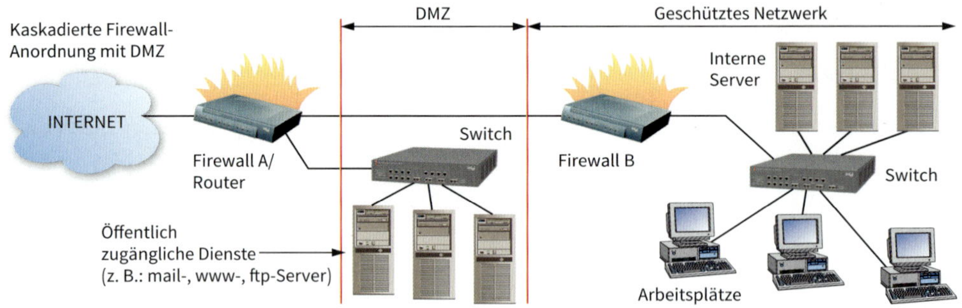

Packet filter

- **Packet filter** (Paketfilter) ist ein Softwarepaket, das in der Regel auf Routern läuft, die zur Netzwerkkopplung eingesetzt werden.
- Es analysiert und kontrolliert alle ein- und ausgehenden Datenpakete auf der
  - **Netzzugangsebene,**
  - **Netzwerkebene und**
  - **Transportebene.**
- Es wertet die Inhalte der Pakete aus und überprüft die Einhaltung der festgelegten Regeln.
- Geprüft werden die
  - **Quelladressen,**
  - **Zieladressen,**
  - **Portnummern** von **TCP-** und **UDP** Paketen und
  - Richtung des Datenverkehrs.
- Die zugehörigen Regeln werden vom Systemadministrator in entsprechenden Tabellen im Router (Verbindungsrechner) abgelegt.
- Die Erstellung der Überwachungstabellen ist zeitaufwändig und fehleranfällig, insbesondere bei größeren Netzen.
- Dieses Verfahren schützt nicht gegen gezielte Datenverfälschung (z. B. **Address Spoofing:** Adressenvortäuschung).
- Es ist das schwächste Verfahren gegen unerlaubte Netzwerkeinbrüche.

Application gateway

- **Application Gateways** (Anwendungs-Verbinder) sind eigene Kommunikationrechner.
- Sie sind in der Regel mit zwei Netzwerkanschlüssen (auch zwei Adressen) ausgestattet (**dual homed gateway**).
- Eine Adresse gehört zum geschützten Netzwerk, die zweite Adresse ist die Ansprechadresse von außerhalb.
- Das Application Gateway trennt die Netze sowohl logisch als auch physikalisch.
- Da alle Kommunikationsabläufe über diesen einen Rechner laufen, bleiben die internen Netzwerkstrukturen nach außen hin verborgen.
- Jeder externe Kommunikationspartner benötigt auf dem Gateway eine Zugangskennung (**Identifikation** und **Authentisierung**).
- Ist der Partner akzeptiert, arbeitet das Gateway transparent für die weitere Kommunikation.
- Weitere Kontrollmechanismen sind:
  - **Passworterkennung** und -verwaltung sowie
  - **Nutzerprofilüberwachung**
- Nutzerprofile sind z. B.:
  - Unterschiedliche Zugriffsrechte für verschiedene Personen oder Gruppen und
  - Zeitpunkt des Zugriffs.
- Application Gateways sind wegen der Vielfalt der Dienste zwar relativ langsam, bieten aber den höchsten Zugangsschutz.
- **Proxy** (sinngemäß: Stellvertreter-Funktionen) sind zusätzliche Softwarepakete, die u. a. zur Analyse und Kontrolle der Kommandos der Anwenderprotokolle eingesetzt werden.

Merkmale

- Dienen zur
  - Beschreibung,
  - Speicherung und
  - Wiedergewinnung

  von Daten, die von Anwendern oder Anwendungsprogrammen gleichzeitig genutzt werden können.
- Sie bestehen aus
  - **Datenbasis** (Datenbank: data base), die die abgelegten Daten beinhalten und
  - **Datenbank-Verwaltungsprogramm** (**D**ata **B**ase **M**anagement **S**ystem: **DBMS**) als Schnittstelle zum Benutzer.
- DBMS
  - speichert und
  - organisiert

  die abgelegten Daten entsprechend der vorgegebenen Beschreibung.
- Datenbanksysteme
  - können große Datenmengen effizient verwalten,
  - bieten parallelen Zugriff durch parallel arbeitende Benutzer auf einheitliche Datensätze,
  - verhindern Datenredundanz (mehrfaches Speichern derselben Daten),
  - realisieren Datenschutz und Datensicherheit
  - garantieren Datenkonsistenz und
  - ermöglichen beliebige Verknüpfungen der Daten nach inhaltlichen Gesichtspunkten.
- Das Grundprinzip von Datenbanksystemen beruht auf der 3-Ebenen-Architektur (ANSI SPARC-Modell) mit
  - physischer und
  - logischer

  Datenunabhängigkeit.
- **Relationale** DBMS (**RDBMS**)
  - stellen die Inhalte in Beziehungen und Verhältnisse zueinander dar,
  - speichern die Inhalte in Zeilen und Spalten einer Tabelle ab und
  - stellen den Zugriff über Beziehungen untereinander her.
- Structured Query Language (**SQL**) ist eine standardisierte, systemunabhängige Sprache für die Erstellung, Bearbeitung und Anfrage von Datenbanken.
- Beispiele für Datenbanksystem-Anwendungen:
  - Relationale DBS (Buchhaltungs-, Buchungs- Bibliotheks-systeme)
  - Objektorientierte DBS (CAD-Systeme, CASETool-Daten)
  - Deduktive DBS (Expertenwissen)

3-Ebenen-Modell

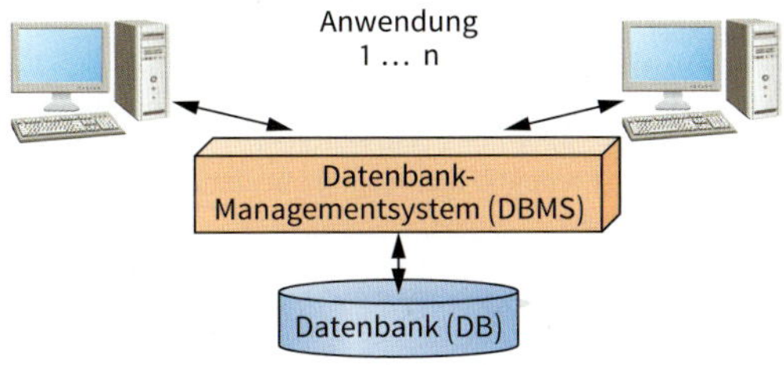

Begriffe

Data Dictionary:
Sie enthält alle Informationen über Struktur und Aufbau einer Datenbank (Informationsquelle für DB Administrator und abrufende Clients).

Open Data Base Connectivity (ODBC):
Es handelt sich um eine standardisierte Softwareschnittstelle von Microsoft für Zugriff von Anwendungsprogrammen auf unterschiedliche Datenbanken.

Transaktion:
Ein Bearbeitungsvorgang innerhalb der Datenbank.

Systemarchitektur-Komponenten

Beispiel:

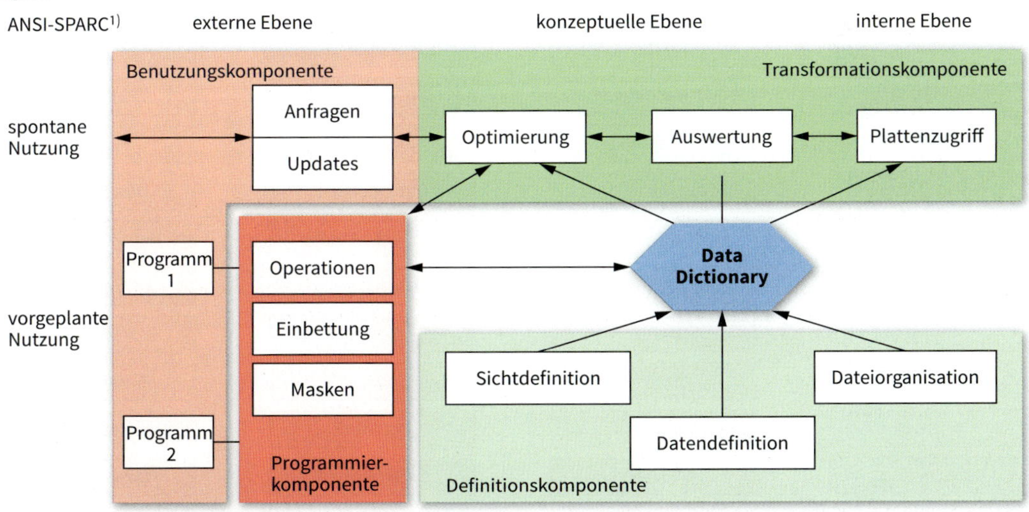

[1)] (American Standards Institute-Standards Planning and Requirements Engineering Committee)

Begriffe und Prinzip

- **I**nfrastructure **as a S**ervice (**IaaS**), **P**latform **as a S**ervice (**PaaS**) und **S**oftware **as a S**ervice (**SaaS**) sind Geschäftsmodelle im Bereich Cloud Computing.
- Im Gegensatz zum klassischen Kauf von Hardware und Software werden vom Nutzer (Kunden) nur die benötigten Leistungen beim Anbieter bezahlt.

Bedeutung

IaaS	PaaS
■ Bietet über eine öffentliche Verbindung (Internet) Zugang zu Computing-Ressourcen in einer virtualisierten Umgebung (Cloud). ■ Bei IaaS ist dies virtualisierte Hardware (IT-Infrastruktur). ■ Hardware-Ressourcen sind physikalisch verfügbar aus einer Vielzahl von Servern und Netzwerken, die durch den Cloud-Anbieter betrieben werden. ■ Der Kunde bekommt Zugriff auf diese Komponenten, um seine eigene IT-Plattform aufzubauen. ■ Skalierbarkeit: Erforderliche Ressource ist ohne Verzögerung verfügbar, wie und wann der Kunde sie braucht. ■ Nicht ortsgebunden: Service kann in der Regel von jedem Ort über Internet-Verbindung erreicht werden. ■ Kein Single Point of Failure durch entsprechende Redundanzvorkehrungen.	■ Stellt eine Plattform (Betriebsumgebung) zur Verfügung, auf der Entwickler Anwendungen und Dienstleistungen über das Internet erstellen können. ■ PaaS-Dienste werden in der Cloud gehostet und bestehen aus vorkonfigurierten Funktionen. ■ Können variieren von einfachen Point-and-Click-Frameworks bis hin zur Versorgung mit Infrastruktur Optionen (fortgeschrittene Entwicklungen). ■ Zugriff der Benutzer erfolgt über ihren Web-Browser. ■ Infrastruktur und Anwendungen werden für Kunden verwaltet (Support). ■ Flexibilität: Tools können vom Kunden kontrolliert werden. ■ Zusammenarbeit von Teams: An der gleichen Anwendung an verschiedenen Standorten über Internetverbindung und Web-Browser.

SaaS

- Verbraucher können auf Software-Anwendungen über das Internet zugreifen.
- Die Anwendungen werden in der „Cloud" gehostet und können für eine Vielzahl von Aufgaben für Einzelpersonen und Organisationen verwendet werden.
- SaaS wird auch als Software on Demand bezeichnet.
- Die Software wird gemietet.
- Beispiele: Buchhaltung, Abrechnung, Planung, Performance Monitoring und Kommunikation.
- Anwendungen sind sofort einsatzbereit (keine Ersteinrichtungskosten).
- Bezahlt wird lediglich die Laufzeit des Abonnements.
- Skalierbare Nutzung (z. B. Bedarf an mehr Speicherplatz).
- Automatische Updates für Bestandskunden.
- Cross-Device Kompatibilität: Zugriff über beliebige internetfähige Endgeräte.

Gegenüberstellung

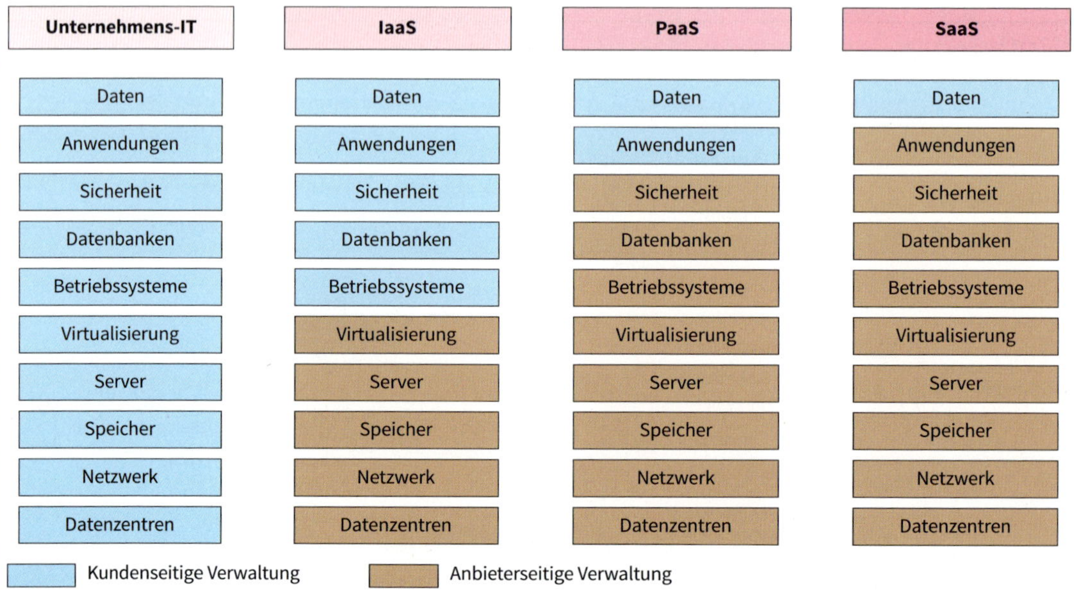

Verfügbarkeit
Availability

Definition

- Die **Verfügbarkeit** (availability) einer Betrachtungseinheit ist die **Wahrscheinlichkeit**, dass die Betrachtungseinheit alle zugesicherten Eigenschaften bei den beschriebenen Umgebungsbedingungen zum **beliebigen Teitpunkt *t***
  - einhält oder
  - fehlerfrei funktioniert.
- Die Verfügbarkeit beschreibt den Zustand der Betrachtungseinheit über die diskreten Werte
  - Einheit funktioniert (ist verfügbar) oder
  - Einheit funktioniert nicht (ist nicht verfügbar).
- Angegeben wird die Verfügbarkeit als Prozentzahl zwischen 0 % und 100 % (z. B. 99,99 %).
- **Verfügbarkeitsklassen** (VK 0 bis VK 5) definieren Mindestverfügbarkeiten bei zulässigen Ausfallzeiten pro Monat oder Jahr.
- Sie werden im Rahmen von Verträgen (z. B. **SLA**: **S**ervice **L**evel **A**greement [Dienstgütevereinbarung]) festgelegt.
- Sie dienen u. a. als Grundlage für Zahlungen des Dienstleistungsnehmers an den Dienstleistungsgeber.

Berechnung

Verfügbarkeit allgemein

$$V = \frac{\text{Ausfallfreie Betriebszeit}}{\text{Ausfallfreie Betriebszeit} + \text{Ausfallzeit}}$$

Ausfallfreie Betriebszeit: System funktioniert

Ausfallzeit: System ist ausgefallen, z. B. Reparaturzeit

$$V = \frac{MTTF}{MTTF + MTTR} \qquad \text{ohne Einheit}$$

MTTF: Mean Time To Failure (Mittlere ausfallfreie Zeit)

MTTR: Mean Time To Repair (Mittlere Reparaturzeit)

Nicht-Verfügbarkeit *N*

$$N = 1 - V \qquad N = \frac{MTTR}{MTTF + MTTR}$$

Verfügbarkeitsklassen

Verfügbarkeitsklasse	Mindestverfügbarkeit in %	Ausfallzeit pro Jahr
VK 0	~ 95	438 Stunden
VK 1	99	87,6 Stunden
VK 2	99,9	8,76 Stunden
VK 3	99,99	52,56 Minuten
VK 4	99,999	5,256 Minuten
VK 5	100	0

VK 0: Ohne zugesicherte Verfügbarkeit
VK 1: Normale Verfügbarkeit
VK 2: Erhöhte Verfügbarkeit
VK 3: Hochverfügbarkeit
VK 4: Höchstverfügbarkeit
VK 5: Verfügbar unter extremen Bedingungen (Disaster Tolerant: Höhere Gewalt, z. B. Feuer, Erdbeben, Überschwemmung)

Beispiel

Ausgangssituation

Komponenten **einfach** vorhanden

Gesamtverfügbarkeit:
= Produkt der Einzelverfügbarkeiten

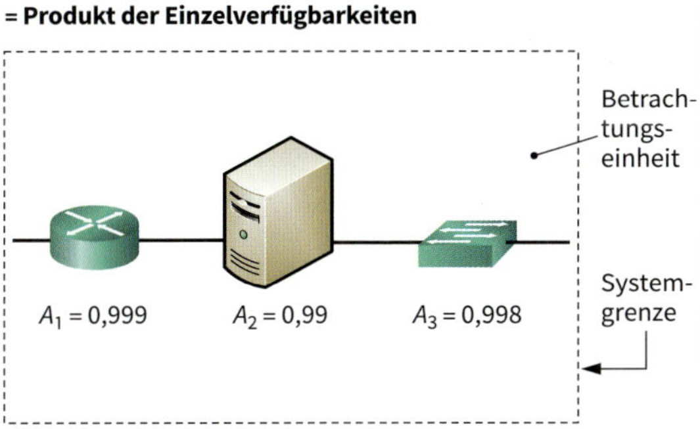

$A_{Gesamt} = A_1 \cdot A_2 \cdot A_3$
$= 0{,}999 \cdot 0{,}99 \cdot 0{,}998$
$= 0{,}98703$
$= 98{,}703\ \%$

$N_{Gesamt} = 1{,}297\ \%$

Hinweis: Gesamtverfügbarkeit ist niedriger als kleinste Einzelverfügbarkeit

Ausfallzeit pro Jahr = 113,617 h

Optimierte Version

Komponenten **verdoppelt** (Systemverdoppelung)

Gesamtausfallzeit:
= Produkt der Einzelausfallzeiten

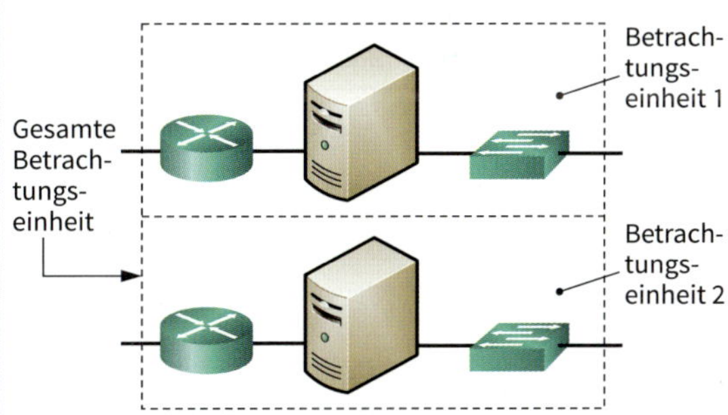

$N_{Gesamt} = N_1 \cdot N_2$
$= 0{,}01297 \cdot 0{,}01297$
$= 0{,}000168221$

$V_{Gesamt} = 1 - N_{Gesamt}$
$= 1 - 0{,}000168221$
$= 0{,}99983$
$= 99{,}98\ \%$

Ausfallzeit pro Jahr = 1,57 h

Merkmale

- Sie dienen zur Erhöhung der **Verfügbarkeit** von technischen Systemen (Redundanz: Überfluss).
- Je nach Anforderung sind die Redundanzmittel einzelne Komponenten (z. B. verdoppeltes Netzteil) oder komplette Systeme (z. B. verdoppelte Server).
- Es wird unterschieden in
  - heiße Redundanz,
  - warme Redundanz und
  - kalte Redundanz.
- **Heiße Redundanz** (hot standby):
  - Redundanzmittel ist ständig im Betrieb (aktiv, parallel)
  - Unterliegt funktionsbedingter Beanspruchung (gleiche Beanspruchung wie die Primäreinheit)
- **Warme Redundanz** (warm standby):
  - Redundanzmittel ist bis zum Ausfall der funktionierenden Primäreinheit oder bis zu seinem eigenen Ausfall geringer als das Primärelement belastet
- **Kalte Redundanz** (cold standby):
  - Redundanzmittel ist bis zum Ausfall der funktionierenden Primäreinheit keiner Belastung ausgesetzt (unbelastete Redundanz)

Definitionen (DIN EN 13306)

- **Redundanz (Redundancy)**
  Vorhandensein von mehr als einem Mittel in einer Einheit zu einem gegebenen Zeitpunkt zur Ausführung einer geforderten Funktion.
- **Ausfall (Failure)**
  Beendigung der Fähigkeit einer Betrachtungseinheit, eine geforderte Funktion zu erfüllen.
- **Ausfallrate (Failure Rate)**
  - Anzahl der Ausfälle einer Einheit während eines gegebenen Zeitbereiches dividiert durch diesen Zeitbereich.
  - Wird ermittelt aus der Beobachtung einer Vielzahl gleicher Komponenten oder Systeme. Die Einheit ist h^{-1} (z. B. $20 \cdot 10^{-6}\,h^{-1} \Rightarrow 20$ Ausfälle in 10^6 h).
  - Ist ein Kennwert für die Zuverlässigkeit.

Nicht reparierbare Einheit

$$\lambda = \frac{1}{MTTF}$$

Reparierbare Einheit

$$\lambda = \frac{1}{MTBF}$$

MTTF: Mean Time To First Failure
MTBF: Mean Time Between Failures

Einzelsystem

Beispiel: Einzelner e-mail Server

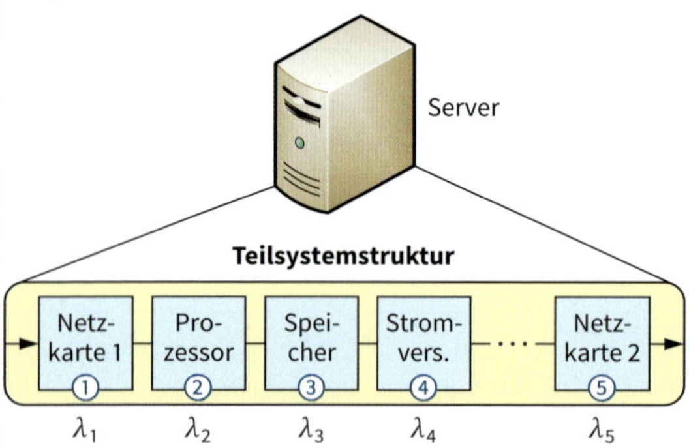

- Server ist funktionstüchtig, wenn die Teilsysteme ① bis ⑤ funktionieren (nicht ausgefallen sind)
- Gesamtfunktion entspricht einer logischen Reihenschaltung der Teilsysteme (Seriensystem)

Teilsystemausfallraten:
$\lambda_1 = 3 \cdot 10^{-6}\,h^{-1}$ $\lambda_2 = 8 \cdot 10^{-6}\,h^{-1}$ $\lambda_3 = 5 \cdot 10^{-6}\,h^{-1}$
$\lambda_4 = 9 \cdot 10^{-6}\,h^{-1}$ $\lambda_5 = 8 \cdot 10^{-6}\,h^{-1}$

Gesamtausfallrate:
Summe der Teilsystemausfallraten
$\lambda_S = \lambda_1 + \lambda_2 + \lambda_3 + \lambda_4 + \lambda_5$
$\lambda_S = 28 \cdot 10^{-6}\,h^{-1}$

Mittlere Zeit zwischen zwei Ausfällen (*MTBF*):

$$MTBF_S = \frac{1}{\lambda_S} = \frac{1}{28 \cdot 10^{-6}\,h^{-1}} = \frac{10^6\,h}{28} = 35714{,}285\,h$$

Mittlere Zeit zwischen zwei Ausfällen entspricht ca. 4,07 Jahre (1 Jahr = 8760 h)

Doppelsystem

Beispiel: Redundanter e-mail Server

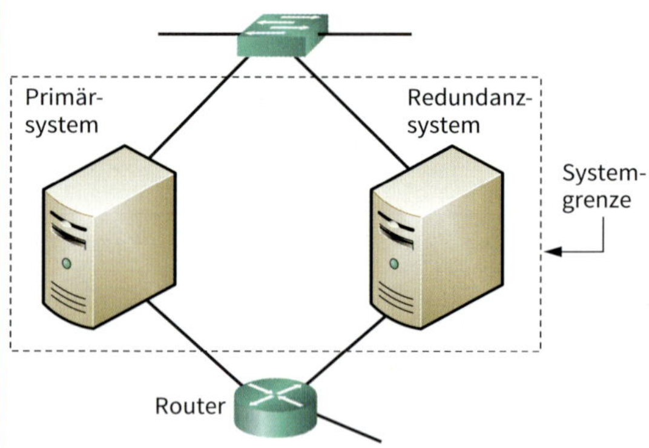

- Beide Server mit identischer Ausfallrate λ_S

Heiße Redundanz

- Gesamtfunktion entspricht einer logischen Parallelschaltung

$$MTBF_{RS} = \frac{2}{\lambda_S} - \frac{1}{2 \cdot \lambda_S} = \frac{3}{2 \cdot \lambda_S} = \frac{3}{2 \cdot 28 \cdot 10^{-6}\,h^{-1}} = 53571{,}428\,h$$

Mittlere Zeit zwischen zwei Ausfällen entspricht ca. 6,11 Jahre (1 Jahr = 8760 h)

Kalte Redundanz

$$MTBF_{RS} = \frac{2}{\lambda_S} = \frac{2}{28 \cdot 10^{-6}\,h^{-1}} = 71428{,}571\,h$$

Mittlere Zeit zwischen zwei Ausfällen entspricht ca. 8,15 Jahre (1 Jahr = 8760 h)

MTBF: Mean Time Between Failure
RS: Redundantes System

Standards

- Maßnahmen gegen bzw. bei Verlust der Verfügbarkeit werden in die drei Kategorien **Organisation**, **IT-Systeme** und **Infrastruktur** gegliedert.
- Innerhalb jeder Kategorie sind eine Reihe von Standards, Regeln bzw. Vorgaben vorhanden, die sich entsprechend ergänzen.
- **ITIL**
  Bündelung der Betriebsleistungen der IT-Organisation und IT-Services; beschreibt Prozesse und organisatorische Strukturen für den Betrieb der IT-Services
- **COBIT**
  Beschreibt Qualitätsanforderungen aus Sicht der Geschäftsprozesse an die von der IT gelieferten Services
- **ISO**
  Internationale Standards u. a. zum IT-Sicherheitsmanagement
- **DIN/IEEE**
  Standards aus technischer Sicht (z. B. elektrotechnische Anforderungen)
- **Grundschutz**
  BSI-Standards/ -Empfehlungen und -Lösungsvorschläge u. a. zum Thema Managementsysteme für Informations-sicherheit, Risikoanalyse auf Basis IT-Grundschutz

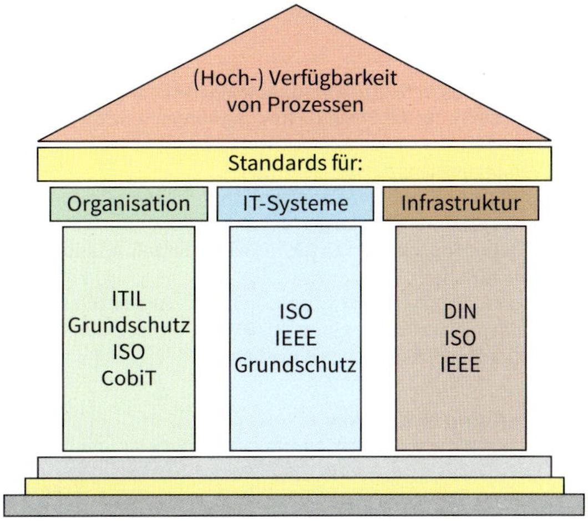

ITIL: Information Technology Infrastructure Library
ISO: International Organization for Standardization
CobiT: Control Objectives for Information and Related Technology

Verfügbarkeitsansätze

- Die Erhöhung der Verfügbarkeit im IT-Bereich ist durch unterschiedliche aufeinander abgestimmte Maßnahmen realisierbar.
- Die anwendbaren Prinzipien wirken jeweils gegen spezifische Ausfall-/Störungsarten.

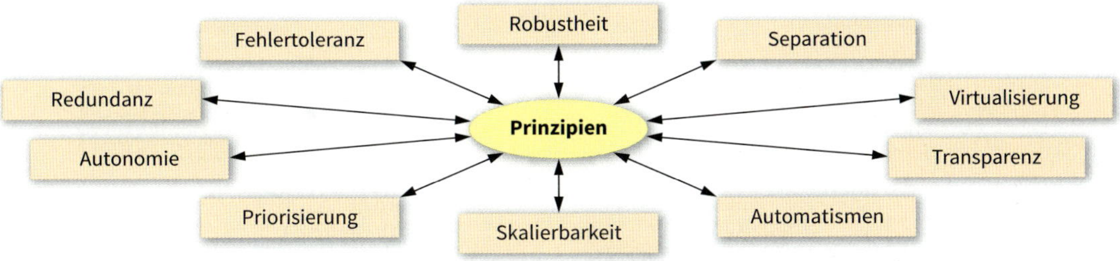

Fehlertoleranz
Gewährleistet die Diensterbringung auch im Fall von Störungen/ bei Ausfall von Teilsystemen.
Beispiel: Zurücksetzen auf vorherigen betriebsfähigen Stand

Robustheit
Der funktionelle Ablauf ist durch äußere Störungen nicht beeinflussbar.
Beispiel: Einsatz robuster Hardwarekomponenten, die im erweiterten Temperaturbereich arbeiten können.

Separation
Bedarfsgerechte Trennung von Prozessen und Ressourcen
Beispiel: Speicheraufteilung nach Hierarchien

Virtualisierung
Anwendungen für Ablauf auf unterschiedlichen Umgebungen gestalten
Beispiel: Server-, Speicher- oder Anwendungsvirtualisierung

Transparenz
IT-Ressourcen unabhängig vom Ort der Implementierung zugreifbar halten
Beispiel: Allgemein verständliche Darstellung im Rahmen der Dokumentation (Anwendung z.B. von UML)

Automatismen
Automatischer Ablauf der Aufrechterhaltung des Betriebes (ohne menschliches Einwirken)
Beispiel: Umschaltung im Fehlerfall

Skalierbarkeit
Bedarfsgerechte Bereitstellung von IT-Ressourcen
Beispiel: Dynamische Speicherzuordnung ohne Veränderung der Architektur

Priorisierung
Geschäftskritische Anwendungen im Fehlerfall mit Vorrang bedienen
Beispiel: Netzwerkkommunikation für untergeordnete Funktionen einschränken

Autonomie
Selbstverwaltung von IT-Ressourcen (Selbststabilisierend)
Beispiel: Bedarfsgerechte Selbstkonfiguration bei Hinzufügen von Komponenten

Redundanz
Gleichartige Komponenten sind mehrfach vorhanden (z. B. Geräte im stand-by-Betrieb)
Beispiel: Übernahme der Energieversorgung bei Ausfall des primären Netzes durch Dieselgenerator

Merkmale

- Kritische infrastrukturen sind
  - Organisationen und
  - Einrichtungen

  mit wichtiger Bedeutung für das staatliche Gemeinwesen.
- Der Ausfall oder die Beeinträchtigung können nachhaltig wirkende
  - Versorgungsengpässe,
  - erhebliche Störungen der öffentlichen Sicherheit oder
  - andere dramatische Folgen verursachen.

  (Definition: **B**undesamt für **S**icherheit in der **I**nformationstechnik (**BSI**)).
- In Deutschland werden Kritische Infrastrukturen nach dem **B**undes**m**inisterium des **I**nneren (**BMI**) in neun Sektoren mit entsprechenden Branchen eingeteilt.
- Die datentechnische Vernetzung der Infrastrukturen bietet u. a. ein hohes Risiko für Cyberangriffe durch Hacker.
- Betreiber Kritischer Infrastrukturen und Unternehmen aus wichtigen Wirtschaftsbereichen (z. B. Energieversorger) sind nach dem IT-Sicherheitsgesetz der Bundesregierung verpflichtet ein Mindestmaß an IT-Sicherheit zu gewährleisten.
- Detaillierte Vorgaben zu Anlagenkategorien und Schwellenwerten enthalten die
  - Verordnung zur Bestimmung Kritischer Infrastrukturen nach dem BSI-Gesetz (BSI-Kritisverordnung – **BSI-KritsV**) und
  - die Erste Verordnung zur Änderung der KritisV.

Sektoren und Branchen

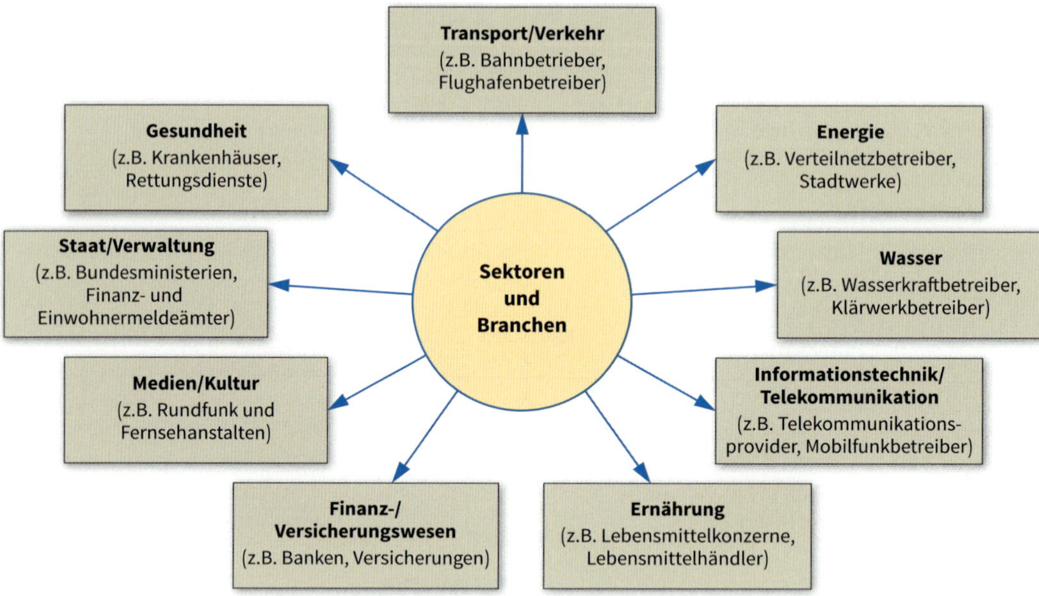

Definitionen

- **Anlagen**:
  - Betriebsstätten und sonstige ortsfeste Einrichtungen,
  - Maschinen, Geräte und sonstige ortsveränderliche Einrichtungen, die für die Erbringung einer kritischen Dienstleistung notwendig sind.
- **Betreiber**:
  Natürliche oder juristische Personen, die unter Berücksichtigung der rechtlichen, wirtschaftlichen und tatsächlichen Umstände bestimmenden Einfluss auf die Beschaffenheit und den Betrieb einer Anlage oder Teilen davon ausübt.
- **Versorgungsgrad**:
  Ein Wert, mittels dessen der Beitrag einer Anlage oder Teilen davon im jeweiligen Sektor zur Versorgung der Allgemeinheit mit einer kritischen Dienstleistung bestimmt wird.
- **Schwellenwert**:
  Ein Wert, bei dessen Erreichen oder dessen Überschreitung der Versorgungsgrad einer Anlage oder Teilen davon als bedeutend im Sinne von § 10 Absatz 1 Satz 1 des BSI-Gesetzes anzusehen ist.

Beispiele: Elektrische Energie

Anlagen-kategorie	Bemessungs-kriterium	Schwellen-wert [1)]
Stromerzeugungs-anlage	Installlierte Netto-Nennleistung in MW	420
Stromübertra-gungsnetz	Durch Letztverbraucher und Weiterverteiler entnommene Jahresarbeit in GWh/Jahr	3700

[1)] 500000 versorgte Personen im Jahr

Multimedia

6

Kommunikation

- Kommunikation des Menschen mit anderen Menschen und ihrer Umwelt erfolgt über verschiedene Kanäle des menschlichen Wahrnehmungsbereichs.
- Mit Hilfe von Wissenschaft und Technik sollen diese Kanäle als Gesamtheit zu einer ganzheitlichen Wahrnehmung nutzbar gemacht werden (Integration).

Medien

- **Zeitunabhängige Medien**
  Merkmal:
  Die im Medium enthaltenen Informationen haben keinen Zeitbezug.
  Beispiele:
  Text, Zeichnung (Linien-Grafik),
  Einzelbild (Foto, Pixel-Bild)
- **Zeitabhängige Medien**
  Merkmal:
  Die Informationen dieser Medien haben einen Zeitbezug, sie liegen z.B. als kontinuierlicher Datenstrom zu bestimmten Zeiten vor.
  Beispiele:
  Schallereignisse, Video (Bewegtbilder und Schallereignisse), Animationen
- **Medienströme**
  Die Medien werden in der Regel nicht direkt, sondern als binäre Informationen übertragen, verarbeitet und gespeichert. Dieses geschieht in der Regel computergestützt.

Menschliche Kommunikationskanäle

- **Sehen** → Text, Grafik; Bewegung
- **Fühlen** → Bewegung; Kräfte, Beschleunigung, Temperatur
- **Hören** → Schallereignisse
- **Riechen** → chemische Prozesse
- **Schmecken** → chemische Prozesse

Definition

Multimedia ist gekennzeichnet durch die

- computerunterstützte und
- integrierte
  - Erzeugung,
  - Verarbeitung,
  - Speicherung,
  - Darstellung und
  - Übertragung von
- mehreren zeitabhängigen und
- zeitunabhängigen Medienströmen.

Merkmale multimedialer Datenströme

- Es treten große Datenmengen und dementsprechend große Datenströme auf. Aus ökonomischen Gründen müssen diese reduziert werden.
- Die Reduktion der Daten ist auf den Menschen als Endabnehmer zugeschnitten. Die menschlichen Wahrnehmungs- und Interaktionsfähigkeiten werden berücksichtigt.
- Die Daten müssen in der Regel in Echtzeit übertragen und dargestellt werden.
- Die unterschiedlichen Daten müssen in der Regel miteinander und anderen Ereignissen synchronisiert werden.

Qualität der Übertragung

QoS: **Q**uality **o**f **S**ervices
Sie ist abhängig von der bereitgestellten Bandbreite im Übertragungskanal.

Mit QoS:
Es wird eine festgelegte Bandbreite bereitgestellt, so dass eine definierte Qualität der Übertragung eingehalten wird.

Ohne QoS:
Es wird keine bestimmte Bandbreite bereitgestellt. Die Qualität der Übertragung kann sich ändern.

Repräsentations-Medien

Ausgabe
Papier, Bildschirm, Lautsprecher

Eingabe
Tastatur, Mikrofon, Kamera, Scanner

Speicherung
Papier, Magnetspeicher, CD-ROM, DVD, BD

SCART

- **SCART: S**yndicat des **c**onstructeurs d'**a**pparails **r**adio, rercepteurs et **t**éléviseurs
- Anschluss für analoge Fernsehsignale (Bild-, Ton- und Steuersignale

Pin	Signal
1	Ausgang Stereo, Audio L (links) oder Monosignal
2	Eingang Stereo, Audio L (links) oder Monosignal
3	Ausgang Stereo, Audio R (rechts) oder Monosignal
4, 5	0
6	Eingang Stereo, Audio R (rechts) oder Monosignal
7	Blausignal 0,7 Vss
8	Schaltspannung
9	0
10	frei
11	Grünsignal 0,7 Vss
12	frei
13, 14	0
15	Rotsignal 0,7 Vss
16	Austastsignal
17, 18	0
19	Compositesignal[1] Ausgang
20	Compositesignal[1] Eingang
21	0

[1] Farb- und Helligkeitssignale werden gemeinsam übertragen

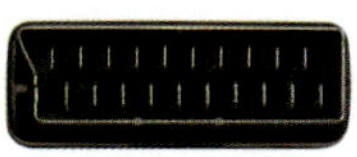

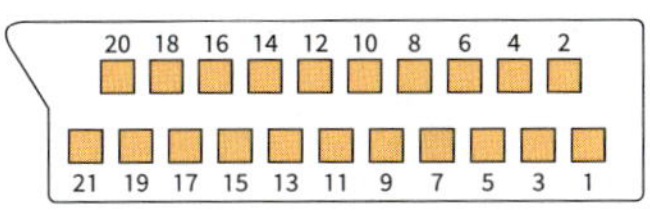

VGA

- **VGA: Vi**deo **G**raphics **A**rray
- **DDC: D**isplay **D**ata **C**hannel (Anzeigedatenkanal)
  Die Signale dienen der Identifikation des angeschlossenen Monitor-Typs (z. B. Farbe, VGA, SVGA)

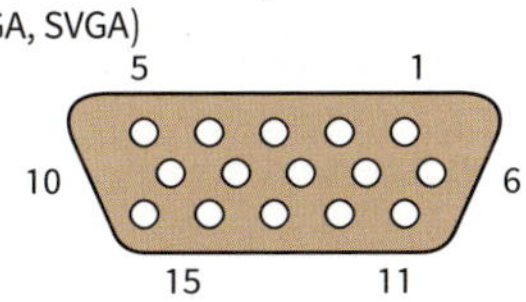

Pin	Signal, Funktion
1	Rot-Signal analog
2	Grün-Signal analog oder analoges Monochrom-Signal
3	Blau-Signal analog
4	Monitor Identifikations-Bit 2, Masse
5	Digitale Masse für DDC
6	Rot-Masse
7	Grün-Masse
8	Blau-Masse
9	Nicht belegt, DDC 1 (+5 V)
10	Synchronisations-Masse
11	Monitor Identifikations-Bit 0
12	Monitor Identifikations-Bit 1, DDC 1-Signal
13	Horizontale Synchronisation
14	Vertikale Synchronisation
16	Monitor Identifikations-Bit 3, DDC 1-Signal

S-Video

- Über den S-Video-Anschluss (**S: S**eparate Video, **Y/C**) werden die analogen Helligkeits- ③ und Farbinformationen ④ (Luminanz Y, Chrominanz C) getrennt übertragen.
  ①: Masse Y, ②: Masse C

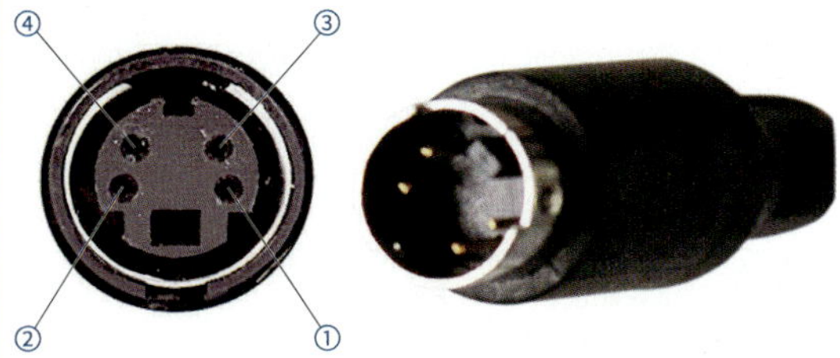

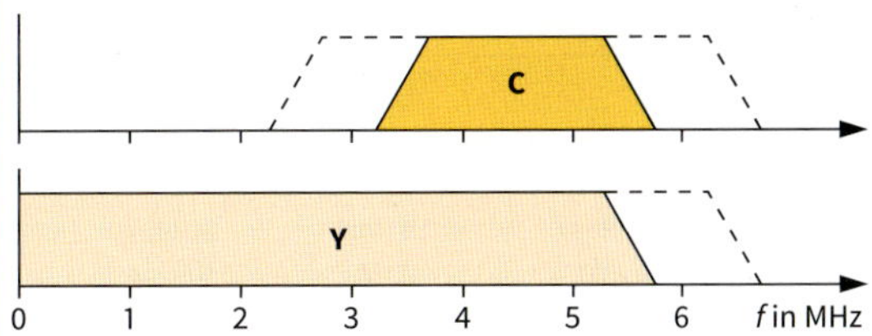

Composite-Video

- Die analogen Helligkeits- und Farbinformationen (**FBAS: F**arb-**B**ildinhalt-**A**ustast-**S**ynchronsignal) werden gemeinsam übertragen.
- Steckverbinder: Cinch (häufig gelb), oft in Kombination mit weißer und roter Cinch-Buchse für linke und rechte Tonwiedergabesignale (to cinch: festzurren).

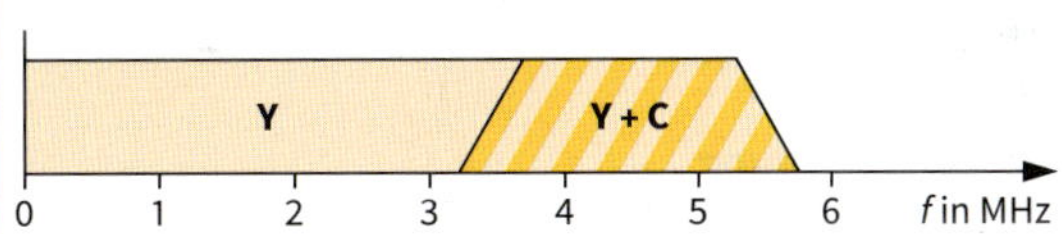

Component-Video (Komponenten Anschlüsse)

- **RGB**-Anschlüsse (**R**ot, **G**rün, **B**lau)
- Jede Grundfarbe beinhaltet die vollständigen Farbinformationen Helligkeit, Farbton und Farbsättigung.
- Cinch-Steckverbinder, mitunter farbig

- **YUV**-Anschlüsse, auch als YCbCr oder YPbPr bezeichnet
  - Y: Helligkeitsinformation
  - U, Cb bzw. Pb: Farbdifferenzsignal Y – B (Blau)
  - V, Cr bzw. Pr: Farbdifferenzsignal Y – R (Rot)
- Cinch-Steckverbinder

Merkmale

- HDMI ist eine digital arbeitende Schnittstelle für die Übertragung multimedialer Daten (Video, Audio und Steuersignale der Unterhaltungselektronik, home entertainment).
- Durch HDMI wird eine bisherige komplexe Leitungsverbindung zwischen Geräten vereinfacht.
- HDMI ist abwärtskompatibel zu **DVI-D** (**D**igital **V**isual **I**nterface).
- Es ist keine Analog-Digital- oder Digital-Analog-Wandlung erforderlich.
- Bei der Übertragung erfolgt keine Datenkompression.
- In HDMI ist der Kopierschutz **HDCP** implementiert (**H**igh-Bandwidth **D**igital **C**ontent **P**rotection).
- Die Übertragung erfolgt mit großer Bandbreite (HDMI 1.2):
  - Audioübertragung bis 192 kHz mit 24 Bit auf bis zu 8 Kanälen und Videoübertragung bis 165 MHz
  - Dadurch lassen sich HDTV-Signale (Auflösung bis 1080 p) übertragen.
- Die Datenrate beträgt bis zu 8 GB/s (HDMI 1.4). Dadurch treten keine übertragungsbedingten Artefakte bei schnellen Bewegungsabläufen und komplexen Bildinhalten auf.
- Eine Fernbedienungsfunktion ist integriert. Unterstützt werden die Protokolle **CEC** (**C**onsumer **E**lectronics **C**ontrol) und **AV.link**. Damit lassen sich mehrere durch HDMI-Kabel verbundene Geräte nur über eine Fernbedienung steuern.

HDMI-Spezifikationen

Spezifikation	1.2	1.3	1.4
Stecker	A, B	A, C	A, C, Micro HDMI
Maximale Bildformate	1080p/ 60 Hz	1440p/ 60 Hz	2160p/ 100 Hz
Farbraum	24 Bit RGB, 36 Bit YUV		
		Deep Color 30, 36 und 48 Bit RGB/YUV, xvYCC-Farbraum (IEC 61966-2-4)	
			sYCC601, Adobe RGB, Adobe YCC601
Tonformate	8 PCM, Dolby Digital, DTS, MPEG, DVD-Audio, SACD		
		Dolby Digital Plus, TrueHD und dts-HD	
Maximale Datenrate	A: 3,96 GBit/s (165 MHz x 8 Bit x 3) B: 7,92 GBit/s (165 MHz x 8 Bit x 6)	A + C: 8,16 GBit/s (340 MHz x 8 Bit x 3)	A + C: 8,16 GBit/s (340 MHz x 8 Bit x 3)

Stecker, Buchsen und Leitungen

- HDMI 1.1 und 1.2 Steckertypen A und B
- HDMI 1.3 mit zusätzlichem kleinen Stecker Typ C (Mini HDMI) für kompakte Geräte
- Stecker A und C ermöglichen eine single-link Verbindung, bei der drei TMDS-Leitungspaare zur Verfügung stehen.
- Stecker B ermöglicht eine dual-link Verbindung mit sechs TMDS-Signalleitungspaaren (doppelte Datenrate als Stecker A und C).
- Leitungslänge bis 15 m
- Kategorie-1-Leitung bis 74,25 MHz
- Kategorie-2-Leitung bis 340 MHz

Typ A: 19 Kontakte
Typ B: 29 Kontakte

Typ B: 4,5 mm x 13,9 mm

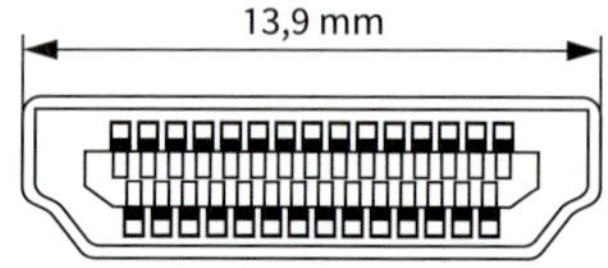

Typ C: 2,5 mm x 10,42 mm

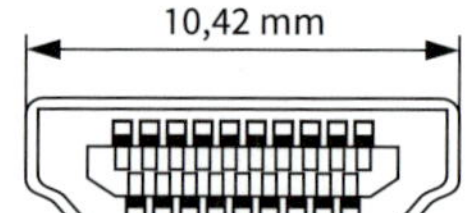

Datenübertragung

- **TMDS** (**T**ransition-**M**inimized **D**ifferential **S**ignaling) ist ein Standard für die Übertragung von unkomprimierten Multi-mediadaten von einer Quelle (source) zu einem Gerät (Senke, sik) in Kanälen (TMDS Channel 0, 1, 2), Datenrate max. 1,65 Gbit/s.
- **TMDS Clock**: Taktfrequenz mit 1/10 der Datenrate (max. 165 MHz)
- Über **HPD** (**H**ot **P**lug **De**tect) wird beim Erkennen eines Hot-Plugging ein entsprechendes Steuersignal übertragen.

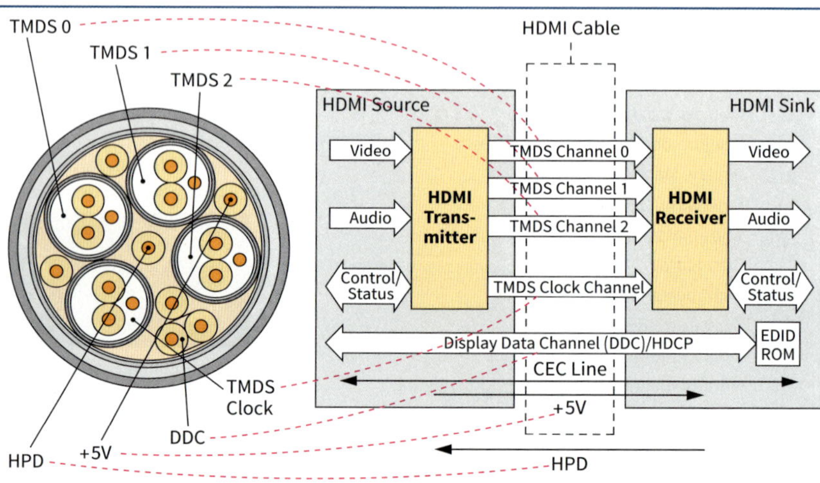

Merkmale

- Der Begriff „Universal Plug and Play“ wird in Verbindung mit einem Netz verwendet, in dem verschiedene Geräte (z. B. PC, Stereoanlage, Fernsehgerät, Videorecorder, Haussteuerungsgeräte) über ein IP-basiertes Netz miteinander verbunden sind und kommunizieren können. Die Ansteuerung der Geräte kann mit oder ohne zentrale Kontrolle erfolgen. Nach der Netzinstallation können Geräte eingesteckt (plug), entfernt und benutzt (play) werden.
- Für die Vernetzung ist Ethernet nicht festgelegt. Es sind Verbindungen über Funk, FireWire, USB oder serielle Verbindungen möglich.
- Geräte (Devices) sind in diesem System lediglich „Behälter“ für Dienste, die abgerufen werden können. Dienste können z. B. sein das Drucken von Informationen, Einlesen von Bildern, Ausgeben von Dateien sowie Ein- und Ausschalten von Beleuchtungen.
- In dem Netz sind mindestend vorhanden
  - Control Point,
  - Media-Server und
  - Mediarenderer.
- Ein **Control Point** ① kann z. B. ein PC oder ein Handheld sein. Der Control Point bietet keine Dienste an, sondern fordert diese ab bzw. löst sie aus.
  Beispiel: Es wird ein Gerät aufgefordert, sich zu melden.
- **Media-Server** ② sind Geräte, die Medien bereitstellen können (z. B. CD-/DVD-Player, Digitalkamera, Receiver).
- **Mediarenderer** ③ sind Wiedergabegeräte, die über keinen eigenen Speicher verfügen.
  Beispiele: Audio Player, Monitor, Fernsehgerät, HiFi-Anlage, Lautsprecher, Uhrenradio, Drucker
- Mischformen sind möglich, z. B. kann ein Handheld als Control Point und Renderer arbeiten.

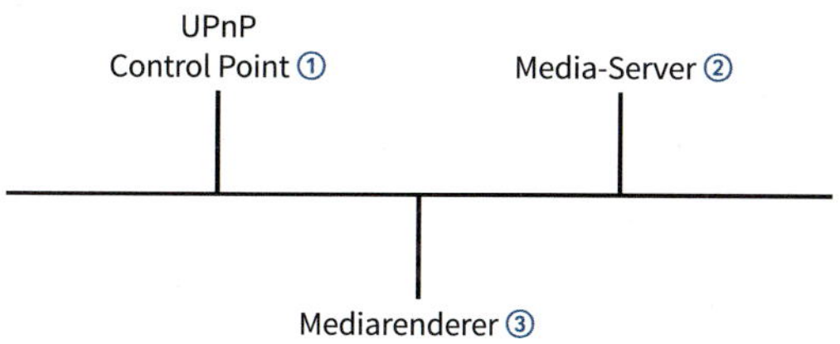

Kommunikationsprozess

- **Adresszuweisung** (Addressing)
  Die Adresszuweisung für Geräte und Control Points erfolgt über **DHCP** (**D**ynamic **H**ost **C**onfiguration **P**rotocol), sobald diese an das Netz angeschlossen sind.
- **Lokalisierung** (Discovery)
  Die Meldung der Existenz eines Gerätes erfolgt durch Senden der IP-Adresse an den Control Point. Mit **SSDP**-Nachrichten präsentiert sich jedes Gerät mit seinen Diensten regelmäßig. Dadurch ist gewährleistet, dass alle Geräte über die Möglichkeiten der Dienste im Netz informiert sind. Eine übergreifende Nutzung ist möglich.
- **Beschreibung** (Description)
  Wenn ein Kontakt zwischen dem Control Point und einem Gerät hergestellt wurde, erfolgt ein Datenaustausch über ihre Geräte- (device description) und Dienstebeschreibungen (service description) im XML-Format. Für jeden Service werden Kommandos und Aktionen sowie Datentypen und -bereiche definiert.
- **Steuerung** (Control)
  Über SOAP (beruht auf HTTP) erfolgt die Steuerung der Geräte durch den Control Point.
- **Ereignismeldung** (Eventing)
  Zustandsänderungen werden dem Control Point mit GENA gemeldet, z. B. Gerät wird gerade genutzt und steht somit nicht zur Verfügung.
- **Präsentation** (Presentation)
  Es handelt sich hierbei um die Webseite des gewählten Gerätes. Sie kann unter Umständen interaktiv sein.
- Beispiel für einen Kommunikationsablauf:

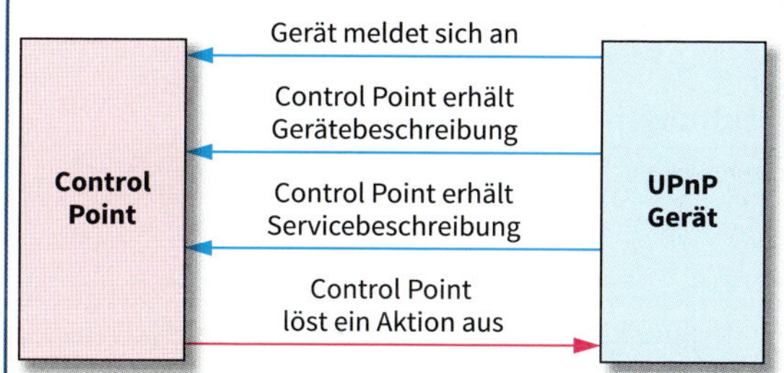

Protokolle

- **IP**: **I**nternet **P**rotocol
- **TCP**: **T**ransmission **C**ontrol **P**rotocol
- **UDP** (**U**ser **D**atagram **P**rotocol): Verbindungsloses Transportprotokoll
- **HTTP** (**H**ypertext **T**ransfer **P**rotocol): Anwendungsprotokoll (Darstellung von Webseiten)
- **HTTPU**: Erweiterung von HTTP
- **HTTPMU**: Variante von HTTPU, nutzt IP-Multicast
- **GENA** (**Gen**eral **E**vent **N**otification **A**rchitecture): Information über den gegenseitigen Status
- **SOAP** (**S**imple **O**bject **A**ccess **P**rotocol): Datenaustauschprotokoll
- **SSDP** (**S**imple **S**ervive **D**iscovery **P**rotocol): Protokoll zum Suchen von UPnP-Geräten

Protokollstruktur und Dienste

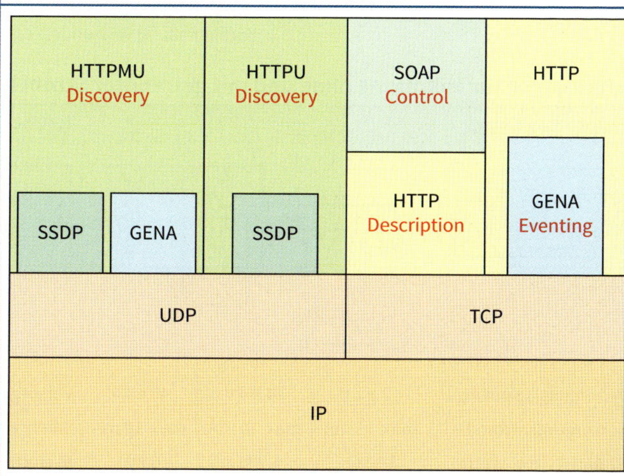

Kenngrößen

Übertragungsfaktor T

$$T = \frac{U}{p} \qquad f = 1\ \text{kHz}$$

U: Ausgangsspannung in mV
p: Schalldruckänderung in Pa

Übertragungsmaß G

$$G = 20 \cdot \lg \frac{T}{T_0} \qquad f = 1\ \text{kHz}$$

T in $\frac{\text{V}}{\text{Pa}}$ $\qquad T_0 = 1\ \frac{\text{V}}{\text{Pa}}$

Richtcharakteristik

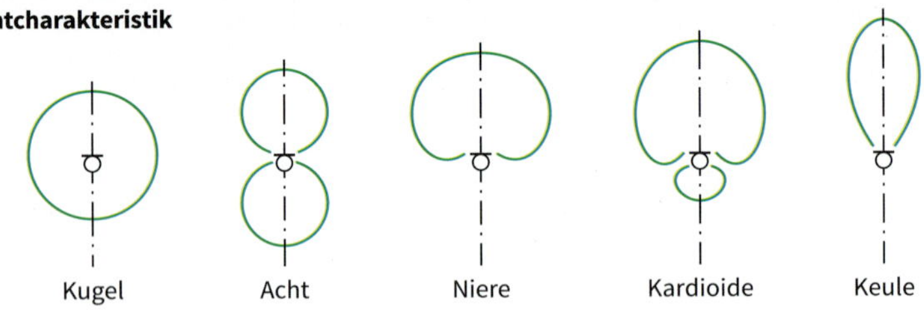

Arten

Mikrofontyp	Eingangsgrößen	Übertragungsfaktor T in mV/Pa (z. B.)	Frequenzgang	Klirrfaktor in %	Anwendungen, Besonderheiten
Kohle	100…500 Ω	1000	700 Hz…4 kHz	25	Telefon, Sprachübertragung, Betriebsspannung erforderlich
Elektromagnetisch	z. B. 2 kΩ	20	400 Hz…6 kHz	10	Telefon, Wechselsprechanlage
Tauchspul	200 Ω	2	50 Hz…14 kHz	1	Tonaufzeichnung, Tonübertragung
Bändchen	0,1 Ω, mit Übertrager 200 Ω	0,1	50 Hz…18 kHz	0,4	hochwertige Tonaufzeichnung und -übertragung, Studio
Kristall	1 MΩ…5 MΩ $C_e \approx 1$ nF	1	30 Hz…10 kHz	1…2	Tonaufzeichnung und -übertragung
Kondensator	50 MΩ (ohne Verstärkung) $C_e \approx 100$ pF	10	20 Hz…20 kHz	0,1	hochwertige Aufzeichnung und Übertragung, Hilfsspannung erforderlich

Schaltungen von Tauchspulmikrofonen

symmetrisch

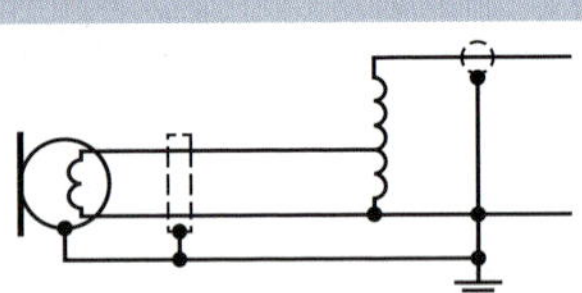

Studiobetrieb, auch bei längeren Leitungen störungsfreie Übertragung

unsymmetrisch

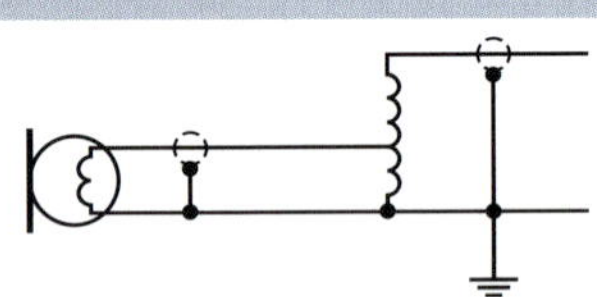

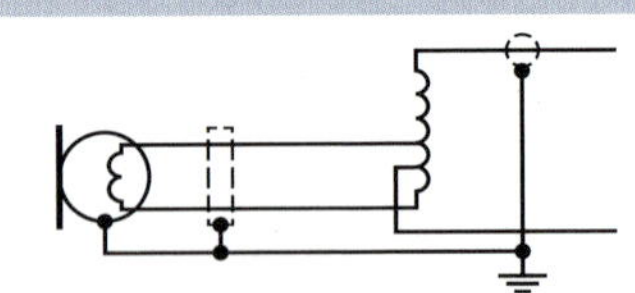

Nur bei nicht allzu großen Leiterlängen störungsfrei, wird im Konsumelektronik-Bereich häufig verwendet (entspricht den Eingangsschaltungen der Verstärker), besonders für hochohmige Ausgänge von Mikrofonen.

Schaltungen für Mikrofone ohne und mit getrennter Stromversorgung

Phantomspeisung

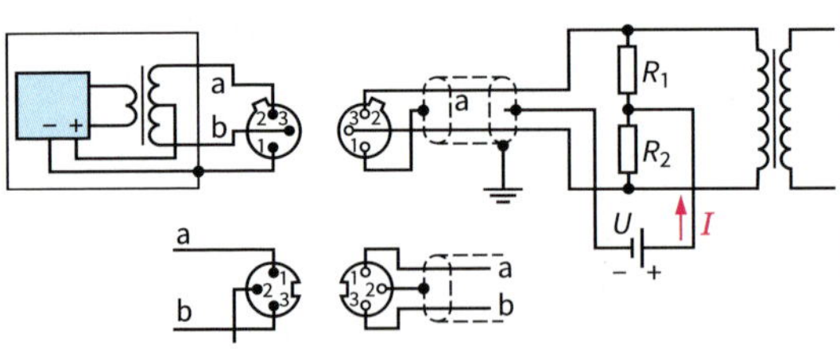

Versorgungsspannung U	12 ± 1 V	24 ± 4 V	48 ± 4 V
Versorgungsstrom I	max. 15 mA	max. 10 mA	max. 10 mA
R_1 und R_2 (typ. Werte)	680 Ω	1,2 kΩ	6,8 Ω

Tonader-Speisung

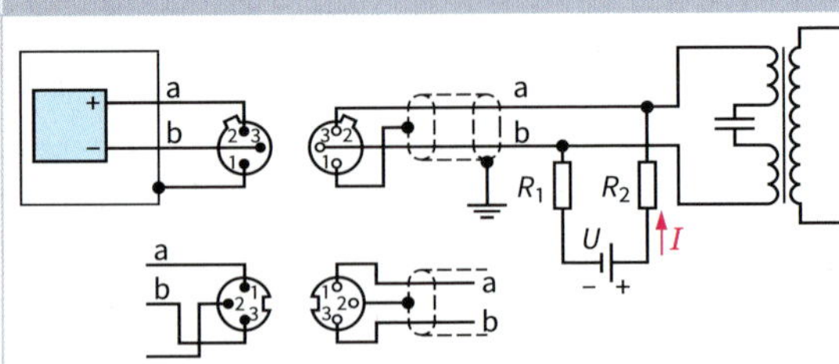

Versorgungsspannung U	12 ± 1 V
Versorgungsstrom I	max. 15 mA
R_1 und R_2 (typische Werte)	180 Ω

Kenngrößen

Nennscheinwiderstand Z_n:
Der Scheinwiderstand darf bei keiner Frequenz innerhalb des Übertragungsbereichs mehr als 20 % unter dem angegebenen Nennscheinwiderstand liegen.

Übertragungsmaß G:

$$G = 20 \cdot \lg \frac{T}{T_o}\,\text{dB}$$

$T_o = 1\,\frac{\text{Pa}}{\text{V}}$
Bezugsabstand: 1 m

Grundresonanzfrequenz f_{res}:
niedrigste Eigenfrequenz

Übertragungsbereich:
$f_u \ldots f_o$ (Abfall 10 dB vom Mittelwert)

Übertragungsfaktor T:

$$T = \frac{p}{U}$$

in $\frac{\text{Pa}}{\text{V}}$ Bezugsabstand: 1 m

p: Schalldruck
U: Klemmenspannung des Lautsprechers

Nennbelastbarkeit:
maximale Leistung im Dauerbetrieb

Impulsbelastbarkeit:
maximale Leistung bei getasteten Sinustönen

Arten

- Dynamische Lautsprecher (Tauchspul-Lautsprecher, Bändchen-Lautsprecher)
- Magnetische Lautsprecher
- Elektrostatische Lautsprecher (Kondensator-Lautsprecher)
- Piezoelektrische Lautsprecher (Kristall-Lautsprecher)
- Ionen-Lautsprecher

Breitband-Lautsprecher:
Übertragungsbereich mindestens 90 Hz bis 11200 Hz, Toleranz 10 dB

Tiefton-Lautsprecher:
Nennresonanzfrequenz ≤ 50 Hz

Hochton-Lautsprecher:
Obere Grenzfrequenz ≥ 14 kHz

Elektrische Weichen

Weiche mit 6 dB Spannungsfall pro Oktave

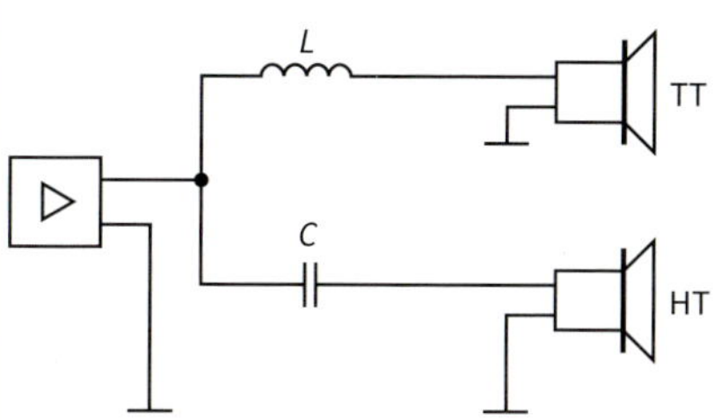

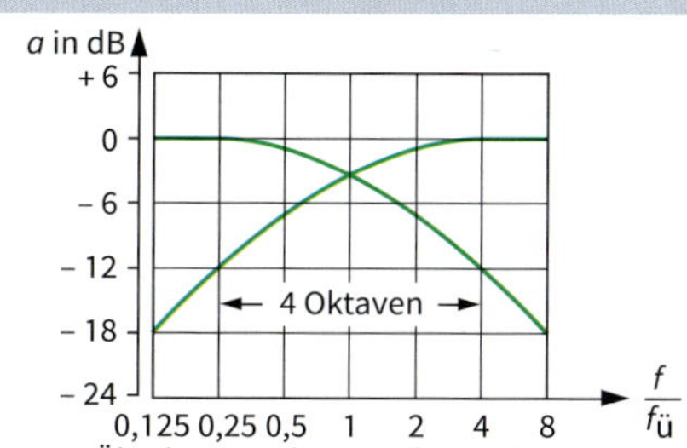

Überlappung bei – 12 dB vier Oktaven

$$C = \frac{1}{2\pi \cdot f_ü \cdot Z}$$

$$L = \frac{Z}{2\pi \cdot f_ü}$$

$f_ü$: Übernahmefrequenz
Z: Lautsprecherimpedanz

Weiche mit 12 dB Spannungsfall pro Oktave

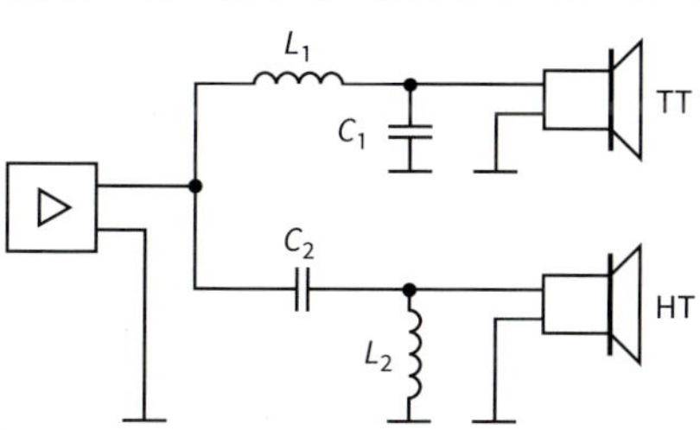

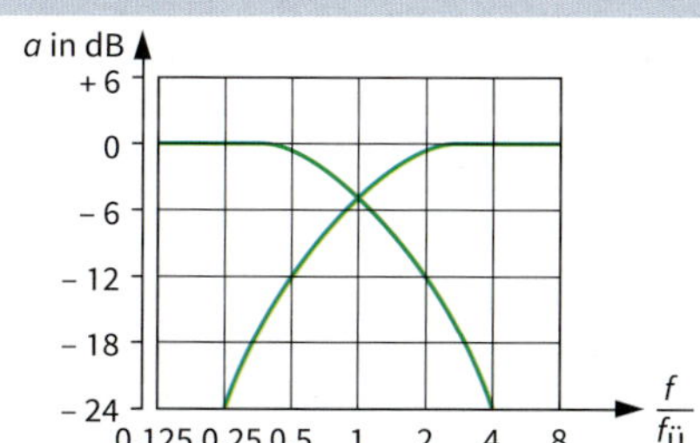

Überlappung bei – 12 dB zwei Oktaven

$$C_1 = C_2 = \frac{1}{\sqrt{2} \cdot 2\pi \cdot f_ü \cdot Z}$$

$$L_1 = L_2 = \frac{\sqrt{2} \cdot Z}{2\pi \cdot f_ü}$$

$f_ü$: Übernahmefrequenz
Z: Lautsprecherimpedanz

Lautsprecherbox mit 3-Wege-Weiche

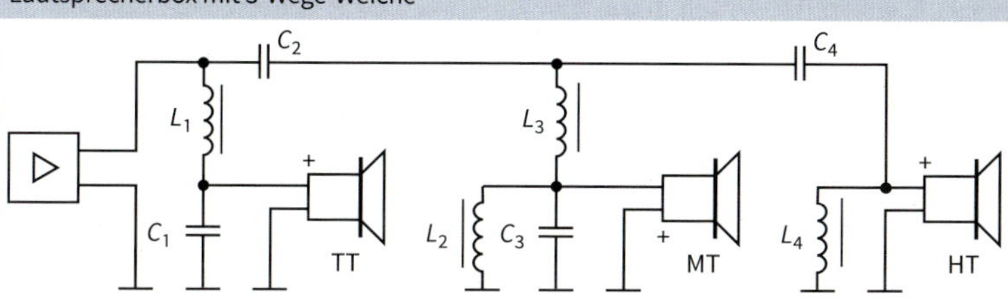

Wertebeispiele:
$Z_1 = Z_2 = Z_3 = 4\,\Omega$

$C_1 = 40\,\mu\text{F}$	$C_3 = 7{,}5\,\mu\text{F}$
$C_2 = 20\,\mu\text{F}$	$C_4 = 4{,}7\,\mu\text{F}$
$L_1 = 2{,}5\,\text{mH}$	$L_3 = 550\,\mu\text{H}$
$L_2 = 250\,\mu\text{H}$	$L_4 = 150\,\mu\text{H}$

Muschelkopfhörer

- Die Kopfhörer sind groß und werden über die Ohrmuschel gelegt.
- **Geschlossene Formen**
  - Die Ohrmuschel ① liegt fest am Kopf an, umschließt das Ohr vollkommen (**circumaural**) oder sitzt auf dem Ohr auf (**supra-aural**).
  - Durch weiches Material werden Umgebungsgeräusche gut abgeschirmt und der Druckausgleich mit der Umgebung verhindert.
  - Bei tiefen Tönen entsteht ein großer Innendruck (Bassdruck), Verfälschungen des Signals treten auf.
  - Bei langem Einsatz entsteht ein Wärmestau. Die Druckwahrnehmung ist geringer als bei anderen Bauformen.

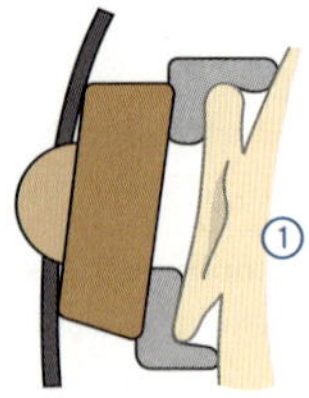

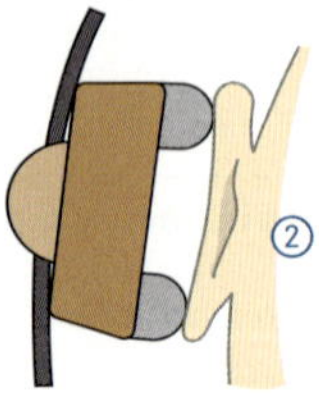

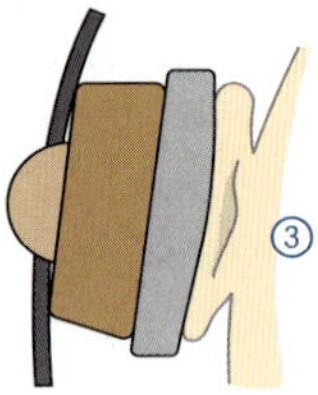

- **Halboffene ② und offene ③ Formen**
  - Zur Dämmung wird weiches und schalldurchlässiges Material am Kopf verwendet. Das Luftvolumen ist somit nicht geschlossen. Ein Druckausgleich mit der Umgebung ist möglich.
  - Der geringere Druck bei tiefen Tönen wird durch eine entsprechende Membrangestaltung ausgeglichen.
  - Der Klang ist sehr natürlich und unverfälscht.

Ohrhörer

- **In der Ohrmuschel** (ear bubs)
  - Der Ohrhörer wird in die Ohrmuschel eingesetzt und leitet den Schall direkt in den Gehörgang.
- **Im Gehörgang**
  - Der Ohrhörer wird direkt in den Gehörgang eingefügt (in-ear headphones, canalphones). Dadurch wird eine optimale Abschirmung der Außengeräusche erreicht.
  - Anwendung: In-Ear-Monitoring
  - Individuelle Anpassungen sind möglich. Dazu wird der Hörer in eine Optoplastik aus Silikon eingearbeitet.

Kopfhörer mit Antischall (aktive Geräuschunterdrückung)

- Außerhalb des Kopfhörers (meist geschlossene Formen) sind kleine Mikrofone angebracht, die den Umgebungsschall aufnehmen.
- Eine elektronische Schaltung erzeugt davon ein invertierendes Signal (Gegensignal, Antischall), das dem Audiosignal beigemischt wird. Es kommt zur Kompensation der Störsignale.
- Das Verfahren arbeitet vorwiegend bei tiefen Frequenzen und gut bei gleichförmigen Störsignalen (z. B. Fluglärm, Fahrgeräusche).

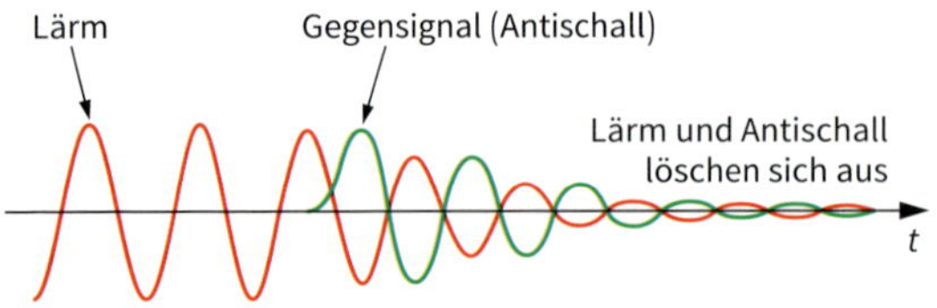

Schallwandlung

- **Magnetisch bzw. elektromagnetisch**
  - Der Wechselstrom fließt durch zwei Spulen mit Eisenkernen, die mit einem Permanentmagneten vormagnetisiert sind.
  - Über den Magnetpolen befindet sich eine Stahlmembran, die durch den Wechselstrom zum Schwingen angeregt wird.
  - Anwendung: Wiedergabe von Sprache
- **Elektrodynamisch**
  - Die Spule befindet sich in einem ringförmigen Luftspalt eines Dauermagneten (Lautsprecherprinzip), **Tauchspulsystem**).
  - An der Spule ist eine Membran befestigt.
  - Durch den Stromfluss kommt es zu Anziehungs- und Abstoßungskräften zwischen den Magnetfeldern.

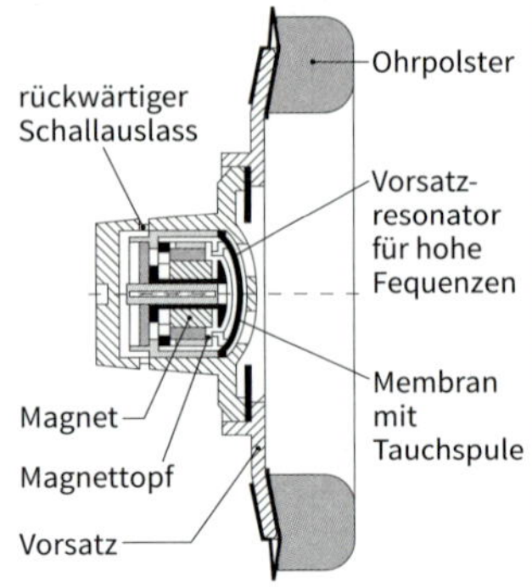

  - Anwendung: Hochwertige Wiedergabe von Sprache und Musik (weit verbreitet)
- **Elektrostatisch**
  - Zwei Platten liegen gegenüber (Kondensatorprinzip).
  - Wenn an die Platten die Wechselspannung (mit hoher DC-Vorspannung) gelegt wird, kommt es aufgrund der unterschiedlichen Ladungen zu Anziehungs- und Abstoßungskräften.
  - Anwendung: Originalgetreue Wiedergabe ohne Verzerrungen
- **Piezoelektrisch**
  - Durch die Wechselspannung wird ein Kristall angeregt, seine Form zu verändern. Eine an ihm befestigte Membran überträgt diese Änderung an die umgebende Luft.
  - Die Klangqualität ist gering (geringe Wiedergabe tiefer Frequenzen, ausgeprägte Resonanzfrequenzen).

Impedanzen (bei 1 kHz)

Niederohmig	Mittelohmig	Hochohmig
4 Ω bis 100 Ω	100 Ω bis 1000 Ω	1 kΩ bis 4 kΩ 1)
Kopfhörer, elektromagnetisch und elektrodynamisch		Kopfhörer, elektromagnetisch
Ohrhörer		

1) Piezoelektrische Kopfhörer größer (z. B. 100 kΩ)

Drahtlose Übertragungstechniken

- **Infrarot** (870 nm)
  - Analoge Frequenzmodulation (meistens)
  - Sichtverbindung zwischen Sender und Empfänger
  - Im Kopfhörer ist ein IR-Empfänger integriert.
- **Funk** (ISM-Bänder 27 MHz und 37 MHz; 433 MHz … 434 MHz; 2,54 GHz)
  - Analog: Frequenzmodulation
  - Digital: Z. B. Bluetooth oder DECT-Verfahren, im Kopfhörer ist ein D/A-Wandler integriert

Merkmale

- Elektroakustische Anlagen (**ELA**) sind fest installiert und dienen der Weitergabe von Informationen (vorwiegend Sprache, Signale) oder werden zur Übertragung von Hintergrundmusik verwendet.
- Wesentliche Kriterien für die Auswahl der Komponenten sind verständlichkeit, Reichweite und Betriebssicherheit (z. B. Redundanzen vorsehen, mehrere Lautsprecherkreise, Notstromversorgung, USV).
- Anwendungsbereiche sind vorwiegend größere Räume, öffentliche Gebäude, Bahnhöfe, Kaufhäuser, Sportstätten usw.
- Für die Lautsprechersysteme wird die 100 V-Technik verwendet.
- Elektroakustische Anlagen besitzen in der Regel nur einen Tonkanal (Mono-Betrieb) für Sprechstellen bzw. andere Tonquellen.
- Steuereingänge für Signalisierungen (z. B. Alarmierung) können vorgesehen sein.
- Die Audio- und Steuersignale können digital mit Kommunikationsnetzen (z. B. LAN, WAN) übertragen werden.
  Beispiel:
  EtherSound (lizenzpflichtig): **AoE** (**A**udio **o**ver **E**thernet)
  - 64 synchronisierte Kanäle
  - Pulscodemodulation, Abtastfrequenz 48 kHz, Auflösung 24 Bit
  - Twisted-Pair-Kabel Cat 5 oder Cat 6 oder LWL

Verstärkerleistungen

- **Geschlosse Räume**

Raum	Fläche in m²	Geräuschpegel	
		mittel	niedrig
		ca. Leistung in W	
Büro	30	5 – 8	2 – 4
Verkaufsraum	50	10 – 20	3 – 5
Konferenzraum	100	20 – 30	10 – 20
Turnhalle	200	20 – 30	10 – 20
Theater	500	100 – 120	50 – 60
Werkshalle	1000	40 – 50	10 – 20

- **Freiflächen**

Freifläche	Fläche in m²	Geräuschpegel	
		hoch	niedrig
		ca. Leistung in W	
Tennisplatz	700	40 – 50	10 – 20
Schulhof	1500	50 – 80	10 – 20
Industriehof	3000	100 – 200	20 – 30
Fußballplatz	15000	400 – 500	80 – 150

- Verstärker- und Sprechstellensystem, 5 Lautsprecherlinien

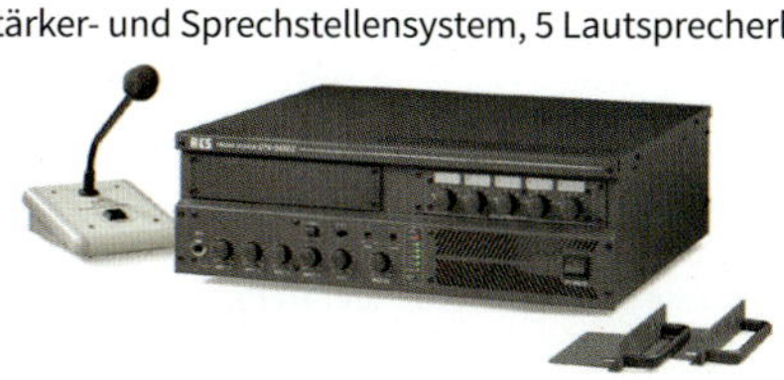

Beispiel für eine kleine Sportanlage

- Lautsprecher und Geräteanordnung

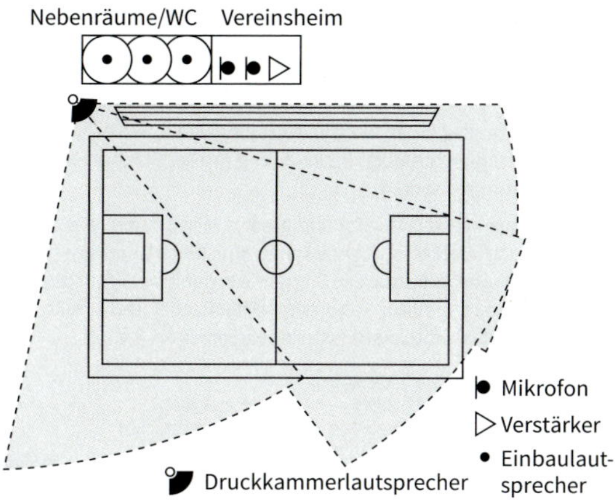

- Anlagenschema

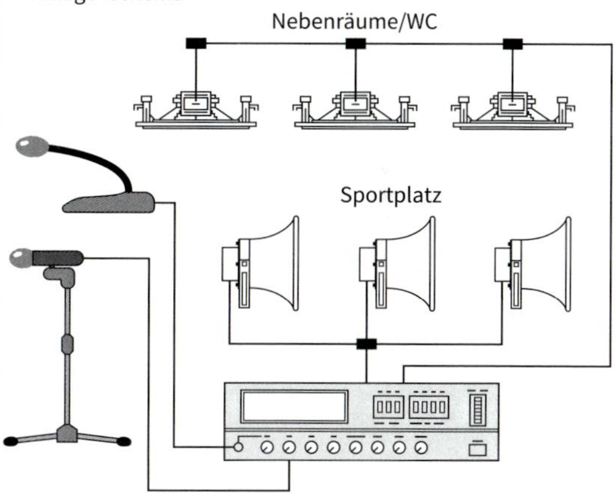

- Geräte:
  1 x Handmikrofon, 1 x Tischmikrofon, 1 x Mikrofonstativ, 1 x Kleinzentrale, 1 x CD-Tunermodul, 3 x Einbaulautsprecher, 3 x Druckkammerlautsprecher

Druckkammerlautsprecher, Hornlautsprecher

- Es handelt sich um Kalottenlautsprecher mit einem vorgesetzten Exponentialtrichter.
- Der Wirkungsgrad ist bei hohen und mittleren Frequenzen sehr hoch.
- Die Kalotte presst die Luft in eine geschlossene Kammer und erhöht dadurch die Geschwindigkeit der Luftteilchen (Geschwindigkeitstransformation).

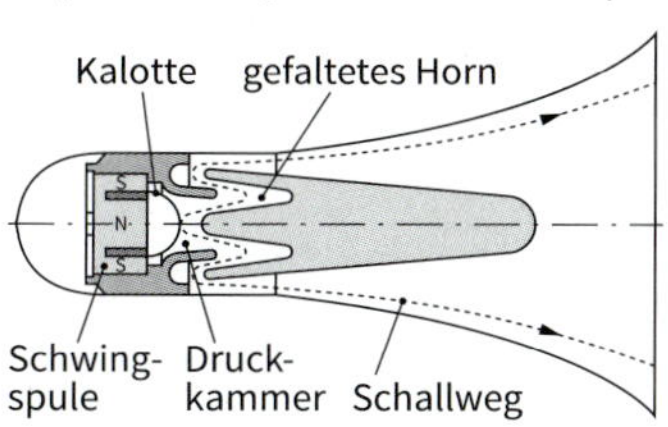

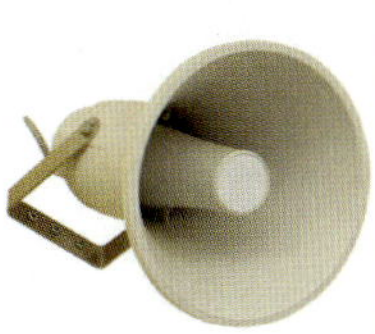

10 W, 100 V, 115 dB, 350 – 6000 Hz

Merkmale

- Beschallungsanlagen werden verkürzt auch als **PA** (**P**ublic **A**ddress) bezeichnet. Es handelt sich um mobile Anlagen in der Veranstaltungstechnik (z. B. für eine Disco-, Live- oder Konzertbeschallung). Den Begriff „elektroakustische Anlagen“ (**ELA**) verwendet man für fest installierte Anlagen.
- Beschallungsanlagen werden dort eingesetzt, wo es um eine möglichst gleichmäßige Beschallung großer Flächen geht (z. B. Bühnen, Stadien).
- PA-Anlagen verstärken Tonsignale aus Mikrofonen, elektronischen bzw. elektromagnetischen Musikinstrumenten oder Aufzeichnungsgeräten. Die Signale werden über Lautsprecher wiedergegeben. Steuernde (Mischpult) und Effekte erzeugende Geräte sind Bestandteile einer PA-Anlage.

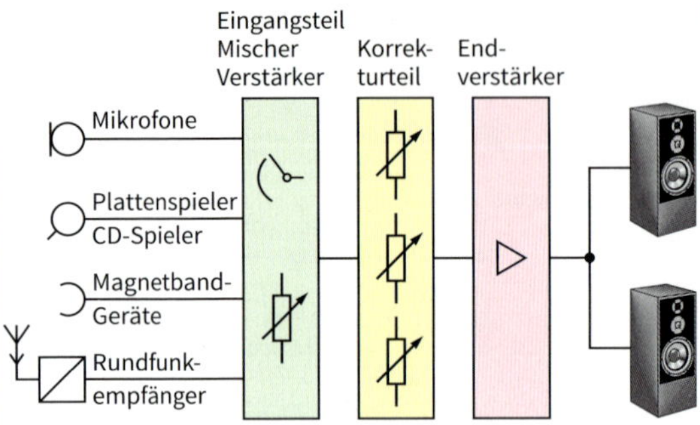

- Zu einem PA-System gehört die **Backline**. Es handelt sich dabei um technische Geräte (z. B. Gitarrenverstärker, Bassverstärker) der auftretenden Künstler. Sie sind den individuellen Bedürfnissen angepasst.
- Da die Beschallung in Richtung Zuhörer gerichtet ist, können die Künstler auf der Bühne ihre Stimme bzw. die Musik nur mit einem begrenzten Frequenzspektrum wahrnehmen. Es wird deshalb **Monitoring** eingesetzt, dass aus Lautsprechern besteht, deren Schallausbreitung auf die Bühne gerichtet ist. Häufig werden auch Ohrhörer (**In-Ear-Monitoring**) mit einer drahtlosen Übertragung eingesetzt.

Leistungsangaben für Lautsprecher und Leistungsverstärker

- **Bemessungsleistung** (**Rating Power**, Nennleistung)
  Sie ist die effektive Leistung (Effektivwert: RMS) über den gesamten Frequenzbereich zwischen 20 Hz und 20 kHz und liegt in der Regel bei etwa 60 % der Sinusleistung.
- **Sinusleistung**
  Die Sinusleistung ist ein Effektivwert und entspricht der Dauerleistung eines sinusförmigen Dauertons von 1 kHz. Sie ist größer als die Bemessungsleistung.
- **Spitzenleistung** (**Peak Power**)
  Es ist die nicht genormte maximale Leistung, die ein Verstärker für eine kurze Zeit an den Lastwiderstand bzw. den Lautsprecher abgeben kann. Sie wird für eine Zeitspanne von ca. 10 ms gemessen.
- **Spitzenmusikleistung** (**PMPO**: **P**eak **M**usic **P**ower **O**utput)
  Diese nicht genormte Spitzenleistung wird in der sehr kurzen Belastungszeit von ca. 1 ms ermittelt. Der PMPO-Wert ist etwa um den Faktor 100 größer als die Bemessungsleistung.

100 V-Technik

- Für größere Lautsprecheranlagen verwendet man Verstärker mit Spannungsanpassung. Die Ausgangsspannung beträgt 100 V bei der Bemessungsleistung. Da der Innenwiderstand des Verstärkers klein ist, bleibt die Ausgangsspannung belastungsunabhängig.
- Die Lautsprecher können unterschiedliche Innenwiderstände besitzen. Sie werden durch Übertrager angepasst. Die Gesamtleistung der angeschlossenen Lautsprecher darf nicht größer als die Bemessungsleistung des Verstärkers sein.
- Schaltungsbeispiel mit 3 Lautsprechern:

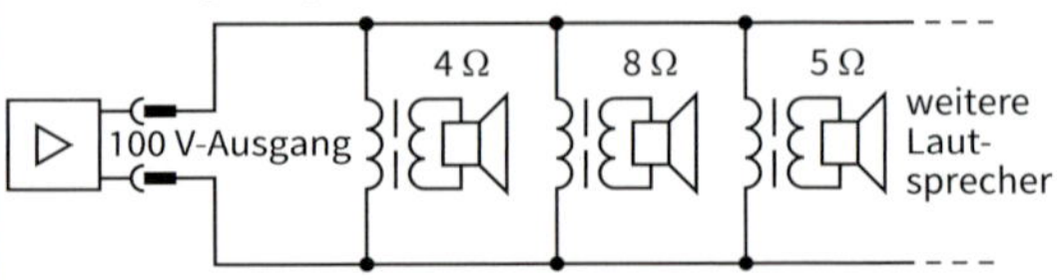

- **Vorteile**
  - Alle Lautsprecher liegen parallel. Dadurch ist die Installation einfach. Änderungen (zu- und abschalten) sind problemlos möglich.
  - Da die Stromstärke gering ist, können die Leitungsquerschnitte klein und die Leitungslängen groß sein (geringe Leitungsverluste). Beispiel: $P = 100\ \text{W} \Rightarrow I = 1\ \text{A}$
- **Sicherheit**
  Auf der 100 V-Seite der Anlage dürfen nur Materialien und Werkzeuge verwendet werden, die für diese Spannung zugelassen sind (Berührungsschutz beachten).
  Bei Tätigkeiten an offenen Lautsprechern sind die Geräte abzuschalten.

Lautsprecherboxen (Auswahl)

- **Geschlossene Box**
  - Der nach hinten abgestrahlte Schall bleibt im Gehäuse und wird nicht genutzt.
  - Die eingeschlossene Luft wirkt wie eine dämpfende Feder.

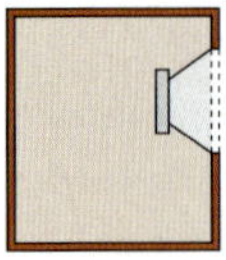

- **Bassreflexbox**
  - Der rückwärtige Schall wird zur Wiedergabe genutzt.
  - Das Rohr wirkt wie ein Resonator für tiefe Töne, der an den Lautsprecher gekoppelt ist (eigene Schallquelle).

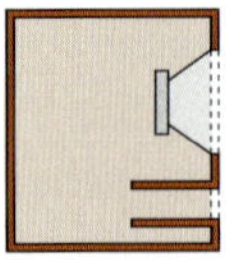

- **Bandpassgehäuse**
  - Das System wirkt wie eine geschlossene Box, mit einer Bassreflexöffnung.
  - Das Bandpassgehäuse eignet sich für Subwoofer.

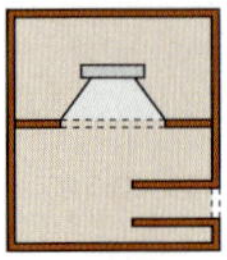

- **Transmissionline-Box**
  - Das System wirkt wie eine geschlossene Box, mit einem sehr langen Kanal.
  - Der Kanal wirkt wie ein Resonator für bestimmte Frequenzen.

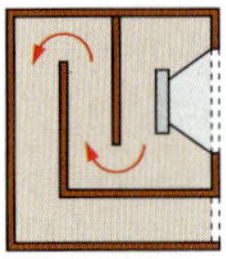

- **Dipolgehäuse**
  - Der Schall wird nach vorne und nach hinten mit entgegen gesetzter Phasenlage abgestrahlt.
  - Wenn diese Wellen aufeinander treffen, entstehen akustische Kurzschlüsse.

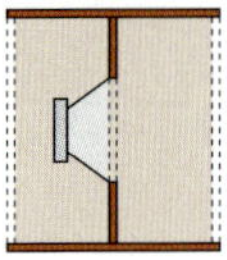

Merkmale

- Die Beleuchtung ist eine Hauptkomponente bei allen Veranstaltungen, da sie wesentlich die Qualität z. B. einer Fernsehaufnahme bestimmt.
- Die **lichttechnische Anlage** ist daher sorgfältig zu planen (z. B. mit Berechnungsprogrammen) und aufzubauen.
- Die lichttechnischen Mindestanforderungen für **Sportstättenbeleuchtung** sind in der DIN EN 12193 festgelegt.
- Grundsätzlich wird unterschieden zwischen Veranstaltungen im
  - Hallenbereich (Indoor) und
  - Aussenbereich (Outdoor).

Beleuchtungsqualität

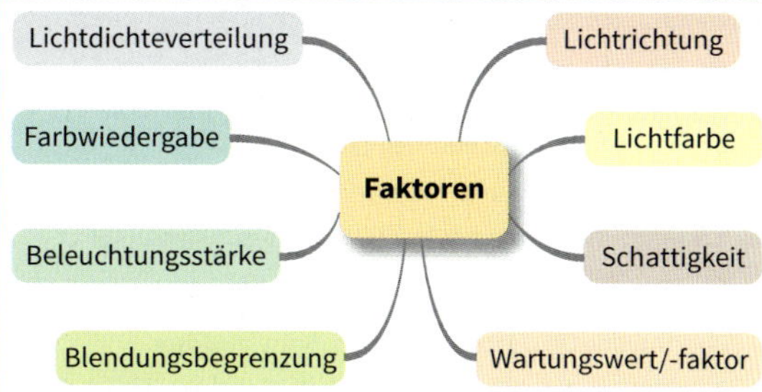

Hallenbereich

Wettbewerbsniveau	Beleuchtungsklasse		
	I	II	III
International/National	•		
Regional	•	•	
Lokal	•	•	•
Training		•	•
Schul-/Freizeit			•

Sportart		
Gruppe 1	Gruppe 2	Gruppe 3
Fechten Hockey Badminton Squash Tischtennis	Schulsport Rad-/Rollsport Ballsport Gewichtheben Kampfsport Ringen Tennis	Klettern Gymnastik Turnen

	Beleuchtungsklasse	Horizontale Beleuchtungsstärke		Vertikale Beleuchtungsstärke	
		E_{av} in lx	E_{min}/E_{av}	E_{av} in lx	E_{min}/E_{av}
Gruppe 1	I	750	0,7	500	0,7
	II	500	0,7	300	0,7
	III	300	0,7	200	0,7
Gruppe 2	I	750	0,7		
	II	500	0,7		
	III	200	0,5		
Gruppe 3	I	500	0,7	500	0,7
	II	300	0,6	300	0,6
	III	200	0,5	200	0,5

Außenbereich

Wettbewerbsniveau	Beleuchtungsklasse
Hochleistungs-Wettkämpfe (hohe Zuschauerzahlen)	I
Wettkämpfe auf mittlerem Niveau (mittlere Zuschauerzahlen)	II
einfache Wettkämpfe, Training, Schulsport, Freizeitsport	III

Sportart/ Beleuchtungsklasse	Horizontale Beleuchtungsstärke E_{av} in lx	Gleichmäßigkeit der horizontalen Beleuchtungsstärke E_{min}/E_{av}
Fußball, Handball, Basketball und Volleyball		
I	500	0,7
II	200	0,6
III	75	0,5
Tennis		
I	500	0,7
II	300	0,7
III	200	0,6

Begrenzung der Beleuchtungsstärke			
Immissionsort (Einwirkungsort) (Gebietsart nach § BauNVO)	Beleuchtungsstärke E_F in lx		
	6 h – 20 h	20 h – 22 h	22 h – 6 h
Kurgebiete, Krankenhäuser, Pflegeanstalten, reine Wohngebiete (§ 3)	1	1	1
allgemeine Wohngebiete (§ 4) besondere Wohngebiete (§ 4a) Kleinsiedlungsgebiete (§ 2) Dorfgebiete (§ 2) Erholungsgebiete (§ 10)	3	3	1
Mischgebiete (§ 6)	5	3	1
Kerngebiete (§ 7) Gewerbegebiete (§ 6) Industriegebiete (§ 9)	15	15	5

Fernsehaufnahmen

- Für eine fernsehgerechte Beleuchtung sind u. a.
  - die horizontale und vertikale Lichtrichtung und
  - der Farbwiedergabeindex

  entscheidend.
- Die Höhe der Beleuchtungsstärke ist bei Sportveranstaltungen u. a. abhängig von
  - dem Aufnahmeort (Innen-/ Aussenaufnahme) und
  - der Sportart (Fußball, Schwimmen).
- Bei Fußballaufnahmen sind für hochauflösende Fernsehbilder (HDTV) mindestend 800 lx mittlere Beleuchtungsstärke in Richtung einer Kamera erforderlich (für Zoom bzw. Superzeitlupe mindestens 2.000 lx).

Notbeleuchtung

- Die Notbeleuchtung wird unterteilt in
  - Sicherheitsbeleuchtung und
  - Ersatzbeleuchtung.
- Die **Sicherheitsbeleuchtung** (DIN EN 1838) beinhaltet
  - Sicherheitsbeleuchtung für **Rettungswege**,
  - **Antipanikbeleuchtung** und
  - Sicherheitsbeleuchtung für **Arbeitsplätze** mit besonderer Gefährdung.
- Die **Ersatzbeleuchtung** (DIN EN 12193) soll eine geordnete Beendigung einer Veranstaltung innerhalb einer vorgegebenen Zeit ermöglichen.

Klinkenstecker

Anwendungen

- Klinkenstecker sind Steckverbinder zur Übertragung von Wechsel- oder Gleichspannung im **SELV**-Bereich (**S**afety **E**xtra **L**ow **V**oltage, Schutzkleinspannung).
- Englische Bezeichnung: TRS Connector, audio jack
- **2,5 mm** Schaftdurchmesser (1/10 Zoll, Mikroklinke) für besonders kleine Geräte
  Beispiele: Headsets, Mobiltelefone, Fotoapparate, Datenübertragung bei Taschenrechnern, Kabelauslöser
- **3,5 mm** Schaftdurchmesser (1/8 Zoll, Miniklinke) für tragbare Geräte
  Beispiele: MP3-Player, Discman, Soundkarten, Lautsprecher, Kopfhörer
- **6,35 mm** Schaftdurchmesser (1/4 Zoll, große Klinke) für zahlreiche Geräte der Musikbranche
  Beispiele: Effektgeräte, Synthesizer, Keyboards, E-Pianos, Gitarrenverstärker
- Klinkenstecker mit 2,5 mm und 3,5 mm Schaftdurchmesser werden auch für die Spannungsversorgung von Kleingeräten verwendet. Die Polarität an den Kontakten ist nicht genormt. Durch die offen liegenden Kontakte kann es beim Einstecken zum Kurzschluss kommen. Deshalb werden oft Hohlstecker eingesetzt.

Bauformen

Bauformen		
Zweipoliger Mono-Stecker	 ① ④	① Tonsignal ④ Masse, Rückleitung, GND
Dreipoliger Stereo-Stecker	 ① ② ④	① Tonsignal links ② Tonsignal rechts ④ Masse, Rückleitung, GND
Vierpoliger Stereo-Stecker mit Zusatzfunktion	 ① ② ③ ④	① Tonsignal links ② Tonsignal rechts ③ Zusatzsignal AUX ④ Masse, Rückleitung, GND
Stecker für symmetrische verbindung[3]	 ① ② ④	① + Phasenrichtiges Tonsignal[1] ② – Phasenumgekehrtes Tonsignal[1] ④ Masse, Rückleitung, GND[2]

[1] Hinleitung für Phantomspeisung
[2] Rückleitung für Phantomspeisung
[3] Anwendung in der professionellen Audiotechnik

XLR Steckverbinder

- Abkürzung:
  X: e**x**tern (Schirm), **L**: live, **R**: Return
- 3-polig: Professioneller Beschallungs- und Tonstudiobereich für Mikrofon und Lautsprecheranschluss
- 5-polig: Zusätzlich Übertragung von Daten der Lichtsteuerung

3-polig

- Pinbelegung (Pin 2 ist mit einer „Nase“ markiert)

männlich 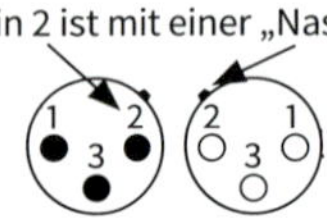

ich

Pin	Signalübertragung	
	symmetrisch	unsymmetrisch
1	Abschirmung, Masse	
2	Signalader positiv (+, hot, heiß)	Signal
3	Signalader negativ (–, cold, kalt)	unbelegt, mit Pin 1 gebrückt

- Vorteil gegenüber Klinken-Steckverbindern:
  - Beim Stecken wird das Signal nicht kurzzeitig mit Masse verbunden
  - Steckverbindung ist in der Regel verriegelbar und trittsicher

DIN Steckverbinder

- Rundsteckverbinder für Rundfunk und verwandte elektroakustische Geräte (unter 3 MHz), DIN EN 60130-9: 2001-06
- 3-polig und 5-polig

Plattenspieler		Audiogerät	
Mono	Stereo	Mono	Stereo
		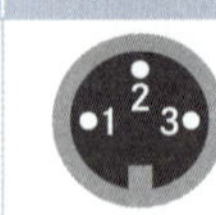	
1 und 3: Wiedergabe	1: R 3: L	1: Aufnahme 3: Wiedergabe	1: Aufn. L 2: Masse 3: Wiederg. L 4: Aufn. R 5: Wiederg. R
2: Masse			

Plattenspieler			Kopfhörer
Mono	Stereo	Stereo	
			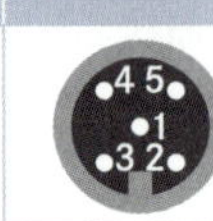
1, 4: NC 2: Masse 3: L 5: R	1: NC 2: Masse 3: L 4: NC 5: R	1: Masse 2: L 3: R 4: Verb. mit 2 5: Verb. mit 3	1: NC 2: L Masse 3: R Masse 4: L 5: R

R: Rechts, rechtes Signal L: Links, linkes Signal
NC: Not connected (nicht verbunden)

Prinzip

- Mit Mehrkanal-Tonverfahren will man ein möglichst räumlich-realistisches Klangerlebnis mit mehreren Lautsprechern erzeugen (**Raumklang**, **Surround-Klang**).
- Wiedergabe bzw. Speicherung der Daten:
  Im Kino, in der Fernsehtechnik, auf Laserdiscs, DVDs, Blu-ray Discs, spezielle Audio-CDs, D-VHS
- Es gibt analoge und digital arbeitende Mehrkanal-Tonverfahren. Beispiele für digitale Verfahren:
  - **Dolby-Digital** (**DD**, Firmen- bzw. Marketingname)
  - **Digital Theatre Sounds** (**DTS**, Firmenname)
- **Kennzeichnungsprinzip**: Ziffer, Punkt, Ziffer
  Beispiel 5.1 bedeutet:
  - 5 Lautsprecher (Fullrange Kanäle)
  - 1 Tieftöner (Subwoofer, **LFE**: **L**ow **F**requency **E**nhancement)
- Schallspeicherung nach dem **Diskret-Verfahren**:
  - Jeder Kanal wird einzeln gespeichert (z. B. DTS ES 6.1 Discrete).
  - Vorteil: Kanäle sind besser voneinander getrennt, höhere Dynamik ist möglich.
  - Nachteil: Mehr Speicherplatz ist erforderlich.
- Schallspeicherung nach dem **Matrix-Verfahren**:
  - Die Signale mehrerer Kanäle werden miteinander verschachtelt.
  - Vorteil: Geringerer Speicherbedarf als beim Diskret-Verfahren
  - Nachteil: Dialoge können sich mitunter vermischen.

Lautsprecherpositionierung beim 5.1 System

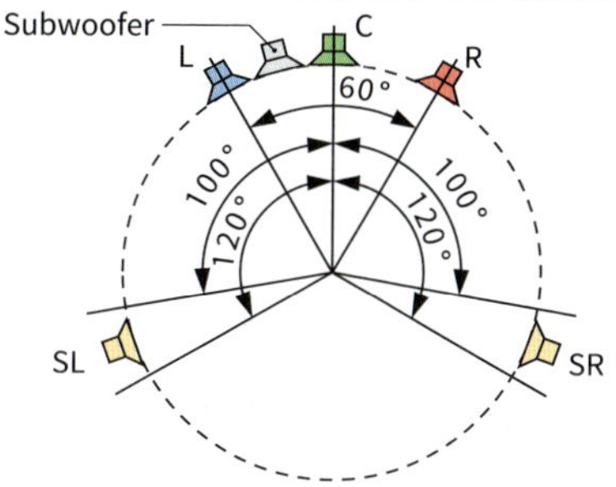

L: Stereosignal links
R: Stereosignal rechts
SR: Surround rechts
SL: Sourround rechts
C: Zentrum, Sprachkanal
S: Hintergrund und Nebengeräusche (Surround)

Dolby-Digital (DD)

- Verlustbehaftetes Verfahren (Komprimierung auf ca. 10 % der Originaldaten);
  Bezeichnung: **AC-3** (**A**daptive Transform **C**oder **3**)
- Bis zu sechs Kanäle
- Datenübertragungsraten
  - 32 kbit/s bis 640 kbit/s
  - DVD mit 5.1 Ton: 384 kbit/s oder 448 kbit/s
  - Kino 320 kbit/s
- Frequenzumfang:
  - Vollbereichskanäle 20 Hz bis 20 kHz
  - Basskanal 20 Hz bis 120 Hz
- Beispiele:

1.0
Ein Kanal, Mono, mittig angeordneter Lautsprecher

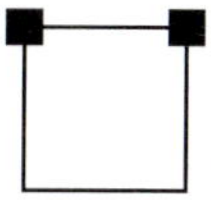

2.0
Zwei Kanäle, Stereo, rechter und linker Lautsprecher

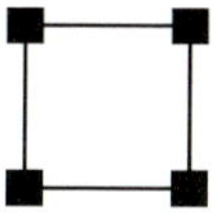

4.0
Mehrkanalige Stereo/Mono-Wiedergabe

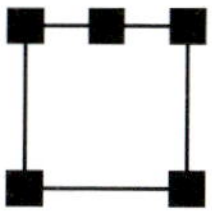

5.0
Mehrkanalige Stereo-Wiedergabe

Digital Theatre Sounds (DTS)

- Verlustbehaftetes Verfahren (Komprimierung auf ca. 30 %);
  Datenrate:
  - Laserdiscs und CD 1.235 kbit/s
  - DVD 754,5 kbit/s bis 1.509,75 kbit/s, die Tonspur kann einen Bass-Kanal (LFE) enthalten
- Frequenzumfang:
  - Vollbereichskanäle 20 Hz bis 22 kHz
  - Basskanal (LFE) bis 80 Hz
- Beispiele:
  - **DTS ES Discrete 6.1**
    Diskrete (voneinander unabhängige) Kanäle
  - **DTS-96/24**
    Erhöhte Abtastfrequenz (96 kHz, Quantisierung mit 24 Bit) zur qualitativ hochwertigen Wiedergabe von 5.1 Kanalton
  - **DTS-HD** (DTS High Definition, früher DTS++)
    Format für den Einsatz bei HDTV und Blu-ray Discs, Datenraten 769 kbit/s bis 64 Mbit/s, Abtastrate 192 kHz, 24 Bit

Zusammenhang zwischen Dolby Digital und DTS

Dolby Digital 5.1 DOLBY DIGITAL	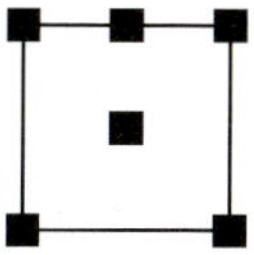	**DTS 5.1** DIGITAL dts SURROUND	Sechs einzelne, voneinander unabhängige Kanäle ■ Front: Links, Rechts, Center ■ Surround: Links, Rechts ■ Subwoofer
Dolby Digital Surround EX DOLBY DIGITAL SURROUND•EX	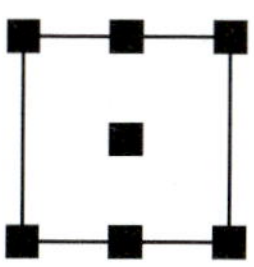	**DTS ES 6.1 Matrix** EXTENDED dts ES SURROUND	■ DD und DTS arbeiten wie ihre 5.1 Verfahren. Zusätzlich ist ein dritter Surround-Center-Kanal (**Backround** oder **Center Surround**) vorhanden, dessen Signale im linken und rechten Surroundkanal eincodiert sind. ■ Die Signale sollten über zwei Lautsprecher wiedergegeben werden.

Nadeltonverfahren

Schriftarten

- **Tiefenschrift** (Edison 1877)
  Schneidstichel wird senkrecht zur Plattenebene bewegt.
- **Seitenschrift** (E. Berliner)
  Schneidstichel wird in Richtung der Plattenebene bewegt.
- **Flankenschrift** (Stereoschrift)
  Stereosignale steuern den Stichel in um 90° versetzte Bewegungskomponenten. Jede Komponente ist um 45° gegen die Plattenebene geneigt.

Schallplatte

Symbole	Mono/Stereo	M 45 · 45 · St 45	M 33 · 33 · St 33
Abtastnadel		Mono 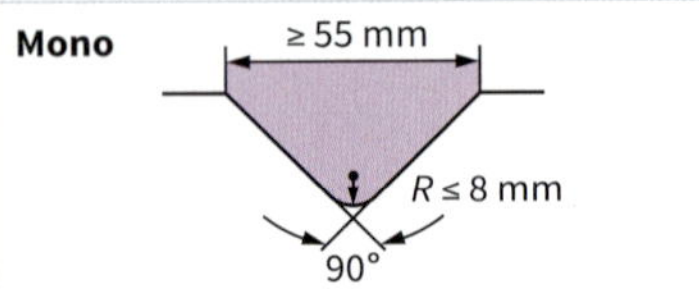	Stereo 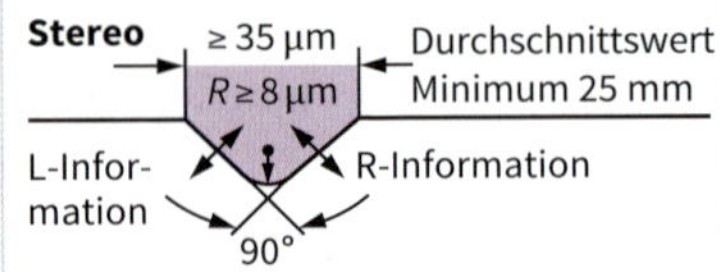
Drehzahl in 1/min		45	33 1/3
Nenndurchmesser in cm		17,5	30
Spielzeit in min		6…9	bis 40
Rillenbreite in µm	Mono	50	50
	Stereo	40	40
DIN Normen	Mono	45 537	45 537
	Stereo	45 546	45 547

Magnettonverfahren

Tonbandgerät (Mono)

Vollspuraufzeichnung

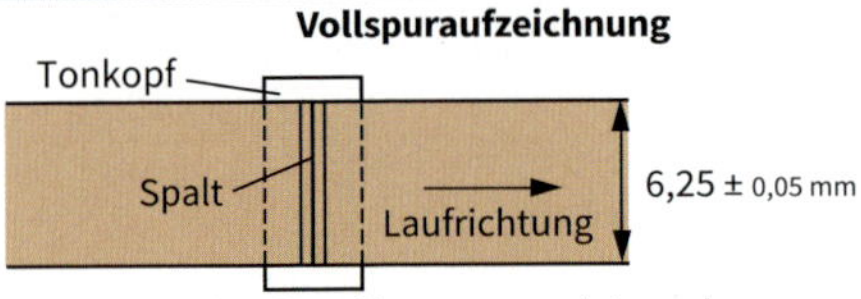

Das Band kann gewendet werden.

Halbspuraufzeichnung

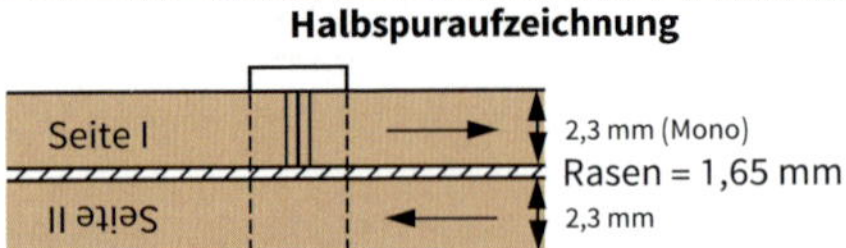

Das Band kann gewendet werden.

Tonbandgerät (Stereo)

Halbspurstereo

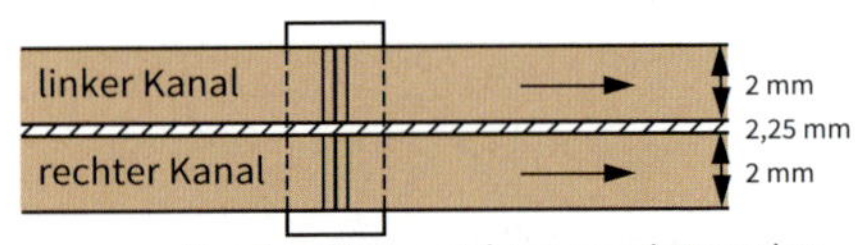

Das Band kann nicht gewendet werden.

Viertelspurstereo

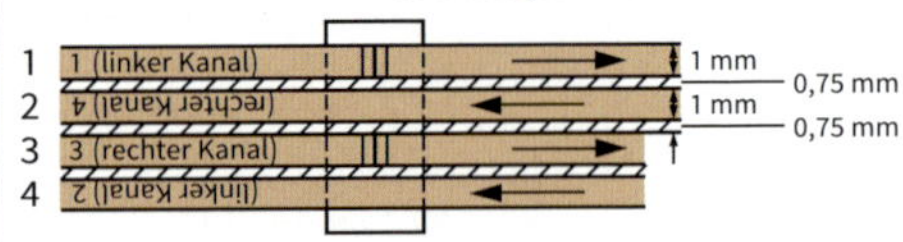

Das Band kann gewendet werden.

Kassettengerät (Kassette kann gewendet werden)

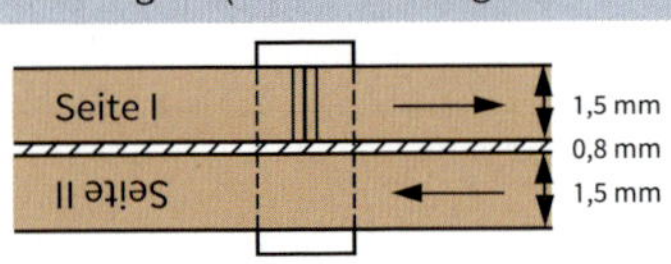

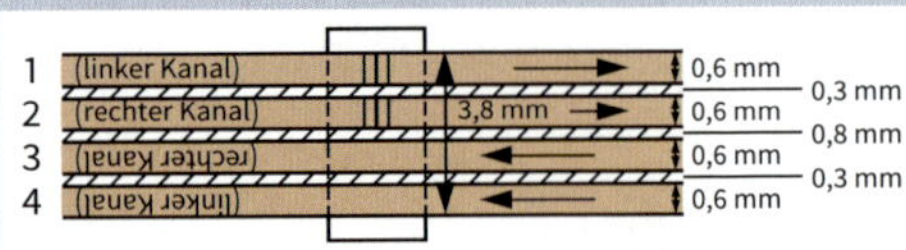

Bandsorten

Beschichtung	Merkmale
Eisenoxid (Fe-Bänder) Fe_2O_3	Signal-Rauschzustand gering, damit geringe Dynamik, Höhenaussteuerbarkeit gering
Chromdioxid (Cr-Bänder) CrO_2	Höhenaussteuerbarkeit gut, Tiefenaussteuerbarkeit gering, größte Dynamik
Doppelschichtband (Fe-Cr) Eisenoxid und Chromdioxid	Gute Höhen- und Tiefenaussteuerbarkeit, Dynamikwerte zwischen denen der Fe- und Cr-Bänder
Reineisen (Me-Band, kein Oxid)	Sehr gute Höhenaussteuerbarkeit, Dynamik ähnlich Fe-Band, nur auf speziell ausgerüsteten Geräten zu verwenden

Einteilung

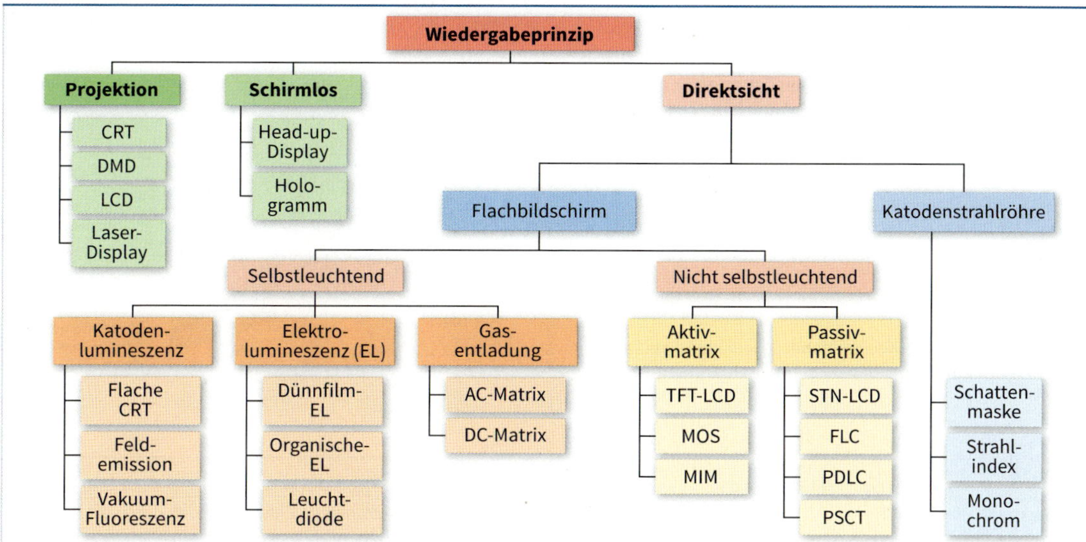

CRT: **C**athode **R**ay **T**ube (Kathodenstrahlröhre)
DMD: **D**ense **M**icromirror **D**isplay (Mikrospiegel)
LCD: **L**iquid **C**rystal **D**isplay (Flüssigkristall)
FLC: **F**erro **L**iquid **C**rystal (Ferroelektrisch)
MOS: **M**etall **O**xide **S**emiconductor (Metall-Oxid)
MIM: **M**etal **I**solator **M**etal (Metall Isolator Metall)
PDLC: **P**olymer **D**ispersed **L**iquid **C**rystal (Polymer dispergierter Flüssigkristall)
PSCT: **P**olymer **S**tabilized **C**holesteric **T**extured (Polymer stabilisierte cholestrische Textur)
STN: **S**uper **T**wisted **N**ematic (Super gedreht)
TFT: **T**hin **F**ilm **T**ransistor (Dünnschicht-Transistor)

LCD (Liquid Crystal Display)

- Flüssigkristall-Anzeigen
  - basieren auf organischen Komponenten mit stäbchenhaften **Molekülen** und benötigen externe Lichtquellen,
  - wirken nach dem **Durchlicht-** oder **Reflexionsverfahren** oder einer Kombination aus beidem,
  - bilden im Temperaturbereich von –20 °C bis +85 °C **Kristallstäbchen**, die verschiebbar sind.
- Durch Anlegen elektrischer Spannungen wird die Ausrichtung der Moleküle beeinflusst.
- **Normal-White Zelle** ist ohne Spannung weiß.
- **Normal-Black Zelle** ist ohne Spannung dunkel.
- **Passiv-Matrix**-Displays beeinflussen auch Nachbarzellen (geringer Kontrast).
- **Aktiv-Matrix**-Displays sind in jeder Zelle mit einem Dünnschichttransistor als Schalter ausgerüstet und werden als **TFT-Displays** (Thin-Film-Transistor) bezeichnet.

Leuchtverfahren

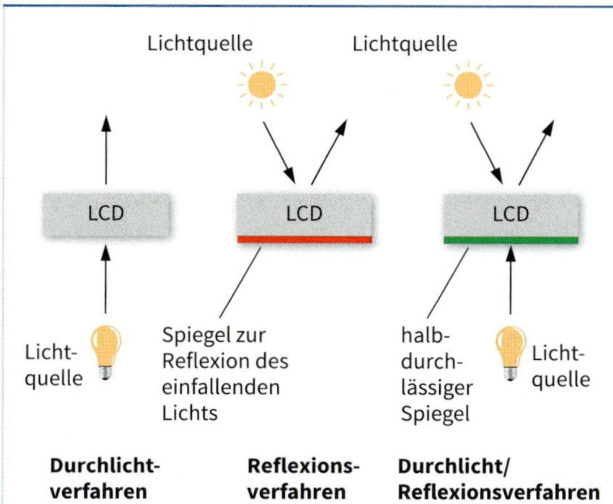

Funktion

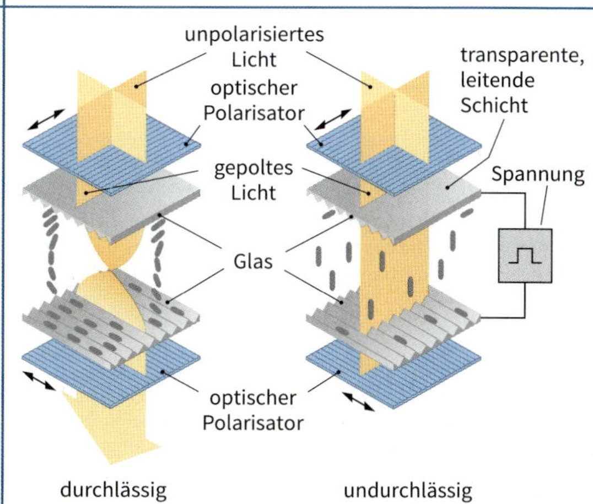

Flachbild-Anzeigen
Flatscreen Displays

TFT-LCD

Funktion

- **TFT**-LCD (**T**hin-**F**ilm-**T**ransistor LCD)
  - bestehen aus LC-Zellen mit einem integrierten **Dünnschicht-Transistor** pro Farbe in jeder Zelle und werden deshalb als **Aktiv-Matrix-Displays** bezeichnet und
  - sind in der Bauform wesentlich dünner als Passiv-Displays.
- Die Transistoren steuern den Grad der Kristallablenkung und somit die Helligkeit der einzelnen Farben.
- Die **Refresh-Rate** liegt annähernd bei der von Bildröhren.
- Defekte Pixel sind entweder dauernd leuchtend bei schwarzem Hintergrund oder dunkel bei weißem Hintergrund.

Aufbau

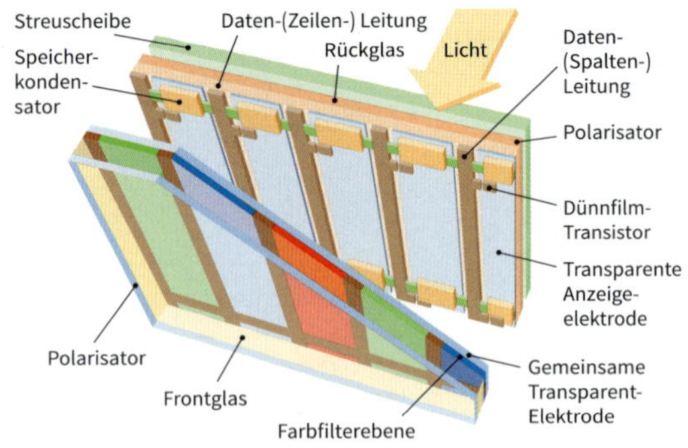

PLD

Funktion

- **Pl**asma-**D**isplays (**PLD**)
  - sind selbstleuchtend,
  - beinhalten eine Mischung aus Edelgasen (Argon, Neon) zur **Plasmaerzeugung**,
  - verwenden Phosphor (rot, grün, blau) als Leuchtmittel,
  - werden über eine x/y-Matrix angesteuert und
  - erzeugen durch **Stoßionisation** frei bewegliche Ionen und Elektronen.
- Gebundene Elektronen im Plasma werden durch die freien Elektronen auf höheres Energieniveau angehoben und erzeugen bei Rückfall auf normales Niveau **Ultraviolett-Strahlung**, die den Phosphor zum Leuchten anregt.
- Die Steuerung der Helligkeit erfolgt durch zeitabhängige Anschaltung der Zellen.

Zellen-Aufbau

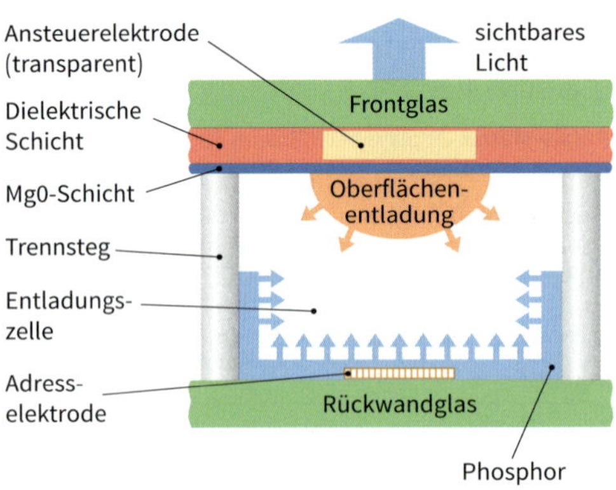

Display-Aufbau

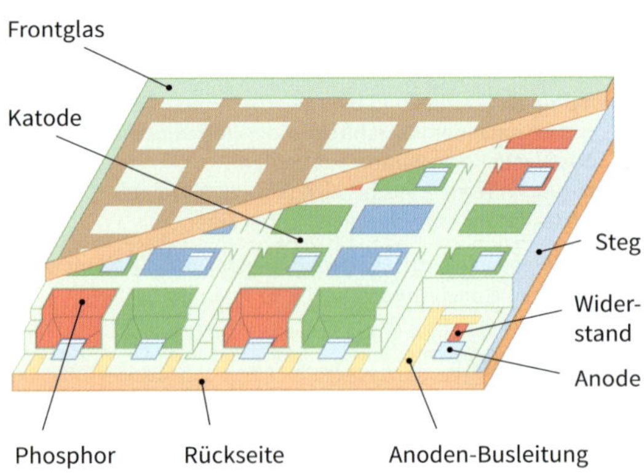

OLED

Funktion

- **O**rganic-**L**ight **E**mitting **D**iode (**OLED**) verwenden als Leuchtschicht organische Leuchtstoffe, in denen die positiven und negativen Ladungsträger beim Zusammentreffen sichtbares Licht erzeugen.
- OLED
  - sind selbstleuchtend (Elektrolumineszenz),
  - benötigen wenig elektrische Energie,
  - bieten hohe Kontrastverhältnisse,
  - werden als Passiv- und Aktiv-Matrix Displays eingesetzt (Mobiltelefone, Leuchtsymbole) und
  - können als Fläche leuchten.

Zellen-Aufbau

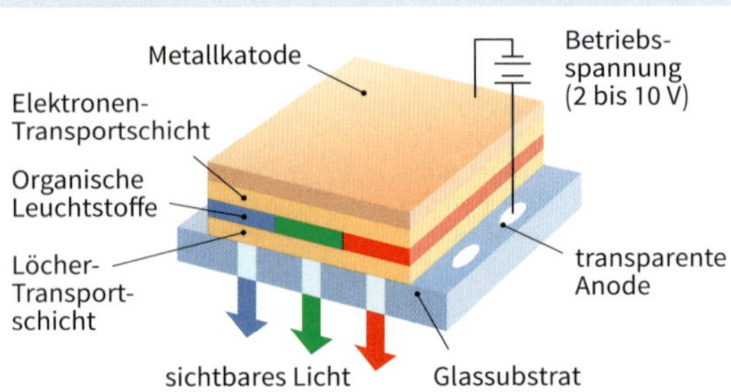

Bildaufnehmer
Image Sensors

Bildaufnahmeröhren

Bildwandler, Bildverstärker

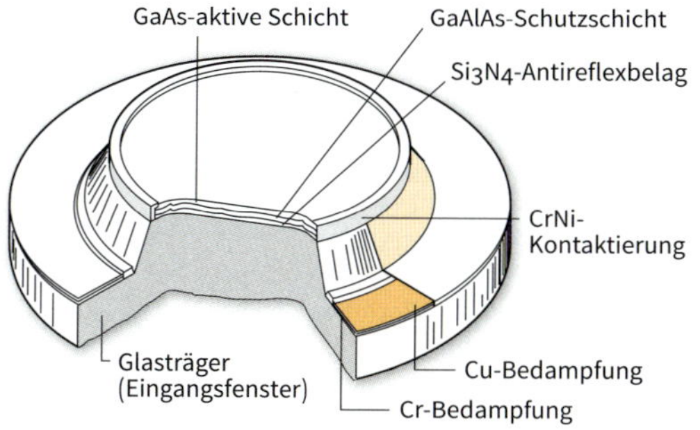

- Sie nehmen die für das menschliche Auge primär nicht sichtbaren Bildinformationen auf.
- Photonen der Objektstrahlung werden in Elektronen umgesetzt (äußerer lichtelektrischer Fotoeffekt), verstärkt und auf Leuchtschirm sichtbar als Bild wiedergegeben.
- Der **Bildwandler** besteht aus Fotokatode, elektronenoptischem Wandler und Leuchtschirm.
- Der **Bildverstärker** enthält ein elektronenoptisches Verstärkersystem.
- Die **Fotokatode** besteht aus unterschiedlichen Materialien (z. B. Gallium-Arsenid, mit hoher Infrarotempfindlichkeit).

Kameraröhren

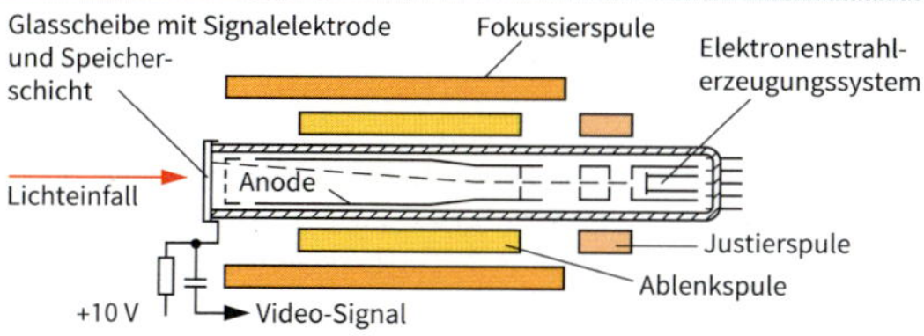

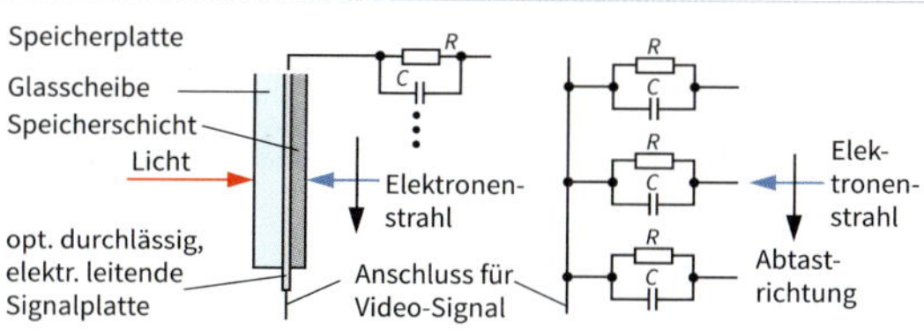

- **Vidikon** (vide, lat. = sehe, Ikon, griech. = Bild) arbeitet mit innerem Fotoeffekt.
- Die Halbleiterschicht am Röhreneingang (Antimonsulfid) ändert seinen Widerstand durch äußere Belichtung (Photoneneinfall).
- Über den Elektronenstrahl erfolgt zeilenweises Abtasten der Speicherschicht.
- Der Aufladeimpuls des Elektronenstrahls wird kapazitiv ausgekoppelt und ist die Videoinformation.
- Die Röhre ist bei hohen Beleuchtungsniveaus einsetzbar.
- Der **Plumbicon** hat als Wandlerschicht fotoleitendes Bleioxid.
- Einsatz bei Farbfernsehtechnik, da hohe Empfindlichkeit und niedriger Dunkelstrom.

Halbleiter-Bildaufnehmer

Frame-Transfer-Bildaufnehmer in Dual-Inline-Gehäuse

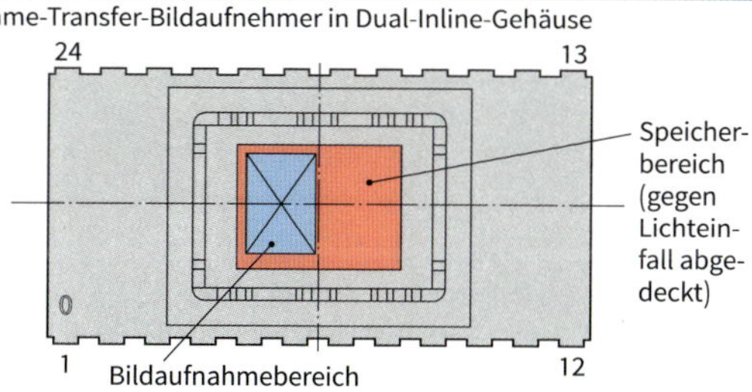

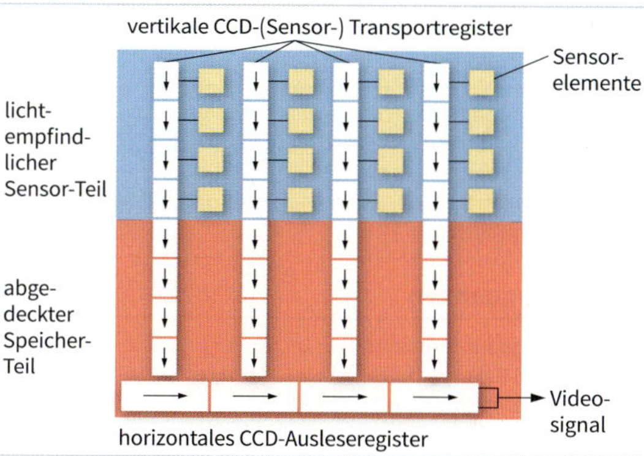

- Sensorelemente bestehen aus MOS-Kondensatoren oder pn-Dioden aus Silizium.
- Das Prinzip der Ladungsspeicherung wird verwendet.
- Der Signalstrom ist linear abhängig von der Beleuchtungsstärke.
- **Zeilensensoren:** Aufgeladene Sperrschichtkapazitäten der Dioden werden durch Belichtung entladen, anschließend werden Speicherkapazitäten bildpunktweise über MOS-Transistoren wieder aufgeladen.
  Der Ladestrom erzeugt am Arbeitswiderstand das Videosignal.
  Der Ladungstransport kann auch über analoge CCD-Transportregister (Charged Coupled Device: Ladungsgekoppelte Einheiten) erfolgen.
- **Interline-Transfer-Bildaufnehmer:** Sie beinhalten Bildaufnehmer und Speicherbereich auf der optisch wirksamen Fläche. Sensoren sind spaltenförmig angeordnet. Die Anzahl entspricht der aufzulösenden Zeilenzahl. Vertikale CCD-Transportregister lesen Informationen aus und transportieren sie über horizontale Ausleseregister zum Verstärker.
- **Frame-Transfer-Bildaufnehmer:** Bildbereich und Speicherbereich sind voneinander getrennt.
- **x-y-adressierte Bildaufnehmer:** Matrixförmige Anordnung der Fotoelemente.

Anschlüsse

Abhängig von der Geräteausstattung

Beispiele:

- **Computer**
  15-polig D-Sub (RGB), DVI
- **Monitor**
  15-polig D-Sub (RGB), DVI
- **Maus/serielle Schnittstelle**
  9-polig D-Sub (RS232C), USB
- **Video** (PAL, SECAM, NTSC, HDTV)
  - Video in — Cinch, Composite (S-VHS)
  - Audio in (Stereo) — Cinch/Miniklinke
  - Audio out (Stereo) — Cinch

Auflösung

VGA:	640 x 480 Pixel
SVGA:	800 x 600 Pixel
XGA:	1024 x 768 Pixel
SXGA:	1280 x 1024 Pixel (Workstation-Auflösung, z. B. CAD)
UXGA:	1600 x 1200 Pixel
QXGA:	2048 x 1536 Pixel
WQXGA:	2560 x 1600 Pixel

Ausleuchtung

- Vergleich der Helligkeit:
  Die Helligkeit in der Projektionsmitte wird mit der Helligkeit am Rand verglichen. Je größer der Wert in %, desto gleichmäßiger ist die Ausleuchtung.

Gute Werte > 80 %

Helligkeit

Die Angabe erfolgt durch den Lichtstrom in Lumen. Das Messverfahren ist durch ANSI festgelegt:
(**ANSI**: **A**merican **N**ational **S**tandard **I**nstitutes)

1. Einstellung (Kontrast und Helligkeit) des Projektors mit einem Testbild.
2. Einblendung eines weißen Bildes.
3. Einteilung des weißen Bildes in 9 gleich große Felder und Messung der Helligkeit im Mittelpunkt der Felder.
4. Berechnung eines Durchschnittwertes und Multiplikation mit der Bildgröße (in m^2).

Optimale Helligkeiten

- Kleine Räume (ca. 2 m Bildbreite):
  ... 1400 Lumen (ANSI)
- Mittlere Räume (ca. 3 m Bildbreite):
  1400 ... 2000 Lumen (ANSI)
- Große bzw. sehr helle Räume (> 3 m Bildbreite):
  2000 Lumen (ANSI)

Farbtemperatur

Als Maß für die Farbwiedergabe wird die Farbtemperatur (weißes Licht, in Kelvin, K) angegeben.

- Tageslicht: 5600 K
- Halogen-Glühlampe: 3400 K
- Metalldampflampe: 6000 K

Resizing

- Es handelt sich um einen Komprimierungsvorgang, wenn eine Vollbilddarstellung von einem höher auflösenden Format auf Projektoren mit geringerer Auflösung erfolgt (z. B. XGA ⇒ SVGA).
- Prinzip:
  Ein Mittelwert wird aus zwei nebeneinander liegenden Zeilen gebildet ⇒ Qualitätsverlust.

Kontrastverhältnis

- Eine Verhältniszahl, die aussagt, wie viel mal heller das projizierte Weiß gegenüber Schwarz ist.
- Je größer die Zahl, desto besser der Kontrast.
- Die Messung erfolgt mit einem Schachbrettmuster.

Gute Werte:
300:1, 400:1

Keystone-Korrektur (Keystone-Shift)

- Bei einer Aufwärtsprojektion treten Trapezverzerrungen auf (Keystone-Effekt).

z.B.:
$\alpha = 0 \ldots 12°$

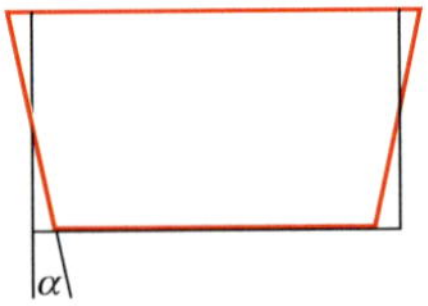

Maßnahmen:

- Optische Korrektur (mechanische Einstellung)
- Digitale Korrektur: Durch die Umrechnung des Bildschirminhaltes kann sich die Bildschärfe und der Kontrast verringern (Auflösungsverlust).

Zoom

- Manueller Zoom durch das optische System.
  Brennweitenbeispiele: 49 – 63 mm, 52 – 66 mm
- Digitaler Zoom (Enlarge)
  Elektronische Bildausschnittsvergrößerung, z. B. 4fach (Auflösungsverlust)

Ablenkfrequenzen

- Zeilenfrequenz (horizontal)
  Zeilen pro Sekunde (z. B. 15 kHz – 100 kHz)
- Bildwiederholfrequenz (vertikal)
  Bilder pro Sekunde (z. B. 43 Hz – 120 Hz)

LCD-Projektoren

Transmissive LCD-Projektoren

LCD: **L**iquid **C**rystal **D**isplay

- Weißes Licht ① wird mit dichroitischen (selektiv lichtdurchlässig) Spiegeln ② in die Grundfarben Rot, Grün und Blau zerlegt.
- Für jede Grundfarbe (3 Panel) ist ein transmissives (lichtdurchlässiges) Polysilizium-LCD-Panel ③ (Psi-LCD) vorhanden (Diagonale: 0,7; 0,9; 1,3 oder 1,8 Zoll).
  Umrechnung: 0,9 Zoll = 23 mm
  Es entstehen einfarbige Teilbilder.
- Vor den LCDs sind zur Lichtbündelung Mikrolinsen (**MLA**: **M**icro **L**ens **A**rray) angebracht.
- Ein Prisma ④ mischt die Einzelbilder zu einem vollfarbigen Bild zusammen (additive Farbmischung), das durch ein Objektiv auf die Leinwand projiziert wird.

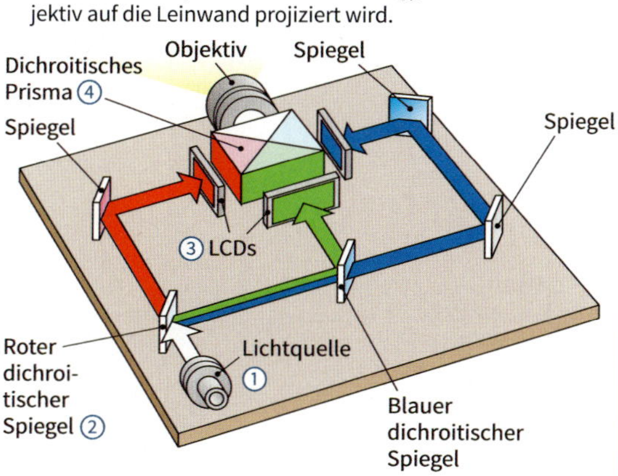

Vorteile:
- Da die Psi-LCDs klein sind, können kleine und lichtstarke Projektoren hergestellt werden.
- Die Farben werden gleichzeitig erzeugt.

Nachteil:
- Große Lichtabsorption und Wärmeentwicklung (Lüfter erforderlich)

Reflexive LCD-Projektoren

- Es werden anstelle von transmissiven reflexive LCDs verwendet ⑤ (**LCoS**: **L**iquid **C**rystal **o**n **S**ilizium).
- Hinter jedem LCD befindet sich ein fester Spiegel ⑥.

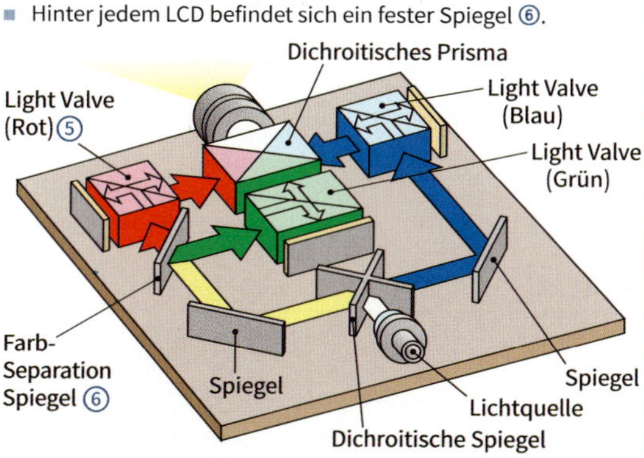

Vorteile:
- Hohe Lichtausbeute, da auch der Ansteuerungstransistor hinter jedem Pixel liegt.
- Aufgrund der Reflexion geringere Licht- und Wärmeverluste

DLP-Projektoren

DLP: **D**igital **L**ight **P**rocessing

Logo von Texas Instruments (Patent)

- Das Licht der Projektionslampe ① wird durch ein rotierendes Farbrad ② (3600 1/min, mindestens drei Farbsegmente für Rot, Grün und Blau; RGB) zerlegt. Es entstehen in schneller Folge rote, grüne und blaue Einzelbilder.
- Die Einzelbilder treffen auf den **DMD**-Chip (**D**igital **M**icromirror **D**evice, z. B. 15 x 13 mm). Auf der Chipoberfläche sind bis zu 2,4 Millionen beweglich gelagerte und einzeln angesteuerte Mikrospiegel ③ angebracht (16 µm, 14 µm, 12 µm).
- Speicherzellen (ähnlich SRAM) kippen über elektrostatische Anziehung die beweglichen Spiegel, so dass ein Bildpunkt hell oder dunkel projiziert werden kann. Die Spiegel können um etwa ±10° bis ±12° gekippt werden (20 µs).
- Die SRAM-Zellen werden zeilen- und spaltenweise mit einem Byte pro Pixel angesteuert (256 Helligkeitsabstufungen, 16,7 Millionen Farben).
- Durch die schnelle Folge der Einzelbilder entsteht für den Betrachter ein vollfarbiges Gesamtbild.
- Besonders hochwertige Projektoren verfügen über drei DMD-Chips.

Vorteile:
- Durch extrem geringe Abstände (1 µm) zwischen den Spiegeln werden störende Effekte wie Flimmern, Pixelrasterung und Rauschen weitgehend vermieden.
- Das Bild erscheint aufgrund der Reflexion besonders kontrastreich (1400:1), naturgetreu und in der Regel heller als bei LCD-Projektoren.
- DLP-Projektoren sind in der Regel leichter als LCD-Projektoren.

Nachteile:
- DLP-Projektoren sind in der Regel teurer als LCD-Projektoren.
- Mechanische Teile sind vorhanden.

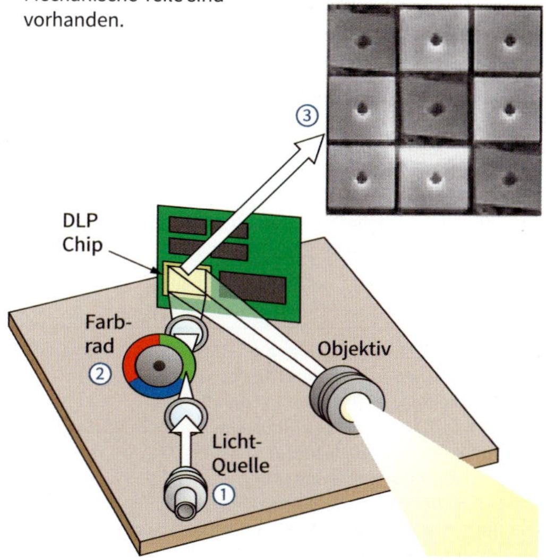

Merkmale

- Mit der Großbildprojektion werden Videos, Bilder und Liveaufnahmen großflächig dargestellt.
- Die Art der Projektion wird grundsätzlich unterschieden in
  - **Frontprojektion** (Projektor strahlt von vorn auf die Projektionsfläche) oder
  - **Rückprojektion** (Projektor strahlt auf die Rückseite der Projektionsfläche).
- Die Projektionsebene (Projektionsfläche) ist
  - passiv (wird von Projektor beleuchtet) oder
  - aktiv (ist selbstleuchtend).
- Die **passive** Projektion kann auf reflektierenden Oberflächen, wie z. B.
  - Leinwänden,
  - Gebäuden oder
  - Glasflächen

  erfolgen.
- Bei der **aktiven** Projektion (Bilderzeugung in der Projektionsfläche) wird in der Regel die Projektionsfläche als
  - ebene oder gebogene Wand,
  - in Kugelform oder
  - in einer anderen, der vorliegenden geometrischen Form angepassten Ausführung

  realisiert.

Projektoren

- Bei den eingesetzten Projektoren wird unterschieden nach der Technik für die Bilderzeugung in
  - Katodenstrahlröhren
  - Plasma-Projektor
  - **LCD**-Projektor (**L**iquid **C**rystal **D**isplay)
  - **LED**-Projektor (**L**ight **E**mitting **D**iode)
  - **LCoS**-Projektor (**LCD o**n **S**ilicon)
  - Laser Projektor

Projektionsmethoden

- Als Projektionsmethoden sind sowohl **zweidimensionale** als auch **dreidimensionale** Darstellungen möglich.
- Die zweidimensionale Darstellung wird hauptsächlich bei
  - Großveranstaltungen (Sport, Fernsehen, Konzert),
  - Verkehrsleitzentralen und
  - Leitzentralen im industriellen Bereich

  angewendet.
- Die dreidimensionale Darstellung kommt zum Einsatz in den Bereichen
  - Forschung und Entwicklung (3-D Modellierung),
  - Ausbildung (Flugsimulator, Wehrtechnik) und
  - Planetarien.
- Hierfür sind spezielle Verfahren für die Bilddarstellung (Bildaufbereitung, Bildwiedergabe) erforderlich.

Kriterien

- Bei der Auswahl eines geeigneten Projektionssystems sind einige Kriterien zu berücksichtigen, wie z. B.
  - Bildinhalte (z. B. Bewegtbild/Standbild),
  - erforderl. Helligkeit des Bildes (Innen-/Außenprojektion),
  - Projektionsgröße (Anzahl Zuschauer),
  - Projektionsformat (Auflösung),
  - Mobile oder Stationäre Projektion,
  - Betriebsdauer, Wartungsfreundlichkeit und
  - elektrischer Energiebedarf.

Passive Projektion

Frontprojektion

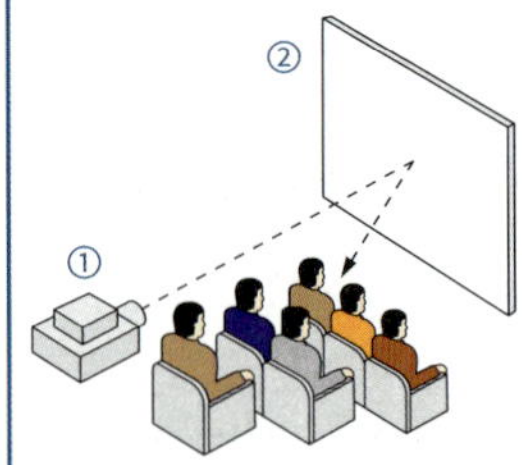

Rundum-Projektion mit mehreren Projektoren

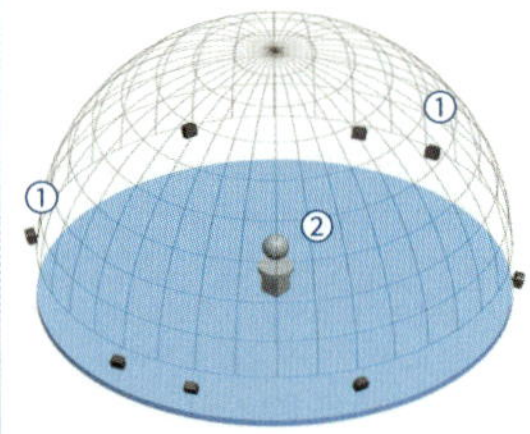

Rückprojektion

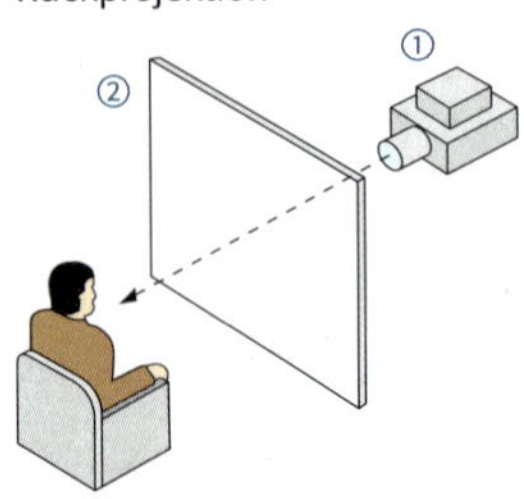

Rückprojektion mit Umlenkspiegel

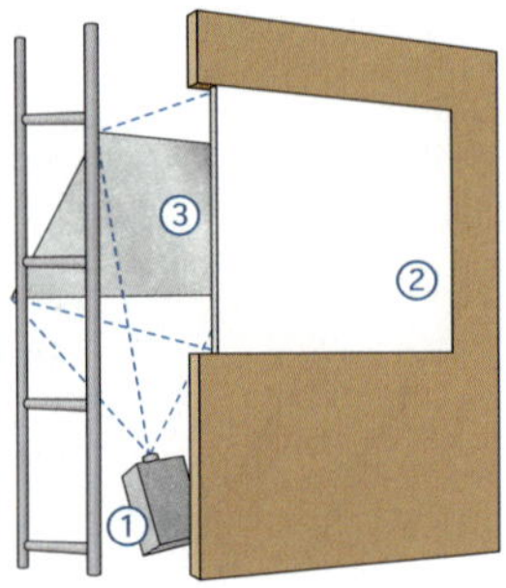

① Projektor
② Projektionsfläche
③ Umlenkspiegel

Aktive Projektion

Projektionswand aufgebaut mit einzelnen aktiven Projektionsflächen auf LED Basis.

Aufbausystem

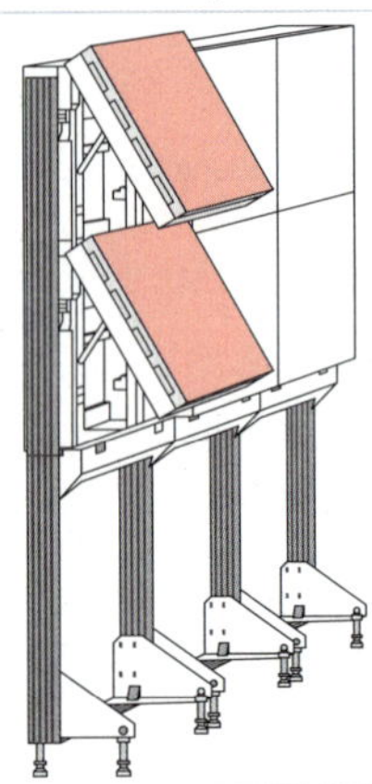

Einzelmodul

Einzel-LED:	RGB in SMD-Ausführung
Anzahl der LEDs:	5632 pro Modul
Punktabstand:	10 mm
Modulabmessungen:	Breite: 88 cm Höhe: 64 cm

Beispiel

Sicherheitszentrale mit mehreren Bedienplätzen und Großbildprojektion

Prinzip

- Bei der 3-D Projektion (dreidimensionale Projektion) wird eine **räumliche Tiefenwirkung** der dargestellten Abbildung im Gehirn erzeugt.
- Grundlage ist der Mittenabstand zwischen den Augen (ca. 6,5 cm).
- Jedes Auge nimmt ein betrachtetes Bild mit einem anderen **Blickwinkel** auf.
- Im Gehirn erfolgt die Zusammensetzung dieser „Halbbilder“ zu einer räumlichen Darstellung.
- Bei der 3-D Projektion werden deshalb zwei leicht unterschiedliche Bilder von einem Objekt erzeugt und mittels Projektor auf die Projektionsfläche abgebildet.
- Das Projektionssystem muss beim Betrachter den Empfang der Halbbilder realisieren.

Farbtrennung

- Zwei **unterschiedlich eingefärbte** Darstellungen (Komplementärfarben) des aufgenommenen Bildes werden auf der projektionsfläche gleichzeitig (perspektivisch versetzt) überlagert dargestellt (**Anaglyphenbild**).
- Mit einer Brille, die mit eingefärbten Folien (rot für das linke Auge, cyan für das rechte Auge) ausgestattet ist, erfolgt die Trennung des empfangenen Bildes in die beiden Halbbilder für das linke Auge (rotes Bild) und das rechte Auge (cyan Bild).
- Vorteil: Die Farbfilterbrille ist kostengünstig; es ist kein spezielles Anzeigegerät erforderlich. Das Prinzip ist mit vielen Medien (Print, Foto, Video) kompatibel.
- Nachteil: Eine realistische Farbdarstellung ist nicht möglich; Intensitäts- und Schärfeverlust.

Anaglyphenbild

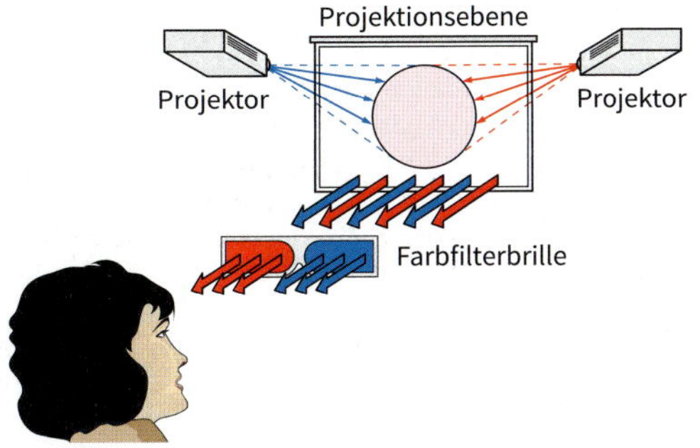

Polarisationstechnik

- Bei der **passiven Polarisationstechnik** wird das darzustellende Bild über zwei Projektoren, die mit **linearen Polarisationsfiltern** ausgestattet sind, gleichzeitig ausgesendet.
- Ein Projektor sendet ein **horizontal polarisiertes** Bild, während der andere Projektor ein **vertikal polarisiertes** Bild aussendet.
- Mit einer **Polfilterbrille**, deren Gläser nur jeweils eine Polarisationsrichtung durchlassen, erfolgt beim Empfänger die Aufteilung in die zwei erforderlichen Halbbilder.
- Zur Vermeidung von Geisterbildern muss der Empfänger die Blickrichtung möglichst rechtwinklig auf die Projektionsfläche ausrichten.
- Bei der **Kinoprojektion** ist eine Leinwand mit einer speziellen Oberflächenbeschichtung (Silber) erforderlich.
- Vorteil: Die Polfilterbrille wirkt passiv und ist kostengünstig.
- Nachteil: Eine Kopfneigung verändert die 3-D Wirkung.
- Bei der **aktiven Polarisationstechnik** wird die **Shutter-Technik** (Verschluss) angewendet.
- Die zusammengehörigen Halbbilder werden dabei **zeitlich nacheinander** in voller Auflösung mit **perspektivischem Versatz** ausgesendet.
- Eine Modifikation der Polarisation am Projektor ist nicht erforderlich.
- Mit der Empfangsbrille (ausgestattet mit LCD-Gläsern) wird abwechselnd das linke bzw. das rechte Auge abgedunkelt.
- Die Ein-/ Ausschaltung der Brillengläser erfolgt über einen Infrarotsender, der vom Projektionssystem angesteuert wird.
- Erforderlich ist eine hohe Wiedergabegeschwindigkeit, damit das Gehirn die zeitlich nacheinander eintreffenden Bildinformationen nicht mehr trennen kann und als fließende Information aufnimmt.
- Vorteil: Hohe Wiedergabequalität (Kontrast, Farbe)
- Nachteil: Hohe Bildwiedergaberaten erforderlich

Passive Polarisation

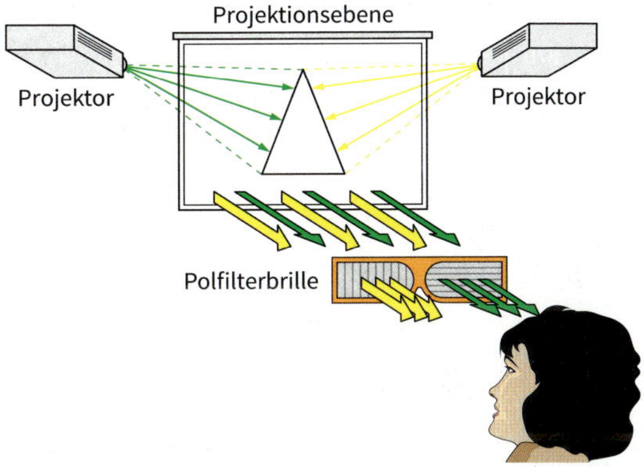

Shutter-Technik

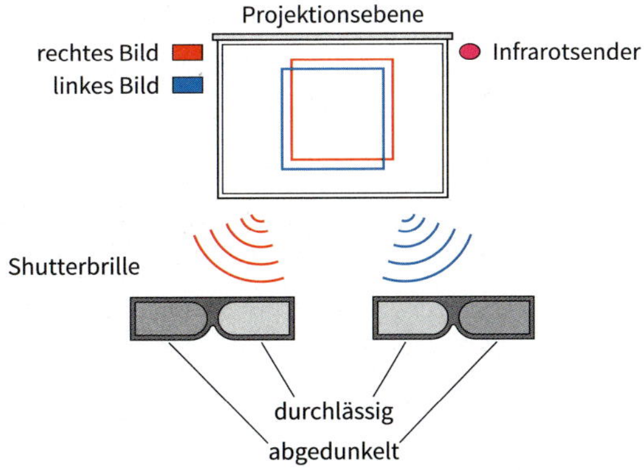

Überlagerungsempfänger (Prinzip)

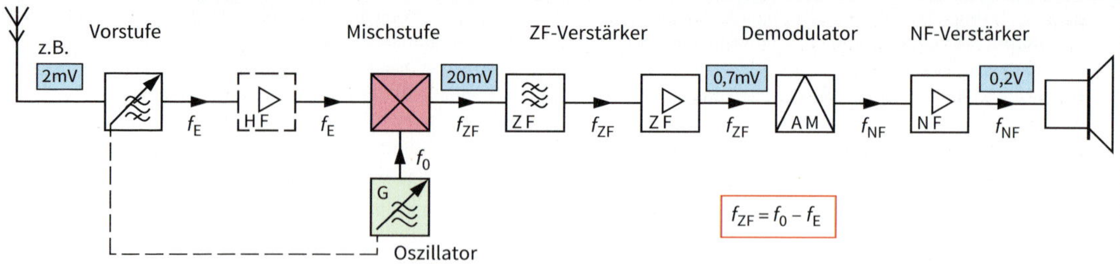

f_E: Eingangsfrequenz f_0: Oszillatorfrequenz f_{ZF}: Zwischenfrequenz f_{NF}: Niederfrequenz

- **Eingangsstufe, Vorstufe**: Selektiert das zu empfangende Signal, unterdrückt die Spiegelfrequenz, eventuell Verstärkung
- **Oszillator**: Erzeugt eine Spannung mit konstanter Amplitude und einer Frequenz, die um die Zwischenfrequenz höher liegt als die Eingangsfrequenz
- **Mischstufe**: Bildet eine konstante Zwischenfrequenz für jede Sendereinstellung
- **ZF-Verstärker**: Verstärkt die Zwischenfrequenz mit der notwendigen Bandbreite, erzeugt steile Flanken an den Bandgrenzen
- **Demodulator**: Löst das Nachrichtensignal (NF) vom Träger
- **NF-Verstärker**: Verstärkt die niederfrequente Spannung und steuert den Lautsprecher

Gleichlaufbedingung zwischen Vor- und Oszillatorkreis

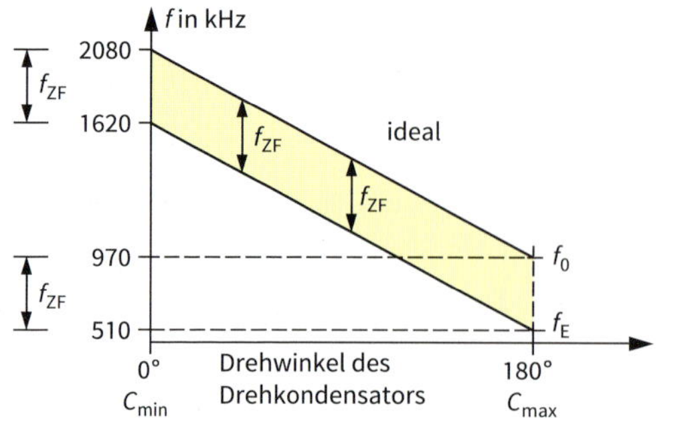

Spiegelfrequenz

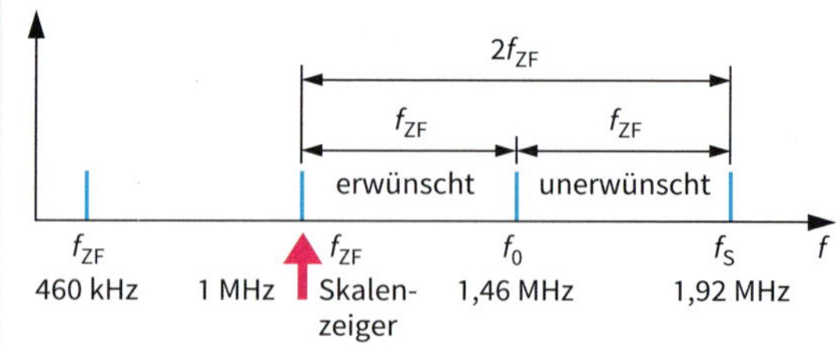

$f_{ZF} = f_0 - f_E$

$f_{ZF} = f_S - f_0$

$f_S = f_E + 2 \cdot f_{ZF}$

f_S: Spiegelfrequenz

AM-FM-Empfänger

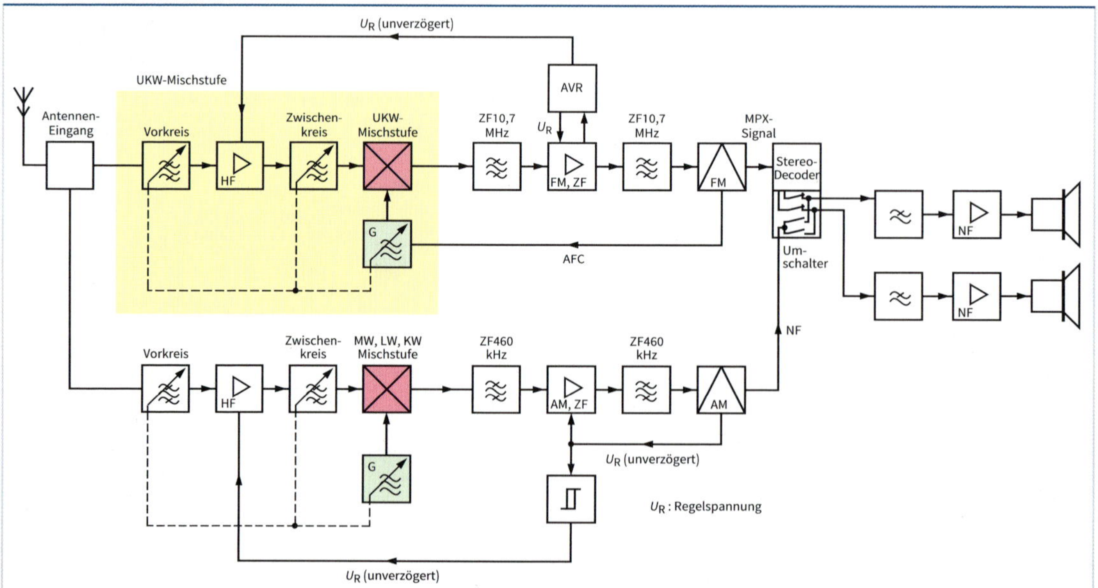

Dienste

- **PI**: **P**rogram-**I**dentification-Code, Stationsinterner Informationscode (vierstellige Hexadezimalzahl), z. B. WDR I, zusätzlich Länder- und Bereichskennung
- **PS**: **P**rogram **S**ervice Name, Programmname, er wird mit 8 Zeichen (ASCII) übertragen
- **PTY**: **P**rogramme **Ty**pe, Einteilung der Sender nach Sparten
- **TP**: **T**raffic-**P**rogramme-Signale, Verkehrsfunk-Durchsagekennung
- **TA**: **T**raffic **A**nnouncement, Verkehrsdurchsage bewirkt z. B. Erhöhung der Lautstärke, Wechsel von CD zum Radio
- **AF**: **A**lternative **F**requencies: Alternative Frequenzen, Liste von Frequenzen wird übertragen, auf denen der gleiche Programminhalt abgestrahlt wird
- **ON**: **O**ther **N**etworks, Information über andere Dienste
- **CT**: **C**lock, **T**ime and Date, Uhrzeit und Datum
- **PIN**: **P**rogram**i**tem **N**umber: Programmbeitragserkennung
- **RT**: **R**adio**t**ext: Radiotext
- **TDC**: **T**ransparent **D**ata**c**hannel, Datenkanal für Schaltfunktionen
- **DI**: **D**ecoder **I**dentfication, Decoder Identifikation
- **MS**: **M**usic/**S**peech, Musik/Sprache-Kennung
- **IH**: **I**n**h**ouse Information, Rundfunkinterne Information
- **RP**: **R**adio **P**aging, Rundfunk-Fernruf (Personenruf)
- **TMC**: **T**raffic **M**essage **C**hannel: Verkehrsdatenkanal

Frequenzspektrum

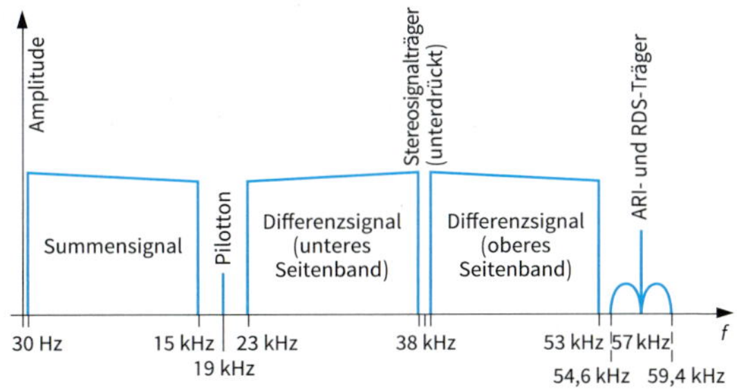

Träger: 57 kHz, mit 1,1875 kHz frequenzmoduliert, Hub auf 1,2 kHz reduziert (ARI: 3,5 kHz Hub)

Datenformat

- Daten sind in einem 16 Bit Datenwort enthalten.
- Datenwort wird durch ein 10 Bit Kontrollwort und einem Offset kontrolliert.
- Datenwort und Kontrollwort werden zu einem 26 Bit langen Block zusammengefasst.
- 4 Blöcke bilden eine 104 Bit Gruppe.
- 15 Gruppen sind möglich.
- Die Versionen A und B werden unterschieden.

Datenformat der Gruppe 4A (Zeit und Datum)

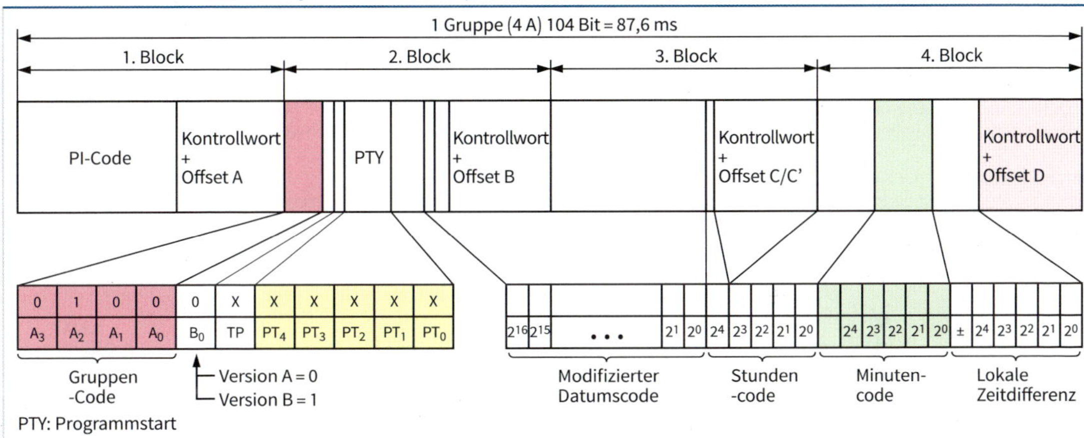

Gruppeninhalt

Gruppe	A_3	A_2	A_1	A_0	B_0	Anwendung
0						Info für Abstimmung und Schaltvorgänge
0A	0	0	0	0	0	PI, PTY, TP, TA, DI, MS, PS, AF
0B	0	0	0	0	1	PI, PTY, TP, TA, DI, MS, PS
1						Programmbeitragserkennung
1A/B	0	0	0	1	X	PI, PTY, TP, PIN
2						Radiotext
2A/B	0	0	1	1	X	PI, PTY, TP, RT
3						nicht definiert
4						Zeit, Datum
4A	0	1	0	0	0	PI, PTY, TP, CT

Gruppe	A_3	A_2	A_1	A_0	B_0	Anwendung
5						transparenter Kanal (Text, Grafik)
5A/B	0	1	0	1	X	PI, PTX, TP, TDC
6						rundfunkinterne Übertragungen
6A/B	0	1	1	0	X	PI, PTY, TP, INH
7						Radio Paging
7A/B	0	1	1	1	X	PI, PTY, TP, Radio Paging
8–13						nicht definiert
14						Andere Dienste
14A/B	1	1	1	0	X	PI, PTY, TP, Other Networks
15						schnelles Info für Abstimmen und Schalten
15B	1	1	1	1	1	PI, PTY, TP, DI, MS

Fernsehnormen

Standard	System-Bezeichnung	Zeilen	Vertikal-frequenz	Kanal-breite	Differenz Ton-Bild-träger	Kanal-grenze, bzgl. Bildträger	Seitenband		Modulation	
							oberes	unteres	Video	Ton
A	Englisch, s/w, alt	405	50 Hz	5 MHz	– 3,5 MHz	+ 1,25 MHz	3 MHz	0,75 MHz	AM pos.	AM
B	CCIR[1], West-europa	625	50 Hz	7 MHz	+ 5,5 MHz	– 1,25 MHz	5 MHz	0.75 MHz	AM neg.	FM ± 50 kHz
C	VHF	625	50 Hz	7 MHz	+ 5,5 MHz	– 1,25 MHz	5 MHz	0,75 MHz	AM pos.	AM
D	Belgisch, VHF	625	50 Hz	8 MHz	+ 6,5 MHz	– 1,25 MHz	6 MHz	0,75 MHz	AM neg.	FM ± 50 kHz
E	OIRT, Ost-europa	819	50 Hz	14 MHz	± 11,15 MHz	± 2,83 MHz	10 MHz	2 MHz	AM pos.	AM
G	Französisch, s/w, alt, VHF	625	50 Hz	8 MHz	+ 5,5 MHz	– 1,25 MHz	5 MHz	0,75 MHz	AM neg.	FM ± 50 kHz
H	CCIR[1], West-europa, UHF	625	50 Hz	8 MHz	+ 5,5 MHz	– 1,25 MHz	5 MHz	1,25 MHz	AM neg.	FM ± 50 kHz
I	CCIR[1], West-europa	625	50 Hz	8 MHz	+ 6 MHz	– 1,25 MHz	5,5 MHz	1,25 MHz	AM neg.	FM ± 50 kHz
K	Englisch, UHF	626	50 Hz	8 MHz	+ 6,5 MHz	– 1,25 MHz	6 MHz	0,75 MHz	AM neg.	FM ± 50 kHz
K1	OIRT, Ost-europa	625	50 Hz	8 MHz	+ 6,5 MHz	– 1,25 MHz	6 MHz	1,25 MHz	AM neg.	FM ± 50 kHz
L	OIRT, Ost-europa	625	50 Hz	8 MHz	+ 6,5 MHz	– 1,25 MHz	6 MHz	1,25 MHz	AM pos.	AM
M	Französisch, UHF	525	60 Hz	6 MHz	+ 4,5 MHz	– 1,25 MHz	4,2 MHz	0,75 MHz	AM neg.	FM ± 50 kHz
N	Amerikanisch	625	50 Hz	6 MHz	+ 4,5 MHz	– 1,25 MHz	4,2 MHz	0,75 MHz	AM neg.	FM ± 50 kHz

[1] **CCIR**: **C**omité **C**onsultarif **I**nternational des **R**adiocommunications
(Zwischenstaatlicher beratender Ausschuss für das Funkwesen des Internationalen Fernmeldevereins)

Fernsehkanäle

Bereich	Kanal	Frequenz-bereich in MHz	Bildträger-frequenz in MHz	Farbträger-frequenz in MHz	Tonträgerfrequenz	
Standard B, Europa						
					Ton 1 in MHz	Ton 2 in MHz
VHF Band I	2 3 4	47 … 54 54 … 61 61 … 68	48,25 55,25 62,25	52,68 59,68 66,68	53,75 60,75 67,75	54,00 61,00 68,00
USB **U**nterer **S**onder-**k**analbereich	S2 S3	111 … 118 118 … 125	Satelliten-Rundfunk			
	S4 … S10	125 … 132 … 167 … 174	126,25 … 168,25	130,68 … 172,68	131,75 … 173,25	132,00 … 174,00
VHF Band III	5 … 12	174 … 181 … 223 … 230	175,25 … 224,25	179,68 … 228,68	180,75 … 229,75	181,00 … 230,00
OSB **O**berer **S**onder-**k**analbereich	S11 … S20	230 … 237 … 293 … 300	231,25 … 294,24	235,68 … 298,68	236,75 … 299,75	237,00 … 300,00
ESB (8 MHz) **E**rweiterter **S**on-der**k**analbereich	S21 … S38	302 … 310 … 438 … 446	303,25 … 439,25	307,68 … 443,68	308,75 … 444,75	310,00 … 446,00
Standard G, H, I, K, L						
UHF Band IV und V	21 … 69	470 … 478 … 854 … 862	471,25 … 855,25	475,68 … 859,68	476,75 … 860,75	477,00 … 861,00

Aufzeichnungsprinzip

- Das Videosignal wird im Schrägspurverfahren mit rotierenden Videoknöpfen aufgezeichnet.
- Neigungswinkel der Kopfspalte (Azimut): VHS, VHS-C ±6°, Video 8 ±10°
- Der Ton wird im Längsspurverfahren oder im Schrägspurverfahren (HiFi) aufgezeichnet.

Schrägspurverfahren

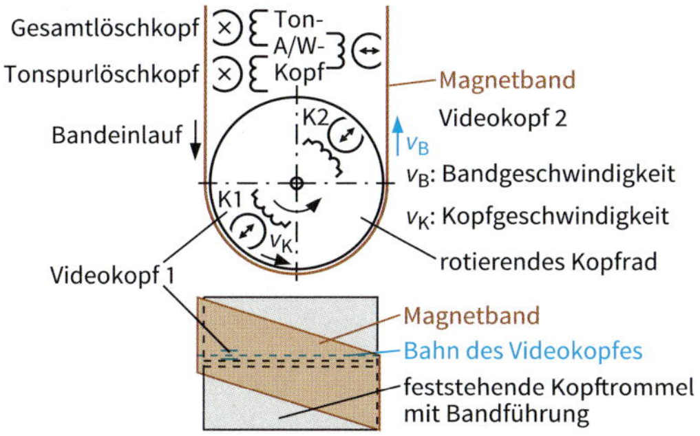

VHS, S-VHS

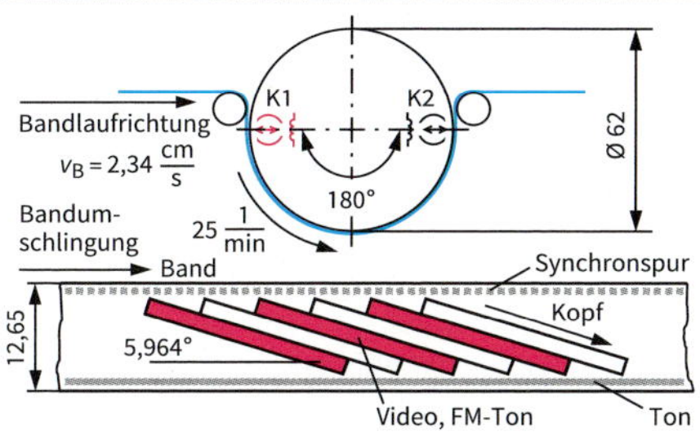

VHS-C

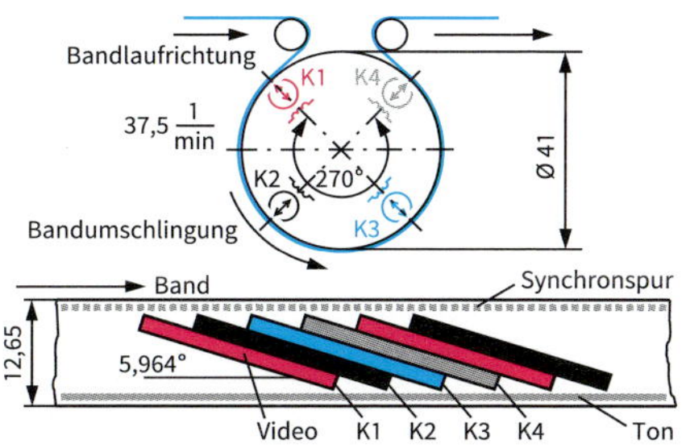

Video 8, Hi 8

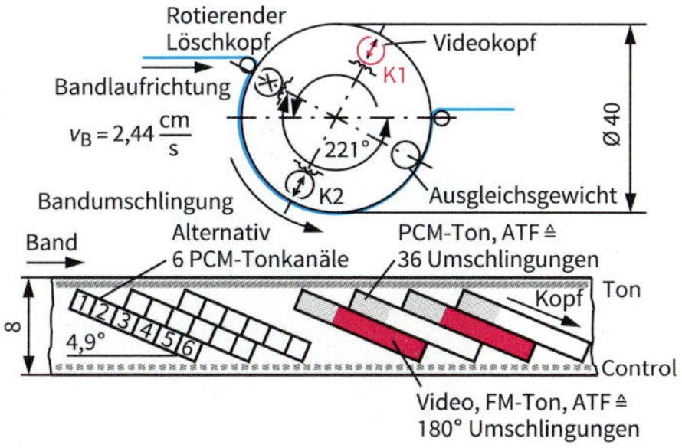

Frequenzverteilung und Kenndaten

VHS

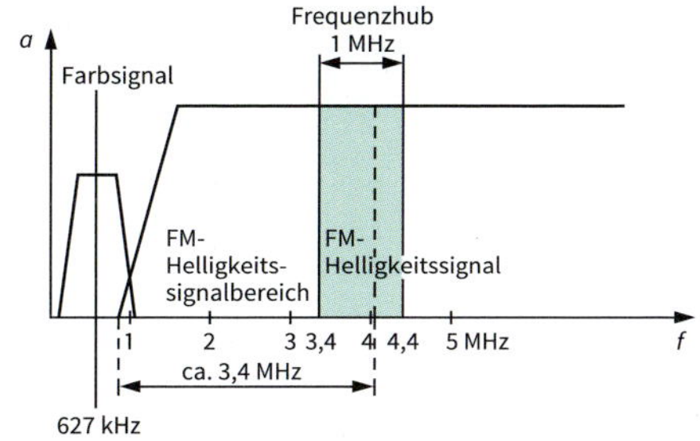

Auflösung: ca. 250 Zeilen

S-VHS

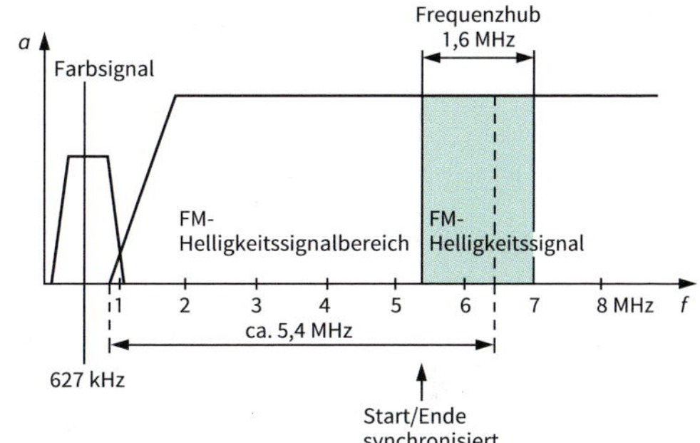

Auflösung: ca. 430 Zeilen

Video 8

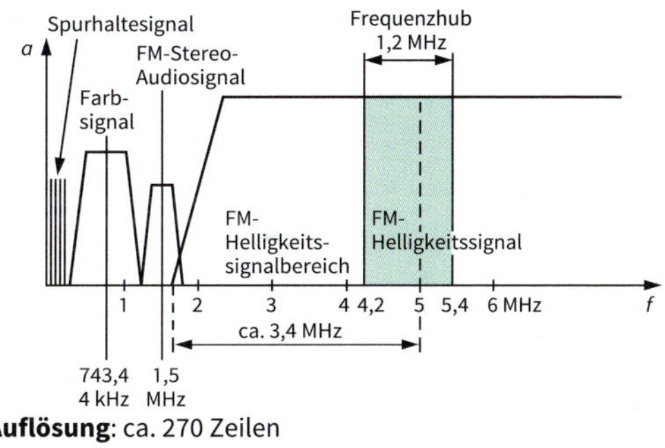

Auflösung: ca. 270 Zeilen

Hi 8

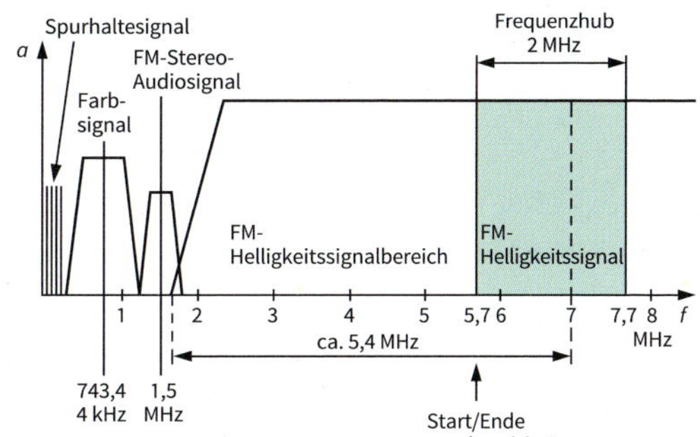

Auflösung: ca. 430 Zeilen

Kassettenvergleich

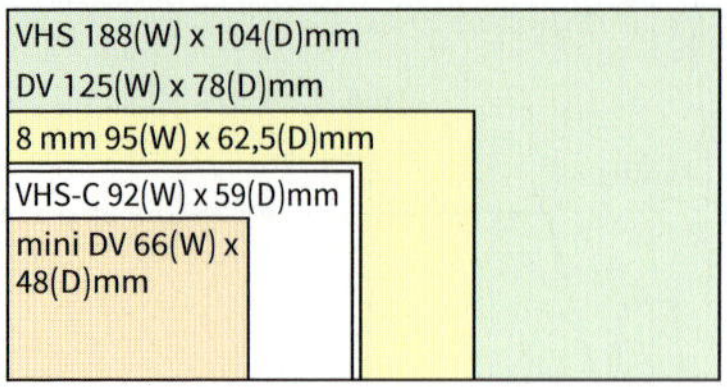

Bandvergleich

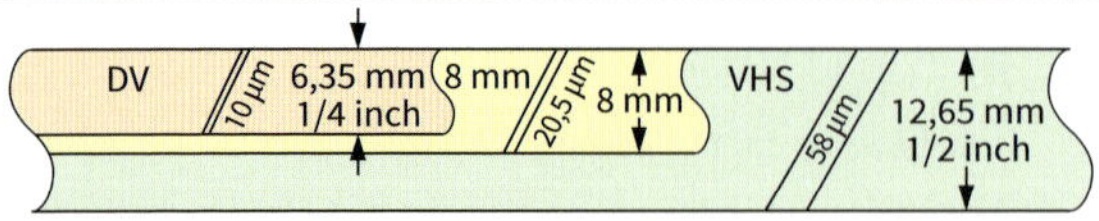

DV-Spuren

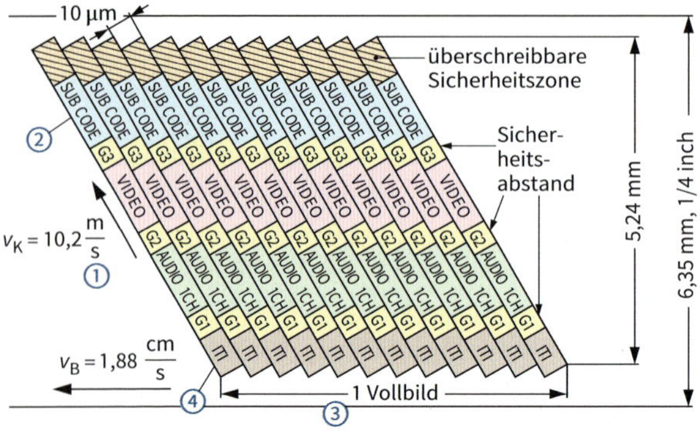

Spielzeiten

	DV	DV-M[3]
Spielzeit (SP[1]; 7,0 µm Band)	bis 4,5 h	bis 60 min
Bandgeschwindigkeit SP	1,88 cm/s	1,88 cm/s
Spielzeit (LP[2]; 7,0 µm Band)	bis 7 h	bis 90 min
Bandgeschwindigkeit LP	1,25 cm/s	1,25 cm/s

[1] **SP**: **S**tandard **P**lay [2] **LP**: **L**ong **P**lay
[3] DV-Mini, mDV, mini DV (Einsatz im Camcorder)

Aufzeichnung

- **Luminanzsignal** (Y)
  Abtastung mit 13,5 MHz, 8 Bit PCM
- **Chrominanzsignale** C_B und C_R
  Abtastung mit 6,75 MHz, 8 Bit PCM
  Subsampling 4:2:0
  ⇒ Auflösung ist höher als bei S-VHS (ca. 500 Linien)
  ⇒ Farbsignale mit größerer Bandbreite als bei S-VHS.
- **Audiosignal**
  Bild und Ton werden vollkommen getrennt aufgezeichnet ①.
  - Abtastung 48 kHz, 16 Bit (DAT-Qualität), keine Kompression, oder
  - Abtastung 32 kHz, 12 Bit
    2 Kanäle Stereoton, 2 Kanäle für Nachvertonung
- **Integrierter Time Base Correktor** (TBC)
  Jitter von der Kopftrommel oder vom Bandtransport werden eliminiert.
- **Timecode**
  Im SUB-Codebereich ② werden Zusatzinformationen (Spurnummer, Index) gespeichert.
- **DV-Spuren**
  Vollbild ③ besteht aus 12 Teilstücken, die von zwei Köpfen mit 6 Kopftrommelumdrehungen aufgezeichnet werden.
- **ITI-Bereich** (**I**nsert **T**racking **I**nformation)
  Hier werden ein Referenzsignal für die absolute Spurhöhe (Beginn und Ende) sowie ein Tracksignal aufgezeichnet ④.
- **Video-Datenreduktion**
  Y-Signal
  13,5 MHz x 8 Bit = 108 Mbit
  ohne Synchronisation
  720 x 576 x 8 Bit x 25 Vollbilder
  = 82,99 Mbit
  C-Signale
  R-Y 6,75 MHz x 8 Bit = 54 Mbit
  B-Y 6,75 MHz x 8 Bit = 54 Mbit
  ohne Synchronisation
  360 x 288 x 8 Bit x 25 Vollbilder
  = 41,472 Mbit
  Es werden nicht wie bei MPEG-2 P- und B-Bilder gebildet, sondern nur I-Bilder.

Kassettencodierung

Die Kassette enthält an der Rückseite vier Kontakte. Über sie werden Widerstände gemessen, die Informationen über das verwendete Band liefern. Optional kann in der Kassette ein Speicherchip integriert sein, in dem zusätzlich benutzerspezifische Daten wie das Inhaltsverzeichnis abgespeichert werden können (**MIC**: **M**emory **i**n **C**assette).

Anschluss	Inhalt	Angabe	Widerstand	Erkennungswert
1	Banddicke	7 µm	offen	> 22 kΩ
2	Bandart	ME-Band Reinigungsband MP-Band	offen 1,8 kΩ 0 Ω	> 22 kΩ 3,7…13,2 kΩ > 0,49 kΩ
3	Bandsorte	Consumer-Anwendung Industrie-Anwendung Computer-Anwendung	offen 6,8 kΩ 0 Ω	> 22 kΩ 3,7…13,2 kΩ > 0,49 kΩ
4	Masse (GND: Ground)			

Merkmale, Aufbau und Funktion

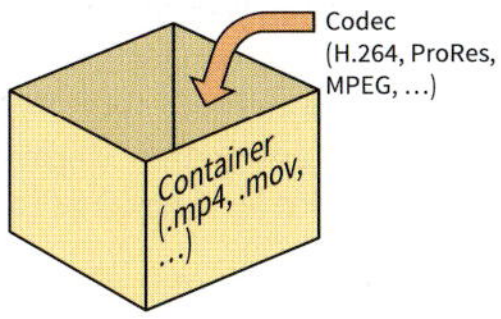

- Ein Container ist im Prinzip ein „Behälter“ für Daten.
- Er legt die Struktur für die Daten fest (Inhalt, Organisation, Anordnung, Verknüpfung) und fügt die einzelnen Daten zu einem Datenstrom zusammen (Multiplexing, Containerdatei).
- Das Containerformat legt fest, wie die Daten gespeichert und in welcher Form sie abgegeben werden. Es erfolgt keine Codierung.
- Containerformate sind auf bestimmte Dateien spezialisiert. Beispiele:
  - PDF-Dateien: Schriftinformationen, Raster- und Vektorgrafiken
  - AVI-Dateien: Film- und Toninformationen
- Beispiele:
  - Video- und Audiodaten ergeben einen Film.
  - Mit Texten und Bildern entsteht ein Verbunddokument.

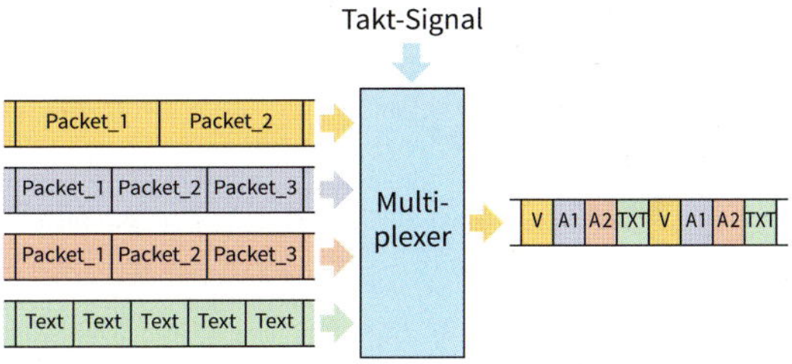

Beispiele für Medien-Container

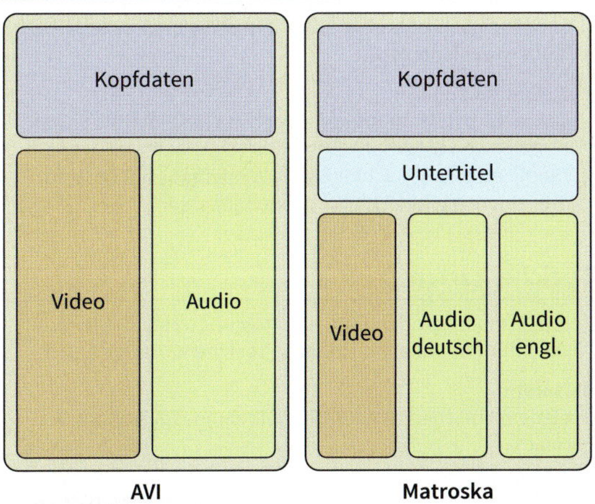

Video-Codec

- Ein **Codec** (**Co**der **Dec**oder) reduziert mit Hilfe von Algorithmen große Datenpakete digitaler Ton- oder Bilddateien so, dass der Datenumfang geringer wird (Datenreduktion, Datenkompression).
- Je nach verwendetem Codec kann die Qualität eines Videos in der Bild- und Tonqualität schwanken und damit auch in der Dateigröße.

Container-/Videoformate im Vergleich

Format	Endung	Eigenschaften
MPEG-1	.mpg .mpeg	Container und Codec, weit verbreitet, Video-CDs, keine HD-Qualität
MPEG-2 **H.262**	.mpg .mpeg .vob, .ts .m2p .m2ts	Weiterentwicklung von MPEG-1, Fernsehen, DVD, BD, weit verbreitet, niedrige Kompression
MPEG-4	.mp4	Flexibles Videoformat, HD-Qualität, hohe Kompression, rechenintensiv, Codec H.264
Quick-Time	.mov .qt	Standard für professionellen Videoschnitt (Apple)
AVI	.avi	**A**udio **V**ideo **I**nterleave (Microsoft), weit verbreitet, unflexibel
WMV/ **ASF**	.wmv .wma .asf	**W**indows **M**edia Video, Nachfolger von AVI (flexibler), Internet, gute Videoqualität, hohe Kompression, Streaming, geringe Bild- und Tonqualität
MKV **Matroska**	.mkv .mka	Verschiedene Codecs möglich, Zusatzinformationen, gute Videoqualität, hohe Kompression und Flexibilität
HTML5 **WebM**	.webm	Basiert auf Matroska (russische Puppen), Format für Webseiten, hohe Kompression, gute Qualität
FLV **3GP**	.flv .3gp	**Fl**ash **V**ideo, für Internetnutzung, Smartphones und Tablet-PCs, hohe Kompression, geringe Ton- und Bildqualität

Videoformat

In einem Videoformat sind festgelegt:

- **Bildauflösung**
  Ein Maß für die Bildgröße einer Rastergrafik.
  Angegeben werden: Gesamtzahl der Bildpunkte, Anzahl der Spalten (Breite) und Zeilen (Höhe).
- **Bildschirm-Seitenverhältnisse**

		horizontal				
		21:	**16:**	**15:**	**14:**	**12:**
vertikal	**:8**		2:1			3:2
	:9	64:27	16:9	5:3	14:9	4:3
	:10		8:5	3:2		
	:12		4:3	5:4		1:1

- **Bildwiederholungsrate, Bildwiederholfrequenz**
  Anzahl der Einzelbilder pro Sekunde, Angabe in Hertz (**Hz**) oder **fps** (**f**rames **p**er **s**econd).
- **Farbtiefe**
  Differenzierung (Abstufung) aller Helligkeits- und Farbwerte, Angabe in Bit; Beispiel Schwarz/Weiß

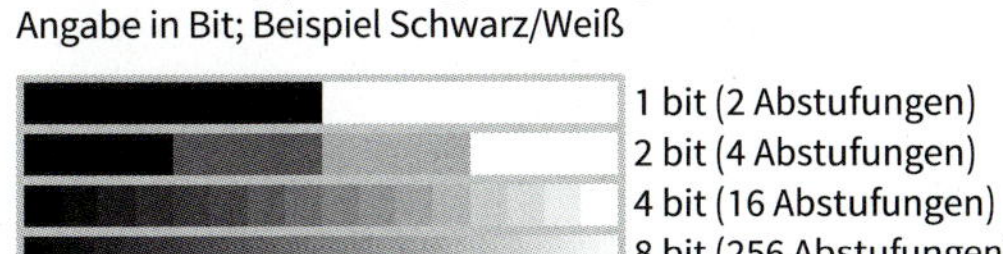

- **Tonspur**

Merkmale

- XAVC (**AVC**: **A**dvanced **V**ideo **C**odec) ist ein Standard zur Kompression von Videodaten der Fa. Sony.
- Der Standard wird von zahlreichen Firmen genutzt (offener Standard) und basiert auf H.264 und MPEG-4 sowie **AVCHD** (**A**dvanced **V**ideo **C**odec **H**igh **D**efinition):
  - 24 Mbit/s (1.080 50i/50i) bzw. 28 Mbit/s (1.080 50p/60p)
  - Abtastrate 4:2:0, 8 Bit (kompatibel zum Blu-ray-Format)
- XAVC wird vorwiegend in HDTV-Systemen wie Blu-ray, Digital Broadcasting (terrestrisch/Kabel/Satellit) und Webbrowsern verwendet.
- Der Standard unterstützt Abtastraten für 4K/HD mit 4:4:4, 4:2:2, 4:2:0 und 8, 10 und 12 Bit. Verwendet wird **MXF** (**M**aterial **Ex**change **F**ormat).
- MXF ist ein offenes Dateiformat für Videodateien aus dem Rundfunk-Bereich. Es ist ein Teil von **AAF** (**A**dvanced **A**uthoring **F**ormat) und dient dem vereinfachten Austausch von audio-visuellen Dateien, inklusiv ihrer Metadaten.

Gegenüberstellung

SD: **S**tandard **D**efinition
640 x 480 Pixel = 307.200 Pixel
PAL (analoges Fernsehen)
Datenrate: 4 … 6 Mbit/s

HD: **H**igh **D**efinition
1.920 x 1.080 Pixel = 32.073.600 Pixel
HDTV (hochauflösendes Fernsehen)
Datenrate: 24 … 30 Mbit/s

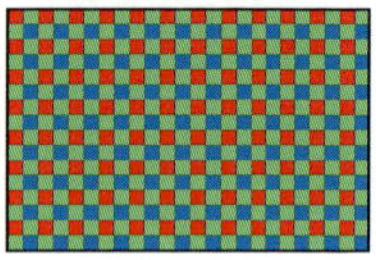

UHD: **U**ltra **H**igh **D**efinition (4K)
3.840 x 42.160 Pixel = 8.294.400 Pixel
Datenrate: ca. 300 Mbit/s

XAVC-Formate

- **XAVCS**
  - ist ein Unterformat von XAVC,
  - unterstützt 3.840 x 2.160 Pixel von 4K bzw. UHD,
  - ist gedacht für Consumer-Produkte und -Workflows,
  - unterstützt HD mit 1.920 x 1.080 und 4K mit 3.840 x 2.160 Pixeln (Quad Full HD, QFHD, UltraHDTV, UHD),
  - ist ein Codec mit Long GOP-Komprimierung (**GOP**: **G**roup **o**f **P**ictures, Interframe) und hat dadurch relativ kleine Dateigrößen und
  - nutzt MP4 für eine hohe Kompatibilität.
- **XAVC-I** (XAVC-Intra)
  Jedes Bild wird einzeln kodiert, ohne Verweis auf vorherige oder nachfolgende Bilder.
- **XAVC-L** (XAVC **L**ong GOP):
  Bei diesem Format findet Bildergruppen-Kodierung statt, bei der die Daten aus anderen Bildern in die Kodierung jedes Einzelbildes aufgenommen werden. Diese Art der Kodierung ist sehr effizient, erfordert aber erheblich mehr Rechenleistung und Speicherplatz während der Kodierung.

Farbraum

- Geräte (Monitore, Drucker, Scanner, …) sind nicht in der Lage, alle Farben wiederzugeben bzw. abzubilden. Es wird deshalb innerhalb eines Farbmodells ein Körper (Farbraum) für die „verfügbaren" Farben gekennzeichnet (Farbumfang). Dieser wird als **Gamut** bezeichnet.
- S-Gamut ist ein von Sony definierter Farbraum. Die Farben müssen nach der Aufnahme korrigiert werden (Grading), damit ein Film für die Wiedergabe auf Geräten geeignet ist.
- ITU-R BT.709 für HDTV-Geräte und DCI-P3 sind für den Digitalkinobereich Beispiele für andere Farbräume.

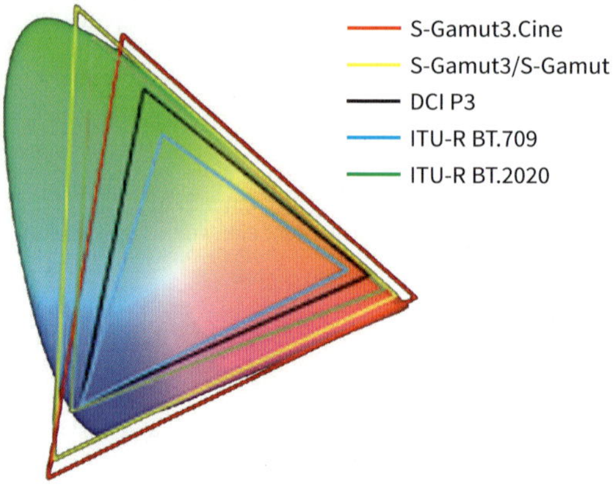

S-Gamut

- S-Gamut3 und S-Gamut besitzen einen größeren Farbraum als S-Gamut3.Cine. Dadurch bestehen weitreichende Anpassungsmöglichkeiten. Mit S-Gamut3 erzielt man eine verbesserte Farbwiedergabe.
- S-Gamut3.Cine:
  Dieser Farbraum ist breiter als der von DCI-P3. Durch Kombination von S-Gamut3.Cine mit S-Log3, lässt sich der Farbraum eines Films leichter für die Wiedergabe auf Geräten, z. B. einem digitalen Kinoprojektor anpassen.

Speicherkarten

- Aufgrund der großen Datenübertragungsraten bei 4K-Videoaufnahmen sind nur bestimmte Speicherkarten geeignet

Beispiel:
Geeignete Speicherkarte für Filmaufnahmen im XAVCS HD-Format

Speicherkarte	Kapazität
SDXC microSDXC	64 GB oder mehr
Geschwindigkeitsklasse	
CLASS 10 U3	

Aufzeichnung ohne Band

- **AVCHD** (**A**dvanced **V**ideo **C**odec **H**igh **D**efinition, fortgeschrittener Video Codec hoher Auflösung) ist ein bandloses Verfahren zur Video-Aufzeichnung in HD-Qualität.
- Datenträger sind DVDs (8 cm Durchmesser), SD/SDHC/SDXC-Speicherkarten, Memory Sticks, Festplatten, Flash-Medien (SSD).
- Versionen: AVCD 1.0 (2006) und 2.0 (2011)
- AVCHD Lite (2009) entspricht dem AVCHD-Standard, beschränkt die Aufzeichnung auf 720 Zeilen (720p).
- AVCHD unterstützt die Standard Definition (AVCHD-SD) sowie die High Definition (AVCHD 1060i).
- Der Codec basiert auf MPEG-4 (ISO/IEC 14496-10, **AVC**: **A**dvanced **V**ideo **C**oding), technisch identisch zu H.264, ITU-T.
- Die Videosignale werden im MPEG-4 Standard aufgezeichnet und dann in einen MPEG-2-Transport-Datenstrom übertragen. Das Abspielen erfolgt z. B. mit 6, 9, 14, 18 oder 24 Mbit/s (zuzüglich Ton und Metadaten).
- Technische Daten (Version 2.0):

Name	AVCHD-Progressive	AVCHD 3D (stereoskopisch)
Framegröße in Pixel x Pixel	1440 x 1080 1920 x 1080	1280 x 720 1920 x 1080
Bildfrequenz	60 p, 50p[1]	60p, 50p, 24p, 25i, 30i[2]
Frame-Seitenverhältnis	16:9	
Video-kompression	MPEG-4 AVC/H.264	
Abtastfrequenz Luminanz	111,4 MHz 148,5 MHz	74,25 MHz
Chroma-Sampling-Format	4:2:0	
Quantisierung	8 Bit (Luminanz und Chrominanz)	
System-Datenrate	bis 28 Mbit/s	
Dateiendung	.MTS (am Camcorder), .M2TS (nach Import mit dem PC)	
Audio (Dolby Digital)		
AC-3 Kompression	Dolby Digital (AC-3)	
AC-3-Kanal Modus	1 – 5.1 Kanäle	
AC-3 Datenrate	64 … 640 kbit/s	
Audio (PCM)		
PCM linear	PCM unkomprimiert	
PCM-Kanal Modus	1 – 7.1 Kanäle	
PCM Datenrate	2 Kanäle: 1,5 Mbit/s	

Aufzeichnung mit Band

- **HDV** (**HD**-**V**ideo: High Definition Video) ist ein Verfahren zur Video-Aufzeichnung in HD-Qualität auf Magnetbänder.
- Datenträger sind in der Regel Magnetbänder im Kassettenformat **DV** (**D**igital **V**ideo) oder **miniDV**.

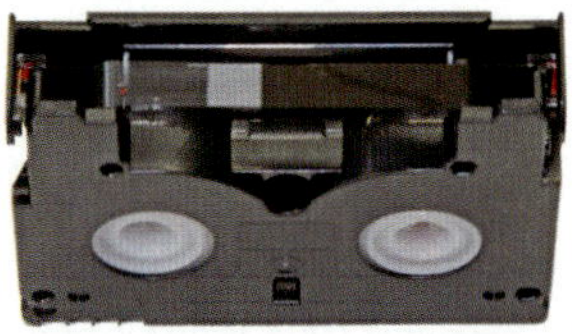

- Mit einer miniDV sind 60 Minuten Aufnahme möglich. Die Kapazität beträgt dabei ca. 13 GB. Im Longplaymodus der Kamera kann die Laufzeit um 50 % erhöht werden.
- An der Rückseite der Kassette kann mit einem Schieber die Kassette gegen unbeabsichtigtes Beschreiben gesichert werden.
- Der Codec basiert auf MPEG-2 Teil 2, H.262. Die komprimierten Audio- und Videodaten werden in einen MPEG-2- Transportstrom gemultiplext
- Technische Daten:

Name	HDTV 720p[1]	HDV 1080i[2]
Frame-Seitenverhältnis	16:9	
Framegröße in Pixel x Pixel	1280 x 720	1440 x 1080
Videosignal	720p/60, 720p/30, 720p/24, 720p/50, 720p/25	1080i/30, 1080i/25, optional: 1080p/30, 1080p/24,1080p/25
Abtastfrequenz Luminanz	74,25 MHz	55,6875 MHz
Chroma-Sampling-Format	4:2:0	
Quantisierung	8 Bit (Luminanz und Chrominanz)	
Video-Datenrate	~ 18,3 Mbit/s	~ 25 Mbit/s
Schnittstelle	IEEE 1394, iLink	
Dateiendung	.M2t	
Audio		
Audio Kompression	MPEG-1 Audio Layer II, PCM	MPEG-1 Audio Layer II
Audio Sampling-frequenz	48 kHz	
Audio Quantisierung	16 Bit	
Audio Datenrate	Pro Kanal: 192 kbit/s bzw. 96 kbit/s	

1) **p**: **p**rogressive (Vollbildaufbau)
2) **i**: **i**nterlaced (Halbbildaufbau)

Entwicklung

- DAB ist ein digitaler Übertragungsstandard für den terrestrischen Radioempfang.
- In Deutschland wurde für DAB der allgemeinverständliche Begriff „**Digital Radio**“ eingeführt.
- DAB soll den analogen UKW-Rundfunk in Deutschland bis zum Jahr 2012 ablösen. Dieses Ziel wird voraussichtlich nicht erreicht werden.
- Ab 2011 wird der Ausbau des Sendernetzes fortgesetzt und als Weiterentwicklung DAB+ eingesetzt. Realistische Schätzungen gehen davon aus, dass bis etwa 2017 der Ausbau abgeschlossen sein wird.

Vorzüge gegenüber dem analogen UKW-Radioempfang

- Die Wiedergabe erfolgt immer mit der gleichen Lautstärke und Tonqualität (kein Fading). Bei zu geringer Signalstärke bricht der Empfang ab.
- Kein störendes Rauschen oder Knistern.
- Je nach Datenrate wird eine Audio-CD-Qualität erreicht.
- Datendienste für die Verbreitung von Zusatzinformationen sind in das Rundfunkprogramm integriert.
- Reflexionen führen nicht zu Störungen, sondern können die Empfangsleistung erhöhen (**Gleichwellennetz**).
- Die Datenraten können den Erfordernissen angepasst werden (z. B. klassische Musik – Nachrichten).

Prinzip der DAB-Signalaufbereitung

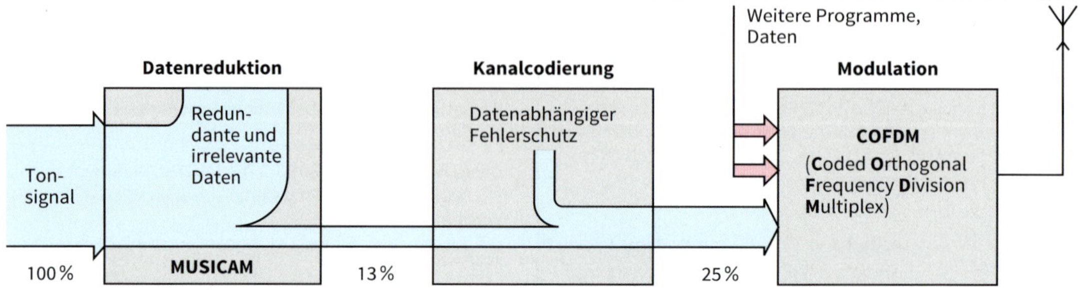

- Mit **MUSICAM** (**M**asking pattern adapted **U**niversal **S**ubband **I**ntegrated **C**oding **a**nd **M**ultiplexing, MPEG-1 Audio Layer 2, MP2) werden die Eingangsdaten auf ca. 13 % reduziert.
- Durch den datenabhängigen Fehlerschutz bei der Kanalcodierung erhöht sich die Datenrate (ca. 1/4).
- Die Übertragung der Programme erfolgt nicht einzeln, sondern es werden mehrere Programme ineinander verschachtelt und gleichmäßig über den Frequenzbereich verwürfelt (**Ensemble**), z. B. 6 Stereoprogramme.

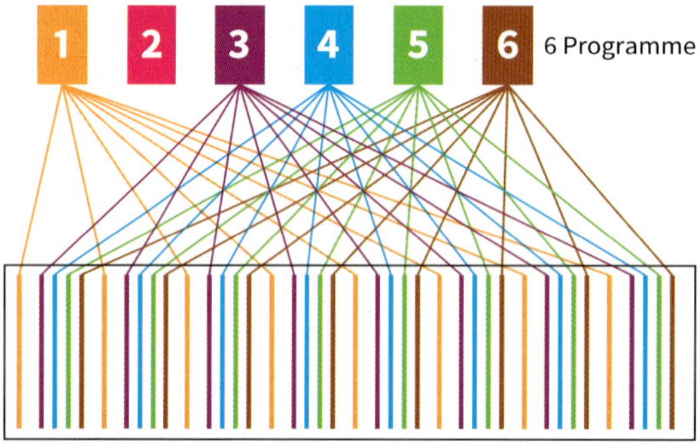

Verschachtelung:

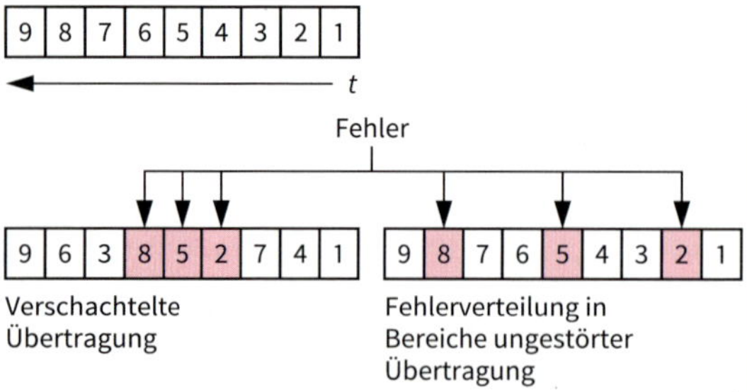

- Datenraten von 32 kbit/s bis 256 kbit/s sind möglich.
- Die Modulation erfolgt durch COFDM.
- **C** (**C**oded)
  Durch Frequenz-Interleaving liegen aufeinander folgende Symbole eines Programms frequenzmäßig weit auseinander. Wird ein Symbol von frequenzselektivem Fading verfälscht, wird wahrscheinlich das darauf folgende Symbol nicht verfälscht.
- **OFD** (**O**rthogonal **F**requency **D**ivision)
  - Ein DAB-Kanal besitzt eine Bandbreite von 1,536 MHz.
  - Es werden je nach Modus 192, 384, 768 oder 1536 Träger verwendet, die mit DQPSK (Differential Phase Shift Keying) moduliert werden.
  - Die Trägerfrequenzen sind Vielfache einer Grundschwingung. Dadurch lassen sich trotz Frequenzüberlappung die Signale voneinander trennen.
- DAB kann theoretisch auf allen VHF- und UHF-Frequenzen zwischen 30 MHz und 3 GHz übertragen werden.
- Verwendbare Frequenzbereiche:

Band	VHF I	VHF III	VHF III	L
Frequenzbereich	47 bis 68 MHz	174 bis 230 MHz	230 bis 240 MHz	1452 bis 1492 MHz
Kanal	2 – 4	5 – 12	13	–
Blöcke	12 2A – 4D	32 5A – 12D	6 13A – 13F	9 LA – LI

- Zur Übertragung wird ein **Gleichwellennetz** verwendet, wobei
  - alle Sender dieselbe Trägerfrequenz besitzen,
  - die Senderdichte gering ist (durchschnittlich 60 km),
  - eine geringere Sendeleistung möglich ist, da auch Signale der Nachbarsender am Empfnagsort ausgewertet werden und
  - die Synchronisation über Satellit erfolgt.

Datendienste

Programmbegleitende Datendienste:
PAD (**P**rogram **A**ssociated **D**ata)
Sie werden parallel zum Radioprogramm ausgesendet.
Beispiele: **EPG** (**E**lectronic **P**rogram **G**uide), Anzeige von Titeln und Interpreten von Musiktiteln

Nicht programmbegleitende Datendienste:
NPAD (**N**ot **P**rogram **A**ssociated **D**ata)
Sie sind in ein Ensemble eingebunden, gehören jedoch nicht direkt zu einem Radioprogramm.
Beispiele: Webseiten, Eventkalender, Wettervorhersagen, Börsendienste

Protokolle, Kanäle und Funktionen

- **MOT** (**M**ultimedia **O**bject **T**ransfer Protocol):
  Es handelt sich um ein Protokoll zur Übertragung von beliebigen Multimedia-Dateien. Die Dateien werden als Segmente übertragen, die wiederholt übertragen werden können. Bei fehlerhaften Übertragungen kann der Empfänger innerhalb einer bestimmten Zeitspanne die Daten vervollständigen.
- **FIC** (**F**ast **I**nformation **C**hannel):
  Es ist ein Systemsteuerkanal und beinhaltet alle Informationen über den Inhalt sowie die Struktur des Ensembles.
  Beispiele: Sendernamen, Zugehörigkeit der PADs zu passenden Radioprogrammen.
- **FIDC** (**F**ast **I**nformation **D**ata **C**hannel):
  Er ist Bestandteil des FIC und wird für diverse Arten von Anwendungen verwendet, die nicht direkt mit dem Inhalt oder der Struktur des Ensembles im Zusammenhang stehen.
  Beispiele: Verkehrsinformationen des TMC
- **TMC** (**T**raffic **M**essage **C**hannel):
  Es ist ein Datenkanal innerhalb des FIC. In ihm sind stark komprimierte Verkehrsinformationen enthalten, die ohne Verzögerungen gesendet werden.
  Beispiel: Falschfahrer
- **TPEG** (**T**raffic **P**rotocol **E**xpert **G**roup):
  Es handelt sich um ein erweitertes Protokoll, das ausführlicher und strukturierter als TMC arbeitet, mit einem wesentlich höheren Datenvolumen.
- **DLS** (**D**ynamic **L**abel **S**egment):
  Es wird zur Übertragung von Kurztexten (128 Zeichen) und dynamischen Informationen verwendet.
  Beispiel: Stationsname
- **textSCAN (TM)**:
  Mit dieser Funktion können Lauftexte angehalten und kontrolliert werden.
  Beispiele: Songtitel, Interpret, Telefonnummer

DAB-Familien

Merkmale	DAB	DAB+	DMB
Verwendung	Radio und Datendienste		Radio und visuelle Elemente
Audiocodec	MUSICAM	HE AAC v2	HE AAC v2
Durchschnittliche Datenrate	128 bis 192 kbit/s	64 bis 96 kbit/s	96 bis 160 kbit/s
Programme/Ensemble	6 bis 9	12 bis 18	6 bis 12
Frequenz	VHF, L-Band	VHF, K5 bis K12	VHF, L-Band

- **DAB+**
  - Weiterentwicklung von DAB
  - Verbesserter Audiocodec, mehr Programme bei gleich bleibender Bandbreite des Kanals
- **DMB** (**D**igital **M**ultimedia **B**roadcasting)
  - Der Schwerpunkt liegt auf qualitativ hochwertiger Audioübertragung und der Einbindung von visuellen und grafischen Elementen.
  - In Europa wird DMB kaum kommerziell verwendet.
  - Einsatz vorwiegend bei asiatischen Mobilfunkanbietern.
- **HE AAC v2** (**H**igh **E**fficiency **A**dvanced **A**udio **C**oding)
  Mit diesem Codec wird eine verbesserte Datenreduktion unter Anwendung von MPEG-4 erzielt.

DAB-Datenrahmen

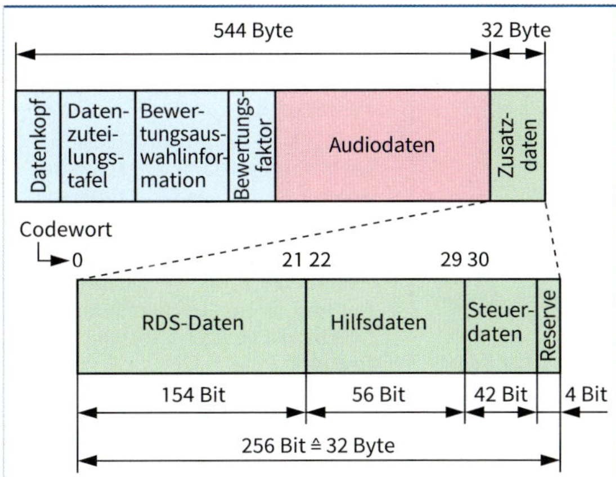

DAB-Empfänger

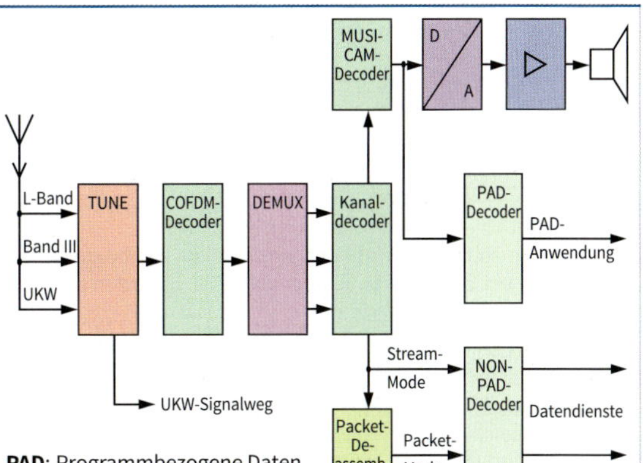

PAD: Programmbezogene Daten (**P**rogram **A**ssociated **D**ata)

Digitales Fernsehen

DVB-S	DVB-C	DVB-T
Verbreitung über **Satelliten**	Verbreitung über **Kabelnetze**	**Terrestrische Verbreitung**
950 MHz … 2150 MHz	47 MHz … 862 MHz	47 MHz … 862 MHz
Modulation: **QPSK**	Modulation: **QAM**	Modulation: **OFDM**

QPSK
Quadratur **P**hase **S**hift **K**eying
Quadratur-Phasenumtastung

Der sinusförmige Träger ① hat je nach binärem Zustand des Informationssignals vier verschiedene Phasenzustände. Den vier Phasenzuständen sind jeweils zwei Bits zugeordnet ②.

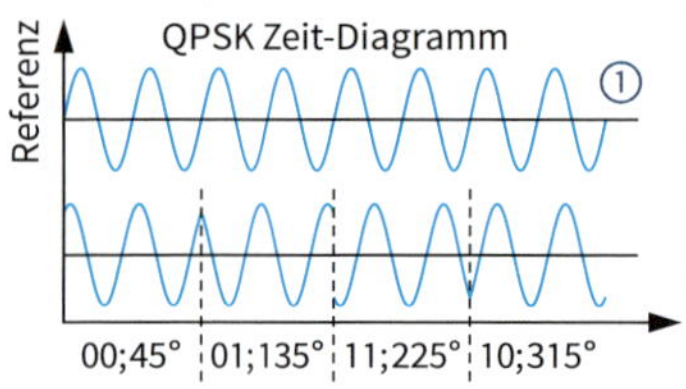

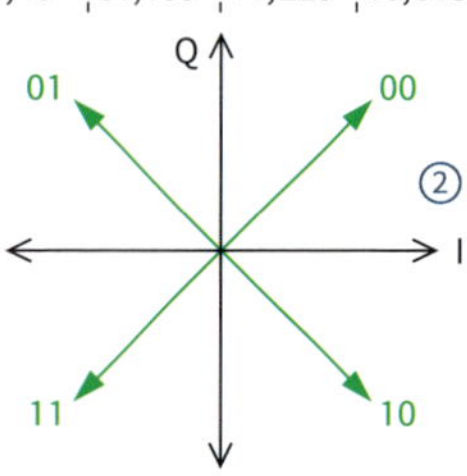

QAM
Quadratur-**A**mplituden**m**odulation

Bei der Modulation werden Phase und Amplitude gleichzeitig verändert.

Anwendung:
16-QAM, 32-QAM, 64-QAM

Beispiel: 16-QAM

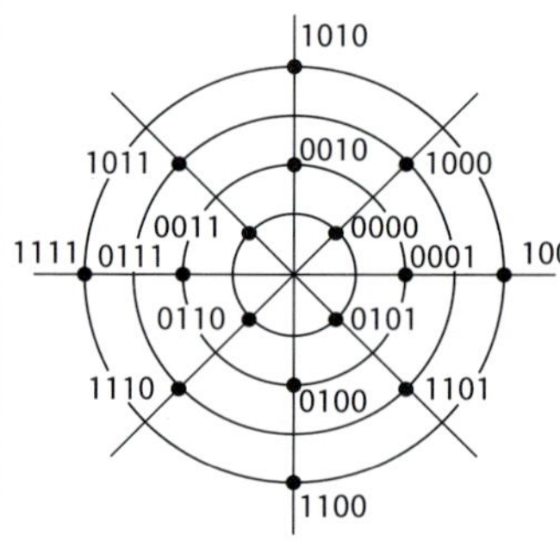

Der Abstand vom Nullpunkt bis zum Endpunkt entspricht der Amplitude des Signals.

QFDM
Qrthogonal **F**requency **D**ivision **M**ultiplex (Coded OFDM)
Quadratur-Phasenumtastung

Problem beim herkömmlichen terrestrischen Empfang:

- Die Empfangssignale gelangen auf verschiedenen Wegen zum Empfänger (Mehrwegeempfang, **Multipath**). Die Laufzeitunterschiede verursachen Störungen. Konventionelle Modulationsverfahren sind deshalb nicht geeignet.
- Als Bandbreite stehen die analogen FS-Kanäle mit 7 bzw. 8 MHz zur Verfügung.

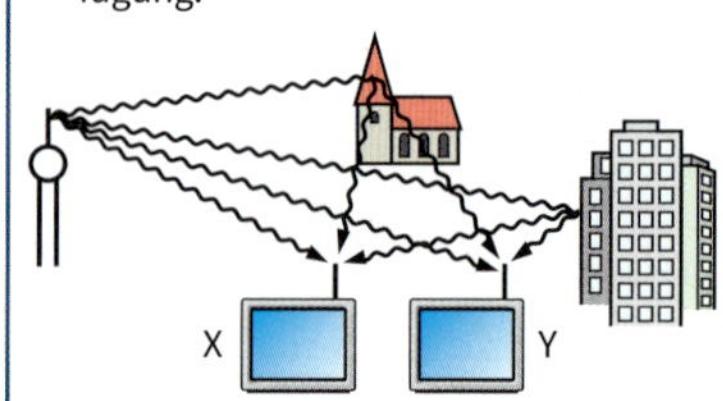

Abhilfe:
Verteilung der Signale auf viele Träger durch OFDM.

Modulator

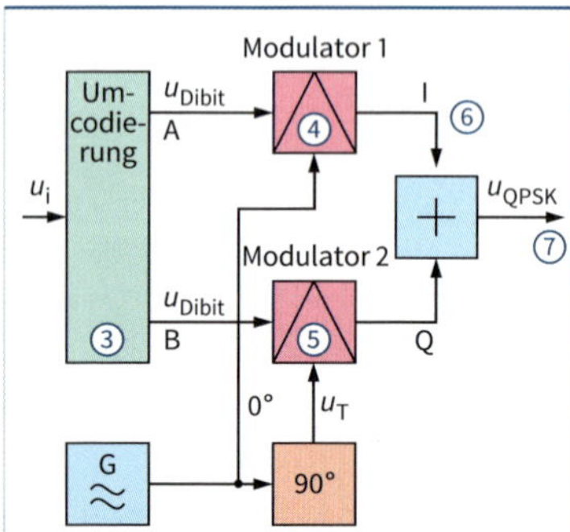

- Durch Umcodierung wird der Datenstrom in zwei Datenströme aufgeteilt (Dibit ③).
- Die Dibitsignale werden zwei Modulatoren zugeführt (0° und 90° ④ ⑤).
- Das I- und Q-Signal ⑥ werden in einer Addierstufe zum QPSK-Signal zusammengeführt ⑦.
  I: In Phase; Q: Quadratur Phase

Modulator

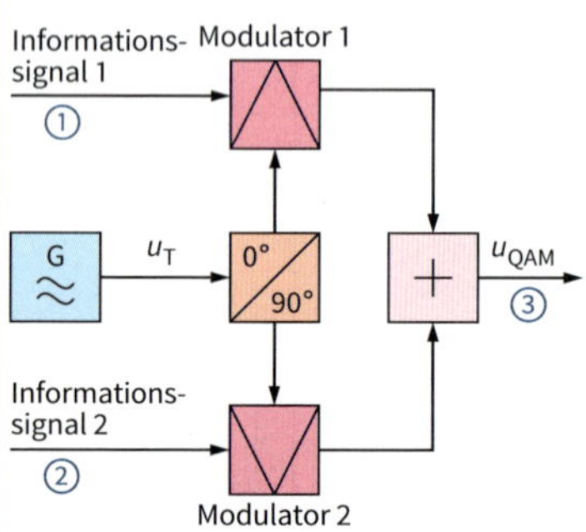

- Die beiden Informationssignale ① ② werden getrennt moduliert.
- Der I-Vektor stellt die horizontale Komponente dar.
- Der Q-Vektor stellt die vertikale Komponente dar.
- Beide modulierten Signale werden zum QAM-Signal addiert ③.

Prinzip von OFDM

- Aufteilung der Signale auf ca. 1700 (2K-Mode) oder 6800 (8K-Mode, 2^{13} = 8192) Träger.
- Der Abstand der Träger beträgt 4,4 kHz (2K-Mode) bzw. 1,1 kHz (8K-Mode).
- Die Träger werden mit QPSK oder QAM moduliert. Die übertragbare Datenrate hängt von diesen Modulationsarten ab.
- Vor der Modulation werden die Daten in Pakete zusammengefasst und durch ein zeitliches Schutzintervall getrennt (**Guard-Intervall**). Störende Überlagerungen können während der Schutzintervalldauer abklingen.
- Das Netz ist ein **Gleichwellennetz** (alle Sender besitzen dieselbe Trägerfrequenz).

Merkmale

- Wenn ein Fernsehgerät für den Empfang analoger Signale eingerichtet ist, wird zum Empfang digitaler Signale ein Umsetzungsgerät (Settop-Box) benötigt.
- Der Aufbau der Settop-Box hängt davon ab, ob die Signale über Satellit (DVB-S), über das Kabelnetz (DVB-C) oder terrestrisch (DVB-T) empfangen werden.
- Grundsätzlich übernimmt die Settop-Box die Aufgabe der Demodulation und Decodierung der DVB-Signale. Unabhängig von der Modulationsart wird immer ein MPEG-2 Datenstrom erzeugt.
- TV-Schnittstelle (SCART):
  - Y/C (S-VHS)
  - RGB, FBAS
  - Audio (HiFi), (z. B. 2 RCA/Cinch)
- Serielle Daten-Schnittstelle:
  - RS 232 C, Sub-D (z. B. 115 kbit/s)
- Empfang von verschlüsselten (**Pay-TV**: Gebührenpflichtige Programme) und unverschlüsselten (**Free-TV**) Sendungen.
- Bedingter Programmzugang (**CA**: **C**onditional **A**ccess): Bestimmte Programme können nur nach entsprechender Entschlüsselung empfangen werden. Die Empfangsberechtigung des Kunden ist auf einer Smartcard gespeichert.
- Betriebs-Software: Sie befindet sich auf einem Flash-RAM und kann über die serielle Schnittstelle oder direkt über das Sendesignal von außen aktualisiert werden.
- SI-Daten (Programmübersicht, Zusatzdaten, ...): Sie werden während des Betriebs in einem Speicher abgelegt, so dass sie ohne Zeitverzögerung zur Verfügung stehen.

Prinzip der Umsetzung

Blockschaltbild

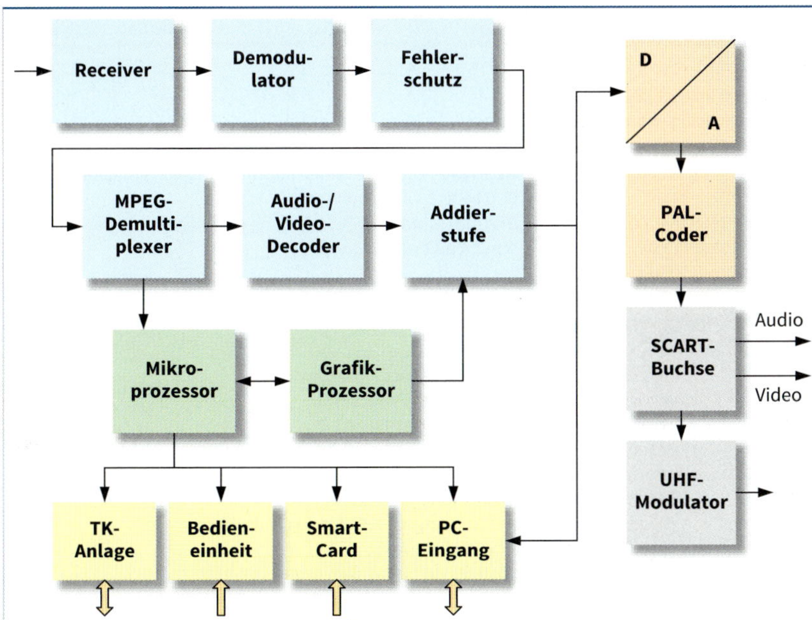

Nachteile

- Der wesentliche Nachteil basiert auf der Tatsache, dass ein weiteres Gerät zum Empfang benötigt wird.
- Zur Steuerung wird eine zusätzliche Fernbedienung bzw. eine Universalfernbedienung benötigt.
- Mit einer Universalfernbedienung lassen sich in der Regel nur die Grundfunktionen steuern.
- Mit einfachen Geräten kann nicht gleichzeitig ein Fernsehprogramm aufgenommen und ein anderes angesehen werden (Ausnahme: Twin-Receiver).
- Da VPS-Signale fehlen, ist eine zeitgenaue Aufzeichnung digitaler Sendungen nicht möglich.

Merkmale

- Digitale Fernsehübertragung über das Kabelnetz.
- Die Sendebandbreite ist gering. Sie beträgt 7 bzw. 8 MHz.
- Im Kabelnetz treten weniger Störungen auf als bei einer Satellitenübertragung. Für den Fehlerschutz ist kein großer Aufwand erforderlich. Unter Berücksichtigung aller Einflüsse kann mit einem Träger/Rauschabstand von 28 dB gerechnet werden.
- Höherwertige Modulationsverfahren können eingesetzt werden, 16-QAM, 32-QAM und 64-QAM.
- Eine Datenrate von 38 Mbit/s wird erreicht.
- Da häufig Satellitenprogramme in das Kabelnetz eingespeist werden, bestehen viele Gemeinsamkeiten zwischen den Empfangseinrichtungen.

Einspeisung digitaler Signale in das Kabelnetz

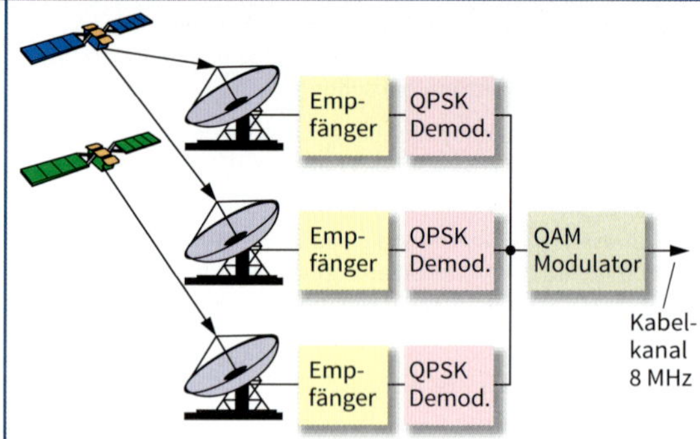

Signalaufbereitung

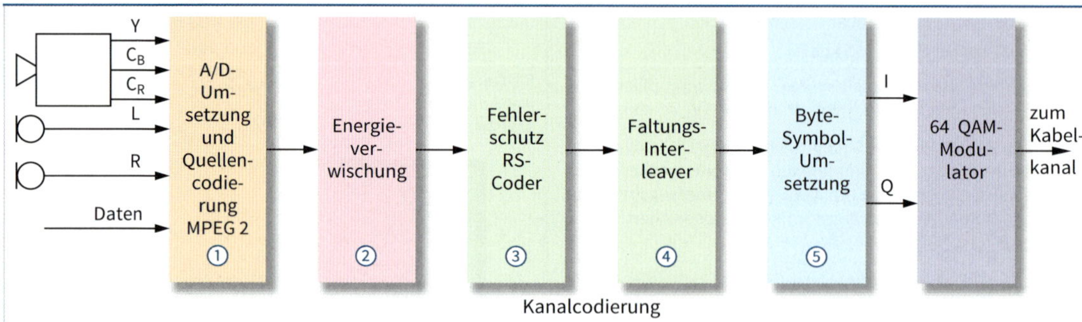

- Die Verteilung von DVB-C erfolgt im Hyperband (303 MHz … 446 MHz, heute S 21, 22 und 23).
- Die Quellencodierung erfolgt wie bei DVB-S ①.
- Nach der MPEG-2 Codierung erfolgt die Energieverwischung ②.
- Als Fehlerschutz wird eine Blockcodierung mit einem Reed-Solomon-Code vorgenommen (RS-Coder ③).
- Als innerer Fehlerschutz wird eine Faltungscodierung (Faltungsinterleaver) vorgenommen ④.
- Die 8 Bit breiten Datenwörter werden jetzt im Byte/Symbolumsetzer ⑤ in Symbolwörter (4, 5, 6, 8 je nach gewählter QAM) umgesetzt. Dazu müssen die Bits neu organisiert werden. Der Datenstrom ändert sich z. B. bei 64-QAM (6 Symbole) von 204 Byte auf 272 Symbole.
- Als Modulation werden 16-, 32-, 64- oder 256-QAM verwendet. Die Tabelle verdeutlicht die Leistungsmerkmale.

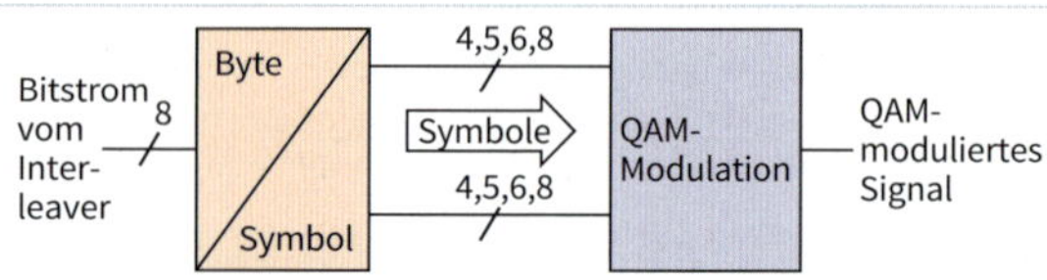

QAM	Bit/Symbol	Bandbreiten-ausnutzung in (bit/s)/Hz	Bitrate in Mbit/s	
			netto[1)]	brutto[2)]
16	4	3,2	25,67	27,84
32	5	4,0	32,09	34,80
64	6	4,8	38,50	41,76
256	8	6,4	51,34	55,68

1) Nettodatenrate: Die reinen Informationsbits, ohne Kanal- und Fehlerschutzcodierung

2) Bruttodatenrate: Nettodatenrate plus Kanal- und Fehlerschutzcodierung

Service-informationen[1)] bei DAB

Tabelle	Name	Funktion
PAT	**P**rogram **A**ssociation **T**able	Liste der Programme im Transport-Multiplex
PMT	**P**rogram **M**ap **T**able	Verweis auf die Packet-ID eines Programms
CAT	**C**onditional **A**ccess **T**able	Verweis auf die Entschlüsselungsdaten
NIT	**N**etwork **I**nformation **T**able	Daten einzelner Netzbetreiber, z. B. Satellitenpositionen
BAT	**B**ouquet **A**ssociation **T**able	Informationen über das Angebot einzelner Anbieter
SDT	**S**ervice **D**escription **T**able	Beschreibung der angebotenen Programme
EIT	**E**vent **I**nformation **T**able	Programmtafeln und -kennungen, z. B. für Jugendschutz
TDT	**T**ime and **D**ata **T**able	Enthält die augenblickliche Uhrzeit
RST	**R**unning **S**tatus **T**able	Angaben der laufenden Sendung zur Steuerung von VCR

1) Erweiterungen des FS-Empfangs, der in Tabellen festgelegt ist.

Zielsetzungen

- Allgemein: Über Satellit oder terrestrischen Antennen sollen mehr Multiplexe mit effektiveren Modulationsverfahren im bestehenden Kabelnetz verbreitet werden.
- Die Kabelkanäle sollen hinsichtlich Übertragungskapazität (um ca. 30 %), Robustheit gegenüber Störeinflüssen und flexibler Nutzung optimiert werden.
- Die vorhandene Koaxialtechnik im Hause soll berücksichtigt werden. DVB-S2-Empfänger sollen auch für DVB-C verwendbar sein.
- Einführung neuer Dienste: HDTV, Video on Demand, interaktive Angebote (IP-Daten) usw.
- Diensteabhängige Codierung, Modulation und **QoS** (**Q**uality **o**f **S**ervice, Güte des Kommunikationsdienstes aus der Sicht des Anwenders)

Leistungsmerkmale

- Quellencodierung mit MPEG-4 (H.264)
- Kanalcodierung zur Fehlerkorrektur mit **LDPC**-Codierung (**L**ow-**D**ensity-**P**arity-**C**heck Code) und **BCH**-Codes (**B**ose-**C**haudhuri-**H**ocquenghem-Codes, zyklische fehlerkorrigierende Codes)
- Modulationsverfahren **COFDM** (**C**oded **O**rthogonal **F**requency **D**ivision **M**ultiplex, mit Erweiterung auf 1024-QAM und 4096-QAM (Quadrature Amplitude Modulation), bei DVB-C 256-QAM
- COFDM ist ein Vielträgerverfahren mit Vorwärtsfehlerkorrektur

Einspeisung und Transport

- Es lässt sich ein vielfältiger Transportstrom (große Pakete mit variabler Länge) mit **GSE** (**G**eneric **S**tream **E**ncapsulation) erzeugen. Unter GSE versteht man ein Datenprotokoll, das zur Kapselung und Komprimierung des IP-Protokolls verwendet wird.
- **Interleaving**
  Bit-, Zeit- und Frequenzinterleaving (Umsortierung bzw. Verschachtelung)
- **Guard-Intervall**
  Die Datenpakete werden durch ein zeitliches Schutzintervall getrennt. Mögliche Störungen (z. B. Echos), die in das Intervall fallen, haben keinen Einfluss auf die Decodierung (1/64 oder 1/128 Teile von T).

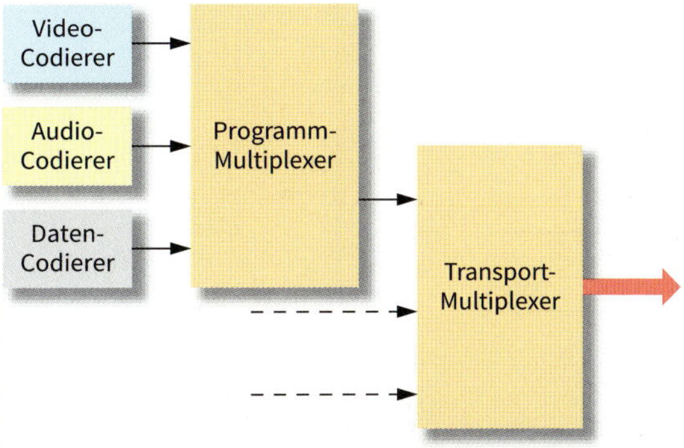

DVB-T2

Änderungen gegenüber DVB-T

- **LDPC**-Vorwärtsfehlerschutz in Kombination mit dem **BCH**-Code (s. DCB-C2)
- Unterschiedliche Interleavings mit variablen Coderaten
- MPEG-2 Eingangsdatenstrom sowie GSE (s. DVBC-2)
- Mehrere Eingangsströme lassen sich parallel verarbeiten (**PLP**: **P**hysical **L**ayer **P**ipes) und in einem Kanal übertragen. Beispiel: 3–4 HDTV-Sender, 16 SDTV-Sender

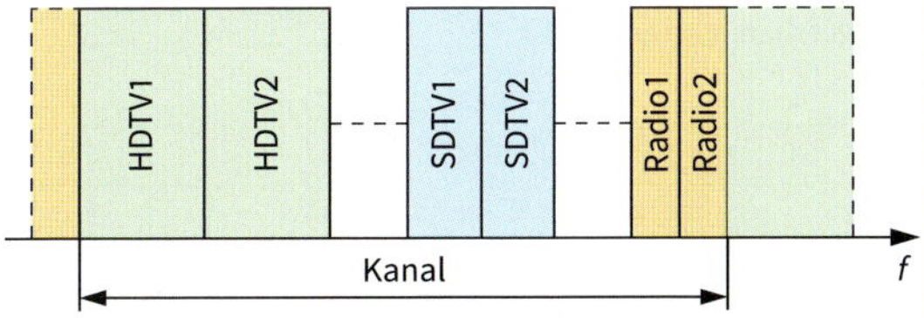

- Die Modulation **COFDM** von DVB-T wird beibehalten. Die Anzahl der Träger 2K (2048 Träger) und 8K (8192 Träger) wird erweitert um 1K (853 Träger), 4K (4096 Träger), 16K und 32K (27841 Träger).
  Jeder Träger wird dann mit QPSK, 16-QAM, 64-QAM und 256-QAM moduliert (rotierte Signal-Konstellationen).
- Die Kanalbandbreite kann 5 MHz, 7 MHz, 8 MHz und 10 MHz betragen.
- Das Guard-Intervall kann 1/128 bis 1/4 betragen.
- bei Eonsatz von MPEG-4 kann die Senderkapazität in den einzelnen Kanälen vergrößert werden.

Empfänger

- DVB-T-Empfänger sind nicht für den Empfang von DVB-T2 geeignet.
- DVB-T2-Empfänger werden in der Regel die DVB-T Sendungen empfangen können.
- DVB-T2-Empfänger können das jeweils gewählte Programm decodieren und nicht das ganze Multiplex (Energieeinsparung auf der Empfängerseite).
- Mit Time-Frequency-Slicing können mehrere Kanäle zu einem virtuellen Kanal gebündelt werden, auch nicht benachbarte.
- Konventionelle Sende- und Empfangsanlagen verwenden eine Sende- und eine Empfangsantenne (**SISO**: **S**ingle **I**nput – **S**ingle **O**utput). Wenn ein System über mehrere Eingangs- und Ausgangsgrößen verfügt, bezeichnet man dieses als **MIMO**-System (**M**ultiple **I**nput – **M**ultiple **O**utput). Der Vorteil liegt darin, dass mehrere Antennen auf der Empfängerseite mehr Energie aus dem elektromagnetischen Feld entziehen können. Für DVB-T bietet sich das **MISO**-System an (**M**ultiple **I**nput – **S**ingle **O**utput), da auf der Empfängerseite nur eine Antenne sinnvoll ist.
- Für MISO können sich die Sendeantennen des Gleichwellennetzes an verschiedenen Orten oder am selben Ort mit horizontaler und vertikaler Polarisation befinden.

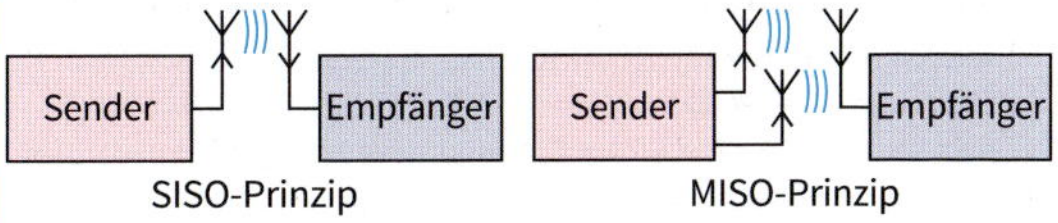

Merkmale

- DVB-S ist digitale Fernsehübertragung über Satelliten.
- Die Sendebandbreite ist groß.
  Beispiel: 30 MHz pro Kanal bei Astra.
- Die Sendeleistung muss innerhalb eines Kanals möglichst konstant sein ⇒ **Energieverwischung**.
- Die Senderöhren im Satelliten werden voll ausgesteuert. Sie werden bis im gekrümmten teil der Kennline betrieben. Dadurch entstehen Amplitudenverzerrungen, so dass QAM nicht angewendet werden kann. Verwendet wird deshalb **QPSK** (Quadratur-Phasenumtastung).
- Im erdnahen Bereich werden die Signale stark gedämpft und gestört. Deshalb ist ein möglichst störsicheres Modulationsverfahren erforderlich.
- Weil der Störabstand im Empfänger gering ist, muss ein hochwertiger Fehlerschutz verwendet werden.

Signalaufbereitung

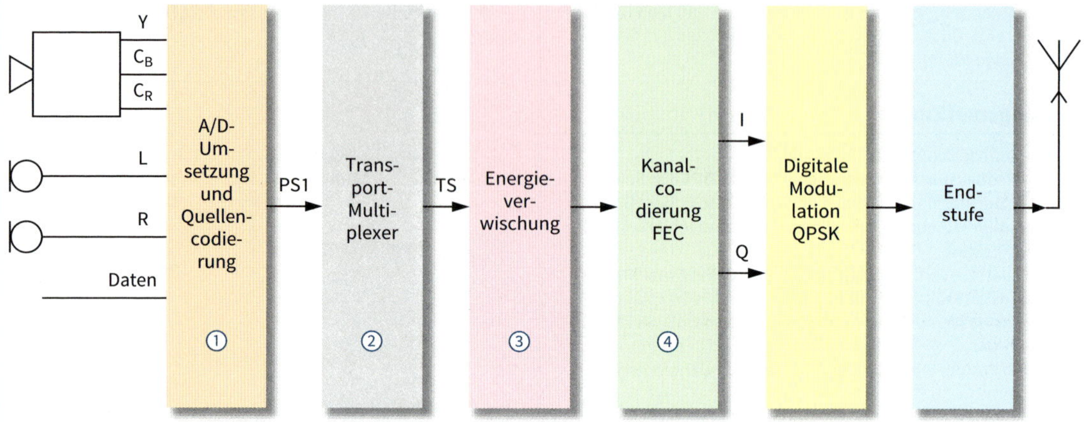

Quellencodierung:

- Die analogen Luminanzsignale Y, die farbreduzierten Chrominanzsignale C_R und C_B sowie die Audio-Stereoinformationen werden zunächst digitalisiert und danach entsprechend dem MPEG-2 Standard codiert ①.
- Diese Datenströme werden als **Elementar-Ströme** (**ES**) bezeichnet und paketiert (**PES**: **P**aketized **E**lementary **S**tream) sowie mit einem Header versehen (188 Byte).
- Bildsignale, Tonsignale und zusätzliche Daten (z. B. Videotext) werden zu einem Datenstrom im Programm-Multiplexer zusammengefasst (**PS**: **P**rogramm-**S**trom).
- Vom Transport-Multiplexer ② gelangen die Signale in den **Energieverwischer** ③ (**Energy Dispersial Scrambling**). Die Daten werden mit Hilfe eines rückgekoppelten Schieberegisters in eine Pseudozufallsfolge gebracht, um ein möglichst gleich verteiltes Leistungsspektrum zu erzielen.

Kanalcodierung:

An den Fehlerschutz (Erkennung und Korrektur) werden hohe Anforderungen gestellt (**FEC**: **F**orworth **E**rror **C**orrection ④). Eingesetzt werden:

Block-codierung | **Inter-leaving** | **Faltungs-codierung**

- **Blockcodierung (Block Coding)**
  Der Datenstrom besteht aus festen Blöcken (Datenbit, i-Bit). Jedem Block werden Redundanzbits angehängt (r-Bit), so dass beim verwendeten Reed-Solomon-Code zu den 188 i-Byte weitere 16 r-Byte zum Fehlerschutz hinzugefügt werden (Summe 204 Byte).

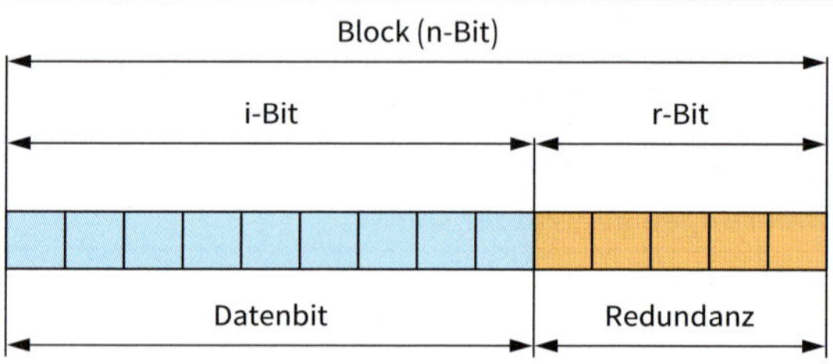

- **Interleaving**
  Hierbei werden die einzelnen Bits eines Datenwortes nach einem mathematischen Verfahren zeitlich in eine andere Reihenfolge gebracht (Zeitinterleaving). Dadurch wird verhindert, dass im Fehlerfall ein einzelnes Datenwort vollständig fehlerhaft wird oder fehlt.

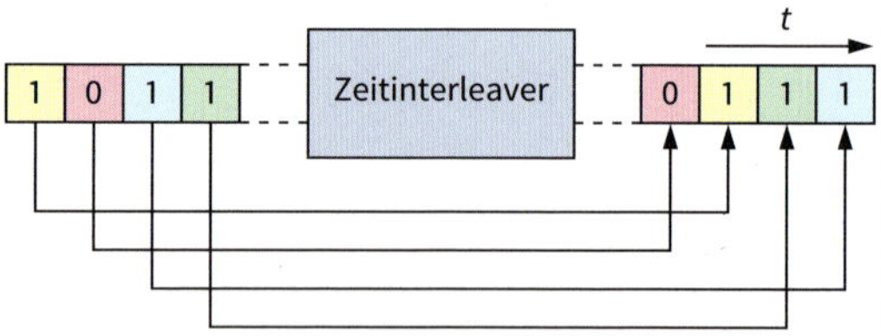

- **Faltungscodierung (Convolution Coding)**
  Die Faltungscodierung ist im Gegensatz zur Blockcodierung bitorientiert. Die einzelnen Bits eines Datenwortes werden nacheinander mit Redundanz versehen.
  Die Eingangsdatenbits werden in einem Schieberegister gespeichert, das verschiedene Abgriffe besitzt. Durch paarweise Multiplikation und Addition wird das Signal an den Abgriffen mit dem Eingangssignal zu einem erweiterten Datenstrom verarbeitet.

Merkmale und Unterschiede zu DVB-S

- DVB-S2 ist eine Weiterentwicklung von DVB-S und gilt als Nachfolgestandard (entwickelt durch **ETSI**: **E**uropean **T**elecommunications **S**tandards **I**nstitute).
- Da bei DVB-S2 andere Modulationsverfahren als bei DVB-S verwendet werden, sind andere Receiver erforderlich.
- Im DVB-S2 Standard ist es möglich, die Übertragung mehrerer unabhängiger Transportströme auf einem Transponder unterzubringen.
  Beispiel: Übertragung eines HDTV-Programms gleichzeitig mit einem SDTV-Programm.
- Bei DVB-S2 können verschiedene Codecs eingesetzt werden. Beispiele für Eingangsdaten:
  - Kontinuierliche Bit-Ströme
  - Einzelne oder mehrere MPEG-Transport-Ströme
  - IP-Daten (Internet Protkoll)
  - ATM-Daten (Asynchronous Transfer Mode)
- Die Datenübertragungsrate ist um etwa 30 % höher als bei DVB-S. Erreicht wird dieses durch verbesserte Codierungs-, Fehlerkorrektur- und Modulationsverfahren.
- Zur Fehlerkorrektur wird die **LDPC**-Codierung (**L**ow-**D**ensity-**P**arity-**C**heck Code) verwendet. LDPC-Codes sind Blockcodes, mit denen zusammenhängende Paritätschecks durch Matrizen beschrieben werden.
- Mit DVB-S2 sind interaktive Anwendungen realisierbar (**ACM**: **A**daptive **C**oding and **M**odulation). Dabei werden die Übertragungsparameter von Rahmen zu Rahmen geändert. Diese Anwendungen sind über den Rückkanal im Band 17,1 GHz … 21,2 GHz und 22,5 GHz … 23 GHz möglich.
- Zur Bilddatenreduktion (Kompressionsverfahren) wird statt MPEG-2 (H.262) das effektivere **MPEG-4** (H.264/AVC) verwendet. Beispiel für eine HDTV-Ausstrahlung:
  - MPEG-2 ca. 25 Mbit/s
  - MPEG-4 ca. 6–8 Mbit/s

Signal-Rauschverhältnis

- Mit Zunahme der Datenrate steigt auch das Signal-Rauschverhältnis (s. Diagramm unten). Je nach Reduktionsverfahren ergeben sich entsprechende Kurvenverläufe.
- Weitere Bezeichnungen für das Signal-Rauschverhältnis: Störabstand, Signal-Rauschabstand, **SNR** (**S**ignal-to-**N**oise **R**atio)
- Mit diesem Wert gibt man an, wie groß die Überlagerung des von der Quelle stammenden Nutzsignals durch ein Rauschsignal ist.
- Definition: *SNR* = Nutzsignalleistung/Rauschleistung in dB

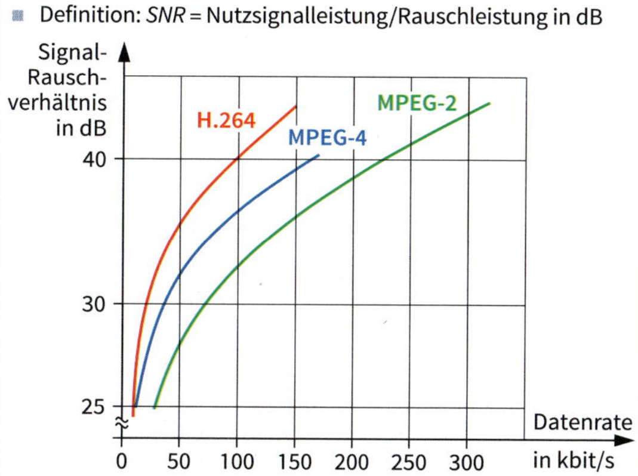

Modulationsverfahren

- Verwendet werden:
  - 8PSK (**PSK**: **P**hase **S**kift **K**eying, Phasenumtastung),
  - 16APSK (**APSK**: **A**mplitude **P**hase **S**kift **K**eying, Amplituden-Phasenumtastung) oder
  - 32APSK,
  - 4PSK (QPSK) von DVB-S wird ebenfalls unterstützt.
- Konstellationsdiagramme

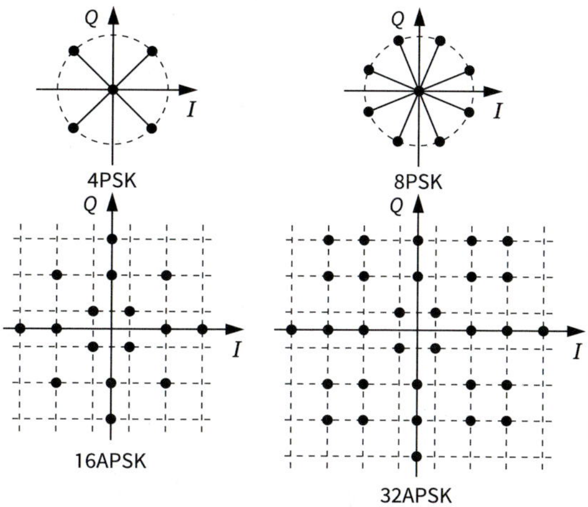

Bitfehler

- Bei der digitalen Übertragung werden durch Rauschen oder Interferenzen Bits verändert. Ein Maß für die Qualität der Übertragung ist die Bitfehlerrate (bzw. Bitfehlerhäufigkeit).
- In der Regel wird nicht die absolute Zahl der fehlerhaften Bits, sondern das Bitfehlerverhältnis (Bitfehlerquotient) **BER** (**B**it **E**rror **R**atio) angegeben.
- *BER* = Zahl der fehlerhaften Bits/
  Zahl der insgesamt empfangenen Bits, innerhalb eines bestimmten Zeitintervalls
- Beispiel:
  $BER = 2 \cdot 10^{-5}$ bedeuten, dass von 100.000 übertragenen Bits 2 Bits fehlerhaft sein können.
- Der BER-Wert hängt von dem Modulationsverfahren ab. Die Zahl der fehlerhaften Bits steigt auch mit dem Bitenergie-Rauschleistungsdichte-Verhältnis (E_b/N_0).
  E_b: Aufgewendete Energie für ein Bit
  N_0: Spektrale Rauschleistungsdichte

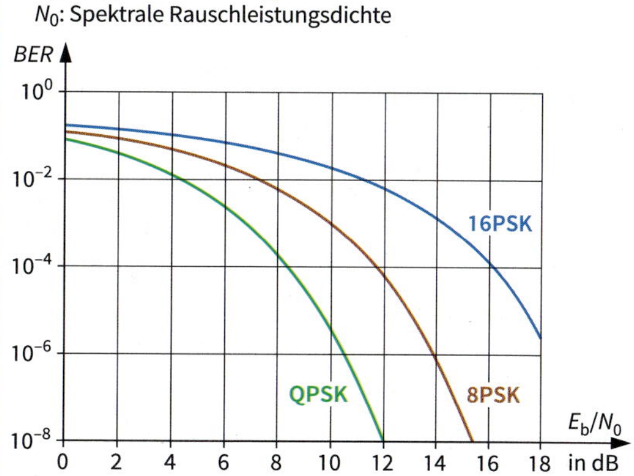

Merkmale

- Durch HbbTV wird das Digitale Fernsehen mit Inhalten aus dem Internet kombiniert. Die Inhalte aus beiden Quellen können einzeln oder gemeinsam dargestellt werden. Dazu wird in die Sendung eine Signalisierung (**AIT**-Tabelle, **A**pplication **I**nformation **T**able) eingefügt. Diese Daten werden vom Empfänger ausgelesen. Sie enthalten in der Regel URLs bestimmter HTML-Seiten, die vom Anwender über die zusätzlich vorhandene Internet-Verbindung geladen werden können.
- Die Version 1.1.1 (ETSI-Bezeichnung TS 102 796) wurde am 01.07.2010 vom HbbTV-Konsortium (über 60 Mitglieder, Firmen der Software- und Unterhaltungstechnik-Industrie) standardisiert.
  ETSI: **E**uropean **T**elecommunications **S**tandards **I**nstitute
- Die Inhalte sind über mehrere Übertragungswege (**hybrid**) empfangbar.
- Die Bedienung erfolgt in der Regel vereinfacht (Knopfdruck an der Fernbedienung).
- HbbTV baut auf existierende Fernsehstandards (DVB) und Internet-Technologien auf.

Zusatzdienste

- Zusatzdienste sind Angebote neben der jeweiligen Fernsehübertragung (**Mehrwertangebote**), die über die Fernbedienung angewählt werden können.
- Die Angebote sind kostenlos; IPTV ist nicht erforderlich.
  Beispiele:
  - **Video on Demand** (Fernsehen auf Abruf, z. B. aus den Mediatheken der Sendeanstalten
  - **Zuschauer-Votings** in Quizsendungen, politischen Sendungen usw. auf Knopfdruck über die Fernbedienung
  - **Multimediale elektronische TV-Führer** mit Bildern, Suchfunktion, Video-Preview usw. (qualitativ besser als Videotext)
  - **Zugriffe auf** z. B. soziale **Netzwerke** oder beliebte Seiten, wie z. B. Ebay und Amazon am TV
  - Begleitende **Zusatzinformationen** zum Programm aller Art (z. B. Bild, Text, Ton, Video)
  - **Interaktive** und programmbegleitende **Werbung** oder **Einkaufsmöglichkeiten**
  - **Spiele**

Beziehungen zwischen HbbTV und anderen Standards

- **DVB A137**, Blue Book (TS 102 809) mit den Komponenten Application-Signalisierung und Application Transport per Broadcast oder HTTP
- **OIPF** (**O**pen **IP**TV **F**orum) definiert Audio- und Videoformate
- **CEA-2014** (**C**onsumer **E**lectronics **A**ssociation, CE-HTML):
  - Sprachdefinition der Anwendung (XHTML, CSS, JavaScript, …)
  - Einbettung nichtlinearer A/V Inhalte in Anwendungen
  - Definition von **DOM** (**D**ocument **O**bject **M**odel) Event-Handling (z. B. wichtige Ereignisse)
  - Spezifikation von Bildformaten (JPEG, GIF, PNG)

HbbTV-System

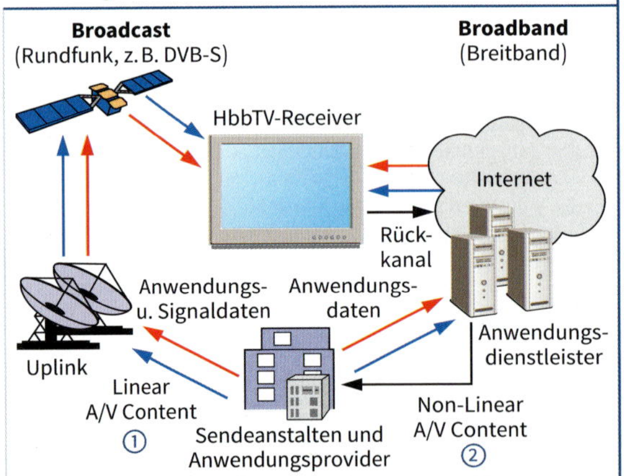

- **Linear A/V Content** ①: Lineare A/V Inhalte sind kontinuierliche Sendungen der Sendeanstalten ohne Eingriffsmöglichkeiten wie z. B. Navigation oder Steuerung.
  A/V: Audiovisuelle Medien
- **Non-linear A/V Content** ②: Diese nichtlinearen A/V Inhalte ermöglichen verschiedenste Interaktivität durch den Benutzer.

Komponenten eines HbbTV-Empfängers

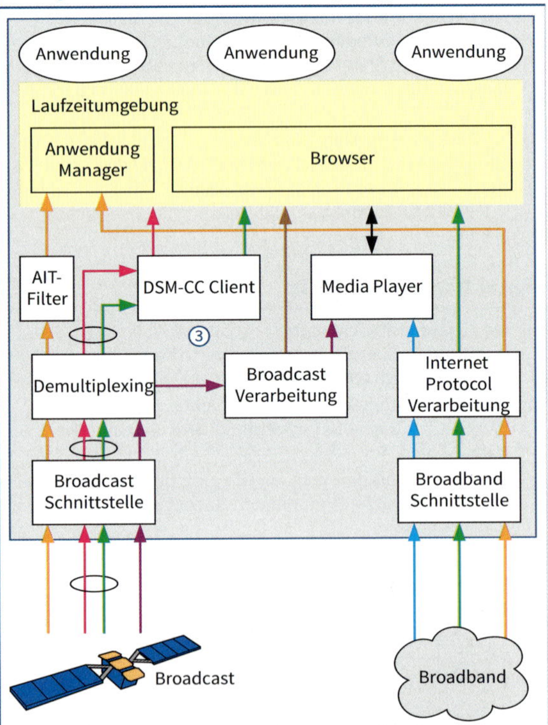

DSM-CC ③: **D**igital **S**torage **M**edia **C**ommand and **C**ontrol, Toolkit (Werkzeugkasten) zur Erzeugung von Steuerkanälen für MPEG-1- und MPEG-2-Datenströmen

→ AIT Daten	→ Lineare A/V Inhalte
→ Livedaten (Stream Events)	→ Nichtlineare A/V Inhalte
→ Anwendungsdaten	→ Zusätzliche Daten (z. B. Kanalliste)

Prinzip

- Videotext (Teletext) wird zur Verbreitung von Nachrichten, Texten und Bildern innerhalb des **Austastlücke** des Fernsehsignals verwendet. Der Benutzer kann diese Informationen auswählen und auf dem Bildschirm darstellen.
- Die Informationsübertragung erfolgt in der Vertikalaustastlücke (25 Zeilen, 23 Zeilen frei editierbar).
- Jede Videotextseite besteht aus max. 24 Reihen. Jede Reihe besteht aus max. 40 Zeichen und jedes Zeichen ist nach einer 10 x 12-Punkt-Matrix aufgebaut.
- Jede Seite ist durch eine **Seitennummer** gekennzeichnet.
- Bei vielen Sendern werden folgende Seitennummern mit vergleichbaren Inhalten verwendet:
  - 100 Startseite
  - 110 ff. Nachrichten
  - 200 ff. Sport
  - 300 ff. TV-Programm
- Videotextseiten werden sequentiell übertragen.
- Die Zeichen sind mit 8 Bit codiert, die Taktfrequenz beträgt 6,937 MHz.
- Darstellungsformat auf dem Bildschirm:

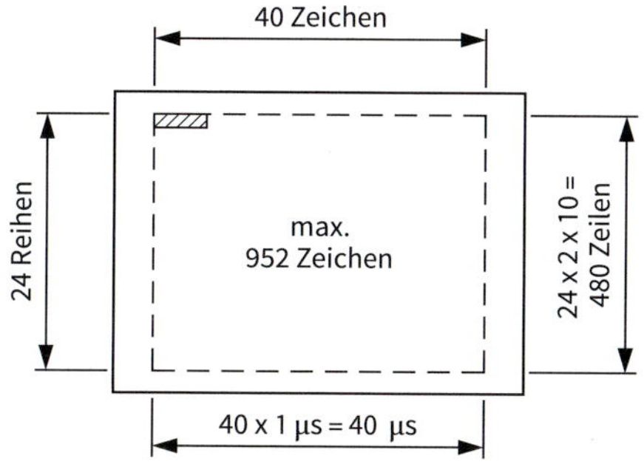

Ablauf und Seitenwahl

- Die Seitennummer wird im Empfänger eingegeben.
- Der Videotext-Decoder vergleicht die gewählte Seitennummer mit der vom Sender ausgestrahlten Seitennummer.
- Bei Gleichheit der Seitenzahlen wird die Information in den Seitenspeicher eingeschrieben.
- Die Seite erscheint auf dem Bildschirm.
- Neue Seitenwahl, Vorgang wiederholt sich usw.
- Die Verringerung der Wartezeit wird erreicht durch:
  - Häufiger benötigte Textseiten (z. B. Inhaltsverzeichnisse) werden öfter in den Sendezyklus eingefügt.
  - Viele Videotext-Decoder haben mehrere programmierbare Seitenspeicher.

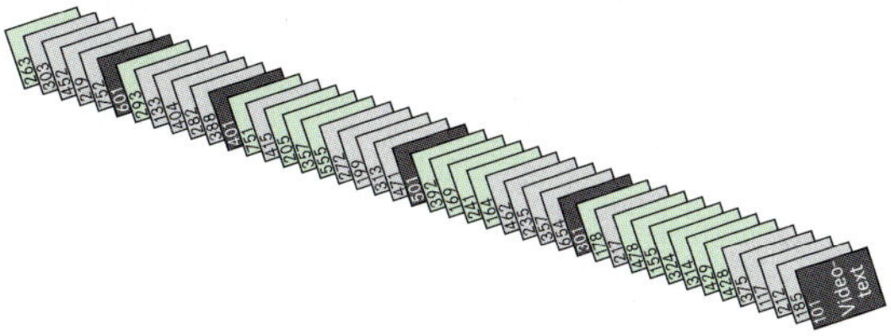

- Bedienungserleichterung wird durch das **TOP-Text-System** (Table of Pages) erreicht:
  - Auf speziellen Steuerseiten werden die einzelnen Seiten in Rubriken (Blöcke) eingeteilt (z. B. Nachrichten, Sport, Programm).
  - Farbige Kurzbezeichnungen für bestimmte Seiten befinden sich in der 25. Reihe. Die entsprechenden Seiten können mit farbigen Tasten auf der Fernbedienung angewählt werden.
  - Es werden Informationen übermittelt, welche Seiten existieren und welche über Unterseiten verfügen.

Signale der Vertikalaustastlücke für beide Halbbilder

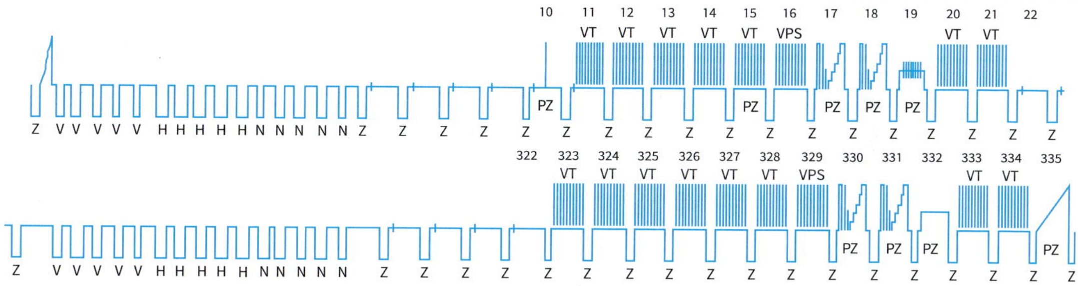

Z: Zeilensynchronimpuls
V: Vortrabant des Rastersynchrongemisches
H: Vertikal-Hauptimpuls
N: Nachtrabant des Rastersynchrongemisches

PZ: Prüfzeilen
VPS: Video-Programm-System
VT: Videotext

Aufbau einer Datenübertragungszeile

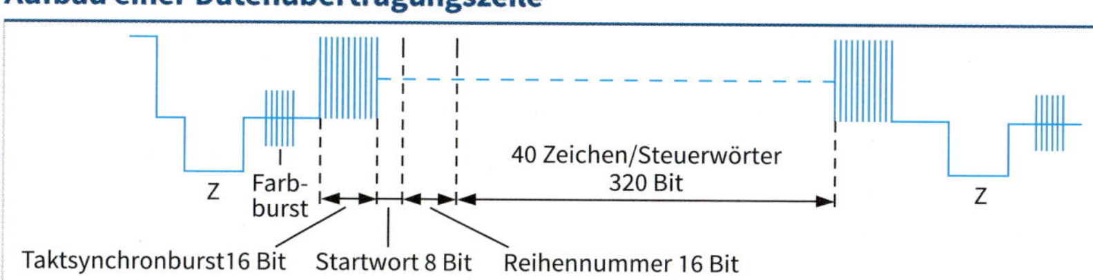

- Taktsynchronburst (16 Bit lang)
- Startwort (8 Bit)
- Codierung für Reihennummer (2 Wörter zu je 8 Bit)
- 40 Zeichen- und Steuerwörter (zu je 8 Bit)

Video-Programm-System beim analogen Fernsehen

- Grundsätzliche Aufgabe von **VPS** (**V**ideo **P**rogramming **S**ystem): Vereinfachte Aufnahme von Sendungen (analog) mit dem Videorecorder, unabhängig von der Sendezeit.
- Aufgaben des VPS-Decoders im Empfänger:
  - Überwachung der Datenzeile 16
  - Trennung der Datenzeile 16 von der Bildinformation
  - Erzeugung des Datentaktes
  - Vergleich der decodierten VPS-Daten mit den programmierten Daten
  - Erzeugung der Steuersignale für Videorecorder
- **VPS-Daten**:
  - Videozeile 16 mit 15 Byte (Datenworte) in der Austastlücke
  - Kontinuierliche Übertragung (Zyklus 40 ms)
- **VPS-Zeit**:
  Es ist die ursprünglich im Programm vorgesehene Anfangszeit. Sie bleibt immer der Sendung zugeordnet, auch wenn Programmteile eingeschoben werden.
- Beim Digitalempfang (DVB-T, -S und -C) hängt die Funktionsfähigkeit von VPS vom jeweiligen Receiver ab.

VPS-Datenzeile 16

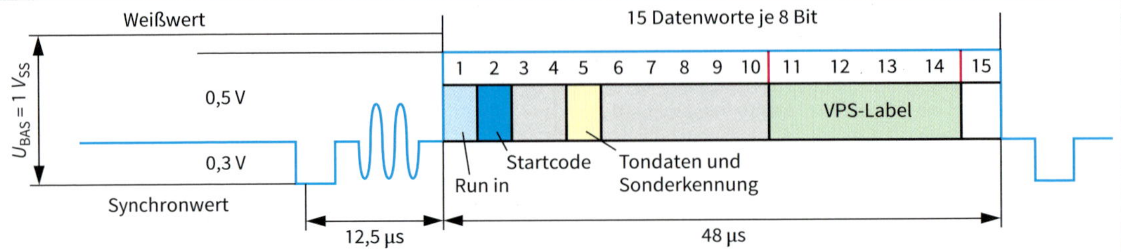

Wort	Funktion, Verwendung	Wort	Funktion, Verwendung
1	Run in; Signal dient zur Synchronisierung des Empfänger-Taktgenerators	7	ASCII-Klarschrift, betriebsbezogen (Beitragsnummer, Beitragslänge)
2	Startcode; Bitmuster zur Erkennung der Datenzeile	8 u. 9	Zieladresse für leitweglenkung (Angaben zur Verteilung der Adressen)
3	Codierte Quellenkennung; Identifizierung der Programmquelle (Sendeanstalt)	10	Meldungen/Befehle
4	Klarschrift Quellenkennung (ASCII-Sequenz)	11…14	VPS-Zusatzinformation (VPS-Label. s. unten), Signale zur Steuerung des Videorecorders
5	Leercode; Tondaten (Zweikanal, Mono, Stereo)		
6	Signalinhaltskennung, programmbezogen (Testbild, Programm)	15	Reserve

DVB-SI

- **DVB-SI**: **D**igital **V**ideo **B**roadcasting – **S**ervice **I**nformation, Zusatzdaten innerhalb von DVB
- DVB-SI ist in ETSI EN 300486) definiert.
  ETSI: **E**uropean **T**elecommunication **S**tandards **I**nstitute (Europäisches Institut für Telekommunikationsnormen)
- In ETSI EN 301775 ist festgelegt, wie die analogen VPS-Signale in DVB übertragen werden.
- Diese Daten werden vom Empfänger verarbeitet und entweder automatisch angezeigt oder sie können vom Zuschauer in verschiedenen Menüseiten abgerufen werden.
- Die Service Informationen bestehen aus Datentabellen und enthalten unter anderem die **EPG**-Daten (**E**lectronic **P**rogram **G**uide, Elektronischer Programmführer, Elektronische Programmzeitschrift).
- EPG:
  - Anzeige des laufenden und kommenden Fernsehprogramms, mindestens Titel, Uhrzeit und Dauer der Sendung
  - Zusätzlich kurze Beschreibung des Inhalts oder Bilder
  - Für die Anzeige ist eine spezielle Software erforderlich.
  - Digitalempfänger verfügen in der Regel über eine integrierte EPG.

SI-Informationen	
BAT	**B**ouquet **A**llocation **T**able: Informationen über das Bouquet (Bukett) der Programme eines Anbieters
EIT	**E**vent **I**nformation **T**able (Grundlage für EPG): – Programmtafeln, ähnlich den Programmzeitschriften – Kennung der Programmart – Eignung für die jeweilige Altersgruppe
NIT	**N**etwork **I**nformation **T**able: – Name und Art des Übertragungssystems (z. B. Astra, Satellit) – Technische Daten, z. B. Frequenz, Fehlerschutz
RST	**R**unning **S**tatus **T**able: – Hinweise über den Sendezustand (z. B. läuft gerade) – Daten für die Steuerung von Videorecordern
SDT	**S**ervice **D**escription **T**able: – Angebotene Programme – Hinweise auf die Sendeanstalten
TDT	**T**ime and **D**ate **T**able: Uhrzeit, Datum

Merkmale

- HDTV wird auch als **hochauflösendes Fernsehen** bezeichnet. Es besitzt eine bis zu fünfmal höhere Auflösung (s. Abbildungen unten) als PAL (herkömmlicher analoger Fernsehstandard **SDTV**: **S**tandard **D**efinition).

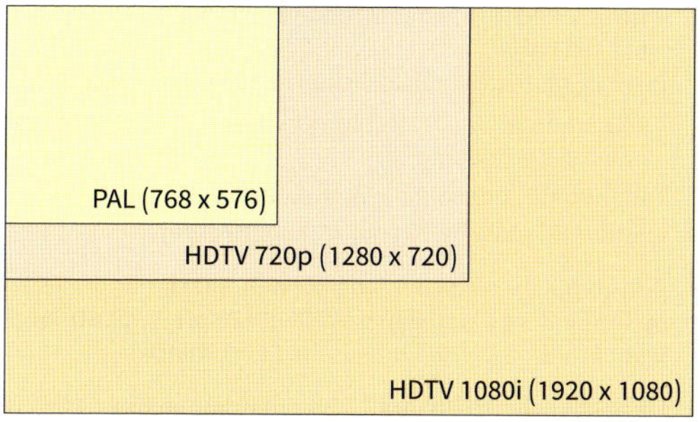

- Bei der Bildübertragung im HDTV-Format werden die zwei Standards 1080i und 720p verwendet.
  - Bei der HDTV-Version **1080i** (vertikale Auflösung von 1.080 Zeilen) wird das Bild im Halbbildverfahren (**Zeilensprungverfahren**) aufgebaut (interlaced, Kennbuchstabe „i“). Zunächst wird das erste Halbbild mit den Zeilen 2, 4, 6, ... übertragen.
    Fast alle aktiven europäischen HD-Anbieter haben sich für den 1080i Standard entschieden.
  - Bei der HDTV-Version **720p** (vertikale Auflösung von 720 Zeilen) sind die Fernsehbilder im Vollbildverfahren aufgebaut (progressive, Kennbuchstabe „p“). Jede Zeile wird nacheinander (sequentiell) geschrieben.
- Die Bildfrequenz (Bildwechselfrequenz, Bildwiederholrate) beträgt 50 Hz (Westeuropa) bzw. 60 Hz (USA).
- Das HDTV-Fernsehbild wird in den beiden Standards im 16:9-Format dargestellt.
- HDTV-Fernsehprogramme werden über DVB-C und DVB-S gesendet.
- Für den Empfang von HDTV-Sendungen wird ein HD-empfangsfähiges Fernsehgerät oder eine entsprechende Set-top-Box („Draufstellkästchen“ für DVB-S, DVB-C) benötigt.
- HD-Quellen sind auch entsprechende Festplattenrecorder und Blu-ray Discs.
- Als Datenreduktion werden MPEG-2 (Datenrate bei 1080i ca. 27 Mbit/s) bzw. MPEG-4 (Datenrate ca. 12 Mbit/s) eingesetzt.
- Bei HDTV sind alle beim Digitalfernsehen oder die auf der DVD zum Einsatz kommenden Tonformate möglich, wobei sich aber Dolby Digital 5.1 durchsetzt.

Unterschiede zwischen PAL und HDTV

Merkmale	PAL	720p	1080i
Auflösung	786 x 576	1.280 x 720	1.920 x 1.080
Pixel gesamt	442.368	921.600	2.073.600
Pixel/s	11.059.200	46.080.00	51.840.000
Bildaufbau	Halbbild (interlaced)	Vollbild (progressive)	Halbbild (interlaced)
Bildfrequenz	50 Hz	50 Hz	50 Hz
Bildformat	4:3	16:9	16:9

Logos für HDTV-Empfänger

- Herausgeber: **EICTA** (**E**uropean **I**nformation, **C**ommunications and Consumer Electronics Industry **T**echnology **A**ssociation, Vereinigung von 32 nationalen Elektronikverbänden aus 24 Ländern und über 50 großen Elektrounternehmen aus Europa, USA und Japans).
- **HD ready 1080p**
  - Auflösung: 1.920 x 1.080 Bildpunkte
  - Analoge Eingänge **YUV** (Y: Helligkeit und Farbdifferenzsignale U: Rot, V: Blau), Signale werden direkt weitergegeben (Cinch-Verbindung)
- Digitale Eingänge mit
  - **HDMI** (**H**igh **D**efinition **M**ultimedia **I**nterface)
  - oder **DVI** (**D**igital **V**isual **I**nterface), rein digitales Signal, bis zu 4,9 Gbit/s und
  - mit Kopierschutz **HDCP** (**H**igh Bandwidth **D**igital **C**ontent **P**rotection).
- **Overscan** (Bereich an den äußeren Rändern eines Videobildes) im Setup-Menü ist abschaltbar.
- **Auflösungen**, die über YUV unterstützt werden müssen:
  - 720p (1.280 x 720 Pixel progressive) und
  - 1080i (1.920 x 1.080 interlaced) mit 50 und 60 Hz
- **Auflösungen**, die über HDMI oder DVI unterstützt werden müssen:
  - 720p (1.280 x 720 Pixel progressive)
  - 1080i (1.920 x 1.080 interlaced) mit 50 und 60 Hz
  - 1080p (1.920 x 1.080 progressive) mit 50 und 60 Hz
  - 1080p/24 Hz (24p) (1.920 x 1.080 progressive)
- **HDTV 1080p**
  - Es gelten die gleichen Bedingungen wie beim Logo „HD ready 1080p“.
  - Zusätzlich muss das Gerät direkt HDTV-Signale über DVB-C, DVB-S und DVB-S2 verarbeiten können und in 720p/1080i an das Display weiterleiten können.
  - Die Decodierung von MPEG-2 und MPEG-4/AVC muss unterstützt werden.

Auflösungsbeispiele

PAL-Auflösung 786 x 576

HD-Auflösung 1280 x 720

HD-Auflösung 1920 x 1080

Merkmale

- Mit UHDTV bezeichnet man ein digitales Videoformat, das zwei Bildauflösungen umfasst: UHD1 und UHD2.
- Bildauflösungen:
  - UHD1: 3840 x 2160 Pixel (4K-Auflösung: entspricht einer vierfachen HDTV-Auflösung)
  - UHD2: 7680 x 4320 Pixel (8K-Auflösung)
- Gesamtzahl der Pixel ca. 8 Millionen; Vervierfachung gegenüber HDTV (2 Millionen)
- Bildwiederholungsraten: maximal 120 Vollbilder/Sekunde
- Datenübertragungsrate für UHD1: > 10,2 Gbit/s; deshalb Anschluss HDMI (Version 2.0) erforderlich
- Gegenüber HDTV:
  Erweiterter Kontrastbereich und bessere Farbwiedergabe; erreichbar durch unterstütztes Abtastformat 4:2:2 (gegenüber 4:2:0) mit dynamischem HDR.
- **HDR** (**H**igh **D**ynamic **R**ange)
  Statische HDR-Verfahren: Eckdaten für Kontrast, Helligkeit und Gamma werden nur einmal für den gesamten Film festgelegt.
  Dynamische HDR-Verfahren: Pro Szene oder Frame wird der gewünschte Bildeindruck festgelegt.

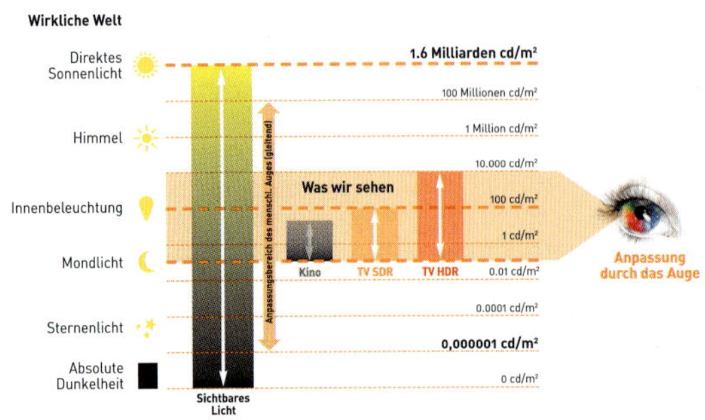

- Kopierschutz:
  HDCP-Version 2.2 wird unterstützt (**H**igh **D**efinition **C**ontent **P**rotection)
  Die Verschlüsselung erfolgt in der Signalquelle, die Entschlüsselung in der Anzeigeeinheit.

Vergleich zwischen TV-Auflösungen

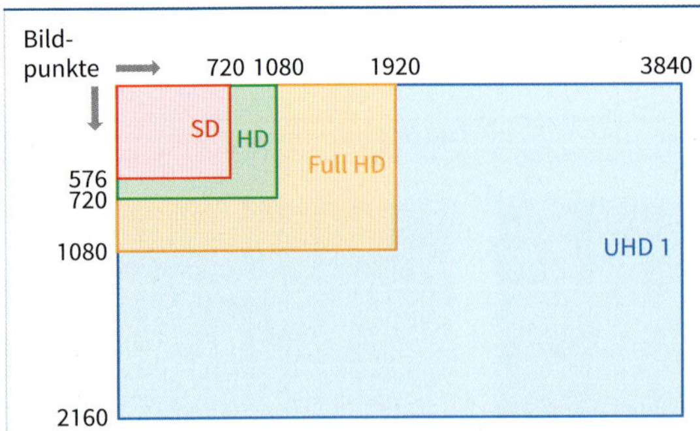

Kontrastumfang und Farbraum

- Erweiterungen gegenüber HDTV (rec.709) gemäß ITU-R-Empfehlung BT.2020 (rec.2020) [1)]
  - HDTV mit sRGB deckt 35 % des Normfarbsystems CIE 1931 ab.
  - UHDTV deckt 76 % des Normfarbsystems CIE 1931 ab.[2)]

  Der Farbraum des menschlichen Auges beträgt 100 %.

  [1)] **ITU**: **I**nternational **T**elecommunication **U**nion (Internationale Fernmeldeunion)

  [2)] **CIE**: **C**ommission **i**nternationale de l'**é**clairage (Internationale Beleuchtungskommission)
- Den kompletten Farbumfang können zurzeit nur professionelle Monitore darstellen bzw. OLED-Displays. **OLED**: **O**rganic **L**ight **E**mitting **D**iode (organische Leuchtdiode)
- Farbtiefen von 10 Bit und 12 Bit pro Komponente
  - 10 Bit-Auflösung:
    Schwarzpegel bei 64 von 1014 Helligkeitsstufen
  - 12 Bit-Auflösung:
    Schwarzpegel bei 256 von 4096 Helligkeitsstufen

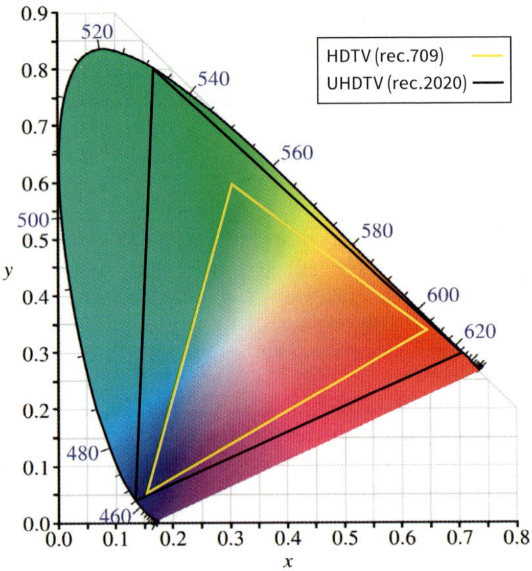

- Parameter im Standard BT.2020:
  - Bildformat: 16:9
  - Abtastung: progressiv (fortschreitend)
  - Abtastmuster: orthogonal (senkrecht)
  - Pixelformat: quadratisch
  - Sampling: 4:4, 4:2:2, 4:2:0
- Logo: Gilt nur für Flachbildschirme:

ULTRA HD

Zeilensprungverfahren (Interlace)

- Mit dem Zeilensprungverfahren (Interlaced-Verfahren, **interlaced**: verflochten) werden die Zeilen nicht in ihrer geometrischen Reihenfolge (1, 2, 3 usw.) abgetastet bzw. wiedergegeben, sondern das Bild wird in zwei **Teilbilder** zerlegt, die sich rasterförmig zum Vollbild ergänzen.
- Im ersten Teilbild (odd oder top field) sind die ungeraden Zeilen (1, 3, 5 ...) enthalten, im zweiten (even oder bottom field) die geraden Zeilen (2, 4, 6 ...). Dadurch wird das Helligkeitsflimmern und der Bandbreitenbedarf für die Übertragung verringert.

- Das vollständige Bild (Frame) besteht somit aus zwei unterschiedlichen Halbbildern, das vom menschlichen Auge als Gesamtbild wahrgenommen wird.
- Das Verfahren wird in der analogen Fernsehtechnik (PAL) angewendet. Das Vollbild besteht aus 575 sichtbaren Zeilen und die Halbbilder aus je 287½ Zeilen. Es werden dabei 25 Voll- bzw. 50 Halbbilder pro Sekunde übertragen (Bildfrequenz, Bildwiederholungsfrequenz 50 Hz). Es besteht also zwischen den Teilbildern ein zeitlicher Unterschied von 1/50 Hz = 0,02 s.
- Bei Fernsehsendungen wird in der Regel das Zeilensprungverfahren angewendet (bedingt durch die **Aufnahmekameras**). Bei der Produktion von Filmen werden dagegen Filmkameras eingesetzt, die in der Regel 24 Vollbilder in der Sekunde erzeugen (24 Hz).

Non Interlaced-Verfahren

- Bei diesem Verfahren werden die Zeilen unmittelbar untereinander geschrieben. Die Vertikalablenkfrequenz ist hier gleich der Bildfrequenz. beim PC-Monitor liegt sie zwischen 60 Hz und 160 Hz und lässt sich über die Systemsteuerung des PCs einstellen.

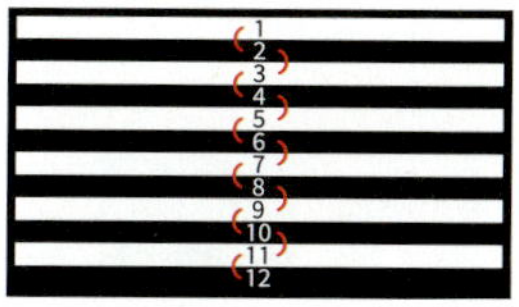

- Beim PC sind verschiedene Zeilenzahlen möglich. Je nach Grafikkarte und Monitor können sie vom Benutzer eingestellt werden (z. B. WXGA: 1366 x 768 Zeilen).

Zeilenentflechtung (Deinterlacing)

- Bei LCD-, Plasmabildschirmen und Daten-Projektoren (Beamer) wird das Bild nicht in Zeilen geschrieben, sondern als Ganzes aufgebaut.
- Wenn Bildquellen in Interlaced-Technik vorliegen, würde ohne Bearbeitung (Korrektur) die Bildqualität beeinträchtigt sein. Es muss deshalb eine Zeilenentflechtung (**Deinterlacing**) vorgenommen und die Zeilen dann zu einem Vollbild konvertiert werden.
- Beispiel:

ohne Korrektur

mit Korrektur

- Deinterlacing erfolgt im Fernsehgerät direkt oder in der Set-Top-Box (bzw. DVD-Player, DVB-Empfänger usw.). Im PC wird Deinterlacing entweder von einer Software (z. B. Player-Software) oder mit Hilfe einer Hardware (z. B. TV-Karte) durchgeführt. Die Bildqualität hängt entscheidend vom verwendeten Deinterlacer ab.

Verfahren zur Zeilenentflechtung

Weave (field insertion)

- Die vorhandenen Teilbilder werden gleichzeitig verwendet und zu einem Vollbild zusammengefügt.
- Nachteile:
  - Die Zeilen erscheinen gegeneinander verschoben und es entstehen Kammeffekte (Kammartefakte).
  - Bei bewegten Szenen kommt es zum Flimmern.

Unschärfe

- Wie beim Weave-Verfahren werden die Zeilen der Halbbilder zusammengefügt. Damit die Kammeffekte abgeschwächt werden, wird das Vollbild weich gezeichnet.
- Nachteil: Bild wirkt unscharf

Skip Field

- Eines der Halbbilder wird weggelassen.
- Bei dem verwendeten Halbbild werden die fehlenden Zeilen durch Interpolation aus den umliegenden Zeilen ermittelt (Zeilenverdopplung). Kammeffekte treten nicht auf.
- Nachteil: Da Bildinformationen des zweiten Teilbildes fehlen, Bewegungen wirken im Bild „abgehackt".

Bobbing (line averaging)

- Wie beim Skip-Field-Verfahren werden die fehlenden Zeilen für jedes Teilbild interpoliert.
- Es werden somit zwei einander nachfolgende Vollbilder ohne Kammeffekte gewonnen.
- Nachteil: Es entsteht ein geringes vertikales Wackeln.

Blending

- Aus den zwei Teilbildern werden durch Zeilenverdopplung bzw. Interpolation Vollbilder erzeugt.
- Sie werden übereinander gelegt und dann entsprechende Mittelwerte berechnet.
- Nachteil: Durch die Überdeckung der Bilder können Bewegungen im Bild „verwischt" sein.

Adaptiv

- Für den korrigierten Bildaufbau werden vorangegangene und nachfolgende Bilder benutzt.
- Weitgehend statische Bilder werden mit einfachen Methoden bearbeitet.
- Bilder mit bewegten Szenen werden möglichst verlustfrei aus anderen Bildern rekonstruiert.

100 Hz bei CRT-Bildschirmen

- Bei Bildröhren (**CRT**: **C**athode **R**ay **T**ube) mit großer Helligkeit und großen Bildschirmdiagonalen flackern große und helle Bildstellen in ihrer Helligkeit (z. B. bei der Übertragung eines Skirennens). Diese Bildstörung wird als **Großflächenflimmern** bezeichnet.
- Ursache für das wahrnehmbare Großflächenflimmern ist die 50 Hz-Bildwechselfrequenz (Vertikalablenkfrequenz), die noch im Bereich der Hell-Dunkel-Auflösung des menschlichen Auges liegt. Flimmerfreiheit entsteht erst bei einer Bildwechselfrequenz die größer als 70 Hz ist.
- Das Großflächenflimmern lässt sich durch eine Verdoppelung der Bildwechselfrequenz von 50 Hz auf 100 Hz erreichen. Im Empfänger werden dazu die vom Sender übertragenen 50 Hz-Teilbilder digitalisiert, gespeichert und in 100 Hz-Teilbilder gewandelt.
- Verfahren:
  - Bilder werden zweimal hintereinander dargestellt.
  - Jeweils ein zusätzliches Bild wird berechnet und zwischen zwei Fernsehbilder eingefügt (bewegungsadaptive Bildverarbeitung).

100 Hz bei LCD-Bildschirmen

- Problem:
  Auf dem Bildschirm bleibt jedes Bild so lange und vollständig bestehen, bis es durch das nachfolgende Bild ersetzt wird (im Gegensatz zum CRT-Bildschirm). Auf der Netzhaut des Auges bleibt dadurch der Bildeindruck zu lange erhalten, wodurch bewegte Objekte als unscharf (Verwischeffekt, Bewegungsunschärfe) wahrgenommen werden.
- Lösung:
  Durch Erhöhung der Bildwechselfrequenz verkürzt man die Anzeigedauer pro Bild und somit den Eindruck auf der Netzhaut. Bewegungen werden dadurch flüssiger und schärfer wahrgenommen.
- Eine Bildverdopplung führt aber noch nicht zu einem optimalen Ergebnis. Sinnvoll ist eine Berechnung der Zwischenbilder.
- Beispiel für Zwischenbildberechnungen:
  - Aus den Bildern A und B wird das Zwischenbild AB ① mit der Lage des bewegten Objekts berechnet (interpoliert) und eingefügt.
  - Aus den Bildern B und C wird das Zwischenbild B ② mit der Lage des bewegten Objekts berechnet eingefügt, usw.

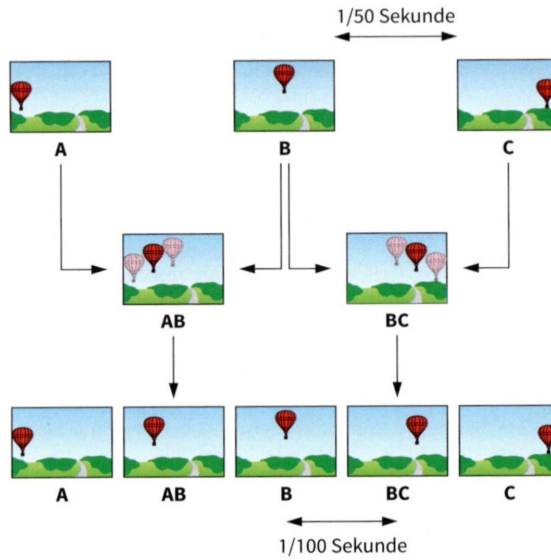

200 Hz bei LCD- und Plasma-Bildschirmen

- Bei 200 Hz Bildwechselfrequenz werden zwischen den Bildern (z. B. A und B) drei Zwischenbilder berechnet (interpoliert A*, AB, AB*).
- Eine Verbesserung erreicht man auch noch, wenn zusätzlich zu den errechneten Zwischenbildern im Fernsehgerät schwarze Halbbilder erzeugt werden. Die Lichteinwirkung auf das Auge wird dadurch wie bei einer Kinovorstellung unterbrochen. Die Lichteinwirkung auf der Netzhaut zwischen zwei Bildern wird somit gelöscht und die effektive Anzeigezeit pro Bild halbiert sich.
- Effektiv werden 200 Bilder pro Sekunde angezeigt und unscharfe Wahrnehmung von Bewegungen weitgehend beseitigt.

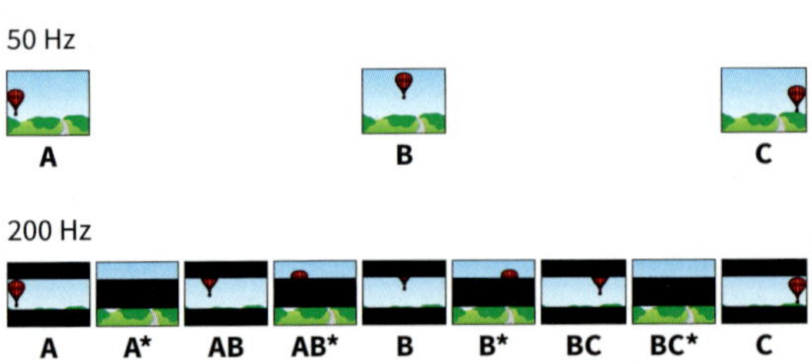

Bewegungskompensation (Motion Compensation)

- Bewegungskompensation wird eingesetzt, um die Wiedergabe von bewegten Szenen zu verbessern. Je nach Hersteller werden Begriffe verwendet wie z. B. Motion Flow, Motion Picture, Dynamic Motion oder Digital Natural Motion.
- Im Prinzip wird bei bewegten Objekten (z. B. Läufer oder Bälle) wie folgt vorgegangen:
  - Zunächst werden bewegte Objekte in einem Bild (Bewegtbild) identifiziert.
  - Danach werden mit einem Algorithmus die Bewegungsvektoren dieser Objekte interpoliert und die veränderten Objekte in das jeweilige Bild eingefügt (Bewegungskompensation).
- Die statischen Teile der Halbbilder lassen sich vereinfacht bearbeiten, indem man sie z. B. zur Deckung bringt und mit dem Weave-Verfahren bearbeitet.

ohne Kompensation

mit Kompensation

Wiedergabe von Filmen

- Filme werden mit 24 vollständigen Bildern (A, B, C, … ①) pro Sekunde aufgenommen (**Progressive-Verfahren**, **24p**). Die Aufzeichnung auf DVD oder Blu-ray-Disc erfolgt ebenfalls in vollständigen Bildern (**24p**: 24 **p**rogressive frames per second).
- Probleme treten auf, wenn diese Aufzeichnungen über ein Standardfernsehgerät mit 50 Hz Bildwechselfrequenz (**50i**: 50 **i**nterlaced fields per second). 50i entspricht 25 vollständigen Bildern pro Sekunde (**25p**: 25 **p**rogressive frames per second).
- Bei bewegten Objekten in Bild kommt es zu ruckartigen Übergängen ② ③.
- Lösung:
  Die Bildwechselfrequenz muss angepasst werden. Die Verfahren werden als **Pulldown** bezeichnet.

Pulldown-Verfahren

- Beim **3:2 Pulldown** werden 24 Vollbilder pro Sekunde in 30 Vollbilder pro Sekunde umgewandelt.
- Die Zahlen 3:2 ④ (bzw. 2:3) geben dabei kein Verhältnis, sondern eine Reihenfolge an.
- Nach drei Vollbildern (Bildwiederholungen) folgen zwei Vollbilder usw. Insgesamt ergeben sich demnach 12 x 3 + 12 x 2 = 60 Bilder (60 Hz).
- Eine Interpolation von Bildern und damit eine Datenreduktion findet nicht statt.
- Durch die größere Anzahl von Bildern verringern sich die Zeiten der ruckartigen Übergänge ⑤ ⑥.
- Eine weitere Verbesserung der Übergänge erreicht man beim
  - **3:3 Pulldown** (72 Hz ⑦),
  - **5:5 Pulldown** (120 Hz ⑧) und
  - **6:4 Pulldown** (120 Hz, Verdopplung von 3.2 Pulldown).
- Durch Bildervermehrung allein lässt sich die Bewegungsunschärfe nicht vollständig vermeiden. Durch Zwischenbilder, in denen die Positionen der bewegten Objekte neu berechnet werden, entstehen flüssige Übergänge (teilweise kompensiert: ⑨, vollständig kompensiert: ⑩).
- Wenn der Bildaufbau im Zeilensprungverfahren erfolgt, ergeben sich Zwischenbilder entsprechend 50i und 60i (**inter**laced fields per second).

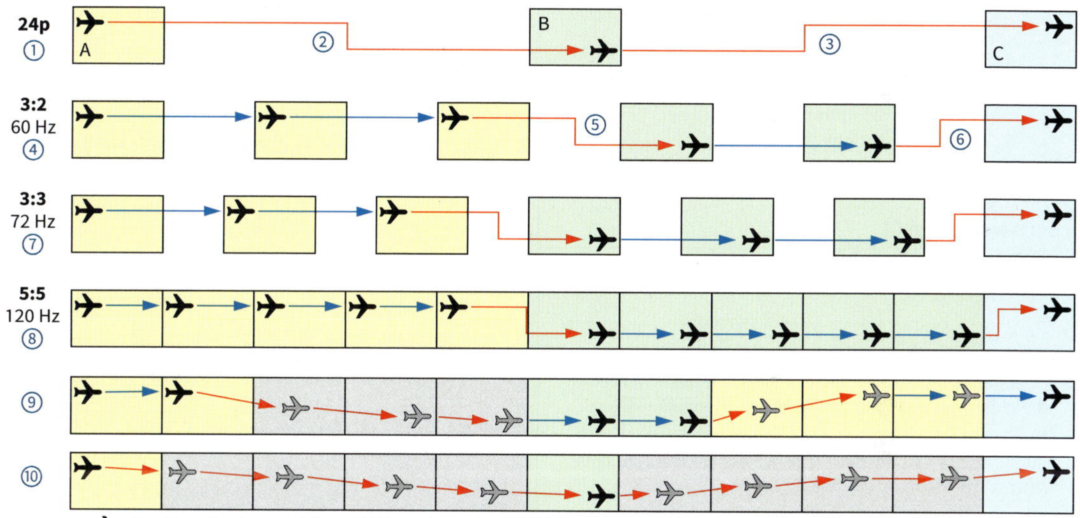

Position des beweglichen Objektes im Originalbild
Position des beweglichen Objektes im interpolierten Bild

Hintergrundbeleuchtung

- Zur Hintergrundbeleuchtung werden 7 bis 12 **Kaltkatodenröhren** (**CCFL**: **C**old **C**athode **F**luorescent **L**amps) verwendet. Reflektor und Diffusor sorgen für eine gleichmäßige Lichtverteilung, die durch eine Regelung abhängig vom Bildinhalt ist (dynamische Regelung). Damit lässt sich eine vollflächige (ganzes Bild) Kontraständerung von 13000:1 auf 15000:1 erzielen.
  CCFLs besitzen Nachteile im Rot- und Grünbereich des Lichtspektrums.
- Ein gleichmäßigeres Spektrum erzielt man mit **WCG-CCFL**-Lampen (**W**ide **C**olor **G**ammut CCFL), die einen erweiterten Farbraum (xvYCC) besitzen.
- Mit flächig angeordneten **LEDs** zur Hintergrundbeleuchtung kann abhängig vom Bildinhalt lokal gedimmt werden.

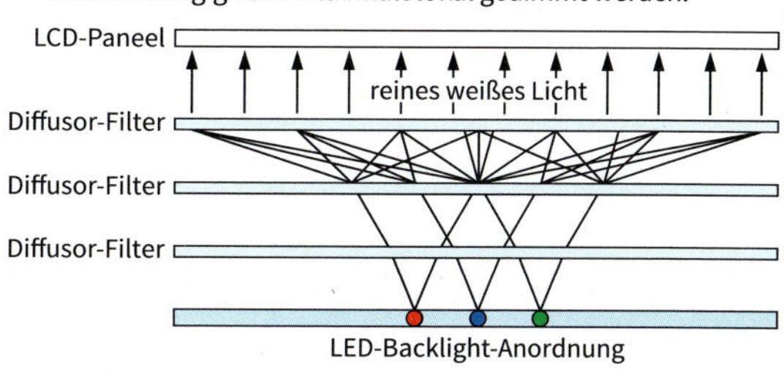

CI-Merkmale

- **CI** (**C**ommon **I**nterface) ist die Bezeichnung für „allgemeine Schnittstelle" zum DVB-Empfang im Pay-TV (Bezahl-TV) ① für verschlüsselte Signale. Sie wird auch als CI-1.0 bezeichnet (Encryption: Verschlüsselung).
- Die Entschlüsselung (Decryption) erfolgt im **CAM** (**C**onditional **A**ccess **M**odule ②, bedingter Zugriff) in Verbindung mit den Daten der eingefügten Smart Card ③ (intelligente Chipkarte).
- Die Smart Card dient auch der Identifizierung des Teilnehmers.
- Für CAM wird ein **PCMCIA**-Steckplatz ④ (**P**ersonal **C**omputer **M**emory **C**ard **I**nternational **A**ssociation) verwendet. Er kann sich in einer Einschubkarte für einen PC ⑤ oder in einer Settop-Box befinden.

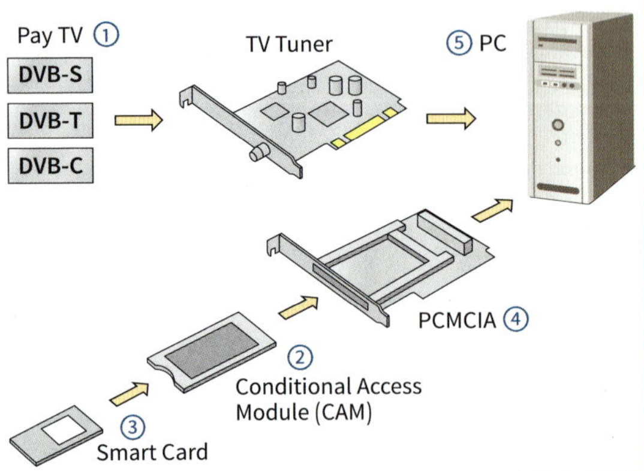

Arbeitsweise von CI

- Die Empfangseinheit (Tuner im PC bzw. FS-Gerät) demoduliert das Signal ⑥.
- Die verschlüsselten Signale werden im CAM entschlüsselt ⑦ und zur Empfangseinheit zurückgeschickt ⑧.
- Über den Demultiplexer und den MPEG-Decoder werden dann die Bild- und Toninformationen ausgegeben ⑨.
- Das unverschlüsselte Signal kann nun zur weiteren Verwendung genutzt werden. Beispiele: Aufzeichnungen, „zeitversetztes" Fernsehen (Time-Shift).
- Interaktive TV-Dienste können genutzt werden.

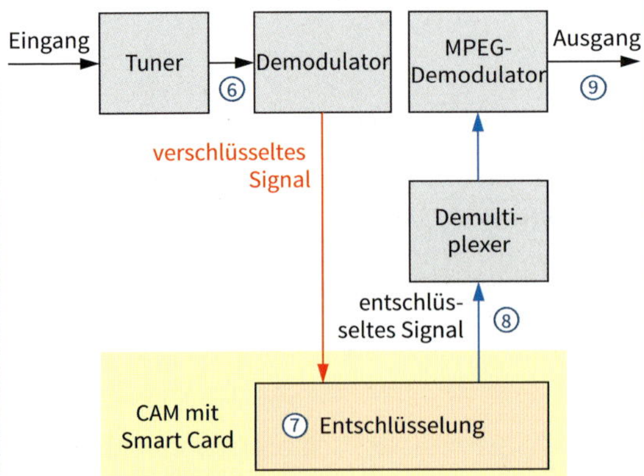

Common Interface Plus, CI+

- Das System ist eine Weiterentwicklung von CI und arbeitet mit einer „Rückverschlüsselung". Das Signal ist bis vor der Ausgabe auf dem Bildschirm verschlüsselt. Dieses geschieht mit Hilfe zusätzlicher Signale (Host Shunning Flags: Anweisungen) im TV-Signal der Sendeanstalten.
- Die Host-Shunning-Flags werden vom CI-1.0 Standard ignoriert, so dass Abwärtskompatibilität besteht.
- Wie bei CI wird bei CI+ ein PCMCIA-Steckplatz verwendet.
- Es ist nur möglich, eine Sendung zu entschlüsseln. Twintuner sind damit nicht sinnvoll.
- Einschränkungsmöglichkeiten durch CI+:
  - Die Aufnahme von Sendungen kann unterbunden werden.
  - Zeitversetztes Fernsehen (Time-Shift) kann unterbunden oder zeitlich begrenzt werden.
  - Die Wiedergabe von Aufnahmen ist nur innerhalb eines bestimmten Zeitrahmens möglich (z. B. 14 Tage).
  - Das Vorspulen zur Ausblendung von Werbung kann unterbunden werden.
  - Es kann festgelegt werden, mit welcher Auflösung die Ausgabe erfolgen soll.
  - Die Weitergabe und -verarbeitung von Aufzeichnungen kann unterbunden werden (Kopierschutz).

Arbeitsweise von CI+

- Im CAM erfolgt zunächst die Schlüsselberechnung und Entschlüsselung des Signals ①.
- Je nach Berechtigung durch die Sendeanstalt erfolgt eine Neuverschlüsselung ②.
- Wenn die Bedingungen erfüllt sind, erfolgt im Empfänger die Entschlüsselung des Signals ③.

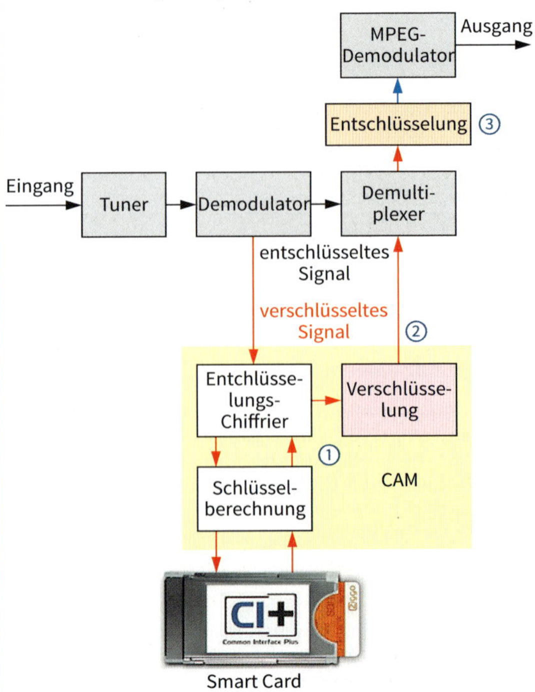

Prinzip und Anwendung

- Verfahren zur Audiodatenreduktion bei guter Wiedergabequalität (CD ① → MCC ③).
- Kompressionsfaktor 1 : 10 bis 1 : 12
- Datenrate: 64 kbit/s … 192 kbit/s
- Standard: MPEG-1 Layer III
- Anwendungen:
  - Die reduzierten Audiodaten benötigen wenig Speicherplatz (z. B. Speicherung auf MMC ③).
    Kostengünstige Verbreitung von Audiodaten über das Internet ②.
  - Die Wiedergabe erfolgt in kleinen robusten Geräten, in denen zum Abspielen keine mechanisch beweglichen Teile verwendet werden ④.

Umwandlung in das MP3-Format

1. **Audioquelle**
   Digitale Audiodaten z. B. von einer CD stehen zur Verfügung ①.
2. **Digital Audio Copy (DAC)**
   Digitale Audiodaten werden mit entsprechender Software vom PC gelesen (CD-Ripper ②).
3. **Wave-Datei**
   Das CD-Ripper-Programm erstellt zunächst eine vom Datenumfang noch recht große Wave-Datei (.wav ③).
   Beispiel: Ein 5 min Musikstück in CD Qualität benötigt ca. 50 MB Speicherplatz auf der Festplatte.
4. **Encoder**
   Der MP3-Encoder reduziert die Daten in unterschiedlicher Qualität ④.
5. **Wiedergabe**
   Die reduzierten Daten können auf den verschiedenen Datenträgern (Festplatte, CD, MMC usw.) gespeichert und wiedergegeben werden ⑤.

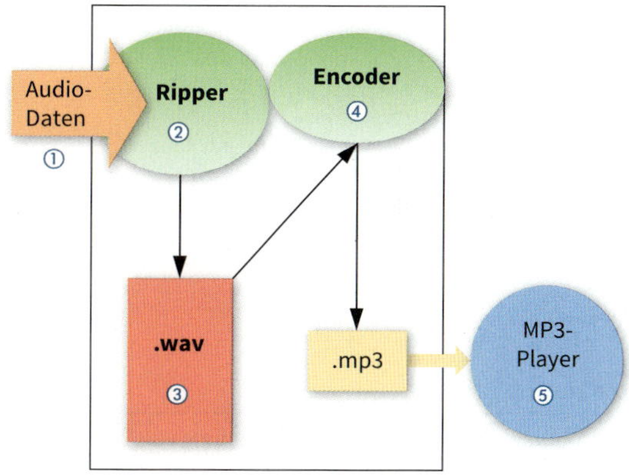

Datenreduktion bei MP3

- **Anpassung der Subbänder**
  Das nichtlineare Hörverhalten des menschlichen Ohres wird besonders berücksichtigt, indem man die Subbänder mit zunehmender Frequenz breiter macht (im Gegensatz zu MUSICAM).

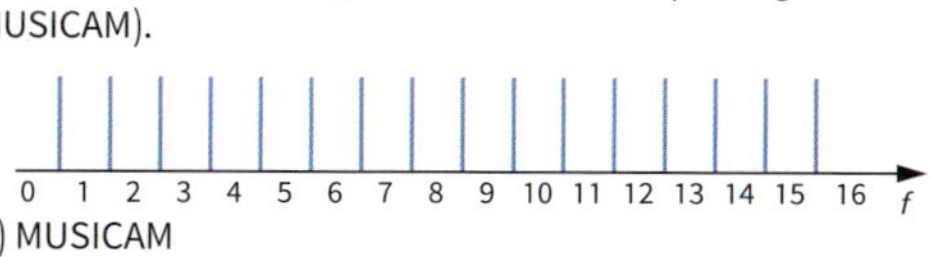

a) MUSICAM

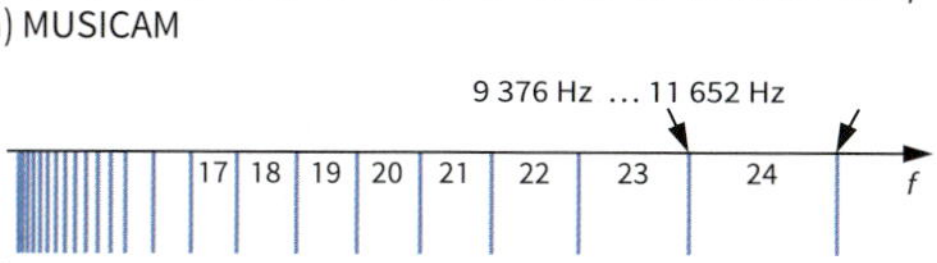

b) MP3

- **Transformation**
  Durch die Anwendung von **MIDCT** (**M**odifizierte **d**iskrete **C**osinus-**T**ransformation) wird der Aliasing Effekt weitgehend verhindert.
- **Blocklängen**
  Niedrige Frequenzen: Lange Blöcke mit 36 Samples.
  Hohe Frequenzen: Kurze Blocklängen mit 12 Samples.
- **Quantisierung**
  Mit der angewendeten nichtlinearen Quantisierung erreicht man eine bessere Anpassung an das nichtlineare Verhalten des Ohres.
- **Bit-Reservoire**
  Durch unterschiedliche Samples unterscheiden sich die Datenbreiten in den einzelnen Frames. Es besteht die Möglichkeit, zusätzliche Daten einzubinden, die beim Decodieren verwendet werden können (z. B. Liedtext).
- **Reduktion der Stereo-Information**
  Ab einer bestimmten Frequenz kann das Ohr Unterschiede zwischen beiden Kanälen nicht mehr wahrnehmen.
- **Intensity Stereo Coding**
  Im oberen Frequenzbereich werden nicht Links- und Rechts-Signale, sondern nur das Summensignal (L+R) übertragen.
- **MS Stereo Coding (Middle Side)**
  Aufteilung der Stereo-Informationen in:
  - Middle-Channel (Summe L+R)
  - Side-Channel (L-R)
    Die Daten des Side-Channels enthalten erheblich weniger Informationen als der Middle-Channel.

Arten

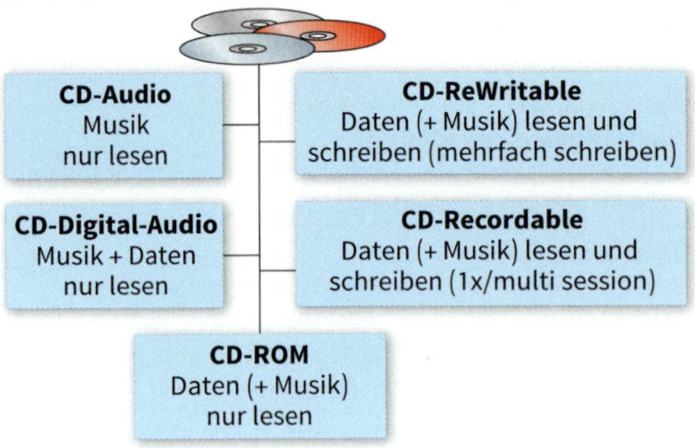

Leseverfahren

- **Konstante Übertragungsrate**
  CLV: Constant **L**inear **V**elocity
  Die Daten auf der CD sind in einer Spirale mit gleich bleibender Dichte angeordnet. Der Laser tastet zu jedem Zeitpunkt gleiche Strecken ab. Die Rotationsgeschwindigkeit muss demzufolge angepasst werden (Audio-CD).
  Single-Speed:
  - Innenbereich ca. 500 1/min
  - Außenbereich ca. 200 1/min
- **Konstante Umdrehungsgeschwindigkeit**
  CAV: Constant **A**ngular **V**elocity
  Die Übertragungsrate ist nicht konstant.
  Sie hängt vom Ort des Lasers auf der Scheibe ab.
- **Partial CAV**
  Kombination aus CLV und CAV

Übertragungsrate

Die Übertragungsrate wird zur Kennzeichnung von Laufwerken benutzt (x-Faktor, Klasse).
4x bedeutet: 4 mal so große Übertragungsrate wie ein Single-Speed-Laufwerk, 4 x 150 kB/s = 600 kB/s.

Bezeichnungen und Daten

Klasse	Bezeichnung	Übertragungsrate in kB/s	Zugriffszeit in ms
1x	Single-Speed	150	600
2x	Double-Speed	300	300
3x	Triple-Speed	450	200
4x	Quad-Speed	600	150
6x	Six-Speed	900	150
8x	Eight-Speed	1200	100
10x	Ten-Speed	1500	100
12x	Twelve-Speed[1)]	1800	70–90
16x	[1)]	1900	70–90
24x	[1)]	2.000–3.000	60–85
32x	[1)]	2.500–3.600	50–85
…	…	…	…

[1] (CLV/CAV)

Tracks und Sessions

- Ein **Track** ist ein physikalischer Abschnitt auf der CD, in dem bestimmte Daten gespeichert sind (geschlossene Datenspur). Sie sind erforderlich, um verschiedene Datentypen voneinander zu trennen.
  Beispiele:
  - Audio-CD: Jedes Stück befindet sich in einem separaten Track.
  - CD-ROM: Alle Daten befinden sich in einem Track.
  - Mixed-Mode-CD: Track für Computer-Daten gefolgt vom Track für Musik-Daten usw.
- Eine **Session** ist wie ein Track ein physikalischer Abschnitt auf der CD, allerdings sind in ihr in der Regel mehrere Tracks enthalten.
  Der Anfang (Vorspann) wird durch ein **Lead-in** gekennzeichnet. Das Ende durch ein **Lead-out**. Beide werden erst beim Schließen der Session geschrieben.
  Auf einer CD können mehrere Sessions geschrieben werden (**Multisessions**).
  - Lead-in für jede Session: 120 s
    Lücke zwischen zwei Tracks: 2 s bei gleichem Modus, sonst 3 s
  - Lead-out der ersten Session: 90 s, danach 30 s
- CDs die in einer Session geschrieben werden, werden als **Singlesession-CD** bezeichnet.

Schreibmethoden

- Bei **Track-at-Once** werden alle Tracks einzeln geschrieben. Der Schreibvorgang wird nach jedem Track unterbrochen. Er kann sofort oder später wieder fortgesetzt werden. Zwischen den Tracks sind also einleitende und abschließende Blöcke (ohne Daten) vorhanden (Run-in, Run-out).
  Bei „Live-CDs" sind diese Pausen mitunter unerwünscht.
- Bei **Disc-at-Once** werden alle Tracks, einschließlich der Zwischenräume, ohne Unterbrechung geschrieben (wichtig bei Audio-CDs). Die Disc wird automatisch finalisiert, sodass keine weiteren Tracks hinzugefügt werden können.
- Bei **On-the-Fly** werden die Daten direkt von der Quelle auf eine CD-R übertragen, ohne dass sie vorher zwischengespeichert werden. Es wird kein Image angelegt. Dieses ist nur dann sinnvoll, wenn gewährleistet ist, dass der Schreibspeicher ständig gefüllt ist und somit die Gefahr eines Buffer Underruns nicht besteht.

CDs Brennen

- **CD-R:** Beschreibbare CD
  Die eingeprägte Spur enthält Zeitinformationen, die den Strahl des Schreiblasers führt.In der organischen Farbschicht wird durch den Laser (ca. 40 mW) die Struktur verändert (kristallin und amorph). Dadurch werden Pits und Lands eingeprägt.
- Eine CD-R ist wärmeempfindlicher als eine gepresste CD. Zum exakten Brennen ist ein kontinuierlicher Datenfluss erforderlich. Deshalb sollten im Hintergrund laufende Programme beendet werden.
- Zum Brennen von CDs wird eine spezielle Software benötigt, die mitunter im Betriebssystem eingebunden ist.
- **CD-RW:** Mehrfach beschreibbare CD
  Vor dem Neuschreiben muss die gesamte Schicht zunächst in einen einheitlichen Zustand gebracht werden (Löschvorgang).

CD-Aufzeichnungsstandards
CD Recording Standards

Red-Book[1)]

Audio-CD, CD-Audio, CD-DA (**D**igital-**A**udio)
- 2.352 Byte als Nutzdaten/Sektor
- 882 Zusatzbyte (784 zur Fehlererkennung, 98 Kontroll-Bytes)
- Kapazität: 74 Minuten Musik, max. 98 Titel

CD-DA mit Grafik
- Grafikdaten werden in den Kontrollbytes transportiert.

Yellow-Book[1)]

CD-ROM
- Enthält Spezifikationen der CD-DA
- Zusätzlich:
  - Fehlererkennung (EDC)
  - Fehlerkorrektur (ECC)
- Aufzeichnungsstandard ISO 9660
- Mode 1: Computerdaten mit 682 MB Kapazität
- Mode 2: Audio- und Grafikdaten mit 778 MB Kapazität

Blue-Book[1)]

CD-Extra, CD-Plus, CD-V
- Audio und Daten
- Kombination aus Red- und Yellow-Book

Orange-Book[1)]

CD-MO (**M**agneto **O**ptical)
- Datenträger, die mehrfach beschrieben werden können

CD-R (**R**ecordable)
- Optisch beschreibbarer Datenträger

CD-WO (**W**rite **O**nce)
- Einmalig bzw. in mehreren Sitzungen (Sessions) beschreibbar, beliebig oft lesbarer Datenträger.

Photo-CD
- Aufzeichnung und Wiedergabe von Bildern

Green-Book[1)]

CD-I (**C**omputer **D**isk **I**nteraktiv)
- Computerdaten
- Musik und Bilder
- 650 MB (72 min Video oder 19 h Ton)

White-Book[1)]

Video- und Photo-CD (MPEG-Standard)
- Video in VHS-Qualität
- Kapazität: 75 min Video

[1)] Die technischen Spezifikationen (Standards) werden als „farbige“ Bücher bezeichnet.

Audio-CD

CD-Platte

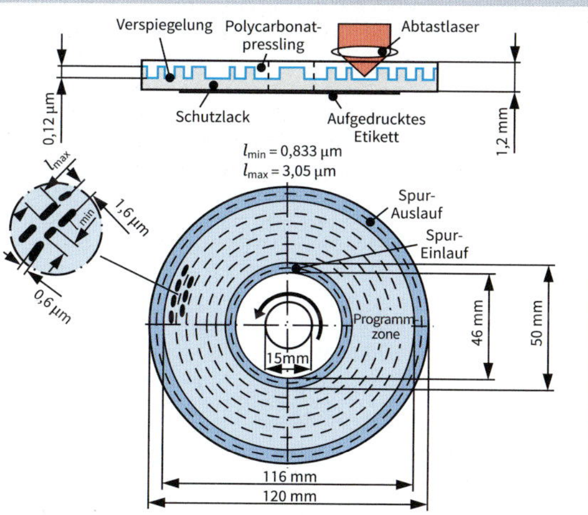

Wiedergabedaten	20 Hz … 20 kHz ± 0,5 dB, Dynamik: > 90 dB; Klirrfaktor: < 0,01 %; Kanaltrennung: > 90 dB
Spieldauer	max. 74 min
Drehzahl (veränderlich)	Innenabtastung: 500/min Außenabtastung: 215/min
Abtastgeschwindigkeit	1,2 m/s (70 min Spieldauer) … 1,4 m/s (60 min Spieldauer)
Drehrichtung	gegen Uhrzeigersinn
Leserichtung	spiralförmig, von innen nach außen

Optisches System	
Lichtquelle	Halbleiter-Laser (≤ 2 mW) AlGaAs, 780 … 820 nm
Tiefenschärfe	± 2 µm
Signalformat	
Abtastung	44,1 kHz Abtastfrequenz, L und R gleichzeitig, 1,41 Mbit/s
Codierung und Quantisierung	PCM, 2er-Komplement, 16 Bit linear (14 Bit bei Oversampling)
Aufzeichnungsformat	
Fehlerkorrektur-Code	**CIRC**: **C**ross-**I**nterleaved-**R**eed-Solomon-**C**ode (Verschachtelung mit Prüfwort ergänzt)
Kanal-Modulation	**EFM**: **E**ight to **F**ourteen **M**odulation; 8–14 Modulation; 8 Bit breite Symbols werden zu 14 Bit breiten Wörtern umgesetzt.
Sample	Abtastwert: je 16 Bit für L und R
Frame	Rahmen: 6 Samples ergeben 1 Frame
Frame-Länge	Rahmenlänge: 588 Bits; Synchronisation: 24 Kanalbits Steuerung/Anzeige: 8 Datenb., 14 Kanalb. 24 Datenbytes: 192 Datenb., 336 Kanalb. 8 Fehlerkorrektur-Bytes: 64 Datenb., 112 Kanalb. Zusatzbits: 102 Kanalbits
Merginbit	Koppelbit zur Synchronisation, für den Übergang von einem Wort zum anderen.
Kanalbitrate	4,3218 Mbit/s

Vergleich DVD mit CD

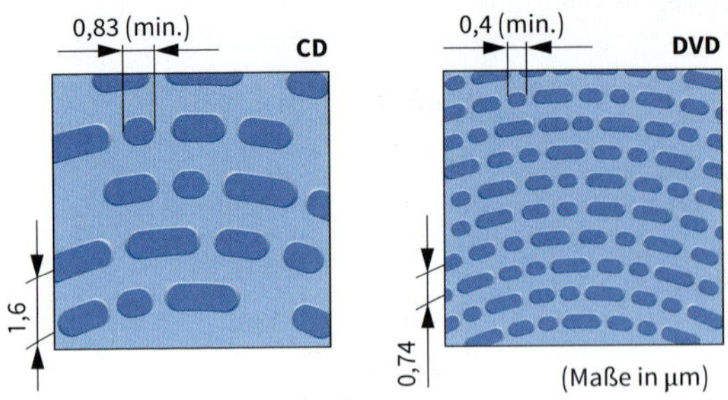

Kenndaten

Durchmesser	120 mm (wie CD)
Dicke	1,2 mm (wie CD)
Spurweite	0,74 µm
Laser	635 nm, 650 nm (Rot)
Kapazität (Daten)	4,7 GB; 8,5 GB; 9,4 GB und 17 GB
Fehlerkorrektur	RS-PC (Reed Solomon Product Code)
Datentransferrate	1 bis 10 MB/s (Mittelwert für Audio/Video) MPEG-2
Bildkompression Dateisystem	Micro UDF (M-UDF) und/oder ISO 9660

DVD-5, einseitig und einschichtig (4,7 GB)

- Eine Aufzeichnungsebene
- Etwa 2,2 Stunden Videoaufzeichnung möglich

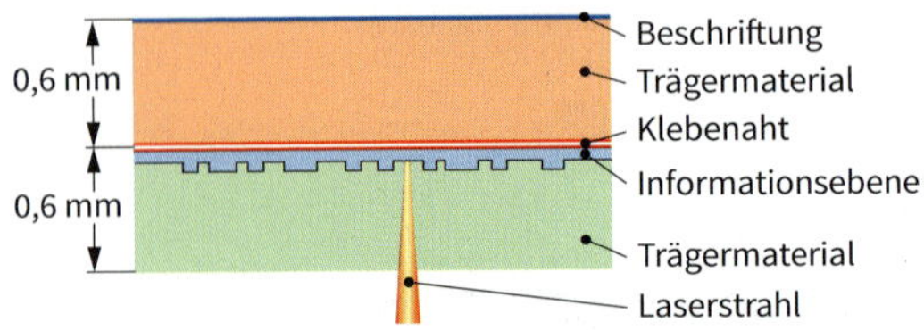

DVD-9, einseitig und zweischichtig (8,5 GB)

- Zwei Aufzeichnungsebenen
- Etwa 4,4 Stunden Videoaufzeichnung möglich

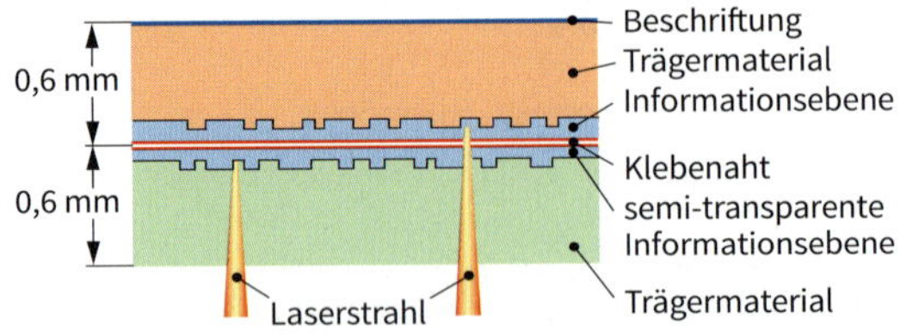

DVD-10, beidseitig und einschichtig (9,4 GB)

- Im Prinzip zwei zusammengeklebte einschichtige DVDs
- Etwa 4 Stunden Videoaufzeichnung möglich

DVD-18, beidseitig und zweischichtig (17 GB)

- Im Prinzip zwei zusammengeklebte zweischichtige DVDs
- Etwa 8 Stunden Videoaufzeichnung möglich

Schreibformate

Format	DVD-R	DVD-RAM	DVD-RW	DVD+RW
Einführungsjahr	1997	1998	2000	2001
beschreibbar	einmal	100.000 Mal	1000 Mal	1000 Mal
Kapazität in GB/Seite	4,7	4,7 bzw. 9,4	4,7	4,7
Reflexionsgrad in %	45 bis 85	15 bis 35	18 bis 30	10 bis 20
Aufzeichnungsmethode	Wobbled groove[1)]	Wobbled groove[1)] and land[2)]	Wobbled groove[1)]	High-frequency wobbled groove[1)]
Speicherverfahren	Organic Dye[5)]	Phase Change[6)]	Phase Change[6)]	Phase Change[6)]
Formatierung	CLV[3)]	Zoned CLV	CLV	CLV oder CAV[4)]
Laser Wellenlänge schreiben	635 bzw. 650 nm	650 nm	650 nm	650 nm
Laser Wellenlänge lesen	650 nm	650 nm	650 nm	650 nm

1) Groove: Vertiefung
2) Land: Erhöhung
3) **CLV: C**onstant **L**inear **V**elocity
Die Drehzahl des Mediums variiert, die Transferrate der Daten bleibt deshalb konstant.
4) **CAV: C**onstant **A**ngular **V**elocity
Die Drehzahl des Mediums bleibt konstant, die Transferrate der Daten wird von innen nach außen größer.
5) Die Aufzeichnungsschicht besteht aus organischem Farbstoff, der sich bei der Erhitzung durch den Schreib-Laserstrahl verfärbt, sodass von diesen Stellen der Laserstrahl beim Lesen weniger stark reflektiert wird (Pits). Die Leistung des Lasers beträgt 6 bis 12 mW.
6) Phasen-Wechsel: Der Laserstrahl erhitzt Zonen der Aufzeichnungsschicht (ca. 200 °C), die Metallatome ordnen sich kristallin an, der Refexionsgrad erhöht sich, der Zustand bleibt bei Abkühlung erhalten.
Beim Löschen erhitzt man die Aufzeichnungsschicht auf 500 bis 700 °C, nach der Abkühlung befindet sich das Metall wieder im amorphen Zustand (Ausgangszustand).

CD (Compact Disc)				DVD (Digital Versatile Disc)	
COMPACT disc DIGITAL AUDIO	**CD-Audio (CD-DA)** In der Regel als Musik-CD mit 76 Minuten Spieldauer, Red-Book-Standard	COMPACT disc DIGITAL AUDIO MIDI	**CD-Midi** Audio-CD mit zusätzlichem Midi-Mode in den Subcode Channels der Audio-CD	DVD ROM	**DVD-ROM** DVD zur Datenspeicherung (PC), Speicherkapazitäten 4,7 GB (DVD-5) bis 17 GByte (DVD-18)
COMPACT disc DIGITAL AUDIO TEXT	**CD-Text** Audio-CD mit zusätzlicher Text-Funktion (z.B. Interpret, Titel)	COMPACT disc PHOTO	**Photo-CD** CD für Fotos (Kodak, Philips)	DVD RAM	**DVD-RAM** (Random Access Memory) Freier, direkter Schreib-Lesezugriff, vornehmlich für PC-Daten
COMPACT disc DIGITAL AUDIO GRAPHICS	**CD+G** (CD + Grafik) Audio CD mit zusätzlichen Daten wie z. B. Bildern (Karaoke-CD)	COMPACT disc DIGITAL VIDEO	**Video-CD** (VCD) MPEG-1, 352 x 288 Pixel, 25 Bilder/s, White-Book-Standard	DVD	**DVD-Video** Spezifikation der DVD zur Speicherung von Videos
COMPACT disc DIGITAL AUDIO GRAPHICS TEXT	**CD+G** (CD + Grafik + Text) Audio-CD mit Grafiken und zusätzlicher Text-Funktion (z. B. mit Songtexten für Karaoke-CD)	COMPACT disc SUPER VIDEO	**Super-Video-CD** (SVCD) Weiterentwicklung der Video-CD, Spezifikation 3.0, MPEG-2, 480 x 576 Pixel	DVD R	**DVD+R** Einmal beschreibbare (recordable) DVD
COMPACT disc DIGITAL AUDIO EXTENDED GRAPHICS	**CD + Extended Graphics** Erweiterung der CD+G	COMPACT disc	**CD-ROM** (Computer-Daten CD) Speicherkapazität 650 MByte, nur zum Lesen, Yellow-Book-Standard	DVD ROM/RAM	**DVD ROM/RAM** ROM: Read Only Memory RAM: Random Access Memory
COMPACT disc+ DIGITAL AUDIO	**CD-Extra** (Enhanced-CD, CD-Plus) Audio-CD mit ROM-Anteilen, Blue-Book-Standard	COMPACT disc ReWritable	**CD-RW** (Rewritable) Wieder beschreibbare CD Orange-Book-Standard	RW DVD+R	**DVD+R** Einmal beschreibbare DVD /recordable), Kapazität: 3,65 GB version 1, 4,7 GB version 2
COMPACT disc+ DIGITAL AUDIO TEXT	**CD-Extra** (Enhanced-CD, CD-Plus) Audio-CD mit ROM-Anteilen und zusätzlicher Text-Funktion	COMPACT disc Recordable	**CD-R** (Recordable) Einmal beschreibbare CD (früher CD-WO: Compact Disc Write Once), Orange-Book-Standard	RW DVD+R DL	**DVD+R DL** DVD mit zwei Datenschichten pro Seite, Dual- bzw. Double-Layer DVD
COMPACT disc Interactive	**CD-I** (CD-Interactive) Texte, Bilder, Grafiken, Videos, Green-Book-Standard	CD VIDEO	**CD-Video** (CD-V) Bildplattenformat	HD DVD	**HD DVD** (**H**igh **D**ensity **D**igital **V**ersatile **D**isc) 15 GB Single Layer, 30 GM Dual Layer, Datenspeicher für hochauflösende Filme

Merkmale

- Verkürzter Name: Blauer Lichtstrahl (Blue ray), blau-violetter Laser
- Nicht kompatibel zu CD und DVD
- 12 cm Durchmesser wie bei CD und DVD
- Im Vergleich zur DVD ist der Abstand des Lasers zum Datenträger verkleinert.
- Die Schutzschicht im Vergleich zur DVD ist verkleinert (0,1 mm), empfindlich gegen Schmutz
- Blu-ray Disc ist Nachfolger für die DVD mit erhöhter Speicherkapazität zur Aufnahme von Videos im HDTV-Format.
- Varianten:
  - BD-ROM, nur lesbar
  - BD-R, nur beschreibbar
  - BD-RE, wieder beschreibbar
- Etwa 13 Stunden in DVD-Auflösung von 720 x 576 Pixel (PAL, VHS-Qualität) können gespeichert werden.
- Aufnahme im HDTV-Format in Echtzeit ist möglich. Einseitige bzw. doppelseitige, ein- und zweischichtige Disc.
- Kapazitäten:
  - Eine Lage: bis 27 GB
  - Zwei Lagen: bis 54 GB
- Eine eindeutige Identifikationsnummer soll für einen besseren Kopierschutz sorgen.
- Es werden die Profile 1.0, 1.1 und 2.0 unterschieden, in denen die Anforderungen an Abspielgeräte festgelegt sind. In das Profil 1.0 lassen sich die meisten Standgeräte einordnen.
- Regionalcode wie bei der DVD (A/1, B/2 und C/3)
- Die Sektorgröße für die aufgezeichneten Daten beträgt wie bei der CD und DVD 2048 Byte.
- Interaktive Anwendungsschicht (BD-J) ist definiert (z. B. Wahl eines von mehreren Handlungssträngen oder das Filmende).

Vergleich

CD	DVD	Blu-ray Disc
Abstände der Pits in µm		
1,6 µm 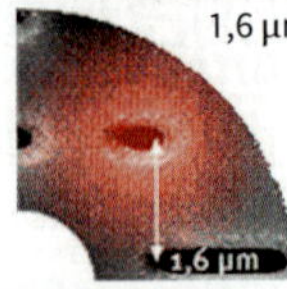	0,74 µm 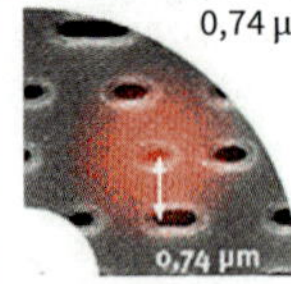	0,32 µm 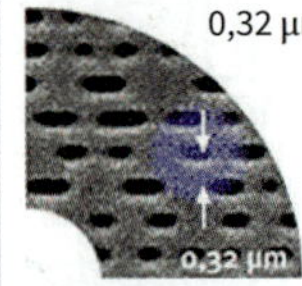
Speicherkapazität in GB, SL: Single Layer, DL: Double Layer		
0,68–0,8	SL: 4,7; DL: 8,5	SL: 25; DL: 50
Wellenlänge des Lasers, Laserspot-Durchmesser		
780 nm, Infrarot 2,1 µm	650 nm, Rot 1,3 µm	405 nm, Violett 0,6 µm
Datentransferrate in Mbit/s		
Mode 1: 1,2288 Mode 2: 0,6112	11,08	36–54
Video-Codec		
MPEG-1 (VCD) MPEG-2 (SVCD)	MPEG-1 (VCD) MPEG-2 (SVCD)	MPEG-1 (VCD) MPEG-2 (SVCD) VC-1, H.264
Spurweite in µm		
1,6	0,74	0,32
Numerische Apertur		
0,45	0,6	0,85
Schutzschicht in mm		
0,6	0,6	SL: 0,1; DL: 0,075

Kopierschutz

- Als Schutz vor illegalem Kopieren wird **AACS** (**A**dvanced **A**ccess **C**ontent **S**ystem) verwendet.
  Es funktioniert als digitales Rechtemanagement **DRM** (**D**igital **R**ights **M**anagement), das bei bespielbaren und vorbespielten optischen Medien verwendet wird.
- Die Verwaltung der Übertragung von Inhalten auf andere Geräte erfolgt entsprechend der unteren Abbildung.

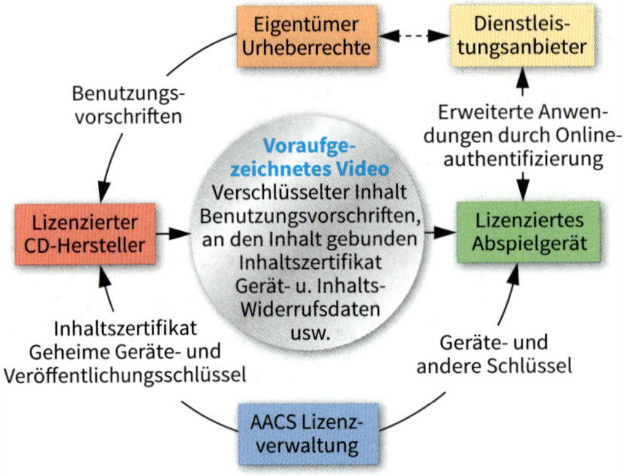

Aufnahmegeschwindigkeiten

- Mit der Angabe 1x kennzeichnet man eine Datenrate von 36 Mbit/s (entspricht 4x DVD-Geschwindigkeit)

Geschwindigkeit	Datenrate in		Schreibdauer in min (CLV-Modus)	
	Mbit/s	MB/s		
1x	36	4,5	90	180
2x	72	9	45	90
4x	144	18	22,5	45
6x	216	27	15	30
8x	288	36	11,25	22,5
12x	432	54	7,5	15

Regionalcode

- Wie bei der DVD ist bei Blu-ray Discs ein Regionalcode verwendet, der verhindert, dass z. B. in den USA erworbene Discs auf europäischen Abspielgeräten verwendet werden können.
- A/1: Nord- und Südamerika, Japan, Korea, Tauwan, Hongkong, Südostasien
- B/2: Europa, Naher Osten, Afrika, Ozeanien, Australien
- C/3: Indien, Nepal, China, Russland, Zentral- und Südasien

Unterschiede zwischen Film- und Digitaltechnik

Merkmal	Filmtechnik	Digitaltechnik
Bild	Zufällig verteilte lichtempfindliche Chemikalien	Lichtempfindliche Zellen, die in Gitterstrukturen angeordnet sind (Pixel)
Bildqualität	Hängt ab von der Filmempfindlichkeit, dem Licht, dem chemischen Prozess	Hängt ab von der Sensorqualität, der Farbinterpolation, der Kompression
Speicherung	Chemisch, Veränderung durch Alterung	Kurzzeitig im Arbeitsspeicher (RAM), dauerhaft auf Festplatte, CD, ...

Aufnahme-Sensoren

- Ein Sensor wird für alle drei Farben bzw. für jede Farbe einen Sensor (3 CCD) verwenden.
- Die Aufnahme-Chips der Digitalkameras sind deutlich kleiner als das Kleinbildformat (24 x 36 mm).
- Die Größenangabe erfolgt durch Angabe der Formatdiagonalen in Zoll (1 Zoll = 25,4 mm).

Bezeichnung	Länge *a* in mm	Breite *b* in mm	Diagonale *c* in mm
1/1"	9,6	12,8	16,0
2/3"	6,6	8,8	11,0
1/1,8"	5,1	6,8	8,5
1/2"	4,8	6,4	8,0
1/3"	3,6	4,8	6,0
1/4"	2,4	3,2	4,0

Auflösungsvermögen

- Das Auflösungsvermögen wird durch die Anzahl der Bildpunkte (in Megapixel) festgelegt. Je mehr Pixel, desto mehr Informationen hat das Bild.
- Berechnung: Pixelzahl (der Breite) x Pixelzahl (der Höhe)

Bildschärfe

- Sie ist die Fähigkeit zur Auflösung feinster Details. Die Grenze der Bildschärfe ist abhängig vom Aufnahmeformat und der beabsichtigten Endvergrößerung.
  Beispiel:
  Eine DIN A4 Vorlage mit einem Betrachtungsabstand von 25 cm (deutliche Sehweite). Die Grenzauflösung des Auges beträgt dann maximal sechs Linienpaare pro mm (6 Lp/mm).
- Ein Linienpaar besteht aus einer schwarzen und weißen Linie. Testgitter werden zur Beurteilung der Bildschärfe verwendet.

- Die Bildschärfe hängt außerdem vom Kontrast der von der Anwendung abhängigen höchsten Linienpaarzahl ab (möglichst hoher Kontrast angestrebt).

Abhängigkeiten der Qualität digitaler Bildaufzeichnungen

Auflösungsvermögen | Objektiv | Bilddatenreduktion

Sensortypen

Mosaiksensoren

- Die Sensoren sind in einem Gitter oder Mosaik angeordnet.
- Ein Farbfilter lässt nur jeweils Licht einer Wellenlänge zu dem darunter befindlichen Pixel passieren.
- Jedes Pixel zeichnet demzufolge nur eine Farbe auf (Rot, Grün oder Blau).
- Das insgesamt einfallende Licht wird aufgeteilt in 25 % Rot und Blau sowie 50 % Grün.
- Da jedes Pixel nur ⅓ der Farbinformationen erhält, müssen die fehlenden Farbinformationen durch Berechnungen über die Farben benachbarter Pixel interpoliert werden.
- Störungen durch Artefakte (Regenbogenmuster) treten auf, die sich durch Interferenzen zwischen der regelmäßigen Mosaikstruktur des Sensors und Bildmusters ergeben können.

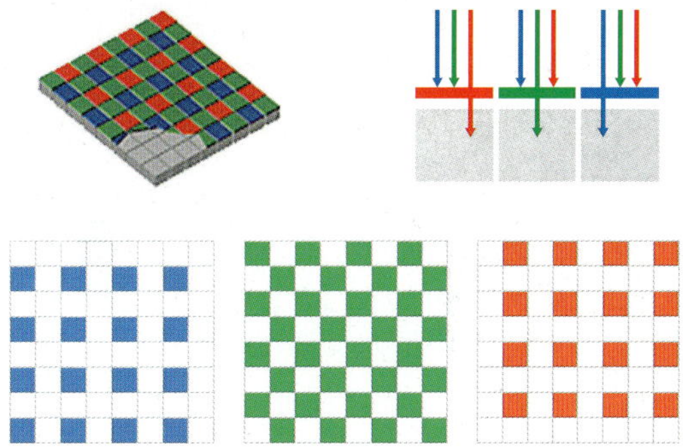

Vollfarben Bildsensor, Foveon X3

- Anwendungsprinzip: Die Eindringtiefe von Licht in Silizium ist von der Wellenlänge des Lichts abhängig.
- Jedes Pixel besteht aus drei übereinander liegenden Schichten.
- Die jeweilige Schicht ist für Rot, Blau bzw. Grün empfindlich (das Licht der jeweiligen Wellenlänge wird absorbiert).
- Da 100 % der Lichtinformation genutzt werden, entfallen aufwändige Berechnungsvorgänge.
- Die Sensorfläche wird fast vollständig genutzt.
- Störungen wie beim Mosaiksensor treten nicht auf.

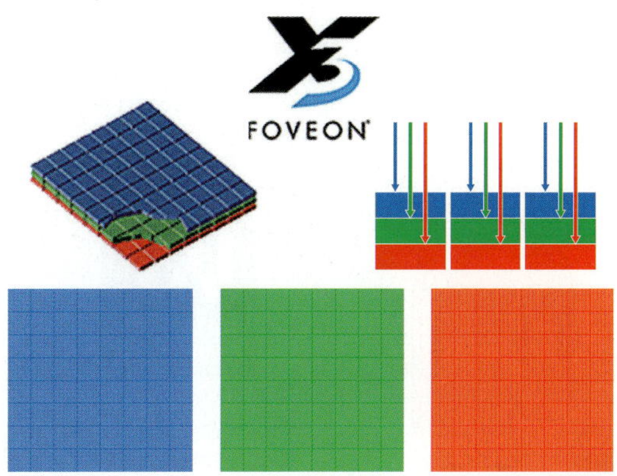

Einteilung

Eigenschaften \ Kameratyp	Kompaktkamera	Bridgekamera („Brückenkamera“)	Spiegelreflexkamera (DSLR) [1]
Mechanische Abmessungen/Gewicht	klein/gering	mittel/schwer	groß/schwer
Wechselobjektiv	nein	nein (Vorsatzlinsen)	ja
Manuelles Fokussieren	teilweise	ja	ja
Zeit-/ Blendenvorwahl	teilweise	ja	ja
Bildrauschen	höher	hoch	gering
Bildsensorgröße	klein	mittel	groß
Anwendungsbereich	Konsumerbereich	Konsumerbereich	Profibereich

[1] **DSLR**: **D**igital **S**ingle **L**ense **R**eflex

Spiegelreflexkamera

Die Belichtung des Bildsensors erfolgt bei Auslöserbetätigung durch Wegklappen des Spiegels.

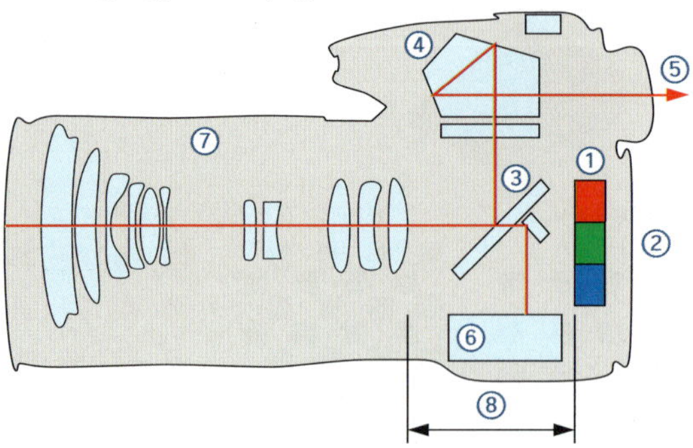

① Bildsensor
② LCD Anzeigeeinheit
③ Hauptspiegel
④ Umlenkprisma
⑤ Optischer Sucher
⑥ Autofokussensor
⑦ Wechselobjektiv
⑧ Auflagemaß (Abstand zwischen Bildsensor und Objektivanschluss ca. 40 mm)

Four-Thirds Kamerasysteme

- Für Kamerasysteme nach Four-Thirds Standard sind festgelegt
  - die mechanische Konstruktion von Kameras und Objektiven,
  - die elektrische Schnittstelle zwischen Kameragehäuse und Objektiv und
  - das Kommunikationsprotokoll zwischen Objektiv und Kameragehäuse.
- Die **Bildsensordiagonale** ist festgelegt auf 21,3 mm.
- **Micro-Four-Thirds** ist ein erweiterter Standard und beinhaltet eine weitere Reduzierung der Bautiefe durch Wegfall der Spiegeltechnik.
- Die Austauschbarkeit der Komponenten verschiedener Hersteller soll damit ermöglicht werden.

Micro-Four-Thirds Aufbau

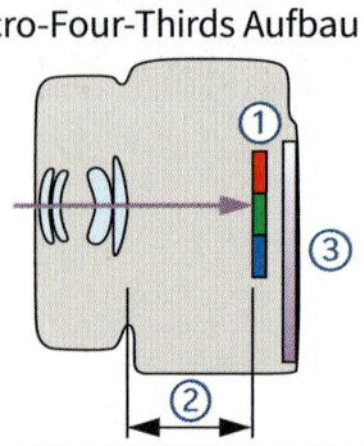

MICRO FOURTHIRDS

① Bildsensor
② Auflagemaß (20 mm)
③ LCD Anzeigeeinheit

Belichtung

- Die Belichtung besagt, wie dunkel oder hell eine Szenerie von der Kamera eingefangen wird. Die Belichtung wird durch drei Variablen bestimmt:
  - **Blendenöffnung** (Menge des einfallenden Lichts)
  - **Verschlusszeit** (Dauer des Lichteinfalls)
  - **ISO-Wert** (Lichtempfindlichkeit des Kamerasensors)
- Die verfügbaren Einstellmöglichkeiten der drei Variablen sind abhängig vom Kameramodell und dem verwendeten Objektiv.

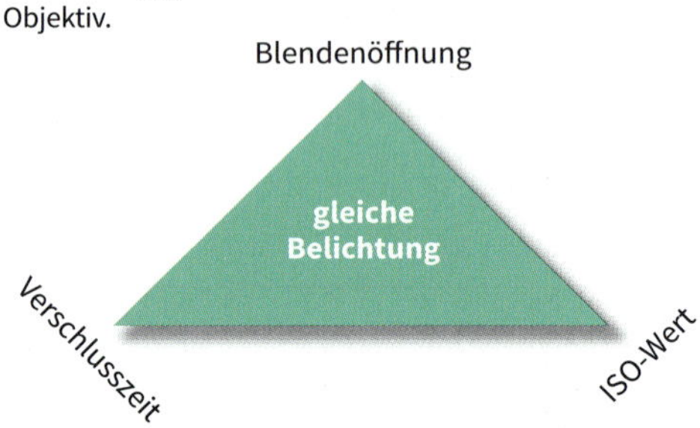

- Unterschiedliche Kombinationen von Blendenöffnung, Verschlusszeit und Lichtempfindlichkeit wirken sich auf die Ästhetik des Bildes aus:
  - Je größer die Blendenöffnung, umso geringer die Schärfentiefe im Bild.
  - Je länger die Verschlusszeit, umso wahrscheinlicher ist das Auftreten von Bewegungsunschärfe.
  - Je höher die Sensorenempfindlichkeit, desto stärker das Bildrauschen.
- Typische Einstellungen für verschiedene Situationen:
  - **Sport-/ Actionfotografie**:
    Sehr kurze Verschlusszeiten (1/320 s und kürzer) bei großer Blendöffnung und hohen ISO-Werten. Man nimmt geringe Tiefenschärfe und Bildrauschen in Kauf, um Bewegungen einzufrieren.
  - **Porträtfotografie**:
    Große Blendenöffnung bei geringen ISO-Werten ergibt ein qualitativ hochwertiges Foto, bei dem das Motiv von einem unscharfen Hintergrund (Bokeh) abgehoben wird.
  - **Landschaftsfotografie**:
    Eine kleine Blendenöffnung sorgt für große Schärfentiefe. Erfordert lange Verschlusszeiten von mehreren Sekunden und ein Stativ.

Merkmale

- Objektive sind **optische Linsensysteme**, die das zu fotografierende Objekt auf dem Bildsensor abbilden.
- Sie sind verfügbar in unterschiedlichen Ausführungen (z.B. Normalobjektiv), die verschiedene Aufnahmemöglichkeiten gestatten.
- Wesentliche Kennzeichen eines Objektivs sind
  - die Brennweite,
  - die Lichtstärke und
  - der Bildwinkel.
- Die **Brennweite**
  - ist der Abstand zwischen dem Linsensystem und dem Bildsensor und
  - wird angegeben in mm (z. B. $f = 50$ mm).
- Die **Lichtstärke** ist das Verhältnis zwischen der maximal größten Blendenöffnung und der Brennweite.
- Der **Bildwinkel**
  - definiert den Ausschnitt des Raumes vor dem Objektiv, der auf dem Bildsensor abgebildet wird und
  - ist abhängig von der Brennweite und dem Sensorformat (bezogen auf die Diagonale des Sensors).

Lichtstärke (Blendenzahl)

$$\text{Blende(nzahl)} = \frac{\text{Brennweite}}{\text{Maximale Blendenöffnung}} \text{ in } \frac{\text{mm}}{\text{mm}}$$

Brennweite: 50 mm	Brennweite: 50 mm
Blendenöffnung: 28 mm	Blendenöffnung: 9 mm
$\text{Blendenzahl} = \frac{50\text{ mm}}{28\text{ mm}} = 1{,}8$	$\text{Blendenzahl} = \frac{50\text{ mm}}{9\text{ mm}} = 5{,}6$
Schreibweise: 1:1,8	Schreibweise: 1:5,6

- Je kleiner die Blendenzahl, dest höher ist die Lichtstärke.
- Die Lichtstärke beeinflusst die Verschlusszeit und die Tiefenschärfe.

Objektivtypen

Mittlerer Brennweitenbereich
($f = 24$ mm bis $f = 70$ mm)
Normalobjektiv
Bildwinkel:
Horizontal 84° bis 44°
Vertikal 53° bis 19°
Diagonal 74° bis 29°

Brennweite $f = 40$ mm

Oberer Brennweitenbereich
($f = 70$ mm bis $f = 300$ mm)
Telezoomobjektiv
Bildwinkel:
Horizontal 29° bis 7°
Vertikal 19° bis 4°
Diagonal 34° bis 8°

Brennweite $f = 110$ mm

Unterer Brennweitenbereich
($f = 8$ mm bis $f = 30$ mm)
Fischauge (starke Verzeichnungen)
Bildwinkel:
Diagonal 154°

Brennweite $f = 10$ mm

Aufnahmen von einem Kamerastandpunkt aus

- **Makroobjektive** werden eingesetzt für Aufnahmen von kleinen Objekten (z.B. technische Abbildungen).
- Der Abbildungsmaßstab ist bis zum Wert 1:1 möglich. (Die Aufnahme hat die gleiche Größe wie das Objekt.)

Brennweite f:	100 mm
Lichtstärke:	1:2,8
Naheinstellgrenze:	0,2 m
Bildwinkel:	20° (horizontal) 14° (vertikal) 24° (diagonal)

Merkmale

- Camcorder (**Cam**era re**corder**) zeichnen Bewegtbilder und Ton gleichzeitig auf.
- Im Vergleich zur Digitalkamera fallen wesentlich mehr Daten an, die in Echtzeit verarbeitet werden müssen.
- Die verfügbaren Geräte können eingeteilt werden in
  - Konsumerbereich,
  - Semi-Professional-Bereich und
  - Professional-Bereich.
- Wesentliche Unterschiede liegen dabei in
  - der technischen Ausstattung (Auflösung, Aufnahme-/Wiedergabefunktion, Speichermedium),
  - der Baugröße und
  - dem Preis.
- Die **Auflösung** (Anzahl der Bildpunkte horizontal und vertikal) bestimmt die Detailtreue der Bilder und wird unterschieden in
  - **SD** (**S**tandard **D**efinition: Standardauflösung; 720 x 576 Bildpunkte) und
  - **HD** (**H**igh **D**efinition: Hohe Auflösung; 1920 x 1080 Bildpunkte).
- Aktuelle Entwicklungen gehen in die Richtung der 3-D-Technik (dreidimensional) mit verdoppelten Linsensystemen zur stereoskopischen Aufnahme.

Sensorsystem

- Die Bilderfassung erfolgt entweder mit
  - einem Bildsensor (RGB gleichzeitig) oder
  - **drei getrennten** Sensoren (RGB getrennt).
- Das einfallende Licht wird dabei über ein Prisma in die drei Grundfarben R, G und B zerlegt und jeweils von einem eigenen Sensor aufgenommen.

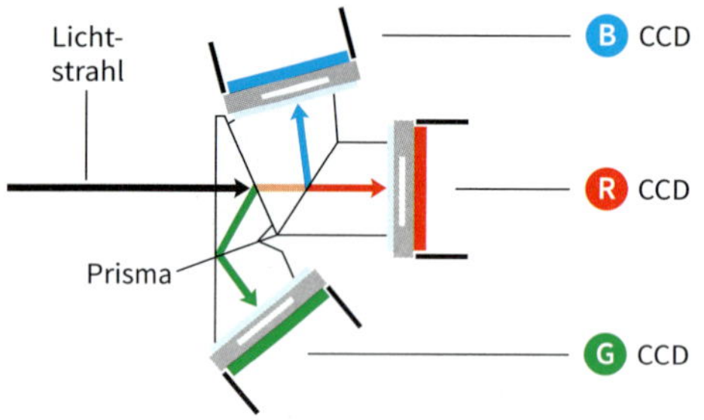

Formate

- Das **Videoformat** spezifiziert die Art der Bilddatenkomprimierung (z. B. MPEG4, MPEG2, Digital Video).
- Das **Aufzeichnungsformat** enthält Informationen über das Bild, den Ton und gegebenenfalls Zusatzinformationen (z. B. Titelinformationen).
- Gängige Formate sind z. B. **AVCHD** (**A**dvanced **V**ideo **C**oded **H**igh **D**efinition), **AVC** (**A**dvanced **V**ideo **C**odec) oder **HDV** (**H**igh **D**efinition **V**ideo).
- Die verschiedenen Aufzeichnungsformate beinhalten u. a. unterschiedliche Auflösungen (AVCHD: 1920 x 1080 Pixel), Farbabtastraten, Bildraten (24 bzw. 50 Bilder pro Sekunde) und Abspielraten.
- Das Dateiformat definiert die Datenstruktur innerhalb der Datei, die der Camcorder schreibt (z. B. mp4 ist der Videostandard nach MPEG4).

Speichermedien

- Für die **Dateiaufzeichnung** kommen zum Einsatz
  - Speicherkarten (z. B. SD Card, SDXC Card; 64 GByte),
  - interner Flash-Speicher (bis zu 32 GByte),
  - DVD (8 cm Durchmesser),
  - Magnetband oder
  - Festplatten (intern oder extern; bis 260 GByte).
- Das Abspielen bzw. die Schnittbearbeitung erfolgt mit Softwareprogrammen, die diese Fromate bearbeiten können.

Aufnahmezeiten

Speicher-medium	Standard Definition		High Definition
	MPEG2	MPEG4	AVCHD
Festplatte			
80 GByte	18 h 30 min	37 h	–
240 GByte	–	–	20 h
Speicherkarte			
64 GByte (SDXC)	15 h	30 h	5 h 20 min
32 GByte (SD/SDHC)	7 h 30 min	15 h	2 h 40 min

Mikrofonanschluss

- Für den Anschluss externer Mikrofone werden
  - XLR-Steckverbindungen oder
  - Klinkenstecker-Steckverbindungen

  verwendet.
- XLR-Steckverbindungen sind dreipolig und sind sowohl mit Stiften (male: männlich) als auch Buchsen (female: weiblich) verfügbar (Stifte: signalabgebend; Buchsen: signalempfangend).

Film-/ Fernsehkamera

- Für die professionelle Produktion von Filmen oder Fernsehaufnahmen kommen spezielle Kameras zum Einsatz.
- Diese sind u. a. gekennzeichnet durch eine
  - große Bauform,
  - Vielzahl von Schnittstellen zum Anschluss externer Geräte (z. B. drahtlose Tonübertragung mit Funk),
  - Fernbedieneinheiten und
  - entsprechend hochwertigen Aufnahmeeigenschaften.
- Im Rahmen des Produktionsablaufs für Fernsehaufnahmen werden Dateiformate (z. B. **MXF**: **M**aterial **E**xchange **F**ormat) eingesetzt, die einen vollständigen Austausch aller Elemente einer Produktion ermöglichen (Audio, Video, Daten, Metadaten).

Gerätebeispiel: Reportagekamera

Messtechnik

7

Grundbegriffe der Messtechnik
Basic Terms in Measurement Technique

- **Messen**
  Experimenteller Vorgang zur Ermittlung eines speziellen Wertes einer physikalischen Größe als Vielfaches einer Einheit oder eines Bezugswertes
- **Messgröße**
  Durch Messung erfasste physikalische Größe, z. B. Spannung
- **Messwert**
  Speziell zu ermittelnder Wert der Messgröße in Zahlenwert und Einheit, z. B. 12 kWh
- **Messprinzip**
  Nutzung einer charakteristischen physikalischen Erscheinung zur Messung, z. B. Drehmomentbildung beim elektrodynamischen Motorzähler zur Messung der elektrischen Arbeit
- **Messverfahren**
  Praktische Anwendung und Auswertung eines Messprinzips
- **Direktes Messverfahren**
  Messwertlieferung durch unmittelbaren Vergleich mit einem Bezugswert derselben Messgröße, z. B. Massenvergleich mit Gewichten
- **Indirektes Messverfahren**
  Rückführung des gesuchten Messwertes auf andere physikalische Größen, z. B. drehzahlproportionale Arbeit beim Motorzähler
- **Messeinrichtung** (Messanordnung)
  Besteht aus einem oder mehreren zusammenhängenden Messgeräten mit Zusatzeinrichtungen und Zubehör
- **Analoges Messverfahren**
  Eindeutige punktweise stetige Darstellung der Messgröße, z. B. stetig veränderbare Zeigerstellung
- **Digitales Messverfahren**
  Zahlenmäßige Darstellung der Messgröße bei gegebenem kleinsten Messschritt
- **Zählen**
  Ermittlung der Anzahl von gleichartigen Elementen oder Ereignissen, die bei der Untersuchung eines Vorganges auftreten
- **Prüfen**
  Feststellung, ob Prüfgegenstand eine oder mehrere vereinbarte oder vorgeschriebene Bedingungen erfüllt

Skalensymbole
Scale Symbols

Beispiel:

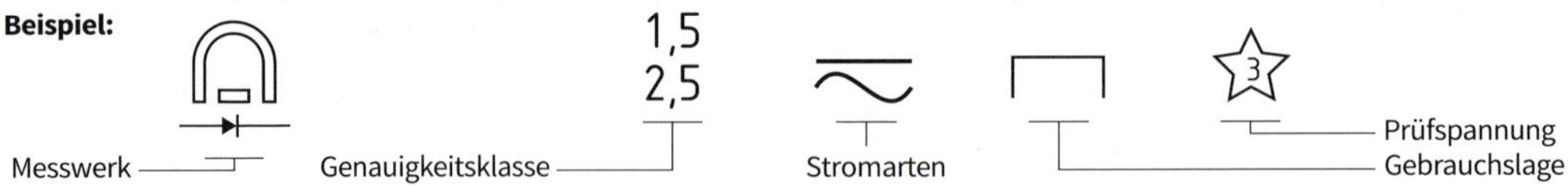

Messwerke	
Drehspulmesswerk mit Dauermagnet, allgemein	Dreheisenmesswerk
Eingebauter Zusatz: Gleichrichter	Dreheisen-Quotientenmesswerk
nicht isolierter Thermoumformer	Induktionsmesswerk
isolierter Thermoumformer	Hitzdrahtmesswerk
Drehspul-Quotientenmesswerk	Bimetallmesswerk
Drehmagnetmesswerk	Elektrostatisches Messwerk
Drehmagnet-Quotientenmesswerk	Vibrationsmesswerk
Elektrodynamisches Messwerk, eisenlos	Magnetische Schirmung
Elektrodynamisches Messwerk, eisengeschlossen	
Elektrodynamisches Quotientenmesswerk, eisenlos	

Stromarten
Gleichstrom
Wechselstrom
Gleich- und Wechselstrom
Drehstrominstrument mit einem Messwerk
mit zwei Messwerken
mit drei Messwerken

Prüfspannungen
Prüfspannung 500 V
Prüfspannung höher als 500 V, z. B. 2000 V
Keine Spannungsprüfung

Genauigkeitsklasse[1]	
1,5	Klassenzeichen für Anzeigefehler, z. B. ±1,5 %, bezogen auf den Messbereich-Endwert

Gebrauchslagen
Schräge Gebrauchslage Neigungswinkel, z. B. 60°
Waagerechte Gebrauchslage
Senkrechte Gebrauchslage

Hinweise
Getrennter Nebenwiderstand
Getrennter Vorwiderstand
Getrennter Scheinwiderstand

Besonderer Hinweis
Achtung! Gebrauchsanweisung beachten

Nennbedingungen	
z. B. Nenntemperatur 25 °C,	
25°C	Einflussbereich 15 bis 25 °C und 25 bis 35 °C

[1] Feinmessgeräte: Klassen 0,1; 0,2; 0,5 Betriebsmessgeräte: Klassen 1; 1,5; 2,5

Definitionen

Begriff	Bedeutung
Wahrer Wert x_W	Es handelt sich um den Wert der physikalisch vorliegt. Dieser kann aufgrund von Messfehlern in der Praxis nicht exakt ermittelt werden.
Angezeigter Messwert x_a	Wert der Messgröße und die Ausgabe eines Messgerätes
absoluter Fehler F	$F = x_a - x_W$
relativer Fehler f	$f = \frac{F}{x_W}$
Echteffektivwert/True RMS	Einfache Messgeräte sind auf vorgegebene Strom-/Spannungsformen (DC oder Sinusform) geeicht. Abweichende Kurvenformen wie bei Oberschwingungsbelastung führen zu Messfehlern. Geräte mit True RMS berücksichtigen unterschiedliche Kurvenformen.

Fehlerursachen

<table>
<tr><th>Systematische Fehler</th><th>Zufällige Fehler</th><th>Grobe Fehler</th></tr>
<tr>
<td>

- Sie ergeben bei Wiederholung der Messung gleiche Abweichungen (Größe und Vorzeichen).
- Sie entstehen z. B. durch unvollkommene Messgeräte oder Messverfahren.
- Beispiel:

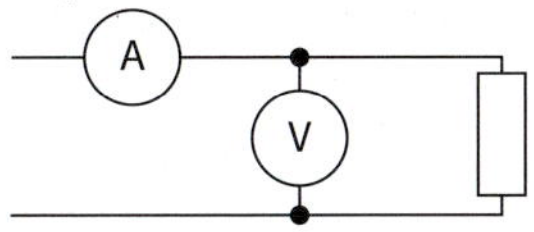

Spannungsrichtige Messung führt zu systematischem Messfehler bei Strommessung

</td>
<td>

- Bei wiederholenden Messungen ergeben sich auch bei konstanten Bedingungen unterschiedliche Abweichungen.
- Ursachen sind nicht erfassbare Änderungen bei Messgeräten, Messobjekt oder Beobachter.
- Die Messwerte streuen und die Fehler unterscheiden sich in Betrag und Vorzeichen.
- Beispiel:
  - letztes Bit bei Digitalanzeigen
  - Ableseungenauigkeit bei Zeigerinstrumenten

</td>
<td>

- Sind im allgmeinen vermeidbare Fehler
- Sie sind von Vorzeichen und Betrag nicht zu bestimmen.
- Beispiele:
  - Irrtümer
  - Fehlüberlegungen
  - Missverständnisse
  - Schreibfehler bei der Dokumentation
  - Programmierfehler bei der Auswertungen

</td>
</tr>
</table>

Messgenauigkeit (Beispiele)

<table>
<tr><th>Digitales Multimeter</th><th>Anzeige</th><th>Fehlerrechnung</th></tr>
<tr>
<td rowspan="2">

</td>
<td>

- 4stellige Anzeige
- Messbereich: 2000 V (größtmögliche Anzeige = 1 999,9 V)
- Anzeigenumfang: 19 999 Digits (20 000 Messschritte á 0,1 V)

</td>
<td>

- Fehler: +/– 0,5 %, +/– 4 Digits[1]
- Anzeige: 600,0 V
- minimaler Messwert:

$600\ V - 600\ V \frac{0{,}5}{100} - 0{,}4\ V = 596{,}6\ V$

- maximaler Messwert:

$600\ V + 600\ V \frac{0{,}5}{100} + 0{,}4\ V = 603{,}4\ V$

</td>
</tr>
<tr><td colspan="2">[1] Digit: kleinster anzuzeigender Messschritt (im Beispiel 0,1 V)</td></tr>
<tr><th>Analoges Multimeter</th><th>Anzeige</th><th>Fehlerrechnung</th></tr>
<tr>
<td>

</td>
<td>

- Maximalwert je nach Messbereichseinstellung
- Ablesefehler minimieren, durch senkrechten Blick auf den Zeiger (Zeiger und Zeigerspiegelbild in Deckung)
- Je nach Messaufgabe lineare/logarithmische Skala benutzen.
- Absoluter Fehler ist im ganzen Messbereich gleich.
- Relativer Fehler wird umso kleiner, je weiter die Skala ausgenutzt wird.

</td>
<td>

- Güteklasse gibt den absoluten Fehler an.
- $F = \frac{\text{Güteklasse}}{100} \cdot MBEW$

MBEW: Messbereichsendwert

Beispiel:

- Güteklasse 2,5
- Messbereichsendwert = 1,5 A

$F = \frac{2{,}5}{100} \cdot 1{,}5\ A$

$F = 0{,}0375\ A$

- Anzeige: 0,9 A
Minimaler Messwert
0,9 A – 0,0375 A = 0,8625 A
Maximaler Messwert
0,9 A + 0,0375 A = 0,9375 A

</td>
</tr>
</table>

Begriffe

- Messen ist das Ermitteln (vergleichen) des Wertes einer physikalischen Größe mit einer festgelegten gleichartigen **Bezugsgröße**.
- Die **Messgröße** ist eine physikalische Größe, die durch eine Messung erfasst wird.
- **Messwert** ist der zu ermittelnde Wert der Messgröße (Produkt aus Zahlenwert und Einheit).
- **Messergebnisse** sind die Messwerte einer Messgröße einschließlich der Messunsicherheit oder Fehlergrenzen.
- **Messverfahren** werden unterschieden in
  - analoge Messverfahren,
  - digitale Messverfahren,
  - direkte Messverfahren und
  - indirekte Messverfahren.

Messverfahren

Einteilung

analog	digital	direkt	indirekt
Messwert der Messgröße ist eine eindeutig, punktweise stetige Darstellung (z. B. Drehspulmessgerät).	Messwert der Messgröße ist eine zahlenmäßige mit fest gegebenen kleinsten Schritten quantisierbare Darstellung (z. B. Digitalspannungsmesser).	Messwert der Messgröße wird durch Vergleich mit Bezugswert derselben Messgröße gewonnen (z. B. Längenmessung mit Maßstab).	Messwert der Messgröße wird auf andersartige physikalische Größen zurückgeführt (z. B. Widerstandsbestimmung durch Stromstärke und Spannungsmessung).

Messwerte und Messergebnisse

- Messwerte sind mit Messfehlern behaftet.
- Die Ursachen hierfür sind u. a.
  - **systematische** Messfehler (erfasste Ursachen),
  - **zufällige** Messfehler (nicht erfasste Ursachen) und
  - **grobe** Messfehler (vermeidbare Ursachen).
- Die Angabe eines Messergebnisses beinhaltet auch die Angabe der Messunsicherheit (Toleranz).

Messwert	Vollständiges Messergebnis
$x = x_w + e_r + e_s$	$y = M \pm u$
x: Messwert x_w: wahrer Wert e_r: zufällige Messabweichung e_s: systematische Messabweichung	y: Messgröße M: Messergebnis u: Messunsicherheit Beispiel: 2,5 V ± 0,3 V

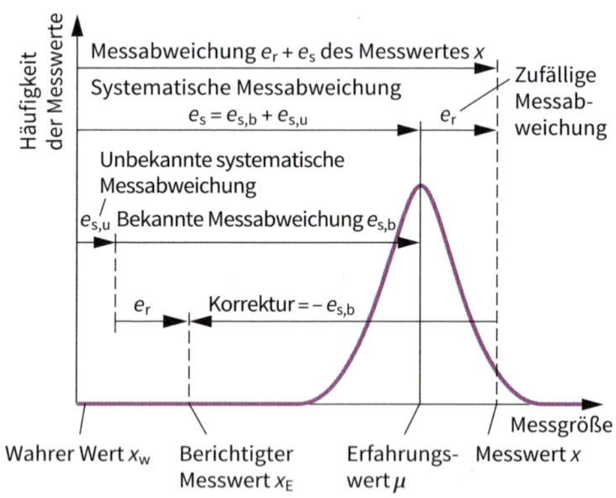

Eichen, Kalibrieren

- Bei der **Kalibrierung** wird der Zusammenhang zwischen dem Messwert der Ausgangsgröße und dem zugehörigen wahren Wert der als Eingangsgröße vorliegenden Messgröße ermittelt.
- Es erfolgt bei der Kalibrierung kein Eingriff in das Messgerät zwecks Einstellung.
- Kalibrieren dient zur Erstellung einer Korrektionstabelle oder zur Ermittlung von Kalibrierfaktoren.
- Bei der **Eichung** werden Messgeräte nach den gesetzlich vorgegebenen Eichvorschriften (Eichgesetz) überprüft. Dabei wird u. a. überprüft, ob die Beträge der Messabweichung die Eichfehlergrenzen nicht überschreiten.
- Die Gültigkeit der Eichung ist zeitlich befristet.
- Die Eichung kann nur bei Geräten erfolgen, die von der PTB (Physikalisch Technischen Bundesanstalt) eine entsprechende Zulassung haben.

Kennzeichnungsbeispiele

Hauptstempel für nationale Eichung

Messgeräte-Eichzeichen (z. B. Elektrozähler)

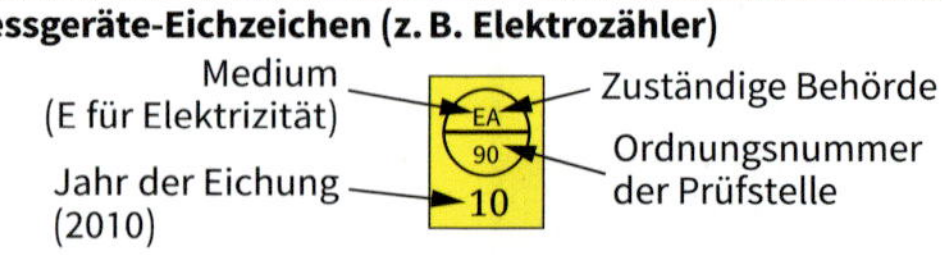

EG-Ersteichung

Messen elektrischer Grundgrößen
Measuring of Electrical Quantities

Gleichspannung

Messschaltung

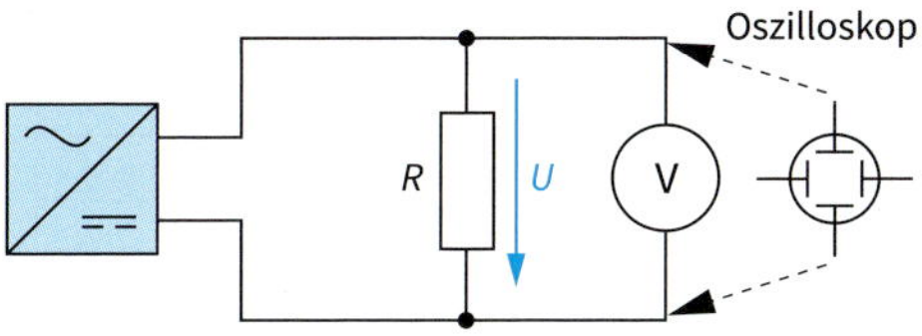

Form der Messspannung:

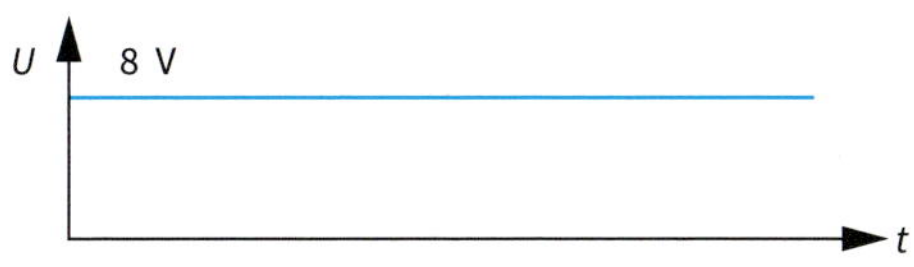

Messergebnisse:
Drehspulmessinstrument

Gleichspannungsbereich  $U = 8\,V$

Oszilloskop:

Stellung DC
$A_Y = 2\,V/cm$ $U = 8\,V$

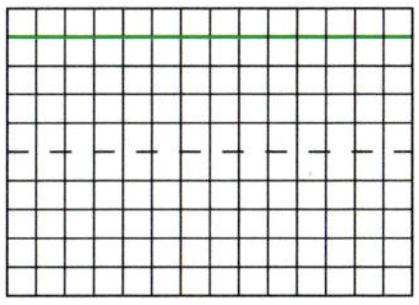

Stellung AC
$A_Y = 2\,V/cm$ $U = 0\,V$

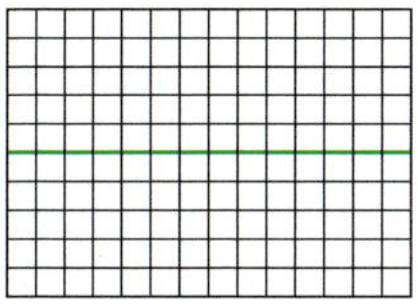

Wechselspannung

Messschaltung

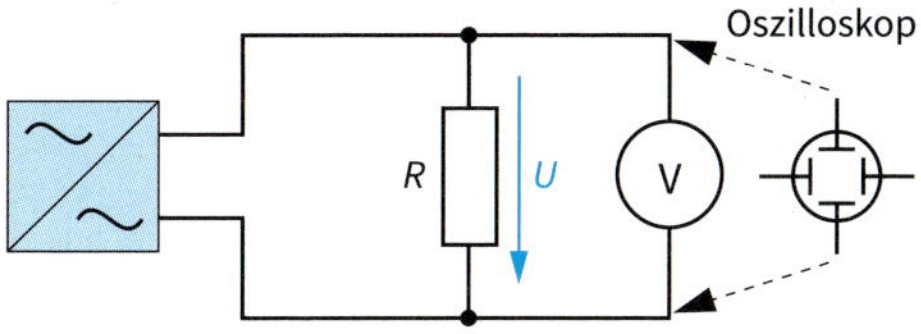

Form der Messspannung:

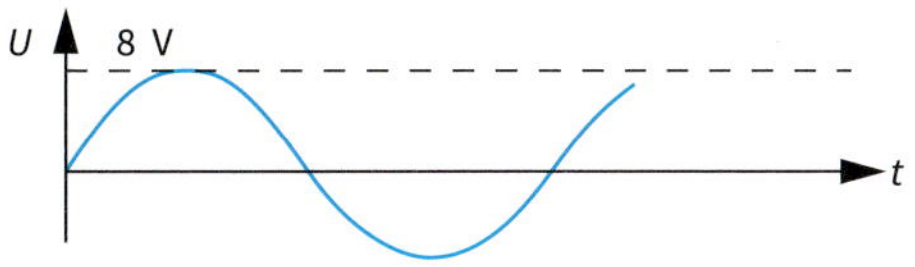

Messergebnisse:
Drehspulmessinstrument

Gleichspannungsbereich  $U = 0\,V$

Wechselspannungsbereich  $U = 5{,}7\,V$
Effektivwert

Oszilloskop:

Stellung AC bzw. DC
$A_Y = 2\,V/cm$ $\hat{u} = 8\,V$

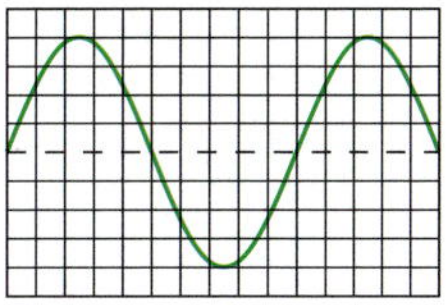

Stromstärke und Spannung

- Das Stromstärkemessgerät wird in Reihe direkt in den Stromkreis geschaltet.

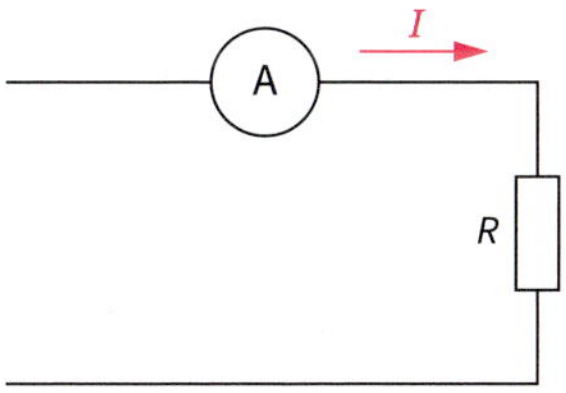

- Das Spannungsmessgerät wird parallel geschaltet.

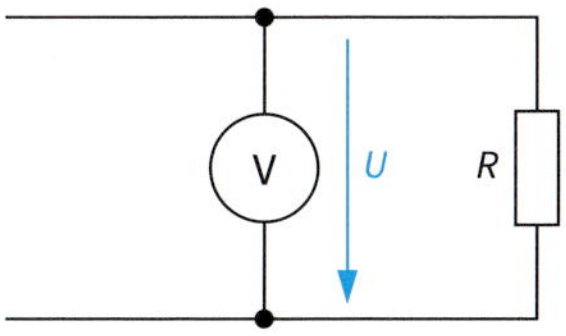

Leistung (Wirkleistung)

- Im Leistungsmessgerät werden Spannung und Stromstärke gleichzeitig gemessen, das Produkt gebildet und als Leistung angezeigt.
  Es sind drei bzw. vier Anschlüsse vorhanden.

Beispiel:
Messung einer Geräteleistung (z. B. Monitor) im Wechselstromkreis.

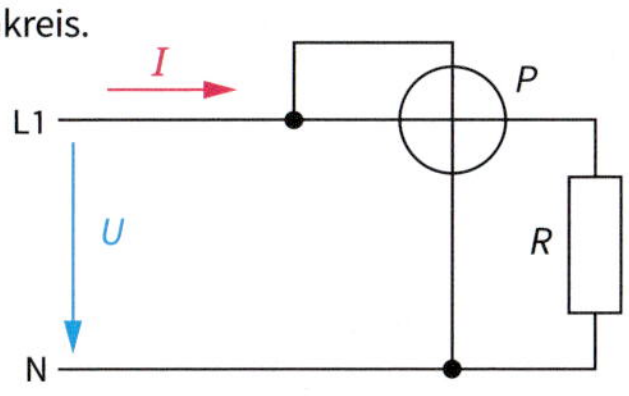

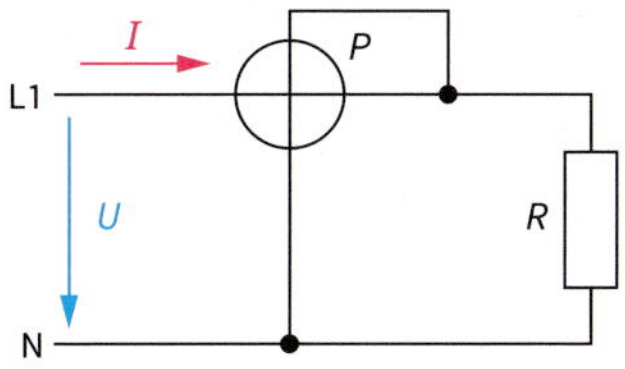

Stromstärke- und Spannungsmessung

Messschaltung	Messgrößen	Einheit	Auswerteformel
Spannungsfehlerschaltung (für große Widerstände) 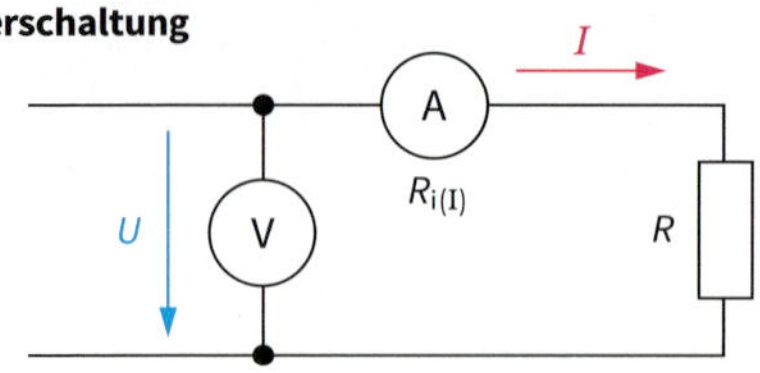	U: gemessene Spannung I: gemessene Stromstärke $R_{i(I)}$: Widerstand des Stromstärkemessgerätes	V A Ω	$R = \frac{U - I \cdot R_{i(I)}}{I}$
Stromfehlerschaltung (für kleine Widerstände) 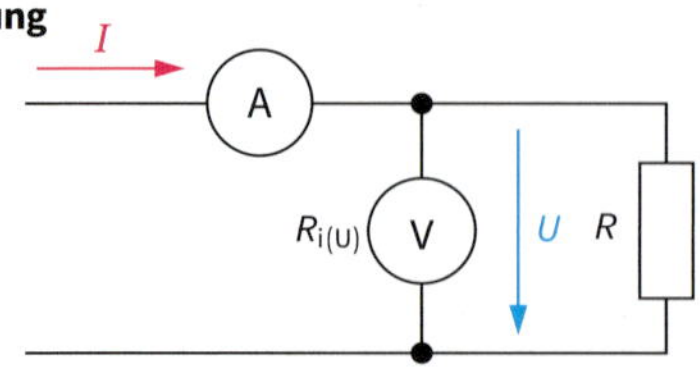	U: gemessene Spannung I: gemessene Stromstärke $R_{i(U)}$: Widerstand des Spannungsmessgerätes	V A Ω	$R = \frac{U}{I - \frac{U}{R_{i(U)}}}$

Direkte Widerstandsmessung

Arbeitsweise	Prinzipschaltung
▪ Die Stromstärke wird gemessen und angezeigt. ▪ Auf der Skala sind entsprechend der Stromstärke die dazugehörigen Widerstände angegeben. ▪ Die Anzeige 0 Ω erhält man bei Vollausschlag. ▪ Aufgrund der Alterung der Spannungsquelle muss der Nullpunkt nachgestellt werden. 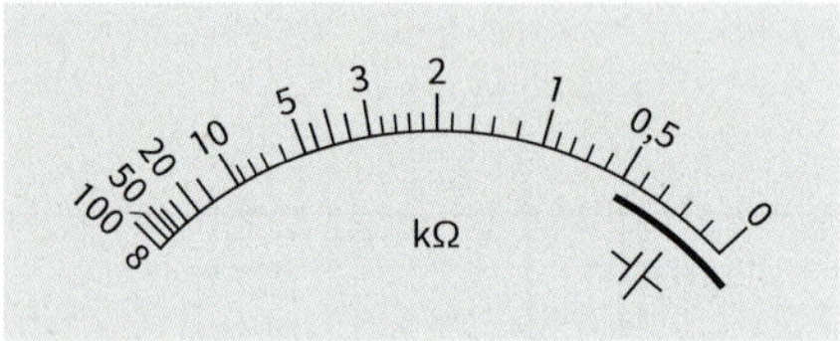	Widerstandsmessgerät 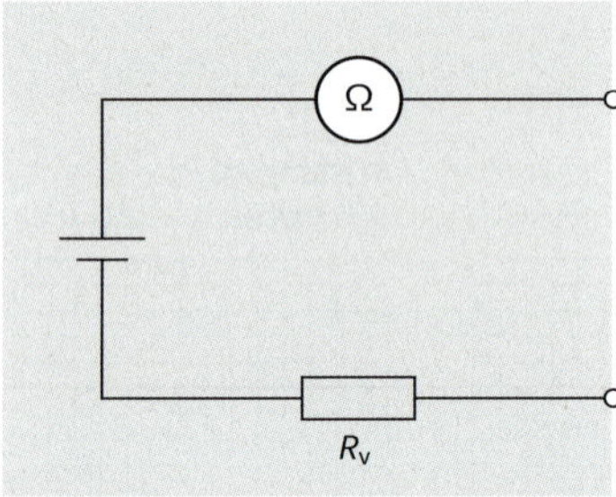

Messbrücken

Wheatstone-Messbrücke	Eigenschaften	Anwendungen
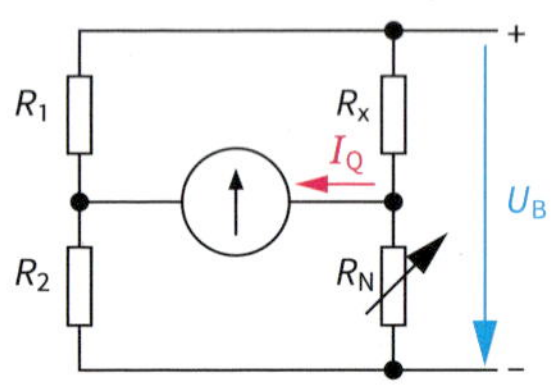	▪ Messbedingung $I_Q = 0$ A (abgeglichene Brücke): $R_X = R_N \cdot \frac{R_1}{R_2}$ ▪ Messgenauigkeit hängt u. a. von der Messgeräteempfindlichkeit und Genauigkeit der Vergleichswiderstände ab.	▪ Einsatz zur Widerstandsmessung für $R_X = 1\ \Omega \ldots 1\ \mathrm{M\Omega}$ bis zu einer Messgenauigkeiten von 0,02 %. ▪ Ausschlagmessbrücken ($I_Q \neq 0$ A) für Gleich- oder Wechselstrom zur Messung anderer physikalischer Größen
Wien-Messbrücke 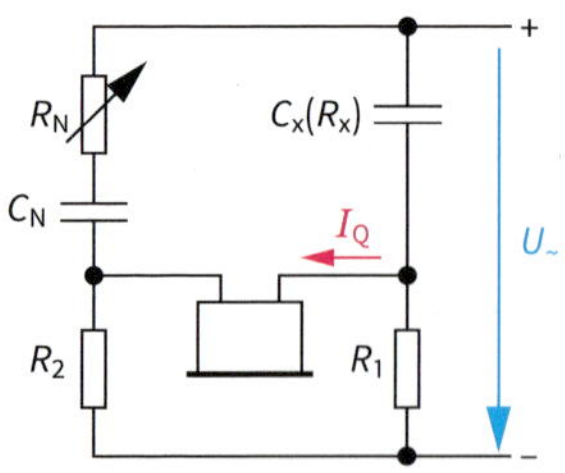	▪ Messbedingung $I_Q = 0$ A (Tonlosigkeit): $\tan \varphi_x = \tan \varphi_N$ $C_x = C_N \cdot \frac{R_1}{R_2}$ $\tan \delta_x = \omega \cdot C_N \cdot R_N$ $R_x = R_N \cdot \frac{R_2}{R_1}$ ▪ Brückenabgleich durch R_N, der auch parallel zu C_N geschaltet werden kann.	▪ Kapazitätsmessungen für $C_X = 1$ nF…100 µF bei NF und bei HF $C_X \geq 100$ pF mit Fehlergrenzen bis 0,1 % ▪ Verlustfaktor (tan δ)-Messungen bis 1 % Messgenauigkeit ▪ Wien-Maxwell-Messbrücke zur Messung größerer Kapazitäten bei kleiner Spannung

Dynamische Fehlersuche
Dynamic Fault Locating

Prinzip

Stufenweise Signalzuführung	Stufenweise Signalmessung

Stufenweise Signalzuführung

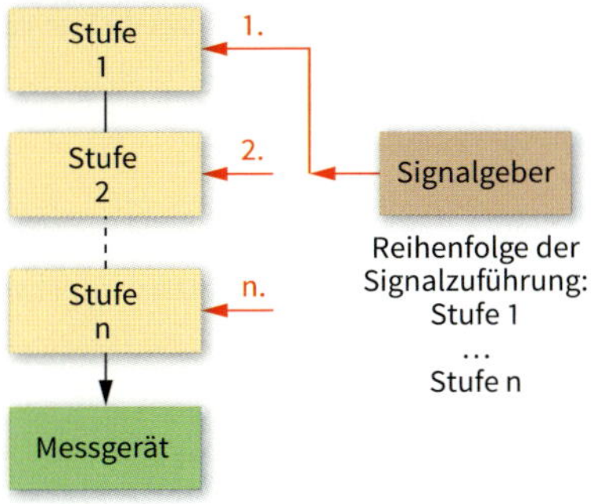

- Ziel: Überprüfung der Funktion einzelner Stufen.
- Das Messgerät befindet sich am Ende einer Signalkette.
- Signale werden den einzelnen Stufen zugeführt.
- Signalgeber darf keine unzulässige Belastung für die Stufen verursachen.

Stufenweise Signalmessung

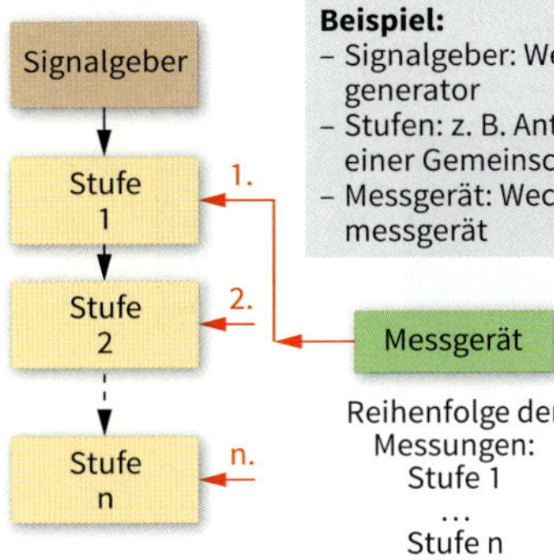

Beispiel:
- Signalgeber: Wechselspannungsgenerator
- Stufen: z. B. Antennensteckdosen einer Gemeinschaftsantennenanlage
- Messgerät: Wechselspannungsmessgerät

- Ziel: Überprüfung der Funktion einzelner Stufen.
- Das Signal wird der Eingangsstufe zugeführt.
- Der Signalgeber muss so an die Eingangsstufe angepasst sein, dass keine Verfälschungen auftreten.
- Das Signal wird nach den einzelnen Stufen gemessen.

Merkmale

- Voraussetzungen:
  Gerät, Baugruppe, Stufe müssen sich im Betriebszustand befinden.
- Anwendung:
  Signale durchlaufen mehrere Stufen.
- Signalgeber:
  Generatoren für Spannungen, Impulse, Logikpegelgeber, ...
- Messgeräte:
  Spannungsmessgerät, Oszilloskop, Logikanalysator, ...

Statische Fehlersuche
Static Fault Locating

Durchgangsprüfung

- Anwendung:
  Reihenschaltung von Widerständen, Leitungen usw.
- Messgeräte:
  Einfaches Widerstandsmessgerät oder Durchgangsprüfer
- Auswertung:
  Durchgang ①...② vorhanden, ja/nein

Fehlerfall: R_3 hat Unterbrechung
①...⑥: Messpunkte

Fälle	Reihenfolge der Durchgangsmessung →			
A	① nein	② nein	③ nein	④ ja
B	⑥ ja	⑤ ja	④ ja	③ nein
C	③ ja	④ nein		

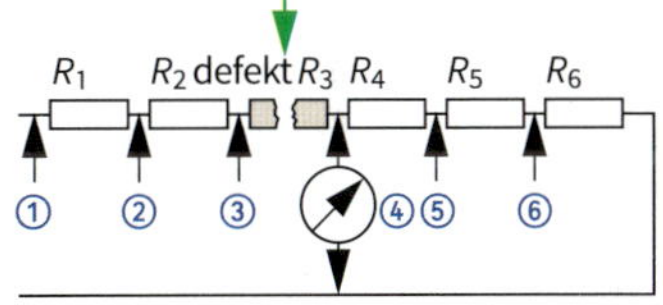

Fehler gefunden

Schlussprüfung

- Anwendung:
  Parallelschaltung von Widerständen, Geräten, Anlagen usw.
- Messgeräte:
  Einfaches Widerstandsgerät, Durchgangsprüfer
- Unterbrechungen ①... vornehmen, Messgerät beobachten.
  Auswertung: Schluss vorhanden, ja/nein; Ausschlag ändert sich, wenn defektes Element abgetrennt wird.

Fehlerfall: R_3 hat Schluss
①...⑥: Unterbrechungen herstellen

Fälle	Reihenfolge der Schlussmessung →			
A	① ja	② ja	③ nein	
B	⑥ ja	⑤ ja	④ ja	③ nein
C	② ja	③ nein		

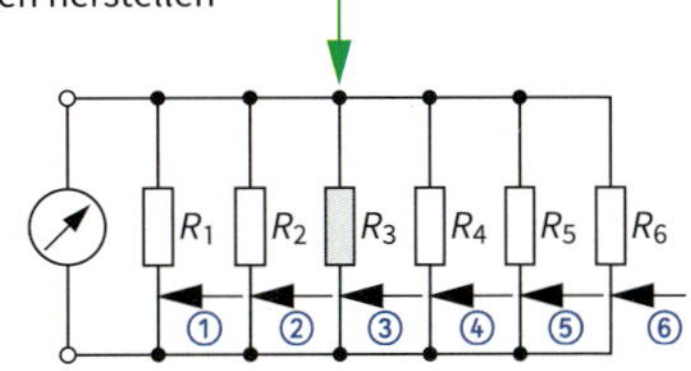

Fehler gefunden

- Messgerät zur Darstellung zeitlicher Spannungsverläufe
- Kennliniendarstellung (eine Spannung wirkt auf X-Ablenkung)
- Mit Wandlervorsätzen können auch andere physikalische Größen erfasst werden.

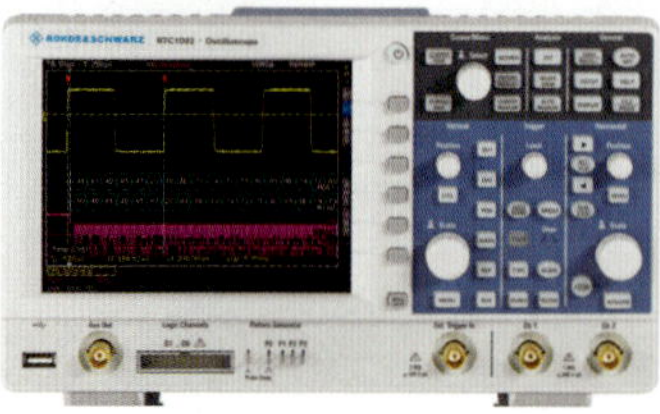

digital
- Darstellung einzelner Messpunkte (begrenzte Auflösung)
- Bei hohen Frequenzen können durch Aliasing (zu geringe Abtastrate) nicht vorhandene überlagerte Signale angezeigt werden.
- Möglichkeit von mehrfarbiger Darstellung, Rechen-, Speicherfunktionen, …

analog
- kontinuierliche Darstellung
- nur periodisch widerkehrende Signale darstellbar (keine einmaligen Verläufe)
- einfarbige Bildschirmdarstellung

Bedienelemente

Beschriftung	Bedeutung
POWER	Netzschalter, Ein-Aus, Rasterbeleuchtung
INTENS HELLIGK	Helligkeitssteuerung des Oszillogrammes
FOCUS	Schärfeeinstellung des Oszillogrammes
INPUT A (B)	Eingangsbuchse für Kanal A (Kanal B), oft Kanal 1 und 2
AC-DC-GND	Eingang: über Kondensator – direkt – auf Masse geschaltet
CHOP	Strahlumschaltung mit Festfrequenz von einem Vertikalkanal zum anderen
ALT	Strahlumschaltung am Ende des Zeitablenkzykluses von einem Vertikalkanal zum anderen
INVERT CH.B	Messsignal auf Kanal B wird invertiert
ADD	Addition der Signale von Kanal A und B
POSITION ↕ ↔	Vertikale Bildverschiebung Horizontale Bildverschiebung

Beschriftung	Bedeutung
X-MAGN	Dehnung der Zeitablenkung
Triggerung: A; B EXT TRIG Line	Zeitablenkung wird getriggert durch – Signal von Kanal A (B) – externes Triggersignal – Signal von der Netzspannung
LEVEL NIVEAU	Einstellung des Triggersignalpegels
AUTO	Endstellung der LEVEL-Einstellungen; Automatische Triggerung der Zeitablenkung beim Spitzenpegel. Ohne Triggersignal ist die Zeitablenkung frei laufend.
+ / –	Triggerung auf positiver bzw. negativer Flanke
TIME/DIV ZEIT/Skt	Zeitmaßstab in µs/DIV, ms/Skt oder ms/cm
VOLTS/DIV V/SkT; V/cm	Vertikalabschwächer für Kanal A und B in mV/DIV oder mV/SkT oder V/cm
CAL	Eichpunkt für Maßstabsfaktoren bei Rechtsanschlag

Funktionen eines Digitaloszilloskops

- **Pre-Trigger**
  Durch fortlaufende Messwertspeicherung können Signale vor dem Triggerzeitpunkt dargestellt werden.
- **Speicher**
  Die Speicherung der Messwerte ermöglicht die Darstellung von einmaligen Signalverläufen.
- **Mathematische Funktion**
  Die Eingangsgrößen können z. B. addiert oder subtrahiert werden.
- **Zoom**
  Nach der Messung können Signalverläufe vergrößert werden.
- **Cursormessung**
  Mit Hilfe eines Cursors können die Messwerte eines Punktes genau ermittelt werden (kein Ablesefehler).
- **Externe Schnittstellen**
  z. B. für Fernbedienung, externe Datenspeicherung/-übertragung

Auswahlkriterien

Allgemein
- Eingangsempfindlichkeit
- Eingangsimpedanz
- Eingangskopplung
- Anstiegzeit
- Bandbreite
- Anzahl der Kanäle
- Triggermöglichkeiten
- Baugröße

Digitaloszilloskop
- Abtastrate
- Speichertiefe
- Binäre Wortlänge
- Schnittstellen
- Displayauflösung

Spannungs- und Strommessung mit dem Zweikanaloszilloskop

Beispiel:
Da beide Y-Ablenksysteme eine gemeinsame Masse besitzen, müssen die Messleitungen einen gemeinsamen Bezugspunkt haben (z. B. Ⓒ).

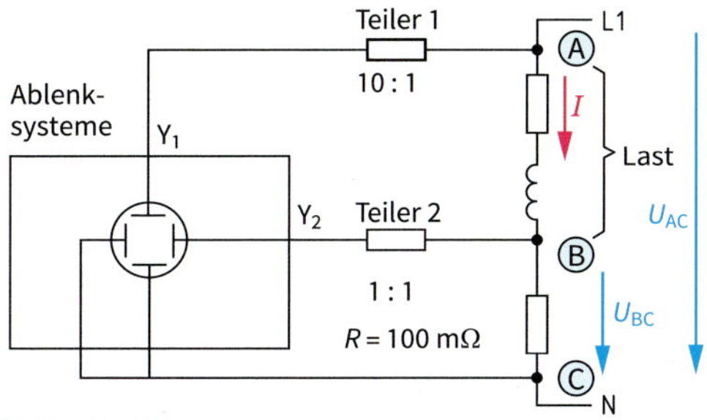

In der Praxis gilt:

$u_{AC} \gg u_{BC}$ und damit $u_{AB} \approx u_{AC}$

Die Spannung u_{AB} kann mit einem Zweikanaloszilloskop auch als Differenzspannung gemessen werden.

Dabei ist
- für beide Kanäle der gleiche Vertikal-Maßstab einzustellen ($k_{Y1} = k_{Y2}$),
- ein Y-Eingangssignal zu invertieren und
- die Addition beider Y-Signale (Add) zu veranlassen.

$k_x = 2\,\frac{\text{ms}}{\text{SkT}}$; $k_{Y1} = 10\,\frac{\text{V}}{\text{SkT}}$; $k_{Y2} = 0{,}2\,\frac{\text{V}}{\text{SkT}}$ 1)

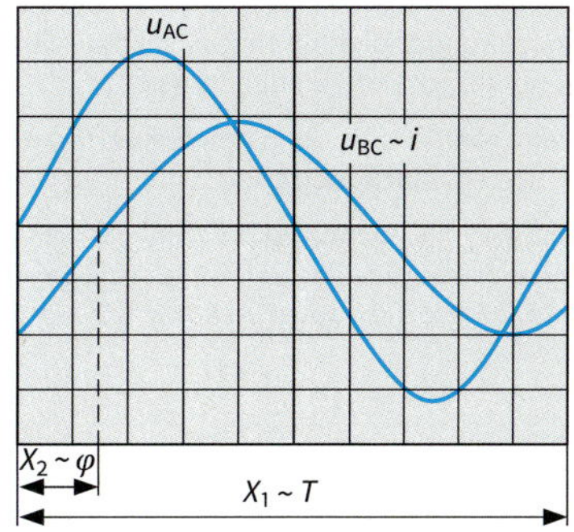

Auswertung:

$$T = X_1 \cdot k_x = 10\,\text{SkT} \cdot 2\,\frac{\text{ms}}{\text{SkT}} = 20\,\text{ms}$$

$$f = \frac{1}{T} = \frac{1}{20\,\text{ms}} = 50\,\text{Hz}$$

$$\hat{u}_{AC} = Y_1 \cdot k_{Y1} \cdot k_{T1} = 3{,}1\,\text{SkT} \cdot 10\,\frac{\text{V}}{\text{SkT}} \cdot \frac{10}{1} = 310\,\text{V}$$

$$\hat{u}_{BC} = Y_1 \cdot k_{Y2} \cdot k_{T2} = 2\,\text{SkT} \cdot 0{,}2\,\frac{\text{V}}{\text{SkT}} \cdot \frac{1}{1} = 400\,\text{mV}$$

$$\hat{\imath} = \frac{\hat{u}_{BC}}{R_{Mess}} = \frac{400\,\text{mV}}{100\,\text{m}\Omega} = 4\,\text{A}$$

$$\varphi = X_2 \cdot k_x \cdot \frac{360°}{20\,\text{ms}} = 1{,}5\,\text{SkT} \cdot 2\,\frac{\text{ms}}{\text{SkT}} \cdot \frac{360°}{20\,\text{ms}} = 54°$$

1) k_X Ablenkfaktor in X-Richtung; k_{Y1}; k_{Y2} Ablenkfaktor in Y-Richtung für Kanal 1; 2

Messung im Niederspannungsnetz

- Bei Geräten mit Anschluss an das Niederspannungsnetz werden Oszilloskope vorzugsweise über Trenntransformatoren versorgt. So kann jeder Punkt des geerdeten Niederspannungsnetzes mit der Masse des Oszilloskops verbunden werden.
- Die Abbildung zeigt, wie gefährlich die Messung ist. ①
Die Massebuchsen der Frontplatte und ein metallene Gehäuse nehmen Netzpotenzial an.
- Um die Berührungsgefahr zu beseitigen, ist das Oszilloskop mit isolierenden Materialien abzudecken oder die Messspannung über einen Trennverstärker (z. B. mit Optokoppler) zu führen.

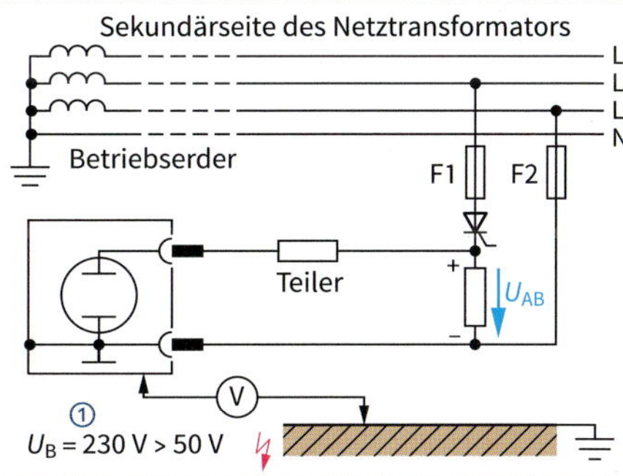

Kennliniendarstellung einer Diode

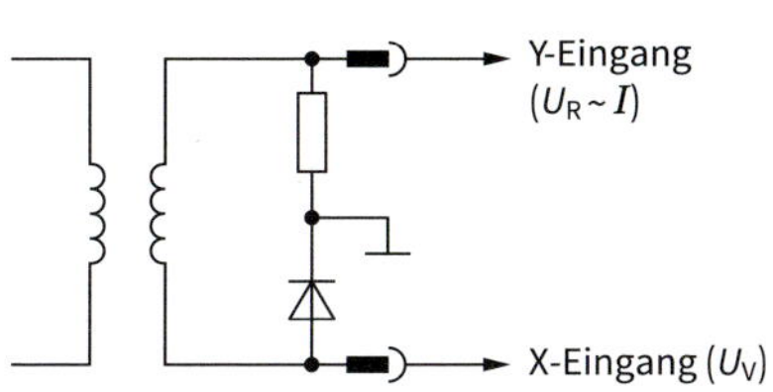

Beispiel:
Diodenkennlinie

$k_x = 0{,}5\,\frac{\text{V}}{\text{SkT}}$ $k_y \mathrel{\hat{=}} 5\,\frac{\text{mA}}{\text{SkT}}$

- Einstellung „X über Y“ wählen.

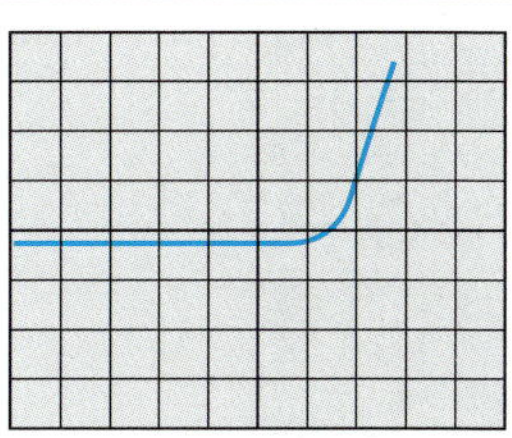

Eigenschaften

- LabVIEW ist eine grafische Programmierumgebung zur Erstellung von Prüf-, Mess- und Regelungsanwendungen.
- Die Programmierung erfolgt mit Hilfe einer grafischen datenflussorientierten Programmierumgebung.
- Das Programm gliedert sich in ein **Frontpanel** (Benutzeroberfläche) und ein **Blockdiagramm** (Datenflussmodell).
- Die Anbindung der Messgeräte an die Software LabVIEW erfolgt entweder mit Hilfe spezieller Treiber oder dem direkten Zugriff über die unterstützten Schnittstellen (z. B. GPIB).

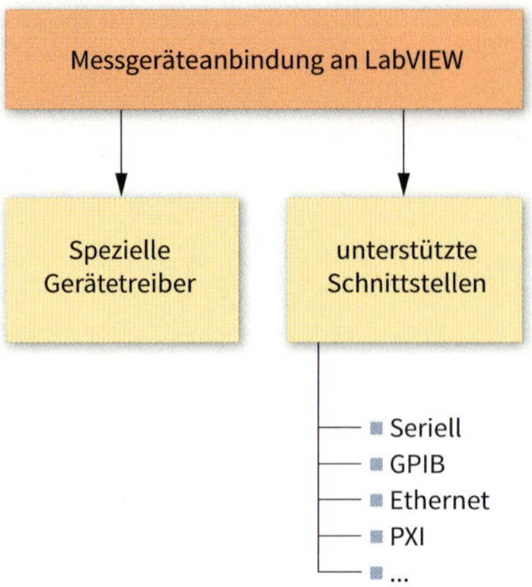

Anwendungsbereiche

- Datenerfassung und Signalverarbeitung
- Gerätesteuerung
- Automatisierte Prüf- und Validierungssysteme
- Industrielle Mess-, Steuer- und Regelungssysteme
- Motorsteuerung
- Datenüberwachung und Alarmierung

Vorteile

- Grafische Programmierung mit Hilfe von Funktionsblöcken
- Umfangreiche Unterstützung von Messgeräten
- Unterstützung zahlreicher Schnittstellen (z. B. RS232, USB, GPIB)
- Integration unterschiedlicher I/O-Funktionen
- Unterstützung von Desktop- (z. B. Windows, Linux, Mac) und Echtzeitbetriebssystemen (z. B. VxWorks)
- Bibliotheken mit erweiterten Analyse- und Darstellungsfunktionen, z. B.:

– Signalverlauf

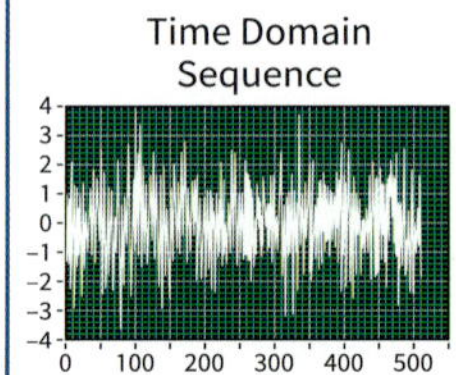

– Fourieranalyse

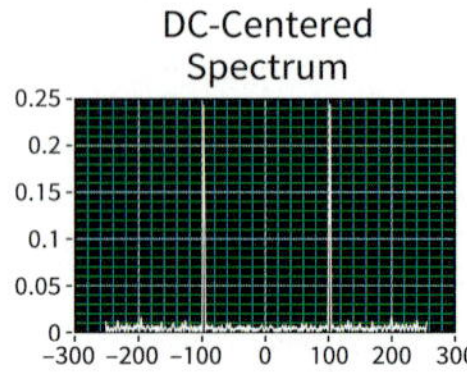

Programmoberfläche

Blockdiagramm

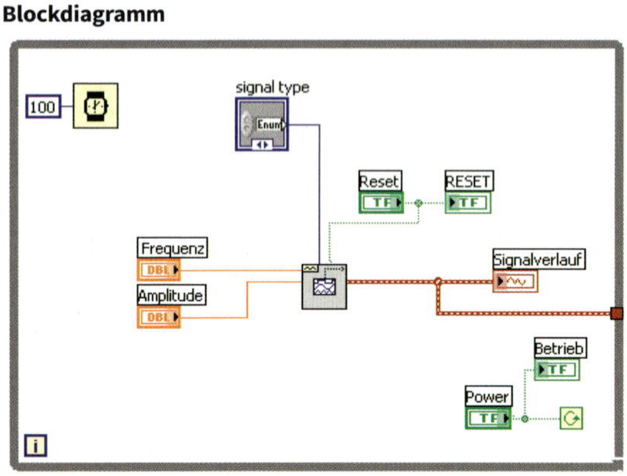

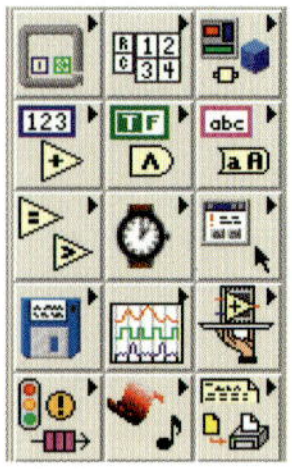

Funktionspalette mit den verfügbaren Funktionen, z. B.
– Programmstrukturen
– Datenerfassung
– Instrument I/O
– Mathematische Funktionen

Frontpanel eines virtuellen Messgerätes

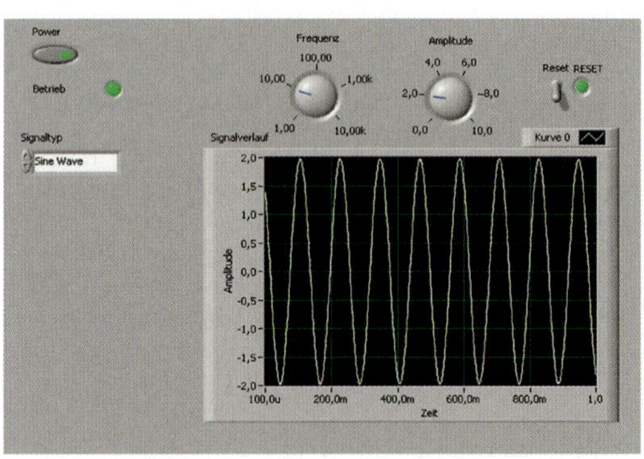

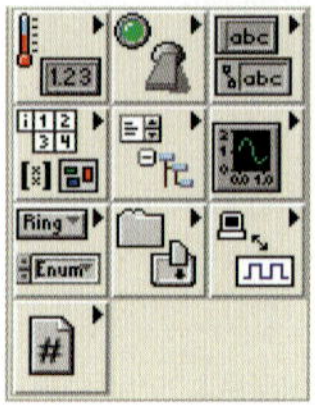

Elementepalette mit den verfügbaren Bedien- und Anzeigeelemente, z. B.
– Schalter
– LED
– Drehregler
– Kurvendiagramme

Logikanalysator
Logic Analyzer

Merkmale

- Logikanalysatoren zeichnen eine Vielzahl digitaler Signale parallel auf.
- Sie dienen zur Analyse von Betriebsabläufen in digitalen Schaltungen (Mikrocomputern).
- Ein Logikanalysator besteht aus aktiven Tastköpfen, Triggereinstellung, Aufzeichnungsspeicher, Referenzspeicher und Anzeigeeinrichtung.
- Signale an den Tastköpfen werden zeitlich nacheinander in den Aufzeichnungsspeicher geschrieben.
- **Synchrone Taktung:** Das Taktsignal wird der zu prüfenden Schaltung entnommen, z. B. Signal **ALE** (**A**ddress **L**atch **E**nable) beim Mikrocomputer.
  Es dient zum Überprüfen des ordnungsgemäßen Programmablaufes im Mikrocomputer.
- **Asynchrone Taktung:** Taktsignal wird vom Logikanalysator zur Verfügung gestellt.
- Das Taktsignal muss höher sein als die höchste vorkommende Signalfrequenz.
- Logikanalysatoren werden zum Überprüfen des zeitlichen Signalverlaufs und der Zeitdifferenzen zwischen einzelnen Signalen (Hardware-Analyse) verwendet.
- Die Triggereinrichtung erlaubt eine Auswahl bestimmter Ereignisse, ob deren Erscheinen aufgezeichnet werden soll oder durch bestimmte weitere Triggerbedingungen aktiviert werden sollen.
- Die Signalaufzeichnung erfolgt im Transitional-Verfahren (Signale nur im Speicher abgelegt, wenn Änderung des Eingangssignales vorliegt)
- Der Referenzspeicher wird zur Vergleichsmessung verwendet.
- Die Darstellung der Signale erfolgenals Timing-, Hexadezimal-, Oktal- oder Binär-Diagramme.
- Über entsprechende Ergänzungen können Signale in disassemblierter Form dargestellt werden.

Blockschaltbild

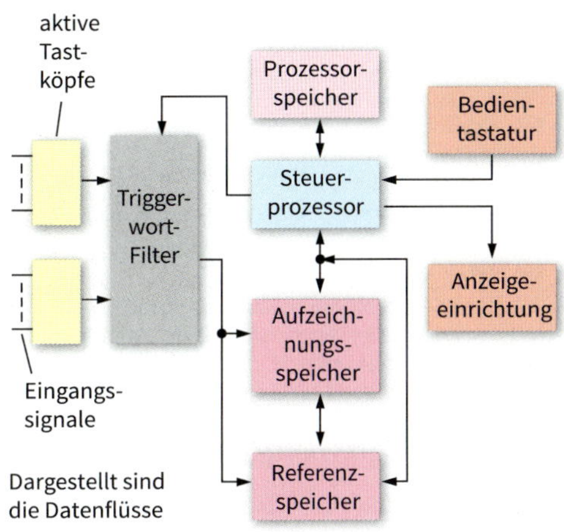

Signalabtastung

Asynchron

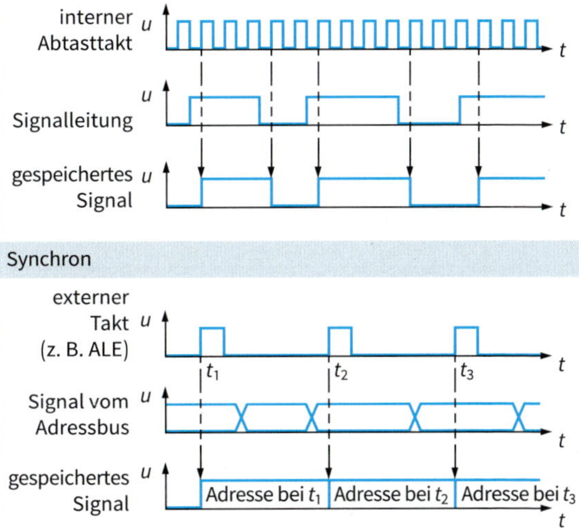

Signalgenerator
Signal Generator

Digital

Merkmale

- Signalgeneratoren werden verwendet zur Simulation von digitalen Schaltungen oder zum Erzeugen von digitalen Signalfolgen.
- Die Datenfolge ist programmierbar über eine Eingabetastatur oder serielle Schnittstelle mittels Steuerkommandos.
- Die Datenausgabe wird von der Ablaufsteuerung überwacht.
- Möglich sind Einzelimpulse (Pulsbreite einstellbar), Impulsfolgen mit einmaliger oder wiederholter Ausgabe (seriell oder parallel).

Aufbau

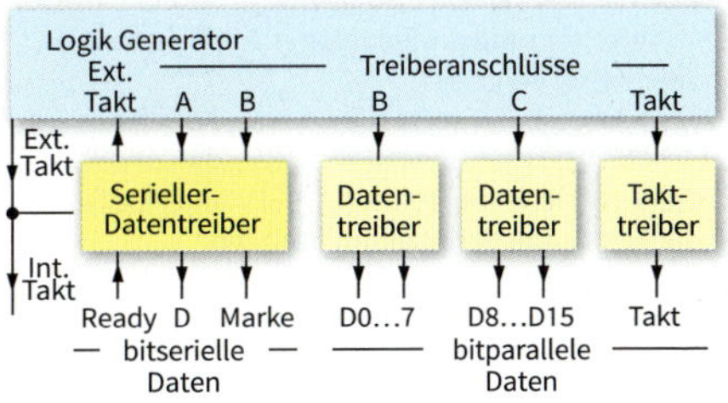

Was ist zu prüfen?

- Elektrische Geräte mit Bemessungsspannung bis 1000 V (Wechselspannung) und 1500 V (Gleichspannung)
- Z. B. Laborgeräte, Mess-/Steuer-/Regelgeräte, Haushaltsgeräte, Elektrowerkzeuge, Verlängerungsleitung, …

Wann ist zu prüfen?

- Nach Instandsetzung
- Nach Änderung
- Wiederkehrend nach festgelegten Prüffristen
- Der Arbeitgeber muss eine Gefährdungsbeurteilung durchführen und Prüffristen festlegen.
- Prüffristen aus der DGUV Vorschrift 3 dienen nur noch als Erfahrungswert und ersetzen die Prüffristermittlung nicht!

Sichtprüfung

Prüfen auf sichtbare Mängel und Eignung für den Einsatzort:

- Schäden an Anschlussleitung
- Schäden an Isolierung
- Mängel an Knick-, Biegeschutz
- Bestimmungsgemäße Verwendung von Stecker und Leitungen
- Mängel an Zugentlastung
- Gehäuse/Schutzabdeckung unbeschädigt
- Anzeichen von Überlastung
- Unzulässige Eingriffe
- Verschmutzung
- Zustand von Luftfiltern
- Dichtigkeit von Behältern für Wasser, Luft, …
- …

Messungen

Schutzleiterwiderstand

- Ordnungsgemäßer Zustand der elektrischen Verbindung zwischen Geräteanschluss und allen mit dem Schutzleiter verbundenen berührbaren leitfähigen Teilen.
- Bei Messung Anschlussleitungen bewegen.

Betriebsstrom	Grenzwert
> 16 A	berechneter Widerstand des Schutzleiters
< 16 A	abhängig von Leitungslänge

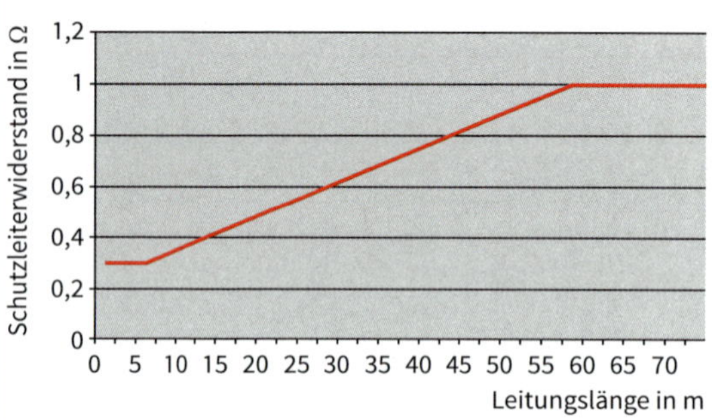

Isolationswiderstand

- Messung zwischen aktiven Teilen und jedem berührbaren leitfähigem Teil
- Grenzwerte für Prüfobjekte:

Prüfobjekt		Grenzwert
Aktive Teile, die nicht zu SELV- oder PELV-Stromkreisen gehören, gegen den Schutzleiter und die mit dem Schutzleiter verbundenen berührbaren leitfähigen Teile.	allgemein	1,0 MΩ
	Geräte mit Heizelementen	0,3 MΩ
	Geräte mit Heizelementen und $P > 3{,}5$ kW	0,3 MΩ [1)]
Aktive Teile gegen die nicht mit dem Schutzleiter verbundenen berührbaren leitfähigen Teile (hauptsächlich bei Schutzklasse II, aber auch bei Schutzklasse I möglich)		2,0 MΩ
Aktive Teile die nicht zu SELV- oder PELV-Stromkreisen gehören, gegen berührbare leitfähige Teile mit der Schutzmaßnahme SELV/PELV (außer Geräte der Schutzklasse III)		
Bei der Instandsetzung/Änderung zwischen den aktiven Teilen eines SELV-/PELV-Stromkreises und den aktiven Teilen des Primärstromkreises		
Aktive Teile mit der Schutzmaßnahme SELV/PELV		0,25 MΩ

1) Wird der Grenzwert verletzt, ist die Prüfung dennoch bestanden, falls der Schutzleiterstrom den Grenzwert einhält.

Schutzleiterstrom

- Messung mit direktem Verfahren oder Differenzstromverfahren.
- Ersatzableitstromverfahren nur in Sonderfällen
- Grenzwerte:
  - allgemein: ≤ 3,5 mA
  - Geräte mit eingeschaltetem Heizelement > 3,5 kW: 1 mA/kW; max. 10 mA
  - Bei Überschreitung prüfen, ob ggf. Produktnormen andere Werte vorgeben.

Berührungsstrom

- Messung an jedem berührbaren leitfähigen Teil, das nicht mit dem Schutzleiter verbunden ist.
- Messung mit direktem oder Differenzstromverfahren
- Ersatzableitstromverfahren nur in Sonderfällen
- Grenzwerte:
  - allgemein 0,5 mA
  - Geräte mit Schutzklasse III: Messung nicht erforderlich

weitere Prüfschritte

- Nachweis der sicheren Trennung (SELV und PELV)
- Wirksamkeit weiter Schutzeinrichtungen
- Funktionsprüfung
- Aufschriften (Typenschild, Sicherheitshinweise)

Auswertung und Dokumentation

- Die Prüfung ist bestanden, wenn alle Einzelprüfungen bestanden sind.
- Durchgefallene Prüflinge kennzeichnen und Betreiber informieren.
- Dokumentation mit Prüfplakette oder elektronische Systeme inkl. Messwerte und Prüfgerät

Merkmale

- Die **EMV-Richtlinie 2004/108/EG** berücksichtigt ein breites Spektrum an elektrischen und elektronischen Apparaten, Geräten und Systemen (Betriebsmittel).
- Es ist im Einzelfall zu klären, ob für ein vorliegendes Betriebsmittel diese Richtline zur Anwendung kommt.
- Anhand des Ablaufdiagramms können die entsprechenden Festlegungen ermittelt werden.
- Weitere Vorgehensweisen bzw. Einzelfestlegungen für den jeweiligen Fall sind umzusetzen, damit eine Konformitätserklärung erstellt werden kann.

Anmerkung:
Grundsätzliche Ausnahmen für die Anwendung der EMV-Richtlinie bestehen für
- Betriebsmittel ohne elektrische oder elektronische Teile
- Funkanlagen und Telekommunikationseinrichtungen (Richtlinie 1999/5/EG)
- Luftfahrttechnische Erzeugnisse (Verordnung 1592/2002)
- Funkgeräte von Funkamateuren (UIT-Zulassung)

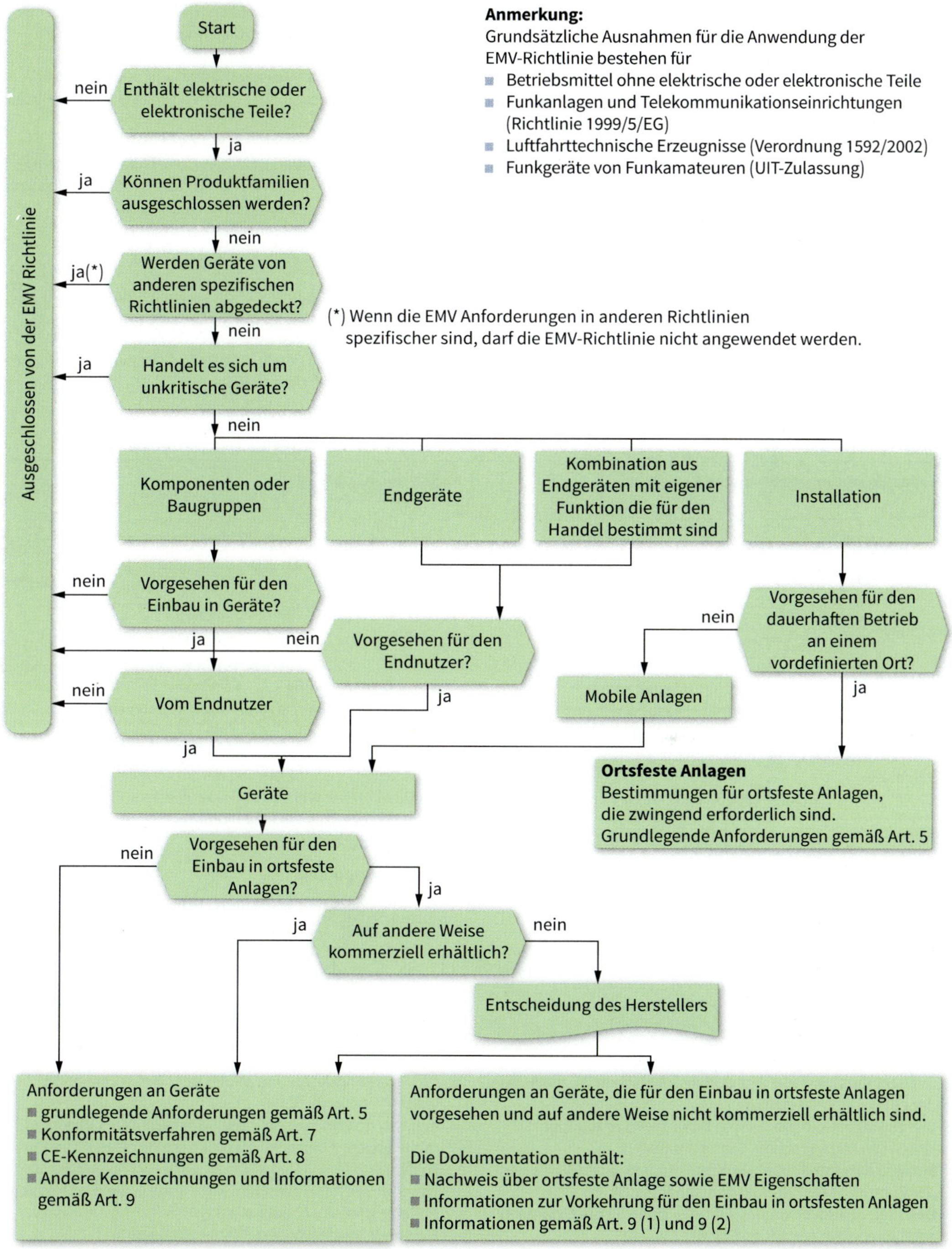

Merkmale

- Durch die EMV-Prüfung wird das Verhalten eines Gerätes/Systems unter elektromagnetischen Bedingungen überprüft.
- Die Prüfung wird in die beiden Kategorien
  - **Störfestigkeit** (electromagnetic immunity) und
  - **Störaussendung** (emission)

  eingeteilt.
- **Störfestigkeit** beschreibt die Unempfindlichkeit des Gerätes gegen äußere elektromagnetische Beeinflussungen.
- **Störaussendung** beschreibt die elektromagnetische Ausstrahlung des bestimmten Gerätes in die Umwelt.
- Für die Kopplung zwischen Störquelle und Störsenke gibt es vier Modelle.
- Die Störungen können auftreten als
  - **leitungsgebundene Störung** und/oder
  - **feldgebundene Störung.**
- Für die EMV-Prüfung des spezifischen Gerätes/Systems sind die anzuwendenden Normen aus der Vielzahl der vorliegenden Normen auszuwählen.
- Grundlage für die Auswahl sind z. B. die
  - zu erwartenden Umgebungsbedingungen (Störgrößen),
  - Eigenschaften des Gerätes (Systems),
  - geforderte Zuverlässigkeit des Gerätes (Systems),
  - vertraglichen Bedingungen und
  - Marktanforderungen (EU-Richtline, CE-Kennzeichnung).
- Die Normen für die EMV-Prüfung sind gegliedert in die Normengruppen
  - **Produktfamilien/Produktnormen,**
  - **Fachgrundnormen und**
  - **Grundnormen.**
- Produktfamilien-/Produktnormen
  - beziehen sich auf eine spezielle Produktfamilie oder ein spezielles Produkt (berücksichtigen die spezifischen Eigenschaften).
  - Für die Prüf- und Messmethoden wird auch auf diese Normen verwiesen, sie haben Vorrang vor der Fachgrundnorm.
- Fachgrundnormen
  - definieren EMV-Anforderungen (einschließlich Prüfmethoden und Grenzwerte) für Produkte in einer bestimmten Umgebung (Industrie, Wohnbereich) und
  - verweisen für Prüf- und Messmethoden auf die Grundnormen.
- Grundnormen
  - beschreiben allgemeine Festlegungen (Begriffsdefinitionen, Beschreibung der Störphänomene, Mess- und Prüfmethoden) und
  - enthalten keine Festlegungen für Grenzwerte und keine produktspezifischen Regelungen.

Kopplungsmodelle

Impedanzkopplung (galvanische Kopplung)

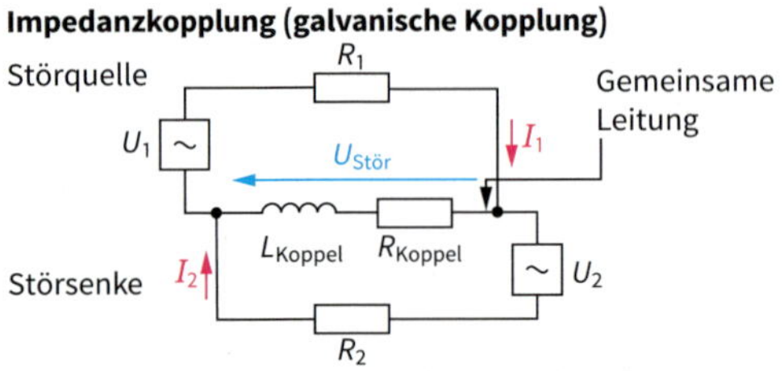

- Die galvanische Kopplung ist leitungsgebunden.
- Die Kopplungsimpedanz ist frequenzabhängig und entsteht durch gemeinsame Nutzung eines Leiterabschnittes durch zwei Stromkreise.
- **Beispiele:**
  Gemeinsame Rückleitung von Schaltkreisen auf einer Flachbaugruppe; Stromversorgungsleitungen (Erdschleifen)

Kapazitive Kopplung

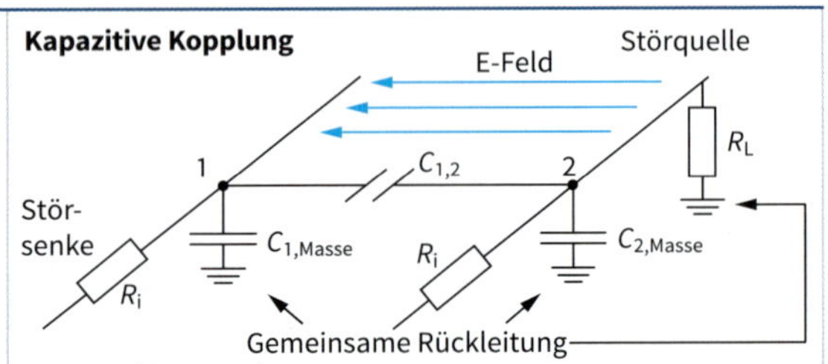

- Kapazitive Kopplung
  - tritt auf zwischen Stromkreisen, deren Leiter auf unterschiedlichen Potenzialen liegen und
  - wird dargestellt durch Koppelkapazität ($C_{1,2}$), über die Verschiebungsströme von der Störquelle auf die Störsenke eingekoppelt werden und über die gemeinsame Masseverbindung wieder zurückfließen.
- **Beispiel:** parallele Busleitungen

Induktive Kopplung

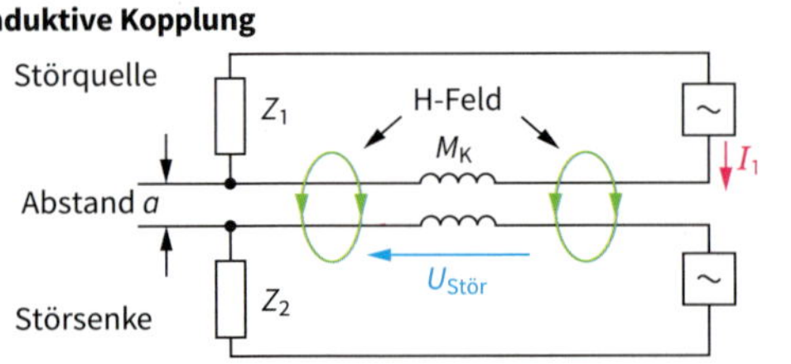

- Die Beeinflussung entsteht durch elektrischen Wechselstrom, der ein Magnetfeld erzeugt.
- Dieses Magnetfeld induziert in benachbarten parallel laufenden Leiterschleifen Störspannungen.
- Sie wird dargestellt über die Koppelinduktivität M_K, die von der Geometrie der Stromkreise abhängig ist.
  Beispiel: Stromversorgungsleitung (hohe Ströme) parallel zur Signalleitung (niedrige Pegel).

Strahlungskopplung

- Die Strahlungskopplung erfolgt über elektromagnetische Wellen (Fernfeld).
- Elektrische und magnetische Felder können dabei nicht mehr getrennt betrachtet werden (keine quasistationären Felder).
- Der Grenzabstand zwischen Nah- und Fernfeld ist frequenzabhängig (ca. 3 m bei 10 MHz).
  Beispiel: Sendeanlagen, Mikrowellengeräte

Verzögerung (Delay)

- Ursachen für **Eingangsverzögerungen**:
  - Codierung
  - Paketbildung
  - Serialisierung (Aufbereitung des Datenstroms)
- Ursachen für **Netzverzögerungen**:
  - Warteschlangen (Queuing)
  - Routing
  - Ausbreitungsverzögerungen
  - Steuerung des Datenflusses in Netzen (Traffic-Shaping)
- Ursachen für **Ausgangsverzögerungen**:
  - Decodierung
  - Zwischenspeicherung (Jitterbuffer)
  - Überbrückung kurzfristiger Aussetzer im Datenstrom (Packet Loss Concealment)

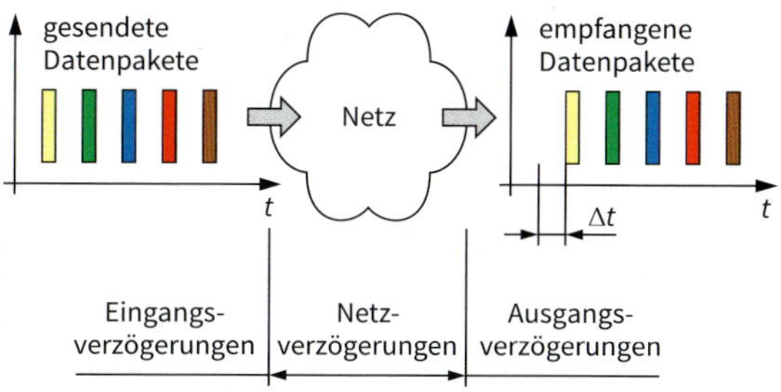

Datenpaketverzögerung und Sprachqualität

- Anforderungen an die IP-Telefonie (VoIP, ITU-Empfehlung G.114):
  - 0 ms bis 150 ms Sprachqualität akzeptabel
  - 150 ms bis 300 ms mit Einschränkung akzeptabel (bei Interkontinentalgesprächen akzeptabel)
  - > 300 ms störend, nicht akzeptabel

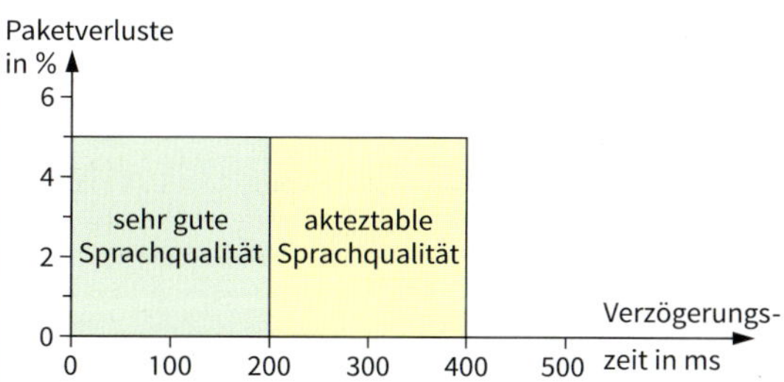

Messung der Sprachqualität (ITU-T P.800)

- Verfahren zur subjektiven Beurteilung von Sprach- und Bildqualität durch **MOS** (**M**ean **O**pinion **S**core)
- MOS-Qualitätsskala zum Sprachverständnis:

Wert	Qualität	Bedeutung
5	ausgezeichnet	keine Anstrengung nötig, entspanntes Aufnehmen
4	gut	keine Anstrengung nötig, Aufmerksamkeit erforderlich
3	ordentlich	leichte Anstrengung nötig
2	mäßig	deutliche Anstrengung nötig
1	mangelhaft	keine Verständigung trotz Anstrengung

Paketverlust (Packet Loss Rate)

- Ursache:
  - Datenstau
  - Überlastungssituationen an Routern
- Sprachübertragung:
  - Ein Paketverlust von 5 % kann toleriert werden.

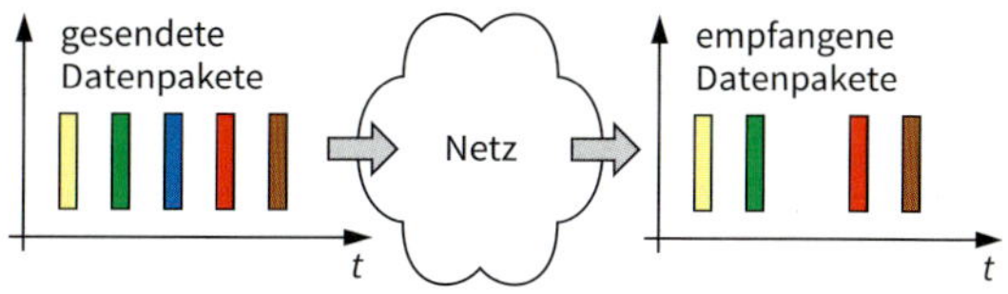

Schwankung der Übertragungszeit (Jitter, Delay Variation)

- Wenn Datenpakete den Empfänger auf unterschiedlichen Wegen erreichen, sind die Übertragungszeiten verschieden.
- Ursachen:
  - Zwischenspeicherung der Datenpakete
  - Serialisierung
  - Signallaufzeiten in den Übertragungsmedien
    Sie sind z. B. abhängig von der Leitungslänge (z. B. 5 µs/km, 1 ms/200 km).
- Kompensationsmaßnahmen bei der Übertragung von Sprachpaketen sind:
  - Dynamische Zwischenspeicherung je nach Größe der Verzögerungen (**RSVP**: **R**esource Re**s**er**v**ation **P**rotocol)
  - Reservierung entsprechender Bandbreiten
  - Management von Warteschlangen (Queue Management)

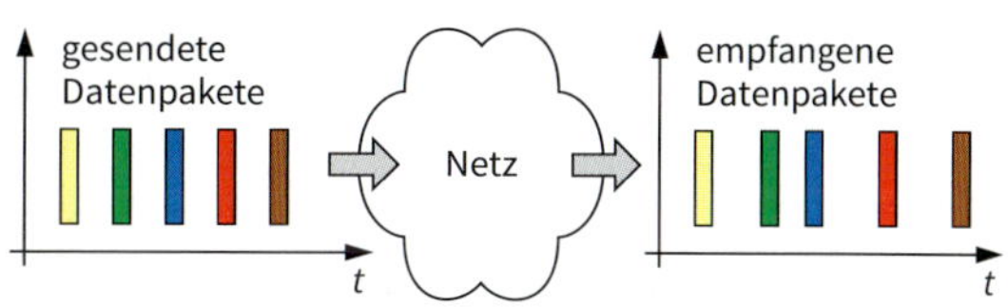

Echo

- Pakete werden zum Sender reflektiert.
- Ursache bei Sprachübertragung (VoIP):
  - Fehlanpassung zwischen den analogen Endgeräten und dem Übertragungsmedium.
- Maßnahmen bei der Sprachübertragung:
  - Echokompensatoren

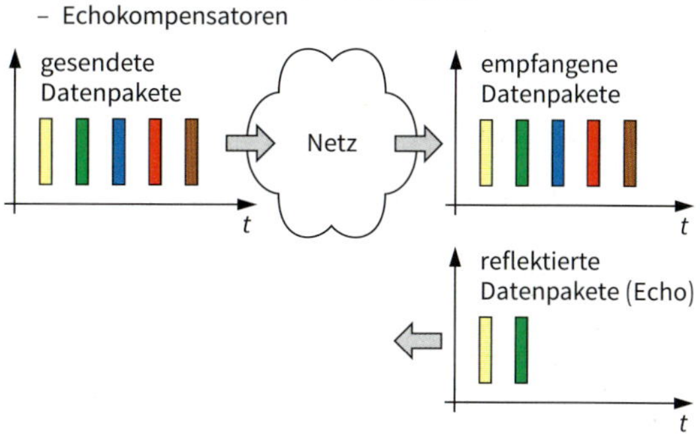

Merkmale

- Digitale Übertragungssysteme (z. B. ATM, SDH) arbeiten mit hohen Bitraten, die netzweit synchronisiert werden müssen.
- Damit möglichst keine Störungen in der Datenübertragung entstehen, werden sehr hohe Anforderungen an die Takt-Synchronisation in den Systemen gestellt.
- Systemtypische Einflüsse, wie z. B.
  - Interferenzen (impulsartiges Rauschen),
  - Phasenrauschen (thermisches Rauschen),
  - Verzögerungsschwankungen und
  - Bit-Stopfen (stuffing)

  führen zur Entstehung von **Jitter** (zittern) und/oder **Wander** (wandern) beim Nutzsignal.
- Diese Erscheinungen erzeugen z. B. **Bitfehler**, **Frequenzbeeinflussung** und damit Datenverlust auf den Übertragungswegen.

Definition

- Jitter ist die Bezeichnung für die periodische oder stochastische Abweichung (**zeitliche Instabilität**) der entscheidenden Zeitpunkte eines digitalen Signals vom idealen Wert.
- Praktisch entspricht dieses dem zu frühen oder zu späten Auftreten des Taktes im Vergleich zu einem Referenztakt (Frequenzbereich der Phasenabweichung > 10 Hz).
- Wander
  - ist ein sehr langsamer Jitter, der
  - nach ITU-T G.810 festgelegt ist auf 10 Hz Frequenzbereich in der Phasenabweichung.

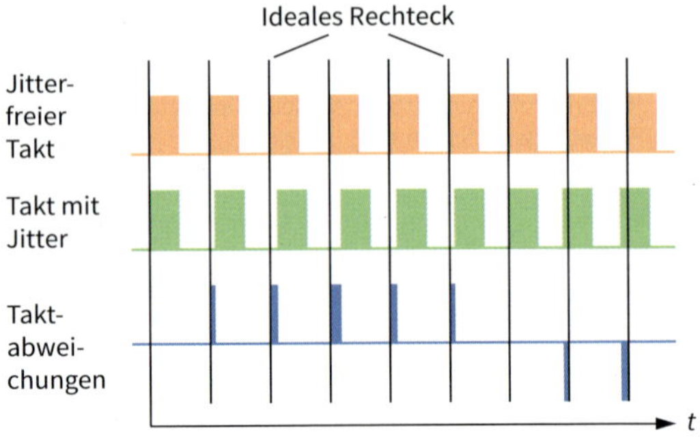

Parameter

- **U**nit **I**nterval (**UI**) (Einheits-Intervall)
  - ist das Maß für die Jitter-Amplitude.
  - 1 UI entspricht der Amplitude eines Taktintervalles und
  - ist unabhängig von der Bitrate und der Signalcodierung.
- Peak-to-peak value (**UI$_{pp}$**)
  - Spitze-Spitze-Wert als Abstand zwischen dem höchsten und niedrigsten Wert der Jitter-Amplitude
- Phase hits (Phasen-Spitzen)
  - sind Jitter-Spitzen, die einen Amplitudenwert übersteigen.
- **RMS** (**R**oot-**M**ean-**S**quare)-Jitter
  - ist ein Anzeichen für die Rauschenergie des Jitter, gemessen über einen festgelegten Zeitraum.

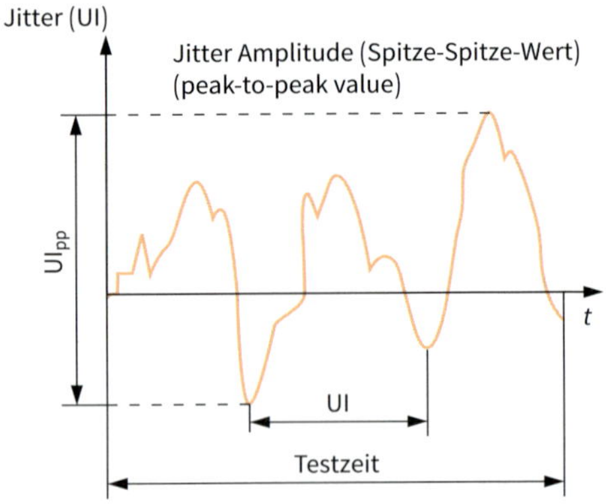

Augendiagramm

- Es dient zur optischen Darstellung des Jitter auf einem Oszilloskop.
- Es enthält die überlagerte Darstellung aller Bits einer seriellen Übertragungsstrecke, die über einen festgelegten Zeitraum übertragen wurden.
- Logische 1: positiv verrundetes Rechteck ①
- Logische 0: negativ verrundetes Rechteck ②
- Die Anzeige gibt Aufschluss über die Signalamplitude und dem Jitter.
- Ein **offenes** Auge (Linien möglichst schmal) zeigt einen **geringeren** Jitter.

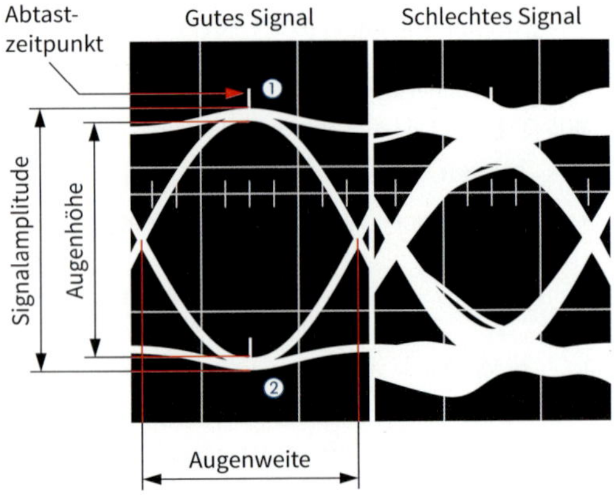

Grundlagen

- Bei der Messung an symmetrischen Datenleitungen wird zwischen der Messung im Labor und der Messung im Feld unterschieden.
- Die Messung im Labor dient zur Prüfung und Weiterentwicklung einzelner Komponenten (z. B. Rangierverteiler).
- Bei der Messung im Feld, d. h. am Installationsort, wird die fachgerechte Installation der Datenleitung und der Anschlüsse zu Abnahmezwecken überprüft.
- Die erforderlichen Messungen für eine installierte Verkabelung sind in DIN EN 61935-1 festgelegt.
- Die Messungen dienen entweder zur Abnahme der Anlage oder zur Fehlersuche.
- Bei der Abnahmemessung wird die Installationsstrecke auf deren Leistungsfähigkeit und die Einhaltung der Grenzwerte überprüft.
- Bei der Fehlersuche wird die gesamte Übertragungsstrecke gemessen.

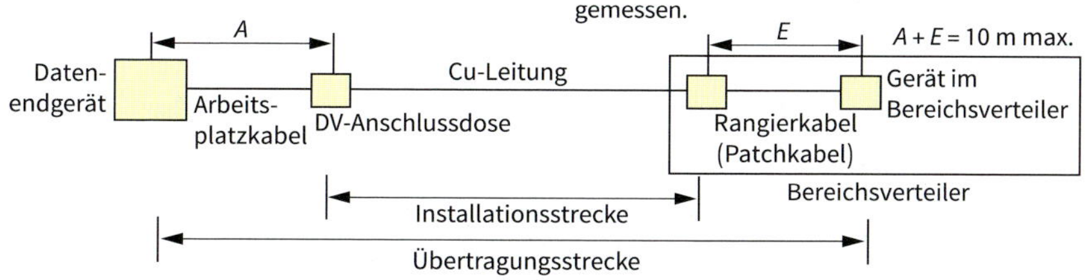

Messen in Kupfernetzen

Messprinzipien

- Die Messungen müssen für spätere Vergleiche dokumentiert werden.
- Das Messgerät sollte die Anforderungen der aktuellen Standards als Referenzwert in der Software integriert haben (z. B. DIN EN 50173).
- Der Messaufbau besteht aus dem Messgerät ① und der Remote Einheit ②.
- Die spezifischen Parameter der zu messenden Verbindung müssen erfasst werden. Am Messgerät ist ein Nullabgleich durchzuführen.
- Die Dokumentation der Messwerte ist als Kurvenverlauf für jedes Adernpaar eines Links (Datendose – Kabelverbindung – Patchfeld) getrennt aufzuführen.

Durchzuführende Messungen mit allen Adern

- Prüfung der Adernreihenfolge
- Gleichstromwiderstand
- Wechselstromwiderstand (Impedanz)
- Länge des Links, TDR-Wert (Time-Domain-Reflektor-Methode)
- Dämpfung
- Nahes Nebensprechen, NEXT (Near End Crosstalk)
- Rausch-Signal-Abstand, ACR-Wert (Attenuation to Crosstalk Ratio)

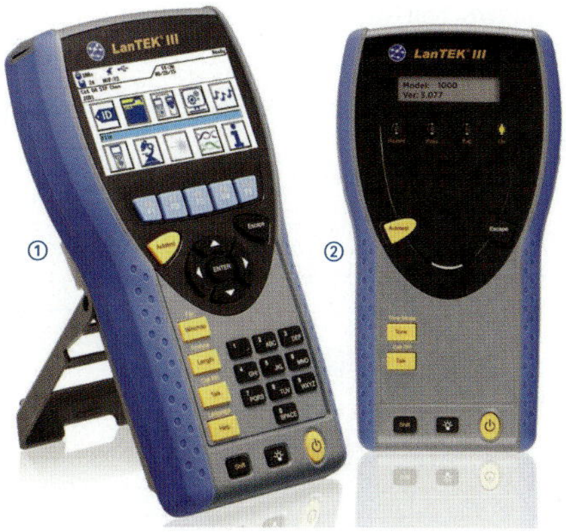

Messen in Lichtwellenleiternetzen

Messprinzipien

- Für die Messung einer LWL-Strecke müssen vorab folgende Angaben ermittelt werden:
  - Typ, Dämpfung und numerische Apertur der Faser (z. B. Multimode G50/125)
  - Steckertyp
  - ungefähre Länge der Strecke
- Das Messgerät muss zur Messung der verschiedenen Fasertypen auf eine Wellenlänge von 850, 1310 und 1550 nm umschaltbar sein.

Durchzuführende Messungen

- Rückstreumessung: ODTR-Messung (Optical Domain Time Reflectometer)
- Messung der Länge, Dämpfung sowie Anzahl und Lage der Spleißstellen.

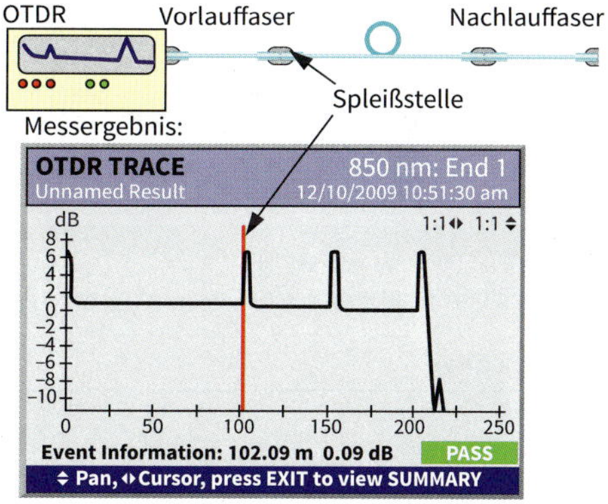

Die Messung wird auf beiden Seiten mit einer Vor- und Nachlauffaser (100 m) durchgeführt.

- Einfügedämpfung:
  Messung der Gesamtdämpfung einer LWL-Strecke

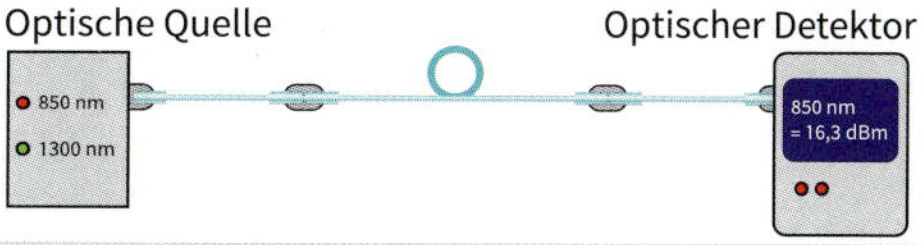

Messprinzip

- Die Messanordnung besteht aus dem Messgerät ① (Senden, Empfangen, Auswerten) und der Remote-Einheit ②.
- Die Messergebnisse werden mit Normwerten verglichen und als erfüllt (pass) oder nicht erfüllt (fail) gekennzeichnet.
- **Channel Link:** Messung der Übertragungsstrecke ohne Steckverbinder
- **Permanent Link:** Messung der Übertragungsstrecke mit Steckverbinder auf beiden Seiten

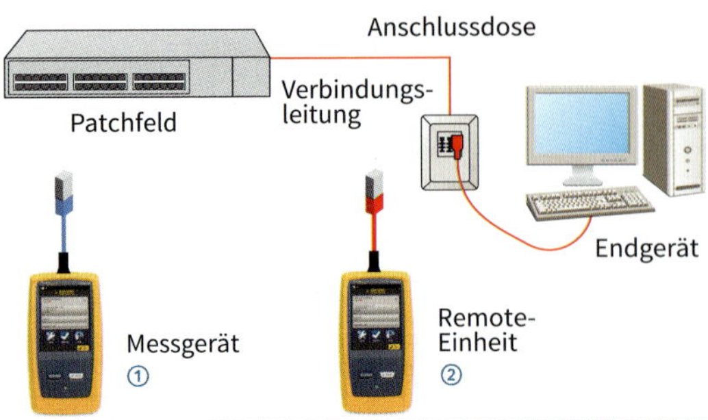

Dämpfung

- **Leitungsdämpfung**
  - Logarithmisches Maß in dB
  - Abhängig von Länge, Frequenz, Wirkwiderstand, induktivem und kapazitivem Belag der Leitung
- **Rückflussdämpfung** (return loss)
  - Leitung wird mit einem Widerstand abgeschlossen

Die Dämpfung der Übertragungsstrecke ändert sich z. B. durch Klemmen oder Anschlüsse in Dosen; Signale werden teilweise reflektiert.

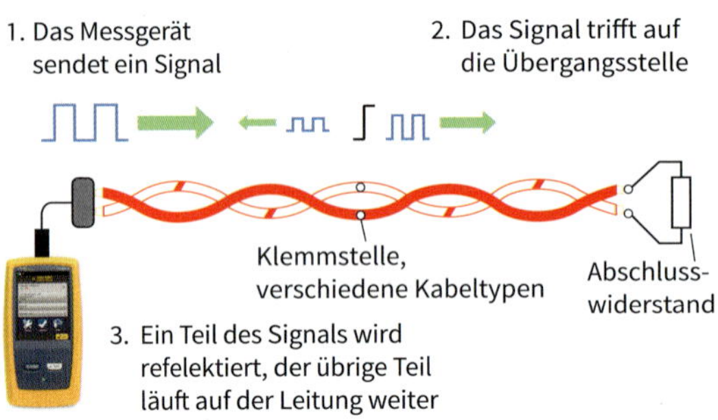

Laufzeit und Länge

- Offener Ausgang
- Über die Signallaufzeit wird die Länge der einzelnen Adernpaare ermittelt und angezeigt.

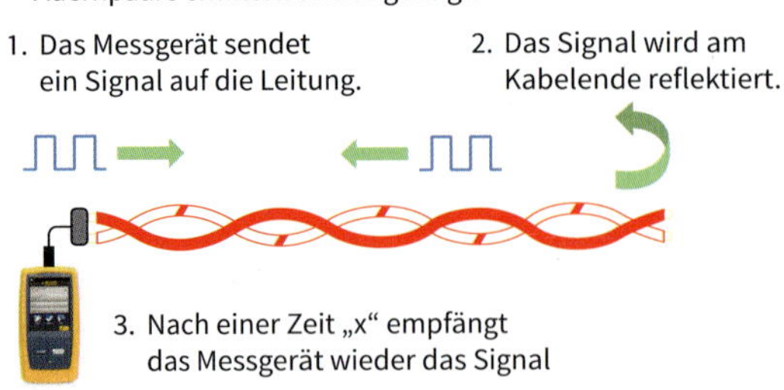

Nebensprechen

- **Nebensprechen** (crosstalk)
  - Das sendende Signal (Leitung 1) induziert eine Spannung in die Leitungspaare 2, 3 und 4.
  - Durch die Kabeldämpfung wird das Nebensprechen mit zunehmender Leitungslänge geringer.

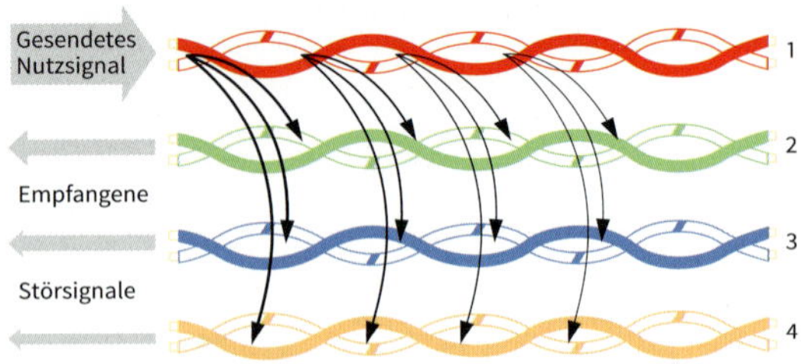

- **Nahes Nebensprechen** (**NEXT**, near end crosstalk)
  - NEXT entsteht zwischen anliegenden Leitungspaaren, z. B. Leitungspaar 1 und 2,
  - ist frequenzunabhängig und verursacht die häufigsten Fehler in Datennetzen.
- **Fernes Nebensprechen** (**FEXT**, far end crosstalk)
  - wird am fernen Ende gemessen und entspricht dem Nahen Nebensprechen (NEXT).

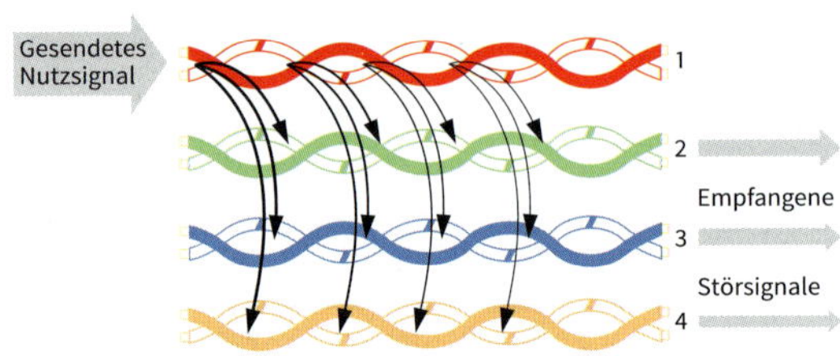

- **Längenabhängiges Nebensprechen am fernen Ende** (**ELFEXT**, equal level far end crosstalk)
  - Den ELFEXT-Wert erhält man, wenn man die Differenz zwischen FEXT und Dämpfung bildet.
  - Der ELFEXT-Wert ist längenunabhängig und kann mit verschieden langen Leitungen verglichen werden.

Rausch-Signal-Abstand

- **ACR: A**ttenuation to **C**rosstalk **R**atio
- Differenz aus dem NEXT-Wert ① und der Dämpfung (ACR = NEXT – Dämpfung)
- Abstand zwischen Nutzsignal und Störsignal
- Je größer der ACR-Wert, desto besser kann das Nutzsignal erkannt werden.
- Der ACR-Wert ist ein Maßstab für die Qualität der gesamten Verbindung.

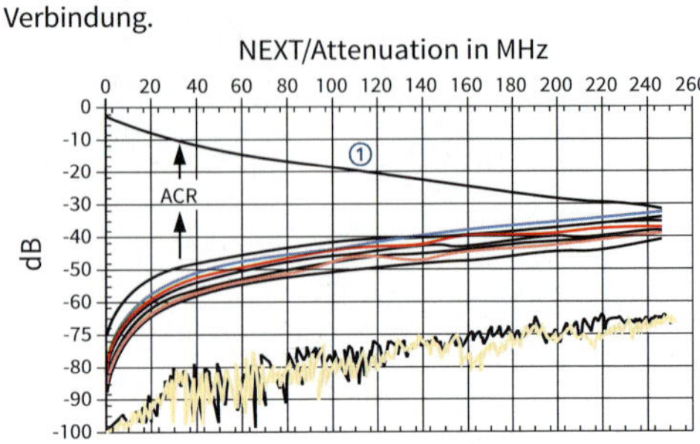

Messprinzip | Messvorgang, Messergebnis

Eingangs- und Ausgangsimpedanz

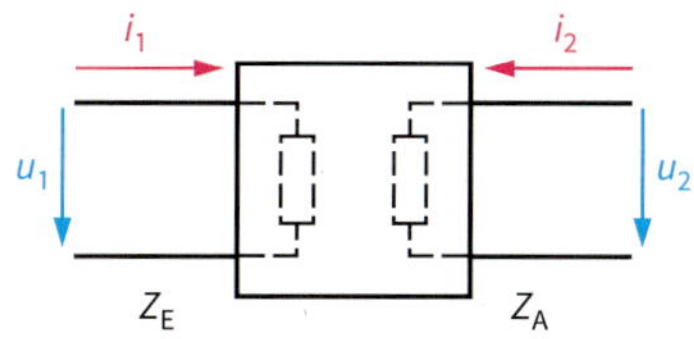

Z_E: Eingangsimpedanz

Z_A: Ausgangsimpedanz

$$Z_E = \frac{u_1}{i_1} \qquad Z_A = \frac{u_2}{i_2}$$

Breitband-Spannungsmessung

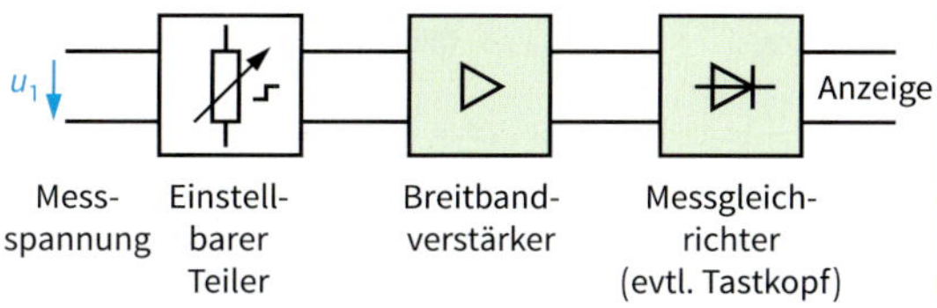

- Breitbandverstärker mit f_{gu} und f_{go} (Grenzfrequenzen z. B. für NF oder HF)
- Messungen im Millivoltbereich möglich
- Der Messgleichrichter ist in der Regel in einem Tastkopf untergebracht.
- Bei Spannungsmessungen in koaxialen Leitungssystemen: Durchgangsmesskopf mit Messgleichrichter

Selektive Spannungsmessung

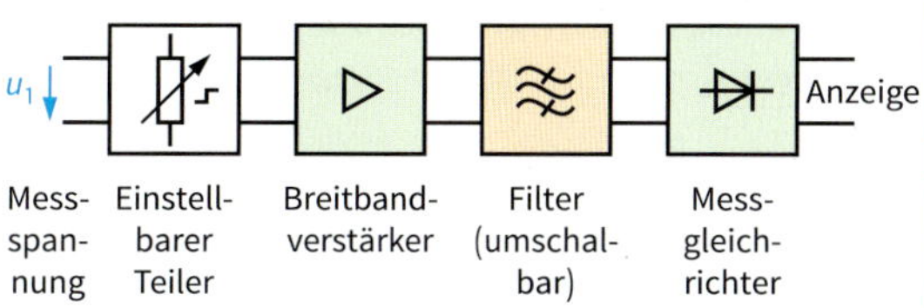

- Die Bandbreite wird durch entsprechende Filter gewählt.
- Wählbare Bandbreiten gelten stets symmetrisch zur eingestellten Frequenz am Messeingang.
- Messungen im Millivoltbereich möglich
- Theoretisch beliebige Bandbreiten (hängt vom gewählten Aufwand ab)

Frequenz-Analysator

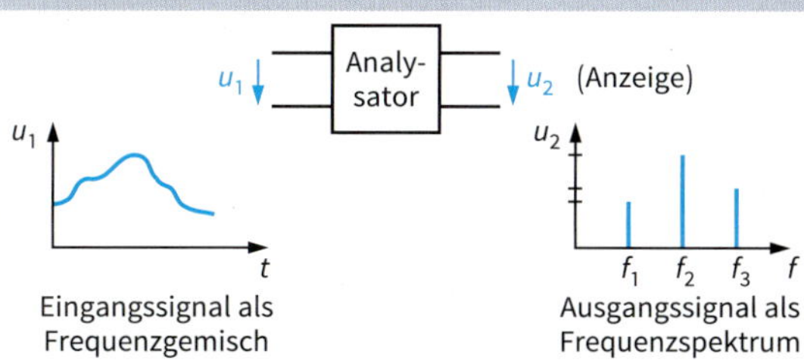

- Oszilloskop mit Y-Ablenkung; anstelle der X-Ablenkung erfolgt eine Darstellung der Frequenzabhängigkeit in Form eines Spektrums.
- Das Messsignal wird frequenzmäßig abgetastet, Spektralanteile werden gespeichert und auf dem Bildschirm dargestellt (Y-*f*-Betrieb).
- Einsatz von elektronisch umschaltbaren Filtern (im NF-Bereich z. B. $B = 10$ Hz)

Klirrfaktor, Klirrdämpfungsmaß (distortion factor)

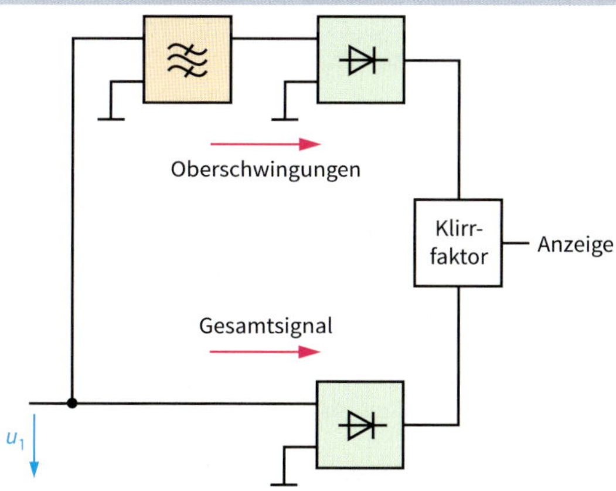

u_1: Eingangssignal, enthält Grundschwingung mit n-Oberschwingungen

- Gesamtsignal wird zwei Schaltungswegen zugeführt
- Überschwingungsanteil wird gefiltert
- Signale werden gleichgerichtet (Effektivwert)
- Verhältnisbildung aus Oberschwingungen und Gesamtsignal (Division)
- Anzeige kann direkt in Prozent erfolgen

Klirrfaktor (Spannungen)

$$k = \sqrt{\frac{U_2^2 + U_3^2 + \ldots + U_n^2}{U_1^2 + U_2^2 + U_3^2 + \ldots + U_n^2}}$$

Teilklirrfaktor

$$k_m = \frac{U_m}{\sqrt{U_1^2 + U_2^2 + U_3^2 + \ldots + U_n^2}}$$

Klirrdämpfungsmaß

$$a_k = 20 \cdot \lg \frac{1}{k}\,\text{dB}$$

Teilklirrdämpfungsmaß

$$a_{km} = 20 \cdot \lg \frac{1}{k_m}\,\text{dB}$$

Messprinzip | Messvorgang, Messergebnis

Differenztonfaktor (intermodulation distortion)

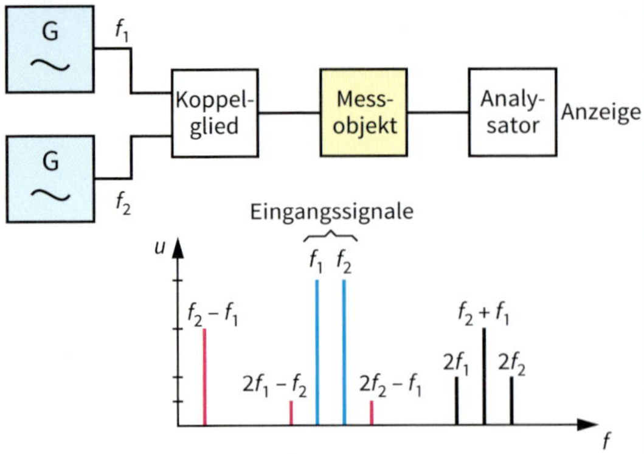

- Anwendung bei schmalbandigen Messobjekten, bei denen die Überschwingungen häufig nicht mehr in den Arbeitsbereich fallen
- Eingangssignale: Gleichgroße Signale mit benachbarten Frequenzen (f_1, f_2)
- Lage der Frequenzen frei wählbar, hängt jedoch vom Arbeitsbereich des Messobjektes ab
- Hauptarbeitsgebiet: NF-Bereich

Differenztonfaktor 2. Ordnung

$$d_2 = \frac{U_{(f2-f1)}}{\sqrt{2} \cdot U_{ges}}$$

Differenztonfaktor 3. Ordnung

$$d_3 = \frac{U_{(2f1-f2)} + U_{(2f2-f1)}}{\sqrt{2} \cdot U_{ges}}$$

U: Effektivwerte der Spannungen

Signal-Rausch-Abstand (SNR, S/N, Rauschabstand) (signal-to-noise-ratio)

Nutzsignalmessung (U_S)

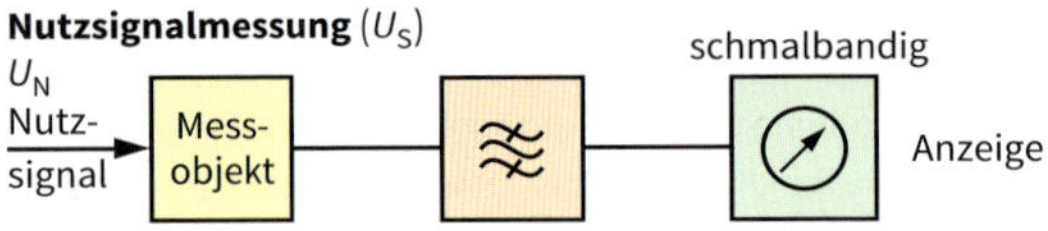

Rauschsignalmessung (U_N)

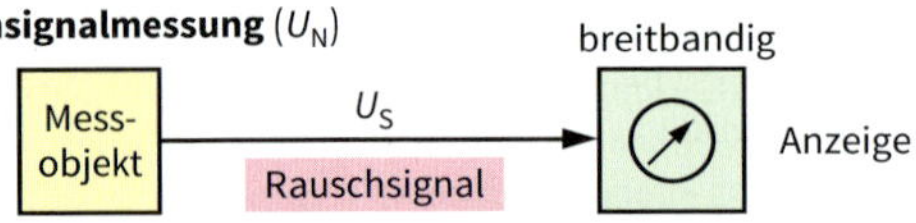

- Verhältnis von Nutzsignal (N) zu Störsignal (S) in dB
- SNR ist als Leistungsverhältnis definiert, bei Spannungsmessungen quadratische Abhängigkeit beachten.
- SNR wird auch als Pegeldifferenz angegeben.

$$\text{SNR} = 20 \cdot \lg \frac{U_S + U_N}{U_N} \text{ dB}$$

U_N: Rauschspannung

U_S: Spannung des Nutzsignals

Fremdspannungsabstand, Geräuschspannungsabstand

Fremdspannungsabstand (unweighted signal-to-noise ratio)

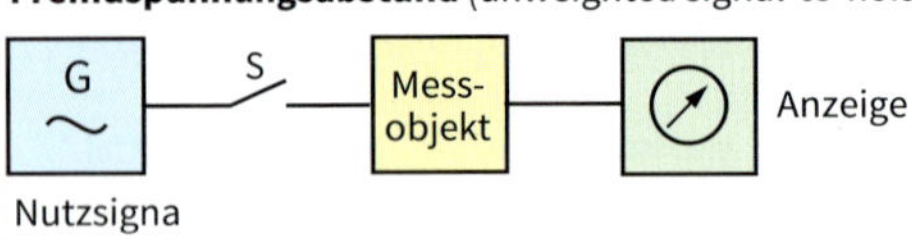

Schalter offen: Störsignal wird gemessen
Schalter geschlossen: Nutz- und Störsignal werden gemessen

Geräuschspannungsabstand (weighted signal-to-noise ratio)

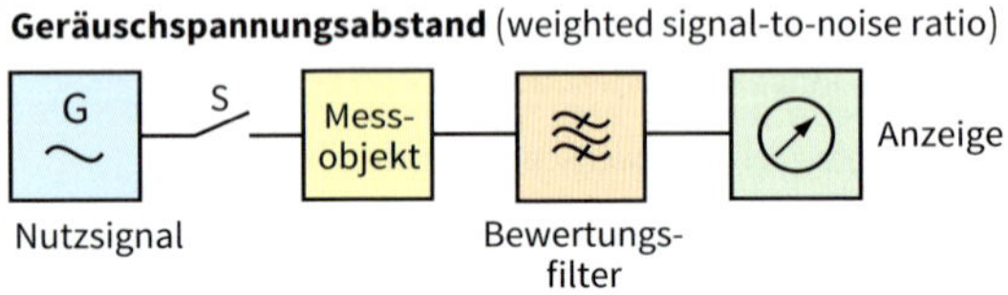

- Fremdspannung: Sammelbegriff für alle störenden Signale
- Angabe als Pegeldifferenz der beteiligten Signale in dB

  L_F: Fremspannungsabstand (Pegel)
  L_{NS}: Pegel aus Nutzsignal + Störsignal
  L_S: Pegel des Störsignals
  $L_F = L_{NS} - L_S$

- Messung wie beim Fremdspannungsabstand, zusätzlich mit Bewertungsfilter (Anpassung an das nichtlineare Hörverhalten des Menschen)

  L_G: Geräuschspannungsabstand (Pegel)
  L_{NSb}: Pegel aus Nutzsignal + Störsignal (bewertet)
  L_{Sb}: Pegel des Störsignals (bewertet)
  $L_G = L_{NSb} - L_{Sb}$

Intermodulationsabstand (intermodulation ratio)

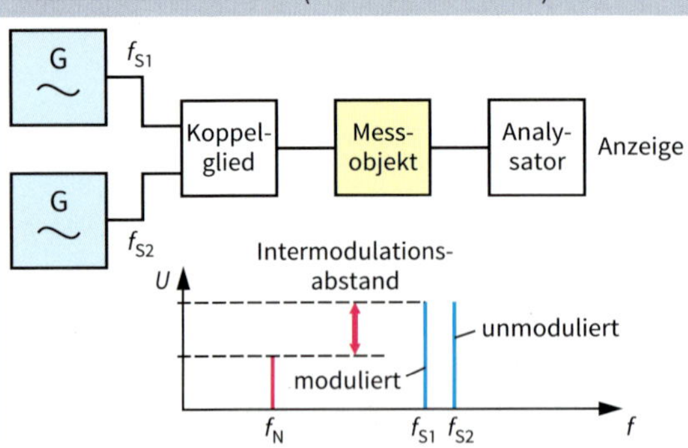

- Störsignale entstehen durch unerwünschte Modulationseffekte.
- Intermodulation liegt vor, wenn zwei Störsignale (f_{S1}, f_{S2}) durch Mischung ein nicht vorhandenes Nutzsignal (f_N) vortäuschen.
- Intermodulationsabstand: Abstand zwischen dem Stör- und dem Nutzsignal in dB
- Messung: Gleichgroße Signale f_{S1} und f_{S2} als vorgetäuschte Störsignale
- Intermodulation 2. Ordnung: $f_N = |f_{S1} \pm f_{S2}|$
- Intermodulation 3. Ordnung: $f_N = |f_{S1} \pm 2f_{S2}|$ oder $f_N = |2f_{S1} \pm f_{S2}|$

C/N-Messung

- Bei der C/N-Messung handelt es sich um ein logarithmisches Spannungsverhältnis in dB des hochfrequenten Trägers zu den überlagerten Rauschstörungen (Grundrauschen). Gute Werte liegen zwischen 12 dB und 15 dB.
  - **C**: Trägersignal (**C**arrier: Träger)
  - **N**: Rauschsignal (**N**oise: Rauschen)
- **Messverfahren** bei Satellitenempfang
  1. Antenne optimal auf den Satelliten ausrichten.
  2. Messempfänger auf die Satellitenfrequenz einstellen.
  3. Zur Bestimmung des Rauschsignals Antenne in die Richtung drehen, aus der kein Satellitensignal zu erwarten ist, z. B. nach oben (Elevation).
  4. Berechnungsprogramm im Messgerät starten.
  5. Antenne in die optimale Empfangslage zurückdrehen.
  6. Am Display C/N-Wert ablesen.

Bitfehlerrate (BER)

- **BER**: **Bi**t **E**rror **R**ate
- Bei der Bitfehlerrate handelt es sich um das Verhältnis von den auf dem Übertragungsweg verfälschten Bits zur Gesamtzahl der übertragenen Bits.
- Der Wert ist vor der Fehlerkorrentur (**FEC**: **F**orward **E**rror **C**orrection) am größten.
  Die Fehlerkorrektur besteht aus Viterbi- ① und Reed-Solomon-Decoder ②. Es werden deshalb die Bitfehlerraten vor dem Viterbi-Decoder (**CBER**: **C**hannel **Bi**t **E**rror **R**ate) und vor dem Reed-Solomon-Decoder (**VBER**: **V**iterbi **Bi**t **E**rror **R**ate) unterschieden.
- Anzeigebeispiel mit drei Darstellungsarten:

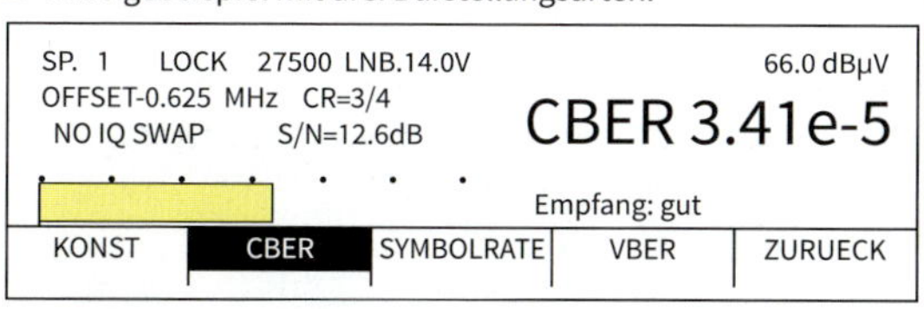

  - Balkenanzeige (gelb)
  - Exponentenschreibweise $CBER = 3{,}41 \cdot 10^{-5}$
  - Qualitative Bewertung (Empfang: gut)

  Für die qualitative Beurteilung wird immer die Bitfehlerrate vor dem Reed-Solomon-Decoder (VBER) herangezogen.
- Bitfehlerrate und Empfangsqualität

Bitfehlerrate	Empfangsqualität
$BER < 1{,}0 \cdot 10^{-6}$	gut
$1{,}0 \cdot 10^{-6} < BER < 1{,}0 \cdot 10^{-3}$	bedingt
$BER > 1{,}0 \cdot 10^{-3}$	schlecht

Modulationsfehlerrate (MER)

- **MER**: **M**odulation **E**rror **R**ate
- Modulationsfehler entstehen immer dann, wenn sich die Trägeramplitude ändert.
  Beispiel QPSK (4 QAM):
  - Der Träger kann 4 Phasenzustände annehmen. Jeder Zustand entspricht 2 Bit.
  - Bei konstanter Amplitude führt der Vektor in die Mitte der vier Entscheidungsfelder.
  - Bei Schwankungen entsteht ein Fehlervektor.

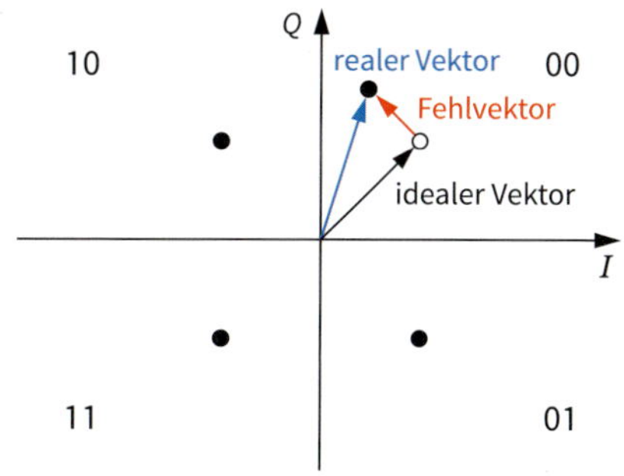

- Die Modulationsfehlerrate wird als logarithmischer Wert in dB gewonnen, indem man die Summe der Quadrate der Inphase- und Quadraturkomponenten der Idealvektoren durch die Summe der Quadrate der Inphase- und Quadraturkomponenten der Fehlervektoren dividiert. Je größer der Wert, desto besser die Signalqualität.

$$MER = 10 \log \left(\frac{\sum_{i=0}^{n} (I_j^2 + Q_j^2)}{\sum_{i=0}^{n} (\Delta I_j^2 + \Delta Q_j^2)} \right) \text{dB}$$

Paketfehlerrate (PER)

- **PER**: **P**ackage **E**rror **R**ate
- Die Paketfehlerrate wird nach dem Reed-Solomon-Decoder gemessen.
- Bei PER werden die Anzahl der MPEG-Pakete ermittelt, die mindestens ein falsches Bit enthalten. Der am Anfang gemessene Pegel wird als Referenzwert benutzt.
- Der PER-Wert kann als Zahl angezeigt und/oder durch farbige Balken veranschaulicht werden.
- Um einen aussagekräftigen Wert zu erhalten, muss ein bestimmter Zeitraum betrachtet werden. Der Aufzeichnungszeitraum kann z. B. 5, 30 oder 120 Minuten betragen.

Messstellen und Messgrößen (DVB-S-Receiver)

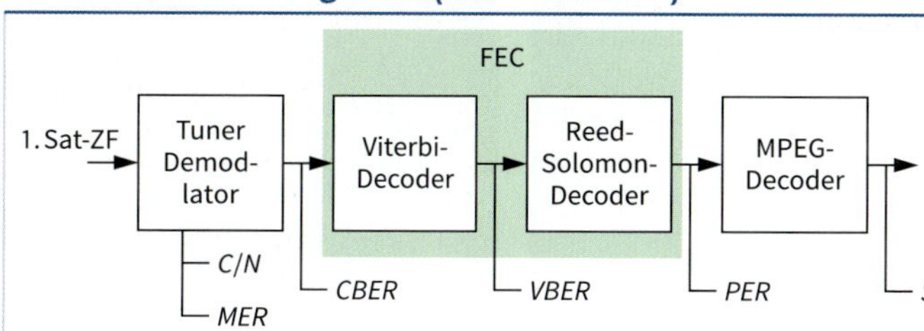

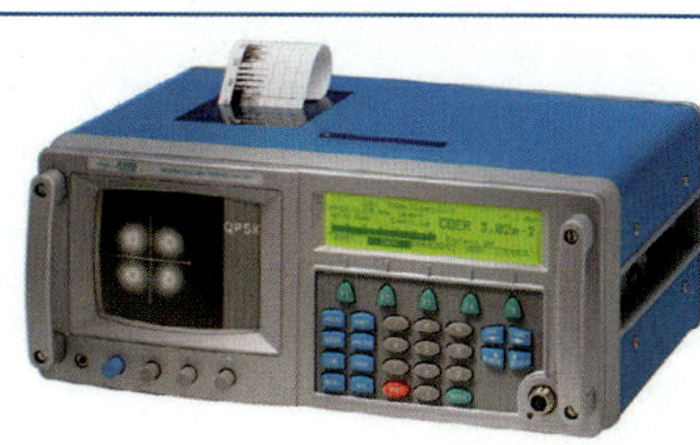

Aufbau und Funktion

- Anwendung:
  Grafische Darstellung digital modulierter Signale in einem zweidimensionalen Koordinatensystem für
  - **QAM**: **Q**uadrature **A**mplitude **M**odulation, Quadraturamplitudenmodulation z. B. für DVB-C,
  - **QPSK**: **Q**uadrature **P**hase **S**hift **K**eying, Quadraturphasenumtastung z. B. für DVB-S und
  - **COFDM**: **C**oded **O**rthogonal **F**requency **D**ivision **M**ultiplex z. B. für DVB-T.
- Die einzelnen Signale können als Vektoren mit den horizontalen Komponenten **I** (**I**n Phase) und vertikalen Komponenten **Q** (**Q**uadrature) betrachtet werden (s. rechte Spalte).
- Im Diagramm werden jedoch nur die Spitzen der Vektoren dargestellt.
- Je nach Modulationsverfahren gibt es eine verschiedene Anzahl von Entscheidungsfeldern. Diese Entscheidungsfelder entsprechen einer bestimmten Bitkombination (s. rechte Spalte).
- Wenn Störungen auftreten, weichen die Spitzen der Vektoren in einem gewissen Abstand (abhängig von der Signalqualität) von den Idealzuständen ab. Es entsteht eine „Signalwolke" (s. Abbildungen unten). Je kleiner die Signalwolke, desto weniger ist das empfangene Signal gestört.
- Die Signalzustände lassen sich je nach Häufigkeit farblich hinterlegen. Abstufungen in blau, grün, gelb und rot sind üblich, mit aufsteigender Häufigkeit (s. Abbildungen unten). Dadurch erhält das Konstellationsdiagramm zusätzlich einen dreidimensionalen Eindruck.

Beispiele für ideale Signale im Gray-Code

QPSK (4-PSK)

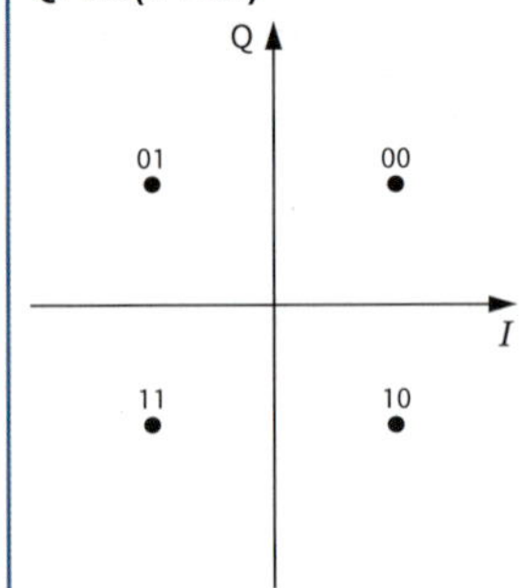

8-PSK

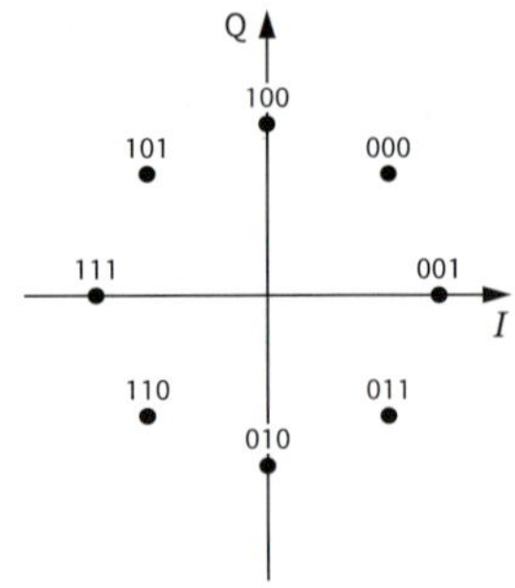

16-PSK

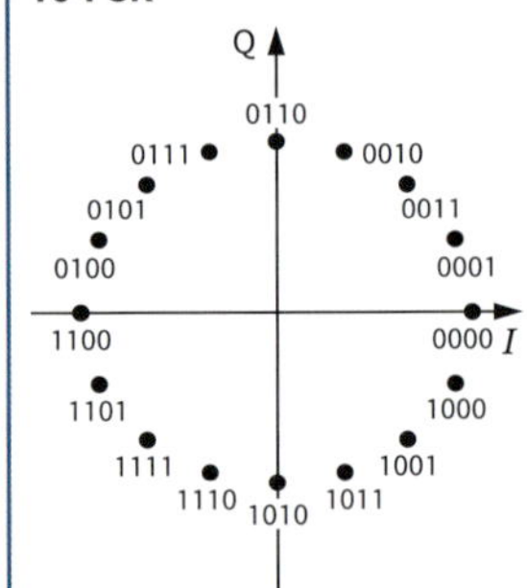

16-QAM

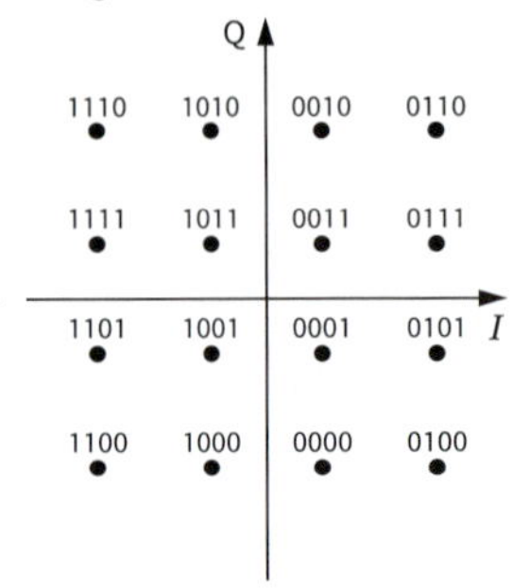

Messtechnisch ermittelte Beispiele für ungestörte und fehlerhafte Signale

QPSK (DVB-S)

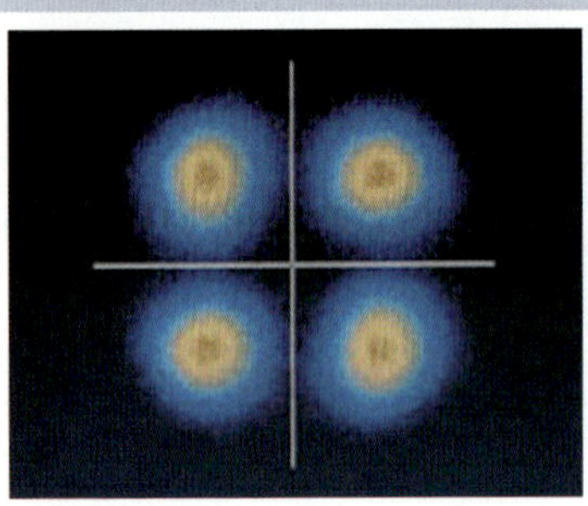
Signal ungestört

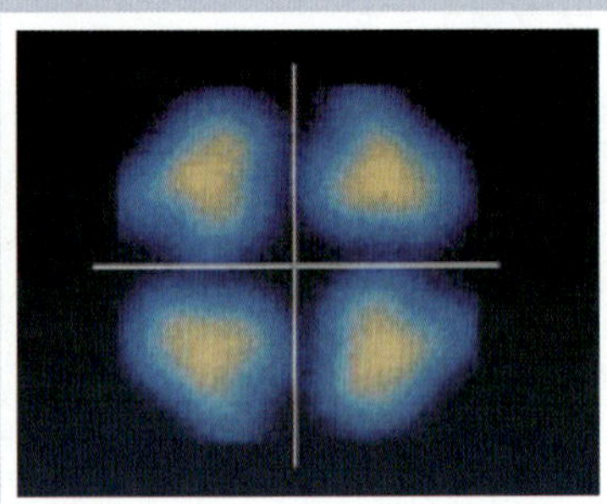
Möglicher Fehler:
Überlagerter Störträger

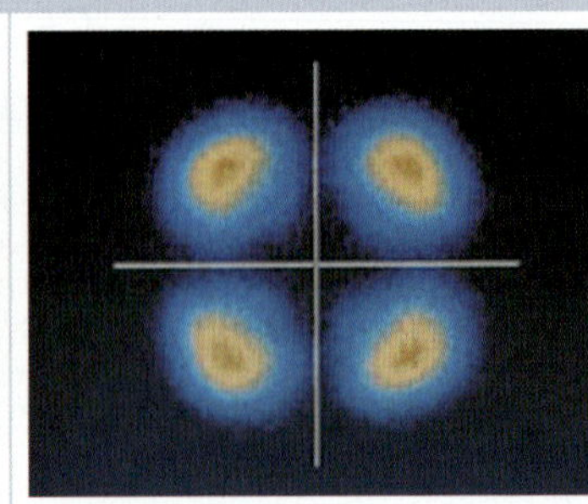
Möglicher Fehler:
Störung durch Phasenrauschen

COFDM (DVB-T)

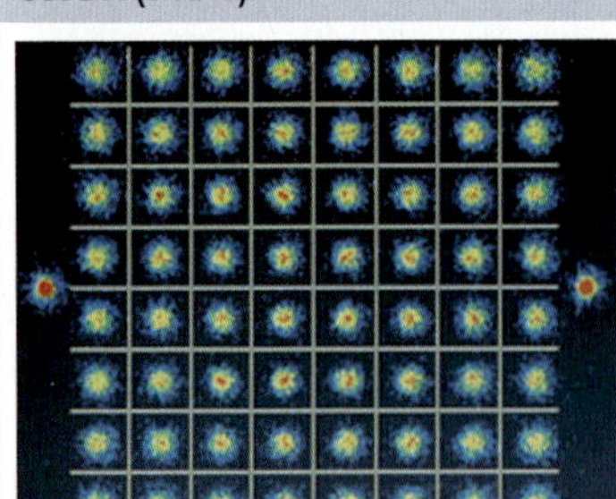
Signal ungestört,
mit Pilotträgern

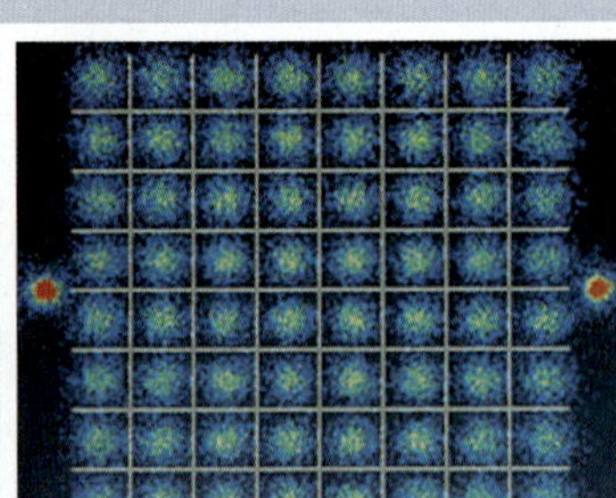
Fehlermöglichkeit:
Rauschanteil zu groß

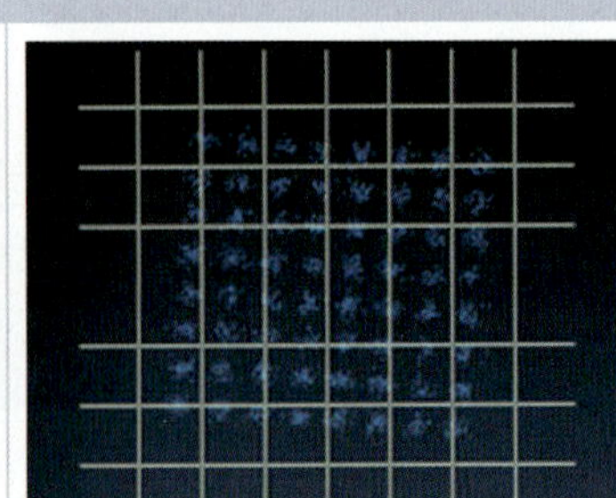
Fehler:
I/Q-Fehler

Merkmale

- Lichtmessung erfolgt mittels **optisch-elektrischer Messgrößenumformer** wie z. B. Fotowiderstand, Fotodiode, Fototransistor, Sekundärelektronenvervielfacher (SEV) und ladungsgekoppelter Halbleiter (**CCD**: **C**harge **C**oupled **D**evices).
- **Fotometrische Empfänger** (z. B. Luxmeter) enthalten zur Anpassung an die spektrale Empfindlichkeit [$V(\lambda)$] und die räumliche Strahlungsbewertung zusätzlich optische Filter, Blenden oder Streuscheiben.

Beleuchtungsstärke

- Sie ist definiert als **Flächendichte** des auftreffenden Lichtstromes für eine reale (gedachte) Fläche.
- Wird gemessen mit **Beleuchtungsstärkemesser** (**Luxmeter**) (SI: $lm \cdot m^{-2}$ oder lx [Lux]).
- Luxmeter bestehen aus
  - einem **Messkopf** mit Lichtempfänger (Si-Fotodiode), Strahlführungssystem (gegebenenfalls mit Kosinusanpassung zur Berücksichtigung des Lichteinfallwinkels),
  - elektronischer Messsignalverstärkung und -verarbeitung und
  - einer Anzeigeeinheit.
- Es wird unterschieden in
  - **planare Beleuchtungsstärke** (Beleuchtungsstärke auf ebener Fläche),
  - **zylindrischer Beleuchtungsstärke** (Beleuchtungsstärke auf der Manteloberfläche eines Zylinders) und
  - **Raumbeleuchtungsstärke** (einfallendes Licht aus allen Richtungen wird unabhängig vom Einfallswinkel gemessen).
- Die Messgeräte sind in **Klassen** eingeteilt, die die maximal **zulässigen Gerätefehler** ① (und weitere Geräteeigenschaften, DIN 5032) angeben.
- Messungen sind erforderlich u. a. für
  - Beleuchtungsanlagen und deren Überwachung,
  - Tageslicht in Innenräumen (DIN 5034),
  - Notbeleuchtung (DIN 1838) und
  - Straßenbeleuchtung (DIN 13201).
- **Nennbeleuchtungsstärken** für Arbeitsstätten sind z. B. festgelegt in DIN EN 12464 und
  - orientieren sich an der Schwierigkeit der Sehaufgabe,
  - sollten bei der Planung mit dem Faktor 1,25 berücksichtigt werden (Alterung der Beleuchtungsanlage) und
  - dürfen an keinem Arbeitsplatz zu keiner Zeit 60 % unterschreiten.

Lichtstrom

- Er wird aus allen **Teillichtströmen** der Lichtquelle ermittelt (Einheit: Lumen, lm).
- Er kann bestimmt werden
  - aus der Lichtstärke über den gesamten Raumwinkel,
  - aus der Beleuchtungsstärke (Flächenelemente einer Hüllfläche um eine Lichtquelle) oder
  - dem Kugelfotometer (Ulbricht-Kugel).
- Beim **Kugelfotometer** wird die Lichtquelle im Mittelpunkt einer Kugel angebracht.
- Die Innenseiten sind lichtstreuend beschichtet.
- Die Messung erfolgt durch ein Messfenster in der Kugelschale mittels Luxmeter.

Lichtstärke

- Sie beschreibt die **richtungsabhängige** Lichtausstrahlung von Lichtquellen (Einheit: $lm \cdot sr^{-1}$ oder cd, Candela).
- Wird ermittelt durch die Beleuchtungsstärke, die in einer bestimmten Richtung zur Lichtquelle auf einem Fotometerkopf erzeugt wird.
- Die **Lichtstärkeverteilung** beschreibt die räumlichen Abstrahleigenschaften von Lichtquellen anhand von Lichtstärkeverteilungskurven (gemessen z. B. mittels Drehspiegelsystem).

Leuchtdichte

- Sie wird auf eine Beleuchtungsstärkemessung zurückgeführt (Einheit: $lm \cdot sr^{-1} \cdot m^{-2}$ oder $cd \cdot m^{-2}$).
- Ein **Leuchtdichtevorsatz** (Adapterscheibe) auf dem Fotometerkopf erfasst einen Raumwinkel.
- Messungen einer Fläche werden als
  - **örtliche Mittelung** durch Abbildung der Fläche auf der Messfeldblende oder
  - **richtungsabhängig** als Mittelwerte des Lichtstromes im Raumwinkel durchgeführt.

Luxmeter

Eigenschaft ①	Bezeichnung		Klasse B	Klasse C
$V(\lambda)$ – Anpassung	f_1	in %	6	9
UV-Empfindlichkeit	u	in %	2	4
IR-Empfindlichkeit	r	in %	2	4
Räumliche Bewertung	f_2	in %	3	6
Linearitätsfehler	f_3	in %	2	5
Fehler des Anzeigegeräts	f_4	in %	4,5	7,5
Temperaturkoeffizient	α_0, α_{25}	in %/K	1	2
Ermüdung	f_5	in %	1	2
Moduliertes Licht	f_7	in %	0,5	1
Abgleichfehler	f_{11}	in %	1	2
Gesamtfehler	f_{ges}	in %	10	20
Untere Grenzfrequenz	f_u	in Hz	40	40
Obere Grenzfrequenz	f_o	in kHz	10^4	1

Weitere Klassen sind: L (höchste Genauigkeit) und A (hohe Genauigkeit)

Beispiel:

Messbereich:
0,1 lx bis 199900 lx
1 $cd \cdot m^{-2}$ bis 1999000 $cd \cdot m^{-2}$
Beispielwerte:
Bürobeleuchtung: 500 lx
Blauer Himmel: 10000 $cd \cdot m^{-2}$

Anwendungsbereiche

- Analog zur elektrischen Messtechnik gibt es für die optische Messtechnik eine Reihe von Geräten für die unterschiedlichen Messaufgaben.
- Die Anwendung der Geräte erfolgt u. a.
  - an optischen Bauelementen und
  - Lichtwellenleiter-Übertragungsstrecken.

Sicherheitshinweis

- Grundsätzlich sollten die Test- und Messanschlüsse der Geräte niemals direkt mit dem Auge betrachtet werden, da durch die austretende Strahlungsleistung irreparable Schäden am Auge entstehen können.

Gerät / Funktion	Optische Leistung	Lichtquellen-Wellenlänge	Leistungs-verlust	Optische Erkennung	Anpassungs-dämpfung	Lichtwellenleiteruntersuchung
Leistungsmesser	✓		✓		✓	✓
Dämpfungsmesser	✓		✓	✓	✓	✓
Spektrumanalysator	✓	✓	✓		✓	
Wellenlängenmultiplex-Tester	✓	✓	✓			
Optisches Rückstreumessgerät	✓		✓	✓	✓	✓

Optisches Rückstreumessgerät

- Optische Rückstreumessgeräte (**O**ptical **T**ime **D**omain **R**eflectometer [**OTDR**]) messen die Reflexionen eines in den Lichtwellenleiter eingekoppelten Impulses.
- Reflexionen im Lichtwellenleiter entstehen u. a. durch
  - Steckverbinder
  - mechanische Spleiße
  - Faserbeschädigungen (Anriss)
  - Faserende
- Nicht reflektierende Zustände entstehen zum Beispiel beim
  - Schmelzspleißen
  - unzulässigen Biegungen der Faser
- Die auf dem Messgerät dargestellte Kurve zeigt sowohl die Reflexionsstellen als auch die nicht reflektierenden Ereignisse in Abhängigkeit von der jeweiligen örtlichen Lage (Entfernung von der Messstelle).
- Die ermittelte Dämpfung gibt die Gesamtdämpfung der Übertragungsstrecke wieder (keine absolute Leistungsmessung).
- Als Messimpulse werden optische Impulse mit unterschiedlichen Impulsbreiten verwendet.
- Kurze Impulse (5 ns bis 1 µs)
  - ergeben bessere Entfernungsauflösung, allerdings mit höherem Rauschen und
  - dienen zur Verlustmessung an Spleißen oder Steckverbindern in der mittelbaren Nähe.
- Lange Impulse (100 ns bis 10 µs)
  - ergeben geringere Auflösung und
  - dienen zur Erkennung von Unterbrechungen.

Messkurve

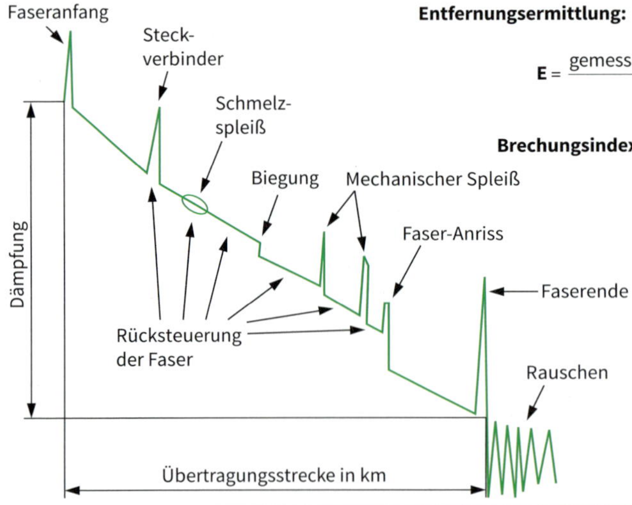

Entfernungsermittlung:

$$\mathbf{E} = \frac{\text{gemessene Rücklaufzeit x Lichtgeschwindigkeit im Vakuum}}{\text{Brechungsindex der Faser}}$$

$$\textbf{Brechungsindex}^{1)} = \frac{\text{Lichtgeschwindigkeit im Vakuum}}{\text{Geschwindigkeit des Lichtempulses in der Faser}}$$

- Die Messungen erfolgen von beiden Seiten, um z. B. Geister- Reflexionen zu erkennen.
- Diese Reflexionen enstehen u. a. bei der Verbindung von zwei Fasern mit unterschiedlichen Brechungsindizes.

[1)] Der Brechungsindex ist abhängig vom verwendeten Fasermaterial und wird vom Faserhersteller mitgeteilt.

Merkmale

- Messungen des Schalls im Bereich der hörbaren Frequenzen (ca. 16 Hz bis 20 Hz, altersabhängig) dienen u. a. zur Erfassung von gesundheitsschädigenden Schallereignissen (Lärm) oder zur Optimierung von Schallaustrahlungen, z. B. bei Musikveranstaltungen.
- Die Messungen erfolgen unter Berücksichtigung der menschlichen Hörempfindung (tiefe und hohe Frequenzen werden leiser als mittlere Frequenzen wahrgenommen).
- Dafür kommt überwiegend die A- Bewertung zum Einsatz, die die Frequenzabhängigkeit des menschlichen Gehörs berücksichtigt.

Schalldruckpegel

- Beschreibt die Schallimmission bzw. Lärmbelastung am Messort.
- Er ist die zentrale Kenngröße in der akustischen Messpraxis und wird bezogen auf den Bezugsschalldruck $p_0 = 20\ \mu\text{Pa}$, der der menschlichen Hörschwelle bei 1 kHz entspricht.
- Das Messmikrofon erfasst dabei den **Schall(wechsel)druck** (Luftschwankungen, die dem Umgebungsluftdruck überlagert sind).
- Ermittlung des Schalldruckpegels erfolgt anhand einer Frequenzbewertung und einer Zeitbewertung.
- Spezielle Maximalwerte werden gekennzeichnet mit
  - C-bewerteter Spitzenpegel L_{Cpk} (pk = peak)
  - Maximalpegel (L_{max}) oder
  - Taktmaximalpegel (L_{AFT}, AF bewertet, Taktzeit 5 s).
- Der Beurteilungspegel (L_r, Index r: rating level) dient zum Vergleich mit Richt-, Grenz- oder Normwerten (z. B. Lärm am Arbeitsplatz).
- Er wird ermittelt aus dem A-bewerteten Dauerschalldruckpegel (L_{Aeq}, A-bewertet, Mittelwertbildung über die Messdauer).
- Die Messmikrofone sind als Kondensatormikrofon ausgeführt.
- Vor jeder Messung ist eine Kalibrierung mittels eines Schalldruck-Kalibrators (z. B. Piezoschwinger mit $L_p = 94$ dB und $f = 1$ kHz) erforderlich.
- Die Messgeräte sind verfügbar als Handmessgerät (z. B. Arbeitsplatz- oder Veranstaltungsmessung) und stationäre Messeinrichtungen (Labor, Testfeld, Außenstationen für Dauerüberwachung).

Schallpegelmesser

Beispiel

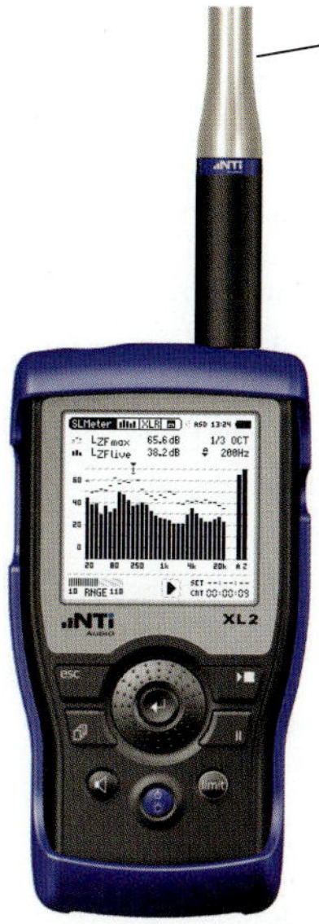

Messmikrofon
- Frequenzgang: Klasse 1 (IEC 61672-1)
- Frequenzbereich: 5 Hz bis 20 kHz
- Linearer Messbereich: 27 dB(A) bis 142 dB
- Empfindlichkeit: 16 mV·Pa^{-1} bei 1 kHz

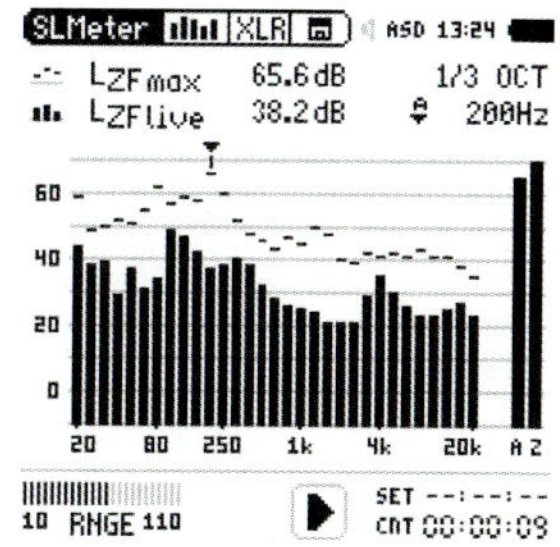

- **Funktionen** (Beispiele):
  - Schalldruckpegelmessung (u. a. für Arbeitsschutzmessungen nach DIN 45654-2, EG-Richtlinie 2003/10/EG, Techn. Regeln für Arbeitsstätten ASR A3.7)
  - Frequenzbewertung A, C, Z; Zeitbewertung F, S, PK; Mittelwertbildung EQ
  - Schallsignal-Aufzeichnung in Form von Tonsignalen
  - Nachhallzeitmessung RT 60 (ISO 3382)
  - Sprachverständlichkeit STIPA
  - Akustische Laufzeitmessung
  - Polarität von Lautsprechern
  - Audio-Analysator, FFT-Analysator, Datenspeicherung

Hinweis:
- Bei Veranstaltungen mit mindestens zu erwartender Lautstärke von 85 dB(A) sind Pegelmessungen vorgeschrieben (DIN 15905-5, SLV 2007).
- Gemessen werden der Mittelwert L_{Aeq} über Halbstundentakte (Maximalwert 99 dB), der Spitzenwert L_{Cpk} (Maximalwert 135 dB) und optional der Kurzzeitwert L_{Aeq}.
- Bei 85 dB(A) bis 99 dB(A): Hinweis auf eine mögliche Gehörgefährdung erforderlich.
- Bei 95 dB(A) ist Gehörschutz anzubieten.

Schallleistungspegel

- Beschreibt die Schallemission einer Schallquelle.
- Wird ermittelt aus Schalldruckmessungen rund um die Schallquelle und Korrekturrechnungen für Messabstand und Raumeinfluss (Nachhall).
- Alternativ: Erfassung der Schallintensität mit Schallintensitäts-Sonde, bestehend aus zwei sich gegenüber stehenden Mikrofonen.
- Bezugswert des Schallleistungspegels ist die Bezugsleistung $P_0 = 1$ pW (pico Watt).

Akustikanalysator

- Er wird eingesetzt zur Messung der **Sprachverständlichkeit**, z. B. zur Prüfung von **Sprachalarmanlagen** in Stadien oder Einkaufszentren (DIN VDE 0833-4).
- Objektive Bestimmungsverfahren sind in IEC 60268-16 genormt (**STIPA**: **S**peech **T**ransmission **I**ndex for **P**ublic **A**ddress Systems [Sprachübertragungsindex für Beschallungsanlagen]).
- Messgeräte für die Sprachverständlichkeit zeigen als Messergebnis einen Zahlenwert zwischen 0 (unverständlich) und 1 (sehr gut verständlich) an.

Merkmale

- Bei der **Spektrumanalyse** werden elektrische Signale im **Frequenzbereich** untersucht.
- Aus dem gemessenen Signal werden die **spektralen Komponenten** (Frequenzen) ermittelt.
- Im Gegensatz zum Oszilloskop (zeigt den zeitlichen Signalverlauf) wird auf der x-Achse der Anzeige der Frequenzbereich bzw. einzelne Frequenzen und auf der y-Achse die jeweilige Amplitude im logarithmischen Maßstab dargestellt.
- Spektrumanalysatoren werden unterschieden nach dem verwendeten **Analyseverfahren** in
  - Echtzeit-Analysatoren (parallel geschaltete Filterbänke),
  - FFT-Analysatoren (Digitale Filter) und
  - Suchton-Analysatoren (Überlagerungsprinzip).
- Die Messfunktionen werden über Geräteeinstellungen per Softwaresteuerung realisiert.
- Kennzeichnende **Eigenschaften** sind u. a. der Frequenz- und Dynamikbereich, die Frequenzauflösung und die Eingangsempfindlichkeit.

Messfunktionen

- Die Spektrumanalyse erfolgt allgemein und ergänzend mit der
  - Kanalleistungsmessung (abgestrahlte Leistung für eine bestimmte Frequenz),
  - relativer Nachbarkanalleistung und
  - belegter Bandbreite.
- Kanalleistung (abgestrahlte Leistung in einem bestimmten Frequenzband)
- Durchgangsleistungsmessung (Messung der Sendeleistung und der reflektierten Leistung zwischen Strahler und Sendequelle)
- Übertragungsfunktionen (Frequenzeigenschaften z. B. von Filtern oder aktiven Geräten durch Ansteuerung mittels integriertem Signalgenerator)
- Reflexionsmessung (Wartung und Abnahme von Antennenanlagen)
- Kabelfehlstellenmessung (Erfassung von losen Verbindungen oder Kabelknickstellen)
- Kabeldämpfungsmessung (Übertragungsqualität von Kabeln)
- **EMV**- und **EMF**-Messungen (**E**lektro**m**agnetische **V**erträglichkeit und **E**lektro**m**agnetische **F**elder) mit geeigneten Antennen (siehe unten)

Beispiel

Kenndaten
Frequenzbereich: 1 MHz (9 kHz mit Option 900) bis 9,4 GHz
14 Bit Dual-ADC
DDC Hardware-Filter
AVG Noise Level (DANL): – 170 dBm (1 Hz)
AbsMax Level: +20 dBm
AbsMax Level: +40 dBm (Option)
Filterbandbreite (RBW) Min: 200 Hz
Filterbandbreite (RBW) Max: 50 MHz
EMV-Filter (RBW): 9 kHz, 120 kHz, 5 MHz, 20 MHz, 40 MHz
Kleinst mögliche SampleTime: 1 mS
Typ. Genauigkeit: +/– 1 dB
Vektor (I/Q)/True RMS Leistungsmessung
AM/FM/PM Demodulation
Erweiterter Messbereich bis volle ICNIRP
Normgerechte Grenzwertberechnung (ICNIRP, BGV B11, BlmSchV, EN55011 u.a.)

Feldstärke-Messantennen

- **Doppelkonusantenne**
  (Biconical Antenna)
  - Frequenzbereich: 20 MHz bis zu 3 GHz
  - Optimal für EMV Messungen
  - Nominalimpedanz: 50 Ohm
  - Gewinn: –5 dBi bis 41 dBi
  - Kalibrierpunkte: 296 (5 MHz bzw. 10 MHz-Schritte
  - Abmessungen (L/B/H): 350 x 160 x 140 mm

- **Omnidirektionale Breitband Antenne**
  (Omnidirectional Antenna)
  - Frequenzbereich: 300 MHz bis 8 GHz
  - Nominalimpedanz: 50 Ohm
  - Polarisation: Linear
  - VSWR (typ.): < 3:1
  - Max. Input Power: 5 Watt
  - Abmessungen (L/B/H): 173 x 62 x 9 mm

- **Isotrope / 3D Antenne**
  (Isotropic Antenna / 3D Antenna)
  - Frequenzbereich: 9 kHz bis 6 GHz
  - Impedanz: 50 Ohm
  - Gewinn (Bypass, typ.):
    @70 MHz: – 42 dB
    @3 GHz: – 10 dB
  - Gewinn (Verstärker an, typ.):
    @70 MHz: – 22 dB
    @3 GHz: 10 dB
  - Eingebauter Bypass Vorverstärker
  - Manuelle oder automatische Achsenumschaltung

Entstörung durch

Geräteauswahl	Zusatzschaltungen	Abschirmung
Funkenbildung vermeiden	Spannungsspitzen vom Gerät fernhalten und abbauen	Elektromagnetische Fremdfelder vom Gerät fernhalten

Maßnahmen

- Kurzschlussläufer statt Kommutatorläufermotoren einsetzen.
- Elektrische Geräte mit Drosselspulen, Siebgliedern, Widerständen und Funkenlöscheinrichtungen beschalten.
- Leitungen, Geräte und Räume mit Metallfolien umgeben.

Beispiel: Starter für Leuchtstofflampen mit eingebautem Entstörkondensator (Folienwickelkondensator)

Begriffe

- **Funkstörung** ist eine hochfrequente Störung (0,15 MHz … 300 MHz) des Funkempfanges.
- Eine **Dauerstörung** ist eine Funkstörung, die länger als 200 ms andauert.
- **Grenzwertpegel** L (s. Diagramm)
- Die **Knackrate** N ist die Anzahl der Funkstörungen pro Minute.
- Die **Knackstörung** ist eine Funkstörung, die weniger als 200 ms dauert. Der Grenzwertpegel L_Q ist wie folgt zu berechnen:

  $L_Q = L + 44$ für $N < 0{,}2$
  $L_Q = L + 20 \lg \frac{30}{N}$ für $0{,}2 < N < 30$
  $L_Q = L$ für $30 < N$

  Einheit für L_Q:
  – dB (µV) für 0,15 MHz < 1 < 30 MHz
  – dB (pW) für 30 MHz < 1 < 300 MHz

- Der **Funkstörgrad** ist eine frequenzabhängige Grenze für Funkstörungen.
  0 funkstörfrei
  N funkentstört (Normalstörgrad)
  K funkentstört (Kleinststörgrad)
  G grobentstört (Einsatz beschränkt)

Funkschutzzeichen mit Angabe des Störgrades

Grenzwertpegel

a: **Haushaltsgeräte**
b: **Halbleiterstellglieder**
1: am Netz
2: am Verbraucher

c: **Elektrowerkzeuge**
1: bis 700 W
2: 700 W … 1 000 W
3: 1000 W … 2 000 W

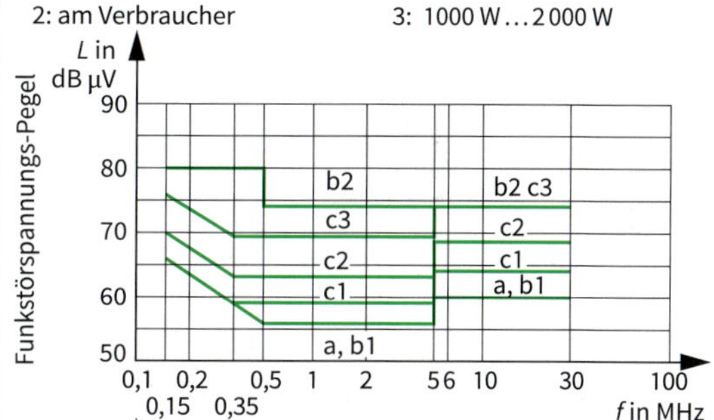

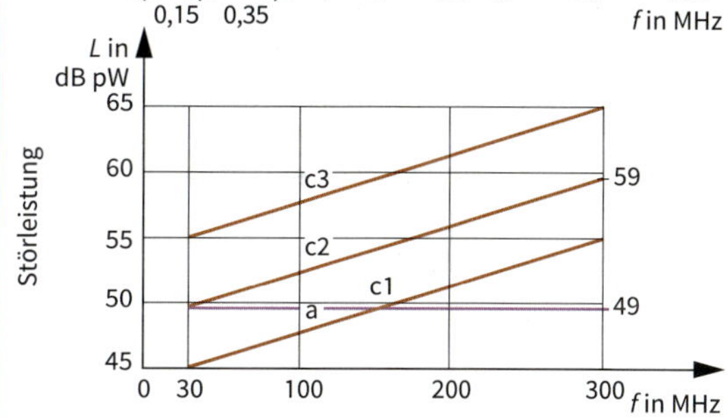

Schaltungen

Beispiel: Funkentstörung am Wechselstrommotor

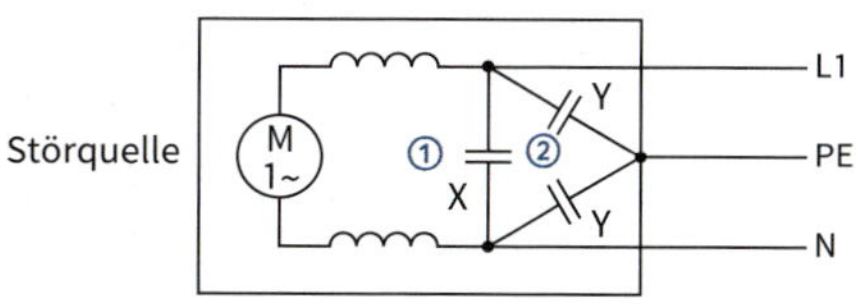

Beispiel: Funkenlöschung bei Schaltern

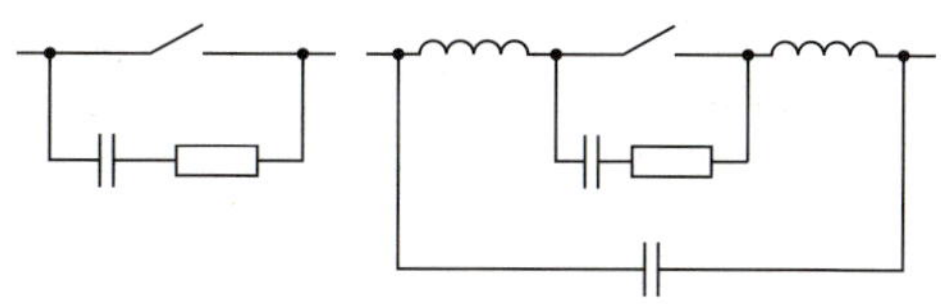

Es ist nur die Verwendung spezieller Funkentstörkondensatoren nach DIN VDE 0565 zulässig:

- **Klasse X**, parallel zum Netz ①
  – X1 für Spitzenspannung $u_{max} \geq 1200$ V
  – X2 für $u_{max} < 1200$ V
- **Klasse Y**, Schaltung zwischen Außenleiter und Neutralleiter sowie Außenleiter und Schutzleiter ②

Oberschwingungen

- Nichtlineare Geräte (Energiesparlampen, Schaltnetzteile, Drucker, PCs, …) verursachen Oberschwingungen, weil sie nicht kontinuierlich, sondern impulsartig Energie aus dem Netz beziehen.
- Die Oberschwingungen sind ganzzahlige Vielfache der Grundschwingung von 50 Hz.
- **Beispiel:**

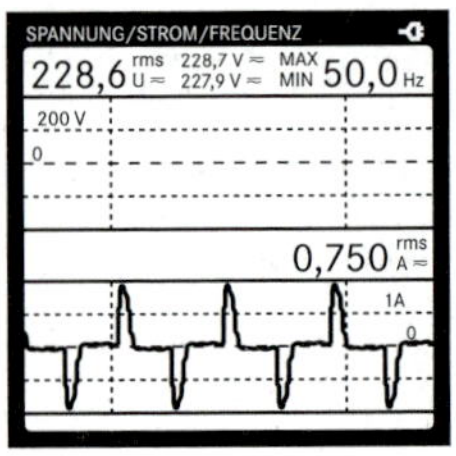

- Ein Maß für die Störung ist der Gesamtverzerrungsfaktor **THD** (**T**otal **H**armonic **D**istortion).
- Im N-Leiter addieren sich die Ströme der Oberschwingungen, so dass die Stromstärke im N-Leiter erheblich größer wird als die Stromstärken in den Außenleitern L1, L2 und L3.

Vorschriften für Energie-Netze

In den Vorschriften der DIN EN 6100-2-2, 2-4 sowie in der DIN EN 50160 sind einzuhaltende Grenzwerte für Oberschwingungen in öffentlichen und industriellen Netzen festgelegt.
Folgende Klassen werden unterschieden:

Klasse 1: Netze mit sensiblen Geräten (Laborgeräte, …)
Klasse 2: Öffentliche Netze
Klasse 3: Industrienetze

Grenzwerte von Oberschwingungen in Netzen

Ordnungszahl n			Frequenz in Hz	Klasse 1	Klasse 2	Klasse 3
				in % der Netzspannung		
5	ungeradzahlig	nicht durch 3 teilbar	250	3	6	8
7	ungeradzahlig	nicht durch 3 teilbar	350	3	5	7
11	ungeradzahlig	nicht durch 3 teilbar	550	3	3,5	5
13	ungeradzahlig	nicht durch 3 teilbar	650	3	3	4,5
17	ungeradzahlig	nicht durch 3 teilbar	750	2	2	4
19	ungeradzahlig	nicht durch 3 teilbar	850	1,5	1,5	4
23	ungeradzahlig	nicht durch 3 teilbar	1150	1,5	1,5	3,5
25	ungeradzahlig	nicht durch 3 teilbar	1250	1,5	1,5	3,5
3	ungeradzahlig	durch 3 teilbar	150	3	5	6
9	ungeradzahlig	durch 3 teilbar	450	1,5	1,5	2,5
15	ungeradzahlig	durch 3 teilbar	750	0,3	0,3	2
21	ungeradzahlig	durch 3 teilbar	1050	0,2	0,2	1,75
2	geradzahlig		100	2	2	3
4	geradzahlig		200	1	1	1,5
6	geradzahlig		300	0,5	0,5	1
8	geradzahlig		400	0,5	0,5	1
10	geradzahlig		500	0,5	0,5	1

Vorschriften für Geräte

- Oberschwingungsgrenzwerte für Geräte sind in der DIN EN 61000-3-2 festgelegt. Sie müssen von Herstellern durch entsprechende schaltungstechnische Maßnahmen eingehalten werden.
- Die Geräte werden in Klassen eingeteilt.

Geräteklassen

Klasse	Geräte
A	▪ Symmetrische dreiphasige Geräte ▪ Haushaltsgeräte (ausgenommen Geräte der Klasse D) ▪ Elektrowerkzeuge (ausgenommen Geräte der Klasse B) ▪ Beleuchtungseinsteller (Dimmer) für Glühlampen bis 1000 W ▪ Audio-Einrichtungen und ▪ Geräte, die nicht in eine der drei Klassen fallen
B	▪ Tragbare Elektrowerkzeuge
C	▪ Beleuchtungseinrichtungen einschließlich Beleuchtungsreglern ▪ ausgenommen Dimmer bis 1000 W
D	▪ Personal-Computer und Monitore ▪ Fernsehgeräte mit einer Eingangsleistung von 75 W bis 600 W

- Für Geräte der Klasse D sind die in der nachfolgenden Tabelle aufgeführten Grenzwerte einzuhalten.

Grenzwerte von Oberschwingungen für Geräte der Klasse D

Ordnungszahl der Oberschwingung n	Maximal zulässige Stromstärke der Oberschwingung pro Leistung in mA/W	Maximal zulässige Stromstärke der Oberschwingung in A
3	3,4	2,30
5	1,9	1,14
7	1,0	0,77
9	0,5	0,40
11	0,35	0,33
$11 \leq n \leq 39$	3,86/n	s. Klasse A

Ausgleichsströme im TN-C-System

- Bei vernetzten EDV-Geräten in TN-C-Systemen kann es zu Ausgleichsströmen über die Abschirmungen der Verbindungsleitungen kommen.
- Ein Spannungsunterschied ΔU entsteht auf dem für beide Systeme gemeinsamen PEN-Leiter.
- **Folgen:**
  - Induktive Einspeisung von Störimpulsen in die Datenleitung (Störungen, Datenverlust)
  - Brandgefahr
  - Zerstörung elektronischer Bauteile
- **Abhilfe:**
  Aufbau eines TN-S-Systems mit getrenntem PE-und N-Leiter. Für die Systeme gibt es nur einen zentralen Erdungspunkt.

Elektrische Energieversorgung

8

Übersicht

- Netzteile erzeugen aus Wechselspannung eine konstante Gleichspannung.
- Sie versorgen elektronische Komponenten (z. B. in PC, Fernseher, Telefonanlage, ...).

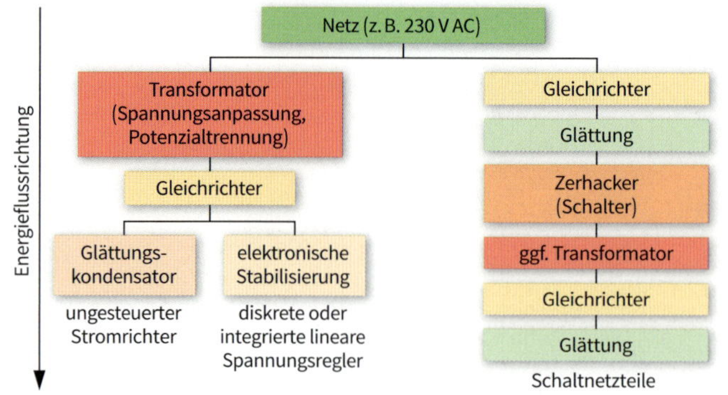

Ungesteuerte Gleichrichter:
- einfacher Aufbau
- Spannung ist stark vom Laststrom abhängig

Diskrete/integrierte, lineare Spannungsregler:
- gute Spannungskonstanz
- hohe Verlustleistung bei Differenzspannung zwischen Eingang und Ausgang

Schaltnetzteile:
- wegen hoher Schaltfrequenz nur kleine Transformatoren erforderlich

Auswahlkriterien

Montage	Funktionsprinzip	Funktionseigenschaften		Anschluss
▪ Einbau ▪ Aufbau ▪ 19"-Einsatz ▪ Hutschiene ▪ Reiheneinbau-gerät	▪ Ungeregelt ▪ Geregelt – linear – getaktet	▪ Festwert ▪ I/U-Vorgabe ▪ Innenwiderstand ▪ Regelgenauigkeit ▪ Regelgeschwin-digkeit ▪ Restwelligkeit ▪ Verlustleistung	▪ Ein-/Ausgangsspannungs-bereich ▪ Leistung ▪ Überlast-/Kurzschluss-verhalten ▪ Lüftung (natürlich, erzwungen) ▪ Ausgang erd-/massefrei	▪ Steckkontakt ▪ Klemmen (Schraub-, Steck-, Klemmtechnik) ▪ Buchsen

Stabilisierte Gleichspannungs-Versorgungsgeräte

- Stabilisierte Gleichspannungs-Versorgungsgeräte enthalten stetige Gleichstromsteller.
- Allen gemeinsam sind Netztransformator, Gleichrichter und Glättung (hier nicht dargestellt) zur Bildung der Eingangsgleichspannung U_1.

Schaltungsbeispiel

Versorgungsgerät mit integrierten einstellbaren Spannungsreglern für positive Ausgangsspannungen

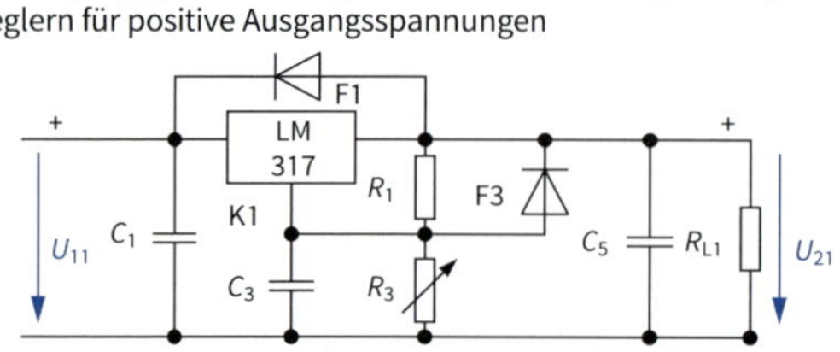

- Integrierte einstellbare Spannungsregler
- (z. B. K1, LM317) sind weit verbreitet.
- $U_{21} = 1{,}25\,\text{V}\left(1 + \frac{R_3}{R_1}\right)$
- $U_{11\text{max}} = 40\,\text{V}$
- Rückstromschutz durch F1
- Entladeschutz durch F3

Bauformen

Labornetzgerät	Hutschienenmontage	Einbaugerät
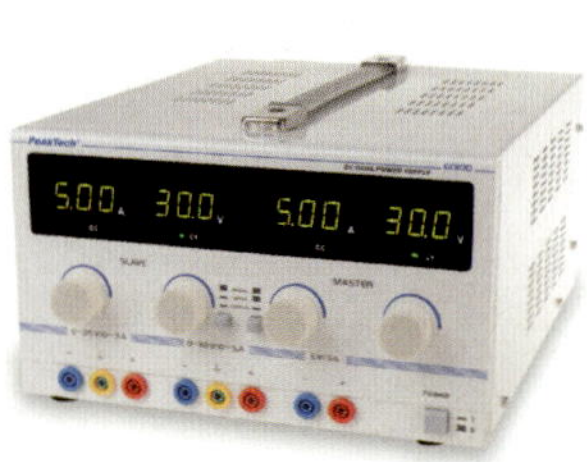	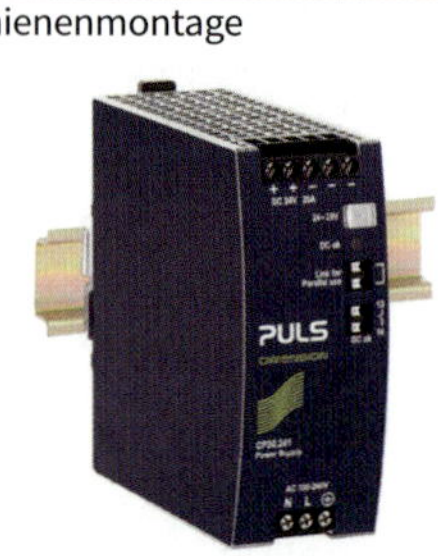	

Glättung und Siebung
Smoothing and Filtering

- Gleichrichterschaltungen liefern pulsierende Gleichspannungen und -ströme.
- Schaltungen mit Glättungsdrosseln werden bis in MW-Bereich eingesetzt.
- Schaltungen mit Lade-(Glättungs-)-Kondensator sind bis 2 kW üblich.
- In der Elektronik beeinflusst der Netztransformator die Dimensionierung der Gleichrichterschaltung.

Gleichrichterschaltungen mit Netztransformator und Ladekondensator

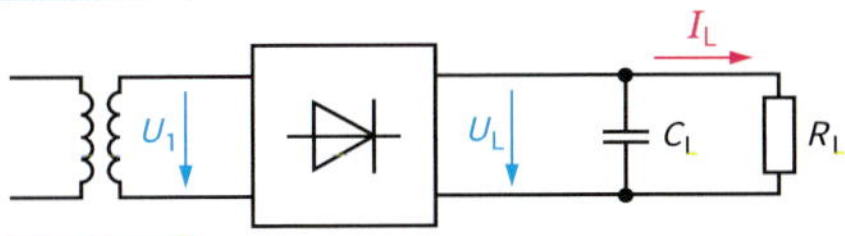

$$C_L = \frac{k \cdot I_L}{2 \cdot U_{BrSS} \cdot f}$$

U_1: Effektivwert der Wechselspannung am Gleichrichtereingang
U_L: Gleichspannung am Ladekondensator und an der Last
U_{BrSS}: Brummspannung an der Last (Spitze-Spitze-Wert)
f: Frequenz der Brummspannung
50 Hz bei Einpulsschaltungen
100 Hz bei Zweipulschaltungen
k: Verlustfaktor (Netztransformator)

Auswahl von Netztransformatoren

Kerntyp	Bemessungsleistung	Verlustfaktor k
M 42	4 W	0,63
M 55	15 W	0,56
M 65	33 W	0,51
M 75	55 W	0,48
M 85a	80 W	0,46

Auswahl von Brückengleichrichtern mit maximalem Glättungskondensator

Typ	U	I_{Lmax}	C_{Lmax}
B 40 C 800		0,8 A	2500 µF
B 40 C 1000		1,0 A	
B 40 C 1500/1000	40 V_{eff}	1,5 A	
B 40 C 3200/2200		3,2 A/2,2 A	5000 µF
B 40 C 5000/3300		5,0 A/3,3 A	10 000 µF

Siebschaltungen

- Sieb- oder Filterschaltungen sollen die Brummspannung möglichst stark verringern, ohne den Innenwiderstand deutlich zu erhöhen.
- Die LC-Siebung ist wegen des geringen Spulenwiderstandes R_{sp} sehr vorteilhaft, wird aber wegen Spulengröße und -gewicht weniger eingesetzt.

Siebkette aus *RC*-Gliedern

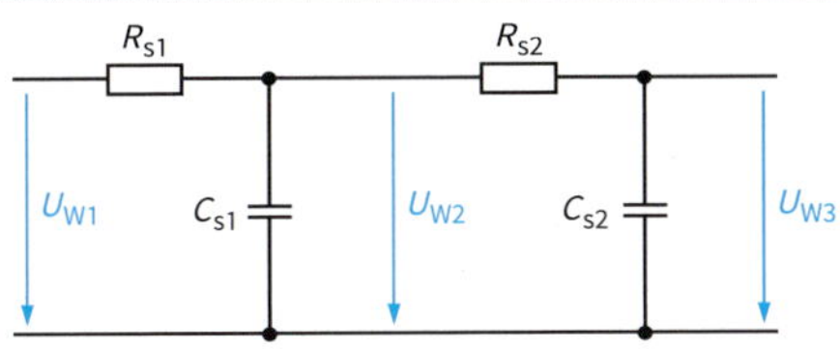

allgemein:

$$s = \frac{U_{W1}}{U_{W2}} = \frac{\sqrt{R_s^2 + X_C^2}}{X_C} = \sqrt{(2\pi \cdot f \cdot R_s \cdot C_s)^2 + 1}$$

$$s \approx 2\pi \cdot f \cdot R_s \cdot C_s$$

$$s_1 = \frac{U_{W1}}{U_{W2}} \qquad s_2 = \frac{U_{W2}}{U_{W3}} \qquad s_g = s_1 \cdot s_2$$

$$s_g = \frac{U_{W1}}{U_{W2}} \cdot \frac{U_{W2}}{U_{W3}}$$

s: Siebfaktor – auch Glättungsfaktor G –, Verhältnis von Brummspannungen U_W des Einganges zum Ausgang.
s_g: Gesamtsiebfaktor als Produkt der Einzelsiebfaktoren.
$s_g = s_1 \cdot s_2 \cdot \ldots s_n$
f: Frequenz der Brummspannung
50 Hz bei Einwegschaltungen
100 Hz bei Zweiwegschaltungen

Begrenzerschaltungen
Limiting Circuits

Störspannungsbegrenzer

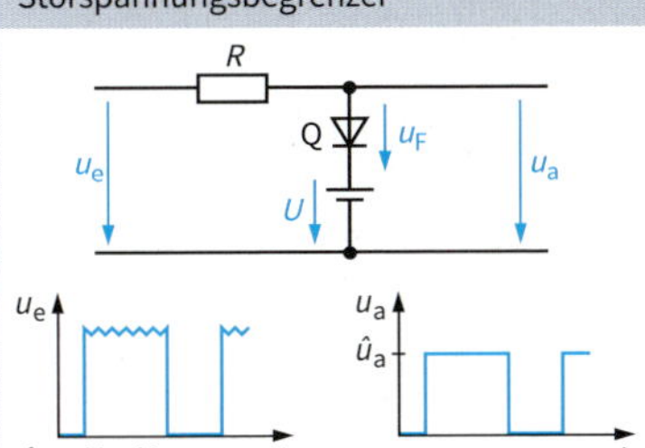

$\hat{u}_a = U + U_F$

Impulsformer

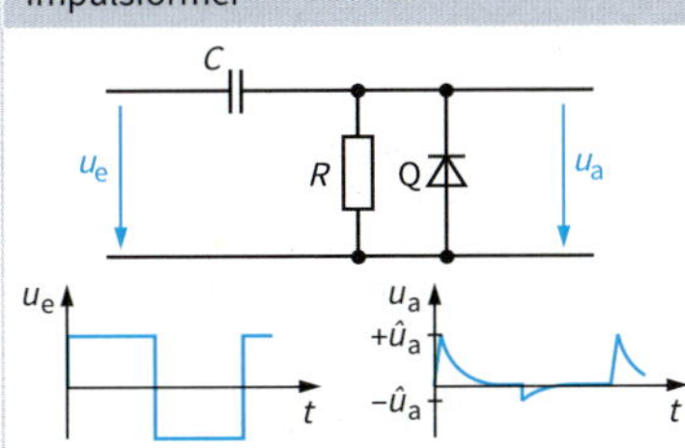

$+\hat{u}_a = U_e$ $-\hat{u}_a = U_F$

Amplitudenbegrenzer

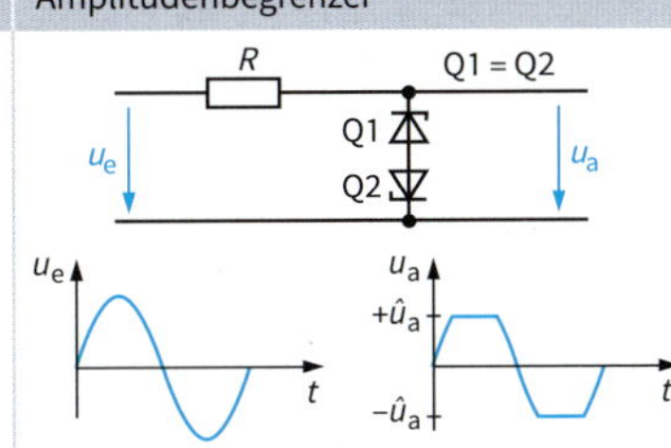

$\hat{u}_a = U_Z + U_F$

U_Z: Begrenzerspannungen der Z-Dioden U_F: Durchlassspannungen der Dioden

Schaltung	Bemerkungen	Schaltung	Bemerkungen
Ladekondensator 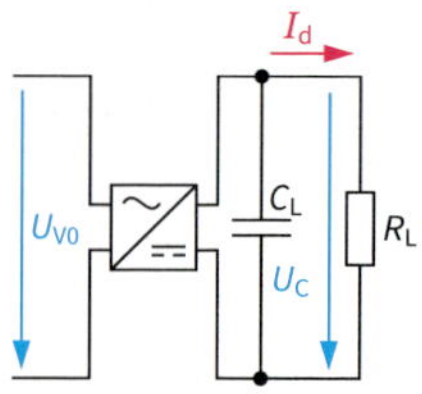	Spannungsglättung durch Ladekondensator C_L. Bei Belastung durch R_L entsteht als Wechselspannungsanteil die Brummspannung U_W. $C_L \approx \frac{k \cdot I_d}{p \cdot f \cdot U_W}$ $k = 0{,}25$ bei Einpuls- und $k = 0{,}2$ bei Zweipulsschaltungen.	**Glättungsdrossel** 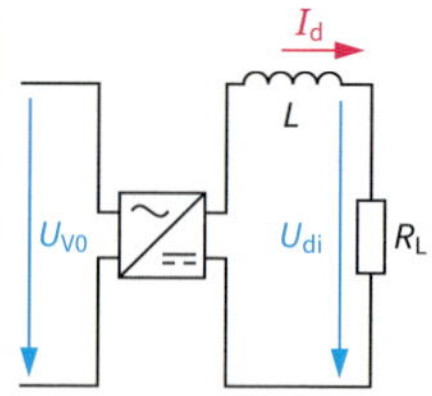	Stromglättung durch Glättungsdrossel L. Stromwelligkeit w: $w_I = \frac{I_w}{I_d}$ $L \geq \frac{\sqrt{Z^2 - R_L^2}}{p \cdot 2 \cdot \pi \cdot f}$ p: Pulszahl
RC-Siebglied 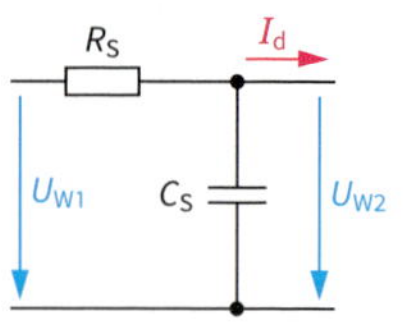	Frequenzabhängiger Spannungsteiler als Tiefpass. Siebfaktor $s = \frac{U_{W1}}{U_{W2}}$ $s \approx p \cdot 2 \cdot \pi \cdot f \cdot R_s \cdot C_s$ p: Pulszahl der Gleichrichterschaltung $s_G = s_1 \cdot s_2 \cdot \ldots \cdot s_n$	**LC-Siebglied** 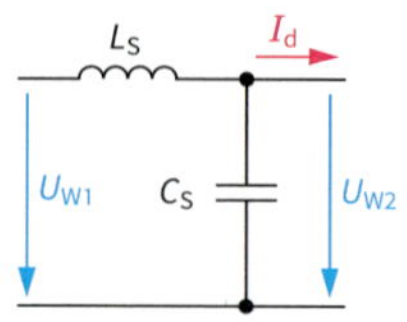	Tiefpass für höhere Lastströme. Siebfaktor $s = \frac{U_{W1}}{U_{W2}}$ $s \approx (p \cdot 2 \cdot \pi \cdot f)^2 \cdot L_s \cdot C_s$ p: Pulszahl der Gleichrichterschaltung $s_G = s_1 \cdot s_2 \cdot \ldots \cdot s_n$
RZ-Stabilisierung 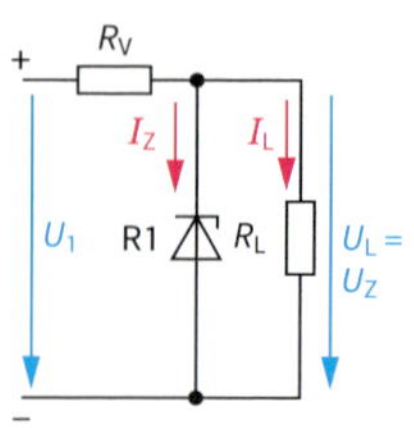	Der differenzielle Widerstand r_z von R1 wirkt bei Wechselspannungen glättend und bei Gleichspannungen stabilisierend. $G = \frac{\Delta U_1}{\Delta U_2} = 1 + \frac{R_v}{r_z}$ $R_{vmin} = \frac{U_{1max} - U_Z}{I_{Zmax} + I_{Lmin}}$ $R_{vmax} = \frac{U_{1min} - U_Z}{I_{Zmin} + I_{Lmax}}$ $I_{Zmin} \geq 0{,}1 \cdot I_{Zmax}$ $I_{Zmax} \leq \frac{P_{tot}}{U_Z}$	**RZ-Präzisions-Stabilisierung** 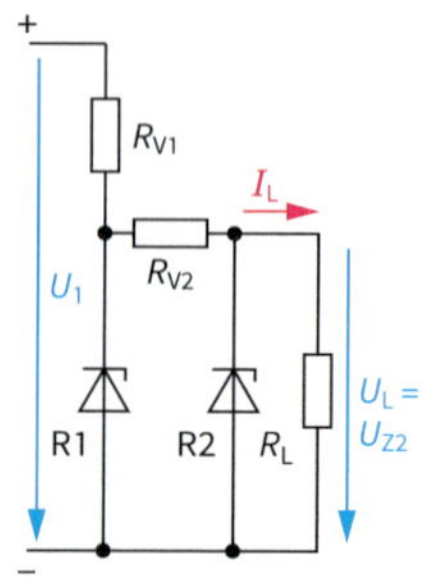	Glättungsfaktor G: $G = G_1 \cdot G_2$ $G_1 \approx \frac{R_{V1}}{r_1}$ $G_2 \approx \frac{R_{V2}}{r_2}$
Konstantspannungsquelle mit Transistor 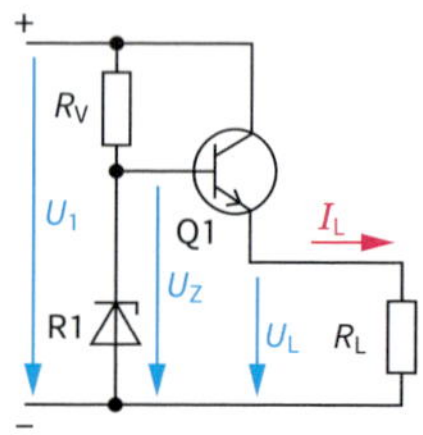	R1 bewirkt feste Basisspannung an Q1. $U_L = U_Z - U_{BE}$ $U_L = U_1 - U_{CE}$ $G \approx \frac{R_v}{r_z}$ $r_i = \frac{\Delta U_L}{\Delta I_L} \approx \frac{r_z}{\beta}$ β: Wechselstromverstärkung	**Integrierter Festspannungsregler** 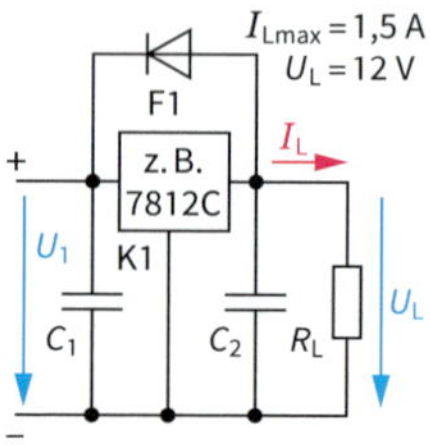	Festspannungsregler arbeiten als Konstantspannungsquelle mit Differenzverstärker. $U_1 \geq U_L + 2$ V $r_i \approx 20$ mΩ $G \approx 500 \ldots 5000$ Sehr verbreitet: Serie 78XX für pos. Spannungen, Serie 79XX für neg. Spannungen. Spannungen $C_1 = 470 \ldots 2200$ µF, $C_2 = 1 \ldots 10$ µF
Konstantstromquelle mit Transistor 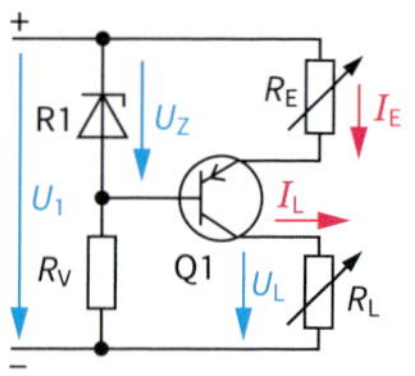	Da Q1 ein PNP-Transistor ist, liegt R_L an Masse. Die Stromeinstellung erfolgt mit dem Emitterwiderstand R_E. $I_E = \frac{U_Z - U_{EB}}{R_E} \approx I_L$ $r_i \approx 50 \ldots 500 \cdot r_{CE}$	**Konstantstromquelle mit Feldeffekttransistor** 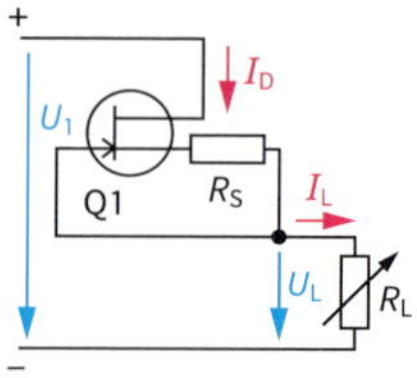	Steuerspannung $-U_{GS}$ wird am Source-Widerstand R_S abgenommen. Die I_D -U_{GS}-Kennlinie liefert für jeden Betrag von R_S den Konstantstrom I_L. $I_L = I_D = \frac{-U_{GS}}{R_s}$ $r_i = 20 \ldots 100 \cdot r_{DS}$

Schaltungsbeispiele	Ausgangsspannungen	Bemerkungen
Selbstgeführter Wechselrichter (einphasig) 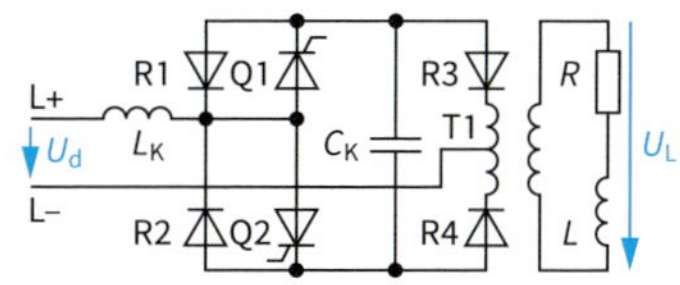	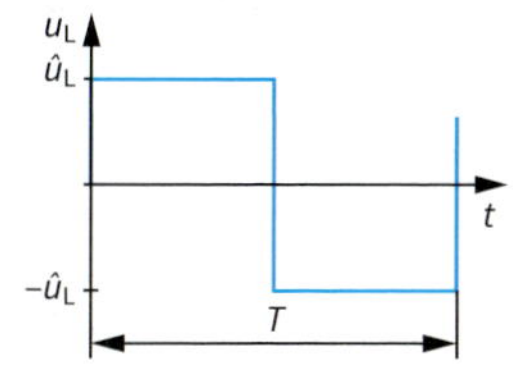	■ Wechselrichter in Mittelpunktschaltung versorgt durch Rücklaufdioden R3 und R4 beliebige Lasten mit nahezu rechteckförmiger Wechselspannung ■ Einsatz z. B. als Notstromversorgung in Anlagen der Fernmeldetechnik
Selbstgeführter Wechselrichter (dreiphasig) 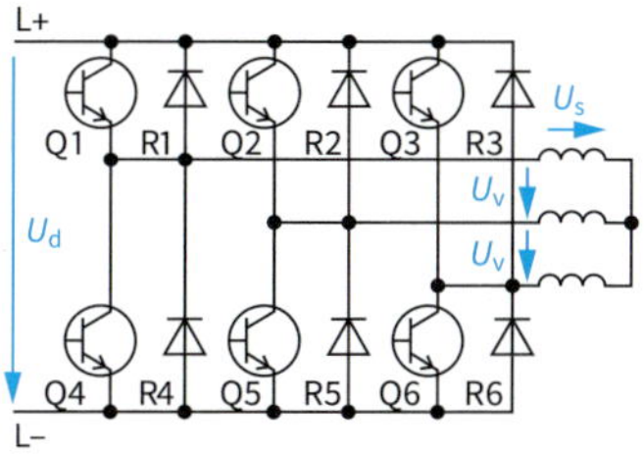	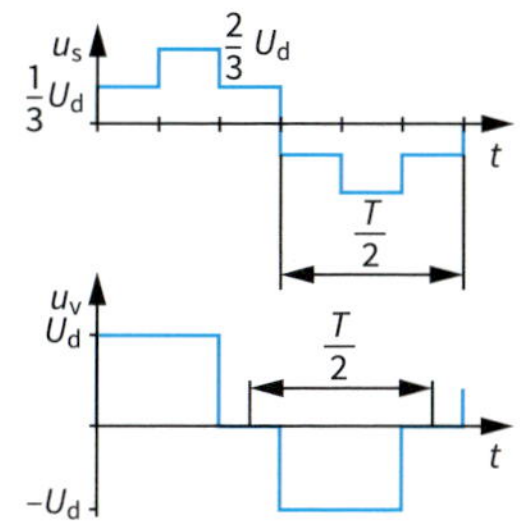	■ Anwendung bei drehzahlgeregelten Antrieben mit Drehstrommaschinen, oder USV Wechselrichtern ■ Wechselrichter für Leistungen ab 10 kW mit IGBTs oder GTOs ■ Spannungsdiagramme bei einem Stromflusswinkel der Ventile von $\Theta = 180°$
Zwischenkreis-Umrichter (Pulsumrichter) 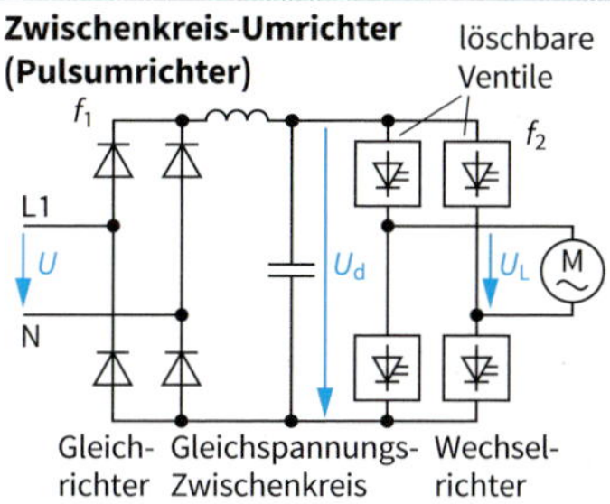	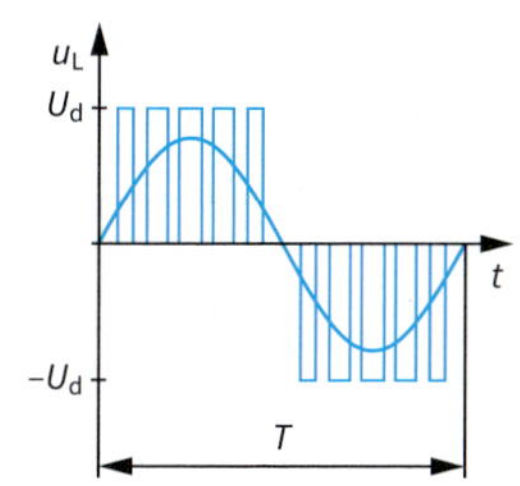	■ Durch spezielle Pulsbreitensteuerung kann die Wechselspannung stufenlos bezüglich Frequenz und Amplitude verstellt werden. ■ Die sinusförmige Grundschwingungsfrequenz liegt unterhalb der Pulsfrequenz (Unterschwingungsverfahren).

Spannungsvervielfacherschaltungen
Voltage Multiplier Circuits

Bezeichnung	Schaltung	Spannungsverlauf	Schaltungskennwerte			
			$\frac{U_{di}}{U}$	$\frac{\hat{u}_R}{U}$	$\frac{I_{FAV}}{I_d}$	$\frac{f_ü}{f}$
Einpuls-Verdoppler-Schaltung D1	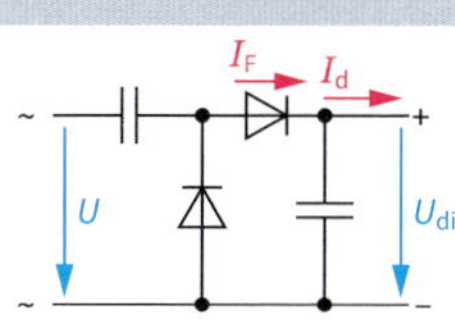	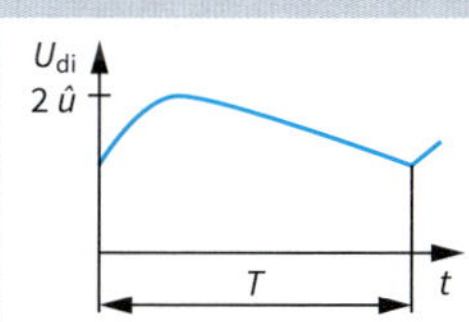	2,82	2,82	1,0	1
Zweipuls-Verdoppler-Schaltung D2	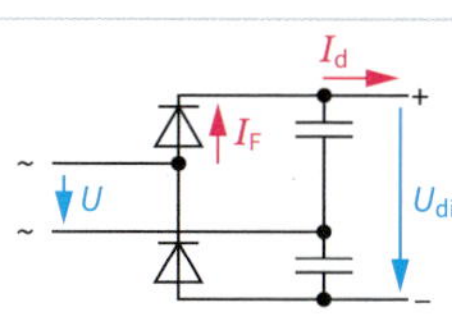	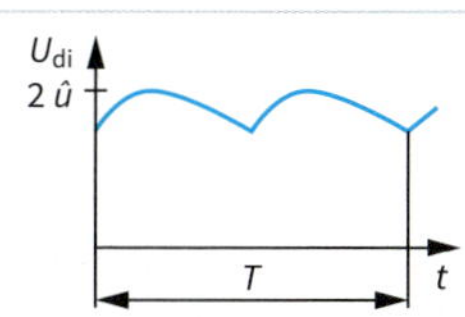	2,82	2,82	0,5	2
Einpuls-Vervielfacher-Schaltung V1	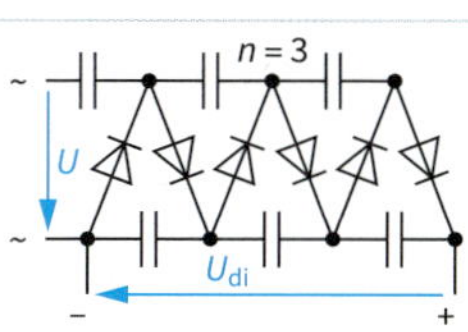	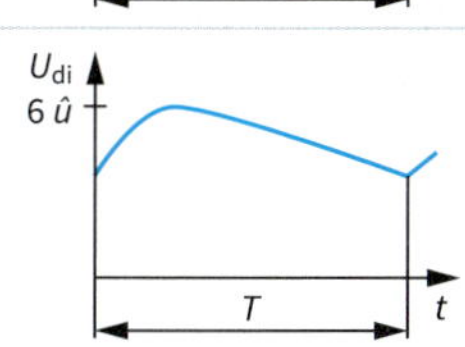	$n \cdot 2 \cdot \sqrt{2}$ Bsp.: für $n = 3$ 8,48	2,82	n Bsp.: für 2. Stufe 2	1

<table>
<tr><th></th><th>Phasenanschnittsteuerung</th><th>Nullspannungsschalter</th><th>Schwingungspaketsteuerung</th></tr>
<tr><td>Beschreibung</td><td>Die Netzspannung wird erst bei Erreichen des Steuerwinkels α zugeschaltet. Dadurch wird der Spannungseffektivwert zwischen 0 und 100 % eingestellt.</td><td>Unabhängig vom Zeitpunkt des Steuersignals erfolgt die Einschaltung beim nächsten Spannungsnulldurchgang über der Schaltstrecke.</td><td>Die Einschaltung des Schalters erfolgt so, dass immer eine komplette Spannungsschwingung die Last versorgt.</td></tr>
<tr><td>Anwendung</td><td>- Einsatz im Dimmer
- Stellglied für Anker-/Erregerkreis von Gleichstrommotoren
- Zwischenkreiseinspeisung bei Frequenzumformern
- Hochspannungs-Gleichstromübertragung</td><td>- Elektronisches Lastrelais
- Beliebige Lasten
- Vermeidung von Ausgleichsvorgängen</td><td>- Heizungs-/Temperaturregelung z. B. bei Schmelz-, Trockenöfen, Elektroheizungen, Lötkolben usw.</td></tr>
<tr><td>Schaltverhalten</td><td>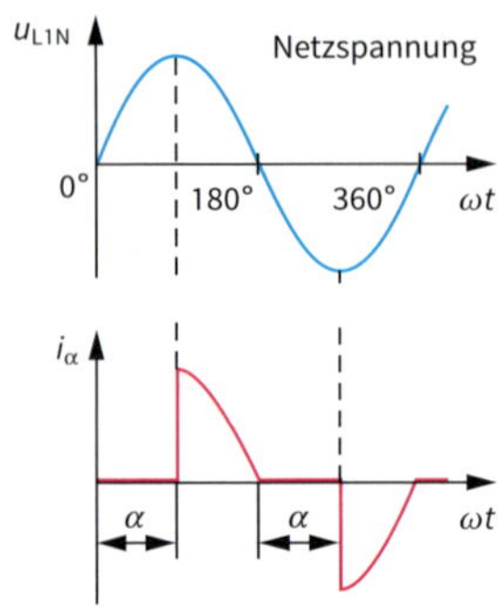

Laststrom bei $\alpha = 90°$</td><td>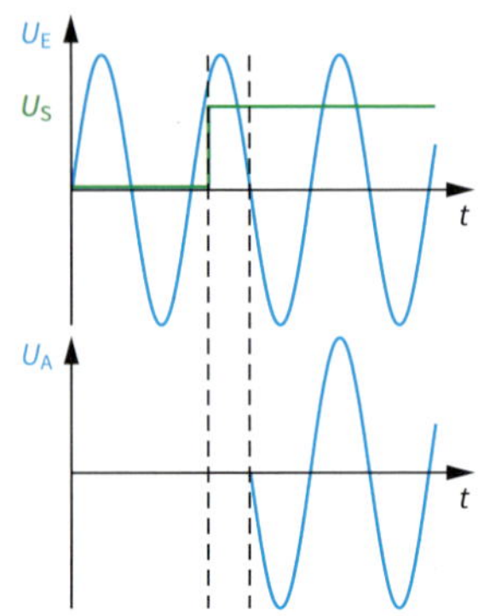
</td><td>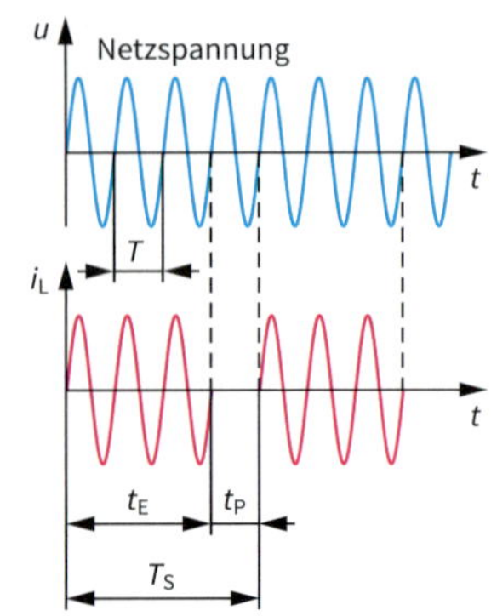
</td></tr>
<tr><td>Eigenschaften</td><td>- Die Schaltung verursacht Stromoberschwingungen und Steuerblindleistung.
- Große Verbraucher dürfen nur mit Sondergenehmigung des VNB betrieben werden.
- Nach TAB 2007 max. 1,7 kW Glühlampenleistung pro Außenleiter; bei induktivem Vorschaltgerät bzw. Motoren max. 3,4 kVA</td><td>- Prellfreies Schalten ist möglich.
- Ausschaltung nach natürlichem Stromnulldurchgang
- Geringe Funkstörung und Netzrückwirkungen
- Hohe Schaltgeschwindigkeit
- Geräuscharmes Schalten</td><td>- Keine Stromoberschwingungen, keine Steuerblindleistung
- Die Schaltung verursacht Flicker (optisch wahrnehmbare Beleuchtungsstärkeschwankung) durch schnelle Änderung der Netzspannung.
- Max. Anschlussleistung ist beschränkt; abhängig von Schalthäufigkeit und Netzform</td></tr>
<tr><td>Beispiel</td><td>W1C-Schaltung mit Triac als Dimmer
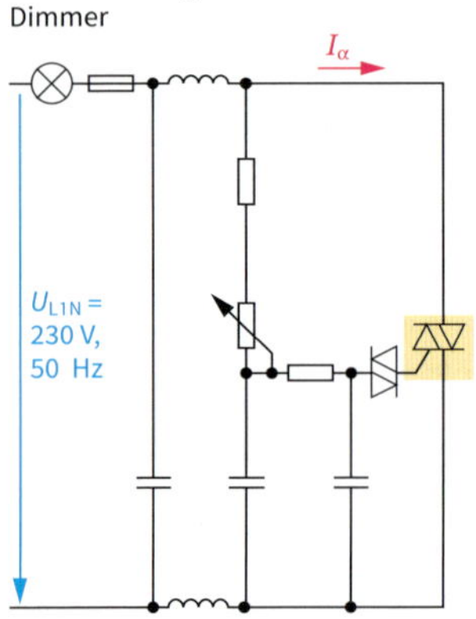
</td><td>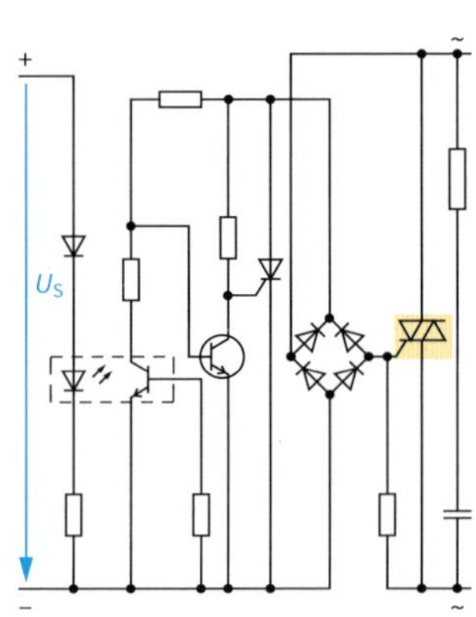
</td><td>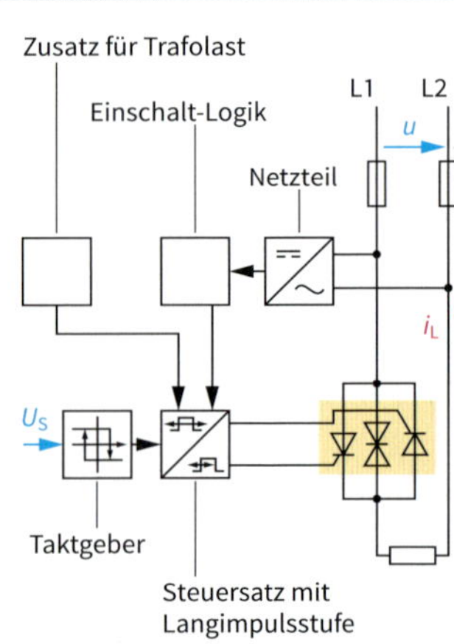
</td></tr>
</table>

Isolierte und blanke Leiter

Leiterbezeichnung		Zeichen	Farbe
Wechselstrom	Außenleiter	L1, L2, L3	1)
	Neutralleiter	N	bl
Gleichstrom	positiv	L+	1)
	negativ	L–	1)
	Mittelleiter	M	bl

Leiterbezeichnung	Zeichen	Bildzeichen	Farbe
Schutzleiter	PE	⏚ (Schutzleiterzeichen)	gnge
PEN-Leiter (Neutrall. mit Schutzfunktion)	PEN	⏚ (Schutzleiterzeichen)	gnge
Erde	E	⏚	1)

1) Farbe nicht festgelegt

Adern bei isolierten Leitungen und Kabeln

	für feste Verlegung										für ortsveränderliche Verbraucher									
Aderzahl	Leitungen mit Schutzleiter					Leitungen ohne Schutzleiter					Leitungen mit Schutzleiter					Leitungen ohne Schutzleiter				
2	–	–				bl	br				–	–				bl	br			
3	gnge	bl	br			–	br	sw	gr		gnge	bl	br			–	br	sw	gr	
4	gnge	–	br	sw	gr	bl	br	sw	gr		gnge	–	br	sw	gr	bl	br	sw	gr	
5	gnge	bl	br	sw	gr	bl	br	sw	gr	sw	gnge	bl	br	sw	gr	bl	br	sw	gr	sw

Farbkurzzeichen:
schwarz (sw) black (BK), braun (br) brown (BN), blau (bl) blue (BU), grau (gr) grey (GR), gelb (ge) yellow (YE), grün (gn) green (GN)

Anwendungen
Aderkennzeichnung bei Leitungen und Kabeln für feste Verlegung und flexible Leitungen in

- Installationen elektrischer Anlagen,
- Verteilungssystemen,
- Energieversorgung von fest installierten und ortsveränderlichen Betriebsmitteln und
- Anschlussleitungen bei transportierbaren Betriebsmitteln.

Keine Gültigkeit der DIN VDE 0293-308 für

- Leitungen, Kabel und isolierte Leiter zur inneren Verdrahtung elektrischer Betriebsmittel und fabrikfertiger Schaltkombinationen,
- Leitungen und Kabel in Gleichstromanlagen,
- Leitungen und Kabel, die mehr Adern besitzen als in der Tabelle aufgeführt und
- umhüllte Freileitungen und isolierte Freileitungsseile.

Leitungen
Insulated Wires

Typenkurzzeichen
Beispiel: H 03 VV __ – F 3 G 0,5

Kennzeichnung der Bestimmung

H: Harmonisierter Typ
A: Anerkannter nationaler Typ

Bemessungsspannung in V

03: 300/300 V;
05: 300/500 V;
07: 450/750 V

Isolier- und Mantelwerkstoff

B: Etylen-Propylen-Kautschuk
V: PVC
R: Natur- oder synthetischer Kautschuk
N: Chloropren-Kautschuk
S: Silikon-Kautschuk
J: Glasfasergeflecht
T: Textilgewebe
Q: Polyurethan
V2: PVC, wärmebeständig

Aufbauart

H: flache, aufteilbare Leitung
H2: flache, nicht aufteilbare Leitung

Leiterart

U: eindrähtig
R: mehrdrähtig
K: feindrähtig
Leitungen fest verlegt

F: feindrähtig
Leitungen flexibel
H: feinstdrähtig
Y: Lahnlitzenleiter

Aderzahl

Schutzleiter

X: ohne gnge Schutzleiter
G: mit gnge Schutzleiter

Leiterquerschnitt in mm^2

Anschlusskomponenten

Geräteverbindung ⟷ Leitung ⟷ Netzanschluss

Geräteverbindung

Festanschluss

Leitungseinführung
- Tülle, Verschraubung

Knickschutz
- Tülle

Zugentlastung
- Klemmung
- Verschraubung

Steckanschluss

Schutzklasse (I, II)

Spannungsfestigkeit

Stifttemperatur
- kalt (max. 70 °C)
- Kaltgeräte ohne Wärmequelle
- warm (max. 120 °C)
- heiß (max. 155 °C)
- Heißgeräte mit innerer Wärmequelle (z. B. Waffeleisen)

Stromstärke
(0,2 A, 2,5 A, 6 A, 10 A, 16 A)

Anschluss der Leitung
- Löten, Klemmen, Stecken
- wiederanschließbar/ nicht wiederverschließbar

Befestigung der Steckvorrichtung
- Schrauben, Schnappen

Geräteverbindung

Steckanschlüsse	DIN EN 60320-1: 2008-05
■ $I_r = 0{,}2$ A ■ $\vartheta_{max} = 70$ °C ■ Schutzklasse II	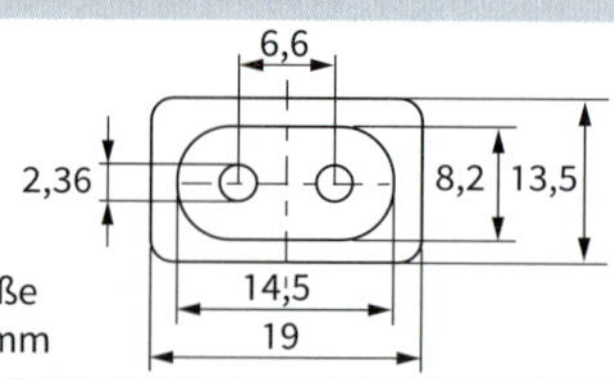 Maße in mm
■ $I_r = 2{,}5$ A ■ $\vartheta_{max} = 70$ °C ■ Schutzklasse II	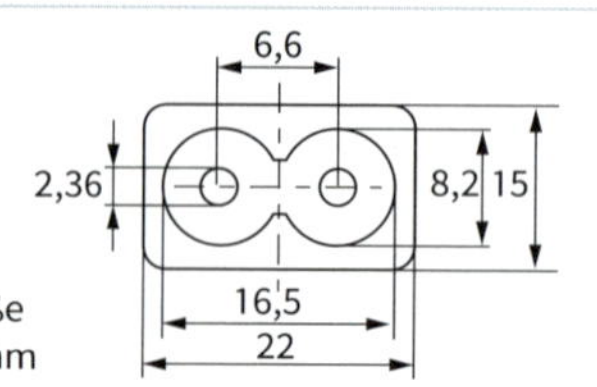 Maße in mm
■ $I_r = 2{,}5$ A ■ $\vartheta_{max} = 70$ °C ■ Schutzklasse I	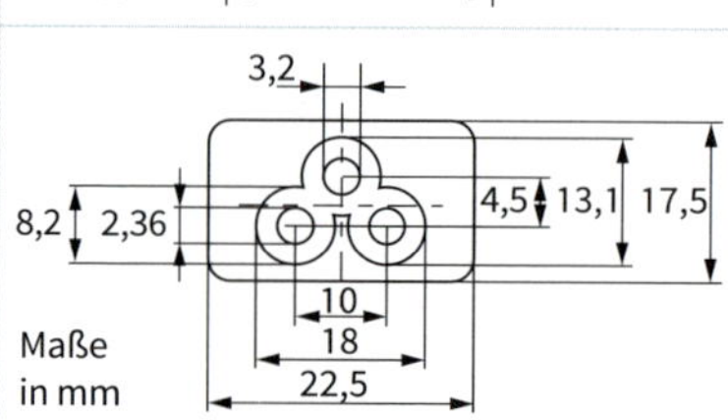 Maße in mm
■ $I_r = 16$ A ■ $\vartheta_{max} = 155$ °C ■ Schutzklasse I	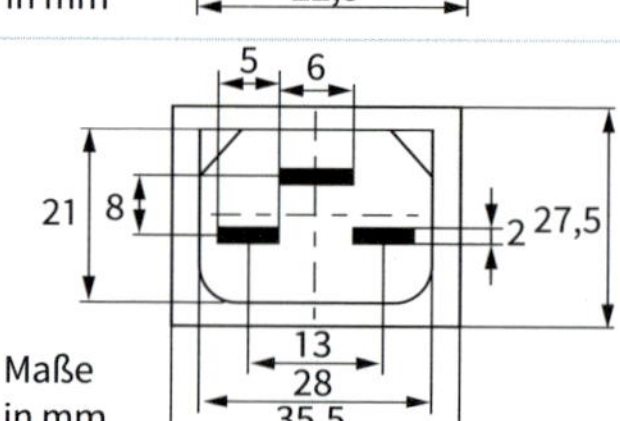 Maße in mm

Netzanschluss

Steckanschlüsse	DIN VDE 0620-1: 2010-02
■ Stecker sollten europäisch vereinheitlicht werden. ■ Diese Vorhaben war nicht erfolgreich. Als Ergebniss wurden verschiedene europäische Steckverbinder festgelegt (CEE-System). ■ CEE[1]: Commission on the Rules for the Approval of the Electrical Equipment (Europäische Behörde für die Regelung der Zulassung elektrischer Ausrüstungen)	
Eurostecker: ■ $I_{max} = 2{,}5$ A ■ Schutzklasse II ■ Typ: CEE 7/16	
Konturenstecker: ■ $I_{max} = 10$ A ■ Schutzklasse II ■ ohne Schutzleiter ■ Typ CEE 7/17	
Schukostecker: ■ $I_{max} = 16$ A ■ Schutzklasse I ■ Typ: CEE 7/4	

[1] CEE: Communauté Economique Européene

Installationen

Trockene Räume	Feuchte und nasse Bereiche, im Freien	Feuergefährdete Betriebsstätten	Explosionsgefährdete Betriebsstätten
Ab q = 1,5 mm² auch in nichtmetallenem Rohr auf und unter Putz	Nicht zulässig in Räumen mit Badewanne oder Dusche außerhalb der Bereiche 0, 1 und 2	In Kunststoffrohren auf und unter Putz	Nur in Schalt- und Verteileranlagen
– Über, auf, im und unter Putz – Im Mauerwerk	– Im Freien bei geschützter Verlegung – In Kabelkanälen		Unter Berücksichtigung der chemischen und thermischen Bedingungen
wie vorher: In Innenräumen, in Beton Im Erdreich, hier gelten andere Belastungswerte			

Kenngrößen

Leitung	Maße[1] q in mm²	Aderzahl	$d_{Außen}$ in mm	max. Belastung I in A	P in kW	maximale Leitungslänge in m bei Δu (U_v): Wechselstrom 4,0 %	Drehstrom 0,5 %	Drehstrom 4,0 %
H07V-U	1,5	1	3,3	16[2]	3,68	24,1	–	–
(NYA)	1,5	1	3,3	16[2]	11,07	–	–	48,5
	2,5	1	3,9	25[2]	5,75	25,7	–	–
	2,5	1	3,9	20[2]	13,84	–	–	64,8
	4	1	4,4	25[2]	17,3	–	–	82,9
	6	1	4,9	35[2]	24,22	–	–	88,8
	10	1	6,4	50[2]	34,6	–	12,9	103,6
H07V-R	16	1	7,3	63[2]	43,6	–	16,4	131,6
(NYA)	25	1	9,8	80[2]	55,36	–	20,2	161,9
NYM	1,5	3	10,5	16	3,68	24,1	–	–
	1,5	4	11,0	3 · 16	11,07	–	–	48,5
	2,5	3	11,5	25	5,75	25,7	–	–
	2,5	4	12,5	3 · 25	17,3	–	–	51,7
	4	4	14,5	3 · 35	24,22	–	–	59,2
	6	4	16,5	3 · 40	27,68	–	–	77,7
	10	4	19,5	3 · 63	43,6	–	10,3	82,3
	16	4	23,5	3 · 80	55,36	–	12,9	103,6
NYY	1,5	3	14,0	16	3,68	24,1	–	–
	1,5	4	16,0	3 · 16	11,07	–	–	48,5
	2,5	3	15,0	25	5,75	25,7	–	–
	2,5	4	17,0	3 · 25	17,3	–	–	51,7
	4	4	19,0	3 · 35	24,22	–	–	59,2
	6	4	20,0	3 · 40	27,68	–	–	77,7
	10	4	22,0	3 · 63	43,6	–	10,3	82,3
	16	4	25,0	3 · 80	55,36	–	12,9	103,6

[1] Wertangaben in den Spalten nur für gebräuchliche Leiterquerschnitte [2] Zuordnung der Überstrom-Schutzeinrichtungen nach Verlegeart B1, alle anderen Werte nach Verlegeart C bei Umgebungstemperatur 25 °C

Einflussfaktoren

Die Bemessungsstromstärke I_n eines Überstrom-Schutzorgans einer Leitung hängt neben der Verlegeart noch von folgenden **Faktoren** (f) ab:

- Abweichende Umgebungstemperatur f_1
- Gehäufte Leitungsverlegung f_2
- Zahl der belasteten Adern f_3
- Auswirkung von Oberschwingungen f_4

Die Faktoren f_1 bis f_4 sind aus Tabellen der DIN VDE 0298-4 zu entnehmen.

Berechnungsformel: $I_z = f_1 \cdot f_2 \cdot f_3 \cdot f_4 \cdot I_r$

I_Z: Zulässige Strombelastbarkeit unter realen Bedingungen
I_r: Bemessungsstromstärke ohne Berücksichtigung der Einflussfaktoren (ideale Bedingungen)

Ablaufschema

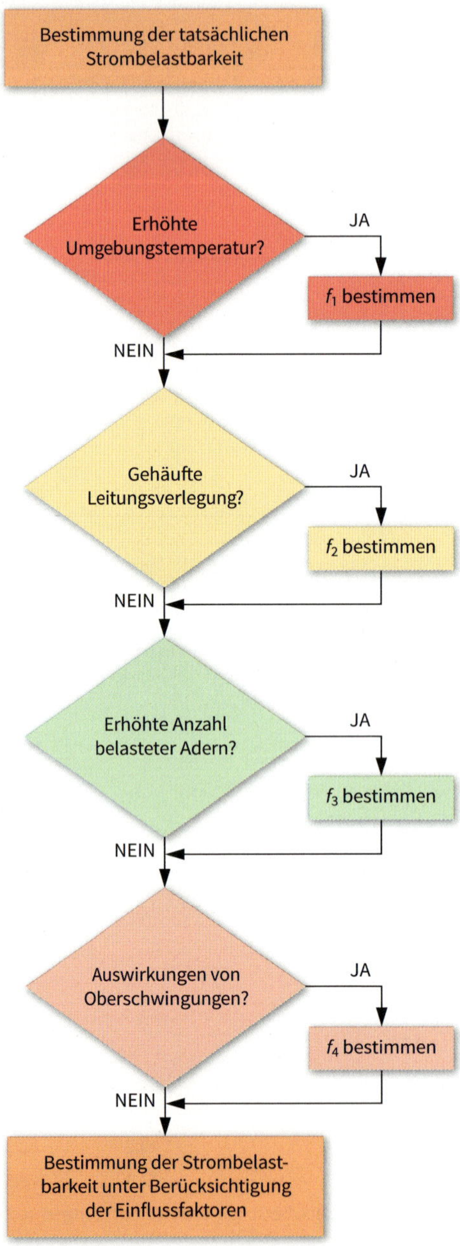

Werte der Einflussfaktoren

Faktor f_1 (bei einer von 30 °C abweichenden Umgebungstemperatur) [1]

ϑ in °C	10	15	20	25	30	35
f_1	1,22	1,17	1,12	1,06	1,0	0,94
ϑ in °C	40	45	50	55	60	65
f_1	0,87	0,79	0,71	0,61	0,50	0,35

Zulässige bzw. empfohlene Betriebstemperatur am Leiter 70 °C.

[1] Bei einer veränderten Umgebungstemperatur müssen für die Berechnung der Strombelastbarkeit die Stromstärkewerte für 30°C zugrunde gelegt werden.

Faktor f_2 (gehäufte Leitungsverlegung)

Verlegung	Anzahl der mehradrigen Leitungen					
	1	2	3	4	6	9
gebündelt im Elektroinstallationsrohr/-kanal	1,0	0,8	0,7	0,65	0,57	0,5
Einlagig direkt auf der Wand oder dem Fußboden	1,0	0,85	0,79	0,75	0,72	0,7
in gelochter Kabelwanne	1,0	0,88	0,82	0,79	0,76	0,73
auf einer Kabelpritsche	1,0	0,87	0,82	0,8	0,79	0,78

Faktor f_3 (Verlegung vieladrig belasteter Leitungen)

belastete Adern	2	3	5	7	10	14	19	24
f_3	1,0	1,0	0,75	0,65	0,55	0,5	0,45	0,4

Faktor f_4 (Auswirkung von Oberschwingungen) [2]

Wirkleistungsanteil der Geräte mit Oberschwingungen zur Gesamtwirkleistung in Prozent	0 % … 10 %	11 % … 22 %	23 % … 30 %	31 % … 34 %	35 % … 38 %	39 % … 41 %
f_4	1,00	0,86	0,70	0,67	0,61	0,56

[2] Durch den Einfluss der Oberschwingungen kann die Stromstärke im Neutralleiter über der Stromstärke in den Außenleitern liegen. Für diesen Fall ist der Neutralleiterstrom zur Bestimmung des Bemessungsquerschnitts maßgeblich.

Prinzip

- Durch den Stromfluss und den Leitungswiderstand ist die Spannung am Verbraucher U stets geringer als an der Quelle U_0.
- Die Differenz ist der Spannungsfall ΔU. Er wird oft in % angegeben (Δu).
- Der Spannungsfall ist abhängig von der Stromstärke, der Leiterlänge, der Leitfähigkeit und dem Leiterquerschnitt.

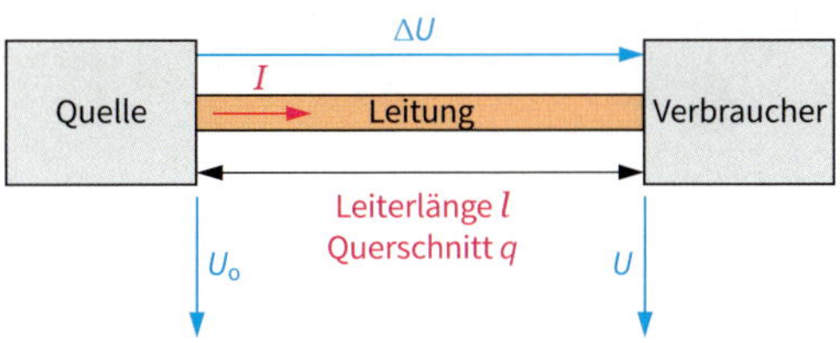

ΔU: Spannungsfall

q_n: Normquerschnitt
$\varkappa$: Elektrische Leitfähigkeit

$\varkappa_{Cu} = 56 \cdot \frac{m}{\Omega \cdot mm^2}$

- Normquerschnitte in mm^2

1,5	2,5	4	6	10
16	25	35	50	70

Einflussfaktoren *f*

f_1: Erhöhte Umgebungstemperatur

f_2: Gehäufte Leitungsverlegung

f_3: Vieladrig belastete Leitungen

f_4: Einfluss von Oberschwingungen

Ermittlung des Leiterquerschnitts

I_b: Stromstärke im Betriebszustand

Wechselstrom:

$I_b = \frac{S}{U}$

Drehstrom:

$I_b = \frac{S}{\sqrt{3} \cdot U}$

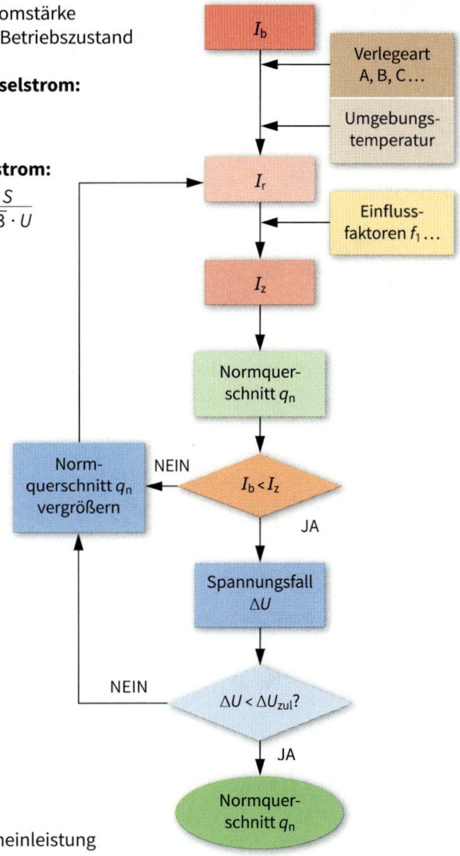

S: Scheinleistung
U: Bemessungsspannung

- Umgebungstemperatur 25 °C
- Zulässige Bemessungstemperatur am Leiter 70 °C

I_r: Stromstärke unter idealen Bedingungen
I_Z: Stromstärke bei realen Bedingungen

q_n: Normquerschnitt
ΔU: Spannungsfall
ΔU_{zul}: Zulässiger Spannungsfall

Berechnungsformeln

Kenngröße	Art des Netzes		
	Gleichstrom	Wechselstrom	Drehstrom
Spannungsfall in V, unverzweigtes Netz	$\Delta U = \frac{2 \cdot l \cdot I}{\varkappa \cdot q}$	$\Delta U = \frac{2 \cdot l \cdot I \cdot \cos\varphi}{\varkappa \cdot q}$	$\Delta U = \frac{\sqrt{3} \cdot l \cdot I \cdot \cos\varphi}{\varkappa \cdot q}$
Spannungsfall in V, verzweigtes Netz	$\Delta U = \frac{2}{\varkappa \cdot q} \cdot \Sigma (I \cdot l)$	$\Delta U = \frac{2 \cdot \cos\varphi_m}{\varkappa \cdot q} \cdot \Sigma (I \cdot l)$	$\Delta U = \frac{\sqrt{3} \cdot \cos\varphi_m}{\varkappa \cdot q} \cdot \Sigma (I \cdot l)$
Verlustleistung in W	$P_V = \frac{2 \cdot l \cdot I^2}{\varkappa \cdot q}$	$P_V = \frac{2 \cdot l \cdot I^2}{\varkappa \cdot q}$	$P_V = \frac{3 \cdot l \cdot I^2}{\varkappa \cdot q}$
maximale Leitungslänge in m	$l = \frac{\Delta u \cdot U_N \cdot q \cdot \varkappa}{2 \cdot 100\,\% \cdot I}$	$l = \frac{\Delta u \cdot U_N \cdot q \cdot \varkappa}{2 \cdot 100\,\% \cdot I \cdot \cos\varphi}$	$l = \frac{\Delta u \cdot U_N \cdot q \cdot \varkappa}{\sqrt{3} \cdot 100\,\% \cdot I \cdot \cos\varphi}$

Spannungsfall in % $\Delta u = \frac{\Delta U}{U_N} \cdot 100\,\%$

Verlustleistung in % $P_{V\%} = \frac{P_V}{P} \cdot 100\,\%$

Niederspannungs-Sicherungen

Diazed-Sicherungssystem (D-System)	**Neozed-Sicherungssystem** (DO-System)	**NH-Sicherungssystem**
AC und DC: bis 100 A und 500 V	**AC:** bis 100 A und 400 V **DC:** bis 100 A und 250 V	**AC:** bis 1250 A und 400 V, 500 V bzw. 690 V **DC:** bis 1250 A und 250 V bzw. 440 V

D- und D0-Sicherungssystem

Sicherung und Passeinsatz		Sockel	Gewindegröße der Schraubkappe	
Bemessungsstromstärke in A	Kennfarbe	Bemessungsstromstärke in A	Diazed	Neozed
2	rosa	25	D II (E 27)	D0 1 (E 14)
4	braun			
6	grün			
10	rot			
13	schwarz			
16	grau			
20	blau			D0 2 (E 18)
25	gelb			
32/35/40	schwarz	63	D III (E 33)	
50	weiß			
63	kupfer			
80	silber	100	D IV (R ¼")	D0 3 (M 30 x 2)
100	rot			

Anwendungsbereiche von Sicherungen

Funktionsklassen

g: Ganzbereichssicherungen können
- Bemessungsstromstärke dauernd führen,
- Bemessungsstromstärke von kleinster Schmelzstromstärke bis zur Bemessungsausschaltstromstärke schalten.

a: Teilbereichssicherungen können
- Bemessungsstromstärke dauernd führen,
- Ströme oberhalb eines bestimmten Vielfachen ihrer Bemessungsstromstärke bis zur Bemessungsausschaltstromstärke schalten.

Schutzobjekte

B: Bergbau- und Anlagenschutz
G: Schutz für allgemeine Zwecke
M: Motorenschutz
R: Halbleiterschutz
Tr: Transformatorenschutz

Betriebsklassen

gG: Ganzbereichs-Kabel- und Leitungsschutz[1)]
aM: Teilbereichs-Schaltgeräteschutz in Motorenstromkreisen
aR: Teilbereichs-Halbleiterschutz
gR: Ganzbereichs-Halbleiterschutz
gB: Ganzbereichs-Bergbauanlagenschutz
gPV: Ganzbereichs-Schutz; Absicherung von PV-Anlagen

[1)] gL: Frühere Bezeichnung für Leitungsschutz

NH-Sicherungssysteme

A: Sicherungen mit Sicherungseinsätzen und Messerkontaktstücken
B: Sicherungen mit Sicherungseinsätzen und Messerkontaktstücken mit Schlagvorrichtung
C: Sicherungsleisten
D: Sicherungsteile für Sammelschienenmontage
E: Sicherungen mit Sicherungseinsätzen für Schraubanschluss
F: Sicherung mit Sicherungseinsätzen für zylindrische Kontaktklappen und weitere Sicherungssysteme **G**, **H**, **I**, **J** und **K** laut DIN VDE 0636-2

NH-Sicherungen

Baugröße	Unterteile	Einsätze	Gesamtlänge in mm	maximale Bemessungsleistungsabgabe P_n in W				
	Bemessungsstromstärke in A			gG			aM	
				400 V AC	500 V AC	690 V AC	400 V und 500 V AC	690 V AC
000	160	2 … 160	78,5	6	7,5	12	7	6,5
00	160	2 … 160	78,5	12	12	12	7,5/12	11
0	160	2 … 160	125	12	16	25	13	10
1	250	80 … 250	135	18	23	32	18	22
2	400	125 … 400	150	28	34	45	35	40
3	630	315 … 630	150	40	48	60	50	53
4	1000	500 … 1000	200	–	90	90	80	80
4a	1250	500 … 1250	200	90	110	110	110	110

Auslösecharakteristiken, Anwendungen

Z Verwendung für
- Überstromschutz von Leitungen
- Steuerstromkreise ohne Stromspitzen
- Messstromkreise mit Wandlern
- Halbleiterschutz

B und **C** Verwendung u. a. in Hausinstallationen
- direkte Zuordnung der LS-Schalter nach I_z der Leitungen möglich
- 2. Bedingung $I_2 = 1{,}45 \cdot I_z$ ist erfüllt

K Verwendung für
- Stromkreise mit hohen Stromspitzen durch Motoren, Transformatoren, Kondensatoren
- Vorteil: Elektromagnetischer Auslöser hält hohe Einschaltstromspitzen aus.

Auslöseverhalten

Typ	Überstrom-schutz (thermisch)	Zeit	Kurzschluss-schutz (elektromag.)	Zeit
Z[1]	1,05 I_n bis 1,2 I_n	< 2 h	2 I_n bis 3 I_n	≤ 0,2 s
B[2]	1,13 I_n bis 1,45 I_n	< 1 h	3 I_n bis 5 I_n	≤ 0,1 s
C[2]	1,13 I_n bis 1,45 I_n	< 1 h	5 I_n bis 10 I_n	≤ 0,1 s
K[3]	1,05 I_n bis 1,2 I_n	< 2 h	8 I_n bis 12 I_n	≤ 0,2 s
K[4]	1,05 I_n bis 1,5 I_n	< 2 min	10 I_n bis 14 I_n	≤ 0,2 s

Gültig für Baureihen: [1] 0,5 bis 63 A [2] 6 bis 40 A [3] 0,2 bis 8 A [4] 10 bis 63 A

Auslösebedingungen

LS-Schalter laut DIN VDE 0100–430:

Bedingungen:

1. $I_b \leq I_n \leq I_z$ 2. $I_2 \leq 1{,}45 \cdot I_z$

Nach der 2. Bedingung ist I_2 die Stromstärke, bei der spätestens nach einer Stunde der LS-Schalter abschalten muss. Sie darf maximal das 1,45fache der maximalen Strombelastbarkeit der Leitung bzw. des Kabels betragen.

Auslösekennlinien

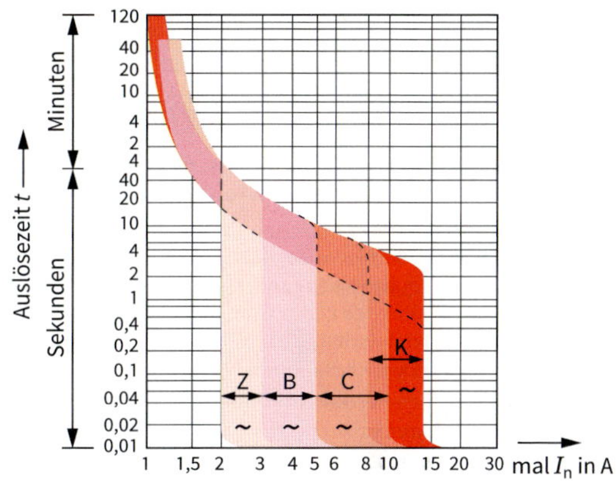

Abmessungen der LS-Schalter

ohne Hilfsschalter (1 bis 4polig)

Maße in mm

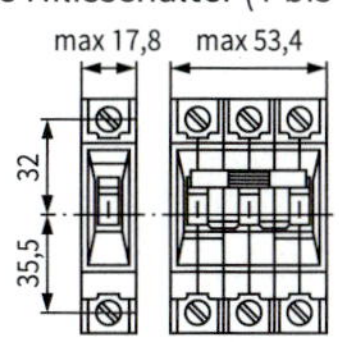

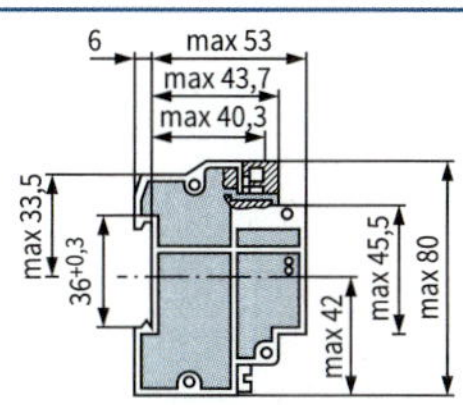

mit Hilfsschalter (1 bis 4polig)

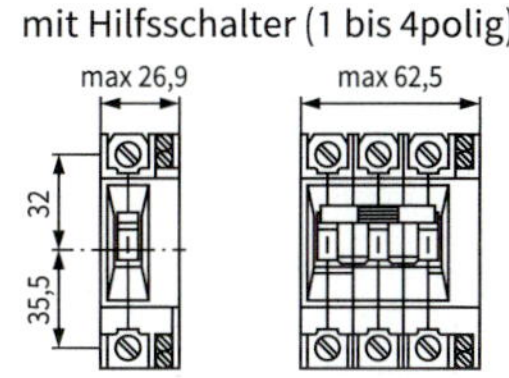

RCD – Residual-Current Protective Device

DIN VDE 0664-101: 2003-10

Funktion der RCD

Abschaltung bei gefährlichen Berührungsspannungen durch Isolationsfehler innerhalb von 0,2 s.

Abmessungen der RCDs

Bemessungsspannung U_n in V:
230 400 500 660 690

Bemessungsstromstärke I_r in A:
10 13 16 20 25 32 40 63
80 100 125 160 200 225 250

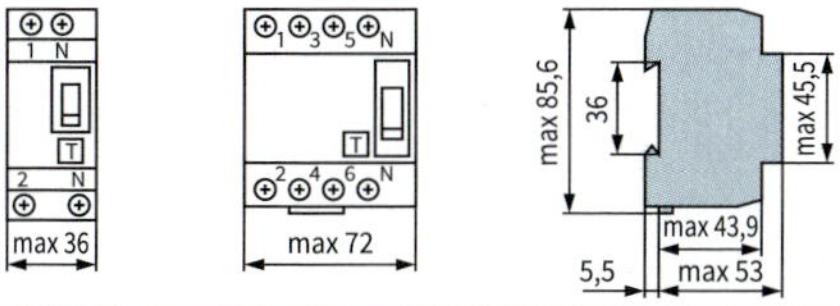

Baugrößen und maximaler Erdungswiderstand

$I_{\Delta n}$	R_A in Ω bei max. Berührungsspannung 50 V	25 V
10 mA	5000	2500
30 mA	1666	833
100 mA	500	250
300 mA	166	83
500 mA	100	50

RCD mit Kurzschlussvorsicherung

I_r in A	16	25	40	63	100	125	160	225
I_k in kA	1,5	1,5	1,5	2	3,5	2	4	4
Maximale Kurzschlussvorsicherung in A								
NH (gG)	63	80	80	100	125	125	160	224
Neozed	63	80	80	100	–	–	–	–
Diazed (gG)	50	63	63	80	100	–	–	–

Wirkung des elektrischen Stromes auf den menschlichen Körper (DIN VDE V 0140-479-1)

Wechselstrom (50/60 Hz)

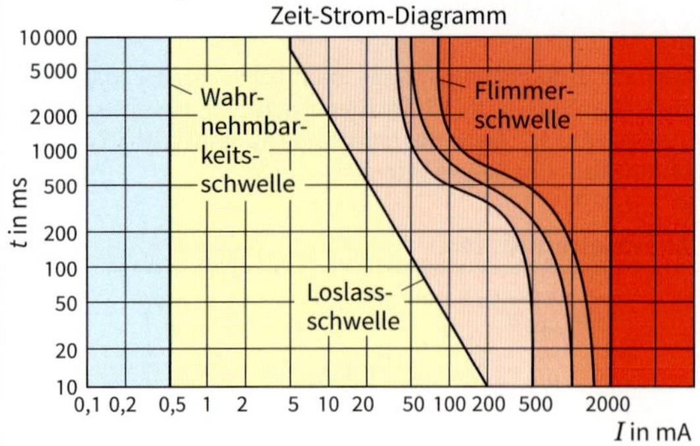

Gefährdungsbereiche für erwachsene Personen und Stromweg „Hand zu Hand“ und „linke Hand zum Fuß“

- Keine Auswirkungen
- Keine schädigenden Auswirkungen
- Keine Beschädigung der Organe, Muskelverkrampfungen, der Spannung führende Leiter kann unter Umständen nicht mehr losgelassen werden.
- Mögliches Herzkammerflimmern
- Wahrscheinliches Herzkammerflimmern
- Herzkammerflimmern
- Herzstillstand und Atemstillstand, schwere Verbrennungen

Gleichstrom

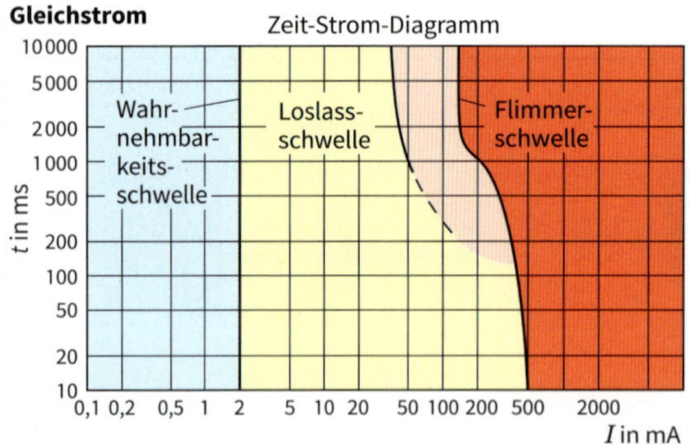

Gefährdungsbereiche für erwachsene Personen und Stromweg „linke Hand zu beiden Füßen“

- Keine Wahrnehmung
- Keine physiologisch gefährliche Wirkung
- Mögliche Störungen durch Impulse im Herzen
- Herzkammerflimmern, Verbrennungen

Elektrischer Widerstand des menschlichen Körpers

Ersatzschaltbild	Erklärung
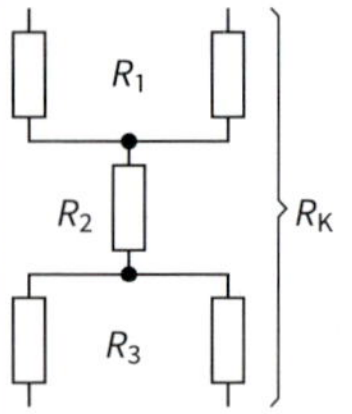	Teilwiderstände R_1: Hände/Arme R_2: Körperrumpf R_3: Beine/Füße R_K: innerer Körperwiderstand mit Durchschnittswerten ■ bei 25 V mit 3250 Ω ■ bei 50 V mit 2625 Ω ■ bei 230 V mit 1350 Ω

Begriffe

L1 L2 L3	**Außenleiter:** Leiter, die Spannungsquellen mit Betriebsmitteln verbinden.
N	**Neutralleiter:** Leiter, der mit dem Mittel- oder Sternpunkt verbunden ist.
PE	**Schutzleiter:** Leiter, der Körper von Betriebsmitteln, leitfähige Teile, Haupterdungsklemme und Erde verbindet.
PEN	**PEN-Leiter:** Leiter, der die Funktionen von Neutral- und Schutzleiter vereinigt.
U_o	**Wechselspannung** (Effektivwert) z. B. zwischen Außenleiter und N-Leiter bzw. Erde
U_B	**Berührungsspannung**
U_L	**Höchstzulässige Berührungsspannungen:** 50 V AC, 120 V DC
U_F	**Fehlerspannung:** Spannung, die im Fehlerfall zwischen Körpern oder zwischen Körpern und der Bezugserde auftritt.
I_F	**Fehlerstromstärke:** Stromstärke, die aufgrund eines Isolationsfehlers entsteht.
I_K	**Kurzschlussstromstärke:** Stromstärke, die bei direkter Verbindung von zwei Außenleitern oder zwischen Außenleiter und Neutralleiter entsteht. **Erdschluss:** Leitende Verbindung eines Außenleiters mit der Erde (auch einpoliger Kurzschluss).
I_b	**Betriebsstromstärke** eines Stromkreises
I_N	**Bemessungsstromstärke** (Nennstromstärke) eines Verbrauchsmittels oder Überstrom-Schutzorgans
$I_{\Delta N}$	**Bemessungsfehlerstromstärke** der RCD
t_a	Abschaltzeiten der Überstrom-Schutzorgane in **Endstromkreisen** bei **Betriebsstromstärke** $I_b \leq 32$ A **TN-Systeme:** ■ $t_a \leq 0{,}4$ s für 120 V < $U_0 \leq$ 230 V ■ $t_a \leq 0{,}2$ s für 230 V < $U_0 \leq$ 400 V ■ $t_a \leq 0{,}1$ s für $U_0 >$ 400 V **TT-Systeme:** ■ $t_a \leq 0{,}2$ s für 120 V < $U_0 \leq$ 230 V ■ $t_a \leq 0{,}07$ s für 230 V < $U_0 \leq$ 400 V ■ $t_a \leq 0{,}04$ s für $U_0 >$ 400 V **IT-Systeme:** ■ Körper mit PE-Leiter verbunden und gemeinsame Erdungsanlage → Abschaltzeiten wie im TN-System ■ Körper in Gruppen oder einzeln geerdet → Abschaltzeiten wie im TT-System

Basisschutz und Fehlerschutz

Sicherheitskleinspannung SELV[1]	Funktionskleinspannung PELV[2] bzw. FELV[3]
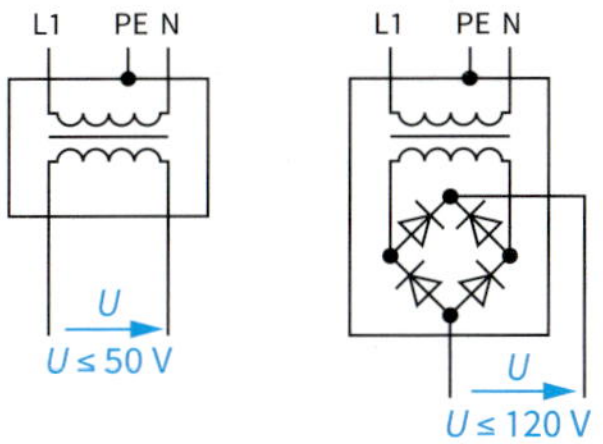	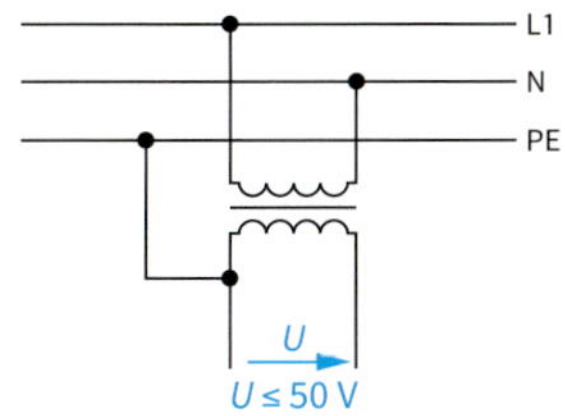 **Hinweis:** Bei FELV ist wie bei PELV aus Funktionsgründen Kleinspannung erforderlich, jedoch werden im Unterschied zu PELV nicht alle Bedingungen bei der Isolierung angeschlossener Betriebsmittel erfüllt.
Keine Verbindung mit Erde, Schutzleiter oder aktiven Teilen anderer Stromkreise, **sichere Trennung**	Erdung und Verbindung mit Schutzleiter anderer Stromkreise zulässig, PELV: **sichere Trennung**; FELV: **ohne sichere Trennung**, FELV als eigenständige Schutzmaßnahme nicht anerkannt (DIN VDE 0100-470).

[1] **SELV**: **S**afety **E**xtra **L**ow **V**oltage [2] **PELV**: **P**rotective **E**xtra **L**ow **V**oltage [3] **FELV**: **F**unctional **E**xtra **L**ow **V**oltage

Basisschutz

Isolierung aktiver Teile

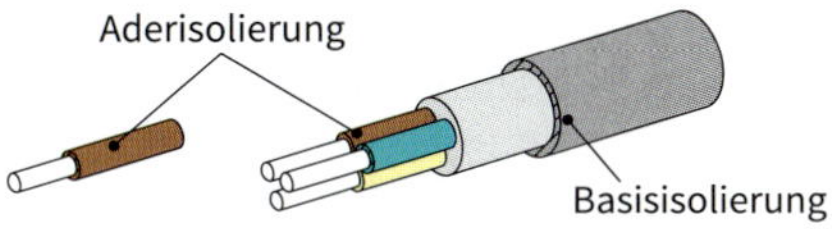

Abdeckungen und Umhüllungen

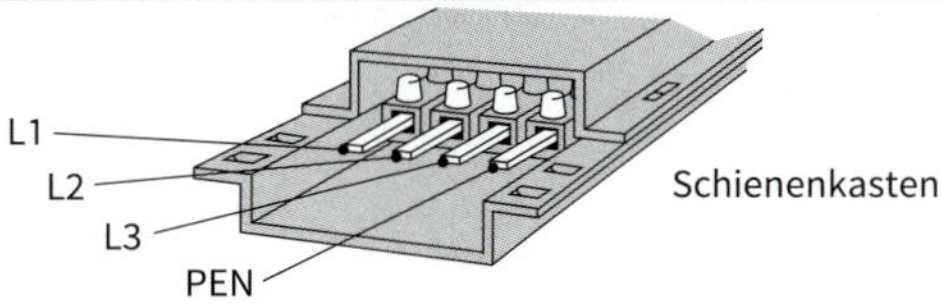

Hindernisse

z. B. Barrieren, Schranken

Anordnung außerhalb des Handbereichs

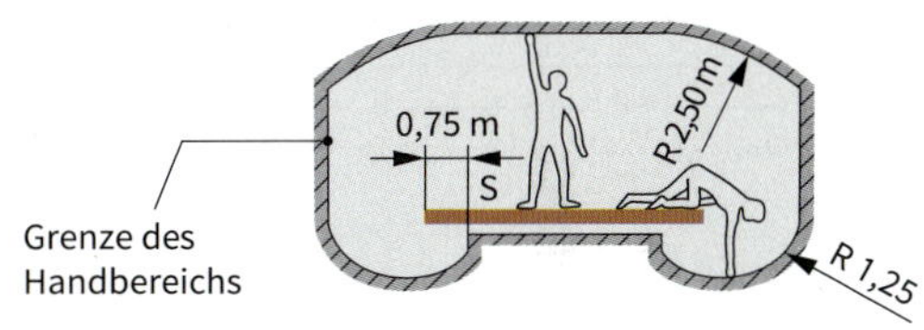

Zusätzlicher Schutz durch RCD ($I_{\Delta n} \leq 30$ mA)

Fehlerschutz

Schutzpotenzialausgleich

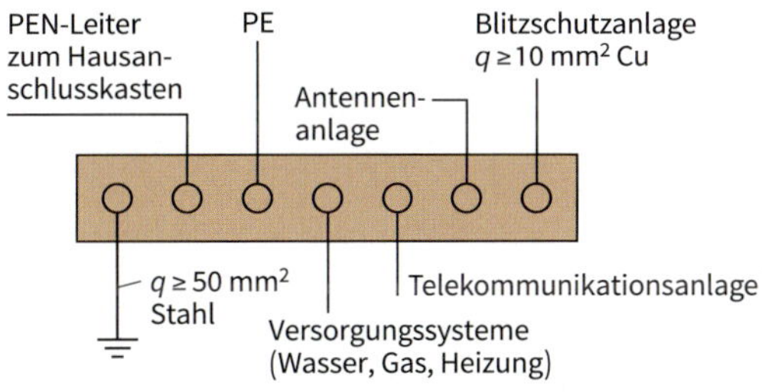

Doppelte oder verstärkte Isolierung

- Vollisolierung
- Isolierungsumkleidung
- Isolierauskleidung
- Zwischenisolierung

Nicht leitende Umgebung

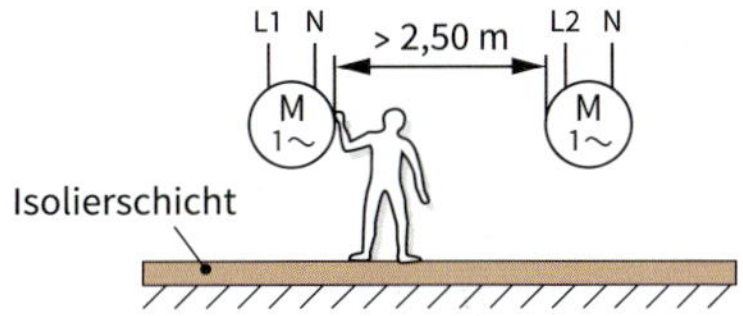

Schutztrennung

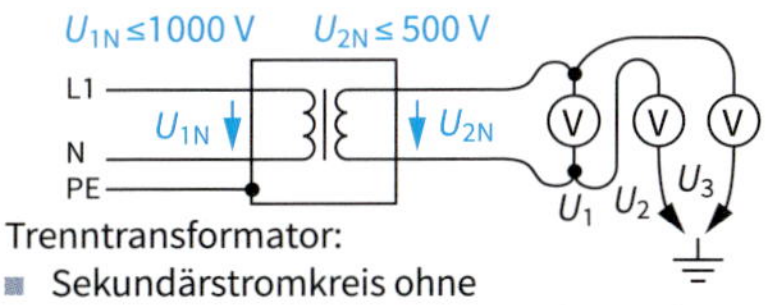

Spannungsmessungen:
$U_1 = 250$ V
$U_2 = 0$ V
$U_3 = 0$ V

Trenntransformator:

- Sekundärstromkreis ohne Verbindung zu anderem Stromkreis oder Erde
- $l_{2max} \leq 500$ m; $U_{2N} \cdot l_2 \leq 100\,000$ Vm

Schutz elektrischer Betriebsmittel

Schutzklassen

I	II	III
Schutzmaßnahme mit Schutzleiter ■ Gerät mit Metallgehäuse z. B. Motor	Doppelte oder verstärkte Isolierung (Schutzisolierung) ■ Geräte mit Kunststoffgehäuse z. B. Handbohrmaschine	Kleinspannung (SELV, PELV) ■ Geräte mit Bemessungsspannungen bis 50 V AC und 120 V DC und 60 V DC bzw. 120 V DC z. B. Elektrische Handleuchten

Fehlerschutz (Schutz bei indirektem Berühren)

TN-C-System

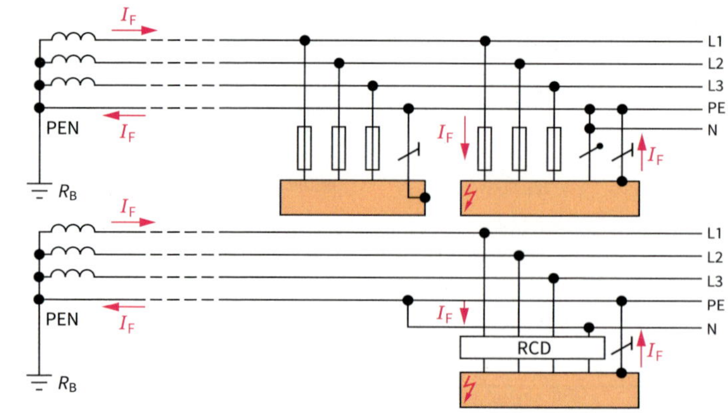

Schutzeinrichtungen:
- Schmelzsicherungen
- Leitungsschutz-Schalter
- RCD

Prinzip:
Fehlerstrom I_F wird zum Kurzschlussstrom und fließt über PE- und PEN-Leiter zur Quelle.

Abschaltung:
Sie erfolgt innerhalb der für I_a angegebenen Zeiten.

Abschaltbedingung:
$Z_S \cdot I_a \leq U_o$

RCD:
$I_a = I_{\Delta N}$, Abschaltzeit $t_a \leq 0{,}4$ s; bei selektivem RCD-Schutz $t_a \leq 0{,}5$ s

TT-System

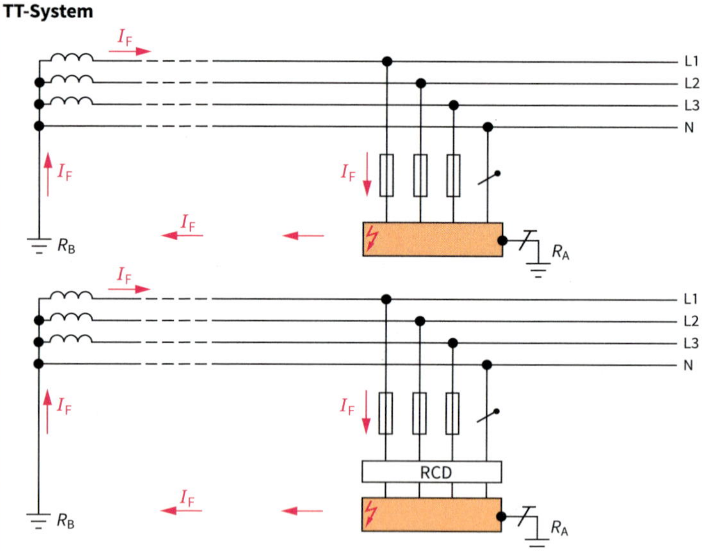

Schutzeinrichtungen:
- Schmelzsicherungen
- Leitungsschutz-Schalter
- RCD
  (Erforderlich, wenn bei einem Fehler der Erdschlussstrom zu niedrig ist, um das Überstrom-Schutzorgan in der geforderten Zeit abzuschalten.)

Prinzip:
Fehlerstrom I_F wird zum Erdschlussstrom und fließt über Erder (Erde) zur Quelle.

Abschaltung:
Ist gewährleistet bei RCD, da Fehlerstrom niedrig ist.

Abschaltbedingung:
$R_A \cdot I_a \leq U_L$

RCD:
$I_a = I_{\Delta N}$ wie im TN-C-System

IT-System

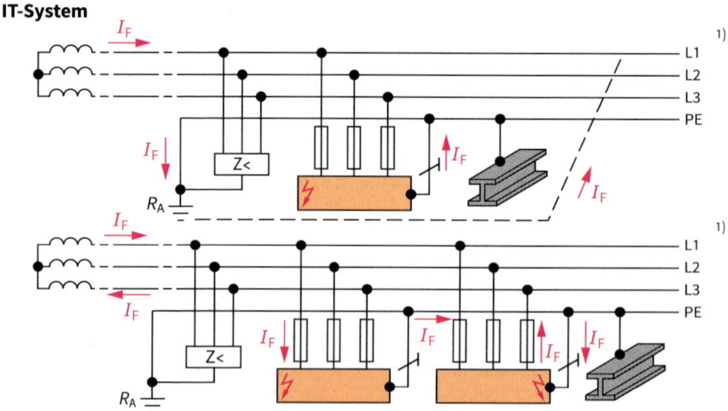

Schutzeinrichtungen:
- Schmelzsicherungen
- Leitungsschutz-Schalter
- Isolationsüberwachungseinrichtung
- RCD

Prinzip der Isolationsüberwachung:
- Einfachfehler: Fehleranzeige erfolgt durch Meldung, I_d ($\triangleq I_F$) ist der Fehlerstrom (Ableitstrom).
- Doppelfehler: Abschaltung durch Überstrom-Schutzorgane innerhalb 0,2 bzw. 5 s.

Abschaltbedingung:
$R_A \cdot I_d \leq U_L$

[1] Auch mit Neutralleiter möglich

Hausanschlussraum mit Schutzpotenzialausgleich

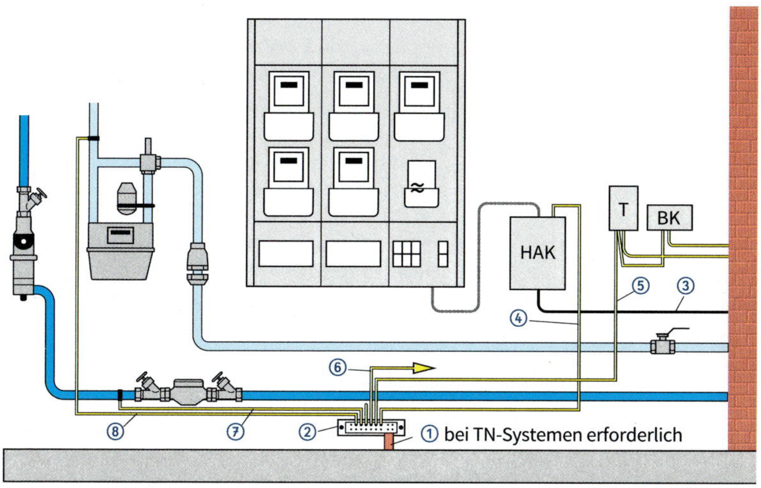

① Anschlussfahne des Fundamenterders
② Haupterdungsschiene (früher Potenzialausgleichsschiene PAS)
③ Hauseinführungsleitung des VNB

Potenzialausgleichsleiter (PA-Leiter):
④ zum Hausanschlusskasten (HAK)
⑤ zur Telekommunikations- und BK-Anlage
⑥ zur Blitzschutzanlage
⑦ Wasserversorgungs- und Wasserentsorgungsanlage
⑧ Gasversorgungsanlage

Haupterdungsschiene

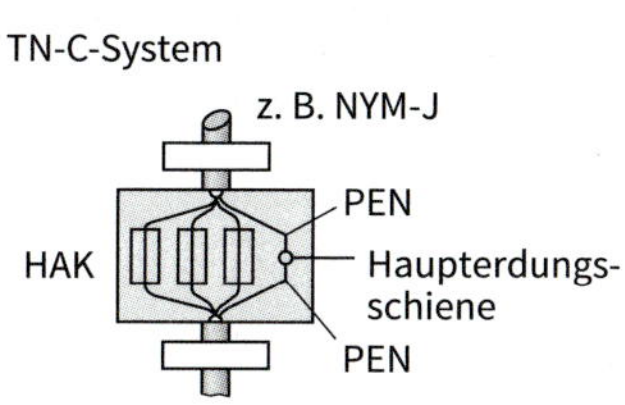

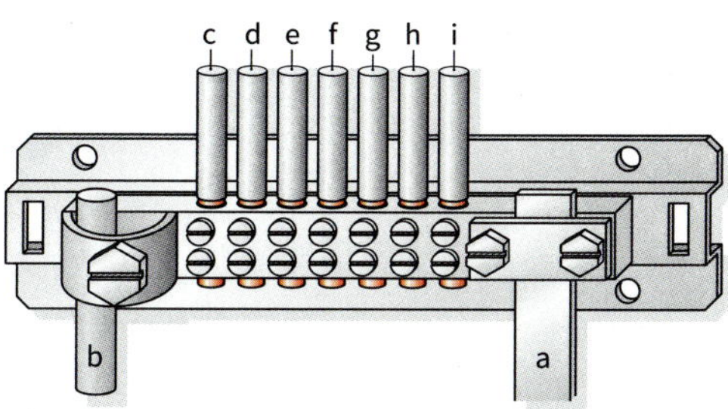

a Fundamenterder
b Blitzschutzanlage
c Heizungsanlage
d PE-Leiter zum HAK
e PE-Leiter zur PE-Schiene
f TK-Anlage
g Antennenanlage
h Gasversorgungsanlage
i Wasserversorgungsanlage

Zusätzlicher Schutzpotenzialausgleich bei leitender Standfläche

Darstellung	Erklärung	Anwendung (DIN VDE 0100…)
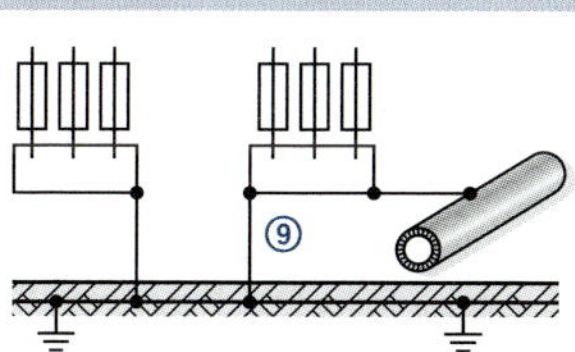	Schutzpotenzialausgleichsleiter ⑨ zwischen Körpern und leitfähigen Teilen, die innerhalb des Handbereichs liegen	▪ Schutzleitermaßnahmen (-410) ▪ Baderäume (-701) ▪ Schwimmbäder (-702) ▪ Landwirtschaftliche und gartenbauliche Betriebsstätten (-705) ▪ Medizinisch genutzte Bereiche (-710)

Leiterquerschnitte für Schutzpotenzialausgleichsleiter

Verbindung mit der Haupterdungsschiene		Verbindung für zusätzlichen Schutzpotenzialausgleich
Material	Mindestquerschnitt in mm²	Zwischen zwei Körpern von elektrischen Betriebsmitteln: $q_{PE1} \leq q_{PE2} \rightarrow q_P \geq q_{PE1}$ q_{PE}: Querschnitt des jeweiligen Schutzleiters q_P: Querschnitt des Schutzpotenzialausgleichsleiters
Kupfer	6	
Aluminium	16	Zwischen Körpern eines elektrischen Betriebsmittels und einem metallenen Konstruktionsteil: $q_P \geq 2{,}5$ mm² bei mechanischem Schutz des Leiters, z. B. durch Elektroinstallationsrohr $q_P \geq 4$ mm² bei Leitern ohne mechanischen Schutz
Stahl	50	

Kennzeichnung

IP 2 3 C H

- Kennbuchstaben (**I**nternational **P**rotection) — IP
- 1. Kennziffer (Schutz gegen Eindringen von Fremdkörpern und Staub) — 2
- 2. Kennziffer (Schutz gegen Eindringen von Wasser) — 3
- Zusätzlicher Buchstabe — C
- Ergänzender Buchstabe (Schutz gegen Zugang zu gefährlichen Teilen) — H

Wird eine Kennziffer nicht angegeben, so ist sie durch ein X zu ersetzen.

Ergänzender/zusätzlicher Buchstabe kann entfallen. Mehrere Buchstaben sind in alphabetischer Reihenfolge zu nennen.

1. Kennziffer	Bildzeichen[1)]	Beschreibung	2. Kennziffer	Bildzeichen[1)]	Beschreibung
0		Kein Schutz	0		Kein Schutz
1		Schutz gegen Eindringen großer Fremdkörper ($d \geq 50$ mm)	1		Schutz gegen senkrecht fallendes Wasser (Tropfwasser)
2		Schutz gegen Eindringen mittelgroßer Fremdkörper ($d \geq 12$ mm)	2		Schutz gegen schräg fallendes Wasser (Tropfwasser) bis zu 15° Neigung
3		Schutz gegen Eindringen kleiner Fremdkörper ($d \geq 2{,}5$ mm)	3		Schutz gegen Sprühwasser mit max. 60° zur Senkrechten
4		Schutz gegen Eindringen kornförmiger Fremdkörper ($d \geq 1$ mm)	4		Schutz gegen Spritzwasser aus allen Richtungen
5		Schutz gegen Staubablagerungen (staubgeschützt) und vollständiger Berührungsschutz	5		Schutz gegen Wasserstrahl aus allen Richtungen
6	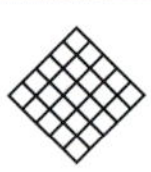	Schutz gegen Eindringen von Staub (staubdicht), vollständiger Berührungsschutz	6		Schutz gegen starken Wasserstrahl aus allen Richtungen
			7		Schutz bei zeitweiligem Untertauchen
			8	 bar…m	Schutz bei dauerndem Untertauchen
			9		Hochdruck und hohe Strahlwassertemperaturen

ergänzender Buchstabe	Beschreibung	zusätzlicher Buchstabe	Beschreibung
A	Schutz gegen Zugang mit Handrücken	H	Hochspannungs-Betriebsmittel
B	Schutz gegen Zugang mit Finger	M	Schutz gegen Wasser geprüft bei bewegten Teilen
C	Schutz gegen Zugang mit Werkzeug	S	Schutz gegen Wasser geprüft bei stillstehenden, beweglichen Teilen
D	Schutz gegen Zugang mit Draht	W	Schutz vor festgelegten Wetterbedingungen, mit zusätzlichen Schutzmaßnahmen

1) Übliche Kennzeichnung bei Leuchten; sie geben ungefähr den Schutz der 2. Kennziffer wieder.

Störursachen

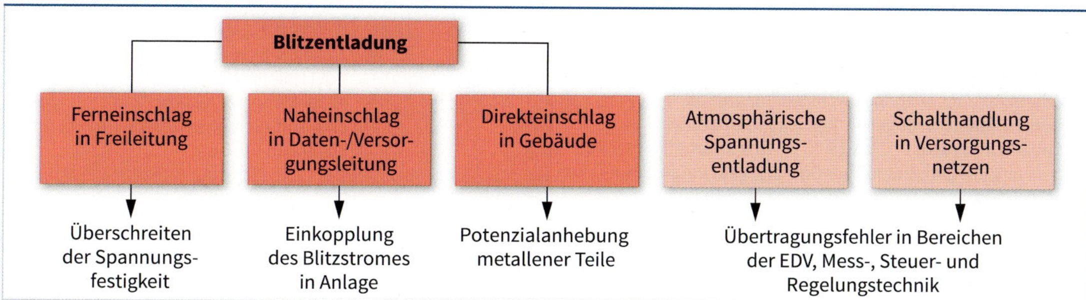

Schutzgeräte

Installationsort	Schutzmaßnahme	Funktion der Schutzmaßnahme	Schutzgerät/ Anforderungsklasse	Überspannungsbegrenzung	Abb.
Hauptverteilung zwischen HAK und Zähler	Blitzschutz, Schutzpotenzialausgleich	Schutz gegen Eindringen von Blitzströmen	Blitzstromableiter, Typ 1 (Grobschutz)	$U \leq 6$ kV	①
Unterverteilung vor RCD	Überspannungsschutz in Verteileranlage	Schutz gegen Überspannung zwischen L und PE sowie N und PE	Überspannungsschutzgerät, Typ 2 (Mittelschutz)	$U \leq 4$ kV	②
Steckdose, Geräteanschluss	Überspannungsschutz am Endgerät	Geräteschutz	Überspannungsschutzgerät, Typ 3 (Feinschutz)	$U \leq 1{,}5$ kV	③

Blitzstromableiter ①

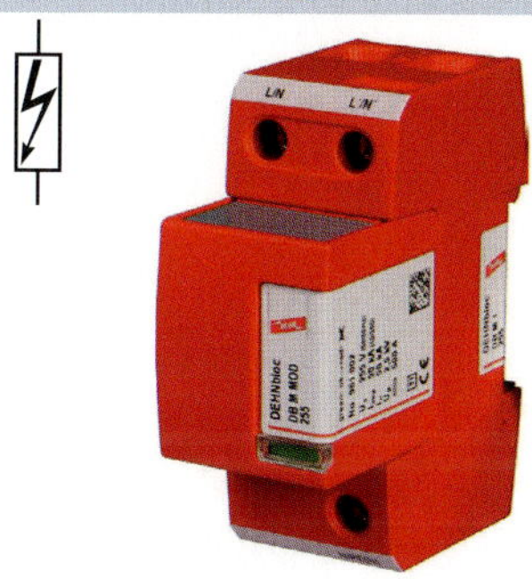

- Blitzstromableiter in separatem Gehäuse

Überspannungsschutzgerät ②

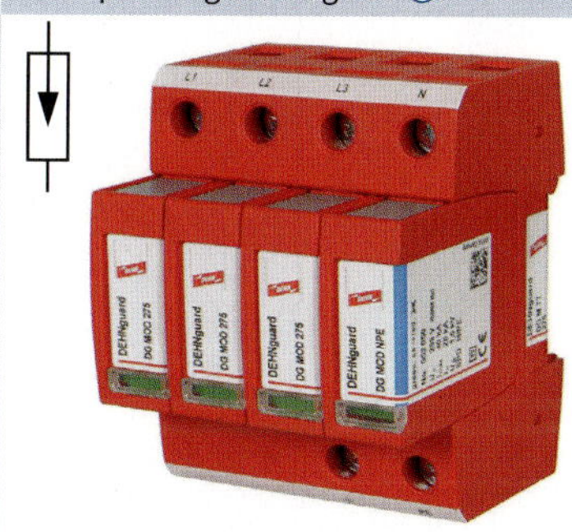

- Montage im Verteiler
- Anzeige bei Auslösung der Vorsicherung
- Überspannungsschutzgerät mit Meldekontakten (Wechsler) einsetzen

Geräteschutzadapter ③

- Montage am Endgerät
- Schutz gegen Überspannungen
- Adapter mit Schutzschaltung einbauen

Schutzgeräte vor Endgeräten

- Einbau z. B. im TN-System
  - bei Kabelkanälen mit sichtbarer Kontrollanzeige

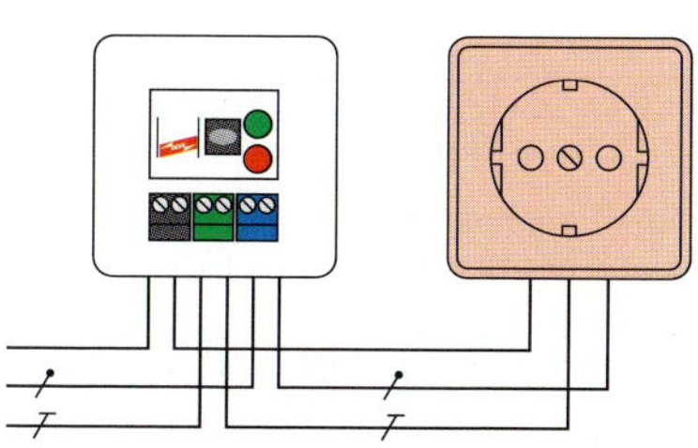

  - bei Einbau in Installationsdosen

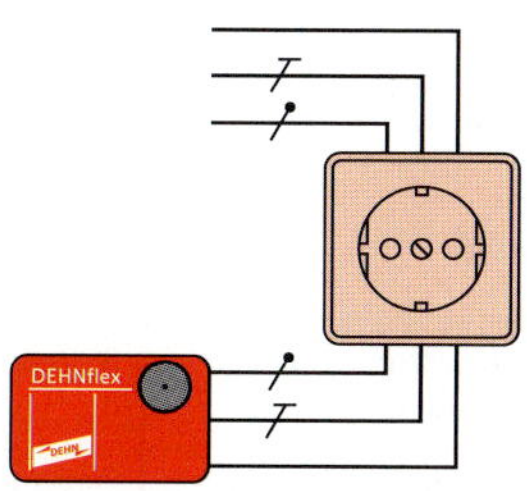

  - als Steckdoseneinsatz

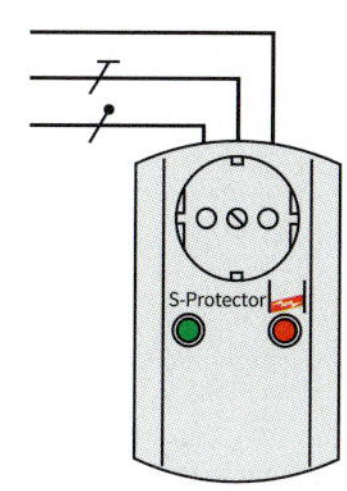

Merkmale

- **Einmalige Entladung**
- **Geringe Selbstentladung** (ca. 2 %/Jahr)
- **Energiedichte** (gespeicherte Energie in Wh/Masse oder Wh/Volumen) höher als in Sekundärbatterien
- **Belastbarkeit** niedriger als bei Sekundärbatterien
- **Lagertemperatur** 0 °C bis 10 °C in wasserdampfdichter Verpackung im Kühlschrank, vor Gebrauch auf Raumtemperatur angleichen
- **Bemessungskapazität** C_n in mAh oder Ah gibt an, welche Stromstärke z. B. bei einer zehnstündigen Entladung möglich ist.
  Beispiel: $C_{10} = 800$ mAh $\rightarrow I_E = 80$ mA in 10 h

Kennbuchstaben nach IEC

Kurzzeichen	Bedeutung
A	Zink-Luft-Element, saurer Elektrolyt
M, N	Quecksilberoxid-Element
L	Alkali-Mangan-Element
P	Zink-Luft-Element, KOH-Elektrolyt
S	Silberoxid-Element

Beispiel: Entladekurve des Elements R 14

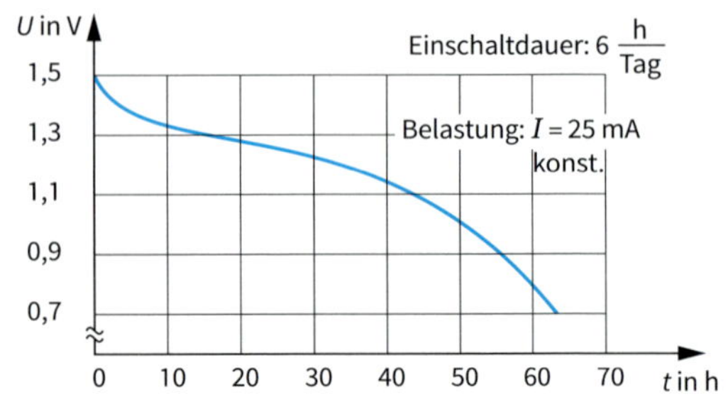

Zink-Kohle-Element

U_n in V	IEC-Bez.	C_n in mAh	Maße (max.) in mm d	h	l	b
1,5	R 6	1200	14,5	50,5	–	–
4,5	3 R 12	2700	–	67	62	22
1,5	R 14	3200	26,2	50	–	–
1,5	R 20	8000	34,2	61,5	–	–
9	6 F 22	400	–	48,5	26,5	17,5
6	4 R 22X	8500	–	115	67	67

Alkali-Mangan-Rundzellen und -Batterien

U_n in V	IEC-Bez.	C_n in mAh	Maße (max.) in mm d	h	l	b
1,5	LR 1	800	12	30,2	–	–
4,5	3 LR 12	6300	–	67	62	22
1,5	LR 41	30	79	3,6	Fotogeräte; Uhren; elektronische Geräte; Fernbedienungen	
1,5	LR 55	25	11,6	2,1		
1,5	LR 54	50	11,6	3,1		
1,5	LR 43	80	11,6	4,2		
1,5	LR 44	115	11,6	5,4		
1,5	LR 9	185	16	6,2		
Umweltverträglich, keine spezielle Entsorgung						

Silberoxid-Knopfzellen und -Batterien

U_n in V	IEC-Bez.	C_n in mAh	Maße in mm d	h	Verwendung
1,55	SR 62	9	5,8	1,7	Fotogeräte; Uhren; Taschenrechner
1,55	SR 64	16	5,8	2,7	
1,55	SR 43	115	11,6	4,2	
1,55	SR 44	170	11,6	5,4	
6,2	4 SR 44	145	13	25,2	
1,55	–	3400	26	50	Einsatz: $\vartheta \leq 165$ °C
Nicht umweltverträglich, spezielle Entsorgung					

Zink-Luft-Knopfzellen und -Batterien

U_n in V	IEC-Bez.	C_n in mAh	Maße in mm d	h	Verwendung
1,4	PR 70	70	5,8	3,6	Hörgeräte; Personenrufgeräte
1,4	PR 48	240	7,9	5,4	
1,4	PR 44	570	11,6	5,4	
1,4	AR 40	75	67	172	universal
7	5 AR 40	90	181	180	Weidezaun
In spezieller Ausführung geeignet für Normal- und Spitzenlast-(Push Pull) Betrieb, d. h. mit konstanter Stromstärke I_1 und zusätzlicher Pulsstromstärke I_2. Schadstoffe: 0 % Hg und 0 % Cd					

Eigenschaften von Lithium-Zellen

Typ	Rundzelle	Knopfzelle
System	Li-MnO_2	Li-MnO_2
Energiedichte	400 bis 800 Wh/dm³	360 bis 660 Wh/dm³
U_o/U_n	3,2 V/3 V	3,2 V/3 V
C_n in mAh	400 bis 2000	25 bis 500

Begriffe/Erklärungen

Ruhespannung, Leerlaufspannung	Klemmenspannung des unbelasteten Elements	Lecksicherheit	Schutz gegen Elektrolytaustritt durch konstruktive Maßnahmen
Arbeitsspannung, Bemessungsspannung	Klemmenspannung bei Belastung	Entladeschlussspannung	Klemmenspannung, bei der das Element als entladen gilt
Entladeendspannung	minimal zulässige Betriebsspannung (halbe Bemessungsspannung)	Selbstentladung	innerer Vorgang vermindert bei Lagerung die Betriebsdauer
Innenwiderstand	innerer Widerstand der Zelle	Dauerentladung	ununterbrochene Stromentnahme

Akkumulatoren
Rechargeable Batteries

Merkmale

- Akkumulatoren (Sammler)
  - sind Speicher für elektrische Energie und
  - werden auch als **sekundäre Elemente** bezeichnet.
- Das Wirkprinzip basiert auf chemischen Reaktionen zwischen zwei Elektroden aus unterschiedlichen Materialien in Verbindung mit einem Elektrolyten.
- Beim **Aufladen** eines Akkus wird die von außen zugeführte elektrische Energie in chemische Energie umgewandelt und gespeichert.
- Beim **Entladen** wird die gespeicherte chemische Energie wieder in elektrische Energie umgewandelt und steht an den Elektroden (Polen) als Gleichspannung/-stromstärke zur Verfügung
- Als Elektrodenmaterialen kommen unterschiedliche Materialkombinationen zum Einsatz, z. B. Blei (Minuselektrode) und Bleioxid (Pluselektrode) beim Bleiakku.
- Daraus ergeben sich unterschiedliche **Leistungsmerkmale** der Akkumulatoren, wie z. B.:
  - Höhe der Zellen-Bemessungsspannung
  - Spezifische Energie (Wattstunden pro kg: Wh/kg)
  - Bemessungskapazität (Ladungsmenge in Ah)
  - Lade- und Entladestromstärke (-zeiten)
  - Lagerfähigkeit (Selbstentladung)
  - Wirkungsgrad
- Die Lebensdauer von Akkumulatoren ist abhängig von der Einhaltung der vom Hersteller vorgegebenen Behandlungsanweisungen (u. a. Ladetechnik).

Materialien und Anwendung

Bezeichnungen		Anwendungsbeispiele	Bezeichnungen		Anwendungsbeispiele
Pb	Blei	Starterbatterien	LiMn	Lithium Mangan	Elektrowerkzeuge
NiCd[1]	Nickel Cadmium	Elektrowerkzeuge	$LiFePO_4$	Lithium Eisen Phosphat	Fahrzeuge
NiH_2	Nickel Wasserstoff	Satelliten/Raumsonden	LiS	Lithium Schwefel	Solarflugzeuge
NiMH	Nickel Metallhydrid	elektronische Geräte	RAM	Rechargeable Alkaline Manganese	begrenzt wiederaufladbare Alkali-Mangan Zelle
NiFe	Nickel Eisen	dezentrale Stromversorgung	$Na/NiCl_2$	Natrium Nickel Chlorid	Fahrzeuge, Waffensysteme
Li-Ion	Lithium Ionen	Mobiltelefone			
LiFe	Lithium Eisen	Modellbau/Elektrowerkzeuge			
LiPo	Lithium Polymer	Modellbau			

Lade-/Entladecharakteristik

Beispiel: Lithium Ionen Akkumulator

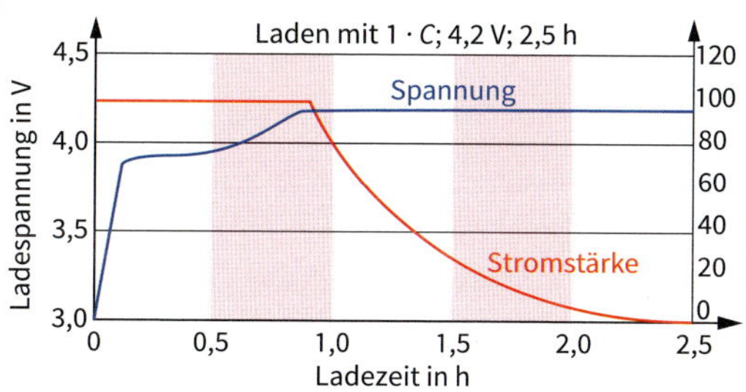

Ladeprinzip: **CCCV** (**C**onstant **C**urrent **C**onstant **V**oltage: konstanter Strom konstante Spannung)

C (Capacity): Kenngröße für die Bemessungskapazität des Akkumulators in Amperestunden (Ah)

Entladekurven: 0,2 · *C* bis 3,0 V bei verschiedenen Temperaturbedingungen

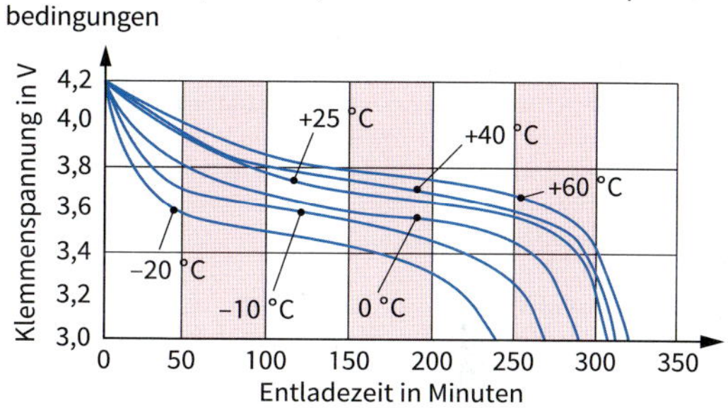

Die Entladedauer ist festgelegt auf 5 h. Kürzere Entladungszeiten ergeben, bedingt durch innere Verluste, eine geringere Kapazitätsentnahme.

Entladestromstärke: $I_n = \frac{C}{5\,h} = 0{,}2\,\frac{C}{h}$ *C* in Ah

Kenndaten

Technologie / Parameter	NiCd[1]	Pb	NiMH	Li-Ion	LiPo	$LiFePO_4$
Zellen-Spannung in V	1,25	2,0	1,25	3,6	3,6	2,0
Ladestromstärke (optimal) in % der Kapazität	100	20	50	100	100	100
Spezifische Energie in Wh/kg[2]	45…80	30…50	60…120	110…160	100…130	110
Betriebstemperatur Entladung in °C[2]	-40…+60	-20…+60	-20…+60	-20…+60	0…+60	-20…+60
Entladeschlussspannung in V	0	1,7	0,8	2,5	2,5	2
Selbstentladung pro Monat in %[2]	20	<10	30	10	10	3
Anzahl der Lade-/Entladezyklen[2]	800	300	500	1000	800	>1000
Schnellladezeit in Stunden[2]	1	8…16	2…4	2…4	2…4	2
Lagerzustand (empfohlen)	entladen	geladen	geladen	geladen	geladen	geladen

[1] Eingeschränkter Einsatz nach Batteriegesetz (BattG/Juni 2009) [2] Maßgebend sind die Herstellerangaben

Merkmale

- Stationäre Batterien und Batterieanlagen dienen zur **Energiespeicherung** und werden eingesetzt in
  - Telekommunikationsanlagen,
  - Kraftwerksanlagen,
  - Sicherheitsbeleuchtungen und Alarmsystemen,
  - unterbrechungsfreien Stromversorgungen,
  - ortsfesten Dieselstartanlagen und
  - photovoltaischen Anlagen.
- Die verwendeten Batterien sind wiederaufladbar und werden deshalb als Batterien mit **sekundären Zellen** bezeichnet.
- Die Zellen werden nach Bauart unterschieden in
  - **geschlossene Zelle** (mit Gehäusedeckel und Öffnung im Deckel zur Gasentweichung),
  - **verschlossene Zelle** (vollständig verschlossen, mit Überdruckventil zur Gasentweichung bei zu hohem Innendruck; Elektrolyt kann nicht nachgefüllt werden),
  - **gasdichte Zelle** (verschlossene Zelle, die im Betrieb weder Gas noch Elektrolyt freisetzt; eine Sicherheitsvorrichtung ermöglicht im Gefahrenfall Druckausgleich; kein Nachfüllen des Elektrolyten möglich; Zelle wird während der gesamten Lebensdauer im verschlossenen Zustand betrieben).
- Bei Batterien oder Batterieanlagen entstehen **Gefahren** durch
  - elektrischen Strom,
  - austretende Gase und
  - Elektrolytflüssigkeiten.
- Zur **Vermeidung dieser Gefahren** sind Batterieanlagen mit entsprechenden Schutzmaßnahmen auszurüsten.

Schutzmaßnahmen

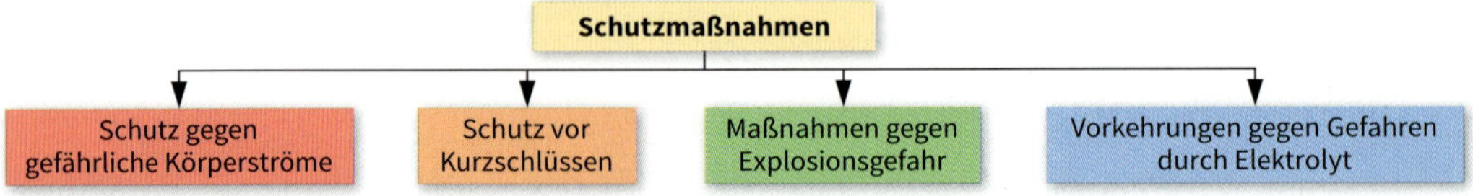

Basisschutz

- Schutz gegen **direktes Berühren aktiver Teile** ist durch folgende **Schutzmaßnahmen** realisierbar:
  - Isolierung aktiver Teile
  - Abdecken oder Umhüllen aktiver Teile
  - Einbau von Hindernissen
  - Einhalten des Schutzabstandes
- Schutz durch Abdeckung oder Umhüllung muss nach Schutzart IEC 60529 P2X ausgeführt sein.
- Schutz durch **Hindernisse** oder durch **Abstand** ist z. B. bei Batterien mit 60 V bis 120 V zwischen den Polen bzw. gegen Erde die Unterbringung in **elektrischen Betriebsstätten**. Bei höheren Spannungen Unterbringung in **abgeschlossenen, elektrischen Betriebsstätten**.
- Batterien mit **Bemessungsspannungen bis zu DC 60 V** erfordern keinen Schutz gegen direktes Berühren, sofern die gesamte Anlage den Bedingungen für **SELV** (**S**afety **E**xtra **L**ow **V**oltage) und **PELV** (**P**rotective **E**xtra **L**ow **V**oltage) entspricht.

Fehlerschutz

- **Schutz bei indirektem Berühren** (IEC 60364-4-41) kann wie folgt realisiert werden:
  - Automatische Abschaltung
  - Verwenden von Geräten der Schutzklasse II oder gleichwertiger Isolierung
  - Nichtleitende Umgebung (in besonderen Anwendungsgebieten)
  - Örtlicher, erdfreier Schutzpotenzialausgleich
  - Schutztrennung
- **Dauernd zulässige Berührungsspannung** ist festgelegt auf 120 V (Grenzwert, IEC 60449).
- **Batteriegestelle oder -schränke** aus Metall müssen an den Schutzleiter angeschlossen oder gegen die Batterie und den Aufstellungsort isoliert sein.
- **Kriechstrecken** und **Sicherheitsabstände** nach IEC 60664; **Hochspannungsprüfung** ist mit AC 4000 V, 50 Hz, 1 Minute auszuführen.

Explosionsgefahr

- Während der Ladung, Erhaltungsladung und bei Überladung treten Gase aus allen Zellen aus.
- Eine **explosive Mischung** entsteht, wenn die Wasserstoffkonzentration in der Luft 4 % übersteigt.
- **Batterieräume** und **Schränke** sind durch natürliche oder technische **Lüftung** unter dem oben genannten Grenzwert zu halten.

Elektrolyt

- **Bleibatterien:** Wässrige Lösung aus **Schwefelsäure**
- **NiCd-Batterien:** Wässrige Lösung aus **Kaliumhydroxid**
- Gefahr: **Starke Verätzungen** auf der Haut und in den Augen
- Schutz: Schutzbrille (Schutzschild), Schutzhandschuhe, Schürze zum Schutz der Haut
- **Ausgetretener Elektrolyt** ist umgehend mit saugfähigen Materialien (neutralisierend) aufzunehmen.

Kurzschluss

- Gespeicherte Energie wird freigesetzt und kann zum Schmelzen von Metallen, zu Funkenbildung, zu Explosionen oder zum Verdampfen des Elektrolyten führen.
- Der **Isolationswiderstand** zwischen dem Batteriekreis und anderen leitfähigen örtlichen Teilen muss größer als 100 Ω/V der Batteriespannung sein (Leckstromstärke < 10 mA).

Wartungsarbeiten

- Bei **Arbeiten in der Anlage** darf nur isoliertes Werkzeug verwendet werden.
- Für **ungefährliche Wartungsarbeiten** sind Batterieanlagen wie folgt auszurüsten:
  - **Abdeckungen** für die Batteriepole
  - **Mindestabstand** von 1,5 m zwischen berührbaren, aktiven Leitern der Batterien, die ein Potenzial von mehr als 1500 V führen
  - **Vorrichtung zur Auftrennung** von Zellengruppen

Anwendung

- Bei Ausfall der öffentlichen Stromversorgung sollen ausgewählte Verbraucher weiter mit elektrischer Energie versorgt werden.
- Die Spannung soll
  - innerhalb einer definierten Zeit wieder anliegen und
  - für eine definierte Zeit bestehen bleiben.
- Anwendung z. B. bei Krankenhäusern, Rechenzentren, Veranstaltungsstätten, empfindlichen Produktionsanlagen
- Je nach Anforderung kann eine unterbrechungsfreie Stromversorgung gefordert werden. Diese erfolgt in Sonderbauformen oder in Kombination mit Standard-USV-Anlagen.

Zusatzanforderungen

- Sicherheitsstromversorgung
  - Brandschutz
  - Trennung von Aggregat und Verteilung
  - Max. Zeit bis zur Verfügbarkeit (15 sec. bei max. 3 Startversuchen)
- Bundesimmissions-Schutz-Gesetz (BimSchG):
  - Anforderungen aus TA-Luft und TA-Lärm beachten
- Lagerung großer Treibstoffmengen:
  - Anforderungen aus dem Wasserrecht (spezifisch nach Bundesländern) beachten.
  - Ggf. Prüfung durch VAwS-Sachverständigen bzw. WHG-Sachkundenachweis der Errichter erforderlich.

Projektierungshinweise

- **Lastzuschaltung**
  Je nach Motorart sind nur begrenzte Lastzuschaltungen möglich z. B. 50 % → 30 % → 20 %
- **Generatordimensionierung**
  - Bei nichtlinearen Lasten (Oberschwingungen) ist die Generator-Bemessungsleistung zu erhöhen (je nach Belastung auf bis zu 280 %)
  - Kurzschlussstromstärke auf Selektivität auslegen, ggf. Generatorleistung erhöhen.
- **Synchronisiereinrichtung**
  Sie ermöglicht
  - ein unterbrechungsfreies Rückschalten nach Spannungswiederkehr
  - Funktionstest mit voller Belastung der Netzersatzanlage

Prüfanforderungen

- Es gilt allgemein: Prüfungen nach BetrSichV und DIN VDE 0105
- Bei Sicherheitsstromversorgungen gelten spezielle Prüfvorschriften (DIN 6280-13: 1994-12)
- Monatliche Prüfungen
  - Sichtprüfung (Aggregat, Batterie, Aufstellraum, Kraftstoffsystem)
  - Funktionsprüfung (Start-/Anlaufverhalten, Leistungsübernahme, Schalt-, Regel- und Hilfseinrichtungen, Leckagesonden, Jalousieklappen)
  - Lastverhalten bei min. 50 % der Bemessungsleistung für 60 Min.
  - Funktion der Umschalteinrichtungen
- Jährliche Prüfung
  - Vergleich der Leistung des Stromerzeugungsaggregates mit der erforderlichen Verbraucherleistung

Dieselgenerator

Kraftstoffversorgung

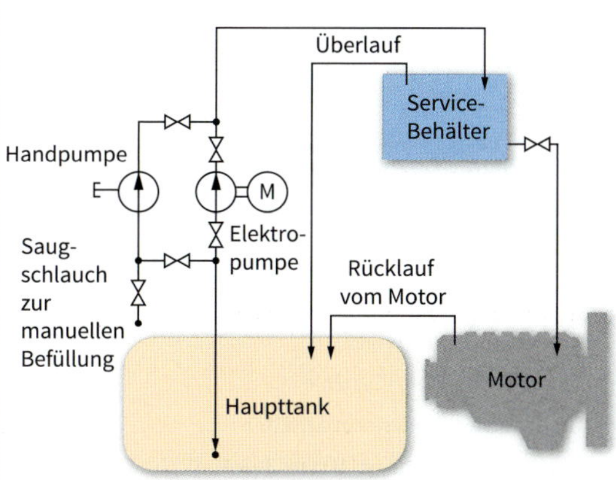

Umschalteinrichtung

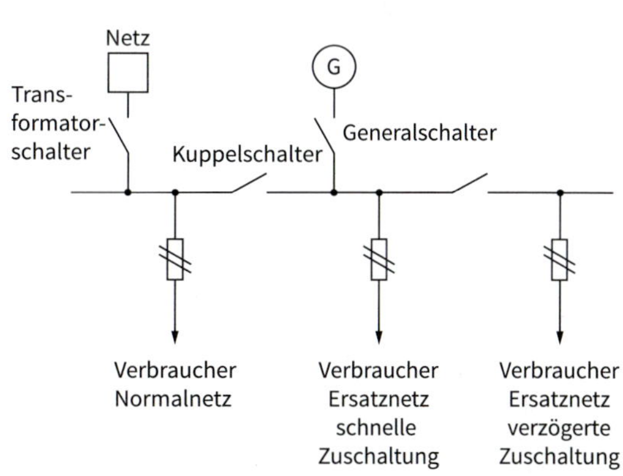

Die schnelle und langsame Schiene kann auch zusammengefasst werden, wenn keine zu hohen Lastsprünge beim Einschalten zu erwarten sind.

Anwendungen:

- Verbesserung der Spannungsqualität für ausgewählte Verbraucher (z. B. Computer, sicherheitsrelevante Anlagen)
- Versorgung der Verbraucher auch bei Netz-Spannungsausfall für eine definierte, maximale Zeit

Beispiel:	VFI	SS	111
Stufe:	1	2	3

Stufe	Bedeutung
1	Abhängigkeit der Ausgangsspannung von der Eingangsspannung
2	Kurvenform der Ausgangsspannung
3	Ausgangsverhalten bei Lastsprüngen

Stufe 1

Bezeichnung	Eigenschaften	Beispiel	Beherrschbare Störungen
VFD (**V**oltage and **F**requency **D**ependent)	Alle Eingangsgrößen sind gleich den Ausgangsgrößen	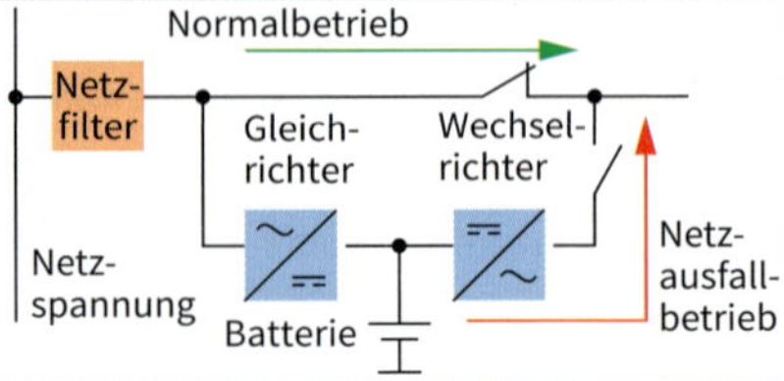	1. Netzausfall 2. Spannungsschwankung 3. Spannungsspitzen 4. Unterspannungen 5. Überspannungen[1)] 6. Blitzeinwirkungen[1)] Spannungsgröße 7. Frequenzschwankungen 8. Spannungsverzerrung (Burst) 9. Spannungs-oberschwingung
VI (**V**oltage **I**ndependent)	Ausgangsspannung ist synchron zur Eingangsspannung (Kurvenform und Frequenz).	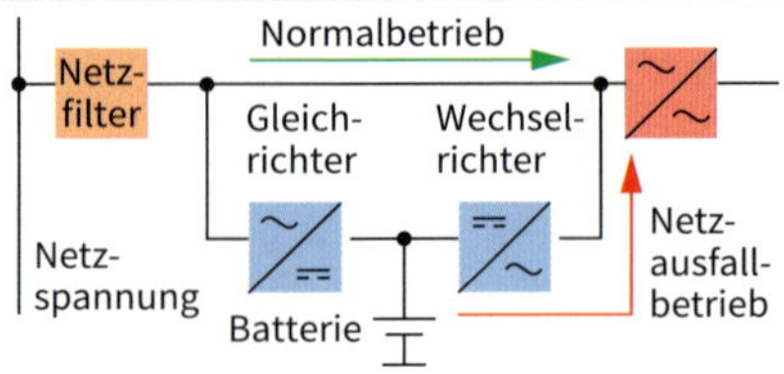	
VFI (**V**oltage and **F**requency **I**ndependent)	Ausgangsspannung/-frequenz sind unabhängig von Schwankungen der Spannung/Frequenz am Eingang	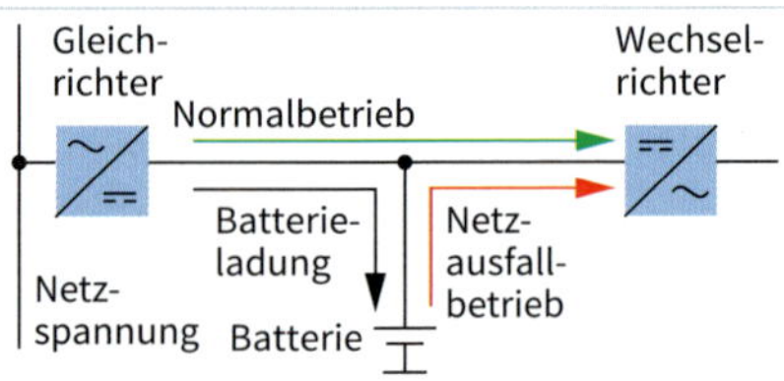	[1)] zusätzlicher Überspannungsschutz erforderlich

Stufe 2

1. Kennbuchstabe: Netzbetrieb 2. Kennbuchstabe: Batteriebetrieb	
S	Sinusform mit Verzerrung *D* < 8 % bei Referenzlast
X	Bei linearer Last Güte nach Form „S", sonst ist *D* > 8 % zulässig
Y	Form der Ausgangsspannung weicht von Vorgaben ab.

D: Verzerrung als Maß für Abweichung von der Sinusform.

Stufe 3

1. Ziffer: Netz-/Batterie-/Bypassbetrieb 2. Ziffer: Lastsprung (lineare Last) 3. Ziffer: Lastsprung (nichtlineare Last)	
1	sehr gute Eigenschaften, Ausgangsspannungsabweichung ≤ ± 30 %; nach 0,1 s ≤ ± 10 %
2	nach 1 ms max.+100 %; nach 10 ms ≤ +20 %/ –100 %; nach 0,1 s ≤ ±10 %
3	nach 1 ms max.+100 %; nach 10 ms ≤ +20 %/ –100 %; nach 0,1 s ≤ ±10 %/– 20 %
4	Genaue Eigenschaften sind vom Hersteller definiert.

Auswahlkriterien für USV-Anlagen

- Maximal benötigte Leistung (mögliche zukünftige Lasterhöhung berücksichtigen)
- Überlastfähigkeit/-dauer (Motoranläufe, Auslöseenergie für Sicherungen/Sicherungsautomaten, ...)
- Klassifizierung
- Netzwerkanbindung für automatischen Shutdown angeschlossener Computer bei Ende der Autonomiezeit
- Rückwirkungen auf das speisende Netz (Stromoberschwingungen)
- Redundanz mehrerer Systeme
- Autonomiezeit (Batteriekapazität)
- Ein-/Ausgangsspannung (1- oder 3-phasig)
- 19"-Einbauvariante/Standgerät
- Umgebungstemperatur (Lebensdauer der Batterien)

Betrieb und Umfeld

9

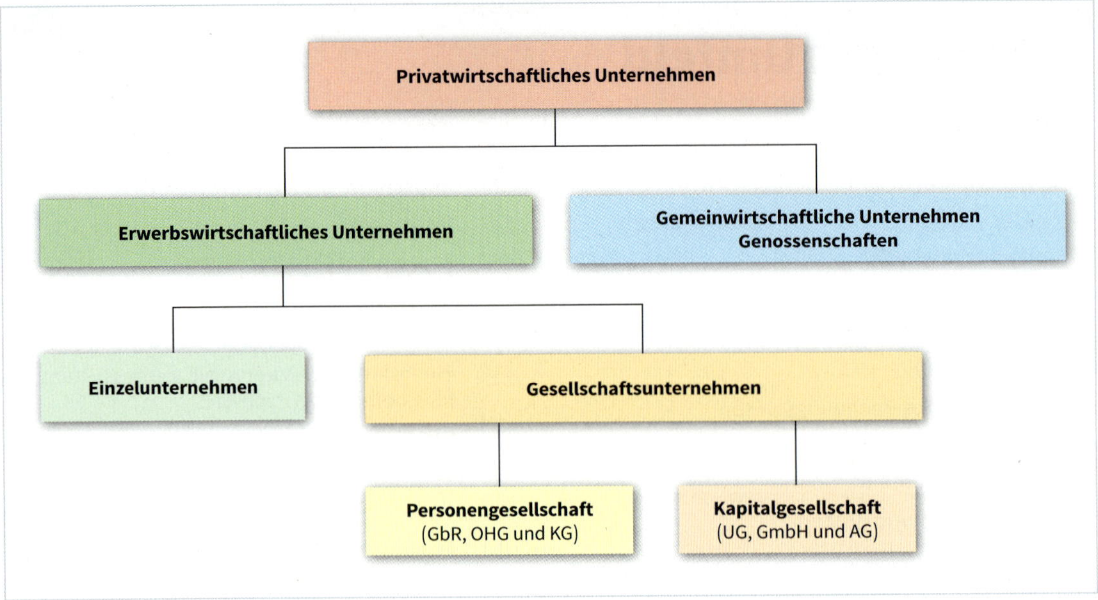

Unternehmen/Unternehmung

Marktwirtschaftliche Einheit mit
- selbstständiger Wirtschaftsplanbestimmung und
- Verfolgung des erwerbswirtschaftlichen Prinzips (Gewinnmaximierung) bei eigenem Risiko.

Ein Unternehmen kann aus mehreren Betrieben bestehen.

Betrieb

- Örtlich begrenzte Wirtschaftseinheit zur Erstellung von Sachgütern und Dienstleistungen.
- Durch Kombination der Produktionsfaktoren werden die Leistungen unter Beachtung des Wirtschaftlichkeitsprinzips erstellt und vertrieben.

Rechtsform einer Unternehmung

Die Rechtsform legt die Unternehmensstruktur mit externer und interner Wirksamkeit fest.

- **Extern** werden die Rechtsbeziehungen zwischen der Unternehmung mit außenstehenden Personen, anderen Unternehmen und dem Staat festgelegt.
- **Intern** werden durch die Rechtsform u. a. die Rechte und Pflichten der einzelnen Gesellschafter zueinander festgelegt.
- Im Rahmen der inneren Organisation wird durch die Rechtsform u. a. die Leitungsbefugnis vorgegeben.

Rechtsform	Gründung/Führung	Merkmale
Einzelunternehmung	▪ Einzelne Person gründet und leitet das Unternehmen. ▪ Eigentümer ist voll verantwortlich und haftet mit seinem Gesamtvermögen.	▪ Kein Eintrag ins Handelsregister. ▪ Kein Mindestkapital erforderlich.
Gesellschaft bürgerlichen Rechts (**GbR**) auch BGB-Gesellschaft	▪ Mindestens zwei Gesellschafter gründen und leiten die GbR. ▪ Bei gemeinsamen Gesellschaftsvermögen besteht gemeinsame Haftung.	▪ Kein Eintrag ins Handelsregister, daher kein offizieller Firmenname. ▪ Es reicht ein formfreier Gesellschaftsvertrag ohne Vorgabe von Mindestkapital.
Gesellschaft mit begrenzter Haftung (**GmbH**)	▪ Gesellschafter legen im Gesellschaftsvertrag die Höhe des Stammkapitals (mindestens 25.000 €) und die Geschäftsführer fest. Grundsätzlich genügt ein Gesellschafter. ▪ Die Haftung ist auf das Gesellschaftsvermögen beschränkt. Von diesem ist die Kreditwürdigkeit abhängig. ▪ Anteil eines Gesellschafters, auch Stammkapital beträgt mindestens 250 €.	▪ Gesellschaftsvertrag (auch Satzung) muss notariell beurkundet werden. ▪ Die Eintragung ins Handelsregister ist vorgeschrieben. Dadurch wird die GmbH zur juristischen Person. ▪ Pro Geschäftsjahr sind eine Bilanz sowie eine Gewinn- und Verlustrechnung zu erstellen.

AGB – Allgemeine Geschäftsbedingungen
General Standard Terms and Conditions

Merkmale

- Eine AGB wird von einer Vertragspartei einseitig aufgestellt, ohne dass vorher die einzelnen Punkte im Einzelnen zwischen den Vertragsparteien ausgehandelt worden sind.
- AGBs können von einzelnen Wirtschaftsbereichen bzw. Unternehmen aufgestellt werden (z. B. Groß- und Einzelhandel, Transportunternehmen, Banken).

Ausführung:
Oft in klein gedruckter Form auf der Rückseite von Angeboten bzw. Verträgen

Absichten

- Vereinfachung von Massenverträgen durch vorformulierte Verkaufsbedingungen, Pflichten usw.
- Risikobegrenzung für den Verkäufer durch Einschränkung von Vertragspflichten

Vereinbarungsbeispiele:
Liefer- und Zahlungsbedingungen, Zahlungsweise, Erfüllungsort, Gerichtsstand, Lieferzeit, Eigentumsvorbehalt, Gewährleistungsansprüche bei Mängeln, Verpackungs- und Beförderungskosten.

Schutz gegenüber unangemessener Benachteiligung durch AGB

- Verkäufer muss auf AGB hinweisen.
- AGB müssen für die Käufer leicht erreichbar und gut lesbar sein.
- Käufer muss den AGB zustimmen.
- Persönliche Absprachen haben Vorrang (auch mündliche Absprachen).
  Problem: Beweis unter Umständen schwierig
- Ausschluss oder Einschränkung von Reklamationsrechten sowie Haftung bei grobem Verschulden ist verboten.
- Verbot von Preiserhöhungen innerhalb der ersten vier Monate. Danach sind begründete Erhöhungen möglich.
- Rücktritt bzw. das Recht auf Schadenersatz bei zu später Lieferung darf nicht ausgeschlossen werden.

Rechtsgeschäfte
Legal Transactions

Einteilung

Mehrseitige Rechtsgeschäfte (Verträge)

Sie werden rechtswirksam durch
- mindestens **zwei** übereinstimmende Willenserklärungen (Antrag und Annahme).

Beispiele für Vertragsarten:
- Darlehensvertrag
- Dienstvertrag
- Kaufvertrag
- Leihvertrag
- Mietvertrag
- Pachtvertrag
- Reisevertrag
- Schenkung
- Tauschvertrag
- Werklieferungsvertrag

Einseitige Rechtsgeschäfte

Sie werden rechtswirksam durch
- die Willenserklärung einer Person.

Empfangsbestätigung erforderlich	**Empfangsbestätigung nicht erforderlich**
Das Rechtsgeschäft	
wird erst wirksam, wenn die Empfangsbestätigung der anderen Person zugeht. **Beispiele:** Kündigung, Mahnung	wird gültig, ohne dass die Empfangsbestätigung einer anderen Person zugeht. **Beispiel:** Testament

Nichtigkeit von Rechtsgeschäften

Ein Rechtsgeschäft ist von Anfang an ungültig bei einer **Willenserklärung**
- von Geschäftsunfähigen,
- von beschränkt Geschäftsfähigen gegen den Willen des gesetzlichen Vertreters,
- die bei Störung der Geistesfähigkeit abgegeben wurde,
- die gegenüber einer anderen Person mit deren Einverständnis nur zum Schein (Scheinvertrag) abgegeben wurde,
- die nicht ernst gemeint war,
- die nicht in der vorgeschriebenen Form abgeschlossen wurde,
- die gegen Gesetze verstößt und
- die gegen gute Sitten verstößt.

Anfechtung von Rechtsgeschäften

Rechtsgeschäfte können im Nachhinein durch Anfechtung ungültig werden.
Sie sind jedoch bis zur Klärung gültig!

Anfechtungsgründe bei:
- Irrtum
  - in Erklärungen (z. B. Mengenbestellung)
  - über die Eigenschaften einer Person oder Sache
  - bei der Übermittlung (z. B. falsche Weitergabe)
- Drohungen zur Abgabe einer Willenserklärung.
- Arglistiger Täuschung
  Beispiel: gebrauchter PKW wird als unfallfrei angegeben, obwohl dieses nicht zutrifft.

Merkmale

- Die Organisationsformen in Firmen und Unternehmen haben sich in der Vergangenheit entwickelt von der
  - Funktions-Organisation über die
  - Ablauf-Organisation zur
  - **Geschäftsprozess-Organisation.**
- Diese heute überwiegend angewendete Form einer Unternehmens-Organisation ist u. a. entstanden durch
  - zunehmenden Konkurrenzdruck,
  - Internationalisierung des Handels,
  - kurze Produktlebenszyklen und
  - Kostenoptimierung.
- Vorteile (Ziele) dieser **Prozessorientierung** sind u. a.
  - strikte Kundenorientierung,
  - funktionsüberschreitende Verkettung wertschöpfender Aktivitäten,
  - Flexibilität in der Reaktion auf Kundenanforderungen,
  - Kostentransparenz und
  - wenige definierte Schnittstellen im Durchlauf.
- Der Begriff **Prozess** beschreibt dabei alle Aktivitäten
  - die inhaltlich abgeschlossen sowie
  - zeitlich und sachlogisch aufeinander folgend, ein betriebswirtschaftliches Objekt bearbeiten.
- In der Regel binden Geschäftsprozesse auch die Aktivitäten von Zulieferern, Kunden und ggf. von Konkurrenten mit ein.
- Grundsätzlich gibt es die drei **Prozesstypen**:
  - Kernprozesse
  - Supportprozesse (unterstützende Prozesse)
  - Managementprozesse
- **Kernprozesse**
  - haben direkten Bezug zum Produkt oder der Dienstleistung,
  - tragen zur direkten Wertschöpfung des Unternehmens bei und
  - werden vom externen Kunden direkt wahrgenommen.
- **Supportprozesse**
  - sind für den Ablauf der Kernprozesse notwendig,
  - werden vom externen Kunden nicht direkt wahrgenommen und
  - bringen keine direkte Wertschöpfung.
- **Managementprozesse**
  - steuern und koordinieren die Supportprozesse und
  - sorgen insgesamt für das Zusammenspiel aller Teilprozesse.
- Grundsätzlich erzeugen die in einem Prozess strukturiert verbundenen Aktivitäten das für einen externen Kunden gewünschte Resultat.
- Beispiele für Geschäftsprozesse sind u. a.
  - Bearbeitung eines Kundenauftrages
  - Abwicklung einer Reklamation
  - Durchführung einer Entwicklung

Übersicht

Beispiele:

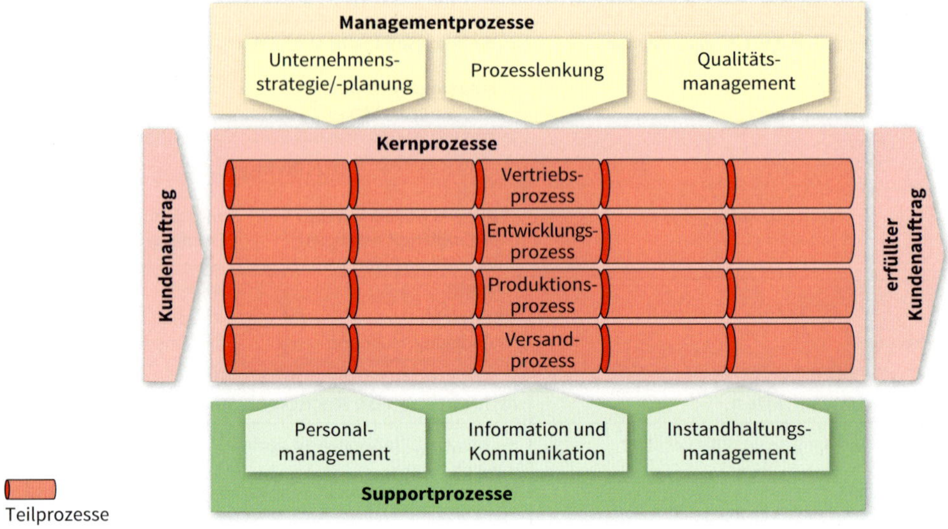

Geschäftsprozessmodelle

- Geschäftsprozessmodelle sind in der Regel unternehmensspezifisch zu modellieren.
- Grundlage für die Modellierung ist dabei immer die Definition der **Kernleistung** eines Unternehmens.
- Große Unternehmen mit mehreren Geschäftseinheiten verwenden in der Regel standardisierte Modelle.
- Die durchgängige Prozesslandschaft ermöglicht damit einen effizienten Leistungsaustausch.

Kundengespräch
Customer Conversation

Ablauf

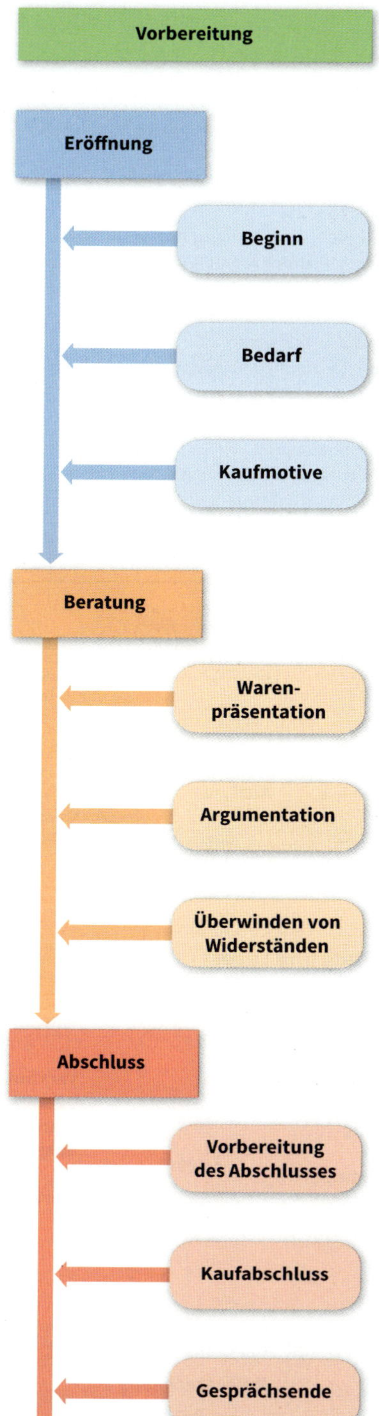

Erläuterungen

Vorbereitung
- Intensive Auseinandersetzung mit dem Gesprächsziel und dem möglichen Kunden
- Gesprächsstrategie entwickeln

Beginn
- Kunden zur Kenntnis nehmen (Blickkontakt)
- Kontakt aufnehmen, ihn positiv ansprechen
- Beratung anbieten
- Fachkundige Erstinformationen

Bedarf
- Offene Fragen zum Bedarf stellen
- Offene Fragen zum Nutzen stellen
- Präzisierung der Wünsche vornehmen
- Keine peinlichen oder indiskreten Fragen stellen
- Fragen nach Preisvorstellungen noch vermeiden

Kaufmotive
- Aufmerksam zuhören, Verständnisfragen stellen
- Kaufmotive erforschen
- Kaufmotive rationaler und emotionaler Art unterscheiden
- Argumente kundenorientiert und motivationsfördernd einbringen

Warenpräsentation (evtl. Originiale oder Modelle)
- Präsentation dem Auffassungsvermögen des Kunden anpassen
- Auswahl und Vergleich ermöglichen
- Unterstützende Materialien (Prospekte usw.) zur Veranschaulichung einsetzen
- Vielfältige Sinne ansprechen
- Beginn mit mittlerer Preisklasse

Argumentation
- Preis-Nutzen-Relation herausstellen
- Entscheidungshilfen vorbereiten
- Kenntnisse über Produkte gezielt einsetzen

Überwinden von Widerständen
- Argumente des Kunden wahrnehmen
- Argumentationsketten aufbauen (Behauptung mit Begründung)
- Qualitätsbestimmende Merkmale und Eigenschaften hervorheben
- Nutzungsargumente betonen
- Zusatzangebote, Serviceleistungen hervorheben

Vorbereitung des Abschlusses
- Einwände beachten und eventuell entkräften
- Dem Kunden die Entscheidung überlassen

Kaufabschluss
- Zügige Abwicklung
- Kaufentscheidung positiv herausstellen
- Zufriedenheit artikulieren

Gesprächsende
- Dank aussprechen und Verabschiedung
- Wunsch für weitere Besuche zum Ausdruck bringen

Grundsätze

Was soll beschafft werden?

Material

↓

Wie viel soll beschafft werden?

Menge

↓

Wann soll beschafft werden?

Zeit

↓

Wo soll beschafft werden?

Bezugsquelle

Anfrage

Form
Es ist keine bestimmte Form vorgeschrieben, z. B. ▪ mündlich, telefonisch ▪ schriftlich (Brief, Fax, E-Mail)
Rechtliche Bedeutung
Sie ist stets unverbindlich, eine Kaufverpflichtung besteht nicht.
Unterscheidung
▪ **Allgemein** gehaltene Anfrage Beispiele: Warenprobe, Muster, Katalog, Preisliste ▪ **Bestimmt** gehaltene Anfrage Beispiele: Artikelnummer, Beschaffenheit, Lieferzeit, Zahlungsbedingung, Lieferbedingung
Aufbau einer bestimmt gehaltenen Anfrage
1. Grund 2. Gewünschte Ware 3. Erforderliche Menge 4. Preis, Lieferungs- und Zahlungsbedingungen 5. Gewünschter Liefertermin

Angebotsvergleich

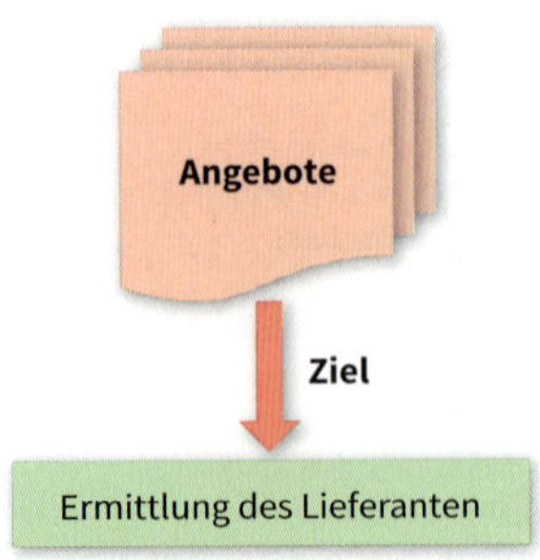

Beschaffungskreislauf

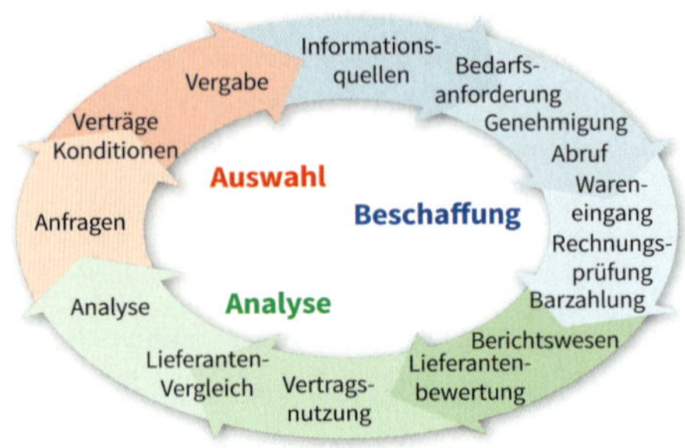

Entscheidungen

quantitativ	qualitativ
▪ Listenpreis	▪ Warenqualität
▪ Liefermenge	▪ Zuverlässigkeit des Lieferanten
▪ Lieferzeit	▪ Verhalten bei Reklamationen
▪ Lieferrabatt	▪ Kulanz
▪ Lieferskonto	▪ Kundendienst, Service
▪ Zahlungsziel	▪ …
▪ Bezugskosten – Verpackungskosten – Transportkosten – …	
↓ **Ziel** Möglichst günstiger Einstandspreis	↓ **Ziel** Möglichst „reibungslose“ Beschaffung

Beschaffung und Lager

Lager als „Gelenkstelle“

Aufgabe:

- Sicherung und Ausweitung eines ertraggewährleistenden Anteils des Absatzmarktes
- Aufzeichnung sämtlicher Geschäftsvorfälle
- Pflicht zur Buchführung und Bilanzierung (s. HGB)

Funktion:

- Führungs- und Kontrollinstrument; es umfasst das betriebswirtschaftliche Zahlenmaterial eines Unternehmens.

Verknüpfung betrieblicher Funktionsbereiche

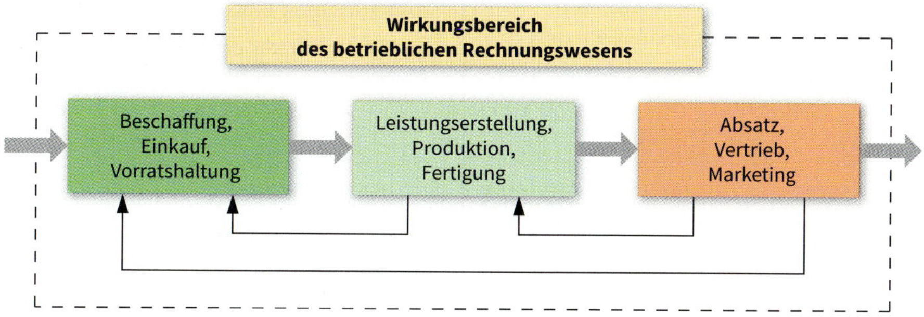

Buchführung

Aufgaben	Gesetzliche Vorgaben
■ Darlegung von Vermögenshöhe und Zusammensetzung des betrieblichen Vermögens sowie betrieblicher Schulden. ■ Ermittlung und Dokumentation des betrieblichen Erfolges (Misserfolges) innerhalb einer Zeitspanne. ■ Grundlage der betrieblichen Kosten- und Leistungsrechnungen. ■ Ermittlung von Kennzahlen zur Abschätzung der betrieblichen Liquidität und Rentabilität. ■ Bemessungsgrundlage zur Ermittlung anfallender Steuern. ■ Wiedergabe der wirtschaftlichen Unternehmensverhältnisse bei Gesprächen u. a. mit Kreditgebern, Auftraggebern oder Behörden.	**Handelsrecht:** Grundsätze ordnungsgemäßer Buchführung (GOB), u. a. mit Verpflichtung zur ■ Erstellung des Jahresabschlusses, ■ Aufbewahrung der Handelsbücher für 10 Jahre und ■ Bewertung als Hauptaufgabe der Inventur unter Beachtung des Gläubigerschutzes. **Steuerrecht:** Abgabenordnung (AO) u. a. für neugegründete Betriebe in der Anfangsphase und Kleingewerbetreibende. Buchführungspflicht auch für Gewerbetreibende mit ■ Umsatz > 260.000 € und ■ Gewinn aus Gewerbebetrieb im Wirtschaftsjahr > 25.000 €.

Gewinn- und Verlustrechnung (GuV)/Bilanz

- Eine **GuV** erfasst am Ende eines Wirtschaftsjahres auf je einer Seite alle Aufwendungen und Erträge. Die Differenz ergibt den Gewinn bzw. Verlust.
- Der Jahresabschluss gilt als Ergebnis der Buchführung am Ende des Wirtschaftsjahres. Kernpunkte sind dabei Bilanz und GuV.

Beispiel:

Bilanz der Firma …
zum 31.12.2010

Aktiva			**Passiva**
I.: Anlagevermögen u. a. Grundstücke, Gebäude, technische Anlagen	400.000,00 €	**I.: Eigenkapital** z. B. Nennbeträge der Gesellschaftsanteile, Privateinlagen/-entnahmen	250.000,00 €
II.: Umlaufvermögen u. a. Vorräte wie Roh-, Hilfs- und Betriebsstoffe, Erzeugnisse	600.000,00 €	**II.: Verbindlichkeiten** z. B. gegenüber Kreditinstituten und Lieferanten, Anzahlungen	750.000,00 €
Summe	**1.000.000,00 €**	**Summe**	**1.000.000,00 €**

Lastenheft, Pflichtenheft

Requirement Specification, System Specification

VDI/VDE 3694: 2008-01

Lastenheft

Definition

- Das Lastenheft enthält alle Forderungen des Auftraggebers (Kunden) an die Lieferungen und/oder Leistungen eines Auftragnehmers.
- Die Forderungen sind aus Anwendersicht einschließlich aller Randbedingungen zu beschreiben. Diese sollten quantifizierbar und prüfbar sein.
- Im Lastenheft wird definiert, was für eine Aufgabe vorliegt und wofür diese zu lösen ist.

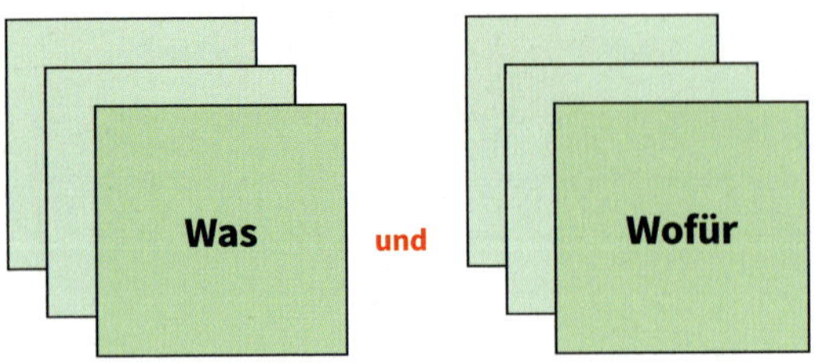

Voraussetzungen für die Erstellung

- Guten Kontakt zwischen allen Beteiligten herstellen
- Wesentliche Anforderungen durch Markt-, Kunden- und Umfeldanalyse ermitteln

Durchführung

- Keine allgemeingültigen Vorgaben
- Umfang und Inhalt ist stark von der Zielsetzung abhängig. Beispiele: Ermittlung der
  - Anforderungsträger
  - Produktfaktoren aus Kundensicht
  - Kaufentscheidende Faktoren
  - Anforderungen aus dem Umfeld
  - Anforderungen aus dem Unternehmen
  - Anforderungen des Vertriebs
  - Anforderungen von Lieferanten und von Kooperationspartnern
  - Produktionsprofile

Vorteile

- Einheitliche Vorgabe für alle am Entwicklungsprozess Beteiligten
- Weniger Missverständnisse und Versäumnisse durch eine systematische Dokumentation
- Rechtsverbindliche Festlegungen

Nachteile

- Hoher Aufwand
- Individuelle Erstellung (keine Standardisierung)
- Statische Problemlösungsstruktur

Einsatzbereiche

- Dokumentation der Anforderungen als Abschluss der Planung eines Produktes bzw. einer Dienstleistung
- Prinzipiell für alle Produkte bzw. Dienstleistungen einsetzbar

Pflichtenheft

Definition

- Das Pflichtenheft enthält das vom Auftragnehmer erarbeitete Realisierungsvorhaben auf der Grundlage des Lastenheftes.
- Das Pflichtenheft enthält als Anlage das Lastenheft.
- Im Pflichtenheft werden die Anwendervorgaben detailliert und in einer Erweiterung die Realisierungsforderungen unter Berücksichtigung konkreter Lösungsansätze beschrieben.
- Im Pflichtenheft wird definiert, wie und womit die Forderungen zu realisieren sind.

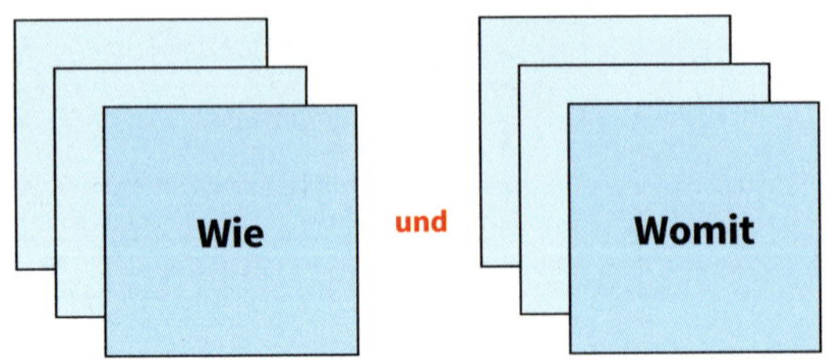

Funktion

- „Roter Faden" während des Ablaufs der Entwicklung, Produktion, …

Wesentliche Bestandteile

Beispiele:

- Name des Prozesses, Projektes, Vorhabens, …
- Verfasser des Pflichtenheftes
- Version
- Ablage der Datei, Dokumentation
- Ziele
  Beschreibung, Nutzen für den Auftraggeber (Kunden), aktuelle Situation (z. B. bisheriges System)
- Anforderungen
  - **Vollständigkeit**
    Alle Details der Anforderungen sind zu definieren. Es sollten so wenig wie möglich Aspekte als selbstverständlich eingeschätzt werden.
  - **Eindeutigkeit**
    Damit keine Missverständnisse entstehen, sind die Anforderungen möglichst mit einfachen Worten zu definieren.
  - **Testbarkeit**
    Alle Anforderungen müssen überprüfbar sein. Dieses ist eine Voraussetzung für die Abnahme durch den Auftraggeber.
- Schnittstellen
  (Verbindungen zu anderen Systemen, Projekten usw.)
- Randbedingungen
- Service- und Wartungshinweise
  (Kontaktadressen)
- Unterschriften
  (Projektauftraggeber/Projektleiter/…)

Kundendokumentation
Customer Documentation

Merkmale

- Zu der Lieferung eines Produkts an einen Kunden gehört nebem dem eigentlichen Produkt die zugehörige Kundendokumentation.
- Unter dem Begriff Kundendokumentation werden Dokumente definiert, die sich auf die **technischen Eigenschaften** und die **Anwendungsvorschriften** bzw. **Anwendungsregeln** beziehen.
- Zu diesen Dokumenten gehören z. B.
  - Betriebs-/Bedienungsanleitungen
  - Montagerichtlinien/-anweisungen
  - Sicherheitshandbücher (allgemeine, spezielle)
  - Reparatur-/Austauschanweisungen
  - Prüfanweisungen.
- Die Grundlagen für diese Dokumente entstammen aus verschiedenen Rechtsbereichen
- Die **Form** der Anleitung muss sicherstellen, dass der Anwender sie dann lesen kann, wenn es erforderlich ist.
- **Landesspezifische Sprachen** sind in der Regel nur bei sicherheitsrelevanten Teilen der Dokumente erforderlich (Abweichungen sind vertraglich zu regeln).
- Verantwortlich für das Vorhandensein, die Richtigkeit, die Vollständigkeit und Verständlichkeit ist der Hersteller (auch bei Übersetzungen).
- Identifikation des Produktherstellers (Postadresse) am Produkt ist teilweise erforderlich.
- Zeitraum für die Aufbewahrung der Unterlagen: u. a. mindestens 10 Jahre nach letztmaligem In-Verkehr-Bringen.
- Aufbewahrungsart:
  Keine Vorgaben ob digitalisiert oder in Papierform (vorzugsweise, da schnell verfügbar).

Anforderungen

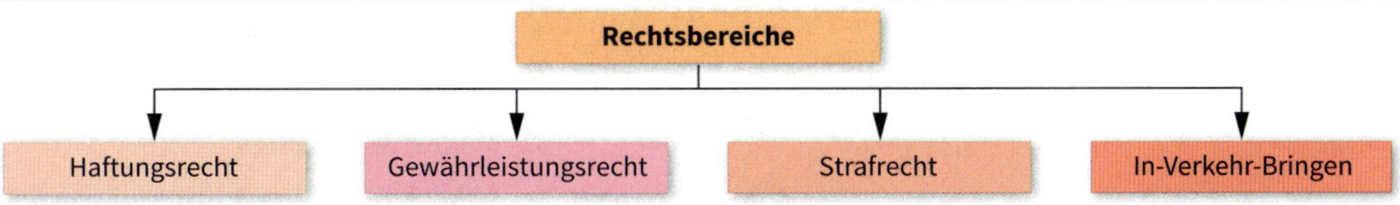

Haftungsrecht
- Enthält keine Regelungen für Kundendokumentation
- Wird wirksam, wenn der Endkunde tatsächlich einen Schaden erleidet und entsprechende **Schadenersatzansprüche** an den Hersteller gestellt werden.
- Um die Haftungsansprüche zu vermeiden, muss der Hersteller nachweisen, dass er seine **Instruktionspflichten** erfüllt hat.
- Vorbeugende Maßnahme seitens des Herstellers: Verständliche Kundendokumente!

Gewährleistungsrecht
- Kommt zur Anwendung bei einem **Sachmangel**.
- Ein Sachmangel kann z. B. eine fehlerhafte Montageanleitung für die Installation eines Schaltgerätes sein.
- Sachmängel können Ansprüche begründen auf
  - Nacherfüllung
  - Nachbesserung
  - Minderung
  - Wandelung
  - Schadenersatz.

Strafrecht
- Kommt dann zur Anwendung, wenn ein **Personenschaden** entsteht, weil in der Dokumentation nicht ausreichend auf entsprechende Gefahren und deren Vermeidung hingewiesen wurde.
- Die Mangelhaftigkeit in der Anleitung kann u. a. **grobe Fahrlässigkeit** sein, wie z. B. der Hinweis auf Anwendung isolierter Werkzeuge fehlt.
- Die Folgen aus einem strafrechtlichen Vorgang betreffen immer die verantwortliche natürliche Person (z. B. den Verfasser des Dokumentes), nicht eine Firma.

In-Verkehr-Bringen
- EU-Richtlinien und nationale Gesetze stellen Anforderungen an die Dokumentation aus Sicht der **Produktsicherheit**.
- Aussagen zu Inhalten sind nicht vorgegeben.
- Gefährdungsanalysen und Risikobewertungen durch den Hersteller sind zwingend erforderlich.
- Produktsicherheitsrichtlinien in Deutschland umgesetzt durch: Geräte- und Produktsicherheitsgesetz (GPSG) und entsprechende Verordnungen.

Gliederungsbeispiel

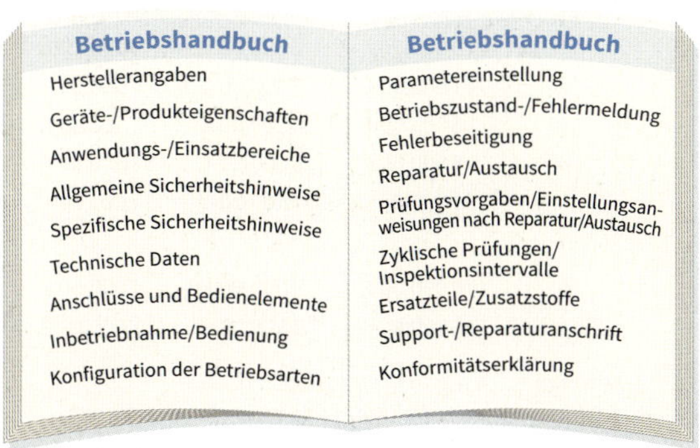

Merkmale

Prinzipien einer soliden Betriebsführung sind:

- einwandfreie Wertarbeit,
- tragbare und angemessene Preisgestaltung,
- Kostenrechnung und Kalkulation (Teilgebiete des betrieblichen Rechnungswesens),
- Ermittlung der Selbstkosten und
- marktgerechte Preisgestaltung bei Leistungs- oder Produktionseinheiten.

Zuschlagskalkulation

Sie eignet sich besonders für Betriebe mit unterschiedlichen Produkten bzw. Leistungen (z. B. Montagebetrieb).

Dabei werden die gesamten Jahreskosten auf die Kundenleistungen bzw. das Produkt umgelegt und aufgeteilt nach:

- **Einzelkosten**
  Diese zeichnen sich durch Auftragsnähe aus. Sie sind direkt verrechenbar (Material, Lohn).
- **Gemeinkosten**
  Sie haben keinen unmittelbaren Auftragsbezug und können nur indirekt (aus Betriebsabrechnungen; BAB) ermittelt werden.
- **Zuschlagsätze**
  Sie sind Prozentsätze, mit denen die Gemeinkosten anteilig auf die Einzelkosten pro Auftrag umgelegt werden.

Beispiel:

	100,00 €	Materialkosten
+	5,00 €	5 % Materialgemeinkosten
=	105,00 €	**Materialgesamtkosten**
+	500,00 €	Arbeitslohn
+	35,00 €	7 % Lohngemeinkosten
+	150,00 €	Produktionssonderkosten
=	790,00 €	**Herstellungskosten**
+	23,70 €	3 % Zuschlag für Verwaltung und Vertrieb
=	813,70 €	**Selbstkosten**
+	40,69 €	5 % Zuschlag für Gewinn und Wagnis
=	854,39 €	**Nettopreis des Angebotes**
+	162,33 €	19 % Umsatzsteuer
=	**1016,72 €**	**Bruttopreis des Angebotes**

Kostenrechnungsarten

Vollkostenrechnung

- Alle Kosten werden dem Produkt bzw. der Leistung (auch Kostenträger) zugerechnet.
- Die Genauigkeit der Kalkulation ist umso besser, je differenzierter die Zuschlagsätze der einzelnen Kalkulationen sind.
- Nachteil: Durch Ermittlung der Zuschlagsätze aus dem zurückliegenden Geschäftsjahr werden laufende Veränderungen der betrieblichen Gegebenheiten nicht erfasst. Dennoch ist die Vollkostenrechnung im Handwerk noch dominierend.

Teilkostenrechnung

- Die Mängel der Vollkostenrechnung werden vermieden, indem man dem Produkt oder Auftrag nur die variablen Kosten anlastet.
- **Variable Kosten** steigen oder sinken mit der Veränderung der Auftragslage linear, progressiv oder degressiv.
- **Fixe Kosten** sind unabhängig vom Beschaffungsgrad. Der Fixkostenanteil ist dann am geringsten, wenn der Betrieb maximal ausgelastet ist.

Deckungsbeitragsrechnung

- **Deckungsbeitrag** ist bei der Teilkostenrechnung die Differenz von Auftragserlös und variablen Kosten.
- **Gewinn** entsteht dann, wenn im Abrechnungszeitraum die Deckungsbeiträge höher sind als die Fixkosten.
- **Konkurrenzsituation** erfordert die Kenntnis der unteren Kosten- und Preisgrenze.
- **Kalkulatorischer Ausgleich** liegt dann vor, wenn Aufträge mit relativ hohem Deckungsbeitrag solche ausgleichen, bei denen nur ein geringer Teil der Fixkosten gedeckt wird.

Beispiel:

Auftrag	Erlös	variable Kosten	Deckungsbeitrag (D)	fixe Kosten (F)	Gewinn (=D–F)
1	9 500,00 €	6 500,00 €	3 000,00 €	–	–
2	11 500,00 €	7 500,00 €	4 000,00 €	–	–
3	6 000,00 €	4 500,00 €	1 500,00 €	–	–
4	8 500,00 €	6 000,00 €	2 500,00 €	–	– ①
Summe	35 500,00 €	24 500,00 €	11 000,00 €	11 100,00 €	**–100,00 €**
⋮	⋮	⋮	⋮	⋮	⋮
5	10 000,00 €	9 000,00 €	1 000,00 €	–	– ②
Summe	45 500,00 €	33 500,00 €	12 000,00 €	11 100,00 €	**900,00 €**

Aufträge 1 … 4 ergeben Verlust ①.
Ausführung des 5. Auftrages führt zum Gewinn ②.

Rechnungsstellung
Issuing an Invoice

Merkmale

- Gegliederte Aufstellung über eine Geldforderung (Entgelt für eine erbrachte Montage, Reparatur, Warenlieferung, ...)
- Die an den Kunden weiterzugebende Umsatzsteuer ist als Verbindlichkeit an das Finanzamt zu erfassen.
- Rechnungsstellung ist durch EU-Richtlinien harmonisiert und wird von allen Steuerbehörden der EU-Länder anerkannt.
- **Teilrechnung** wird für Leistungen gestellt, die in vertraglich festgelegter Zeit erbracht wurden.
- **Schlussrechnung** erfolgt nach Fertigstellung aller Leistungen gemäß Werk-/Liefervertrag.

Rechnungsangaben

empfohlene, freiwillige Angaben

- Bestellerangaben des Kunden
- Zahlungsziel
- Bei Privatkunden: Hinweis auf automatischen Entritt des Verzugs nach 30 Tagen
- Information über Skonti bzw. „zahlbar ohne Abzug"
- Aufbewahrungsfrist für Kunden (12 Jahre)
- Aufbewahrungsfrist für Rechnungssteller (10 Jahre)

Pflichtangaben

Rechnungsbetrag ≤ 250 EUR (Kleinbetragsrechnung)

- Name und Anschrift des Lieferanten
- Ausstellungsdatum
- Menge und Bezeichnung der gelieferten Gegenstände oder Art und Umfang der erbrachten Leistung
- Bruttobetrag für Lieferung oder Leistung
- Angewandter Steuersatz mit Steuerbetrag bzw. Hinweis auf Steuerbefreiung

Rechnungsbetrag > 250 EUR

- Angaben wie bei Kleinbetragsrechnung
- Name und Anschrift des Kunden
- Steuernummer oder Umsatzsteueridentifikationsnummer (Ust-ID-Nr)
- Eindeutige, fortlaufende Rechnungsnummer
- Nettobetrag für Lieferung oder Leistung
- Zeitpunkt der Lieferung oder Leistung

Mahnverfahren
Dunning Procedure

Außergerichtlich

Zeit	Vorgang
Leistungserbringung	Dem Schuldner ist eine angemessene Frist zur Leistungserfüllung zu gewähren.
Fristende	Es tritt **Verzug** ein.
+ 30 Tage	30 Tage nach Fälligkeit und Rechnungseingang tritt automatisch Verzug ein (auch ohne Mahnung). Privatkunden müssen in der Rechnung auf den Sachverhalt hingewiesen werden.
+ 2 Jahre	Geldforderungen aus einem Werkvertrag verjähren 2 Jahre nach der Abnahme. Eine **Verjährung** des Anspruchs wird durch eine Mahnung **nicht** ausgedehnt.

- **Mahnung** (Zahlungserinnerung genannt) ist die bestimmte und eindeutige Mitteilung an den Schuldner, die ausstehende Leistung (Zahlung) zu erbringen.
- Verzug tritt immer dann ein, wenn ein Schuldner seine Leistung (z. B. Zahlung) nicht wie vereinbart erbringt. Dies betrifft den Umfang der Leistung und den Zeitpunkt.
- Tritt der Verzug erst durch die Mahnung auf, können dem Schuldner die entstandenen Kosten **nicht** berechnet werden.

Gerichtlich

Mahnverfahren sind zur vereinfachten Durchsetzung von Geldforderungen juristisch geregelt. Die Vollstreckung einer Geldforderung wird ohne Klageerhebung möglich.

Mahnbescheid
wird nach formeller Prüfung des Gläubigerantrages vom Gericht erlassen und an den Gläubiger zugestellt.

- Gläubiger **zahlt**
- Gläubiger **zahlt nicht**
  Nach 2 Wochen kann ein Vollstreckungsbescheid beantragt werden.
  Im Anschluss kommt es zur Zwangsvollstreckung (Pfändung/Zwangsversteigerung)
- Gläubiger erhebt **Widerspruch**
  Es kommt zu einer Verhandlung vor Gericht mit anschließendem Urteil. Im Anschluss kommt es bei entsprechendem Urteil zur Zwangsvollstreckung.
  Bei Streitwerten über 5000 EUR besteht bei Klageerhebung vor dem Landgericht eine Anwaltspflicht.

Mängelarten

Falsche Lieferung	
Menge Quantitätsmangel, zu viel bzw. zu wenig geliefert.	**Art** Gattungsmangel, andere Ware geliefert als bestellt.
Sach- oder Qualitätsmangel	
Beschaffenheit Die Ware ist beschädigt, verdorben, …	**Güte** Die zugesicherte Eigenschaft fehlt.

Erkennbarkeit

Offener Mangel
– sofort erkennbar

Versteckter Mangel
– nicht sofort erkennbar,
– stellt sich später heraus

Arglistig verschwiegener Mangel
– vom Verkäufer bewusst verschwiegen

Gewährleistung

- Die Gewährleistung ist ein **gesetzlich verankertes Recht** (24 Monate für bewegliche, 36 für unbewegliche Sachen), vom Vertragspartner (Übergeber) ein Einstehen für Mängel an der Sache zu fordern.
- Eine Gewährleistung kann nicht durch AGB beschränkt werden.
- Der Übergeber (z. B. Verkäufer) trägt innerhalb der ersten sechs Monate ab Übergabe die Beweislast dafür, dass die Mängel nicht schon bei der Übergabe vorhanden waren.
- Gewährleistung gilt nicht bei Verschleiß und Abnutzung.

Garantie

- Die Garantie ist ein **vertraglich eingeräumtes Versprechen** – in der Regel des Herstellers (und nicht des Vertragspartners) – für Mängel, die an einer Sache während der Garantiezeit auftreten, entsprechend der Garantieerklärung einzustehen.
- Mängel werden während der festgelegten Garantiezeit behoben.
- Garantieleistungen können, müssen aber nicht kostenlos sein.

Rechte des Käufers bei mangelhafter Lieferung

Bedingung: Mangel wurde rechtzeitig gemeldet.

Vorrangig: Nacherfüllung (§ 439 BGB)

Nachbesserung ← **Wahlrecht des Käufers** → **Neulieferung**

Zusätzlicher Anspruch besteht, wenn ein Verschulden vorliegt.

Schadenersatz neben der Leistung

Nachrangig
In der Regel erst nach dem erfolglosen Ablauf einer zur Nacherfüllung gesetzten Frist.

Rücktritt vom Vertrag (Wandlung)	**Minderung des Kaufpreises**	**Schadenersatz statt Leistung**	**Ersatz vergeblicher Aufwendungen**
§ 440, 323, 326 BGB	§ 441 BGB	§ 280, 281, 440 BGB	§ 284 BGB

Gilt nicht bei geringfügigen Mängeln (Rücktritt vom Vertrag)

Gilt nicht bei geringfügigen Mängeln (Schadenersatz statt Leistung, Ersatz vergeblicher Aufwendungen)

Voraussetzungen

Eine angemessene Nachfrist ist entbehrlich, wenn
- der Verkäufer die Nacherfüllung verweigert,
- zwei Nacherfüllungsversuche fehlgeschlagen sind und
- für Verkäufer bzw. Käufer Nacherfüllung unzumutbar ist.

Eine angemessene Nachfrist ist entbehrlich, wenn
- der Verkäufer die Nacherfüllung verweigert,
- zwei Nacherfüllungsversuche fehlgeschlagen sind und
- für Verkäufer Nacherfüllung unzumutbar ist.

Planvolle Arbeitsorganisation

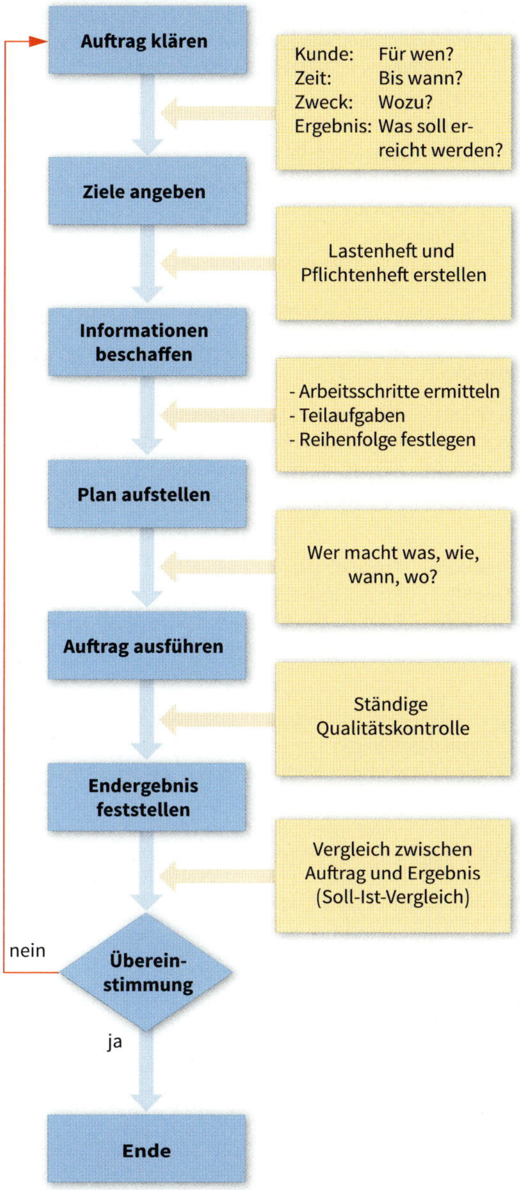

- **Ziele ergonomischer[1] Arbeitsorganisation**
  - Arbeitsprozesse an menschliche Bedürfnisse anpassen
  - Individueller Gesundheitsschutz
  - Humane Arbeitsplatzgestaltung

- **Gefahren nichtergonomischer[1] Arbeitsorganisation**
  - Körperliche Beschwerden
  - Gefährdung des Sehvermögens, Hörvermögens, …
  - Psychische Belastungen

[1] Ergonomie = Wissenschaft von der menschlichen Arbeit

Regeln

- **Vermeidung von psychischen Beanspruchungen**
  Abbau von
  - Monotonie
  - sinnlosen Wiederholungen
  - sinnentleerter Arbeit
  - hohem Arbeitstempo und Arbeitsverdichtung
  - Informationsüberflutung
  - sozialer Isolation
  - Lärmbelästigung

- **Vermeidung von einseitiger Arbeit** durch
  - Mischarbeit (abwechslungsreiche Arbeit) und
  - Pausen.

- **Arbeit soll**
  - ausführbar,
  - erträglich,
  - zumutbar und
  - persönlichkeitsfördernd sein.

- **Beachtung der Leistungskurve**

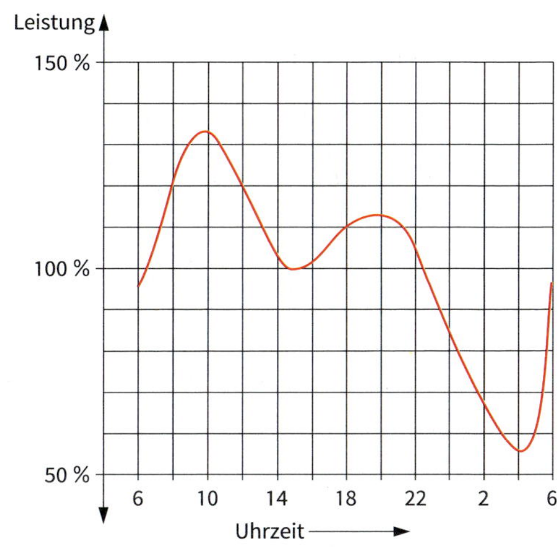

- **Aktivitätsplanung (60:40 Regel)**

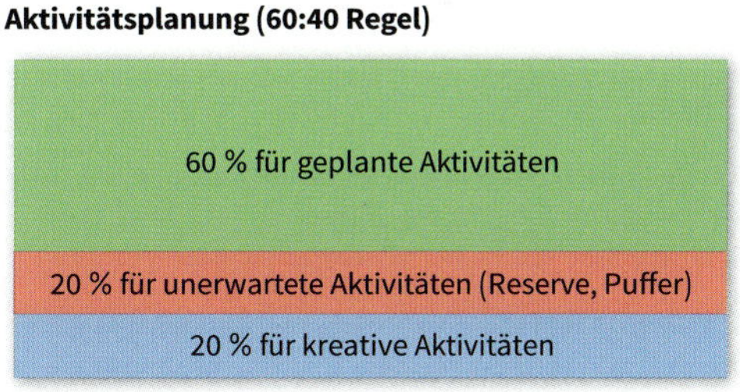

- **Bewertung der Aufgaben nach Wichtigkeit**
  - Äußerst wichtig
    → Ich tue es selbst und delegiere nicht!
  - Durchschnittlich wichtig
    → Ich versuche es fallweise zu delegieren!
  - Weniger wichtig, unwichtig
    → Ich delegiere, verkürze den Aufwand oder streiche das Vorhaben!

Arbeitsschutz- und Umweltschutzrecht
Occupational Safety and Environmental Legislation

Entstehung

- In Deutschland existieren u. a. in den Bereichen **Arbeitsschutz** und **Umweltrecht** eine Reihe von Gesetzen, Vorschriften, Regelungen, Richtlinien und Verordnungen, die auf der Basis von internationalem Recht, EU-Richtlinien und EU-Verordnungen erstellt wurden.
- **Änderungen**, **Weiterentwicklungen** oder **Neuerstellungen** im internationalen Recht, in den EU-Richtlinien und EU-Verordnungen haben direkten Einfluss auf die deutsche Gesetzgebung.

Anwendungsbereiche

- Zu den wesentlichen technisch orientierten Anwendungsbereichen gehören
  - Arbeitsschutz und Anlagensicherheit
  - Chemikalien- und Gefahrstoffrecht
  - Störfall- und Immissionsschutzrecht
  - Umweltmanagement, -schutz und -recht
  - Wasser-, Boden- und Abfallrecht
  - Gefahrguttransport Straße und Schiene
  - Baurecht und Brandschutz
  - Strahlenschutz und Kernenergierecht
  - Gentechnik und Biotechnologie

Rangfolge

	Beispiele:
Internationales Recht EU-Richtlinien EU-Verordnungen	RL 89/391 Rahmenrichtlinie Arbeitsschutz RL 89/654 Arbeitsstättenrichtlinie RL 2001/95 Allgemeine Produktsicherheit RL 2006/95 Niederspannungsrichtlinie
Vorschriften des Bundes (Gesetze, Verordnungen, Verwaltungsvorschriften)	**ProdHaftG**: **Prod**ukt**haft**ungs**g**esetz **ProdSG**: **Prod**ukt**s**icherheits**g**esetz **1. ProdSV**: **Prod**ukt**s**icherheits**v**erordnung (Bereitstellung elektrischer Betriebsmittel …
Vorschriften der Länder (Gesetze, Verordnungen, Verwaltungsvorschriften, Richtlinien)	Landesabfallgesetze, Landessonderabfallverordnungen Landesbauordnungen Landesimmissionsschutzgesetze
Autonomes Satzungsrecht der Unfallversicherer	**DGUV**-Regeln, -Vorschriften, -Informationen, -Grundsätze z. B. – DGUV Vorschrift 3: Elektrische Anlagen und Betriebsmittel – DGUV Regel 103-012 (GUV-R A3): Arbeiten unter Spannung an elektrischen Anlagen und Betriebsmitteln (**DGUV**: **D**eutsche **G**esetzliche **U**nfall**v**ersicherung e.V.)
Technische Regeln und Richtlinien staatlicher Ausschüsse	**TRBS**: **T**echnische **R**egeln für **B**etriebs**s**icherheit **ASR**: Technische **R**egeln für **A**rbeits**s**tätten **RAB**: **R**egeln zum **A**rbeitsschutz auf **B**austellen **TROS**: **T**echnische **R**egeln zur Arbeitsschutzverordnung zu künstlicher **o**ptischer **S**trahlung
Schriftenreihen, Merkblätter, nicht technische Richtlinien	**LAGA**: Schriften der **L**änder**a**rbeits**g**emeinschft **A**bfall **KAS**: Schriften der **K**ommission für **A**nlagen**s**icherheit
Sonstige Regeln der Technik	EN- und DIN-Normen, VDE-Bestimmungen, VDI-Richtlinien, VdS-Richtlinien, BauA-Veröffentlichungen, Berufsgenossenschaftliche Vorschriften, Regeln, Informationen und Grundsätze, Firmenspezifische Anordnungen usw.

Gefährdung bei Elektroinstallationsarbeiten

- Umgang mit elektrischen Betriebsmitteln
- Arbeiten in gefährdeten Bereichen (z. B. große Höhe)
- Äußere Umwelteinwirkungen und Maschinen (z. B. beim Schleifen)
- Art der Baustelleneinrichtung (z. B. Erste-Hilfe Material)

Gesetzliche Regelung im Arbeitsschutzgesetz (**ArbSchG**) und in der Betriebssicherheitsverordnung (**BetrSichV**) zur

- Regelung der grundlegenden Pflichten des Arbeitgebers,
- Festlegung der Pflichten und Rechte des Arbeitnehmers und
- Überwachung des Arbeitsschutzes durch die zuständigen Behörden und/oder Berufsgenossenschaften (**BG**).

Pflichten des Arbeitgebers

- Elektrische Anlagen und Betriebsmittel
  - nach den elektrotechnischen Regeln betreiben,
  - nur von einer Elektrofachkraft bzw. unter deren Aufsicht errichten, ändern und instandhalten,
  - auf einen ordnungsgemäßen Zustand prüfen und
  - Mängel unverzüglich beseitigen.
- Erforderliche persönliche Schutzkleidung dem Arbeitnehmer zur Verfügung stellen.
- Sicherheitsrelevante Arbeitsgeräte (z. B. Leitern) in ausreichender Anzahl und technisch einwandfreiem Zustand zur Verfügung stellen.

Pflichten des Arbeitnehmers

- Sicherheitstechnische Bestimmungen am Arbeitsplatz einhalten und Anweisungen befolgen.
- Vor Arbeitsbeginn alle sicherheitsrelevanten Arbeitsgeräte und Hilfsmittel überprüfen.
- Elektrotechnische Bestimmungen einhalten.
- Bei Übertragung der Unternehmerpflichten an die Elektrofachkraft deren Einhaltung kontrollieren.
  Die Übertragung muss schriftlich bestätigt werden.
- Persönliche Schutzausrüstung tragen.

Elektrotechnische Fachkräfte

Anlagenverantwortlicher
Verantwortlich für den Betrieb einer elektrischen Anlage (Elektrofachkraft).
DIN VDE 0105-100

Elektrofachkraft
Maßnahmen und Entscheidungen in eigener Verantwortung. Voraussetzung ist eine Fachausbildung.

Verantwortliche Elektrofachkraft
Fach- und Aufsichtsverantwortung bei Übertragung durch den Unternehmer.
DIN VDE 1000-10

Arbeitsverantwortlicher
Für jede Arbeit benannt; verantwortet die Durchführung der Arbeiten.
VDE 0105-100

Persönliche Schutzausrüstung

Zusätzlich zur Arbeitsschutzbekleidung muss je nach Arbeitsgefährdung folgende Schutzausrüstung getragen werden:

- **Kopfschutz** – Schutzhelm DIN EN 397
- **Augenschutz** – Schutzbrille DIN EN 166
- **Schallschutz** – Gehörschutzstöpsel bis 110 dB (A) bzw. Gehörschutzkapseln bis 120 dB (A)
- **Fußschutz** – Sicherheitsschuhe DIN EN ISO 20345
- **Handschutz** – Sicherheitshandschuhe DIN EN 60903
- **Atemschutz** – Filtergeräte DIN 3179
- **Absturzschutz** – Sicherheitsgeschirr (Halte- bzw. Auffanggurt) EN 358/EN 361

Arbeitsbedingungen

- ohne Spannung
- unter Spannung
- in der Nähe unter Spannung stehender Teile

Arbeit ohne Spannung

Der Arbeitsverantwortliche veranlasst das
- Aufstellen des Sicherheitsschildes und
- Befolgen der Sicherheitsregeln.

5 Sicherheitsregeln

1. **Freischalten**
   Das Anlagenteil muss allpolig und allseitig abgeschaltet werden.
2. **Gegen Wiedereinschalten sichern**
   Nur die an der Anlage tätigen Personen dürfen das betreffende Anlagenteil wieder in Betrieb nehmen.
3. **Spannungsfreiheit feststellen**
   Durch Messung mit Messgerät oder zweipoligem Spannungsprüfer vergewissern, dass keine Spannung gegen Erde am betreffenden Anlagenteil vorhanden ist.
4. **Erden und Kurzschließen**[1)]
   Von der Erdungsklemme ausgehend alle Leiter untereinander verbinden.
5. **Benachbarte, unter Spannung stehende Teile abdecken und abschranken**
   Abdecken oder Abschranken verhindern, dass Anlagenteile nicht berührt werden können.

[1)] In Anlagen mit Bemessungsspannungen bis 1 kV darf unter bestimmten Umständen hiervon abgewichen werden (vgl. DIN VDE 0105-100)

Maßnahmen vor Wiedereinschalten nach beendeter Arbeit

1. Werkzeug und Hilfsmittel entfernen.
2. Gefahrenbereich verlassen.
3. Kurzschließen und Erdung zuerst an der Arbeitsstelle, dann an den übrigen Stellen entfernen ①.
4. Anlagenteile und Leitungen ohne Erdungsseil dürfen nicht berührt werden.
5. Entfernte Schutzverkleidungen und Sicherheitsschilder wieder anbringen.
6. Schutzmaßnahmen an den Schaltstellen erst nach Freimeldung von den Arbeitsstellen aufheben.

①

Arbeiten unter Spannung

Ausführung nur unter folgenden Bedingungen:
- Keine Brand- oder Explosionsgefahr
- Keine ungünstigen Witterungsverhältnisse (z. B. hohe Luftfeuchtigkeit)

Voraussetzungen für Elektrofachkraft und Werkzeug:
- Spezielle Ausbildung
- Vorgeschriebene persönliche Schutzausrüstung
- Geeignetes Werkzeug für die Betriebsspannung
- Regelmäßige Überprüfung von Werkzeug und Schutzausrüstung
- Spezielle Anweisung an die ausführende Person durch den Verantwortlichen

Arbeiten in der Nähe unter Spannung stehender Teile

Arbeiten in elektrischen Anlagen, bei denen Personen mit Körperteilen, Werkzeug oder anderen Gegenständen in die Annäherungszone gelangen können, die Gefahrenzone aber nicht erreichen.

- **Annäherungszone**
  - hängt ab von der Bemessungsspannung U_N und
  - wird begrenzt durch den Abstand D_V von unter Spannung stehenden Teilen.

  Dabei müssen alle unter Spannung stehenden Anlagenteile sicher abgedeckt werden (vgl. Sicherheitsregel 5).

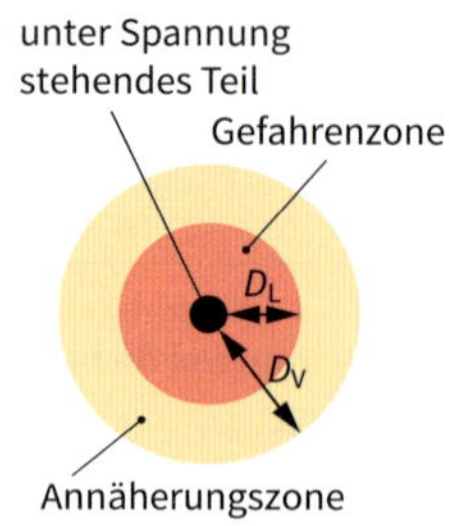

Arbeiten von Nicht-Elektrofachkräften innerhalb der Annäherungszone dürfen nur unter Aufsicht von Elektrofachkräften durchgeführt werden.

- **Gefahrenzone**
  - ist der Bereich, der durch Abstand D_L begrenzt wird und
  - in dem **keine Arbeiten** vorgenommen werden dürfen.
- **Richtwerte für die Abstände D_V und D_L** (Auswahl)

Bemessungsspannung U_N in kV	Mindestabstände in Luft	
	D_V in mm	D_L in mm
≤1	300	–
6	1120	90
10	1150	120
20	1220	220
110	2000	1000

- **Besondere Anforderungen**
  - Elektrofachkraft muss Zusatzqualifikation besitzen.
  - Arbeitsverantwortliche muss vor Ort die Arbeitenden einweisen und beaufsichtigen.
  - Arbeitsstelle muss nach außen durch Abschrankungen und Schilder kenntlich gemacht werden.

Logo: Erste Hilfe

Rettungsdienste:

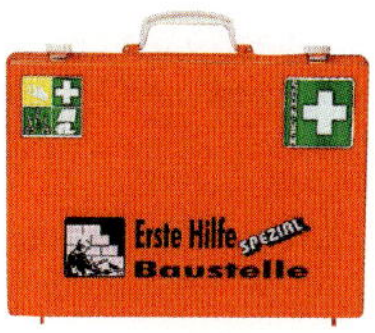

Erste-Hilfe-Kasten

Notfall-Rettungskette

1. Sofortmaßnahme
2. Notruf
3. Erste Hilfe
4. Rettungsdienst
5. Krankenhaus

Notruf
- **Wo** ist was geschehen?
- **Was** ist geschehen?
- **Wie** viele Verletzte gibt es?
- **Welche** Verletzungen sind vorhanden?
- **Warten** auf Rückfragen!

Kostenfreie Rufnummern: 110 und 112

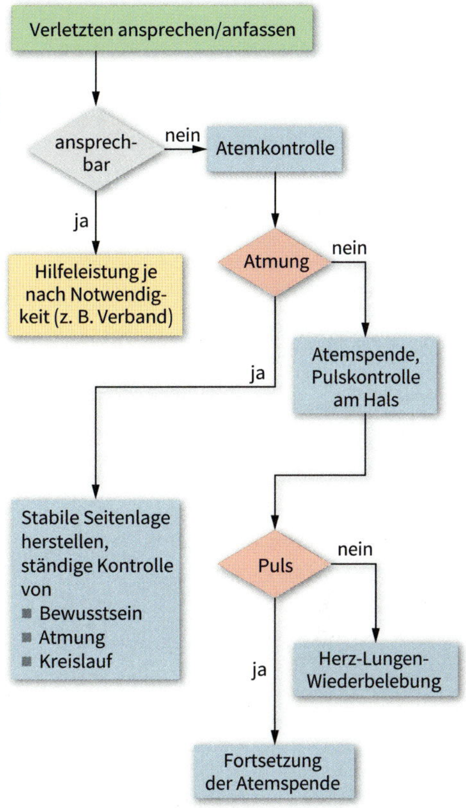

	Versagen der Atmung/ Atemstillstand	**Herzversagen/ Herzstillstand**	**Kreislaufversagen/Schock**	**Starke Blutung**
Symptome	▪ Flache, unregelmäßige Atmung bzw. keine Atembewegung mehr wahrnehmbar ▪ keine Atemgeräusche hörbar ▪ bläuliche Verfärbung der Haut (Lippen, Ohrläppchen) ▪ Bewusstlosigkeit	▪ Bewusstlosigkeit ▪ erweiterte Pupillen ▪ blaue oder weißliche (blasse) Verfärbung der Haut	▪ Schwacher, beschleunigter Puls ▪ feuchte, blasse, kalte Haut ▪ Unruhe, Angst	▪ Bei Verletzung der Schlagader pulsierender Blutaustritt ▪ hellrote Farbe des Blutes
Maßnahmen	▪ Verletzten in stabile Seitenlage bringen ▪ Mund- und Rachenraum von Fremdkörpern (Speisereste, Erbrochenes) säubern ▪ Bei Atemstillstand mit der Atemspende beginnen ▪ Atmung überwachen	▪ Sofort mit Herzdruckmassage beginnen ▪ Achtung: Ersthelferausbildung ist hierfür unbedingt erforderlich	▪ Schocklage herstellen (Oberkörper flach legen, Beine schräg nach oben) ▪ Achtung: Schocklage nicht bei Verletzung der Beine oder Wirbelsäule ▪ vor Unterkühlung schützen ▪ durch Ansprache beruhigend wirken ▪ Atmung und Puls kontrollieren	▪ Druckverband anlegen, sterile Auflage (Einmalhandschuh verwenden!) ▪ leichte Blutung aus Nase: Kopf nach vorne neigen, Kinn in die Hand stützen lassen, kalter Umschlag auf den Nacken ▪ bei verletzter Schlagader die Ader abdrücken bzw. abbinden

Teamarbeit
Team Work

Traditionelle Organisationseinheiten

- Abläufe und Vorgänge sind eindeutig festgelegt.
  Jeder weiß genau, wer was wie und bis wann zu tun hat.
- Die Aufgaben werden den einzelnen Mitarbeitern vom jeweiligen Vorgesetzten zugeteilt.
- Es gibt klare Kontrollmechanismen zur Sicherung der vorschriftsmäßigen Arbeitsdurchführung und der zu erwartenden Qualität.
- Kommunikation und übergreifende Problemlösungen mit anderen Abteilungen oder sonstigen Unternehmensbereichen erfolgen über den Vorgesetzten oder durch eine ausdrücklich von diesem bestimmte Person.
- Organisationseinheiten sind dauerhaft installiert.
  Diese haben klar umrissene Aufgaben- und Kompetenzbereiche.

Phasen der Teamentwicklung

Kontaktphase

Vorgesetzte und Teammitglieder:
- Klärung gegenseitiger Erwartungen, Ziele, Rahmenbedingungen

Notwendige Voraussetzungen der Beteiligten:
- Offenheit, Ehrlichkeit und Engagement

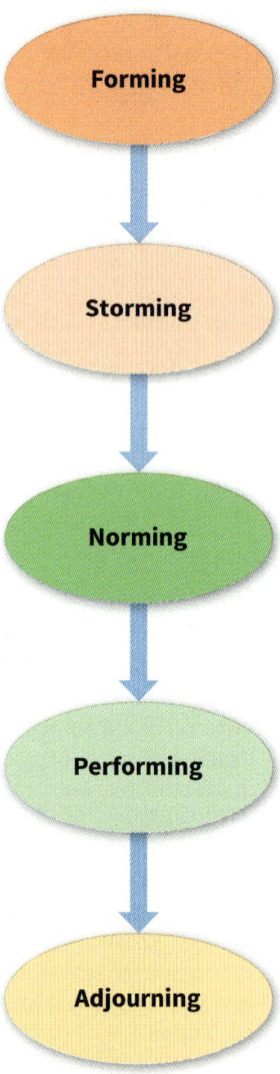

Forming
- Erstes Kennenlernen
- Individuelle Verhaltensmuster werden erprobt

Storming
- Gegensätzliche Meinungen werden deutlich
- Konflikte entstehen
- Machtkämpfe

Norming
- Widerstände sind überwunden
- Eingespielte Verhaltensweisen
- Regeln werden akzeptiert

Performing
- Geklärte Rollen
- Konzentration auf die Aufgaben
- Effiziente Arbeit mit höchster Leistung

Adjourning
- Auflösung der Strukturen durch Zu- und Abgänge
- Neubeginn

Teamarbeit

- Teams sind Arbeitsgruppen, die sich mit Hilfe des Teamleiters selbst organisieren.
- Innerhalb eines Teams gibt es keine Hierarchiestufen. Jeder beteiligt sich nach persönlichen Fähigkeiten und Fertigkeiten an der gemeinsamen Aufgabe.
- Die Arbeit erfolgt in fach- und abteilungsübergreifenden Gruppen.
- Unterschiedliches Spezialistenwissen und unterschiedliche Erfahrungen werden im Team zur gemeinsamen Lösung komplexer Aufgaben kombiniert.
- Zwischen den Teams eines Unternehmens bestehen rege Kontakte. Informationen werden offen ausgetauscht.
- Teams werden nicht auf Dauer installiert, sondern für bestimmte Vorhaben oder Projekte zusammengestellt.
- Wenn das gemeinsame Ziel erreicht oder die gemeinsame Aufgabe gelöst ist, können die einzelnen Mitglieder neuen Teams zugeordnet werden.

Voraussetzungen an die Beteiligten:

Flexibilität | **Selbstantrieb** | **Eigenverantwortung**

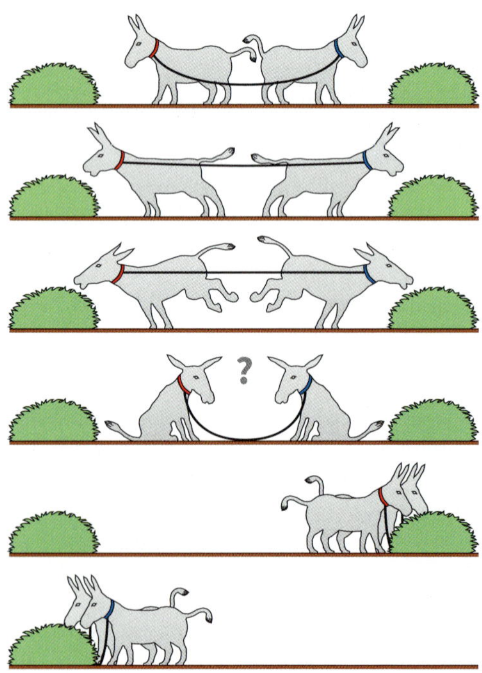

Versicherungsschutz

- Die Berufsgenossenschaften sind die Träger der gesetzlichen Unfallversicherung für die Unternehmen der Privatwirtschaft und deren Beschäftigte.
- Sie haben die Aufgabe, Arbeitsunfälle und Berufskrankheiten sowie arbeitsbedingte Gesundheitsgefahren zu verhüten.
- Der Versicherungsschutz erstreckt sich auf:

Arbeitsunfälle
Wegunfälle
Berufskrankheiten

- Die Berufsgenossenschaft und die Unfallkassen sind in der **DGUV** (**D**eutschen **G**esetzlichen **U**nfall**v**ersicherung) organisiert.
- Das bestehende Vorschriften- und Regelwerk wurde ab dem 01.05.2014 in ein neues Bezeichnungssystem überführt. Dabei werden vier Kategorien unterschieden:
  - DGUV Vorschriften
  - DGUV Regeln
  - DGUV Informationen
  - DGUV Grundsätze

DGUV Deutsche Gesetzliche Unfallversicherung Spitzenverband

- Jede Publikation erhält eine eigene, in der Regel sechsstellige Kennzahl:
  - Vorschriften 1 bis 99
  - Regeln 100 bis 199
  - Informationen 200 bis 299
  - Grundsätze 300 und aufwärts

  Jeweils die zweite und dritte Stelle jeder Kennzahl zeigt die Zugehörigkeit in einem der 15 Fachbereiche der DGUV an.

Ausgewählte DGUV-Vorschriften

Bezeichnung		Titel, Erläuterungen
bisher	neu	
BGV A1	DGUV Vorschrift 1	Grundsätze der Prävention
BGV A3	DGUV Vorschrift 3	Elektrische Anlagen und Betriebsmittel
		Prüfung von in Betrieben verwendeten Elektrogeräten.
BGV A4	DGUV Vorschrift 6	Arbeitsmedizinische Vorsorge
		Arbeitsmedizinische Vorsorgeuntersuchungen sind aufgeführt.
BGV A8	DGUV Vorschrift 9	Sicherheits- und Gesundheitsschutzkennzeichnung am Arbeitsplatz
		Gefahrensymbole, Gebots- und Verbotszeichen sowie Kennzeichnung von Fluchtwegen, Erste-Hilfe-Einrichtungen usw.

Verhalten bei Unfällen

Betriebsanweisung zum Verhalten bei Unfällen:

Verhalten bei Unfällen
Ruhe bewahren

1. Unfall melden
   - Telefon (Tel.-Nr. einfügen) oder/und ....
   - **Wo** geschah es?
   - **Was** geschah?
   - **Wie viele** Verletzte?
   - **Welche** Arten von Verletzungen?
   - **Warten** auf Rückfragen!
2. Erste Hilfe
   - Absicherung des Unfallortes
   - Versorgung der Verletzten
   - Anweisungen beachten
3. Weitere Maßnahmen
   - Rettungsdienste einweisen
   - Schaulustige entfernen

- Die **Betriebsanweisung** ist eine Anweisung an die Beschäftigten im Rahmen der Pflichten des Arbeitsgebers innerhalb des Arbeitsschutzgesetzes.
- Es wird darin das arbeitsplatz- und tätigkeitsbezogene Verhalten im Betrieb geregelt, mit dem Ziel, Unfall- und Gesundheitsverfahren zu vermeiden.

Hinweise zum Ausfüllen einer Unfallanzeige

- Die **Beschreibung des Unfallgeschehens** soll genaue Angaben zum Unfall und zu den näheren Umständen enthalten.
  Beispiele: wo, wie, warum, unter welchen Umständen, Angabe der beteiligten Geräte oder Maschinen
- **Wichtige Angaben** sind:
  Betriebsteil bzw. Organisationseinheit, in dem sich der Unfall ereignete.
  Beispiele: Büro, Werkstatt, Verkauf, Lager
- **Tätigkeit**, die die verletzte Person ausübte.
  Beispiele: Kundenberatung, Leitungsinstallation, Reparatur eines Servers in der Werkstatt
- **Umstände**, die den Verlauf des Unfalls besonders kennzeichnen (unfallauslösende Umstände, welche Arbeitsmittel wurden benutzt bzw. an welchen Maschinen und Anlagen wurde gearbeitet).
  Beispiele: … beugte sich zu weit zur Seite, dadurch rutschte die Leiter weg, … rutschte auf dem Fußboden aus, …
- **Arbeitsbedingungen**, die mit dem Unfall im Zusammenhang stehen könnten.
  Beispiele: Hitze, Kälte, Lärm, Staub
- **Gefahrstoffe**, die mit dem Unfall im Zusammenhang stehen.
  Beispiele: Akkusäure, Lösungsmittel
- **Verletzte Körperteile** genau bezeichnen
  Die Unfallbeschreibung kann auf der Rückseite des Vordrucks oder auf einem separaten Beiblatt erfolgen.

Ökodesign-Richtlinie 2009/125/EG

- Beim Ökodesign (**EcoDesign**) handelt es sich um einen umfassenden Ansatz für Produkte mit dem Ziel, die Umweltbelastungen über den gesamten Lebenszyklus (von der Produktion bis zur Entsorgung) durch verbessertes Produktdesign zu verringern sowie Energie und andere Ressourcen einzusparen.

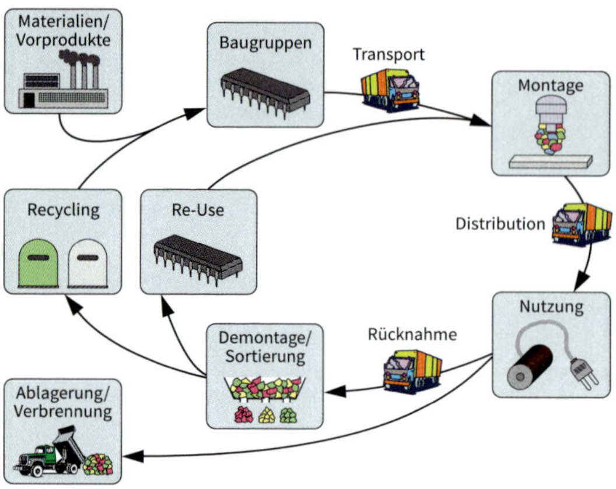

- Die **EcoDesign** wurde 2007 in Deutschland mit dem **EBPG** (**E**nergie**b**etriebene-**P**rodukte-**G**esetz) in nationales Recht umgesetzt.

Entsorgungswege der Altgeräte

- Vom Umweltbundesamt ist die privatwirtschaftlich organisierte Stiftung **EAR** (**E**lektro-**A**ltgeräte-**R**egister) betraut worden (06.07.2005), die Hersteller von Elektro- und Elektronikgeräten zu registrieren. Ohne Registrierung dürfen Hersteller nicht mehr am Markt teilnehmen.
- EAR vergibt **Registrierungsnummern** an die Hersteller, nimmt Meldungen über in Verkehr gebrachte Mengen an, berechnet daraus die Entsorgungsverpflichtung des einzelnen Herstellers und erhebt entsprechende Gebühren.
- EAR koordiniert auch die Bereitstellung der Sammelbehälter und die Abholung der Altgeräte bei den öffentlich-rechtlichen Entsorgungsträgern. Es wird zwischen privat oder ausschließlich kommerziell genutzten Geräten unterschieden.

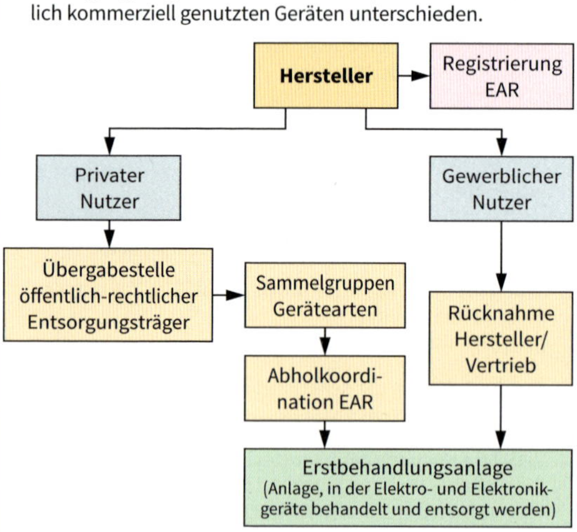

EG(EU)-Richtlinien

Rechtsakte der Europäischen Union	
WEEE 2022/96/EG	Altgeräteentsorgung (**W**aste of **E**lectrical and **E**lectronic **E**quipment) 
RoHS 2002/95/EG	Beschränkung der Verwendung bestimmter gefährlicher Stoffe in Elektro- und Elektronikgeräten (**R**estriction **o**f **H**azardous **S**ubstances)
94/62/EG	Verpackungen und Verpackungsabfälle
BattV 2006/66/EG	Verordnung über die Rücknahme und Entsorgung gebrauchter Batterien und Akkumulatoren (**Batt**erie**v**erordnung)

Verordnung des Europäischen Parlaments und des Rates

(EG) Nr. 842/2006	F-Gase-Verordnung Verordnung über bestimmte fluorierte Treibhausgase
(EG) Nr. 1907/2006 (REACH)	Registrierung, Bewertung, Zulassung und Beschränkung chemischer Stoffe

Gesetze (Deutschland)

ElektroG **Elektro**- und Elektronik-**g**esetz	Gesetz über das Inverkehrbringen, die Rücknahme und die umweltverträgliche Entsorgung von Elektro- und Elektronikgeräten
KrW-/AbfG **Kr**eislauf**w**irtschafts und **Abf**all**g**esetz	Gesetz zur Förderung der Kreislaufwirtschaft und Sicherung der umweltverträglichen Beseitigung von Abfällen
ChemG **Chem**ikalien-**g**esetz	Gesetz zum Schutz vor gefährlichen Stoffen

Verordnungen (Deutschland)

VerpackV Verpackungsverordnung	Verordnung über die Vermeidung und Verwertung von Verpackungsabfällen
BattV Batterieverordnung	Verordnung über die Rücknahme und Entsorgung gebrauchter Batterien und Akkumulatoren
ChemVerbotsV Chemikalien-Verbotsverordnung	Verordnung über Verbote und Beschränkungen des Inverkehrbringens gefährlicher Stoffe, Zubereitungen und Erzeugnisse nach dem Chemikaliengesetz
GefStoffV Gefahrstoffverordnung	Verordnung zum Schutz vor gefährlichen Stoffen

Kontinuierlicher Verbesserungsprozess (KVP)
Continuous Improvement Process

Begriff

KVP ist die Anpassung des japanischen Management-Prinzips **Kaizen** ① auf den westlichen Kulturkreis.

Der Prozess ist dauerhaft angelegt.

Ziel:
Verbesserung der Produkt- und Prozessqualität durch
- ständige Verbesserung der Organisations- und Arbeitsabläufe
- mit vielen kleinen Schritten, nicht in großen Sprüngen.

Alle Mitarbeiter und Führungskräfte werden einbezogen.

Notwendigkeiten zur ständigen Verbesserung ergeben sich aus Veränderungen der
- Anforderungen
- Bedingungen
- Umwelt
- …

Kaizen ① (Japanisch)

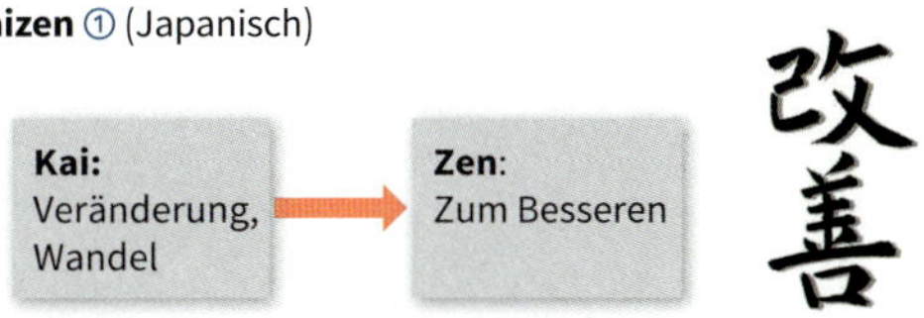

- Jedes System ist ab dem Zeitpunkt seiner Einrichtung dem Zerfall preisgegeben, wenn es nicht ständig erneuert bzw. verbessert wird.
- Um auf Veränderungen zu reagieren, sind ständig Anpassungen und Flexibilität erforderlich.

Merkmale

- Ständiges Streben nach Perfektion
- Problembewusstsein ist Voraussetzung, wird gegebenenfalls geweckt.
- Probleme bzw. Schwachstellen werden identifiziert.
- Alle Hierarchieebenen werden einbezogen, jeder Mitarbeiter wird einbezogen.
- „Verborgene" Aktivitäts- und Innovationspotenziale werden freigesetzt.
- Motivierende Zusammenarbeit der Mitarbeiter
- Durch Fehler werden Verbesserungsmöglichkeiten erkannt.
- Bei Fehlentwicklungen werden Schuldige nicht gesucht, sondern Lösungen der Probleme angestrebt.
- Gemeinsam wird nach kostengünstigen Lösungen gesucht.
- KVP ist Bestandteil der täglichen Arbeitsabläufe.
- Die Umsetzung der Verbesserungen erfolgt durch die Mitarbeiterinnen und Mitarbeiter selbst.
- KVP ist überall anwendbar.

Moderation

Kontinuierliche Verbesserungsprozesse müssen durch geeignete Moderatorinnen bzw. Moderatoren begleitet werden.

Aufgaben der Moderation:
- Regelmäßige Zusammenkünfte der Mitarbeiterinnen und Mitarbeiter organisieren
- Arbeitsfähige Gruppen bilden (definierte Teams)
- Themen analysieren und aufbereiten
- Themen optisch darstellen und ordnen
- Fragen zur Auflösung von Interaktionen stellen
- Regeln vereinbaren
- Gruppe zu einem gemeinsamen Ergebnis führen
- Gruppenergebnisse festhalten
- Vereinbarungen mit der Gruppe treffen

Schritte im KVP-Prozess

Ablauf

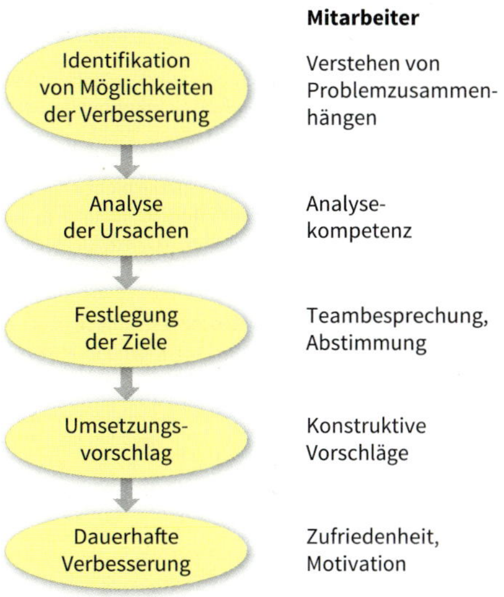

Auf jeden Durchlauf folgt ein weiterer.

Zyklischer Durchlauf

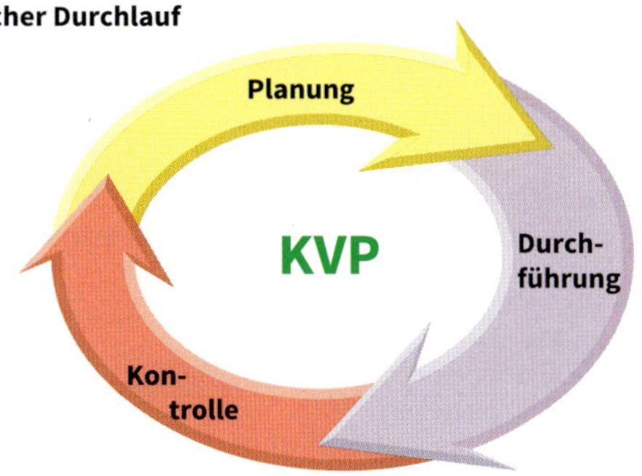

Konfliktursachen

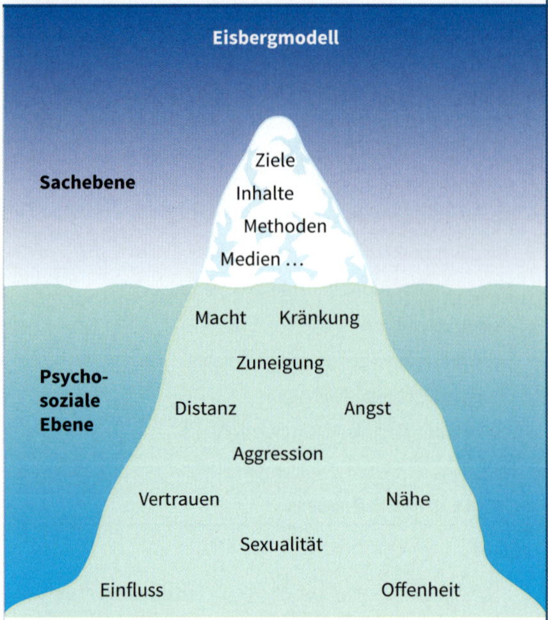

Zwischenmenschliche Beziehungen und Verhaltensweisen werden nicht nur durch die von außen zu erkennende **Sachebene** bestimmt.

Unterhalb dieser Ebene befindet sich die nicht erkennbare **psychosoziale Ebene**. In ihr sind Ängste, Vorurteile, Vertrauen usw. eingelagert. Diese beeinflussen in starkem Maße das Verhalten auf der Sachebene.

Wenn bei Gruppen- und Arbeitsprozessen diese psychosoziale Ebene wenig oder nicht beachtet wird, kann es zu Konflikten kommen.

Verhalten in Konfliktsituationen

Flucht
Konflikt wird verdrängt, ignoriert, …
Lösung wird aufgeschoben.

Ergebnis:
Aggressives Verhalten gegenüber sich selbst und anderen.

Anpassung
Dominierende Personen bzw. Vorgaben und Regeln werden vollständig akzeptiert.
Eigene Wünsche und Bedürfnisse treten in den Hintergrund.

Ergebnis:
Orientierung an Leitfiguren, geringe Arbeitsmotivation und geringe Kreativität.

Kampf
Interessen werden massiv und mit verschiedensten Mitteln (direkte und indirekte) vertreten.
Konkurrenzkampf entsteht untereinander.

Ergebnis:
Sieger und Verlierer. Geringe Arbeitsmotivation.

Konsens
Konflikt wird analysiert. Unterschiedliche Positionen werden ausgesprochen und gemeinsam nach Lösungen gesucht.
Ziel ist ein für beide Seiten akzeptabler Kompromiss.

Ergebnis:
Gegenseitiges Verständnis und Akzeptanz, keine Sieger und keine Besiegten, Kooperation mit hoher Arbeitsmotivation.

Konfliktgespräch

Ziel: Konfliktlösung

1. **Konflikt benennen**
   Gründliche Analyse der jeweiligen Konfliktsituation.
2. **Problematisierung**
   Alle vorhandenen Ziele, Vorstellungen und Probleme benennen.
3. **Lösung**
   Gemeinsames Suchen nach Lösungen, Kompromiss finden.
4. **Vereinbarung**
   Ziele und Änderungen festhalten, „Vertrag" schließen, Vereinbarung treffen.

Fragen zur Konfliktanalyse

- Wie stellt sich der Konflikt dar (Konfliktbeschreibung aus verschiedenen Perspektiven)?
- Wer ist in welcher Weise am Konflikt beteiligt?
- Seit wann besteht der Konflikt?
- Welche Themen wurden bisher im Zusammenhang mit dem Konflikt besprochen?
- Welche Lösungsansätze wurden bisher verwendet?
- Welche Erwartungen könnten die Konfliktparteien besitzen?
- Welche Unterstützung könnten die Konfliktparteien von außerhalb erhalten?
- Welche Personen könnten im Konflikt vermitteln?
- Wie viel Zeit steht für die Lösung zur Verfügung?

Grundlagen

- Die **Bildschirmarbeitsverordnung** (BildscharbV) wurde durch die DGUV Information 215-410 (**B**erufs**g**enossenschaftliche **I**nformation) konkretisiert.
- **DGUV Information 215-410**
  Ein Leitfaden als praktische Hilfen für die Gestaltung der Arbeit an Bildschirm- und Büroarbeitsplätzen (im Rahmen der Schriftenreihe „Prävention“)
- **DIN EN ISO 9241**
  Ergonomie der Mensch-System-Interaktion, Ergonomische Anforderungen für Bürotätigkeiten mit Bildschirmgeräten
- **DIN EN 1335-1: 2002-08**
  Büromöbel – Büro-Arbeitsstuhl (Maße; Bestimmung der Maße)
- **DIN EN 527-1: 2011**
  Büromöbel – Büroarbeitstische

Sehraum

- Der Sehraum ist der Bereich, in dem Objekte durch Augen- und Kopfbewegungen wahrgenommen werden.

  A: bevorzugt B: zulässig

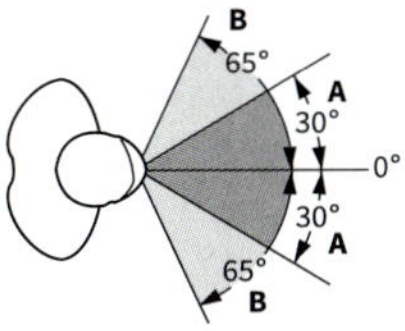

Greifraum

- Abmessungen für den Greifraum werden bestimmt aus den Maßen für die „Reichweite nach vorn“ und die „Schulterbreite“
- DIN 33 402-2:2005-12, Ergonomie – Körpermaße des Menschen

  A: Bevorzugter Greifraum B: Zulässiger Greifraum

  A_b: beidhändig
  A_l: linke Hand
  A_r: rechte Hand

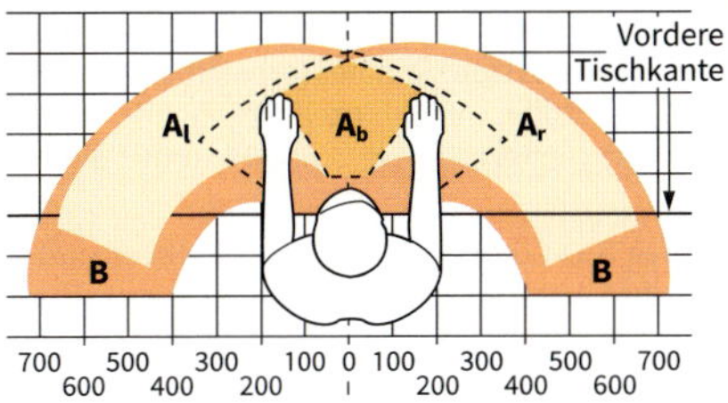

Beispiel für einen Büroarbeitsplatz

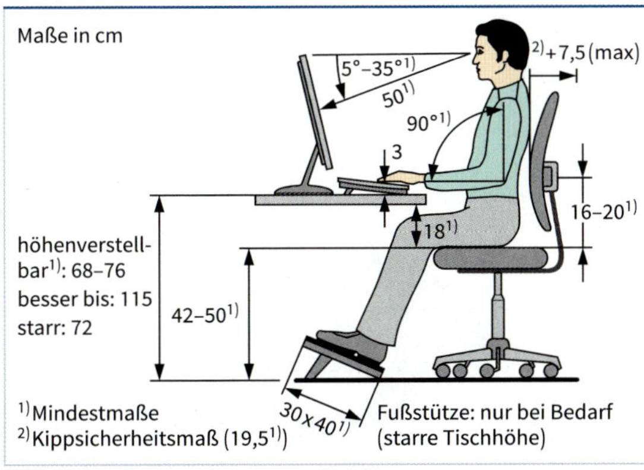

[1] Mindestmaße
[2] Kippsicherheitsmaß (19,5[1])

Ergonomische Anforderungen

- **Bildschirmgeräte**
  - Bildschirmdiagonale: 19 bis 21 Zoll (bei Grafik)
  - Bildschirm frei von Reflexionen und Blendungen
  - Bildschirm frei drehbar und neigbar (25 bis 30 Grad)
  - Bild stabil, flimmerfrei, ohne Verzerrungen
  - Zeichen scharf, deutlich und ausreichend groß, keine „verwaschenen“ Konturen

Zeichenbreite:	mind. 50 % der Schrifthöhe
Strichstärke:	10 % … 20 % der Zeichenhöhe
Zeichenabstand:	mind. 15 % der Schrifthöhe
Zeilenabstand:	mind. 15 % der Schrifthöhe
Rasterung:	mind. 5 x 7 Punkte

  - Schrifthöhe

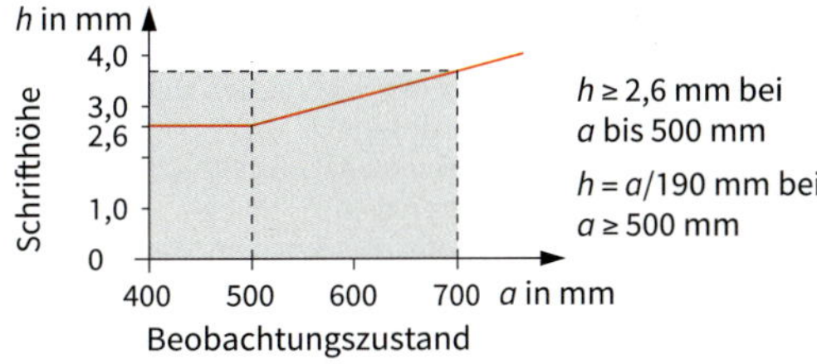

  - Helligkeit und Kontrast leicht der Umgebung anpassbar
  - Kontrast:
    Helle Zeichen auf dunklem Grund 5:1 bis 10:1
    Dunkle Zeichen auf hellem Grund: > 5:1
  - Farbwahl der Funktion angepasst (Verzicht auf gesättigte Farben bei großen Flächen)
- **Tastatur**
  - Ergonomische Bedienung
  - Vor Bildschirmgerät getrennt neigbar (bis 15 Grad)
  - Variabel anzuordnen
  - Auflegen der Hände möglich
  - Reflexionsarme Oberfläche (20 bis 50 %)
  - Tastendurchmesser 12 mm bis 15 mm
  - Tastenhub 2 mm bis 4 mm
- **Arbeitstisch**
  - Schreibfläche mindestens 1600 mm x 800 mm mit reflexionsfreier Oberfläche
  - Abgerundete Ecken, Tischplatte max. 30 mm stark
  - Ausreichender Raum für ergonomisch günstige Arbeitshaltung
  - Beinraum ohne Einschränkungen
  - Kabelkanäle zur einwandfreien Führung der Gerätezuleitungen
- **Arbeitsstuhl**
  - Ergonomisch gestaltet sowie stand- und kippsicher
  - Fünf Rollen, gegen unbeabsichtigtes Wegrollen gesichert
  - Rollenwiderstand angepasst an Fußbodenbelag
  - Sitzflächenhöhe 40 cm bis 50 cm, verstellbar
  - Verstellbare Armauflagen
- **Arbeitsumgebung**
  - Ausreichender Raum für wechselnde Arbeitshaltungen und Bewegungen
  - Beleuchtung der Sehaufgabe und an das Sehvermögen angepasst
  - Lichtschutzvorrichtungen verhindern Blendungen und Reflexionen
  - Kein Lärm durch Arbeitsmittel
  - Keine erhöhten Wärmebelastungen durch Arbeitsmittel

Funktion

- Prüfsiegel geben **Auskunft über Qualitätskriterien.**
  Beispiele:
  Bildschirmstrahlung, Bildschirmergonomie, Ergonomie allgemein, Umweltverträglichkeit, Energiesparfunktion, Recyclingfähigkeit, Lärmemission, Arbeitssicherheit, Betriebssicherheit, Elektromagnetische Verträglichkeit usw.
- **Vergabe und Kontrolle**
  - Bei einigen Prüfsiegeln reicht es aus, wenn Hersteller die Einhaltung der Kriterien schriftlich erklären.
  - In anderen Fällen müssen Prüfberichte unabhängiger Prüfinstitute vorliegen.

Blauer Engel

Hauptkriterien:
- geringer Energieverbrauch
- langlebige und recyclinggerechte Konstruktion
- Vermeidung umweltbelastender Materialien
- geringe Geräuschemissionen

Vergabe: Schriftliche Erklärung der Hersteller und Nachweise durch Prüfprotokolle unabhängiger Labore.

Prüfzeichen an elektrischen Betriebsmitteln

Sicherheitszeichen Prüfzeichen Geprüfte Sicherheit
Sicherheitszeichen Prüfstelle: VDE
Sicherheitszeichen Prüfstelle: TÜV (Technischer Überwachungsverein)
Sicherheitszeichen Prüfstelle DIN
Sicherheitszeichen Prüfstelle: Berufsgenossenschaft

EU Ecolabel

Europäisches Umweltzeichen u. a. für Personal-, Notebook- und Tablet-Computer

Hauptkriterien:
- Hohe Energieeffizienz
- Beschränkung gefährlicher Stoffe
- Konstruiert für leichte Reparatur, Aufrüstung und Recycling
- Kontrollierte Arbeitsbedingungen bei der Herstellung

Quality Office

- Qualitätszeichen für Büroarbeitsplätze
- Die Leitlinien definieren Qualitätsstandards unter Berücksichtigung ergonomischer Erkenntnisse für:
  - Büroarbeitsstühle
  - Büroarbeitstische
  - Büroschränke
  - Raumgliederungselemente
  - …

TCO Development, TCO Certified, TCO-Gütesiegel

- TCO Development (Schweden) ist eine Organisation (in den 1980er-Jahren gegründet), die eine unabhängige Zertifizierung für die Nachhaltigkeit von IT-Produkten durchführt (**TCO Certified**).
- TCO Certified ist für acht Produktkategorien erhältlich: Monitore, Notebooks, Tablets, Smartphones, Desktops, All-in-One-PCs, Projektoren und Headsets.
- TCO Certified ist eine von der IT-Branche und Einkäufern unabhängige Third-Party-Zertifizierung.
- TCO Certified erfüllt die Anforderungen der ISO 14024 Typ 1 (Umweltlabel) und wurde vom Global Ecolabelling Network anerkannt.
- Alle Verifikationen werden von unabhängigen Verifizierungspartnern nach DIN EN ISO/IEC 17025: 2018-03 (Allgemeine Anforderungen an die Kompetenz von Prüf- und Kalibrierlaboratorien) durchgeführt.
- Produktklassen: Soziales (Arbeitsbedingungen , …), Schadstoffe, Langlebigkeit, Ergonomie/Gesundheit, Nachweise (Testergebnisse, …), Zahl zertifizierter Produkte
- Das TCO-Gütesiegel wurde vom Dachverband der schwedischen Angestellten- und Beamtengewerkschaft (**TCO: T**jänstemännens **C**entral**o**rganisation) vergeben.
- Es handelte sich um ein Qualitäts- und Umweltsiegel, mit dessen Hilfe man die Entwicklung von Produkten mit guten Anwendungseigenschaften und geringer Umweltbelastung fördern wollte.
- Die TCO-Gütesiegel erleichterte dem Konsumenten die Auswahl von umweltfreundlichen IT- und Büroausrüstungen.
- TCO Certified Logo

Merkmale

- Die Verordnung über energiesparenden Wärmeschutz und energiesparende Anlagentechnik bei Gebäuden (Kurzform: **En**ergie**e**inspar**v**erordnung, **EnEV**) legt Standardanforderungen fest, zum effizienten Betriebsenergiebedarf von Wohn- und Betriebsgebäuden.
- Rechtliche Grundlage: **Energieeinspargesetz** (EnEG)
- Inkrafttreten der letzten Änderung: 28.10.2015
- Inhalt (Auswahl)
  - **Berechnungsverfahren der EnEV**
  - **Primärenergiebedarf**
    Er ist der berechnete Endenergiebedarf für Heizung und Warmwasser, Verluste bei der Energiegewinnung, Aufbereitung, Transport, Verteilung und Speicherung im Gebäude.
  - **Endenergiebedarf**
    Er ist der berechnete Energiebedarf, der zur Deckung des Heizwärmebedarfs und des Trinkwasserwärmebedarfs einschließlich der Verluste der Anlagentechnik benötigt wird.
    Er beinhaltet die gewünschte Raumtemperatur, Warmwassertemperatur, Beleuchtung und Luftqualität.
    Berücksichtigt werden dabei die deutschlandweit gemittelten Klimaverhältnisse.
  - **Heizwärmebedarf / Trinkwasserwärmebedarf**

Zusammenhang zwischen den Vorschriften

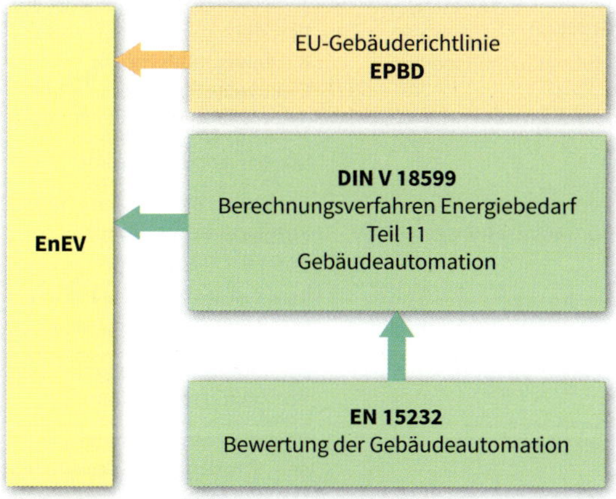

- **EPBD**: **E**nergy **P**erformance of **B**uilding **D**irective
  Sie beinhaltet die Gesamtenergieeffizienz von Gebäuden, tritt am 09. Juli 2018 in Kraft und soll innerhalb von 20 Monaten in nationales Recht umgesetzt werden.
- **DIN V 18599:2011-12**: Energetische Bewertung von Gebäuden
  Diese Vornorm dient der Berechnung des Nutz-, End- und Primärenergiebedarfs für Heizung, Kühlung, Lüftung, Trinkwarmwasser und Beleuchtung.
- **EN 15232:2012-09**: Energieeffizienz von Gebäuden – Einfluss von Gebäudeautomation und Gebäudemanagement
  Die Norm erläutert Methoden für die Bewertung des Einflusses der Gebäudeautomatisierung auf den Energieverbrauch von Gebäuden. Diese Norm unterteilt Gebäudeautomationssysteme in vier Energieeffizienzklassen von A bis D.

Sensoren und Aktoren

- Raumtemperatursensoren
  - mit/ohne Bedienmöglichkeit (z. B. Sollwert)
  - mit/ohne Display
    Nicht neben Türen oder Fenster (Verfälschung durch Zugluft), nicht im Einfallsbereich von Sonnenlicht, Montagehöhe ca. 1,0 bis 1,5 m (Bezugshöhe für Benutzer)
- Außentemperatursensoren
  Sonneneinstrahlung und Windeinflüsse beachten
- Zeitbausteine oder Zeitfunktion eines Controllers
- Präsenz- oder Bewegungsmelder
  Bei Deckenmontage oberhalb Aufenthaltsbereich (z. B. Büro, WC); Wandmontage nur wenn Ausleuchtung nicht beeinträchtigt werden kann (z. B. Flur); Nutzung von Vorwarnzeiten bzw. Kombination mit Grundbeleuchtung
- Helligkeit (Beleuchtung)
  - Raumhelligkeitssensoren
  - Außenhelligkeitssensoren
    Position und Anzahl abhängig von Raumtiefe; Sensor vor Lichteinfall schützen; Beleuchtung gruppieren
- Luftqualitätssensoren
  - CO_2-Sensoren
  - VOC-Sensoren (Kohlenwasserstoffverbindungen)zur Ergänzung von CO_2-Sensoren
- Luftfeuchtesensoren
- Fassadenüberwachung
  - Fenster/Türüberwachung
    Fensterkontakte womöglich oben und unten (Zustände offen/aufgebrochen bzw. gekippt); evtl. als Drehgriffsensor
  - Verschlussüberwachung (z. B. Drehgriffsensoren)
- Stellventile für
  - Heizkörper/Kühlelemente
  - Vor-/Rücklauf von z. B. Fußbodenheizung oder Heiz-/Kühlsträngen
- Analoge Aktoren für Lüftungsklappen, Stellventile oder Pumpen
- Schaltaktoren als
  - UP-Ausführung
  - Stellglieder
  - Zwischenstecker
- Aktoren für Rollladen/Jalousien als
  - UP-Ausführung
  - Stellglieder
- Visualisierungsmöglichkeiten als
  - eigenständiges Display
  - Visualisierung für PC/Tablet/Smartphone
- Bedienung
  Grundbedienung über Taster neben der Tür; zusätzlich beim Aufenthaltsort der Nutzer (z. B. Schreibtisch)

Hinweis

Ab 1. Mai 2014 muss der Automationsgrad bei der Berechnung des Energieausweises berücksichtigt werden. Dieser wird beim Verkaufsprozess und somit auch der finanziellen Bewertung des Gebäudes berücksichtigt.

Recycling-Code

- Der Recycling-Code wird zur Kennzeichnung verschiedener Materialien zwecks Rückführung in den Verwertungskreislauf verwendet.
- Das Recyclingsymbol besteht aus drei (oft grünen) Pfeilen und einer Nummer, die das Material kennzeichnet. Die Kürzel für Kunststoffe basieren auf den genormten Kurzzeichen der Kunststoffe.

Allgemeines Symbol

Beispiel: PVC

Recyclingcode		
01	PET	Polyethylenterephtalat
02	HDPE	Polyethylen hoher Dichte
03	PVC	Polyvinylchlorid
04	LDPE	Polyethylen niedriger Dichte
05	PP	Polypropylen
06	PS	Polystyrol
07	0	andere Kunststoffe
20	PAP	Wellpappe
21	PAP	sonstige Pappe
22	PAP	Papier
40	FE	Stahl
41	ALU	Aluminium
50	FOR	Holz
51	FOR	Kork
60	TEX	Baumwolle
61	TEX	Jute
70	GL	Farbloses Glas
71	GL	Grünes Glas
72	GL	Braunes Glas
80	–	Papier + Pappe/verschiedene Metalle
81	–	Papier + Pappe/Kunststoffe
82	–	Papier + Pappe/Aluminium
83	–	Papier + Pappe/Weißblech
84	–	Papier + Pappe/Kunststoff/Aluminium
85	–	Papier + Pappe/Kunststoff/Aluminium/Weißblech
90	–	Kunststoff/Aluminium
91	–	Kunststoff/Weißblech
92	–	Kunststoff/verschiedene Metalle
95	–	Glas/Kunststoff
96	–	Glas/Aluminium
97	–	Glas/Weißblech
98	–	Glas/verschiedene Metalle

Elektro- und Elektronikgerätegesetz ElektroG: 2005-03

Elektro- und Elektronikgerätegesetz

- EG-Richtlinie 2002/95 „Beschränkung der Verwendung bestimmter gefährlicher Stoffe in Elektro- und Elektronikgeräten" (RoHS[1])
- EG-Richtlinie 2002/96 „Elektro- und Elektronikalt-/schrottgeräte" (WEEE[2])

Beschränkung der Verwendung bestimmter gefährlicher Stoffe in Elektro- und Elektronikgeräten	
Giftige Substanzen dürfen in der Elektronik nur noch in maximal festgelegten Gewichtsprozenten verwendet werden.	
Cadmium	0,01 %
Blei	0,1 %
Quecksilber	
sechswertiges Chrom	
Polybromierte Biphenyle (PBB)	
Polybromierte Diphenylether (PBDE)	
Ausnahmen bestehen für Ersatzteile von Elektro- und Elektronikgeräten, die vor dem 1.6.2006 auf den Markt gebracht wurden.	

Elektro- und Elektronikalt-/schrottgeräte

Alle Hersteller von Elektro- und Elektronikgeräten in Deutschland müssen die Rücknahme und Entsorgung der Geräte sicherstellen, die nach dem 13.8.2005 in Verkehr gebracht wurden.

Gruppen	Beispiele
große Haushaltsgeräte	Backofen, Kühlschrank, Elektrische Heizgeräte
kleine Haushaltsgeräte	Staubsauger, Toaster, Bügeleisen, Haartrockner
Informations- und Kommunikationsgeräte	Computer, Drucker, Faxgeräte, Kopiergeräte, Telefone, Mobiltelefone
Geräte der Unterhaltungselektronik	Radiogeräte, Fernseher, HiFi-Anlagen, Videokamera
Leuchtmittel	stabförmige Leuchtstofflampen, Kompaktleuchtstofflampen
Elektrowerkzeuge	Bohrmaschinen, Nähmaschinen, Rasenmäher, Schweiß- und Lötwerkzeuge
Spiel- und Freizeitgeräte	Videospielkonsolen, Fitnessgeräte, Geldspielautomaten
Überwachungsgeräte	Rauchmelder, Thermostate
Ausgabesysteme	Geldautomaten, Getränkeautomaten

Elektro- und Elektronikgeräte müssen für die getrennte Sammlung mit einem sichtbaren, erkennbaren und dauerhaften Symbol gekennzeichnet sein (durchgestrichener Abfallbehälter).

[1] **RoHS**: **R**estriction **o**f the use of certain **h**azardous **s**ubstances in electrical and electronic equipment
[2] **WEEE**: **W**aste **E**lectrical and **E**lectronic **E**quipment

- Die Gefahrstoffverordnung (GefStoffV) dient dem Schutz vor gefährlichen Stoffen und ist im Arbeitsschutz verankert.
- Bei der Beurteilung der Gefährdung sind die physikalisch-chemischen und toxischen Eigenschaften sowie besondere Eigenschaften im Zusammenhang mit bestimmten Tätigkeiten unabhängig voneinander zu beurteilen.
- Um die Gefahren beim Arbeiten mit Gefahrstoffe abschätzen zu können, werden sie gekennzeichnet.

Die auf dieser Seite abgebildeten Gefahrensymbole werden zunehmend durch die Symbole auf der nächsten Seite ersetzt. (Global Harmonisiertes System, GHS, ab 20.01.2009)

Kennzeichnung gefährlicher Stoffe (Beispiele)

Gefahren-bezeichnung; Gefahrensymbol	Kennbuchstabe; Hinweise auf besondere Gefahren
Sehr giftig 	**T+** (T: toxic) R26 R27 R28 R39
Reizend 	**Xi** (X: für Andreaskreuz i: irritating) R26 R37 R38 R41 R43
Explosionsgefährlich 	**E** (E: explosive) R2 R3
Hochentzündlich 	**F+** (F: flammable) R12
Ätzend 	**C** (C: corrosive) R34 R35
Umweltgefährlich 	**N** (N: nocious) R54 R55 R56
Brandfördernd 	**O** (O: oxidizing) R8 R9 R11

Hinweise auf besondere Gefahren Risiko-Sätze (R-Sätze)

R1	In trockenem Zustand explosionsgefährlich
R2	Durch Schlag, Reibung, Feuer oder andere Zündquellen explosionsgefährlich
R3	Durch Schlag, Reibung, Feuer oder andere Zündquellen besonders explosionsgefährlich
R4	Bildet hochempfindliche explosionsgefährliche Metallverbindungen
R5	Beim Erwärmen explosionsfähig
R6	Mit und ohne Luft explosionsfähig
R7	Kann Brand verursachen
R8	Feuergefahr bei Berührung mit brennbaren Stoffen
R9	Explosionsgefahr bei Mischung mit brennbaren Stoffen
R10	Entzündlich
R11	Leichtentzündlich
R12	Hochentzündlich
R13	Hochentzündliches Flüssiggas
R14	Reagiert heftig mit Wasser
R15	Reagiert mit Wasser unter Bildung leichtentzündlicher Gase
R16	Explosionsgefährlich in Mischung mit brandfördernden Stoffen
R17	Selbstentzündlich an der Luft
R18	Bei Gebrauch Bildung explosionsfähiger/leichtentzündlicher Dampf-Luftgemische möglich
R19	Kann explosionsfähige Peroxide bilden
R20	Gesundheitsschädlich beim Einatmen
R21	Gesundheitsschädlich bei Berührung mit der Haut
R22	Gesundheitsschädlich beim Verschlucken
R23	Giftig beim Einatmen
R24	Giftig bei Berührung mit der Haut
R25	Giftig beim Verschlucken
R26	Sehr giftig beim Einatmen
R27	Sehr giftig bei Berührung mit der Haut
R28	Sehr giftig beim Verschlucken
R29	Entwickelt bei Berührung mit Wasser giftige Gase
R30	Kann bei Gebrauch leicht entzündlich werden
R31	Entwickelt bei Berührung mit Säure giftige Gase
R32	Entwickelt bei Berührung mit Säure sehr giftige Gase
R33	Gefahr kumulativer Wirkungen
R34	Verursacht Verätzungen
R35	Verursacht schwere Verätzungen
R36	Reizt die Augen
R37	Reizt die Atmungsorgane
R38	Reizt die Haut
R39	Ernste Gefahr irreversiblen Schadens
R40	Irreversibler Schaden möglich
R41	Gefahr ernster Augenschäden
R42	Sensibilisierung durch Einatmen möglich
R43	Sensibilisierung durch Hautkontakt möglich
R44	Explosionsgefahr bei Erhitzung unter Einschluss
R45	Kann Krebs erzeugen
R46	Kann vererbbare Schäden verursachen
R47	Kann Missbildungen verursachen
R48	Gefahr ernster Gesundheitsschäden bei längerer Exposition

GHS

- **GHS**: **G**lobally **H**armonised **S**ystem of Classification and Labelling of Chemicals
- GHS ist ein weltweit einheitliches System zur Einstufung von Chemikalien sowie deren Kennzeichnung auf Verpackungen und in Sicherheitsdatenblättern der Vereinten Nationen („weltweit" bedeutet gegenwärtig: Die wichtigsten Industrieländer).
- Die bisher in der EU geltenden Kennzeichnungsmethoden für Gefahrstoffe werden ersetzt:
  - Gefahrensymbole ⇒ **Gefahrenpiktogramme**
  - R-Sätze ⇒ **H-Sätze** (**H**azard Statements)
  - S-Sätze ⇒ **P-Sätze** (**P**recautionary Statements)
- Die GHS-Verordnung wird auch als **CLP-Verordnung** (**C**lassification, **L**abelling and **P**acking) bezeichnet.
  Genaue Bezeichnung: Verordnung (EG) Nr. 1272/2008, Anwendung auf Stoffe ab 1. Dezember 2010, auf Gemische ab 1. Juni 2015.

H- und P-Sätze

- Es handelt sich bei den Sätzen um Gefahren- und Sicherheitshinweise (**H**azard und **P**recautionary).
- Sätze sind knappe Kennzeichnungen. Sie haben die Aufgabe wie die R- und S-Sätze in den bisherigen EU-Kennzeichnungen.
- H-Sätze (Beschreibung von Gefahren):
  - H200-Reihe: Physikalische Gefahren
    Beispiel: H220: Extrem entzündbares Gas
  - H300-Reihe: Gesundheitsgefahren
  - H400-Reihe: Umweltgefahren
- P-Sätze (Sicherheitshinweise):
  - P100-Reihe: Allgemeines
  - P200-Reihe: Prävention
    Beispiel: P232: Vor Feuchtigkeit schützen
  - P300-Reihe: Reaktion
  - P400-Reihe: Aufbewahrung
  - P500-Reihe: Entsorgung

Gefahrstoffpiktogramme

Bezeichnung, Piktogramm, Codierung		Erläuterungen Warnung vor …
Explodierende Bombe GHS01		– explosionsfähigen Chemikalien.
Flamme GHS02		– leicht oder extrem entzündbaren Chemikalien, – explosionsfähigen Gasen.
Flamme über einem Kreis GHS03		– Oxidationsmitteln, die Brände verstärken oder auslösen können.
Gasflasche GHS04		– Druckgasen in Flaschen oder anderen Behältern.
Ätzwirkung GHS05		– Verätzungen organischen Gewebes, Korrosion bzw. Auflösung von Metallen.
Totenkopf mit gekreuzten Knochen GHS06		– akuter Toxizität (Vergiftung).
Ausrufezeichen GHS07		– Minderschweren Gefahren, z. B. Hautreizung, Hautallergie, schwächerer Vergiftung.
Gesundheitsgefahr GHS08		– Erkrankungen, die mit schweren Leiden verbunden sind (Schädigung innerer Organe)
Umwelt GHS09		– Umweltgefahren, z. B. Gewässer, Boden, Atmosphäre.

Kennzeichnungsbeispiel für Wasserstoff

Wasserstoff

Gefahr

Gefahrenhinweise

H220: Extrem entzündbares Gas.
H280: Enthält Gas unter Druck, kann bei Erwärmung explodieren.
H210: Von Hitze, Funken, offener Flamme und heißen Oberflächen fernhalten. Nicht rauchen.

Sicherheitshinweise

P377: Brand von ausströmendem Gas: Nicht löschen, bis Undichtigkeit gefahrlos beseitigt werden kann.
P381: Alle Zündquellen entfernen, wenn gefahrlos möglich.
P410 und P403: Vor Sonnenbestrahlung geschützt an einem gut belüfteten Ort aufbewahren.

Gefahrenklassen

- Die GHS-Verordnung beschreibt 28 Gefahrenklassen. Sie geben die Art der Gefahr an, z. B. bei entzündbaren Flüssigkeiten.
- Jede Gefahrenklasse ist in Gefahrenkategorien unterteilt, die nach der „Schwere" der Gefahr abgestuft sind. Je höher die Zahl der Kategorie, desto schwächer ist die Gefahr.
  Beispiel: Die Gefahrenklasse 2.6 „entzündbare Flüssigkeiten" ist in drei Kategorien unterteilt:
  1: Flammpunkt $< 23\,°C$ und Siedebeginn $\leq 35\,°C$
  2: Flammpunkt $< 23\,°C$ und Siedebeginn $> 35\,°C$
  3: Flammpunkt $< 23\,°C$ und $\leq 60\,°C$

Aufgabe und Funktion

- **REACH**: **R**egistration, **E**valuation, **A**uthorisation and Restriction of **Ch**emicals.
- Es handelt sich bei REACH um eine EU-Chemikalienverordnung (Verordnung (EG) Nr. 1907/2006) für die
  - Registrierung,
  - Bewertung,
  - Zulassung und
  - Beschränkung von Chemikalien, die am 01.06.2007 in Kraft getreten sind.
- Innerhalb der EU dürfen danach nur solche chemischen Stoffe in den Verkehr gebracht werden, die vorher registriert worden sind.
- Ziele:
  - Sicherstellung eines hohen Schutzniveaus für Mensch und Umwelt sowie
  - Gewährleistung des freien Verkehrs von Chemikalien im europäischen Binnenmarkt und Förderung von Wettbewerbsfähigkeit und Innovation.
- Betroffen sind
  - Hersteller,
  - Importeure und
  - nachgeschaltete Anwender.

  Alle müssen sicherstellen, dass die Stoffe nicht die menschliche Gesundheit oder die Umwelt nachteilig beeinflussen.

Gesetzlicher Rahmen

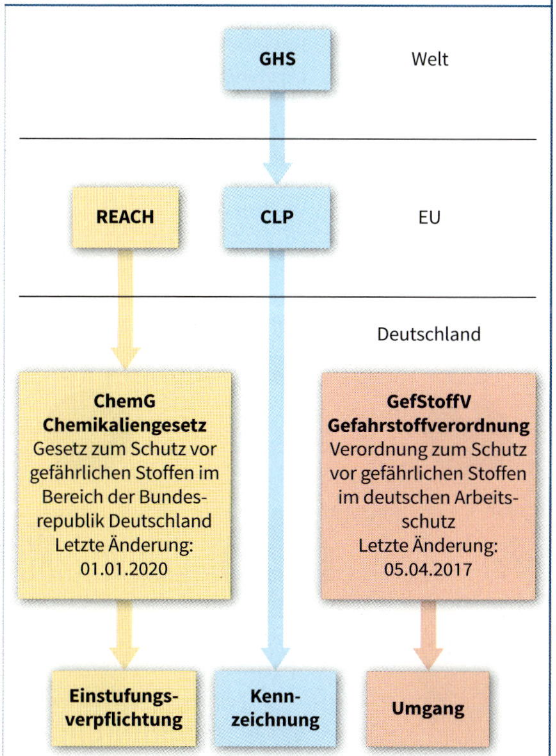

Europäische Chemikalienagentur (ECHA)

- **ECHA**: **E**uropean **Ch**emicals **A**gency
- Sie ist eine EU-Behörde in Helsinki, die nach der REACH-Verordnung, die technischen, wissenschaftlichen und administrativen Aspekte bei der Registrierung, Bewertung, Zulassung und Beschränkung von chemischen Stoffen regelt (ab 1. Jubi 2007).
- ECHA erarbeitet die von den Stoffen ausgehenden Risiken sowie die sozioökonomischen Folgen der anvisierten Maßnahmen zur Risikobegrenzung (Verbote, Beschränkungen, Zulassungen).
  Dazu wird eine zentrale Stoffdatenbank erstellt.
- Die Registrierung bei der ECHA umfasst
  - die Einstufung und Kennzeichnung,
  - Informationen zur Herstellung und Verwendung,
  - Leitlinien für die sichere Verwendung des Stoffes usw.
- Eine Zulassung von chemischen Stoffen wird nur dann erteilt, wenn
  - sich die von der Verwendung des genannten Stoffes ausgehenden Risiken hinreichend beherrschen lassen,
  - oder, wenn dies nicht der Fall ist und keine Alternative zur Verfügung steht, die sozioökonomischen Vorteile die Risiken überwiegen.

Ablauf bei der Zulassung von Chemikalien

Registrierung

- Die Unternehmen müssen seit Juni 2008 Datensätze für alle Stoffe mit Herstell-/Importmengen ab 1 Tonne/Jahr erstellen.
- Künftig sind Stoffneuregistrierungen und deren Aktualisierungen erforderlich.

⇩

Evaluierung

- ECHA bewertet die eingehenden Registrierungen und Stoffe.
- Ggf. können ergänzende Informationen angefordert werden.
- ECHA veröffentlicht wesentliche Daten im Internet.
- Firmen verwenden Registrierungsdaten in ihren Sicherheitsdatenblättern.

⇩

Autorisierung (Zulassung)

- ECHA kann weitergehende Regulierungen von Stoffen initiieren: Zulassung, Beschränkung oder sonstige Maßnahmen.
- Die EU-Kommission überprüft die Umsetzung der Verordnung alle 5 Jahre (Juni 2022, 2017, …)

⇩

Chemikalien

Verpackungsverordnung

- Verordnung über die Vermeidung und Verwertung von Verpackungsabfällen (VerpackV, Bundesrechtsverordnung)
- Zielsetzung:
  - Umweltbelastungen verringern
  - Wiederverwendung oder Verwertung von Verpackungen fördern
  - vorrangiger Einsatz verwertbarer Abfälle oder sekundärer Rohstoffe
  - Mehrfachverwertung
  - Einsatz langlebiger Produkte
- Geltungsbereich: Bundesrepublik Deutschland
- Letzte Änderung: 02.04.2008 (Inkrafttreten 01.01.2009)
  Alle Hersteller und Vertreiber von Gütern in Verpackungen, die beim privaten Endverbraucher landen, sind verpflichtet, sich am flächendeckenden Rücknahmesystem der Verpackung zu beteiligen (auch Versandhandel).

Transport-Verpackung
Fässer
Kanister
Säcke
Paletten
usw.

Umverpackung (Doppelverpackung)
Folien
Kartonagen
usw.

Verkaufsverpackung (Einzelverpackung)
Becher
Dosen
Flaschen
Tragetaschen
usw.

Geschäft

Rücknahme der Verpackung durch:

Hersteller und Vertreiber | **Vertreiber** | **Hersteller und Vertreiber**

Wiederverwertung

oder

Stoffliche Verwertung (Recycling)

Duales System
Gebrauchte Verpackungen werden beim Verbraucher gesammelt und der stofflichen Verwertung (Recycling) zugeführt.

Grüner Punkt
Hersteller, die sich am dualen System beteiligen, kennzeichnen ihre Produkte mit dem grünen Punkt.

Kreislaufwirtschaft

1 – Abfälle verringern

- **Produktion:**
  - „Abfallstoffe" der Produktion wieder zuführen.
  - „Abfallarme" Produktion durch Materialeinsparung, Einsatz langlebiger Produkte, „sparsame" Verpackung usw.
- **Verbraucher:**
  Veränderung der Einstellungen gegenüber Abfällen (jeder kann etwas zur Verringerung beitragen).

2 – Abfälle verwerten

- **Recycling:**
  Wiederverwertung von Abfallstoffen
  - im gleichen Produktionskreislauf und
  - in einem anderen Produktionsprozess.
- **Energetische Verwertung:**
  Abfälle als Ersatzbrennstoffe umweltverträglich nutzen.

3 – Abfälle verwerten

- **Trennung:**
  Sortengerechte Trennung und Lagerung
- **Lagerung:**
  Umweltschonende Lagerung auf entsprechenden Deponien
- **Verbrennung:**
  Umweltschonende Verbrennung

Duales System:
Zentraler „Akteur" der Kreislaufwirtschaft

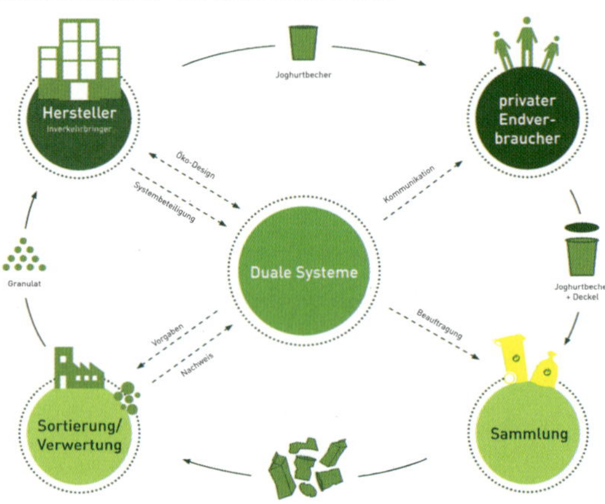

CE-Richtlinien
CE-Directives

Merkmale

- **CE**-Richtlinien (**C**omité **E**uropéen) sind Richtlinien,
  - die im EU-Wirtschaftsraum verbindlich sind,
  - werden vom Rat der EU erlassen und
  - müssen in allen Ländern der EU in nationales Recht umgesetzt werden.
- Sie definieren grundlegende **Sicherheits**- und **Gesundheitsanforderungen** für technische Produkte.
- Ziel der CE-Kennzeichnung ist der freie Warenverkehr in der Europäischen Gemeinschaft.
- Die CE-Kennzeichnung ist
  - gesetzlich vorgeschrieben und
  - darf nur auf Produkten angebracht werden, für die sie rechtlich vorgeschrieben ist.
- Die Gültigkeit der CE-Kennzeichnung besteht in
  - allen EU-Mitgliedsländern und in
  - Norwegen, Island, Liechtenstein und der Schweiz.
- CE-Richtlinien werden in Deutschland in deutsche Gesetze umgesetzt.
- Die grundlegenden Anforderungen können durch harmonisierte Normen konkretisiert werden.
- CE-konforme Produkte werden
- mit dem CE-Symbol gekennzeichnet.
- Die Überwachung auf Einhaltung
- der CE-Kennzeichnung erfolgt
- z. B. durch staatliche Marktaufsichtsbehörden.

CE-Richtlinien

Richtlinien-Benennung (Stand: Juli 2018)	Bezeichnung EU (Umsetzung in D)
General Product Safety (Allgemeine Produktsicherheit)	2001/95/EC (ProdSG)
Lifts (Aufzüge)	2014/33/EU (12. ProdSV)
Pressure Equipment (Druckgeräte)	2014/68/EU (14. ProdSV)
Simple Pressure Vessels (Einfache Drückbehälter)	2014/29/EU (6. ProdSV)
Electromagnetic Compatibility (EMC) (Elektromagnetische Verträglichkeit)	2014/30/EU (EMV Gesetz)
Radio Equipment Directive (RED) (Funkanlagenrichtlinie)	2014/53/EU
Equipment Explosives Atmospheres (ATEX) (Geräte in Ex-Bereichen)	2014/34/EU (11. ProdSV)
Noise Emission in the Environment (Geräuschemissionen)	2005/88/EG (32. BImSchV = G)

ProdSG: Produktsicherheitsgesetz

Richtlinien-Benennung (Stand: Juli 2018)	Bezeichnung EU (Umsetzung in D)
Machinery (Maschinenrichtlinie)	2006/42/EC (9. ProdSV)
Medical Devices (Medizinprodukte)	2017/745/EG (Medizinproduktegesetz MPG)
Measuring Instruments (Messgeräte)	2014/32/EU (MessEG u. MessEV)
Non-automatic Weighing Instruments (Nichtselbsttätige Waagen)	2014/31/EU (MessEG u. MessEV)
Low Voltage (Niederspannungsrichtlinie)	2014/35/EU (1. ProdSV)
Personal Protective Equipment (PPE) (Persönliche Schutzausrüstung)	2016/425/EU (8. ProdSV)
Construction Products Regulation (Bauprodukteverordnung)	2011/305/EU
Cableway Installations Designed to Carry Person (Seilbahnen)	2016/424/EU (Bundeslandspezifische Umsetzung)
Ecodesign Requirements for Energy-Related Products (Ökodesign Richtlinie)	2009/125/EC (Energieverbrauchsrelevante-Produkte-Gesetz EVPG, November 2011)

ProdSV: Produktsicherheitsverordnung

Sicherheitsnormen

- Die Normen-Typen im Bereich Sicherheitstechnik sind hierarchisch gegliedert in
  - **A**-Normen,
  - **B**-Normen (B1 und B2) und
  - **C**-Normen.
- A-Normen (**Grundnormen**) beschreiben
  - allgemeine Aspekte,
  - Grundbegriffe und
  - Gestaltungsleitsätze.
- B-Normen (**Gruppennormen**) beschreiben Sicherheitsaspekte für Produktgruppen.
  - B1-Normen behandeln spezielle **Sicherheitsaspekte** (z. B. Sicherheitsabstände, elektrische Sicherheit von Maschinen).
  - B2-Normen behandeln **Sicherheitseinrichtungen** (z. B. Verriegelungseinrichtungen, Zweihandschaltung, trennende Schutzeinrichtungen).
- C-Normen (**Produktnormen**) formulieren Sicherheitsanforderungen für
  - eine spezielle Maschine oder
  - Maschinenbauart,
  - haben Vorrang gegenüber einer A- oder B-Norm und
  - können Bezug nehmen auf A- oder B-Norm.
- Existiert keine C-Norm, kann die Konformität auf Grund der A- oder B-Norm nachgewiesen werden (wenn damit die Maschinenrichtlinie erfüllt wird).

Kennzeichen

- Unter **Qualitätsmanagement** werden alle Maßnahmen **organisatorischer Art** verstanden, mit dem Ziel die Effektivität und Effizienz
  - einer Arbeit (Arbeitsqualität) und/oder
  - von Geschäftsprozessen

  zu erhöhen.
- Qualitätsmanagement führt nicht zwangsläufig zu einem höheren wirtschaftlichen Betriebsergebnis, sondern stellt nur die vorgegebene Qualität sicher.
- Beispiele für **Qualitätsmanagementmodelle** sind:
  - ISO/TS 16949: 2002 (Automobilindustrie)
  - **C**apability **M**aturity **M**odel **I**ntegration (**CMMI**) (Familie von Referenzmodellen, z. B. Reifegradmodell)
  - DIN EN ISO 9000 ff. (Qualitätsmanagementsysteme)
- Die DIN EN ISO 9000 ff. beinhaltet folgende Teilnormen:
  - **DIN EN ISO 9000**
    Qualitätsmanagementsysteme
    (Definiert Grundlagen und Begriffe zu Qualitätsmanagementsystemen und erläutert die acht Grundsätze des Qualitätsmanagements.)
  - **DIN EN ISO 9001**
    Qualitätsmanagementsysteme
    (Anforderungen an ein Qualitätsmanagementsystem)
  - **DIN EN ISO 9004**
    Leiten und Lenken für den nachhaltigen Erfolg einer Organisation – Ein Qualitätsmanagementansatz.
    (Effizienz des Qualitätsmanagementsystems)
- Die DIN EN ISO 9001 ist eine weltweit akzeptierte QM-Norm, die sich am **PDCA**-Zyklus (**P**lan-**D**o-**C**heck-**A**ct) orientiert.

Prozessmodell DIN EN ISO 9001

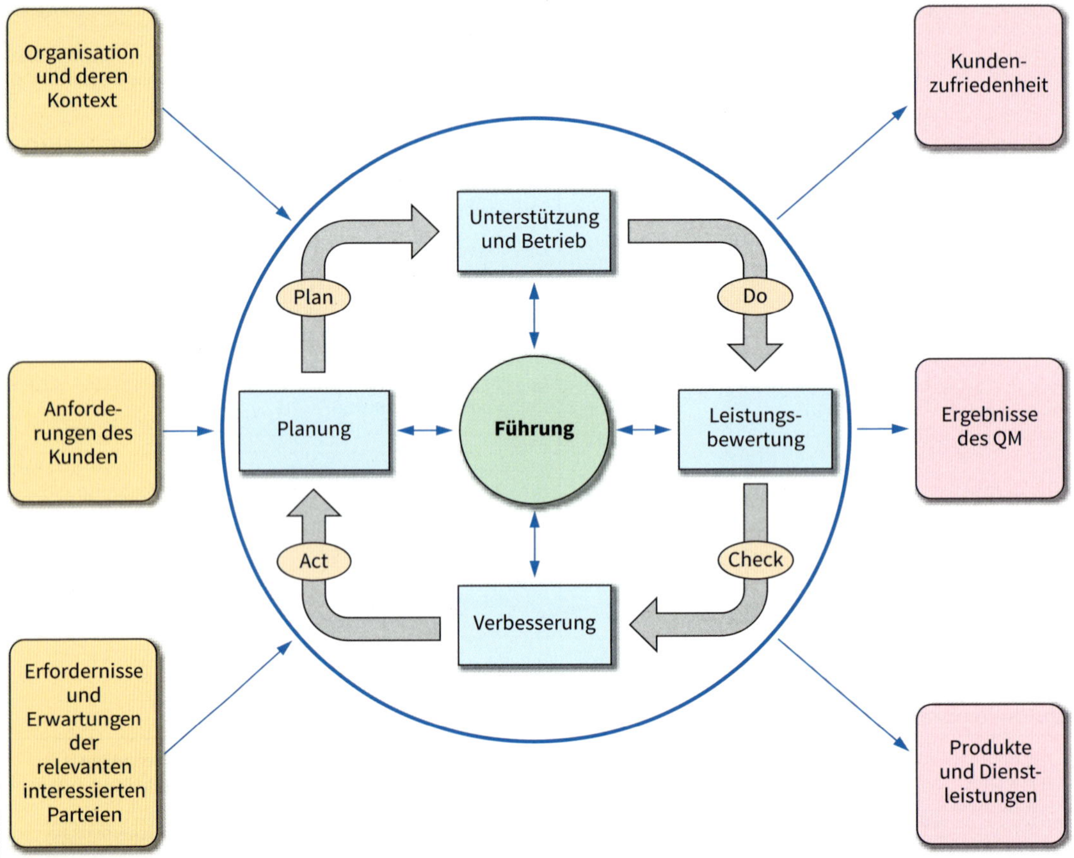

- **Qualitätssicherung**
  - ist Teil des Qualitätsmanagements und
  - gerichtet auf das Erzeugen von Vertrauen, dass Qualitätsanforderungen erfüllt werden.
- **Ständige Verbesserungen**
  sind wiederkehrende Tätigkeiten zum Erhöhen der Fähigkeiten, Anforderungen zu erfüllen.
- **Zertifizierung**
  erfolgt durch akkreditierte Zertifizierungsstellen.
- **Nationale Akkreditierungsstelle in Deutschland**:
  Deutsche Akkreditierungsstelle GmbH (DAkkS)
- **Konformität**
  ist Erfüllung einer Anforderung.

DIN EN ISO 9001

Inhalt

1. Anwendungsbereich

2. Normative Verweisungen

3. Begriffe (s. DIN EN ISO 9000: 2015)

Plan

4. Kontext der Organisation

- Verstehen der Organisation und ihres Kontextes
- Verstehen der Erfordernisse und Erwartungen interessierter Parteien
- Festlegen des Anwendungsbereichs des QM-Systems
- QM-System und dessen Prozesse

5. Führung

- Führung und Verpflichtung
- Kundenorientierung
- Politik
- Rollen, Verantwortlichkeiten und Befugnisse in der Organisation

6. Planung

- Maßnahmen zum Umgang mit Risiken und Chancen
- Qualitätsziele und Planung zu deren Erreichung
- Planung von Änderungen

7. Unterstützung

- Ressourcen
- Kompetenz
- Bewusstsein
- Kommunikation
- Dokumentierte Information

Do

8. Betrieb

- Betriebliche Planung und Steuerung
- Anforderungen an Produkte und Dienstleistungen
- Entwicklung von Produkten und Dienstleistungen
- Steuerung von extern bereitgestellten Prozessen, Produkten und Dienstleistungen
- Produktion und Dienstleistungserbringung
- Freigabe von Produkten und Dienstleistungen
- Steuerung nicht konformer Prozessergebnisse

Check

9. Bewertung der Leistung

- Überwachung, Messung, Analyse und Bewertung
- Internes Audit
- Managementbewertung

Act

10. Verbesserung

- Nichtkonformität und Korrekturmaßnahmen
- Fortlaufende Verbesserung

Begriffe und Definitionen

- **Qualitätsziele**
  Sie **müssen**
  - im Einklang mit der Qualitätspolitik stehen,
  - messbar sein,
  - zutreffende Anforderungen berücksichtigen,
  - für die Konformität von **Produkten** und **Deinstleistungen** relevant sein,
  - zur Erhöhung der Kundenzufriedenheit dienen,
  - überwacht, vermittelt und ggf. aktualisiert werden.
- **Wissen der Organisation**
  - Das Wissen einer Organisation wird benötigt, um ihre Prozesse durchzuführen und um die Konformität von Produkten und Dienstleistungen zu erreichen.
  - Das Wissen basiert auf **internen** Quellen (z. B. Erfahrung) und **externen** Quellen (z. B. Normen, Wissenserwerb von externen Anbietern).
- **Risikobasierter Ansatz**
  Risiken und Chancen in Bezug auf Konformität und Kundenzufriedenheit sind zu berücksichtigen.
- **Risiken**:
  - Vermeidung von Risiken
  - Beseitigung der Risikoquelle
  - Beibehaltung des Risikos durch eine fundierte Entscheidung
- **Chancen**:
  - Einsatz neuer Techniken
  - Neukundengewinnung
  - Markteinführung neuer Produkte
  - Aufbau von Partnerschaften

Quelle: DIN EN ISO 9001: 2015

Projektstrukturierung
Project Structuring

Merkmale

- Zur Verbesserung der **Übersichtlichkeit** und **Steuerbarkeit** werden Projekte in der Regel in überschaubare und handhabbare Teilaufgaben zerlegt.
- Bedingt durch unterschiedliche Anforderungen und Sichtweisen erfolgt die Zerlegung in eine
  - **Produktstruktur**,
  - **Projektstruktur** und
  - **Kontenstruktur**.
- Diese Strukturierungen sind die Grundlage für die **Projektplanung** und **Projektkontrolle** im Rahmen des **Projektmanagements**.
- Alle Plandaten und Istdaten des Projekts müssen auf diese Strukturkomponenten beziehbar bzw. daraus ableitbar sein.
- Je sorgfältiger die Planung zu Beginn des Projekts durchgeführt wird, desto größer ist der Projekterfolg.

Produktstruktur

- Die **Produktstruktur**
  - ist eine Gliederung des Produkts/Systems aus technischer Sicht,
  - enthält alle zu entwickelnden Produkt-/Systemteile (z. B. Hard- und Software) und beschreibt die **Realisierungsstruktur**,
  - wird top-down bis auf die kleinste in sich geschlossene Komponente gegliedert und
  - kann in grafischer Form als **Produktstrukturplan** und/oder in tabellarischer Form erstellt werden.
- Abhängig von der Art des Projekts kann der Produktstrukturplan ausgerichtet sein als
  - **Funktionsstrukturplan** (beschreibt die Funktionen des geplanten Produkts/Systems),
  - **Anlagenstrukturplan** (beschreibt die technischen Komponenten innerhalb einer Anlagenentwicklung) oder
  - **Systemstrukturplan** (beschreibt die Komponenten von z. B. Hardware-/Software-Entwicklungen).

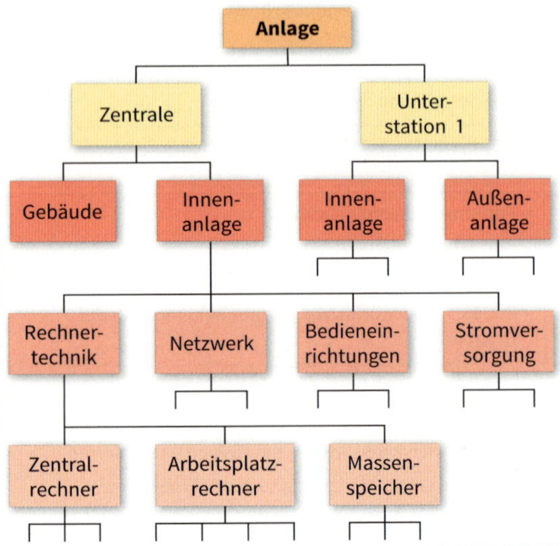

Projektstruktur

- Die **Projektstruktur**
  - beinhaltet eine **aufgabenmäßige Strukturierung** des Projekts (**was** ist zu **tun**),
  - umfasst alle für die Realisierung des Vorhabens erforderlichen Aufgabenpakete und wird auch **Aufgabenbaum** genannt und
  - wird soweit detailliert ausgearbeitet, bis einzelne Arbeitspakete einer Arbeitsgruppe oder einzelnen Mitarbeitern zugeordnet werden können.

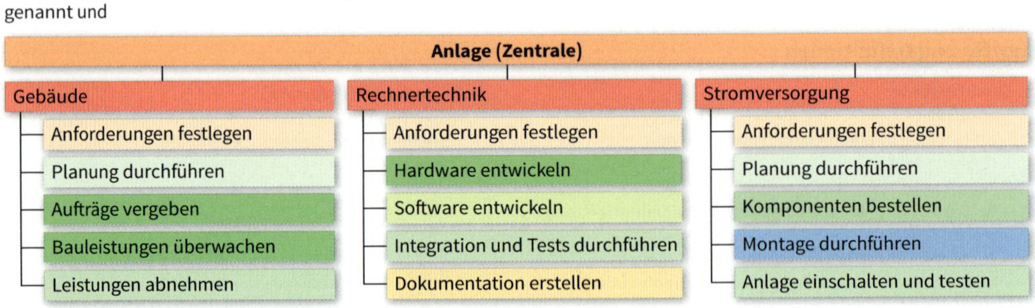

Kontenstruktur

- Die **Kontenstruktur**
  - beinhaltet eine **Konteneinteilung** aus kaufmännischer Sicht,
  - kann entsprechende Unterkontenbildung oder Kontenzusammenfassung beinhalten,
  - kann grundsätzlich aufgebaut sein nach Art des Auftrages als **vertriebsorientiert** (Kundenauftrag) oder **entwicklungsorientiert** (interner Entwicklungsauftrag) und
  - kann gegliedert sein z. B. nach **Kostenverursacher**, **Kostenkomponenten** oder orientiert am **Terminplan**.

Projektmanagement
Project Management

Projekt

Definition

- Ein **Projekt** ist ein Vorhaben
  - das ein bestimmtes Ziel realisieren soll (**Sachziele**),
  - dessen Anfangs- und Endpunkte festgelegt sind (**Termine**) und
  - das über begrenzte personelle und materielle Ressourcen verfügt (**Kosten**).
- Weitere Kennzeichen für Projekte sind:
  - **einmalig** und **neuartig** im Ablauf,
  - **komplex** in den Zusammenhängen und
  - **interdisziplinär** in der Zusammenarbeit.
- Projekte werden von **Projektleitern** mittels **Projektmanagementmethoden** geführt.

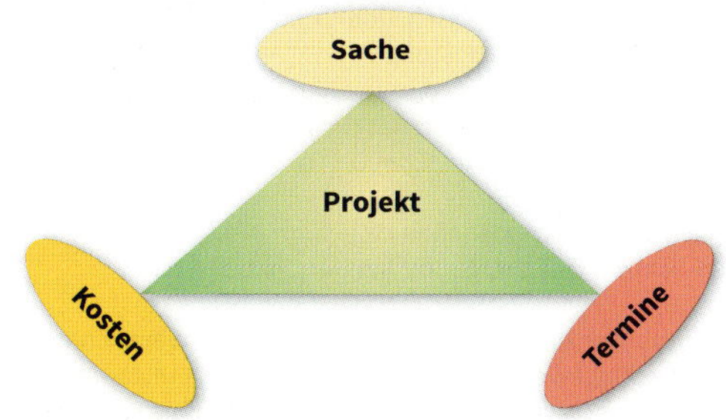

Projekt-Organisationsformen

Reine Projektorganisation

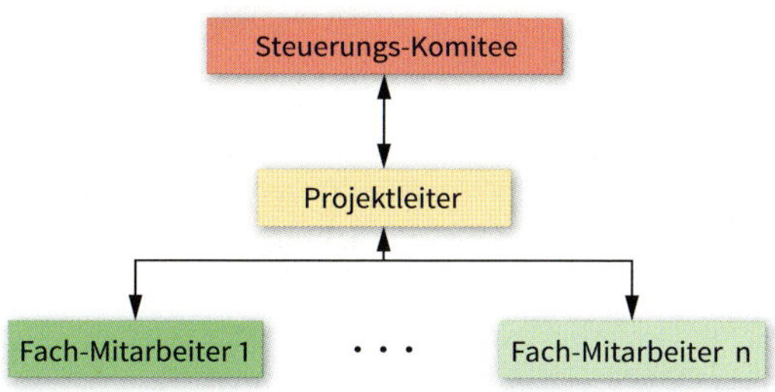

MA: Mitarbeiter

- **Vorteile:**
  - 100 % Zuteilung der Mitarbeiter
  - klare Kompetenzteilung
  - klare Verantwortlichkeiten
- **Nachteile:**
  - Spezialisierungsgefahr
  - zeitweise Überkapazitäten, wenn keine Projekte
  - Ausgliederung aus Firmenhierarchie

Stab-Linien-Projektorganisation

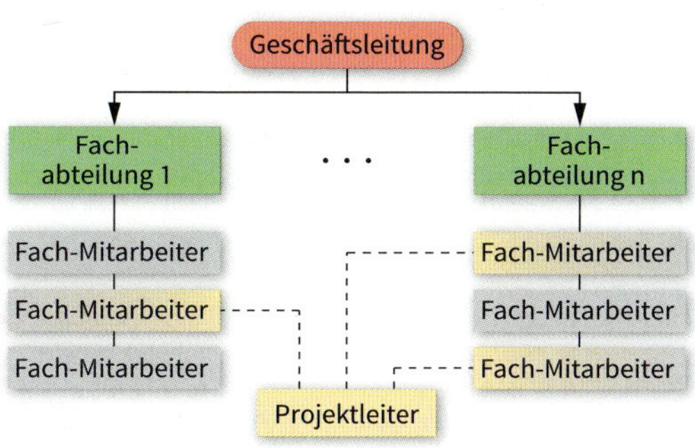

- **Vorteile:**
  - unwesentliche organisatorische Umstellung
  - hohe Flexibilität durch Mitarbeiter-Pool in den Fachabteilungen
  - kostengünstig
  - Wiedereingliederung der Mitarbeiter nach Projektende entfällt
- **Nachteile:**
  - ggf. umständliche Entscheidungsfindung
  - Interessenkonflikte zwischen Abteilungsleitung und Projektmitarbeitern
  - durch Dezentralisierung der Aufgaben ist starke Kontrolle erforderlich

Projektmanagement

Definition

- Das **Projektmanagement** ist eine Methodik zur optimalen Abwicklung von Projekten und wird vom **Projektleiter** angewendet zur
  - **Führung** der Projektmitarbeiter,
  - **Planung** der erforderlichen Projektaktivitäten,
  - **Koordinierung** der beteiligten internen und externen Projektbeteiligten und
  - **Kontrolle** der erreichten Projektziele.
- Das Projektmanagement hat eine **zentrale Funktion** im Rahmen einer Projektabwicklung.

Funktionale Anordnung

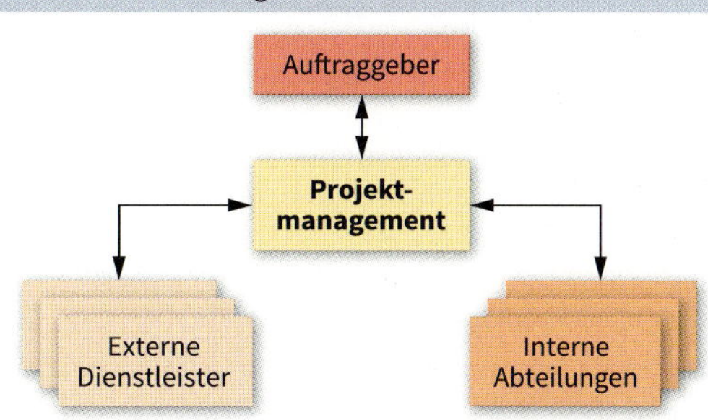

Druckmedien (Printmedien)

Fachbücher

- Der Inhalt ist systematisch, übersichtlich und im Zusammenhang dargestellt.
- Fachbücher sind gut geeignet zur Vorbereitung und Nachbereitung an beliebigen Orten.
- Dauerhafte und individuell eingefügte Markierungen erleichtern den Zugriff und die Handhabbarkeit.
- Fachbücher können auch über das Stichwortverzeichnis als Nachschlagewerk verwendet werden. Das Quellen- und Literaturverzeichnis liefert Hinweise zu weiterführender Literatur.

Fachzeitschriften

- Behandelt werden begrenzte Gebiete oder nur Teile eines Fachgebietes.
- Fachzeitschriften sind aktuelle Informationsquellen. Mitunter kann es sinnvoll sein, die reinen Fachaufsätze getrennt zu sammeln und zu archivieren.

Lexikon, Tabellenbuch, Handbuch

- Einzelne Fachgebiete sind geordnet, übersichtlich, anschaulich und mitunter in Tabellenform dargestellt. Ein schneller Zugriff auf wesentliche Informationen wird dadurch erleichtert.
- Sie eignen sich in der Regel zum Nachschlagen bestimmter Sachverhalte oder Themen. Alphabetische oder themenbezogene Gliederungen kommen vor.
- Ein sinnvoller Zugriff auf Themen oder Begriffe erfolgt in der Regel über das Sachwortverzeichnis.

Firmenunterlagen

Diese Informationsquellen sind in der Regel auf eine bestimmte Zielgruppe ausgerichtet, z. B.:

Käufer → Produktwerbung, Selbstdarstellung

Service → Technische Informationen und Bedienungsanleitungen

Multimedia

- Informationsquellen mit diesem Merkmal enthalten neben Text- und Bildinformationen auch akustische Informationen und Videosequenzen.
- Die Datenträger sind in der Regel CDs und DVDs.
- Mit Hilfe des Computers lassen sich einzelne Programmelemente bzw. Seiten abrufen (über Links) und dem eigenen Auffassungsvermögen (Schnelligkeit, Wiederholung, Standbild, usw.) anpassen.
- Der Benutzer kann aufgefordert werden, aktiv in die Darbietung einzugreifen (interaktiv).
- Bestimmte Teile lassen sich ausdrucken und können dann wie eine reine Textinformation benutzt werden.

Internet

Internet-Dienste:

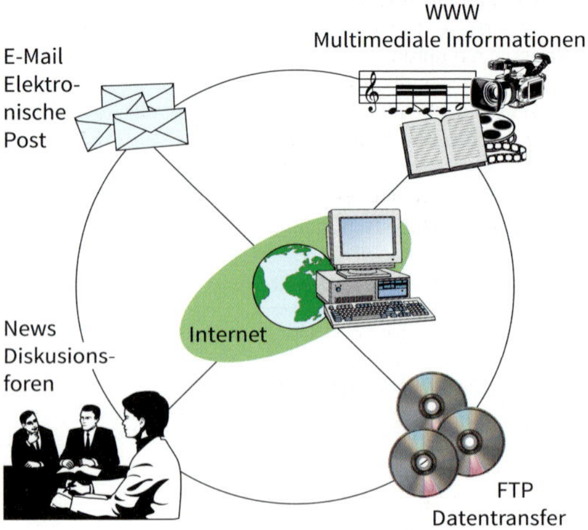

E-Mail

Elektronisches Versenden oder Empfangen von Nachrichten (Electronic Mail).
Die Nachricht kann gespeichert, ausgedruckt oder sofort beantwortet werden.
Alle Teilnehmer besitzen eine elektronische Postadresse, z. B.: **Schulservice@westermann.de.**

WWW (**W**orld-**W**ide-**W**eb)

Multimediale Benutzeroberfläche des Internets.
Angebote und Informationen können aufgerufen, gespeichert oder ausgedruckt werden.
Die Informationen können umfassen: Texte, Bilder, grafische Symbole, Ton- und Videosequenzen
z. B.: **http: // ww.westermann.de**

FTP (**F**ile-**T**ransfer-**P**rotokoll)

FTP ist eine Abkürzung für ein Verfahren zum Datentransfer im Internet.
Mit diesem Verfahren können aus dem weltweiten Softwarepool des Internets die unterschiedlichsten Dateien direkt kopiert werden.
Hochschulen und größere Firmen bieten entsprechende Software über ihre FTP-Server an,
z. B.: **ftp://ftp.mcafee.com/**
(Hauptverzeichnis des Rechners der Firma McAfee)

News

- Im Internet finden sich Gruppen (Newsgroups) zum Gedanken- und Meinungsaustausch zusammen.
- Diskussionsbeiträge und Ratschläge zu unterschiedlichsten Themen werden ausgetauscht.
- In Diskussionsforen stellt jeder Teilnehmer seine Nachricht, Fotos, Dateien usw. für alle anderen als elektronische Post zur Verfügung („schwarzes Brett“).
- News-Server sind Computer, auf deren Festplatten die Nachrichten der Diskussionsforen gespeichert sind und abgerufen werden können.

Elemente einer Suchstrategie

- Ist das Internet die geeignete Informationsquelle?
- Führen gedruckte Publikationen schneller zum Ziel?
- Internetrecherche weltweit oder im deutschsprachigen Raum durchführen?
- Suchbegriff gründlich überdenken und präzisieren
- Entscheidung für eine Suchmaschine, Meta-Suchmaschine oder ein Web-Verzeichnis (Katalog) fällen
- Suche durch weitere Begriffseinengung verfeinern
- Einengung durch mathematische Zeichen oder boolesche Operationen möglich

Web-Verzeichnisse, Web-Kataloge

- Diese Verzeichnisse bzw. Kataloge werden von Fachleuten erstellt und nach Themen sortiert
- Sie enthalten Sammlungen von Webseiten-Adressen
- Schritt für Schritt kann man sich der speziellen Thematik nähern
- Verzeichnisse bzw. Kataloge enthalten die „Wertvorstellungen" der jeweiligen Verfasser
- Bei nichthierarchischen Web-Verzeichnissen ist eine netzartige Struktur aufgebaut, deren Elemente durch Links verknüpft sind.
- Die Bewertung der Beiträge kann manuell (Voting), automatisch (Ranking) oder durch Auswertung der Zugriffe erfolgen.

Funktion von Suchmaschinen

- Mit Programmen werden Dokumente (Text, Bild, Ton, Video) automatisch im Internet analysiert und indiziert.
- Der Index enthält die Datenstruktur sowie Informationen über das Dokument.
- Wenn ein Suchbegriff in die Suchmaschine eingegeben wird, liefert diese auf Grund ihrer Indizierung **(indexbasierte Suchmaschine)** eine Liste von Verweisen auf relevante Dokumente und Kurzinformationen zum Dokument.

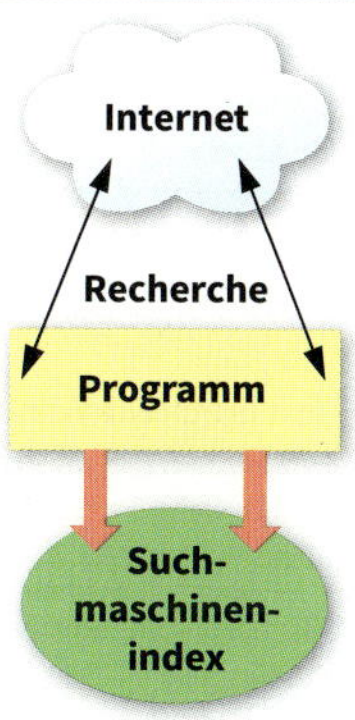

Beispiele

Google
http://www.google.de

Fireball
http://www.fireball.de

Bing (Microsoft)
http://www.bing.com

Metasuchmaschinen

- Ihre Aufgabe besteht darin, die Suchanfrage an mehrere andere Suchmaschinen gleichzeitig weiterzuleiten. Die Ergebnisse werden gesammelt und aufbereitet.
- Anfragen werden langsamer beantwortet als eine direkte Anfrage bei einer einzelnen Suchmaschine, da die Antwort aller Suchdienste abgewartet wird (Servicequalität).

Eingrenzungen der Suchaufträge

Die nachfolgenden Operatoren werden nicht von allen Suchmaschinen unterstützt. Auch kann die Schreibweise abweichen.
Deshalb: Bedienungsanleitung beachten.

Operator	Erklärung	Beispiel
AND	Die verknüpften Suchbegriffe müssen vorkommen.	Festplatte AND Einbau
+	Der Begriff direkt ohne Leerzeichen nach dem Pluszeichen muss vorkommen.	Buch+IT
OR	Mindestens einer der Begriffe muss vorkommen (häufig Standardoperator)	Shareware OR Freeware
–	Begriff direkt ohne Leerzeichen nach dem Minuszeichen soll nicht vorkommen.	Betriebssystem –Windows
NOT	Der nach dem NOT folgende Begriff soll nicht vorkommen.	CD-ROM NOT Sony
NEAR	Die Begriffe sollen nahe beieinander auftauchen (logisches UND).	Microsoft NEAR Office
„..."	Phrasensuche: Es werden genau die in Anführungszeichen gesetzten Begriffe gesucht.	„Internet Explorer 7.0"
(...) {...} [...]	Klammern werden für komplexe Abfragen mit booleschen Operatoren verwendet.	Software AND (Adobe OR Corel)
title: url: link:	Sucheinschränkungen für Titel, Domäne, Link	title:DVB-S2
*, %	Platzhalter für eine unbestimmte Anzahl beliebiger Zeichen.	Auto*, Ergebnis: Automat, Automobil, ...

Internetquellen bewerten

Da jeder im Internet Veröffentlichungen vornehmen kann, gilt: Das Suchergebnis muss bewertet werden.
Beispiele für **Bewertungskriterien**:

URL

- Dienst entsprechend dem Protokoll (http, ftp, news, ...)
- Nationalität (.de, .at, ...)
- Kontext (.edu, .org, ...)

Seriosität

- Verfasser (kommerziell, privat, wissenschaftliches Institut, ...)
- Aktualität (Datum der Erstellung)
- Präsentation (Übersichtlichkeit, Verständlichkeit, ...)
- Vollständigkeit

Lerntypen

- Sehtyp (**visuell**)
- Hörtyp (**auditiv**)
- Gesprächstyp (**verbal**)
- Fühltyp (**haptisch**)

Diese Lerntypen treten in der Regel nicht in reiner Form auf. Vorherrschend sind Mischformen. Je nach Lerntyp sind entsprechende Lehr- und Lernmethoden anzuwenden, damit das Lernergebnis im Langzeitgedächtnis verankert wird.

Ziel:
Erkennen, zu welchem Lerntyp man selbst gehört, und in diesem Rahmen die Lernfähigkeit verbessern.

Verbesserung der Lernfähigkeit

- Sich die eigenen **Lernmotive** verdeutlichen
- Entspannte und angemessene **Lern-/Arbeitsatmosphäre** herstellen.
- Lern- bzw. Arbeitsplatz den individuellen Bedürfnissen anpassen:
  - Schreibtisch, Arbeitsfläche für die Lernaufgabe herrichten
  - bequeme Sitzhaltung einnehmen
  - für ausreichende Beleuchtung sorgen
  - Materialien bereitlegen
  - Ablenkung vermeiden
- **Überblick** über die Aufgabe verschaffen
- **Zeitbedarf** abschätzen
- **Strukturen** des Lernstoffs herausarbeiten (Element, Beziehungen und Abhängigkeiten zwischen den Elementen)
- Informationen auf den **Kerngehalt** reduzieren
- **Merktechniken** und **Visualisierungen** während des Lernprozesses verwenden
- Ergebnis bzw. **Zusammenfassung** festhalten
- **Rückbesinnung** auf den Lernprozess und das Lernergebnis vornehmen
- **Beseitigung von Lernblockaden**
  Negative Einstellungen durch positive Lerneinstellungen ersetzen (entspannteres Lernen)

  Ich kann mich nicht konzentrieren.
  – Ich bin ruhig und ausgeglichen!
  Das habe ich noch nie gekonnt.
  – Was andere können, kann ich auch!

Lernen mit der Projektmethode

Weitgehend selbstorganisiertes Lernen in Gruppen.
Ablauf:
1. Projektinitiative
2. Projektskizze (Absichten, Vorhaben)
3. Projektplan (Schritte, Zeitbedarf, Aufgabenverteilung: „Wer macht was bis wann“)
4. Durchführung
5. Abschluss (Ergebnis, kritische Betrachtung des gesamten Projekts)

Behaltensquote

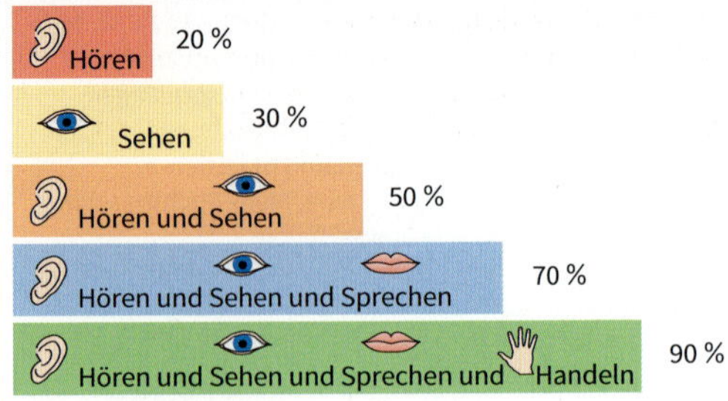

Kurzzeitgedächtnis:
Speicherung der Information ca. 30 bis 60 Sekunden lang.

Langzeitgedächtnis:
Lebenslange Speicherung.
Ziel von Lernprozessen: Gewünschte Informationen in das Langzeitgedächtnis transformieren.

Text verarbeiten und behalten

- Gelesenes nachsprechen
- Text mit eigenen Worten wiedergeben
- Über Gelesenes nachdenken
- Unterstreichungen und Markierungen mit gleichbleibender Bedeutung verwenden
- Einfache und sich wiederholende Markierungen benutzen.
  Beispiele:
  !: wichtig, bedeutsam
  !!: sehr wichtig, sehr bedeutsam
  ?: bedenklich, fragwürdig
  ??: sehr bedenklich, sehr fragwürdig
- Text durch Grafiken und Bilder veranschaulichen (Visualisierungen vornehmen)
  Beispiele:
  Flussdiagramm, Mind-Map, Struktogramm, Tabelle, …
- Theoretische Sachverhalte mit praktischen Möglichkeiten verbinden
- Sich den Text in Form von Bildern vorstellen, den Text gedanklich „ausmalen“
- Individuelle Merkhilfen erfinden (Eselsbrücken).
- Pausen einhalten. Damit erhöht sich der Lernwirkungsgrad und der Behaltenseffekt
- Ablenkungen vermeiden (akustisch, optisch, …)
- Je nach Lerntyp: Hintergrundmusik verwenden

Lernen durch Rollenspiele

Probehandeln in simulierten Situationen.
Ablauf:
1. Einführung in die Rolle (Lehrkraft, Leiter, …)
2. Erarbeitung des Rollenprofils
3. Darstellung der Rolle
4. Herausführen aus der Rolle (Lehrkraft, Leiter, …)
5. Reflexion über die gespielte Rolle
6. Feedback durch Beobachter

Modelle

- Im täglichen Umgang der Menschen untereinander ist Kommunikation (communicare: mitteilen) ein selbstverständlicher Vorgang, bei der Informationen (Zeichen) zwischen Sendern und einem Empfänger ausgetauscht werden.

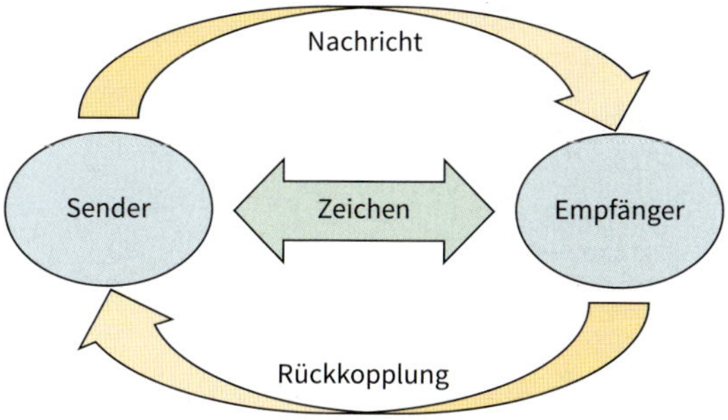

- Mit Kommunikationsmodellen lässt sich erklären, was Kommunikation ist, wie sie abläuft, welche Störungen vorkommen und wie man diese beseitigen kann. Je nach Forschungsansatz gibt es verschiedene Modelle.

Modell der Nachrichtenübertragung

In diesem Modell orientiert man sich an den technischen Aspekten der Signalübertragung und verwendet mathematische Theorien der Kommunikation der Mathematiker Warren Weaver (1894 – 1978) und Claude E. Shannon (1916 – 2001).

Kommunikation läuft damit wie folgt ab:

- Die codierte Nachricht wird vom Sender ausgesendet.
- Auf dem Weg zum Empfänger können „Störungen" die Nachricht verändern.
- Die Nachricht enthält sprachliche und nichtsprachliche (nonverbale) Anteile.
- Der Empfänger decodiert die Nachricht entsprechend seiner Wahrnehmung, mit seinem eigenen „Vorrat" an Decodiermöglichkeiten.
- Eine ungestörte Kommunikation kann nur dann stattfinden, wenn Sender und Empfänger den angewendeten Code aufeinander abstimmen.

Störungen
psychologische, semantische, technische, organisatorische, …

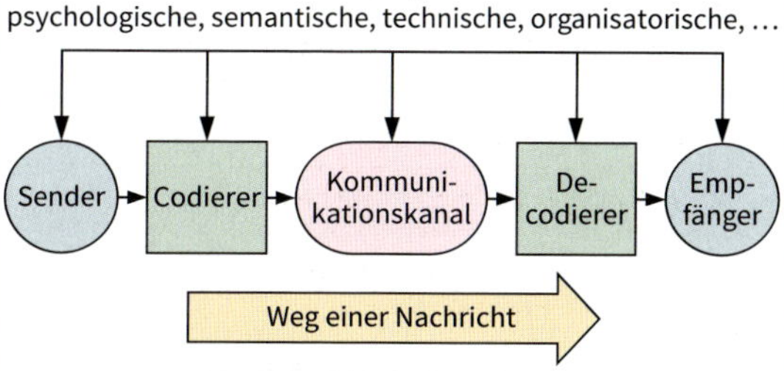

- Auf Grund der mehr „technischen" Sichtweise der Kommunikation werden die sozialen Aspekte der Kommunikation mit diesem Modell nicht berücksichtigt.

Modell der vier Seiten

Das Vier-Seiten-Modell ist vom Kommunikationspsychologen Friedemann Schulz von Thun (geb. 1944) entwickelt worden. Danach kann eine Nachricht im Kommunikationsprozess vier Seiten (Aspekte, Ebenen) besitzen:

Sachebene	**Appell**
Selbstoffenbarung	**Beziehungsebene**

- **Erklärungsbeispiel**
  Bevor in einer Reparaturwerkstatt für IT-Geräte ein Auszubildender das Gerät aufschraubt, sagt der Werkstattleiter laut und deutlich: „Sicherheitsaspekte beachten!"

  Der Werkstattleiter hat also eine Nachricht gesendet, die der Auszubildende empfangen hat. Je nach Vorerfahrungen mit dem Auszubildenden, den vorherrschenden Stimmungen usw. kann diese Nachricht auf verschiedene Weise vom Auszubildenden aufgenommen (decodiert) werden als:

- **Sachebene**
  Erinnerung an die Gefährlichkeit, reine Sachinformation („worüber ich informiere")

- **Appell**
  Aufforderung, dass auf jeden Fall Sicherheitsmaßnahmen einzuhalten sind („wozu ich dich veranlassen möchte")

- **Selbstoffenbarung**
  Ausdruck von Sorge und Angst, damit nichts passiert („was ich von mir selbst kundgebe")

- **Beziehungsebene (Beziehungsbotschaft)**
  Verantwortung und Fürsorgepflicht („was ich von dir halte, oder wie wir zueinander stehen")

- **Verallgemeinerung**
  Diese vier Interpretationsmöglichkeiten zeigen, dass man beim Aufnehmen von Nachrichten gewissermaßen mit „vier Ohren" hören kann. Je nach Absicht des Senders können die verschiedenen Aspekte unterschiedlich stark in Erscheinung treten (codiert sein) bzw. wahrgenommen werden.

Vier-Ohren-Modell

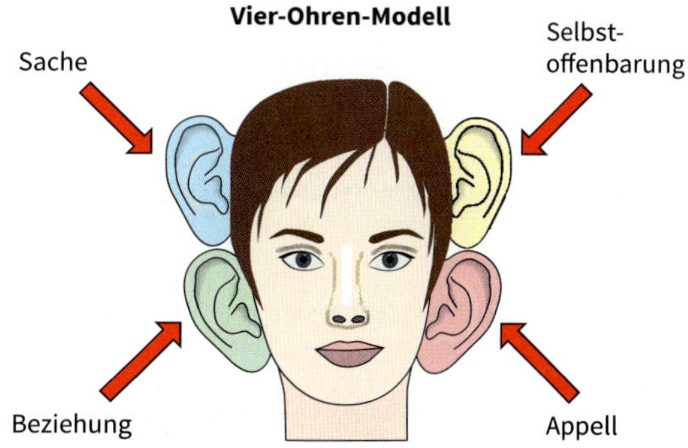

Merkmale

Die **Moderation** wird angewendet, um selbst organisiert und gemeinsam zielgerichtet Themen, Aufgaben, Probleme, … in einer hierarchiefreien Atmosphäre zu bearbeiten.
Das Ziel ist dabei eine möglichst vielfältige, breite und effektive Beteiligung unter Berücksichtigung der Bedürfnisse und Interessen der Gruppenmitglieder.

Der **Moderator**, die **Moderatorin**

- ist nur methodischer Helfer (Katalysator, Leiter ohne Funktion eines Vorgesetzten),
- ist Prozess- bzw. Lern-Helfer (und erbringt eine Dienstleistung),
- „öffnet" die Gruppe für das Thema,
- stellt eigene Meinungen und Ziele zurück,
- bewertet keine Meinungsäußerungen oder Verhaltensweisen,
- nimmt eine fragende Haltung ein (Aktivierung der Gruppe),
- hat Geduld und hört aufmerksam zu,
- stellt aktivierende Fragen und gibt Denkanstöße,
- verhindert Abschweifungen,
- fasst zusammen,
- visualisiert und akzentuiert,
- vergewissert sich, ob seine Visualisierungen mit den Beiträgen übereinstimmen,
- kann auch mit einer weiteren Person zusammenarbeiten,
- nimmt Rücksicht auf natürliche Bedürfnisse der Teilnehmerinnen und Teilnehmer (sinnvoller Wechsel von Arbeitsphasen und Pausen) und
- hat den Raum angemessen vorbereitet (Sitzordnung, Material, …).

Moderationsphasen

	Beispiel:
Einstieg ↓	Eröffnung, Kennenlernen, Abklärung von Erwartungen
Themen sammeln ↓	Themen sammeln, ordnen, gewichten
Thema auswählen ↓	Entscheidung, Reihenfolgen festlegen
Thema bearbeiten ↓	Arbeitsschritte festlegen, Informationen sammeln, Problem analysieren, Problem lösen
Maßnahmen planen ↓	Maßnahmen beschreiben, Verantwortlichkeiten festlegen, Termine planen
Abschluss	Rückbesinnung, Vergleich mit Zielsetzung, Würdigung der Arbeitsweise und des Ergebnisses

Medien und Methoden

- Visualisierungskarten (Rechtecke, Kreise, Ovale, …), Nadeln, Klebestifte, Schere, große Papierbögen, Klebepunkte, Stifte in verschiedenen Ausführungen, …
- Flip-Chart, Pinnwand
- Fragetechnik:
  Frage zurückgeben, offene und geschlossene Fragen, Suggestivfrage, Gegenfrage, rhetorische Frage, …
- Kennenlernen:
  Wir berichten über uns, „Steckbrief", …
- Erwartungen:
  Brainstorming, Kartenabfrage, was soll passieren – nicht passieren, ich erwarte, …
- Sammlung:
  Themenspeicher, Ein-Punkt- oder Mehrpunkt-Frage, …
- Problemanalyse:
  Ursache-Wirkungs-Diagramm, Gegenüberstellungen, Netzbilder, Matrix, MindMap, …
- Bearbeitung:
  Ablaufplan, Maßnahmenkatalog (z. B. was, wer, wozu, wann), …
- Abschluss:
  Reflexion, Stimmungsbarometer, Punktabfrage, Blitzlicht, …
- Nachbereitung:
  Vergleich Soll-Ist, Konsequenzen, …

Visualisierungs-Regeln

- Zuhörer müssen alle Materialien gut sehen und Texte gut lesen können, evtl. Sitzordnung ändern. Materialien zielgerichtet einsetzen.
- Wirkung der Materialien bedenken (Pausen zum Betrachten einplanen).
- Texte übersichtlich und gut lesbar gestalten (Größe, Form, Farbe, Druckbuchstaben). Weniger ist oft mehr!
- Innere Ordnung muss durch Überschriften und Textanordnung deutlich werden.
- Dramaturgie durch geeignete Reihenfolge der Elemente herstellen.
- Verknüpfung verbaler Aussagen mit bildhaften Darstellungen herstellen.
- Blickkontakt während des Medieneinsatzes herstellen.
- Wenn Medien nicht mehr benötigt werden, diese entfernen.

Vorteile

- Sprachaussagen werden anschaulicher und verständlicher.
- Zusammenhänge werden deutlicher.
- Kernaussagen treten deutlich hervor.
- Redeanteil lässt sich verkürzen.
- Struktur tritt hervor.
- Bilder können komplexe Zusammenhänge auf „einen Blick“ verdeutlichen.

Visualisierung durch MindMap

- Bildhafte Darstellung von Gedankengängen (bildhafte Gedankenstütze).
- Grafische Strukturierung von Sachverhalten, Zusammenhängen, Ideen und Denkprozessen (Überblick).
- MindMaps lassen sich einzeln oder durch Gruppen erstellen.
- Innere Ordnung: Vom Abstrakten zum Konkreten, vom Allgemeinen zum Speziellen.
- Vielseitig verwendbar, fördert Kreativität.
- Viel auf einen „Blick“, nichts geht „verloren“. Geringer Aufwand.

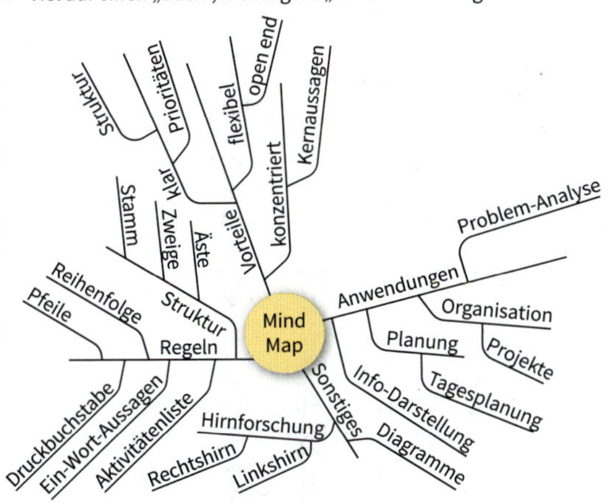

Möglichkeiten

Text:	Unterstützung der Sprache durch Folien, Plakate, Karten.
Tabellen:	„Ordnung“ von Zahlen
Bilder:	Veranschaulichung komplexer Beziehungen, Assoziationen wecken.
Schaubilder:	Strukturen und Abhängigkeiten
Symbole:	Reduzierung auf das „Wesentliche“

Anordnung und Gestaltung von Textkarten

Reihung

Themenstruktur wird deutlich

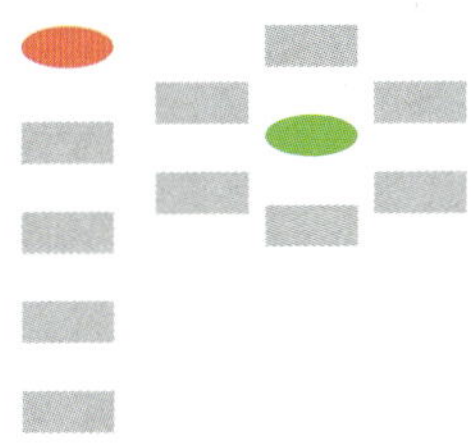

Rhythmus

Erfassung von Zusammenhängen

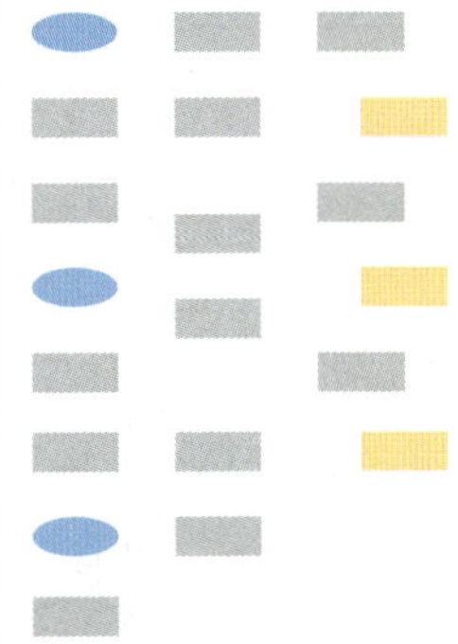

Betonung

Blick wird auf wichtige Aussagen gelenkt.

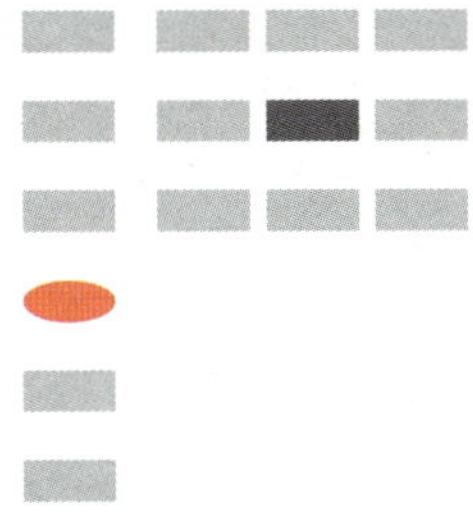

Ballung und Streuung

Bearbeitungsschwerpunkte treten hervor.

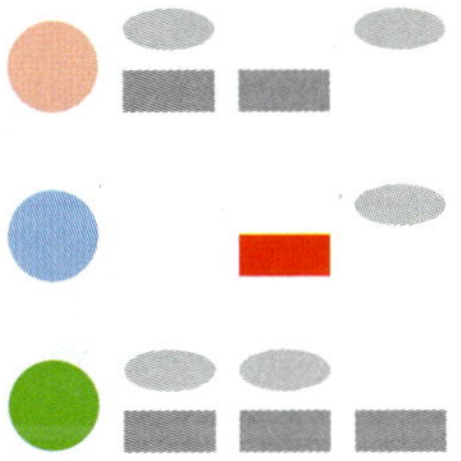

Symmetrie und Asymmetrie

Ähnlichkeiten und Unterschiede treten hervor.

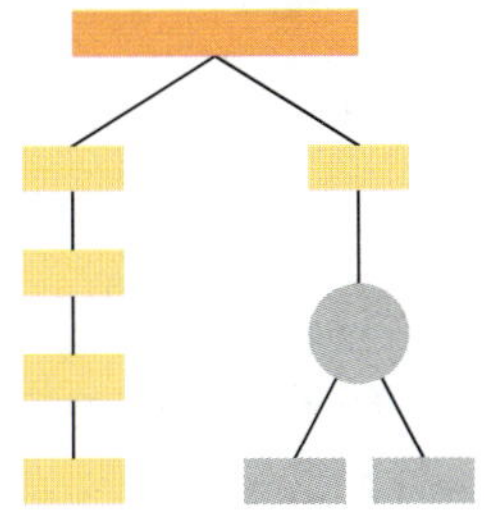

Dynamik

Offene Struktur

Beschreibung

- Informationsübermittlung an einen bestimmten Adressatenkreis.
- Adressaten zeigen im Wesentlichen passives und konsumierendes Informationsverhalten.
- Hohe Behaltensrate wird erreicht durch Kombination von visuellen und verbalen Informationen.
- Vertiefung und Festigung der Präsentation wird erreicht durch
  - Dialog
  - Diskussion
  - Beantwortung zusätzlicher Fragen

Ziele

- Information
- Motivation
- Darstellung komplexer Sachverhalte
- Überzeugen
- Repräsentieren
- Aufbau eines Images
- Handlungen auslösen

Voraussetzungen

- Geeignete technische Hilfsmittel
  - Metaplanwand und -karten, Nadeln, Stifte, …
  - Flipchart mit Papier, Stifte, …
  - Schreibtafel mit Kreide, Karten, Plakate, Klebeband, …
  - Overhead-Projektor mit Folien, Stifte, Tuch zum Löschen, …
  - PC, Software, Daten-/Video-Projektor mit Leinwand, Laserpointer, …
  - Whiteboards, Activeboards
- Übung im Umgang mit den technischen Hilfsmitteln

Vorbereitung

1. Ziel bzw. Absicht formulieren
2. Sammeln von Ideen, Informationen, Materialien
3. Auswählen geeigneter Materialien im Hinblick auf das Ziel
4. Sortieren der Materialien: Kernaussagen, Hintergrundinformationen
5. Gewichtung, Strukturierung
6. Geeignete Methoden und Medien für die Präsentation auswählen.
7. Besonderheiten der Adressaten und des Raumes beachten.
8. Informationen wirkungsvoll aufbereiten.
9. Präsentationsmanuskript erstellen
10. Abfolge „durchspielen“, Probelauf, Test, …

Medien

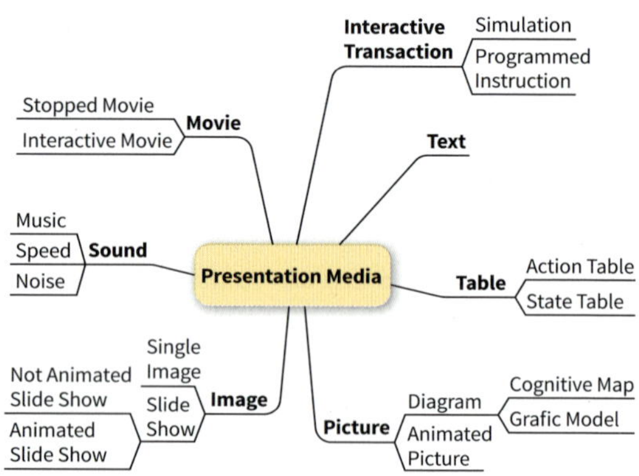

Durchführung

- „**Roten Faden**“ einhalten
- Zusammenspiel zwischen **verbalen Aussagen** und **Visualisierungen** einhalten
- Dramaturgie und Dynamik durch **Sprache** und geeignete Medien herstellen
- Funktion von **Sprechpausen**:
  Gelegenheit zum Atmen, eigene Gedanken neu ordnen, Denkpausen für Zuhörer, Aufmerksamkeit und Spannung
- Medien nacheinander (z. B. durch Aufdecken) präsentieren (**Abfolge**).
- Verschiedene menschliche Sinne ansprechen
- **Haltung, Körpersprache**

  – Stehend:

  Leicht geöffnete Füße auf gleicher Höhe, Gewicht gleichmäßig verlagern, nicht schaukeln oder wippen, mit Händen und Armen ruhig die Visualisierung unterstützen

  – Sitzend:

  Aufrechte Haltung, Arme und Hände ruhig halten, nicht mit Gegenständen spielen
- Nicht zum Medium, sondern zu den Zuhörern sprechen (**Konzentration**).

Technische Dokumentation und Formeln

10

Dokumentation

Formeln

Linienart

Anwendungsbeispiele	Vollinie		Strichlinie		Strichpunktlinie		Freihandlinie	Zickzacklinie	Strich-Zweipunktlinie
	breit	schmal	breit	schmal	breit	schmal	schmal	schmal	schmal
	sichtbare Körperkanten, Gewindebegrenzung	Maßlinie, Maßhilfslinie, Schraffur, Bezugslinie, Gewindelinie	Kennzeichnung von Oberflächenbehandlung	verdeckte Körperkanten	Schnittverlauf	Mittellinie	Bruchlinie	Bruchlinie	angrenzende Teile, Grenzstellung beweglicher Teile

Normschrift

- Schriftform A: Linienbreite $\frac{1}{14}h$
- Schriftform B: Linienbreite $\frac{1}{10}h$
- kursiv: unter 75°
- vertikal: unter 90°

ABCDEFGHIJKLMNOPQRSTUVW

XYZÄÖÜ 1234567790 IVX

aabcdefghijklmnopqrstuvwxyz

äaöüß±□ [(!?:;"-=+×·:√%&)]ø

Blattformate

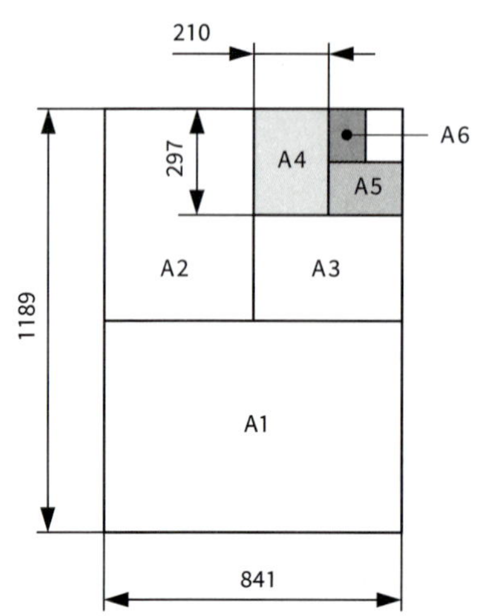

A0 = 841 mm x 1189 mm = 1 m²

A4 = 210 mm x 297 mm = 0,0624 m² ≈ $\frac{1}{16}$ m²

Blattgrößen

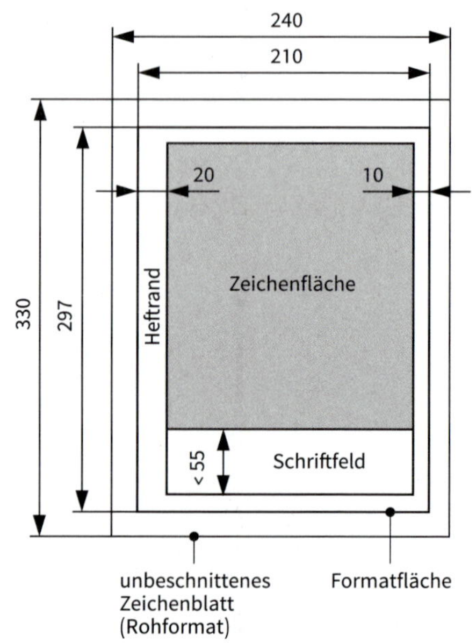

Strukturierung

- Zur Kennzeichnung der elektrischen Betriebsmittel werden diese in eine Struktur eingebunden.
- Mit Hilfe dieser Struktur ist die Information über das System und dessen Dokumente organisiert, eine Navigation im System ist möglich und **Referenzkennzeichen** können gebildet werden.
- Die Strukturierung erfolgt in Form eines hierarchischen Baumes:
  - **Produktionsbezogen** (Vorzeichen: –)
    Die Struktur gibt den mechanischen und technischen Aufbau des Systems wieder.
  - **Funktionsbezogen** (Vorzeichen: =)
    Die Objekte werden entsprechend der Funktion unabhängig von der Realisierung beschrieben.
  - **Ortsbezogen** (Vorzeichen: +)
    Die räumliche Anordnung der Objekte (Platz, Raum, Gebäude, Gelände, usw.) wird dargestellt.
- Alle Objekte eines Systems sollten mindestens nach dem Produktaspekt strukturiert werden.
- Vorgehensweise zur Strukturierung:
  1. Abgrenzung und Benennung der Objekte
  2. Strukturierungsprinzip festlegen (Produktbezogen)
  3. Teilobjekte bestimmen (z. B. Schaltfeld 1)
  4. Unterteilung der Teilobjekte (z. B. Leistungsschalter)
  5. Klassifizierung und Kennzeichnung (-Q01 -QA1)

Referenzkennzeichnung

Beispiel: Produktionsbezogene Struktur mit Referenzkennzeichen einer Umspannstation

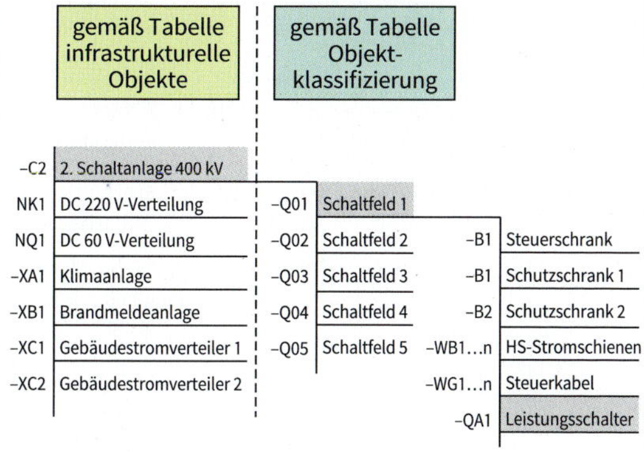

- Das Referenzkennzeichen eines Objektes besteht aus dem Vorzeichen (–, =, +), einem Kennbuchstaben für die betreffende Klasse bzw. Unterklasse und einer Nummer zur eindeutigen Identifizierung.
  Beispiel: -QA1 Leistungsschalter 1
  -Q01 -QA1 Leistungsschalter 1 im Schaltfeld 1

Klassen für infrastrukturelle Objekte

Objekte	Kenn-buch-stabe	Beschreibung	Beispiele
…für gemeinsame Aufgaben	A	Objekte, die mehreren Infrastrukturklassen zugeordnet werden	Fernwirkanlage, zentrale Leittechnikanlage
…für Hauptprozesseinrichtungen	B…U	Die Buchstaben B bis U sind in der nebenstehenden Tabelle aufgeführt.	400/230 V Energieverteilung
…die nicht dem Hauptprozess zuzuordnen sind	V	Objekte für die Lagerung von Materialien	Fertigwarenlager, Mülllager, Rohmateriallager
	W	Objekte mit administrativen oder sozialen Aufgaben	Büro, Garage, Kantine
	X	Objekte mit Hilfsaufgaben neben dem Hauptprozess	Alarmanlage, Brandschutzanlage, Beleuchtungseinrichtung, Elektroenergieverteilung, Gasversorgung, Klimaanlage, Wasserversorgung
	Y	Objekte mit Informations- oder Kommunikationsaufgaben	Antennenanlage, Computernetzwerk, Lautsprecheranlage, Telefonanlage
	Z	Objekte zur Unterbringung technischer Anlagen	Fabrikgelände, Gebäude, Straße, Zaun

Energieverteilstation	
Buchstabe	Spannungswerte
B	> 420 kV
C	400 kV … ≤ 420 kV
D	230 kV … < 400 kV
E	110 kV … < 230 kV
F	60 kV … < 110 kV
G	45 kV … < 60 kV
H	30 kV … < 45 kV
J	20 kV … < 30 kV
K	10 kV … < 20 kV
L	6 kV … < 10 kV
M	1 kV … < 6 kV
N	< 1 kV
P	Schutzpotenzialausgleich
T	Anlagen zum Umspannen

Kennzeichnung von elektrischen Betriebsmitteln (Objekte)
Designation of Electrical Equipment (Objects)

DIN EN 81346-2: 2010-05

Kennbuchstaben zur Objektklassifizierung

Kennbuch-stabe	Hauptaufgabe/-zweck	Beispiele
A	Hauptaufgabe lässt sich nicht eindeutig bestimmen	Schaltschrank, Sensorbildschirm
B	Umwandeln einer physikalischen Größe in ein Signal zur Weiterverarbeitung	Bewegungsmelder, Fotozelle, Fühler, Messrelais, Messwiderstand, Rauchmelder
C	Speichern von Energie bzw. Information	Festplatte, Kondensator, Pufferbatterie, RAM, Speicher
E	Kühlen, Heizen, Beleuchten, Strahlen	Boiler, Heizung, Lampe, Laser, Leuchte, Mikrowellengerät
F	Direktes Schützen von Personen oder Einrichtungen	Leitungsschutz-Schalter, Überspannungsableiter, RCD, Sicherung, SH-Schalter
G	Erzeugen von Energie, Materialfluss oder Signalen	Batterie, Brennstoffzelle, Dynamo, Generator, Lüfter, Solarzelle, Ventil
K	Verarbeiten von Signalen oder Informationen	Binärbaustein, Frequenzfilter, Hilfsschütz, Regler, Schaltrelais, Transistor, Zeitrelais
M	Bereitstellen von mechanischer Energie zu Antriebszwecken	Elektromotor, Stellantrieb
P	Darstellen von Informationen	Ampere- bzw. Voltmeter, Drucker, Klingel, Lautsprecher, LED, Uhr, Zähler
Q	Schalten und Variieren von Energie, Signal- und Materialfluss	Leistungsschalter, Motoranlasser, Leistungstransistor, Schütz, Stromstoßschalter, Thyristor, Trennschalter
R	Begrenzen oder Stabilisieren von Energie-, Informations- oder Materialfluss	Begrenzer, Diode, Drosselspule, Widerstand
S	Umwandeln manueller Betätigung in Signale	Steuerschalter, Tastschalter, Tastatur, Wahlschalter
T	Umwandeln von Energie bzw. Signalen unter Beibehaltung von Energieart bzw. Informationsgehalt	Antenne, Frequenzwandler, Gleichrichter, Ladegerät, Netzgerät, Transformator, Verstärker, Wandler, Wechselrichter
U	Halten von Objekten in einer definierten Lage	Isolator, Kabelpritsche, Mast, Montageschiene
V	Verarbeiten oder Behandeln von Material oder Produkten	Abscheider, Filter
W	Leiten oder Führen von Energie oder Signalen	Bussystem, Kabel, Leiter, Lichtwellenleiter, Sammelschiene
X	Verbinden	Klemme, Klemmleiste, Steckdose, Stecker, Verbindungsdose

Unterklassen

- Zur eindeutigen Beschreibung können weiterhin **Unterklassen** gebildet werden, die ebenfalls durch Kennbuchstaben gekennzeichnet werden.
- Die Unterklassen müssen von Anwendern festgelegt und dokumentiert werden, wobei die Buchstaben I und O wegen der Verwechslungsgefahr mit den Ziffern 1 und 0 nicht benutzt werden sollen.

Beispiel:
Ist für einen Leistungstransformator die Klassenbezeichnung T nicht ausreichend, kann zusätzlich die Unterklasse A (Leistung transformieren) eingeführt werden.

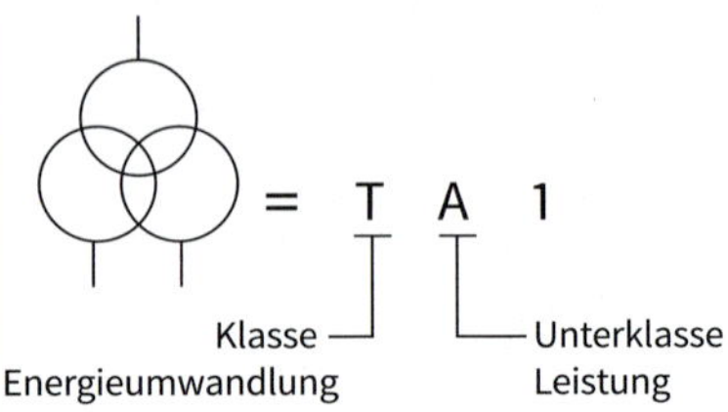

Die nachfolgende Tabelle zeigt beispielhafte Unterklassen

Buchstaben	Beispiele
Unterklassen B (Auszug)	
BA	Messrelais (Spannung), Schutzrelais (Spannung)
BC	Messrelais (Strom), Schutzrelais (Strom)
BG	Bewegungsmelder, Näherungsschalter
Unterklassen F (Auszug)	
FA	Überspannungsableiter
FB	Fehlerstrom-Schutzschalter
FC	Sicherung, LS-Schalter
Unterklassen R (Auszug)	
RA	Diode, Widerstand
RB	Glättungskondensator
RF	Filter, Tiefpass
Unterklassen T (Auszug)	
TA	DC/DC-Wandler, Transformator
TB	Wechselrichter, Gleichrichter
TF	Verstärker, Messumformer

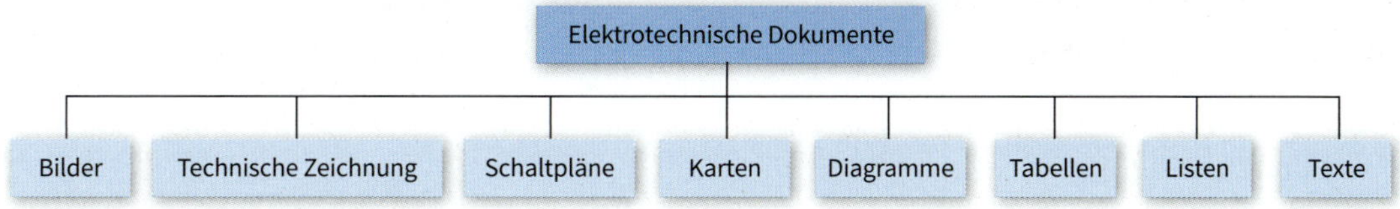

Funktionsbezogene Dokumente

Übersichtsschaltplan:
Vereinfachte Darstellung einer Schaltung, die die Arbeitsweise und die Gliederung einer elektrischen Einheit zeigt

Blockschaltplan: ①
Übersichtsschaltplan mit Blocksymbolen

Netzwerkkarte:
In Landkarte eingezeichneter Übersichtsschaltplan

Funktionsschaltplan:
Prozessorientierte Darstellung z. B. einer Steueraufgabe

Logik-Funktionsschaltplan:
Funktionsschaltplan mit binären Schaltzeichen

Ersatzschaltplan:
Funktionsschaltplan als äquivalente Schaltung

Funktionsplan: ②
Steuerungs- oder Regelungssystem durch ein Diagramm beschrieben

Stromlaufplan: ③
Ausführliche Darstellung einer Schaltung, aus der ihre Funktion zu erkennen ist

Ortsbezogene Dokumente

- Lageplan
- Installationsplan ④
- Installationsschaltplan
- Gruppenzeichnung
- Anordnungsplan

Verbindungsbezogene Dokumente

- Verdrahtungsplan, -tabelle
- Geräteverdrahtungsplan, -tabelle
- Verbindungsplan, -tabelle
- Anschlussplan, -tabelle, Klemmenplan
- Kabelplan, -tabelle, -liste

Außerdem verwendet man
- Ablaufdiagramme, Zeitablaufdiagramme
- Anschlussfunktionspläne
- Programmpläne, -tabellen, -listen

Funktionsplan (Ausschnitt) ②

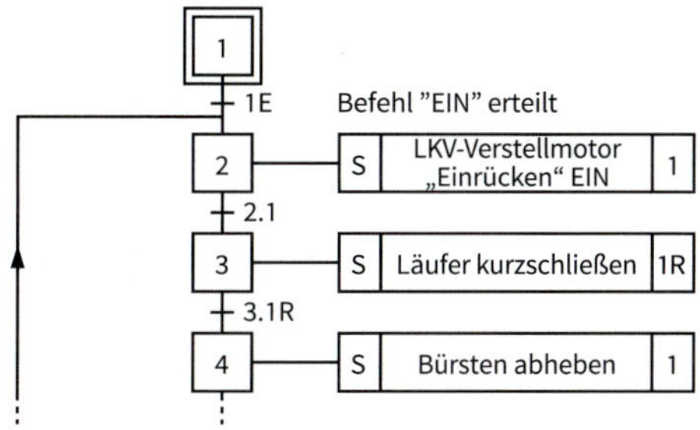

Stromlaufplan ③

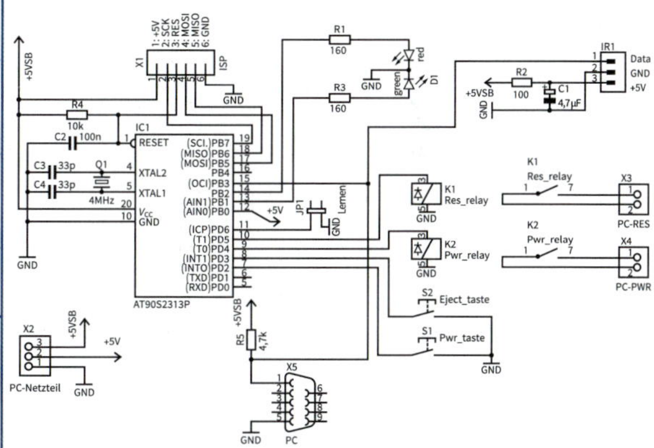

Installationsplan (Ausschnitt) ④

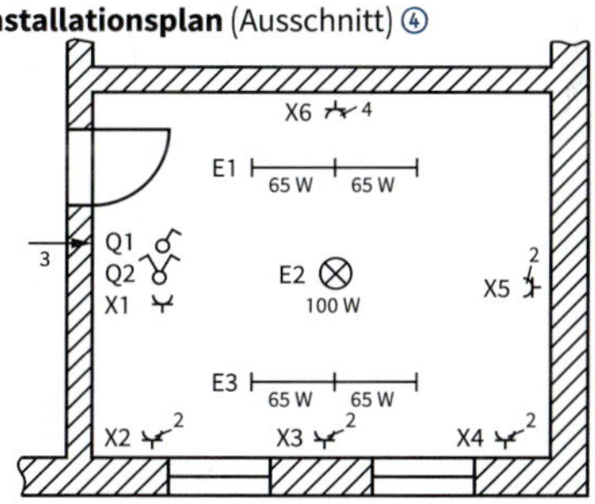

Verlegeart:
NYM auf Abstandsschellen mit Abzweigdosen

Montagehöhe über OKFB
Steckdosen 1,05 m

Schutz bei ind. Berühren:
Abschaltung durch LS-Schalter

Zusätzlicher Schutz im Bad:
RCD-Schutzeinrichtung $I_{\Delta n}$ = 30 mA

Leistung:
Steckdosen 4 kW

M 1:100

Blockschaltplan ①

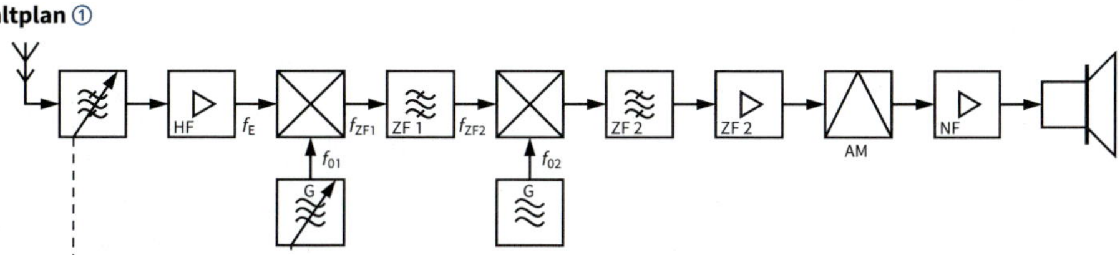

Symbolelemente und Kennzeichen
Symbol Elements and Marks

DIN EN 60 617-03: 1997-08

Symbolelemente	
Schaltzeichen	**Benennung**
Form 1 Form 2 Form 3	Betriebsmittel, Komponente, Funktionseinheit, Funktion
Form 1 Form 2	Hülle, Gehäuse, Kolben, Kessel
	Begrenzungslinie einer Gruppe zusammengehöriger Objekte
	Schirm, Abschirmung
Arten von Strömen und Spannungen	
	Gleichstrom
~ 50<Hz	Wechselstrom, 50 Hz
Wechselstrom	
	Niedrige Frequenzen
	Mittlere Frequenzen
	Hohe Frequenzen
Impulsformen	
	Positiver Impuls
	Wechselstrom-Impuls
	Positive Schrittfunktion
Erde, Masse, Äquipotenzial	
	Erde
	Fremdspannungsarme Erde
	Schutzerde
	Masse Gehäuse

Symbolelemente	
Schaltzeichen	**Benennung**
Leiter	
	Leiter, Gruppe von Leitern, Leitung, Kabel, Stromweg, Übertragungsweg
Form 1 Form 2 3	Einpolige Darstellung, drei Leiter, Anzahl der Leiter durch kleine Striche oder durch einen Strich mit einer Zahl angezeigt
	Leiter, bewegbar
	Leiter, geschirmt
	Leiter, koaxial
Verbinder	
	Buchse Pol einer Steckdose
	Steckverbindung, zwei Buchsen durch einen Stecker verbunden
	Steckverbindung mit Adapter
	Buchse und Stecker, Steckverbindung
Anschlüsse und Leiterverbindungen	
	Verbindung von Leitern
	Anschluss (z. B. Klemme)
Form 1 Form 2	Abzweig von Leitern
Form 1 Form 2	Doppelabzweig von Leitern

Symbolelemente	
Schaltzeichen	**Benennung**
Veränderbarkeit	
	nicht linear, nicht inhärent
	trimmbar
Wirkungsrichtung	
	Senden
	Empfangen
Wirkungen von Abhängigkeiten	
	Thermische Wirkung
	Verzögerung
Mechanische Stellteile	
Form 1 Form 2	Wirkverbindung, allgemein; Mechanische, pneumatische und hydraulische Wirkverbindung
	Verzögerte Wirkung
Antriebsarten	
	Betätigung durch elektromagnetischen Antrieb
	Notschalter
	Handantrieb, allgemein
Verschiedenes	
	Bewegbarer Kontakt (z. B. Schleifkontakt)
	Umsetzer, Umformer, Umrichter
	Ideale Stromquelle
	Ideale Spannungsquelle

Halbleiterbauelemente
Semiconductors

DIN EN 60617-05: 1997-08

Schaltzeichen	Benennung
Halbleiterdioden	
	Halbleiterdiode, allgemein
	Leuchtdiode, allgemein
	Kapazitätsdiode, Varactor
	Durchbruch-Diode, Z-Diode
	Breakdown-Diode Gegeneinander geschaltete Z-Dioden
	Tunneldiode, Esaki-Diode
	Rückwärts-Diode Unitunneldiode
	Bidirektionale Diode
Thyristoren	
	Thyristordiode rückwärts sperrend
	Thyristordiode, rückwärts leitend
	Thyristordiode, bidirektional, Diac
	Thyristortriode, Thyristor allgemein
	Thyristortriode, rückwärts sperrend, Anode gesteuert (N-Gate)
	Thyristortriode, rückwärts sperrend, Kathode gesteuert (P-Gate)

Schaltzeichen	Benennung
Thyristoren	
	Abschalt-Thyristortriode
	Abschalt-Thyristortriode, Anode gesteuert (N-Gate)
	Thyristortetrode, rückwärts sperrend
	Thyristortriode, bidirektional, Triac
	Thyristortriode, rückwärts leitend
	Thyristortriode, rückwärts leitend, Anode gesteuert (N-Gate)
Transistoren	
	PNP-Transistor
	NPN-Transistor
	Unijunction-Transistor mit Basis vom P-Typ
	NPN-Transistor mit zwei Basisanschlüssen
	Sperrschicht-Feldeffekt- Transistor (JFET) mit N-Kanal
	Sperrschicht-Feldeffekt-Transistor (JFET) mit P-Kanal
	Isolierschicht-Feldeffekt-Transistor (IGFET), Anreicherungstyp
	Insulated Gate Bipolar Transistor (IGBT)

Schaltzeichen	Benennung
Transistoren	
	Isolierschicht-Feldeffekt- Transistor (IGFET), Anreicherungstyp, Substratanschluss
	Isolierschicht-Feldeffekt- Transistor (IGFET), Substrat intern mit Source verbunden
	Isolierschicht-Feldeffekt-Transistor (IGFET), Verarmungstyp
Sensoren	
	Diode, lichtempfindlich, Photodiode
	Widerstand, lichtempfindlich Photowiderstand
	Photoelement, Photozelle
	Optokoppler, Leuchtdiode und Phototransistor
	Hall-Generator
	Widerstand, magnetfeldempfindlich
	Magnetischer Koppler
	Ionisationskammer
	Halbleiterdetektor
	Zählrohr

Passive Bauelemente
Passive Components

DIN EN 60617-04: 1997-08

Schaltzeichen	Benennung
Widerstände	
	Widerstand, allgemein
	Widerstand, veränderbar, allgemein
U	Widerstand, spannungsabhängig, Varistor

Schaltzeichen	Benennung
Kondensatoren	
	Kondensator, allgemein
	Kondensator, gepolt, Elektrolyt-Kondensator
	Kondensator, veränderbar

Schaltzeichen	Benennung
Induktivitäten	
	Induktivität, Spule, Wicklung, Drossel bevorzugte Form
	frühere Form
	Induktivität mit Magnetkern

Fernsprecher

Schaltzeichen	Benennung
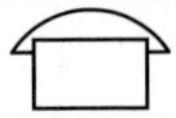	Fernsprecher, allgemein
	Fernsprecher für Zemtralbatterie-Betrieb
	Fernsprecher mit Tastwahlblock
	Münzfernsprecher
	Fernsprecher ohne Speisung, Fernsprecher, batterielos
	Fernsprecher für zwei oder mehr Amtsleitungen oder Nebenstellenleitungen
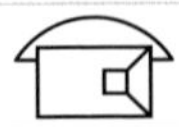	Fernsprecher mit Lautsprecher

Aufzeichnungs- und Wiedergabegeräte

Schaltzeichen	Benennung
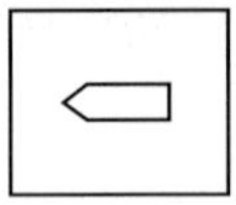	Aufzeichnungs-/Wiedergabegerät, allgemein
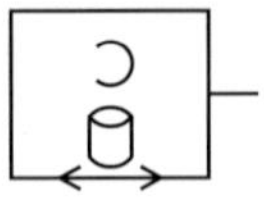	Aufzeichnungs-/Wiedergabegerät mit Magnettrommelspeicher
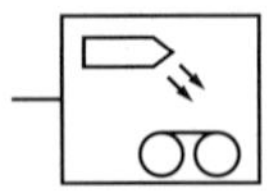	Opto-elektronisches Aufzeichnungsgerät
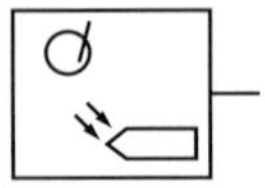	Wiedergabegerät mit Lichtabtastung Compact-Disk-Gerät
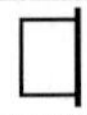	Hörer, allgemein
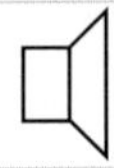	Lautsprecher, allgemein
	Mikrofon, allgemein
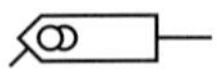	Tonabnehmer, stereophon
	Wiedergabekopf, lichtempfindlich, monophon
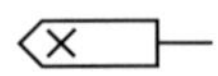	Löschkopf
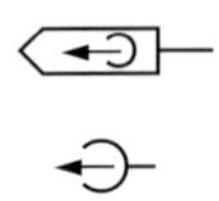	Aufnahmekopf (Schreibkopf), magnetisch, monophon) vereinfachte Form

Übertragungseinrichtungen

Schaltzeichen	Benennung
	Antenne, allgemein
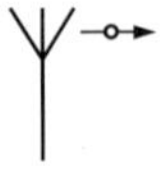	Antenne, Polarisation zirkular
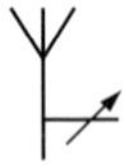	Antenne, Azimut variabel
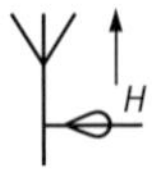	Richtantenne, Azimut fest. Polarisation vertikal, horizontales Strahlungsdiagramm
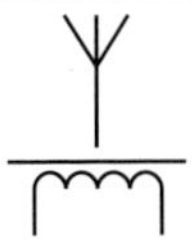	Ferritantenne
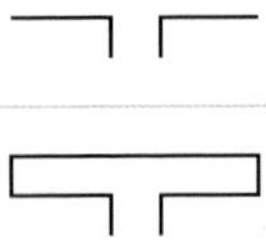	Dipolantenne
	Faltdipolantenne Schleifendipolantenne
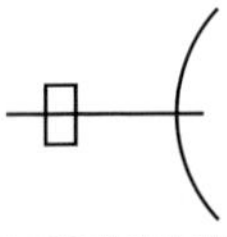	Parabolantenne, dargestellt mit Rechteck-Hohlleiterzuleitung
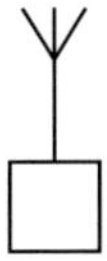	Funkstelle, allgemein
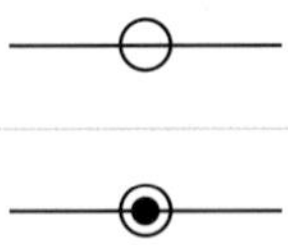	Rund-Hohlleiter
	Koaxial-Hohlleiter
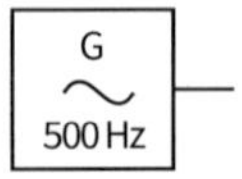	Sinusgenerator, 500 Hz
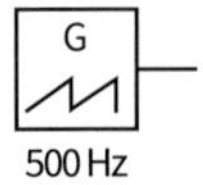	Sägezahngenerator, 500 Hz
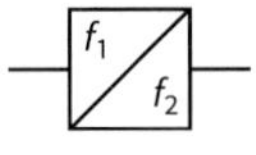	Frequenzumsetzer, Umsetzung von f_1 nach f_2
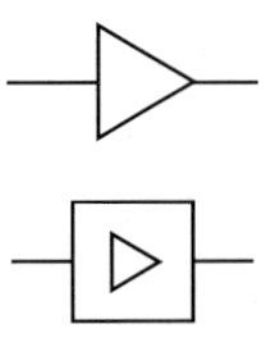	Verstärker, allgemein Form 1; Form 2
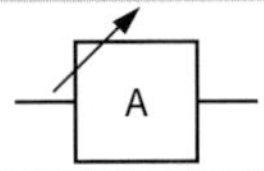	Dämpfungsglied, veränderbar
	Filter, allgemein
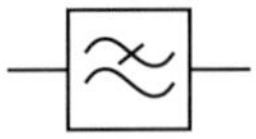	Tiefpass
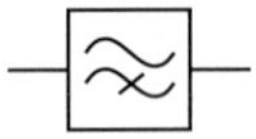	Hochpass
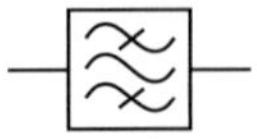	Bandpass
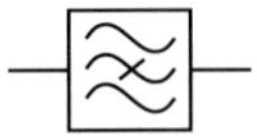	Bandsperre
	Begrenzer
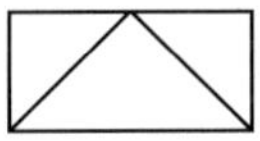	Modulator, allgemein Demodulator, allgemein Diskriminator, allgemein
	Lichtwellenleiter (LWL), allgemein Lichtwellenleiterkabel, allgemein

Kontakte
Contact

DIN EN 60617-07: 1997-08

Kennzeichen

	Schütz-Funktion
×	Leistungsschalter-Funktion
—	Trennschalter-Funktion
	Lasttrennschalter-Funktion
■	Selbsttätige Ausschaltung
	Endschalter-Funktion
◁	Funktion „selbsttätiger Rückgang“
○	Funktion „nichtselbsttätiger Rückgang“

Symbolelemente

Form 1 / Form 2	Schließer, Schaltfunktion, allgemein Schalter
	Öffner
	Wechsler mit Unterbrechung
	Wechsler mit Mittelstellung „Aus“
Form 1 / Form 2	Wechsler ohne Unterbrechung Folgeumschaltglied
	Zwillingsschließer

	Wischer mit Kontaktgabe bei Betätigung
	Voreilender Schließer
	Nacheilender Schließer
	Nacheilender Öffner
	Schließer, anzugverzögert abfallverzögert
	Öffner, anzugverzögert abfallverzögert

Melde- und Signaleinrichtungen
Alarm- and Signalling Devices

DIN EN 60617-08: 1997-08

Gefahrenmelde-, Melde-Signaleinrichtungen

	Kennzeichen: Hilferuf (z. B. an Polizei) Differenzialprinzip
	Uhr, allgemein Nebenuhr
	Passierschloss für Schaltwege in Sicherheitsanlagen
	Lichtsender Gleichlichtsender
	Lichtempfänger mit Hell-Schaltung und Kontaktausgang
	Lichtschranke – Lichtsender mit Wechsellicht – Lichtempfänger in Dunkelschaltung mit Kontaktausgang

	Leuchtmelder mit Glimmlampe
	Melder mit Fühleinrichtung, z. B. für Blinde
	Temperaturmelder
	Rauchmelder, selbsttätig, lichtabhängiges Prinzip
	Erschütterungsmelder, Tresorpendel
	Ruhestromschleife, als Brandfühler
	Polizeimelder, mit Sperrung und mit Fernsprecher
	Brandmelder
	Brandmelder, Polizeimelder, Laufwerk mit Sperrung Polizeimelder mit Sperrung

	Leuchte, allgemein Leuchtmelder, allgemein
Neben dem Schaltzeichen darf die Farbe nach DIN IEC 757 angegeben werden: RD rot, BU blau, GN grün YE gelb, WH weiß	
	Leuchtmelder, blinkend
	Sichtmelder, elektromechanisch, Schauzeichen, Fallklappe
	Horn, Hupe
	Wecker, Klingel
	Gong, Einschlagwecker
	Sirene
	Schnarre, Summer

Kennzeichnung der Schaltungsart		Maschinenarten			
	Eine Wicklung		Wechselstrom-Reihenschluss-motor, einphasig		Synchronmotor, einphasig
	Drei getrennte Wicklungen		Linearmotor		Drehstrom-Linear-motor, Bewegung in nur einer Richtung
	Drei getrennte Wicklungen, Dreiphasen-System		Schrittmotor		Drehstrom-Asyn-chronmotor mit Käfigläufer
	Dreieckschaltung		Gleichstrom-Reihenschluss-motor		Asynchronmotor, einphasig, mit Käfigläufer, Enden für eine Anlaufwicklung herausgeführt
	Sternschaltung		Gleichstrom-Nebenschluss-motor		
	Sternschaltung, Neutralleiter her-ausgeführt				

Transformatoren und Drosseln					
Form 1	Form 2		Form 1	Form 2	
		Transformator mit zwei Wicklungen, Spannungswandler Kennzeichnung gleicher Phasen-lagen, gleichzeitig eintretende Ströme erzeugen Magnetflüsse in gleicher Richtung			Drehstromtrans-formator mit Last-Stufenschalter, Stern/Dreieck-schaltung
		Transformator mit drei Wicklungen			Stromwandler, Im-pulstransformator
		Spartransformator			Einphasentrans-formator mit zwei Wicklungen und Schirm
		Spartransformator, einphasig			Transformator mit Mittenanzapfung an einer Wicklung
		Drossel			Transformator mit veränderbarer Kopplung

Netzteile/Energieversorgung					
	Gleichstrom-Umrichter		Gleichrichter/ Wechselrichter (umschaltbar)	G	Generator, allgemein
	Gleichrichter		Wechselstrom-umrichter		Wechselrichter
	Gleichrichter in Brückenschaltung	U const	Spannungs-konstanthalter		Primärzelle Primärelement Akkumulator

Schutzeinrichtungen

Symbol	Bedeutung
	Sicherung, allgemein
	Sicherung; breite Seite kennzeichnet den netzseitigen Anschluss
	Sicherung mit mechanischer Auslösemeldung (Schlagbolzensicherung)
	Sicherung mit Meldekontakt und drei Anschlüssen
	Sicherungsschalter
	Dreipoliger Schalter mit selbsttätiger Auslösung durch den Schlagbolzen jeder einzelnen Sicherung
	Sicherungstrennschalter
	Sicherungs-Lasttrennschalter
D ÛÛ / 10A	Schraubsicherung, dargestellt 10 A, Typ D II, dreipolig
00 / 25A	Niederspannungs-Hochleistungs-Sicherung (NH), dargestellt 25 A, Größe 00
* S	Selektiver Hauptleitungsschutz-Schalter
	Blitzstromableiter
	Funkenstrecke
	Überspannungsableiter
	Überspannungsableiter in einer Gasentladungsröhre

Aufzeichnende Messgeräte

Symbol	Bedeutung
*	Messgerät, anzeigend, allgemein
V	Spannungsmessgerät
A	Amperemeter, Stromstärkemessgerät
W	Wattmeter, Leistungsmessgerät
var	Blindleistungsmessgerät
$\cos\varphi$	Leistungsfaktormessgerät
Hz	Frequenzmessgerät
n	Drehzahlmessgerät
	Galvanometer
	Synchronoskop
φ	Phasenwinkelmessgerät
	Oszilloskop
V U_d	Differenzialspannungs-, Gleichspannungsmessgerät
A $I\sin\varphi$	Blindstrommessgerät
Ω	Widerstandsmessgerät
Θ	Thermometer, Pyrometer
	Messwerk mit Spannungspfad
	Messwerk mit einem Strompfad
	Messwerk zur Summen- oder Differenzbildung
	Messwerk zur Produktbildung
	Messwerk zur Quotientenbildung
	Kreuzzeigerinstrument

Zähler

Symbol	Bedeutung
h	Betriebsstundenzähler
Ah	Amperestundenzähler
Wh	Wattstundenzähler, Elektrizitätszähler
Wh	Mehrtarif-Wattstundenzähler, Zweitarifzähler dargestellt
Wh $P >$	Wattstundenzähler, der nur zählt, wenn ein vorgegebener Wert überschritten wird
Wh	Wattstundenzähler mit Übertragungseinrichtung
varh	Blindverbrauchszähler
0	Impulszähler mit elektrischer Rückstellung auf Null

Messrelais

Symbol	Bedeutung
$m < 3$	Phasenausfallrelais in einem Dreiphasensystem
$U = 0$	Nullspannungsrelais
$I >$	Überstromrelais, verzögert
	Näherungsempfindliche Einrichtung, kapazitiv, reagiert auf Näherung eines Festkörpers

Schalter – Schaltgeräte

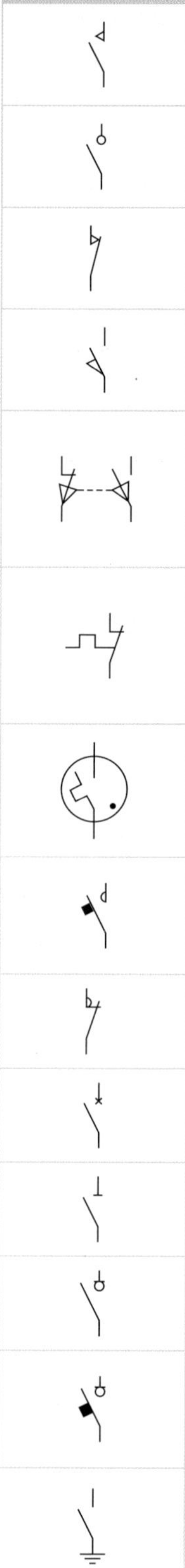

Symbol	Benennung
	Schließer mit selbsttätigem Rückgang
	Schließer mit nicht selbsttätigem Rückgang
	Öffner mit selbsttätigem Rückgang
	Grenzschalter, Endschalter (Schließer)
	Grenzschalter, Endschalter, mechanische Betätigung in beiden Richtungen
	Öffner mit selbsttätiger thermischer Betätigung (Thermokontakt, z. B. Bimetall)
	Gasentladungsröhre mit Thermokontakt, Starter für Leuchtstofflampe
	Schütz mit selbsttätiger Auslösung
	Schütz (Öffner, Leistungskontakt)
	Leistungsschalter
	Trennschalter, Leerschalter
	Lasttrennschalter
	Laststrennschalter mit selbstätiger Auslösung
	Erdungsschalter, allgemein

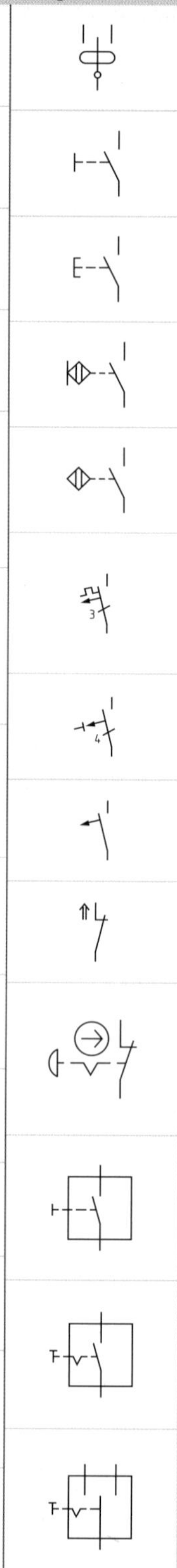

Symbol	Benennung
	Quecksilberschalter mit drei Anschlüssen
	Handbetätigter Schalter
	Druckschalter, Taster
	Berührungsempfindlicher Schalter
	Näherungsempfindlicher Schalter
	Motorschutzschalter, dreipolig, mit thermischer und magnetischer Auslösung
	Fehlerstrom-Schutzschalter, vierpolig
	Leitungsschutz-Schalter
	Schließer betätigt dargestellt
	Pilz-Notdrucktaster mit zwangsläufiger Betätigung und Selbsthaltung des Öffners
	Tastschalter mit Schließer, handbetätigt
	Stellschalter mit Schließer, handbetätigt (**Ausschalter**)
	Stellschalter mit drei Schaltstellungen, Zweiwegschließer, handbetätigt, (**Gruppenschalter**)

Elektromagnetische Antriebe

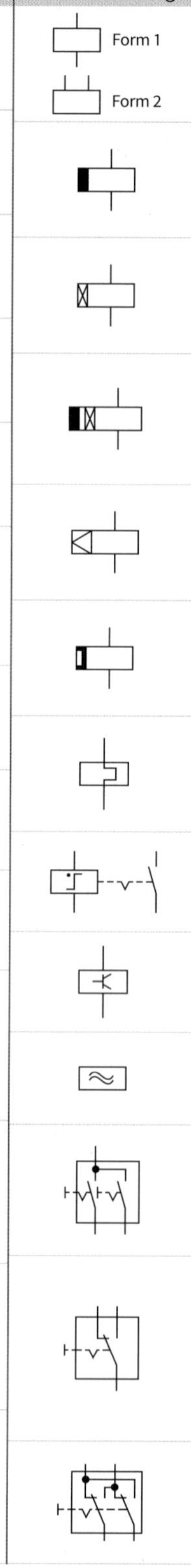

Symbol	Benennung
Form 1 / Form 2	Elektromechanischer Antrieb, Relaisspule
	Elektromechanischer Antrieb mit Rückfallverzögerung
	Elektromechanischer Antrieb mit Ansprechverzögerung
	Elektromechanischer Antrieb mit Ansprech- und Rückfallverzögerung
	Elektromechanischer Antrieb eines Stützrelais
	Elektromechanischer Antrieb eines polarisierten Relais
	Elektromechanischer Antrieb eines Thermorelais
	Fortschaltrelais Stromstoßrelais
	Antrieb eines elektronischen Relais
	Tonfrequenz-Rundsteuerrelais
	Stellschalter mit zwei Betätigungsstücken, handbetätigt (**Serienschalter**)
	Stellschalter mit zwei Schaltstellungen, Umschaltglied, Wechsler, handbetätigt (**Wechselschalter**)
	Kreuzschalter

Symbolaufbau

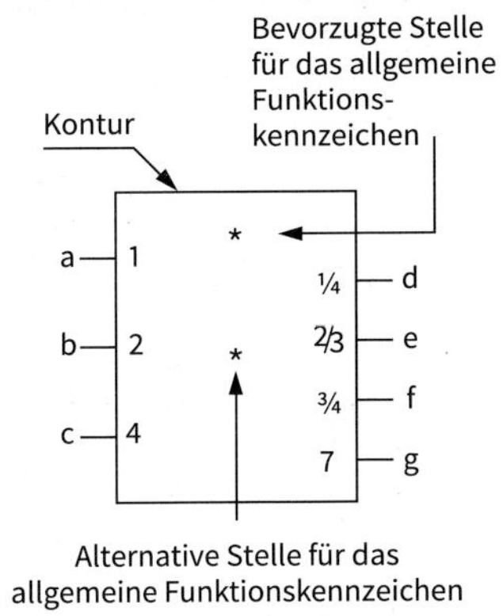

Konturen

Element-Kontur als Quadrat dargestellt

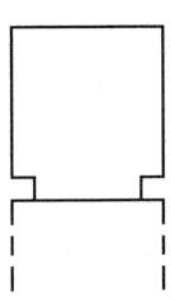
Steuerblock-Kontur

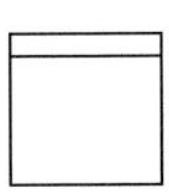
Ausgangsblock-Kontur

Anordnung mehrerer Elemente

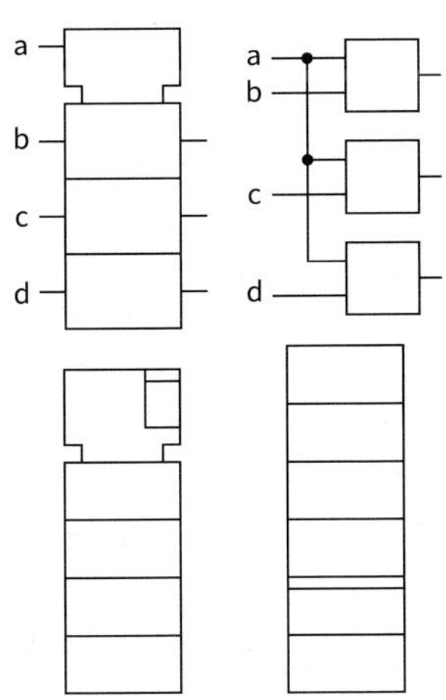

Kennzeichen an Eingängen, Ausgängen und anderen Verbindungen

Negation

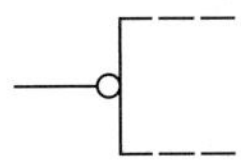
Eingang

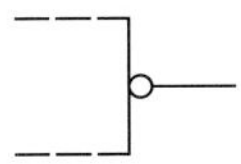
Ausgang

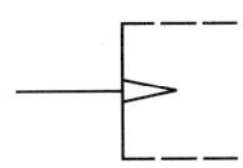
Dynamischer Eingang

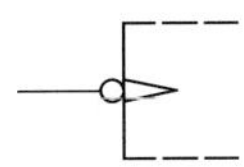
Dynamischer Eingang mit Negation

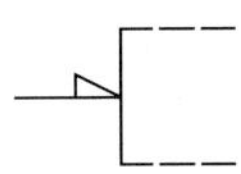
Polaritätsindikator, Eingang (Negation)

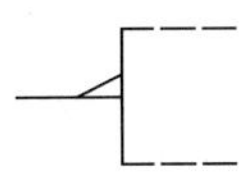
Polaritätsindikator, Ausgang Signalflussrichtung von rechts nach links

Beispiel:

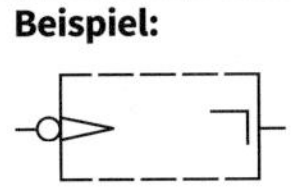
vom externen 1-Zustand zum externen 0-Zustand

Kennzeichen innerhalb der Kontur

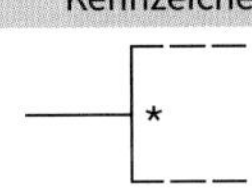

Eingang

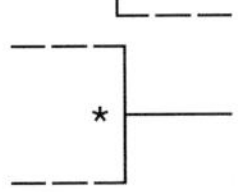

Ausgang

* muss ersetzt werden durch nachfolgende Schaltzeichen

Retardiert

Schwellwert Hysterese

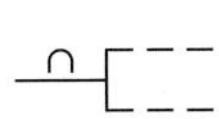
Analoger Eingang

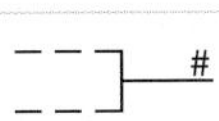

Digitaler Ausgang

Kombinatorische Elemente

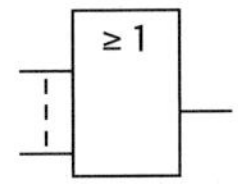

ODER-Element, allgemein

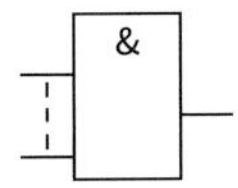

UND-Element, allgemein

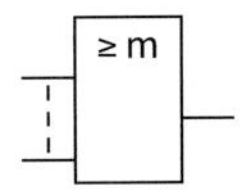

Schwellwert-Element, allgemein

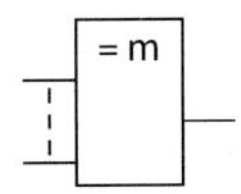

(m aus n)-Element, allgemein

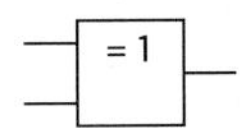

Exklusiv-ODER Element, Antivalenz-Element, allgemein

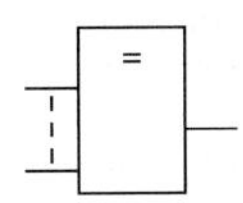

Äquivalenz-Element, allgemein

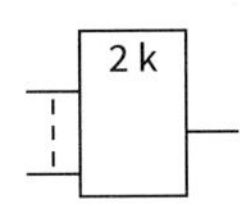

GERADE Element, PARITÄTS Element, allgemein

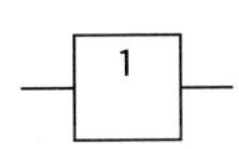

Buffer ohne besondere Verstärkung am Ausgang, allgemein

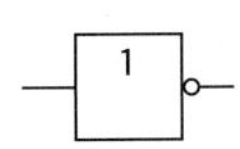

NICHT-Element, Inverter (in einem Schaltplan mit einheitlicher Logik-Vereinbarung)

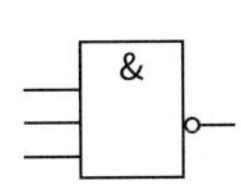

UND mit negiertem Ausgang, NAND

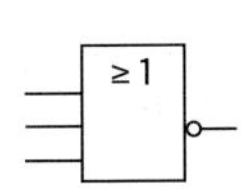

ODER mit negiertem Ausgang, NOR

Bistabile Elemente	
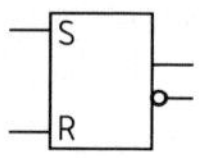	RS-Flipflop
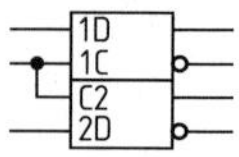	D-Flipflop, einzustandsgesteuert, zweifach
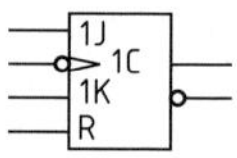	JK-Flipflop, einflankengesteuert
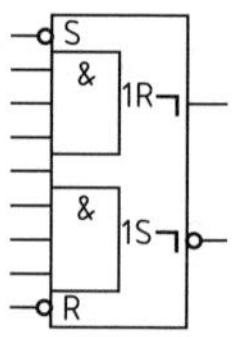	RS-Flipflop, zweizustandsgesteuert

Spezielle Schalteigenschaften bistabiler Elemente	
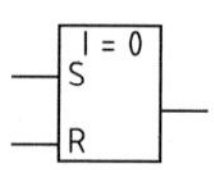	RS-bistabiles-Element mit dem Anfangszustand 0
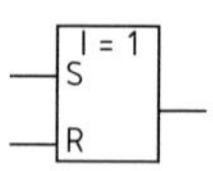	RS-bistabiles-Element mit dem Anfangszustand 1
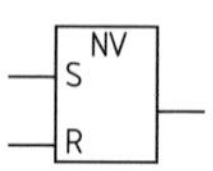	RS-bistabiles-Element, nullspannungsgesichert

Monostabile Elemente	
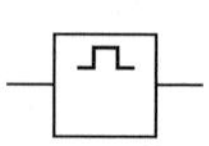	Monostabiles Element, nachtriggerbar
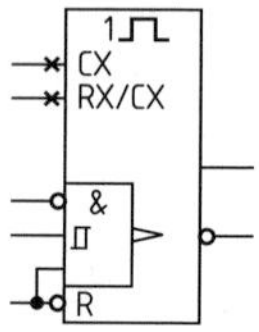	Monostabiles Element, nicht nachtriggerbar

Astabile Elemente	
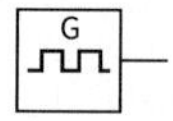	Astabiles Element, z. B. Taktgenerator
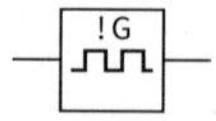	Gesteuertes astabiles Element, synchron gestartet

Elemente mit Hysterese	
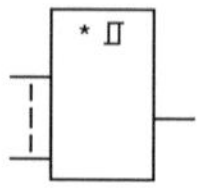	Element mit Hysterese, allgemein

Codierer, Code-Umsetzer	
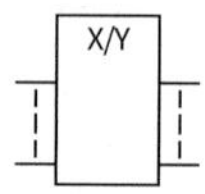	Codierer, Code-Umsetzer, allgemein

Speicher	
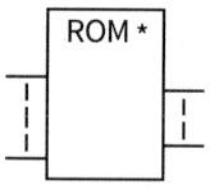	Nur-Lese-Speicher, allgemein
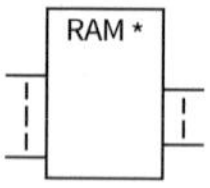	Schreib-Lese-Speicher, allgemein
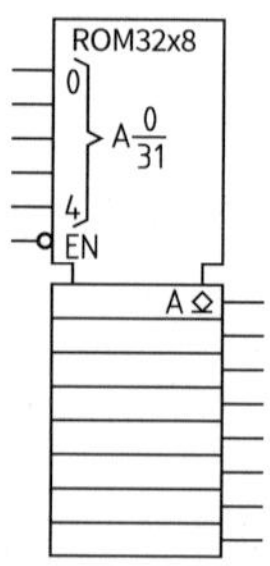	Nur-Lese-Speicher, 32 x 8 Bit

Digitale Verzögerungselemente	
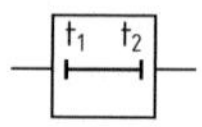	Verzögerungselement mit Angabe der Verzögerungszeiten

Schieberegister und Zähler	
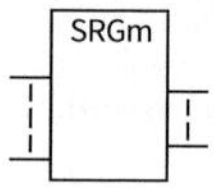	Schieberegister, allgemein
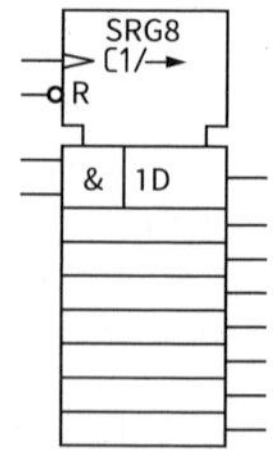	Schieberegister, 8 Bit, mit paralleler Ausgabe

Arithmetische Elemente	
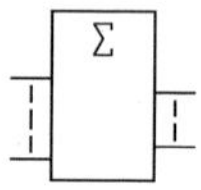	Addierer, allgemein
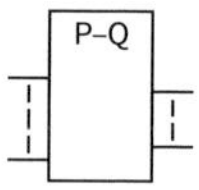	Subtrahierer, allgemein
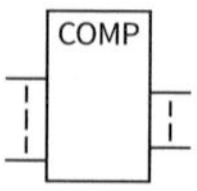	Zahlenkomparator, allgemein

Verstärker	
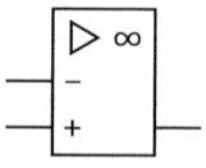	Operationsverstärker

Vergleicher (Komparator)	
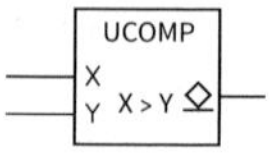	Spannungsvergleicher
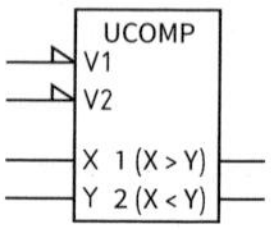	Spannungsvergleicher

Übersicht

Programmablaufplan nach DIN 66001	Nassi-Shneidermann Struktogramm DIN 66261

Verarbeitung (allgemein, Strukturblock, Elementarblock)

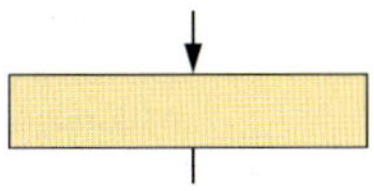

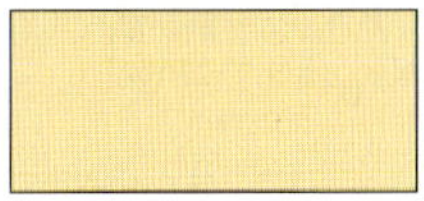

- Aufgabenkurzbeschreibungen
- Unterprogrammnamen
- Anweisungen, Programmiersprachenbefehle

Reihenfolge (Sequenz)

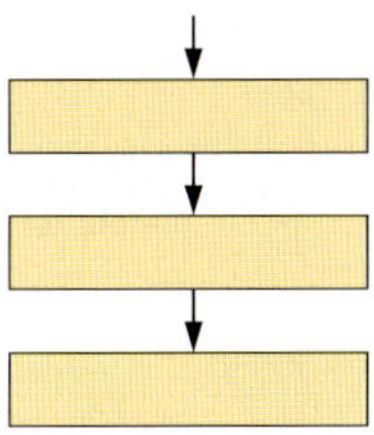

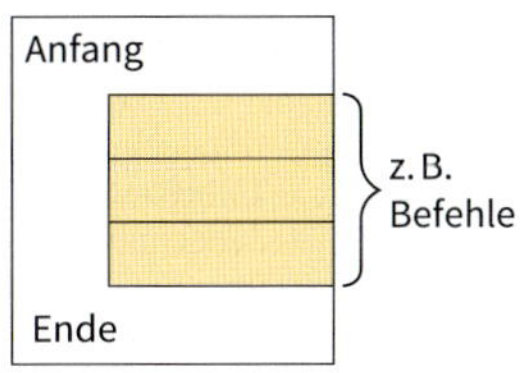

- Aneinanderreihung von mehreren Anweisungen oder Befehlen
- Aufzählung mehrerer nacheinander zu bearbeitender Aufgaben

Bedingte Verzweigung

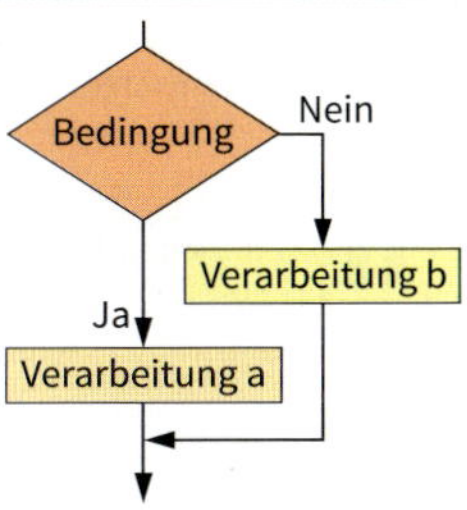

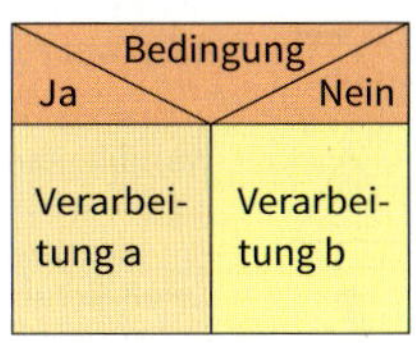

- Auswahl von einer Verarbeitung aus zwei möglichen, aufgrund einer logischen Entscheidung.
- Ist die Abfrage mit Ja beantwortet, dann Verarbeitung a, andernfalls Verarbeitung b. Diese Verzweigung wird auch als IF (wenn Bedingung erfüllt) THEN (dann Verarbeitung a) ELSE (sonst Verarbeitung b) Abfrage bezeichnet.

Fallabfrage, Fallunterscheidung

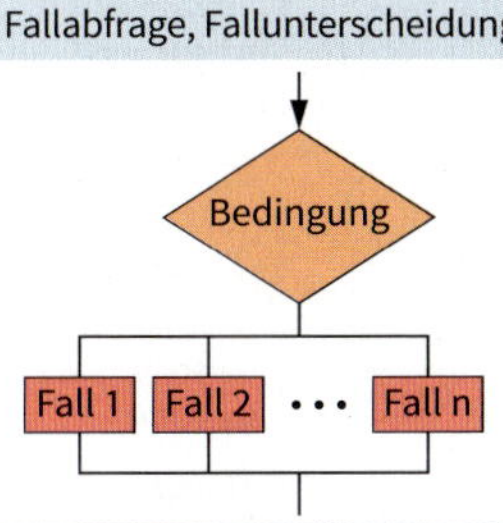

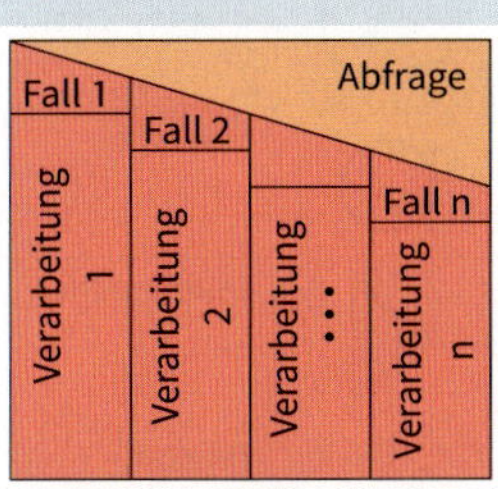

- Auswahl einer Möglichkeit aus mehreren Vorgaben (engl. Case-Block)

Programmablaufplan nach DIN 66001	Nassi-Shneidermann Struktogramm DIN 66261

Wiederholung (kopfgesteuerte Schleife)

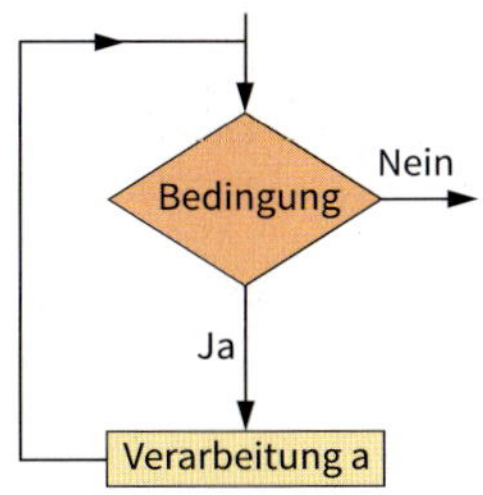

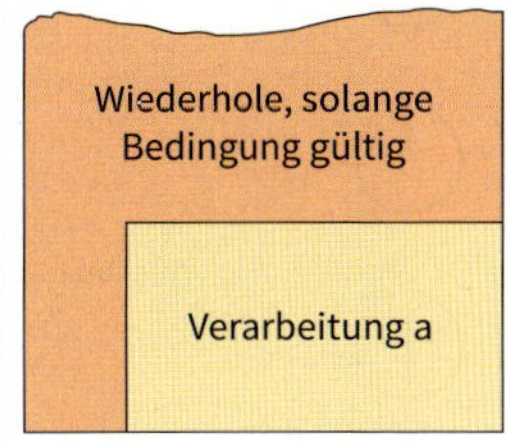

- Schleifendurchläufe
  Abfrage der Bedingung erfolgt vor der Durchführung der Verarbeitung a. Ist die Bedingung bei der ersten Abfrage schon **nicht** erfüllt, erfolgt **keine** Durchführung der Verarbeitung a (engl. WHILE-Schleife).

Wiederholung (fußgesteuerte Schleife)

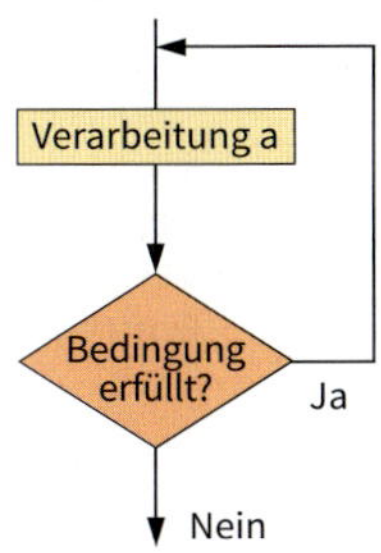

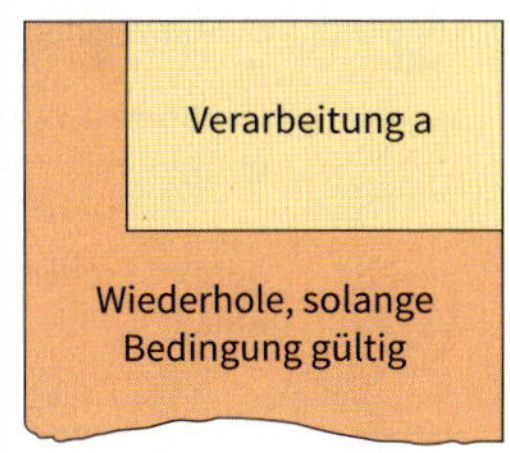

- Schleifendurchläufe
  Abfrage der Bedingung nach dem Durchlauf der Verarbeitung a (engl. REPEAT- oder UNTIL-Schleife).

Schleife mit Unterbrechung

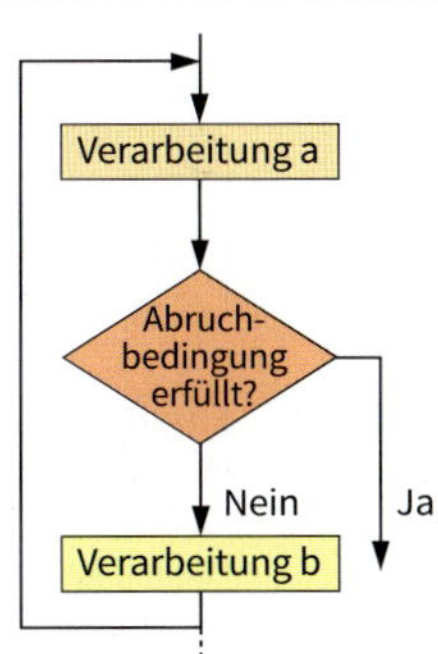

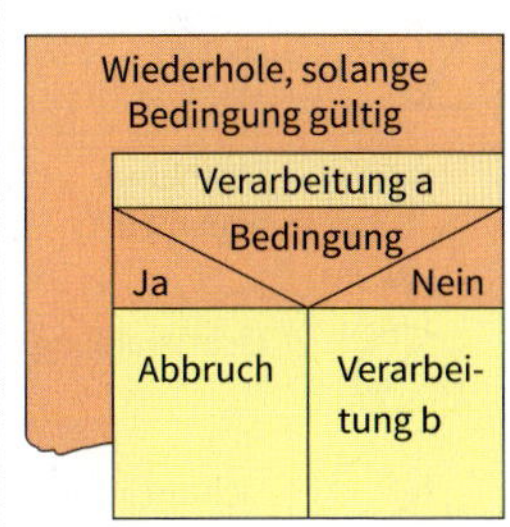

- Schleifendurchläufe
  Die Bedingung (Abbruch-Bedingung) wird während der Verarbeitung abgeprüft (engl. CYCLE-Schleife).

Bildzeichen	Benennung	Bildzeichen	Benennung	Bildzeichen	Benennung	Bildzeichen	Benennung
	Ein On		Wärmeenergie		Umschalteinrichtung		Aufnahme einer Information auf Informationsträger
	Aus Off		Pneumatische Energie		Akustisches Signal, Klingel		Wiedergabe einer Information von Informationsträger
	Vorbereiten		Elektrische Energie		Akustisches Signal, Wecker		Impulsmarkierung
	Ein-/Ausstellend		Hydraulische Energie		Feuer-Alarm mit Sirene		Löschen einer Information vom Informationsträger
	Ein-/Austastend		Bewegung in Pfeilrichtung		Akustisches Signal, Hupe		Tonabnehmer
	Start, Ingangsetzung		Bewegung in beiden Richtungen		Uhr, Zeitgeber, Zeitschalter		Lesekopf für Bildplatten
	Schnellstart		Wirkung auf einen Bezugspunkt zu		Ventilator		Monofon
	Stopp, Anhalten der Bewegung		Langsamer Lauf		Rauher Betrieb		Stereofon
	Handbetätigung		Kurzwiederholung		Zulässige Übertemperatur		Ton (Schall)
	Automatischer Ablauf		Einstellen		Notruf, Feuerwehr		Ohrhörer, Hörkapsel
	Fernbedienung		Oszilloskop		Warnblinkanlage		Hauptwaschen
	Verändern einer Größe		Messwertanzeiger, analog		Gefährliche elektrische Spannung		Waschen mit 95 °C Maximaltemperatur
	Regeln		Messwertanzeiger, digital		Lampe, Beleuchtung, Licht		Spülen
	Höhenstand; Niveau		Grafisches Aufzeichnungsgerät, Schreiber		Bestrahlung, infrarot		Wasserstand (hoch)
	Strahlung, allgemein		Drucker		Farbfernsehen		Spezialbehandlung
	Lichtstrahlung		Elektrische Maschine		Mikrofon		Schleudern
	Lichtmessung		Handschalter		Lautsprecher		Normal verschmutztes Geschirr
	Mechanische Energie		Fußschalter		Telefon, Telefon-Adapter		Trocknen oder Wärmen

Operation	Regeln und Gesetze		
Addieren $a+b=c$ **Subtrahieren** $a-b=c$	**Kommutativgesetz:** $a+b=b+a$ **Assoziativgesetz:** $(a+b)+c=a+(b+c)$	**Vorzeichenregeln:** $a+(-b)=a-b$ $a-(-b)=a+b$ $a-(b+c)=a-b-c$ $a-(b-c)=a-b+c$	
Multiplizieren $a\cdot b=c$ **Dividieren** $a:b=c$	**Kommutativgesetz:** $a\cdot b=b\cdot a$ **Assoziativgesetz:** $a\cdot(b\cdot c)=(a\cdot b)\cdot c$ **Klammerregeln:** $-(a+b-c)=-a-b+c$ $+(a+b-c)=a+b-c$	**Distributivgesetz:** $a\cdot(b+c)=ab+ac$ $(a+b)\cdot(c+d)=ac+ad+bc+bd$ ← Ausklammern Ausmultiplizieren → **Dividieren:** $\frac{a}{b}:\frac{c}{d}=\frac{a\cdot d}{b\cdot c}$	**Vorzeichenregeln:** $(+a)\cdot(+b)=ab$ $(-a)\cdot(+b)=-ab$ $(+a)\cdot(-b)=-ab$ $(-a)\cdot(-b)=ab$ **Multiplizieren:** $\frac{a}{b}\cdot\frac{c}{d}=\frac{a\cdot c}{b\cdot d}$

Operation					
Potenzieren $a^n=c$	$a^n\cdot a^m=a^{n+m}$	$a^n\cdot b^n=(a\cdot b)^n$	$\frac{a^n}{b^n}=\left(\frac{a}{b}\right)^n$	$\frac{a^n}{a^m}=a^{n-m}$	$(a^n)^m=a^{n\cdot m}$
Radizieren $\sqrt{a}=c$	$\sqrt[n]{ab}=\sqrt[n]{a}\cdot\sqrt[n]{b}$	$\sqrt[n]{\frac{a}{b}}=\frac{\sqrt[n]{a}}{\sqrt[n]{b}}$	$\sqrt[n]{b^m}=b^{\frac{m}{n}}$	$\sqrt[m]{\sqrt[n]{b}}=\sqrt[m\cdot n]{b}$	$\frac{1}{\sqrt[n]{a^m}}=a^{-\frac{m}{n}}$

Potenzen

Zehner	Binäre	Hexadezimale
$10^0=1$	$2^0=1$	$16^0=1$
$10^1=10$	$2^1=2$	$16^1=16$
$10^2=100$	$2^2=4$	$16^2=256$
$10^3=1000$	$2^3=8$	$16^3=4096$
$10^{-1}=1/10$	$2^{-1}=1/2$	$16^{-1}=1/16$
$10^{-2}=1/100$	$2^{-2}=1/4$	$16^{-2}=1/256$
$10^{-3}=1/1000$	$2^{-3}=1/8$	$16^{-3}=1/4096$

Logarithmieren

Multiplizieren	Potenzieren
$\log(c\cdot d)=\log c+\log d$	$\log c^n=n\cdot\log c$
Dividieren	**Radizieren**
$\log\frac{c}{d}=\log c-\log d$	$\log\sqrt[m]{c}=\frac{1}{m}\log c$

Dreieck

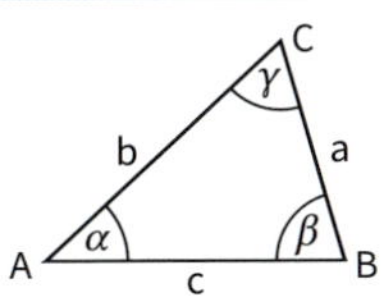

$\alpha+\beta+\gamma=180°$

$A=\frac{g\cdot h}{2}$

Umfang:
$U=a+b+c$

Sinussatz: $\frac{\sin\alpha}{a}=\frac{\sin\beta}{b}=\frac{\sin\gamma}{c}$

Kosinussatz: $a^2=b^2+c^2-2\,bc\cdot\cos\alpha$
$b^2=a^2+c^2-2\,ac\cdot\cos\beta$
$c^2=a^2+b^2-2\,ab\cdot\cos\gamma$

Komplexe Zahlen

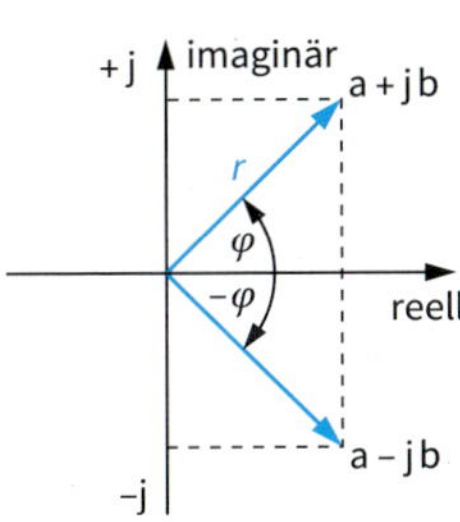

$z=a+jb$

$a=r\cdot\cos\varphi$

$b=r\cdot\sin\varphi$

$z=r\,(\cos\varphi+j\cdot\sin\varphi)$

$z=r\cdot e^{j\varphi}$

$r=\sqrt{a^2+b^2}$

$j=\sqrt{-1}$

Trigonometrie

Einheitskreis

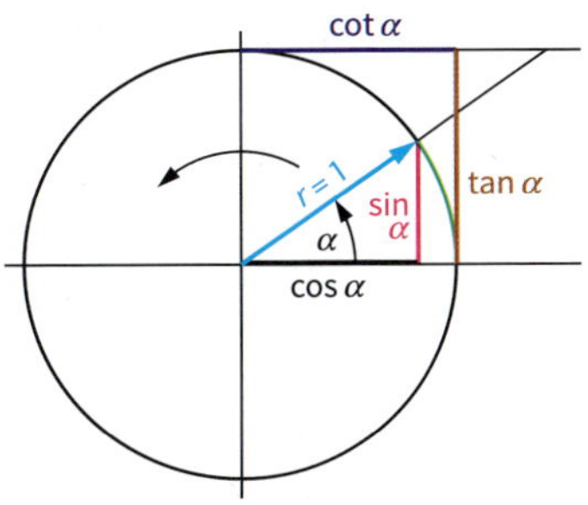

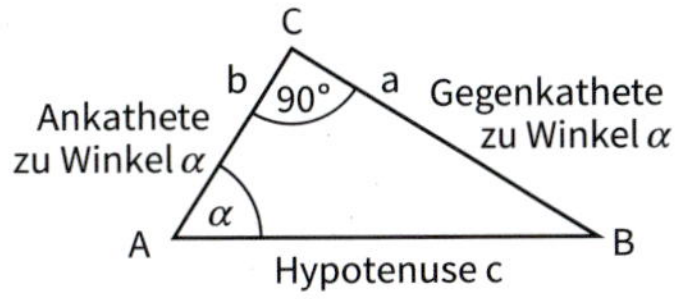

Satz des Pythagoras
$c^2=a^2+b^2$

Grad- und Bogenmaß

$\frac{\alpha_G}{\alpha_B}=\frac{360°}{2\cdot\pi}=\frac{57{,}3°}{1\text{ rad}}$

Winkelfunktionen:

$\sin\alpha=\frac{a}{c}$ $\quad\tan\alpha=\frac{a}{b}$

$\cos\alpha=\frac{b}{c}$ $\quad\cot\alpha=\frac{b}{a}$

$\sin(-\alpha)=-\sin\alpha$
$\cos(-\alpha)=\cos\alpha$
$\tan(-\alpha)=-\tan\alpha$
$\cot(-\alpha)=-\cot\alpha$

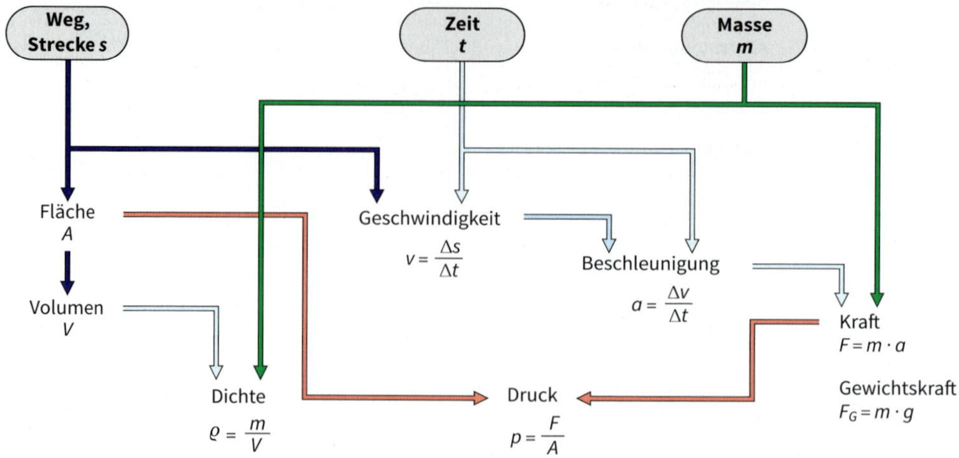

Geradlinig gleichmäßige Beschleunigung		
Kraft	$F = m \cdot a$	
Geschwindigkeit	$v = a \cdot t$	$v = \sqrt{2 \cdot s \cdot a}$
Beschleunigung	$a = \frac{v}{t}$	$a = \frac{2 \cdot s}{t^2}$
Wegstrecke	$s = \frac{a \cdot t^2}{2}$	
Arbeit und Kraft		
Allgemein	$W = F \cdot s$	
Hubarbeit	$W = F_G \cdot s$	$W = m \cdot g \cdot s$
Federspannarbeit	$W = \frac{F_F \cdot s}{2}$	
Beschleunigungsarbeit	$W = \frac{m \cdot v^2}{2}$	
Reibungsarbeit	$W = F_R \cdot s$	
Reibung	$F_R = \mu \cdot F_N$	
Schiefe Ebene	$F_H = \frac{F_G \cdot h}{l}$	
Leistung und Wirkungsgrad		
Leistung	$P = \frac{W}{t}$	$P = F \cdot v$
Wirkungsgrad	$\eta = \frac{W_{ab}}{W_{zu}}$	$\eta = \frac{P_{ab}}{P_{zu}}$
	$W_V = W_{zu} - W_{ab}$	
	$P_V = P_{zu} - P_{ab}$	
Gesamtwirkungsgrad	$\eta_{ges} = \eta_1 \cdot \eta_2 \cdot \ldots \cdot \eta_n$	
Antriebe		
Riemenantrieb	$d_1 \cdot n_1 = d_2 \cdot n_2$	
Zahnradantrieb	$z_1 \cdot n_1 = z_2 \cdot n_2$	
Schneckenantrieb	$z_1 \cdot n_1 = z_2 \cdot n_2$	

Gleichförmige Kreisbewegung			
Kraft	$F = m \cdot \omega^2 \cdot r$		$F = m \cdot \frac{v^2}{r}$
Geschwindigkeit	$v = d \cdot \pi \cdot n$		$v = \frac{2 \cdot \pi \cdot r}{T}$
Beschleunigung	$a_r = \frac{v^2}{r}$		
Winkelgeschwindigkeit	$\omega = 2 \cdot \pi \cdot f$	$f = \frac{1}{T}$	$n = \frac{1}{T}$
Energie			
Energieerhaltung	$E = W$		
Potenzielle Energie	$E_P = m \cdot g \cdot s$		
Spannenergie	$E_S = \frac{F_F \cdot s}{2}$		
Kinetische Energie	$E_K = \frac{m \cdot v^2}{2}$		
Drehmoment			
Drehmoment	$M = F \cdot r$		
Hebel	$F_1 \cdot s_1 = F_2 \cdot s_2$		
Feste Rolle	$F_1 = F_2$		
Lose Rolle	$F_1 = \frac{F_2}{2}$		
Flaschenzug	$F_1 = \frac{F_2}{n}$		
Leistung und Drehmoment	$P = 2 \cdot \pi \cdot n \cdot M$		
Hydraulik			
Hydrostatischer Druck	$p = \varrho \cdot g \cdot h$		
Hydraulische Anlagen	$\frac{F_1}{A_1} = \frac{F_2}{A_2}$		

Zusammenhang zwischen Größen

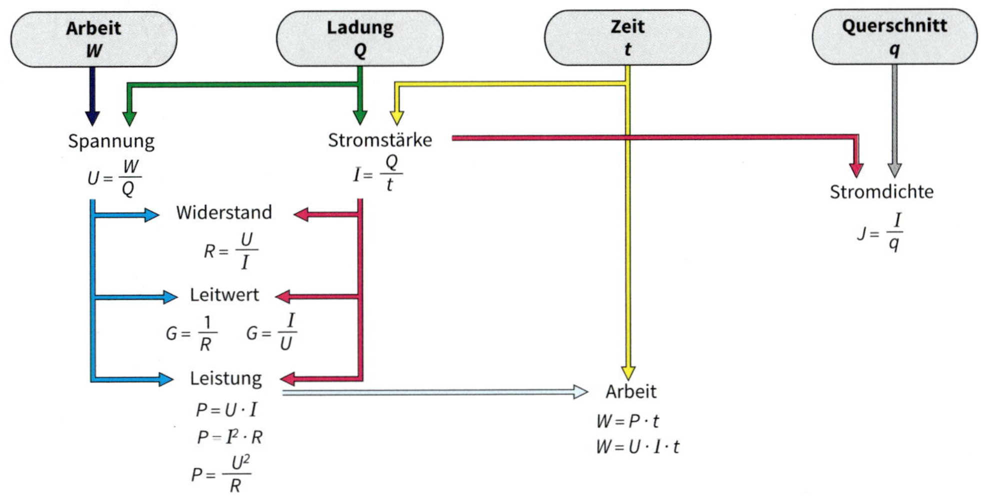

Elektrischer Stromkreis

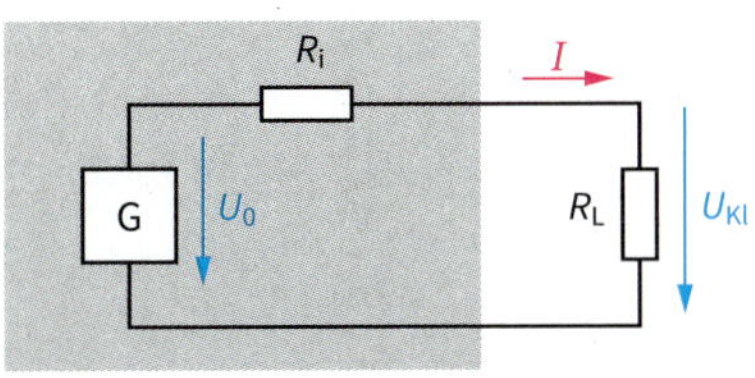

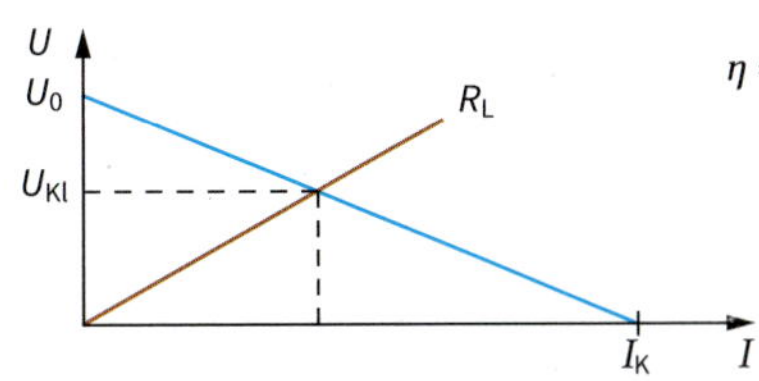

Wirkungsgrad

$$\eta = \frac{1}{1 + \frac{R_i}{R_L}}$$

Fälle	Belastungs-widerstand R_L	Stromstärke I	Klemmen-spannung U_{Kl}	abgegebene Leistung P_L	Wirkungsgrad η
Leerlauf	$R_L = \infty$	$I = 0$	$U_{Kl} = U_0$	$P_L = 0$	$\eta = 0$
Belastung	$0 < R_L < \infty$	$I = \frac{U_0}{R_i + R_L}$	$U_{Kl} = U_0 - I \cdot R_i$	$P_L = \frac{U_0^2 \cdot R_L}{(R_i + R_L)^2}$	$\eta = \frac{R_L}{R_i + R_L}$
Anpassung	$R_L = R_i$	$I = \frac{I_K}{2}$	$U_{Kl} = \frac{U_0}{2}$	$P_L = \frac{U_0^2}{4 \cdot R_i}$	$\eta = \frac{1}{2}$
Kurzschluss	$R_L = 0$	$I = I_K = \frac{U_0}{R_i}$	$U_{Kl} = 0$	$P_L = 0$	$\eta = 0$

Elektrischer Widerstand

Ohmsches Gesetz	Differentieller Widerstand	Leiterwiderstand	Widerstand und Temperatur
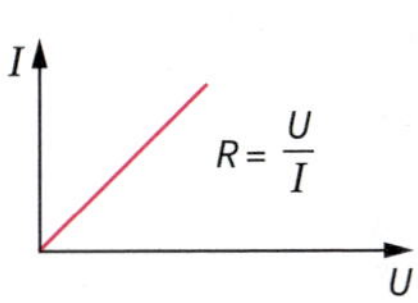	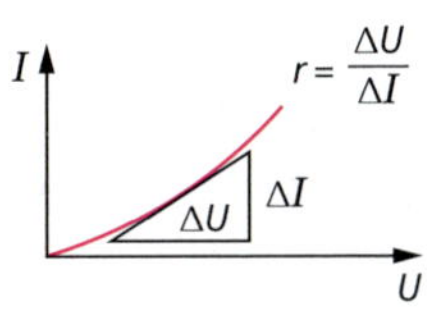	$R = \frac{\varrho \cdot l}{q}$ $\varkappa = \frac{1}{\varrho}$ $R = \frac{l}{\varkappa \cdot q}$ Kreisfläche: $q = \frac{d^2 \cdot \pi}{4}$	$R_\vartheta = R_{20} + \Delta R$ $\Delta R = R_{20} \cdot \alpha \cdot \Delta\vartheta$ $R_\vartheta = R_{20}\,(1 + \alpha \cdot \Delta\vartheta + \beta \cdot \Delta\vartheta^2)$

Stromverzweigung
(Erstes Kirchhoffsches Gesetz)

$\Sigma I = 0$

Parallelschaltung

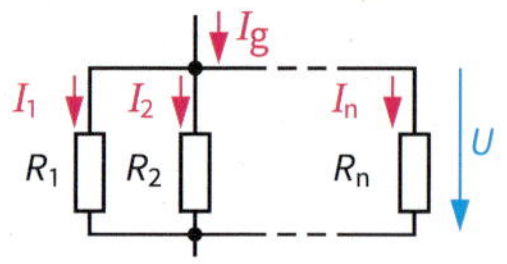

$U = U_1 = U_2 = \ldots = U_n$

$I_g = I_1 + I_2 + \ldots + I_n$

$\frac{1}{R_g} = \frac{1}{R_1} + \frac{1}{R_2} + \ldots + \frac{1}{R_n}$ $G_g = G_1 + G_2 + \ldots + G_n$

$\frac{I_1}{I_2} = \frac{R_2}{R_1}$ $\frac{I_1}{I_n} = \frac{R_n}{R_1}$ $\frac{I_1}{I_g} = \frac{R_g}{R_1} \ldots$

$P_g = P_1 + P_2 + \ldots + P_n$

$P_1 = U \cdot I_1$ $P_2 = U \cdot I_2$ $P_g = U \cdot I_g \ldots$

Maschenregel
(Zweites Kirchhoffsches Gesetz)

$\Sigma U = 0$

Reihenschaltung

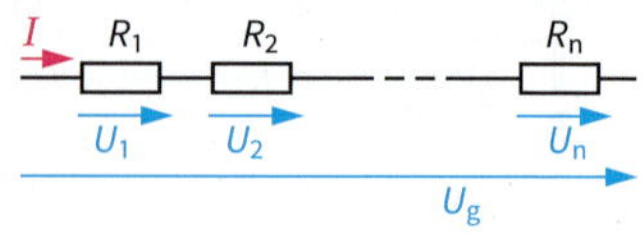

$U_g = U_1 + U_2 + \ldots + U_n$

$I = I_1 = I_2 = \ldots = I_n$

$R_g = R_1 + R_2 + \ldots + R_n$

$\frac{U_1}{U_2} = \frac{R_1}{R_2}$ $\frac{U_1}{U_n} = \frac{R_1}{R_n}$ $\frac{U_1}{U_g} = \frac{R_1}{R_g} \ldots$

$P_g = P_1 + P_2 + \ldots + P_n$

$P_1 = U_1 \cdot I$ $P_2 = U_2 \cdot I$ $P_g = U_g \cdot I \ldots$

Messbereichserweiterung

Strommessung	Spannungsmessung
$n = \frac{I}{I_M}$ $R_p = \frac{R_i}{(n-1)}$	$n = \frac{U}{U_M}$ $R_v = (n-1) \cdot R_i$

Gruppenschaltung

Beispiel:

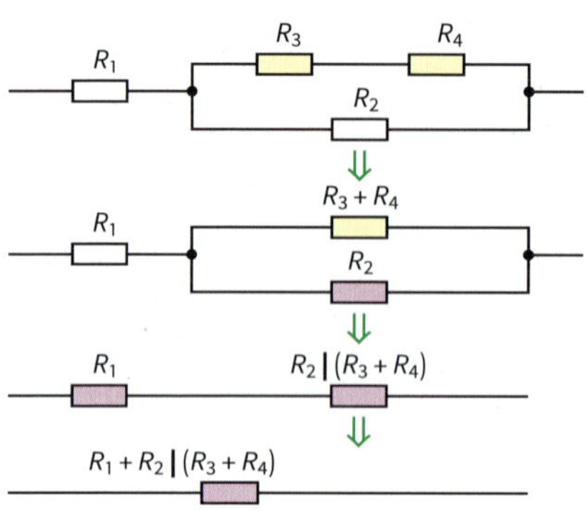

Stern-Dreieck-Umwandlung

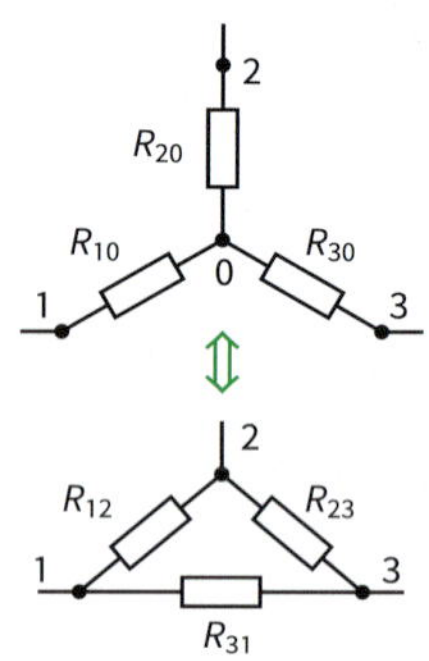

$R_{10} = \frac{R_{12} \cdot R_{31}}{R_{12} + R_{23} + R_{31}}$

$R_{20} = \frac{R_{12} \cdot R_{23}}{R_{12} + R_{23} + R_{31}}$

$R_{30} = \frac{R_{23} \cdot R_{31}}{R_{12} + R_{23} + R_{31}}$

$R_{12} = \frac{R_{10} \cdot R_{20}}{R_{30}} + R_{10} + R_{20}$

$R_{23} = \frac{R_{20} \cdot R_{30}}{R_{10}} + R_{20} + R_{30}$

$R_{31} = \frac{R_{10} \cdot R_{30}}{R_{20}} + R_{10} + R_{30}$

Spannungsteiler

unbelastet

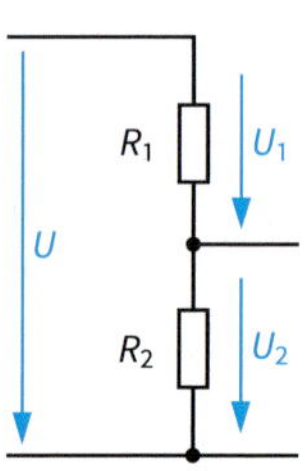

$\frac{U_2}{U} = \frac{R_2}{R_1 + R_2}$

belastet

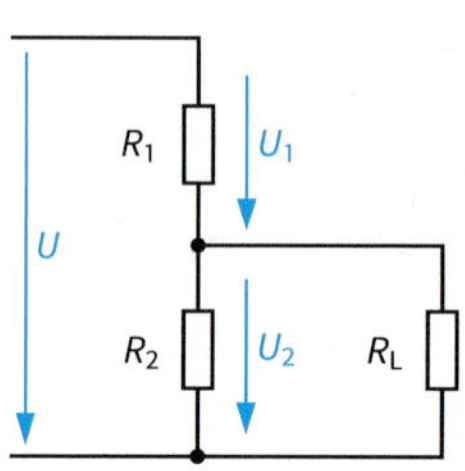

$\frac{U_2}{U} = \frac{R_2 \cdot R_L}{R_1 (R_2 + R_L) + R_2 \cdot R_L}$

Brückenschaltung

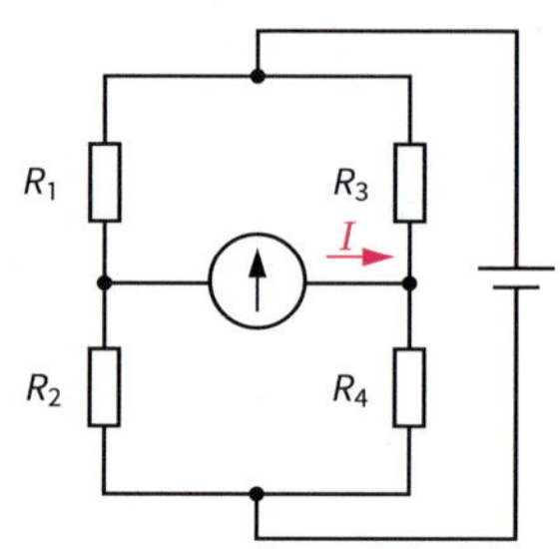

Abgleichbedingung:

$\frac{R_1}{R_2} = \frac{R_3}{R_4}$

$\Downarrow$

$I = 0$

Elektrisches Feld

Elektrische Feldstärke	$E = \frac{F}{Q}$	$E = \frac{U}{d}$
Elektrische Flussdichte	$D = \frac{Q}{A}$	
Verknüpfung	$D = \varepsilon \cdot E$	$\varepsilon = \varepsilon_0 \cdot \varepsilon_r$
Kraft zwischen Ladungen	$F = \frac{Q_1 \cdot Q_2}{4\pi \cdot \varepsilon \cdot l^2}$	

Kondensator, Kapazität

Kapazität	$C = \frac{Q}{U}$ $\varepsilon = \varepsilon_0 \cdot \varepsilon_r$	$C = \frac{\varepsilon \cdot A}{d}$
Elektrische Feldkonstante	$\varepsilon_0 = 8{,}86 \cdot 10^{-12} \frac{\mathrm{As}}{\mathrm{Vm}}$	
Stromstärke	$I_c = C \cdot \frac{\Delta U}{\Delta t}$	
Elektrische Energie	$W_{el} = \frac{1}{2} \cdot C \cdot U^2$	

Schaltungen mit Kondensatoren

Parallelschaltung	Reihenschaltung
$Q_g = Q_1 + Q_2 + \ldots + Q_n$	$Q_g = Q_1 = Q_2 = \ldots = Q_n$
$U = U_1 = U_2 = \ldots = U_n$	$U_g = U_1 + U_2 + \ldots + U_n$
$C_g = C_1 + C_2 + \ldots + C_n$	$\frac{1}{C_g} = \frac{1}{C_1} + \frac{1}{C_2} + \ldots + \frac{1}{C_n}$

RC-Schaltung

Zeitkonstante	$\tau = R \cdot C$
Einschaltvorgang (Aufladung)	Ausschaltvorgang (Entladung)
$u_C = U \cdot (1 - e^{-\frac{t}{\tau}})$ $i_C = \frac{U}{R} \cdot e^{-\frac{t}{\tau}}$	$u_C = U \cdot e^{-\frac{t}{\tau}}$ $i_C = -\frac{U}{R} \cdot e^{-\frac{t}{\tau}}$
Tiefpass/Hochpass	$f_g = \frac{1}{2\pi \cdot R \cdot C}$

Strom und Magnetfeld

Leiter im Magnetfeld	
Kraftwirkung	$F = B \cdot I \cdot l \cdot z$
Induktionsspannung	$U = B \cdot l \cdot v \cdot z$
Spule im Magnetfeld	
Drehmoment	$M = \frac{F \cdot a \cdot \sin\alpha}{2}$
Kraftwirkung	$F = 2 \cdot N \cdot B \cdot l \cdot I$
Induktionsspannung	$U = N \cdot \frac{\Delta \Phi}{\Delta t}$

Magnetisches Feld

Magnetische Feldstärke	$H = \frac{\Theta}{l}$	$\Theta = I \cdot N$ Durchflutung
Magnetische Flussdichte	$B = \frac{\Phi}{A}$	
Verknüpfung	$B = \mu \cdot H$	$\mu = \mu_0 \cdot \mu_r$
Kraft zwischen stromdurchflossenen Leitern	$F = \frac{\mu_0 \cdot I_1 \cdot I_2 \cdot l}{2\pi \cdot a}$	
Tragkraft von Magneten	$F = \frac{B^2 \cdot A}{2\mu_0}$	

Spule, Induktivität

Induktivität	$L = \frac{\mu \cdot N^2 \cdot A}{l}$ $\mu = \mu_0 \cdot \mu_r$	$L = A_L \cdot N^2$
Magnetische Feldkonstante	$\mu_0 = 1{,}257 \cdot 10^{-12} \frac{\mathrm{Vs}}{\mathrm{Am}}$	
Spannung	$U_L = L \cdot \frac{\Delta I}{\Delta t}$	
Magnetische Energie	$W_{mag} = \frac{1}{2} \cdot L \cdot I^2$	

Schaltungen mit Spulen

Parallelschaltung	Reihenschaltung
$I_g = I_1 + I_2 + \ldots + I_n$	$I = I_1 = I_2 = \ldots = I_n$
$U_g = U_1 = U_2 = \ldots = U_n$	$U_g = U_1 + U_2 + \ldots + U_n$
$\frac{1}{L_g} = \frac{1}{L_1} + \frac{1}{L_2} + \ldots + \frac{1}{L_n}$	$L_g = L_1 + L_2 + \ldots + L_n$

RL-Schaltung

Zeitkonstante	$\tau = \frac{L}{R}$
Einschaltvorgang	Ausschaltvorgang
$u_L = U \cdot e^{-\frac{t}{\tau}}$ $i_L = \frac{U}{R} \cdot (1 - e^{-\frac{t}{\tau}})$	$u_L = -U \cdot e^{-\frac{t}{\tau}}$ $i_L = \frac{U}{R} \cdot e^{-\frac{t}{\tau}}$
Tiefpass/Hochpass	$f_g = \frac{R}{2\pi \cdot L}$

Magnetischer Kreis

Magnetischer Widerstand	$R_m = \frac{\Theta}{\Phi}$
Magnetischer Leitwert	$\Lambda = \frac{1}{R_m}$
Magnetischer Gesamtwiderstand	$R_m = R_{m1} + R_{m2} + \ldots + R_{mn}$
Gesamtdurchflutung	$\Theta_g = \Theta_1 + \Theta_2 + \ldots + \Theta_n$

Sinusform

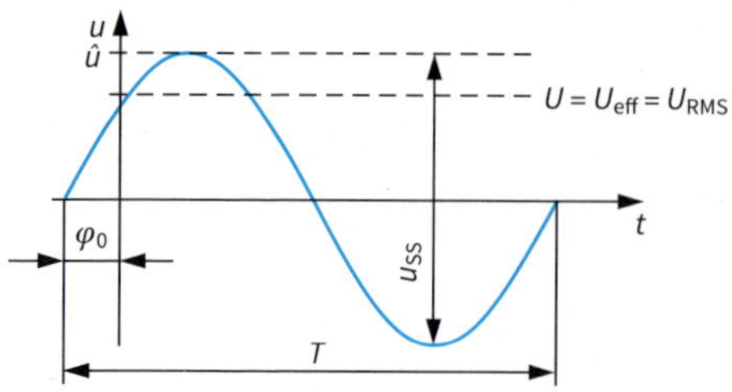

$u = \hat{u} \cdot \sin(\omega \cdot t + \varphi_0)$

$\omega = 2\pi \cdot f$ $\quad f = \frac{1}{T}$ $\quad \frac{\alpha_B}{\alpha_G} = \frac{2\pi}{360°}$

$U = \frac{\hat{u}}{\sqrt{2}}$ $\quad I = \frac{\hat{\imath}}{\sqrt{2}}$ $\quad u_{ss} = 2 \cdot \hat{u}$

$i_{ss} = 2 \cdot \hat{\imath}$

$U = \frac{u_{ss}}{2 \cdot \sqrt{2}}$ $\quad I = \frac{i_{ss}}{2 \cdot \sqrt{2}}$

eff: Effektivwert
RMS: Root Mean Square

Rechteckform

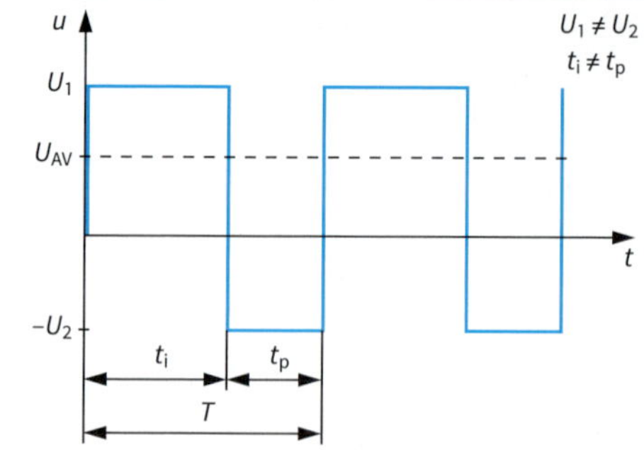

$U_1 \neq U_2$
$t_i \neq t_p$

$g = \frac{t_i}{T}$ $\quad T = t_i + t_p$

$U_{AV} = \frac{U_1 \cdot t_i + U_2 \cdot t_p}{T}$ $\quad f = \frac{1}{T}$

AV: Average

Addition phasenverschobener Spannungen

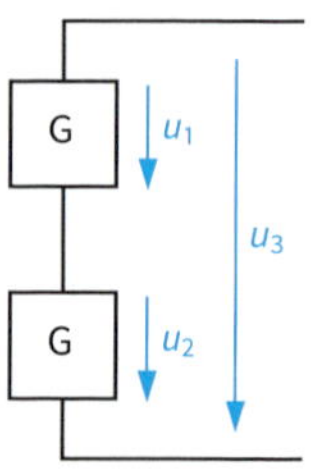

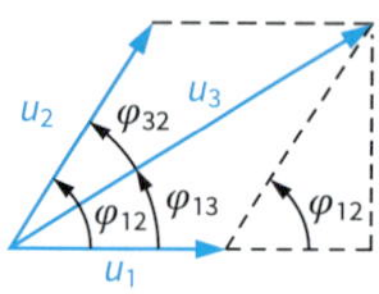

$\tan \varphi_{13} = \frac{u_1 \cdot \tan \varphi_{12}}{u_2 + u_1 \cdot \cos \varphi_{12}}$

$u_3^2 = u_1^2 + u_2^2 - 2 \cdot u_1 \cdot u_2 \cdot \cos(180° - \varphi_{12})$

Impulsform

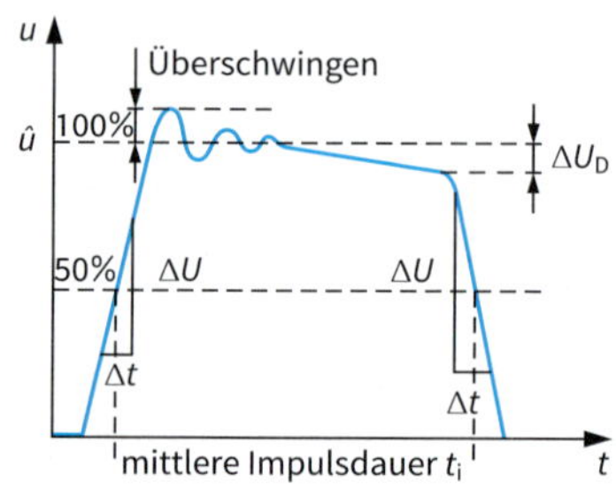

$D = \frac{\Delta U_D}{\hat{u}}$

$S = \frac{\Delta U}{\Delta t}$

Gleichgerichtete sinusförmige Spannung

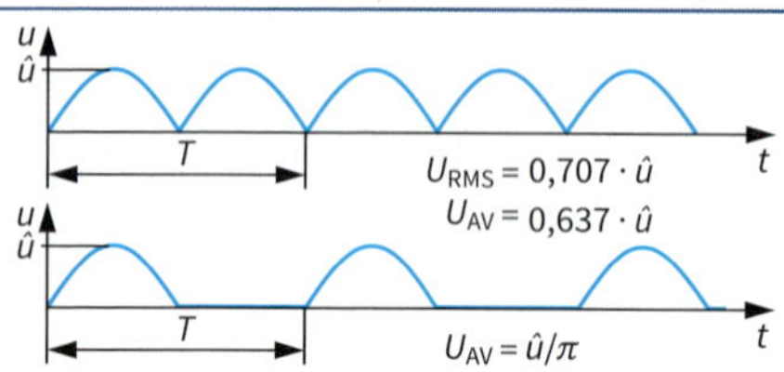

$U_{RMS} = 0{,}707 \cdot \hat{u}$
$U_{AV} = 0{,}637 \cdot \hat{u}$

$U_{AV} = \hat{u}/\pi$
$U_{RMS} = 0{,}353 \cdot \hat{u}$ $\quad U_{AV} = 0{,}318 \cdot \hat{u}$

Impulsverformung

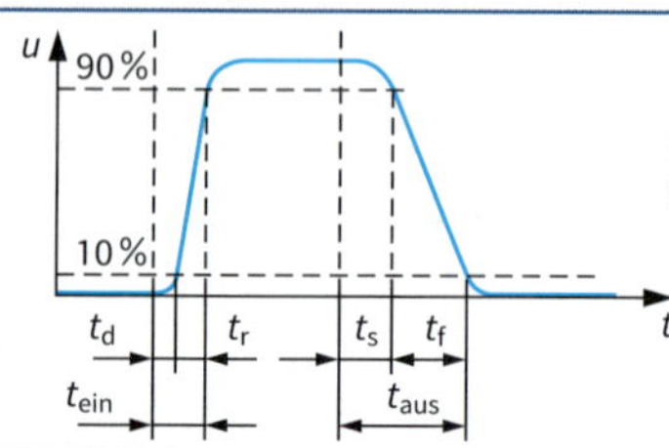

$t_{ein} = t_d + t_r$
$t_{aus} = t_s + t_f$

Stern- und Dreieckschaltung im Drehstromnetz, symmetrische Belastung
Star-Delta Circuit, Symmetrical Load

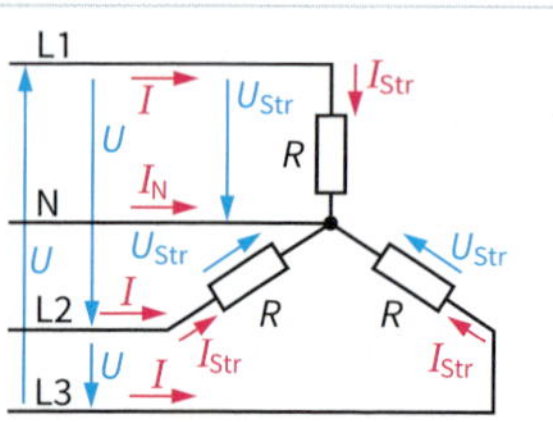

$U_{str} = \frac{U}{\sqrt{3}}$
$I = I_{Str}$
$S = \sqrt{3} \cdot U \cdot I$
$S = \sqrt{P^2 + Q^2}$
$P = \sqrt{3} \cdot U \cdot I \cdot \cos\varphi$
$Q = \sqrt{3} \cdot U \cdot I \cdot \sin\varphi$

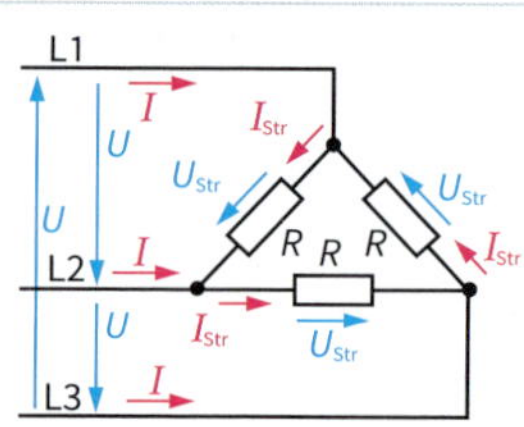

$U = U_{Str}$
$I = \sqrt{3} \cdot I_{Str}$
$S = \sqrt{3} \cdot U \cdot I$
$S = \sqrt{P^2 + Q^2}$
$P = \sqrt{3} \cdot U \cdot I \cdot \cos\varphi$
$Q = \sqrt{3} \cdot U \cdot I \cdot \sin\varphi$

RC- und RL-Schaltungen
RC- and RL-Circuits

Kapazitiver Blindwiderstand

$X_C = \frac{1}{2\pi \cdot f \cdot C}$ $\omega = 2\pi \cdot f$

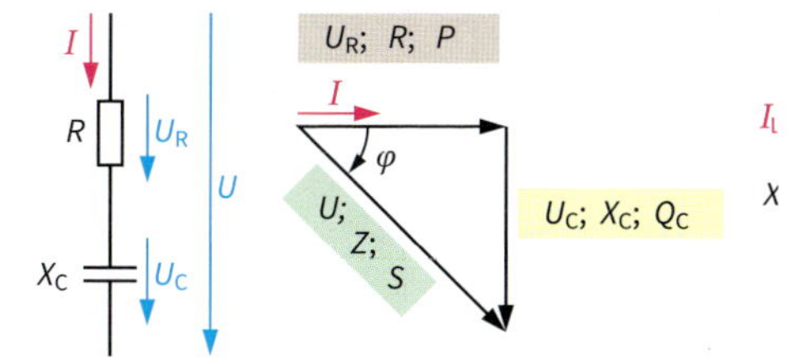

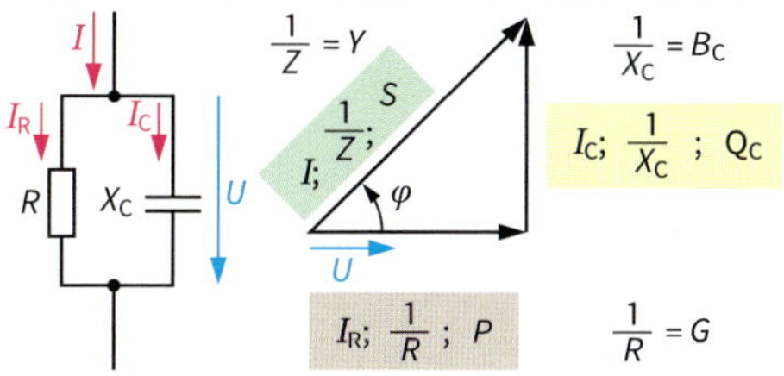

Induktiver Blindwiderstand

$X_L = 2\pi \cdot f \cdot L$ $\omega = 2\pi \cdot f$

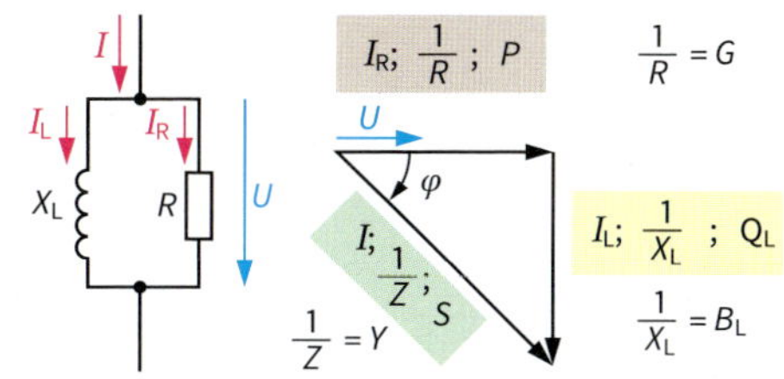

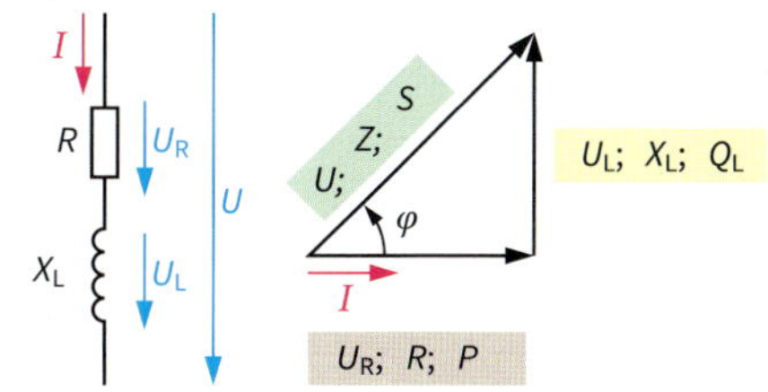

$\tan\varphi = \frac{\text{Gegenkathete}}{\text{Ankathete}}$

$\cot\varphi = \frac{\text{Ankathete}}{\text{Gegenkathete}}$

$\sin\varphi = \frac{\text{Gegenkathete}}{\text{Hypotenuse}}$

$\cos\varphi = \frac{\text{Ankathete}}{\text{Hypotenuse}}$

$(\text{Hypotenuse})^2 = (\text{Ankathete})^2 + (\text{Gegenkathete})^2$

Spannungen		Stromstärken		Leistungen	
Kapazitive Blindspannung	$U_C = I_C \cdot X_C$	Kapazitiver Blindstrom	$I_C = \frac{U_C}{X_C}$	Kapazitive Blindleistung	$Q_C = U_C \cdot I_C$
Induktive Blindspannung	$U_L = I_L \cdot X_L$	Induktiver Blindstrom	$I_L = \frac{U_L}{X_L}$	Induktive Blindleistung	$Q_L = U_L \cdot I_L$
Wirkspannung	$U_R = I_R \cdot R$	Wirkstrom	$I_R = \frac{U_R}{R}$	Wirkleistung	$P = U_R \cdot I_R$
Gesamtspannung	$U = I \cdot Z$	Gesamtstrom	$I = \frac{U}{Z}$	Scheinleistung	$S = U \cdot I$

RCL-Schaltungen
RCL-Circuits

Reihenschaltung

$U_L > U_C$	$X_L > X_C$	$Q_L > Q_C$

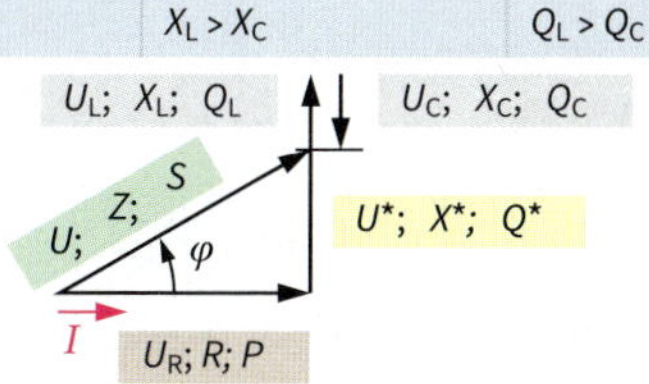

$U_L < U_C$	$X_L < X_C$	$Q_L < Q_C$

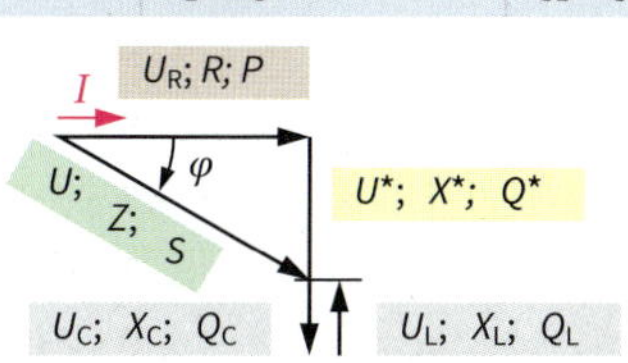

Parallelschaltung

$I_C > I_L$	$X_C < X_L$	$Q_C > Q_L$

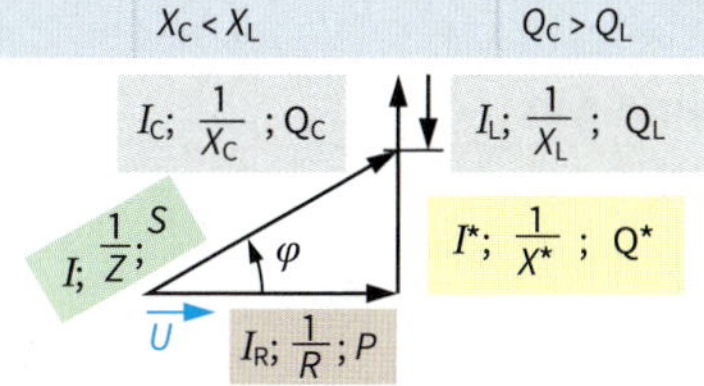

$I_C > I_L$	$X_C < X_L$	$Q_C > Q_L$

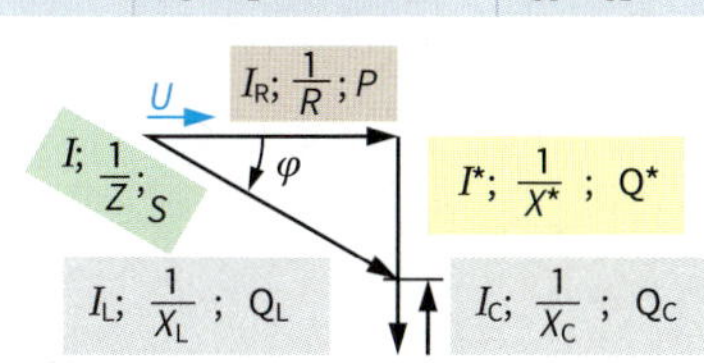

Ausgangsschaltung

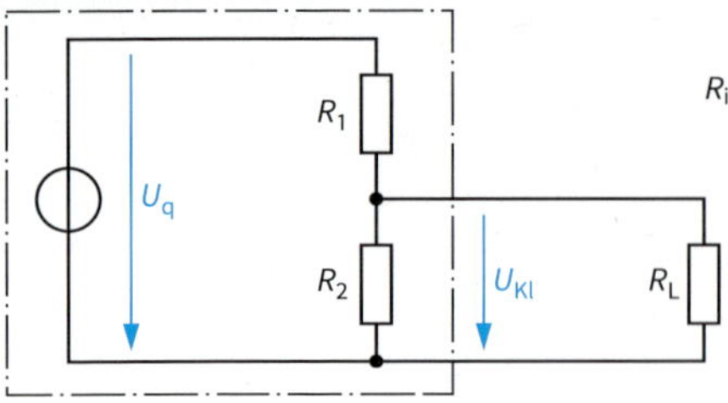

$$R_i = \frac{R_1 \cdot R_2}{R_1 + R_2}$$

Ersatzspannungsquelle

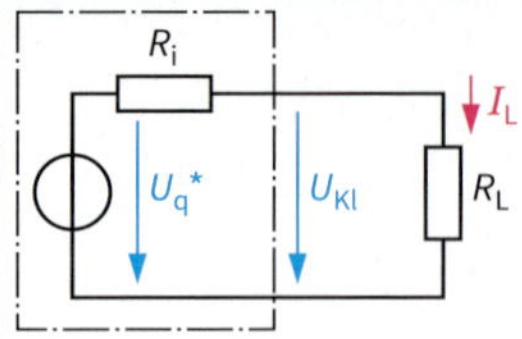

$$U_q^* = \frac{U_q \cdot R_2}{R_1 + R_2}$$

Ersatzstromquelle

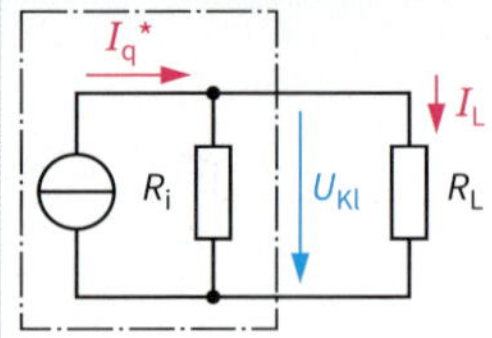

$$I_q^* = \frac{U_q}{R_1}$$

Reihenschaltung von Spannungsquellen

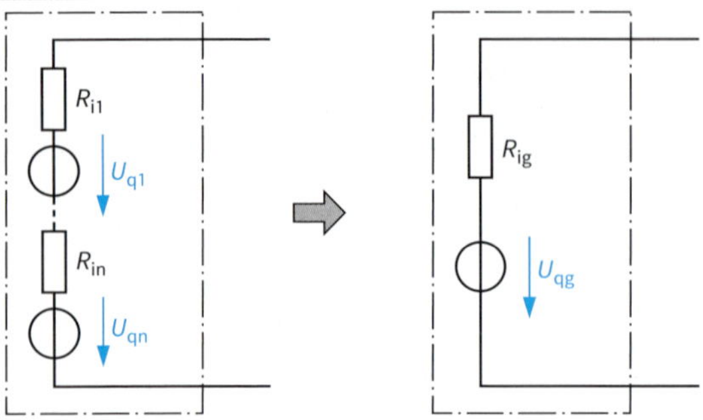

$$U_{qg} = U_{q1} + U_{q2} + \ldots + U_{qn}$$

$$R_{ig} = R_{i1} + R_{i2} + \ldots + R_{in}$$

Parallelschaltung von Spannungsquellen

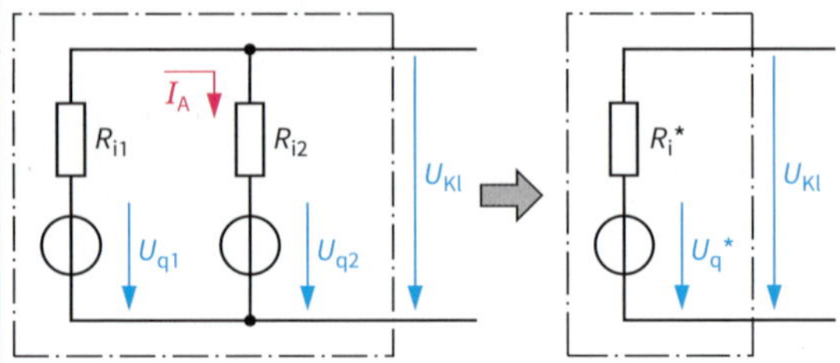

$$\frac{1}{R_i^*} = \frac{1}{R_{i1}} + \frac{1}{R_{i2}}$$

bei $U_{q1} > U_{q2}$ gilt: $U_q^* = U_{q2} + I_A \cdot R_{i2}$

$$I_A = \frac{\Delta U}{R_{i1} + R_{i2}} \qquad \Delta U = U_{q1} - U_{q2}$$

Verlustbehafteter Kondensator

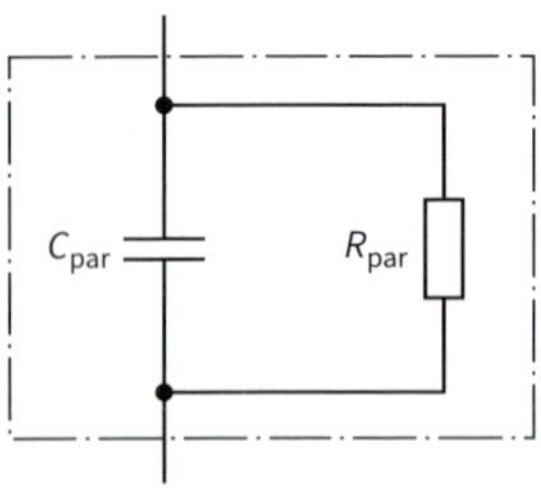

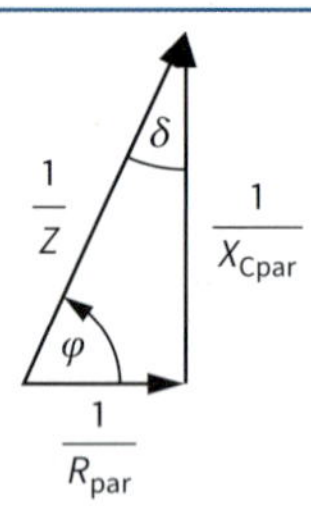

$$d = \tan\delta \qquad Q = \frac{R_{par}}{X_{Cpar}}$$

$$\tan\delta = \frac{X_{Cpar}}{R_{par}} \qquad Q = \frac{1}{d}$$

Verlustbehaftete Spule

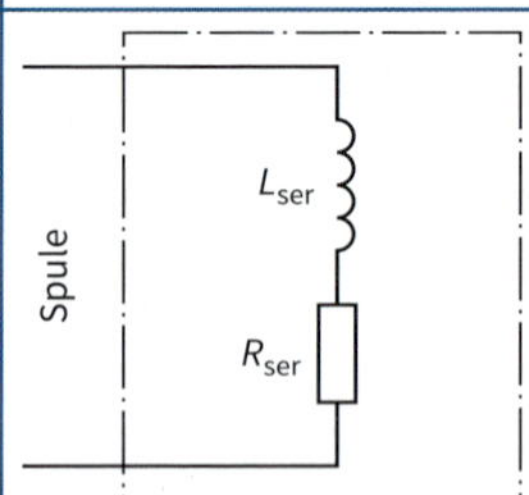

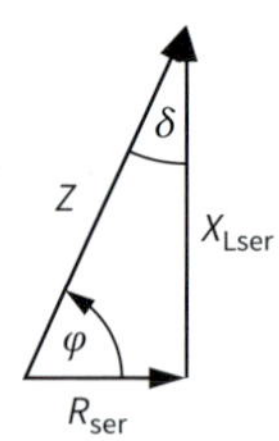

$$d = \tan\delta \qquad Q = \frac{X_{Lser}}{R_{ser}}$$

$$\tan\delta = \frac{R_{ser}}{X_L} \qquad Q = \frac{1}{d}$$

RC-Schaltungen

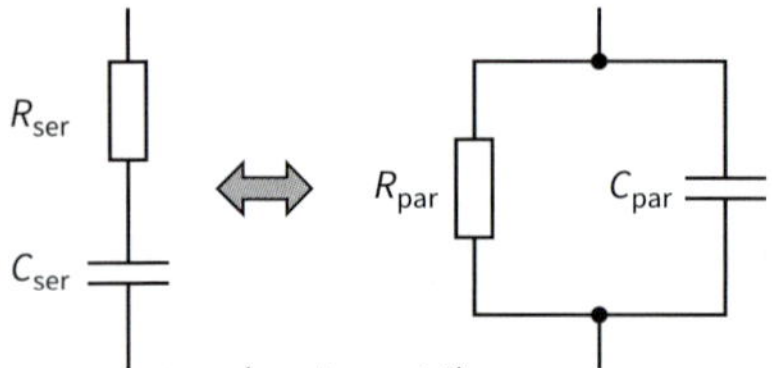

$$Q = \frac{X_{Cser}}{R_{ser}} \qquad Q = \frac{R_{par}}{X_{Cpar}}$$

$$R_{par} = R_{ser}\left(1 + \left(\frac{X_{Cser}}{R_{ser}}\right)^2\right)$$

$$X_{Cpar} = X_{Cser}\left(1 + \left(\frac{R_{ser}}{X_{Cser}}\right)^2\right)$$

RL-Schaltungen

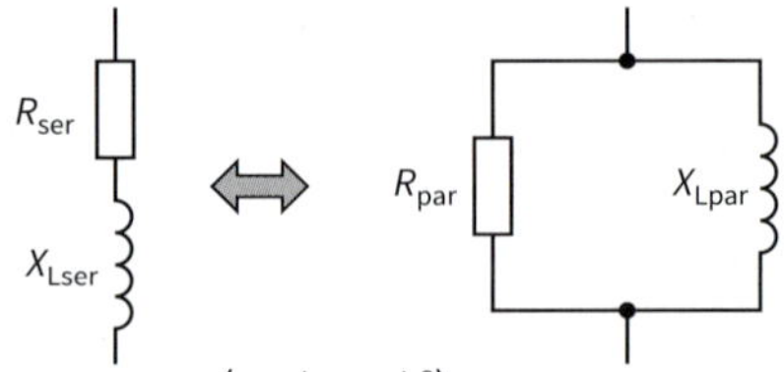

$$Q = \frac{X_{Lser}}{R_{ser}} \qquad Q = \frac{R_{par}}{X_{Lpar}}$$

$$R_{par} = R_{ser}\left(1 + \left(\frac{X_{Lser}}{R_{ser}}\right)^2\right)$$

$$X_{Lpar} = X_{Lser}\left(1 + \left(\frac{R_{ser}}{X_{Lser}}\right)^2\right)$$

Bipolare Transistoren

NPN

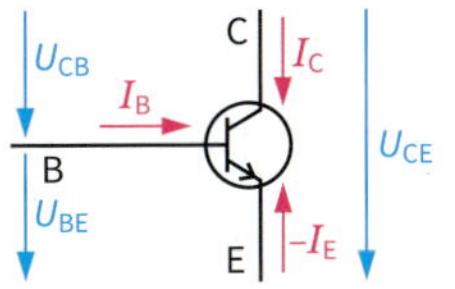

$\Sigma I = 0 \qquad I_E = I_C + I_B$

$B = \frac{I_C}{I_B}$

$P_{tot} = U_{CE} \cdot I_C + U_{BE} \cdot I_B$

$\Sigma U = 0$

$U_{CE} = U_{BE} + U_{CB}$

Bei PNP: Umkehrung der Vorzeichen I und U

Wechselstromkenngrößen:

$r_{BE} = \frac{\Delta U_{BE}}{\Delta I_B} \qquad r_{CE} = \frac{U_{CE}}{I_C} \qquad \beta = \frac{\Delta I_C}{\Delta I_B}$

Unipolare Transistoren (FET)

Sperrschicht FET, N-Kanal

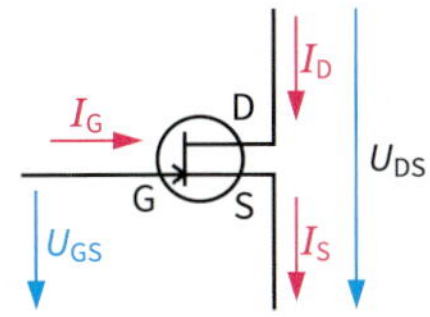

Isolierschicht FET, N-Kanal-MOS-FET

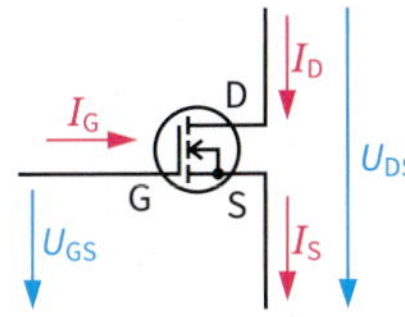

$I_G = 0 \qquad I_D = I_S \qquad S = \frac{\Delta I_D}{\Delta U_{GS}} \qquad r_{DS} = \frac{\Delta U_{DS}}{\Delta I_D}$

Emitterschaltung mit Vorwiderstand

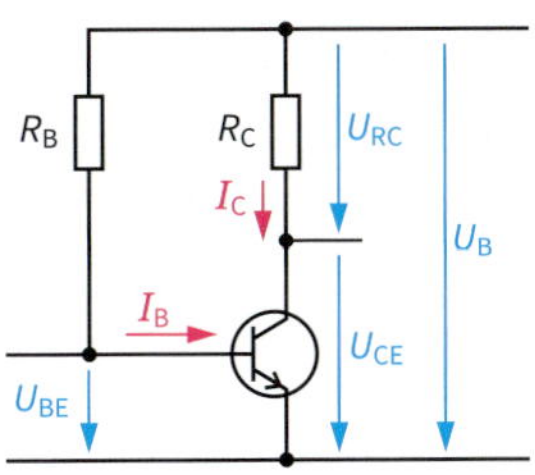

$U_B = U_{RC} + U_{CE}$

$R_B = \frac{U_B - U_{BE}}{I_B}$

$R_C = \frac{U_B - U_{CE}}{I_C}$

$r_e = R_B \,||\, r_{BE}$

$r_a = R_C \,||\, r_{CE}$

Sourceschaltung mit Sourcewiderstand

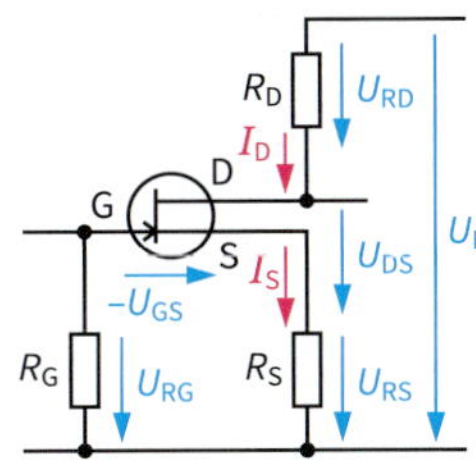

$U_B = U_{RD} + U_{DS} + U_{RS}$

$U_{RS} = -U_{GS}$

$R_D = \frac{U_B - U_{DS} - U_{RS}}{I_D}$

$R_S = \frac{U_{RS}}{I_S}$

$r_e = R_G \,||\, r_{GS}$

$r_a = R_D \,||\, r_{DS}$

Emitterschaltung mit Basisspannungsteiler

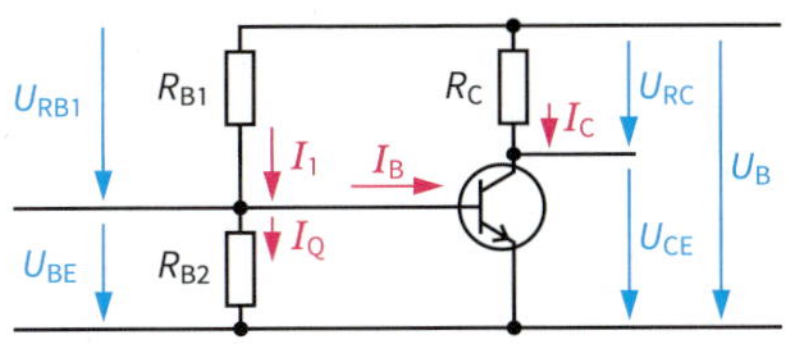

$I_1 = I_B + I_Q \qquad I_C = B \cdot I_B \qquad m = \frac{I_Q}{I_B}$

$U_{RB1} = I_1 \cdot R_{B1} \qquad R_{B1} = \frac{U_B - U_{BE}}{I_1}$

$U_{CE} = U_B - I_C \cdot R_C \qquad R_{B2} = \frac{U_B - U_{RB1}}{I_Q}$

$U_{RC} = I_C \cdot R_C$

$r_e = r_{BE} \,||\, R_{B1} \,||\, R_{B2} \qquad r_a = R_C \,||\, r_{CE}$

Sourceschaltung mit Basisspannungsteiler

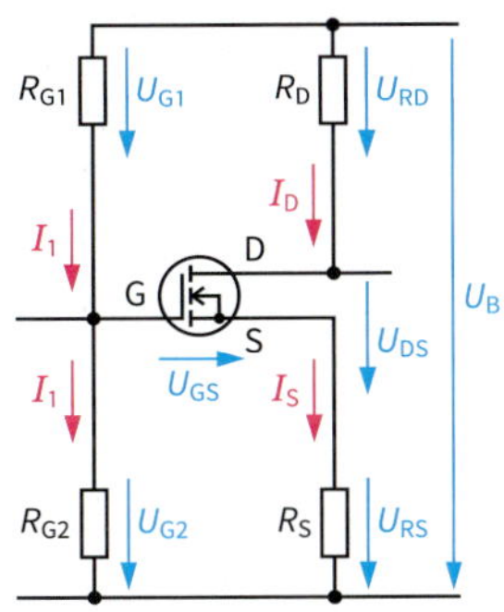

$U_{G2} = U_{GS} + U_{RS}$

$R_S = \frac{U_{RS}}{I_S}$

$R_{G1} = \frac{U_B - U_{G2}}{I_1}$

$R_{G2} = \frac{U_{RS} + U_{GS}}{I_1}$

$r_e = R_{G1} \,||\, R_{G2}$

$r_a = R_D$

Emitterschaltung mit Stromgegenkopplung

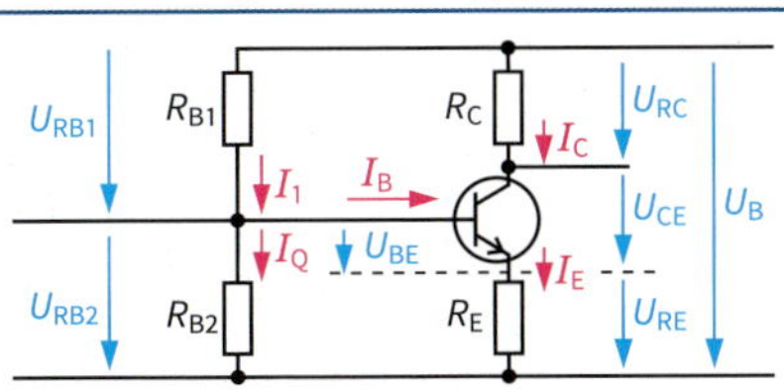

$U_{RB1} = U_B - U_{RB2} \qquad R_{B1} = \frac{U_{RB1}}{I_1} \qquad R_E = \frac{U_{RE}}{I_E}$

$U_{RB2} = U_{BE} + U_{RE} \qquad R_{B2} = \frac{U_{RB2}}{I_Q} \qquad R_C = \frac{U_{RC}}{I_C}$

$U_{RE} = U_B - U_{RC} - U_{CE} \qquad U_{RC} = U_B - U_{CE} - U_{RE}$

$r_e = (r_{BE} + e \cdot R_E) \,||\, R_{B1} \,||\, R_{B2} \qquad r_a = R_C \,||\, r_{CE}$

Dual-Gate-MOS-FET mit Spannungsteiler

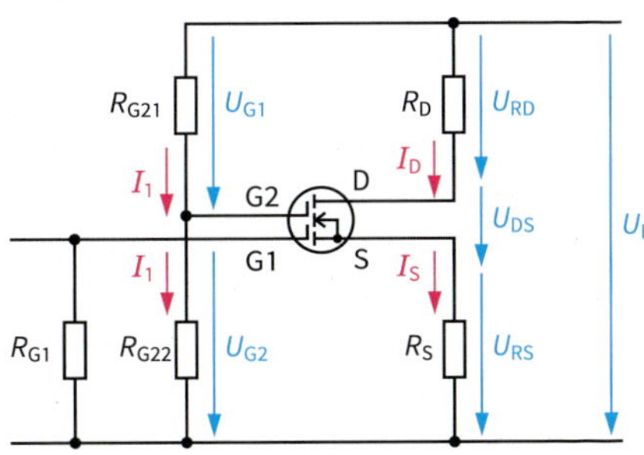

$U_{G1} = -U_{RS} \qquad U_{GS2} = U_{G2} - U_{RS}$

$U_{G2} = I_1 \cdot R_{G22} \qquad U_{G2} = U_B - I_1 \cdot R_{G21}$

Bipolarer Transistor als Schalter

Belastung gegen U_B

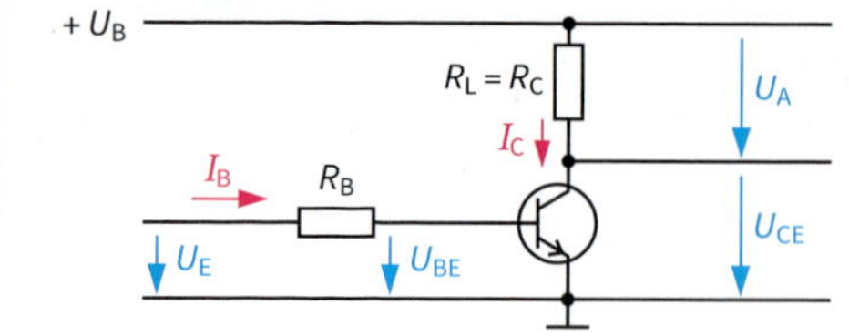

Eingang 1-Signal, Ausgang 1-Signal

$U_{BE} \approx 0{,}7\,V$ $\quad U_A \approx U_B \quad U_{CE} = U_{CEsat} \approx 0\,V$

$I_{Bü} = m \cdot I_B \qquad I_L = I_C \approx \frac{U_B}{R_C}$

$$R_B = \frac{U_E - U_{BE}}{I_{BÜ}} \qquad R_C = \frac{U_B - U_{CEsat}}{I_C}$$

$$P_v = U_{CEsat} \cdot I_C + U_{BE} \cdot I_{Bü}$$

Differenzverstärker

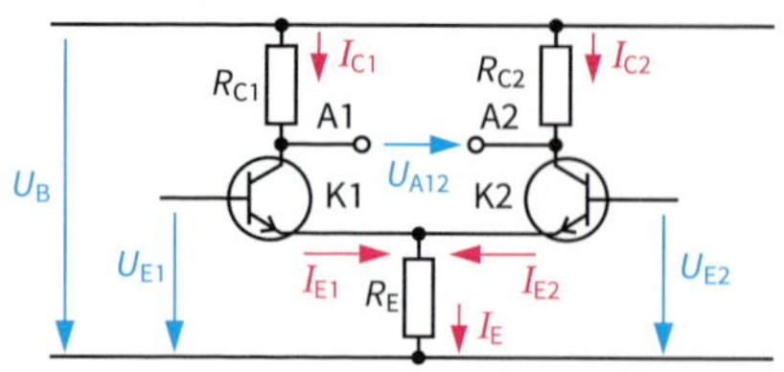

Spannungsverstärkung $v_U = -\frac{U_{A1} - U_{A2}}{U_{E1} - U_{E2}} = \frac{U_{A12}}{U_D}$

$-U_{A1} = v_U \cdot U_{E1} \qquad -U_{A2} = v_U \cdot U_{E2} \qquad I_E = I_{E1} + I_{E2}$

Darlington-Schaltung

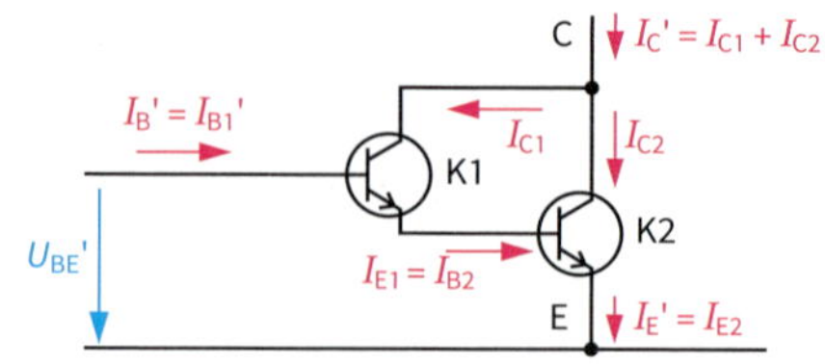

$U_{BE}' = U_{BE1} + U_{BE2} \qquad r_{BE}' = \cdot r_{BE1}$

$B' = B_1 \cdot B_2 \qquad \beta' = \beta_1 \cdot \beta_2 \qquad r_{CE}' = r_{CE2} \,\|\, \frac{2 r_{CE1}}{\beta_2}$

Wechselstrommäßige Betrachtung von Transistoren

Bipolare Transistoren

Emitterschaltung

$$R_B = \frac{R_{B1} \cdot R_{B2}}{R_{B1} + R_{B2}}$$

$$r_e = \frac{r_{BE} \cdot R_B}{r_{BE} + R_B} \qquad r_a = \frac{r_{CE} \cdot R_C}{r_{CE} + R_C}$$

$$v_u = -\beta \frac{R_C}{r_{BE}} \qquad v_i = \beta \qquad v_p = v_u \cdot v_i$$

$$f_{gu} = \frac{1}{2\pi C_{K,e} \cdot r_e} \qquad f_{go} = \frac{1}{2\pi C_{BE} \cdot r_{BB}}$$

Kollektorschaltung

$$R_B = \frac{R_{B1} \cdot R_{B2}}{R_{B1} + R_{B2}} \qquad r_a = \frac{\frac{r_{BE}}{\beta} \cdot R_E}{\frac{r_{BE}}{\beta} + R_E}$$

$$r_e = \frac{(r_{BE} + \beta \cdot R_E) \cdot R_B}{r_{BE} + \beta \cdot R_{BE} + R_B}$$

$$v_u = \frac{\beta \cdot R_E}{\beta \cdot R_E + r_{BE}} \qquad v_i \approx \beta \qquad f_{go} < f_\beta$$

Basisschaltung

$$r_e = \frac{\frac{r_{BE}}{\beta} \cdot R_E}{\frac{r_{BE}}{\beta} + R_E} \qquad r_a = \frac{r_{CE} \cdot R_C}{r_{CE} + R_C}$$

$$v_i \approx \frac{\beta}{\beta + 1} = \alpha$$

$$v_u = \beta \cdot \frac{R_C}{r_{BE}} \qquad f_{go} \approx \beta \cdot f_e$$

Unipolare Transistoren

Sourceschaltung mit Sperrschicht-FET

$$r_e = \frac{r_{GS} \cdot R_G}{r_{GS} + R_G}$$

$$r_a = \frac{r_{DS} \cdot R_D}{r_{DS} \cdot R_D} \qquad v_i \rightarrow \infty$$

$$S = \frac{\Delta I_D}{\Delta U_{GS}} \qquad v_u = \frac{\Delta U_{DS}}{\Delta U_{GS}}$$

$$v_u = -S \cdot r_a \qquad \varphi = 180°$$

Drainschaltung mit Sperrschicht-FET

$$r_e \approx R_G$$

$$r_a \approx \frac{1}{S}$$

$$v_u = \frac{S \cdot R_S}{1 + S \cdot R_S} \leq 1$$

$$\varphi = 0°$$

Sourceschaltung mit Isolierschicht-FET

$$r_e = \frac{R_{G1} \cdot R_{G2}}{R_{G1} + R_{G2}} \qquad v_u = -S \cdot r_a \quad \text{mit } r_a \approx R_D$$

$$r_a = \frac{r_{DS} \cdot R_D}{r_{DS} + R_D} \qquad v_u \approx -S \cdot R_D$$

$$\varphi = 180°$$

Rauschen

Rauschleistung, Rauschspannung

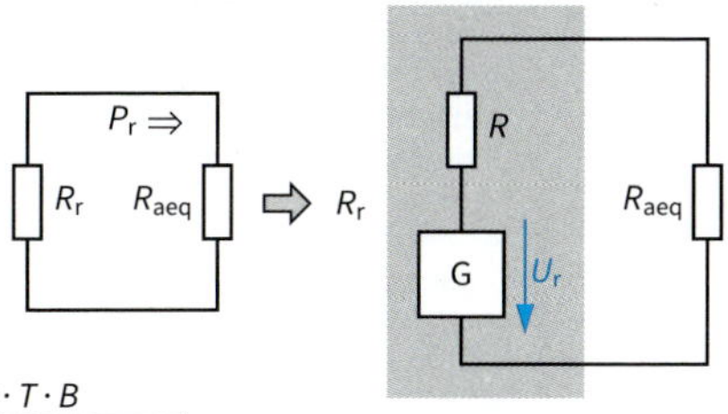

$P_r = k \cdot T \cdot B$

$U_r = \sqrt{4 \cdot k \cdot T \cdot B \cdot R}$

$k = 1{,}38 \cdot 10^{-23}$ Ws/K

T in Kelvin

B in Hz (Bandbreite)

Rauschabstandsmaß

$a_r = 10 \cdot \lg \frac{P_s}{P_r}$ dB $\qquad a_r = 20 \cdot \lg \frac{U_s}{U_r}$ dB

Rauschzahl F

$F = \frac{P_{se}}{P_{re}} : \frac{P_{sa}}{P_{ra}} \qquad F = \frac{P_{se}}{P_{re}} \cdot \frac{P_{ra}}{P_{sa}}$

Eingangsgrößen: P_{se}; P_{re}

Ausgangsgrößen: P_{sa}; P_{ra}

Rauschzahl a_F

$a_F = 10 \cdot \lg F$ dB

Oszillatoren

Meißner-Oszillator

$f_0 = \frac{1}{2\pi \cdot \sqrt{L_1 \cdot C_1}}$

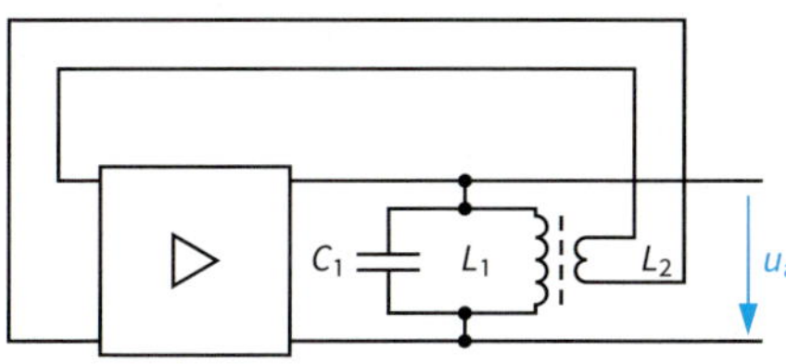

Colpitts-Oszillator

$f_0 = \frac{1}{2\pi \cdot \sqrt{L \cdot C}} \qquad C = \frac{C_1 \cdot C_2}{C_1 + C_2}$

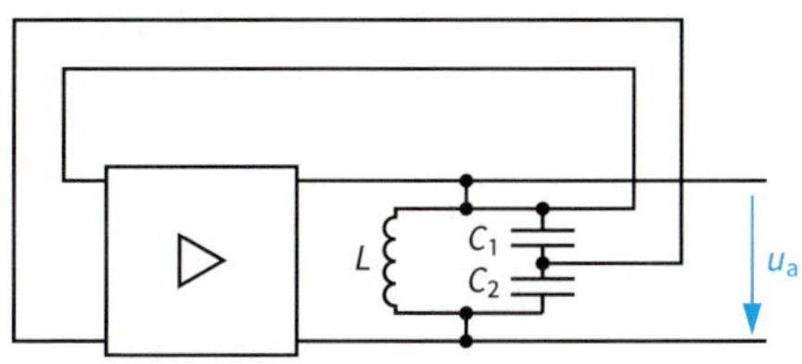

Elektromagnetische Wellen

Schwingung

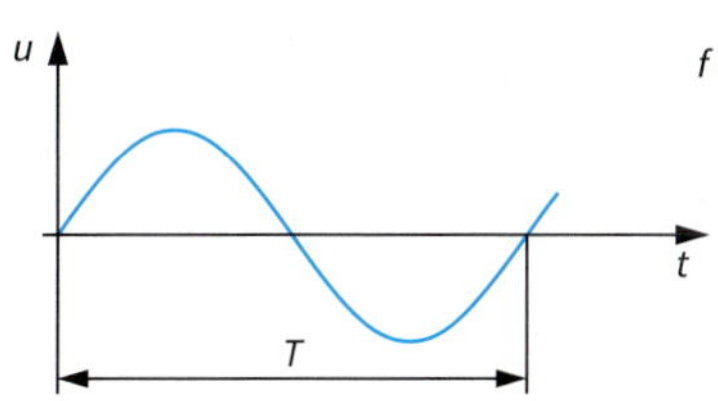

$f = \frac{1}{T}$

Wellen

c: Ausbreitungsgeschwindigkeit

$\lambda = \frac{c}{f} \qquad \lambda = c \cdot T$

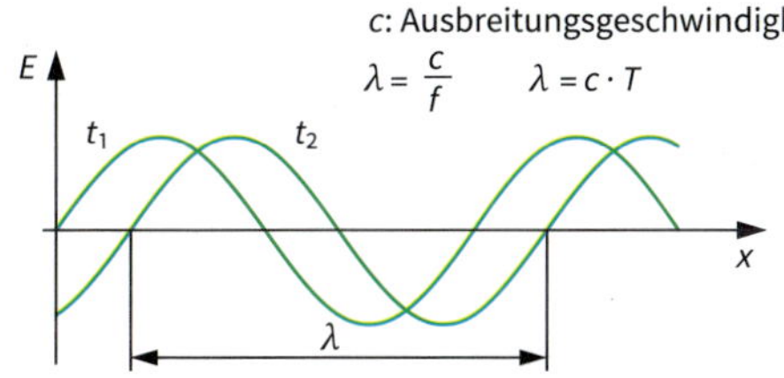

HF-Leitung

Ersatzschaltbild

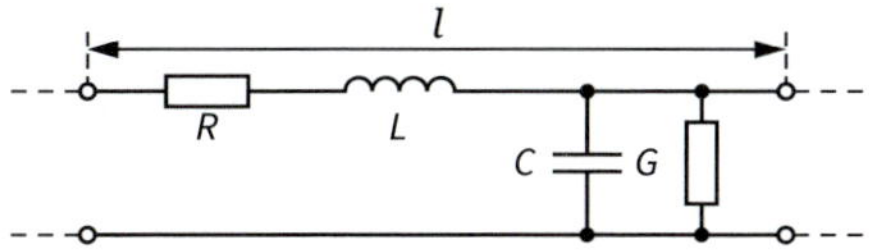

$R' = \frac{R}{l} \qquad G' = \frac{G}{l}$

$L' = \frac{L}{l} \qquad C' = \frac{C}{l}$

Wellenwiderstand

tiefe Frequenzen
($R > \omega \cdot L$)

$Z = \sqrt{\frac{R}{\omega \cdot C}}$

hohe Frequenzen
($R < \omega \cdot L$)

$Z = \sqrt{\frac{L}{C}}$

Paralleldrahtleitung

$Z = \frac{\ln \frac{2a}{d}}{\sqrt{\varepsilon_r}} \cdot 120\,\Omega$

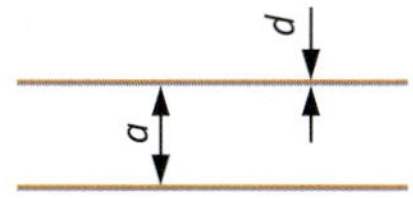

Leitung als Übertragungsstrecke

Ausbreitungsgeschwindigkeit

$v = \frac{c}{\sqrt{\varepsilon_r}}$

c: Lichtgeschwindigkeit
$c = 3 \cdot 10^8$ m/s
ε_r: Permittivitätszahl

Verkürzungsfaktor

$K = \frac{1}{\sqrt{\varepsilon_r}}$

Bei Koaxialkabel: 0,65 … 0,82

Die fettgedruckten Begriffe entsprechen den Seitenüberschriften

Symbole

A

C

W

|Aaronia AG, Strickscheid: 382. |Adobe Systems Software Ireland Limited, Dublin: 223. |Apple Inc. Deutschland, Haar: 223. |BC GmbH Verlags- und Medien-, Forschungs- und Beratungsgesellschaft, Ingelheim: 2 - 3, 436. |Bundesministerium der Finanzen, Berlin: 238. |Carl Zeiss Archiv, Jena: 320. |conbee GmbH: 184. |Datacolor, Dietlikon: 262. |Dätwyler Cables GmbH, Hattersheim: 131. |deckermedia GbR, Vechelde: 49, 273, 386, 439. |DEHN + SÖHNE GmbH + Co. KG., Neumarkt i.d.OPf.: 403, 424. |Der Grüne Punkt - Duales System Deutschland GmbH, Köln-Porz-Eil: 438. |DOCUTECHNICA - Technische Dokumentation & Fotografie, Dipl.-Ing. Hans-Christian Starke, Kiel: 241. |dreamstime.com, Brentwood: Modestil 242. |Druwe & Polastri, Cremlingen/Weddel: 68. |Dzieia, Michael Dr., Darmstadt-Arheilgen: 396. |EKF Elektronik GmbH, Hamm: 245. |Europäische Kommission, Berlin: Quelle: Umweltbundesamt 271. |Europäische Union, Berlin: 432. |Fireball Labs GmbH, München: 445. |Fluke Deutschland GmbH, Glottertal: 359, 374. |fotolia.com, New York: Gudellaphoto 238. |GMC-I Messtechnik GmbH, Nürnberg: 359. |Google LLC, Mountain View: 445. |GOSSEN Foto- und Lichtmesstechnik GmbH, Nürnberg: 379. |Häßler, Ulrike, Moers: 260. |HID Global GmbH, Granges-Veveyse: 187. |Hübscher, Heinrich, Lüneburg: 68, 125, 191, 215, 224, 226, 258, 259, 264, 270, 277, 279, 287 - 288, 303 - 304, 312, 329. |IBM Deutschland, Ehningen: 241. |icotek GmbH, Eschach: 207. |IDEAL INDUSTRIES GmbH, Ismaning: 373. |Industrieverband Büro und Arbeitswelt (IBA), Wiesbaden: 432. |InfoTip Service GmbH, Bochum: 260, 342. |Intel GmbH, Feldkirchen: © Intel Corporation 239. |iStockphoto.com, Calgary: 251; Asian 159; lumenetumbra 51. |JENOPTIK Laser GmbH, Jena: 128. |Kerlink, THORIGNE-FOUILLARD: 184. |Ketchum Pleon GmbH, Duesseldorf: Samsung 239. |KWS Electronic Test Equipment GmbH Tattenhausen, Großkarolinenfeld: 205, 377 - 378. |Lithos, Wolfenbüttel: 6 - 14, 17 - 25, 27 - 42, 44, 46 - 48, 50 - 82, 84 - 96, 98 - 103, 106 - 124, 126 - 136, 138 - 142, 144 - 145, 148, 150 - 166, 168 - 216, 219 - 226, 228 - 237, 239 - 256, 258 - 263, 265 - 271, 274 - 275, 277 - 278, 280, 282, 285, 287 - 288, 290 - 291, 293 - 295, 297 - 300, 302 - 323, 325 - 354, 356, 358 - 363, 365 - 378, 380, 383 - 384, 387 - 395, 397 - 408, 412 - 415, 417, 419 - 421, 423 - 432, 434 - 435, 438, 440, 442 - 450, 452 - 453, 455 - 470, 472 - 477. |Michael Siefert CD-Produktion, Sindelfingen: 351. |MicroNova AG, Vierkirchen: 185. |Microsoft Deutschland GmbH, München: 216, 223, 280, 445. |Mindfactory AG, Wilhelmshaven: 239. |Mozilla, Berlin: 216. |NEUTRIK Vertriebs GmbH, Dachau: 312. |NTi Audio GmbH, Essen: 381. |OLYMPUS EUROPA SE & CO. KG, Hamburg: 354. |PantherMedia GmbH (panthermedia.net), München: Brauer, Heike 309. |PeakTech Prüf- und Messtechnik GmbH, Ahrensburg: 386. |Petersen, Hans-Joachim: 168, 239. |Petersen, Sebastian, Helmstedt: 126, 141, 237, 245, 269, 355. |PHOENIX CONTACT GmbH & Co. KG, Blomberg: 93 - 94, 403. |PULS GmbH, München: 386. |RAL gemeinnützige GmbH, Bonn: 432. |RCS AUDIO-SYSTEMS GmbH, Bad Aibling: 309. |Reichle & De-Massari Schweiz AG, Wetzikon: 157. |Rohde & Schwarz GmbH & Co. KG, München: 364. |Schneider-Albert, Gabriela, Troisdorf: 244, 251. |Securiton Deutschland, Achern: www.securiton.de 213. |Shutterstock.com, New York: Andrey_Popov 190; anmbph 291; asadykov 257; dashadima 333; Gerber, Gregory 291; Jenkins, Oliver 183; Kardashev, Sergei 392; KasperczakBohdan 344, 344; kastianz 257; Martynyuk, Ivan 196; matej_z 51; Nagy, Melinda 343; New Africa 190; oksana2010 333; Oleksandr, Marynchenko 392; Santa Maria, Carlos E. 356; Viappy 320; Yurchyks 326. |Siemens AG, München: 95 - 96, 130, 396. |SilverFast, Kiel: 262. |Sony Deutschland, Berlin: 318. |Sony Europe B.V, Zweigniederlasssung Deutschland, Berlin: 328. |stock.adobe.com, Dublin: Ariyaporn 49; chokmoso 158; Kaltenbach, Tobias 392; seen0001 262, 262; song, jean 49; Wandruschka, Olaf 423. |Tandberg Data GmbH, Dortmund: 240. |TCO Development, Stockholm: 432. |TDK-Lambda Germany GmbH, Achern: 386. |Telekom Deutschland GmbH, Bonn: 192. |Valentinelli, Mario, Rostock: Titel. |Vision & Gestalt - Petra Dreßler, Berlin: 342. |Xilinx, Inc., San Jose: 89.

Wir arbeiten sehr sorgfältig daran, für alle verwendeten Abbildungen die Rechteinhaberinnen und Rechteinhaber zu ermitteln. Sollte uns dies im Einzelfall nicht vollständig gelungen sein, werden berechtigte Ansprüche selbstverständlich im Rahmen der üblichen Vereinbarungen abgegolten.